浙江商务年鉴2019

ALMANAC OF COMMERCE OF ZHEJIANG PROVINCE

《浙江商务年鉴》编辑委员会　编

浙江人民出版社

2018 年 9 月 27 日，国务院总理李克强考察舟山绿色石化基地，浙江省委书记车俊、浙江省省长袁家军、商务部部长钟山、浙江省商务厅厅长盛秋平陪同。

2018年5月9日，全省对外开放大会在省人民大会堂召开，浙江省委书记车俊作重要讲话。

2018年10月25日，商务部部长钟山在北京与浙江省省长袁家军一行举行工作会谈。会后双方共同签署了《商务部浙江省人民政府关于建立合作机制的框架协议》。

2018 年 4 月 11 日，浙江省推进“一带一路”建设工作领导小组举行第一次会议。浙江省委书记、领导小组组长车俊主持会议并讲话。

当地时间 2018 年 6 月 15 日，省委书记车俊率团访问南非东开普省，与东开普省省长马苏维利共同出席在曼德拉市举办的“一带一路”浙商行（非洲站）系列活动之中国（浙江）—南非（东开普省）商务论坛。浙江省委书记车俊、浙江省商务厅厅长盛秋平见证了合作项目签约。

2018 年 8 月 3 日，中欧班列（义乌—莫斯科）“圆通号”首发从义乌启程。

2018 年 10 月 18 日，第二届世界油商大会在舟山开幕，浙江省省长袁家军作主旨演讲。

2018 年 3 月 13 日，浙江省金融办、舟山市人民政府、中国（浙江）自贸试验区管委会与上海期货交易所举行战略合作签约仪式。浙江省副省长朱从玖、浙江省商务厅厅长盛秋平等出席。

2018 年 12 月 15 日，舟山波音 737 完工和交付中心交付首架飞机 737 MAX 8 的仪式现场。

2018 年 11 月 5 日，浙江省省长袁家军一行走访首届中国国际进口博览会国家展馆及境内外重点企业展位。▶

◀ 2018 年 3 月 2 日，浙江省商务厅厅长盛秋平走访调研第 28 届“华交会”浙江参展企业。

2018 年 10 月 10—11 日，浙江省（新加坡）大数据中心展在新加坡滨海湾会展中心举办。▶

◀ 2018 年 9 月 12 日，第 11 届浙江出口商品（大阪）交易会在日本大阪开幕。

2018 年 5 月 14—17 日，中国香港特别行政区财政司司长陈茂波、贸发局总裁方舜文率代表团访问浙江，并与浙江省商务厅、浙江省港澳办、浙江省发改委、浙江省经信委、浙江省工商联和杭州市政府共同举办“2018 浙港经贸合作周”活动。双方领导见证杭州市与香港贸发局签署高端服务业合作协议。

2018 年 9 月 21 日，浙江省商务厅厅长盛秋平与克罗地亚经济商会副会长巴巴里奇签署《关于加强投资贸易合作的备忘录》。

2018 年 4 月 9 日，浙江—荷兰商务座谈会在杭州举行，双方共同签署《浙江省商务厅与荷兰经济事务与气候政策部外商投资局促进投资合作谅解备忘录》。

2018 年，中国国际电商博览会暨首届数字贸易博览会在义乌国际中心举行。▶

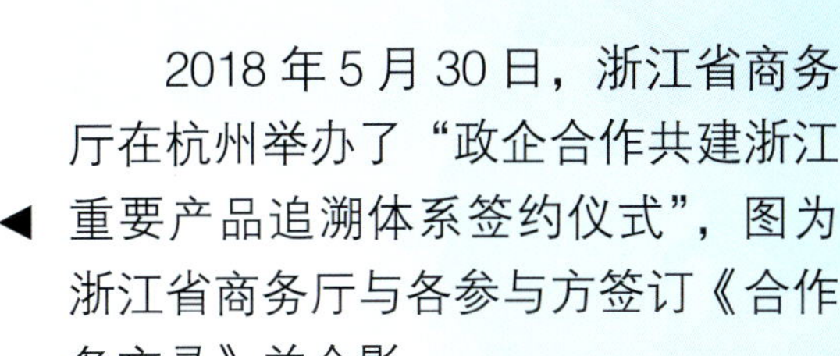

◀ 2018 年 5 月 30 日，浙江省商务厅在杭州举办了“政企合作共建浙江重要产品追溯体系签约仪式”，图为浙江省商务厅与各参与方签订《合作备忘录》并合影。

2018 年 11 月 14 日，以“让消费更美好”为主题的 2018 新消费主题峰会在杭州召开。▶

◀ 2018 年 9 月 7 日，浙江省商务厅与浙江省农业厅、共青团浙江省委员会、杭州市政府共同举办 2018 长三角地区农产品产销对接洽谈暨对口合作地区农产品推介会。现场举行了长三角农产品产销联盟成立仪式。

2018 年 12 月 6 日，长江三角洲一体化对外投资合作发展联盟启动仪式在上海举行。

2018 年 9 月 26 日，浙江省商务厅与中国进出口银行浙江省分行签署《支持稳外贸稳外资服务浙江省开放型经济发展合作备忘录》。

2018 年 12 月 12 日，纪念改革开放 40 周年浙江开发区（高新区）开放创新论坛在杭州举行。

2018 年 12 月 3 日，荷兰绿色智能新能源项目启动仪式在杭州举行。浙江省副省长朱从玖出席。

2018年7月2日，浙江省商务厅组织厅党组成员、厅属各党组织书记以及机关党委各处（室）和厅属各单位主要负责人专程赴中国革命红船起航地、中国共产党诞生地嘉兴南湖开展主题党日活动，瞻仰“红船”，重温入党誓词。▶

◀ 2018年5月26日，浙江省商务厅与杭州市下城区天水街道在武林广场共同举办党建融合共建签约暨“做红色义工，铸党建联盟”主题实践活动启动仪式，浙江省商务厅党组书记盛秋平、杭州市下城区委书记陈卫强为仪式揭牌。

2018年9月15日，由浙江省商务厅主办的“下沙新城杯”浙江省开发区纪念改革开放40周年合唱大赛在杭州经济技术开发区举行。▶

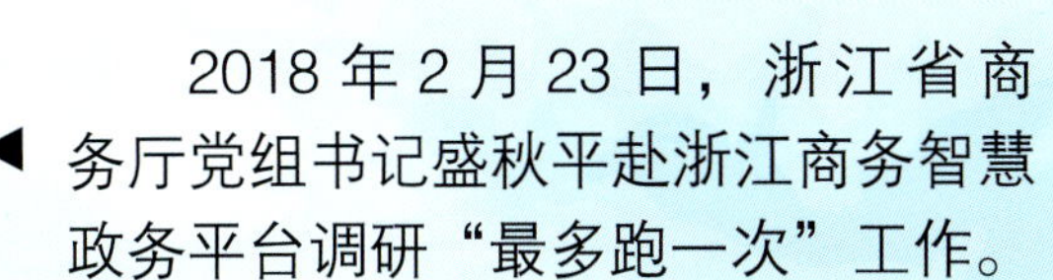

◀ 2018年2月23日，浙江省商务厅党组书记盛秋平赴浙江商务智慧政务平台调研“最多跑一次”工作。

金沙湖商务区

杭州钱塘新区

2019年4月18日，杭州钱塘新区正式授牌。

杭州钱塘新区于2019年4月经浙江省人民政府正式批复同意设立，实行“一个平台、一个主体、一套班子、多块牌子”的管理体制架构，保留原有的杭州经济技术开发区、浙江杭州综合保税区、临江高新技术产业开发区3块国家级牌子，规划控制总面积531.7平方公里，其中陆域436平方公里、钱塘江水域约95.7平方公里，托管江干区的下沙、白杨2个街道和萧山区的河庄、义蓬、新湾、临江、前进5个街道，辖区人口106万人。2018年，新区实现地区生产总值1008亿元，财政总收入222亿元，规模以上工业总产值2925亿元。

1. **区位优势明显。**新区地处长三角南翼地理中心、杭州都市区东部门户，毗邻萧山国际机场、杭州火车东站，苏绍、沪杭甬等多条高速公路在区内汇集，江东高铁站、地铁1号线机场延伸段、7号线、8号线、艮山东路隧道等正规划建设，将构建形成海陆空铁四港联动的立体化交通网络，成为国家“一带一路”建设、长江经济带发展、长三角区域一体化三大国家战略的交汇点、推进杭州“拥江发展”和杭嘉绍甬同城化的战略要地、激活杭州湾“大湾区”发展的核心引擎。

2018年2月12日，经国务院批复，浙江杭州出口加工区升级为杭州综合保税区。

2019年4月18日，推进杭州钱塘新区高质量发展大会召开。

2. 产业基础扎实。新区作为省市对外开放“主窗口”和工业经济“主平台”，已累计集聚“三个500强”项目141个，年产值100亿元以上企业3家、50亿元以上企业7家、10亿元以上58家，精心打造了医药港小镇、大创小镇、综合保税区等多个重要产业平台，基本形成了生命健康、数字经济与智能制造、汽车及零部件、航空航天、新材料等优势主导产业，特别是生物医药产业发展迅猛，产值规模已占全市50%以上，被确定为杭州市生物医药产业发展的核心区。

3. 高校资源丰富。新区建有全省最大规模的高教园区，集聚了14所高校，20余万名在校大学生，拥有省、部级重点学科77个，国家、省部级重点实验室38个。建成启用高校产学研联盟中心和全省创新创业教育实践基地，与区内各高校合作建成12个大学科技园、数十个校企协同创新中心以及一批特色众创空间、创业学院、“高校＋孵化器”项目，实现“区校联动、资源共享、深度融合、共同发展”。

4. 双创氛围浓厚。新区累计建成投用科技企业孵化器、加速器、众创空间等各类创新平台220万平方米，集聚“国千”“国万”“省千”等各类领军型人才190人，国家高企、省级科技中小型企业、省级以上研发机构分别达到347家、1106家、196家，先后引进奥克兰大学中国创新研究院、清华柔性电子与智能技术全球研究中心、浙大航空制造高端装备研究中心等30余个高端研究机构，举办了浙江首届创博会、“创响中国”杭州站等一系列高端双创活动，成功创建临江国家高新技术产业开发区、国家双创示范基地、国家创新人才培养示范基地、浙江省首批海外高层次人才创新创业基地、杭州市首批人才生态示范区，双创工作获得国务院和省政府通报表彰，在2018年国家级经开区综合发展水平考核中综合指标和创新指标均跻身全国十强。

5. 城市功能完善。新区累计建成投用108所中小学、幼儿园和2家三甲综合性医院，一批商业综合体陆续开业，杭高江东分校、国际会议中心、大剧院等一批重点配套项目正加快建设，较好满足了居民群众民生需求。

大创小镇

江海湿地景观

萧山经济技术开发区

萧山经济技术开发区（以下简称开发区）成立于1990年5月，1993年5月经国务院批准为国家级经济技术开发区，是全国首批国家级经济技术开发区之一。目前的开发建设范围约150平方公里。

当前，开发区拥有注册企业1万余家，有规模以上工业企业177家，规模以上服务业企业177家，工业产值超亿元企业90家，国家级高新技术企业147家，上市企业19家。有包括美国通用电气、瑞士ABB、意大利菲亚特、德国采埃孚、法国圣戈班、日本丸红株式会社、日本爱信精机、香港华润等在内的世界500强投资企业13家，有日本电装、日本NSK、日本明电舍、台湾友佳精密等各行业知名企业上百家，外资总投资达180亿美元。

杭州信息港

开发区以数字产业化、产业数字化、城市数字化发展为建设思路，以“两城两镇两基地”即智联科技城、万向创新聚能城、信息港小镇、机器人小镇、杭州桥南高端装备制造基地、浙江绿色智造基地为载体，聚力攻坚新

机器人小镇

一代信息技术、机器人及人工智能、生物经济等领域，大力发展先进装备制造、新能源汽车、新材料、健康医疗等优势产业，着力构建以数字经济为核心的现代化产业体系。

开发区航空、高铁、公路“四通八达”：到机场15分钟车程；到火车站25分钟车程；到高速入口15分钟车程，三小时内可达长三角15个中心城市；杭州地铁二号线、七号线、机场轻轨快线贯穿开发区。水路距上海港180公里、宁波港150公里，乍浦港70公里。

开发区宜业、宜居、宜游“三宜”交汇：距浙江省、杭州市各大知名医院30分钟车程，并规划建设国际医疗园；现有信息港小学、英国惠灵顿国际学校等各类公办、民办、国际学校。

开发区将以大决心、大信心、大定力建设成为区域性总部经济的集聚中心，成为战略性新兴产业引领区、创新驱动发展的示范区、现代化国际城区的样板区、高水平营商环境的先行区，全力争创一流国家级开发区。

航拍科技城

中国(杭州)跨境电子商务综合试验区 · 萧山开发区产业园

China (Hangzhou) Cross-border E-commerce Comprehensive Pilot Area

Xiaoshan Development Zone Industrial Park

跨境电商产业园正门

杭州余杭经济技术开发区

2018年，杭州余杭经济技术开发区（以下简称开发区）全年实现规模以上工业销售产值615.26亿元，工业增加值174.32亿元；实现财政总收入56.7亿元，经常性财政收入25.38亿元，分别增长20.2%、10.2%；完成实到外资3.08亿美元，实到浙商回归资金26.88亿元；完成有效投资87.6亿元。在2017年度全国219家国家级经济开发区综合考评中，综合排名位列第40位，荣获2018年省级先进开发区称号。

配套建设方面。开发区全年完成列入政府投资的新建、续建项目30个，累计投资约13.2亿元。基础设施建设成效明显，环境景观进一步提升，公建配套不断完善，高层农居安置房稳步推进。城东中学迁建工程、开发区公租房等项目开工建设，“三路一环”秋石快速路余杭段建成通车，泉漳小学、育才实验小学新荷校区等4所学校投

入使用，大配套、大交通逐步完善。

产业发展方面。春风动力荣获“国家企业技术中心”称号、“2018智能制造试点示范项目”称号，西奥电梯、本松新材料、春风动力荣获“2018年两化融合管理体系贯标试点企业”称号，老板电器、西奥电梯荣获“2018制造业与融合发展示范项目”称号，老板电器荣获“2018工信部制造业”双创“平台试点示范项目”称号。积极推进企业上云工作，老板、春风、西奥荣获浙江省上云标杆企业。重点培育冠军企业，欧伦电气、中塑新材等6家企业被评选为浙江省“隐形冠军”培育企业。积极推进上市工作，天地数码成功在深交所创业板上市。

创业创新方面。引进优质创新创业平台资源，新增“国千”人才1名，“省千”人才3名，成功举办2018年中国科技成果创业创新大赛。新引进科技型中小微企业185家，新增国家重点支持领域高新企业39家，省级企业研究院4家，省级研发中心12家。兴源环境、运达风电、安杰思等5个项目列入2019年浙江省重点研发计划项目，贝达药业成功创建抗肿瘤靶向治疗药国际科技合作基地。

富春硅谷

小镇夕照

富阳经济技术开发区

近年来，富阳经济技术开发区坚持建区与造城并举、信息化与工业化并重，大力推进“融杭发展、转型发展、创新发展”，坚定实施“高新工业强区”战略，招引了一大批“大优好”的高新企业、“四自带”的研发总部和“专特精”的科技型中小企业。业已形成和正在培育的重点产业有：总部研发、电子信息、物联网、电子商务、光通信、生物医药、先进装备制造、文化创意等产业。区内代表企业有：富春硅谷、浙大网新、电商龙头企业京东集团、排名全国通信行业前三的富通集团、中国民营企业竞争力50强富春江集团、全球最大的赛艇制造企业飞鹰船艇、安防行业龙头大华股份、安防行业新秀雄迈科技、全国领先的原料药生产企业海正药业等。2016年以来，连续3年荣获全

银湖公园

省国家级先进开发区称号。

2018 年，富阳经济技术开发区坚持“高新工业强区”战略不动摇、产城融合不动摇、高质量发展不动摇，各项工作稳步推进。全年完成四上主营业务收入 2096.2 亿元，同比增长 11.8%；完成规模以上工业总产值和销售产值分别为 1192.2 亿元和 1181.4 亿元，分别同比增长 7.3% 和 7.5%。全年实现规模以上工业增加值 225.7 亿元，同比增长 13.8%，远高于全区水平；发展质量方面：完成高新产业产值、装备制造业产值、战略性新兴产业产值分别为 263.4 亿元、125.8 亿元、357.2 亿元，分别同比增长 13.2%、4.3%、32.9%；实现增加值分别为 65.9 亿元、24.8 亿元、67.2 亿元，分别同比增长 16.6%、5.0%、29.9%。全年实现限上主营服务收入 367.4 亿元，同比增长 18.6%。2018 年新增国家级高新企业 32 家、省级以上研发中心 11 家、省级双创平台 1 个。新增市级孵化器 1 家，创建省级名牌商标 4 件。省级七大万亿产业信息经济（数字经济）主营业务收入 350.2 亿元，同比增长 12.3%，占全区比重 60% 以上，实现财政收入 112.2. 亿元，同比增长 35.8%。

目前，富阳经济技术开发区直接管辖银湖、东洲、场口、新登 4 个新区，规划面积 109.73 平方公里。四大新区组团开发、特色鲜明，形成了“四区联动、资源共享、错位互补”的发展新格局。

京东 大华

宁波经济技术开发区

汽车基地

宁波经济技术开发区（以下简称宁波开发区）位于宁波市东部的北仑区，1984 年 10 月，经国务院批准设立，规划面积 3.9 平方公里，为全国首批 14 家国家级开发区。1988 年 5 月，与中国五金矿产进出口总公司、中国机械进出口总公司两大央企组建联合开发公司，实行“两块牌子、一套班子”的管理体制，采用企业为主导的管理体制，全面负责开发区的开发建设与经营管理，当年被誉为开发

大港工业园区全景

岩东污水处理厂

区建设的“宁波模式”。1992 年 10 月，开发区扩大到 29.6 平方公里，同时撤销原北仑港工业区，并统一纳入宁波开发区管理。2002 年底，为进一步理顺和完善北仑区域管理体制，辐射和带动北仑区域招商引资、对外开放、开发建设和经济社会的全面、快速、协调发展，宁波开发区与北仑区实行“一套班子、两块牌子、一体运作、各有侧重”的管理体制。经过 30 多年的建设，宁波开发区在产业发展、对外开放和城市化等方面取得了显著成就。2018 年，宁波开发区（北仑区本级）完成地区生产总值 1155 亿元、财政总收入 350 亿元、一般公共预算收入 182.6 亿元、规模以上工业总产值 3125 亿元、外贸进出口总额 1492 亿元（进口和出口额首次双破百亿美元）、实际利用外资 9.78 亿美元。

装备基地

装备基地

宁波保税区

宁波保税区海关工作人员现场商品查验监管

宁波保税区（1992年设立）、宁波出口加工区（2002年设立）由宁波保税区管理委员会统一管理。两区享有“保税、免税、免证”特殊政策和国际贸易、保税物流、加工制造、保税展示等功能。此外，还与象山县合作设立象保合作区，携手中国航天科工集团，建设宁波航天智慧科技城。宁波保税区是国家进口贸易促进创新示范区、国家跨境电子商务综合试验区、浙江省十佳开放平台。

经过27年发展，宁波保税区目前已形成国际贸易、先进制造、现代物流及数字经济四大产业发展格局。

国际贸易。建有进口大宗商品市场和进口生活消费品市场，2018年实现交易额2050亿元。在宁波国际会展中心设有宁波进口商品中心、中东欧特色商品常年展，是浙江省最大的进口消费品展贸平台；作为首批国家跨境进口电商试点园区，首创跨境电商“保税备货”模式，目前试点企业620多家，天猫国际、京东全球购、网易考拉、小红书等龙头电商入区开展业务，2013年试点以来，截至目前累计跨境进口销售额超过297亿元；近年来，保税区加快打造进口贸易大通道。

先进制造。重点发展电子信息产业和战略性新兴产业。包括液晶光电、集成电路、计算机三大产业，先后引进项目200多个，

宁波保税区跨境电商产业发展迅速

宁波保税区

宁波保税区进口商品市场

宁波保税区市场监管部门开展商品集中专项检查

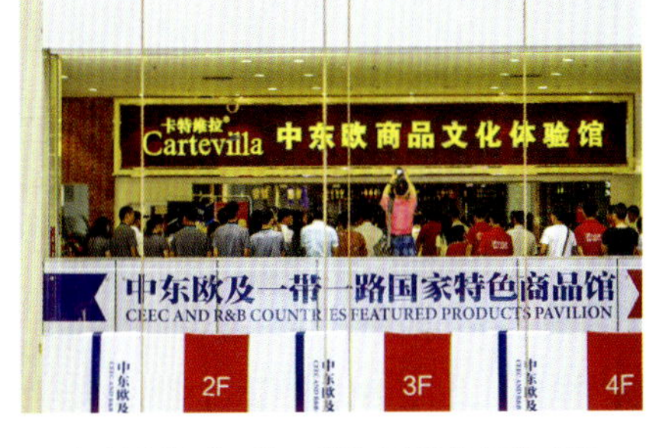

中东欧及“一带一路”国家特色商品馆

金融科技（区块链）产业园

总投资34亿美元，集聚群创光电、技嘉科技等龙头企业，是全国重要液晶光电产业基地、浙江省外商投资新兴产业示范基地。依托国际软件园、国家留学人员创业园等孵化器，培育做大金瑞泓、理工环科、维科电池等重点企业。大力引进高端科技创业团队，涉及新材料、新能源、生物医药、电子信息等领域。

现代物流。集聚世天威、招商局物流、中远海运、嘉里大通等150多家仓储物流企业，年仓储物流配送货值超200亿美元。区内企业高新货柜被郑州、大连、上海三大商品交易所指定为固体化工品和镍期货交割库；丰盛食品是我国南方地区最大的超低温金枪鱼冷藏加工基地；宁波出口加工区物流中心建有国际采购出口配送中心，年国际采购配送额超过5亿美元；与中远海运物流合作打造“一带一路”智慧航线，运营中东欧（宁波）贸易物流园。

数字经济。聚焦大数据、金融科技、区块链、人工智能、云计算等新经济新业态，将数字经济作为下一步发展重点。区内建设有金融科技（区块链）产业园、百度云智宁波大数据产业基地、菜鸟网络宁波数字贸易港、国际供应链管理与结算平台等重要项目和平台，致力于为中小外贸企业提供便捷高效的智慧供应链、智慧贸易、金融服务、产业培育等“一站式”服务。

宁波梅山物流产业集聚区
国际海洋生态科技城、梅山保税港区

宁波梅山整车进口码头

宁波梅山国际物流产业集聚区位于北仑区东南部，于2010年获省政府批准设立，目前总规划面积约333平方公里（其中陆域面积约240平方公里），规划范围涵盖北仑区梅山、春晓、白峰、郭巨4个街道。产业集聚区的核心区域——宁波梅山保税港区于2008年2月24日经国家批准设立，是浙江省唯一的保税港区。2015年9月，宁波市委、市政府为积极参与国家“一带一路”和长江经济带建设，以产业集聚区为基础，设立宁波国际海洋生态科技城，作为打造“港口经济圈”的核心载体。2017年9月，浙江省政府批复设立宁波“一带一路”建设综合试验区，明确以梅山为核心载体。目前，宁波梅山物流产业集聚区与宁波梅山保税港区、宁波国际海洋生态科技城实行“一个机构、三块牌子”管理模式。

梅山产业集聚区建设发展8年来（2011—2018年），区域年度地区生产总值增长8.7倍；固定资产投资增长4.7倍；财政收入增长15.7倍；限上服务业营业收入增长6.7倍，增长速度和发展效益在全省各产业集聚区中处于领先。2018年完成固定资产投资155.2亿元；实现财政总收入151.2亿元，同比增长36.9%，其中一般公共财政预算收入71.8亿元，同比增长30.8%；完成限额以上商品销售额3609.4亿元，同比增长15.9%；实现外贸进出口总额217亿元，同比增长38.6%；完成集装箱吞吐量425万标箱，同比增长26.1%；完成规模以上工业产值199.4亿元；各项主要经济指标继续保持快速增长。

海天一色

花海

梅山国际集装箱码头

桥海披锦绣

总部大楼

温州经济技术开发区

温州经济技术开发区于1992年经国务院批准成立，是浙南闽北首家国家级经济技术开发区，现辖状蒲园区、滨海园区、金海园区（丁山和天成垦区）和瓯飞围垦部分区域，委托管理4个街道，规划总面积133平方公里，辖区人口30万人，形成了工业化和城市化两轮驱动、多功能综合性统筹发展的开发模式。

经过20多年的艰苦创业，温州经济技术开发区的发展空间不断拓展，基础设施不断完善，综合实力不断提升，成为温州先进制造业的主要基地、对外开放的重要窗口和工业经济转型的重要平台。2018年，实现地区生产总值230.1亿元，工业总产

瓯飞围垦全景实景图

值 534.6 亿元，规模以上工业增加值 88.4 亿元，财政总收入 28.6 亿元，一般公共预算收入 16.7 亿元；完成固定资产投资 108 亿元，批零住餐业销售额 513 亿元，外贸出口额 84.5 亿元，R&D 经费支出占比达 3.5%；城镇和农村居民人均可支配收入分别增长 8%、9.3%；万元 GDP 能耗下降 6.5%。初步形成了纺织鞋革、民用电器、水暖洁具、食药机械等传统产业提升和新能源新材料、电子信息、先进装备、关键汽车零部件等高新产业培育的集群发展格局，拥有了较为完善的基础设施体系、产学研体系、现代服务体系和社会配套体系。

“十三五”期间，温州经济技术开发区重点培育发展汽车制造（销售）业、以激光与光电为代表的先进装备制造业、现代物流业等产业，推进传统优势产业的提升，加快金融商贸、研发物流、文化创意等生产性服务业的发展，全力构造结构合理、协调发展的现代产业体系。同时，加快推进城乡统筹、空间拓展和产业提升，实施“一区多园”、跨区域合作的战略规划，促进资源要素合理集聚，努力建设高端产业集聚区、生态建设示范区和城乡统筹先行区，创建产城一体化的城市新区。

滨海园区外景

海洋创业创新园

金海湖公园

企业车间

湖州经济技术开发区新景观

湖州经济技术开发区

湖城晚色

“西塞山前白鹭飞，桃花流水鳜鱼肥”描绘的正是湖州经济技术开发区（以下简称开发区）的美丽景致。开发区位于浙江省湖州市核心区，成立于1992年8月，2010年3月经国务院批准升级为国家级经济技术开发区。开发区先后被认定为浙江省首批海外高层次人才创业创新基地、首批国际服务外包示范区、首批现代服务业集聚示范区、首批外商投资新兴产业示范基地，国家级绿色园区、国家级技术转移示范机构，省级军民融合产业示范基地，湖州市跨境电子商务产业示范园区、湖州市金融产业集聚区。开发区在发展定位上，打造6个新高地：按照一流项目、一流平台、一流产业、一流企业、一流人才、一流服务的工作要求，把开发区打造成为“引商引资新高地、产业发展新高地、质量效益新高地、创新创业新高地、产城融合新高地、改革试验新高地”。在发展方向上，坚定不移沿着“八八战略”指引的路子走下去，坚定不移争当“加快赶超、实现两高”急先锋、排头兵，坚定不移打造长三角发展高地、创新硅谷、智慧新城。在发展目标上，按照财政收入、固定资产投资、工业投资、规模以上工业增加值等主要指标年均两位数增长的要求，着力打造千亿级产业园区。在产业培育上，做大“3+2”主导产业：围绕省委、省政府七大主导产业，加速新能源汽车、生物医药、电子信息和金融服务业、现代物流业“3+2”主导产业集聚发展。在空间拓展上，建设“一城五园”六大产业平台：加快湖州科技城、新能源汽车产业园、康山电子信息及高端装备制造产业园、南太湖生物医药产业园、湖州铁公水综合物流园、南太湖金融产业园等重大产业平台建设。

龙溪港畔新城秀

美丽新城

湖城新貌

嘉兴经济技术开发区

2018年10月30日，喜德瑞中国嘉兴工厂举行奠基仪式。

2018年6月28日，德国上市集团森泰科中国投资项目正式落户。

嘉兴经济技术开发区（以下简称开发区）位于嘉兴市的主城区，是一个典型的城市型开发区，创建于1992年8月，是浙江省政府首批批准设立的省级经济开发区。2010年，正式升格为国家级经济技术开发区，并与同年设立的省级嘉兴现代服务业集聚区和嘉兴国际商务区实现三区合一、合署办公，成为全市先进制造业、现代服务业发展和城市化发展的重要平台。目前，开发区、国际商务区全区规划控制面积110平方公里，委托管理城南、嘉北、塘汇、长水4个街道，辖区人口超35万人。近年来，开发区荣获全省优秀开发区、对外贸易十强开发区、利用外资十强开发区、浙江省十佳开放平台等称号，连续6年在全省21个国家级开发区年度考核中排名第二。2018年，在全国219个国家级开发区综合发展水平考核评价中列第13位，利用外资列第8位。

经过27年的创新发展，开发区以独特的优势正成为投资新热土：一是区位交通十分优越。处于中国经济最具活力的长江三角洲区域的地理中心，紧邻上海、杭州、苏州和宁波，同时具备高速公路、铁路运输、内河航运、远洋航运、航空运输等交通配套。二

运河新区

是开放活力日益显现。紧紧抓住长三角一体化、沪嘉杭 G60 科创走廊建设等重大机遇，把产业对接作为全面接轨上海的核心来抓，全区 80% 以上重大产业项目均来自上海。截至目前，已累计引进 40 多个国家和地区 640 多家外商投资企业，已落户世界 500 强企业投资的项目 35 个。三是产业发展特色鲜明。工业上形成了汽车零配件、电子信息、装备制造、化纤纺织、高端食品等五大主导产业，产业集聚度为 85%。特别是重点打造的装备制造、汽车零配件、高端食品新三大制造业主导产业发展势头强劲。同时，大力发展科技金融、总部经济等现代服务业，服务业增加值占地区生产总值比重为 53%。四是产业平台日趋完备。全面构建了“2+4”产业平台体系，即嘉兴高铁新城、先进制造业产业基地在内的两大重点平台和智慧产业创新园、国际金融广场、马家浜健康食品小镇、浙江中德嘉兴产业合作园的四大专业平台。

当前，嘉兴经开区（国际商务区）正抢抓长三角一体化国家战略的重大机遇，全力打造全面接轨上海先行承载地、高质量外资先行集聚地、国际化品质城市先行实践地“三个先行地”。

2018年6月20日，“携手共进 合作共赢”第四届招商大会召开。

全球第五家、亚洲第一家制造工厂——乐高玩具制造（嘉兴）有限公司

嘉兴国际金融广场

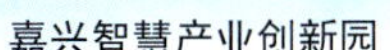

嘉兴智慧产业创新园

2018年10月18日，欧美智能制造产业项目奠基。

嘉善经济技术开发区

2018年10月18日，浙江中荷（嘉善）产业合作园二期建设启动仪式。

嘉善经济技术开发区（以下简称开发区）辖区面积65.5平方公里，核心规划区18.2平方公里，是1993年11月经浙江省人民政府批准成立的首批省级经济开发区，2011年6月经国务院批准升格为国家级经济技术开发区。

嘉善经济技术开发区位于浙江省与上海市交界处的长三角经济圈中心区域，恰处于地处上海、苏州、杭州、宁波四大城市对角线交叉点，交通便捷，区位优势得天独厚，有“接轨浦东第一站”之美誉。

目前，开发区已拥有喜力啤酒、铠嘉电脑（和硕集团）、特易购（华润万家）、阿克苏·诺贝尔等一批世界500强企业，汇聚了晋亿螺丝、斯道拉恩索、众成包装、华瑞赛晶、梦天门业、索菲亚家具等一批行业龙头企业。累计吸引全球30多个国家和地区的400多家外商投资项目落户，合同利用外资超50亿美元、实际利用外资超20亿美元。

着眼“十四五”、立足“国家级”，开发区将以“创新、协调、绿色、开放、共享”五大发展理念为引领，致力于打造经济转型、产业升级的示范区，开放合作、接轨上海的先导区，创新驱动、高端要素的集聚区，产城融合、宜居乐业的和谐区。

2018年12月1日，绿色储能锂电池项目签约仪式。

开发区正门照

开发区

嘉兴港区

嘉兴港区地处上海南翼、杭州湾北岸，管理范围为乍浦镇域55.8平方公里，总人口约12万人，辖区内有国家一类开放口岸嘉兴（乍浦）港、国家级嘉兴综合保税区、国家级化工新材料（嘉兴）园区、省级乍浦经济开发区、临港现代装备·航空航天产业园、千年古镇乍浦镇。基本实现了与沪、杭、甬、苏周边城市的"一小时交通圈"，是"长三角"地区的一个重要交通枢纽。

自2001年嘉兴市委、市政府设立嘉兴港区党工委、管委会以来，嘉兴港区以嘉兴市滨海开发带动战略为引领，着力打造国内特色临港产业新高地、长三角国际化现代新港口、环杭州湾和谐生态新港城。

2018年，港区共有11项主要经济指标增幅位列全市第一，利润总额、利税总额、规模以上工业总产值、规模以上工业增加值、合同外资、实到外资6项指标创历史新高。全年地区生产总值增长11.5%；城乡居民人均可支配收入分别增长7.7%和9.2%；一般公共预算收入增长22.8%；乍浦港区货物吞吐量增长8.4%，集装箱增长27.2%。港区以占全市1.27%的土地面积，贡献了全市8.0%的规模以上工业总产值、8.7%的利税总额、9.1%的进出口总额及9.5%的利润总额，对全市的贡献度逐年提高。

国家一类开放口岸嘉兴（乍浦）港—嘉兴（乍浦）港系国家一类开放口岸，为浙北地区唯一出海口，拥有自然海岸线74.1公里，已发展成为公专用泊位相配套、内外贸兼营和集装箱、散杂货及液体化工品装卸功能齐全的综合性港口，大宗货物吞吐量和集装箱业务近3年增速列全国沿海港口首位，货物吞吐量跻身全国十强，集装箱吞吐量位居全省第二。目前开发区共拥有码头泊位46个，其中万吨级以上34个，集装箱航线21条，跻身海峡两岸直航港口行列。

临港现代装备·航空航天产业园——规划面积10.3平方公里。定位发展成为长三角高端智能制造和现代电子信息产业集聚区、浙江省军民融合发展新标杆、嘉兴滨海新区创业创新新平台、嘉兴港区经济新增长极。产业发展导向：构建"2+X"的产业体系，"2"大主导产业为高端装备制造、电子信息，"X"产业为节能环保产业、新能源汽车、现代物流、科技服务等新兴产业。

国家级综合保税区——嘉兴综合保税区前身嘉兴出口加工区于2003年3月经国务院批准设立，2015年1月经国务院批准整合优化为嘉兴综合保税区，已陆续成功复制多项自贸区改革创新试点经验。嘉兴综合保税区重点打造成为大宗商品保税仓储物流基地、先进装备保税加工制造基地、进出口商品展示展销交易基地。

国家级化工新材料园区——中国化

工新材料（嘉兴）园区于2008年7月被中国石油和化工协会命名授牌。经过多年的发展，已形成聚碳酸酯、有机硅、环氧乙烷、PTA、甲醇制烯烃等多条具有行业竞争力的产业链。园区先后荣获国家新型工业化产业示范基地、全国智慧化工园区试点示范单位、浙江省“两化”深度融合试验区、循环经济示范区、清洁生产示范区、外商投资新兴产业示范基地等多项荣誉，继2018年中国化工新材料（嘉兴）园区位列中国化工园区30强第10位后，2019年再次高位升级，位列30强第9位。

省级综合物流园——嘉兴港区综合物流园于2012年启动建设，按照港航综合服务核心、临港作业区、石化物流区、建材物流区、保税物流区“一心四区”空间布局打造长三角区域内综合性现代物流园区。连续5年荣获全国优秀物流园区称号，预计到2020年，可实现货物吞吐量和集装箱业务大幅提升，奠定区域航运和物流中心地位，基本形成港口综合物流体系。

杭州湾新经济园——嘉兴市杭州湾新经济园成立于2015年3月，规划建筑面积13万平方米，致力于打造成为嘉兴港区科技创新孵化平台、功能性机构集聚基地、新兴业态发展高地、大学生创业福地。该园区已先后荣获嘉兴市级新经济园、省级科技孵化器、浙江省级生产性服务业集聚平台等多项荣誉，目前正争创浙江省级现代服务业集聚区、电子商务示范基地和嘉兴市级“四新经济”示范园区、特色楼宇集聚区。

千年古镇乍浦镇——乍浦镇是一座历史悠久的千年古镇，通江达海、依山傍水，“山、海、港、桥、林”特色鲜明。经过多年的开发建设，26平方公里的城市道路框架基本形成，供水、供电、供热、排污等城市基础配套基本完善，科教文卫等社会事业共建共享，城市服务功能、品位和人气不断提升，人民群众幸福感、满意度日益增强，已成为杭州湾北岸一座宜居宜业的滨海新城。

越城区（高新区、袍江开发区）

省级服务外包综合园区

越城区（高新区、袍江开发区）地处杭州湾南岸，宁绍平原西部，会稽山北麓，位于浙江大湾区核心区，是绍兴市政治、文化中心，市委、市政府所在地。这里交通便利，毗邻上海、宁波港等大型港口，离杭州萧山国际机场和宁波机场分别只有 40 分钟和 60 分钟车程；绍兴高铁北站坐落于境内；绍兴地铁 1 号线和 2 号线计划 2021 年底通车，将与杭州实现同城。

1983 年 7 月，绍兴撤地建市设越城区。1994 年 11 月至 2000 年 12 月，绍兴市、越城区合署办公。2001 年 1 月，越城区恢复职能。至 2013 年 11 月前，部分区域委托高新区、袍江开发区、镜湖新区代管。其中，高新区为国家高新技术产业开发区，袍江开发区为国家经济技术开发区，镜湖新区为市级开发区。2013 年 11 月，镜湖新区并入越城区。2016 年 3 月，越城区与高新区合署，不再保留镜湖新区党工委、管委会。2018 年 6 月，越城区（高新区）与袍江开发区合署，实行“一套班子、三块牌子”，实现“政区合一”，共辖 5 个镇、11 个街道，共有 292 个村、102 个社区，面积 493 平方公里，常住人口 76 万人。

当前，越城区（高新区、袍江开发区）正处在高水平全面建成小康社会的关键时期，正在围绕念好“两业经”、唱好“双城计”、打造“活力城”，勇当高质量发展的排头兵，努力成为浙江大湾区建设的示范区、绍兴大城市建设的引领区。

——唱好古城保护发展与新城开发建设“双城计”

这里拥有 2500 多年历史的绍兴古城，城址至今未变，是闻名遐迩的水乡、酒乡、桥乡、戏曲之乡。这里人杰地灵，历代名人辈出。华夏始祖大禹在此成治水之功，并葬于会稽。春秋霸主越王勾践在此卧薪尝胆、图强兴国。这里涌现了书圣王羲之、爱国诗人陆游、心学大儒王阳明、青藤老人徐渭等艺术大家，哺育了秋瑾、徐锡麟、陶成章等辛亥志士，更是民族脊梁鲁迅、学界泰斗蔡元培的故乡，被毛主席盛赞为“鉴湖越台名士乡”。8.3 平方公里古城范围内，就有各级文保单位 73 处，被誉为“没有围墙的博物馆”。

这里也是一座现代开放的新城，镜湖、袍江、迪荡三大新城区交相辉映。镜湖自 2002 年启动开发建设以来，市行政中心、科技中心、文化中心、奥体中心相继投用，镜湖科教园集聚了绍兴文理学院、绍兴越秀外国语学院、绍兴一中等重点学府。2018 年 6 月，市委市政府作出重大决策部署，市、区两级合力共建镜湖核心区，为镜湖加快打造全市首位度的城市核心和地标性新城区提供了强大保障。此外，袍江建成区面积已达 40 平方公里，基本形成了以高新技术产业为主导的产城人融合集聚区。迪荡新城作为全市现代化商贸商务中心，已累计入驻企业超过 3500 家。近年来，全区持续推动城市有机更新，以城市转型带动经济社会全面转型，共完成城中村改造 615 万平方米，古城房屋征收改造 24 个项目，进一步提升了城市形象，并为新一轮发展腾出了空间。

——念好发展高端制造业与现代服务业“两业经”

这里产业高度集聚，是绍兴“一区两廊”建设的“主战场”，拥有高新区、袍江两个国家级开发区，以及健康装备

精工悦车小镇

金帝银泰城

了向日葵、三圆石化、新和绿色照明等重点企业，投资38亿元的中节能产业园和科技创新园加快建设，佳人新材料、古纤道新材料等项目正合力打造全国最大的循环再利用纤维生产研发基地。同时，全区还拥有京华激光、苏泊尔生活电器、华剑床垫机械、百翔科技等一批行业“单打冠军”。

及医用新材料国家火炬计划特色产业基地、国家现代服务业电子商务产业化基地、国家级科技创新服务体系试点园区3块国家级牌子。2018年，实现地区生产总值883.4亿元，规模以上工业总产值1205亿元，固定资产投资416.9亿元，限额以上社会消费品零售总额39.1亿元，自营出口426.5亿元。拥有科技孵化器10个（国家级3个），市级以上众创空间9家，研发中心268个，国家高新技术企业153家，省科技型中小企业844家。拥有主板上市企业6家、新三板挂牌企业15家。累计入选（引进）国家“千人计划”15人、省“千人计划”20人、“绍兴海内外英才”160人。

高端制造业领域，初步形成了电子信息、节能环保、生命健康、新型材料等主导产业。电子信息产业以集成电路为突破，集聚了中芯国际、浙江京东方、航芯科技、欧柏斯光电、宏邦电子等一批设计、制造、封装、测试产业链相关企业，一期投资58.8亿元的中芯集成电路制造项目全面建设，集成电路小镇入选全省首批“万亩千亿”新产业平台。节能环保产业已形成脱硫脱硝、污水处理、垃圾处理、土壤修复等细分领域，集聚了德创环保、奇彩环境、源程环保、金佰利环境科技等多家企业。生命健康产业主要涵盖医用材料、可穿戴设备、大型医疗装备等领域，现有铭众生物医用材料与器械研究院、明峰核医学影像系统研究院两家省重点企业研究院，集聚了振德敷料、福清卫生、海圣医疗、康知生物等重点企业；新型材料产业已形成新能源材料、节能环保新材料、化工新材料等细分领域，集聚

现代服务业领域，以文化为纽带，古城、新城为载体，加快文旅商融合发展。发挥老街、古巷历史文化资源优势，精心建设历史街区，其中，柴场弄已引进全市首个文商旅发展融合项目“风越里”；上大路正在打造“阳明时代的水乡码头商业文化体验地”、绍兴版“宽窄巷子”；迎恩门风情水街总投资约15亿元，以1.5公里古运河为轴，将打造集文化展示、旅游休闲、体验商业于一体的特色城市街区。金德隆、“尚1051”、水街壹号等文创园区已成为创意设计、影视传媒、文旅体验等文化创意产业集聚地。绍兴黄酒小镇作为全国第二批、浙江首批特色小镇，正在打造振兴历史经典产业的示范标杆和文化旅游目的地。全区已形成解放路、迪荡、镜湖、城南、环城北路、世纪街等商圈，集聚了世茂广场、金帝银泰城、苏宁广场、汇金生活广场、梦享城等大型城市商贸综合体。绍兴·中国汽车城及悦车小镇已集聚汽车品牌4S店58家，汽车年销售额突破150亿元。

——打造改革创新、环境优美、宜居宜业的“活力城”

这里见证了绍兴改革开放40年的历史变迁，从“一市一区”到“一市三区”，一直是绍兴大城市建设的战略核心。加快承接市级事权，区级“自转”功能进一步提升，区行政服务中心100%事项实现“最多跑一次”，镇街“四个平台”综合信息指挥中心实现全覆盖。这里被誉为“漂在水上的千年古邑”，全长12公里的环城河环绕古城，省内首个国家级城市湿地公园——镜湖湿地公园，全市最大的天然淡水湖——狭猕湖坐落境内，总蓄水量500万立方米的迪荡湖已成为融休闲、文化、旅游等功能于一体的城市会客厅和金名片。全区已基本消灭劣Ⅴ类和Ⅴ类水，先后获评省“清三河”达标区、全省“五水共治”工作优秀县（市、区），顺利夺得“大禹鼎”。这里百姓富足、社会安定，教育、文化、医疗、养老等社会事业均衡发展，是城市社区“契约化”共建经验的诞生地，被誉为城市党建的“越城模式”。2018年城镇、农村常住居民人均可支配收入分别达到55164元、33156元，同比分别增长8.4%和8.7%。近年来先后获评全国义务教育发展基本均衡区、全国社区教育实验区、全国科普示范区、浙江省科技强区、浙江省教育强区、浙江省教育基本现代化区、浙江省体育强区、浙江省社区卫生服务先进区等称号，并连续13年荣膺浙江省平安县（市、区）称号，夺得“平安金鼎”。

柯桥全景

绍兴柯桥经济技术开发区

世界模特小姐大赛

曹娥江大闸

绍兴柯桥经济技术开发区（以下简称开发区）位于杭州湾南岸核心地带，是柯桥的北大门，沪杭甬高铁、329国道和浙东大运河横贯境内，区域内已有沪杭甬高速柯桥枢纽，杭绍台高速枢纽正在建设中。在“杭州西进、绍兴北拓”的发展战略中处于黄金区位，距杭州萧山国际机场20公里，距杭州主城区35公里，距宁波110公里，距上海200公里。

柯桥经济技术开发区的前身为柯桥经济开发区，于1992年9月挂牌成立；1993年11月，经浙江省人民政府批准，成为全省第一批省级重点经济开发区之一；2010年11月，经浙江省人民政府批准设立省级高新技术产业园区；2012年10月，经国务院批准升格为国家级经济技术开发区。开发区先后荣获长三角最具投资价值开发区、科技部国家火炬计划产业基地、中国纺织品牌展贸示范基地、新华社最有价值开发区等一系列称号。

近年来，开发区在原有纺织印染、石化、化纤薄膜、电子机械等产业集群基础上，加快

工业区一景

转型提升，重点发展新能源汽车、新材料、智能装备制造、建筑产业现代化等新兴产业，产业结构不断优化，综合实力不断增强。2018 年，经开区实现财政总收入 64 亿元，同比增长 17.98%，其中公共财政预算收入 38.12 亿元，同比增长 19.56%；规模以上工业总产值 1138.71 亿元，同比增长 24.16%；规模以上工业增加值 256.54 亿元，同比增长 24.75%；自营出口 182.1 亿元，同比增长 8.96%；完成全社会固定资产投资 122.83 亿元，其中工业投资 103.08 亿元。

第二次全省开发区整合提升会议后，滨海工业区纳入开发区管辖范围，总规划面积为 165.8 平方公里，辖域范围为齐贤街道、安昌街道、马鞍镇，主要负责辖区内的规划、国土、招商、融资、重大基础设施建设和项目审批监管等，以及蓝印时尚小镇建设、项目招商、审批和建设期间的企业服务。

今后，开发区将坚持以转型提升、创新发展为方向，以招商选资、项目建设为抓手，以规划建设、产城融合为引领，致力打造区域经济发展的主引擎、创新创业的新高地、改革开放的示范区，三年跻身全省国家级开发区前十强。

柯桥科技园

上市公司梅轮电梯

人工湖

杭州湾上虞经济技术开发区

围涂文化主题公园（观潮平台）

码头湿地公园

杭州湾上虞经济技术开发区地处绍兴东部，东邻宁波，西接杭州，北连上海，比邻四大国际机场，紧邻嘉绍大桥，直通数座世界级大港，运河、高速、高铁密集交会。2019年年初，抓住长三角一体化的契机，国家级杭州湾上虞经济开发区与省级浙江省上虞经济开发区正式整合。“两区”实质合并，经济总量达到1250亿、规模以上产值1030亿元、工业税收54亿元，分别占全区总量的60%、70%和80%，在绍兴市3个国家级开发区综合排名中位列第一，在全国219个国家级开发区中排名第100位。

合并后的杭州湾上虞经济技术开发区，规划面积达175平方公里，成为全市第一大平台，落户企业超过1000家。按照“一轴两片三组团”的空间结构和产业布局要求，北片（原杭州湾经开区）新材料、现代医药和汽车及零部件、高端装备“2+2”主导产业，及南片（原上虞开发区）机电装备、轻工纺织、绿色照明、汽车配件四大主导产业迅速整合，形成以先进新材料、现代医药、高端装备制造、电子信息产业和配套产业创新发展的生产性服务业的“4+1”主导产业方向。整合后的经开区主要由 3 个组团构成。一是高端制造集聚区，规划总面积 15.6 平方公里，以产教融合目标定位，着力引进一批国内知名高校、研究院、医院。目前，开发区全力推进邵逸夫医院绍兴院区落地，加快推进杭电产教融合创新园以及南华大学、计量大学、武汉理工大学等研究（生）院、浙建院上虞校区启动建设。二是未来小城，规划总面积 5 平方公里，致力于打造产城融合、宜居宜业的现代化新城。2017 年 10 月，浙江理工大学科学与艺术学院正式开学，7000 多名来自全国各地的学子在此求学。围绕理工大学周边，经开区加快推进青春社区、大学商业街、新城小学、中加国际幼儿园等配套项目建设。三是产业拓展区，规划总面积 4.5 平方公里，集中发展先进医疗、装备制造、先进新材料等主导产业，优化产业结构。

20 多年，杭州湾上虞经济技术开发区从无到有，创造了无数的辉煌荣耀。如今，在全省推动长三角一体化战略中，经开区制造业加快向高端化、智能化、绿色化、服务化、集群化转型发展，力争通过 3—5 年的努力，打造成为“大湾区高端智能制造的大平台、接轨大上海桥头堡的示范区、创新发展的新引擎、高质量发展的主阵地”。

嘉绍高速入口

科创中心

区内河道

浙江理工大学科学与艺术学院正门照

丽水经济技术开发区

丽水经济技术开发区（以下简称开发区）1993年设立，2014年升级为国家级经济技术开发区，总面积110平方公里，其中城市规划面积71平方公里。开发区位于丽水市区西南方，是丽水城市总体规划“一江双城”框架下的南城新区，也承载着丽水城市规划的“北居中闲南工”定位中的休闲产业发展和生态产业集聚的两大功能。先后被列为国家级园区循环化改造示范试点、浙江省开发区生态化建设试点园区、浙江省“两化”融合绿色安全制造信息化试点园区，是国家火炬智能装备与机器人特色产业基地。2018年，实现地区生产总值67.36亿元，规模以上工业产值185亿元，财政总收入14.15亿元。丽水开发区通过不断谋求新发展，逐渐凸显自身优势，主要呈现出以下五方面特点：

管委会大楼实景

一是生态底色鲜明。近年来随着全市“两山”理念的深入实施，丽水开发区更加注重生态发展，不断加大环境整理力度，淘汰落后产能，提高招商引资准入门槛，四项主要污染物均超额完成减排任务，空气质量达到二类功能区标准，PM2.5指标优良天数达到100%。

二是区位条件优越。经过“十二五”时期的开发，丽水由浙江省的交通末梢一跃成为浙西南和海西经济区重要节点城市。目前，开发区拥有“四位一体”交通网，临近金丽温铁路，金丽温、龙丽等高速公路穿过园区，距温州、义乌机场仅100公里，丽水高铁站开通，时空距离瞬间缩短，丽水到温州半小时，到杭州一个半小时，到上海两个半小时；此外，丽水已启动建设丽水机场和打造以铁路、

崛起的丽水经济技术开发区

丽水大数据云中心建设项目举行奠基仪式

港区、高速公路货运为一体的货运交通枢纽，丽水机场项目的选址就在丽水开发区。今后一个时期，开发区将成为浙西南地区水路、公路、铁路和航空运输集散中心。

三是发展空间广阔。丽水是全国首批低丘缓坡开发试点市，丽水开发区以此为契机，已经通过低丘缓坡试点扩展出工业用地 22 平方公里，目前可用的工业用地 5000 余亩，商住用地约 6000 亩，基础设施配套“六通一平”全部到位，“地等企业”的优势较为明显。在“十三五”期间，丽水开发区将着力实现“一心两区三片”的空间布局，“一心”即做大做强生态工业核心区，“两区”即统筹推进产城融合示范区和城市功能区两大服务区块；“三片”即引导开发区三大片区特色化、差异化发展服务业，努力实现以工业为主导的开发区向宜工、宜商、宜居的城市功能新区转变。

四是转型措施有力。近年来，开发区实施了“亩产论英雄”“三改一拆”“四换三名”“五水共治”“低散乱”整治等转型升级系列组合拳，进一步优化产业发展结构。传统合成革产业通过治污倒逼、循环化改造等措施，减少了污染和排放，控制了产业规模优化，下一步还将按国际最高标准抓好开发区合成革行业转型提升。同时，我们采取鼓励企业科技创新、引导企业对接资本市场等措施，扶优扶强一批科技成长型企业。

五是服务保障优质。开发区将招商引资作为“一号工程”“一把手工程”来抓，成立了招商委，构建“三局两中心”招商体制，即三个专业招商局、一个投资创业服务中心和一个行政审批服务中心，聘请 13 名招商顾问，基本形成了全员、全程、全责招商的新格局。同时，我们持续深化行政审批制度改革，优化梳理出 7 个“零审批”流程，强化“一站式”服务功能；对干部作风建设出台了“六个表率”以及政商关系“十个严禁”等系列政策，推行周末无休、“5+2”“白 + 黑”等工作机制，竭尽全力为企业提供最优的服务，打造廉洁、高效、便捷的创业投资环境。

宁波杭州湾经济技术开发区

宁波杭州湾经济技术开发区是浙江省对外开放的重大平台，位于杭州湾跨海大桥南岸，地处上海、杭州、苏州、宁波等大都市几何中心。目前，已累计引进各类产业投资3000亿元以上，集聚了德国大众、吉利汽车、美国伟世通、荷兰联合利华等18家世界500强企业投资项目34个，同时还引进了吉利—沃尔沃中国设计及试验中心、中国汽车技术研究中心华东分中心、康龙化成生命科技产业园、复旦杭州湾科创园、e设计街区等一批重大科技创新平台，正在形成以汽车、通用航空、智能电器、新材料、生命健康、高端装备等为代表的产业集群。此外，依托杭州湾湿地、深圳华强“美丽中国三部曲”和海底温泉三大品牌资源，大力发展旅游产业，正在成为长三角区域旅游休闲目的地。围绕产业梦、创新梦、城市梦、文化梦、品质梦的发展目标，正在加快建设“国际化产业名城、现代化美丽湾区”，努力打造成为杭州湾大湾区标志性、战略性的大平台。

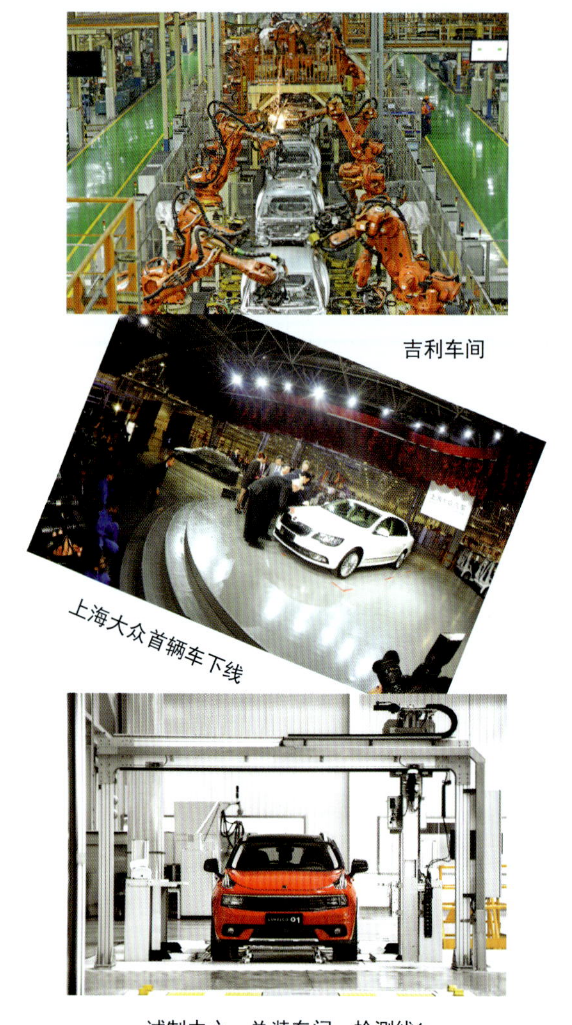

吉利车间

上海大众首辆车下线

试制中心—总装车间—检测线1

世纪城夜景

编辑说明

一、《浙江商务年鉴(2019)》(以下简称《年鉴》)由浙江省商务厅《年鉴》编辑委员会组织编纂。

二、《年鉴》是一部全面反映浙江省商务发展情况的资料性年刊,主要记述了2018年浙江省商务发展的基本概况,共设正文9编。

1. 文献与重要文件:收录了浙江省委书记车俊在全省对外开放大会上的讲话摘要,浙江省省长袁家军在浙江省第十三届人民代表大会第二次会议上的政府工作报告摘要等5篇,以及2018年浙江省出台的商务领域的重要文件共15篇。

2. 概述:共刊载了13篇文章。包括《2018年世界经济贸易形势报告》《2018年中国宏观经济形势报告》《2018年国际商品市场走势报告》《2018年中国对外贸易形势报告》《2018年浙江省国民经济和社会发展统计公报》《2018年浙江省商务运行形势分析》《2018年浙江省经济开发区经济发展报告》《2018年浙江省国际服务贸易发展报告》《2018年浙江省会展业发展报告》等9篇文章,以及国家税务总局浙江省税务局、国家外汇管理局浙江省分局、杭州海关2018年工作情况分析和浙江商务大事记4篇文章。

3. 商务统计:提供2018年浙江省国内贸易、对外贸易、利用外资、对外经济合作、电子商务、开放平台以及其他共7方面的统计资料。

4. 调研报告:刊载《以"一带一路"建设为统领 推动形成全面开放新格局》等调研报告共17篇。

5. 市、县(市、区)商务发展:提供了浙江省11个市、20个扩权县(市、区)2018年商务发展情况。

6. 开发区发展概况:提供了浙江省17个国家级开发区、3个海关特殊监管区以及部分省级开发区2018年的发展情况。

7. 省级商务研究、服务机构工作概况:介绍了浙江省商务厅下属单位在2018年的工作情况。

8. 重大会展、活动概况:介绍了2018年省内外重大商务会展参展情况和重要商务活动概况。

9. 商务表彰榜:收集了浙江省人民政府办公厅公布2018年落实有关重大政策措施真抓实干成效明显地方名单等共10个表彰榜。

三、《年鉴》刊登的文章和资料由浙江省商务系统及省级有关部门、开发区有关部门负责人及专业人员撰稿和提供。

四、《年鉴》的出版承蒙各单位、各部门的大力支持和协助,在此谨表衷心感谢。对其中的不足之处,恳请提出宝贵意见和建议,以使《年鉴》越办越好。

《浙江商务年鉴》编辑部

2019年10月　杭州

《浙江商务年鉴》

编辑委员会

《浙江商务年鉴》

编　辑　部

目　录

CONTENTS

第一编　文献与重要文件

一、文　献

二、重要文件

第二编　概　述

第三编　商务统计

一、国内贸易

二、对外贸易

三、利用外资

四、对外经济合作

五、电子商务

六、开放平台

七、其 他

第四编　调研报告

第五编　市、县(市、区)商务发展

一、各市商务发展

二、各扩权县(市、区)商务发展

第六编　开发区发展概况

一、国家级开发区

二、部分海关特殊监管区

三 部分省级开发区

第七编　省级商务研究、服务机构工作概况

第八编　重大会展、活动概况

第九编 商务表彰榜

第一编

文献与重要文件

一、文 献

浙江省委书记车俊在全省对外开放大会上的讲话摘要

（2018年5月9日）

习近平总书记在博鳌亚洲论坛2018年年会开幕式和庆祝海南建省办经济特区30周年大会上的重要讲话，郑重宣示了新时代开启中国同世界交融发展新画卷的坚定信念，旗帜鲜明提出了扩大对外开放的重大举措，发出了新时代改革开放再出发的动员令，掀起了一波强劲的“改革开放热”。今天，我们召开全省对外开放大会，表彰对外开放先进单位，研究部署对外开放工作，就是要在新时代新起点上，动员全省上下高举习近平新时代中国特色社会主义思想伟大旗帜，坚定不移沿着“八八战略”指引的路子走下去，坚定战略自信，推进开放强省，以“一带一路”建设为统领、构建全面开放新格局，奋力书写同世界交融发展的美好画卷，为推进“两个高水平”建设提供强大动力和坚实支撑。

时间是最伟大的书写者。40年来，党中央带领全党全国人民持续推进改革开放新的伟大革命，成功实现从封闭半封闭到全方位开放的伟大转折，推动我国跃升为世界第二大经济体和第一大工业国、第一大货物贸易国、第一大外汇储备国。浙江人民顺应时代潮流，发扬敢为天下先的精神，率先到世界市场的汪洋大海中去游泳，推动开放型经济蓬勃发展。从改革开放之初到2017年，全省对外贸易连续跨过三个千亿美元台阶，出口占全国的比重达到12.7%；实际利用外资从132万美元提高到179亿美元，占全国的比重达到8.1%；境外投资从基本为零提高到96亿美元，存量超过700亿美元。大开放有力地推动了大发展。到2017年，浙江实现地区生产总值近5.2万亿元，相当于世界第18位的土耳其；城乡居民人均收入连续32年和16年居全国省区第一位，人均生产总值达到1.36万美元，成功迈进高收入经济体行列！

这40年的历程，是一段从封闭走向开放、从贫穷走向富强的辉煌历程，更是一段解放思想和改革开放相互激荡、观念创新和实践探索相互促进的变革历程。在党中央坚强领导下，在党的基本理论、基本路线、基本方略的科学引领下，我们在游泳中学会游泳、在开放中深化开放，一步接着一步、一个阶段连着一个阶段，书写了开放图强的壮丽篇章。

开放图强的壮丽篇章，源自“打开国门搞建设”的历史抉择。改革开放之初，邓小平同志深刻指出：“关起门来搞建设是不能成功的，中国的发展离不开世界。”乘着改革开放的浩荡春风，浙江在开放发展的道路上探路先行。以宁波港对外开放为起点，从宁波经开区获批到自贸试验区挂牌，从义乌小商品市场开放到“义新欧”班列首发，从首家中外合资企业西湖藤器有限公司成立到179家世界500强企业落户，从首家贸易机构亚利公司在香港注册到阿里巴巴美国上市、吉利收购沃尔沃，浙江大地演绎了一个个“春天的故事”，对外开放图景次第展开、日新月异。

开放图强的壮丽篇章，源自“立足全局发展浙江、跳出浙江发展浙江”的战略指引。新世纪之初，面对加入世贸组织的重要机会窗口，时任省委书记习近平同志以卓越的全球意识和战略眼光，作出了进一步扩大开放的战略部署：将开放纳入“八八战略”，将开放图强纳入与时俱进的浙江精神，提出“立足全局发展浙江，跳出浙江发展浙江”的重要思想，召开全省对外开放工作会议，全面拓展了对外开放的广度和深度，开创了对外开放工作新局面。

开放图强的壮丽篇章，源自“进一步打开国内经济和参与国际经济合作相得益彰通道”的时代要求。党的十八大以后，我们全面落实总书记的重要指示，推动开放朝着优化结构、拓展深度、提高效益的方向转变。特别是近年来，我们坚决贯彻国家开放战略和主场外交战略部署，举全省之力做好G20杭州峰会服务保障工作，成功承办四届世界互联网大会，谋划打造“一带一路”枢纽，大力推进自贸试验区等平台建设，大大提升了浙江在世界的影响力和美誉度，将浙江对外开放推到了一个新高度。

一滴水可以反映出太阳的光辉，一个地区的变化可以成为一个时代变迁的缩影。浙江的实践充分证明，改革开放是正确之路、强国之路、富民之路。新时代，和平合作、开放融通、变革创新的潮流滚滚向前，要发展、要创新、要美好生活，必须毫不动摇走开放发展道路。今年是改革开放40周年、“八八战略”实施15周年。我们要坚持以习近平总书记对外开放重要思想为引领，牢固树立开放强省鲜明导向，全面把握机遇、沉着应对挑战，在风云激荡中不断开辟对外开放新境界，以高水平开放推动高质量发展。

一、学习践行习近平总书记关于对外开放的重要思想，奋力走在新时代对外开放的前列

当今世界正处在开放与封闭、前进与后退的十字路口，越是在这样的时候，越需要先进理论的指引，越需要学深悟透习近平总书记对外开放重要思想。习近平总书记对外开放重要思想，是我们应对国际形势变化的“强大武器”，是新时代推进对外开放的“指路明灯”。面对深刻变化的国际格局，面对个别国家保护主义、单边主义的冲击，我们必须切实增强“四个意识”、坚定“四个自信”，更加自觉、更加坚定地贯彻落实习近平总书记对外开放重要思想，在凝心聚力服务国家开放战略中彰显浙江作为，确保对外开放始终沿着中国特色社会主义的正确方向前进。

浙江是习近平新时代中国特色社会主义思想的重要萌发地和改革开放先行地，当好学习践行习近平总书记对外开放重要思想的模范生，我们责无旁贷。要通过“大学习、大调研、大抓落实”，结合习近平总书记对浙江开放工作的具体要求，努力在学习践行习近平总书记对外开放重要思想上做到更进一步、更深一步。牢牢把握习近平总书记提出的“中国开放的大门不会关闭，只会越开越大”的战略方向，毫不动摇进一步扩大对外开放；牢牢把握总书记提出的开放发展理念，不断提高对外开放的质量和发展的内外联动性；牢牢把握总书记提出的“一带一路”伟大倡议，勇当“一带一路”建设排头兵；牢牢把握总书记提出的“推动形成全面开放新格局”战略部署，既在开放的范围和层次上进一步拓展，更在开放的思想观念、结构布局、体制机制上进一步拓展；牢牢把握总书记提出的“以开放促改革促发展”的实践要求，以开放的扩大推动改革的深化，以开放的主动赢得发展的主动，创造新时代高质量发展的崭新业绩。

当好学习践行习近平总书记对外开放重要思想的模范生，必须更好肩负起新时代对外开放的新使命。要按照“干在实处、走在前列、勇立潮头”的要求，确立更高的目标追求，努力在三个方

面走在前列。

在参与和服务“一带一路”建设上走在前列。“一带一路”是习近平总书记着眼推动构建人类命运共同体提出的伟大倡议，是我国为世界提供的最大公共产品。我们要把参与“一带一路”建设作为最大使命、最大机遇、最大平台，充分发挥战略交汇、全球大港等优势，全面提升在“一带一路”国际合作中的参与度、连接度和影响力。到2020年，基本建成现代物流枢纽、国际科创产业合作高地、新型贸易中心、新兴金融中心、国际人文交流基地。在此基础上接续奋斗，全面建成“一带一路”的重要枢纽。

在发展更高层次的开放型经济上走在前列。我国经济已由高速增长阶段转向高质量发展阶段，开放型经济也迎来了从“有没有”转向“好不好”的攻关期。我们要按照高质量发展的要求，切实解决开放发展中的不平衡不充分问题，到2020年，优进优出的国际贸易格局、“引进来”和“走出去”并重的国际投资格局基本确立，全球市场份额进一步巩固提升，初步建成高品质产品产销基地和高质量外资集聚地、高水平对外投资策源地、高层次人才创业地，向全球产业链、价值链、创新链中高端迈出坚实步伐。

在打造国际一流营商环境上走在前列。浙江省“最多跑一次”改革的理念、举措、作风，与优化营商环境高度契合。我们要充分发挥“最多跑一次”改革的牵引作用，对标国际最高标准，破障碍、去烦苛、筑坦途，推动法治化国际化便利化营商环境建设取得重大进展，使各领域营商环境指标达到国际公认标准的先进水平，使企业的满意度和获得感全面提升。

二、紧紧聚焦“一带一路”统领，构建全面开放新格局

（一）全力打造“一带一路”重要枢纽

新时代构建全面开放新格局，首要任务是实施打造“一带一路”枢纽行动计划，全面增强枢纽功能，更好服务国家“一带一路”建设。要找准中央总体目标与浙江省特色优势的结合点，积极争取国家层面重大平台、重大项目、重大活动落户浙江。在国际合作中，始终秉持和遵循共商共建共享原则，多做“一加一大于二”的事，多让沿线民众分享发展红利。在对口支援、对口合作和东西部扶贫协作地区，建设浙江出口产业合作园等平台，助力对口地区打开开放发展通道。要把握地方参与互联互通建设的切入点，以海港、陆港、空港、信息港为关键支点，打造海上、陆上、空中、网上四位一体的国际大通道，率先在建设现代物流枢纽上取得突破。下一步要靶向施策、精准发力，海上通道重在提升综合竞争力，空中通道重在增强服务能力，陆上通道重在提高运营质量，网上通道重在强化领先优势。大力推进舟山江海联运服务中心和义甬舟大通道建设，加快实现“一带一路”和长江经济带双向贯通、联动发展。在做好“硬联通”的同时，大力加强标准化“软联通”，实施标准国际化重大项目建设，不断增强标准的国际影响力和话语权。要拓宽技术孵化转移与知识产权保护的契合点，围绕实施数字经济“一号工程”和重点传统产业改造提升，瞄准全球创新资源富集地区，布局建设海外创新孵化中心，推动创新能力开放合作持续健康发展。在创新合作中，我们的企业既要严格遵守所在国法律，也要更加注重有效维护自身权益。要打造引进来和走出去相结合的更多特色亮点，积极推进宁波“一带一路”建设综合试验区发展，加快建设中国—中东欧“16+1”经贸合作示范区，创建制造模式先进的全球精准合作示范基地，积极谋划、分步建设“一带一路”境外系列站。建设“一带一路”枢纽最终要落到一个个项目上。各地各部门要扎实抓好关键项目落地，加快建成一批综合效益好、带动作用大、各方普遍受益的示范项目。

（二）全力优化省域开放发展布局

要按照大湾区大花园大通道大都市区建设总体部署，激活开放元素，强化开放优势，补齐开放短板，推动省域开放层次全面提升。浙江的开放不是一个市、两个市、几个市的开放，而必须是全域的开放。大都市区要成为开放发展的引领区。大都市区的开放水平，决定着区域的开放水平。要在全球大格局中找准四大都市区的定位，深入实施国际化战略，努力成为吸引全球高端要素的主载体、参与国际合作和竞争的主平台，带

动中小城市全面提升国际化水平。支持杭州建设独具韵味、别样精彩的世界名城，支持宁波建设国际港口名城，支持温州建设国际时尚智城，支持金义都市区建设国际商贸名城、影视文化之都。大湾区要成为开放发展的主战场。大湾区天然具有开放基因，2017年全省对外贸易的72%、对外投资的74%、利用外资的92%集中在环杭州湾地区。要把开放高地建设作为打造世界级现代化大湾区的引擎，面向全球发“招贤令”、引新技术、聚好公司，培育以数字经济为标志的世界级先进产业集群，以此推动现代产业高地、“互联网+”科创高地目标的实现。全面接轨上海，以上海建设全球城市为契机，深化长三角区域开放合作，促进更高质量的一体化发展。大花园要成为开放发展的新亮点。衢州、丽水等地是浙江省开放发展的洼地，在生态文明时代，这一洼地的后发优势将日益凸显。要努力在更大范围发挥绿水青山优势，加快建设国际旅游目的地，在全球打响“诗画浙江”旅游品牌，深化山海协作，提升经济全球化水平，打造向国际社会展示“两山”理念实践成果的重要窗口。

（三）全力发展更高水平的国际贸易和投资

开放型经济的层次高不高，最终体现为国际贸易和投资的水平高不高，不仅要看出口的增速，更要看出口的结构和附加值；不仅要看引进外资的数量，更要看外资的质量和技术含量；不仅要看走出去的规模，更要看带回来的价值。浙江省外贸发展这些年来稳居全国前列，出口仍是经济增长的重要拉力，面对越来越激烈的国际竞争，必须深入实施多元化战略和国际竞争力提升战略，千方百计巩固提升市场份额。要深入推进外贸发展方式转变，加快培育以技术、标准、品牌、质量、服务为核心的贸易竞争新优势。以更大力度培育跨境电商、市场采购、外贸综合服务平台等贸易新业态新模式，把服务贸易放在突出位置，做大做强外贸新增长点。招引高质量外资是浙江省“三外”中的一块短板，要采取更大力度打造高质量外资集聚地。着眼长远、有所取舍，在精准招引外资上多想办法，在优化外资结构上多做文章，在提高外资质量上多下功夫。不能“捡进篮子都是菜”，不能光看项目数量和投资量，而要重点盯引综合实力突出的“旗舰型”企业、竞争力强劲的行业“领头羊”、细分领域“隐形冠军”、高科技“独角兽”。深化实施省市县长项目工程，要像我们抓波音大飞机项目那样，亲自出马，紧盯不放，只要每个地方主要负责同志都能够抓好一两个大项目，引进高质量外资新局面就打开了。“走出去”是开放型经济发展到一定阶段的必然趋势，要坚持“跳出浙江发展浙江”，加快打造高水平对外投资策源地。要按照市场规律开展海外并购和国际品牌创建，妥善应对国际投资限制措施，加快培育一批具有全球影响力的本土跨国公司。高水平建设境外经贸合作区，引导中小企业海外抱团发展、集群发展。跨国公司客观上就是开放平台，是所在区域连接世界的重要渠道，要积极引导跨国公司增强开放平台功能，在引进国际高端要素、带动中小企业走出去、促进城市国际化等方面发挥更大作用。

（四）全力建设新时代高能级开放平台

目前，浙江省已形成多类型、多层级、广覆盖的对外开放平台体系，但客观看，平台的能级还不够高，特别是具有全球影响力的标志性、引领性平台比较少。同先进地区相比，浙江省开放的差距突出表现在平台的差距上。平台能级高不高，关键要看制度创新的影响大不大，经济发展的实力强不强。所以，一方面要突出先行先试，着力创造更多可复制可推广的制度经验。特别是浙江自贸试验区、跨境电商综试区、义乌国际贸易综合改革试点等，承担着国家对外开放体制机制创新的重要任务，要继续大胆试、大胆闯、自主改，积极创造更多的制度创新成果，及时向全省其他地方推广。要在省级权限范围内赋予义乌改革开放最大自主权，支持义乌聚焦大众化国际贸易，构建中小微企业“买全球、卖全球”的公共服务平台，加快建成世界小商品之都，把义乌这一重要开放窗口打造得更好。另一方面，要做强开放型经济，用发展实力、发展质量说话。各类开发区、产业集聚区等开放开发平台，要全域规划，做好腾挪空间、盘活存量的文章，做好集聚高端要素、扩大增量的文章，做好改造提升传统产业、培育发展新兴产业的文章，做强实力、做优质量。同时需要看到，重大国际会展也是促进国际经贸合作的重要平台，通常还是开展主场外交的重要舞台。要以一流担当办好重大国际会展活动，重视做好杭州亚运会筹备工作，做到标准更高、措施更实、服务更优，充分发挥“大事件”对提高国际知名度、增强国际影响力的重要促进作用。

（五）全力推进国际人文交流合作

国之交在于民相亲，民相亲在于心相通。新时代扩大对外开放，不但要推动人文交流合作“走出去”，更要推动“走进去”，不断强化思想认同、文化认同、情感认同。要大力加强国际友城建设，优化国际友城发展总体布局，实施典范友城创建工程，进一步扩大我们的“朋友圈”，推动地方政府间开展务实交流合作。鼓励各类群团组织和民间组织加强对外交流，深化与世界各地浙籍侨领、侨商、侨团、侨企的联系，更好发挥民间外交在国际人文交流中的作用。要从青年入手、从学生做起，把教育合作放在更加突出位置，以开放合作助力实施高水平大学引育工程，加大力度引进国际知名院校来浙江省合作办学；广泛吸引更多海外学生来浙江省接受学历教育，进一步打响“留学浙江”品牌。要多办一些群众喜闻乐见、普遍受益的交流活动，围绕文化、体育、旅游、医疗、养老等领域，搭建国际交流合作平台，更好向国际社会展示浙江发展成果。发挥文艺春风化雨的功能，利用市场化力量，积极举办国际化高品质的文艺节目和活动。

（六）全力加强营商环境建设

营商环境就是竞争力，优化营商环境就是解放生产力、提高竞争力。一年多来，我们大力推进“最多跑一次”改革，为提升营商环境质量奠定了坚实基础。继续优化营商环境，必须锚定“国际一流”目标。对标国际最佳实践，聚焦企业办事的痛点堵点难点，持续深化制度创新和技术变革，不断降低企业办事全流程的时间和费用，加快建成营商环境最优省。必须全面深化对外开放领域“最多跑一次”改革。加快建成国内领先的国际贸易“单一窗口”，在确保今年整体通关时间压缩三分之一以上的基础上，到2020年再压缩三分之一以上，力争贸易便利化程度率先达到世界先进水平。全面实行准入前国民待遇加负面清单管理制度，让外资“准入之门”更加宽敞、开办企业更加便利，同等享受企业投资项目“最多跑一次”“最多100天”改革成果。深化出入境管理、外国人管理服务等领域改革，让群众办理涉外民生事项最大限度感受到方便快捷。必须发挥“最多跑一次”改革牵引作用，系统集成推进营商环境建设。营商环境是一个系统工程，既包括生产经营环境、社会生活环境，也包括法治环境、平安环境。要加快形成与高标准国际经贸规则相衔接的地方法规规章体系，严格依法平等保护各类产权，严格兑现向投资者及外商投资企业依法作出的政策承诺。“新官”不能不理“旧官”的事，后任不能不理前任的事，必须保持一致性，这就是信誉，这就是信用。营商环境好不好，评判权在企业手中，归根到底要由企业说了算。各地各部门特别是主要负责同志要多到一线听取企业声音，鼓励企业大胆反映问题，在解决问题中将营商环境建设推向深入。加快建立营商环境评价机制，做好杭州、衢州国家营商环境试评价工作，以评价促进营商环境优化。

（七）全力培育高素质国际化人才队伍

“功以才成，业由才广。”当今世界的竞争说到底是人才竞争，构建全面开放新格局关键要有高素质的国际化人才。各地各部门要牢固树立“人才为王”的观念，建立健全引才用才制度，怎样有利于集聚人才就怎样办，怎样有利于发挥人才作用就怎样做，加快打造人才生态最优省。

以上七个方面，是新时代浙江省对外开放的重点工作，是以“一带一路”建设为统领、构建全面开放新格局的“四梁八柱”，必须持之以恒抓实抓好。

三、聚力实施“十大举措”，以更大的力度把新时代对外开放推向纵深

为更好推动对外开放各项工作的落实，根据习近平总书记关于对外开放的最新讲话精神，省委、省政府决定推出以下10项新的对外开放重大举措。

第一，大手笔谋划推进自贸试验区2.0版。浙江自贸试验区是浙江省最大的开放试验平台，成立一年多来，我们积极探索，123项试点任务已

经完成了60项。我们要对标国内先进，奋起直追，加快创造条件，尽快完成自贸试验区1.0版的全部试点任务。在此基础上，落实党的十九大提出的“赋予自由贸易试验区更大改革自主权”的要求，谋划推进2.0版，重点抓好两件事：一是抓紧争取新赋权，重点争取压缩油品贸易领域负面清单等政策，建设有影响力的国际油品交易中心；借鉴海南博鳌乐城国际医疗旅游先行区建设经验，争取医疗旅游领域开放更大先行先试权，建设国际医疗旅游先行区。二是抓紧谋划并争取片区优化，跳出舟山，在开放程度高、体制创新活跃、战略带动意义强的区域设置新的片区，形成省内“一区多片”布局，充分调动各地积极性，大幅提升自贸试验区国际竞争力，努力把“最大试验田”的效能发挥到最大。

第二，先人一步打造以数字贸易为标志的新型贸易中心。习近平总书记在全国网信工作会议上，明确提出建设“21世纪数字丝绸之路”。浙江省数字经济发展全国领先，理应为建设“21世纪数字丝绸之路”作出开拓性贡献。重点包括：争取设立中国(义乌)跨境电商综试区，形成与杭州、宁波综试区的联动和互补优势，合力建设全球电子商务核心功能区和“21世纪数字丝绸之路”战略门户；鼓励和支持阿里巴巴以市场化方式推进电子世界贸易平台全球化布局，推动平台秘书处落户杭州，建设杭州电子世界贸易平台实验区；高质量办好全球金融科技创新博览大会，充分挖掘大会衍生价值，加快建设杭州全球金融科技中心；进一步打响世界互联网大会品牌，深化乌镇互联网创新发展试验区建设，办好联合国世界地理信息大会，支持杭州申办“21世纪数字丝绸之路”国际峰会，为我国参与全球数字经济治理提供支撑。

第三，下大力气把杭州大江东、宁波杭州湾新区打造成为标志性、战略性改革开放大平台。要发挥杭州大江东作为大湾区核心区和高端制造业集聚区的优势，从全省战略层面做好顶层设计，系统考虑解决交通、土地等瓶颈制约问题的办法，系统集成跨境电商、综合保税、临空经济等先行先试做法，努力在创新贸易和投资方式、营造一流营商环境上率先突破，在掌握高端制造和数字经济核心技术上走在前列，打造新时代改革开放的重要窗口和高质量发展的实践范例。宁波要积极推动杭州湾新区提升发展，省级部门要积极给予大力支持。

第四，以更大创新力度建设高质量外资集聚先行区和境外并购回归产业园。在嘉兴、湖州率先建设高质量外资集聚先行区，创新完善招引高质量外资的体制机制和政策举措，创造更有吸引力的投资环境，为全省利用高质量外资创造先行经验。在绍兴、台州等地先行建设境外并购回归产业园，在产业基金引导、研发创新支持等方面出台更加精准有力的政策措施，推进高质量境外并购项目回归发展。

第五，对标世界一流水平打造宁波舟山国际枢纽港和“义新欧”班列统一品牌。宁波舟山港要在港口智能化、现代航运服务发展、综合环境优化上下功夫，对标新加坡港、上海港实施新一轮降费提效行动，进一步降低通关时间和通关费用，加快建成运输效率最高、服务质量最优的国际强港。整合力量、握指成拳，组建“义新欧”物流联盟，把“义新欧”班列打造成全省统一的中欧班列品牌，推动物流通道和贸易通道双拓宽，到2020年双向开行每天1列，力争全年1000列，成为我国运营效益最好、市场化程度最高、竞争力最强的中欧班列。

第六，加快培育进口商品“世界超市”。把握我国主动扩大进口的机遇，积极承接上海中国国际进口博览会的溢出效应，重点打造若干具有国际影响力的进口商品展销平台：杭州发挥电商之都优势，建设进口商品展销中心和特色街区；宁波依托中国—中东欧投资贸易博览会，建设以中东欧为特色的进口商品展销平台；温州举办国际时尚产品博览会，建设浙南闽北赣东进口商品集散中心；义乌发挥小商品之都、“义新欧”班列等优势，建设大型进口商品展销区和特色馆；舟山依托中澳国际产业园、国家级远洋渔业基地，建设国际农产品贸易中心。

第七，充分发挥世界浙商作用、打造各具特色的“华商之窗”。为更好动员天下浙商、带动全球华商，积极参与浙江省“两个高水平”建设的火热实践，我们将鼓励支持各地打造一批各具特色的“华商之窗”，支持温州建设世界华商综合发展试验区、金华建设中非文化合作交流示范区、衢州推进与南南合作促进会合作项目建设、丽水建设浙江(青田)华侨经济文化试验区、义乌建设捷克小镇，引导华商回归发展，依托华商开展国际精准合作，促进浙江经济与浙江人经济联动发展。

第八，精心打造一批国际人文交流平台。支持浙江大学中国西部发展研究院建设国内一流的“一带一路”智库，支持义乌引进一流高校设立“一带一路”学院，面向“一带一路”沿线开展人才培训、留学生培养，开展前瞻性、战略性政策研究，在建设“智力丝绸之路”上发挥更大作用。将遂昌与莎士比亚故乡斯特拉夫德市的友好合作推向深入，共建汤显祖—莎士比亚戏曲小镇，定期举办汤显祖—莎士比亚文化节，打造地方参与国际人文交流合作的样板。

第九，下决心在对外开放体制机制创新上实现新突破。坚持问题导向，在各方反映比较多、方向看得比较准的三个方面率先突破：一是各类开放开发平台整合有新突破，加强省级层面规划统筹，按照“一个平台一个主体一套班子”的原则，以最高层级平台为核心，对区域范围内的各类开发区、产业集聚区、工业园区等进行实质性整合。二是服务业扩大开放有新突破，支持杭州、宁波争取国家级服务业扩大开放综合试点，率先落实金融、医疗、教育等国家已经明确的服务业开放举措。三是完善知识产权保护机制有新突破，重新组建省知识产权局，实行侵权惩罚性赔偿制度，加强知识产权海外维权援助，维护好企业知识产权权益。

第十，实施新的富有竞争力的对外开放政策。研究制定了“1＋1＋5”的对外开放政策体系，第一个“1”为省委、省政府《关于以“一带一路”建设为统领、构建全面开放新格局的意见》，这是浙江省对外开放的纲领性文件；第二个“1”为《打造“一带一路”枢纽行动计划》，这是浙江省参与“一带一路”建设的任务书和施工图；“5”就是促进外资增长、培育外贸竞争新优势、推进工业和信息化全球精准合作、提升人才国际化水平、加强境外安全保障等5个配套政策。

浙江省省长袁家军在浙江省第十三届人民代表大会第二次会议上的政府工作报告摘要

（2019年1月27日）

一、2018年主要工作回顾

2018年是改革开放40周年、“八八战略”实施15周年，是新一届省政府的开局之年。一年来，面对错综复杂的外部环境和艰巨繁重的改革发展任务，在党中央、国务院和中共浙江省委的坚强领导下，省政府坚持以习近平新时代中国特色社会主义思想为指导，全面贯彻党的十九大和十九届二中、三中全会精神，认真落实习近平总书记对浙江工作的重要指示，深入贯彻省第十四次党代会精神，统筹推进“五位一体”总体布局，协调推进“四个全面”战略布局，围绕“八八战略”再深化、改革开放再出发，全面落实省委各项决策部署和省十三届人大一次会议确定的目标任务。坚持稳中求进工作总基调，坚持新发展理念，坚持供给侧结构性改革主线，聚焦聚力高质量、竞争力、现代化，扎实推进富民强省十大行动计划，全力打好三大攻坚战，持续打好高质量发展组合拳，集中财力办大事，全省经济持续健康发展，社会保持和谐稳定，十方面民生实事圆满完成，“两个高水平”建设开局良好。全省生产总值增长7.1%，一般公共预算收入升至全国第4位，增长11.1%，城乡居民人均可支配收入分别增长8.4%和9.4%，高质量发展势头良好。“千村示范、万村整治”工程荣获联合国地球卫士奖，浙江的知名度和影响力进一步提升。

（一）着力抓改革促开放

“最多跑一次”等改革全面深化。配合省人大常委会，制定保障“最多跑一次”改革规定。全面推行“一窗受理、一网通办、一证通办、一次办成”，100%的事项实现网上办理，63.6%的民生事项实现“一证通办”，百姓办事更加方便了。企业投资项目开工前审批全流程实现“最多跑一次、最多100天”；“标准地”出让占省级以上平台新批工业用地的80.1%；深化商事制度改革，常态化企业开办时间压缩至4个工作日，企业投资更加便利了。深化“亩均论英雄”改革，规上工业企业亩均税收增长9.8%，亩均增加值增长7.4%。国资国企改革发展步伐加快，省市县国有资产统一监管体系初步建立。省政府机构改革任务全面完成。

对外开放向纵深推进。宁波舟山港货物吞吐量10.8亿吨、连续10年位居全球第1，集装箱吞吐量2635万标箱、上升为全球第3。推动中国（浙江）自由贸易试验区扩权，舟山绿色石化产业项目顺利推进，首架波音飞机完工交付。跨境电商进出口额增长35%。“义新欧”班列开行320列，“一带一路”捷克站开始运营。世界互联网大会、世界油商大会、联合国世界地理信息大会、中国—中东欧国家投资贸易博览会、中国国际茶叶博览会、浙台合作周等成功举办。

（二）着力打好三大攻坚战

金融风险防控有力有效。全省不良贷款率为1.15%，下降0.49个百分点。全力化解民营企业债券兑付风险和上市公司股权质押平仓风险。严厉打击非法集资，加大P2P网络借贷风险处置力度。坚决遏制违法违规举债，有序化解地方政府隐性债务风险。

精准脱贫有力有效。启动低收入农户高水平全面小康计划，完善因病致贫的医保制度和救助体系。低保标准实现城乡同标，最低生活保障水平达到7200元。新落地山海协作项目315个，到位资金520亿元。高标准做好东西部扶贫协作、对口支援和对口合作工作。

污染防治有力有效。启动实施蓝天、碧水、净土、清废行动，生态文明建设深入到城乡角角落落。严格做好中央环保督察和国家海洋督察问题整改。完成100个废气清洁排放改造项目，完成32个工业园区和210个生活小区“污水零直排区”建设，启动100座城镇污水处理厂清洁排放技术改造，完成105个入海排污口整治任务。垃圾分类制度全面建立。启动102个重点污染地块和垃圾填埋场修复工程，新增危险废物处置利用能力46.8万吨。设区市PM2.5平均浓度从39微克下降到34微克。全面建立河（湖）长制、湾（滩）长制，省控断面Ⅰ—Ⅲ类水质占比84.6%，提高1.8个百分点，“五水共治”成果全面巩固。完成“三改”2.63亿平方米、拆违2.05亿平方米，城乡环境更美了，发展空间更大了。

（三）着力强创新促转型

新动能明显增强。启动实施数字经济“一号工程”，制订数字经济五年倍增计划，数字经济核心产业增加值增长13.1%。建成“无人车间”“无人工厂”66个，新增上云企业12万家。实施人才新政，新增国千、省千人才320名。制定科技新政，之江实验室建设顺利推进，西湖大学正式设立，新增高新技术企业3187家、科技型小微企业10539家，研发经费支出占比达到2.52%。全面实施凤凰行动、雄鹰行动、雏鹰行动，新增上市公司28家、累计535家。H7N9禽流感防治研究成果荣获国家科技进步特等奖，实现零的突破。

传统产业改造升级明显加快。新增“浙江制造”标准559个、“品字标”企业442家、小微企业园区222个；新增工业机器人1.6万台；创建省级产业创新服务综合体48家；淘汰企业落后产能1733家、整治“低散乱”企业（作坊）36179家、处置僵尸企业393家。加大降成本力度，减轻企业负担1650亿元。

需求拉动平稳协调。全面实施投资新政，省市县长项目工程开工建设326个。交通投资、高新技术产业投资、民间投资分别增长25.8%、22.6%和17.8%，浙商回归到位资金5285亿元，实际利用外资186亿美元。实施优进优出战略，出台稳外贸10条措施，出口增长9%，进口增长19%。深入开展“放心消费在浙江”行动，培育发展放心消费示范单位1.54万家，累计1.56万家企业承诺无理由退货，消费增长9%。乡村振兴势头良好。大力推进“五万工程”。新建高标准农田257万亩，完成粮食生产功能区提标改造65万亩。启动乡村全域土地综合整治工程150个。消除集体经济薄弱村6171个。建成农村电商服务站1.6万个、电商专业村1235个。启动农村人居环境提升三年行动，新增A级以上景区村庄2640个、AAA级景区村庄465个。新增珍贵树木2413万株。新建和改造提升农村公路1万公里。新增中国历史文化名镇7个、名村16个。湖州桑基鱼塘成为全球重要农业文化遗产，龙游姜席堰成为世界灌溉工程遗产。新增147万名农村人口喝上了达标饮用水。

（四）着力谋划推动“四大”建设

大湾区建设全面启动。制订大湾区建设行动计划，高起点谋篇布局杭州湾经济区，湾区智慧交通体系、重大科创平台等标志性工程启动建设，一批重大产业项目落户大湾区。杭州经济总量达到1.35万亿元、宁波突破万亿元大关。

大花园建设开局良好。制订大花园建设行动计划，推动浙东唐诗之路、钱塘江唐诗之路、瓯江山水诗之路、大运河（浙江）文化产业带建设，编制诗路文化带发展规划，出台衢州、丽水大花园核心区规划，打响“诗画浙江”品牌。世界旅游联盟总部落户萧山湘湖。全年接待游客6.9亿人次，旅游总收入1万亿元。

大通道建设明显加快。制订大通道建设行动计划，杭黄铁路开通运营，甬台温高速公路复线、台州湾大桥、三门湾大桥、乐清湾大桥、鱼山大桥建成通车，中断60年的钱塘江中上游航道全线通航，杭绍台、杭温、金台铁路和景文泰高速公路加快推进，杭州萧山机场枢纽、丽水机场开工建设。国际航空航线达到31条，浙江省率先成为拥有杭州、宁波、温州三家千万级客流量机场的省份。

大都市区能级提升。制订大都市区建设行动计划，规划建设综合交通枢纽，加快集聚高端人才、高端要素、高端产业，都市区辐射带动作用明显增强。

（五）着力提升文化软实力

精神文明建设深入开展。深化"最美浙江人"主题宣传，广泛开展"最美行业""最美家庭"创建，推进移风易俗、好家风建设。18个市县成为新一轮全国文明城市提名城市，数量居全国前列。

文化事业加快发展。开展文化惠民活动，创建国家级公共文化服务体系示范区。实施公共文化服务"十百千"工程，创建文化强镇30个、文化示范村（社区）89个。新建农村文化礼堂3143个。送戏下乡2.58万场，送书下乡260万册。文化产业提质增效。规划建设之江文化中心、之江文化产业带。组建省文化产业投资集团。浙报控股、浙江出版、华策影视、宋城演艺跻身"全国文化企业30强"，中国（浙江）影视产业国际合作实验区成为第一批国家文化出口基地。

（六）着力惠民生保平安

社会就业充分。城镇新增就业125.3万人，城镇调查失业率4.1%，登记失业率2.6%。做好重点群体就业工作，帮扶15.93万名困难人员实现就业。

公共服务稳步提升。开展庆元县农村学前教育补短板改革试点，新建及改扩建幼儿园219所，义务教育阶段学校消除大班额，扩大中高职一体化培养规模，支持"双一流"建设高校和省重点建设高校发展。果断处置高考英语加权赋分事件。深化"三医"联动和"双下沉、两提升"，70个县（市、区）开展县域医共体建设。社会保障扩面提标，全省基本养老保险参保率达到92%、基本医疗保险参保率达到98.6%，新建居家养老中心333个。开工建设棚改安置住房40.6万套、建成33.7万套。世界短池游泳锦标赛、省运会成功举办。浙江省运动员在雅加达亚运会上取得了历史最佳成绩。

平安建设成效明显。坚持和发展新时代"枫桥经验"，加强基层治理四平台建设，构建6.8万个网格组成的社会治理体系。加强安全生产，强化消防、危化品、食品药品、交通等安全风险管控，有效处置各类突发事件。生产安全事故起数下降33%、死亡人数下降28%，火灾事故起数下降32.5%、死亡人数下降37.5%，道路交通安全事故起数下降35.4%、死亡人数下降29.1%。完成农村危房治理改造12.2万户，减少地质灾害隐患点2426处，完成重大隐患避让搬迁和工程治理项目679个。坚决捍卫国家政治安全，全面开展扫黑除恶专项斗争，有效防范化解社会稳定风险，百姓安全感持续增强。

（七）着力提高政府履职能力

学懂弄通做实习近平新时代中国特色社会主义思想，树牢"四个意识"，坚定"四个自信"，坚决做到"两个维护"。围绕"八八战略"再深化、改革开放再出发，扎实开展"大学习大调研大抓落实"活动，制订实施富民强省十大行动计划，扎实推进"六个浙江""四个强省""两个高水平"建设。深入实施政府"两强三提高"行动计划，大兴调查研究之风，高质量制订实施一批事关长远的重大规划和政策举措，尽心尽力干大事解难事办实事，确保开好局起好步，努力干在实处、走在前列、勇立潮头。强谋划、强执行，完善省政府工作规则，建立健全抓落实的指标体系、工作体系、政策体系和评价体系。启动实施政府数字化转型，政务服务网成为全国有影响力的公共数据平台，推广应用掌上办事"浙里办"、掌上办公"浙政钉"。省市县乡政府法律顾问全面建立，推动各级政府依法行政、廉洁施政，不断提高行政质量、行政效率和政府公信力，努力建设人民满意的服务型政府。

各位代表，过去一年，在外部环境发生深刻变化、风险挑战明显增多的情况下，我们取得的成绩来之不易。这是以习近平同志为核心的党中央领航掌舵、坚强领导的结果，是省委正确领导、科学决策的结果，是全省各级干部和广大人民群众奋力拼搏、攻坚克难的结果。在此，我代表省人民政府向全省人民、广大建设者和中央驻浙单位，表示衷心的感谢！向人大代表、政协委员，各民主党派、工商联、人民团体和社会各界人士，表示衷心的感谢！向驻浙人民解放军、武警部队官兵、公安干警、消防战士，表示衷心的感谢！向关心支持浙江发展的港澳同胞、台湾同胞、广大侨胞和海内外朋友们，表示衷心的感谢！

我们也清醒看到，浙江省经济社会发展中还存在不少矛盾和问题。主要是：经济形势稳中有变、变中有忧，民营企业和实体经济面临困难明显增多，经济下行压力加大；发展不平衡不充分问题和结构性矛盾尚未根本解决，发展质量和效益还不够高，创新发展能力还不够强，传统产业改造提升任务依然繁重；P2P违规网贷、非法集资风险突出，金融风险防控任务依然艰巨；生态环境保护任重道远，民生领域还存在不少短板，群众对教育、医疗、养老等还有不满意的地方，公共服务有待加强；安全风险隐患仍处高位，火灾、交通事故多发频发，风险管控能力亟待提升。同时，少数政府工作人员不依法行政、不担当、不作为，工作中重留痕轻实绩，基层负担依然较重，行政质量和行政效率有待提高；"四风"问题仍然不少，腐败现象时有发生，党风廉政建设和反腐败斗争任务艰巨。

我们要坚持底线思维，增强忧患意识，抓住主要矛盾，切实加以解决。

二、2019年目标任务和重点工作

2019年是新中国成立70周年，是高水平全面建成小康社会的关键之年。面对充满不确定性挑战的外部环境和我国经济长期向好的发展大势，今年工作的总体要求是：全面贯彻党的十九大和中央经济工作会议精神，高举习近平新时代中国特色社会主义思想伟大旗帜，统筹推进"五位一体"总体布局，协调推进"四个全面"战略布局，时刻牢记和践行习近平总书记赋予浙江的"干在实处永无止境，走在前列要谋新篇，勇立潮头方显担当"新期望，以"八八战略"再深化、改革开放再出发为主题，以实施富民强省十大行动计划为抓手，坚持稳中求进工作总基调，坚持新发展理念，坚持推进高质量发展，坚持供给侧结构性改革主线，坚持深化市场化改革、扩大高水平开放，突出稳企业、增动能、保平安，统筹推进稳增长、促改革、调结构、惠民生、防风险工作，提高人民群众获得感、幸福感、安全感，保持经济持续健康发展和社会大局稳定，为高水平全面建成小康社会收官打下决定性基础，以优异成绩庆祝中华人民共和国成立70周年。根据省委经济工作会议精神，建议2019年全省经济社会发展主要预期目标为：全省生产总值增长6.5%左右，努力争取更高质量、更好结果；研发经费支出占比达到2.6%；一般公共预算收入、城乡居民收入增长与经济增长基本同步，全员劳动生产率稳步提高，节能减排降碳指标完成国家下达的目标任务。

具体工作中，着力把握两大取向：

第一，坚持底线思维，主动应对困难风险挑战。抓住并用好重要战略机遇期，坚持把应对风险挑战作为解决自身问题的机遇，倒逼推动改革创新，迎难而上不退缩、苦练内功不浮躁、爬坡过坎不松劲。保持战略定力，完善风险防控体系，提高风险管控能力，提前研判风险所在，准确把握风险走向，及时发现重大问题，果断作出科学决策，做实做细做好防范化解重大风险工作，把各类风险隐患管控在属地、消除在萌芽、处置在未发。要发扬斗争精神，提高斗争本领，坚决扛起防范化解各类风险的政治责任，牢牢守住政治安全、经济安全、生态安全、公共安全的底线。

第二，致力于高质量发展、竞争力提升、现代化建设。坚持以人民为中心的发展思想，全面实施数字新政、科技新政、人才新政、生态文明新政，全力打好高质量发展组合拳，充分激发市场、企业、大众的活力，不断推进浙江经济提质增效升级。坚持对标先进、奋勇争先，深化以"最多跑一次"改革为牵引的全面改革，扩大以"一带一路"为统领的全面开放，大力推进以科技创新为核心的全面创新，全方位提升区域、产业、企业、品牌的竞争力，打造新时代浙江"金名片"。坚持以人的现代化为核心，把人民对美好生活的向往作为奋斗目标，不断促进人的全面发展和社会全面进步，加快建设富强民主文明和谐美丽的社会主义现代化浙江。

做好今年工作，必须全面落实深化供给侧结构性改革"巩固、增强、提升、畅通"八字方针，坚定不移抓机遇、用机遇，想方设法破难题、克难关，以"三服务"的非常之功，全力做好"六稳"工作，以稳应变，以进固稳，一步一个脚印推进"两个高水平"建设。

（一）扎实做好稳企业稳增长工作

全力抓好支持民营经济高质量发展政策举措落地。深入贯彻落实习近平总书记在民营企业座谈会上重要讲话精神，旗帜鲜明支持民营经济，全面实施民营经济31条，着力激发微观主体活力，增强企业创新发展动力。实行企业帮扶"白名单"制度，量化细化民营企业发债需求清单、上市公司股权质押纾困帮扶清单、困难企业帮扶清单，着力化解民营企业流动性风险和股权质押平仓风险。实施小微企业信贷增氧计划和金融服务滴灌工程，有效破解融资难融资贵问题。建立服务民营企业的工作平台和长效机制。支持温州创建新时代"两个健康"先行区。依法保护企业家人身财产安全。引导民营企业坚守实业、做强主业，推动民营经济再创新辉煌。

大力推动减税降费。坚持放水养鱼、休养生息，谋划实施稳企业增动能的新招实招，制定实施新一轮减负措施，减轻企业社保缴费实际负担，降低工商业电价，坚决治理乱收费、乱罚款，全力抓好减税降费政策落地落细落实，力争为企业减负1500亿元以上，切实增强企业获得感。

积极扩大有效投资。全面实施投资新政，加大基础设施补短板力度，加强浙商回归工作，滚动实施省市县长项目工程，促进民资、国资、央企投资、外资"四个轮子"一起转。着力推进数字经济、生命健康、高端装备、文化旅游、能源环保等五个千亿投资工程，谋划实施一批产业大项目，提升八大万亿产业竞争力。

促进外贸稳定增长。完善订单管理综合平台，建立健全"订单＋清单"预判和管理机制，加强对重点企业的动态监测和跟踪指导。支持企业巩固传统市场，开拓"一带一路"新兴市场。加强浙非经贸合作。发展市场采购、外贸综合服务平台、跨境电商等新模式。推进口岸减证、降费、提速、增效，加快建设国内领先的国际贸易"单一窗口"。

大力推动消费升级。积极参与强大国内市场建设，加快专业市场转型升级，培育服务消费、信息消费、绿色消费、定制消费、智能消费、时尚消费等热点，打造一批新零售标杆城市、新零售示范企业和高品位步行街，促进中高端消费集聚，加快建设新型贸易中心。大力实施放心消费行动，完善无理由退货、明码实价、支付安全保障等制度，推进线上线下商品同标同质同价，培育发展放心消费示范单位2万家、无理由退货承诺单位1万家，建设城乡放心农贸市场300家，打响"放心消费在浙江"品牌，激发居民消费潜力。

（二）坚持创新引领制造业高质量发展

提升浙江制造品质。编制实施制造强省建设规划纲要，开展一批浙江制造示范市县试点，创建制造业高质量发展国家级示范区。持续推进标准强省、质量强省、品牌强省建设，提升政府质量奖，打响"浙江制造"品牌，新增"品字标"企业300家。开展块状特色经济质量提升三年行动。构建开放、协同、高效的共性技术研发平台，创建省级产业创新服务综合体30家。培育发展数字安防、新能源汽车、绿色石化、现代纺织等一批先进制造业集群，争创人工智能、生物医药、航空航天、集成电路、新材料等产业新优势。深化绍兴市传统产业改造提升试点。增强制造业技术创新能力，实施新一轮重大技术改造升级工程，实施5000项智能改造项目，新增工业机器人1.7万台。实施百千万高技能领军人才培养工程。推进企业优胜劣汰，淘汰1000家企业的落后产能，整治1万家"低散乱"企业和小作坊。实施首台套、首批次产品和"浙江制造精品"首购制度。建立政府产业基金促进"浙江制造"竞争力提升的有效机制。联动推进制造强省和网络强省建设。深入开展"互联网＋"行动，构建工业互联网平台体系，加快推动互联网、物联网、大数据、云计算、人工智能和实体经济深度融合。深入实施军民融合发展战略，争创国家军民融合创新示范区，建设一批特色产业基地，大力支持"民参军"。推进先进制造业与现代服务业深度融合，制定实施服务业重点领域高质量发展行动，大力发展信息服务、研发设计、现代物流等生产性服务业，加快发展服务贸易，打响"浙江服务"品牌，确保服务业平稳较快增长。

全面实施科技新政。坚持创新强省，强化高新企业、高新技术、高新平台支撑，大力引进高端人才，打造“产学研用金、才政介美云”十联动创业创新生态圈，加快建设“互联网＋”科技创新高地和生命健康科技创新高地。深化科技奖励制度改革，设立浙江科技大奖。加快建设杭州、宁波、温州国家自主创新示范区，提升高新区，打造科技城，联动推进杭州城西科创大走廊和钱塘江金融港湾建设，培育宁波甬江科创大走廊、温州环大罗山科创走廊。全面推广科技创新新昌模式。深入实施“双倍增”计划，新增高新技术企业2000家、科技型小微企业6000家。充分发挥浙江大学引领带动作用，大力支持之江实验室、西湖大学、清华长三角研究院、中科院宁波材料所、阿里达摩院等建设，加强基础研究，推动科研机构、实验室向社会开放，着力解决关键核心技术“卡脖子”问题。加快推进中国（浙江）知识产权保护中心建设，健全知识产权保护和交易机制。超常规加大财政科技投入，引导企业加大研发投入，力争全省研发经费支出增长12%以上。

深入实施数字经济“一号工程”。坚持数字产业化、产业数字化，全面实施数字经济五年倍增计划，深入推进云上浙江、数字强省建设。支持杭州打造全国数字经济第一城、乌镇创建国家互联网创新发展综合试验区。率先开展5G商用，推广应用城市大脑和电子发票，加快建设移动支付之省，争创国家数字经济示范省。设立100亿元数字经济产业基金。重点打造100个“无人车间”“无人工厂”，扶持100家骨干数字企业，推进100个数字化重大项目，实施100个园区数字化改造，力争数字经济核心产业增加值增长15%以上。加快市场主体升级。深入实施凤凰行动，提升上市公司质量，制定支持科创企业上市行动方案，支持企业并购重组。实施雄鹰行动，支持一批本土跨国公司加快发展。实施雏鹰行动，引导企业走“专精特新”发展之路，新增“隐形冠军”“单打冠军”企业40家。培育壮大一批独角兽企业。实施小微企业三年成长计划，新建小微企业园200个。

（三）深化市场化改革、扩大高水平开放

将“最多跑一次”改革进行到底。增创市场有效、政府有为、企业有利、百姓受益的体制机制新优势。总结推广“领跑者”最佳实践，所有民生事项和企业事项开通网上办理，60%以上的政务服务事项实现“掌上办理”，70%以上的民生事项实现“一证通办”。实施企业开办、施工许可、用电用水用气、信贷、纳税、跨境贸易等便利化行动，打造稳定、可预期、法治化的最佳营商环境。全面推动能评、环评、压覆矿、地质灾害、水土保持、防洪、地震、雷电、文物等区域评估制度，推行多评合一、结果互认，原则上不再实施项目评价。全面实施“标准地”制度，完善事中事后监管机制，打造标准地招商新模式。深化企业投资项目审批制度改革，探索用地预审和规划许可审批制度改革，推进联合测绘、建筑工程竣工测验合一改革，完善中介超市，规范承诺制改革，力争实现企业投资项目竣工验收前审批“最多90天”。毫不动摇支持国有经济做强做优做大，实施国资统一监管、国企改革转型、布局优化整合、公司治理完善、监管职能转变、国企党建强化等六大攻坚，突出抓好混合所有制改革。加快推进事业单位分类改革。全面推动社会信用体系建设，打造信用浙江。

全面推进“亩均论英雄”改革。实施亩均效益领跑者行动，全面启动规上服务业企业、开发区（园区）、特色小镇、小微企业园的亩均效益评价，力争规上工业企业亩均税收和亩均增加值增速均超过7%，改造提升5000家亩均税收1万元以下低效企业，推动资源加快向优质企业、优势区域集中。进一步扩大对外开放。全面实施打造“一带一路”枢纽行动计划，高质量建设十大标志性项目，深化义甬舟开放大通道建设，加快海港、空港、陆港、信息港“四港”联动。全面深化eWTP试验区建设。高标准推进“一带一路”系列站、境外经贸合作区和国际合作产业园建设。做强“义新欧”班列品牌。加快建设宁波“一带一路”综合试验区、“16＋1”经贸合作示范区。推进海关特殊监管区、开发区优化整合。实施扩大进口战略，培育进口主体，打造义乌、青田等“世界超市”。建设嘉兴、湖州高质量外资集聚先行区和绍兴、台州境外并购回归产业园，提升利用外资质量。

（四）坚定不移打好三大攻坚战

打好金融风险防控攻坚战。引导支持金融机构用好增量、盘活存量，促进融资总量平稳增长、融资结构不断优化。织密织牢“天罗地网”风险监测网，强化省市县协同、政银企联动，守住不发生区域性金融风险底线。防范化解企业流动性风险，落实民营企业债券融资支持计划，加强政策性融资担保体系建设，加快企业发债进度。用好上市公司稳健发展支持基金，纾解股权质押困难。坚持严禁增量、严打违法、严控存量、强化社会稳定、强化舆情管控，深入推进P2P网络借贷风险处置，压实属地责任和主体责任，引导有序退出，全力追赃挽损。坚持减少存量、严控增量，严格整改违法违规举债行为，规范融资平台转型、规范棚改举债、规范市场化融资，有序化解地方政府隐性债务风险。

打好精准脱贫攻坚战。全面实施低收入农户高水平全面小康计划，确保低收入农户收入增长10%以上。扎实开展因病致贫家庭救助工作，发现一户、救助一户。加大少数民族村帮扶力度。决战决胜消除集体经济薄弱村。加快打造山海协作升级版，促进区域协调发展。加强东西部扶贫协作、对口支援和对口合作工作，切实增强受援地百姓获得感。

打好污染防治攻坚战。编制实施美丽浙江建设规划纲要，深化生态文明示范创建，积极参与长江经济带共抓大保护，高标准打好治气、治水、治土、治废四大硬仗。加快清洁能源示范省建设，实施100个工业园区废气整治、1000个挥发性有机化合物整治项目，加强臭氧治理，实施运输结构调整三年行动，加快淘汰国Ⅲ及以下营运柴油货车，全省PM2.5平均浓度达到国家二级标准。深化“五水共治”，完善河长制和生态补偿机制，确保水质持续改善。完成30个工业园区“污水零直排区”建设，确保大花园核心区和重点生态功能区29个出境断面水质全部达标，确保其他地区116个出境断面Ⅳ类水质以下比例控制在4%以内。坚持像保护西湖一样保护千岛湖，高标准推进千岛湖临湖地带综合整治，确保水质不下降、景观不破坏。制定实施城镇污水治理三年行动，完成100座城镇污水处理厂清洁排放技术改造。加强近岸海域污染防治，完成入海排污口整治，实现在线监测全覆盖。有效推进重点土壤污染地块和垃圾填埋场的生态修复，五类重金属污染物排放量比2013年削减8%以上。大力推进垃圾减量化资源化，加强固废全过程闭环式管理，严打固废违法倾倒行为，新增危险废物利用处置能力15万吨以上，加快实现危险废物不出市、生活垃圾不出县。

（五）认真落实国家战略举措

加快落实长三角一体化发展国家战略。坚持全省域全方位融入长三角，充分发挥浙江体制机制、对外开放、数字经济、绿水青山、民营经济等优势，制定浙江推进长三角一体化发展行动纲要，共同打造长三角一体化发展示范区。加快推进嘉兴全面接轨上海，提升舟山群岛新区建设水平，合作共建G60科创走廊，共同实施长三角一体化发展三年行动计划，牵头抓好数字长三角、世界级港口集群、油气贸易中心建设，推动重点任务落到实处。

大力推进中国（浙江）自由贸易试验区创新发展。主攻油气全产业链，加快建设“一中心三基地一示范区”，突出重大项目落地，谋划实施首创性、差异化的改革探索，创建数字自贸区和联动创新区。加快建设国际油品交易中心，大宗商品交易额突破3000亿元。加快舟山绿色石化基地建设，确保一期项目建成投产。推进国际油品储运基地建设，油品储存能力达到3100万立方米。加快建设海事服务基地，健全国际船舶低硫燃料油供应体系，保税燃料油供应突破400万吨。大力推进油气等大宗商品国际贸易使用人民币计价结算，跨境结算额达到700亿元。

深化海洋经济发展示范区建设。推动甬台温临港产业带加快发展。做强做大宁波舟山港，带动沿海港口加快发展。全面推进舟山江海联运服务中心建设。大力发展海工装备、海岛旅游、远洋渔业等现代海洋产业，加快发展蓝色经济，建设海洋强省。

积极推进国际贸易和金融改革试点。实施义乌国际贸易综合改革试验区建设方案。加强杭州、宁波、义乌跨境电子商务综合试验区联动发展。加快建设杭州金融科技中心，深化温州金融综合改革、宁波保险创新、台州小微金融改革和丽水农村金融改革，推动湖州、衢州绿色金融改革，扎实开展民营银行试点，做好全国首家中外合资银行卡清算机构落地工作，打造新兴金融中心。

（六）全面开展“四大”建设年活动

扎实推进大湾区建设。整合提升产业集聚区等园区，打造杭州江东新区、宁波前湾新区、绍兴滨海新区、湖州南太湖新区等高能级平台。提升环杭州湾高新技术产业带。谋划构建沪杭甬高速高铁双回路，推动湾区智慧交通网和物流网建设。加快推进杭绍甬一体化示范区，谋划推进宁波舟山一体化、嘉兴湖州一体化建设，启动实施数字湾区、“万亩千亿”新产业平台、未来社区等标志性项目，提高杭州湾经济区能级。

扎实推进大花园建设。深入开展“人人成园丁、处处成花园”行动。着力抓好“四条诗路”千万级核心景区建设，串珠成链，打造黄金旅游线，变盆景为风景。加快建设天目山、莫干山、会稽山、四明山、天台山等十大名山公园和嵊泗、韭山、大陈、洞头等十大海岛公园。做实做好“百县千碗”。打造开化钱江源国家公园，争创丽水、仙居国家公园和浙皖闽赣国家生态旅游协作区，创建全域旅游示范省和全域长寿之乡，打造“诗画浙江、美好家园”。

扎实推进大通道建设。围绕构建省域、市域、城区“三个1小时”交通圈，实现文成通高速，铁路杭州南站、杭州湾大桥北接线二期建成投用，加快推进金甬、沪嘉甬、甬舟、杭丽、甬台温铁路和杭金衢高速拓宽等补短板工程，开工建设沪苏湖、杭衢等铁路项目，建成地铁68.5公里，加快构建多元立体、无缝对接、便捷高效的现代综合交通体系。

扎实推进大都市区建设。加快推进四大都市区核心区建设。全面开工铁路杭州西站，谋划建设宁波高铁门户，改造扩建温州北站、金华站，推动综合交通枢纽建设。带动环杭州湾城市群、温台沿海城市群、浙中城市群、衢丽花园城市群加快发展，统筹地上和地下建设，提升城市精细化管理水平，加快打造长三角世界级城市群的“金南翼”。高水平建设特色小镇。推动龙港撤镇设市。

实施有机更新行动。编制实施省市县国土空间总体规划，建立国土空间开发保护和多规合一制度，推进空间重构、产业重整、环境重生。实施城市有机更新，深化“三改一拆”和创建无违建县行动，推进老旧小区改造和棚户区改造，建设美丽城市、美丽县城。实施乡镇有机更新，深化小城镇环境综合整治，建设美丽乡镇。实施园区有机更新，运用特色小镇的思路和方式，分类、分块、分步改造100个传统开发区（园区），建设美丽园区。

（七）深入实施乡村振兴战略

深化农村改革。坚持农业农村优先发展总方针，把“三农”工作作为压舱石和战略后院。健全城乡融合发展体制机制，推进科技进乡村、资金进乡村、青年回农村、乡贤回农村。全面深化农村土地制度改革，完善“三权到人（户）、权跟人（户）走”机制，开展土地经营权入股发展农业产业化经营试点。深化生产、供销、信用“三位一体”农合联改革。

振兴乡村产业。深化农业供给侧结构性改革，加快调整优化农业结构，增加优质绿色农产品供给，促进产业兴旺、农民增收。加强粮食生产功能区建设，提高粮食安全保障能力。加强现代农业园区建设，做优做强10大优势特色产业，培育30条特色产业带。实施农业“三名”工程，振兴历史经典农产品，加快发展乡愁产业，打造丽水山耕、三衢味、景宁600等生态品牌，开展生态产品价值实现机制试点。推进农村一二三产业融合发展，创建“互联网＋”三农先行区。

建设美丽乡村。开展新时代美丽乡村创建活动，打造“千万工程”升级版，描绘新时代“富春山居图”。新增乡村全域土地综合整治项目200个。实施“四美联创”，高水平建设“四好农村路”，新建和改造提升农村公路8000公里，新建农村文化礼堂3000个，培育A级景区村2000个、示范乡镇100个、美丽乡村示范县10个。全面推广“拯救老屋”松阳模式，加强历史文化（传统）村落保护。实施农村饮用水达标提标行动，确保到2020年全省农村居民喝上好水。

加强乡村治理。完善自治法治德治融合的乡村治理体系，深入实施万村善治示范工程，大力弘扬新时代“枫桥经验”，全面推广桐乡“三治融合”、武义后陈村务公开、宁海小微权力清单、温岭民主恳谈、安吉余村“两山”转化、龙游“村情通”、杭州“武林大妈”等基层治理经验，建成善治示范村2000个。

（八）大力推进文化浙江建设

繁荣发展文化事业。推进公共文化服务标准化均等化，完成“十百千”工程，打造公共文化服务数字化平台。认真筹办杭州亚运会。加快大运河（浙江）文化带规划建设，扎实推进之江文化中心等重大文化设施建设，实现县级融媒体中心建设全覆盖。繁荣哲学社会科学，加强新型智库建设。传承越剧、婺剧、绍剧、瓯剧等地方戏曲，发展文学、书法、美术、音乐、舞蹈等文艺事业。推进社区文化家园、城市文化公园、企业文化俱乐部、城市书房建设。做好良渚古城遗址申遗工作。

推动文化产业高质量发展。实施文化产业发展“八大计划”，培育一批文化龙头企业，加快发展影视演艺、数字内容、文化创意、动漫、网络视听等新兴文化业态，提振丝绸、茶叶、青瓷、黄酒、浙八味等历史经典产业。加快打造之江文化产业带，做大做强横店影视文化产业实验区，建设一批文化产业基地和特色文化产业集群，力争文化产业增加值增长10%以上。

开展社会文明提升行动。培育践行社会主义核心价值观，秉持红船精神、浙江精神、新时代浙商精神，大力弘扬科学精神、工匠精神、劳模精神，从举手之劳做起，从点滴小事做起，从文明礼貌做起，倡导尊老爱幼、礼让行人、垃圾分类、爱护环境、健康生活，争当“最美浙江人”。推进学习型社会建设。加大文明城市、文明村镇、文明单位、文明行业、文明家庭、文明校园创建力度，加快实现全国文明城市创建设区市全覆盖。

（九）扎实推进富民惠民安民

坚持就业增收富民。突出创业带动就业，落实好就业优先政策，城镇新增就业80万人，城镇失业人员再就业30万人，城镇调查失业率、登记失业率分别控制在5%、3.5%以内。深入推进高校毕业生基层成长计划，加强就业困难人员帮扶，持续开展“浙江无欠薪”行动。

坚持公共服务惠民。坚持立德树人，深化教育教学改革，加强教师队伍建设，优先发展教育事业。加强3岁以下婴幼儿托育工作，加快农村幼儿园补短提升，扩大普惠性幼儿园覆盖范围，全面实施小学放学后托管服务，着力破解“托育难、入幼难、接送难”问题。加强乡村小规模学校和乡镇寄宿制学校建设。减轻义务教育阶段学生课业负担，规范校外培训机构管理。加强青少年近视防控。净化校园周边环境。完善高考综合改革。大力支持“双一流”高校提升发展，推进重点建设高校和优势特色学科加快发展，积极推动高水平大学在浙江办学。深化校企合作、产教融合，完善应用型人才培养体系，加快发展现代职业教育。广泛开展全民健身活动。以医保支付制度改革为抓手，深化健康浙江建设，加快“互联网＋医疗医保”平台建设，扎实推进医保、医疗、医药、医院、中医、医生“六医”统筹。启动实施医学高峰计划，县县建成县域医共体，加快基层医疗服务能力升级达标，着力破解“看病难、看病贵、看病繁”问题。健全医疗纠纷处置机制。积极促进中医中药振兴。提升大病保障精准度，设区市全部实现大病保险统筹、基本医保制度纵向统一。健全社会保障体系，重点推进儿童、灵活就业人员、新就业形态人员等群体参保扩面，加强困难家庭住房保障。总结推广城乡老年食堂试点经验，加强失能失智老人照护和农村留守老人关爱服务，探索推进康养联合体建设。切实加强老龄、妇幼、残疾人、慈善、民族宗教、外事、人民防空等工作。健全退役军人服务管理体系，完善“光荣之家”制度，让军人成为全社会尊崇的职业。

坚持平安建设安民。加快推进社会治理社会化、法治化、智能化、专业化，提高“雪亮工程”覆盖率，用好基层治理四平台，完善信访制度、人民调解制度和立体化治安防控体系，打造共建共治共享的社会治理格局。加快建立网络综合治理体系，维护网络安全。全面实施安全生产综合治理三年行动，深入开展道路交通、消防、渔业船舶、危化品、危旧房、城市安全等六大攻坚，深入推进百项千亿元防洪排涝工程，加强防汛防台等自然灾害防治工作，构建重点风险隐患清单式防控治理体系。加大对食品药品、特种设备安全的管控力度。加强应急救援、物资储备和防灾减灾能力建设，坚决遏制重特大安全事故，确保事故起数、死亡人数持续下降。深入实施大搬快聚富民安居工程，确保搬得下、稳得住。深化扫黑除恶专项斗争，紧盯涉黑涉恶重大案件、黑恶势力经济基础、背后“保护伞”不放，在打防并举、标本兼治上下功夫。依法惩治盗抢骗、黄赌毒等违法犯罪活动，依法打击电信诈骗等网络犯罪行为，确保社会安定、百姓安宁。

按照群众提、大家定、政府办的理念，认真办好十方面民生实事，着力解决人民群众普遍关心的突出问题。

1. 创建“美丽河湖”100条（个）以上，完成500公里中小河流整治，清除淤泥3000万立方米，创建“无违建”河道6500公里。

2. 推进农村饮用水达标提标工程，新增410万名农村居民饮用水达标提标，达标人口覆盖率提升至90%以上；新增1500个日处理能力30吨以上农村生活污水处理设施标准化运维。

3. 新增清洁能源公交车、出租车各5000辆；新增停车位10万个。

4. 全面推进“互联网＋义务教育”，推进1000所中小学校结对帮扶，让城乡孩子共享优质教育资源。

5. 建成300家综合供能服务站，实现供油、供电、供气、供氢、供水一体化，加快补齐能源基础设施短板，便利群众生产生活。

6. 启动15个县（市、区）的生活垃圾分类系统和200个垃圾分类省级高标准示范小区建设，全省设区市城区垃圾分类收集覆盖面达到85%以上，县以上建成区垃圾分类收集覆盖面达到55%以上；推进530个省级农村生活垃圾分类处理项目村建设，生活垃圾分类处理建制村覆盖面达到65%。

7. 将高血压、糖尿病、肺结核等12种常见慢性病纳入城乡居民门诊规定病种范围，允许城乡居民在药店刷卡购买规定病种药品，全面推进医保慢性病药品第三方配送服务。加强出生缺陷防治工作，对2万余例筛查可疑患儿开展心脏超声检查。设立送药上山进岛便民服务点300个。

8. 提升居家养老服务能力，建成350个乡镇（街道）示范型居家养老中心。

9. 加强助残服务能力建设，建设1000家规范化乡镇、社区残疾人庇护中心，为2万名重度残疾人提供庇护服务。

10. 全面完成“除险安居”三年行动各项任务，基本消除重大地质灾害隐患点，核销地质灾害隐患点500处。建设3000个规范化避灾安置场所，完成500个老旧小区消防设施增配改造，培育100支社会化救援队伍。

（十）全面提升政府治理能力

把习近平新时代中国特色社会主义思想内化于心、外化于行，树牢“四个意识”，坚定“四个自信”，坚决做到“两个维护”。认真贯彻落实习近平总书记重要指示批示精神，全面贯彻落实党中央、国务院和省委各项决策部署，做到信念过硬、政治过硬、责任过硬、能力过硬、作风过硬。聚焦服务企业、服务群众、服务基层，深入开展“大学习大调研大抓落实”活动，全面实施政府“两强三提高”建设行动计划，更加关心爱护基层干部，着力提高治理体系和治理能力现代化。一是着力推进政府数字化转型，加快建设数字政府。聚焦观念转变、职能转变、流程转变和数据共享，以“互联网＋放管服”为重点，全面推进一批重大项目建设，系统性重塑政府工作流程，实现跨部门高效协同推进工作，加快创建“掌上办事之省”和“掌上办公之省”。二是坚持政府过“紧日子”，加快建设节俭政府。坚持集中财力办大事，严控“三公”经费预算，取消低效无效支出，压减一般性支出5%以上，完善全方位、全过程、全覆盖的绩效管理体系，做到花钱必问效、无效即问责。依法接受人大监督，自觉接受政协民主监督，加强审计监督、群众监督、舆论监督。三是坚持依法行政，加快建设法治政府。加强政府立法，规范行政决策程序，探索建立“开门决策”机制，严格规范公正文明执法，善用法治思维和法治方式解决问题、制定政策，形成“办事不求人”的社会氛围。四是坚持说到做到，加快建设效能政府。完善抓落实的指标体系、工作体系、政策体系和评价体系，增强政府执行力，确保说一件、干一件、成一件。五是落实全面从严治党主体责任，加快建设廉洁政府。把纪律挺在前面，守牢廉政底线，严格落实中央八项规定精神和省委“36条办法”，驰而不息整治“四风”，努力营造政府系统风清气正的政治生态。

浙江省副省长朱从玖在浙江省参与首届中国国际进口博览会总结表扬活动上的讲话摘要

（2019年1月23日）

举办进博会，是习近平总书记亲自谋划、亲自提出、亲自部署、亲自推动的，是以习近平同志为核心的党中央着眼新一轮高水平对外开放作出的重大决策，是中国主动向世界开放市场的重大举措。首届进博会精彩纷呈、圆满成功，广受世界瞩目和赞誉。

一、辛勤付出、成效显著，充分肯定我省参与首届进博会工作

在首届进博会一年多的筹备过程中，全省上下坚决贯彻落实党中央和国务院有关决策部署，以高度的政治责任感和使命感，切实抓好参与首届进博会的各项工作。特别是各地充分发挥各自区位优势和产业优势，抓住进博会汇聚高端产品、技术和服务的有利机遇，主动承接进博会溢出效应，取得了显著成效。我省参与进博会各项工作均走在全国前列，其中招展工作列第一、招商工作列第三、参加采购总人数列第三、实际成交额列第一，我省还是举办配套活动数量最多的省份。对我省参与首届进博会取得的成绩，省委、省政府充分肯定。车俊书记批示表扬："我省站在政治和全局高度，积极组织参与首届中国国际进口博览会，筹备工作有力有序，取得明显成效。"袁家军省长批示表扬："精心组织，精心实施，成效显著。"

成功参与首届进博会是我省贯彻落实习近平新时代中国特色社会主义思想和党的十九大精神的具体实践，也是庆祝改革开放40周年的务实举措，全方位展示了浙江面貌和浙江风采：

第一，首届进博会体现了我省主动配合主场外交的高度政治自觉。习近平总书记在2017年"一带一路"国际合作高峰论坛上宣布举办进博会，作为四场国家主场外交之一。进博会是迄今为止世界上第一个以进口为主题的国家级展会，是国际贸易发展史上一大创举。浙江作为外贸大省、开放大省，高度重视、提高站位，把全力参与首届进博会视为我省实现新时代对外开放的重大机遇，列为省委、省政府的重点工作来推动部署。省政府专门成立领导小组，多次专题研究，精心谋划方案，加强统筹协调，抓好组织实施。各地、各有关部门齐心协力、通力合作，主动加强向上争取和左右对接，竭尽全力待好客、办好展、招好商、引好资，以奋发精神和实际行动，为圆满完成国家主场外交任务贡献了浙江力量。

第二，首届进博会展示了我省进口市场的巨大潜力。我省共组织采购单位1.5万家、人员4万人参加采购。6天时间，全省展位成交金额达116亿美元，其中各类对接和推介活动的成交额占总成交额的三分之二。我省巨大的进口潜力，主要来自两个支撑。一个是强大的平台支撑。我省聚集了一大批实力雄厚、影响力大的电商平台、专业市场、零售集团、交易中心。尤其是大型电商平台通过首届进博会释放了强烈信号。如，阿里巴巴发布了未来五年的"大进口计划"，将实现全球2000亿美元的进口额；网易考拉与110多家品牌商达成合作，金额约200亿元人民币；云集电商签订了50亿元人民币的跨境采购大单。一个是

巨大的需求支撑。首届进博会展位成交中，食品及农产品、服装服饰及日用消费品两个展区的成交金额占27%，反映了我省消费升级的趋势。智能及高端装备展区的成交金额占41%，远超其他所有展区，反映了我省供给侧结构性改革推动下的产业转型升级趋势，带来了进口先进技术和设备的巨大需求。特别是我省主办的浙江—德国数字经济和高新技术产业高峰对接会，投资贸易签约金额超过5亿美元。从我省收获的大额订单可以看出浙江的消费升级和产业升级，进博会已成为我省与海外创新合作、成就“双赢”的大平台。

第三，首届进博会展示了新发展理念的浙江样板。浙江是习近平新时代中国特色社会主义思想的重要萌发地，浙江对新发展理念的生动实践在首届进博会得到了充分展示。中国国家馆的动态版绿水青山图呈现了“两山理论”发源地—安吉和青田“稻鱼共生”的生态文明发展面貌，“绿色浙江”跃然而出。“义新欧”是中国国家馆国际陆海贸易大通道的重要展示内容，卧龙集团、吉利集团、物产中大等公司旗下的境外投资企业在进博会上精彩亮相，“开放浙江”活力迸发。东阳木雕屏风《锦绣中华》陈列主论坛会场，青瓷、丝绸等特色工艺品等入选国礼，“文化浙江”绽放异彩。

第四，首届进博会扩大了浙江对外交往的“朋友圈”。博览会期间，举行了越南贸易促进局杭州贸促办揭牌仪式、2018巴基斯坦贸易和投资会议、克罗地亚—中国经贸论坛、捷克—中国商务论坛等，全力拓展对外联络渠道。我省还组织安排20余场外事活动，邀请300余家我省企业参加相关经贸活动，涉及日本、德国、新加坡、西班牙等经贸合作重点国家和地区，加强了与“一带一路”沿线国家、重点国家的多方位交流互动。

二、翻篇归零、重整待发，奋力开创我省参与第二届进博会的新局面

习近平总书记在首届进博会开幕式上就向全世界宣告“中国国际进口博览会不仅要年年办下去，而且要办出水平、办出成效、越办越好”。第二届进博会仍然是2019年我国的主场外交活动。商务部已将办好第二届进博会列为今年商务工作的“三项重大任务”之一。省委经济工作会议上，车俊书记明确提出，要抓住国家扩大进口的机遇，积极参加中国国际进口博览会，再造一个开放红利。车书记还批示要求，一方面要做好首届进口博览会后续效应落地工作，一方面要做好2019年进口博览会相关工作，进一步扩大进口博览会溢出效应，促进扩大开放，结构调整。袁家军省长也批示强调，要进一步总结经验，创新机制，放大后进口博览会效应。

首届进博会刚画上圆满的句号，第二届进博会又吹响了新的号角。各地、各有关部门务必以高度的政治责任感和使命担当，翻篇归零、重整待发，早日谋划、提前部署，全面投入参与第二届进博会的筹备工作，努力再创新佳债、再续新篇章。

我省参与第二届进博会的总体要求是：以习近平新时代中国特色社会主义思想为指导，贯彻落实中央和省委、省政府的工作部署，坚持政府引导和企业自主相结合、横向协作和上下联动相结合，以组织高质量交易团和高质量对接活动为抓手，以扩大进口成交和推动经贸合作项目为重点，主动对接国外高端政商资源，用足用好进博会这一重大战略平台，培育一批有影响力的进口平台和龙头企业，培育进口商品的“世界超市”，放大溢出效应，再造开放红利。对第二届进博会的具体筹备工作，关键是要抓紧谋划好几个重点环节：

一要早谋方案。通过首届进博会的成功参与，为我们今年制定更有针对性、操作性、前瞻性的参与方案，奠定了很好的基础。省商务厅要抓紧牵头起草省参与第二届进博会的总体方案，形成工作推进的总“施工图”。各地、各有关部门要按照省参与第二届进博会的总体要求和基本原则，确定各自的目标要求、具体对接活动安排、可进行经贸合作的项目清单等，相关方案抓紧报送省商务厅。

二要早谋客商。对境外，要广邀高端参展客商。围绕我省高质量、现代化、竞争力的发展需求，吸引更多境外知名跨国公司及我省上下游企业参展，邀请更多的高端政要、知名企业高管来

浙开展经贸对接和项目洽谈。省商务厅要主动加强与商务部和上海方面的对接，做好境外部长级以上政要和世界知名企业高管的邀请工作。对省内，要广邀参会采购企业。坚持政府加强引导和企业自主自愿的原则，除继续发挥省属国有企业的积极作用外，要充分发挥我省民营经济发达和进口平台集聚的优势，广邀民营企业和各类进口平台参与进博会，让更多的企业接触到国外先进的产品、技术和服务，分享进博会红利。

三要早谋活动。活动搞得好，吸引力才大。首届进博会，省级层面成功举办了浙江—德国数字经济和高新技术产业高峰对接会、进口药品耗材和医疗器械采购专场等高规格配套活动，吸引了一大批境外高端客商。各地的配套活动，如杭州的“武林洋淘”进口商品博览会、宁波的“一带一路”国家贸易对接会、温州的进口消费品博览会、义乌的“义新欧”进口商品采购会、青田的世界华侨进口商品博览会等，内容丰富、特色鲜明、很有成效。谋划第二届进博会各项配套活动，要立足我省特色优势产业，突出合作项目和营商环境的推介，有效承接进口博览会溢出效应。省级层面对接活动可在国别、主题等方面做进一步拓展，省级相关部门要结合各自职能和优势，谋划相应的经贸对接活动。各市要结合本地实际，尽早谋划1至2场高质量对接活动。

四要早谋项目。检验参与进博会的实际成效如何，关键在于项目。接下来，要抓好采购需求摸底调查，组织省内对口企业参加产品和技术的洽谈、采购，储备一批贸易和投资项目。同时，要跟踪好首届进博会签约项目和意向采购的进展，做好服务、强化保障，切实推进合作项目落地、成交订单履行。各地、各有关部门进一步梳理首届进博会的交易清单、项目清单、客商清单等，为我省企业与境外企业实现精准对接合作打好基础。

五要早谋保障。组织保障上，保持现有的领导小组和领导机制基本不变，各地可根据实际情况进行微调和完善，进一步健全我省参与进博会的长效机制。各地、各有关部门要迅速抽调精兵强将，组成工作专班，分解工作任务，明确工作要求，分解责任到人。省商务厅要继续发挥牵头和协调作用，并加强与商务部和上海方面的沟通，主动对接任务需求。机制保障上，各地和省级各部门要通过专题研究、定期会商、信息通报、成果交流等方式，建立更加紧密的工作联系。市县政府、省级有关部门要定期研究参与进博会工作任务完成情况，省商务厅要定期通报各地筹备进展情况，省政府将适时听取有关情况汇报。经费保障上，第二届进博会要继续按照“协调联动、突出重点、保障有力”的原则，省财政和地方各级财政落实好保障经费。此外，我省要按照中央的要求，继续做好安全保卫、环境保障等各方面配合工作。

浙江省副省长朱从玖在全省开发区工作会议上的讲话摘要

（2018年8月31日）

一、开发区是改革开放的伟大创举，为全省经济社会发展作出了不可替代的巨大贡献

1984年，国务院决定在经济特区的基础上，再设立14个国家级经济技术开发区，浙江省宁波经济技术开发区便是其中之一。从此，浙江省进入了深化改革、扩大开放的历史新阶段。从近几年开发区发展来看，有三方面工作值得充分肯定。

（一）推进开发区整合提升，为全省开放型经济发展打造了升级版开放大平台

围绕拓展空间、优化体制、提升产业三大目标，先后开展了两轮整合提升，构筑了以开发区为核心、城镇为依托、产业为支撑、功能区为节点、道路为网络的经济发展大平台，有效整合了资源，带动了全省开发区跨越式发展，初步形成了若干个电子信息、生物医药、汽车整车及零部件等先进制造业集群，规上工业总产值超千亿元的开发区达到16家，其中嘉兴、宁波开发区突破2000亿元。2017年，全省77家省级以上开发区贡献了全省34.3%的财政收入、48.9%的进出口总额、55.7%的实际利用外资和64.2%的规上工业增加值，为浙江经济发展作出了极其重要的贡献。

（二）创建国际产业合作园，为全省经济国际化构筑了产业新高地

围绕构建全面开放新格局，创建国际产业合作园19家、海外产业创新服务综合体6家，成为浙江省加强创新能力开放合作、促进产业转型升级的重要载体。2013—2017年，全省开发区累计引进世界500强企业投资项目和1亿美元以上大项目389个，成为全省引资强度最大、水平最高的区域。

（三）推进“最多跑一次”改革，为全省深化改革提供了开发区样本

以“最多跑一次”改革为突破口，深入推进“两类十大项目”重点领域改革试点，复制推广自贸试验区改革试点经验，赋予开发区更大的经济管理权限，形成了一批看得见、摸得着的改革成果，使开发区营商环境进 步优化，企业获得感进一步增强。

二、准确把握新时代赋予开发区的光荣使命，进一步增强高水平开放高质量发展的紧迫感和责任感

当前，我国特色社会主义进入新时代，开发区发展面临的环境正在发生深刻变化，机遇前所未有，挑战不容忽视，机遇大于挑战。

（一）国际形势总体有利，但复杂多变

全球新一轮科技革命和产业革命日益深化，数字经济、共享经济、产业协作重塑实体经济，全球产业链价值链加速重构，开发区迎来了加快向产业链价值链中高端迈进的历史机遇。但同时，美国等西方国家“逆全球化”思潮抬头，特别是中美贸易摩擦愈演愈烈，对我国贸易投资采取了一

系列限制措施，一定程度上增加了开发区推进转型升级的难度。

（二）国内经济稳中有进，但压力不减

我国经济由高速增长阶段转向高质量发展阶段，改革持续深化，开放日益扩大，结构不断优化，新旧动能加快转换。但同时，发展的不平衡不充分问题仍然十分突出，开发区土地资源日趋紧张，以土地粗放式扩张为支撑的高速增长难以为继。特别是前几年，许多开发区摊子铺得过大，债务负担较重，在国家规范地方投融资平台的背景下，有的开发区债务风险日益凸显，化解压力较大。

（三）开发区稳步发展，但与先进地区相比差距不小

浙江省开发区总体发展不错，但与先进地区相比，差距也十分明显。一是单体规模不大。浙江省21家国家级开发区平均GDP为410亿元，略高于全国平均水平373亿元；规模最大是嘉兴开发区，为1073亿元，与苏州工业园区相比少了1977亿元，还不到一半。这与浙江省在全国经济格局中的地位不相匹配。二是外向度有待提高。全省开发区引进外资90%集中在杭州、宁波、嘉兴、湖州地区，2017年个别国家级开发区实际利用外资只有200多万美元，部分省级开发区甚至为零。三是产出效率较低。从单位面积看，全国219家国家级开发区每平方公里生产总值为6.1亿元，最高的是上海虹桥开发区达到316.2亿元。而浙江省发展较好的杭州、宁波、嘉兴、湖州开发区分别只有9.5亿元、4.1亿元、3.4亿元、2.3亿元，其他开发区产出强度更低。从劳动生产率看，全国219家国家级开发区平均劳动生产率为53.4万元/人，而浙江省国家级开发区仅有27.7万元/人，其他省级开发区平均劳动生产率更低。这说明，浙江省大部分开发区产业发展水平仍然较低，创新驱动发展能力仍然较弱，在国际分工中总体上还处于较低层次，优化产业结构、提高亩均效益任重道远。

开发区今后的路到底该怎么走，是摆在我们面前的一个重大课题。当前和今后一个时期，全省开发区要以习近平新时代中国特色社会主义思想为指导，认真贯彻车俊书记在全省对外开放大会上强调的“要全力建设新时代高能级开放平台，做强开放型经济，用发展实力、发展质量说话”重要讲话精神，准确把握新时代赋予开发区的历史使命，聚焦聚力高质量、竞争力、现代化，推进开发区质量变革、效率变革、动力变革，推动开发区从外延扩张向内涵提升转变，不断提升开发区经济创新力和国际竞争力。全省开发区要进一步强化自身优势，担负起“六个服务”的重任，为全省经济社会高质量发展作出更大贡献。

一要服务于构建全面开放新格局，进一步发挥开发区经济国际化“先导区”的作用。习近平总书记多次强调，开放是繁荣发展的必由之路。开发区从诞生之日起便被打上开放印记，成为最先与国际接轨、对外开放程度最高、对外经济交流最活跃的地区。新时代，全省开发区要进一步强化对外开放优势，强化对外开放主载体、利用外资主战场的作用，以“一带一路”为统领，推进高水平引进来和走出去，大力建设国际产业合作园、高质量外资集聚区、境外并购回归产业园等，推进平台国际化、产业国际化、企业国际化、人才国际化，加快培育国际经济合作和竞争新优势。

二要服务于建设现代产业体系，进一步发挥开发区高质量发展“引领区”的作用。党的十九大报告强调，要加快建设实体经济、科技创新、现代金融、人力资源协同发展的产业体系。开发区集聚了全省56%的规上工业企业，贡献了全省64%的规上工业增加值，是浙江省产业集聚的重要平台。新时代，全省开发区要充分发挥产业集聚的优势，大力发展以现代制造业为核心的实体经济，深入实施数字经济“一号工程”，深化“亩均论英雄”改革，优化配置金融、科技、人才等生产要素，加快产业转型升级，加速推进开发区产业迈向全球产业链价值链中高端。

三要服务于全面深化改革战略部署，进一步发挥开发区体制机制改革“先行区”的作用。开发区是改革开放的产物，改革创新是开发区的最大优势之一。三十多年来，开发区创造性地建立了许多灵活变通的工作制度和管理机制，不仅激发了自身发展的强大动力，而且为全省改革提供了丰富素材和鲜活经验。新时代，全省开发区要继承发扬敢闯敢试、敢为人先的改革精神，以“最多跑一次”改革为牵引，撬动开发区管理体制机制创新，以改革强化制度供给、优化营商环境、释放发展潜力，再创开发区体制机制新优势。

四要服务于创新驱动发展战略，进一步发挥开发区创新强省“实践区”的作用。创新是引领发展的第一动力。开发区设立的初衷之一，就是引进国际先进技术、追赶世界先进科技潮流。新时代，全省开发区要深入实施创新驱动发展战略，突出科技创新对开发区产业转型升级、培育发展新动能的引领作用，把产业创新作为主战场，完善创业创新生态体系，集聚国际国内创新资源，推进产学研深度融合，打开科技向现实生产力转化的通道。

五要服务于绿色生态发展，进一步发挥开发区绿色集约发展“示范区”的作用。开发区经济活动密集，工业项目集中，资源消耗和污染排放总量大，对生态环境的影响不可低估。新时代，全省开发区要深入践行“绿水青山就是金山银山”的发展理念，加强环境综合治理和生态保护，推进开发区低碳化、循环化、集约化发展，实现发展方式由粗放经营向绿色生态发展转变。

六要服务于区域协调发展战略，进一步发挥开发区区域经济“带动区”的作用。开发区在发挥地区经济增长极作用的基础上，通过工业化与城镇化的互动互促，走出了一条以产业为基础的产城融合发展道路，促进了城乡统筹及区域协调发展。新时代，全省开发区要深入贯彻落实中央和省委、省政府关于区域协调发展的决策部署，充分发挥开放高地、产业高地、人才高地的优势，深度融入大湾区大通道大花园大都市区建设，积极推进产城融合、结对帮扶、山海协作，进一步发挥开发区对区域经济发展的辐射带动作用。

三、深入推进开发区高水平开放高质量发展，努力为浙江经济社会发展贡献更大力量

围绕深入推进开发区高水平开放高质量发展的要求和“六个服务”的重任，当前和今后一个时期，全省开发区要重点抓好以下工作。

（一）聚焦竞争力，推进开发区深化改革

改革是开发区突破发展瓶颈的关键之举，是增创发展新优势的动力之源。各开发区要继续高举改革的旗帜，深化体制机制创新，再创开发区体制机制新活力。

第一，深化开发区整合提升。早在2002年，时任浙江省省长的习近平强调：“要抓好大开发区建设。大开发区建设有利于改变浙江‘低、小、散’的产业结构，有利于缓解用地矛盾，其特点和优点是显而易见的。”前不久召开的全省对外开放大会上，车书记也强调，各类开放开发平台整合要有新突破，以最高层级平台为核心，对区域范围内的各类开发区、产业集聚区、工业园区等进行实质性整合。下一步要以深化整合提升为抓手，进一步做大做强开发区。

在空间整合上，要在不涉及“四至”范围变更、不突破国家核准面积的前提下，以国家级经济技术开发区为核心，整合区位相邻、相近的园区，促进资源优化配置和要素重新组合。特别是要结合打造山海协作工程升级版，支持发展水平较高的开发区和发展水平相对较低的开发区，进行跨行政区整合或合作共建“飞地”园区，通过建立利益共同体，推动资本、管理运营模式输出和创新成果转化落地，整体提升浙江省开发区建设发展水平。这项工作请省商务厅会同省国土资源厅、各市政府汇总梳理全省开发区土地空间、产业发展等情况，加强省级层面统筹谋划，加快研究推动。

在管理整合上，要深刻认识体制机制是实现开发区实质性整合的关键所在，努力避免开发区在整合过程中仅仅注重空间拓展，相对忽略体制机制整合的误区，严格按照“一个平台一个主体一套班子”的管理体制和统一规划、统一招商、统一协调的管理机制，推动优秀开发区品牌、管理和服务输出，放大整合提升聚合效应，增强开发区整体竞争力。

省政府将印发《开发区深化整合提升工作方案》，接下来关键是要立说立行、抓好落实。各地、各开发区要积极行动起来，围绕拓展空间、优化体制和产业转型升级等内容，提前编制好工作方案。通过整合提升，力争两年内至少有1家国家

级开发区进入全国前10位,4家国家级开发区进入全国前20位,20家开发区产值突破千亿元,形成一批在国内外有较强竞争力的先进制造业集群。

第二,完善开发区体制机制。体制机制是开发区活力和竞争力的重要保证。当前,开发区体制机制改革的核心是要做好赋权改革。这几年,国务院和省政府先后出台了一系列支持开发区发展的政策举措,强调要赋予国家级开发区与设区市同等的经济、社会等管理权限。2018年6月出台的国发19号文件进一步明确,“省级人民政府依法赋予国家级开发区地市级经济管理权限,制定发布相应的赋权清单,在有条件的国家级开发区试点赋予适宜的省级经济管理权限”。下一步,省商务厅要会同省编办,认真梳理开发区全链审批所需要的权力事项,研究制定国家级开发区赋权清单,报省政府审议发布;并且选择有条件的国家级开发区试点赋予省级经济管理权限。在此基础上,再稳步推进省级开发区赋权工作,力争做到县区同权。各地政府要准确把握开发区经济建设主战场的定位,真正赋予开发区财政、土地、建设等各项权力,进一步释放开发区发展潜力,激发开发区干事创业热情。各开发区也要深入总结经验,主动争取地方党委、政府和有关部门的支持,积极推动开发区管理体制改革,为自身发展创造良好环境。

第三,优化开发区营商环境。营商环境就是竞争力,优化营商环境就是解放生产力、提高竞争力。要将“最多跑一次”改革进行到底,全面推广“一窗受理、一网通办、一证通办、一次办结”机制,确保年底前所有企业事项实现“一次办结”。要坚持问题导向、需求导向、效果导向,结合各开发区产业和企业发展特点,有针对性地加强相关产业的服务能力和水平,通过发扬“店小二”精神,提供“保姆式”服务,帮助企业解决发展过程中遇到的堵点痛点难点问题,为企业发展提供最优服务。这里要强调的是,有条件的开发区要围绕提高对外开放水平,系统推进国际化营商环境建设,深化出入境管理、外国人管理服务等领域改革,加强国际社区、国际学校、国际医院和职工培训机构等配套设施建设,不断优化开发区营商环境。省商务厅要会同有关部门研究建立开发区营商环境指标评价体系,开展开发区营商环境评价工作,引导全省开发区打造国际一流营商环境。

(二)聚焦高质量,全力打造现代产业园区

产业是开发区发展的核心。全省大部分开发区产业结构仍处于中低端,推动开发区向现代产业园区转型,促进开发区产业结构跨越中低端、迈向中高端,是各开发区面临的重要任务。

第一,打造有影响力的特色产业集群。特色产业集群是产业的集体品牌,不仅能降低交易成本,提高生产效率,更重要的是能够优化创新条件,提高创新浓度,发展到一定阶段,甚至可能形成“产业黑洞”。浙江发展得比较好的开发区,大多得益于特色产业集群的打造。但客观上说,不少开发区仍然是企业扎堆,没有形成真正意义上的产业集群。究其原因,跟我们的传统发展思路有很大关系,往往更看重短期的经济增长,对产业发展规律把握和运用不够。各开发区要进一步明确特色主导产业。要从自身的资源禀赋和产业基础出发,从细分领域和行业中确定主攻方向。主攻方向确定后,就要集中力量、集聚资源、集成政策,拿出“十年磨一剑”的定力,对标国际先进水平,把主导产业做精做强,培育一批具有较强国际竞争力的隐形冠军企业,推动主导产业向国际价值链产业链中高端攀升。要大力集聚特色创新资源。在招商引资中,除了要招引产业链的上下游企业,还要下功夫强化产业发展所需的研发设计平台、孵化器平台、检验检测平台、咨询评估机构、人才和技术交易市场以及各类创新联盟等高端服务平台,促进高端创新资源集聚。要把招引特色产业人才工作摆到重中之重的位置,特别是高端和领军人才。有条件的开发区,还要对未来产业发展所需的人才进行超前布局。

第二,提升开发区国际化水平。开放是开发区的天然基因,在构建开放型经济新体制、打造全面开放新格局的实践中,开发区要继续当好排头兵。一要推进国际产业合作园建设。浙江省国际产业合作园建设起步较早,受到国务院高度肯定。下一步,各个国际产业合作园要继续深化与相关国家间的交流合作,聚焦国际前沿技术、新兴业态、高端装备和先进制造，积极开展国际产能合作。要完善国际产业合作园管理办法，加快建立有进有出的动态管理机制，明年开始要正式开展相关考核工作，根据考核结果淘汰一批建设进度落后、工作成效不明显的园区。二要加快建设境外并购回归产业园。近年来，企业积极“走出去”开展跨境并购，获取了一批国外先进技术、高端品牌和优秀人才。促进这些并购项目回归国内，对于全省集聚全球高端创新要素，抢占产业链、价值链、创新链制高点，促进产业转型升级，具有重要意义。开发区要充分发挥对外开放、产业集聚等方面的优势，以更大力度建设境外并购回归产业园，加大资源要素、研发创新、产业基金等方面的支持力度，促进高质量境外并购项目落地开发区。三要积极创建开发区海外产业创新服务综合体。支持开发区到全球创新资源密集的地方设立机构引资引智，是开发区加强创新能力开放合作的一大创新举措。目前，杭州、嘉善、柯桥等六家开发区开展了试点。要进一步明确产业规划，围绕主导产业、优势产业，有目的有选择地“走出去”设区布点，加大力度引进优质创新资源，加快推进成果转化落地。省商务厅和相关开发区要及时总结试点经验，研究制定相关管理办法，加强工作指导，争取试点早见成效，为其他开发区提供借鉴。

第三，加快推动开发区向数字化园区转型。数字化不仅改变人类的生产方式，也在改变人类的生活方式。要加快推进开发区向数字化园区转型，推动开发区转入高质量发展轨道。一方面，要推动开发区经济数字化转型。数字经济正成为全球经济增长的重要驱动力，制造业加速向数字化、网络化、智能化方向延伸。我们要牢牢把握这个发展趋势，全面实施数字经济“一号工程”，大力推进互联网、大数据、人工智能与实体经济深度融合，利用数字技术推进传统产业全方位、全角度、全链条改造。有条件的开发区要超前谋划布局一批重量级未来产业，力争在互联网、物联网、大数据、人工智能等领域成为领跑者。另一方面，要推动开发区管理数字化转型。把数字化作为开发区治理水平现代化的重要手段，重点推进以审批服务、项目建设、环境监测、内部管理等为重点的开发区数字化协同工程建设，打通网上网下业务流、数据流，实现网络平台与实体大厅服务无缝对接、合一通办。

第四，实施“亩均效益”领跑行动计划。目前，全省开发区资源要素供给都十分紧张，高投入、高耗能、高污染的发展方式难以为继，“摊大饼”式的老路已经走到尽头。2018年5月底，袁家军省长在全省深化“亩均论英雄”改革工作会议上强调，要全面推进“亩均论英雄”改革，开发区要在亩均效益上走在全省前列，当好高质量发展的排头兵。各开发区要进一步强化“亩均论英雄”导向，深入实施“亩均效益”领跑行动计划，确保“一年大提升、三年走前列、五年成示范”，到2022年全省开发区规上工业企业亩均税收、规上工业劳动生产率、规上工业亩均增加值率先超过30万元/亩、30万元/人、140万元/亩。要大力推进低效用地再开发，加快建立低效企业市场化退出机制，综合运用经济、法律、行政等手段，推动低效利用土地市场化再开发。

（三）聚焦现代化，推进建立开发区科学管理模式和考核评价体系

浙江省开发区面大量广，不同开发区所处的发展阶段、功能定位、区位条件等差异很大，省级有关部门对开发区的统筹管理要实事求是，切忌用一根尺子量、一个模子套。

一要加强分类指导。开发区处在什么阶段就做什么事情，适合什么发展道路就走什么道路。不同开发区要有针对性的指导措施，毗邻城市的开发区，要在产城融合上多做文章，按照现代化新城区的要求来规划建设，提供宜居宜业宜学的良好环境；经济体量大、发展水平高的开发区，主要任务是创新，着力点应该放在集聚创新资源、提升创新浓度上；起步较晚、发展水平较低的开发区，要着力做好重大项目引进工作，前提是项目档次不能低、环保门槛不能降。

二要强化科学考核。考核既是鞭策，更是导向。省级层面，要突出质量效益要求，完善开发区综合发展水平评价办法，把科技创新、亩均产出、节能减排、营商环境等作为考核的主要内容，引导开发区走高质量发展之路。要建立健全开发区“有进有出、有升有降”动态管理机制，对综合考核评价靠前的开发区,该奖励的奖励,该倾斜的倾斜;对综合考核评价不靠前,但是特色发展有成效、创新发展势头好的,也要给予相应的支持;对考核结果排名靠后的开发区,要提出警示、限期整改直至降级、撤销,真正把考核的压力转化为开发区高质量发展的动力。

三要激发干部活力。干部队伍是开发区事业发展的决定性因素。要立足开发区发展的实际需要,选优配强领导班子和干部队伍,让懂经济、善创新、敢担当成为开发区干部的标配。前不久,中共中央办公厅印发了《关于进一步激励广大干部新时代新担当新作为的意见》,引导广大干部担当作为、干事创业,切实为敢于担当的干部撑腰鼓劲。省政府在年初出台的《全面优化开发区建设促进开发区深化改革扩大开放和创新发展的实施意见》中,也明确提出建立开发区工作容错免责机制,对在推进改革、先行先试中出现的失误和过失,给予宽容免责。这些政策,各地政府和开发区要认真宣传好、落实好,让广大想干事、愿干事、能干事的干部放下心理包袱,做到轻装上阵,最大限度调动干部队伍干事创业的积极性、主动性和创造性。

浙江省商务厅厅长盛秋平在全省商务工作会议上的报告摘要

（2019年1月16日）

一、2018年商务发展主要工作回顾

2018年，面对错综复杂的国内外经济形势，特别是中美经贸摩擦的严峻挑战，全省商务系统坚决贯彻落实省委、省政府的各项决策部署，贯彻新发展理念，聚焦聚力高质量、竞争力、现代化，坚持以供给侧结构性改革为主线促进消费升级，以“一带一路”建设统领新一轮对外开放，商务发展新旧动能加快转换，高质量发展态势加快形成，圆满完成了各项任务。

2018年是改革开放40周年。为了更大力度把新时代对外开放推向纵深，在精心谋划、精心组织的基础上，我们推动省委、省政府继2004年后再一次召开全省对外开放大会，牵头研究起草了“1+1+5”对外开放政策体系，推出了10项新的对外开放重大举措，表彰了一批对外开放先进单位，在全省上下营造了进一步扩大对外开放的浓厚氛围，为“两个高水平”建设提供了强大动力。

一年来，全省商务系统按照“‘八八战略’再深化，改革开放再出发”的决策部署，坚定不移将省委、省政府交给我们的各项任务落到实处，结合商务发展实际，全力打好九大攻坚战，取得了明显成效。

（一）积极争取自贸试验区更大改革自主权，“一中心三基地一示范区”建设取得重要进展

国务院领导以及国家相关部委对浙江自贸试验区赋权扩区工作给予肯定和支持。为浙江自贸试验区量身定做的2项改革内容写入《国务院关于支持自贸试验区深化改革创新的若干措施》。总体方案明确的89项改革任务100%启动，形成了59项制度创新成果和案例，6项试点经验在全国复制推广。“一中心三基地一示范区”建设加快推进，全面实现不同税号下保税油品的混兑调和，基本形成华东地区保税燃料油加注中心。首架波音飞机顺利交付。成功举办第二届世界油商大会。

（二）积极应对中美贸易摩擦，外贸出口稳定增长

在全国率先成立中美贸易摩擦应对工作领导小组，建立工作机制，出台外贸稳增长10条意见。建立出口订单管理系统和贸易风险企业清单，走访企业7125家，举办培训228场，对美出口保持较快增长。加强市场开拓，新增外贸主体3.1万家，举办27个境外自办展，广交会品牌展位累计达3224个，开展8个境外外贸综合服务体系试点，39个基地入围国家级外贸转型升级基地。优化商品结构，机电和高新技术产品出口比重提高0.3个百分点。实施服务贸易“五个一批”行动计划，杭州获批深化服务贸易创新发展试点，中国（浙江）影视产业国际合作区被认定为首批国家文化出口基地。应对24个国家和地区发起的各类贸易救济调查案件130起。

（三）积极推进“一带一路”枢纽建设，对外投资进程加快

实施《浙江省打造“一带一路”枢纽行动计划》，一批项目列入浙江省“一带一路”十大标志

性工程。首个“16+1”经贸合作示范区在宁波启动。成立“一带一路”国际物流联盟，“义新欧”中欧班列全年运行320列，增长近1倍。“一带一路”捷克站投入运营，迪拜站项目正式启动。成立长三角对外投资合作发展联盟，鼓励企业跨国并购，跨国并购占对外投资比重达55%。新增7家省级境外经贸合作区。出台建筑业“走出去”发展三年行动计划，推进联盟拓市。指导境外企业合规经营，防范风险。“一带一路”浙商行活动取得良好反响。

（四）积极参与首届进口博览会，各项工作走在全国前列

第一时间成立浙江省参与进口博览会工作领导小组，建立工作机制，组织实施“十百千万”工程，共组织采购单位1.5万家、采购商4万人，展位意向成交额达116亿美元，采购总人数、成交金额均居全国前列。积极承接展会溢出效应，共组织24场配套活动，活动数量居全国第一。

（五）积极推进批零改造提升，消费升级稳步推进

批发零售业改造提升纳入省委、省政府富民强省十大行动计划，开展杭州、宁波等23个城市省级试点。全年组织重大消费促进活动1000余场。杭州湖滨步行街纳入首批国家步行街改造提升试点。商贸流通业有效投资超1000亿元。新增10个现代商贸特色镇创建试点。4个城市和26家企业列入全国供应链试点。积极应对非洲猪瘟等突发情况，保证市场供应平稳有序。推进再生资源回收体系建设，全省城镇生活垃圾回收利用率达33%。建成商务信用公众服务平台，入库企业达到470万家。牵头开展“长三角”和“泛珠三角”“云剑”联盟行动。散装水泥率达82%。

（六）积极打造新型贸易中心，电子商务持续快速发展

义乌获批中国跨境电子商务综合试验区，温州鹿城获批全国市场采购贸易方式试点，eWTP秘书处落户杭州，《义乌国际贸易综合改革试验区框架方案》获批，7部门联合出台加快外贸综合服务企业健康发展的政策意见。中国(杭州、宁波)跨境电商综试区深入推进，全省实现跨境电商网络零售额840.9亿元，增长39%。大力发展农村电商，提升改造农村电商服务站3000个，新增电商专业村474个。全面开展电商扶贫工作，在省外80余个对口帮助地区开展各类活动100余场。积极发展零售新业态新模式，支持杭州等地创建新零售标杆城市。成功举办之江创客、首届数字贸易博览会等重大活动。

（七）积极构建高水平开放平台，利用外资规模保持稳定

创新打造嘉兴、湖州高质量外资集聚先行区。创建绍兴、台州、义乌3个境外并购国际产业合作园。出台《深化开发区整合提升的指导意见》《加快国际产业合作园发展的指导意见》。杭州出口加工区成功升级为综合保税区。创建浙江澳门(安吉)经贸合作区。出台利用外资9条政策举措。成功举办第二十届中国浙江投资贸易洽谈会，签约项目24个，总投资额658.9亿元人民币。在美日欧等地成功举办系列高质量外资招商活动。

（八）积极深化“最多跑一次”改革，营商环境持续改善

加快“放管服”改革，全面实现商务领域审批事项“线下属地一窗受理、线上全程一网办理、后台纵横集成服务”。提升贸易便利化水平，推动自贸试验区国际贸易“单一窗口”建设，船舶通关时间从16小时缩减到2小时。加强外资企业服务，实施外商投资商务备案和工商登记“一口办理”，成功举办外资企业圆桌会议。推进法治化建设，清理政策措施和规范性文件1091个。

（九）全面加强党的领导，商务发展的组织保障进一步强化

积极开展“大学习大调研大抓落实”主题实践活动，建立“九联系”“做红色义工，铸党建联盟”等制度，开展“正学风、改文风、转作风、树新风”“商务大讲堂”等专项活动，累计下基层调研千余人次。加强党风廉政建设，机关作风效能建设监督机制不断完善。

一年来，各级党委、政府按照省委、省政府的统一部署，结合各地实际，谋规划，出政策，加大对商务工作的支持力度，为商务高质量发展打下了坚实基础。杭州大力发展新零售，衢州、丽水积极利用农村电商扩大乡村消费，推动消费升级。

湖州、嘉兴、金华等地出台了一系列稳外贸政策，余杭家纺产业协会提前预警并主动应对，减轻贸易摩擦对企业的冲击。温州、湖州高度重视招商引资工作，突出量质并举，利用外资规模不断扩大。杭州、宁波、舟山、义乌、鹿城扎实推进国家战略建设，深化改革创新，形成多项可复制可推广经验。宁波、衢州、丽水、义乌等地结合地方特色优势，积极参与"一带一路"建设。杭州、嘉兴、宁波积极推进开发区创新提升，分列全国开发区综合排名第9位、13位和21位。绍兴积极探索开放平台整合，有效提升开放能级。台州、新昌加强内外联动，打造境外并购国际产业合作园。

同时，我们也要看到，商务工作中还存在一些不足。商品和服务有效供给能力不够，外贸竞争新优势亟待形成，利用外资环境需要持续改善，对外投资风险需要加大研判和应对，开放平台能级需要进一步提高。对这些问题，我们要高度重视，认真加以研究解决。

二、商务工作面临的国内外形势

中央经济工作会议全面分析了国内外经济形势，作出了我国发展仍处于并将长期处于重要战略机遇期的重大判断。习近平总书记用辩证思维分析形势，阐述重要战略机遇期。我们要深刻领会重要战略机遇期的科学判断，保持战略定力，增强忧患意识，坚定信心，把握主动，坚定不移办好自己的事。当前，浙江省商务发展面临世界百年未有之大变局，变局中危与机同生并存，我们要在应对危机的过程中，抓住用好机遇，善于化危为机，牢牢把握主动权，不断培育商务发展新优势。

（一）对外贸易方面

中美经贸摩擦仍是我国经济发展首要外部风险和最大不确定因素。国际贸易保护主义、单边主义、民粹主义明显抬头，全球经济复苏进程中风险积聚，将对国际市场需求、国际分工体系调整、货币汇率等带来较大影响，进而冲击世界贸易增长，使浙江省外贸稳增长压力增大。我们也要看到，浙江省外贸发展仍有许多积极因素。从国内看，市场开拓支持力度加大、出口退税率提高、贸易便利化水平进一步提升，为浙江省稳外贸提供了坚实基础。从外部看，经济全球化的大趋势没有改变，全球主要市场的需求仍在增长。根据国际货币基金组织（IMF）的最新报告，2019年全球贸易总量预计增长4%，超过全球经济增速3.7%的预测值。

（二）利用外资方面

利用外资依然面临着发达国家"高端回流"和发展中国家"中低端分流"的双重挤压，再加上国际贸易摩擦导致的全球产业链重组、美国加息以及汇率波动过大等因素，资本项目观望情绪日渐浓厚，高质量外资引进难度不断加大。同时也要看到，以"一带一路"为统领的新一轮高水平对外开放，拓展了吸引外资的新空间，市场准入大幅度放宽，国际营商环境不断改善，国内市场空间巨大，为引进外资注入了新活力。

（三）扩大消费方面

近年来，社零增速持续放缓，房地产市场对消费的挤出效应不断显现，居民杠杆率升高削弱了消费能力。作为拉动社零增长主要动力之一的汽车消费，近期持续低迷，已连续7个月负增长，直接影响社零增速。同时，当前的消费供给水平难以满足人民对品质和服务的更高追求，制约了消费潜力释放，消费增长动力转换进入瓶颈期。但是，我国总人口近14亿人，中等收入群体不断扩大，供给侧结构性改革不断深入，个人所得税专项附加扣除等有利于促进消费的政策不断推出，消费市场将持续升级，居民消费增长仍有较大空间，强大国内市场的形成将为有效抵御外部风险提供巨大回旋余地。

综合分析，复杂严峻的外部环境给商务发展带来了下行压力，需要我们更好地发挥浙江民营经济韧性强、国内市场潜力大、制造业体系完整等优势，落实好国家和省里稳增长的一系列举措，集中精力办好自己的事，确保外贸、外资、消费等平稳运行在合理区间，实现商务高质量发展。

三、2019年商务发展工作重点

2019年，是新中国成立70周年，是高水平全面建成小康社会的关键之年，做好今年商务工作，意义十分重大。

2019年，全省商务工作的总体要求是：以习近平新时代中国特色社会主义思想为指导，深入贯彻习近平总书记在庆祝改革开放40周年大会上的重要讲话精神，认真落实全省经济工作会议部署，以“八八战略”再深化、改革开放再出发为主题，坚持稳中求进工作总基调，坚持新发展理念，坚持推进高质量发展，坚持以供给侧结构性改革为主线，聚焦聚力高质量竞争力现代化，在“巩固、增强、提升、畅通”八个字上下功夫，以“一带一路”为统领推进高水平开放，以长三角一体化发展为契机推进高品质消费，积极营造国际一流营商环境，坚定不移推动商务高质量发展，不断开创商务发展新局面。

2019年，全省商务工作的主要预期目标是：全省社会消费品零售总额增长8.5%左右；网络零售额增长15%左右；外贸出口增速高于全国，确保市场份额不降低；服务贸易保持正增长，增速快于货物贸易；实际外资保持稳定增长，占全国份额不降低；境外直接投资备案额150亿美元左右。

2019年，全省商务发展重点抓好三项重大任务，突出九方面工作。

抓好三项重大任务：

（一）做好中美经贸摩擦应对工作

建立健全“订单＋清单”预判和管理制度，加强对重点企业的动态监测和跟踪指导，健全覆盖省市县三级的企业出口订单管理系统，对出口美国金额超过1亿美元、1000万美元、500万美元、100万美元的企业，要加强分级动态监测和跟踪，监测预测外贸运行。关注中美经贸关系新进展，对涉美贸易企业，建立红黄蓝绿黑五色清单，加强分级预警和精准帮扶。加强新一轮政策储备，提前谋划应急预案，确保精准施策。完善对外贸易综合预警体系建设，加强非关税壁垒应对。

（二）大力推进自贸试验区创新发展

认真贯彻落实国家支持自贸试验区深化改革创新的若干举措。完成国务院批复浙江自贸试验区总体方案89项改革试点任务、省政府实施方案123项改革试点任务。围绕“一中心三基地一示范区”，着力引进一批高质量的油气企业。健全国际船舶低硫燃料油供应体系，保税燃料油供应突破400万吨。加快绿色石化基地建设，积极争取成品油出口资质和配额，全力服务一期项目全面投产。谋划建设以船用燃料油、外轮供应为重点的国际海事服务综合信息平台，打造“数字自贸区”。大力推进油气等大宗商品国际贸易使用人民币计价、结算，跨境人民币结算额700亿元以上。以波音项目为载体，加快建设航空制造和通用航空产业发展新高地。争取自贸试验区更大改革自主权落地，形成“一区多片”布局，探索设置自贸试验区联动创新区，推动“自贸区＋开放大平台”的整体发展。

（三）积极参与长三角一体化发展国家战略

用足用好进口博览会这个开放平台，主动参与进口博览会，吸引更多知名跨国公司和上下游参展企业到浙江考察投资，不断放大进口博览会溢出效应。抢抓长三角市场一体化机遇，推动高品质消费，扎实推进杭州湖滨国家级步行街改造提升。杭州市要完善工作机制，打造领先长三角、具有全国示范效应的步行街样板，各市县也要积极谋划，建设更具有吸引力的区域消费平台。深化区域合作机制，不断扩大长三角农产品产销对接洽谈会的影响力，发挥阿里、网易、苏宁易购、携程等平台作用，促进形成国内大市场。统筹优化长三角中欧班列资源，提升义新欧班列运营质量和效益，力争全年开行500列。完善长三角对外投资合作发展联盟机制，把上海的各国总领馆、跨国企业总部及会计、律师等中介机构优势和浙江、江苏、安徽的境外平台优势相结合，共同深耕“一带一路”市场。探索长三角自贸试验区联动改革创新，推动大宗商品交易市场的期现合作，复制推广自由贸易账户，共同谋划建设自由贸易港。

突出九方面工作：

（一）千方百计稳外贸

围绕应对国际经贸摩擦，打好开拓国际市场组合拳，按照稳中提质的要求，坚定不移推动对外贸易优化升级，以调结构支持稳增长，保持出口份额稳定。

1. 大力开拓国际市场。贯彻落实国家、省等一系列稳定外贸增长的政策措施。扩大外贸出口主体,持续推进外贸主体三年培育行动计划。巩固欧美日等传统市场,开拓"一带一路"新兴市场,加强浙非经贸合作。加大企业参展支持力度,办好140个省级层面重点支持的境内外展会。建设好8个海外营运中心、20个省级公共海外仓,新增300个境外营销网络,不断完善布局全球的外贸跨境服务体系。

2. 推进外贸优化升级。建设好39个国家级外贸转型升级基地,争创新一批国家级转型升级基地。进一步优化产品结构,机电与高新技术产品出口占全省比重达45%。以"品质浙货"出口领军企业、浙江出口名牌、浙江出口名优特产品培育推广为抓手,促进浙江省出口品牌体系建设,自主品牌占全省出口比重达到6.5%,铸就"品质浙货,行销天下"体系。

3. 积极发展服务贸易。促进服务贸易与货物贸易协调发展,逐步提高服务贸易在全省贸易总额中的比重,打响"浙江服务·服务全球"品牌。深化杭州国家服务贸易创新发展试点,复制推广29条试点经验。建设好杭州、宁波中国服务外包示范城市,加快杭州国家文化出口基地建设。大力发展服务外包,积极拓展文化、旅游、中医药、金融、设计等服务贸易新兴领域。加大市场开拓力度,办好12个服务贸易自办展。

4. 积极扩大进口。推动出台并落实扩大进口的政策举措,进口规模稳步提升。优化进口结构,促进生产消费升级,支持关系民生的产品进口,增加有助于高质量发展的技术装备进口。在杭州、宁波、温州、义乌、青田等地培育20个左右具有国际影响力的进口商品"世界超市",打造永不落幕的进口博览会。

(二)全力以赴稳外资

坚持把利用外资作为主动参与全球价值链的有效途径,加强创新能力国际合作,采取更大力度打造高质量外资集聚地。

1. 贯彻落实放宽市场准入各项举措。全面深入实施准入前国民待遇加负面清单管理制度。进一步扩大服务业对外开放,实施外商投资国民待遇行动,梳理利用外资的不合理限制清单,清除利用外资的门槛和体制机制障碍,力争数字经济、油气、航空、生命健康等产业重大外资项目引进取得新突破。

2. 打造高质量外资集聚地。以长三角一体化为契机,加快嘉兴、湖州高质量外资集聚先行区建设,建设好台州、义乌、新昌等地的境外并购国际产业合作园。坚持引资和引技、引智并举,支持跨国公司区域总部和各类功能性机构落户浙江,支持外资企业设立研发中心,高技术产业实际利用外资比重提高至25%。深化省市县长项目工程,实行外资重大项目"一企一策"。建立健全外资重大项目全流程跟踪工作机制,确定100个1亿美元以上的在谈、签约、在建、投产和达产项目,密切跟踪项目情况,推动项目落地进程。

3. 加大双向投资促进力度。鼓励外资企业把更多利润用于扩大再投资,确保已经进来的外资能够留得下,稳住利用外资总盘子。加快宁波"16+1"经贸合作示范区建设,办好第二十一届浙洽会和第五届中国—中东欧国家投资贸易博览会,宁波市要尽快完善博览会总体方案,各地要按照省政府的统一部署,切实做好招商招展工作,做精做细各项筹备工作,确保高质量办好展会。深化与驻京驻沪使领馆、贸易投资促进机构的联系和沟通,完善浙新、浙港等经贸合作机制,围绕高质量客商,赴境内外开展国际投资系列活动。进一步发挥新加坡、德国、美国等海外商务代表处作用,采取省市共建模式,加快设立驻日本商务代表处,适时推进驻非洲和中东商务代表处建设。

(三)多措并举促消费

以消费升级引领供给创新,加快批发零售业改造提升,积极参与强大国内市场建设,更好满足人民日益增长的美好生活需要。

1. 充分挖掘消费增长潜力。贯彻落实国家促进消费的各项政策措施,进一步完善促进消费工作体制机制。大力实施消费升级工程,促进信息消费、绿色消费、时尚消费等实物消费提档升级,推动餐饮、家政等服务消费提质扩容。打造消费集聚平台,培育省级特色商业街区,推动建设23个邻里中心,发展连锁化、品牌化便利店。深化老字号等商贸品牌建设。加强部门协同,精心办好消费促进月、金秋购物节、国际美食节等活动，参与门店在1万家以上。

2. 完善城乡流通体系建设。深入推进23个省级批零改造提升试点，加快专业市场改造提升，对成效显著的县市区加大激励支持力度。培育3—4个营业额超千亿元的商贸龙头企业，推进杭州、宁波等4个城市和26家企业国家级供应链体系建设试点，打造全国供应链创新应用高地。扩大商贸流通业有效投资，全年投资额超1000亿元。加强消费市场运行监测，健全生活必需品市场供应体系，保障市场平稳有序。加强商贸流通标准化建设，提高标准托盘普及率。散装水泥率达82.5%。

3. 发展零售新业态新模式。在具备条件的城市开展消费中心城市试点。探索发展零售新业态、新模式，积极参与“移动支付之省”建设，打造1—2个具有全国影响力的新零售标杆城市，培育一批新零售示范企业。大力推动百货商场等传统零售企业数字化转型，加强线上与线下、商品与服务、企业与行业深度融合。

4. 营造安全放心消费环境。健全商务诚信体系，加强信用结果应用。推动全省重要产品信息化追溯体系建设，构建追溯平台，整合追溯数据，放大追溯效应。做好成品油、汽车流通、拍卖等行业事中事后监管。加强再生资源回收体系建设，建设80座以上分拣中心。

（四）全面提升开放平台能级

服务国家战略，加强制度创新，围绕大湾区建设打造更多支撑国家战略的高能级开放平台，推动由商品和要素流动型开放向规则等制度型开放转变，以更高水平对外开放拓展发展空间。

1. 加快开发区整合提升。按照“一个平台、一个主体、一套班子，统一规划、统一招商、统一协调”要求，进一步加快各类开放平台整合提升。实施《开发区“亩均效益”领跑行动计划》，发布领跑者名单。探索建设数字园区，推动开发区管理数字化、产业数字化，实现数字化产业在开发区集聚发展。表彰先进开发区，对落后开发区定期约谈，完善开发区退出机制。对推进“一带一路”枢纽建设、构建全面开放新格局成效明显的设区市，优先支持其设立省级开发区。支持台州申报国家级开发区。

2. 深化海关特殊监管区改革创新。鼓励有条件的地区转为综合保税区。对标国际先进水平促进综合保税区升级。做好宁波综保区增值税一般纳税人资格试点工作，支持其他综保区争取试点。支持研发创新机构在综保区内开展研发创新。做好保税货物点对点直接流转等工作，推进物流便利化。大力发展保税检测、跨境电商零售进口等新业态。率先推广自贸试验区试点经验。

3. 做大做强国际产业合作平台。依托中德、中荷等国际产业合作园，实施产业链精准招商，加快集聚一批规模大、层次高、带动力强的外资制造业项目。落实加快国际产业合作园发展的指导意见和考核评价办法，巩固提高现有19个国际产业合作园和6个开发区海外产业创新综合服务体发展水平。发挥好长三角开发区协同发展联盟的作用，推动长三角开发区产业合作。

4. 加快建设一批高能级开放平台。推进义乌国际贸易综合改革试验区建设，提高义乌开放与辐射能级，提升义甬舟开放大通道效能，带动长三角内陆地区开放，共同打造长三角“金南翼”。提升4个浙台经贸合作区发展水平，支持玉环申报国家级对台经贸合作区。支持温州世界华商综合发展试验区、浙江（青田）华侨经济文化试验区等“华商之窗”建设。

（五）高质量参与“一带一路”建设

聚焦十大标志性工程，精心共绘“一带一路”建设的“工笔画”，提高浙江参与和布局全球价值链的能力。

1. 高质量建设“一带一路”系列站。完善捷克站“一场多园”运营模式，推进商贸园建设，提升各类功能，积极鼓励民营企业参与运营，争取捷方支持与合作。印发迪拜站建设方案，启动物流项目建设。探索建设非洲站，促进“一带一路”战略节点网络化、体系化。开展“一带一路”浙商行活动，赴中东欧、非洲、新加坡等重点国别（地区）开展贸易、投资、电商等全方位经贸合作。

2. 加强国际产能合作。强化项目支撑，建立“一带一路”重大项目库，高质量推进“一带一路”标志性工程建设，对“一带一路”沿线国家和地区投资占对外投资的比重提高至25%。深化境外经贸合作区建设，在“一带一路”沿线节点国家新增

2—3个境外经贸合作区，稳妥有序引导企业在海外抱团发展。加强联盟拓市，国际经济合作营业额达76亿美元。组织实施建筑业“走出去”三年行动计划，更好地带动装备、技术、标准、品牌和服务“走出去”。

3. 大力培育本土跨国公司。继续实施民营跨国公司培育三年行动计划，培育浙江本土跨国公司20家。支持各类企业实施跨国经营战略，鼓励企业并购海外品牌、渠道等，同时把总部、研发设计和高端制造等环节留在浙江，构建辐射全球的供应链体系。优化对外投资合作环境，加强对外投资事中事后监管，规范企业海外经营行为，指导合规体系建设，加强风险预警，提高防范风险能力。

（六）深入打造新型贸易中心

围绕数字经济“一号工程”，以数字化、品质化、全球化为主线，加快推动贸易数字化、数字贸易化。

1. 加快跨境电商发展。贯彻落实国家延续和完善跨境电商零售进口政策。加强杭州、宁波、义乌三个跨境电商综试区建设，多部门协同推进体制机制创新，示范带动全省发展，力争全省跨境网络零售出口增长30%。新增25个产业集群跨境电商发展试点，带动2000家传统外贸企业开展跨境电商，培育自主品牌和生产型、供应链型卖家。鼓励电商平台、支付体系、电商服务等“走出去”，发展区域性电商物流中心，深耕“一带一路”沿线国家市场。

2. 大力发展外贸新业态。深化市场采购贸易方式，完善配套监管办法，推进标准化建设，加快复制推广，力争温州鹿城市场采购年出口额达到30亿美元。培育发展外贸综合服务平台，对省级外贸综合服务企业进行动态评估。探索开展各类外贸新业态的系统集成。

3. 全面深化eWTP实验区建设。加强政企合作，以市场化方式推进eWTP全球布局。协调推进eWTP杭州实验区建设，并推动扩展到全省。稳步推进与马来西亚、比利时、卢旺达等地的合作项目，扩大海内外实践，带动电子商务模式、技术、服务和标准国际合作，探索建立跨境电商的国际规则。

4. 推动电商产业不断提升。做大做强服务业电商，重点鼓励一批居民生活性服务商家入驻电商平台。完善电商产业配套，推进电商与快递物流协同发展。持续推进省级电商产业示范基地、电商小镇、跨境电商产业园等建设，打造电商集聚平台。切实抓好《电子商务法》宣传贯彻工作，推动《浙江省电子商务实施条例》立法进程。高水平办好电子商务创业创新大赛、数字贸易交易会、电博会等重大活动。

（七）坚决打好乡村振兴和商务帮扶攻坚战

商务发展，尤其是扩大消费，最广泛最深厚的基础在农村，最大的潜力和后劲也在农村，我们要深入实施乡村商贸振兴工程，深化商务扶贫协作，加大精准帮扶力度，让群众百姓共享商务发展成果。

1. 深化实施乡村商贸振兴工程。围绕大花园建设，开展“百镇示范、千村样板”工程，推进品牌企业“上山下乡”，解决好农村消费市场不平衡不充分问题，推进城乡市场一体化。按照规模适度、业态齐全、管理规范、安全便利理念，制订建设标准，今年培育10个放心舒适的现代商贸特色小镇，重点建设一条最主要的商业街。依托农产品流通公共服务平台，整合线下农产品仓储、加工、配送资源，扩大品牌消费品供给，今年培育100个商贸发展示范村，重点提升一批线上线下融合的样板电商服务站。

2. 深化电商帮扶。完善农产品流通体系，创建20个公益性农产品市场。引导省内流通企业打造覆盖对口帮扶地区的农产品现代供应链，建设好13个对口地区在浙江省设立的农产品展示中心或专柜，扩大农产品销售。不断推进省内山海协作电商扶贫，深化东西电商扶贫协作专项行动，加强电商资源对接，开展电商从业人员培训。

3. 深化就业帮扶。落实好“百城万村”家政扶贫指导意见，坚持政府、协会、企业三方联动，全力推进杭州、绍兴家政扶贫工作试点，支持10家骨干企业对接好19个国家级贫困县。拓展对外劳务扶贫，积极引导对外国际经济合作企业到贫困县招收劳务人员，力争全年招收贫困县劳务人员1000人次。

（八）积极营造国际一流营商环境

以“最多跑一次”改革为牵引，以“两强三提高”为目标，加快商务部门数字化转型，营造国际一流营商环境。

1. 加快推进数字化转型。将“最多跑一次”改革进行到底，实实在在做到“跑一次是底线、一次不用跑是常态、跑多次是例外”。推动商务领域办事事项“最多跑一次”100%全覆盖，办事数据100%全覆盖。研究制订数字商务厅方案，梳理核心业务协同模型和数据共享模型，加快推进“掌上办事”“掌上办公”，实现数字商务厅统一门户，一窗展示。精心建设好散装水泥专用车辆安全共治管理系统、外贸风险预警平台、全省重大外资项目全流程跟踪服务系统、重要产品线上追溯体系和商务诚信平台等重点项目，推动商务领域数字化转型。

2. 全面改善外商投资环境。对标国际先进，打造内外资企业一视同仁和公平竞争的营商环境。完善外商投资协调解决机制，密切关注在浙外资企业发展动态。完善知识产权保护机制，坚决依法惩处侵犯外资企业权益的行为。重视解决外商就医、子女就学等方面的难题，推动建设一批国际医院、国际学校。继续召开外资企业圆桌会议。全面推行外商投资商务备案和工商登记“一口办理”，备案时间缩短到2个工作日。

3. 进一步提高通关便利化水平。加强部门数据联网，加快建成国内领先的国际贸易“单一窗口”，重点推进跨境电子商务综试区“单一窗口”建设。积极贯彻落实《提升跨境贸易便利化实施意见》《提效降费减证行动计划》，加大政策宣传力度，建立贸易便利化调查监测机制，持续改善浙江省贸易便利化水平。

（九）全面加强党的建设

把党的政治建设摆在首位，持续深化党风廉政建设和反腐败斗争，切实增强管党治党的思想自觉和行动自觉。

1. 进一步坚定“四个意识”。在学懂弄通做实习近平新时代中国特色社会主义思想上持续发力，深入推进“两学一做”学习教育常态化制度化。组织开展“不忘初心、牢记使命”主题教育。严格落实“一岗双责”，推动党建工作责任落实落地。

2. 进一步加强作风建设。深入开展“大学习、大调研、大抓落实”活动，以“服务企业、服务群众、服务基层”活动为具体抓手，把握“三条原则”，建立“三张清单”，转作风强担当促落实。持之以恒纠“四风”，坚决整治形式主义官僚主义“十种表现”。完善21个机关作风效能建设监督网点联络机制，进一步“正学风、改文风、转作风、树新风”。

3. 进一步抓好反腐倡廉工作。学习贯彻新修订的《中国共产党纪律处分条例》，进一步增强党员干部的纪律意识和底线思维，形成不想腐的思想和行动自觉。抓好清廉商务建设，规范权力运行监督机制，营造良好政治生态，创建模范机关。

当前，商务发展已经从高速增长阶段转向高质量发展阶段。商务部门要在推进高质量发展中走在前列，就必须讲究方式方法，运用综合集成的办法，系统谋划、整体推进、重点突破，加快构建高质量发展的指标体系、工作体系、政策体系、评价体系。要加快建立商务高质量发展的指标体系，要在省委、省政府提出的4个高质量指标的基础上，对商务发展的各项具体工作、具体任务，进一步提出量化、细化、可操作的目标，明确工作的重点是“做什么”。要加快建立商务高质量发展的工作体系，树立“滚雪球”效应的工作理念，明确工作责任，强化协同配合，推动各项工作环环相扣、有序衔接和高效推进，进一步明确商务重点工作“谁来做、怎么做”。要加快建立商务高质量发展的政策体系，加强顶层设计、统筹安排和综合集成，确保商务部门出台的政策既合规，又贴近地方实际、符合企业发展需要，为推进高质量发展创造“能做好”的环境和条件。要加快建立商务高质量发展的评价体系，建立健全考核、督查和通报机制，创新评价评估方式，把企业满意度作为检验工作的重要标尺，更加科学客观地评价我们的工作“做得好不好”。

二、重要文件

中共浙江省委　浙江省人民政府关于以“一带一路”建设为统领构建全面开放新格局的意见

浙委发〔2018〕20号

为全面贯彻党的十九大精神，认真落实省第十四次党代会确立的开放强省工作导向，以“一带一路”建设为统领构建全面开放新格局，书写同世界交融发展的美好画卷，现提出如下意见。

一、重大意义、总体要求和主要目标

（一）重大意义。浙江是改革开放的先行地，是习近平新时代中国特色社会主义思想的重要萌发地，以开放促改革促发展是40年来浙江省的成功实践。面向未来，我们必须肩负起新时代对外开放的新使命。省委作出的以“一带一路”建设为统领构建全面开放新格局的重大决策部署，是新时代浙江省推进对外开放的重大创新实践，是学习践行习近平总书记关于对外开放重要思想的重大战略安排，符合党的十九大精神，符合浙江实际，符合开放发展规律。在改革开放40周年、“八八战略”实施15周年的重要时间节点，深化以“一带一路”建设为统领构建全面开放新格局的战略部署，进一步明确总体目标、重点任务，谋划实施新平台新举措新政策，具有十分重大的意义，有利于更好参与“一带一路”建设，服务国家重大战略举措和开放大局；有利于全面提升开放型经济层次，推动经济高质量发展；有利于构筑一流营商环境，加快完善对外开放体制机制，向国际社会展示中国特色社会主义制度的优越性。

（二）总体要求。高举习近平新时代中国特色社会主义思想伟大旗帜，全面贯彻党的十九大和十九届二中、三中全会精神，大力弘扬红船精神，秉持浙江精神，坚定不移沿着“八八战略”指引的路子走下去，牢固树立开放强省的鲜明导向，充分发挥“一带一路”建设统领作用，全面实施打造“一带一路”枢纽行动计划，大力发展更高层次开放型经济，以“最多跑一次”改革为牵引优化营商环境，推动开放朝着优化结构、拓展深度、提高效益方向转变，加快构建全面开放新格局，推动高质量发展走在前列，为“两个高水平”建设提供强大动力和坚实支撑。

（三）主要目标。2018年，富有竞争力的对外开放政策体系基本形成，“一带一路”枢纽建设、开放型经济发展、营商环境优化等取得重要实质性进展，以更大的开放力度庆祝改革开放40周年和“八八战略”实施15周年。

到2020年，高水平全面建成小康社会之时，具有浙江特色的全面开放新格局基本形成，“一带一路”枢纽建设、高层次开放型经济发展、一流营商环境营造取得决定性成果，在新时代扩大对外开放征程中继续走在前列。

“一带一路”枢纽功能全面提升，浙江省打造“一带一路”枢纽行动计划全面实施，“一区、一港、一网、一站、一园、一桥”为框架的“一带一路”建设总体格局全面形成，现代物流枢纽、国际科创产业合作高地、新型贸易中心、新兴金融中心、国际人文交流基地基本建成并有效发挥作用，在“一带一路”沿线国家和地区的影响力显著增强。

开放型经济水平全面提升，开放发展中的不平衡不充分问题有效解决，实现大进大出向优进优出转变、引进来为主向引进来和走出去并重转变，全球市场份额进一步巩固提升，年实际利用外资达到200亿美元，对外投资稳步增长，统筹利用国际国内两个市场、两种资源的能力进一步增强，向全球价值链中高端迈出坚实步伐。

营商环境竞争力和满意度全面提升，“最多跑一次”改革牵引作用充分发挥，贸易和投资自由化便利化深入推进，开放型经济体制更加完善，各领域营商环境指标达到国际公认标准的先进水平，形成一流的营商环境和公平开放统一高效的市场环境。

二、优化全省域开放发展布局

（四）以一流标准建设国际化大都市区。科学确定四大都市区国际化功能定位，支持杭州建设独具韵味、别样精彩的世界名城，支持宁波建设国际港口名城，支持温州建设国际时尚智城，支持金义都市区建设国际商贸名城、影视文化之都，努力成为参与国际经济合作和竞争的主平台。发挥国际化大都市区引领作用，进一步打开中小城市对外开放通道，培育具有国际竞争力的特色产业，提升公共服务国际化水平，塑造特色鲜明的城市国际形象和个性品牌，提升城市国际影响力和美誉度。

（五）全力推进大湾区开放开发。对标国际一流湾区，大力推进现代产业高地、“互联网+”科创高地、现代化国际化城市、湾区现代交通、开放高地、美丽大湾区建设，加快打造世界级现代化大湾区。坚持国际化导向，突出开放引领，在大湾区中布局建设杭州大江东、宁波杭州湾新区等若干标志性、战略性的改革开放大平台，打造新时代改革开放的重要窗口。全面接轨上海，深化嘉兴全面接轨上海示范区和嘉善县域科学发展示范点建设，推进浙沪小洋山合作开发，加快建设G60科创走廊等重点发展廊道。

（六）加快补齐大花园开放发展短板。深入践行绿水青山就是金山银山的理念，高品质建设一批具有国际水准、浙江特色的美丽乡村、美丽田园、美丽河湖、美丽海湾、美丽海岛、美丽城市和国家公园，打造向国际社会展示绿水青山就是金山银山实践成果的重要窗口。加大山区和生态功能区开放发展力度，创新开放方式，发展开放型经济，在开放合作中实现绿色崛起。创新山海协作内涵、平台和机制，打造山海协作工程升级版。积极开展与“一带一路”沿线国家和地区的生态环保合作，探索建立绿色发展的国际交流合作平台。

（七）构筑全方位联通世界的大通道。推动海港、陆港、空港、信息港联动发展，打造海上、陆上、空中、网上四位一体的国际大通道。对标国际一流港口，推动宁波舟山港建成运输效率最高、服务质量最优的国际强港。组建义新欧物流联盟，将义新欧班列打造成全省统一的中欧班列品牌。拓展加密空中国际航线，加快增强空中国际大通道服务能力。依托国家信息经济示范区建设，积极参与“21世纪数字丝绸之路”建设，加快打造全国领先的网上国际大通道。推动国际标准化合作，实施标准国际化重大项目建设，加强标准互认，促进标准“软联通”。

（八）积极参与国内区域合作与发展。大力促进长三角更高质量一体化发展，建立健全长三角区域合作机制，扎实抓好重大合作项目，推动长三角世界级城市群作为一个整体在更高层次参与国际合作和竞争。深入参与长江经济带发展，大力推进义甬舟大通道建设，加快建设舟山江海联运服务中心，构建畅通快捷高效的陆海空集疏运和多式联运体系，实现“一带一路”和长江经济带双向贯通、联动发展。积极参与内陆和沿边开放发展，谋划建设浙江出口产业合作园等对接平台，助力内陆和沿边地区打开开放通道。全力做好对口支援、对口合作和东西部扶贫协作，突出民生帮扶、产业协作、智力援助、交往交流，提高精准帮扶绩效和合作共赢成效。

三、发展更高水平的国际贸易和投资

（九）加快培育外贸竞争新优势。深入实施市场多元化战略和国际竞争力提升战略，推进外贸发展方式转变，巩固提升市场份额，着力提高出口附加值和效益，努力构建以质量、技术、品牌为核心的国际竞争力。加快货物贸易优化升级，建成50个外贸转型升级基地，培育30个海外公共仓，提升“浙江制造”品牌竞争力，扩大自主品牌出口。加快服务贸易发展，完善促进机制和政策体系，力争服务贸易额年均增长10%以上。大力发展跨境电商、市场采购、外贸综合服务平台等贸易新业态新模式，打造外贸出口新增长点，建设新型贸易中心。主动扩大进口，充分利用中国国际进口博览会的溢出效应，完善进口供应链体系，提升进口便利化水平，建设全国重要的进口商品集散中心。着力打造若干具有国际影响力的进口展销平台，支持杭州发挥电商之都优势，建设进口商品展销中心和特色街区；支持宁波依托中国—中东欧国家投资贸易博览会，建设以中东欧为特色的进口商品展销平台；支持温州举办国际时尚产品博览会，建设浙南闽北赣东进口商品集散中心；支持义乌发挥小商品之都、义新欧班列等优势，设立大型进口商品展销区和特色馆；支持舟山依托中澳国际产业园、国家级远洋渔业基地，建设国际农产品贸易中心。

（十）打造高质量外资集聚地。提高利用外资的综合优势和总体效益，重点引进世界500强和行业龙头企业、“隐形冠军”企业、高科技企业，鼓励跨国公司在浙江设立地区总部和研发中心、结算中心等功能性机构。实施省市县长项目工程，建立全省重大项目信息库，支持重大外资项目纳入“4+1”重大项目行动计划，加强专业招商机构和队伍建设，构建辐射全球的国际化投资促进网络，提高全球精准招商能力。健全重点外资项目跟踪服务机制和重点外资企业服务机制，使外商引得来、留得住、发展得好。支持嘉兴、湖州等地建设高质量外资集聚先行区，创新完善招引高质量外资的体制机制和政策举措，创造一流的外商投资环境。充分利用中国香港特别行政区、中国澳门特别行政区对外开放窗口作用，办好香港·浙江周、澳门·浙江周，重点吸引港澳金融、贸易、航运等优质投资，推动浙港、浙澳合作水平再上新台阶。落实好国台办《关于促进两岸经济文化交流合作的若干措施》，加强浙台经贸合作区和海峡两岸（温州）民营经济创新发展示范区等平台建设，办好浙江·台湾合作周，提高东引台资成效。

（十一）创新对外投资方式。开展工业和信息化全球精准合作，创建10个制造模式先进、全球市场占有率位居前列的全球精准合作示范基地，推动实施100项国际产能合作项目。提升境外经贸合作区发展质量，力争建成省级及以上境外经贸合作区8家。实施“凤凰行动”计划，推动有实力的骨干企业开展跨国并购重组，支持绍兴、台州等境外并购活跃的地区先行建设境外并购回归产业园。扩大省丝路基金规模，更好发挥效用，支持企业参与“一带一路”建设。引导省属国企、民企组建产业基金，参与境外经贸合作区、境外系列站等平台开发建设。提高对外投资合作便利化水平，规范企业海外经营行为，推动对外投资有序健康发展。

（十二）充分发挥浙商在新时代对外开放中的重要作用。进一步激发开放型经济发展活力，做大做强开放型经济市场主体。积极支持浙商“走出去”，在全球范围布局产业链，拓展发展空间。继续办好世界浙商大会，发挥海外浙商在“一带一路”建设中的纽带功能，大力推动海外浙商回归，促进浙江经济与浙江人经济联动发展。大力培育本土跨国公司，引导跨国公司增强开放平台功能，在引进国际高端要素、带动中小企业走出去、促进城市国际化等方面发挥更大作用。

四、打造具有国际竞争力的要素资源配置基地

（十三）增强大宗商品全球配置能力。充分发挥自由贸易试验区制度优势和国际强港物流优势，加快打造全球性的大宗商品储运中转加工交易中心，支持各类大宗商品交易平台提升发展，建立接轨国际的场外交易市场，条件成熟时开展与期货相关的业务，办好世界油商大会，争取提升大宗商品市场定价和交易规则制定能力。

（十四）加强创新能力开放合作。大力推进创新国际化，重点围绕高校、之江实验室、大科学装置，拓展科技创新全球合作伙伴关系网络，高水平构建开放型区域创新体系。加强国际创新园、国际技术转移中心等创新合作载体建设，加快建设杭州、宁波、温州国家自主创新示范区，加快引进海外研发机构、高科技企业及创新服务机构。支持有条件的企业布局全球创新链，在全球创新资源集聚地区建设海外创新孵化中心、联合实验室等创新平台，更好利用国际创新资源。支持外资研发机构、外国人才参与浙江省科研项目，对认定为省级重点企业研究院的外资研发机构，按相关规定给予支持。办好世界工业设计大会和云栖大会。

（十五）建设新兴金融中心。全面落实国家扩大金融业对外开放的政策举措，吸引国际金融组织和金融机构参与浙江省各类国家级金融改革试点和钱塘江金融港湾建设。支持金融机构走出去，打造联通国际市场的新金融平台，在“一带一路”沿线国家和地区开展新金融服务布局。创新金融产品和金融服务，加大国际融资支持力度，加强对外开放保险综合保障服务。支持杭州建设全球金融科技中心，高质量办好全球金融科技创新博览大会，充分挖掘大会衍生价值。适时复制自贸试验区金融开放创新政策，深化跨国公司本外币集中运营管理、投融资汇兑便利、人民币跨境使用等改革。稳步推进对外贸易投资以人民币计价，积极化解国际汇率风险。

五、大力建设高能级开放平台

（十六）高标准高水平建设中国（浙江）自由贸易试验区。聚焦制度创新和开放型经济发展，以油品全产业链投资便利化和贸易自由化为主攻方向，加快完成已部署的全部试点任务，全力推进国际油品储运基地、国际绿色石化基地、国际海事服务基地、国际油品交易中心和大宗商品跨境贸易人民币国际化示范区建设，加快国际航空产业园等建设，争取医疗旅游领域开放更大先行先试权，建设国际医疗旅游先行区，提高自贸试验区的发展质量和国际竞争力。抓紧谋划并争取片区优化，在开放程度高、体制创新活跃、战略带动意义强的区域设置新的片区，形成省内“一区多片”布局。争取中央赋予中国（浙江）自由贸易试验区更多改革自主权。加强对自贸试验区制度创新成果的总结评估，及时在全省复制推广。

（十七）探索打造新型贸易中心。深化中国（杭州、宁波）跨境电子商务综合试验区建设，争取设立中国（义乌）跨境电子商务综合试验区，进一步打响世界互联网大会品牌，建设好乌镇互联网创新发展试验区，办好联合国世界地理信息大会，支持电子世界贸易平台实验区建设，合力建设全球电子商务核心功能区和“21世纪数字丝绸之路”战略门户。推动电子商务全球布局，鼓励电商平台、支付物流等电商服务企业走出去发展，加快构建面向全球的跨境电商供应链和产业链，带动商品、技术、服务和标准等输出。

（十八）加快建设义乌国际贸易综合改革试验区。在省级权限范围内赋予义乌改革开放最大的自主权，支持义乌对照高标准国际经贸规则深化改革探索。聚焦大众化国际贸易，构建中小微企业“买全球、卖全球”的公共服务平台，完善有利于小商品自由贸易的体制机制，打造全国小商品贸易最便利的枢纽、跨境电商贸易集散中心。支持义乌建设国际快件监管中心、知识产权快速维权中心。充分发挥“浙江制造”品牌建设功能中心作用，推动“浙江制造”与义乌市场深度融合。

（十九）推动各地建设各具特色的开放平台。支持宁波创建国家级“一带一路”建设综合试

验区，加快建设中国一中东欧“16+1”经贸合作示范区，积极推动中国—中东欧国家投资贸易博览会升级为国家级国际性展会，力争涉及中东欧的国家层面机制性活动永久落户宁波。支持杭州、宁波建设国家临空经济示范区。支持温州建设世界华商综合发展试验区、金华建设中非文化合作交流示范区、衢州推进与南南合作促进会合作项目建设、丽水建设浙江（青田）华侨经济文化试验区、义乌建设捷克小镇，鼓励其他市县探索创建“一带一路”经济文化交流合作的特色窗口。

（二十）加快推进各类开发区和产业集聚区整合提升。加强省级层面规划统筹，以最高层级平台为核心，对区域范围内的各类开发区、产业集聚区、工业园区等进行实质性整合，聚力打造新时代高能级开放开发平台。创新完善开放开发平台体制机制，探索充分授权、封闭管理、高效运作的管理机制，探索市场化、企业化运营模式。完善平台建设投融资机制，引导国内外资本参与开发建设，实现投资主体多元化。推动开放开发平台跨省跨境合作发展，完善园区共建、利益共享的体制机制。依托各类开放开发平台，高水平建设25个国际产业合作园。

六、深化国际人文交流合作

（二十一）加强国际友城建设。优化国际友城发展总体战略布局，深化现有国际友城关系，围绕“一带一路”重要支点城市等新发展一批国际友城，实施典范友城建设工程，到2020年累计发展国际友城500对，建设典范友城30对。盘活用好国际友城资源，建立健全双边、多边合作机制，推动地方政府间开展务实交流合作。完善友城结好与管理机制，巩固拓展市级、县级友城，支持院校、企业、文体科研机构等建立发展国际基层友好关系。加强民间友好交流合作，鼓励各类群团组织和民间组织开展对外交流活动，加强与各国浙籍侨领、侨商、侨团、侨企的联系，推进海外示范性侨团建设，大力吸引各类国际组织、学术论坛在浙举办或永久性落户浙江。

（二十二）扩大教育对外开放。以开放合作助力实施高水平大学引育工程，大力推进与国际知名院校、国内世界一流大学建设高校等合作办学，支持宁波诺丁汉大学、温州肯恩大学发展。支持浙江大学中国西部发展研究院建设国内一流的“一带一路”智库，支持义乌引进国内外一流高校设立“一带一路”学院，支持办好浙江师范大学非洲研究院等相关机构。引进国际优质培训资源和国际技能职业资格，大力培养实用型、国际化的高级产业工人。加强外籍人员子女学校建设。打造“留学浙江”品牌，吸引更多海外学生来浙接受学历教育。加强与“一带一路”沿线国家和地区人才培养合作，探索开展境外办学和跨境技术技能培训，支持华侨华人办好中文学校。

（二十三）深化健康服务国际合作。围绕健康浙江建设，推动国际知名医疗机构和医疗团队与浙江省医疗机构开展合作，引进先进医疗技术和管理方法，吸引外资在浙江省设立合资合作医疗机构，鼓励外资优先投向医疗资源稀缺的区域以及特需医疗服务短缺的领域，推动本土医院与国际商业保险医疗接轨。积极开展医养护结合的国际养老合作，支持国际养老服务企业在浙江省合资或独资设立养老院。加强与“一带一路”沿线国家和地区在传染病防治、专业人才培养、应急医疗救助等领域务实合作。积极推动中医药服务出口。

（二十四）拓展文化旅游体育交流。加强国际文化交流合作，举办一批具有浙江特色和国际影响力的文化交流活动，把中国国际茶叶博览会打造成同世界交流合作的一个重要平台，共同推进世界茶产业和茶文化发展，打响“丝路之绸”“丝路之茶”“丝路之瓷”等具有历史记忆的人文交流品牌，合作建设汤显祖—莎士比亚戏曲小镇等国际人文交流平台。创新完善对外文化传播和交流合作机制，构建对外文化贸易服务平台，建好用好“美丽浙江”国际传播平台，大力推动文化走出去。运行好宁波市与文化和旅游部在保加利亚共建的索非亚中国文化中心，切实发挥其在“一带一路”文化交流中的桥头堡作用。做好杭州亚运会筹备工作，大力引进举办高水平国际体育赛事。发挥世界旅游联盟总部落户杭州的带动作用，继续办好重大旅游主题活动，加强“诗画浙江”旅游品牌国际推广，打造国际旅游目的地。

七、以"最多跑一次"改革为牵引优化营商环境

（二十五）大力提升贸易便利化水平。推动"最多跑一次"改革在外贸领域深化运用，提高通关效率，降低交易成本。按照"同港同标准，多家如一家"的要求，支持驻浙江海关加快职能整合和流程优化，推动全省口岸跨部门、跨关区的一体化通关协作，加快形成全方位、立体化、网络化的口岸开放新格局。全面推进通关各环节全程无纸化作业，加快建成国内领先的国际贸易"单一窗口"，整体通关时间在2018年压缩三分之一的基础上，到2020年再压缩三分之一以上。坚决清理和规范进出口环节经营性收费，公布口岸作业环节收费清单，清单之外一律不得收费，进一步降低通关环节费用。

（二十六）全面改善外商投资环境。全面实行准入前国民待遇加负面清单管理制度，按照国家有关部署，加快服务业开放进度，积极争取国家服务业扩大开放综合试点，深化新能源汽车等制造业开放，落实放宽汽车行业外资股比限制政策。深化商事制度改革，推开"证照分离"改革，推行外商投资企业商务备案与工商登记"单一窗口、单一表格"受理新模式。深化企业投资项目"最多跑一次"改革，同步实现一般外资企业投资项目开工前审批"最多跑一次""最多100天"。深化出入境管理、外国人管理服务等领域改革，让境内外群众办理涉外民生事项最大限度感受到方便快捷。加强与中央垂直管理部门的系统对接，加快实现跨境、涉外事项"最多跑一次"和外资企业年报"多报合一"。

（二十七）进一步完善对外开放法治环境。加快省保障"最多跑一次"改革规定等地方立法工作，推进形成与高标准国际经贸规则相衔接的地方法规规章体系，营造稳定公平透明、法治化、可预期的营商环境。严格依法平等保护各类合法权益，严格兑现向投资者及外商投资企业依法作出的政策承诺，保障不同所有制企业在政策适用、资质牌照、政府采购、科技项目、标准制定等方面公平待遇。强化涉外法律服务，切实维护浙江省公民、法人在海外和境外公民、法人在浙江省的合法权益。

（二十八）切实加强知识产权保护。重新组建省知识产权局，加快构建知识产权大保护的工作格局，强化知识产权创造、保护和运用。建立知识产权侵权查处快速审查、确权和维权机制，加大执法力度和执法投入，实行侵权惩罚性赔偿制度，增加违法成本。完善国际商事仲裁体制，健全司法保护、行政监管、仲裁、调解等知识产权纠纷多元解决机制，加强知识产权海外维权援助机制建设。开展网络侵权盗版、侵犯专利权、侵犯商标专用权等知识产权问题集中整治，探索制定互联网、电子商务、大数据等新兴领域的知识产权保护规则。

八、加强对外开放工作的组织领导

（二十九）完善对外开放领导体制和工作机制。充分发挥省委、省政府以推进"一带一路"建设为统领的对外开放"1＋X"领导体制作用，加强对外开放工作的统一领导、统筹协调和组织实施。各级党委和政府要深入践行新发展理念，落实开放强省工作导向，建立健全相应的体制机制，使对外开放工作的组织领导更加有力、统筹整合更加有效。省直有关部门要各司其职、密切配合，指导推动各领域各行业全面提升对外开放水平。进一步完善对外开放工作考核评价体系，建立对外开放工作容错免责机制，做好营商环境评价工作，以科学的评价考核推动对外开放水平的提升。

（三十）加强国际化人才队伍建设。打造具有全球化视野、通晓国际通行规则、推进国际化发展能力强的党政干部队伍，全面增强对外开放本领。打造善于统筹利用国际国内两个市场、两种资源的企业家队伍，提高国际化发展能力。加大海外人才引进力度，以科技创新人才和金融、法律、会计等方面国际化中介人才为重点，创新人才引进方式，构建具有竞争力的人才政策，优化外籍人才管理制度，更好服务海外人才来浙工作。建好一批"千人计划"产业园，加快建设海外人才离岸创新创业基地，统筹规划打造一批国际

人才社区，完善国际人才集聚的平台体系。充分发挥高校、科研院所作用，加强国际化人才培养培训。

（三十一）构建合力推进对外开放的政策体系。紧紧围绕以“一带一路”建设为统领构建全面开放新格局，全面实施浙江省打造“一带一路”枢纽行动计划，制定实施培育外贸竞争新优势、促进外资增长、提升人才国际化水平、加强工业和信息化全球精准合作、加强境外安全保障等系列政策，形成力度大、措施准、可操作的开放政策体系。统筹财税、用地、用海、金融、产业、科技、人才、出入境管理等方面政策资源，加大开放发展支持力度，创新支持方式，加强政策协同，切实提高政策绩效。支持各地各部门根据实际需要对重点行业、重点项目实行一业一策、一企一策等措施。

（三十二）强化对外开放的安全保障。统筹运用国家安全审查、反垄断审查、贸易救济调查、出口管制等工作机制和手段，加强贸易摩擦应对，建立健全系统完备、科学高效的贸易和产业安全保障体系。建立健全地方金融风险防控体系形成适应开放需要的跨境金融监管制度，切实防范系统性风险。建立健全风险评估、监测预警和应急处置“三位一体”的境外安全保障体系，切实维护浙江省公民和机构海外安全。

各地各部门要根据本意见，结合实际制定具体实施意见和配套政策，推动新时代浙江对外开放工作继续走在前列，以奋发有为的姿态勇立潮头、走向世界。

中共浙江省委办公厅

2018年5月8日

浙江省人民政府关于促进外资增长的若干意见

浙政发〔2018〕23号

各市、县(市、区)人民政府,省政府直属各单位:

为贯彻落实《国务院关于促进外资增长若干措施的通知》(国发〔2017〕39号)精神,全面提升浙江省外商投资环境法治化、国际化、便利化水平,打造高质量外资集聚地,现提出如下意见:

一、进一步放宽外资市场准入

全面落实准入前国民待遇加负面清单管理制度,认真执行国家关于放宽银行业、证券业、保险业和汽车等制造业企业外资股比限制等规定。鼓励在互联网、物联网、大数据、人工智能等新技术领域引进外资,做大做强数字经济。服务业发展专项规划中涉企、涉项目政策,外资企业、项目同等享受。支持中国(浙江)自由贸易试验区建设具有海洋特色的国际医疗旅游先行区。对涉及大湾区大花园大通道大都市区建设的重大外资项目,实行一业一策、一企一策。(省发展改革委、省经信委、省科技厅、省商务厅、省卫生计生委、省金融办、省委网信办、省交通运输厅、人行杭州中心支行、浙江银监局、浙江证监局、浙江保监局,各市、县〔市、区〕政府)

二、加强外资用地保障

建立重大外资项目申报省重大产业项目绿色通道,将符合条件的重点外资项目优先纳入省重大产业项目库。加大外资项目用地支持力度,对特别重大的制造业外资项目,省给予全额用地计划指标奖励;对龙头类外资项目,省给予60%用地计划指标奖励;对示范类外资项目,省给予40%用地计划指标奖励。鼓励利用存量建设用地或增减挂钩节余指标支持重大外资项目建设,盘活利用的存量建设用地纳入挂钩计划,按存量与新增3:1的比例给予用地指标配套奖励。鼓励利用跨省扶贫增减挂钩节余指标支持国际产业合作园建设。鼓励各地在符合经济社会发展规划、土地利用总体规划、城市总体规划的前提下,优先保障开发区内外商投资项目落地所需建设用地。(省国土资源厅、省发展改革委、省建设厅、省商务厅)

三、加大财政支持力度

对世界500强企业(以美国《财富》杂志排行榜为准,下同)或全球行业龙头企业在浙江投资总额超过3亿美元(新设或增资)、实际利用外资超过1亿美元、具体投向八大万亿产业或战略性新兴产业的制造业企业,新设企业在其投产后3年内缴纳税收所形成的地方财政收入当年增收省分成部分、增资企业自增资完成后3年内缴纳税收所形成的地方财政收入当年增收省分成部分返还所在地政府。对列入省市县长项目工程的外资项目,采取“一事一议”方式给予支持。新引进外国跨国公司地区总部,其缴纳税收形成的地方财政收入省分成部分首次超过1亿元的,将其当年省分成部分的50%一次性返还所在地政府(最高不超过1亿元)。注重发挥各级政府产业基金引导作用，吸引社会资本通过组建定向基金和并购基金等方式，支持世界500强跨国公司地区总部项目、境外“隐形冠军”企业投资项目、外资并购或国内企业海外并购回归项目等。进一步完善利用外资工作考核机制，2018—2020年每年安排2亿元用于利用外资专项工作激励。（省财政厅、省商务厅，各市、县〔市、区〕政府）

四、加大金融支持力度

鼓励省属国有企业引入符合条件的外资参与混合所有制改革。浙江省支持民营企业境内上市、“新三板”挂牌和区域性股权市场融资等政策，外资企业同等享受。支持外资企业在境内和境外发行债券，允许其将境外发债资金回流。支持外资企业开展本外币全口径跨境融资，在一定倍数净资产额度内获得本外币融资。支持外资企业在中国（浙江）自由贸易试验区开展飞机、船舶等经营性租赁业务，争取开展经营性租赁收取外币租金业务试点。放宽中国（浙江）自由贸易试验区内跨国公司外汇资金集中运营管理业务准入条件。（人行杭州中心支行、省发展改革委、省科技厅、省人力社保厅、省商务厅、省国资委、省金融办、省地税局、省国税局、杭州海关、宁波海关、浙江证监局，各市、县〔市、区〕政府）

五、支持外资企业研发创新

鼓励外资研发机构（含企业内设研发机构，下同）参与浙江省研发公共服务平台建设和政府科技计划项目，并享受相关支持政策。世界500强企业、全球行业龙头企业在浙江省新设具有独立法人资格的外资研发机构，可按“一项目一议”方式报请省利用外资工作领导小组予以重点支持。对认定为省级重点企业研究院的外资研发机构，按规定给予支持。符合免税资格条件的外资研发中心经公告，可按规定享受科技创新进口免税政策。支持海外孵化投资，鼓励省内企业通过海外创新孵化中心等创新载体，带动国外专家团队引进和高端项目回归，不断完善“资本孵化＋招引回国＋国内成长”模式。（省科技厅、省财政厅、省经信委、省商务厅、省国税局、杭州海关、宁波海关）

六、支持外国人才创业发展

全面实施外国人才签证制度，为外国“高精尖缺”人才来浙创新创业提供人才认定、签证居留等便利。凡符合条件的外国高端人才，可以办理《外国高端人才确认函》，签发有效期5—10年的多次入境人才签证，并向其配偶及未成年子女签发相应种类签证。实施外国人才来华工作许可制度，对经认定的外国高层次人才、省内企业聘雇并担保的行业高级人才，可适当放宽年龄限制，按规定签发不超过5年的工作类居留许可。健全外国人才引进制度，在国内外资研发机构工作的特别优秀的海外高层次人才可直接认定高级职称。支持外资企业中方人员申办APEC商务旅行卡。支持中国（浙江）自由贸易试验区、杭州国家自主创新示范区对符合条件的外国人才实施在华永久居留、办理签证证件等出入境新政，条件成熟后逐步向全省推广。（省公安厅、省人力社保厅、省外侨办）

七、保障境外投资者合法权益

加强外资企业知识产权保护，开展侵犯专利权、商标专用权、商业秘密和网络侵权盗版等知识产权问题集中整治。健全重大外资项目跟踪服务机制和重点外资企业服务机制，省政府每年召开重点外资企业圆桌会议，协调解决企业经营中存在的问题。各地、各部门要严格兑现向投资者及外商投资企业依法作出的政策承诺，维护政府公信力。县级以上政府应设立外商投资企业投诉受理机构，按照属地管辖原则妥善处理各类投诉事项。（省商务厅、人行杭州中心支行、省工商局、省新闻出版广电局、省科技厅、省统计局、省法院，各市、县〔市、区〕政府）

八、创造更有吸引力的投资环境

加快推进“最多跑一次”改革，推动外商投资信息跨层级、跨部门共享，降低企业制度性交易成本。推进外商投资商务备案与工商登记“一窗一表”受理模式，并力争早日实现“多证合一”。推进外资项目“区域能评＋区块能耗标准”等“多评合一”试点工作，在省级特色小镇、省级以上开发区、产业集聚区等特定区域，推行外资项目“区域环评＋环境标准”改革。探索推行重大外资项目行政审批委托代办制。中国(浙江)自由贸易试验区管委会经依法授权可享受省级管理权限。支持国家级经济技术开发区推行“一口受理”和行政审批局管理模式。总投资不超过1亿美元、涉及特别管理措施中限制类的外资企业的设立和变更，由拥有省级审批权限的商务行政主管部门(省商务厅、杭州市投资促进局、宁波市商务委、舟山市商务局)和国家级经济技术开发区负责审批。外资企业同等享受省内企业减负担降成本政策。支持有条件的地方建设境外并购回归产业园，推进高质量境外并购项目回归发展。开展县(市、区)投资环境评价工作。(省商务厅、省发展改革委、省经信委、省财政厅、省地税局、省国税局、省环保厅、省统计局、省海港委、省工商局、杭州海关、宁波海关、人行杭州中心支行，各市、县〔市、区〕政府)

九、完善利用外资工作保障机制

实施重点外资促进“111”工程，每年省政府举办重大投资促进活动不少于1场，省级有关部门组织境内外重要投资促进活动不少于10场，各市、县(市、区)组织境内外重要投资促进活动不少于100场。在浙江省外资主要来源地分大区设立若干境外商务代表处，构建辐射全球的国际化投资促进网络。实施年度利用外资和境外投资双向推进计划，对列入计划的项目予以重点支持。实施“互联网＋外资”计划，建设外资重大项目信息库、客商库和“招商地图”。实施校友回归工程，鼓励省内高校招引校友携项目或技术回归创业。鼓励精准招商，对列入省重点出访项目的招商团组所涉及的出国计划单位限量、个人限次等问题，由省委外事工作领导小组办公室负责统筹解决。对各市、县(市、区)利用外资工作进行分类考核，建立利用外资工作排行榜，每季度对排名靠前的市、县(市、区)予以公布，对排名靠后的市、县(市、区)政府主要领导进行约谈。进一步提升利用外资工作在各级政府工作绩效考核体系中的权重。对招商引资出现失误，但是符合国家和省确定的改革方向，决策程序符合法律、法规规定，且勤勉尽责、未谋取私利，主动挽回损失、消除不良影响或者有效阻止危害结果发生的，对有关单位和个人不作负面评价，免除相关责任。(省商务厅、省发展改革委、省教育厅、省财政厅、省外侨办、省编办，各市、县〔市、区〕政府)

各地、各部门要高度重视新形势下利用外资工作，省级有关部门要在本意见印发1个月内制定具体实施细则，各市、县(市、区)政府要在本意见印发3个月内制定有针对性的工作举措。各地、各部门要加大利用外资政策宣传和落实力度，每年12月底前将政策落实情况报送省利用外资工作领导小组办公室。

浙江省人民政府
2018年5月8日

浙江省人民政府关于印发浙江省推动批发零售业改造提升行动方案（2018—2022年）的通知

浙政发〔2018〕26号

各市、县（市、区）人民政府，省政府直属各单位：

现将《浙江省推动批发零售业改造提升行动方案（2018—2022年）》印发给你们，请结合实际认真贯彻实施。

浙江省人民政府

2018年6月4日

浙江省推动批发零售业改造提升行动方案（2018—2022年）

为加快浙江省批发零售业高质量发展，推动经济结构调整和发展方式转变，特制定本行动方案。

一、总体要求

（一）指导思想

高举习近平新时代中国特色社会主义思想伟大旗帜，牢固树立新发展理念，把满足人民群众对美好生活的需求作为根本出发点，以打造新型贸易中心为目标，以改革创新为动力，以数字化、平台化、品牌化发展为引领，推动批发零售业改造提升，更好地发挥其引导生产、促进消费和保障民生重要作用，为加快实现浙江省"两个高水平"奋斗目标提供坚实支撑。

（二）发展目标

到2022年，全省批发零售业改造提升取得显著成效。具体实现以下目标：

1. 打造全国领先的流通强省。全省批发零售贸易商品交易额达到16万亿元，年均增长8%，产业规模保持全国第5位、力争第4位。批发零售业、住宿业、餐饮业增加值达到1.1万亿元，年均增长8%，占GDP比例达到14%左右，居全国第4位。线上线下商品市场交易额居全国第1位。新增商贸流通投资额5000亿元，其中5亿元以上项目300个。

2. 打造引领全球的电子商务强省。新零售、农村电子商务、电子世界贸易平台（eWTP）、跨境电子商务等走在全国前列，建成具有全球战略地位的电子商务中心。全省网络零售额达到2.6万亿元，比2017年翻一番，企业和个人电子商务普及率达到90%以上。建设1—2个国际领先的电子商务城市、30个电子商务强县、100个电子商务强镇、1000个电子商务强村。

3. 打造有国际影响力的消费大省。打造1—2个有国际知名度的消费中心城市，消费对经济增长贡献更加凸显。全省社会消费品零售总额达到3.4万亿元，年均增长8%，保持全国第4位。居民消费稳步提升，人均居民生活消费支出达到3.5万元，居全国各省区第1位。最终消费率达到53%左右，消费对经济增长贡献率稳定在50%以上，成为拉动经济增长的主要动力。

4. 培育一批有国际竞争力的市场主体。打造有国际影响力的商品市场8—10家、电子商务平台8—10家；培育电子商务领域独角兽企业30家、中华老字号企业120家，行业竞争力显著提升。

二、主要任务

（一）商品市场转型工程

1. 推动传统商品交易市场转型提升。推动传统商品交易市场向综合性市场转型。高水平培育一批线上线下融合、进口出口互动、境内境外相通，具有一定价格话语权的国际化市场。鼓励义乌小商品城、绍兴轻纺城、海宁皮革城等商品市场“走出去”，实现全国和全球网点布局。到2022年，全省商品市场数量、规模、交易额保持全国领先，打造3—5家具有国际影响力的五星级旗舰市场，完成50家重点市场转型升级。（责任单位：省工商局、省商务厅、省发展改革委、省经信委、省国土资源厅、省交通运输厅，各市、县〔市、区〕政府）

2. 推进战略性和新兴市场培育。以中国（浙江）自由贸易试验区建设为契机，高水平推进中国（浙江）大宗商品交易中心等平台建设，推动油品、铁矿石、液化天然气（LNG）等大宗商品贸易自由化，打造国际大宗商品储运、加工和贸易中心。加快建设浙江国际农产品贸易中心，扩大肉类、水产品、粮油、果蔬等商品进口，成为全国进口农产品重要集散地。支持有条件的市、县（市、区）建设进口商品保税、展示、交易综合性市场。到2022年，中国（浙江）自由贸易试验区形成4000万吨油品储存能力和年4000亿元的油品贸易规模；舟山港口岸年农产品进出口额达到500亿元、加工配送规模达到800亿元。（责任单位：省商务厅、省发展改革委、省海港委、省金融办、杭州海关、宁波海关、省建设厅、省国土资源厅、省工商局，各市、县〔市、区〕政府）

3. 加强公益性农产品市场建设。健全以跨区域批发市场为龙头、区域批发市场为骨干、零售市场和田头市场为基础覆盖全省的农产品市场体系。完善农产品加工配送、冷链物流、质量追溯、诚信计量、废弃物处理等重要功能。加强农产品产销公共平台建设，推进“农批对接”“农超对接”，加快农产品流通标准化、订单化、品牌化和规模化发展。到2022年，培育具有保供、稳价、安全、环保功能的公益性农产品市场100家。（责任单位：省商务厅、省工商局、省农业厅、省发展改革委、省建设厅、省国土资源厅、省食品药品监管局，各市、县〔市、区〕政府）

（二）零售模式创新工程

1. 打造新零售标杆城市。支持有条件的城市与全球著名电子商务平台合作，建设新零售标杆城市。利用大数据、云计算、生物识别、人工智能、虚拟现实等核心技术，促进线上与线下、商品和服务、行业跨界深度融合，探索发展零售新业态、新模式。到2022年，建设2个以上具有全国影响力的新零售标杆城市，并向全省辐射推广。（责任单位：省商务厅、省经信委、省科技厅、省工商局、省国税局、省地税局、杭州海关、宁波海关，各市、县〔市、区〕政府）

2. 培育新零售示范企业。推动电子商务平台和实体商业企业双向融合，以数字化为基础，以提升消费体验为中心，培育数据驱动、精准营销、业态融合的新零售企业。到2022年，培育50家创新能力强、辐射带动作用明显的新零售示范企业，100家智能化程度高、客户体验佳的智慧商店。（责任单位：省商务厅、省经信委、省科技厅、省工商局、省国税局、省地税局、省食品药品监管局、杭州海关、宁波海关，各市、县〔市、区〕政府）

（三）乡村商贸振兴工程

1. 建设现代商贸特色镇。发挥乡镇历史文化、资源环境、地理区位等优势，打造一批以一条商贸特色街、一个商贸综合体、一张覆盖周边乡村的物流配送网为基础的现代商贸特色镇，成为现代与特色融合、镇村协调发展的乡镇商贸建设样板。到2022年，培育现代商贸特色镇30个，乡镇特色商贸发展水平走在全国前列。(责任单位：省商务厅、省发展改革委、省建设厅、省旅游局，各市、县〔市、区〕政府)

2. 建设商贸发展示范村。鼓励涉农流通主体下乡进村，健全农村流通网络，形成消费品下乡与农产品进城双向流通格局。鼓励连锁经营企业布局农村连锁便利店。支持特色农产品产地市场建设。推进农村电子商务服务站改造提升，培育一批电子商务专业村。到2022年，培育商贸发展示范村200个，城乡商贸统筹发展水平位居全国前列，农村电子商务发展模式成为全国样板。(责任单位：省商务厅、省农业厅、省发展改革委、省供销社、省邮政管理局、省工商局，各市、县〔市、区〕政府)

(四) 电子商务平台推进工程

1. 鼓励发展电子商务平台。以农村电子商务、跨境电子商务和服务业电子商务为重点，巩固现有网络零售平台，提升发展企业间电子商务平台，创新发展社交领域电子商务平台。推动电子商务平台和产业集群融合发展，完善仓储、物流、支付等服务功能，培育一批具有国际竞争力的垂直电子商务平台。到2022年，培育网络交易额千亿级电子商务平台企业2—3家、百亿级电子商务平台企业50家以上。(责任单位：省商务厅，各市、县〔市、区〕政府)

2. 推进建设电子商务园区。支持各设区市建设电子商务综合功能区，各县(市、区)建设电子商务产业园，鼓励有条件的乡镇(街道)和行政村建设电子商务楼宇、创业孵化园等。强化电子商务园区服务功能，培育专业化运营企业，推动电子商务园区朝特色化、专业化和精细化方向发展。到2022年，全省力争建成电子商务园区500个，其中国家级电子商务园区10个以上、省级电子商务园区50个以上。(责任单位：省商务厅，各市、县〔市、区〕政府)

(五) 商业集聚区提升工程

1. 建设城市智慧商圈。利用物联网、云计算、大数据等先进技术改造城市商圈，强化智慧购物、智慧停车、智慧公共服务和共享物流、共享客流、共享积分等服务功能，解决商圈停车难、辐射能力不够、消费体验不理想、客流分布不均匀等问题，提升消费体验。到2022年，培育2—3个国际化商圈和20个具有区域影响力的智慧商圈，商圈智慧化水平居全国前列。(责任单位：省商务厅、省发展改革委、省经信委、省建设厅、省交通运输厅，各市、县〔市、区〕政府)

2. 建设特色商业街区。鼓励建设省级特色商业街区，健全管理机制，强化动态管理。发挥特色商业街区集聚作用，引导浙江名企入街、名品入店，打造老字号一条街，提升商业街区档次。推动特色商业街根据资源禀赋，发掘历史文化内涵，加快产业融合，促进商旅文一体化发展，形成“一街一品”区域特色，打造区域商业地标。到2022年，建设50条省级特色商业街，培育10条以老字号为特色的商业街区，打造150个旅游产业融合示范项目(基地)。(责任单位：省商务厅、省旅游局、省文化厅，各市、县〔市、区〕政府)

(六) 供应链创新应用工程

1. 打造供应链综合服务平台。鼓励有实力的电子商务平台构建跨界融合的供应链生态圈。推动特色产业集群提升数字化、智能化水平，构建生产、流通和服务高度融合的现代供应链协同平台。到2022年，打造10个国内领先、具有全球影响力的供应链平台。(责任单位：省商务厅、省发展改革委、省经信委、省科技厅、省农业厅、省交通运输厅、省工商局、省质监局、省供销社、省金融办、人行杭州中心支行，各市、县〔市、区〕政府)

2. 培育供应链领先企业。鼓励批发、零售、物流等传统流通企业向供应链服务企业转型。推动城市居民生活供应链体系建设，发展一批集信息推送、消费互动、物流配送等功能于一体的社区商业企业，提高居民生活智能化、便利化水平。到2022年，培育30家在全国有较大影响力的供应链领先企业。(责任单位：省商务厅、省发展改革委、省经信委、省科技厅、省农业厅、省交通运输厅、省工商局、省质监局、省供销社、省金融办，各市、县〔市、区〕政府)

（七）商贸品牌振兴工程

1. 推动老字号传承创新。继续开展浙江老字号认定工作，进一步挖掘老字号品牌价值。鼓励老字号企业创新，推动名品名店名区联动，拓展老字号商品销售渠道。支持知名电子商务平台建立老字号专区，引导老字号企业入驻。弘扬老字号文化，树选老字号工匠，讲好老字号故事，建设老字号非物质文化遗产教育基地，不断扩大老字号影响力。到2022年，新增浙江老字号企业100家，树选老字号工匠200名。（责任单位：省商务厅、省经信委、省教育厅、省科技厅、省文化厅、省卫生计生委、省工商局、省新闻出版广电局、省旅游局、省文物局，各市、县〔市、区〕政府）

2. 培育新兴商业品牌。发挥电子商务平台优势，支持发展原始设计制造商（ODM）模式，打造自营品牌。加大国际性品牌培育力度，利用跨境电子商务等渠道，推动省重点流通企业"走出去"，积极开拓国际市场，扩大浙江品牌海外影响力。推动培育社会化品牌，支持第三方机构开展浙江商业品牌评选活动，提升品牌社会认可度。到2022年，培育原始设计制造商（ODM）等服务品牌50个、省重点流通企业200家、省级以上服务业品牌400个。（责任单位：省商务厅、省发展改革委、省经信委、省科技厅、省工商局、省质监局，各市、县〔市、区〕政府）

（八）居民消费促进工程

1. 完善促进消费工作体制机制。健全促进消费政策体系，放宽户外促销活动限制，营造政府促消费、企业促销售的良好氛围。完善社会保障体系，推动落实带薪休假和职工疗休养制度，拓宽居民消费渠道。支持社会资本投资医疗、养老、教育、文化、体育等产业，培育新的消费热点。到2022年，基本建成横向协同、纵向联动，配套政策完善的消费促进体系。（责任单位：省商务厅、省发展改革委、省人力社保厅、省建设厅、省统计局、人行杭州中心支行、浙江银监局、省金融办，各市、县〔市、区〕政府）

2. 打造中高端消费集聚平台。支持杭州、宁波等中心城市开展国际（国家）消费中心城市建设试点，推进本土设计品牌、全球快时尚品牌、轻奢品牌集聚，打造适合不同消费人群的品质消费地标。构建进口商品营销网络，依托义乌小商品城等重点市场，打造一批进口消费品交易集散中心。探索在中国（浙江）自由贸易试验区建设离岛免税特色旅游休闲岛。推动在加油站、高速公路服务区等设立名特优产品店。到2022年，打造10个中高端消费集聚平台。（责任单位：省商务厅、省财政厅、省国土资源厅、省建设厅、省交通运输厅、省工商局、省旅游局、杭州海关、宁波海关，各市、县〔市、区〕政府）

3. 加强展贸平台建设。开展"消费促进月""金秋购物节"等促销活动，办好中国中华老字号精品博览会、中国浙江（国际）餐饮美食博览会等重点展会。发展"月光经济"，打造一批品质夜市。提升一批乡村传统庙会，扩大农村消费。探索运用大数据技术，构建全省促销公共信息服务平台。到2022年，培育5个全省性促消费品牌展贸平台，设区市建成若干覆盖城乡有区域影响力的促消费展贸平台。（责任单位：省商务厅、省农办、省经信委、省文化厅、省农业厅、省旅游局、省体育局、省新闻出版广电局，各市、县〔市、区〕政府）

4. 打造放心消费示范单位。推动建设以货真价实、质量安全、服务优质、纠纷快速处置为导向的放心消费示范单位。完善商品召回、退赔机制，建立健全消费品质量可追溯体系。到2022年，培育发展各类放心消费示范单位20万家以上；对全省所有加油站加油机实施计量检定。（责任单位：省工商局、省交通运输厅、省商务厅、省质监局、省食品药品监管局、省旅游局、省物价局、省粮食局、省邮政管理局）

（九）治理平台构建工程

1. 完善统计监测体系。探索建立包括商品和服务消费在内的全口径消费统计体系，研究编制消费指数，科学研判消费形势，准确把握消费升级趋势。完善批发零售业统计制度，探索建立反映内贸流通发展质量的指标体系。推进各部门数据共享，整合政府与社会、线上与线下数据资源，提高统计监测和分析预测水平。（责任单位：省统计局、省商务厅、省公安厅、省人力社保厅、省文化厅、省农业厅、省旅游局、省国税局，各市、县〔市、区〕政府）

2. 建设商务诚信体系。完善企业信用评价和奖惩制度，推动建立商业信用应用联盟。开展信用分类管理，丰富信用应用场景，构建事事都入信用账、人人都上信用网、处处都见信用分的营商环境。培育一批国家信用示范城市。到2022年，批发零售企业在商务信用平台入库率达到90%，政府、市场、个人多维度征信、用信、评信机制基本形成。(责任单位：省商务厅、省发展改革委、人行杭州中心支行，各市、县〔市、区〕政府)

3. 健全商务治理体系。加快市、县(市、区)商业网点规划编制(修编)工作，加强规划调控，强化执行刚性。推进商贸流通标准制定和应用，形成政府引导、协会组织、骨干企业示范应用的实施机制。严厉打击侵犯知识产权和制售假冒伪劣商品行为。推动重要产品信息化追溯体系建设，以食品、药品、食用农产品、农业生产资料等为重点，建设全省“1+X”追溯信息平台，推进追溯信息互通共享。加强成品油、二手车等行业事中事后监管。到2022年，食品、药品、主要农产品基本实现来源可查、去向可追。(责任单位：省打击侵犯知识产权和制售假冒伪劣商品工作领导小组成员单位，各市、县〔市、区〕政府)

(十)公共服务优化工程

1. 加强融资财税服务。综合运用再贷款、再贴现、普惠定向降准等政策工具，推动金融机构加大对批发零售业中小微企业信贷投放力度，并在利率上给予优惠。鼓励金融机构根据批发零售行业特征，推广保理、票据池、银行承兑汇票等供应链融资业务。依托税务部门门户网站等载体，宣传支持批发零售业发展的税收优惠政策。(责任单位：人行杭州中心支行、省金融办、省地税局、省国税局、省财政厅、浙江银监局)

2. 推进管理职能转变。将批发零售业相关事务性管理工作向符合条件的社会组织转移。加强对连锁经营、物流、百货、老字号等重点领域的分析研判，掌握批发零售业发展动态。(责任单位：省商务厅、省民政厅、省财政厅)

三、保障措施

(一)加强组织领导。省级相关部门要根据本行动计划细化政策举措，确保各项工作落实到位。各地要把批发零售业改造提升工作摆在更加突出的位置，加快制定具体实施方案。省流通与消费工作领导小组要加强对本行动计划落实情况的督促检查，综合运用第三方评估等方式及时评估实施效果，推动各项任务落到实处。(责任单位：省流通与消费工作领导小组成员单位，各市、县〔市、区〕政府)

(二)推进试点示范。推动开展省级批发零售业改造提升试点工作，明确目标路径，强化组织推进，促进形成可复制推广经验。各设区市要结合城市产业结构、居民消费需求、企业经营现状等，选择若干城市、典型企业开展批发零售业改造提升试点，编制具有区域特色的试点方案并组织实施。(责任单位：省商务厅、省工商局、省财政厅，各市、县〔市、区〕政府)

(三)加大政策支持。2018年省政府继续给予市、县(市、区)地方部分增值税当年增收额5%的财政奖励，支持包括批发零售业在内的实体经济振兴发展。2018—2022年，每年安排不低于10%的省级商务促进财政专项资金，用于支持批发零售业改造提升行动。各地要加大对批发零售业改造提升工作支持力度，优先将符合条件的批发零售项目列入全省重大项目计划，加大土地、资金等要素保障力度。(责任单位：省商务厅、省发展改革委、省经信委、省科技厅、省财政厅、省国土资源厅、省建设厅、省国税局、省地税局、省金融办、人行杭州中心支行、浙江银监局，各市、县〔市、区〕政府)

(四)优化营商环境。深化“最多跑一次”改革，加大商事制度改革力度，简化办事流程，降低创业成本。加强事中事后监管，探索建立政府、企业、行业协会、消费者等多方协同治理的工作机制，营造新旧业态、各类市场主体公平竞争的法治化营商环境。(责任单位：省工商局、省食品药品监管局、省质监局、省编办、省发展改革委、省商务厅，各市、县〔市、区〕政府)

浙江省人民政府办公厅关于印发全面优化开发区建设促进开发区深化改革扩大开放和创新发展的实施意见

浙政办发〔2018〕9号

各市、县(市、区)人民政府,省政府直属各单位:

为贯彻落实《国务院办公厅关于促进开发区改革和创新发展的若干意见》(国办发〔2017〕7号)精神,加快推进浙江省开发区转型升级,发展更高层次开放型经济,经省政府同意,提出如下实施意见。

一、总体要求

(一) 指导思想

深入贯彻党的十九大精神,高举习近平新时代中国特色社会主义思想伟大旗帜,按照省第十四次党代会决策部署,以推进“一带一路”建设统领新一轮对外开放,进一步发挥开发区功能优势,优化开发区产业结构,完善开发区体制机制,努力把开发区打造成为全面深化改革的示范区、经济国际化的先行区、投资贸易自由化的实践区,为浙江省奋力推进“两个高水平”建设作出积极贡献。

(二) 基本原则

坚持深化改革。先行先试中央和浙江省各项改革任务,大力推进供给侧结构性改革,以改革激发新时代开发区发展的动力和活力,提供开发区改革样本。

坚持开放发展。以开放促发展,加快推进开发区平台、产业、企业和人才国际化,发挥开放型经济新体制探路者和吸引高质量外资主阵地的作用。

坚持创新驱动。推进开放创新、科技创新、机制创新,吸引集聚创新资源,提高创新服务水平,推动开发区发展由追求速度向追求高质量发展转变,由同质竞争向差异化发展转变,由硬环境见长向软环境取胜转变。

(三) 发展目标

开发区扩大开放的载体作用进一步发挥,科技创新的支撑作用进一步增强,产业集聚的平台作用进一步巩固,新型城市化的推动作用进一步凸显,在全省经济社会发展中的贡献度进一步提升。到2020年,全省开发区规模以上工业增加值达到1.1万亿元,进出口总额和利用外资总额分别占全省总量的50%以上;建成产值超千亿元的开发区20个、国际产业合作园25家,形成一批具有全球影响力、较强产业国际竞争力的外向型先进制造业集群,成为“浙江制造2025”领跑区。

二、优化产业结构

(一) 推进建设国际产业合作园

加强与发达国家政府、企业、中介组织的交流合作,打造一批外资来源地相对集中的国际产业合作园。聚焦国际前沿技术、新兴业态和先进制造,发挥国际产业合作园政策和资源叠加效应,推进精准招商,逐步构建集产业链、投资链、创新链、人才链、服务链于一体的开放创新体系,带动开发区产业向国际价值链高端跃升。争取国际产业合作园在国家级开发区实现全覆盖。(省

商务厅负责)

(二)增强开发区创新驱动能力

鼓励开发区加快发展众创空间、大学科技园、科技企业孵化器等创业服务平台。鼓励海外科技孵化投资,带动专家团队引进和高端项目落地。推进智慧开发区建设,推动互联网、大数据、人工智能与实体经济深度融合,实现产业智慧化和园区管理智能化。推进建设知识产权保护示范区。(省经信委、省科技厅、省人力社保厅、省商务厅负责)

(三)推进开发区产业转型升级

改造提升传统产业,通过技术创新和品牌化建设实现产业链拓展、价值链提升。集聚发展优势主导产业,打造一批领跑"浙江制造2025"的产业集群,培育一批具有较强国际竞争力的"隐形冠军"企业。大力发展新兴产业,建设一批龙头企业主导、规模优势明显、辐射带动作用强的战略性新兴产业。(省发展改革委、省经信委、省商务厅负责)

(四)打造外向型先进制造业集群

加快培育以技术、品牌、质量、服务为核心的外贸竞争新优势,建设一批具有全球影响力的外向型先进制造业集群和进出口基地,推动块状特色产业走向国际市场。积极培育制造业集群中关联度大、主业突出的龙头企业,鼓励集群内企业通过股份化、资本化等方式构建产业联盟。鼓励开发区企业"走出去"并购,支持在"一带一路"沿线国家建设境外产业合作园。(省财政厅、省商务厅、省金融办负责)

(五)发展壮大现代服务业

在巩固提升制造业的基础上,鼓励发展研发设计、专业维修、信息服务和金融、审计等生产性服务业,促进生产性服务业与制造业融合发展。顺应开发区产城融合趋势,合理布局生活性服务业。(省发展改革委、省商务厅负责)

(六)提升浙台经贸合作区发展水平

密切浙江和台湾经贸往来,着眼重点领域和关键环节,推动浙台(苍南)经贸合作区等4家对台经贸合作区在高端制造、科技研发、精致农业等领域与台湾开展深入合作。支持浙台(玉环)经贸合作区创建国家级对台经贸合作区。(省商务厅负责)

(七)整合提升海关特殊监管区域

加强海关特殊监管区域统筹规划,推动符合条件的出口加工区、保税港区等整合优化为综合保税区。促进海关特殊监管区域向加工制造中心、贸易销售中心、交易结算中心、物流配送中心、维修服务中心和研发设计中心等方向发展。(省财政厅、省商务厅、省国税局、杭州海关、宁波海关、浙江检验检疫局、宁波检验检疫局负责)

三、优化空间布局

(一)强化开发区规划引领

各级政府要加强对辖区内开发区的统筹规划,合理布局一二三产业和生产、生活、生态空间,平衡产业用地、基础设施用地和公共服务用地需求,打造宜产宜居生态开发区。(省国土资源厅、省建设厅负责)

(二)深化开发区整合提升

全面推进开发区整合提升,鼓励开发区在不涉及"四至"范围变更、不突破国家核准面积的前提下,推进体制创新、资源整合和产业提升。鼓励符合条件的开发区整合相邻、相近园区,实现区块间联动发展。支持综合实力强、产业特色明显、发展质量较高的省级开发区申报国家级开发区,支持有条件的开发区建立飞地园区。(省发展改革委、省国土资源厅、省环保厅、省建设厅、省商务厅负责)

四、优化资源配置

(一)加大开发区利用外资力度

把引进外资作为开发区"一把手工程",强化招商队伍建设,创新招商引资方式,鼓励采取中介招商、委托招商、政府和社会资本合作(PPP)模式等方式引进外资。鼓励围绕主导产业开展产业链招商,重点引进一批跨国公司、行业龙头企业和"隐形冠军"企业,集中引进一批能带动产业结构转型升级、引发产业裂变的产业项目。允许各开发区在法定权限范围内制定招商引资优惠政策。(省发展改革委、省商务厅负责)

（二）加大开发区用地支持力度

在符合经济社会发展规划、土地利用总体规划、城市总体规划前提下，各地对开发区外资项目落地所需建设用地予以优先保障。积极推进多层标准厂房建设，合理开发地下空间，提高土地利用效率。国际产业合作园可参照省级特色小镇支持政策施行。（省国土资源厅、省建设厅、省商务厅负责）

（三）加大开发区金融支撑力度

支持符合条件的开发区运营企业在境内外上市或发行债券融资。鼓励开发区依托区内外上市公司、保险资金等高端要素，设立科技创新、创业投资和产业投资等基金，打造金融合作创新示范区，发挥金融创新对技术、产业创新的推动作用。（省财政厅、省金融办、人行杭州中心支行负责）

（四）推进开发区资源要素配置改革

建立健全开发区资源要素交易平台，促进形成资源要素自由流动、平等交换的市场体系，提高资源要素配置效率。开展工业企业“亩产效益”综合评价，开发区项目投资强度要高于全省平均水平。针对不同类型企业，在用地、用能、排污等方面实施差别化激励和倒逼政策。（省发展改革委、省经信委、省国土资源厅、省环保厅、省建设厅、省商务厅负责）

（五）推进开发区人才队伍建设

推进开发区人才体制机制改革，探索实施“一事一议”引才、产业精准引才、全球化柔性引才等人才引进模式。支持开发区推进“千人计划”，在海外人才密集地区建立常态化人才联络网，引进领军型创新创业团队和专业人才。加快发展现代职业教育，全面推进现代学徒制，加强公共实训基地建设，鼓励中外合作培养技术技能型人才。借鉴相关自由贸易试验区国际人才引进政策，帮助浙江省高端紧缺人才解决子女入学、家属就业、房屋居住等问题。（省委人才办、省编办、省教育厅、省科技厅、省财政厅、省人力社保厅、省商务厅负责）

（六）推进开发区绿色生态发展

严格落实大气、水、土壤等污染防治行动计划，健全开发区从规划编制到建设实施全过程低碳生态管理机制。推进开发区生态化、循环化改造，鼓励建设生态工业示范园区、循环化改造示范试点园区等绿色园区。推进开发区绿色工厂建设，实现厂房集约化、原料无害化、生产洁净化、废物资源化、能源低碳化。（省发展改革委、省经信委、省环保厅、省商务厅负责）

五、优化体制机制

（一）深化开发区管理体制改革

充分赋予开发区投资管理权限，将开发建设、经济管理各项职能和审批权限依法下放给开发区。对于暂时不宜下放的管理权限，实行“见章跟章”制度，基本做到区内事区内结。落实国家级开发区利用外资发证权和备案权，探索赋予国家级开发区与设区市同等的经济、社会等管理权限。理顺开发区财税管理体制，建立完善开发区与所在地政府投入和产出分成制度。（省编办、省发展改革委、省财政厅、省国土资源厅、省建设厅、省商务厅负责）

（二）推进开发区“最多跑一次”改革

按照精简、效能、统一原则，推动实行大部门制扁平化管理，对于区内企业投资经营过程中需要由所在地政府有关部门逐级转报的审批事项，探索取消预审环节，简化申报程序，由开发区管理机构直接向审批部门报送。积极复制推广自由贸易试验区有关经验，协调推进开发区立法工作，构建法治化、便利化营商环境。（省编办、省商务厅负责）

（三）建立开发区工作容错免责机制

按照省委办公厅、省政府办公厅《关于完善改革创新容错免责机制的若干意见》的精神和规定，对在推进改革、先行先试中出现的失误和过失，给予宽容和免责，为开发区干部干事创业创造良好条件。（各设区市政府负责）

（四）完善开发区综合评价制度

加强开发区统计工作，完善开发区综合评价体系，强化综合考核评价导向作用，引导开发区走高质量发展之路。（省商务厅、省统计局负责）

浙江省人民政府办公厅

2018年1月19日

浙江省人民政府办公厅关于印发浙江省加快培育外贸竞争新优势行动计划（2018—2020年）的通知

浙政办发〔2018〕14号

各市、县（市、区）人民政府，省政府直属各单位：

《浙江省加快培育外贸竞争新优势行动计划（2018—2020年）》已经省政府同意，现印发给你们，请认真贯彻实施。

浙江省人民政府办公厅

2018年2月5日

浙江省加快培育外贸竞争新优势行动计划（2018—2020年）

为加快开放强省建设，推动浙江省从外贸大省向外贸强省转变，特制订本行动计划。

一、主要目标

推动浙江省外贸发展由要素驱动向创新驱动转变，由规模速度向质量效益转变，由以价格优势为主向技术、品牌、质量、服务为核心的综合竞争优势转变，实现发展质量、效率、动力变革，早日实现浙江省从贸易大省迈向贸易强省。2018—2020年，力争全省外贸出口增速与全国同步，出口总额占全国总量的八分之一左右，稳居全国第三。在全国出口形势较好的情况下，浙江省出口增速能跟上步伐，保住市场份额；在全国出口形势严峻的情况下，浙江省出口增速能逆势而上，为全国外贸增长多做贡献。经过3年努力，到2020年全省外贸结构进一步优化，机电、高新技术和自主品牌产品出口额占全省出口总额的比例分别达到50%、10%和10%；外贸发展动能加快转换，新型贸易方式走在全国前列；外贸发展的质量和效益进一步提升，贸易大省的地位更加巩固，开放强省的建设取得积极进展。

二、重点行动

（一）强化外贸主体培育。加快推进外贸主体培育升级工作，推动浙江省外贸企业从无资质到有资质、从有资质到有实绩、从有实绩到上规模、从上规模到扩体量、从扩体量到强实力转变。2018—2020年，力争每年新增对外贸易经营者备案登记企业1万家、有外贸实绩的企业5000家，培育外贸规模企业1000家、外贸龙头企业100家。

（二）强化国际市场开拓。开展“浙江制造”全球贸易推广活动，实施“品质浙货，行销天下”工程和“一带一路”贸易畅通工作计划，打造布局全球、内外联动的外贸跨境服务体系。到2020年，力争在全球15个市场节点地区实现境外自办展，培育设立30家“浙江制造”海外营运中心和30个海外公共仓。

（三）强化企业跨国经营能力。鼓励浙江省有实力的企业开展跨国并购，获取海外品牌、技术、人才和营销渠道等高端要素，实现研发设计、加工制造、销售服务在全球的整合，不断提升浙江省产业出口竞争力。到2020年，力争培育20家以出口为主、具有一定国际影响力、较强产业带动力、海外布局业内领先、总部设在浙江的本土跨国企业。

（四）推进外贸与产业升级联动。以八大万亿产业的国际化发展为导向，强化外贸供给侧结构性改革，形成示范引领、集聚发展、整体推进的外贸优化升级示范体系。加快中国（浙江）自由贸易试验区油品全产业链发展，成为我国重要的油品炼化、中转、储存基地和油品现货交易市场，并探索建设自由贸易港区。到2020年，力争建成50个出口产业集聚、特色鲜明、技术创新领先的外贸优化升级基地和20个外贸优化升级示范县（市、区），并打造30个机电装备制造出口转型示范项目。

（五）推进外贸与双向投资联动。引进高质量外资，打造一批主体功能突出、外资来源地相对集中的国际产业合作园。推进“一带一路”国际产能合作，鼓励企业走出去建设境外经贸合作区。提升中欧（义新欧）班列运营水平，加快建设捷克站、塞尔维亚物流园区等。到2020年，力争培育面向国际市场的百强外资出口企业，年出口额不低于企业总产值的18%。

（六）强化外贸新业态培育。继续深化义乌国际贸易综合改革试点，推进市场采购贸易方式出口流程、货值核算、监管方式标准化。扩大跨境电子商务出口规模，探索建立与跨境电商发展趋势相适应的监管流程和服务体系。推动外贸综合服务企业的规范化、本土化、品牌化发展，在通关、退税、政策性金融等方面给予外贸综合服务企业更大支持。到2020年，力争建成规范化的市场采购贸易体系；全省跨境电子商务经营主体达到10万家以上，跨境电子商务网络零售额超过1000亿元；打造30家在全国范围内有影响、有品牌的外贸综合服务示范企业。

（七）大力发展服务贸易。继续推进杭州国家服务贸易创新发展试点和杭州、宁波中国服务外包示范城市建设。巩固旅游、建筑、国际运输等传统服务贸易发展优势，加快推动软件、文化、教育、中医药等服务出口，不断提高新兴领域服务贸易所占比例。2018—2020年，力争全省服务贸易出口额年均增长10%以上。

（八）推动加工贸易高水平发展。推动加工贸易企业向海关特殊监管区域集中，支持加工贸易企业加强技术研发和设备改造，增强可持续发展能力。优化加工贸易发展环境，推动加工贸易企业将技术含量高、增值空间大的加工制造和生产服务环节向浙江省转移。到2020年，力争培育形成100家加工贸易创新发展示范企业。

（九）推动进口贸易创新发展。推动建设大宗原材料、农产品进口交易平台。加快推动宁波国家进口贸易促进创新示范区建设，统筹谋划义乌进口贸易创新工作。综合运用信贷、进口贴息等政策，引导省内企业扩大先进技术、设备和关键零部件进口。探索创新进口贸易工作载体和便利化机制。2018—2020年，力争浙江省进口增速高于全国平均增速。

（十）优化外贸营商环境。推进外贸领域“最多跑一次”改革，继续清理和规范港口、保险、运输等各个环节收费。加强外贸企业诚信体系建设，扩大进出口企业信用评价体系应用范围。完善外贸预警机制，加强贸易救济工作，提高外贸企业抵御风险能力。

三、保障措施

（一）加强统筹协调。省外贸工作领导小组要加强对外贸竞争新优势培育工作的统筹领导，协调解决重大问题。省级有关单位要认真落实本行动计划，并积极向国家对口部委争取政策支持。各市、县（市、区）要结合本地实际，研究制定具体实施方案，抓好重点项目推进，确保各项任务落到实处。

（二）加大政策支持。统筹产业、贸易、财政、金融等政策，合力支持外贸竞争新优势培育工作。发挥财政引导作用，省级财政每年安排资金支持全省外贸优化升级重点工作，各市、县（市、区）也要安排资金支持本地外贸优化升级重点项目。各金融机构要创新金融产品，对有订单、有效益的企业给予更大信贷支持。支持扩大出口信用保险覆盖面，在风险可控的前提下，对大型成套设备出口融资应保尽保。

（三）强化督促落实。省商务厅要加强对行动计划落实情况的督促检查，明确目标路径，强化组织推进，做到任务层层分解，确保任务落到实处、目标如期完成。

浙江省人民政府办公厅关于应对贸易摩擦确保外贸稳定增长的实施意见

浙政办发〔2018〕97号

各市、县(市、区)人民政府,省政府直属各单位:

为应对严峻复杂的国际贸易形势,推动浙江省外贸稳定增长,经省政府同意,现提出如下实施意见。

一、建立常态化应对工作机制。建立省市县分级、重点行业分类的工作机制,精准指导贸易摩擦应对工作。对因贸易摩擦引发的金融风险、失业风险等次生危机,提前制定应急预案,做好政策储备。建立信息通报制度,及时向省商务厅报送因贸易摩擦引发的企业经营困难等情况。

二、积极开拓多元化市场。组织实施"一带一路"贸易畅通计划,巩固欧盟、日韩等传统市场,大力开拓非洲、东盟、拉美等新兴市场。加大对企业参与展会的支持力度,对受贸易摩擦影响较大的企业,在境外自办展会、政策性重点展会中给予政策倾斜,支持其开拓多元化市场。充分发挥现有国际营销网络、跨境外贸服务体系等的作用,在市场节点地区建设若干海外浙江贸易中心(转口基地)和公共海外仓,巩固市场、拓展渠道。放宽经贸因公出访审批,鼓励商务主管部门、国有企业加大境外促销工作力度。

三、加快培育外贸新业态。加大市场采购贸易方式复制推广力度,推动市场采购贸易方式创新发展。出台支持外贸综合服务企业发展的政策举措,带动中小微企业开拓国际市场。充分利用中国(杭州)跨境电子商务综合试验区等平台功能,支持跨境电子商务出口规模化发展。推动银行、第三方支付机构为跨境电子商务提供支付便利。加强与亚马逊、阿里巴巴集团等国际知名电子商务企业(平台)合作,联合开展采供对接活动。

四、推动外贸出口优化升级。制订国家级外贸转型升级基地培育计划,出台相应配套政策,进一步提高浙江省出口产品的质量和附加值。对现有外贸转型升级示范县(市、区)进行动态调整,打造一批出口规模大、技术领先、发展较快的外贸转型升级示范县(市、区)。支持高新技术、成套机电装备出口,确定一批重点企业、重点产品、重点项目,扩大特险保单融资覆盖面。扩大先进技术、关键设备进口,倒逼省内产业转型升级。

五、优化外贸营商环境。深化"最多跑一次"改革,全面推进国际贸易"单一窗口"建设,实现口岸监管、贸易管理、经营服务等环节数据共享,将浙江省整体通关时间再压缩1/3以上。开展中国(浙江)自由贸易试验区国际贸易"单一窗口"特色功能建设。加快"品浙行"外贸公共服务平台建设,推动外贸业务各环节的集成化、智能化,打造智慧外贸平台。建立降低外贸企业成本、通关便利化监测评价机制。

六、加快推进国际产能合作。编制国际产能合作指导目录和产业政策清单,鼓励外贸企业通过开拓第三方渠道进入重点国家市场。发挥律师事务所、会计师事务所等专业机构作用,为企业产能转移和市场拓展等提供服务。支持义新欧班列常态化运营,加快推进"一带一路"沿线国家和地区供应链布局,引导企业向境外经贸合作园区集聚发展。

七、加大金融支持力度。发挥政策资金引导

作用,争取加大政策性金融、保险投放力度。协调中国进出口银行浙江省分行调剂80亿元专项信贷资金,用于支持稳定外贸增长、开展国际产能合作,专项贷款利率要明显低于全省贷款平均利率。进一步扩大出口信用保险额度和覆盖率,2018年短期出口信用保险承保规模增长10%以上,企业出口信用保险保费资助比例达到50%。建立贸银合作机制,成立贸易金融咨询智库,加强企业汇率避险政策指导和相关业务培训,提高企业应对汇率波动能力。

八、加大出口退税支持力度。积极落实国家有关税收优惠政策,简化税收优惠事项办理。优化出口退税服务,受贸易摩擦影响较大的企业优先办理出口退(免)税,减轻企业负担。为大型重点出口企业提供绿色办税通道,帮助企业防控出口退税风险。加强出口退税预测,争取出口退税指标,优先满足企业增值税留抵退税需求。

九、加大法律救济和就业帮扶力度。指导重点出口企业加强贸易摩擦前期应对工作,鼓励企业通过游说、抗辩等方式申请关税豁免。加大法律救济力度,对企业应对贸易摩擦产生的诉讼费用给予适当补助。加强外贸预警体系建设,做好外贸风险预警预判。发挥就业专项资金和失业保险基金作用,落实失业、工伤保险费率临时性下调和失业保险支持企业稳定岗位补贴等政策,进一步减轻企业负担,增强企业吸纳就业能力。

十、强化组织实施和督促考核工作。各地要立足本地实际,细化政策举措,落实资金保障,进一步提高应对贸易摩擦工作精准度。省级有关单位要明确责任分工,加快制定具体实施细则。省财政厅要加大对受贸易摩擦影响较大市县的财政转移支付力度,省商务厅要发挥好统筹协调作用,加大督促考核力度,确保各项政策落到实处。

附件:重点工作分工表(略)

浙江省人民政府办公厅

2018年9月28日

浙江省人民政府办公厅关于推进电子商务与快递物流协同发展的实施意见

浙政办发〔2018〕120号

各市、县(市、区)人民政府,省政府直属各单位:

为提高我省电子商务与快递物流协同发展水平,根据《国务院办公厅关于推进电子商务与快递物流协同发展的意见》(国办发〔2018〕1号)精神,经省政府同意,现提出如下实施意见。

一、完善产业政策,创造良好环境

(一)以"最多跑一次"为牵引深化"放管服"改革

简化快递业务经营许可程序,改革快递企业年度报告制度,实施快递末端网点备案管理,实现许可备案事项网上统一办理。加强事中事后监管,推行"双随机、一公开"监管。发挥行业协会作用,推动出台行业自律公约,鼓励企业签署自律承诺书,促进行业健康发展。引导电子商务、物流和快递等平台型企业健全平台服务协议、交易规则和信用评价制度,切实维护公平竞争秩序,保障消费者合法权益。(责任单位:省邮政管理局、省商务厅,列第一位的为牵头单位,下同)

(二)创新产业支持政策

创新公共服务设施管理方式,明确智能快件箱、快递末端综合服务场所的公共属性,为专业化、公共化、平台化、集约化的快递末端网点提供用地保障等配套政策。将快递服务场所、智能信报箱纳入公共服务设施配建要求,新建小区、楼宇、园区等应当根据实际情况对快递企业进场提供便利。加快构建县、乡、村三级物流体系,推广浦江县对快递下乡给予资金补助等经验,解决好快递物流"最后一公里"问题。(责任单位:省发展改革委、省财政厅、省自然资源厅、省建设厅、省商务厅、省邮政管理局,各市、县〔市、区〕政府)

(三)加强规划协同引领

认真落实《浙江省电子商务产业发展"十三五"规划》《浙江省物流业发展"十三五"规划》等,加强相关规划间的有效衔接和统一管理,构建适应电子商务发展的快递物流服务体系。总结推广杭州市电子商务与快递物流协同发展经验。健全地方规划体系,将快递物流业发展规划纳入城市基础设施建设发展规划。(责任单位:省商务厅、省发展改革委、省自然资源厅、省建设厅、省交通运输厅、省邮政管理局,各市、县(市、区)政府)

二、加强协同发展,促进产业融合

(一)推进农村电子商务物流发展

开展农村电子商务服务站(点)提升改造工程,拓展服务网点功能,利用服务网点开展快递存取业务,完善末端物流网络。合理规划和布局农村物流基础设施,在有条件的地区建设农村电子商务物流配送中心或中转站。整合农村现有运输资源,探索发展"移动互联网+众包"模式。发展产地预冷、冷冻运输、冷库仓储、定制配送等全冷链物流,为生鲜农产品电子商务发展提供物流配送支撑。打造农村物流品牌,鼓励先进模式应用,提升农村物流企业运营服务水平。(责任单位:省商务厅、省交通运输厅、省农业农村厅、省邮政管理局)

（二）优化社区电子商务物流发展

鼓励各地将智能快件箱建设纳入便民服务等民生工程项目库，大力推进社区、高等院校、商务中心、地铁站等物流末端节点布局。支持传统信报箱智能化改造，推动邮政普遍服务与快递服务一体化发展。鼓励快递企业开展投递服务合作，建设快递末端综合服务场所，开展联收联投。鼓励快递物流企业、电子商务企业与连锁商业机构、便利店、物业服务企业、高等院校开展合作，促进服务资源统筹利用，提供集约化配送、网订店取等多样化、个性化服务。（责任单位：省邮政管理局、省商务厅，各市、县〔市、区〕政府）

三、优化物流布局，完善基础设施

（一）加强基础设施用地保障

各地在土地利用总体规划和年度用地计划中统筹安排快递物流基础设施建设用地，鼓励优先利用批而未供土地。在不改变用地主体、规划条件的前提下，利用存量房产和土地资源建设电子商务快递物流项目的，可在5年内保持土地原用途和权利类型不变；5年期满后需办理相关用地手续的，可采取协议方式办理。支持利用工业企业旧厂房、旧仓库和存量土地建设快递物流服务设施。（责任单位：省自然资源厅，各市、县〔市、区〕政府）

（二）加强基础设施网络建设

引导快递物流企业完善基础设施网络布局，加强快件处理中心、航空及陆运集散中心和基层网点等网络节点建设，构建层级合理、规模适当、需求匹配的电子商务快递物流网络。（责任单位：省发展改革委、省商务厅、省邮政管理局，各市、县〔市、区〕政府）

（三）推进园区建设与升级

推动电子商务园区与快递物流园区协同发展，形成产业集聚效应，提高区域辐射能力。稳步推进快递物流园区建设，推动快递物流园区在杭州、温州、嘉兴及义乌等地集聚发展，协同打造萧山长三角快递物流产业园。鼓励传统物流园区适应电子商务和快递业发展需求转型升级，提升仓储、运输、配送、信息等综合管理和服务水平。（责任单位：省商务厅、省发展改革委、省邮政管理局，各市、县(市、区)政府）

四、强化规范运营，优化通行管理

（一）推动快递物流配送车辆规范运营

各地邮政管理部门要会同公安、交通运输等部门，依法对快递服务车辆进行规范管理，推动快递服务车辆标准化。切实加强对快递服务车辆驾驶人交通安全教育，支持快递企业为快递服务车辆统一购买交通意外险。推广湖州城市末端配送智能化模式经验。各相关部门要建立信息日常沟通和执法检查联动机制，定期交流快递服务车辆的管理情况。（责任单位：省邮政管理局、省公安厅、省交通运输厅，各市、县〔市、区〕政府）

（二）便利配送车辆通行

完善城市配送车辆通行管理政策，合理确定通行区域和时段，对快递服务车辆给予通行便利。完善商业区、居住区、高等院校等区域快递物流车辆停靠、装卸等设施，推广分时停车、错时停车等措施，进一步提高停车设施利用率。（责任单位：省公安厅、省建设厅、省交通运输厅、省邮政管理局，各市、县〔市、区〕政府）

五、加大创新力度，提高运行效率

（一）提高科技应用水平

进一步加大快递物流装备研发力度，加快推进智能传感器、工业机器人等智能产品在物流装备中的应用，不断提升快递物流装备自动化、专业化水平。推动移动互联网、大数据、云计算等现代信息技术在电子商务与快递物流领域的应用，大力推进库存前置、智能分仓、科学配载、线路优化，努力实现信息协同化、服务智能化。（责任单位：省邮政管理局、省发展改革委、省经信厅）

（二）促进供应链协同发展

鼓励企业集成应用各类信息技术，发展仓配一体化服务，整合共享上下游资源，促进商流、物流、信息流、资金流等无缝衔接和高效流动。推进工业互联网平台应用，提高电子商务企业与快递物流企业供应链协同效率。引导电子商务企业与快递物流企业加强系统互联和业务联动，共同提高数据共享和信息系统安全防护水平。鼓励物流企业参与制造业物流业务整合，实现物流与制造联动发展。（责任单位：省发展改革委、省经信厅、省商务厅、省邮政管理局，各市、县〔市、区〕政府）

六、坚持绿色理念，推动持续发展

（一）发展绿色生态链

鼓励电子商务企业与快递物流企业开展供应链绿色流程再造，提高资源复用率，降低企业成本。加强能源管理，建立绿色节能低碳运营管理流程和机制，在仓库、分拨中心、数据中心、管理中心等场所推广应用节水、节电、节能等新技术新设备，提高能源利用效率。（责任单位：省发展改革委、省经信厅、省商务厅、省邮政管理局）

（二）推广绿色包装

推广应用绿色包装技术和材料，推进快递物流包装物减量化。开展绿色包装试点示范，培育绿色发展典型企业，加强政策支持和宣传推广。鼓励电子商务平台开展绿色消费活动，提供绿色包装物选择，依不同包装物分类定价，建立积分反馈、绿色信用等机制，引导消费者使用绿色包装或减量包装。探索包装回收和循环利用，建立包装生产者、使用者和消费者等多方协同回收利用体系。（责任单位：省发展改革委、省商务厅、省邮政管理局）

（三）鼓励绿色配送

鼓励企业综合运用电子商务交易、物流配送等信息，优化调度，减少车辆空载和在途时间。鼓励快递物流领域加快推广使用新能源汽车和满足更高排放标准的燃油汽车，逐步提高新能源汽车使用比例。（责任单位：省发展改革委、省经信厅、省商务厅、省邮政管理局，各市、县(市、区)政府）

各地、各有关部门要充分认识推进电子商务与快递物流协同发展的重要意义，加强组织领导和统筹协调，明确责任分工，强化工作落实。省商务厅、省邮政管理局要会同有关部门加强工作指导，确保各项措施落实到位。

浙江省人民政府办公厅
2018年12月27日

浙江省商务厅　浙江省财政厅关于印发浙江省省级境外经贸合作区考核管理办法的通知

浙商务联发〔2018〕52号

各市商务局(委)、财政局,义乌市商务局、财政局:

为积极稳妥推进浙江省境外经贸合作区建设,推动浙江省境外经贸合作区转型升级,省商务厅、省财政厅联合制定了《浙江省省级境外经贸合作区考核管理办法》,现予以印发。请各市商务主管部门和财政部门认真贯彻执行,积极做好辖区境外经贸合作区的培育工作,服务于省内经济发展需要和"一带一路"建设。按照此办法,做好辖区合作区的培育工作,服务于省内经济发展需要。

浙江省商务厅　浙江省财政厅
2018年4月20日

浙江省省级境外经贸合作区考核管理办法

一、总则

第一条　为积极稳妥地推进浙江省境外经贸合作区(以下简称合作区)建设,推进浙江省境外经贸合作区的转型升级,服务于省内经济发展需要,特制定本管理办法。

第二条　本意见所称境外经贸合作区是指在浙江省注册的具有独立法人资格的中资控股企业(以下简称实施企业),通过商务主管部门核准或者备案,在境外设立中资控股的独立企业法人机构,投资建设基础设施较为完善、产业链较为完整、有一定带动和辐射能力,推动浙江省中小企业在境外集群式发展的产业园区。

第三条　合作区建设要按照市场规则、平等互利、循序渐进、注重实效的原则,通过政府引导、政策支持、企业决策、商业运作的方式,掌握节奏,稳步推进。要充分发挥企业主体作用,注重投资实效和投资安全。各地商务主管部门要与财政、金融等有关部门要密切配合,切实加强指导和服务。

第四条　本办法所称考核包括确认考核和年度考核。确认考核是指根据规定要求对合作区建设和运营成效是否符合确认条件进行的认定;年度考核是根据规定要求对合作区年度建设和运营效果进行的评审。省商务厅负责组织合作区确认考核和年度考核工作,根据实际工作需要对合作区确认考核和年度工作考核做出安排,明确工作要求。对于通过考核的合作区(宁波除外),由省级商务专项资金给予资助。

第五条　相关地市可利用自身优势和资源,支持辖区内所属企业进行合作区建设,为合作区发展提供配套政策支持。

二、基本原则

第六条 合作区要利用国外优势资源为浙江省地方经济发展服务，发挥浙江省产业集聚、配套协同强的优势，积极推动国际产能合作和国际创新合作，获取境外农业、矿业资源，带动浙江省产品出口，实现外贸的优进优出等。

第七条 合作区布局要科学合理，重点选择人口众多、资源丰富、市场潜力大、产业带动性强，政局稳定、投资环境较好、合作意愿强烈，有利于扩大出口，以及与我国签有投资保障双边协定或与浙江省签有友好城市关系，浙江省企业在该地有投资贸易合作基础的国家和地区。

第八条 合作区要具备一定规模和配套设施，能实现滚动发展。具备土地平整，水、电、气、路、通信等基础设施等设厂条件，能够为入区企业提供必要的配套服务，必须有明确的招商目标和招商计划，入区企业原则上以浙江省企业为主。

第九条 合作区实施企业需有较强实力、国际化经营管理经验和社会责任感，实施企业近两年资信良好，管理科学，有较强的融资、招商和抗风险能力。

第十条 在遵循国家外交方针政策的前提下，合作区实施企业要与所在国地方政府或部门建立友好关系或者双边合作机制，积极协调解决合作区建设中的困难和问题，努力为合作区的发展创造一个稳定、安全和优惠的环境和条件。

第十一条 各级地方政府和有关部门要加强对合作区建设和管理工作的指导。加强我国对外投资合作的方针政策教育和培训；严格遵守所在国法律制度、风俗习惯和履行企业社会责任，加强知识产权保护；不断提高合作区管理水平；维护国家形象。

第十二条 重点支持的合作区主要类型有：

（一）以浙江省传统优势产业为主导产业的加工制造型园区；

（二）以矿产、油气、海洋渔业、森林等资源开发、加工和综合利用等为主导的资源利用型园区；

（三）以谷物和经济作物等的开发、加工、收购、仓储等为主导的农业产业型园区；

（四）以商品展示、运输、仓储、集散、配送、信息处理、流通加工等为主导的商贸物流型园区；

（五）以汽车、装备制造、生物医药、人工智能、信息科技等领域的高新技术及产品的研发、设计、实验、试制为主导的科技研发型园区；

（六）在“一带一路”沿线国家投资建设的以特定产业为主、投资规模巨大的国际产能合作项目所形成的专业性产业园区。

三、考核要求

第十三条 加工制造型园区确认考核的标准：

1. 园区已取得完备法律手续的土地不低于500亩，且已开发面积不低于250亩。

2. 已完成区内水、电、路、厂房等基础设施建设投资1000万美元以上。

3. 已有5家以上具备中资成分的加工制造型入区企业、且境内投资主体不同，其中至少有3家企业具备浙资成分，至少3家企业已开工建设。具备中资成分的入区企业投资总额超过1000万美元。

第十四条 资源利用型园区确认考核的标准：

1. 具备园区建设所需的水、电、交通运输等配套条件，已完成区内水、电、路、厂房等基础设施建设投资1000万美元以上，已获得的资源储备应能满足园区持续稳定开发和利用。

2. 园区已取得完备法律手续的土地不低于500亩（不含资源区域面积，且已开发面积不低于250亩）。

3. 已有3家以上具备中资成分的资源加工利用型入区企业、且其国内投资主体不同，其中至少有1家浙资企业。具备中资成分的入区企业投资额超过1000万美元。

第十五条 农业产业型园区确认考核的标准：

1. 具备园区建设所需的水、电、交通运输、厂房等配套条件，已完成相关基础设施建设投资300万美元以上；有稳定的收购或销售渠道，可获得的农业资源应能满足园区可持续开发、加工和贸易。

2. 园区建设可采用“一区多园”的方式，已取得完备法律手续的园区土地面积不低于3000亩（含农作物种植区面积）。

3. 已规划配套建设农产品仓储和烘干、冷链设施。

4. 已有3家以上具备中资成分的农产品加工生产型入区企业，其中至少有一家为浙资企业，入区企业投资总额超过500万美元。

第十六条 商贸物流型园区确认考核的标准：

1. 园区建设可采用“一区多园”的方式，供商品展览展示、洽谈、交易区域的建筑面积不少于10000平方米。

2. 已完成区内商品展览、交易、物流区域的购建或租赁费用，水、电、路、仓储、信息网络等基础设施建设投资费用合计在1000万美元以上。

3. 区内实际经营的贸易型企业不少于20家。

第十七条 科技研发型园区确认考核的标准：

1. 已取得完备法律手续，用于研发、设计、实验、试制、项目孵化路演等功能的建筑面积不低于2000平方米。

2. 已完成区内研发场地、孵化区域、办公室、研发设备的购建或租赁费用，水、电、信息网络等基础设施建设投资费用合计在500万美元以上。

3. 已有具备中资成分的科技研发型入区企业2家以上且国内投资主体不同，其中浙资企业1家以上；研发人员超过20人，已获得授权的国内外专利技术不低于10项。

4. 入区企业完成研发设备、材料、信息系统等软硬件设备、人力等运行维护投资总额超过300万美元。

第十八条 大型专业型产业园区确认考核的标准：

1. 园区已取得完备法律手续的土地不低于1000亩，且已开发面积不低于500亩。

2. 已完成区内水、电、路、厂房等基础设施建设和生产设备、设施投资3亿美元以上。

3. 已投产的不同工序和产品的厂房5栋以上。

第十九条 合作区年度考核的具体要求：

1. 考核期内合作区通过确认考核时的正常生产运行企业数量不得下降，园区管理运营状况良好，园区基础设施状况良好，不影响入园企业的正常经营。园区及时完成商务主管部门要求数据填报、信息反馈等相关任务。

2. 园区通过确认考核后三年内，园区基础设施投资未增长，入区投资企业未增长的企业，不得参与年度考核。

3. 园区考核期内未在国内外有重大违法违规行为，园区应对突发事件有序，未发生人员伤亡、重大财产损失等对社会造成不良影响的重大事件。如发生相关事件，不得参加年度考核。

四、附则

第二十条 本办法由浙江省商务厅解释。

第二十一条 合作区确认考核和年度考核活动由浙江省商务厅根据实际情况具体通知安排。

第二十二条 本办法自2018年6月1日生效。

浙江省商务厅　浙江省住房和城乡建设厅关于印发加快推进建筑业“走出去”发展三年行动计划（2018—2020年）的通知

浙商务联发〔2018〕81号

各市商务局（委）、建委（建设局），省属外经企业：

现将《省商务厅　省建设厅关于加快推进建筑业“走出去”发展三年行动计划（2018—2020年）》印发给你们，请认真贯彻执行。

本通知于2018年10月1日起施行。

浙江省商务厅　浙江省住房和城乡建设厅

2018年8月29日

省商务厅　省建设厅关于加快推进建筑业“走出去”发展三年行动计划（2018—2020年）

为大力实施“走出去”战略，积极抢抓“一带一路”建设统领新一轮对外开放的战略机遇，加快推动浙江省建筑业“走出去”，逐步向全方位、多层次、宽领域发展，促进建筑业转型升级和提质增效，根据《浙江省人民政府办公厅关于加快建筑业改革与发展的实施意见》（浙政办发〔2017〕89号）等文件精神，特制订本行动计划。

一、总体要求

（一）指导思想。坚持以习近平新时代中国特色社会主义思想为指引，全面贯彻党的十九大和中央经济工作会议精神，按照省第十四次党代会、省委十四届二次全会、省委经济工作会议和全省开放型大会工作部署，落实新发展理念。以“一带一路”建设统领新一轮对外开放为契机，充分发挥浙江建筑业实力强、信誉好、技术优、机制活的优势，通过政策扶持，示范引领，大力实施建筑业“走出去”发展战略，着力推进建筑业结构调整和转型升级，不断提升国际竞争力和市场占有率，为实现“两个一百年”奋斗目标的浙江篇章作出积极贡献。

（二）目标任务。到2020年底，全省境外承包工程营业额达到85亿美元以上，培育4家对外承包工程企业进入ENR国际承包商250强和国际工程设计企业225强，形成一批工程总承包企业和国际市场竞争力强的外向型建筑企业。

（三）实施步骤。到2018年，力争对外承包工程营业额达到75亿美元，确定10家左右对外承包培育企业，实施精准施策，重点扶持，确保有

2家对外承包工程企业进入ENR国际承包商250强。

到2019年，力争对外承包工程营业额达到80亿美元，在确保有2家对外承包工程企业进入ENR国际承包商250强基础上，新增1家企业进入国际工程设计企业225强。

到2020年，力争对外承包工程营业额达到85亿美元，力争共培育4家对外承包工程企业进入ENR国际承包商250强和国际工程设计企业225强。

二、重点行动

（一）培育和壮大主体队伍。进一步优化经营主体结构，提升国际化经营能力，培育一批具有相当规模和竞争力的国际工程承包商。鼓励龙头建筑业企业向公路、铁路、机场、水利、轨道交通等基础设施领域发展。对外承包工程企业申请市政、交通、水利、房建等建筑业企业资质的，各地建设主管部门设立绿色通道，鼓励以境外承包工程作为代表工程业绩申报，且不考核其是否超越资质承包范围。推进骨干企业逐步向大型项目管理公司和工程总承包公司发展，分包企业向独立承揽工程项目拓展，大力发展钢结构、装饰、环保、智能化等新兴领域。加强绩效评估考核，支持企业参加ENR国际承包商250强和国际工程设计企业225强的评选，通过先进示范带动整体能力的提升。

（二）拓展国际工程市场。积极鼓励企业以多种方式拓展对外承包工程市场。支持对外承包工程企业积极对接央企，通过“借船出海”方式开拓国际市场。支持企业承揽中国政府援外优惠贷款和优惠出口买方信贷，积极借助援外项目推动建筑业“走出去”。对于浙江省各级政府推动的境外经贸合作园区、国际产能合作、跨境信息产业通道、海外创新孵化中心等基础设施和工程项目，在规划、设计、施工、管理等方面体现浙江元素，打造浙江特色。

（三）大力推行工程总承包。鼓励具有条件和资格的设计企业、施工总承包企业提高工程总承包能力，加快构建以工程总承包为龙头、专业承包为依托、劳务分包为基础的承包商体系，鼓励形成勘察、设计、监理配套的全过程咨询服务体系，提高浙江省建筑产业国际化水平。主动接轨国际工程承包和管理方式，支持对外承包工程企业承揽一批附加值高、影响力较大的交通、能源、通信等基础设施项目，优先推动一批PMC（管理总承包）、EPC（设计-采购-施工）项目，增强工程带动成套设备与装备出口的能力。

（四）鼓励企业“联盟拓市”。以企业为主体，市场为导向，商会为平台，构建“投融资联盟”、“总承包联盟”、“供应服务商”联盟，整合企业优势资源，加强浙江省装备制造企业与工程企业的联盟协作，参与“一带一路”沿线国家、非洲拉美等市场的基础设施建设和投资运营。以电力、交通、通信、建筑建材等行业为重点，扎实推进一批在沿线国家具有影响力的大工程、大项目，实施建营一体化，带动浙江装备制造、技术标准、服务等出口。推动浙江省工程承包企业转型为综合承包服务商、机电装备出口企业转型为系统集成商。

（五）加强标准引领。开展工程建设领域中外标准对比研究，适应国际通行的标准内容、要素指标和相关术语，缩小与国外先进标准的技术差距。加大浙江省企业标准的宣传推广力度，以“一带一路”建设为引领，优先在对外投资、技术输出和对外承包工程中推广应用。积极开展国际标准认证、交流等活动，组织专家开展国内外工程建设相关法律、规范、标准的中外文互译。

（六）鼓励带动上下游产业“走出去”。支持对外承包工程企业通过新设、收购、控股等方式在境外投资合作，注册设立境外工程承包企业，获取当地各类投标承包许可。鼓励企业利用项目所在国的要素资源，积极拉伸、延长产业链。结合建筑产业现代化，引导建筑企业与相关建筑材料供应商、产品制造商合作，共同推进与工程项目相配套的产品加工生产，带动成套设备、技术标准及服务出口。

三、工作举措

（一）加强统筹指导和协调。各级商务、住房城乡建设部门要积极与金融、保险等部门建立工作机制，为重点工程项目的推进、政策沟通、信息交流加强指导、提供服务。要充分发挥商务部双边经贸合作机制和沟通渠道的作用，积极与我驻外使（领）馆经商（参）处、中国对外承包工程商会等部门沟通，帮助浙江省建筑企业解决在境外承包工程过程中遇到的困难、障碍、壁垒等实际问题。

（二）加大政策支持扶持力度。强化政策导向、突出支持重点，统筹运用国家外经贸发展资金和省级商务发展专项资金，对浙江省对外承包工程完成营业额、贷款贴息、保函手续费、投保出口信用保险的保费等进行统筹考虑，给予财政资金的扶持。对具有海外业绩的企业，申请、升级国内资质或参与省内项目投标的，在同等条件下予以优先考虑。鼓励企业通过实施国际工程带动省内设备、原材料出口。加强与海关、商检、税务等部门协调，为出口提供便利。

（三）完善金融服务和对接。建立政银企联席协商机制，定期沟通重点工程项目进展和融资需求，实现银企合作共赢。鼓励浙江省建筑强市、县根据实际需要，设立对外承包工程保函风险专项资金，帮助建筑企业解决在实施对外承包工程项目中开具投标、履约、预付款保函担保问题。鼓励金融机构积极研究对境外承包工程企业实施差别化信贷政策，对实力强、信誉好的建筑企业开展境外承包工程项目，提供人民币中长期贷款和外汇周转贷款支持。对EPC、PPP等工程项目，可通过封闭贷款、担保贷款、信用证、保函等多种形式满足企业融资需求。发挥浙江丝路产业投资基金作用，支持浙江省对外承包工程建设。

（四）强化安全保障机制建立。在省“走出去”工作领导小组的指导下，加强国别、地区的风险评估，及时发布风险预警信息，加强对外承包工程安全生产的监督、管理、检查和指导，牵头开展境外安全风险预警、咨询、培训、处置等相关工作，主动探索和完善安全生产和风险防范长效机制。各地和建筑企业应当建立“走出去”安全风险应急处置工作机制，并组织演练。

四、组织保障

（一）加强组织领导。建立由省商务厅、省建设厅双牵头的浙江省对外承包工程协调工作机制。加强对建筑业开拓国际工程市场，参与“一带一路”基础设施互联互通建设等问题进行研究和协调，定期召开专题会议，听取汇报，研究对策。

（二）加强人才队伍建设。重视国际工程项目经营人才的培养与引进，鼓励企业通过境外项目实施培养懂经营、会管理的专业人才，引进经验丰富的项目经理和设计、采购、施工等方面的核心管理人员，选派素质过硬、有技术专长的人员到国外学习锻炼，建立高端人才储备库。建立以对外承包工程商会为平台，以清华长三角研究院、浙江大学等科研教育机构为依托的国际工程经营管理知识培训和经验交流的机制，为建筑企业提供人才支撑。对海外业务人才职称评定，可将国际认证证书、海外工作经历等要素与国内职称评定予以挂钩。

（三）发挥行业协会作用。支持各级建筑行业相关协会发挥信息搜集、人才培训、业务咨询等服务功能，组织专家开展国内外工程建设相关法律、规范、标准的中外文互译。建立境外工程承包企业联谊交流机制，帮助企业了解掌握国内外建筑市场最新动态。建立国际工程法律顾问团，帮助“走出去”建筑企业开展国际工程法律纠纷援助。积极引导“走出去”企业加强联合协作和行业自律，避免无序竞争。

附件：1. 建筑业“走出去”发展三年行动计划（2018—2020年）目标进度表（略）
2. 建筑业“走出去”发展三年行动计划重点工作清单（2018—2020年）（略）

浙江省商务厅　中华人民共和国杭州海关关于进一步做好出口名牌培育工作的通知

浙商务联发〔2018〕101号

各市、县(市、区)商务局(委),杭州关区各关(办):

加强出口名牌培育,是认真贯彻全省开放大会、质量大会精神,落实品牌强省建设"十三五"规划的重要内容,是确保外贸稳定增长、实现高质量发展的根本要求。根据《浙江省加快培育外贸竞争新优势行动计划(2018—2020年)》(浙政办发〔2018〕14号)文件精神,我厅会同杭州海关就进一步做好我省出口名牌培育工作,通知如下:

一、高度重视出口名牌培育工作

品牌是反映高质量竞争力现代化水平的主要标志。加快出口名牌培育是我省外贸实现优化升级、迈向高质量发展的内在要求,也是参与全球竞争形成外贸发展新优势的核心要素。我省作为外贸大省,大而不强的主要表现就是品牌数量多,但是规模小、附加值低、影响力弱,与发达国家的全球知名品牌有着很大的差距,反映在品牌推广的渠道少、载体缺,国际品牌准入门槛高和隐形壁垒多,品牌管理的专业团队和能力弱。为此,各地商务部门和海关必须高度重视出口名牌的培育工作,加强政策支持和引导,紧扣"品质浙货　行销天下"工程,多措并举、扎实推进各项工作。

二、进一步明确发展目标

坚持"政府推动、市场导向、企业主体、多措并举"的原则,全面实施"品牌兴贸"战略。新增一批具有行业引领作用的出口领军企业、调整一批具有区域特色的名优特出口企业、培育一批具有全球影响力的浙江出口名牌,进一步完善各项评定指标,实行动态调整,形成省市县联动、多元化的出口品牌分类培育格局。争取到2020年,培育省级出口名牌800个,全省30%以上出口企业有自主品牌出口,自主品牌产品出口额占全省出口总额比重超过10%。

三、扎实推进各项工作

1. 规范出口品牌统计。从2018年起,海关总署增加了品牌类型的申报项。为全面掌握自主品牌出口情况,我省要建立浙江出口品牌统计系统,实现出口品牌动态评估的在线管理,联合杭州海关定期发布全省出口品牌发展报告,为全省各行业品牌发展提供指引。各地要组织引导出口企业做好相关数据申报工作,严格规范自主出口品牌的统计申报。

2. 强化品牌管理的培训。研究制定并组织实施好品牌管理培训年度计划。在省内选择自主品牌出口相对集聚的地区,开展品牌管理、国际化营运为主题的讲座、培训和论坛,进一步规范品牌出口申报,提升自主品牌战略的策划与实施以及知识产权保护等方面的专业知识和能力。邀请省内品牌国际化发展的成功企业,分享出口名牌培育工作的经验。强化出口企业品牌建设意识和海外运作能力,敢于瞄准和跟踪世界一流品牌，研究本行业的发展趋势，有针对性地制定企业自主品牌的发展规划。

3. 发挥标准认证助推作用。以品质提升来推进出口品牌建设。支持出口企业主导或参与国际和国内先进标准的研发和制修订工作。支持出口企业开展境外商标注册、国际标准认证。鼓励我省出口企业主动对标目标市场的行业及产品标准需求，接轨国际一流标准，提升自主品牌国际认可度。鼓励企业加大技术研发投入，发展具有自主知识产权和自主品牌的核心关键技术。鼓励企业办理知识产权海关保护备案手续，畅通海外维权和救济渠道。在重点展会上建立知识产权专家驻会机制，帮助出口品牌企业增强维护产权意识和能力。

4. 探索品牌国际化新路径。借助亚马逊、阿里巴巴等国际知名跨境电商平台，强化出口名牌的全球推广和提升跨境电商B2B的能力。鼓励出口名牌企业通过海外投资参股、并购、建立战略联盟等形式，拥有国际品牌和销售渠道，推进国际产能合作，加快品牌产品在全球产业链的布局和国际知名度的提升。推动在主要出口目标市场、全球贸易节点、枢纽地区，建立一批省级公共海外仓和"浙江制造"海外营运中心，构建布局海外、内外联通的跨境出口名牌服务体系。

5. 加强出口名牌宣传推广。制定实施出口名牌宣传推广计划。以出口名牌的推广为核心，结合"品质浙货 行销天下"工程和"一带一路"贸易畅通工作计划，在境内外国际性重点展会上、对外重大活动中以及省领导高访期间，对"品质浙货"进行统一宣传推广，举办"品质浙货"采供对接会，设立品牌发布专区。对全球重点市场布局开展的自办展，出口名牌企业参展必须达到10%。在阿里巴巴国际站、"政采云"平台以及联合国采购活动中，重点推广出口品牌企业。

6. 打造特色产业的区域品牌。政府引导、企业为主，组建浙江省出口名牌联盟。以国家级外贸转型升级基地为支撑，鼓励当地区域特色产业推进区域品牌联盟工作，引导设立区域品牌、集体商标、地理标志等的注册认证工作，统一标准认证和检测、开展共性技术攻关，带动特色产业集群发展。在"一带一路"国家和境内外重点展会上支持区域特色出口品牌企业抱团参展，强化区域性产业集群的整体形象，提高区域品牌美誉度和影响力。

四、强化工作保障

由省外贸工作领导小组统一领导、协调全省出口名牌培育工作。各地商务部门和海关要进一步加强工作协同，根据本通知的要求，结合当地实际，明确出口名牌培育工作重点，制定年度工作计划。加强外贸政策与产业、科技、人才等政策的融合，形成政府引导、企业为主的品牌培育投入工作机制。开展各地品牌建设年度工作的考核评估，完善各类出口名牌的动态调整机制。要进一步强化出口名牌的舆论引导和宣传，对省级出口名牌予以表彰奖励。

特此通知。

浙江省商务厅
中华人民共和国杭州海关
2018年11月26日

浙江省商务厅等7部门关于加快外贸综合服务企业健康发展有关工作的通知

浙商务联发〔2018〕104号

各市、县(市、区)商务局(委)、税务局,杭州关区各关(办),外汇局各市中心支局、杭州辖内各县(市)支局,各市金融办,中信保浙江分公司各经营机构,省属有关企业:

为深入贯彻全省开放大会精神,落实商务部、海关总署、税务总局、质检总局、外汇局《关于促进外贸综合服务企业健康发展有关工作的通知》(商贸函〔2017〕759号),推动浙江省外贸综合服务企业(以下简称"外综服企业")健康规范发展,培育浙江省外贸竞争新优势,成为外贸稳定增长的有力支撑,现将有关工作通知如下:

一、浙江省外综服企业定义

浙江省外综服企业是指在浙江省内登记注册、具备对外贸易经营者身份,符合商贸函〔2017〕759号文件要求,面向广大中小微企业,提供专业的、规范的、风险可控的全流程外贸服务和孵化功能的企业,致力于促进中小微厂商的外贸发展,发挥好防范交易风险、降低经营成本、解决融资难题的作用。

二、找准发展定位和目标

浙江省外综服企业应以"五个化"为发展方向,即专业化:经营团队、人才专业化,能够为客户提供全流程的外贸进出口服务,并引入银行、保险等金融机构,为中小微企业提供相应服务。本土化:立足当地中小微厂商,以本土化发展为主,做到风险可控,责任可追溯,政策可落地。规范化:积极推动业务流程的优化和营运系统的规范化,自觉接受海关、税务、外管等部门的监管,做到风险预警前置,风险来源可识别。跨境化:将综合服务延伸到海外,对重点海外目标市场配套建立服务网点,实现外贸服务内外联动,更加高效、低成本。品牌化:建立省、市、县(市、区)分级培育机制,力争到2020年,培育30家在全国范围内有规模、有影响力、经营规范的省级外综服示范企业。

三、推进便利化举措

为解决外综服企业反映集中的明确身份、分清责任等问题,各监管部门应坚持问题导向,创新监管模式,不断完善适应外综服企业发展的政策框架。

(一)海关部门:加强对外综服企业的政策宣讲和业务指导。推动企业按照认证企业标准提升内部管理水平。引导行业龙头企业升级成为高级认证企业。落实外综服企业的海关差别化管理措施,为高资信外综服企业营造便利的通关环境。

(二)税务部门:落实好税务总局对外综服企业出口退(免)税的管理办法,明确外综服企业开展的代理退税业务,可由外综服企业代生产企业集中申报出口退税,生产企业为退税主体,承担主体责任,外综服企业承担相应的连带责任。优化对外综服企业的退税服务,指导外综服企业做好出口退税风险防控工作。加快对委托代办退税生产企业首次申报出口退(免)税的实地核查工作。

(三)外汇管理部门:支持外综服企业按照“谁出口谁收汇、谁进口谁付汇”的原则开展代理业务。允许经认定的A类外综服企业货物贸易外汇收入直接通过外汇结算账户办理收结汇。简化跨境电商综合试验区A类外综服企业贸易信贷报告流程,允许按月批量报备。在跨境电商综合试验区平台外综服企业数据完备的条件下,允许符合条件的委托外综服企业出口的电商自行收汇。

(四)信用保险机构:支持外综服企业加强资信调查和评估,完善信用风险防范体系,形成外综服企业筛选中小厂商、信用保险机构筛选海外买方的风险管控合作机制。不断提高政策性出口信用保险对外综服企业出口业务的渗透率,量身定制差异化承保方案,为外贸小微企业提供好保单融资服务的配套工作。

(五)金融管理部门及进出口银行:引导各类金融机构加大对外综服企业的信贷支持。创新符合外综服企业自身业务特点的金融产品和服务。发挥进出口银行的政策性金融优势,通过外综服企业把政策性金融普惠到广大外贸小微企业。

四、有关工作要求

(一)推广使用统一平台

根据商贸函〔2017〕759号文件中外综服企业需“依托综合服务信息平台”开展业务的要求,省商务厅开发建设了外综服企业联网信息平台,无偿供外综服企业在线开展业务,实现规范运作。自有系统的外综服企业,必须与联网信息平台实现数据对接。

(二)加强在线管理及服务

通过外综服联网信息平台,分步推进与海关、税务、外管、信保、进出口银行等部门的在线对接,逐步实现通关及物流信息、出口退税、外汇结算、出口信用保险承保及理赔、政策性金融服务等的在线办理。

(三)充分发挥联盟作用

组建好外综服企业联盟。加强外综服企业的业务培训、交流,推广成功的经验和商业模式,提升行业整体服务水平。在重点市、县(市、区)开展对接推广活动,加快当地本土化外综服企业的培育,发挥好外综服企业对外贸小微企业出口的孵化和带动作用。

(四)开展分级培育

省商务厅牵头开展省级外综服示范企业筛选培育工作,定期联合杭州海关、省税务局、省外汇管理局、省地方金融监督管理局、中信保浙江分公司、中国进出口银行浙江省分行等部门,按照企业自主申报、各地推荐、联合评审的程序,确定省级外综服示范企业并实行动态调整。

各地要参照本通知内容,制定本地外综服企业认定和管理办法,按照服务本地生产企业和特色产业的原则,在每个中小企业集聚、出口规模集中的县(市、区)培育1—2家外综服企业。各地经认定的外综服企业名单,须定期抄送省商务厅备案,为省级外综服示范企业评选储备力量。

各地要本着包容审慎的原则,进一步强化横向协作、纵向联动,制定推进本地外综服企业发展的政策文件和配套扶持措施,不断探索和推动外综服新业态的健康发展。

特此通知。

浙江省商务厅
中华人民共和国杭州海关
国家税务总局浙江省税务局
国家外汇管理局浙江省分局
浙江省地方金融监督管理局
中国出口信用保险公司浙江分公司
中国进出口银行浙江省分行
2018年12月11日

浙江省商务厅关于印发浙江省商务系统“最多跑一次”属地受理制度改革方案（试行）的通知

浙商务发〔2018〕82号

各市、县（市、区）商务主管部门，各国家级经济技术开发区、省级经济开发区管委会：

为贯彻全省“最多跑一次”改革部署，推动全省商务系统“最多跑一次”改革，《浙江省商务系统“最多跑一次”属地受理制度改革方案（试行）》，已经第5次厅长办公会审议通过，现印发你们，请贯彻执行。

浙江省商务厅

2018年6月27日

浙江省商务系统“最多跑一次”属地受理制度改革方案（试行）

根据省委、省政府“最多跑一次”改革部署，结合全省商务系统行政审批工作现状，为推动全省商务系统“最多跑一次”属地受理制度改革，制定本方案。

一、指导思想

为落实党的十九大精神和省委、省政府改革部署，深入推进商务系统“最多跑一次”改革，以顺应群众需求、解决制度难题为指引，坚持需求导向、问题导向、效果导向，强化政府职能变革、办事流程改革，以实现“线下属地一窗受理、线上全程一网办理、后台纵横集成服务”为目标，建立网上办事系统，推动企业材料受理属地化，方便企业办事，提高办事企业获得感，推动营商环境持续优化。

二、改革目标

1. 推动“受理与办理相分离”审批模式改革，实现办事企业通过全省任一市、县（市、区）商务主管部门和国家级经济技术开发区管委会、省级经济开发区管委会（简称属地）提交商务系统审批事项（见附件）材料，属地受理并通过全省商务网上政务服务系统（简称全程网办系统）将电子材料传递至审批机关。对暂无受理权限的属地，可通过全程网办系统接收并传递审批材料。审批通过后，审批证书经网络或线下直接向企业发放。

2. 建立省市县三级贯通的全程网办系统，实现面向企业网上接收材料、受理、审核转报、审批、发证等功能。实现全程网办系统与浙江政务服务网融合。加快商务部业务系统与浙江政务服务网的对接,扩大系统间数据归集和共享范围。推广电子许可证。

3. 全省市、县(市、区)商务主管部门、开发区管委会实现属地化受理功能,推动“就近能办、异地可办”属地受理改革。属地行政执法人员,对企业办事申请出具受理通知书或不予受理通知书,并按要求电子化传递企业申报材料。对无权做出受理决定的属地,可接收审批材料并将材料电子化,通过全程网办系统传递至审批机关或审核转报机关做出受理决定。属地根据审批(含审核转报、受理)机关需求,寄递企业申报材料。企业纸质审批材料由属地按照档案管理有关规定存档。

4. 深化“最多跑一次”改革,通过简化材料、信息共享等方式,逐步减少企业办事事项申报材料。充分利用信息化手段,加快审批事项流转进程,减少审批事项办事时限,推动全数字化审批。

三、属地受理实现方式

根据全省商务系统“八统一”梳理,共有主项23项,实现属地受理主要采取以下方式。

1. 首批纳入属地受理制度改革(11项)。

建立省市县三级全程网办系统,由属地受理材料后,按审批权限,分别在省、市、县三级商务主管部门开展审批。分别为:

(1)外商投资企业设立、变更审批

(2)外商投资企业设立、变更审核转报

(3)拍卖企业及分支机构设立、变更审批

(4)成品油零售经营资格审批及变更

(5)典当行及分支机构设立、变更审批

(6)经第三地转投资的中国台湾地区投资者确认

(7)外商投资企业免进口许可证、免退税确认

(8)单用途商业预付卡备案

(9)二手车交易市场经营者和二手车经营主体备案

(10)再生资源回收经营者备案登记

(11)成品油批发仓储、原油销售仓储经营资格审核转报

2. 逐步纳入属地受理制度改革(11项)。

此类事项均在商务部网站上开展在线审批,已实现企业在线填报、审批机关在线审批功能,按照原办事流程开展审批,属地提供书面材料代收代寄服务。待浙江省全程网办系统与商务部网上审批系统对接后,此类事项逐步纳入属地受理制度改革。分别是:

(1)限制进出口技术许可

(2)进出口配额、许可证核发

(3)两用物项及相关技术进出口许可

(4)机电产品国际招评标文件备案

(5)自由类技术进出口合同登记

(6)对外劳务合作经营资格核准

(7)企业境外投资备案

(8)企业境外投资审核转报

(9)对外贸易经营者备案登记

(10)商业特许经营企业备案管理

(11)外商投资企业设立、变更备案

3. 不纳入属地受理制度改革(1项)

市场采购贸易经营者备案登记。为义乌、海宁试点项目,两个试点地区已分别建立备案平台。后续可依据试点工作及信息系统推进情况,再行统一部署。

四、全程网办系统办事流程

1. 受理申请。

办事企业通过省政务服务网端口注册并登录全程网办系统,发起申报申请,将纸质申报材料交全省范围内任一属地。属地负责接收企业纸质申报材料,属地工作人员通过扫描等方式在全程网办系统上传电子申报材料,并留存纸质申报材料。电子申报材料采用彩色模式,属地应确保电子申报材料清晰可读,能完整反映纸质材料内容,并与纸质材料内容一致。

属地行政执法人员根据审批机关授权做出是否受理决定,并出具受理通知书或不予受理通知书。行政执法辅助人员在行政机关及行政执法人员的指挥和监督下,可以配合从事接收或者受

理申请、送达文书等工作。

暂无受理权限的属地,将电子申报材料通过全程网办系统交由审批或审核转报机关做出受理决定。

外商投资企业设立、变更审核转报事项和成品油批发仓储、原油销售仓储经营资格审核转报事项,由于需转报商务部,按照原申报程序,在电子申报的同时,实行纸质上报。

2. 审查决定。

审批或审核转报机关根据流转的电子申报材料做出是否审批、备案、确认、审核转报等决定。

如需纸质申报材料的,由属地根据审批机关指令寄送到指定地点。材料寄送按照省政府要求选择寄递企业寄送机关公文,材料寄递单位要与承担寄递服务的企业签订服务协议并做好与"浙江政务服务网统一证照寄递接口"的信息对接。材料由交寄单位负责跟进寄送进度,并及时与承担寄递服务的企业联系,确保材料准确、及时寄达。

3. 证书发放。

证书由审批机关负责发放。发放可采取经企业委托直接寄递至企业或者形成电子审批证书供企业下载的方式。

五、属地受理权限

省商务厅下放由省商务厅审批(含备案、确认、审核转报)事项的受理权限至各市、县(市、区)商务主管部门、开发区管委会。成品油零售经营资格审批及变更事项受理权限和成品油批发仓储、原油销售仓储经营资格审核转报事项受理权限仅下放至各市、县(市、区)商务主管部门。

各市商务主管部门确定由设区市本级审批事项的受理权限下放事宜,并制定工作方案报省商务厅。纳入全程网办系统建设。

未经下放受理权限的属地,仅向企业提供材料接收服务,并通过全程网办系统传递审批材料,不做出受理决定。接收的纸质材料寄送至受理机关存档。

六、工作进度

1. 方案印发。

6月下旬印发属地受理制度改革方案,方案自2018年7月1日起施行。

2. 动员培训。

6月下旬组织动员部署会及省级审批事项属地受理培训。

七、责任分工

省商务厅:牵头负责全省"最多跑一次"属地受理改革。负责全程网办系统建立,对接商务部、浙江政务服务网等系统。接受属地咨询。依法做出省商务厅负责的行政审批、备案、确认、审核转报等审批事项决定。牵头省商务厅审批事项受理人员培训、宣传工作。

市、县(市、区)商务部门、开发区管委会:负责本市、县(市、区)、开发区管委会范围内属地受理制度改革,做好本级事项梳理、流程规范工作。对接各地政府行政审批中心(市民服务中心)综合行政服务窗口,落实办事人员,做好本地容缺受理、"一窗受理"等对接工作。负责受理或接收企业递交办事事项申请材料,按规定做出受理决定。按照流程上传电子材料或寄送纸质材料。做好本地区属地受理改革宣传、培训工作。

八、相关要求

1. 提高思想认识。"最多跑一次"改革是当前转变政府职能、增强机关效能的重点工作,而属地受理改革是"最多跑一次"改革的创新之举,关系到商务系统"最多跑一次"改革成效。各地各部门要高度重视,主要负责同志要亲自抓改革、促转变,确保改革任务如期完成。

2. 压实工作责任。各地各部门要按照工作分工,落实工作责任,逐项逐条抓好工作落实,使改革任务有序推进。在改革过程中,要以群众满意度为衡量标准,从方便群众办事角度推进工作落实。请各市商务主管部门于7月30日前向省商务厅报送本地区“最多跑一次”属地受理制度改革方案。

3. 强化改革担当。各地各部门要勇于改革创新、积极探索实践。对在改革过程中可能引起企业误解甚至引发纠纷,要及时介入处理、防止矛盾激化。对可能引发纠纷的环节,要提前预判,做好应对预案。要从便利企业办事出发,简化办事手续,靠前服务、倾心服务,取得企业理解和支持。要推动容错纠错机制落地见效,树立干部担当的鲜明导向。

4. 加强宣传培训。各地各部门要加强宣传、注重培训。省商务厅负责组织属地工作人员集中培训及分批赴智慧平台现场实习教学。各属地负责组织本地重点商贸流通企业到属地现场实习教学。各级商务主管部门要通过多种形式帮助企业到全程网办系统办事,提高信息化审批能力。要强化属地工作人员工作能力,提高当场受理比例,提高群众获得感。

附件:全省商务系统审批权限目录(首批纳入事项)(略)

浙江省商务厅关于修订印发《浙江省商务领域守信“红名单”和失信“黑名单”管理办法(试行)》的通知

浙商务发〔2018〕146号

各市商务局(委),厅机关各处(室):

依据《浙江省公共信用信息管理条例》,《浙江省商务领域守信“红名单”和失信“黑名单”管理办法(试行)》(以下简称《办法》)已进行了修订,现将修订后的《办法》印发你们,望认真贯彻执行。

浙江省商务厅

2018年12月21日

浙江省商务领域守信“红名单”和失信“黑名单”管理办法(试行)

第一条 为健全商务领域守信激励、失信惩戒机制,依法加强商务领域行业企业主体管理,严厉打击严重违法行为,营造诚信兴商氛围,依据国务院《社会信用体系建设规划纲要(2014—2020年)》《国务院关于建立完善守信联合激励和失信联合惩戒制度加快推进社会诚信建设的指导意见》《国务院办公厅关于运用大数据加强对市场主体服务和监管的若干意见》和《商务部关于加快推进商务诚信建设工作的实施意见》《浙江省公共信用信息管理条例》等法律法规及有关规定,制订本办法。

第二条 本办法所称守信“红名单”管理,是指商务主管部门,对行业领域各类诚实守信经营主体,依法采取措施激励的制度和办法;失信“黑名单”管理,是指对行业领域各类经营主体严重失信行为,依法单独或联合其他部门,采取公开披露、失信惩戒等措施,督促其纠正违法行为的制度和办法。

本办法所称的行业领域各类经营主体,主要包括商务领域展会主办、承办或执行企业、内外贸展会参展企业、商业特许经营企业、成品油经营企业、拍卖行业企业、汽车流通行业企业、药品流通企业、贸易摩擦案件应对企业、外商投资企业、对外投资合作企业,以及发放单用途商业预付凭证经营者、申请浙江出口名牌企业、参与机电产品国际招投标企业、重大招商活动参与企业等。

第三条 商务领域守信“红名单”和失信“黑名单”管理遵循依法确定、公开公正、及时准确、惩戒教育、适度激励的原则。

第四条 本省行政区域内商务主管部门对行业领域“红名单”、“黑名单”的认定、发布、管理、修复、撤除等活动,适用本办法,法律法规规章另有规定的，从其规定。

第五条 省商务主管部门负责建立全省商务领域各类经营主体守信“红名单”、失信“黑名单”数据库。县以上商务主管部门负责本行政区域内行业领域守信“红名单”、失信“黑名单”的管理工作，采集守信“红名单”、失信“黑名单”信息，并于产生之日20日内，将有关数据录入相应数据库。

第六条 守信“红名单”信息应包括企业名称、统一社会信用代码、法定代表人姓名、法定代表人身份证号码、发布时间、发布期限、守信事由、列入依据等信息。

失信“黑名单”信息应包括企业名称、统一社会信用代码、法定代表人姓名、法定代表人身份证号码、发布时间、发布期限、失信事由、列入依据等信息。

第七条 商务主管部门发现并核实行业领域各类经营主体有下列情形之一，且无其他违法失信行为的，可以将其列入守信“红名单”：

（一）展会主办、承办或执行企业

1. 严格按照相关法律、法规、规章举办展会活动的。

2. 受市级以上职能部门、行业协会、县（市、区）政府等组织表彰、奖励和扶持的。

3. 连续两年未发生安全事故、未被新闻媒体进行负面报道、未有被查实的参展商或观众投诉、未发生其他违法违规问题的。

（二）拍卖行业企业

1. 遵守国家法律及行业管理制度，在全省同行业中具有代表性的。

2. 重视企业自身建设，实施标准化管理，在全省同行业中具有示范引领作用的。

3. 依法经营，规范化水平、经营业绩处于全省前列的。

4. 受市级及以上政府部门、行业协会嘉奖表彰的。

（三）汽车流通行业企业

1. 遵守国家法律及行业管理制度，在全省同行业中具有代表性的。

2. 重视企业自身建设，实施标准化管理，在全省同行业中具有示范引领作用的。

3. 依法经营，规范化水平、经营业绩处于全省前列的。

4. 受市级及以上政府部门、行业协会嘉奖表彰的。

（四）药品流通企业

被市级以上商务部门授予荣誉称号、通报表扬或在等级评定中评为优秀等次的。

（五）发放单用途商业预付凭证经营者

1. 被市级以上商务部门授予荣誉称号或通报表扬的。

2. 单用途商业预付凭证预付款存入第三方支付平台，并且凭消费者指令支付的。

（六）申请浙江出口名牌企业

经营状况良好，遵纪守法，符合项目申请资格，并获得该项目荣誉的。

（七）内外贸展会参展企业

严格按照组委会规定执行，遵纪守法，并在展会上获得相关荣誉的。

（八）贸易摩擦案件应对企业

1. 积极应对反倾销、反补贴、保障措施和知识产权调查等贸易摩擦案件并取得胜诉结果的关键企业。

2. 积极参与行业无损害抗辩并发挥重要作用的企业。

（九）重大招商活动参与企业

1. 严格按照活动承办合同约定执行，并主动提供额外服务的。

2. 主动采取创新举措，致使活动效果超出预期的。

（十）外商投资企业

为经济发展做出贡献、积极参与社会建设的履行社会责任示范企业。

（十一）对外投资合作企业

对外经济合作企业依法合规经营、履行社会责任突出，并被评为省先进示范企业的。

第八条 商务主管部门发现并核实行业领域各类经营主体有下列情形之一，且符合《浙江省公共信用信息管理条例》第二十四条相关规定情节严重的，可以将其列入失信“黑名单”：

（一）展会主办、承办或执行企业

1. 发生公共安全责任事故，严重损害群众生命健康安全，被行政处罚的。

2．法律、法规规定应当列入黑名单管理的其他情形。

（二）商业特许经营企业

1．特许人通过材料造假等不正当手段获取食品药品等领域备案资格，而被依法撤销的。

2．法律、法规规定应当列入黑名单管理的其他情形。

（三）成品油经营企业

1．通过材料造假等不正当手段获取成品油经营许可证并被依法撤销的。

2．违反《成品油市场管理办法》（商务部令2006年第23号）等有关规定，损害人身健康和生命安全，严重破坏市场经济秩序，并受到行政处罚的。

3．法律、法规规定应当列入黑名单管理的其他情形。

（四）拍卖行业企业

1．因严重破坏市场经济秩序的行为，受到行政处罚的。

2．法律、法规规定应当列入黑名单管理的其他情形。

（五）汽车流通行业企业

1．通过材料造假等不正当手段获取汽车流通企业经营资格而被依法撤销的。

2．违反诚信经营原则，采用商业贿赂、合同诈骗、虚假广告宣传等手段，严重破坏市场经济秩序，而受到行政处罚的。

3．法律、法规规定应当列入黑名单管理的其他情形。

（六）发放单用途商业预付凭证经营者

1．依照法律法规要求与消费者签订发（购）卡协议（合同）后，经营过程中，拒不按照发卡协议或章程为消费者提供退卡服务受到行政处罚，或终止兑付未到期单用途商业预付凭证，未向持卡人提供退卡服务而受到行政处罚的。

2．法律、法规规定应当列入黑名单管理的其他情形。

（七）内外贸展会参展企业

1．参展申报或实施中故意侵犯他人知识产权受到行政处罚的。

2．法律、法规规定应当列入黑名单管理的其他情形。

（八）参与机电产品国际招投标企业

1．违反招标投标法、招标投标法实施条例和《机电产品国际招标投标实施办法（试行）》（商务部令2014年第1号），有围标串标等行为，受到行政处罚的。

2．法律、法规规定应当列入黑名单管理的其他情形。

（九）重大招商活动参与企业

1．承办招商活动项目申报或实施中故意侵犯他人知识产权，受到行政处罚的。

2．法律、法规规定应当列入黑名单管理的其他情形。

（十）外商投资企业

1．外商投资企业或其投资者未经审批在国家规定实施准入特别管理措施所列的限制投资领域开展投资经营活动受到行政处罚的。

2．外商投资企业或其投资者在国家规定实施准入特别管理措施所列的禁止投资领域开展投资经营活动受到行政处罚的。

3．法律、法规规定应当列入黑名单管理的其他情形。

（十一）对外投资合作企业

1．对外承包工程单位以串通投标、商业贿赂等手段承揽工程项目，受到行政处罚的；或未建立落实境外安全保护措施，维护外派人员的人身健康和生命安全合法权益，受到行政处罚的。

2．对外劳务合作企业未落实相应管理措施，损害人身健康、生命安全合法权益，受到行政处罚的。

3．法律、法规规定应当列入黑名单管理的其他情形。

本条规定的行政处罚，是指根据《行政处罚法》规定的一般程序作出，违法行为人在法定期限内未提起行政复议、行政诉讼，或者经行政复议、行政诉讼最终维持原决定的行政处罚。

第九条 对拟认定为“红名单”的，作出认定的商务主管部门应征求有关专家、部门的意见，并在“之江信用”平台或商务主管部门官网进行公示，公示内容为拟被纳入“红名单”管理的事实、理由及依据,公示期限为7个工作日。公示期间,收到的各类举报和反映材料,商务主管部门应当进行核实。对反映属实的,取消列入“红名单”,情况特别严重的,依法作为不良信用记录。

第十条 行业领域守信“红名单”信息通过“信用浙江”、“之江信用”网站和商务主管部门官网等途径公布,公布期限按有关法律法规执行。公布期限届满,商务主管部门将有关信息从“之江信用”等网站公示的守信“红名单”撤除。如在公布期间,发现并核实企业有不良信息或违法行为的,自核实之日起7个工作日内将其从“红名单”中撤除,并将有关失信和违法行为记入“之江信用”平台企业信用档案。

第十一条 行业领域各类经营主体被列入守信“红名单”的,商务主管部门依照法律、法规和国家有关规定,可以在行政许可、财政性资金和项目支持、公共资源交易等方面采取激励措施。

第十二条 对拟认定为“黑名单”的,作出认定的商务主管部门应当书面告知拟被纳入“黑名单”管理的事实、理由及依据。企业和生产经营者有异议的,应在收到告知书之日起7个工作日内,向作出认定的商务主管部门进行陈述和申辩,其提出的事实、理由或证据成立的,作出认定的商务主管部门应当采纳。对列入“黑名单”管理的,应制作决定书,决定书由本机关负责人签发。

第十三条 行业领域失信“黑名单”信息通过“信用浙江”、“之江信用”网站和商务主管部门官网等途径公布,披露期限一般为5年,自公布之日起计算。公布期限届满,且经营主体已纠正其严重失信行为的,商务主管部门核实后,可以将有关信息从“之江信用”等网站公示的失信“黑名单”撤除。

第十四条 行业领域各类经营主体被列入失信“黑名单”的,商务主管部门依照法律、法规,可以采取下列惩戒措施:

(一)限制参加政府采购、政府投资项目招标投标。

(二)限制参加商务主管部门组织的各类表彰奖励活动。

(三)限制享受财政资金补助等政策扶持。

(四)法律法规规定的其他惩戒措施。

对经营主体采取的惩戒措施,应当与其违法行为的性质、情节和社会危害程度相适应。采取的惩戒措施应通过相关渠道向社会公布,未经公布的惩戒措施不得采取。

决定对列入“黑名单”管理的主体采取惩戒措施的,应当告知理由、依据和救济途径以及解除惩戒措施的条件。信息主体有权进行陈述和申辩。

第十五条 各级商务主管部门与发改、财政、税务、市场监管、海关等部门建立“黑名单”通报机制,强化部门协同监管和联合惩戒,依法在行政审批、资质评定、政府采购等工作中对涉及“黑名单”的予以限制。

第十六条 各级商务主管部门工作人员违反本办法规定,滥用职权、徇私舞弊、玩忽职守的,依法依规对直接责任人进行行政处分和纪律处分。

第十七条 本办法由浙江省商务厅负责解释。

第十八条 本办法自印发之日起实施,原《浙江省商务领域守信“红名单”和失信“黑名单”管理办法(试行)》同时废止。

浙江省商务厅关于下放成品油零售经营管理有关事项的通知

浙商务发〔2018〕150号

各市、县(市、区)商务主管部门,萧山区经信局、临安区发改局、淳安县经信科技局:

根据《国务院对确需保留的行政审批项目设定行政许可的决定》(国务院令第412号)、《国务院关于取消和调整一批行政审批项目等事项的决定》(国发〔2014〕50号)、《国务院关于"先照后证"改革后加强事中事后监管的意见》(国发〔2015〕62号)和《成品油市场管理办法》(商务部令2006年第23号)规定,为贯彻落实省委、省政府《关于深化"最多跑一次"改革推动重点领域改革的意见》(浙委发〔2018〕1号)精神,深化成品油经营行政审批制度改革,加强事中事后监管,现就下放成品油零售经营管理有关事项通知如下:

一、下放内容及职责

将加油站(加油点、加油船等成品油零售网点,以下简称加油站)规划实施确认,下放至市、县(市,萧山、余杭、富阳、临安、柯桥、上虞、洞头区,以下简称县级)商务主管部门。

按照《浙江省成品油市场管理实施细则》(浙商务商发〔2010〕240号,以下简称《实施细则》)相关规定,下放后,各地商务主管部门按照分工,认真履行职责,依法依规加强成品油经营企业监督管理。

(一)省级商务主管部门:负责制定全省成品油分销体系发展规划并组织实施,负责核定新增(调整)加油站布点规划;负责核发、变更、注(撤)销成品油零售经营批准证书;负责全省成品油市场运行及经营企业监督管理。

(二)市级商务主管部门:负责提出市本级加油站布点规划及新增(调整)申请;负责市本级加油站选址实地踏勘、设置间距审定、新建项目土地招拍挂预核准、组织综合竣工验收;负责市本级加油站规划实施确认;负责市本级成品油零售经营批准证书申领、变更及注(撤)销审核和年检;负责全市成品油市场运行及经营企业监督管理。

(三)县级商务主管部门:负责提出辖区内加油站布点规划及新增(调整)申请;负责辖区内加油站选址实地踏勘、设置间距审定、新建项目土地招拍挂预核准、组织综合竣工验收;负责当地加油站规划实施确认;负责辖区内成品油零售经营批准证书申领、变更及注(撤)销审核和年检;负责辖区内成品油市场运行及经营企业监督管理。

舟山市、义乌市商务主管部门按照《浙江省商务厅关于做好成品油零售经营资格审批权限下放有关工作的通知》(浙商务商发〔2012〕307号)执行。新建加油站建设用地使用权招拍挂预核准由两地商务主管部门负责。

二、主要环节

(一)规划编制及调整。各地商务主管部门依据当地城乡发展、土地利用、交通发展等规划,会同规划建设、国土资源、交通运输等部门,按照加油站建设相关标准要求，经实地踏勘，符合设置间距要求的，提出新（迁）建加油站布点规划，报省商务厅审定后公布实施。加油站规划实行动态管理，由商务主管部门会同上述相关部门，按照规划上报要求，可适时申请调整或新增。

（二）规划实施确认。新建（迁建、扩建）加油站，企业合法取得土地后，应当向当地商务主管部门提出书面申请，并提交规划实施确认所需申请材料（见附件1），取得当地商务主管部门出具的规划实施确认文件后，方可开工建设。各地商务主管部门对企业申请材料进行审查，符合要求的应按"最多跑一次"要求，尽快下达确认文件，明确加油站名称、地址、投资主体、建设规模、完成时限等相关要求。规划确认文件原则上有效期2年，经营企业取得土地后，由于客观原因无法实施的，可视情延期。

（三）经营批准证书申领、变更及注（撤）销。加油站设计、施工应符合相应国家标准，并通过国土资源、规划建设、安全监管、消防、环境保护、气象、质监等部门验收，取得相应批准证书及验收合格文件。当地商务主管部门按照《实施细则》有关规定组织综合验收，综合验收合格的，向省商务厅提交申领成品油零售经营批准证书所需材料（见附件2）。符合要求的由省商务厅核发《成品油零售经营批准证书》。《成品油零售经营批准证书》变更、注（撤）销，按照《实施细则》相关规定，由当地商务主管部门初审后，向省商务厅提交所需申请材料（见附件3），办理相关手续。

三、相关要求

（一）符合规划及间距设置要求。加油站建设应符合浙江省成品油分销体系发展规划，并满足《城市道路交通规划设计规范》（GB50220）、《成品油零售企业管理技术规范》（SB/T10390）以及《实施细则》、浙商务发〔2015〕16号文件等明确的加油站间距设置要求。未纳入规划或间距设置不符合要求的，省商务厅不予核发《成品油零售经营批准证书》。

（二）符合建设规范及安全运行要求。加油站设计、施工应符合《汽车加油加气站设计与施工规范》（GB50156-2012）标准，同时须满足安全监管、消防、环境保护等相关法律法规规定。在取得《危险化学品经营许可证》、《营业执照》后，方可申领《成品油零售经营批准证书》。

（三）公开信息接受社会监督。各地商务主管部门要及时公开公告成品油零售经营事项办事服务指南及工作流程，加油站规划实施确认下达前，应及时向社会进行公示，公示时间为7个工作日，出具的加油站规划实施确认文件，同时报省商务厅备案。

（四）加强事中事后监管。坚持依法依规行政，严格遵循商务部令2006年第23号相关规定，按照"谁审批、谁负责"及"首问问责"的原则，强化法律意识、责任意识、纪律意识，按照"最多跑一次"要求，认真履职，流程规范、服务高效，促进成品油市场有序发展。

自2019年1月25日起，省商务厅不再受理加油站规划实施确认事项。宁波市可依据当地实际视情决定。

附件：1. 成品油零售经营规划实施确认申请材料（略）

2. 成品油零售经营批准证书申领申请材料（略）

3. 成品油零售经营批准证书变更、注（撤）销申请材料（略）

浙江省商务厅

2018年12月25日

浙江省商务厅关于加快国际产业合作园发展的指导意见

浙商务发〔2018〕152号

各市、县(市、区)人民政府,省级有关单位:

国际产业合作园是规划建设在各类开发平台内,以重点发达国家为主要合作对象,根据其优势产业和要素资源开展开发建设和招商选资的重要平台,是浙江省新时期建设高质量外资集聚地的重要载体,是推进创新能力开放合作、发展更高层次开放型经济的高能级开放平台。为促进浙江省国际产业合作园加快发展,进一步提升国际产业合作园对浙江开放型经济高质量发展的引领作用,在新时代继续担当高水平开放、高质量发展的排头兵,经省政府同意,现就加快推进国际产业合作园提出如下指导意见。

一、总体要求

(一)基本原则

政府引导,市场运作。充分发挥市场决定作用和企业主体地位,积极引入国际先进理念、技术、标准、产品和服务,在模式设定、合作方式、项目选择等重要环节中,尽可能采用市场化运作,并做到“以我为主、为我所用”。同时发挥好政府的公共服务和社会管理职能,在政府、机构、企业等多个层面上加强沟通和磋商,加快集聚高端产业生产要素和创新要素。

开放合作,共建共享。加强创新能力开放合作,坚持“以开放为旗帜,以产业为基础,以创新为核心,以质量为根本”的建设原则,积极参与和服务“一带一路”建设。按照平台共建、规划共商、项目共引、市场共拓、利益共享的原则,实现各方利益总和的最大化,形成利益共同体。加强“走出去”和“引进来”统筹,推进高质量境外并购项目回归合作发展。

创新引领,绿色发展。立足浙江省产业发展实际需要,精准对接国际前沿技术、新兴业态、高端装备和先进制造,着力打造高质量外资集聚地,促进产业快速切入国际产业链、价值链高端;深入实施数字经济“一号工程”,提高智能制造水平。借鉴国际先进理念,推进节能减排,建设绿色、低碳生态园区,提升可持续发展能力。

(二)发展目标

各国际产业合作园坚持以开放促改革,以开放促发展,围绕体制优化、产业升级、创新发展三大目标,将国际产业合作园打造成推进全省经济高质量发展的新引擎、推动开放合作的新平台、强化创新驱动的新载体、促进绿色发展的新典范。

具体目标:经过3—5年的建设发展,省内要围绕重点国别,建设20—30家开放程度高、产业结构层次高、研发创新功能强、国际交流渠道畅、综合服务效率好的国际产业合作园;其中,要争取建设10家左右纳入两国合作框架的、有国际影响力的国家级国际产业合作园;力争每个国家级开发区都有标杆性国际产业合作园;每个国际产业合作园及其所在县(市)均要与重点国家产业发达城市新建友城1家以上或与产业匹配的发展城市1家以上产业园区对接合作共建。

二、高标准推进园区平台建设

（一）注重园区规划与国际接轨。国际产业合作园要高起点编制各项规划，深度研究对接合作国家生产、生活特色，做好整体规划、形象设计，按照“一园一风格”的要求，推进园区内主干道、工业管廊等硬件设施和软件建设，形成“人无我有、人有我优”的园区特色文化。规划要与所在地经济社会发展规划、主体功能区规划、城乡规划、土地利用总体规划等有机衔接。在条件成熟和“公平、透明、市场化”的前提下，可根据资源禀赋特点和合作国家特点选择对方国家优秀的规划编制团队，编制总体规划或生态规划、产业规划等专项规划，并通过规划合作吸收对方国别的发展建设理念，落实“国际理念、国际标准、国际技术”，提升园区规划建设的国际化层次。

（二）完善园区平台功能水平。按照“一园、一院、一基金”的模式，推动国际产业合作园与重点国家知名科研院所共建研究院，探索建立国际产业合作园发展产业基金；着力引进与重点国家和区域关系密切的科技孵化器、众创空间、研发中心等功能性平台以及金融、法律、知识产权、人力资源等专业机构，完善股权投资、科技信贷、创业板上市推进体系等机制建设，搭建国际高等职业教育平台，不断完善园区国际化、市场化配套服务能力。

（三）健全国际化综合服务体系。要以“最多跑一次”改革为牵引，为外资企业落户提供更多便利，着力营造法治化、国际化、便利化的国际营商环境。搭建国际高等职业教育等教育平台，注重知识产权保护，通过国际技术转移中心建设，建立技术供求、科研设施和国际化人才三大开放平台，提供接轨国际标准的智力支撑。积极发展相关服务业，让外资企业感到生产生活便利、文化相融。

三、多层次推动国际合作模式

（一）构建多层次国际合作网络。根据浙江省产业发展基础和需求，有针对性地选择合作国家和合作产业，主动对接国际投资贸易规则，实施精准招商、精准合作，推动产业转型升级。各级政府和园区要积极探索利用双边或多边FTA签订等国际经贸合作契机，主动参与国家层面的双边经贸活动，推动两国国家元首签订有关备忘录；建立商务部门高层互访机制为国际合作园建设提供保障；主动争取与重点国家产业发达城市建立友城合作关系，务实开展经贸、投资合作与文化等友好交流活动；通过主动出访开展推介活动，在国际范围内持续进行品牌推广，打造国际合作生态园绿色、生态、高端、国际化的良好形象。省级层面要进一步研究和推动与对应国家地区签订经贸合作协议，并进一步发挥现有的中新等经贸合作机制的作用，使机制落地转化为园区的合作产业和项目。在条件成熟时，各地政府和各园区可积极研究部署在国外建立招商网络、派驻招商人员、聘用商务代表等方式，开展境外联络、咨询、服务，深耕当地产业合作机会。各园区要与对方国家商协会建立深度合作关系，吸纳优质项目落户。

（二）探索创新合作模式。各园区要积极探索通过创新合作模式，加强两国优势资源互补利用。加强与合作国家在科技创新、人才培养等方面的合作，在引进项目的同时，注重引进并消化、吸收附着在项目背后的先进技术、优秀人才等高端要素，从产业单项落户延伸到孵化器、服务中心、科创中心等全面合作，提升浙江省企业科技创新能力。鼓励企业实现国际产业并购重组，引导先进产业和技术加速转移至园区内。探索市场化的人才合作、技术合作，增加双方合作的黏度，形成两国企业的利益共同体。园区可尝试建立展示中心、贸易平台，协助对方国家的先进产品、先进技术拓展中国市场，以市场吸引优质企业落户园区。

（三）构建灵活开放的运营开发模式。园区要探索建立有效的资产管理和运行机制，鼓励和引导各类社会资本，包括来自合作国家的资本参与园区建设。支持园区用好各级财政资金，用于培育区内科技型小微企业、特色产业链和产业基地，或以技术并购的方式吸引消化国外相关企业等，加速园区优势产业的培育。积极尝试园区市场化运作,探索建立灵活高效运作的园区开发公司,并在条件成熟时探索园区开发公司的整体上市。争取合作国家的机构以派员等方式积极参与园区开发公司的管理和运行,通过开发模式创新形成利益共同体。

四、高标准集聚高端产业项目

(一)加强国际产能合作。国际产业合作园是现代产业集聚的重要平台,建设现代产业体系是国际产业合作园的重要使命。各园区要深入研究对方的产业特点,包括对产业的上下游的全面分析,精准定位招引项目的目标。围绕项目建设,构建集产业链、投资链、创新链、人才链、服务链于一体的开放创新系统。注重项目谋划,精挑细选好项目,注重创新性供给。加快实施数字经济"一号工程",推动园区的产业数字化和数字产业化,以数字经济带动产业转型升级。充分利用国际产业合作园建设中形成的合作网络,加强引导,推动区内条件成熟的企业"走出去",与合作国别企业进行产能合作,积极吸纳对方国别的科研、技术、人才、专利与市场,提高区内企业"走出去"能力和水平。加强"引进来"和"走出去"的融合发展,在全球领域进行产业结构调整和优化资源配置,以"创新能力开放合作"提升企业和园区的市场竞争力。

(二)提升招商选资水平。园区要把握全球资本和产业调整转移的趋势,深入研究合作国家的产业特点,精准定位招引项目。重视发展实体经济,着力引进产业带动型、科技创新型、资源节约型、生态环保型项目,围绕信息、环保、健康、旅游、时尚、金融、高端装备制造等省政府重点打造的七大产业,加快形成以高端制造业和现代服务业为主体的产业结构。瞄准重点国家世界500强和国际行业龙头企业,开展产业链定向招商,通过落户一家龙头企业,引进一批关联公司,形成一个新兴产业。要围绕各自主导产业,聚焦产业链、价值链、创新链缺失环节,制定产业招商地图,设立产业发展基金,开展精准链式招商、资本招商。

(三)坚持园区绿色发展。园区要吸收和借鉴合作国家先进的节能环保理念、模式、技术、产品和综合解决方案,在发展理念、空间规划、基础设施、产业发展、运营管理等方面,全面遵循绿色、低碳、循环发展原则。积极落实"深化亩均论英雄改革"部署,实现国际产业合作园亩均效益大提升;严格落实集约化发展,推动园区项目投资强度及土地产出平均水平高于全省平均水平。园区要重点加大在环保、节能等领域产业的招商选资,引进层次高、理念新、带动作用明显的绿色项目。大力发展绿色循环经济产业,围绕现有主导产业打造全链条产品体系,实现产业链内物料、产品的循环利用,全面提升园区可持续发展水平。建立健全园区环境监测体系,明确能耗和环境准入门槛,严格控制不符合节能环保、生态环境要求的企业入园。

五、保障措施

(一)重视加强组织领导。各级政府要提高对建设国际产业合作园的认识,切实加强组织领导,要充分利用国际合作资源,积极争取资源,推进国际产业合作园招商、建设和提档升级,并为区内重大优质项目落户提供保障。省级有关职能部门要切实履行好职责,做好国际产业合作园建设中的协调、指导工作,同时充分利用国际合作资源,引导资源向国际产业合作园集聚。省商务厅要指导全省园区优化国际产业合作园的综合投资环境,指导园区对接国际规则开展审批备案制、绿色发展、产城联动等重点领域改革,提升园区的国际竞争力。更好发挥政策和资源的叠加效应,推动外贸、外资、服贸、外经、跨境电商等政策资源向国际产业合作园集聚,协调科技、外事、文化等省级部门政策资源向园区聚焦。

(二)加大要素保障支持。各级财政要加大对国际产业合作园建设的支持力度,通过探索设立产业基金等方式,引导和扶持园区产业发展。鼓励规范发展政府融资平台,着重对成长性好、科技含量高、市场前景广的重点产业进行扶持。加大国际产业合作园内重大产业项目用地保障,支持落户区内的外资项目优先申报省重点产业项目。

（三）强化梯队建设和考核督察。加强对国际产业合作园建设的研究，积极探索创建工作。分批次、高标准做好国际产业合作的认定和管理，出台《国际产业合作园考核评价办法》，全面评价国际产业合作园，重视考核结果的使用，树立正确的工作导向。

浙江省商务厅

2018年12月29日

第二编

概　述

2018年世界经济贸易形势报告

中华人民共和国商务部 综合司
国际贸易经济合作研究院

一、当前世界经济贸易总体形势

2018年以来,世界经济总体延续增长态势,但增长基础并不稳固,经济政治形势更加错综复杂。美国对全球多个国家和地区发起贸易摩擦,影响企业经营环境和金融市场信心,对世界经济贸易发展造成威胁。主要经济体宏观经济政策调整溢出效应凸显,一些新兴经济体结构性问题仍然突出,地缘政治风险此起彼伏。自二季度开始,世界经济呈现高位下行走势。国际货币基金组织(IMF)最新发布《世界经济展望报告》,预计2018年全球经济增长3.7%,比4月份的预测下调0.2个百分点。其中,发达经济体增长2.4%,新兴市场和发展中经济体增长4.7%。

展望2019年,全球经济周期性复苏势头减弱的风险上升。从周期角度看,主要经济体工业生产、制造业采购经理人指数等主要指标已现减速趋势,发达经济体房地产市场涨幅趋缓,显示经济由较快增长转为平稳增长。从政策角度看,美国特朗普政府减税政策的刺激效应逐渐减退,美欧等发达经济体持续收紧货币政策,全球宏观经济政策支撑经济增长的力度减弱,抑制作用增强。特别是一些新兴经济体自身经济脆弱性凸显,又受发达经济体收紧货币政策外溢效应影响,经济金融形势严峻,成为威胁世界经济增长的重要风险。IMF预测,2019年全球经济增速将为3.7%,与2018年持平。

表1 2016—2019年世界经济增长趋势

单位:%

	2016年	2017年	2018年	2019年
世界经济	3.2	3.7	3.7	3.7
发达经济体	1.7	2.3	2.4	2.1
美国	1.5	2.2	2.9	2.5
欧元区	1.8	2.4	2.0	1.9
英国	1.9	1.7	1.4	1.5
日本	0.9	1.7	1.1	0.9
新兴市场和发展中经济体	4.4	4.7	4.7	4.7
俄罗斯	-0.2	1.5	1.7	1.8
中国	6.7	6.9	6.6	6.2
印度	7.1	6.7	7.3	7.4
巴西	-3.5	1.0	1.4	2.4
南非	0.6	1.3	0.8	1.4

注:2018年和2019年数值为预测值;印度数据为财年。

资料来源:国际货币基金组织,《世界经济展望》,2018年10月。

全球贸易形势趋于严峻。2018年以来,美国以国家安全为名,对钢铁、铝产品和汽车及其零部件等多种进口产品加征关税,引发其他贸易伙伴采取反制措施,导致全球贸易摩擦升级,贸易环境严峻,贸易增速放缓。据世界贸易组织(WTO)监测,从2017年10月中旬至2018年5月中旬,世贸组织成员实施了75项新的贸易限制措施,包括提高关税、数量限制、增加进口环节税收、严格海关监管等,平均每个月实施11项,高于前一个报告期(2016年10月中旬至2017年5

月中旬)平均每个月9项的水平。WTO全球贸易景气指数显示,2018年前三季度,全球贸易景气指数分别为102.3、101.8、100.3,呈逐季放缓之势。其中,三季度出口订单和汽车产销指数分别只有97.2和98.1,已低于基准值100。9月,WTO发布最新预测,将2018年全球货物贸易量增速从4月的4.4%大幅调低至3.9%,比2017年低0.8个百分点。展望2019年,主要发达经济体收紧货币政策、全球贸易环境紧张、地缘政治风险等不确定不稳定因素仍将对全球贸易产生冲击。WTO预计,2019年全球货物贸易量将增长3.7%,增速连续第二年下滑。

表2　　2016—2019年世界贸易增长趋势

单位:%

	2016年	2017年	2018年	2019年
世界货物贸易量	1.8	4.7	3.9	3.7
出口:发达经济体	1.1	3.4	3.5	3.3
发展中经济体	2.5	5.3	4.6	4.5
亚洲地区	2.3	6.7	5.5	4.9
进口:发达经济体	2.1	3.0	3.2	3.0
发展中经济体	1.6	8.1	4.8	4.5
亚洲地区	3.5	9.8	5.7	4.9

注:2018年和2019年数值为预测值。

资料来源:WTO,《贸易快讯》,2018年9月。

受大型跨境并购减少和绿地投资回报率下降等因素影响,2017年全球跨国直接投资呈继续下降态势。联合国贸发会议(UNCTAD)统计数据显示,2017年全球跨国直接投资为1.43万亿美元,下降23%。流入发达国家的跨国直接投资为7120亿美元,下降37%,其中跨国并购下降29%。美国、英国吸收外资分别下降40%、92%。流入发展中经济体的跨国直接投资为6710亿美元,保持平稳,占全球跨国直接投资比重从2016年的36%上升到2017年的47%。流入拉丁美洲和加勒比地区的跨国直接投资为1510亿美元,增长8%,为六年来首次上涨,但仍远低于2011年大宗商品繁荣时期的峰值。2018年,全球外国直接投资依然疲弱。上半年,受美国调整税收政策、地缘政治风险上升和全球贸易摩擦升级等影响,全球跨国直接投资总额约为4700亿美元,同比大幅下降41%。其中,流入发达国家的跨国直接投资下降69%,流入发展中经济体的跨国直接投资减少6%。但在低廉的举债成本和创纪录的股价刺激下,2018年跨境并购市场火热。据汤森路透统计,2018年前三季度全球并购总额达3.24万亿美元,增长40%。上半年,全球绿地投资已从上年同期相对较低水平回升,预计将对下半年全球跨国直接投资产生积极影响。UNCTAD预计,2018年全球跨国直接投资将出现5%—10%左右的增长,但总量仍低于过去10年的平均水平。

二、世界经济贸易发展中需要关注的问题

2018—2019年,世界经济仍处于扩张阶段,但发展环境更趋复杂。单边主义和保护主义抬头,全球贸易摩擦不断升级。美国加息导致发展中国家融资负担加重,全球债务规模不断扩大,引发国际金融市场动荡。这些都对世界经济增长带来下行压力。

1. 保护主义威胁全球贸易稳定增长。2018年美国贸易保护主义行为更加突出。全球贸易预警(Global Trade Alert)统计数据显示,2018年1—7月,美国出台的贸易限制措施占全球比重达到33%。2019年1月1日起,美国对自中国进口的2000亿美元商品加征关税税率将从10%提高至25%。美国还表示,可能对剩余的自中国进口商品全部加征关税。其他一些经济体贸易保护趋势也在上升。全球贸易政策环境日趋恶化,加征关税对产品价格和销售产生直接影响,对消费市场的影响将逐渐显现,企业对贸易前景不确定性的担忧加剧,贸易稳定增长难度较大。

美联储最新的褐皮书显示,美国各地企业对不断加剧的贸易紧张气氛担忧日益加重。许多企业无法转嫁关税造成原材料成本上涨,部分企业对开展新投资态度谨慎,贸易摩擦正在对美国经济产生多方面冲击。鉴于美国在全球经济中的地位及影响力,贸易摩擦的负面影响还将波及全球经济、贸易和投资,破坏全球供应链,使企业生产成本更高、效率更低。IMF预计,2019年贸易摩擦的冲击将持续蔓延。

2. 国际金融市场波动加剧。近期,美国就业市场继续走强,经济活动强劲扩张,家庭消费和企业固定资产投资增长强劲,整体通胀和剔除食品与能源的核心通胀水平都维持在美联储2%的目标附近。在此形势下,2018年9月26日,美联储年内第三次加息,宣布将联邦基金利率目标区间上调25个基点至2%—2.25%,这是2015年12月美联储启动加息以来的第八次加息。多数美联储官员预计2018年年底还将加息一次。受美联储加息影响,一些新兴经济体出现股债汇全线下跌。截至10月4日,MSCI新兴市场指数已下跌5.65%。截至10月,土耳其里拉、阿根廷比索兑美元与年初相比累计贬值约50%。10月3日,印度尼西亚盾兑美元一度跌至15048印度尼西亚盾/美元,是自1998年亚洲金融危机后首次跌破15000印度尼西亚盾/美元。IMF指出,美联储加息导致部分新兴经济体通胀压力加大。一些新兴市场国家不得不启用加息手段,但同时也导致企业经营成本上升,经济增速放缓。

3. 国际贸易规则面临重塑。在世界经济格局加速调整、经济全球化面临挑战之际,国际贸易规则新一轮重塑正在快速推进。美国单边主义措施对WTO贸易规则造成重大损害,多边贸易体制面临危机。WTO改革及现代化问题被提上议程,但各方对改革的方向和举措尚未达成一致意见。区域和双边贸易谈判出现一些重要新趋势,如美韩签署新版自贸协定,美墨加达成新的贸易协定,美欧同意开展"零关税、零非关税壁垒、非汽车工业零补贴"的贸易谈判,美日就启动货物贸易协定谈判达成协议,欧盟与新加坡签署自贸协定,区域全面经济伙伴关系(RCEP)也在加紧谈判。其中,美墨加新达成的贸易协定,纳入了针对所谓"非市场经济体"的条款。

4. 全球债务过度扩张存在潜在风险。IMF最新发布《财政监测报告》显示,2017年全球债务总规模达到182万亿美元,比国际金融危机爆发时高出50%,创下了历史纪录。实施扩张性财政政策、适量举债,有利于经济增长,但过度举债引发债务规模快速攀升,必将带来还本付息压力。一旦爆发大规模债务违约,不仅会导致消费与投资萎缩,造成经济衰退,还可能引发金融危机。当前约1/3的发达经济体债务占GDP比重高于85%。其中,美国债务增长尤其迅速。2017年,美国政府出台的减税政策规模达到1.5万亿美元,2018年3月又批准了1.3万亿美元政府开支议案。短短1年半时间,美国政府债务规模增长了1万多亿美元,目前已超过21万亿美元,债务占GDP的比重不断攀升。发展中国家整体负债率也呈上升趋势。2017年巴西负债占GDP比重为84%,印度为70.2%。面对美联储持续加息、强美元、高油价的冲击,发展中国家和新兴经济体债务前景不容乐观。全球债务总水平持续攀升不仅将给全球金融稳定带来重大挑战,也将给全球经济增长增加阻力。

表3　2016—2020年主要经济体政府债务率

单位:%

	2016年	2017年	2018年	2019年	2020年
G7国家	119.4	117.4	116.9	117.0	117.2
美国	106.8	105.2	106.1	107.8	110.0
欧元区	88.8	86.6	84.4	82.0	79.8
日本	235.6	237.6	238.2	236.6	235.8
亚洲新兴市场国家	47.2	49.6	51.7	54.2	56.2
拉美国家	59.1	62.5	66.9	67.1	67.7

注:2018—2020年数值为预测值。

资料来源:IMF,《财政监测报告》,2018年10月4日。

三、主要国家和地区经济贸易前景

美国　2018年美国经济平稳开局,一季度经济增长率为2%,低于预期,其中个人消费支出为5年来最差水平。但二季度经济增长迅猛,增速达到4.2%,为近4年来最快增速。投资表现抢眼,二季度私营非住宅商业投资增长按年率计算达到8.5%,其中,设备投资增长4.4%。政府支出增长2.3%,国防支出增幅达到2009年以来最高水平。占美国经济2/3的个人消费增长3.8%。二季度,美国家庭净资产占可支配收入的比重达到6.9,较一季度提高0.1个百分点,高于1999年和2005年两次历史峰值。消费者收入和财富状况改善为消费增长提供了支撑。

进入下半年，减税和短期刺激政策的效果开始减弱，而利率上升和中美贸易摩擦对经济的拖累开始显现。美国最大制铝公司美国铝业公司称，其营业收入可能遭受多达1亿美元的损失。通用汽车公司表示，加征关税使其成本增加了10亿美元。一些企业把增加的成本转嫁给消费者，导致很多商品价格上涨。7月美国消费者价格指数同比上涨2.9%，除去能源和食品价格外的核心消费者价格指数增长2.4%，创自2008年9月以来最高水平。8月主要资本货物新订单数量在连续4个月强劲增长后下跌，发货量增长缓慢。8月美国贸易逆差创下6个月来的新高，1—8月贸易逆差同比增长8.6%。

考虑到减税对经济刺激的边际效应正在递减，大规模的贸易摩擦削弱美国企业竞争力，利率上调和通胀压力增加抑制消费和投资需求，多个研究机构下调美国经济增长预期。牛津经济研究所估计，对2500亿美元进口商品加征25%关税会导致2019年美国经济增速下降0.6%。IMF预计，2018年美国经济增长率为2.9%，2019年放缓至2.5%。

欧元区 在经历了2017年的强劲复苏后，2018年以来欧元区成员国经济增速普遍放缓，主要影响因素包括恶劣天气、欧元走强、罢工增多、以及贸易摩擦升级导致新订单和就业增加放缓。一、二季度欧元区经济环比增长率分别为0.4%和0.3%，均低于2017年四季度的0.7%，而二季度0.3%的增幅创下2016年二季度以来的最低水平。三季度，欧元区经济温和增长，失业率缓步下行，企业投资有所上升。但受英国脱欧迟迟未达成协议、意大利预算赤字问题发酵等影响，金融市场信心不稳。消费者信心指数大幅下滑，居民消费支出增长减速。由于新兴经济体经济困难导致外需减弱，欧元区贸易盈余收窄。同时，尽管核心通胀率持续低迷，但在能源价格支撑下，欧元区通胀率始终保持在2%之上。考虑到市场信心趋弱、需求下行风险增加，预计四季度欧元区经济可能进一步放缓。2019年，如果英国脱欧不能有序进行，英国经济可能陷入衰退，欧元区经济也将受到冲击。另一个威胁是意大利可能违反欧盟对成员国预算赤字不得超过GDP比例3%的规定，造成财政和金融形势动荡。IMF预计，2019年欧元区经济将增长1.9%，低于2018年。

日本 由于私人消费和商业投资疲软，2018年一季度日本经济下降0.6%，是2015年四季度以来首次出现萎缩，结束了此前连续8个季度、28年来最长一轮增长。二季度，日本经济回升，增长3%。三季度，日本经济保持复苏态势，但增长势头有所放缓。制造业采购经理人指数为52.4，较上季度下降0.8；服务业采购经理人指数为51.0，较上季度下降0.6。劳动力市场仍处于较充分就业状态，失业率由二季度的2.4%小幅上升至2.5%。安倍晋三自2012年底上任以来，日本政府采取了多项政策举措，包括改革企业制度、重振经济以及实施超级宽松的货币政策，日本企业盈利能力有所提升，利润状况改善。在中美等经济体面临经贸摩擦的背景下，国际资本市场投资者将日本作为新的安全投资目标，日本股票备受青睐。9月28日，日经指数收于24120点，创下近27年来高位。

目前各方观点对日本经济前景存在分歧。有分析认为，日本可能处于繁荣时期的开端，有望进入一个较长的强劲增长周期；也有观点认为，日本泡沫经济破灭后，屡次出现过曙光，但始终没有实现强劲增长，多年来的激进宽松货币政策也未能完全实现通胀率目标，加上日本政府计划2019年10月将消费税率由8%提高到10%，恐将冲击个人消费。IMF预计，2018年日本经济增长1.1%，2019年增长0.9%。

新兴经济体和发展中国家 2018年以来，国际市场能源资源价格总体平稳，支撑了能源资源出口国经济增长，在一定程度上也推高了能源资源进口国通胀水平。在美联储持续加息的背景下，国际市场流动性趋紧，新兴经济体资本外流、货币贬值、股市下跌风险突出。2018年前三季度，土耳其里拉对美元贬值40%，阿根廷比索汇率暴跌一半，印度卢比一度跌至纪录低点，南非兰特、俄罗斯卢布和巴西雷亚尔贬值幅度都在15%—20%之间。10月以来，在全球经济前景担忧加剧下，新兴市场股市普遍跌入熊市。

受益于高油价支撑，2018年俄罗斯经济增长加快。巴西总统大选带来新的不确定性，经济增长有所放缓。印度“废钞令”影响消退，税收改革的积极效应逐步显现，经济增长加快。南非经济连续两个季度环比萎缩，陷入衰退，一些改革举措对投资者信心形成打压。

亚洲新兴经济体货币对美元普遍贬值，存在经常项目赤字和财政赤字的国家面临较大的经济稳定压力。亚洲开发银行报告显示，2019年亚洲19个大型新兴经济体经济将增长5.8%，虽然高于世界其他地区的增速，但较2018年预计增速低0.2个百分点，为2001年以来最低水平。

拉美经济受多方面因素影响，形势普遍恶化。世界银行报告预计，2018年拉美地区经济增长将低于预期，即使排除委内瑞拉大幅萎缩18.5%的拖累效应，其他拉美国家合计经济增速也只能达到1.2%。其中，阿根廷经济将萎缩2.5%，巴西增速仅为1.2%左右。2019年，拉美经济形势可能略有好转，预计经济增长1.6%。

2018年中国宏观经济形势报告

中华人民共和国商务部 综合司
国际贸易经济合作研究院

2018年以来，中国政府坚定践行新发展理念，以深化供给侧结构性改革为主线，主动对标对表高质量发展要求，统筹推进稳增长、促改革、调结构、惠民生、防风险各项工作，国民经济运行总体平稳、稳中有进，经济结构调整优化，新旧动能接续转换，质量效益稳步提升，高质量发展扎实推进，改革开放力度明显加大，民生福祉持续增进。同时也要看到，外部挑战变数明显增多，国内结构调整阵痛继续显现，经济运行稳中有变、稳中有缓，下行压力加大。

一、国民经济运行稳中有进，转型升级深化发展

中国国民经济运行处于合理区间，结构进一步优化。初步核算，前三季度，国内生产总值(GDP)650899亿元，按可比价格计算，同比增长6.7%，为全年实现6.5%左右的增长目标打下扎实基础。分季度看，一季度同比增长6.8%，二季度增长6.7%，三季度增长6.5%。产业结构调整稳步推进，分产业看，第一产业增加值42173亿元，同比增长3.4%；第二产业增加值262953亿元，增长5.8%；第三产业增加值345773亿元，增长7.7%，比第二产业快1.9个百分点。第三产业占GDP的比重达到53.1%，比2017年同期提高0.3个百分点。前三季度，服务业增加值增长7.7%，保持较快增长，对经济增长的贡献达到60.8%，比2017年同期提高了1.8个百分点。服务业的"压舱石"作用继续巩固。

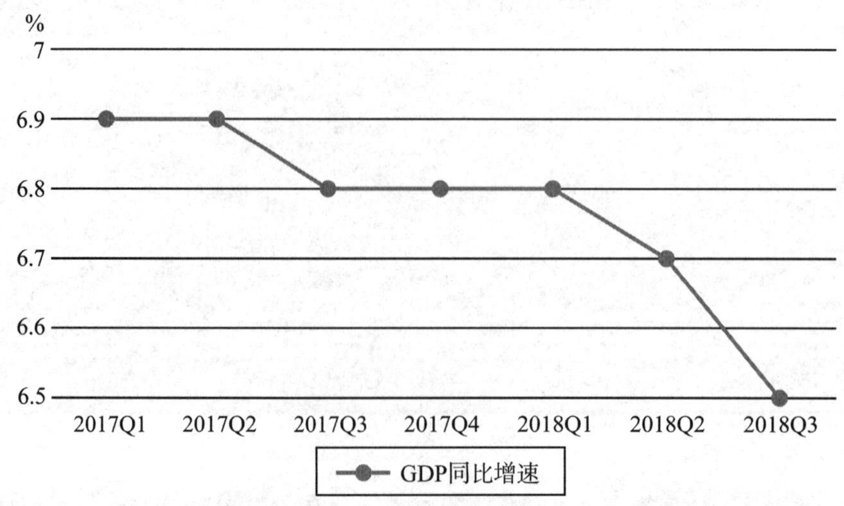

图1　2017年一季度—2018年三季度中国GDP同比增速

数据来源：国家统计局，下同。

二、农业生产形势稳定，种植结构合理调整

中国政府围绕农业供给侧结构性改革主线，加快转变农业发展方式，切实保障农产品质量安全，实施农业绿色发展五大行动，推进农业现代化，促进农业增效农民增收。全国夏粮总产量13872万吨，比2017年减少306万吨，下降2.2%。受农户主动调整种植结构、气象条件差等多重因素影响，早稻总产量2859万吨，比2017年减少128万吨，下降4.3%。秋粮生长形势较好，有望再获丰收。种植结构进一步优化，优质稻谷播种面积扩大，玉米面积调减，大豆面积增加，棉花、糖料等作物面积增加。前三季度，猪牛羊禽肉产量6007万吨，同比增长0.2%；其中，猪肉产量3843万吨，增长0.3%。生猪存栏42887万头，同比下降2.3%；生猪出栏49579万头，增长0.1%。

三、工业经济加快发展，结构进一步优化

在供给侧结构性改革和创新驱动发展战略的推动下，传统产业加快改造提升，高技术制造业和装备制造业保持较好发展势头，工业经济延续了速度趋稳、结构优化、效益改善、质量提高的良好态势。前三季度，全国规模以上工业增加值按可比价格计算同比实际增长6.4%，增速较2017年同期下降0.3个百分点。分经济类型看，国有控股企业增加值同比增长7.0%，集体企业下降1.4%，股份制企业增长6.6%，外商及港澳台商投资企业增长5.7%。分三大门类看，采矿业增加值同比增长1.8%，制造业增长6.7%，电力、热力、燃气及水生产和供应业增长10.3%。工业向中高端迈进，技术含量高、资源消耗少、符合转型升级方向的新产业新产品快速增长。高技术制造业和装备制造业增加值同比分别增长11.8%和8.6%，分别快于规模以上工业5.4个和2.2个百分点。其中，计算机、通信和其他电子设备制造业增加值增长13.2%，汽车制造业同比增长7.7%，电气机械和器材制造业增长6.7%。工业战略性新兴产业增加值同比增长8.8%，比规模以上工业快2.4个百分点。新能源汽车产量同比增长54.8%，集成电路增长11.7%。企业经营状况好转，效益持续改善。1—9月，全国规模以上工业企业实现利润总额49713亿元，同比增长14.7%；规模以上工业企业主营业务收入利润率为6.44%，同比提高0.29个百分点。9月份，中国制造业采购经理人指数(PMI)为50.8%，继续运行在景气区间，制造业总体延续扩张态势。

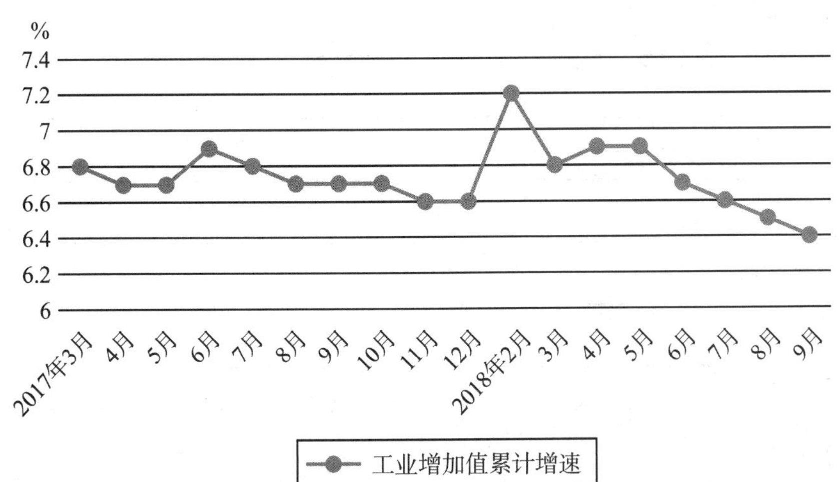

图2 2017年3月—2018年9月全国规模以上工业增加值累计增速

四、固定资产投资缓中趋稳，民间投资和制造业投资增势明显

中国政府积极扩大合理有效投资，引导资金更多投向补短板、调结构、促创新、惠民生的领域，投资结构持续改善。前三季度，全国固定资产投资（不含农户）483442亿元，同比增长5.4%，增速较上半年回落0.6个百分点，比1—8月加快0.1个百分点。其中，民间固定资产投资301664亿元，增长8.7%，占全部投资的比重为62.4%，较2017年同期上升1.9个百分点。分产业看，第一产业投资增长11.7%；第二产业投资增长5.2%，其中制造业投资增长8.7%，增速连续6个月加快；高技术制造业投资同比增长14.9%，增速比全部投资快9.5个百分点；第三产业投资增长5.3%，其中基础设施投资增长3.3%。前三季度，全国房地产开发投资88665亿元，同比增长9.9%。其中，住宅投资62806亿元，增长14.0%，住宅投资占房地产开发投资的比重为70.8%。

五、城乡居民消费较快增长，消费升级态势明显

中国政府积极扩大内需，着力增强消费对经济发展的基础性作用，居民消费潜力不断释放，消费升级动能持续增强，成为经济增长的主要推动力。前三季度，社会消费品零售总额274299亿元，同比增长9.3%。按经营单位所在地分，城镇消费品零售额234717亿元，增长9.1%；乡村消费品零售额39582亿元，增长10.4%。按消费类型分，餐饮收入29763亿元，增长9.8%；商品零售额244536亿元，增长9.2%。前三季度，全国居民人均消费支出14281元，同比名义增长8.5%，比上年同期加快1.0个百分点；扣除价格因素实际增长6.3%，加快0.4个百分点。其中，城镇居民人均消费支出名义增长6.5%；农村居民人均消费支出名义增长12.0%。新业态、新商业模式发展迅猛，前三季度，全国网上零售额62785亿元，同比增长27.0%，其中实物商品网上零售额增长27.7%，占社会消费品零售总额的比重为17.5%，同比提高3.5个百分点。消费基础作用继续巩固。前三季度，最终消费支出对国内生产总值增长的贡献率为78.0%，较2017年同期提高13.5个百分点。前三季度恩格尔系数是28.5%，比2017年同期下降0.7个百分点；三季度服务消费占居民消费的比重是52.6%，比2017年同期提高0.2个百分点。升级类商品消费如化妆品、智能家电等仍然保持较快增长。

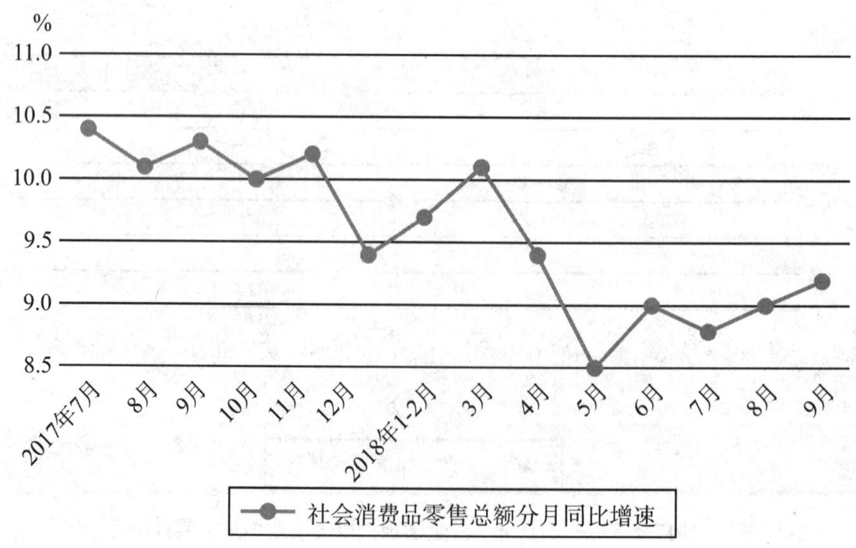

图3　2017年7月—2018年9月社会消费品零售总额同比增速

六、开放型经济发展取得新成效，水平进一步提升

2018年以来，中国外贸实现较快增长，结构持续优化，动力转换加快，质量和效益进一步提高，稳中向好的态势进一步巩固，为外贸高质量发展奠定基础。前三季度，中国进出口总值222839亿元，同比增长9.9%，其中，出口118585亿元，增长6.5%；进口104254亿元，增长14.1%。从国际市场布局看，在巩固传统市场的同时，对新兴市场出口保持较快增长，国际市场进一步优化。其中，对金砖国家和“一带一路”沿线国家出口分别增长9.7%和7.7%，较出口平均增速分别高3.2个百分点和1.2个百分点。从商品结构看，机电产品出口6.91万亿元，增长7.8%，占出口总额的58.3%。从外贸经营主体看，民营企业出口5.68万亿元，增长9.6%，占比提高1.4个百分点至47.9%，继续保持出口第一大经营主体地位。国有企业出口1.25万亿元，增长7.0%。外商投资企业出口4.93万亿元，增长3.1%。从贸易方式看，一般贸易出口6.73万亿元，增长10.9%，占比提高2.3个百分点至56.8%。加工贸易出口3.75万亿元，增长1.9%。从外贸新业态看，跨境电商、市场采购贸易在连续两年高速增长基础上，今年以来继续保持快速增长，成为外贸增长的新亮点。从进口看，在坚持扩大开放、出台促进扩大进口政策措施、降低进口关税等有利因素共同带动下，前三季度，中国进口增长14.1%，对进出口增长的贡献率为64.2%，成为拉动中国外贸增长的主要动力。机电产品进口4.72万亿元，增长13.0%，拉动全国进口总额增长6.0个百分点。与人民生活密切相关的化妆品、水果及干果进口分别增长75.1%和30.2%。原油、天然气、煤炭等10大类大宗商品合计拉动进口增长4.1个百分点。

中国政府出台了一系列重大利用外资政策，扩大市场开放、改善营商环境，推动利用外资规模基本稳定，结构不断优化。前三季度，中国新设立外商投资企业45922家，同比增长95.1%；实际使用外资6367亿元人民币，同比增长2.9%。利用外资产业结构、区域布局进一步优化，制造业特别是高技术制造业较快增长。前三季度，制造业实际使用外资1992.6亿元人民币，同比增长9.6%。高技术产业实际使用外资增长6.8%，占比达22.5%。高技术制造业实际使用外资647.4亿元人民币，增长22.5%。其中，电子及通信设备制造业、计算机及办公设备制造业、医疗仪器设备及仪器仪表制造业分别增长37.5%、72.8%和64.1%。西部地区吸收外资快速增长。前三季度，西部地区实际使用外资436.1亿元，同比增长17.8%。自贸试验区继续发挥吸收外资引领作用。11个自贸试验区实际使用外资同比增长14.7%，占比为12.5%；其中天津、福建自贸试验区分别增长44.2%、167.9%。

中国政府加强对外投资真实性、合规性审核，指导对外投资企业增强风险防范意识，促进对外投资健康规范发展。前三季度，中国境内投资者共对全球155个国家和地区的4597家境外企业进行了非金融类直接投资，累计实现投资820.2亿美元，同比增长5.1%。从投资行业看，对外投资主要流向租赁和商务服务业、制造业、采矿业、批发和零售业，占比分别为32.8%、16.7%、9.7%和9.2%。房地产业、体育和娱乐业对外投资没有新增项目。对外承包工程新签合同额1545.1亿美元；完成营业额1089.9亿美元，同比增长6.4%。对外劳务合作派出各类劳务人员35.5万人。中国对“一带一路”沿线国家投资合作积极推进。前三季度，中国企业在“一带一路”沿线国家新增投资107.8亿美元，同比增长12.3%；对外承包工程完成营业额584.9亿美元，同比增长18.4%；境外经贸合作区建设新增投资41.3亿美元，创造产值143.1亿美元，上缴东道国税费4.9亿美元。

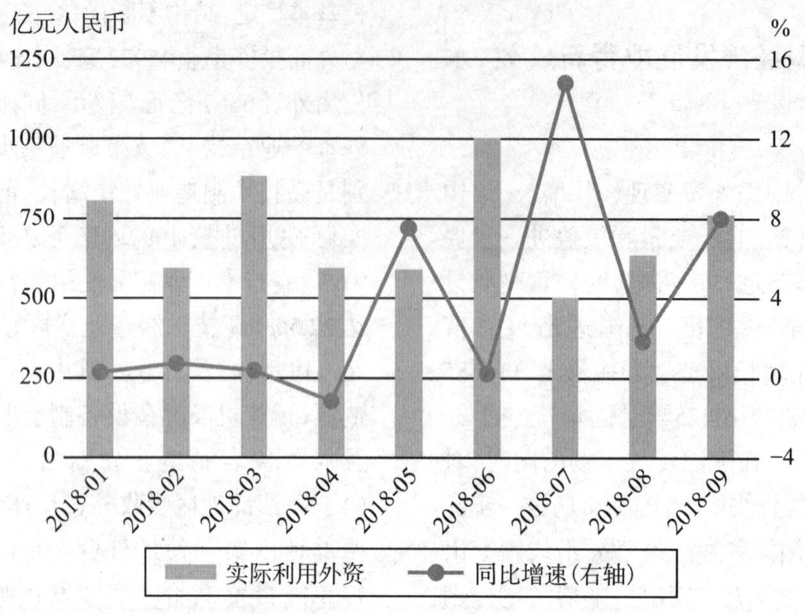

图4　2018年1—9月中国实际利用外资情况

数据来源:中国商务部。

七、居民消费价格温和上涨,工业生产者价格涨势平稳

前三季度,居民消费价格(CPI)同比上涨2.1%,涨幅比上半年扩大0.1个百分点。其中,医疗保健类价格上涨5.0%,居住类上涨2.4%,教育文化和娱乐类上涨2.2%,交通和通信类上涨1.7%,生活用品及服务类上涨1.6%,食品烟酒类上涨1.6%,衣着类上涨1.2%,其他用品和服务类上涨1.1%。扣除食品和能源之后的核心CPI前三季度上涨2.0%。前三季度,工业生产者出厂价格同比上涨4.0%,涨幅较上半年扩大0.1个百分点;工业生产者购进价格同比上涨4.5%。

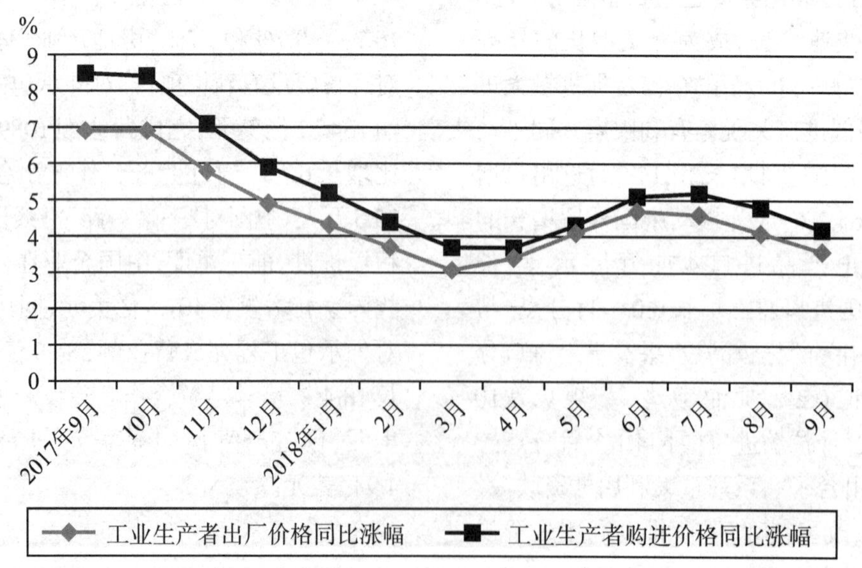

图5　2017年9月—2018年9月中国工业生产者出厂价格及购进价格变化

八、就业形势保持稳定，城乡居民收入倍差缩小

中国政府坚持就业优先战略，实施更加积极的就业政策，全面提升劳动者就业创业能力，就业局势保持总体稳定。前三季度，中国城镇新增就业超过1100万人。9月份，城镇调查失业率为4.9%，比2017年同期下降0.1个百分点。其中，主要就业人员群体25—59岁人口调查失业率为4.3%。三季度末，外出务工农村劳动力总量18135万人，比2017年同期增加166万人，增长0.9%。前三季度，居民人均可支配收入21035元，实际增长6.6%，增速和上半年持平，与经济增长速度基本同步。收入分配结构持续优化，城镇居民人均可支配收入29599元，实际增长5.7%；农村居民人均可支配收入10645元，实际增长6.8%。外出务工农村劳动力月均收入3710元，同比增长7.3%。城乡居民人均收入倍差2.78，较2017年同期缩小0.03。

九、财政金融总体平稳，风险防范能力有所增强

财政政策更加积极有效，财政收入增长加快，重点支出得到有效保障。前三季度，全国一般公共预算收入145831亿元，同比增长8.7%。全国一般公共预算支出163289亿元，同比增长7.5%，为年初预算的77.8%。重点领域和关键环节得到较好保障。主要包括：积极支持打好三大攻坚战，全国扶贫支出3153亿元，增长49.9%；污染防治、自然生态保护支出分别增长20.1%、35.6%；落实创新驱动发展战略，全国科学技术支出5439亿元，增长16.7%；提高保障和改善民生水平，全国就业和社会保障、医疗卫生支出分别增长9.3%、7.9%，其中，财政对基本养老保险基金、基本医疗保险基金的补助支出分别增长11.9%、10.8%。货币政策坚持稳健中性，流动性合理充裕。9月末，广义货币（M2）余额180.17万亿元，同比增长8.3%，增速比2017年同期低0.7个百分点；狭义货币（M1）余额53.86万亿元，同比增长4%，增速比2017年同期低10个百分点；流通中货币（M0）余额7.13万亿元，同比增长2.2%。9月末，国家外汇储备余额为3.09万亿美元，人民币汇率为1美元兑6.8792元人民币。

未来，中国政府将在以习近平同志为核心的党中央坚强领导下，以习近平新时代中国特色社会主义思想为指导，落实推动高质量发展要求，持续深化改革开放，把补短板作为当前深化供给侧结构性改革的重点任务，着力扩大有效需求，加大稳就业、稳金融、稳外贸、稳外资、稳投资、稳预期政策落实力度，促进经济平稳健康发展。

表1　　2016—2018年前三季度中国宏观经济主要指标

单位：%

指标名称	2016年	2017年	2018年		
			1-3月	1-6月	1-9月
国内生产总值增长率	6.7	6.9	6.8	6.8	6.7
规模以上工业增加值增长率	6.0	6.6	6.8	6.7	6.4
全社会固定资产投资增长率	8.1	7.2	7.5	6.0	5.4
出口增长率（人民币计）	-2.0	10.8	7.4	4.9	6.5
进口增长率（人民币计）	0.6	18.7	11.7	11.5	14.1
居民消费价格总水平涨幅	2.0	1.6	2.1	2.0	2.1

数据来源：中国商务部、国家统计局。

2018年国际商品市场走势报告

中华人民共和国商务部 综合司
国际贸易经济合作研究院

2018年以来，世界经济总体延续向好态势，商品供需回暖，价格水平总体稳定，一些品种持续上涨。但同时，新兴经济体和发展中国家货币危机、主要经济体间贸易摩擦等新的风险因素凸显，对全球经济运行和国际市场信心产生不利影响，大宗商品价格面临一定的下行压力。

一、2018年以来国际商品市场表现

2018年以来，世界经济总体维持向好态势，商品需求稳步增长，供需平衡继续改善，国际大宗商品市场价格在较高水平上运行。一季度，世界银行能源类和非能源类商品价格指数比上年末分别上涨4.0%和4.3%。自二季度开始，新兴市场货币大幅贬值、全球贸易摩擦愈演愈烈，大宗商品市场波动加大。因金融属性和避险需求的差异，价格走势出现分歧，能源产品价格加速攀升，金属价格平稳上涨，农产品尤其是大豆价格开始下跌。世界银行初级产品价格分类指数显示，6月，能源类和金属类价格指数分别较3月上涨12.1%和3.0%，但农产品价格指数由一季度的上涨6.3%转为下跌1.2%。进入三季度，负面因素影响加深，大宗商品价格总体回落。9月末，道琼斯商品指数、CRB指数和标普高盛商品指数较2017年同期分别上涨4.8%、6.6%和20.5%；但与年初相比，道琼斯商品指数微跌0.3%，CRB指数和标普高盛商品指数分别仅上涨1.1%和10.6%。其中，能源产品权重较高的标普高盛商品指数表现抢眼，反映了2018年能源产品突出表现。

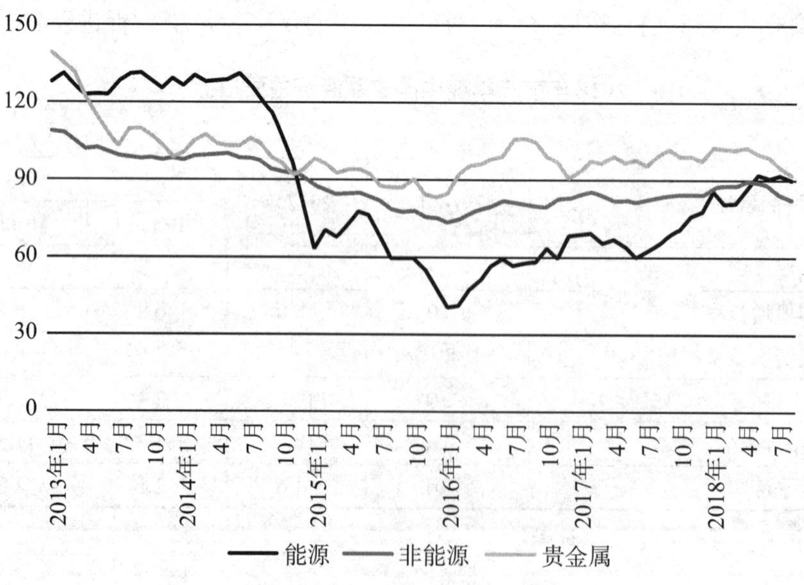

图1 国际市场大宗商品价格

（世界银行初级产品价格指数，美元计价，2010年=100）

数据来源：世界银行大宗商品月度指数，2018年9月。

分商品类别看，能源产品价格持续上涨。纽约原油期货和布伦特原油价格在去年大幅上涨基础上，前三季度又上涨22%。有色金属价格普遍由上年的上涨转为回落，尤其是去年涨幅领先的锌、铅、铜大幅回调，前三季度伦敦有色金属交易所结算价下跌幅度分别达到22.9%、20.8%、13.1%。铁矿石价格在上年持续大幅下挫后，今年以来有所补涨。农产品市场受天气影响，供需出现波动，价格有涨有跌。小麦价格受减产刺激，前三季度芝加哥交易所期货价格上涨达20%。油籽油料价格受增产预期和贸易收缩影响，出现不同程度下跌，其中马来西亚市场棕榈油价格和芝加哥交易所豆油期货价格分别下跌21.6%和11.2%。

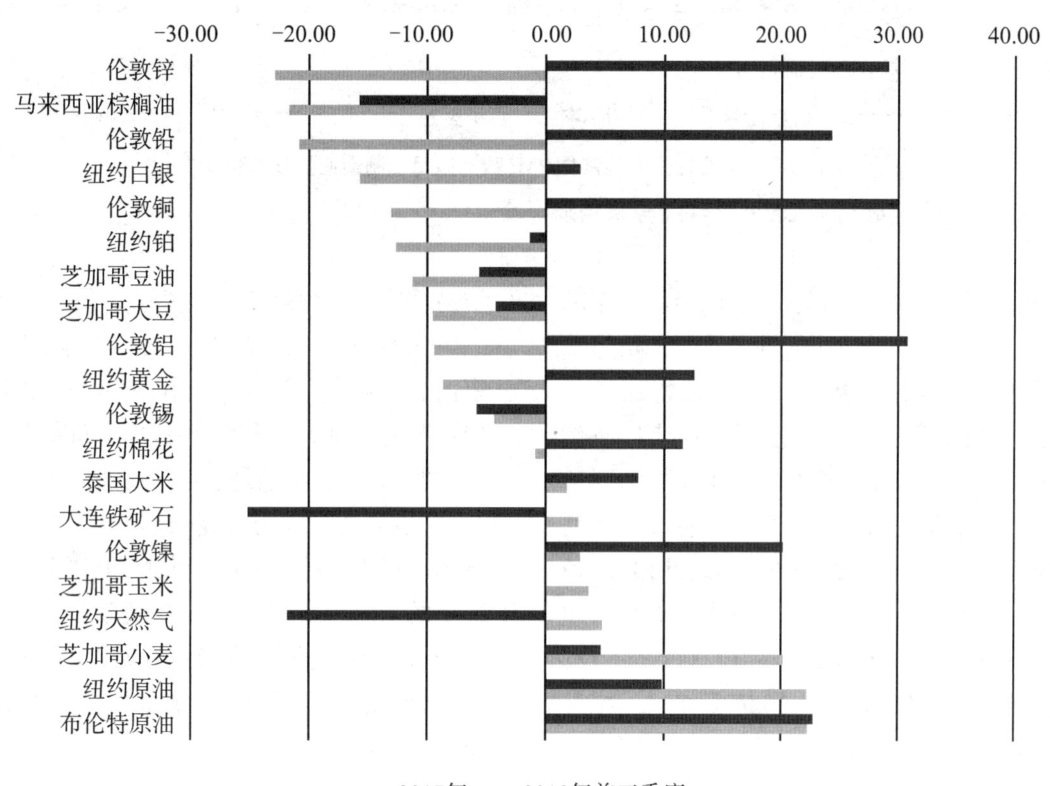

图2 2017年及2018年前三季度主要大宗商品价格变动

二、影响国际商品市场的主要因素

当前，世界经济总体维持复苏态势，市场供需状况有所好转，大宗商品生产成本抬升，均对价格形成支撑。但宏观环境风险正在集聚，新兴市场经济增长、国际贸易和跨国投资、全球供应链面临的不确定性增多，将加大商品价格下行压力。

全球经济冷热不均。2017年全球经济明显回暖，2018年世界经济延续复苏态势，主要经济体景气指数处于荣枯线以上。但全球经济增长差异不断扩大。美国经济保持较快增长，9月，美联储会议将2018年和2019年增长率预测分别由2.8%和2.4%上调至3.1%和2.5%。其他发达经济体增速有所放缓。欧元区PMI指数自2017年12月起持续回落，2018年8月降至54.6。日本PMI指数由1月的54.8下降至52.5。部分新兴经济体经济陷入困境。前三季度，土耳其里拉贬值40%，阿根廷比索汇率暴跌一半，印度卢比跌至纪录低点，南非兰特、俄罗斯卢布和巴西雷亚尔跌幅都在15%—20%之间。新兴经济体是全球主要大宗商品的生产、出口和需求增量的重要来源，其经济形势波动可能对商品供需格局产生重大影响。

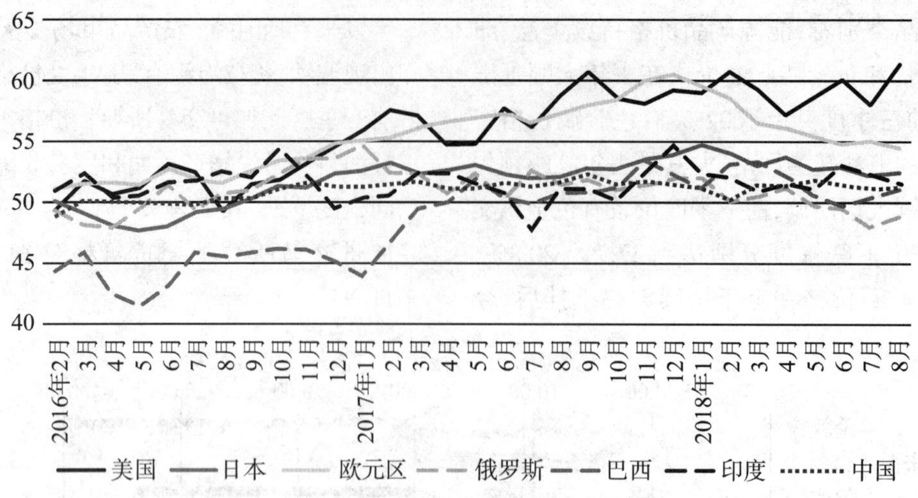

图3　全球主要经济体PMI数据显示出制造业扩张态势

数据来源：中国物流与采购联合会。

国际货币环境收紧。基于对美国经济的乐观预期，2018年以来，美联储已加息三次，联邦基金利率达到2.25%，市场预计年末还将加息一次，2019年再加息三次。美联储的利率走向将带动其他经济体被动紧缩货币政策。欧洲央行在9月利率决议中重申，2019年夏天之前将保持利率不变，同时逐步缩减QE规模。路透社预计，各国央行2019年计划从市场撤出的资金规模将超过注资规模，这种情况自2011年以来首次出现，表明全球货币宽松周期进入拐点。资金成本抬升不可避免，将给商品价格带来下行压力。此外，强势美元对以美元计价的商品价格直接产生抑制作用。

贸易形势持续紧张。美国对多个贸易伙伴挑起经贸摩擦，全球贸易形势紧张加剧，扰乱全球供应链，严重影响市场信心，削弱全球贸易动力。中美两大经济体供应链紧密相连，中美经贸摩擦将给世界经济贸易带来破坏性影响，进而影响全球大宗商品市场供求。据世界贸易组织发布的“全球贸易景气指数”，预计2018年三季度全球贸易增速将连续第三个季度放缓。

成本因素作用增强。过去几年，随着全球大宗商品行业去产能压缩产出，大宗商品市场由供应过剩转向供需基本平衡。成本在价格形成中的作用明显增大，特别是能矿产品边际生产成本提高，对价格的支撑力度越来越大。页岩油是近年原油市场供应的最大增量来源，但技术进步压缩成本的空间越来越有限，同时美联储加息提高了资金成本，页岩油生产成本开始上升。随着需求增加，高成本、低品位金属矿开始进入市场，进一步支撑价格水平。

三、主要商品市场发展前景

展望2018年全年及2019年，世界经济虽延续复苏向好态势，但一系列不稳定不确定因素将增加大宗商品市场波动风险。2018年商品价格有望继续维持较高水平，但2019年价格下行压力可能趋于加大。

表1　　国际大宗商品价格变动

（美元计价，年率，%）

年份	2013年	2014年	2015年	2016年	2017年	2018年	2019年
制成品	-3.0	-0.5	-2.3	-5.2	1.7	2.5	1.6
石油	-0.9	-7.5	-47.2	-15.7	23.3	31.4	-0.9
非燃料初级产品	-1.5	-3.9	-17.6	-1.5	6.8	2.7	-0.7

续表

年份	2013年	2014年	2015年	2016年	2017年	2018年	2019年
食品	0.4	−4.1	−17.4	2.7	2.2	2.3	1.7
饮料	−11.9	20.7	−3.1	−5.0	−9.3	−5.7	−2.7
工业用农产品	1.6	2.0	−13.5	−5.7	2.3	1.5	−1.5
金属	−4.3	−10.1	−23.0	−5.4	22.2	5.3	−3.6

注：1. 制成品：占发达国家货物出口83%的制成品的出口单位价值；石油：英国布伦特原油、迪拜原油及西德克萨斯原油的平均价格；非燃料初级产品：以2002—2004年在世界初级产品出口贸易中的比重为权数。

2. 2018年和2019年数据为预测值。

资料来源：国际货币基金组织，世界经济展望，2018年10月，附表A9。

粮农产品 2018年以来，农产品各品种之间走势差异较大。粮食价格普遍上涨，肉类价格较为平稳，其他商品价格下降。8月，联合国粮农组织编制的食品价格综合指数同比下跌5.4%，其中，谷物价格指数同比上涨10%，肉、奶、油、糖价格指数分别下跌4.6%、10.7%、16%和22.8%。

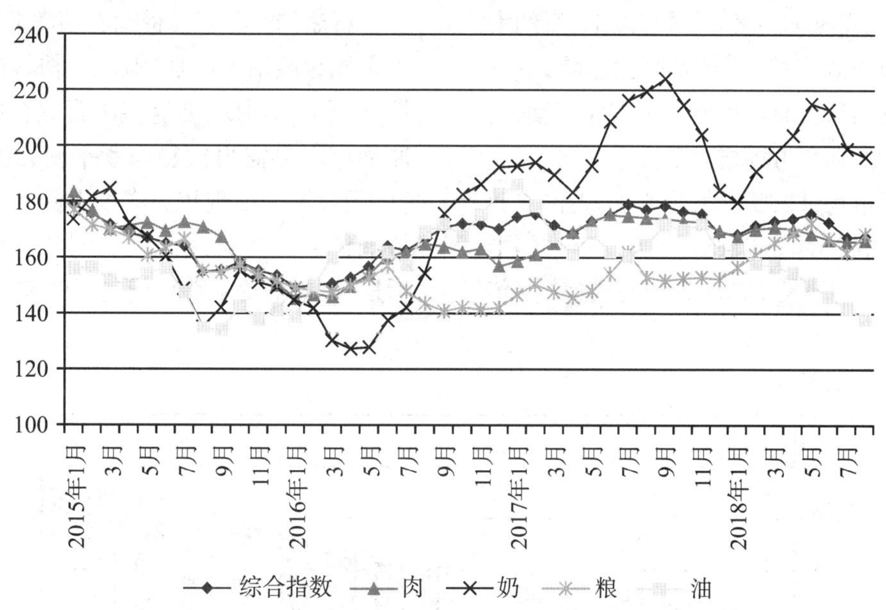

图4 国际市场食品价格普遍下行

（联合国粮农组织食品价格指数，2002—2004年=100）

谷物价格年内有望保持坚挺。受不利天气影响，国际机构近期下调今年世界粮食产量预估。9月，联合国粮农组织报告预计，2018年谷物产量25.87亿吨，为三年来最低点。小麦减产最为明显，预计产量7.22亿吨，为5年来最低水平。大米产量虽创新高，达到5.12吨，但也难以弥补其他谷物产量的下降。同时，受饲料需求带动，谷物消费继续保持增长。全球库存6年来将首次下降，库存消费比也随之降至27.3%，比上年度下降3.2个百分点。供需不平衡将推升谷物价格，同时向饲料和其他种植养殖业传导，肉、奶、油等食品价格均有上涨空间，形成新的通货膨胀压力。

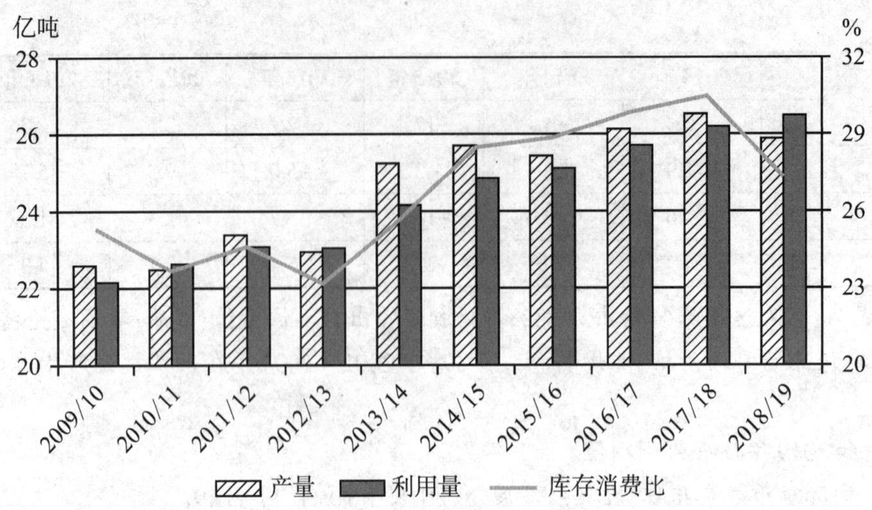

图5 世界粮食供应过剩有所缓解

数据来源：联合国粮农组织，谷物供需简报，2018年9月。

大豆市场深受中美经贸摩擦影响。美国大豆单产提高，产量及库存大幅增加，而下游需求不确定性上升，供需预期失衡。自5月以来，纽约大豆价格呈明显下跌走势。受经贸摩擦影响，下一年度不同作物间种植面积可能发生较大调整，引发新一轮价格波动和市场格局重构。

全球棉花市场供需状况大为改善。美国农业部预计，2018年全球棉花供应较2017年小幅下调，消费较2017年增长4%，库存消费比连续4年下降，至60.4%，为8年来最低点，将支撑国际棉花价格继续上行。

石油 经济复苏带动石油需求迅猛增加，而中东地缘政治风险加剧、减产协议超额履行、后期增产不及预期，在这些因素综合影响下，国际原油市场供需再次趋向紧平衡，2018年前三季度，国际油价出现较大幅度上涨。9月下旬，布伦特油价盘中触及2014年11月以来的高点。展望后期，国际油价涨势可能趋于温和。

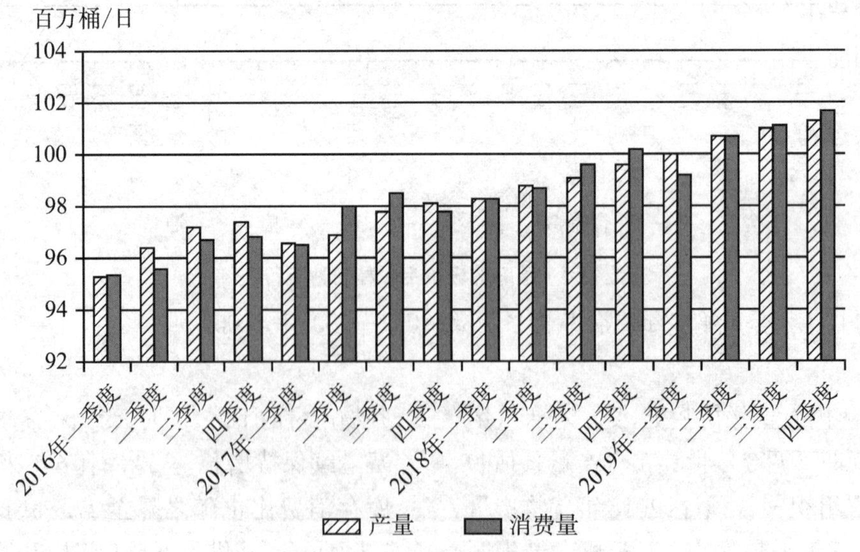

图6 世界石油供需再度趋紧

数据来源：国际能源署，石油市场报告，2018年9月。

需求方面，因担心全球经济面临下行风险，相关机构已下调对2019年的需求预测。国际能源署9月供需报告预测，2018年和2019年世界石油需求继续上升，日增量分别为140万桶和150万桶，但同时也表示对明年市场形势存在担忧，这一预测存在下调可能。供给方面存在三大变数，一是欧佩克及其他产油国增产前景不乐观。6月会议上，欧佩克和非欧佩克产油国均同意适度增产以平抑油价，但效果并不明显，委内瑞拉石油产量更是降至过去30年来最低水平。9月会议上，欧佩克和俄罗斯均表示无意增产。二是美国退出伊核协议，对伊朗制裁升级，将大幅削减伊朗的原油出口能力。三是美国石油产量增长势头将趋于平缓。2018年5月以来，在油价不断上涨背景下，美国页岩油投产井数基本持平，意味着页岩油投资和增产后劲不足。美国能源信息署预计，2018年美国石油平均日产量1066万桶，比上年增长14%，2019年为1150万桶，增速将放慢至7.5%。综合考虑供需两方面因素，油价可能在目前较高水平上波动。

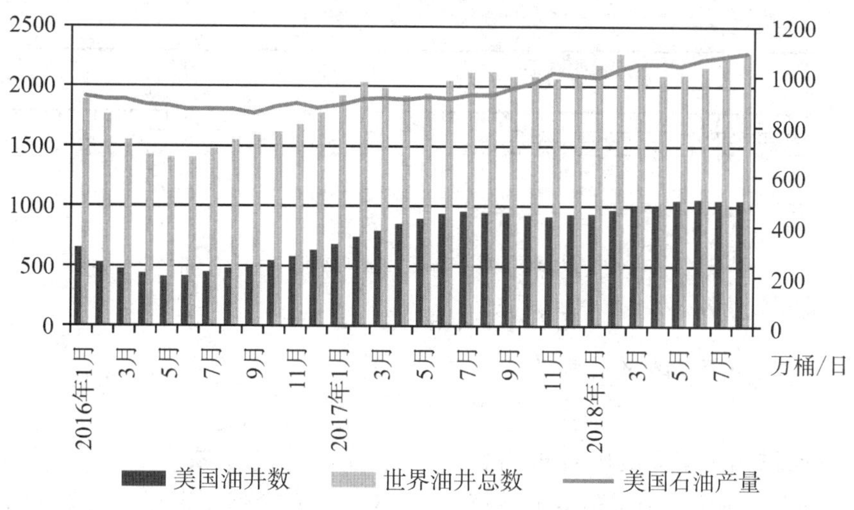

图7 美国石油生产增速放缓

数据来源：美国贝克休斯公司，石油钻井统计，2018年9月；美国能源信息署，美国石油产量，2018年9月。

有色金属 过去几年，金属价格持续低迷打击了矿业领域投资热情，不少投资计划被取消或延后，导致供应量难以迅速提高以满足需求增加，预计未来3—5年有色金属市场整体将趋于短缺状态。加上资源国矿业和环保政策普遍收紧，增加生产成本，以及极端天气频发影响矿业生产，有色金属价格总体将呈上行态势。但有色金属市场对宏观经济和政策走向敏感，重要经济体贸易政策、产业政策都可能导致市场出现较大波动。

分品种看，国际铜业研究集团（ICSG）预计2018年世界铜矿产量增长3%，2019年将保持不变。全球铜消费持续增长，预计中国2018年和2019年分别增长3.5%和2.5%，其他地区需求增速分别为2.5%和1.9%。在此形势下，铜价将震荡上行。电解铝产能依然过剩，但汽车轻量化发展等因素提振了铝需求，铝价有望回稳上行。铅在工业领域应用广泛，如铅酸蓄电池占据全球电池市场75%的份额，需求稳定，价格下跌空间有限。

钢铁 近两年来，全球钢铁行业产能过剩形势得到有效改善。2018年7月，全球64个主产国的粗钢产能利用率达到77.5%，比2017年同期提高3.8个百分点。其中，中国去产能行动取得显著成效，为世界钢铁业复苏做出了重大贡献。2016—2017年，中国累计化解钢铁过剩产能约1.2亿吨，2018年将继续削减3000万吨粗钢产能。此外，伴随世界经济复苏，国际需求转暖，全球钢铁市场明显改善，国际钢材价格在2017年上涨的基础上进一步上行。9月下旬，英国商品研究局(CRU)钢材价格综合指数达到2011年来的高点，同比上涨11%，其中北美、欧洲和亚洲分别上涨13.1%、1.7%和9.4%。当前钢价上涨是供需关系好转、产能利用率提升条件下的价格回归，钢价能否进一步上涨取决于世界宏观经济形势以及全球维护去产能成果的意愿。

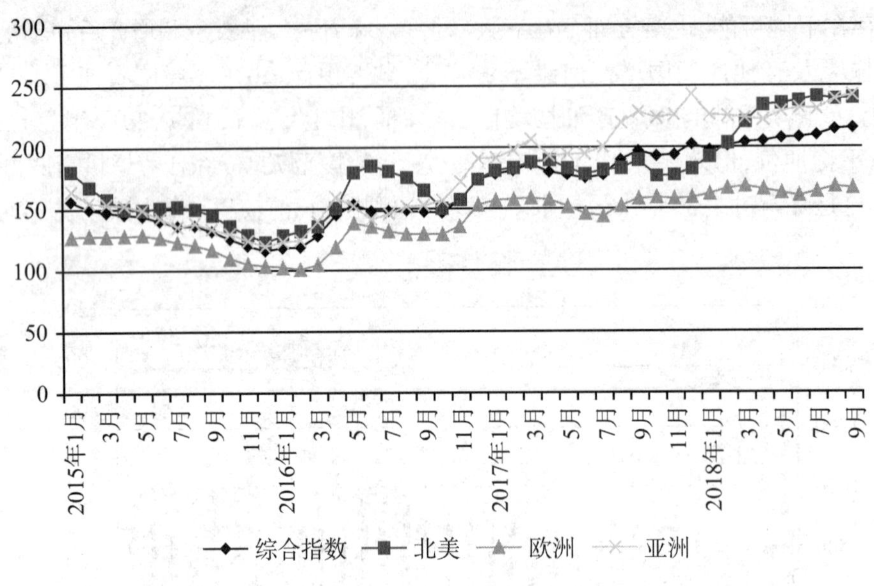

图8　国际钢材价格稳定上升

(CRU国际钢材价格指数)

随着钢材市场供需好转，铁矿石价格自2018年二季度以来逐步回稳。中国削减低端产能，治理环境污染，促使钢厂提高炼钢效率，客观上提高了对澳大利亚和巴西高品位铁矿石的需求。前三季度，大连商品交易所铁矿石价格上涨2.8%，扭转了去年持续下挫的颓势。当前，四大矿山前期投资的产能释放已近尾声，产量增幅开始放缓，预计2018年全年增量为3200万吨左右，低于年初预期。展望2018年全年及2019年，铁矿石市场供需将持续改善，随着优质矿和高成本矿入市，铁矿石价格有望在当前水平上保持稳定甚至进一步上涨。

机械设备　主要经济体基础建设投资扩张，制造业普遍增长，带动机械设备市场强势复苏。英国工程机械咨询公司估计，2017年全球工程机械市场增长27%，销量89万台，其中中国、印度等亚洲新兴市场发展最为强劲。据该公司预测，2018年全球工程机械销量将增长6%，且今后几年有望保持温和增长，2022年销售量将超过百万台。自动化生产在全球范围内不断加速，汽车、电气电子领域对工业机器人的需求不断增长。目前，全球制造行业的工业机器人使用密度已达到74台/万人。国际机器人联合会(IFR)预计，2018—2020年，工业机器人需求量年均增长5%。其中，协作机器人发展更快，将引领机器人市场的增长。日本工业机器人产量占全球的52%，其中出口占75%，美国、中国、韩国及欧洲国家是主要出口目的地。

新能源设备　能源行业市场调研机构GTM Research预计，2017年至2022年间，全球太阳能发电装机容量将达到606吉瓦。2018年，埃及、巴西、墨西哥新增规模都有望比上年增长一倍以上。欧洲新能源市场适应政府补贴退出的形势，逐步实现了向市场供求主导的转型，进入可持续增长阶段。印度政府提出大力发展可再生能源，计划到2022年新增175吉瓦可再生能源装机容量，以改变电力供应偏紧的局面，市场前景可观。

信息技术产品　新一代信息技术的发展激发了新的市场活力。市场研究公司IDC数据显示，2018年第二季度全球PC(包括台式机、笔记本和工作站主机)出货量总计约为6227万台,同比上涨2.7%。IDC预计,2018年智能手机出货量为14.55亿部,比上年略降0.7%,全年走势先抑后扬,下半年以后开始恢复增长,特别是5.5英寸及以上大屏智能手机增长态势良好,2018年占全部出货量的近65%,到2022年将提升至85%。国际半导体产业协会(SEMI)预测,2018年半导体制造设备的全球销售额将达到627.3亿美元,创历史新高,同比增长10.8%。其中,中国将以43.5%的增长率遥遥领先。

汽车 今年以来,全球汽车市场总体向好,尤其是金砖国家增长迅猛。1—8月,印度、巴西、俄罗斯汽车销量增速都达到两位数。预计2018年全年和2019年,全球汽车行业前景仍将保持稳定,但贸易摩擦、利率上升、油价上涨等对汽车市场的影响不容忽视。同时,汽车市场结构将发生重大变化,英国商品研究局(CRU)预计,到2035年左右,全球汽车保有量将保持上升趋势,其中燃油汽车将在2025年左右到达顶峰,而各类新能源汽车的市场份额将不断提高。由于市场前景看好,行业龙头企业纷纷扩大电动车投资,以图抢占先机。

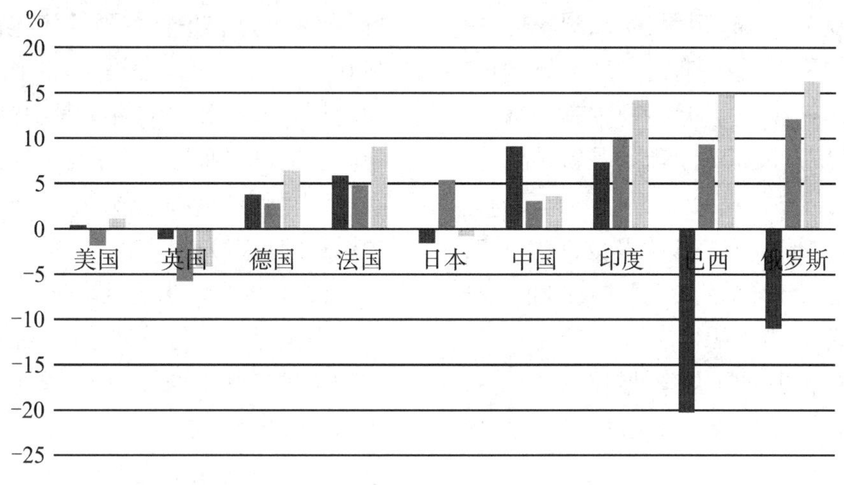

图9 新兴汽车市场强劲增长

数据来源:盖世汽车资讯、搜狐汽车。

2018年中国对外贸易形势报告

中华人民共和国商务部 综合司
国际贸易经济合作研究院

2018年以来，世界经济政治格局深刻调整、形势更加错综复杂，外部环境发生深刻变化；中国经济保持总体平稳、稳中有进发展态势，但结构调整阵痛继续显现，经济运行稳中有变、稳中有缓，给中国外贸发展带来了新问题新挑战。在以习近平同志为核心的党中央坚强领导下，商务部会同各地区、各部门，坚持扩大开放，贯彻落实促进外贸稳定增长政策措施，广大进出口企业积极应对困难挑战，取得了积极成效。前三季度，中国对外贸易保持稳中向好态势，增速总体平稳，结构持续优化，动力加快转换，发展的质量和效益稳步提升。

一、2018年前三季度中国外贸总体平稳

前三季度，以人民币计，中国货物进出口总额22.28万亿元，同比(下同)增长9.9%。其中，出口11.86万亿元，增长6.5%，进口10.43万亿元，增长14.1%；顺差1.43万亿元，收窄28.3%。以美元计，中国进出口总额3.43万亿美元，增长15.7%。其中，出口1.83万亿美元，增长12.2%；进口1.61万亿美元，增长20.0%；顺差2214亿美元，收窄25.1%。分季度来看，前三季度中国进出口规模分别为6.76万亿元、7.35万亿元和8.17万亿元，季度增速分别为9.4%、6.4%和13.8%。进出口保持平稳增长，主要得益于以下因素：

（一）全球贸易持续发展

尽管世界经济中的不确定、不稳定因素上升，但全球货物贸易仍然保持平稳较快复苏态势。世界贸易组织(WTO)数据显示，按美元计价，前8个月，70个主要经济体出口平均增长12.0%，较2017年同期提高2.9个百分点；进口平均增长13.6%，较2017年同期提高3.5个百分点。中国进出口增速与全球平均增速基本持平。前三季度，中国出口数量指数为104.6，数量增长对出口增长的贡献为71.7%。

（二）国内需求稳定增长

中国经济运行总体平稳、稳中有进，有力地拉动了进口需求增长。前三季度，中国进口数量指数为109.5，数量增长对进口增长的贡献为68.7%。特别是在工业生产总体平稳增长的背景下，国内市场需要的能源资源进口保持平稳增长。前三季度，原油、天然气、煤炭等10大类大宗商品合计拉动进口增长4.1个百分点。其中，天然气、铜、成品油和原油进口量分别增长34%、16.1%、9.8%和5.9%。

（三）一系列稳外贸政策效应持续显现

2018年以来，中国政府在扩大进口、降低进口关税、优化口岸营商环境促进跨境贸易便利化、完善出口退税政策等方面，出台了一系列大力度的政策措施。商务部会同各地区、各部门狠抓政策落实，营造良好的发展环境，切实降低进出口企业成本，提振了企业进出口信心。

（四）进出口企业活力进发

一大批企业积极开拓国内外市场，为外贸发展注入了新的活力。前三季度，中国有进口记录的企业数量为19.4万家，较2017年同期增加了6380家。供给侧结构性改革持续推进，进出口企业主动适应市场需求新变化，加大研发和营销投

入力度，加快转型升级，国际竞争力进一步提高。

（五）新业态新模式快速发展

随着管理体制改革不断深化、营商环境更加完善，跨境电商、市场采购贸易等新业态新模式保持快速增长，成为外贸增长的突出亮点。7月24日，国务院批复同意在北京等22个城市新设跨境电子商务综合试验区。9月28日，商务部会同有关部门在浙江、福建、湖南、广东、四川等地的6家市场开展第四批市场采购贸易方式试点。前三季度，跨境电商进出口增长95.3%。

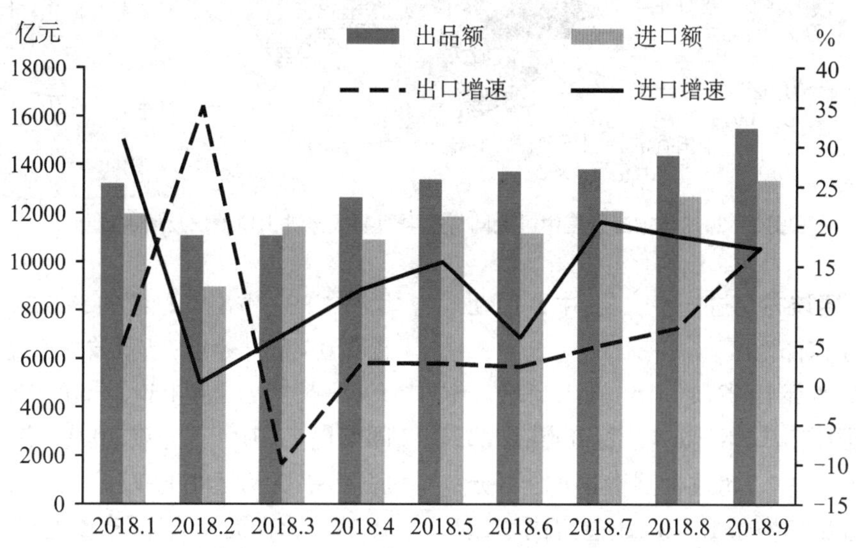

图1　2018年1—9月中国进、出口月度增速（人民币计价）

数据来源：中国海关统计，下同。

二、对外贸易结构进一步优化

商务部深入推进国际市场布局、国内区域布局、商品结构、经营主体、贸易方式“五个优化”，加快外贸转型升级基地、贸易平台、国际营销网络“三项建设”，对外贸易结构持续优化，稳中向好更加突出。

（一）国际市场布局进一步优化，“一带一路”贸易合作取得丰硕成果

2018年是习近平总书记提出共建“一带一路”倡议五周年。五年来，共建“一带一路”倡议从理念转化为行动，从愿景转化为现实，取得了丰硕成果，贸易畅通给双方都带来了实实在在的利益。前三季度，中国与“一带一路”沿线国家进出口保持良好发展态势，双向贸易额6.08万亿元，增长13.2%，高出同期中国外贸整体增速3.3个百分点，占中国进出口总额的27.3%，较2017年同期提升0.8个百分点。其中，中国出口3.38万亿元，增长7.7%；进口2.7万亿元，增长20.9%。

中国与非洲、拉丁美洲进出口贸易也保持了较快增长，增速分别达到13.8%和13.7%，高出整体增速3.9个和3.8个百分点。其中，对埃及和巴西进出口分别增长22.9%和16.4%。

中国与主要发达经济体进出口保持平稳增长。中国对欧盟、美国和日本进出口分别增长7.3%、6.5%和5.2%，三者合计占中国进出口总额的35.6%。

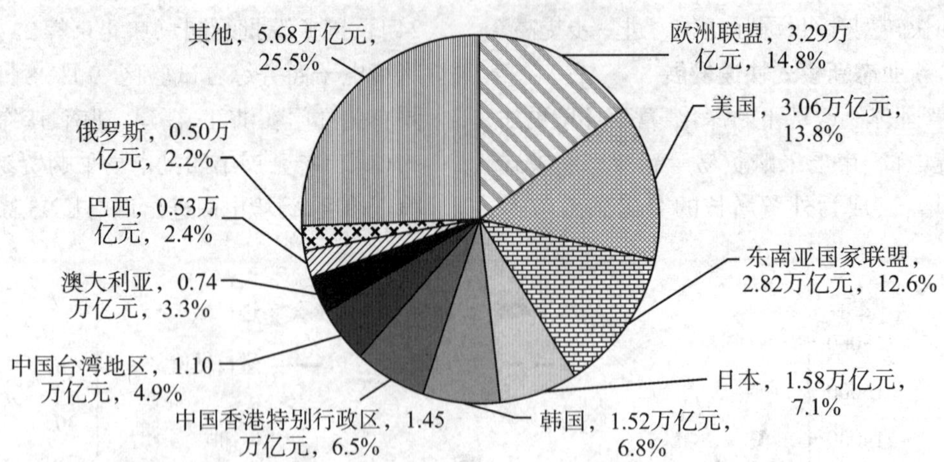

图2　2018年前三季度中国大陆与主要贸易伙伴进出口情况及所占比重

（二）国内区域布局进一步优化，中西部地区外贸增长快于东部地区

前三季度，西部12省（区、市）进出口增长16.3%，超过全国进出口增速6.4个百分点；中部6省进出口增长13.9%，超过全国增速4个百分点；东北三省进出口增长12.4%，超过全国增速2.5个百分点；东部10省（市）进出口增长9%。从出口看，中西部地区出口1.95万亿元，增长13.0%，高于全国增速6.5个百分点，占全国的比重达到16.5%，比2017年同期提高0.9个百分点。东部地区出口9.91万亿元，增长5.3%，占比83.5%。

（三）商品结构进一步优化，机电产品、高新技术产品出口好于劳动密集型产品

前三季度，中国机电产品出口6.91万亿元，增长7.8%，占出口总额的58.3%，较2017年同期提高0.7个百分点；高新技术产品出口3.47万亿元，增长9.7%，占出口总额的29.2%，较2017年同期提高1.0个百分点。其中，集成电路、汽车及底盘、手机及零件出口分别增长22.1%、16.2%和10.7%。计算机及部件、集成电路、电动机及发电机出口单价分别上涨9.6%、12.2%和9.5%，出口附加值进一步提高。服装、玩具等7大类劳动密集型产品合计出口2.29万亿元，下降0.8%，占出口总额的19.3%。外贸绿色发展取得明显成效，前三季度"高耗能、高污染、资源性"产品出口量减少了7.6%。

表1　　2018年前三季度中国出口主要商品数量、金额及增速

商品名称	计量单位	数量	同比增长(%)	金额(亿元)	同比增长(%)
塑料制品	万吨	952.7	11.3	2057.8	6.9
箱包及类似容器	万吨	236	2.1	1303.5	-3.5
纺织纱线、织物及制品	—	-	-	5793.4	4.7
服装及衣着附件	—	-	-	7710.0	-4.2
鞋类	万吨	341.1	-0.9	2307.3	-8
陶瓷产品	万吨	1686.60	-3.7	1003.2	6.7
钢材	万吨	5308.30	-10.7	2989.9	6.1
手持无线电话机及其零件	—	-	-	7736.1	10.7
集成电路	亿个	1636.90	8.9	3983.4	22.1
自动数据处理设备及其部件	亿台	10.8	-4.4	8092.6	5.7

续表

商品名称	计量单位	数量	同比增长(%)	金额(亿元)	同比增长(%)
汽车零配件	—	-	-	2664.0	6.9
船舶	艘	7414	23.3	1141.9	2.9
液晶显示板	亿个	13.2	-4.1	1140.1	-12
家具及其零件	—	-	-	2518.4	1.4
灯具、照明装置及零件	—	-	-	1408.1	-2.4
玩具	—	-	-	1173.0	-3
*农产品	—	-	-	3717.4	2.8
*机电产品	—	-	-	69084.4	7.8
*高新技术产品	—	-	-	34666.6	9.7

注*:“农产品”、“机电产品”和“高新技术产品”包括本表中已列名的有关商品。

前三季度,中国进口机电产品和高新技术产品分别为4.72万亿元和3.26万亿元,分别增长13.0%和14.8%,既为外贸增长提供了强大动力,也更好地支持了国内创新发展。今年以来,中国主动实施了多轮关税调降。随着进口关税下调,与人民生活密切相关的化妆品、水果及干果、药品、汽车及零部件、部分日用消费品等商品进口呈现快速增长态势。前三季度,中国化妆品进口471.5亿元,增长75.1%;电动载人汽车进口5.8万辆,增长24%;水海产品进口额增长36.9%;进口牛肉73.8万吨,增长46.8%;医药品进口量增长11.1%。进口商品种类更加丰富,能够更好地满足人民日益增长的美好生活需要,在促进中国经济高质量发展的同时,也让中国发展更多地惠及世界。

表2　　2018年前三季度中国进口主要商品数量、金额及增速

商品名称	计量单位	数量	同比增长(%)	金额(亿元)	同比增长(%)
大豆	万吨	7000.8	-2.0	1958.3	-3.4
铁矿砂及其精矿	万吨	80334.2	-1.6	3624.4	-10.2
铜矿砂及其精矿	万吨	1499.1	19.5	1652.6	28.8
煤及褐煤	万吨	22895.9	11.8	1313.7	12.8
原油	万吨	33640.6	5.9	11175.9	35.9
成品油	万吨	2458.9	9.8	949.2	30.7
天然气	万吨	6477.6	34.0	1700.3	56.7
医药品	万吨	11.3	11.1	1397.2	2.9
初级形状的塑料	万吨	2448.0	15.9	2779.5	14.8
未锻轧铜及铜材	万吨	399.0	16.1	1870.9	23.2
自动数据处理设备及部件	万台	35098.9	-4.3	1632.6	19.8
二极管及类似半导体器件	亿个	4058.3	5.4	1075.8	3.7
集成电路	亿个	3200.6	14.7	15285.0	21.7
汽车及汽车底盘	万辆	87.6	-3.6	2565.1	2.2
汽车零配件	—	-	-	1744.9	9.7
空载重量超过2吨的飞机	架	306.0	2.0	1086.8	-1.2
液晶显示板	亿个	16.4	-7.6	1294.7	-15.9

续表

商品名称	计量单位	数量	同比增长(%)	金额(亿元)	同比增长(%)
*农产品	—	–	–	6811.0	7.2
*机电产品	—	–	–	47212.2	13.0
*高新技术产品	—	–	–	32603.1	14.8

注*:"农产品"、"机电产品"和"高新技术产品"包括本表中已列名的有关商品。

(四)经营主体进一步优化,各类企业进出口均保持良好发展态势

前三季度,民营企业进出口8.85万亿元,增长12.3%,占进出口总额的39.7%,比2017年同期提升0.9个百分点。其中,出口5.68万亿元,增长8.7%,占出口总额的47.9%,比重提升1.1个百分点,出口第一大经营主体地位进一步巩固;进口3.17万亿元,增长19.5%。

国有企业进出口3.94万亿元,增长17.4%。其中,出口1.25万亿元,增长7.0%;进口2.69万亿元,增长22.0%。外资企业进出口9.50万亿元,增长4.9%。其中,出口4.93万亿元,增长3.1%;进口4.57万亿元,增长6.9%。

(五)贸易方式进一步优化,一般贸易占比持续提高

前三季度,国内产业链长、附加价值高的一般贸易进出口13.02万亿元,增长13.5%,比整体进出口增速高3.6个百分点,占进出口总额的58.4%,比2017年同期提升1.8个百分点。其中,一般贸易出口6.73万亿元,增长10.9%,占出口总额的56.7%,比2017年同期提高2.1个百分点。一般贸易实现较快发展,表明外贸自主发展能力进一步增强。加工贸易进出口6.02万亿元,增长3.7%,占全国进出口总额的27.0%。其中,出口3.75万亿元,增长1.7%,占出口总额的31.6%。

表3　**2018年前三季度中国进出口贸易方式和企业性质情况**

项目		出口			进口		
		金额(万亿元)	同比增长(%)	占比(%)	金额(万亿元)	同比增长(%)	占比(%)
总值		11.86	6.5	100.0	10.42	14.1	100.0
贸易方式	一般贸易	6.73	10.9	56.7	6.30	16.3	60.4
	加工贸易	3.75	1.7	31.6	2.27	7.2	21.8
	其他贸易	1.38	0.1	11.6	1.86	15.0	17.9
企业性质	国有企业	1.25	7.0	10.5	2.69	22.0	25.8
	外资企业	4.93	3.1	41.6	4.57	6.9	43.8
	其他企业	5.68	9.6	47.9	3.17	19.5	30.0

2018年浙江省国民经济和社会发展统计公报[1]

浙江省统计局 国家统计局浙江调查总队

2018年，浙江坚持以习近平新时代中国特色社会主义思想为指导，全面贯彻党的十九大和十九届二中、三中全会精神，深入贯彻省第十四次党代会精神，围绕“八八战略”再深化、改革开放再出发，坚持稳中求进工作总基调，坚持新发展理念，坚持供给侧结构性改革主线，聚焦聚力高质量、竞争力、现代化，扎实推进富民强省十大行动计划，全力打好三大攻坚战，持续打好高质量发展组合拳，全省经济持续健康发展，社会保持和谐稳定。

一、综 合

据2018年全省5‰人口变动抽样调查推算，年末全省常住人口5737万人，比上年末增加80万人。其中，男性人口2939万人，女性人口2798万人，分别占总人口的51.2%和48.8%。全年出生人口62.8万人，出生率为11.02‰；死亡人口31.8万人，死亡率为5.58‰；自然增长率为5.44‰。城镇化率为68.9%。

初步核算，全年地区生产总值（GDP）56197亿元，比上年增长7.1%。其中，第一产业增加值1967亿元，第二产业增加值23506亿元，第三产业增加值30724亿元，分别增长1.9%、6.7%和7.8%，第三产业对GDP增长的贡献率为56.2%。三次产业增加值结构由上年的3.7∶43.0∶53.3调整为3.5∶41.8∶54.7。人均GDP为98643元（按年平均汇率折算为14907美元），增长5.7%。

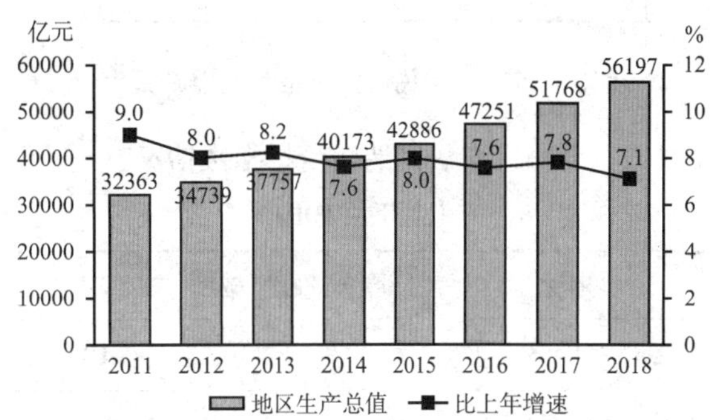

图1 2011—2018年地区生产总值及增长速度

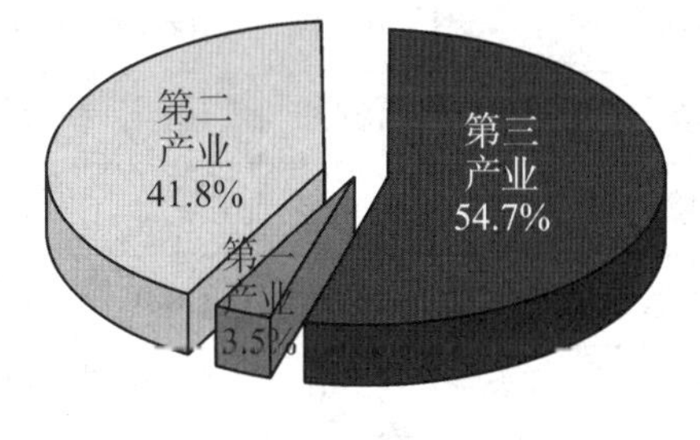

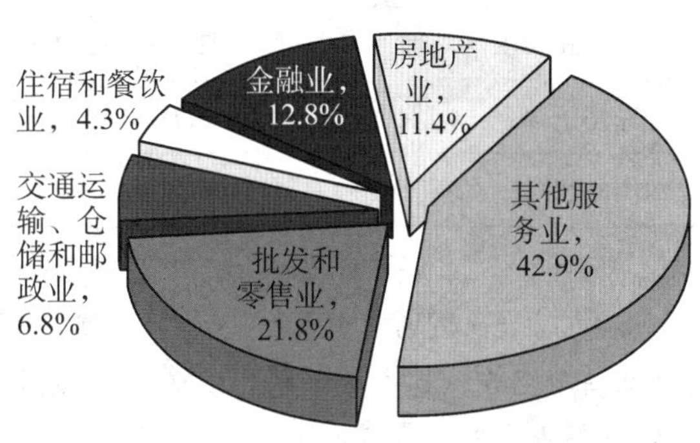

图2 2018年地区生产总值及第三产业增加值构成

全年居民消费价格(CPI)比上年上涨2.3%,其中食品类价格上涨2.6%。商品零售价格上涨2.1%。农业生产资料价格上涨1.8%。工业生产者出厂价格(PPI)上涨3.4%,工业生产者购进价格上涨5.1%。固定资产投资价格上涨5.7%。

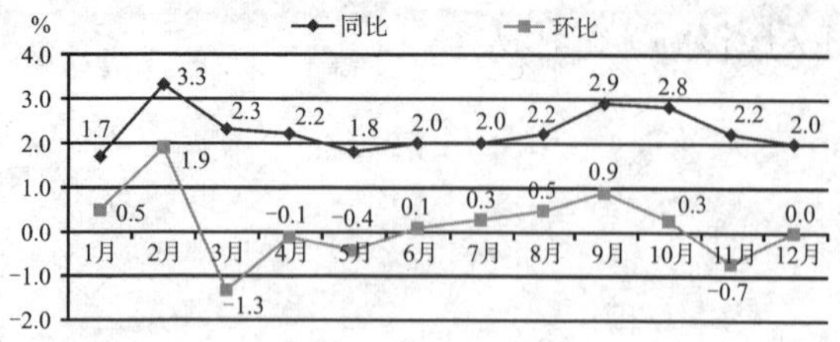

图3 2018年居民消费价格月度涨跌幅度

表1 2018年居民消费价格指数情况
(上年=100)

指标	全省	城市	农村
居民消费价格指数	102.3	102.3	102.2
其中:食品烟酒	102.6	102.8	101.9
其中:食品	102.6	102.8	102.0
其中:粮食	100.5	100.4	100.8
衣着	101.1	101.1	101.3
居住	103.4	103.3	103.8
生活用品及服务	101.4	101.4	101.2
交通和通信	101.0	100.9	101.4
教育文化和娱乐	102.2	102.2	102.3
医疗保健	102.6	103.0	101.6
其他用品和服务	100.2	100.0	101.2

全年城镇新增就业125.3万人。年末城镇登记失业率为2.6%,比上年下降0.13个百分点。城镇调查失业率各季保持在4.1%—4.5%,四季度为4.1%。

供给侧结构性改革深入推进。全年处置“僵尸企业”393家。规模以上工业企业产能利用率为81.9%。规模以上工业中,高耗能行业增加值占33.3%,比上年下降0.7个百分点。年末商品房待售面积比上年末下降24.4%,其中,商品住宅待售面积下降38.2%。年末规模以上工业企业资产负债率为55.5%,规模以上服务业企业资产负债率为52.6%。全年规模以上工业企业每百元主营业务收入中的成本为83.8元。交通投资、生态保护和环境治理业投资分别增长25.8%、19.3%。

经济新动能加快成长。全年以新产业、新业态、新模式为主要特征的“三新”经济增加值占GDP的24.9%。数字经济核心产业增加值5548亿元,按现价计算比上年增长13.1%。在规模以上工业中,数字经济核心产业、文化、节能环保、健康产品、高端装备、时尚制造业增加值分别增长11.8%、4.4%、7.2%、8.0%、9.2%和9.7%;高技术、高新技术、装备制造、战略性新兴产业增加值分别增长13.7%、9.4%、10.0%、11.5%,占比分别为12.8%、51.3%、40.7%和29.6%。在战略性新兴产业中,新一代信息技术和物联网、海洋新兴产业、生物产业增加值分别增长19.9%、10.1%和11.8%。规模以上工业新产品产值率为36.4%,比上年提高1.9个百分点。碳纤维增强复合材料、光纤、太阳能电池、城市轨道车辆、新能源汽车、智能手机、智能电视、工业机器人等产量快速增长。规模以上服务业企业[2]营业收入15045亿元,比上年增长14.2%,其中,战略性新兴服务业营业收入6631亿元,增长22.0%。网络零售额16719亿元,增长25.4%;省内居民网络消费8471亿元,增长25.0%。

表2 2018年规模以上工业分产业增加值及增速

行业	营业收入(亿元)	增长速度(%)
规模以上工业增加值	14714	7.3
高技术产业	1890	13.7
高新技术产业	7543	9.4
装备制造业	5985	10.0
战略性新兴产业	4351	11.5
数字经济核心产业制造业	1700	11.8
节能环保制造业	1562	7.2
健康产品制造业	635	8.0
时尚制造业	1195	9.7
高段装备制造业	3435	9.2
文化制造业	630	4.4

表3 2018年规模以上服务业主要行业营业收入情况

行业	营业收入（亿元）	增长速度（%）
总 计	15045	14.2
交通运输、仓储和邮政业	3053	6.7
信息传输、软件和信息技术服务业	7065	21.6
房地产业（除房地产开发经营）	484	0.2
租赁和商务服务业	1975	14.3
科学研究和技术服务业	1323	14.6
水利、环境和公共设施管理业	334	-10.1
居民服务、修理和其他服务业	156	25.9
教 育	60	6.9
卫生和社会工作	190	13.0
文化、体育和娱乐业	406	-1.7

发展效益改善效率提高。全年财政总收入11706亿元，比上年增长13.6%；一般公共预算收入6598亿元，增长11.1%，其中，税收收入5587亿元，增长11.6%，占一般公共预算收入的84.7%。一般公共预算支出8628亿元，增长14.6%，民生支出占财政支出的73.4%。规模以上工业企业利润总额4452亿元，增长5.3%，其中，高新技术、战略性新兴产业利润总额分别增长5.6%、5.4%，17个传统制造业利润增长7.2%。主营业务收入利润率为6.48%。规模以上服务业企业营业利润2142亿元，增长7.1%。全年全员劳动生产率[3]为14.7万元/人，按可比价计算比上年提高6.0%；规模以上工业劳动生产率22.5万元/人，提高8.3%。

二、农业和农村

全年粮食总产量599万吨，比上年增长3.3%；油菜籽播种面积97千公顷，增长0.9%；蔬菜646千公顷，增长0.2%；花卉苗木161千公顷，增长0.1%；中药材51千公顷，增长4.6%；果用瓜102千公顷，与上年基本持平。

全年肉类总产量105万吨，比上年下降8.8%；水产品总产量611万吨，增长2.8%，其中，海水产品产量481万吨，增长1.8%；淡水产品产量130万吨，增长6.6%。年末生猪存栏517万头，下降4.8%，生猪出栏912万头，下降10.8%。

累计创建省级现代农业园区48个、特色农业强镇85个，建成单条产值10亿元以上的示范性农业全产业链68条。严格保护好819万亩粮食生产功能区，完成提标改造65万亩。新增省名牌农产品30个、区域名牌农产品15个，有效期内浙江名牌农产品238个。新增“三品一标”[4]农产品1128个，新增绿色食品基地12.3万亩，现代农业园区、粮食生产功能区内无公害农产品整体认定139.4万亩，主要食用农产品中“三品”比率53%以上。

新增开展农村生活垃圾分类处理建制村4969个，全省农村生活垃圾分类处理建制村覆盖率61%，垃圾回收利用率32.1%，资源化利用率82.3%，无害化处理率99%；完成改造公厕5.1万座。在建省级历史文化村落重点村、一般村949个。培育创建美丽乡村示范乡镇100个、特色精品村300个、农村生活垃圾示范村200个、历史文化保护利用示范村20个。全国休闲农业与乡村旅游示范县24个，中国重要农业文化遗产8个，中国美丽休闲乡村36个。

建成农家乐休闲旅游特色村（民宿集聚村）1162个、农家乐特色点（农庄）2100个，农家乐经营户2.2万户，直接从业人员16.9万人，带动就业超过100万人。接待游客4亿人次，增长17.4%，营业总收入427.7亿元，增长20.9%。

全年共组织农民培训57.9万人次，其中，农村实用人才18万人次，新型职业农民2.7万人次，农村富余劳动力转移就业技能培训5.1万人次；实现转移就业4.4万人，转移就业率为86%。

三、工业和建筑业

全年规模以上工业增加值14714亿元，比上年增长7.3%。分经济类型看，国有及国有控股企业增长5.8%，私营企业增长7.0%；外商投资企业增长7.4%，港澳台商投资企业增长5.9%。17个传统制造业增加值增长6.0%。规模以上工业销售产值67384亿元，增长10.6%，其中，出口交货值11698亿元，增长8.6%。

表4　　2018年主要工业产品产量

产品名称	单位	产量	比上年增长(%)
布	亿米	80.1	-6.7
化　纤	万吨	2282.3	13.8
房间空调器	万台	1613.2	8.7
发电量	亿千瓦时	3353.6	2.7
钢　材	万吨	3048.7	7.1
水　泥	万吨	12248.3	12.4
发电机组	万千瓦	536.2	3.9
电工仪器仪表	万台	8766.2	-10.5
光　纤	万米	4165.7	115.6
光　缆	万芯千米	4040.4	-8.3
光电子器件	亿只(片、套)	327.0	24.6
锂离子电池	万只	21921.4	-22.5
太阳能电池	万千瓦	1134.1	42.4
集成电路	亿块	65.4	-20.0
电子元件	亿只	952.6	3.7
微型计算机设备	万台	204.1	9.5
移动通信手持机(手机)	万台	5317.6	14.0
其中:智能手机	万台	4955.9	21.3
彩色电视机	万台	722.2	22.5
其中:智能电视	万台	583.0	17.2
汽　车	万辆	119.1	42.8
其中:新能源汽车	万辆	4.0	22.3
工业机器人	套	4707.0	8.0
稀土磁性材料	吨	356.4	1.0
碳纤维增强复合材料	吨	6587.7	408.5
城市轨道车辆	辆	332.0	32.8

全年建筑业增加值3099亿元，占GDP的比重为5.5%。具有资质等级的总承包和专业承包建筑业企业总产值28756亿元，增长5.6%；实现利税总额1358亿元，增长5.4%。

四、固定资产投资和房地产业

全年固定资产投资比上年增长7.1%。非国有投资增长15.9%，占68.0%；民间投资增长17.8%，占63.1%。基础设施、服务业、高新技术产业、装备制造业投资分别增长7.7%、10.1%、22.6%、9.6%。

全年房地产开发投资比上年增长20.9%，其中住宅投资增长26.8%。商品房销售面积9755万平方米，增长1.6%；商品房销售额14090亿元，增长14.2%。

五、国内贸易

全年社会消费品零售总额25008亿元，比上年增长9.0%。按经营地统计，城镇消费品零售额20684亿元，增长8.6%；乡村消费品零售额4324亿元，增长10.6%。按消费类型统计，商品零售额22292亿元，增长8.5%；餐饮收入额2716亿元，增长12.5%。

在限额以上批发零售贸易业零售额中，通信器材类零售额比上年增长17.8%，家具类增长17.3%，日用品类增长16.7%，石油及制品类增长15.9%，粮油、食品类增长14.3%，服装、鞋帽、针纺织品类增长14.1%，中西药品类增长12.2%，五金、电料类增长4.2%，金银珠宝类增长3.9%，建筑及装潢材料类增长0.3%，汽车类下降0.7%。

全省各类商品市场3759个，全年交易额为2.19万亿元，比上年增长2.0%。其中，十亿级市场268个，百亿级市场39个，千亿级市场2个。

六、对外经济

全年货物进出口总额28519亿元，比上年增长11.4%。其中，出口21182亿元，增长9.0%，出口占全国的12.9%，份额比上年提高0.2个百分点；进口7337亿元，增长19.0%。民营经济出口16530亿元，增长10.6%，占出口总额的78.0%，比重比上年提高1.1个百分点。机电产品出口9214亿元，增长9.6%；高新技术产品出口1408亿元，增长11.5%。对欧盟、美国进出口分别增长9.3%、10.1%，其中，出口分别增长7.8%和12.2%。对"一带一路"沿线国家[5]合计进出口8967亿元，增长12.3%，其中出口6822亿元，增长8.3%。中欧（义新欧）班列开行320列。推动中国（浙江）自由贸易试验区扩权，2018年自贸区固定资产投资419亿元，新增注册企业7413家，新增油品企业1998家，大宗商品电子交易额1487亿元。

表5　　2018年货物进出口主要分类情况

指标	金额（亿元）	比上年增长（%）
货物进出口总额	28519	11.4
货物出口额	21182	9.0
其中：一般贸易	16968	9.5
加工贸易	1874	2.2
市场采购贸易	2054	7.6
其中：机电产品	9214	9.6
高新技术产品	1408	11.5
货物进口额	7337	19.0
其中：一般贸易	5557	15.9
加工贸易	814	13.3
其中：机电产品	1276	19.6

表6　　2018年主要市场货物进出口情况

国家和地区	出口额（亿元）	比上年增长（%）	进口额（亿元）	比上年增长（%）
欧　盟	4662	7.8	907	18.3
美　国	4149	12.2	470	-5.5
东　盟	2023	16.1	1137	35.8
日　本	837	4.1	744	13.0
俄罗斯	590	8.4	129	18.4

续表

国家和地区	出口额（亿元）	比上年增长（%）	进口额（亿元）	比上年增长（%）
韩　国	551	9.8	656	23.0
中国香港	249	4.0	28	213.5
中国台湾	212	9.8	571	8.1

全年服务贸易[6]进出口额3815亿元，比上年增长83.5%，居全国第4位，服务贸易进出口额占货物和服务贸易总额的11.8%。其中，出口1069亿元，增长72.2%；进口2745亿元，增长88.3%。

新批外商直接投资项目3529个，比上年增加499个；合同外资430.6亿美元，实际利用外资186.4亿美元，分别增长24.1%和4.1%。第二产业中，制造业实际利用外资59.7亿美元，增长9.2%。第三产业投资项目2940个，比上年增加502个，占外商直接投资项目总数的83.3%，合同外资307.8亿美元，实际利用外资120.0亿美元，分别增长28.7%和2.6%，占外资总额的比重分别为71.5%和64.4%。

全年经备案核准的境外企业和机构共计737家，比上年增加210家。境外直接投资备案额1262亿元，比上年增长1倍。国外经济合作完成营业额518.9亿元，比上年增长9.0%。其中，对外承包工程完成营业额506.9亿元，增长8.6%；新签合同额273.0亿元，下降17.6%；共派出各类劳务人员22589人次，外派劳务人员实际收入12.0亿元。

七、交通运输、邮电和旅游

全年交通运输、仓储和邮政业增加值2082亿元，比上年增长6.1%。

全省公路总里程12万公里，其中高速公路4421公里。共有民航机场7个，全年旅客吞吐量6539万人，其中发送量3375万人。铁路、公路和水运完成货物周转量11538亿吨公里，比上年增长14.2%；旅客周转量1104亿人公里，增长0.7%。港口完成货物吞吐量16.9亿吨，增长

6.5%，其中，沿海港口完成13.4亿吨，增长6.2%。宁波—舟山港完成货物吞吐量10.8亿吨，增长7.4%，集装箱吞吐量跃居全球第三，达2635万标箱，增长7.1%。

表7　2018年交通客货运输量

指标	单位	绝对数	比上年增长(%)
货物周转量	亿吨公里	11538	14.2
其中：铁路	亿吨公里	221	2.7
公路	亿吨公里	1964	7.8
水运	亿吨公里	9353	15.9
旅客周转量	亿人公里	1104	0.7
其中：铁路	亿人公里	695	5.5
公路	亿人公里	403	-6.7
水运	亿人公里	6	-0.1
民航旅客吞吐量	万人	6539	13.5

年末全省民用汽车保有量1534万辆，比上年末增长9.8%，其中个人汽车1347万辆，增长9.7%。民用轿车保有量964万辆，增长8.6%，其中个人轿车892万辆，增长8.4%。

全年邮政业务总量[7]2326亿元，比上年增长34.6%；电信业务总量[8]4099亿元，增长129.1%。年末移动电话用户8309万户，比上年增加719万户，其中使用3G、4G移动电话用户7071万户。固定互联网宽带接入用户2648万户，增加183万户，其中固定互联网光纤宽带接入用户2349万户，增加238万户。移动互联网用户8136万户，增加680万户。全省快递业务量101亿件，比上年增长27.5%。

全年旅游产业增加值4391亿元，比上年增长10.0%，占GDP的7.8%；旅游总收入10006亿元，增长11.9%，接待游客6.9亿人次，增长8.7%，其中接待入境过夜游客456.8万人次，下降4.2%。

八、金融、证券和保险

年末全部金融机构本外币各项存款余额116513亿元，比上年末增长8.6%，其中人民币存款余额增长9.4%。住户本外币存款余额46458亿元，增长13.9%。全部金融机构本外币各项贷款余额105775亿元，增长17.2%，其中人民币贷款余额增长17.5%。年末主要农村金融机构（农村信用社、农村合作银行、农村商业银行）人民币贷款余额13946亿元，比年初增加1822亿元。

表8　2018年金融机构本外币存贷款情况

指标	年末数(亿元)	比上年末增长(%)
各项存款余额	116513	8.6
其中：住户存款	46458	13.9
非金融企业存款	39480	6.0
各项贷款余额	105775	17.2
其中：住房贷款	42554	25.7
非金融企业及机关团体贷款	62699	12.1

年末境内上市公司432家，累计融资10112亿元；其中，中小板上市公司142家，占全国中小板上市公司的15.4%；创业板上市公司82家，占全国创业板上市公司的11.1%。

全年保险业实现保费收入2273亿元，比上年增长5.9%。其中，财产险保费收入827亿元，增长8.7%；人身险保费收入1446亿元，增长4.4%。支付各类赔款及给付762亿元，增长16.6%。其中，财产险赔付支出490亿元，人身险赔付支出272亿元。

九、人民生活和社会保障

根据城乡一体化住户调查，全年全省居民人均可支配收入为45840元，比上年增长9.0%，扣除价格因素增长6.5%。按常住地分，城镇和农村居民人均可支配收入分别为55574元和27302

元，增长8.4%和9.4%，扣除价格因素分别增长6.0%和7.0%。全省居民人均可支配收入中位数[9]为40085元，比上年增加2747元，增长7.4%。

表9　　2018年居民人均收支主要指标

指标	全省居民		城镇常住居民		农村常住居民	
	绝对数(元)	增长(%)	绝对数(元)	增长(%)	绝对数(元)	增长(%)
人均可支配收入	45840	9.0	55574	8.4	27302	9.4
1. 工资性收入	26242	8.7	31148	8.1	16898	9.3
2. 经营净收入	7752	8.8	8316	8.4	6677	9.2
3. 财产净收入	5244	10.6	7586	9.8	784	9.2
4. 转移净收入	6602	9.2	8524	8.4	2943	10.3
人均生活消费支出	29471	8.8	34598	8.4	19707	8.9

全省居民人均生活消费支出29471元，比上年增长8.8%，扣除价格因素增长6.4%。按常住地分，城镇和农村居民人均生活消费支出分别为34598元和19707元，增长8.4%和8.9%，扣除价格因素分别增长6.0%和6.6%。

年末每百户居民家庭拥有家用汽车44.4辆；拥有计算机72.6台，其中接入互联网的计算机64.7台；拥有移动电话243.6部，其中接入互联网的移动电话178.8部；拥有彩色电视机173.2台、电冰箱104.0台、洗衣机90.6台、空调193.1台、热水器101.9台。

年末全省参加基本养老保险人数4081万人，参加基本医疗保险人数5369万人，参加失业保险、工伤保险、生育保险人数分别为1478万人、2088万人和1477万人。正常缴费企业退休人员基本养老金月人均超过3200元。城乡居民养老保险基础养老金月人均最低标准提高到155元，因工死亡职工供养亲属抚恤金月人均提高100元。

年末在册低保对象72.7万人(不含五保)，其中，城镇22.1万人，农村50.6万人。低保资金(含各类补贴)支出45.2亿元，比上年增长33.9%；城乡低保标准已实现一体化，平均每人每月771元。全年支出医疗救助资金12.1亿元，比上年增长36.9%。中央和省财政投入补助资金62.7亿元，新增各类机构养老床位数2万张。

全年发行各类福利彩票167.8亿元，比上年增加11.4亿元，筹集公益金48.3亿元。

十、教育和科学技术

年末全省共有小学3301所，招生66.2万人；在校生360.6万人，比上年增长1.9%，小学学龄儿童入学率为100%。小学生均校舍建筑面积9.5平方米；生均图书31.2册；每百名学生拥有计算机20.5台；小学体育运动场(馆)面积达标的学校比例为99.7%。共有初中1742所，招生54.3万人；在校生161.5万人，比上年增长3.6%，初中入学率为100%。初中生均校舍建筑面积19.9平方米；生均图书50.6册；每百名学生拥有计算机31.8台；初中体育运动场(馆)面积达标的学校比例为99.5%。全省各类中等职业教育学校246所(不含技工学校)，招生17.8万人，在校生52.6万人；普通高中591所，招生25.5万人，在校生76.9万人，毕业生25.3万人。

全省共有普通高校109所(含独立学院及筹建院校)。研究生(含非全日制)、本科、专科招生比例为1.0∶5.5∶4.9；高等教育毛入学率为60.1%。全年研究生(含非全日制)招生29760人，其中，博士生3339人，硕士生26421人。

义务教育中小学专任教师33.8万人，比上年增长2.4%。中等职业教育(不含技工学校)专任教师3.4万人，生师比15.3:1；专任教师学历合格率为97.5%。双师型教师占专任教师和专业课教师的比例分别为45.3%和83.6%。普通高等学校专任教师中副高及以上职称教师所占比例为45.7%；具有硕士及以上学位教师比例为84.0%。

全省共有幼儿园8453所,在园幼儿193.4万人，比上年减少1.2%。幼儿园专任教师13.0万人，比上年增加0.5万人；幼儿教师学历合格率为99.97%。

全年全社会研究和发展(R&D)经费支出占生产总值的2.52%，比上年提高0.07个百分点。财政一般公共预算支出中科技支出379.7亿元，比上年增长25.1%。

有国家认定的企业技术中心113家(含分中心)。新认定高新技术企业3187家，累计14649家。新培育科技型中小企业10539家，累计50898家。全年专利申请量45.6万件；授权量28.5万件，其中发明专利授权量3.3万件，比上年增长13.2%。科技进步贡献率为61.8%。新增“浙江制造”标准559个。

十一、卫生和文化体育

年末全省卫生机构3.3万个(含村卫生室)，其中，医院1288个，卫生院1166个，社区卫生服务中心(站)5310个，诊所(卫生室、医务室)11089个，村卫生室11483个，疾病预防控制中心100个，卫生监督所(中心)102个。卫生技术人员48.6万人，比上年末增长5.5%，其中，执业(助理)医师19.1万人，注册护士20.2万人，分别增长6.4%和7.1%。医疗卫生机构床位数33.2万张,增长5.7%，其中，医院29.4万张，卫生院1.9万张。医院全年总诊疗28292万人次，增长2.4%。

全省预约诊疗服务平台预约请求量1063万人次，预约成功量747万次，比上年分别增长15.3%和9.2%，日均预约成功量2.0万次，新增注册用户215万人，增长3.1%，日均注册量为0.6万人次。全年新接入医院238家，累计接入医院522家。

年末全省共有公共图书馆103个，文化馆101个，文化站1374个，博物馆337个，隶属文化部门艺术表演团体64个。广播、电视人口综合覆盖率分别为99.73%和99.80%。共有影视制作机构3368家，其中上市公司26家；全年制作电视剧52部2358集，动画片54部19393分钟；制作影片117部，电影票房收入48.9亿元，比上年增长11.3%。图书出版社14家；公开发行报纸95种，出版期刊233种；新闻出版营业收入23.4亿元。

全年浙江运动员在各类国际性、洲际性、全国性比赛中共获得世界锦标赛、世界杯总决赛冠军14个，世界杯分站赛、系列赛冠军25个，世界青年锦标赛冠军4个，亚洲锦标赛、亚洲杯赛冠军9个，亚洲青年锦标赛冠军17个，全国一类比赛冠军80个、二类比赛冠军96个、青少年比赛冠军343个。

年末全省人均体育场地面积2.16平方米，经常参加体育锻炼人数[10]占总人口的41.3%，城乡居民国民体质合格率保持在92.9%以上。有省级全民健身中心24个、中心村全民健身广场(体育休闲公园)534个、社区多功能运动场585个。国家级体育后备人才基地18个，省级体育后备人才基地50个。国家级体育传统项目学校17个。省级青少年体育俱乐部413所。国家体育产业示范基地(运动休闲示范区)5个、体育旅游示范基地1个、国家级运动休闲特色小镇3个。省级运动休闲基地17个、运动休闲旅游示范基地26个。

全年销售体育彩票206.2亿元，比上年增加69.2亿元，增长50.5%。

十二、资源、环境保护和社会安全

全年平均降水量为1640毫米(折合降水总量1702亿立方米)，全省水资源总量为867亿立方米，人均水资源量为1521立方米。

全年完成造林更新面积16.9千公顷，比上年减少11.8%，其中，人工造林7.4千公顷，迹地更新8.8千公顷。森林抚育面积128.6千公顷，完成义务植树2679万株。新植珍贵树木2413万株，重点建设珍贵彩色森林29.8万亩。根据2018年浙江省森林资源公告，全省森林覆盖率为61.2%(含灌木林)。完成水土流失治理面积454.5平方公里。

年末有气象雷达观测站点10个，卫星云图接收站点26个，区域自动气象观测站2968个。全年霾平均日数22天，比上年减少12天。11个设区城市环境空气PM2.5年均浓度平均为33微克/立方米，比上年下降15.4%；日空气质量优良天数比例为71.0%～95.1%，平均为85.3%，比上年提高2.6个百分点。69个县级以上城市日空气质量优良天数比例为71.0%～100%，平均为90.8%，提高0.8个百分点。

221个省控断面中，Ⅲ类及以上水质断面占84.6%，比上年提高1.8个百分点；满足水环境功能区目标水质要求断面占89.6%，提高3.6个百分点。按达标水量计，11个设区城市的主要集中式饮用水水源地水质达标率为97.0%，下降0.4个百分点；县级以上城市集中式饮用水水源地水质达标率为97.0%，提高0.6个百分点。按个数计，11个设区城市的主要集中式饮用水水源地水质达标率为90.5%，与上年持平；县级以上城市集中式饮用水水源地水质达标率为94.5%，提高1.1个百分点。145个跨行政区域河流交接断面水质达标率为90.3%，与上年持平。近岸海域发现赤潮18次，累计面积约1069平方千米，其中有毒有害赤潮6次，面积180平方千米。与上年相比，赤潮发现次数减少15次，累计面积减少999平方千米。

全年城市污水排放量37.0亿立方米，比上年增长3.9%，城市污水处理量为35.3亿立方米，增长4.8%，城市污水处理率95.55%，比上年提高0.78个百分点。城市生活垃圾无害化处理率100%，城市用水普及率100%，城市燃气普及率99.83%。人均公园绿地面积13.6平方米。

累计建成国家生态文明建设示范市1个，国家生态文明建设示范县（市、区）10个，国家"绿水青山就是金山银山"实践创新基地5个，省级生态文明建设示范市5个，省级生态文明建设示范县（市、区）38个。建成国家级生态市2个，国家级生态县（市、区）39个，国家级生态乡镇691个，国家环境保护模范城市7个，省级生态市5个，省级生态县（市、区）67个，省级环保模范城市15个。

全年规模以上工业企业能源消费量比上年增长2.1%，单位工业增加值能耗下降4.8%。其中，千吨以上和重点监测用能企业能源消费量分别下降0.7%和1.1%，单位工业增加值能耗分别下降6.6%和7.2%。

全年发生各类生产安全事故（包括工矿商贸企业、道路运输、水上交通、渔业船舶、铁路交通、海上交通事故）2276起、死亡1963人、受伤789人，比上年分别下降33.0%、28.0%和45.1%。其中，较大生产安全事故13起、死亡52人，比上年减少2起、增加1人；未发生重大生产安全事故。道路运输共发生事故1767起、死亡1446人、受伤680人，比上年分别下降35.4%、29.1%和47.0%。

注释：

[1] 本公报所列各项数据为年度初步统计数据。部分数据因四舍五入原因，存在与分项合计不等的情况。

[2] 规模以上服务业企业为列入国家统计局统计的10355家企业，不包括批发零售住宿餐饮、房地产开发和银行、证券、保险业企业。

[3] 全员劳动生产率为地区生产总值（现价）与全部就业人员年平均人数的比率，增速按可比价计算。

[4] "三品一标"是指无公害农产品，绿色食品，有机农产品，农产品地理标志。

[5] "一带一路"沿线国家具体包括印度、俄罗斯、越南、印度尼西亚、伊朗、泰国、土耳其、巴基斯坦、马来西亚、波兰、菲律宾、沙特阿拉伯等64个国家。

[6] 从2018年起，浙江服务贸易统计执行《国际服务贸易统计监测制度》，口径与上年有调整，增速按可比口径计算。

[7] 邮政业务总量按2010年不变价计算。

[8] 电信业务总量按2015年不变价计算。

[9] 人均可支配收入中位数是指将所有调查户按人均可支配收入水平从低到高顺序排列，处于最中间位置的调查户的人均可支配收入。

[10] 经常参加体育锻炼的人指每周参加3次及以上，每次锻炼时间30分钟以上、锻炼强度达到中等及以上的人。

资料来源：

本公报中财政数据来自省财政厅；城镇新增就业、登记失业率、社会保障等数据来自省人力社保厅；水产品产量、粮食生产功能区、现代农业园区、示范性农业全产业链、农业文化遗产、休闲农业与乡村旅游示范县、美丽休闲乡村、建制村生活垃圾处理、美丽乡村建设、历史文化村落、农家乐、农民素质提升工程培训等数据来自省农业农村厅；商品交易实体市场和交易额、“浙江制造”标准、专利等数据来自省市场监管局(知识产权局)；货物进出口等数据来自杭州海关；服务贸易进出口、外商直接投资、对外投资、国外经济合作、对外承包工程、外派劳务、网络零售额等数据来自省商务厅；公路里程、民航运输、货物周转量、旅客周转量、港口货物吞吐量、集装箱吞吐量等数据来自省交通运输厅；汽车拥有量等数据来自省公安厅；邮政业务、快递业务量等数据来自省邮政管理局；电信业务总量、电话用户、互联网用户等数据来自省通信管理局；公共图书馆、文化馆、博物馆、艺术表演团体、旅游等数据来自省文化和旅游厅；货币金融数据来自人民银行杭州中心支行；上市公司数据来自浙江证监局；保险业数据来自浙江银保监局；教育数据来自省教育厅；企业技术中心、高新技术企业、科技型中小企业、科技进步贡献率等数据来自省科技厅；卫生、诊疗数据来自省卫生健康委；广播电视数据来自省广电局；电影、出版数据来自省委宣传部；体育、体育彩票等数据来自省体育局；低保、社会服务和救助、福利彩票等数据来自省民政厅；水资源、水土流失治理面积等数据来自省水利厅；森林资源数据来自省林业局；气象数据来自省气象局；生态建设、环境监测等数据来自省生态环境厅；城市污水处理、城市生活垃圾处理、用水和燃气普及率、人均公园绿地面积、农村公厕改造等数据来自省建设厅；各类事故发生起数、死亡和受伤人数等数据来自省应急管理厅；价格、粮食产量、生猪存出栏、城乡居民收支、家庭耐用品拥有量、调查失业率等数据来自国家统计局浙江调查总队；其他数据均来自省统计局。

2018年浙江省商务运行形势分析

浙江省商务厅

2018年，面对错综复杂的国内外经济形势，全省商务系统坚持以供给侧结构性改革为主线促进消费升级、以“一带一路”统领新一轮对外开放，商务发展新旧动能加快转换，高质量发展态势加快形成。全省商务经济运行总体平稳、稳中有进，顺利完成全年目标任务。其中，消费市场平稳运行，网络零售持续快速发展，货物贸易创历史新高，服务贸易高速发展，利用外资稳中有升，对外投资合作增速强劲，开放平台作用不断凸显。

一、消费市场平稳运行

2018年，全省社会消费品零售总额25007.9亿元，同比增长(下同)9.0%，和全国增速持平，完成全年社零增速目标。其中，12月当月社零增速7.8%。

1. 石油制品类销售成为拉动社零增长的主要力量。全年国内成品油价格震荡走高后快速回落，在10月达到2014年以来的高位，11—12月持续回落，汽油价格全年累计下跌490元/吨，柴油累计下跌465元/吨。浙江省石油及制品类销售额全年仍保持15.9%的增长，增速较上年提高3.1个百分点。限上石油制品类销售拉动全年社零累计增幅约0.8个百分点，在所有限上品类中拉动社零增幅最大。

2. 汽车消费增长出现颓势。自5月以来，汽车当月销售连续8个月负增长，全年累计限上汽车类零售额增幅从上年的8.3%下降至2018年的0.7%，拖累全年社零累计增幅约1.6个百分点。

3. 部分热点商品消费放缓，住宿餐饮业保持稳定。限上化妆品、通信器材类、金银珠宝类分别增长30.7%、17.8%、3.9%，涨幅较去年收窄0.1个、0.9个和2.5个百分点；五金电料、家电类销售同比分别增长4.2%、1.7%，收窄27.4个和12.7个百分点。住宿餐饮业保持稳定，全年住宿、餐饮业营业额分别同比增长10.2%和14.4%，高于社零1.2个和5.4个百分点。

4. 生活必需品价格涨幅放大，多类重要生产资料价格同比上涨。重点监测点显示：7大类食用农产品批发价格同比6涨1降，其中水果、粮食、水产品、食用油、蔬菜、鸡蛋上涨，猪肉价格下降，平均价格同比上涨3.7%，涨幅较上年同期放大2.9个百分点。7大类重要生产资料平均价格同比5涨2降，其中水泥、成品油、钢材、动力煤、化肥价格上涨，有色金属和橡胶价格下跌。

二、网络零售持续快速发展

根据浙江省商务厅统计，2018年，全省网络零售16718.8亿元，增长25.4%；省内居民网络消费8470.5亿元，增长25.0%；全省跨境网络零售出口574.4亿元，同比增长31.1%。

1. 活跃零售网店数量有所下降。截至12月底，全省在重点监测第三方电子商务平台上活跃网络零售网店超过70.6万家，环比下降13.2%；活跃网店相当于注册零售网店总数的46.2%。其中，企业店7.3万家(天猫店3.3万家)，个人店63.2万家。

2. 重点行业网零比重稳步提高。服饰鞋包、家居家装、3C数码等3大行业居网络零售额前三名，全年网络零售额占比分别为40.3%、17.0%、11.8%，占比分别比上年同期增加1.9个、0.3个、1.1个百分点，合计占全行业网络零售额的69.1%。

3. 金杭甬三市贡献主要跨境网零出口额。金华、杭州、宁波3市居全省跨境网零出口额前三位，分别为310.3亿、115.5亿、54.1亿元，合计占全省跨境网络零售出口的83.6%。

三、货物贸易创历史新高

据杭州海关统计，2018年，全省进出口总额28519.2亿元，增长11.4%，高于全国1.7个百分点。其中，出口21182.1亿元，增长9.0%，高于全国1.9个百分点，占全国份额为12.9%。进口7337.2亿元，同比增长19.0%，高于全国6.1个百分点。

1. 三项指标均实现新突破，创历史新高。以美元计，进出口、出口、进口分别突破4000亿、3000亿、1000亿美元大关，均创历史新高。以人民币计算，出口首次突破20000亿元大关。

2. 新兴市场表现良好，对美出口高速增长。对东盟、拉丁美洲、非洲的出口增速分别为16.1%、13.3%和12.6%，拓市场成效明显。全年对美出口增速12.2%，占全省出口比重为19.6%，占比较上年提升0.6个百分点。

3. 机电高新出口增速高于平均，出口产品结构进一步优化。全省机电和高新技术产品增速分别为9.5%、11.5%，占出口比重为43.5%、6.7%，占比均较上年上升0.2个百分点。八大类轻工产品和纺织服装产品增速分别为8.0%、6.8%，占出口比重分别为16.6%、22.3%，占比分别较上年下降0.1个、0.5个百分点。

4. 一般贸易占比进一步提升，贸易结构多元化趋势明显。一般贸易出口增长9.5%，占全省出口比重为80.1%，较上年上升0.2个百分点；加工贸易出口增长2.2%，占全省出口比重8.8%，较上年下降0.6个百分点。外贸新业态中，全省市场采购出口2054.0亿元，增长7.6%，占全省出口比重为9.7%，较上年下降0.1个百分点；外综服企业（不含一达通）出口增长16.4%，占全省出口比重为2.8%。

5. 大宗商品进口占比提升，消费品进口高速增长。大宗商品在进口中的主导地位进一步加强，全年进口增速为20.6%，占比53%，较上年增加0.7个百分点。消费类进口增速较高，美容化妆品及护肤品、成品油、水果及坚果增速高达165.4%、80.0%、452.7%。

6. 外贸小微企业出口高速增长，市场主体培育成效明显。年出口额在300万美元以下的外贸小微企业全年出口达2946.3亿元，同比增长29.9%，占全省出口比重为13.7%。全省全年新增进出口经营权备案登记企业33914家，同比增长83.9%。

四、服务贸易高速发展

2018年，浙江省服务贸易进出口总额3814.4亿元，同比增长83.4%，位居全国第四位。其中出口1069.1亿元，同比增长72.2%，进口2745.2亿元，同比增长88.3%。浙江省服务贸易占全国比重由2017年的4.42%上升到了7.28%，上升了2.86个百分点；浙江省服务贸易占全省对外贸易比重由2017年的7.51%上升到了11.80%，上升了4.29个百分点。

主要出口产业保持高速增长。运输服务、电信计算机信息服务为浙江省服务贸易出口的两大支柱产业，增速分别为36.0%、57.2%，占比提升至30.5%、29.2%。旅行继续成为拉动进口和贸易逆差的主要力量。全年旅行进口总额增长109.9%，占服贸进口的70.5%。旅行贡献逆差1825亿元。

五、利用外资稳中有升

2018年，全省新设外商直接投资企业3529家，投资总额759.3亿美元；合同外资430.6亿美元，同口径增长24.1%；实际外资186.4亿美元（1237.9亿元），同口径增长4.1%（2.5%），完成年度目标的108.4%。按商务部口径，实际外资125亿美元，增长13.9%，占全国比重为9.2%。

1. 高质量外资项目持续增长。新设投资总额亿美元以上企业107家，比上年同期增加18

家，投资总额和合同外资分别为313.5亿美元、122.9亿美元，占总量的41.2%和28.5%。新批世界500强投资企业35家，同比增加1家，投资总额28.9亿美元，合同外资13.2亿美元。其中新引入世界500强企业3家。

2. 制造业利用外资增速较快。第二产业实际外资66.2亿美元，增长7.8%，其中制造业实际外资59.7亿美元，同比增长9.2%，占实际外资总量的32.0%。制造业中，增速主要来自化学原料和化学制品制造业、通用设备制造业、专业设备制造业等行业。

3. 部分发达国家投资大幅增长。来自美国、英国、新加坡的实际外资3.1亿、3.6亿、5.7亿美元，分别增长66.9%、30.8%、44.3%。比利时、爱尔兰、意大利、卢森堡、瑞士等国家实际外资也出现大幅增长。受新加坡外资强势增加拉动，"一带一路"国家实际外资达7亿美元，增长47.3%。

六、对外投资合作增速强劲

2018年，全省经备案、核准的境外企业和机构共计737家，境外直接投资备案额183.8亿美元（1261.5亿元），增长90.6%（1倍）；实际对外投资额85.86亿美元（589.27亿元），增长3.3%（8.5%），再创历史新高。全年国外经济合作完成营业额75.6亿美元（518.9亿元），同比增长3.8%（9.0%）。

1. 对外投资呈多元化趋势，跨国并购持续快速增长。境外营销网络规模不断扩大，全省经备案、核准设立的境外营销网络项目共617个。增资大项目表现平稳，全年以增资形式实现的境外投资项目119个，中方增资额25.32亿美元，占全省总额的13.77%。跨国并购持续快速增长，全年并购项目共151个，增长28.0%，并购额101.05亿美元，增长87.65%，占对外投资的比重为55.0%；平均单个项目并购额增长46.7%。并购额在1亿美元以上项目有11个。

2. 投资领域广泛，制造业领域投资占比七成以上。全省对外直接投资主要涉及制造业、能源业、批发和零售等18大类66个细分行业。其中，制造业受大项目影响，同比增长1.35倍，占比超七成。

3. 与"一带一路"沿线国家产能合作持续深化。全年在"一带一路"沿线国家投资项目202个，投资金额为37.2亿美元，同比增长22.3%。在沿线完成工程营业额29.2亿美元，与上年基本持平，比重39.6%。

4. 境外经贸合作区建设快速发展。2018年，浙江省新增百隆（越南）纺织园区等7家省级境外经贸合作区，目前浙江省已有国家级境外经贸合作区4家，省级8家。园区类型也从加工制造型拓展到科技研发型、资源利用型和农业开发型等。

七、开放平台作用不断凸显

1. 自贸试验区高速发展。全年自贸试验区实现进出口额642.2亿元，其中油品进出口额432.9亿元；新设外商投资企业299家，实际外资2.9亿美元；保税船用燃料油供应量359.3万吨，年内共实现跨境人民币结算727.9亿元。

2. 经济开发区发展总体平稳。1—12月，全省经济（技术）开发区实现进出口总额13632.1亿元，其中出口额9609.6亿元，进口额4022.5亿元，同比分别增长11.6%、7.7%和22.3%，分别占全省的47.8%、45.4%和54.8%。开发区实际外资105.4亿美元，占全省总数的56.5%，同比增长7.8%；其中省级开发区实际外资32.4亿美元，同比增长14%。宁波经济技术开发区等前10位开发区实际外资合计288.3亿美元，占开发区总数的54.3%。

3. "义新欧"班列超额完成全年目标。"义新欧"班列共开行320列，累计发运25060个标箱，增加68.8%，其中，去程开行258列，发运21326个标箱，增加89.7%。

2018年浙江省出口退税管理工作情况分析

国家税务总局浙江省税务局

2018年,全省(不含宁波,下同)办理出口退(免)税1670.6亿元,同比增长5.33%,位列全国第三,其中办理出口退税1305亿元,同比增长6.36%,办理免抵调库365.6亿元,同比增长1.84%,在促进浙江省对外贸易发展方面发挥了重要作用。

一、全面落实出口退税政策,支持浙江省地方经济发展

支持中国(浙江)自由贸易试验区工作。提出有效、可行的税收政策意见建议,促进中国(浙江)自由贸易试验区产业发展。支持跨境综试区开展零售出口货物免税管理。对中国(杭州)、中国(义乌)跨境综试区电子商务出口企业零售出口未取得合法有效进货凭证的货物,试行增值税、消费税免税政策,在全国率先出台《浙江省跨境综合试验区零售出口货物免税管理办法》,规范统一电子商务出口企业零售出口货物免税管理。继续做好市场采购贸易出口货物免税管理。积极支持温州(鹿城)轻工产品交易中心市场采购贸易方式试点,加强义乌市和海宁皮革城市场采购贸易出口货物免税管理。外综服企业代办退税新政落地生根。密切关注外综服企业代办退税业务开展情况,及时做好委托代办退税生产企业首次申报出口退(免)税实地核查工作。增值税零税率应税服务平稳发展。对浙江省增值税一般纳税人提供国际运输、研发设计等完全在境外消费的服务,实行增值税零税率政策。

二、充分发挥增值税税制改革效应,助力出口企业积极应对中美贸易摩擦影响

增值税税率调整政策落实到位。加强税率调整政策业务培训,加大对出口企业的政策宣传力度,对政策过渡期出口退税申报操作进行专门辅导,及时回应出口企业反映的热点、难点问题,统一全省业务操作口径,确保政策执行准确到位、出口企业申报顺畅无误。部分产品出口退税率调整政策精准实施。加强政策宣传,通过多渠道,全方位向出口企业进行政策宣传和业务指导。完善系统保障,及时做好出口退税率文库、出口退税信息系统升级工作,为政策实施奠定信息化系统基础。持续跟踪后续政策落实情况,认真处理出口企业咨询,及时回应出口企业诉求,快速解决政策执行问题,确保出口企业应享尽享出口退税率调整政策。

为帮扶出口企业应对中美贸易摩擦带来的不利因素,对受中美贸易摩擦影响企业申报的出口退(免)税,符合出口退(免)税规定的,在国家下达的出口退税计划内,优先足额办理退税。对受影响较大的出口企业实行包户责任制,定期跟踪审核、退税进度,进一步缩短退税周期,确保出口退税款及时足额到账,减轻企业负担,助其"轻装上阵",为出口企业冲破困局、转型发展提供助力。

三、不断深化出口退税日常管理,加快出口退税进度

持续下放审批权限,简化审批手续。根据《全

国税务机关出口退(免)税管理工作规范》相关规定,浙江省下放出口货物退(免)税审批权限,目前生产企业出口退(免)税原则上由主管征税的县(市、区)以上税务机关负责审核,外贸企业退(免)税审核审批权限已累计下放至89个县(市、区)局和税务分局。优化出口退(免)税企业分类管理。按规定为一类、二类、三类、四类出口企业分别在5、10、15、20个工作日内办结出口退(免)税手续,同时为一类企业优先办理出口退税,建立重点联系制度,及时解决企业的出口退(免)税问题。截至2018年底,浙江省申报出口退(免)税的出口企业共有52757户,其中一类企业1920户,占比3.64%,二类企业33666户,占比63.81%。一、二类企业申报出口退(免)税已占出口退(免)税申报总额的85.90%。2018年浙江省出口企业正常办理出口退税平均时间为6.46个工作日,大大少于国务院常务会议明确要求的10天办理时限。出口退税政策效用得到充分发挥,有力地支持了浙江省外贸出口发展。

四、统筹出口退税风险管理,加大风险防控力度

开展《骗取出口退税案件分析及对策研究》课题研究。在全球经济增速放缓以及贸易保护主义抬头的大环境下,梳理骗取出口退税地域分布、判决情况、案件主体以及涉案商品等犯罪情况,全面总结全国范围内骗取出口退税犯罪行为的主要方法、手段和特征,对其成因进行分析,给出针对性的解决方案或政策建议,为有效防范和打击骗取出口退税违法犯罪行为提供参考。引导企业建立健全出口退(免)税风险内控制度,将涉税风险尽可能控制在萌芽状态。不断深化与海关、商务、商检、外管等部门的横向联系与协作,进一步健全税务系统内部工作协调机制,加强了信息互换和共享,形成合力,提高防范打击出口骗税的震慑力。

五、持续升级出口退税服务举措,增强出口企业获得感

根据出口企业实际需求,不断深化“互联网+便捷退税”试点,开发完善系统功能,进一步简化出口企业办税操作步骤。精简出口退税业务和涉税资料报送,陆续分批清理取消非必需的报送资料,切实减轻企业办税负担。全省已实现无纸化退税全覆盖。精准落实便民办税“春风行动”,2018年受理2074户企业出口退(免)税延期申报申请,涉及出口额3.45亿美元;受理3132户企业办理出口退税无信息备案,为企业成功化解出口退税风险,免了遭受不必要的经济损失。

2018年浙江省外汇管理工作情况分析

国家外汇管理局浙江省分局

2018年，国家外汇管理局浙江省分局紧紧围绕服务实体经济、防控金融风险、深化金融改革三项任务，根据全国外汇管理工作会议和分局长会议各项部署，优化服务，推进改革，加强监管，不断提升跨境贸易投资自由化便利化水平，切实防范跨境资本流动风险。

一、高度重视中美贸易摩擦影响，积极主动帮助企业应对难关

开展以“优化外汇金融服务，助推浙江外贸高质量发展”为主题的系列服务活动。组织全省外汇局系统和金融机构，推出举办百场专题培训、上门服务万家企业、加大融资支持力度、降低企业融资成本、提升金融服务质量、优化营商环境等10项举措，累计开展培训和讲座1300余场，受益企业4万余家，发放宣传资料25万余份。

加强与市场主体的沟通。针对人民币汇率波动加剧等情况，多次召开银行形势座谈会、企业规避汇率风险宣传研讨会，及时掌握市场动态，稳定市场信心。

深化“市场采购”贸易方式支持政策。研究推出进一步支持市场采购贸易发展的政策，完善联网平台功能，加强出口与收汇的关联匹配，强化联合监管，促进“市场采购”贸易收结汇的阳光化和快速增长。

研究探索支持跨境电商发展的便利化政策措施。从“实行交易自证制度，便利电商出口收汇”和“拉平银行、支付机构政策落差，构建跨境电商收付汇双通道”两方面着手，制定进一步支持跨境电商发展的实施方案和完善外汇监管的具体政策措施。

二、深入落实“放管服”要求，优化外汇管理服务

加快推进外汇管理“最多跑一次”改革。依次推动“进口单位名录登记”、“进口付汇事前审核”、“出口单位名录登记”、“出口收汇事前审核”、“非银行债务人办理外债签约登记”、“非银行债务人非资金划转类提款备案”、“非银行债务人非资金划转类还本付息备案”和“非银行债务人外债注销备案(登记)”共8项许可业务网上办理，并通过子网站等方式向社会公布办理流程，扩大改革成果知晓度，实现“让数据多跑路、让群众少跑路”的改革目标，同时实现部门间信息联动管理，进一步提高了监管效率。

加强政策宣传教育，规范窗口服务。加强外汇管理“七五”普法宣传教育，在提高内部政务服务和依法行政工作水平的同时，严格按照“谁执法、谁普法”的原则，借助诚信兴商宣传月等活动，有针对性地对外开展外汇管理法治社会宣传教育活动，普及外汇政策。加强行政窗口人员管理，严格落实首问负责、一次性告知等服务制度，开展满意度评价，张贴服务流程，切实提升办事群众满意度。

三、深化外汇管理改革，服务国家全面开放新格局

深入推进资本项目收入结汇支付便利化试点。指导银行按照“展业三原则”开展试点业务，

积极探索外汇管理从规则监管向原则监管的转变,增强了市场投融资活力。

完善自律和监管相互补充的管理新模式。督导自律机制发挥行业规范和政策导向职能,指导省级自律机制召开成员扩大会议并充实核心成员,实现自律机制对全省58家银行的全覆盖,核心成员行由原先的14家增至16家。指导省级自律机制开展首届展业规范知识竞赛,提高银行对展业自律机制的认识,进一步增强合规经营意识。

深化跨国公司外汇资金集中运营管理。制定《跨国公司外汇资金集中运营管理风险评估操作指引》,对已备案企业开展风险评估工作。同时,根据前期摸排和与企业充分沟通,盘活备案企业名额以满足企业实际需求。

四、严格落实监管责任,确保外汇市场健康稳定发展

加强真实性合规性核查,深挖经常项下异常线索。以原则监管为导向、以资金流为起点,加大银行非现场和现场核查力度,严防跨境资本借道经常项目流动风险,重点核查虚假贸易融资、出口不收汇、进口多付汇等领域。加大对个人分拆购付汇和外币现钞存取的核查力度。

全面加强资本项目事中事后监管。加强大数据分析运用,建立涵盖资本项目全业务、全流程的事中事后监测核查制度,加强对境外发债、境外放款、外债提前还款的监管,及时发现各类趋势性、苗头性情况。

加强对个人本外币兑换特许机构和第三方支付机构的监管。通过现场核查、业务回访、高管约谈等手段加强对特许机构的管理,实现对特许机构现场核查和回访的全覆盖。探索特许行业与优质企业的参股合作,引入优质企业以改善公司治理结构,提高经营管理水平。加强对第三方支付机构跨境收付汇业务的监管,重点关注第三方支付机构参与跨境收结汇业务的合规性。

2018年杭州海关运行情况分析

杭州海关

2018年，杭州海关积极践行习近平总书记赋予浙江“干在实处永无止境，走在前列要谋新篇，勇立潮头方显担当”的新期望，强化新海关责任担当，提升监管服务效能，积极为开放强省建设作贡献。据海关统计，2018年全省实现外贸进出口创历史新高，达2.85万亿元，进出口值、出口值、进口值分别居全国的第4、第3和第6位，占同期全国的9.3%、12.9%和5.2%，增速均居沿海主要外贸省市首位。杭州海关全年监管货运量1.76亿吨，检验检疫货物64.87万批次，分别居全国42个直属海关（下同）的第8、第5位；征收两税517.81亿元，居第11位；监管进出境人员635.43万人次、邮递物品1.17亿件、快递物品4407.66万件，分别居第5、第3和第4位；认证企业数、签发各类原产地证书数分别居第2、第1位。

一、全力推进提效降费减证工作

建立专门班底，对全省整体通关时间进行摸底调研，及时研究解决难点问题，制定实施提高查验效率、优化送检化验流程等25条措施，层层压紧压实责任，促成关区整体通关时间大幅压减，2018年12月，关区进、出口整体通关时间分别为43.55小时和2.71小时，比2017年压减85.1%和67.7%，进口整体通关时间压缩比率居主要外贸省市首位。免收出入境检验检疫费2.93亿元、原产地证书签证费及工本费4139万元，配合省财政厅提前完成口岸每个标箱降费100美元目标。建立进出口货物收发货人注册登记“多证合一”新模式，将原关检229项申报项目整合为105项，减少国际船舶进出境通关纸质单证22份，促成3项精简单证立法建议被海关总署采纳。

二、积极应对中美经贸摩擦

建立关领导企业联络机制，及时跟进分析美方“201调查”“232调查”“301调查”和2000亿美元清单商品加征关税的影响，深入700余家企业开展专题调研。帮助企业用好减免税政策，为企业减免两税19.15亿元，增长33.7%，促成8项税政调研建议被财政部采纳，每年可为省内企业节约成本4600万元。用好原产地政策和技贸措施，签发原产地证书102.85万份，建成国家级技贸措施研究评议基地2个，指导9家出口食品企业通过国外官方检查，扶持塘栖枇杷、建德草莓苗等特色农产品首次出口。强化职能指导，促成浙江医药、海盐宇星螺帽等企业获得美方关税豁免。强化统计监测预警，专项研究分析报告获省委、省政府领导批示26篇次。

三、有效服务中国（浙江）自由贸易试验区建设

成立专项对接服务领导小组，重点围绕油气全产业链建设，先后11次赴浙江自贸试验区开展专题调研，围绕发展需求，探索形成保税油品混兑等12项监管创新举措，建立国际航行船舶进出境通关“一单四报”模式，实现保税燃油加注“最多跑一次”，为企业节省申报时间约80%，全年保税油供应359.3万吨，增长96.5%，供油量居全国口岸首位。创新建立“进境保税金属矿产品

检验监管制度”，助推保税混矿业务快速发展，全年实现保税混矿业务1295.8万吨，增长60.6%，总量居全国口岸第2位。有效支持波音海外完工与交付中心项目建设，指导企业做好飞机融资租赁业务论证工作。

四、积极助推跨境电子商务发展

坚持先行先试，在杭州综试区探索形成“一线管住二线优出”等7项新模式，并在全国海关复制推广；研发运行跨境电商智能物联网项目，实现通关“秒级响应”；做好eWTP和捷克站建设对接服务，支持3条跨境电商专属国际货运航线开通，促成义乌跨境电子商务综合试验区获批建设，有效拓展跨境电商通关渠道。2018年全省跨境电子商务进出口再创历史新高，进出口货值275.6亿元，增长44.3%。引导跨境电子商务对接“一带一路”建设，推动“义新欧”国际班列做大做强，全年监管“义新欧”班列368列、集装箱6.35万标箱，增长120.4%和72.0%。

五、着力促进产业转型升级

提升海关特殊监管区域产业集聚功能，促成杭州出口加工区升级为综合保税区获批，全年加工贸易进出口2687.9亿元，增长5.3%，保税物流方式进出口1208.7亿元，增长50.5%。大力支持高新技术产业发展，帮扶万向集团新能源汽车锂电池、中电海康“高端芯片”等重大项目实施，高新技术产品出口1408.4亿元，增长11.5%。大力服务会展经济发展，圆满完成世界互联网大会、世界油商大会、联合国世界地理信息大会等重大国际会议的通关保障，积极推进亚运会马术比赛无疫区建设，验放2018年世界游泳锦标赛设备4批次141.66万欧元。

六、全面履行国门安全职责

加强固体废物进口监管，严禁洋垃圾进境，检出环保项目不合格进口废物原料42批，立案固废进口案件22起、1.2万吨。坚决维护良好进出口贸易秩序，立案走私犯罪案件128起，案值17.76亿元。严厉打击涉枪涉毒走私，立案27起，查获枪支24支，缴获恰特草、大麻等毒品121.54千克。全力做好非洲猪瘟等口岸疫情疫病防控工作，妥善处置全国口岸首次截获鼠疫杆菌F1抗原阳性突发事件，集中退运全国邮路口岸首次核辐射超标邮件，截获植物有害生物537种13293次。

七、坚决落实机构改革部署要求

按照党中央决策部署，扎实推进海关机构改革，于2018年4月20日完成转隶工作，原关检226个现场的办事窗口实现“一口对外、一次办理”，口岸通关实现“一次申报、一次查验、一次放行”；6月1日全面取消通关单；8月1日启用新报关单，真正实现一次申报、一单通关，关检业务融合全面加速，企业获得感持续提升。随着杭州海关机构改革完成，全省10个地市13个隶属海关已设置到位，3467名干部职工全部到岗履职，开启了海关提升效能、全力服务开放强省的新征程。

2018年浙江省经济开发区经济发展报告

浙江省商务厅

2018年度，全省经济开发区深入贯彻党的十九大和十九届二中、三中全会精神，坚定不移沿着“八八战略”指引的路线，坚持以新发展理念为引领，推进经济开发区深化整合提升，加快国际产业合作园建设，实施经济开发区“亩均效益”领跑计划，全力打好高质量发展组合拳，强化改革创新，激发社会活力，全省经济开发区持续健康发展。

一、全省经济开发区建设总体情况

（一）经济开发区发展目标任务进一步明确

一是2018年召开全省开发区工作会议，总结回顾浙江经济开发区建设经验，明确新时代经济开发区的功能定位，部署新时代浙江经济开发区建设的主要举措。二是出台了《浙江省政府办公厅全面优化开发区建设促进开发区改革开放和创新发展的实施意见》（浙政办发〔2018〕9号），明确今后一个时期开发区建设的指导思想、发展目标和工作措施。三是制定出台了《浙江省商务厅深化开发区整合提升指导意见》，全面启动新一轮开发区整合提升工作，公布第一批37家整合提升开发区名单，进一步明确新时代和浙江省全面推进开放强省背景下，打造对外开放、创新发展、体制机制优化的新平台的任务。

（二）经济开发区队伍进一步壮大

2018年，浙澳（安吉）经贸合作区、新昌经济开发区整合设立，钱江经济开发区区位调整获省政府批准，全省经济开发区队伍持续壮大，永嘉、南湖等地整合设立开发区工作稳步推进。“开发区＋海关特殊监管区”工作持续推进，杭州出口加工区成功升级为综合保税区，湖州B型保税物流中心正式获批，慈溪出口加工区、梅山保税港区规划调整有序推进。截至2018年末，全省共有国家级经济技术开发区21家，海关特殊监管区8家，省级经济开发区57家，参照省级开发区管理单位7家。（原金义都市经济开发区更名为高新区，不再纳入经济开发区管理序列。）

（三）经济开发区开放桥头堡作用进一步凸显

一是2018年出台了《浙江省商务厅关于加快国际产业合作园发展的指导意见》，鼓励有条件的开发区建设国际产业合作园。积极推进温州、秀洲等地国际产业合作园创建工作。二是提升国际产业合作园品牌效益。如2018年，在李克强总理见证下，中荷（嘉善）产业合作园签约了浙江省近年来投资最大的项目（投资额16亿欧元）。三是推动成立长三角开发区协同发展联盟，推动开发区主动融入长三角一体化、“一带一路”等国家战略。四是完成首批开发区海外产业创新综合服务体（6个）试点验收工作，加快建设开发区海外产业创新服务综合体，扩大创建试点工作，支持有条件的开发区“走出去”开展海外科技孵化投资，从而带动高端项目、专家团队在开发区落地。

（四）深化改革，开发区营商环境进一步优化

持续推进开发区“最多跑一次”改革，推动数字园区建设。积极落实“深化亩均论英雄改革”部署，推进开展开发区“亩均效益”领跑行动，实现开发区亩均效益大提升。加快复制推广自贸试验区改革试点经验和开发区立法工作，推动营造国

际化、法治化、便利化、数字化营商环境。

（五）推动考核结果运用，开发区考评导向作用显现

继续完善开发区综合评价体系，加强考核结果运用，推动动态管理机制，促进开发区争先进位。一是在2018年商务部国家级经济技术开发区考核中，杭州经济技术开发区排名全国第9位，取得历史最好成绩；全省国家级经济技术开发区总体排名平均前移8位，取得自2016年国考重启以来的最佳成绩。二是出台《浙江省国际产业合作园考核评价暂行办法》，加快建设有进有出的国际产业合作园动态管理机制。

二、全省经济开发区综合发展水平

2018年度，我省经济开发区经济规模稳步上升，工业规模以上总产值实现45685.7亿元，较上年增长6.6%，规模以上工业增加值实现9856.4亿元，较上年增长6.3%。外向型经济继续保持稳定的发展趋势，外资外贸稳健发展，高质量外资项目继续集聚。全省经济开发区加大科技投入，着力于技术、人才、项目的联动效应，发展质量显著提高，2018年度技改投入额达2526.9亿元，实现技改投入率27.2%。全省经济开发区每百万科技人员为1062人，较上年提高11.4%，新引进大好优项目1992个。经济开发区综合效益明显改善，增量增速稳中有进，“亩均效益”开始领跑全省。

（一）利用外资情况

面对复杂多变的国内外经济形势，高质量外资项目持续向经济开发区集聚。

截至2018年末，全省经济开发区实有外商投资企业共11211家，累计利用外资1116.1亿美元。2018年度，全省经济开发区实际利用外资111.4亿美元，引进合同外资170.4亿美元，分别占全省的59.7%和39.6%。实际利用外资同比上升11.7%，高于全省平均水平7.6个百分点。其中国家级经济技术开发区利用外资66.9亿美元，较2017年度下降0.6个百分点，占全省经济开发区的60.1 %；引进合同外资95.1亿美元。省级经济开发区利用外资44.5亿美元，同比增长22.6%，占全省经济开发区的39.9%；引进合同外资75.3亿美元。

表1 2018年度浙江省经济开发区利用外资分类情况

指标名称	指标值	增速(%)
实际利用外资(亿美元)	111.4	11.7
其中:国家级经济技术开发区	66.9	-0.6
省级经济开发区	44.5	22.6
合同外资(亿美元)	170.4	6.4
其中:国家级经济技术开发区	95.1	-2.8
省级经济开发区	75.3	20.7
实有外商投资企业(个)	11211	-0.4
其中:500强企业	245	5.2
新批投资3000万美元项目(个)	288	9.1
新批500强投资项目(个)	24	-20

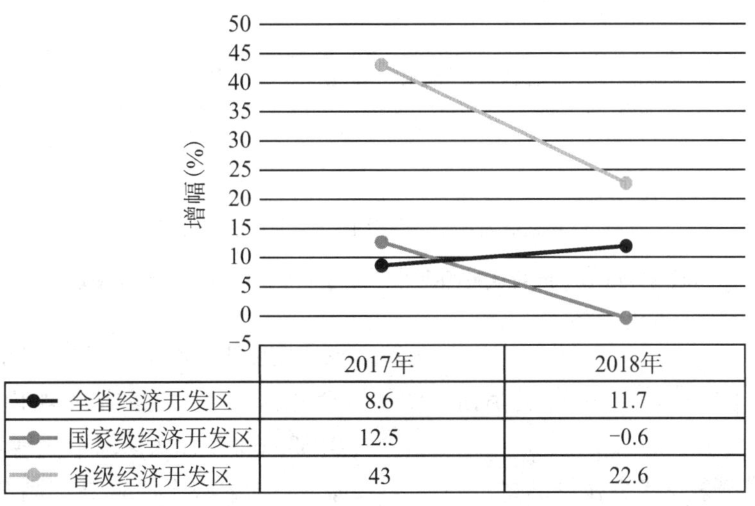

图1 近两年全省经济开发区利用外资增速情况

（二）对外贸易情况

占全省近5成，对外贸易增长迅速。

2018年，全省经济开发区实现进出口总额2241.4亿美元，同比增长21.2%，占全省47.2%，其中进口总额664.3亿美元，出口总额1577.1亿美元。

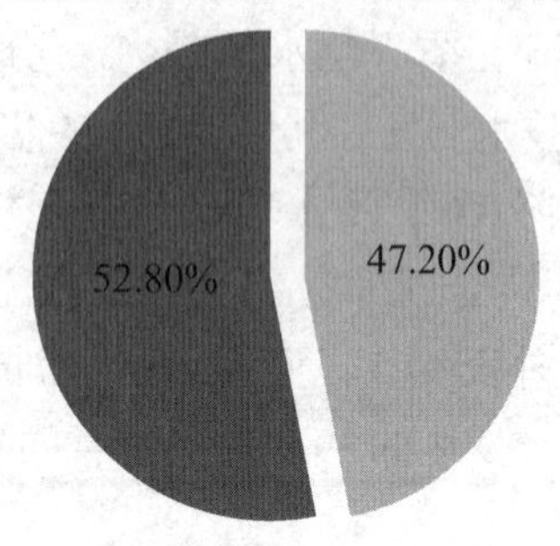

图2　2018年度浙江省经济开发区进出口总额在全省占比情况

国家级经济技术开发区实现进出口总额1197.2亿美元，占全省经济开发区的53.4%，其中进口总额413.3亿美元，出口总额783.9亿美元。省级经济开发区实现进出口总额1044.2亿美元，其中进口251.0亿美元，出口532.9亿美元。

（三）经营状况与税收收入

经济开发区规模以上主营业务利润总额继续高于税金总额，经济开发区利税率进一步提升。

根据考核结果显示，2018年，全省经济开发区实现税收收入4074.0亿元，同比增长16.4%，占全省的34.7%，较上年上升1.6个百分点。其中国家级经济技术开发区税收贡献2506.2亿元，省级经济开发区税收贡献1567.8亿元。

全省经济开发区规模以上主营业务利润实现5529.7亿元，较上年上升8.4%。其中国家级经济技术开发区规模以上主营业务利润实现3209.3亿元，同比上升7.3%；省级经济开发区规模以上主营业务利润实现2320.4亿元，同比下降1.1%。

从开发区利润税金比例看，全省75家参评经济开发区中，有54家经济开发区规模以上主营业务利润总额高于税金总额，其中余杭、嘉兴、杭州湾上虞、余姚四家经济开发区利润超税金100亿元以上。嘉兴经济技术开发区规模以上主营业务利润为403.9亿元，居全省经济开发区首位。杭州湾上虞、乍浦、黄岩、龙游四家开发区利润税金比超过3。有11家经济开发区利润税金比低于1。

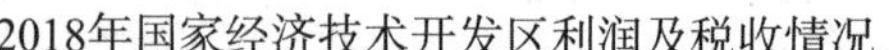

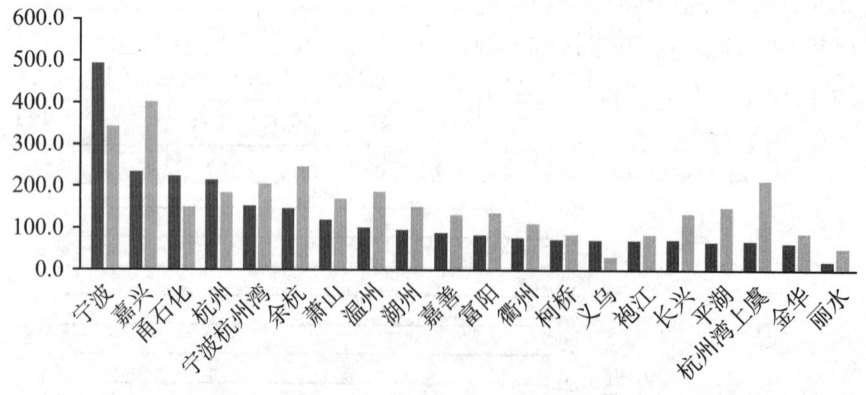

图3　2018年度浙江省国家级经济技术开发区利润及税收情况

三、全省经济开发区产业发展情况

（一）全省经济开发区产业发展总体水平

2018年，全省经济开发区新旧动能转化速度加快，新动能加快成长，产业结构进一步优化。全年经济开发区实现规模以上工业总产值45685.6亿元，规模以上工业增加值实现9856.3亿元，规模以上工业新产品产值率达39.7%。全省规模以上工业总产值超千亿级的经济开发区共有18家，开发区内2018年新增高新技术企业2806家，全年实现规模以上高新技术企业产值达18647.5亿元，高新技术企业产值率达40.9%。

表2　　2018年度规模以上工业总产值超千亿元的经济开发区

序号	开发区简称	规模以上工业总产值(亿元)	序号	开发区简称	规模以上工业总产值(亿元)
1	宁波	3776.7	10	余杭	1218.1
2	嘉兴	2967.4	11	柯桥	1200.1
3	杭州	2935.6	12	富阳	1192.2
4	甬石化	1896.3	13	萧山	1192.2
5	宁波杭州湾	1604.4	14	湖州	1135.1
6	余姚	1386.6	15	杭州湾上虞	1113.4
7	海宁	1353.3	16	温州	1080.2
8	桐乡	1324.3	17	衢州	1068.5
9	乐清	1248.1	18	平湖	1029.4

（二）全省经济开发区产业具体情况

1. 主导产业相关分析。2018年度全省经济开发区加快创新赋能产业转型升级，深化供给侧结构性改革，推进先进制造业建设。全年经济开发区优势传统产业继续保持平稳增长，产值同比上升5.9 %，产业集聚率达64.9%。

从主导产业的产值分析，化学原料和化学制品制造业、电气机械和器材制造业、纺织业仍是浙江省经济开发区三大主导产业，2018年度产值分别占全省经济开发区主导产业总产值的16.8%、12.5%和10.8%。通用设备制造业、专用设备制造业和计算机、通信和其他电子设备制造业等先进制造业提升显著，2018年度产业产值分别同比上升32.0%、41.9%和20.4%。

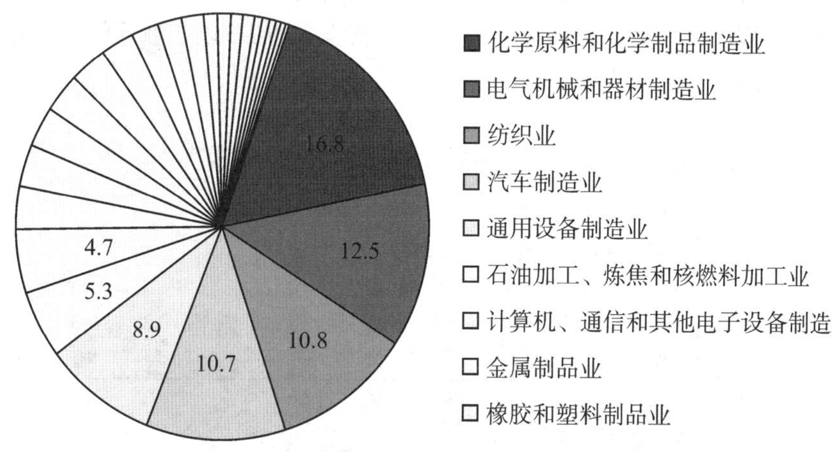

图4　经济开发区主导产业产值产比情况(%)

表3　　2018年度全省经济开发区产值前十位的主导产业

位次	主导产业名称	产值(亿元)	经济开发区代表
1	化学原料和化学制品制造业	5126.2	宁波
2	电气机械和器材制造业	3803.1	乐清
3	纺织业	3293.6	柯桥
4	汽车制造业	3270.5	宁波杭州湾
5	通用设备制造业	2704.9	余杭
6	石油加工、炼焦和核燃料加工业	1617.1	甬石化
7	计算机、通信和其他电子设备制造业	1444.2	嘉兴
8	金属制品业	999.7	永康
9	橡胶和塑料制品业	973.7	杭州
10	有色金属冶炼和压延加工业	938.2	富阳

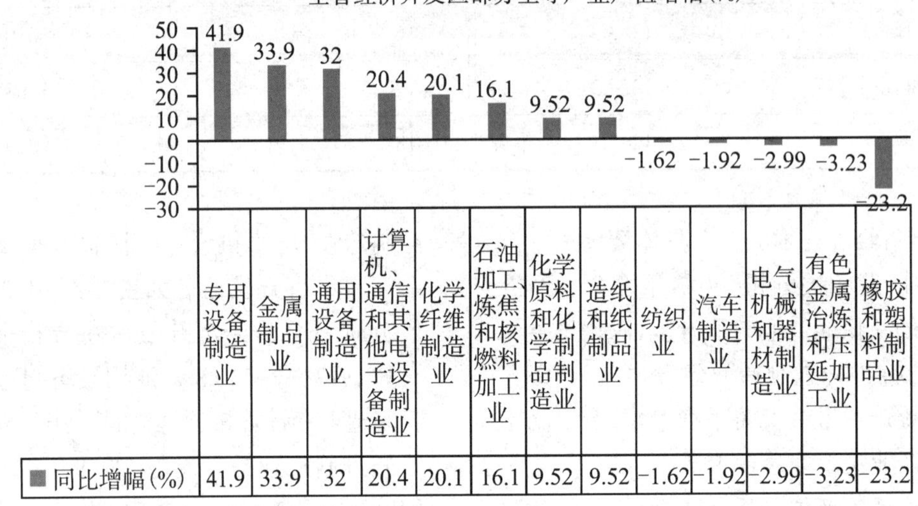

图5　2018年度全省经济开发区部分主导产业产值增长情况

从主导产业的覆盖率分析,全省经济开发区布局的主导产业相似度高,竞争激烈。据2018年考评结果显示,电气机械和器材制造业、通用设备制造业、化学原料和化学制品制造业等主导产业覆盖我省1/3以上参评经济开发区。

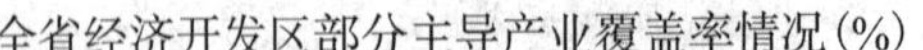

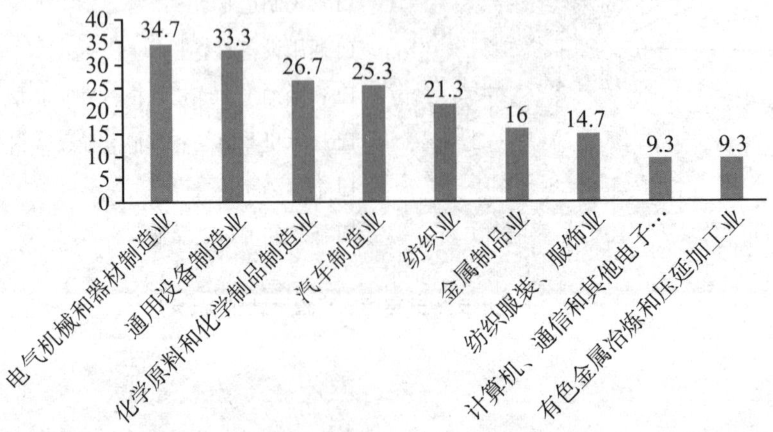

图6　全省经济开发区部分主导产业覆盖率情况表

从主导产业的经济开发区所在区域分析，南北片开发区产业集聚效益进一步提高，集中优势突显。国家级经济技术开发区对区域产业带动力较强，龙头企业偏好国家级“金字招牌”。如浙江省开发区内纺织业、纺织服饰业等传统产业主要集中在北部绍兴、嘉兴地区。汽车制造业集中布局在甬、台、温地区的经济开发区。

表4　　主导产业在全省的分布情况

主导产业名称	布局地区	经济开发区代表
化学原料和化学制品制造业	全省范围	宁波、嘉兴、袍江、乍浦、甬石化、杭州湾上虞、萧山、衢州
电气机械和器材制造业	温州、杭州、嘉兴、宁波、绍兴	乐清、慈溪滨海、余姚、平湖、杭州、富阳、袍江
纺织业	绍兴、湖州、嘉兴	柯桥、嘉兴、海宁、诸暨
汽车制造业	宁波、台州、温州	宁波杭州湾、宁波、头门港、温州
通用设备制造业	杭州、嘉兴、宁波、湖州	余杭、湖州、海宁、海盐、镇海
石油加工、炼焦和核燃料加工业	宁波、嘉兴	甬石化、宁波 、乍浦
计算机、通信和其他电子设备制造业	杭州、嘉兴、宁波	嘉兴、余姚、杭州
金属制品业	金华、绍兴	永康、武义、柯桥
橡胶和塑料制品业	杭州、宁波、台州	杭州、甬石化、余姚、黄岩
有色金属冶炼和压延加工业	杭州、宁波、绍兴	杭州、余姚、杭州湾上虞
医药制造业	台州、金华	头门港、仙居、兰溪

2. 新兴产业相关指标分析。在战略新兴产业中，我省经济开发区考核评价对新材料、高端装备、节能环保、新能源汽车、生物产业、海洋新兴产业、新技术物联网等九大产业进行综合评价。结果显示，2018年度经济开发区实现产值15970.0亿元，同比增长11.7%，与全省战略新兴产业实现同步增长。其中新材料产业、高端装备产业、节能环保产业三大产业占开发区新兴产业产值占比分别是：36.2%，17.5%和11.6%。

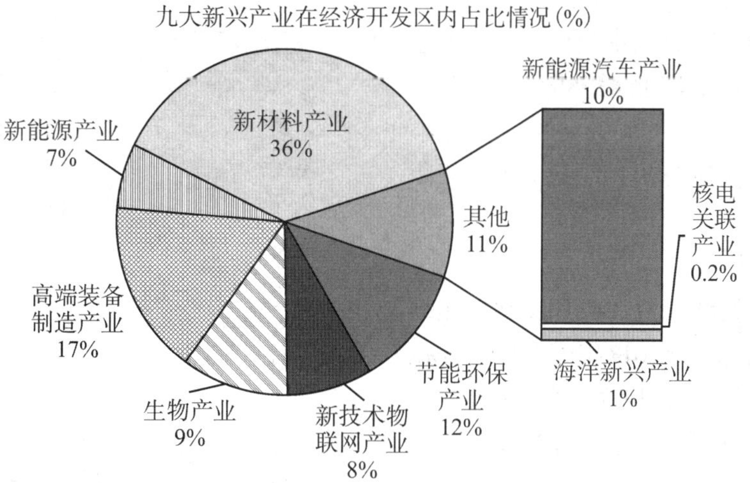

图7　浙江省经济开发区九大新兴产业产值占比情况

从九大新兴产业产值分析，2018年新能源汽车产业表现卓越，实现产值1642.2亿元，同比增长155.4%，得益于嵊州、诸暨、温州三家经济开发区的新能源汽车项目产值迅速上扬。新物联网技术产业实现产值1204.1亿元，同比增长28.7%。高端装备制造产业实现产值2796.3亿元，同比增长14.8%。而节能环保产业、新材料产业是我省经济开发区占比较大的新兴产业，表现一般，增幅分别为3.0%和2.6%。

受经济开发区内产业调整影响，个别新兴产业产值增幅与全省整体新兴产业同比增幅相比，波动较大，新兴产业发展不平衡(详见图8所示)。

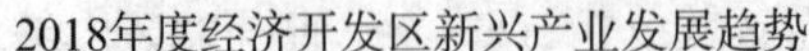
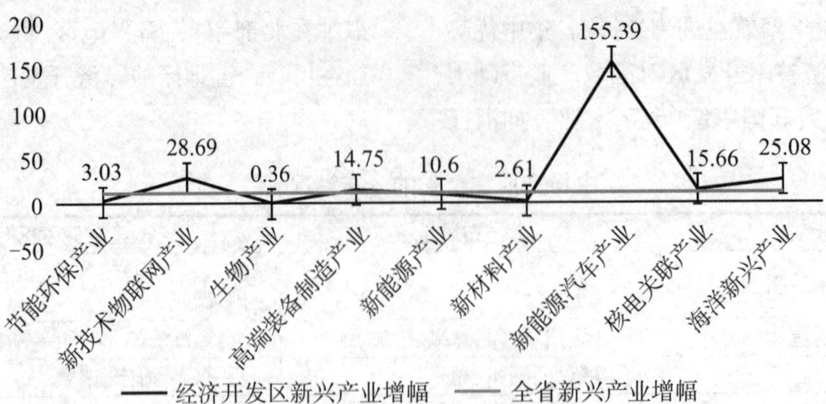

图8　2018年度新兴产业在经济开发区与全省情况对比

四、全省经济开发区亩均效益情况

2018年度，全省经济开发区贯彻落实省委、省政府“亩均论英雄”决策部署，实施资源要素差别化配置，积极开展经济开发区“亩均效益”领跑计划，加快推进产业创新升级。据2018年全省经济开发区综合考评结果显示，经济开发区规模以上工业“亩均效益”指标稳步提升。

2018年度纳入综合评价的75家经济开发区中共有规模以上工业企业23681家，已完成开发土地面积合计340.0万亩，其中规模以上工业企业实际面积92.1万亩，综合能耗5860.5万吨标准煤，实现规模以上工业增加值9856.3亿元，规模以上主营业务利润实现5529.7亿元，开发区贡献税收共4074.0亿元。

（一）亩均税收

2018年，全省经济开发区已开发利用土地亩均税收11.9万元/亩，较2017年度增长11.8%。杭州、宁波两市的开发区亩均税收均值高于全省经济开发区亩均税收水平，分别为21.6万元/亩和19.7万元/亩。

国家级经济技术开发区已开发利用土地亩均税收13.7万元/亩，领跑全省经济开发区，同比增长18.1%，高于全省经济开发区水平1.2万元/亩。但经济开发区间亩均税收绩效水平差异悬殊，宁波石化经济技术开发区亩均税收最高，为113.5万元/亩。杭州湾上虞、柯桥经济技术开发区仅3.5万元/亩，远远落后于全省经济开发区的平均水平。

表5　2018年度全省国家级经济技术开发区亩均税收情况

开发区简称	亩均税收(万元/亩)	已开发土地利用面积(亩)
甬石化	113.6	19500
宁波	51.0	96720
杭州	28.2	75615
富阳	21.7	36885
余杭	21.6	67350
萧山	20.1	58548
湖州	15.8	60120
嘉兴	13.3	174705
宁波杭州湾	12.0	127987
平湖	11.4	59383.5
衢州	10.7	69450
袍江	10.1	68377.5
义乌	9.4	73770
金华	8.4	76365
长兴	7.9	85890
温州	7.3	133230
丽水	4.5	46185
嘉善	4.4	194385
柯桥	3.5	200055
杭州湾上虞	3.5	190500

参评的省级经济开发区2018年度已开发利用土地亩均税收10.4万元/亩，分片省级经济开发区亩均税收同步稳定增长，其中东北片经济开发区亩均税收10.4万元/亩，西南片亩均税收10.2万元/亩。

表6 部分省级经济开发区亩均税收情况

东北片经济开发区			西南片经济开发区		
开发区简称	亩均税收(万元/亩)	已开发土地利用面积(亩)	开发区简称	亩均税收(万元/亩)	已开发土地利用面积(亩)
桐庐	30.1	29625	景宁	69.4	1200
建德	23.7	12225	乐清	34.5	40635.8
余姚	22.0	98106.9	头门港	18.7	16288.5
镇海	16.7	48750	永康	18.5	36540
奉化	15.0	61500	金磐	17.2	982.2

（二）亩均增加值

2018年全省经济开发区工业土地亩均增加值107.1万元/亩，较上一年度提高4.5万元/亩。浙江省经济开发区“机器换人”“腾笼换鸟”效果明显。其中温州地区的经济开发区的工业土地亩均增加值均值为163.3万元/亩，为全省经济开发区的1.5倍。

国家级经济技术开发区工业土地亩均增加值2018年实现125.5万元/亩，为全省经济开发区的1.2倍，同比增长8.3%。

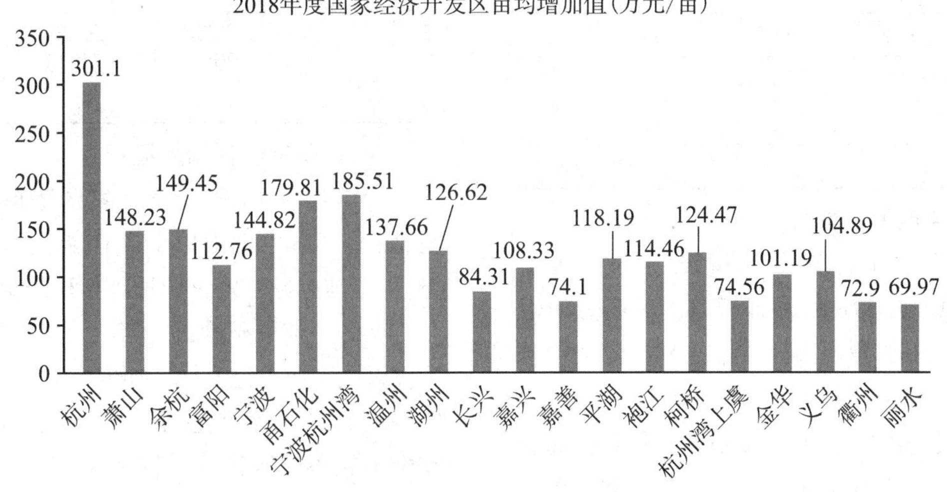

图9 2018年度全省国家级经济技术开发区亩均增加值情况

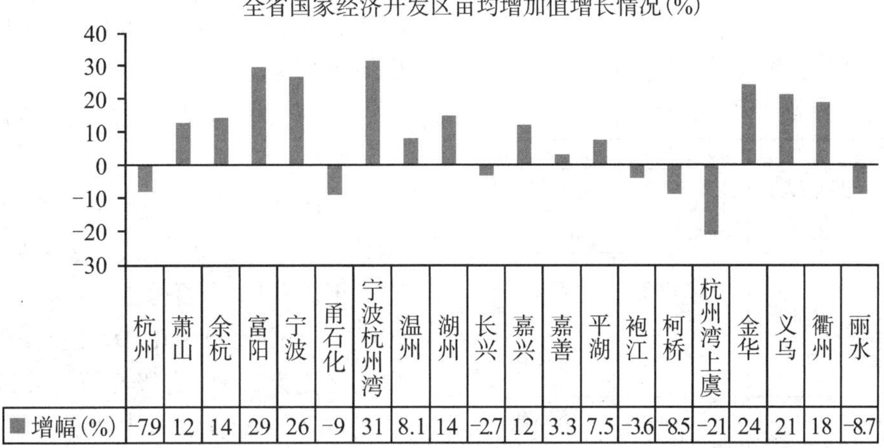

图10 2018年度全省国家级经济技术开发区亩均增加值增长情况

2018年度，省级经济开发区工业土地亩均增加值89.1万元/亩，比2017年度每亩增加1.2万元，同比增长1.3%；其中东北片省级经济开发区工业土地亩均增加值89.9万元/亩；西南片省级经济开发区工业土地亩均增加值为87.9万元/亩。55家参评的省级经济开发区工业土地亩均增加值发展不平衡，地区差异极大，部分省级经济开发区该指标水平接近国家级，但尚有29家省级经济开发区未达到省级经济开发区平均水平，10家经济开发区工业土地亩均增加值在50万元/亩以下。

表7　　部分省级经济开发区工业土地亩均增加值情况

东北片经济开发区		西南片经济开发区	
开发区简称	亩均增加值（万元/亩）	开发区简称	亩均增加值（万元/亩）
奉化	218.6	乐清	205.0
秀洲	141.5	瓯海	197.2
前洋	131.0	瑞安	153.9
桐乡	117.5	玉环	137.7
余姚	116.3	天台	129.3

（三）全员劳动生产率

2018年度，全省经济开发区规模以上工业从业人员共397.4万人次，规模以上工业劳动生产率实现24.8万元/人，同比提高6.8%，较全省规模以上工业劳动生产率增速下降1.5个百分点。其中国家级经济技术开发区规模以上工业劳动生产率平均30.7万元/人，东北片省级经济开发区劳动生产率21.9万元/人，西南片省级经济开发区劳动生产率17.0万元/人。

表8　　2018年度全省经济开发区规模以上劳动生产率情况

开发区简称	劳动生产率（万元/人）	规模以上从业人员（人）	规上工业增加值（亿元）
国家级经开区	30.7	1902468	5836.1
北片省级开发区	21.9	1282402	2812.5
南片省级开发区	17.0	976339	1661.0
杭州	43.8	118504	518.9
萧山	26.9	92553	248.8
余杭	23.3	126956	295.7
富阳	31.5	71608	225.7
宁波	40.2	202435	813.1
甬石化	172.2	28001	482.3
宁波杭州湾	42.5	86280	367.0
温州	14.9	158427	235.5
湖州	35.4	73522	260.2
长兴	26.0	65973	171.5
嘉兴	26.3	226278	595.7
嘉善	16.2	113354	183.3
平湖	20.6	116354	239.2
袍江	30.0	65381	195.6
柯桥	28.3	96918	275.0
杭州湾上虞	26.1	79524	207.4
金华	32.3	37583	121.3
义乌	23.5	40502	95.0
衢州	33.4	75623	252.9
丽水	19.6	26692	52.3

（四）单位能耗增加值

2018年度，全省经济开发区坚持绿色发展理念，全年单位规模以上工业能耗呈现下降趋势，每万吨标准煤的工业增加值稳步上升。

据考评结果显示，2018年度全省经济开发区规模以上工业单位能耗增加值为1.7万元/吨标准煤，较2017年度每吨标准煤增加值提高0.2万元。其中国家级经济技术开发区单位能耗增加值为1.3万元/吨标准煤，较2017年度每吨标准煤增加值提高0.1万元；省级经济技术开发区单位能耗增加值为2.5万元/吨标准煤，与2017年度能耗产出保持不变。

（五）研究与试验发展经费支出占主营业务收入之比

2018年全省经济开发区研究与试验发展（R&D）经费支出占主营业务收入之比为2.2%，比上年提升0.6个百分点。国家级经济技术开发区研究与试验发展（R&D）经费支出占主营业务收入之比为2.1%；省级经济开发区研究与试验发展（R&D）经费支出占主营业务收入之比为2.6%。

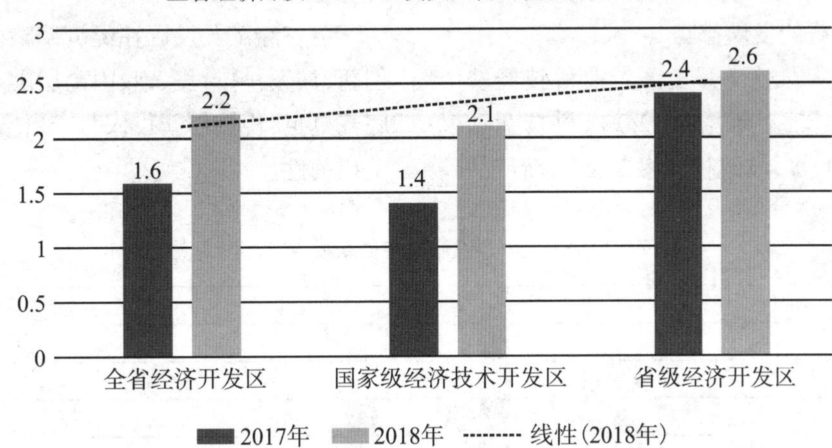

图11 经济开发区(R&D)经费支出占主营业务收入之比情况

近年来,国家级经济技术开发区注重科技创新,科技研发投入产出在2018年的指标上得到了较好的反映,经济技术开发区整体效益优于往年。余杭、义乌、温州、杭州湾上虞、柯桥等经济技术开发区R&D经费支出占主营业务收入之比显示较好。

表9 国家级开发区2018年度R&D经费支出占主营业务收入之比情况

开发区简称	指标值(%)	开发区简称	指标值(%)
余杭	3.29	义乌	3.27
温州	2.98	杭州湾上虞	2.58
袍江	2.55	柯桥	2.47
湖州	2.47	嘉善	2.43
嘉兴	2.28	平湖	2.17
衢州	2.15	杭州	2.10
富阳	1.99	丽水	1.95
长兴	1.94	宁波杭州湾	1.93
金华	1.77	宁波	1.74
萧山	1.70	甬石化	0.73

省级经济开发区注重企业科技创新,推动产业转型升级。东北片省级开发区中余姚、建德、海盐、秀洲等经济开发区研究与试验发展(R&D)经费支出占主营业务收入之比均高于3.5%;瑞安、温岭等开发区领先西南片省级开发区。

表10 部分省级开发区2018年度R&D经费支出占主营业务收入之比

东北片经济开发区		西南片经济开发区	
开发区简称	指标值(%)	开发区简称	指标值(%)
上虞	4.00	温岭	5.03
建德	3.97	金磐	4.10
诸暨	3.94	瑞安	3.75
秀洲	3.90	龙泉	3.64
海盐	3.70	天台	3.54

五、全省经济开发区科技创新情况

(一)科技创新队伍不断壮大,科技进步贡献率提升

2018年度,全省经济开发区新增省级以上研发中心431个,省级以上企业技术中心145个,新增院士工作站、博士后工作站共113个。历年引进院士321人,国千、省千人才1605人,外国专家1647人。全年新增企业发明专利授权数12007件,占全省2018年新增发明专利授权数的36.4%,新增知名品牌784个,新增高层次人才项目240个。

(二)高新技术企业队伍扩大,产值增加较快

2018年度,全省经济开发区新认定高新技术企业2806家,累计6270家。高新技术企业产值18647.0亿元,较上年增长18.9%,规模以上高新技术企业产值占比达40.9%,同比增长21.4%。

（三）创新投入增大，新产品产值率上升，经济开发区呈现良好的发展态势

2018年度，全省经济开发区企业科技经费支出1031.4亿元，较上年增长12.0%，科技活动经费支出强度10.5%，技改投入率27.2%，新产品产值率40.0%。

全省经济开发区在经济调整期内，重视科技创新，加大科技投入，吸引高层次人才落户，经济底气更足，科技创新投入与产出增幅情况显示成正相关性。

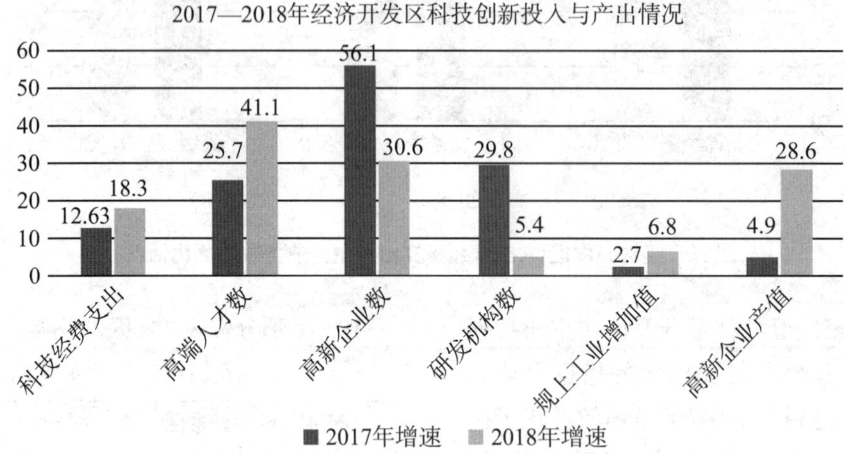

图12　2017—2018年经济开发区科技创新投入与产出增幅情况

六、全省经济开发区发展存在的问题

一是国际形势总体有利，但复杂多变。全球新一轮科技革命和产业革命日益深化，数字经济、共享经济、产业协作重塑实体经济，全球产业链价值链加速重构，经济开发区迎来了加快向产业链价值链中高端迈进的历史机遇。美国等西方国家“逆全球化”思潮抬头，特别是中美贸易摩擦愈演愈烈，对我国贸易投资采取了一系列限制措施，一定程度上增加了经济开发区推进转型升级的难度。

二是国内经济稳中有进，但压力不减。我国经济由高速增长阶段转向高质量发展阶段，经济开发区结构不断优化，新旧动能加快转换。但同时，发展不平衡不充分现象仍然十分突出，经济开发区土地资源日趋紧张，债务负担较重，有的经济开发区债务风险凸显，化解压力较大。

三是浙江省经济开发区稳步发展，但与先进地区相比差距不小。第一，经济开发区单体规模不大。全省21家国家级经济技术开发区平均GDP为464亿元，略高于全国平均水平408亿元。其中嘉兴经济技术开发区位居全省首位，为1261亿元，但与苏州工业园区相比差距较大，这与浙江省在全国经济格局中的地位不相匹配。第二，外向度有待提高。全省开发区引进外资90%集中在杭州、宁波、嘉兴、湖州地区，2018年，个别国家级开发区实际利用外资只有2000多万美元，部分省级开发区甚至为零。第三，产出效率较低。从单位面积看，全国219家国家级经济技术开发区每平方公里生产总值为6.1亿元，居全国首位的国家级经济技术开发区达到181.0亿元。而浙江省发展较好的杭州、宁波、嘉兴、湖州经济技术开发区分别只有9.6亿元、5.0亿元、4.3亿元和2.5亿元，其他经济技术开发区产出强度则更低。浙江省大部分经济开发区产业发展水平仍然较低，创新发展能力仍然较弱，在国际分工中总体上还处于较低层次。

七、提升经济开发区综合发展水平的建议和措施

（一）深化经济开发区整合提升，释放经济开发区新活力

认真贯彻党中央、国务院部署，以国家级经济技术开发区为核心平台，实施先进制造业集群

培育、建设现代产业化体系，促进推动开发区产业转型升级。推动经济开发区长三角一体化进程，推进大好优项目优先在国家级经济技术开发区布局，提升经济开发区活力，打造改革开放新高地。

（二）推进提升经济开发区对外创新能力，提升开放水平

大力推进国际产业合作园建设，进一步扩大国际产业合作园队伍建设，深化国际间产能合作。支持经济技术开发区引进民营资本和外资开发运营的特色园等，鼓励港澳地区及外国机构、企业、资本参与国际合作园运营。支持有条件的经济开发区开展资本项目收支便利化等试点，打造我省高质量外资集聚地。

（三）强化改革创新，实施经济开发区“亩均效益”领跑行动计划

以“亩均效益”综合评价为抓手，深化资源要素配置的市场化改革，推动资源要素向优质高效经济开发区集中。对土地利用率低、亩均产出不高的经济开发区，重点梳理，形成我省经济开发区低效用地清单。推进数字化园区建设，通过亩均大数据平台，综合利用财税、环保、安监、金融等手段，倒逼区内企业转型升级，提高工作效率，盘活存量土地。

（四）实施园区有机更新，推动美丽园区创建

支持经济开发区优化营商环境，尽力抓好经济管理和投资服务，深化开发区体制机制改革。推进“最多跑一次”改革，简化投资项目审批，推行容缺审批、告知承诺制等，赋予经济开发区更大的改革自主权，焕发活力，管出公平。

（五）完善经济开发区考核评价体系

坚持质量第一、效益优先原则，完善经济开发区综合考评指标体系，实施动态管理机制，加快推进经济开发区对外创新、科技创新和制度创新，激发市场活力，发挥好经济开发区经济增长新动力，促进高质量发展的优势。

2018年浙江省国际服务贸易发展报告

浙江省商务厅

2018年，浙江省服务贸易进出口总额3814.36亿元，同比增长83.44%（2017年浙江服贸进出口为2079.3亿元），其中出口1069.12亿元，同比增长72.15%，进口2745.24亿元，同比增长88.25%。浙江省服务贸易占全省对外贸易比重由2017年的7.51%上升到了11.80%，浙江省服务贸易占全国比重由2017年的4.42%上升到了7.28%，位居全国第四位。2018年，浙江服务贸易继续走在全国前列①。

一、服务贸易高速增长

2018年，浙江服贸进出口增幅为83.44%，增速高于全国服务贸易进出口平均水平71.93个百分点，高于同期全省货物贸易进出口72.06个百分点，总规模超越江苏，从2017年的全国第五位跃居全国第四位。11大服务贸易行业中有10个行业实现进出口正增长，且有4大行业增速超过90%，增速第一的是建筑服务，增速高达196.57%；其次是电信计算机和信息服务，增速高达190.06%；排第三的是金融服务，增速高达141.13%；旅行服务增速98.11%排第四，为服务贸易的总体高速发展奠定了基础。

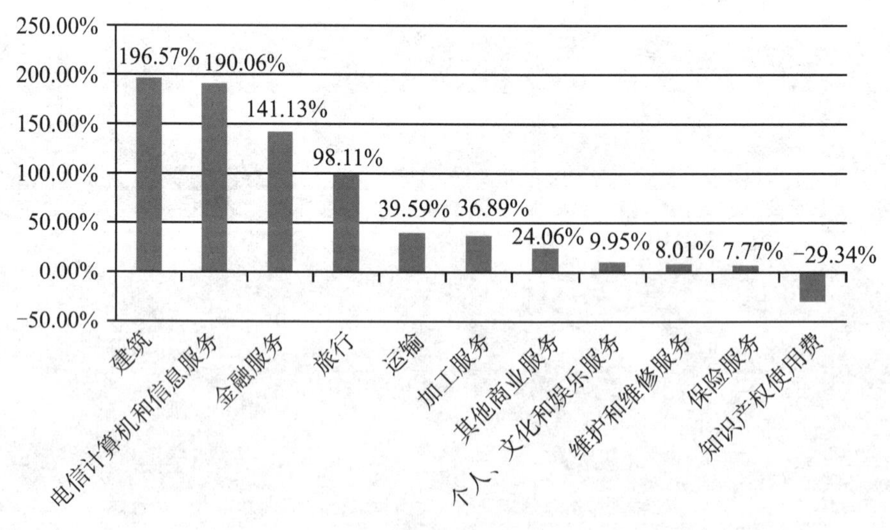

图1 2018年服务贸易行业增长图

① 数据来源：商务部。

二、贸易结构进一步优化

新兴领域出口比重提高。2018年,以电信计算机信息服务、知识产权使用费、文化服务、金融保险等为代表的新兴领域出口比重达45.46%,同比2017年提高了2.11个百分点,增速最快的是金融服务,增速达158.99%;其次是电信计算机和信息服务,增速达132.77%;知识产权使用费出口增速59.95%排第三。电信计算机和信息服务出口占服务贸易总出口的比重达31.19%,首次超越运输排名第一。

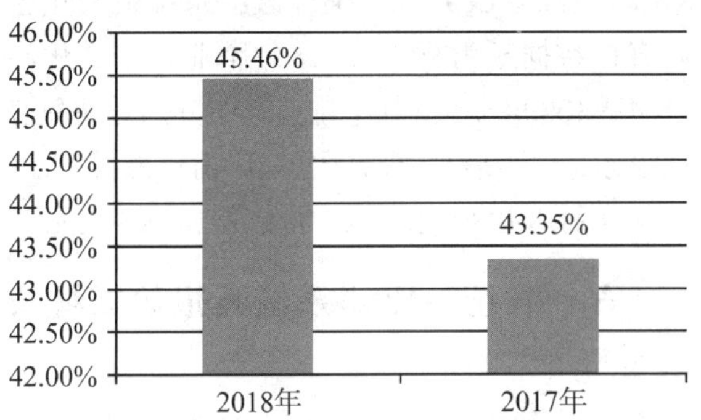

图2 2017、2018年新兴领域出口比重图

三、杭州、宁波领跑全省

杭州市作为服务贸易创新发展试点城市、服务外包示范城市,领头示范作用明显。2018年,杭州市服务贸易进出口额达2712.5亿元,同比增长161.1%,占全省比重达71.1%,领跑全省。宁波市是2017年认定的全国服务外包示范城市,2018年商务部最新评估的31个中国服务外包示范城市中宁波排名第15位,较上一年上升了一位。宁波市服务贸易进出口额546.6亿元,占全省比重达14.3%。杭甬两市占全省比重达85.4%。

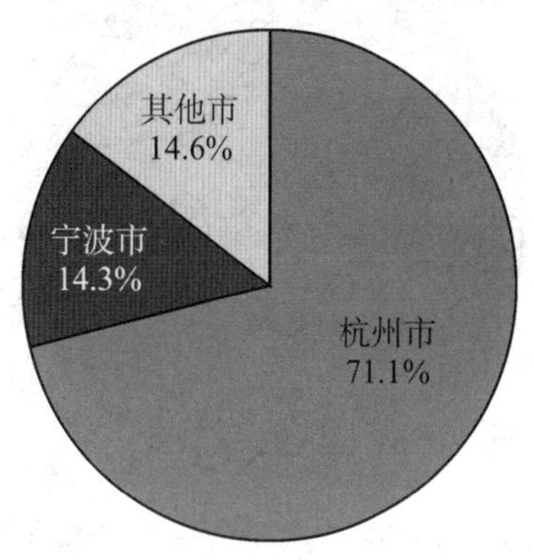

图3 2018年全省各市服务贸易进出口比重图

四、市场拓展卓有成效

“一带一路”发展迅速。从BOP口径数据看,2018年前20大服贸进出口市场中欧洲占9个,同比去年增加了1个;亚洲占7个,在前20大市场进出口额中亚洲占66.79%,其中中国香港占亚洲市场的四分之三;美洲占15.59%,其中美国占美洲市场的83.93%。

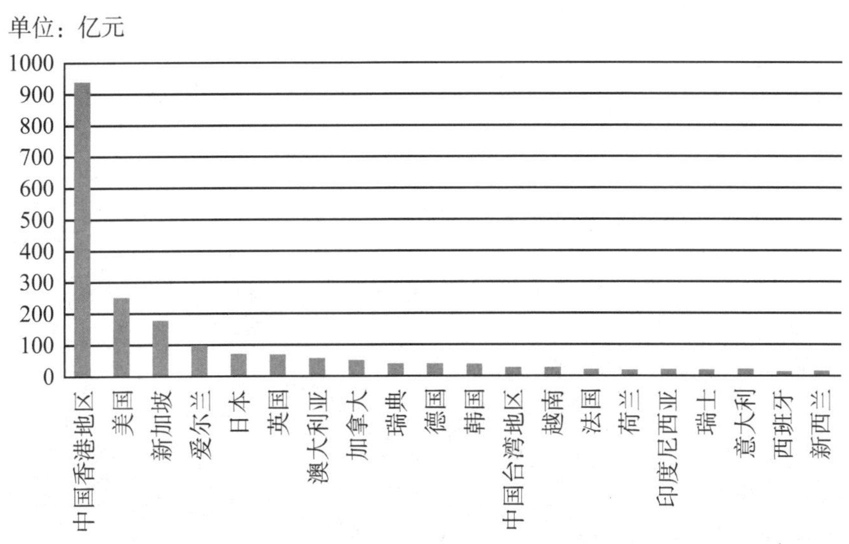

图4 2018年BOP口径服务贸易进出口前20名市场分布图

服务贸易在“一带一路”沿线市场进出口增速喜人，进出口额达250.53亿元，同比增长50.05%。其中新加坡进出口额达169.94亿元，排“一带一路”沿线市场第一。数据显示，“一带一路”沿线市场主要以东南亚市场为主，前十名中有6个东南亚国家，其中前五名均为东南亚国家。

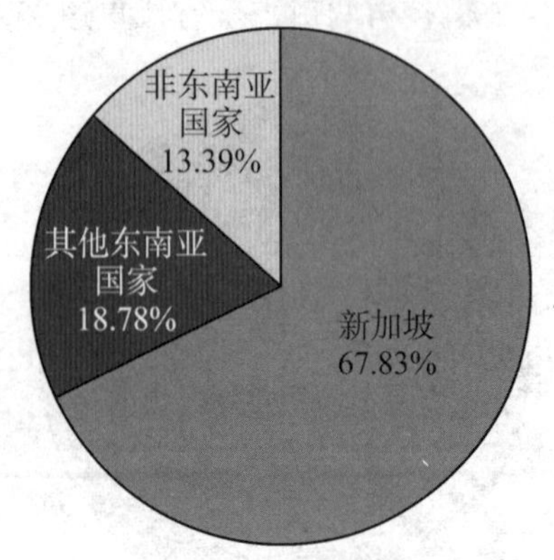

图5　2018年BOP口径“一带一路”沿线市场服贸进出口分布图

五、重点领域发展迅速

服务外包、技术贸易、文化服务等重点领域服务贸易增幅较大。

服务外包：全年服务外包离岸执行额达111.23亿美元，同比增长12.46%。发包市场格局总体稳定，美国、中国香港、日本一直是浙江省服务外包出口排名前三的市场。外包领军企业带动明显。2018年，全省共有1113家浙江企业与国外企业发生服务外包业务往来，同比去年增加了50家。离岸执行额在1000万美元以上的服务外包企业216家，比上年同期增加28家。

技术贸易：2018年，全省技术进出口合同数为1125份，金额为25.16亿美元，其中出口合同金额为8.94亿美元，同比增加42.21%；美国一直是浙江省技术出口第一大市场；进口合同金额为16.22亿美元，同比增加14.55%。制造业是浙江省技术进口重点行业

文化服务：2018年全省文化服务进出口16.64亿元，同比增长10%，其中出口1.43亿元，同比增长24.4%；进口15.21亿元，同比增长8.8%。浙江省服务贸易统计监测系统中文化企业直报数据颇为喜人，2018年企业直报文化出口额达133.68亿元，其中排前三的分别是动漫游戏服务、文化创意和设计服务、广播影视服务，出口额分别达79.66亿元、45.00亿元和3.84亿元。

六、省统计监测系统直报数据增长迅速

2018年，浙江省服务贸易统计监测系统内直报企业增长迅速，截至2018年12月底，浙江省上报商务部重点企业监测直报系统812家企业，完成下达任务的210%。进出口直报前三名的行业为电信计算机服务、其他商业服务和建筑服务，商务部已在浙江省该三大服贸领域进行全国服贸统计模型试点。

2018年浙江省会展业发展报告

浙江省国际会议展览业协会

2018年，适逢改革开放40周年，“八八战略”实施15周年，以博鳌亚洲论坛、上合组织青岛峰会、中非合作论坛峰会和首届中国国际进口博览会四大主场外交为代表的中国会展业，展现新气象，做出新作为，成为中国会展史上的丰碑。伴随着我国会展业蓬勃发展的新契机，浙江省会展业发展整体良性健康，稳中提质，前景看好。

一、2018年浙江省会展业发展概况

（一）会展业发展总体良性健康，稳中提质

据浙江省国际会议展览业协会统计，2018年全省举办展览941场次，举办展览总面积为947.3万平方米，展览面积略有增长；全省50人以上专业会议4.43万场，同比增长2.5%；万人以上节庆活动561场，同比增长6.3%；出国展览面积为36.2万平方米，同比增长6.8%；出省参加国际展览面积为131.5万平方米，同比增长1.5%。提供社会就业岗位132万人次，同比增长1.5%。会展业对全省GDP的综合贡献为4512亿元人民币，占全省GDP总量的8.0%，占全省第三产业14.7%；直接收入为573亿元人民币，同比增长2.3%。体现了会展业在浙江省构建现代市场体系和开放型经济体系中的重要平台和作用。

表1　　浙江省会展业四年数据比较

项目 / 年份	展览（场）	面积（万平方米）	会议（万场）	节庆（场）	出国参展面积（万平方米）	出省参展面积（万平方米）	就业（万人次）	直接收入（亿元）	综合产值（亿元）
2015	833	854.3	3.51	447	26.1	76.4	127	436	3924
2016	829	930	3.86	489	31.6	127.6	128.6	487.6	4388
2017	951	942.9	4.32	528	33.9	129.5	130	560	4485
2018	941	947.3	4.43	561	36.2	131.5	132	573	4512

1. 地区分布。从展览会举办数量和展览面积上看，杭州、宁波、义乌最多，是浙江省的3个核心会展城市。此外，嘉兴、温州举办展览数和展览面积也相对较多。浙江省各市展览会举办情况如下：

表2　2018年浙江省各地市办展数据表

序　号	地市	展览场数	展览面积（万平方米）
1	杭州	280	302
2	宁波	192	212
3	温州	51	62.8
4	义乌	162	104
5	嘉兴	58	57.6
6	绍兴	43	44.2
7	金华	39	44.6
8	台州	36	48.8
9	衢州	22	12.3
10	湖州	10	9.2
11	舟山	32	34
12	丽水	16	15.8
合计		941	947.3

2. 规模分布。根据统计，展览面积超过200万平方米的地市有2个，分别是杭州和宁波，共计展览面积514万平方米，占全省展览面积的54%；展览面积100—200万平方米的只有义乌，展览面积104万平方米，占全省展览面积的11%；其余展览面积低于100万平方米的占全省展览面积的35%。

3. 类型分布。根据浙江省展览活动数据统计分析，2018年全省展览项目中，经贸展占50%，消费展占40%，其他展占10%（如下图）。从目前全省组展商分析，国有合资、股份企业占15%，民营企业占55%，其他商、协会等占30%。

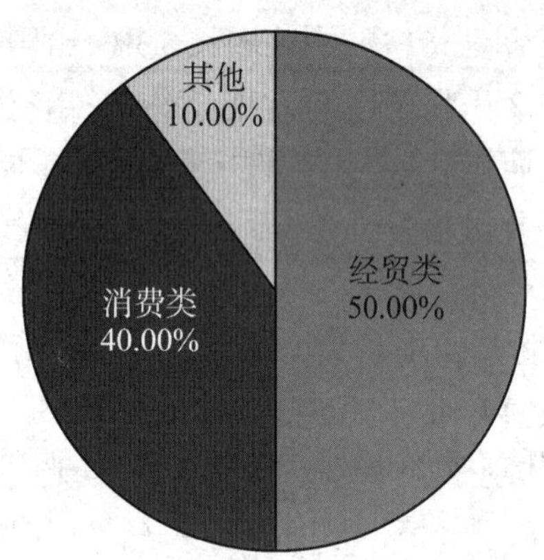

图1 2018年浙江省展览类型分布

（二）省内各大场馆发展“量转质”，增长速度趋向缓和

浙江省展览场馆不断提升自身服务质量和层次水平，虽然会展活动数量增长趋向缓和，但是质量明显提升，“提质增效”为浙江省打造会展强省注入强动能。

表3 2018年浙江省主要场馆办展情况

序号	场馆	展览场数（个）	展览面积（万平方米）
1	杭州国际博览中心	54	116.1
2	杭州和平国际会展中心	61	46.1
3	白马湖会展中心	30	56.5
4	新农都国际会展中心	15	9.6
5	宁波国际会展中心	52	105.5
6	慈溪会展中心	17	15.9
7	余姚中塑展览中心	17	29.2
8	宁海国际会展中心	11	10.2
9	温州国际会展中心	49	62.8
10	安吉会展中心	8	4.2
11	德清国际会议中心	2	5
12	嘉兴国际会展中心	30	29.4
13	乌镇互联网国际会展中心	2	4
14	海宁国际会展中心	22	10.8
15	轻纺城国际会展中心	23	32.1
16	嵊州市国际会展中心	20	12.1
17	义乌国际博览中心	64	104
18	永康国际会展中心	36	42.6
19	衢州东方会展中心	20	10
20	舟山国际会议中心	6	4
21	台州国际会展中心	22	32.8
22	温岭会展中心	14	16

杭州国际博览中心——提质增效，创新引领。作为第六代场馆的提出者、践行者和倡导者，深入拓展“会展＋N”模式，从管理理念、服务体验、商业模式、功能价值、角色定位等多个维度对会展场馆进行全新定义，不断开发场馆的流量价值、最大化区块溢出效应，并逐步形成一个可持续的会展生态圈，为杭州成为具有世界水准的国际会议举办城市、会展之都、赛事之城，搭建了精彩纷呈的舞台。

宁波国际会展中心——集中聚能，提升核心竞争力。备受瞩目的中国—中东欧博览会、浙洽会、消博会三大盛会首次联袂举办，“三会”吸引境内外嘉宾、客商近5万人，其中有来自57个国家和地区的境外客商1万余名，来宾层次之高、参与程度之深均超以往。“三会”期间，宁波共签约重大投资项目180个，总投资2300.24亿元人民币，项目涉及智能制造、新材料、新一代信息技术、生物医药、节能环保等领域。

义乌国际博览中心——龙头引领，招强引优。义乌着力推动政府主导型展会的转型升级，加大知名会展机构和优秀项目的引进力度，积极培育壮大本土会展企业和专业品牌展会，2018

年，商业性展览总面积首次突破百万平方米，达104.02万平方米，同比增长10.3%。其中，规模以上展览(展览面积1万平方米)25个，创下新高。

二、2018年浙江省会展业发展特点

（一）境外自办展日趋成熟，"一带一路"国家量质齐增

经过10年的培育，浙江省境外自办展模式日趋成熟，成效显现。2018年，浙江省积极响应"一带一路"倡议，深度推进"品质浙货，行销天下"工程，组织了俄罗斯、沙特、墨西哥、塞尔维亚、越南、日本、伊朗、捷克、土耳其、马来西亚、缅甸、印度等15个国家自办展会。这些自办展会大都是浙江省作为中国第一个省份在当地自主举办的交易会，累计参展企业1196家，成交4.8亿美元；自办展会数量为历年最多，出席嘉宾历年最高（巴拿马总统、塞尔维亚前总统等嘉宾），采购商质量和参展效果都为历年最佳；其中，浙江出口商品（大阪、越南、马来西亚）交易会经过多年的培育，已经成为当地具有较大影响力的展会，先后获得了国际权威机构UFI认证。

（二）借进口博览会机遇，补进口短板谋多赢发展

作为2018年中国四大主场外交压轴戏的首届中国国际进口博览会，创造了参展国别、展位面积、企业数量、采购商规模、嘉宾人数等多项纪录，对提升我国国际影响力、促进开放型世界经济发展和助推供给侧结构性改革等产生重大影响。我省积极参与首届进博会，招展、招商、实际成交和配套活动数量等各项工作走在全国前列，共计招引480家境外企业完成官网报名，组织采购单位1.5万家、人员4万人参加采购，组织24场配套活动，展位成交金额达116亿美元。首届进博会无疑对致力于成为进口商品"世界超市"的浙江是一次重大机遇，浙江省瞄准出现在"家门口"的新机遇，积极参与，主动对接，协同推进，借其东风开启多赢局面，承接进口博览会带来的巨大"溢出效应"，浙江省举办了多场进口博览会如中国—中东欧国家投资贸易博览会、中国义乌进口商品博览会、"武林洋淘"杭州进口商品博览会、首届浙江（温州）进口消费品博览会、世界华侨进口商品博览会暨青田进口葡萄酒交易会等一批浙江特色的进口博览会，成效显著，实现从"卖全球"到"买全球"。

（三）培育会展品牌，打造区域专业品牌展会

2018年，以杭州西博会、休博会、工博会、制博会，嘉兴紧固件展、海宁皮革展，宁波消博会、服装展，台州塑交会，温州轻工产品博览会，绍兴纺博会和义乌义博会等展会为代表，凭借区域产业基础和产业集群，真正形成地域特色鲜明，专业水准良好、文化积淀浓厚、历史传承有序、开放包容性强的展览品牌。

（四）政府助推红利不断，会展业环境不断优化

2018年，浙江省几个重点会展城市的政府，以市场化为主导，大力推进城市会展经济的发展，在改善会展市场环境、提高会展服务质量、建设更加符合展会需求的绿色场馆、积极引进大型展会和国际性大会、积极引进和培训会展人才等方面制定了新的政策和措施。如杭州市为抢抓"后峰会、前亚运"重要历史机遇，加快构建具有国际竞争力的大会展产业体系，着力将杭州市打造成为具有世界水准的国际会议目的地城市、会展之都、赛事之城，出台了《杭州市加快推进会展业发展三年行动计划（2018—2020年）》《关于深化会展管理体制改革的实施意见》和《杭州市会展业发展扶持资金管理办法（试行）》。宁波市发布《宁波市布政片（CXN-BZ-01）控制性详细规划》，布政区域的功能定位为国际空港新区中心，宁波空港新区会展中心规划位于城西空港核心发展走廊、连接奉化的南北向发展走廊的交汇处，距离台州、金华、杭州、上海的交通便利，不管从交通、客流、物流，还是整体规模性都远优于目前使用的会展中心。

（五）"大会展"业态逐步完善，综合效应不断显现

随着会展业的快速发展，综合性场馆的多元化复合功能越来越明显，"大会展"理念已经成为场馆运营的重要基础。同时，我省多数会展活动已经在展览、会议的基本功能上，加入了商务论

坛、大型餐饮、文艺活动、体育赛事、会奖旅游、节庆活动等新的内容。如杭州市以会展市场需求为导向，促进会展业与城市产业的互动，杭州国际动漫节、杭州马拉松、第14届世界游泳锦标赛等节庆赛事活动的举办，对积极推动会展业与相关产业融合发展起了重要推进作用，也在拉动内需、增添城市活力的同时，极大丰富了人民群众的精神文化生活。

（六）创建多元传媒格局，提升浙江会展影响力

2018年，浙江省各地市的会展城市更加注重对城市会展的推广和宣传。如杭州市先后在EPFIC 2018杭州市会展业专场推介会、2018杭州（香港）会展环境推介会暨杭港会展业合作交流会、2018中国会展业年会暨第十届中国城市会展发展大会等活动中宣传杭州和会展业发展，杭州城市影响力、杭州会展美誉度得到进一步提升。义乌市在“新时代城市会展创新发展论坛暨粤港澳大湾区合作论坛”系列活动中开展义乌城市、会展、市场推介，与多方参会代表、主办方进行深入洽谈和交流，邀请对方来义乌实地考察并入驻办展办会。

（七）会展活动精彩纷呈，会展经济前景可期

2018年，浙江省延续举办了不少会展业的配套活动，如全球展览浙江论坛、浙江会展大讲堂、浙江会展策划大赛等，创新开展了“浙江省会展人才高级研修班”，进一步促进会展产业和会展经济在全社会的传播和普及，扩大会展业的社会影响力，发挥会展经济在国民经济中的功能和作用，为会展业发展创造良好的社会舆论环境。

三、2019年浙江省会展产业发展趋势

（一）长三角会展市场一体化加速

长三角一体化战略已上升为国家战略，2019年，长三角会展一体化将推出实质性的具体措施，为浙江省加快会展业发展和做大做强会展业提供难得机遇，要提前做好准备，加快优势互补和资源共享，积极参与长三角会展一体化进程，主动融入到长三角会展一体化中；同时，加快优化调整全省会展业发展布局，重点打造杭州、宁波、温州和义乌等区域会展中心城市，联合区域中心城市的会展场馆、会展企业等相关机构，共同打造集展会策划组织、项目引进输出、展会招商宣传、信息交流与人才培训等于一体的区域会展联合体，通过抱团发展，共同探索会展市场资源共享、互利共赢的新路子；协同推动长三角会展更高水平和更高质量发展。

（二）会展高质量发展将成潮流

2019年是新中国成立70周年，2018年政府工作报告提出我国经济已由高速增长阶段转向高质量发展阶段，高质量发展已经成为各行各业的自觉要求。会展业的高质量发展即是整个国家宏观经济发展的客观要求，也是会展业自身发展的必要要求。浙江省会展业将围绕高质量发展做文章，改善会展发展营商环境，重视会展绿色发展，增强会展智慧化数字化智能化发展，努力以优异成绩向新中国成立70周年献礼。

（三）国际化趋势更加明显

经济全球化提高了浙江省会展业的国际化程度，在展览行业政策环境不断优化，制度规范更加完善的背景前提下，吸引更多国外品牌展览和会议落户浙江。把国际展览业“请进来”的同时，也要加快“走出去”步伐，实现双向互利、内外交融。同时，积极参加国际性、区域性展览联盟组织，加强与国际组织之间的沟通交流，积极参加国际知名展览机构及其组织的活动，鼓励省内企业积极与国外知名展览机构开展交流与合作，鼓励展览项目获取国际认证。

（四）创新绿色发展成为主旋律

2019年乃至今后一段时期，浙江省展览业发展必将遵循中国展览业发展的轨迹和趋向，出现一些新的动向和新的特征，创新发展成为主旋律，题材创新、模式创新、理念创新和服务创新引领浙江省展览业高质量发展。同时，“绿色、低碳、可持续”的理念已逐步深入到浙江省会展产业链各个环节，成为行业共识和行动。构建绿色会展体系是浙江会展业实现绿色发展的必经之路。

（五）智慧数字化成为发展新动能

信息技术发展创新了会展服务手段，更新了会展服务理念，增加了会展服务价值。在移动互

联网、大数据、云计算迅猛发展的今天，各行各业都在重视数字化转型，会展行业也不例外。伴随着各种新技术与行业的紧密结合，会展产业正处于传统模式向智慧模式跨越的分水岭。在传统的会展模式中，信息流通不畅给展会的顺利开展带来诸多不便，而移动互联网、大数据、云计算的出现将打破信息流通壁垒，助力会展行业实现无人化智能管理及服务，助力会展行业实现智慧化升级。

（六）防范风险助推会展业健康发展

伴随着会展业迅速发展，会展活动在享受红利的同时，也面临着突发风险因素对会展业的负面效应。有效防范和应对会展业的风险，将成为会展业持续发展的关键。从会展活动风险防范与管理分析中加以针对性防范，提升会展业的风险管理水平，安全维稳和综合保障工作是会展业的重中之重。

2018年浙江商务大事记

1月

1月2日 经商务部批准,同意新增缙云县商务局、青田县商务局、龙泉市商务局、丽水市莲都区经济商务局、松阳县经济商务局等13家地方商务部门作为对外贸易经营者备案登记机关。浙江省已有106家各级商务部门(含宁波)对外贸易经营者备案登记机关,除衢州柯城区外,各市、县(市、区)实现对外贸易经营者备案登记全覆盖,进一步扎实了"最多跑一次"改革和"线下一窗受理"的基础。

1月3日 时任浙江省商务厅厅长孟刚一行调研省商务厅办事服务窗口转型工作。为进一步落实省委、省政府"最多跑一次"改革任务,积极推进信息化建设,对业务流程进行再造,转变办事服务窗口工作模式,在商务系统内实现"线下属地一窗受理、线上全程一网办理、后台综合集成服务"改革要求。2017年12月30日,浙江省商务厅关闭了办事大厅,成立了"线上线下融合、咨询服务一体"的省商务厅智慧政务服务平台,办事服务窗口工作模式也将从前台服务变为后台综合集成服务的模式,积极推动办事服务窗口转型升级。

1月10—11日 时任浙江省商务厅厅长孟刚带队赴宁波调研。调研组实地考察了宁波穿山港区码头、梅山保税港区。听取了宁波市商务委2017年商务工作情况及2018年工作思路,2018年"三会"筹备情况和宁波市申报自由贸易港工作情况汇报。

1月11日 浙江省商务厅(上海)答谢会暨中国(浙江)自由贸易实验区推介会在上海举行。时任浙江省商务厅厅长孟刚做主旨演讲,介绍了浙江商务发展取得的成绩和2018年的新举措。

1月16日 全省商务工作会议在杭州召开,时任浙江省商务厅厅长孟刚作题为《坚持高质量发展 开启新时代商务工作新征程》的工作报告、报告全面回顾了2017年及过去五年的商务工作情况,提出了未来五年商务发展的总体思路、工作路径和发展目标,明确了2018年商务发展重点工作。

1月17日 浙江省商务厅在杭州召开了首届中国国际进口博览会招展座谈会。会议传达商务部关于进口博览会招展的若干会议精神,对下阶段浙江省参与筹备进口博览会进行部署。

1月17日 浙江省商务厅会同省财政厅、省科技厅、省工商局、省国税局、省外管局、杭州海关、宁波海关、省检验检疫局、宁波检验检疫局、宁波市国税局、中信保浙江分公司等11个省级单位举办100家加工贸易创新发展示范企业培训班暨授牌仪式。

1月18日 时任浙江省副省长梁黎明在杭州会见嘉能可集团全球油气业务模块首席执行官亚历克斯别尔德一行。梁黎明简要介绍了中国(浙江)自由贸易试验区基本情况,并表示希望嘉能可参与自贸区建设,共享发展机遇,实现互利共赢。

1月22日 《广交会助推"品质浙货 行销天下"合作备忘录》签约仪式在浙江省商务厅举行。时任浙江省商务厅厅长孟刚与中国对外贸易中心、广交会产品设计与贸易促进中心主任李晋奇共同签署了合作备忘录。

1月22日 浙江省商务厅组织召开"最多跑一次"工作部署会,贯彻落实全省"最多跑一次"改革和"四个平台"建设工作会议精神,部署做好全省商务系统"最多跑一次"属地受理制度改革工作。

1月23日 中国(浙江)自由贸易试验区建设领导小组办公室第四次主任会议在杭州召开。时任浙江省自贸办主任、浙江省商务厅厅长孟刚主持会议并讲话。会议传达了全国自贸试验区工作座谈会,省委常委会、省政府专题会议等一系列涉及自贸试验区的重要会议精神,通报了自贸试验区“最多跑一次”改革、保税燃料油供应和形成可复制推广经验工作进展情况,研究讨论了浙江自贸试验区建设2018年重点任务清单。会议原则同意了《2018年度省自贸办工作要点》。

1月24日 时任浙江省商务厅厅长孟刚主持召开会议,专题研究《义乌国际贸易综合配套改革试验区方案》。金华市、义乌市政府及省商务厅相关部门参加了会议。

1月28日 1606头澳大利亚进境活肉牛抵达宁波舟山港镇海码头,这是浙江省进境澳洲活肉牛项目的首票货物。作为中澳自贸协定的重要组成部分,此次澳大利亚活肉牛进口是浙江省内首次开展的活肉牛进口业务,是浙江省践行“一带一路”倡议的重要举措。为加快澳牛通关速度,宁波海事局协商并召集宁波检验检疫、海关、边防等口岸部门,采用锚地开展联合登临检查的方式,进一步提升通关效率。

1月31日 由浙江省商务厅主办的首届“2018年浙江出口商品(波兰)交易会”在波兰华沙国际展览中心隆重开幕。中国驻波兰大使馆商务参赞刘丽娟、波兰照明工业协会主席、主办方Agencja SOMA公司董事长Marek orlowski、浙江省商务厅副厅长韩杰、浙江省杭州海关副关长张翼、浙江省商务厅对外经济合作处处长张曙明等出席了开幕式剪彩仪式并致辞。本届交易会浙江省共组织了96家企业参展,共计展位150个,展出面积1350平方米,展会为期三天。涉及建筑照明,街道路灯、信号灯,办公室照明,家居装饰照明,圣诞节日用品灯饰,商业、工业用照明,紧急安全照明,LED及其应用程序,医疗、美容用照明设备等。

2月

2月5—6日 浙江省商务厅、省编办、省工商局、省法制办等单位组成督查组,赴舟山对浙江自贸试验区开展“最多跑一次”改革专题督查,重点检查“证照分离”、投资项目审批四个百分百等方面的工作开展情况。

2月7日 “云剑联盟”行动联合指挥部办公室(设在浙江省打击侵权假冒工作领导小组办公室)在杭州召开长三角泛珠三角13省(市、区)“2017—云剑联盟”新闻发布会。“2017—云剑联盟”行动,是在全国打击侵权假冒领导小组的统一部署和指导下,长三角、泛珠三角13省(区、市)联合发起的同时段、同要求、同步骤展开的一次互联网领域打击侵权假冒集群专项行动,旨在进一步探索互联网领域打假监管方式,深化区域合作、部门协同、政企协作路径,深入贯彻国务院印发的《关于新形势下加强打击侵权假冒工作的意见》精神。此次行动范围涵盖全国24.39%的面积、51.06%的人口、55.04%的GDP总额,惠及全国半壁江山。

2月8日 全省外贸工作座谈会在杭州召开。会议传达学习省委经济工作会议、全国商务工作会议、全省商务工作会议等一系列重要会议精神,表彰全省外贸创新发展示范单位,通报2017年和近五年全省外贸情况,分析交流当前全省外贸形势,部署2018年和今后五年重点工作。

2月8日 浙江省地方志编纂委员会发文《关于公布〈浙江通志〉创优工程2017年度编纂工作先进单位的通知》(浙地委〔2018〕1号),共有34个单位被评为先进单位。其中由浙江省商务厅牵头,省供销社、商业集团、物产集团共同编纂的《浙江通志·国内贸易志》继2014年、2015年、2016年后第四次被评为《浙江通志》创优工程2017年度编纂工作先进单位。

2月13日 国家税务总局同意在中国(杭州)跨境电商综试区实施跨境电商无票采购部分税前抵扣的试点政策,时间为2016—2017年,2018年调研以后再确定。即对注册在杭州并在杭州跨境电商综试区综合管理平台上登记的,从事跨境电商零售出口的企业,无法取得进货发票,符合相关条件的,试行以企业自制的电子数据表单作为税前扣除凭证,具体实施方案由浙江省国税发文公告。这标志着浙江省跨境电商出口税收监管政策创新推进工作取得积极进展。

2月22日 浙江省委理论学习中心组举行习近平新时代中国特色社会主义思想专题学习会。浙江省委书记车俊在会上强调，全省各级党组织要切实担起浙江作为习近平新时代中国特色社会主义思想重要萌发地的政治责任，争当学懂弄通做实习近平新时代中国特色社会主义思想的排头兵，坚定不移沿着“八八战略”指引的路子走下去，加快推进“两个高水平”建设。

2月23日 浙江省商务厅党组书记盛秋平赴浙江商务智慧政务平台开展调研，随后主持召开商务“最多跑一次”改革工作汇报会。

2月23日 浙江省政府办公厅下发了《关于2017年度全省政务信息工作考核情况的通报》(浙政办发〔2018〕11号)。浙江省商务厅荣获2017年度政务信息工作一等奖。

2月24日 商务部拟认定255家基地为国家外贸转型升级基地并予以公示。浙江省(含宁波)共有50家基地申报，39家基地入围，总数位居全国前列，占全国的15.3%，远超浙江出口比重。其中包括机电产品类3家、农产品类2家、轻工工艺产品类17家、纺织服装类13家、新型材料类2家和五金建材类2家。

2月24日 梅赛德斯-奔驰母公司戴姆勒方面披露，浙江吉利控股集团董事长李书福以约90亿美元价格收购了戴姆勒9.69%股份。吉利李书福90亿美元购得戴姆勒9.69%股权，成奔驰最大股东。据戴姆勒公布的信息显示，此前戴姆勒最大股东为科威特投资局，持有6.8%的股权，第二大股东为贝莱德，持有6%的股权，李书福今后将成为戴姆勒最大股东。

2月24日 浙江省商务厅召开“一带一路”建设工作对接会。浙江省发改委介绍了省推进“一带一路”建设工作领导小组办公室2018年拟开展的重点工作和拟召开的省推进“一带一路”建设工作领导小组第一次会议的方案。浙江省商务厅介绍了全省对外开放大会的筹备情况，提出了共同推进“一带一路”建设的相关建议，并达成了三方面共识。

2月25—28日 为加强浙江和墨西哥的经贸合作交流，提升浙江境外经贸合作园区建设水平，推动两地经济互补、实现共同发展，浙江省商务厅工作组赴墨西哥开展工作。在墨期间，工作组先后在蒙特雷和墨西哥城走访了北美华富山工业园，实地了解三花等企业在墨生产情况，拜访中国驻墨大使馆经商参处，召开了浙江墨西哥经贸合作推介会，在新莱昂州，浙江省商务厅和新莱昂州经济和劳工部签署合作备忘录，达成诸多合作意向。

2月27日 浙江省副省长朱从玖赴舟山专题调研自贸试验区建设，实地考察了海洋产业聚集区保税油加注调度中心、航空产业园等项目，并主持召开座谈会，听取了相关工作情况汇报。省商务厅党组书记盛秋平陪同调研。

2月28日 舟山波音交付中心有限公司正式落户舟山海洋产业集聚区。舟山波音交付中心有限公司是波音项目落户舟山后成立注册的首家为飞机交付提供试飞、飞行技术人员及各项飞机工程技术支持的企业。该公司是由波音新加坡私人有限公司(BOEING SINGAPORE PTE.LTD)全资投资成立的外商独资企业，注册资金1034万美元，投资总额达2585万美元。

3月

3月1日 浙江省启动实施外国人才签证制度。凡符合《外国人来华工作分类标准(试行)》外国高端人才(A类)标准条件的，属于“高精尖缺”和市场需求导向的科学家、科技领军人才、企业家、专门人才和高技能人才等我国经济社会发展需要的外国高层次人才和急需紧缺人才，都可以申请人才签证(R字签证)。外国人才签证具有有效期长、审发时间短及待遇优惠等特点，可以为外国高端人才来浙工作提供更多便利。

3月2日 浙江省商务厅党组书记盛秋平调研第28届“华交会”浙江参展企业。第28届中国华东进出口商品交易会于3月1日在上海新国际博览中心正式开幕。本届“华交会”浙江省参展企业由浙江交易团、杭州交易团、宁波交易团组团组成。浙江省参展企业920家，展位数1545个，同比均有增长，占本届“华交会”展位总数的27.1%，居参展的华东各省市第1位。本届“华交会”上，4家“品质浙货”出口领军企业、26家浙江出口名牌企业、3家获得浙江制造“品字标”的企业参展。

3月2日 首届浙江出口商品(巴拿马)交易会暨第36届巴拿马国际贸易博览会中国馆开幕仪式举行。这是巴拿马总统首次出席该展会国家馆开幕式。本次展会为中巴两国正式建交后首个促进双边经贸关系稳步发展的最大规模的贸易展览会。

3月2日 杭州出口加工区获国务院批复成功升格为杭州综合保税区。该保税区面积2.007平方公里,在原杭州出口加工区的基础上,新建物流作业区,重新规划建设监管服务区、监管仓库区、查验等候区、机检查验区、检疫处理区五大主要功能区。此次成功升级标志着杭州出口加工区对外贸易、外向型经济发展,接轨全球的功能性大平台正式进入3.0新时代。

3月5日 浙江省商务厅召开厅党组理论学习中心组习近平新时代中国特色社会主义思想专题学习会,拉开了新年度省商务厅“大学习、大调研、大抓落实”的序幕。会议由厅党组书记盛秋平主持,厅党组成员、机关各支部、厅属各单位党组织主要负责人参加。

3月6日 浙江省商务厅召开全省利用外资工作领导小组办公室会议。会议通报了省利用外资工作领导小组2017年工作总结和2018年工作思路,研究审议《浙江省人民政府关于促进外资增长若干措施的实施意见》和省利用外资工作领导小组成员单位2018年利用外资重点工作清单。

3月6日 由浙江省商务厅主办的第二届浙江出口商品(墨西哥)交易会在瓜达拉哈拉国际会展中心开幕。本届展会由浙江省医药保健品进出口、御茶村茶叶、杭州奥化网络科技等62家食品类、食品包装类和零售超市类企业参展,展出展位100个,展出面积达900平方米。

3月6日 在十三届全国人大一次会议上海代表团全体会议上,苏浙皖沪三省一市达成共识,将聚焦规划对接、战略协同、专题合作、市场统一、机制完善五个着力点来推进。重点抓好三件事:一是成立长三角区域合作办公室;二是制定三年行动计划;三是开好主要领导座谈会。通过三省一市的共同努力,把长三角建设成为全国贯彻新发展理念的引领示范区,成为全球资源配置的亚太门户,成为具有全球竞争力的世界级城市群。

3月7日 浙江省商务厅党组书记盛秋平会见新加坡国际企业发展局中国司司长、浙新经贸理事会新加坡方面秘书长何致轩一行。

3月8日 浙江省商务厅召开全省商务运行调查监测点年度工作考评会,对省级和市级监测点工作进行了现场评审,并验收了新增监测点和承办单位变更的监测点。目前,全省商务运行调查监测系统内共有重点联系企业9273家,监测点99个,包括1个省级监测点、11个市级监测点、66个县级监测点、21个行业监测点。

3月13日 浙江省副省长朱从玖一行莅临省商务厅指导,听取了浙江省商务厅党组书记盛秋平关于商务工作的汇报并做重要指示。

3月13日 第四届浙江出口商品(沙特)交易会在沙特吉达国际展览中心开幕。该展会是“品质浙货,行销天下”品牌推广的重要站点之一,近70家“品质浙货”品牌企业亮相展会,共设130个展位,展出面积达2500平方米,主要展品涉及电机、五金、照明及室内装饰材料等建材产品。

3月14—16日 浙江省商务厅与浙江省委省政府有关处室、宁波市商务委、舟山自贸试验区管委会组成联合调研组,由浙江省商务厅党组书记盛秋平带队赴广东考察学习对外开放工作。

3月21日 浙江省商务厅党组书记盛秋平会见中国国际进口博览局副局长刘福学一行。盛秋平书记表示,将继续做好参展企业的招展工作,推进已经进口博览局确认的参展企业最后正式签约,力争浙江省参与进口博览会工作走在全国前列。

3月26日 中国原油期货在上海期货交易所子公司——上海国际能源交易中心正式挂牌交易。原油期货是中国商品期货第一个全球上市的品种。原油期货的挂牌交易,将积极推动浙江油品交易市场的发展和浙江自贸试验区油品全产业链的建设。

3月27日 浙江省商务厅与浙江省建设厅

联合召开推进浙江省对外承包工程企业参与“一带一路”建设座谈会。会议指出，浙江省对外承包工程企业要以“一带一路”统领浙江新一轮对外开放为契机，抢抓机遇，积极参与“一带一路”沿线国家的基础设施互联互通建设。浙江省商务厅与浙江省建设厅等相关部门将加强协作，共同服务和推动对外承包工程业务的发展。

3月28日 由浙江省商务厅主办的第二届浙江出口商品（俄罗斯）交易会在俄罗斯喀山隆重开幕，浙江省60多家企业带着核心产品及最新的研发成果参加展会。本次展会将有效推进与俄罗斯的合作，对加快浙江汽车及零部件行业参与到鞑靼斯坦及伏尔加地区汽车产业链中起到重要作用。

3月30日 舟山出台全国首个船舶燃料油加注系统计量技术规范。由舟山港综保区管委会委托中国船级社质量认证公司制定的《船舶燃料油加注系统计量技术规范》正式发布。该技术规范具有把握最高标准、突出最强操作性、涵盖最全内容三个特点。

4月

4月1日 2018中国自由贸易试验区协同开放发展论坛在成都开幕。论坛发起了《中国自由贸易试验区协同开放发展倡议》，这是中国自贸区在形成“1+3+7”战略新格局后，11个自贸区首次共同提出关于协同开放的倡议。

4月3日 浙江省商务厅厅长盛秋平会见浙江省援疆指挥部党委书记、指挥长，阿克苏地委副书记王通林一行，对接出口产业合作园建设工作。

4月3日 浙江省商务厅召开浙江企业跨国经营绩效评估监测平台工作推进会。会议提出，把好平台企业数据的质量关，研究建立对境外经贸合作区境内投资主体的绩效评估标准。

4月4日 浙江省商务厅召开“大学习、大调研、大抓落实”主题实践活动动员大会。浙江省商务厅厅长盛秋平就开展好“大学习、大调研、大抓落实”主题实践活动提出了统一思路、提高认识、精心谋划、扎实推进、强化担当、组织保障的工作要求，部署了二季度的九项重要工作。

4月6日 中国（浙江）—津巴布韦商务论坛在杭州举行。津巴布韦总统姆南加古瓦率外交部等部长及津巴布韦企业家共约100人出席。浙江省副省长朱从玖、中国驻津巴布韦大使黄屏、浙江省政府副秘书长陆建强、浙江省商务厅厅长盛秋平，绍兴市、义乌市、国贸、交投、能源、建投、正泰、海康威视、大华、宇视、华东设计院、网易考拉、中非桥跨境电商等机构和企业代表约120人参加。

4月9日 浙江省商务厅厅长盛秋平会见来访的荷兰外商投资局局长倪景润一行，双方共同签署了《浙江省商务厅与荷兰经济事务与气候政策部外商投资局促进投资合作谅解备忘录》。

4月11日 浙江省推进“一带一路”建设工作领导小组举行第一次会议，浙江省委书记车俊主持会议并讲话。

4月11日 2018中国国际电子商务博览会暨首届数字贸易博览会在义乌举行，浙江省副省长朱从玖宣布博览会开幕。浙江省商务厅厅长盛秋平出席开幕典礼，参加“之江创客”2018全球电子商务创新创业大赛启动仪式，并在数字贸易高峰论坛上发表题为《发展数字贸易促进开放共享》的主题演讲。

4月12日 第十五届浙江省投资促进机构联席会议暨“智造未来”国际投资合作交流会在绍兴柯桥成功举行，浙江省商务厅厅长盛秋平出席会议并作重要讲话。

4月15日 第123届广交会在广州召开，本届广交会总体展览规模与上届持平，展览面积118.5万平方米，展位总数60475个，境内外参展企业25000多家，分三期展出。浙江省（包括浙江、杭州、宁波三个交易团）共有参展企业5339家，展位11670个，其中浙江交易团共有参展企业3248家，展位6987个。

4月16日 温州市政府正式发布了《处置境外经贸类纠纷和突发事件应急预案》，是我省地级市首次出台相关的应急预案。该预案包括总则、风险评估、组织体系、预防预警、应急处置、后期处置、应急保障、预案管理和附则9个部分，着重指导各级政府和企业在突发事件发生后处置应对工作。

4月25日 浙江省省长袁家军在杭州会见新加坡文化、社区及青年部兼贸工部高级政务部长沈颖。浙江省商务厅厅长盛秋平陪同。

4月26日 浙新经贸理事会第十三次会议在舟山召开。会上，共签署14个重点项目，涉及国际物流、油品、智能制造、生物科技、节能环保等多个领域，包括浙江石油和嘉能可亚洲公司成立合资企业的备忘录、丰树舟山产业园项目、新加坡协力石油油品舟山合作项目、中新（宁波）智造产业园项目、省交投与新加坡盛裕咨询公司合作备忘录、丰树（义乌）产业园项目、长兴安益污水处理厂扩建项目、嘉善嘉地工业智能制造项目等。

4月26日 浙江省商务厅厅长盛秋平带队赴"九联系"之一的杭州经济技术开发区调研。调研组一行实地走访了美资企业默沙东制药股份有限公司和新加坡（杭州）科技产业园，并听取杭州经济技术开发区管委会工作情况汇报。

5月

5月4日 浙江省商务厅厅长盛秋平与乌兹别克斯坦锡尔河州州长米尔扎耶夫·加弗尔章·加尼耶维奇共同见证了炬华科技、翼速物流、浩水源贸易、金盛贸易、孙桥溢佳、大禹节水、隆宣贸易7家中方企业入驻鹏盛工业园有关合作项目的签约。

美国当地时间5月5日 杭州湾—旧金山湾产业对接会活动开幕。对接会介绍浙江开发区发展状况，推介浙江开发区投资政策，探讨浙江与硅谷的合作机遇，推进浙江开发区与硅谷高科技人才的交流。

5月6日 2018中国义乌进口商品博览会在义乌市开幕。展览会共设国际标准展位1600个，展览面积4万平方米，参展商来自捷克、印度、马来西亚、伊朗、俄罗斯、埃及等100多个国家和地区，并特别设置捷克共和国作为大会主宾国。

5月9日 浙江召开全省对外开放大会，表彰对外开放先进单位，研究部署浙江全省对外开放工作，提出在新时代新起点上，坚持"一带一路"统领，全面推进开放强省。浙江省委书记、省人大常委会主任车俊出席大会并讲话，省长袁家军主持会议，省政协主席葛慧君和副省级以上领导出席。

5月9日 由浙江省商务厅和义乌西班牙交流基金会主办的浙江—西班牙贸易（电商）对接会在杭州举行。会前，浙江省商务厅厅长盛秋平会见了西班牙"义新欧发现之旅"代表团团长、西班牙阿拉贡自治区对外局局长费尔南多·费南德斯一行。

5月15日 由浙江省商务厅主办的第二届浙江（印度）服务贸易展会在印度孟买国际会展中心隆重开幕，与印度最具盛名的服务贸易盛会——印度全球服务贸易展览会（GES 2018）同期举办。产品涉及网络科技、电商服务、新闻传媒、影视动漫、教育文化、物流货代等。

5月16日 2018浙港经贸合作周主题论坛在杭州举行，论坛主题为"'一带一路'——浙港同行，共建全球智慧供应链"。浙江省副省长朱从玖出席论坛并致辞。浙江省商务厅厅长盛秋平出席并见证杭州市与香港贸发局签署高端服务业合作协议。

5月21日 浙江省商务厅召开党组理论学习中心组纪念马克思200周年诞辰暨《共产党宣言》发表170周年专题学习会。会议由浙江省商务厅党组书记盛秋平主持，厅党组成员、机关各支部、厅属各单位党组织主要负责人参加。

5月23日 国务院下发《关于做好自由贸易试验区第四批改革试点经验复制推广工作的通知》，面向全国复制推广11个自贸试验区的第四批改革试点经验，共计30项，其中6项出自中国（浙江）自贸试验区，占1/5，数量位居全国自贸试验区前列。主要集中在保税燃料油供应、铁矿石贸易交易相关的营商环境优化、口岸通关便利化等领域。

5月24日 浙江省人民政府新闻办举行第四届中国—中东欧博览会、第二十届浙洽会、第十七届消博会（以下简称"三会"）新闻发布会。"三会"以"扩大高水平开放，推动高质量发展"为主题，进一步加强统筹能力，打破以往中东欧博览会、浙洽会、消博会各成独立板块的模式，重点突出中国—中东欧博览会品牌，举办会议论坛、投资洽谈、贸易展览、人文交流四大板块“1+25”场活动。

5月30日 浙江省商务厅在杭州举办了“政企合作共建浙江省重要产品追溯体系签约仪式”，开启了政企合作、多方共同推动重要产品追溯体系建设的新模式。

6月

6月6日 2018全球展览浙江（西湖）论坛在杭州举行。论坛期间，浙江省商务厅与英国塔苏斯集团签订框架合作协议。

6月7日 第4届中国—中东欧国家投资贸易博览会、第20届浙洽会、第17届消博会在宁波开幕。浙江省委书记车俊，省委副书记、省长袁家军出席开幕晚会，并分别考察了“三会”展馆。

6月7日 由浙江省人民政府主办，浙江省商务厅承办的第二十届中国浙江投资贸易洽谈会浙江国际投资论坛系列活动在宁波开启。浙江省副省长朱从玖致开幕词，省政府副秘书长高屹主持。浙江省商务厅厅长盛秋平解读浙江省促进外资增长政策。论坛上，浙江省十佳开放平台签署了“新时代协同开放宣言”，发布了10家浙江省外商投资企业知识产权保护风范企业。

6月8日 浙江省人民政府召开全省参与首届中国国际进口博览会工作电视电话会议，浙江省副省长朱从玖出席会议并作重要讲话，浙江省商务厅厅长盛秋平作工作部署，会议由浙江省政府副秘书长高屹主持。

6月8日 《浙江省打造“一带一路”枢纽行动计划》实施推进会暨浙江省“一带一路”论坛在杭州召开。浙江省商务厅对自贸试验区、数字贸易网、境外服务站和国际合作园四个重大事项进行了推介。

6月9日 由浙江省人民政府新闻办公室主办的《有请发言人》第三期邀请浙江省商务厅厅长盛秋平作为发言人，以“浙江商务 拥抱新时代”为主题，介绍了浙江开放工作有关情况，面对面回应社会关注问题。

6月14日 商务部会同中宣部在杭州召开了国家文化出口基地推进会。浙江省中国（浙江）影视产业国际合作区等13个地区（园区）被认定为国家首批文化出口基地。

6月15日 浙江省商务厅在金华召开全省跨境电商服务体系建设推进会暨服务资源对接会。会议通报了全省跨境电商的发展情况并就推进跨境电商服务体系建设做了重点部署。国贸云商、合丰、天猫出海、网易考拉、新蛋、pingpong、连连等企业就各自的重点服务项目进行了推介，并开展对接交流。

6月10—20日 浙江省委书记车俊率团访问非洲，浙江省商务厅厅长盛秋平率由40多家企业组成的浙江商务代表团随访，并在南非（东开普省）、毛里求斯、津巴布韦等地举办“一带一路”浙商行（非洲站）系列活动暨商务论坛。

6月25日 浙江省商务厅2018年第5次厅长办公会议审议并原则通过了《浙江省商务厅2018年依法行政工作要点》和《浙江省商务厅2018年普法工作要点》。浙江省商务厅依法行政工作领导小组组长、厅长盛秋平主持会议并对做好2018年依法行政工作进一步明确要求。

6月28日 由浙江省商务厅、亚马逊全球开店、中国（杭州）跨境电商综试办、江干区人民政府联合主办的“为U而来——亚马逊全球卖家直采大会”在杭州白马湖国际会展中心开幕。

6月29日 浙江省商务厅召开“七·一”表彰大会，热烈庆祝中国共产党成立97周年，表彰2017年度先进基层党组织、优秀共产党员；表彰“学思践悟新思想，青春建功新时代”主题演讲比赛优秀奖获得者和“百名处长话改革”征文活动优秀作品，深入推进“两学一做”学习教育常态化制度化，推动“大学习、大调研、大抓落实”活动深入开展。

7月

7月1日 浙江省外商投资企业设立商务备案和工商“一套表格，一口办理”系统（以下简称“一口办理”）正式上线。自此，浙江省在全省范围内实现外资企业设立商务备案与工商登记“一口办理”，进一步提升了外商投资便利水平。

7月2日 浙江省商务厅党组理论学习中心

组在嘉兴南湖组织召开专题学习会，学习“红船精神”和习近平总书记在中共中央政治局第六次集体学习时的重要讲话精神，围绕“加强党的政治建设”这一主题进行深入学习和交流。浙江省商务厅党组书记、厅长盛秋平就如何传承“红船精神”，推进省商务厅党的政治建设发表讲话。

7月3日 由浙江省商务厅联合省委组织部、省委宣传部、省委网信办、省财政厅、省教育厅、省科学技术厅、共青团浙江省委员会8部门共同打造的互联网及电商领域国际赛事——“之江创客”全球电子商务创新创业大赛粤港澳赛区决赛在深圳成功举办。本次大赛以“拥抱智能时代，创新融通未来”为主题，吸引了超过百家创投机构，全球千名创业者共同参与。

7月6日 全省参与首届中国国际进口博览会交易组织工作会议召开。浙江省参与首届中国国际进口博览会领导小组组长、副省长朱从玖，副组长、浙江省商务厅厅长盛秋平出席会议并作讲话，省政府副秘书长高屹主持会议。

7月11日 浙江省商务厅召开党组理论学习中心组专题学习会，主要传达学习贯彻习近平总书记在《中共浙江省委关于“八八战略”实施15年情况的报告》上作出的重要指示精神，坚定不移沿着“八八战略”指引的路子走下去，推动“八八战略”再深化、改革开放再出发。会议由浙江省商务厅党组书记、厅长盛秋平主持，厅党组成员、机关各支部、厅属各单位党组织主要负责人参加。

7月13日 国务院总理李克强主持召开国务院常务会议，会议决定在北京等22个城市新设跨境电子商务综合试验区，持续推进对外开放促进外贸转型升级，义乌名列其中。随着中国(义乌)跨境电商综试区的获批，全省将进一步形成以杭州、金义、宁波为核心，辐射带动浙北、浙中、浙东跨境电商整体发展的良好格局。

7月20日 浙江省商务厅组织召开了全省国家级经济技术开发区工作座谈会。会议介绍了最新利用外资主要政策措施、自贸试验区改革试点经验等，各国家级经济开发区围绕体制机制创新、国际产业合作园创建、“最多跑一次”改革等亮点工作进行了交流。

7月23日 由多哥共和国工业旅游部部长伊荷·亚威·阿提格贝率领的多哥代表团一行11人访问浙江，在浙江省商务厅举办多哥国别推介会。多哥驻华大使梅桑冈·科迪乔维·贝萨一同来访。

7月26日 浙江省商务厅会同省金融办，国开行、中信保、工行、中行、建行、浙商银行等金融机构就“建立对非投资合作金融服务体系”召开专题研究座谈会。

7月27日 2018年浙江出口商品(印度)交易会在印度钦奈贸易中心开幕，该展会与第二十届印度钦奈国际医院、医疗设备及实验室展会(MEDICALL)同期同馆举办。这是浙江省首次在印度举办以医疗器械产品为主题的大型自办展。

8月

8月2日 浙江省商务厅召开“大学习、大调研、大抓落实”主题实践活动第一次百日攻坚汇报会。浙江省商务厅党组书记、厅长盛秋平主持会议并作总结讲话。

8月10日 “‘一带一路’电子商务创新创业发展论坛——浙江省与马来西亚雪兰莪州项目路演专场”在中国人工智能小镇成功举办。

8月10日 全省商务局长工作会议在杭州召开，会议分析了面临的形势和问题，部署下步商务工作的重点。浙江省商务厅厅长盛秋平主持会议并作总结讲话。

8月14日 浙江省商务厅召开党组理论学习中心组第五次专题学习会，主题是深入学习贯彻习近平总书记在全国组织工作会议上的重要讲话和省委十四届三次全体(扩大)会议精神。会议由浙江省商务厅党组书记盛秋平主持，厅党组成员、机关各支部、厅属各单位党组织主要负责人参加。

8月21日 浙江—新加坡经贸理事会首次以专题会议形式在新加坡召开。浙江省省长袁家军，新加坡通讯及新闻部兼文化、社区及青年部高级政务部长沈颖出席并致辞。浙江省商务厅厅长盛秋平参加会议并主持提问环节。

8月21日 浙江省商务厅和新加坡企发局签署了关于成立油品贸易和海事服务，金融联通、法律及专业服务、可持续城市管理、科技创新、文化旅游及青年5个专题工作组的备忘录。双方企业(机构)共签署5个重点项目,涉及油品贸易、金融、环保、可持续城市管理等领域,协议合作金额约33亿元。包括海港集团与维多亚洲公司在新加坡成立合资公司开展保税燃油有关业务,富春集团与新方共同设立"一带一路"物流地产基金等。

8月21—23日 浙江省商务厅组织赴青海海西州开展商务援助活动对接,双方就商务领域开展对接协作进行了深入交流,并初步研究探讨了商务援助的战略合作协议框架。

8月24—26日 浙江省商务厅组织赴新疆阿克苏地区对接浙阿出口产业合作园建设,并组织浙江部分国家级开发区和相关企业开展"2018年浙企天山行"对接推介活动。

8月27日 浙江省参与首届中国国际进口博览会领导小组办公室召开地市联络员会议,各市参与进口博览会领导小组办公室联络员以及厅参与进口博览会各工作小组负责人参加会议。

8月29日 "开放创新 共享机遇"2018中国(浙江)—日本商务论坛在东京举行。论坛由浙江省商务厅、日本贸易振兴机构共同主办。浙江省省长袁家军、日本贸易振兴机构理事长石毛博行出席论坛并致辞。浙江省商务厅厅长盛秋平就浙江省平台、产业、贸易、政策和环境等方面优势进行重点推介。会上,袁家军和石毛博行代表浙江省人民政府和日本贸易振兴机构,达成关于建立双向贸易和投资全面合作关系的备忘录。双方企业达成健康养老、跨境电商、精密机械、精细化工等领域10个合作项目,协议金额达到15.3亿元。

8月31日 全省开发区工作会议在余杭经济技术开发区召开,会议由浙江省政府副秘书长高屹主持,浙江省人民政府副省长朱从玖出席并作重要讲话。浙江省商务厅厅长盛秋平作会议发言。

9月

9月4日 浙江省商务厅厅长盛秋平会见了中国进出口银行浙江分行行长王园园一行。双方就政策性金融助力外综服平台发展、支持外贸小微企业出口、推动"一带一路"国际产能合作展开了探讨,取得了共识。

9月7日 多哥共和国总统办公厅、浙江省商务厅和中非发展基金在杭州共同举办中国(浙江)—多哥商务论坛。多哥共和国总统福雷、浙江省副省长朱从玖、中国驻多哥大使巢卫东、浙江省政府副秘书长高屹、浙江省商务厅厅长盛秋平出席。

9月8日 第二十届中国国际投资贸易洽谈会在厦门国际会展中心开幕。由省、市、县(市、区)商务主管部门、开发区及企业代表等600多人组成的浙江省代表团参与此次展会。

9月17日 由浙江省商务厅、德国石荷州经济部共同举办的德国石荷州—浙江商务论坛在杭州举行。浙江省人民政府副省长朱从玖、石荷州州长丹尼尔·君特出席论坛并致辞。浙江省商务厅厅长盛秋平与石荷州经济部长本德·布赫豪兹签署了《关于加强经贸合作的谅解备忘录》。

9月17日 浙江省商务厅与中国银行浙江省分行签署《中国国际进口博览会全面战略合作协议》,浙江省商务厅厅长盛秋平和中国银行浙江省分行行长郭心刚出席仪式,签署协议并讲话。

9月21日 浙江省商务厅联合省委网信办、省农办、省经信委、省农业厅、省林业厅、省文化厅、省外侨办、省新闻出版广电局、省体育局、省旅游局11个部门共同举办以"品质生活,快乐金秋"为主题的"2018浙江金秋购物节"在杭州武林广场正式启幕。

9月21日 浙江省人民政府副省长朱从玖率团访问克罗地亚,出席"一带一路"浙商行(中东欧站)之中国(浙江)—克罗地亚商务论坛。浙江省商务厅厅长盛秋平率由30余家企业(机构)组成的商务代表团参加。

9月21日 浙江省农产品电商资源对接会暨第五届三门·中国网络青蟹节在三门县举行。此次活动以东西协作扶贫为依托,通过"互联网+扶贫+农产品",线上线下相结合的方式,推动三门青蟹和四川省苍溪县红心猕猴桃资源对接。

9月27—28日 中共中央政治局常委、国务院总理李克强在浙江省委书记车俊、省长袁家军陪同下在舟山、台州考察，并主持召开企业座谈会。浙江省商务厅厅长盛秋平陪同考察。

9月30日 浙江省商务厅召开党组理论学习中心组专题学习会暨第三季度党风廉政建设形势分析会，浙江省商务厅党组书记盛秋平主持会议。

10月

10月9—10日 中央纪委国家监委驻商务部纪检监察组组长李仰哲带领外贸司、外资司等有关负责人组成调研组，对浙江受中美经贸摩擦的影响和应对工作开展了专题调研。浙江省商务厅厅长盛秋平、驻厅纪检组组长黄克旭，驻杭特办副特派员周关超出席了"应对中美经贸摩擦企业座谈会"。

10月10日 浙江省商务厅与丽水市人民政府签署了《关于建立厅市紧密合作关系助推丽水大花园建设的合作协议》。

10月10—11日 2018浙江(新加坡)大数据中心展在新加坡滨海湾会展中心成功举办。浙江数字贸易企业首次以中国唯一地方省团参展亮相。

10月11日 浙江省政府在杭州召开全省批发零售业改造提升工作推进会。浙江省副省长朱从玖出席会议并讲话，浙江省商务厅厅长盛秋平通报全省批发零售业改造提升主要工作情况。

10月13日 中国(浙江)自贸试验区国际咨询委员会第二次会议在北京召开。中国(浙江)自贸试验区建设领导小组副组长、浙江省副省长朱从玖出席并讲话。中国(浙江)自贸试验区建设领导小组办公室主任、浙江省商务厅厅长盛秋平主持会议。会上，浙江省金融办介绍了浙江自贸试验区国际油品交易中心建设实施方案，浙江省自贸试验区管委会介绍了浙江自贸试验区争取更大改革自主权方案，宁波市人民政府介绍了关于建设LNG全国登陆中心的方案，中国国际经济交流中心介绍了浙江省建设自由贸易港的主要思路。参会委员、专家就浙江自贸试验区发展积极建言献策。

10月15日 2018浙江省高质量外资集聚先行区推介交流会在北京举办。浙江省副省长朱从玖出席会议并致辞，浙江省商务厅厅长盛秋平作浙江投资环境介绍。本次活动主题为"新时代·大开放·高质量"，来自荷兰壳牌石油、印度塔塔集团、瑞士ABB、强生、沃尔玛、IBM、英国怡和集团、渣打银行、德国大众、法国泰雷兹、日本丸红等近30家世界500强企业以及各国商务机构、使领馆的100余家机构、120多位外方嘉宾，出席了本次活动。

10月16日 中欧班列建设现场会暨专题协调会在重庆召开。国家发展改革委副主任宁吉喆在会上表示，截至目前，中欧班列累计开行超过11000列，运行线路达到65条，通达欧洲15个国家的44个城市，累计运送货物92万标箱。中欧班列已成为我国与"一带一路"沿线国家联系最为紧密的路径，是共建"一带一路"倡议扎实落地最成熟的典范。

10月17日 浙新经贸理事会油气贸易和海事服务专题工作组在舟山国际会议中心召开第一次会议。理事会浙方秘书长、省商务厅副厅长胡潍康，专题工作组浙方组长、舟山市副市长许小月，新方组长、新加坡企发局中国司副司长郑光裕，副组长、壳牌亚太区政府关系高级顾问林瑞光等参加会议。会议介绍了专题工作组工作计划，交流了浙江和新加坡在油气贸易和海事服务等领域的发展情况和发展经验，提出了下一步合作设想。

10月18日 第二届世界油商大会在舟山开幕。本届大会主题为"开放包容、互利共赢——推动'一带一路'油气产业合作意愿与行动"。浙江省省长袁家军出席开幕式并作主旨演讲，浙江省副省长朱从玖主持会议。

10月20日 由浙江省政府指导，浙江省商务厅主办的第九届浙江商务服务交易博览会暨2018浙江数字贸易交易会在杭州国际博览中心盛大开幕。浙江省人民政府副省长朱从玖、浙江省商务厅厅长盛秋平出席活动并巡馆。

10月21日 第24届中国义乌国际小商品(标准)博览会、浙江省第五届省外浙商市场采购浙货对接会开幕式。本届义博会设国际标准展位4136个，产品涵盖五金、机电机械、日用品等14大行业，展览面积达10万平方米，吸引了来自美国、俄罗斯、德国、葡萄牙等国及国内26个省（市、自治区）的2150家企业参展。

10月20—22日 第五届中国（杭州）国际电子商务博览会在杭州国际博览中心举行。博览会以“新零售、新商业、新消费”为主题，通过展示展现、交流分享、合作体验等方式，促进传统商业的转型和市场消费的扩大升级，引领国际电子商务和零售业发展趋势。

10月25日 商务部党组书记、部长钟山在京与浙江省委副书记、省长袁家军一行举行工作会谈，共同研究贯彻落实党的十九大精神，进一步加强商务部与浙江省政府之间的工作联动，形成合力，共同推动浙江商务事业新发展新提高新突破。浙江省政府秘书长陈新、浙江省商务厅厅长盛秋平等参加了会谈。会后，钟山部长与袁家军省长共同签署了《商务部 浙江省人民政府关于建立合作机制的框架协议》。

10月26日 浙江省商务厅厅长盛秋平带队调研了第124届广交会。盛秋平厅长一行参观了广交会发展史陈列馆，走访了20余家浙江公司展位。围绕设计创新、品牌建设、市场开拓等方面情况与参展企业负责人进行了深入交流。

11月

11月4日 以“迈向高质量发展之路”为主题的第二届钱塘江论坛——“一带一路”倡议下的全球投资与发展峰会在杭州举行。浙江省商务厅厅长盛秋平出席峰会并致辞。

11月5日 首届中国国际进口博览会在上海开幕。国家主席习近平出席开幕式并发表题为《共建创新包容的开放型世界经济》的主旨演讲。浙江省商务厅厅长盛秋平、副厅长韩杰作为浙江交易团代表参加开幕式，并考察了部分参展企业。

11月5日 越南贸易促进局（越南工商部下属）杭州贸易促进办公室揭牌仪式在上海举行。越南总理阮春福、浙江省人民政府副省长朱从玖等出席揭牌仪式。

11月6日 浙江—德国数字经济和高新技术产业高峰对接会在上海国家会展中心举办。浙江省副省长朱从玖出席并致辞，德意志联邦共和国驻上海总领事欧珍博士（Dr. Christine Althauser）致辞。会议由浙江省商务厅厅长盛秋平主持。

11月9—12日 2018第十五届中国中华老字号博览会在杭州举办，商务部流通业发展司司长郑文、浙江省商务厅厅长盛秋平出席开幕式并致辞，副厅长徐高春主持开幕式。

11月12日 浙江省商务厅厅长盛秋平会见美国印第安纳州沃巴什市市长斯考特·朗一行。盛秋平表示，浙江与印第安纳州结好30多年来，双方进行了全面交流与合作，沃巴什市交通便利，农业和制造业比较发达，我们要增进相互了解，携手推动浙江和沃巴什市在贸易投资、文化、教育、体育和旅游等领域的交流合作。

11月14日 由浙江省商务厅等11个部门主办，浙江省商贸业联合会、浙江工商大学等单位共同承办的以“让消费更美好”为主题的2018新消费主题峰会在杭州成功召开。

11月17日 以“全球买、全国卖”为主题的首届华侨进口商品博览会暨青田进口葡萄酒交易会在浙江省青田县开幕。浙江省政协副主席吴晶女士宣布开幕。浙江省商务厅厅长盛秋平出席开幕式并致辞。

11月21日 由浙江行政学院、意大利罗马第二大学共同主办的“一带一路”倡议下浙江—意大利深化经济合作的空间与展望会议在浙江省行政学院召开。

11月22日 由浙江大学、中国经济信息社、大洋洲“一带一路”促进机制主办的国际展望大会（杭州2018）正式拉开序幕。优秀浙江企业代表与来自新西兰、印度尼西亚、哈萨克斯坦、阿联酋等多国行业领域专家和大中型企业代表，共同探讨全球治理新模式、新经济发展、促进创新就业等议题，探索“一带一路”国际合作新路径。

11月27日 第二届中国—南亚东南亚投资贸易洽谈会在杭州隆重召开，会议除了峰会论坛，现场还举办了国家级项目与各国采购信息发布、采购商现场订货会、海外项目对接会和城市专属推介会。

11月28日 温州(鹿城)市场采购贸易方式试点正式启动,并顺利完成首批货物通关。浙江省副省长、温州市委书记陈伟俊,浙江省商务厅厅长盛秋平出席启动仪式。

12月

12月3日 浙江省副省长朱从玖在杭州会见了赴浙洽谈项目的荷兰锂能沃克斯公司董事长凯斯·库伦一行。当天,荷兰绿色智能新能源项目启动仪式在杭州举行,浙江省副省长朱从玖,嘉兴市委书记张兵、浙江省商务厅厅长盛秋平出席仪式。

12月6日 长三角对外投资合作发展联盟启动仪式暨浙江省商务厅(上海)答谢会在沪举行。浙江省商务厅厅长盛秋平作主旨演讲。

12月11日 “之江创客”2018全球电子商务创业创新大赛颁奖典礼在杭州举行。浙江省副省长朱从玖出席活动并致辞,浙江省商务厅厅长盛秋平等10个厅局相关负责人出席活动并为获奖项目颁奖。阿里巴巴副总裁余涌、美国湾区委员会全球合作总裁、加州对华贸易办公室负责人Del Christensen等近百名国内外数字经济、电商、创投领域的专家学者出席活动。

12月12日 由浙江省商务厅、浙江省科技厅指导,浙江省商务研究院、浙江省开发区协会、浙江中科园区产业研究院共同主办的纪念改革开放40周年浙江开发区(高新区)开放创新论坛在省人民大会堂举行。浙江省政府副秘书长高屹、浙江省商务厅副厅长张钱江出席论坛并致辞。

12月15日 波音与中国商飞共同设立的737完工和交付中心在舟山交付首架飞机,中国国际航空公司接收了这架飞机。

12月18—19日 全国国家级经济技术开发区国际合作生态园联席会议在浙江中意宁波生态园召开,与会代表喜迎改革开放40周年,集体学习总书记讲话精神,分享园区建设经验,共绘园区国际合作未来。

12月21日 浙江省商务厅与吉林省商务厅开展对口合作工作对接。浙江省商务厅厅长盛秋平与吉林省商务厅厅长王志伟进行了座谈交流,并签署了两省商务高质量发展合作框架协议。

12月26日 由浙江省商务厅牵头推动的浙江省“一带一路”国际物流联盟在杭州正式成立。该联盟由浙江省国际货代物流协会、浙江省物流与采购协会、宁波市国际货运代理协会、义乌市国际货代物流协会共同倡议并发起。

第三编

商务统计

一、国内贸易

2018年浙江省限额以上批发和零售业类值汇总表

单位:万元

指标名称	当年	上年累计	增速(%)
合计	85039109.4	79425311.1	7.1
其中:通过公共网络实现的商品销售	11313034.7	8762422.1	29.1
1. 粮油、食品类	6631157.2	5804011.2	14.3
其中:粮油类	1259016.7	1069660.0	17.7
肉禽蛋类	807012.6	721010.9	11.9
水产品类	269401.9	217029.7	24.1
蔬菜类	430969.5	390394.9	10.4
干鲜果品类	1004428.5	891739.0	12.6
2. 饮料类	924554.3	739015.7	25.1
3. 烟酒类	975911.9	918585.4	6.2
4. 服装、鞋帽、针纺织品类	8814380.7	7728309.9	14.1
(1) 服装类	7096649.7	6189077.2	14.7
(2) 鞋帽类	1170394.4	976393.9	19.9
(3) 针纺织品类	547336.6	562838.8	-2.8
5. 化妆品类	1463562.7	1119467.7	30.7

续表

指标名称	当年	上年累计	增速(%)
6. 金银珠宝类	1445210.7	1390895.2	3.9
7. 日用品类	3301012.5	2828388.0	16.7
其中:儿童玩具类	135006.5	139208.1	-3.0
8. 五金、电料类	256798.0	246520.8	4.2
9. 体育、娱乐用品类	192160.0	228704.7	-16.0
其中:照相器材类	20820.8	31308.7	-33.5
10.书报杂志类	731167.8	656732.1	11.3
11. 电子出版物及音像制品类	22659.5	21501.8	5.4
12. 家用电器和音像器材类	4130383.0	4060374.9	1.7
13. 中西药品类	2245938.9	2002023.5	12.2
其中:西药类	1520169.3	1249978.6	21.6
中草药及中成药类	465352.7	448627.7	3.7
14. 文化办公用品类	1313380.8	1351797.4	-2.8
其中:计算机及其配套产品	322727.7	710648.4	-54.6
15. 家具类	658438.6	561469.7	17.3
16. 通信器材类	2271671.6	1927756.7	17.8
17. 煤炭及制品类	9440.3	10065.9	-6.2
18. 木材及制品类			
19. 石油及制品类	13934143.0	12023860.0	15.9
20. 化工材料及制品类			

续表

指标名称	当年	上年累计	增速(%)
其中:化肥类			
21. 金属材料类			
22. 建筑及装潢材料类	475283.4	473915.6	0.3
23. 机电产品及设备类	130156.3	107813.4	20.7
其中:农机类			
24. 汽车类	33793214.2	34035130.7	−0.7
25. 种子饲料类			
26. 棉麻类	73.1	46.6	56.9
27. 其他类	1318410.9	1188924.2	10.9

数据来源:浙江省统计局。

2018年浙江省限额以上社会消费品零售情况表

单位:亿元

项目	当月金额	同比增长(%)	累计金额	同比增长(%)
限额以上社会消费品零售总额	952.5	0.6	9097.7	7.3
一、按销售单位所在地划分				
城镇	904.1	0.5	8660.0	7.3
乡村	48.4	3.0	437.7	7.2
二、按类值划分				
汽车类	382.3	−7.6	3379.3	−0.7
石油及制品类	122.3	5.2	1393.4	15.9
食品、饮料、烟酒	78.6	14.3	853.2	14.3
三、按市划分				
杭州市	325.8	−0.7	3179.9	7.9
宁波市	161.0	−2.0	1527.3	4.2
温州市	105.3	4.5	941.6	7.3
嘉兴市	58.6	−2.5	584.4	6.0
湖州市	36.4	−3.3	385.6	10.0
绍兴市	87.7	13.7	760.8	11.7
金华市	70.1	−9.0	710.8	0.9
其中:义乌市	19.6	−8.0	181.0	−5.9
衢州市	16.1	−2.0	162.1	9.6
舟山市	8.9	−10.1	97.9	5.0
台州市	67.7	8.3	611.9	11.5
丽水市	15.1	14.2	135.4	20.1

数据来源:浙江省统计局。

2018年浙江省限额以上批发零售贸易商品销售情况表

单位:亿元

项　目	当月金额	同比增长(%)	累计金额	同比增长(%)
限额以上批发零售贸易商品销售额划分	5973	0.6	62253	14.1
其中:批发业	5044	0.8	53328	15.1
零售业	929	-0.3	8924	8.0
按地区划分:				
杭州市	2054	-5.8	21800	10.3
宁波市	1948	2.8	20240	14.9
温州市	444	6.3	4117	12.2
嘉兴市	269	-0.8	2808	10.5
湖州市	268	21.5	2593	21.8
绍兴市	329	24.7	3138	21.3
金华市	167	0.2	1793	9.7
其中:义乌市	36	-2.5	359	0.5
衢州市	49	2.3	530	19.7
舟山市	181	-11.6	2373	36.0
台州市	206	-1.3	2197	13.5
丽水市	57	-2.0	664	25.4

数据来源:浙江省统计局。

2018年浙江省核心零售企业分业态销售情况表

单位:亿元

业态分类	企业数(家)	2018年销售额	2017年销售额	同比增长(%)
大型综合超市	35	300.3	301.7	-0.4
超　市	46	119.0	124.8	-4.7
便利店	16	26.2	26.1	0.5
仓储式商场	4	6.4	5.7	11.4
百货店	68	531.8	530.2	0.3
专业店	80	2754.0	2452.5	12.3
专卖店	4	66.5	64.1	3.8
合　计	253	3804.2	3505.1	8.5

数据来源:浙江省市场运行监测网。

2018年浙江省重要生产资料市场运行情况表

种 类	12个月平均价格(元/吨)	同比增幅(%)	1—12月累计销量(万吨)	销量同比增幅(%)
煤 炭	687.8	7.9	6628.0	29.4
成品油	8253.6	14.9	1266.0	25.6
钢 材	4595.5	9.0	2370.0	1.2
橡 胶	11297.6	-14.6	4.0	-7.1
化 肥	2422.1	3.1	64.0	0.5
有色金属	24484.1	-8.1	31.0	4.8
水 泥	412.0	25.8	3740.0	28.1

数据来源：浙江省重要生产资料市场监测系统（销量同比增幅采用商品可比口径计算）。

2018年浙江省主要生活必需品销售情况表

序号	商品类别	价格情况			销售情况		
		单　位	12月份平均价格	同比增长(%)	单　位	当年累计销售额	同比增长(%)
1	粮食(零售)	元/公斤	6.34	−2.0	万元	160037.07	8.0
	粮食(批发)	元/公斤	4.15	0.7	万吨	224.52	−3.3
2	食用油(零售)	元/升	16.72	−2.5	万元	97276.87	30.0
	食用油(批发)	元/公斤	14.12	0.7	万吨	22.65	−1.2
3	猪肉(零售)	元/公斤	30.08	4.9	万元	262028.94	19.3
	猪肉(批发)	元/公斤	24.03	3.2	万吨	10.89	2.9
4	鸡蛋(零售)	元/公斤	10.80	5.3	万元	25217.04	19.4
	鸡蛋(批发)	元/公斤	9.34	−0.5	万吨	13.19	2.0
5	蔬菜(农贸)	元/公斤	8.71	−9.8	万吨	—	—
	蔬菜(批发)	元/公斤	4.55	−7.1	万吨	815.07	13.2
6	水产品(批发)	元/公斤	23.76	−4.3	万吨	1533.85	10.4
7	水果(批发)	元/公斤	7.35	6.6	万吨	4591.54	−6.8
8	牛奶(零售)	元/公斤	98.44	3.7	万吨	97055.13	17.4
9	糖(零售)	元/公斤	9.20	−5.3	万元	2971.77	8.5
10	盐(零售)	元/公斤	6.26	−4.4	万元	1584.41	7.2
	盐(批发)	元/公斤	2.71	−10.1	万吨	4.25	−32.2

数据来源：浙江省城市生活必需品市场监测系统。

二、对外贸易

2018年全国及沿海部分省、市进出口情况表

单位:亿元

地区	进出口		出口		进口		12月出口		
	当年累计	同比增长(%)	当年累计	同比增长(%)	当年累计	同比增长(%)	金额	比上月增长(%)	同比增长(%)
全国	305050.4	9.7	164176.7	7.1	140873.7	12.9	15349.3	-0.9	0.2
广东省	71618.3	5.1	42718.3	1.2	28900.0	11.3	4115.4	1.6	-8.2
上海市	34009.4	5.5	13666.9	4.2	20342.6	6.4	1176.7	-10.9	-1.6
江苏省	43802.4	9.5	26657.7	8.4	17144.7	11.3	2450.4	-5.1	4.7
浙江省	28519.2	11.4	21182.1	9.0	7337.2	19.0	1861.9	-2.5	-0.3
山东省	19302.5	7.7	10569.6	6.1	8732.9	9.7	987.6	0.1	2.6
福建省	12354.3	6.6	7615.6	7.1	4738.7	5.8	708.3	6.4	10.2

注:浙江省2018年12月份当月进口583亿元,环比下降11.5%,同比下降9.0%。

2018年浙江省进出口分贸易方式情况表

单位:万元

项目名称	12月			累计			
	金额	同比增量	同比增长(%)	金额	同比增量	同比增长(%)	比重(%)
进出口总额	24448839	-101762	-0.4	285192336	29142402	11.4	100.0
一般贸易	19606458	109066	0.6	225248666	22275101	11.0	79.0
加工贸易	2083197	-220063	-9.6	26878820	1350992	5.3	9.4
其他贸易	2759184	9235	0.3	33064850	5516308	20.0	11.6
出口总额	18618649	-48231	-0.3	211820781	17426862	9.0	100.0
一般贸易	15302968	401919	2.7	169676141	14656737	9.5	80.1
加工贸易	1469495	-183618	-11.1	18739947	395946	2.2	8.8
其他贸易	1846186	-266531	-12.6	23404694	2374179	11.3	11.0
其中:市场采购	1410459	-470329	-25.0	20540481	1443330	7.6	9.7
进口总额	5830191	-53531	-0.9	73371555	11715539	19.0	100.0
一般贸易	4303491	-292852	-6.4	55572526	7618364	15.9	75.7
加工贸易	613702	-36445	-5.6	8138874	955046	13.3	11.1
其他贸易	912998	275767	43.3	9660156	3142129	48.2	13.2

2018年浙江省进出口分企业性质情况表

单位:万元

项目名称	12月			本年累计			
	金　额	同比增量	同比增长(%)	金　额	同比增量	同比增长(%)	比重(%)
进出口总额	24448839	-101762	-0.4	285192336	29142402	11.4	100.0
国有及国有控股企业	2164116	358123	19.8	23423481	3671379	18.6	8.2
外商投资企业	4653891	-405596	-8.0	57345463	2535036	4.6	20.1
民营企业	17595619	-43814	-0.2	203961012	22968590	12.7	71.5
集体企业	682806	-12454	-1.8	8581024	913695	11.9	3.0
私营企业	16912813	-31360	-0.2	195379988	22054895	12.7	68.5
出口总额	18618649	-48231	-0.3	211820781	17426862	9.0	100.0
国有及国有控股企业	1095076	145901	15.4	11425137	897425	8.5	5.4
外商投资企业	2999318	-151399	4.8	35080000	726411	2.1	16.6
民营企业	14492465	-44358	-0.3	164935717	15785149	10.6	77.9
集体企业	426402	-29970	-6.6	5325086	208918	4.1	2.5
私营企业	14066063	-14388	-0.1	159610631	15576231	10.8	75.4
进口总额	5830191	-53531	-0.9	73371555	11715539	19.0	100.0
国有及国有控股企业	1069039	212222	24.8	11998345	2773954	30.1	16.4
外商投资企业	1654574	-254197	-13.3	22265462	1808625	8.8	30.3
民营企业	3103154	544	0.0	39025295	7183441	22.6	53.2
集体企业	256404	17516	7.3	3255938	704777	27.6	4.4
私营企业	2846750	-16972	-0.6	35769357	6478664	22.1	48.8

2018年浙江省进出口分月进度情况表

单位:亿元

月份	当年			上年			同比增长(%)					
							进出口		出口		进口	
	进出口	出口	进口	进出口	出口	进口	当月	累计	当月	累计	当月	累计
1月	2386.9	1780.9	605.9	2185.8	1734.6	451.2	9.2	9.2	2.7	2.7	34.3	34.3
2月	2188.1	1726.1	462.0	1357.7	886.1	471.7	61.2	29.1	94.8	33.8	−2.1	15.7
3月	1644.5	1021.8	622.7	2059.4	1519.3	540.0	−20.1	11.0	−32.7	9.4	15.3	15.6
4月	2176.7	1606.1	570.6	2019.2	1532.3	486.8	7.8	10.2	4.8	8.2	17.2	16.0
5月	2486.5	1836.7	649.8	2360.7	1850.5	510.2	5.3	9.0	−0.7	6.0	27.4	18.3
6月	2450.5	1871.4	579.1	2262.3	1763.7	498.6	8.3	8.9	6.1	6.0	16.1	18.0
7月	2452.6	1832.4	620.2	2192.1	1726.2	466.0	11.9	9.3	6.2	6.0	33.0	20.0
8月	2628.8	1975.0	653.8	2262.5	1759.6	502.8	16.1	10.3	12.3	6.9	29.4	21.2
9月	2695.1	2012.1	683.0	2061.2	1506.6	554.5	30.7	12.5	33.6	9.7	22.8	21.4
10月	2396.2	1748.2	648.1	2035.3	1529.1	506.2	17.9	13.0	14.5	10.2	28.0	22.1
11月	2568.4	1909.5	658.9	2355.7	1770.7	585.0	9.2	12.6	8.0	9.9	12.8	21.1
12月	2444.9	1861.9	583.0	2452.3	1867.2	585.2	−0.4	11.4	−0.3	9.0	−0.9	19.0
累计	28519.2	21182.1	7337.2	25604.2	19445.9	6158.2		11.4		9.0		19.0

2018年浙江省出口主要市场情况表

单位:万元

项目名称	12月			本年累计			
	金　额	同比增量	同比增长(%)	金　额	同比增量	同比增长(%)	比重(%)
国别地区	18618649	-48231	-0.3	211820781	17426862	9.0	100.0
亚　洲	6079424	-378528	-5.9	69543917	3775677	5.7	32.8
欧　洲	5151118	271677	5.6	55287742	4205826	8.2	26.1
北美洲	3780464	26679	0.7	45081331	4758340	11.8	21.3
拉丁美洲	1715751	62507	3.8	19865343	2329737	13.3	9.4
非　洲	1490676	34168	2.3	16600625	1858433	12.6	7.8
大洋洲	401215	-64736	-13.9	5441823	501273	10.1	2.6
区域(经济)组织							
欧盟(28)	4308300	125900	3.0	46623489	3361825	7.8	22.0
中东(20)	1779569	9551	0.5	20227171	2807997	16.1	9.5
东　盟	1610218	-400591	-19.9	19721938	-1053343	-5.1	9.3
独联体国家	771949	73508	10.5	8459302	807546	10.6	4.0
一带一路(64)	5854800	-381067	-6.1	68217516	5228569	8.3	32.2
20个主要国家和地区合计:	11930220	-165192	-1.41	136335249	10655709	8.4	64.4
美　国	3455731	11923	0.3	41491257	4510575	12.2	19.6
日　本	702762	28798	4.3	8374553	330147	4.1	4.0
德　国	794364	20671	2.7	8401977	605262	7.8	4.0
印　度	739107	-68588	-8.5	8339929	975488	13.2	3.9

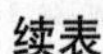

续表

项目名称	12月			本年累计			
	金　额	同比增量	同比增长（%）	金　额	同比增量	同比增长（%）	比重（%）
英　国	588945	22514	4.0	6600808	−586536	−8.2	3.1
俄罗斯	553864	69026	14.2	5900253	455610	8.4	2.8
韩　国	574311	22163	4.0	5512468	490641	9.8	2.6
荷　兰	405526	−18052	−4.3	4755409	424119	9.8	2.2
意大利	484733	56476	13.2	4524452	370219	8.9	2.1
巴　西	438423	13302	3.1	4633943	550666	13.5	2.2
越　南	487473	74051	17.9	4764541	693543	17.0	2.2
澳大利亚	315561	−50087	−13.7	4372193	488876	12.6	2.1
墨西哥	400231	40250	11.2	4491291	780278	21.0	2.1
法　国	368663	−31938	−8.0	3923932	215462	5.8	1.9
西班牙	341792	−10170	−2.9	3937307	252793	6.9	1.9
印度尼西亚	354924	−19527	−5.2	4341415	812379	23.0	2.0
加拿大	322992	13089	4.2	3585445	244987	7.3	1.7
阿拉伯联合酋长国	262795	−52032	−16.5	2956592	−374650	−11.2	1.4
伊　朗	69273	−285106	−80.5	2254658	−1041076	−31.6	1.1
泰　国	268750	−1955	−0.7	3172826	456926	16.8	1.5

2018年浙江省出口主要商品情况表

单位:万元

项目名称	12月			本年累计			
	金　额	同比增量	同比增长(%)	金　额	同比增量	同比增长(%)	比重(%)
所有商品	18618649	-48231	-0.3	211820781	17426862	9.0	100.0
机电产品	7992493	-80437	-1.0	92140623	8098322	9.6	43.5
纺织服装	4022162	-26310	-0.6	47222149	3002729	6.8	22.3
高新技术产品	1353598	29044	2.2	14084034	1452763	11.5	6.6
八大类轻工产品	3115189	31137	1.0	35157307	2617571	8.0	16.6
农副产品	621174	-35451	-5.4	7175979	457731	6.8	3.4
其中:农产品	324456	-20652	-6.0	3751430	276661	8.0	1.8
30个主要商品合计:	9989527	67019	0.7	114053623	9056640	8.6	53.8
纺织纱线、织物及制品	2320447	-6243	-0.3	26862426	2251467	9.1	12.7
服装及衣着附件	1701715	-20067	-1.2	20359723	751263	3.8	9.6
家具及零件	835395	-2765	-0.3		844912	10.8	4.1
塑料制品	679566	17170	2.6	7464747	747843	11.1	3.5
鞋　类	498714	-19592	-3.8	5880300	91908	1.6	2.8
汽车零配件	491879	25901	5.6	5656363	533506	10.4	2.7
灯具、照明装置及零件	295696	-3375	-1.1	3822530	163983	4.5	1.8
箱包及类似容器	317619	12248	4.0	3562373	295085	9.0	1.7
通断保护电路装置及零件	241743	-15782	-6.1	2799291	142083	5.3	1.3
玩　具	201531	8598	4.5	2557612	153579	6.4	1.2

续表

项目名称	12月			本年累计			
	金 额	同比增量	同比增长(%)	金 额	同比增量	同比增长(%)	比重(%)
电线和电缆	174917	-4910	-2.7	2044643	144441	7.6	1.0
医药品	177148	-60777	-25.5	2038341	201002	10.9	1.0
二极管及类似半导体器件	188091	49232	35.5	2034765	532841	35.5	1.0
手用或机用工具	171487	-18340	-9.7	2013196	130221	6.9	1.0
钢铁或铜制标准紧固件	171001	2346	1.4	1982972	425346	27.3	0.9
床垫、寝具及类似品	166196	11161	7.2	1819734	190845	11.7	0.9
成品油	311655	179502	135.8	1710496	784783	84.8	0.8
钢 材	97355	-14485	-13.0	1358474	-8449	-0.6	0.6
体育用品及设备	114061	8533	8.1	1294891	132153	11.4	0.6
玻璃制品	103672	-24974	-19.4	1226690	-18637	-1.5	0.6
水海产品	104960	-7918	-7.0	1187736	85207	7.7	0.6
船 舶	67126	-48158	-41.8	1145741	-255225	-18.2	0.5
眼镜及其零件	106411	234	0.2	1081383	28424	2.7	0.5
陶瓷产品	102501	-7321	-6.7	1016038	72057	7.6	0.5
集装箱	95066	34263	56.4	974616	334382	52.2	0.5
轴 承	78643	-10548	-11.8	966593	93110	10.7	0.5
自动数据处理设备及其部件	74196	-10568	-12.5	893207	36088	4.2	0.4
空气调节器	39281	-1227	-3.0	668947	121177	22.1	0.3
录、放相机	60045	-4221	-6.6	519893	16899	3.4	0.2
圣诞用品	1413	-900	-38.9	437982	34344	8.5	0.2

2018年浙江省进口主要市场情况表

单位：万元

项目名称	12月			本年累计			
	金　额	同比增量	同比增长(%)	金　额	同比增量	同比增长(%)	比重(%)
国别地区	5830191	-53531	-0.9	73371555	11715539	19.0	100.0
亚　洲	3256493	-171613	-5.0	40531846	7096543	21.2	55.2
欧　洲	977547	227165	30.3	11114146	1812128	19.5	15.1
北美洲	369339	-170089	-31.5	6098863	-11381	-0.2	8.3
拉丁美洲	531374	103353	24.1	6376747	1588743	33.2	8.7
非　洲	218789	-29879	-12.0	3253976	553030	20.5	4.4
大洋洲	476433	-12543	-2.6	5993589	677652	12.8	8.2
区域(经济)组织							
欧盟(28)	744327	124328	20.1	9065093	1399881	18.3	12.4
中东(20)	449281	-81560	-15.4	6517043	916058	16.4	8.9
东　盟	862249	2600	0.3	11372195	3001023	35.9	15.5
独联体国家	216299	98920	84.3	1540805	257512	20.1	2.1
一带一路(64)	1741321	74834	4.5	21448649	4565124	27.0	29.2
20个主要国别(地区)合计：	4516071	-221262	-4.7	56833274	8314277	17.1	77.5
日　本	675369	13284	2.0	7444313	858761	13.0	10.1
韩　国	490024	-114030	-18.9	6559739	1228569	23.1	8.9
中国台湾地区	486304	-55882	-10.3	5713235	428248	8.1	7.8
美　国	245055	-205130	-45.6	4704486	-274268	-5.5	6.4

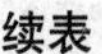
续表

项目名称	12月			本年累计			
	金 额	同比增量	同比增长(%)	金 额	同比增量	同比增长(%)	比重(%)
澳大利亚	396678	-15113	-3.7	5027607	560927	12.6	6.9
德 国	199339	26323	15.2	2825779	680999	31.8	3.9
巴 西	224027	22786	11.3	2846489	707657	33.1	3.9
印度尼西亚	154260	-15000	-8.9	2617529	681026	35.2	3.6
沙特阿拉伯	204725	-5543	-2.6	2393385	472686	24.6	3.3
伊 朗	29324	-83988	-74.1	1034754	-632789	-38.0	1.4
新加坡	116548	-75088	-39.2	1957920	362084	22.7	2.7
马来西亚	214282	30595	16.7	2762092	1253841	83.1	3.8
泰 国	198445	54440	37.8	1905755	533297	38.9	2.6
越 南	131579	10401	8.6	1437918	136266	10.5	2.0
法 国	94653	24553	35.0	1293314	39092	3.1	1.8
智 利	146042	15907	12.2	1555986	308564	24.7	2.1
阿拉伯联合酋长国	77918	-17738	-18.5	1220168	333204	37.6	1.7
俄罗斯	200272	107345	115.5	1285844	199540	18.4	1.8
南 非	82261	17924	27.9	995015	168121	20.3	1.4
印 度	148964	42691	40.2	1251947	268451	27.3	1.7

2018年浙江省进口主要商品情况表

单位:万元

项目名称	12月			本年累计			
	金　额	同比增量	同比增长(%)	金　额	同比增量	同比增长(%)	比重(%)
所有商品	5830191	-53531	-0.9	73371555	11715539	19.0	100.0
机电产品	948198	17021	1.8	12759261	2092536	19.6	17.4
纺织服装	129331	-14135	-9.9	1536424	-22291	-1.4	2.1
高新技术产品	536269	-32443	-5.7	7827868	920538	13.3	10.7
八大类轻工产品	38525	-125	-0.3	539311	127085	30.8	0.7
农副产品	571466	25396	4.7	7276591	462036	6.8	9.9
其中:农产品	378529	27178	7.7	4844579	425186	9.6	6.6
大宗商品进口	3118414	54108	1.8	38854041	6627958	20.6	53.0
30个主要商品合计:	3926925	177976	4.7	47765241	8847270	22.7	65.1
初级形状的塑料	467925	10068	2.2	5886269	880165	17.6	8.0
成品油	461837	211886	84.8	4544863	2020356	80.0	6.2
铁矿砂及其精矿	437660	31042	7.6	4409971	205605	4.9	6.0
废金属	397241	-25304	-6.0	4292606	635365	17.4	5.9
二甲苯	350998	107205	44.0	3103656	1198445	62.9	4.2
未锻轧铜及铜材	141325	-24846	-15.0	2663210	786351	41.9	3.6
集成电路	134794	-44691	-24.9	2560881	336406	15.1	3.5
乙二醇	148232	15361	11.6	1746662	489180	38.9	2.4
纸　浆	104213	-17737	-14.5	1636236	318551	24.2	2.2

续表

项目名称	12月			本年累计			
	金　额	同比增量	同比增长（%）	金　额	同比增量	同比增长（%）	比重（%）
煤及褐煤	23916	-110295	-82.2	1572411	337803	27.4	2.1
液化石油气及其他烃类气	81622	-43242	-34.6	1480919	294167	24.8	2.0
纺织纱线、织物及制品	118240	-14330	-10.8	1371934	-51084	-3.6	1.9
医药品	95443	-15802	-14.2	1268055	-44004	-3.4	1.7
铜矿砂及其精矿	114428	34288	42.8	1255545	213041	20.4	1.7
原　木	101750	10098	11.0	1201853	30616	2.6	1.6
粮　食	54561	-48125	-46.9	1067759	-215493	-16.8	1.5
钢　材	54799	-18838	-25.6	897682	306402	51.8	1.2
美容化妆品及护肤品	48626	7235	17.5	860181	536083	165.4	1.2
合成橡胶（包括胶乳）	61293	-39491	-39.2	854238	-33180	-3.7	1.2
液晶显示板	57081	5299	10.2	661275	2333	0.4	0.9
计量检测分析自控仪器及器具	54269	-1853	-3.3	650078	75432	13.1	0.9
金属加工机床	48906	4190	9.4	640740	160024	33.3	0.9
纺织机械及零件	69832	27774	66.0	601764	188421	45.6	0.8
锯　材	51832	1912	3.8	556114	32604	6.2	0.8
废　纸	62639	37381	148.0	457010	-227878	-33.3	0.6
羊　毛	25338	-17573	-41.0	441888	9312	2.2	0.6
锰矿砂及其精矿	40314	27354	211.1	344615	131677	61.8	0.5
汽　车	34501	11539	50.3	336201	74898	28.7	0.5
天然橡胶（包括胶乳）	34518	10312	42.6	262502	42539	19.3	0.4
鲜、干水果及坚果	48791	47162	2894.0	138125	113132	452.7	0.2

2018年浙江省各地市进出口情况表

单位:万元

地　区	进出口		出　口		进　口	
	累计金额	同比增长(%)	累计金额	同比增长(%)	累计金额	同比增长(%)
全省合计	285192336	11.4	211820781	9.0	73371555	19.0
省级公司	3976120	-3.2	2672824	-6.5	1303296	4.2
各市合计	281215988	11.6	209147729	9.2	72068258	19.3
杭州市	48476641	3.7	31498282	-0.5	16978359	12.4
宁波市	85762943	12.9	55506483	11.4	30256460	15.7
温州市	15071548	13.6	13024329	12.5	2047219	20.9
嘉兴市	28212007	14.2	20173311	13.6	8038696	15.8
湖州市	8851313	14.6	7709825	13.1	1141488	25.9
绍兴市	22402884	12.2	20461031	10.5	1941853	33.3
金华市	37690407	10.7	36582769	10.5	1107637	18.1
其中:义乌市	25600168	9.4	25215550	9.4	384618	10.2
舟山市	11355460	44.9	4248153	10.6	7107307	78.0
台州市	17429914	10.4	15375961	11.5	2053953	3.1
衢州市	3491538	-4.1	2308534	-10.9	1183004	12.5
丽水市	2471333	10.8	2259051	10.2	212282	17.4

2018年浙江省县(市、区)出口情况表

单位:万元

序号	县(市、区)	进口额	同比增长(%)	序号	县(市、区)	进口额	同比增长(%)
1	义乌市	25215582	9.4	24	温州鹿城区	2360660	8.3
2	宁波鄞州区	12154546	16.1	25	宁波镇海区	2343010	6.0
3	绍兴柯桥区	7510015	9.5	26	嘉善县	2308784	12.9
4	宁波开发(北仑)区	7234585	6.6	27	临海市	2285997	12.6
5	慈溪市	6278666	11.7	28	杭州西湖区	2235497	10.5
6	杭州萧山区	5996011	10.1	29	宁海县	2145972	10.2
7	宁波海曙区	5838549	7.5	30	台州椒江区	1962039	18.1
8	余姚市	5403292	12.0	31	武义县	1958408	10.3
9	海宁市	5060247	19.3	32	东阳市	1901677	5.4
10	杭州高新(滨江)区	4539927	14.5	33	宁波奉化区	1713128	-9.2
11	绍兴越城区	4265165	10.5	34	杭州下城区	1711773	0.2
12	杭州余杭区	4143040	13.3	35	嘉兴南湖区	1711252	1.6
13	诸暨市	3489723	14.2	36	象山县	1709544	-4.9
14	平湖市	3398800	25.5	37	嘉兴秀洲区	1638127	16.5
15	宁波江北区	3225739	26.4	38	杭州江干区	1613271	8.7
16	温岭市	3041244	9.6	39	台州黄岩区	1576970	4.3
17	永康市	3022369	12.8	40	长兴县	1566050	15.1
18	桐乡市	2857077	17.2	41	乐清市	1551807	15.5
19	玉环市	2639595	14.0	42	新昌县	1541412	15.9
20	绍兴上虞区	2553806	5.5	43	温州龙湾区	1504286	10.6
21	舟山普陀区	2549424	16.4	44	德清县	1489321	7.4
22	安吉县	2476277	16.0	45	温州瓯海区	1474050	12.4
23	瑞安市	2374335	11.3	46	海盐县	1349491	18.3

续表

序号	县(市、区)	进口额	同比增长(%)	序号	县(市、区)	进口额	同比增长(%)
47	台州路桥区	1308385	0.0	69	天台县	483685	9.4
48	杭州市富阳区	1285841	11.6	70	苍南县	453638	21.2
49	杭州市临安区	1191096	-9.0	71	衢州衢江区	380676	-8.9
50	嵊州市	1100909	11.1	72	江山市	355599	-33.6
51	兰溪市	1039638	15.4	73	龙游县	314325	5.3
52	杭州拱墅区	972853	-6.8	74	磐安县	285576	8.1
53	杭州上城区	910606	-1.2	75	龙泉市	252096	24.0
54	湖州吴兴区	876060	18.3	76	衢州柯城区	241434	7.5
55	舟山定海区	874409	26.8	77	开化县	201873	-4.9
56	湖州南浔区	819232	7.7	78	云和县	161294	33.4
57	桐庐县	703201	-0.5	79	常山县	129269	-25.8
58	仙居县	654997	36.7	80	景宁县	127044	39.8
59	建德市	646405	22.5	81	庆元县	108464	36.9
60	平阳县	636601	10.8	82	淳安县	104551	2.3
61	浦江县	547223	5.0	83	松阳县	89844	-68.3
62	三门县	536012	10.5	84	丽水莲都区	80265	15.5
63	金华婺城区	529487	32.0	85	遂昌县	65975	23.9
64	永嘉县	529279	17.0	86	文成县	46507	173.2
65	金华金东区	520166	36.0	87	泰顺县	36167	30.4
66	岱山县	505971	-35.7	88	嵊泗县	29693	-55.0
67	缙云县	502517	13.5	89	温州市洞头区	28233	29.2
68	青田县	485633	46.5				

2018年浙江省县(市、区)进口情况表

单位:万元

序　号	县(市、区)	进口额	同比增长(%)	序　号	县(市、区)	进口额	同比增长(%)
1	宁波开发(北仑)区	5772661	3.4	24	绍兴越城区	555339	2.5
2	宁波鄞州区	3765246	39.4	25	慈溪市	510036	19.8
3	平湖市	3109703	11.2	26	海盐县	504150	38.2
4	余姚市	2806309	18.7	27	杭州余杭区	481282	62.5
5	舟山定海区	2450390	63.4	28	绍兴柯桥区	422227	70.5
6	舟山普陀区	2368021	79.1	29	嘉兴南湖区	411374	-11.4
7	宁波镇海区	2364384	-7.0	30	义乌市	384618	10.2
8	宁波江北区	2279848	42.7	31	杭州市临安区	376262	23.5
9	杭州萧山区	1906740	2.0	32	瑞安市	356533	7.4
10	杭州下城区	1681783	7.4	33	长兴县	340596	88.8
11	杭州高新(滨江)区	1575396	15.5	34	嘉兴秀洲区	318032	42.2
12	杭州市富阳区	1526042	9.4	35	绍兴上虞区	315210	15.5
13	桐乡市	1402948	20.2	36	衢州衢江区	288505	24.5
14	台州路桥区	1137657	-0.6	37	宁波奉化区	285774	8.5
15	宁波海曙区	1043332	3.4	38	湖州吴兴区	270466	70.3
16	温州龙湾区	983356	53.3	39	宁海县	246253	28.9
17	杭州上城区	853058	2.2	40	温岭市	243290	22.6
18	杭州西湖区	688680	55.6	41	兰溪市	229837	1.6
19	嵊泗县	678142	70.0	42	象山县	216529	73.0
20	嘉善县	638468	0.0	43	德清县	210540	-11.3
21	杭州江干区	621984	-8.9	44	岱山县	209564	17.3
22	海宁市	571229	-5.8	45	杭州拱墅区	199506	11.3
23	诸暨市	564816	78.9	46	台州椒江区	183840	-1.3

续表

序号	县(市、区)	进口额	同比增长(%)	序号	县(市、区)	进口额	同比增长(%)
47	温州市洞头区	175436	-1.7	69	平阳县	32549	11.1
48	东阳市	171451	-3.8	70	三门县	24640	9.1
49	临海市	156052	24.9	71	金华婺城区	23348	12.8
50	温州鹿城区	131529	-15.4	72	苍南县	22269	35.4
51	湖州南浔区	123905	-7.4	73	开化县	21842	-42.8
52	龙游县	122252	6.2	74	永嘉县	21001	-19.8
53	台州黄岩区	101603	22.0	75	武义县	20417	77.3
54	玉环市	95638	20.0	76	金华金东区	14221	-36.6
55	温州瓯海区	83522	-34.9	77	淳安县	14172	21.0
56	青田县	80018	20.6	78	衢州柯城区	11903	54.4
57	桐庐县	78934	82.6	79	文成县	11027	3748.1
58	安吉县	68128	8.7	80	缙云县	10841	-13.1
59	建德市	61019	36.3	81	磐安县	8785	72.0
60	永康市	57772	-3.8	82	云和县	7936	94.2
61	乐清市	54218	29.9	83	仙居县	7669	5.3
62	浦江县	47068	257.7	84	江山市	5539	-48.6
63	嵊州市	43674	10.9	85	庆元县	1406	13.8
64	景宁县	43194	2483.8	86	丽水莲都区	738	-36.4
65	常山县	41607	23695.0	87	龙泉市	447	-73.0
66	新昌县	40588	5.0	88	松阳县	430	497.8
67	天台县	36787	13.2	89	泰顺县	35	39.9
68	遂昌县	36541	-1.9				

2018年浙江省与“一带一路”沿线国家(地区)货物进出口情况表

单位:亿元

区　域	进出口(当年累计)	同比增长(%)	比重(%)
“一带一路”沿线国家(64国):	8966.6	12.3	100.0
蒙古俄罗斯及中亚5国	856.4	14.7	9.6
东南亚11国	3161.5	22.5	35.3
南亚8国	1509.9	8.8	16.8
中东欧16国	808.1	20.5	9.0
独联体其他6国	198.8	24.2	2.2
西亚北非16国	2431.9	-0.4	27.1
区　域	出口(当年累计)	同比增长(%)	比重(%)
“一带一路”沿线国家(64国):	6821.8	8.3	100.0
蒙古俄罗斯及中亚5国	712.6	14.6	10.4
东南亚11国	2024.3	16.1	29.7
南亚8国	1360.3	6.8	19.9
中东欧16国	748.1	20.3	11.0
独联体其他6国	183.9	23.5	2.7
西亚北非16国	1792.5	-5.1	26.3
区　域	进口(当年累计)	同比增长(%)	比重(%)
“一带一路”沿线国家(64国):	2144.9	27.0	100.0
蒙古俄罗斯及中亚5国	143.8	15.3	6.7
东南亚11国	1137.2	35.8	53.0
南亚8国	149.5	30.9	7.0
中东欧16国	60.1	23.0	2.8
独联体其他6国	14.9	33.6	0.7
西亚北非16国	639.4	15.8	29.8

2018年浙江省国际服务贸易进出口情况表

单位:亿元

项目	进出口			出口			进口			贸易差额（亿元）
	进出口额（亿元）	比重(%)	同比增长（%）	出口额(亿元)	比重(%)	同比增长（%）	进口额(亿元)	比重(%)	同比增长（%）	
总　值	3814.4	100.0	83.4	1069.1	100.0	72.2	2745.2	100.0	88.3	−1676.1
运　输	561.3	14.7	39.6	215.1	20.1	24.0	346.3	12.6	51.4	−131.2
旅　行	2045.0	53.6	98.1	110.0	10.3	−0.4	1935.0	70.5	109.9	−1825.0
建　筑	265.0	7.0	196.6	258.0	24.1	279.7	7.0	0.3	−67.3	251.0
保险服务	6.0	0.2	7.8	2.5	0.2	−10.7	3.4	0.1	27.2	−0.9
金融服务	13.0	0.3	141.1	6.0	0.6	159.0	7.1	0.3	127.9	−1.1
电信、计算机和信息服务	512.5	13.4	190.1	333.5	31.2	132.8	179.1	6.5	435.5	154.4
知识产权使用费	62.7	1.6	−29.3	3.8	0.4	60.0	58.9	2.2	−31.8	−55.2
个人、文化和娱乐服务	16.6	0.4	10.0	1.4	0.1	24.4	15.2	0.6	8.8	−13.8
维护和维修服务	7.4	0.2	8.0	1.5	0.1	−17.3	6.0	0.2	16.7	−4.5
加工服务	59.9	1.6	36.9	58.6	5.5	34.3	1.3	0.1	887.1	57.3
其他商业服务	264.7	6.9	24.1	78.8	7.4	9.6	185.9	6.8	31.4	−107.1

数据来源:国家商务部。

注:该数据以商务部3月1日提供的分行业明细数据美元数为基数,汇率按1美元=6.617元计算所得。

三、利用外资

2018年浙江省各市外商直接投资情况表

单位:万美元

各地市	合同外资			实际利用外资			年度实际外资目标	完成进度(%)
	当年新批	占总数(%)	同比增长(%)	当年实投	占总数(%)	同比增长(%)		
全省总计	4305661	100.0	24.1	1863874	100.0	4.1	1720000	108.4
杭州市	1565481	36.4	46.4	682657	36.6	3.3	680000	100.4
宁波市	734634	17.1	18.3	432017	23.2	7.2	414000	104.4
温州市	119336	2.8	-44.5	52307	2.8	46.0	30000	174.4
绍兴市	638566	14.8	12.2	313980	16.8	4.9	230000	136.5
嘉兴市	340082	7.9	27.9	127143	6.8	20.7	105000	121.1
湖州市	212875	4.9	-23.7	135141	7.3	5.0	115000	117.5
金华市	121410	2.8	-30.0	31854	1.7	-26.0	36000	88.5
其中:义乌市	29331	0.7	-8.9	14731	0.8	-29.3	20000	73.7
衢州市	33198	0.8	-42.4	7431	0.4	0.5	7000	106.2
台州市	431089	10.0	332.9	41760	2.2	3.1	50000	83.5
丽水市	50532	1.2	-35.1	28893	1.6	-34.8	36000	80.3
舟山市	58458	1.4	44.9	10691	0.6	-50.7	17000	62.9

2018年浙江省外商直接投资主要行业情况表

单位:万美元

行业	项目(企业)个数			合同外资			实际外资		
	本年累计	占总数(%)	同比增长(%)	本年累计	占总数(%)	同比增长(%)	本年累计	占总数(%)	同比增长(%)
总计	3529	100	16.5	4305661	100.0	24.1	1863874	100.0	4.1
第一产业	14	0.4	-22.2	6608	0.2	-90.7	2212	0.1	-67.0
农业	11	0.3	-26.7	5044	0.1	-92.7	1693	0.1	-52.1
第二产业	575	16.3	1.1	1221338	28.4	21.4	661864	35.5	7.8
工业	555	15.7	1.5	1172818	27.2	23.2	615971	33.0	7.1
采矿业	—	0.0	—	—	0.0	—	—	0.0	—
制造业	541	15.3	4.4	1113959	25.9	25.0	596719	32.0	9.2
纺织业	16	0.5	-48.4	16144	0.4	-64.1	14207	0.8	-40.1
化学原料及化学制品制造业	26	0.7	13.0	141710	3.3	27.1	80779	4.3	22.9
医药制造业	20	0.6	42.9	48223	1.1	273.7	16488	0.9	-4.0

续表

行业	项目(企业)个数			合同外资			实际外资		
	本年累计	占总数(%)	同比增长(%)	本年累计	占总数(%)	同比增长(%)	本年累计	占总数(%)	同比增长(%)
通用设备制造业	93	2.6	38.8	212960	4.9	227.7	51328	2.8	20.5
专用设备制造业	77	2.2	42.6	103469	2.4	−26.5	55297	3.0	124.8
通信设备、计算机及其他电子设备制造业	42	1.2	10.5	113593	2.6	4.3	63917	3.4	−6.2
电力、燃气及水的生产和供应业	14	0.4	−51.7	58859	1.4	−3.0	19252	1.0	−32.3
建筑业	22	0.6	0.0	48327	1.1	−10.2	46199	2.5	19.5
第三产业	2940	83.3	20.3	3077715	71.5	28.7	1199798	64.4	2.6
批发和零售业	1522	43.1	13.3	332419	7.7	−14.5	213526	11.5	−8.7
交通运输、仓储和邮政业	41	1.2	28.1	130119	3.0	1.6	47205	2.5	−24.2
住宿和餐饮业	61	1.7	32.6	67895	1.6	157.0	12186	0.7	87.3
旅游饭店	3	0.1	50.0	63349	1.5	361.1	7849	0.4	99.4
信息传输、计算机服务和软件业	304	8.6	1.3	485581	11.3	14.4	201710	10.8	−4.2
金融业	181	5.1	66.1	464260	10.8	137.8	116935	6.3	102.5

续表

行　业	项目(企业)个数			合同外资			实际外资		
	本年累计	占总数(%)	同比增长(%)	本年累计	占总数(%)	同比增长(%)	本年累计	占总数(%)	同比增长(%)
房地产业	54	1.5	42.1	509724	11.8	447.9	277950	14.9	52.5
房地产开发经营	27	0.8	8.0	440978	10.2	3747.0	271577	14.6	64.1
租赁和商务服务业	395	11.2	71.7	622322	14.5	-5.1	176974	9.5	-3.2
科学研究、技术服务和地质勘查业	292	8.3	5.4	319855	7.4	-19.1	140181	7.5	-33.2
水利、环境和公共设施管理业	4	0.1	-33.3	14751	0.3	-69.5	2339	0.1	-72.3
居民服务和其他服务业	15	0.4	-21.1	93840	2.2	405.5	2085	0.1	-60.5
教育	18	0.5	30.0	12509	0.3	89250.0	111	0.0	-82.0
卫生、社会保障和社会福利业	1	0.0	-75.0	13192	0.3	210.6	3379	0.2	-8.6
文化、体育和娱乐业	47	1.3	95.8	9761	0.2	-5.6	2387	0.1	-39.7

2018年浙江省各县(市、区)外商直接投资同期比较表

单位:万美元

序号	地区	实际外资金额	同比增长(%)	序号	地区	实际外资金额	同比增长(%)
	总计	1552094	9.5	23	慈溪市	28013	15.6
1	杭州市余杭区	105468	1.4	24	宁波市镇海区	27019	8.0
2	杭州市萧山区	100892	14.9	25	海盐县	25209	17.9
3	宁波市北仑区	93153	5.7	26	长兴县	23963	24.5
4	杭州市滨江区	85261	15.8	27	湖州市吴兴区	23743	8.9
5	宁波市鄞州区	79050	23.0	28	杭州市上城区	22700	4.6
6	杭州市西湖区	65693	2.5	29	杭州市临安区	21666	-6.2
7	平湖市	64860	15.7	30	德清县	20170	14.0
8	杭州市下城区	54059	34.4	31	安吉县	20145	17.9
9	余姚市	50074	4.2	32	宁波市奉化区	19959	10.0
10	嘉善县	45333	-6.9	33	桐庐县	17883	8.4
11	杭州市拱墅区	43992	15.0	34	绍兴市越城区	17688	7.3
12	海宁市	42204	3.8	35	宁海县	16183	14.4
13	桐乡市	36143	2.2	36	象山县	16006	13.7
14	宁波市海曙区	36058	19.8	37	湖州市南浔区	15058	249.9
15	宁波市江北区	35603	169.3	38	义乌市	14731	-29.3
16	绍兴市上虞区	35328	7.1	39	建德市	14561	7.9
17	杭州市江干区	35244	9.8	40	嵊州市	11170	11.6
18	嘉兴市南湖区	32725	13.9	41	平阳县	10326	414.5
19	诸暨市	30103	5.3	42	玉环市	7253	-10.2
20	杭州市富阳区	28903	4.1	43	乐清市	7206	78.2
21	绍兴市柯桥区	28898	-11.9	44	温州市龙湾区	7185	56.1
22	嘉兴市秀洲区	28360	4.7	45	新昌县	6853	109.0

续表

序号	地区	实际外资金额	同比增长(%)	序号	地区	实际外资金额	同比增长(%)
46	瑞安市	6478	66.6	68	松阳县	1051	0.0
47	金华市金东区	5383	14.0	69	遂昌县	1050	-4.1
48	临海市	5379	6.7	70	三门县	1001	-3.9
49	温州市鹿城区	5000	175.0	71	丽水市莲都区	1000	-24.9
50	青田县	4015	0.3	72	云和县	856	-5.1
51	兰溪市	3558	-3.4	73	文成县	570	348.8
52	东阳市	3481	-3.8	74	泰顺县	566	3044.4
53	温岭市	3327	-36.7	75	舟山市普陀区	400	-90.2
54	温州市瓯海区	3130	-11.5	76	江山市	315	356.5
55	台州市定海区	2786	-67.3	77	浦江县	289	-84.1
56	台州市椒江区	2686	-50.5	78	庆元县	228	-74.7
57	台州市路桥区	2685	-69.9	79	衢州市衢江区	190	-72.9
58	台州市黄岩区	2441	-46.6	80	岱山县	150	-57.5
59	缙云县	2391	-49.2	81	开化县	106	-60.5
60	淳安县	2141	-36.6	82	金华市婺城区	100	-31.3
61	龙游县	2104	89.2	83	龙泉市	100	-90.6
62	仙居县	1852	67.1	84	洞头县	10	-95.6
63	天台县	1769	136.2	85	永康市	2	-99.9
64	武义县	1665	-3.1	86	常山县		
65	苍南县	1392	-44.2	87	景宁畲族自治县		
66	永嘉县	1112	-44.5	88	磐安县		
67	衢州市柯城区	1075	50.6	89	嵊泗县		

注:按实际外资排序。

2018年浙江省主要投资国家(地区)投资情况表

单位:万美元

国家(地区)	项目(企业)个数			合同外资金额			实际使用外资金额		
	本年累计	占总数(%)	同比增长(%)	本年累计	占总数(%)	同比增长(%)	本年累计	占总数(%)	同比增长(%)
总　计	3529	100.0	16.5	4305661	100.0	24.1	1863874	100.0	4.1
亚　洲	2494	70.7	17.5	3304283	76.7	29.3	1353992	72.6	-0.2
阿富汗	48	1.4	-58.3	827	0.0	-55.0	0	0.0	350.0
孟加拉国	11	0.3	22.2	86	0.0	75.5	0	0.0	400.0
文　莱	0	0.0	0.0	-462	0.0	0.0	380	0.0	206.5
柬埔寨	2	0.1	0.0	1060	0.0	0.0	0	0.0	0.0
塞浦路斯	0	0.0	0.0	0	0.0	0.0	0	0.0	0.0
朝　鲜	0	0.0	0.0	0	0.0	0.0	0	0.0	0.0
中国香港特别行政区	1150	32.6	19.2	2986453	69.4	29.6	1211894	65.0	-0.4
印　度	105	3.0	-6.3	8057	0.2	409.6	3082	0.2	2289.1
印度尼西亚	8	0.2	14.3	573	0.0	-56.7	501	0.0	1689.3
伊　朗	51	1.4	-28.2	616	0.0	-69.6	0	0.0	669.2
伊拉克	150	4.3	48.5	484	0.0	4.1	0	0.0	52.8

续表

国家(地区)	项目(企业)个数			合同外资金额			实际使用外资金额		
	本年累计	占总数(%)	同比增长(%)	本年累计	占总数(%)	同比增长(%)	本年累计	占总数(%)	同比增长(%)
以色列	16	0.5	300.0	188	0.0	0.0	5	0.0	−58.3
日　本	67	1.9	63.4	44179	1.0	−26.3	46026	2.5	−3.9
约　旦	36	1.0	125.0	688	0.0	2357.1	213	0.0	0.0
科威特	0	0.0	0.0	−7	0.0	0.0	0	0.0	0.0
黎巴嫩	14	0.4	250.0	40	0.0	150.0	32	0.0	1500.0
中国澳门特别行政区	13	0.4	44.4	9108	0.2	67.0	5469	0.3	40.4
马来西亚	32	0.9	190.9	15048	0.3	22.0	792	0.0	286.3
蒙　古	0	0.0	0.0	0	0.0	0.0	0	0.0	0.0
尼泊尔联邦民主共和国	14	0.4	7.7	39	0.0	−66.4	0	0.0	0.0
阿　曼	1	0.0	0.0	8	0.0	0.0	0	0.0	0.0
巴基斯坦	43	1.2	0.0	5502	0.1	913.3	0	0.0	0.0
巴勒斯坦	13	0.4	8.3	33	0.0	−8.3	0	0.0	0.0
菲律宾	5	0.1	66.7	232	0.0	−82.2	1116	0.1	0.0
沙特阿拉伯	6	0.2	100.0	359	0.0	20.5	112	0.0	−63.8
新加坡	77	2.2	75.0	150647	3.5	217.8	56621	3.0	44.3
韩　国	95	2.7	−3.1	24023	0.6	−38.8	13209	0.7	−51.6
斯里兰卡	5	0.1	66.7	178	0.0	104.6	0	0.0	0.0

续表

国家(地区)	项目(企业)个数			合同外资金额			实际使用外资金额		
	本年累计	占总数(%)	同比增长(%)	本年累计	占总数(%)	同比增长(%)	本年累计	占总数(%)	同比增长(%)
叙利亚	65	1.8	−5.8	432	0.0	−81.4	843	0.0	−4.1
泰　国	4	0.1	−20.0	1521	0.0	−71.2	2682	0.1	26.7
土耳其	56	1.6	60.0	1671	0.0	−42.2	13	0.0	−99.6
阿联酋	10	0.3	400.0	3613	0.1	97.8	1114	0.1	2321.7
也　门	105	3.0	−22.2	825	0.0	−31.2	0	0.0	−85.3
越　南	2	0.1	100.0	105	0.0	110.0	0	0.0	0.0
中国台湾地区	265	7.5	59.6	43421	1.0	−32.4	8127	0.4	−41.1
哈萨克斯坦	8	0.2	166.7	3684	0.1	0.0	1761	0.1	0.0
吉尔吉斯斯坦	3	0.1	200.0	5	0.0	150.0	0	0.0	0.0
塔吉克斯坦	3	0.1	0.0	24	0.0	−73.6	0	0.0	0.0
土库曼斯坦	0	0.0	0.0	−1	0.0	0.0	0	0.0	0.0
乌兹别克斯坦	11	0.3	10.0	1024	0.0	465.7	0	0.0	0.0
非　洲	280	7.9	68.7	14197	0.3	−1.5	5366	0.3	−65.4
阿尔及利亚	11	0.3	83.3	342	0.0	375.0	0	0.0	0.0
贝　宁	2	0.1	0.0	8	0.0	33.3	0	0.0	0.0
布隆迪	1	0.0	0.0	7	0.0	0.0	0	0.0	0.0
喀麦隆	5	0.1	0.0	28	0.0	−28.2	0	0.0	0.0

续表

国家(地区)	项目(企业)个数			合同外资金额			实际使用外资金额		
	本年累计	占总数(%)	同比增长(%)	本年累计	占总数(%)	同比增长(%)	本年累计	占总数(%)	同比增长(%)
中　非	1	0.0	0.0	16	0.0	0.0	0	0.0	0.0
乍　得	3	0.1	200.0	7	0.0	250.0	0	0.0	0.0
科摩罗	1	0.0	0.0	12	0.0	0.0	0	0.0	0.0
刚果(布)	2	0.1	0.0	2	0.0	0.0	0	0.0	0.0
吉布提	2	0.1	0.0	5	0.0	66.7	0	0.0	0.0
埃　及	32	0.9	128.6	373	0.0	113.1	4	0.0	0.0
埃塞俄比亚	20	0.6	25.0	391	0.0	157.2	0	0.0	0.0
加　纳	11	0.3	22.2	188	0.0	168.6	0	0.0	0.0
几内亚	4	0.1	-20.0	10	0.0	-33.3	0	0.0	733.3
科特迪瓦	0	0.0	0.0	0	0.0	0.0	0	0.0	43933.3
肯尼亚	14	0.4	100.0	95	0.0	-32.1	0	0.0	0.0
利比里亚	0	0.0	0.0	0	0.0	0.0	0	0.0	0.0
利比亚	24	0.7	242.9	117	0.0	-91.4	0	0.0	-70.0
马　里	8	0.2	100.0	15	0.0	275.0	0	0.0	0.0
毛里塔尼亚	10	0.3	0.0	22	0.0	37.5	0	0.0	0.0
毛里求斯	2	0.1	-50.0	6796	0.2	0.0	2902	0.2	193.7

续表

国家（地区）	项目（企业）个数			合同外资金额			实际使用外资金额		
	本年累计	占总数（%）	同比增长（%）	本年累计	占总数（%）	同比增长（%）	本年累计	占总数（%）	同比增长（%）
摩洛哥	13	0.4	85.7	33	0.0	-75.9	0	0.0	0.0
莫桑比克	0	0.0	0.0	0	0.0	0.0	0	0.0	100
纳米比亚	0	0.0	0.0	0	0.0	0.0	0	0.0	0.0
尼日尔	5	0.1	400.0	30	0.0	2900.0	0	0.0	0.0
尼日利亚	19	0.5	58.3	-95	0.0	0.0	0	0.0	24.4
卢旺达	4	0.1	300.0	32	0.0	-54.9	0	0.0	0.0
塞内加尔	2	0.1	-33.3	143	0.0	741.2	0	0.0	0.0
塞舌尔	7	0.2	-30.0	4444	0.1	-27.6	2404	0.1	-67.9
塞拉利昂	3	0.1	0.0	18	0.0	0.0	0	0.0	0.0
索马里	12	0.3	33.3	25	0.0	-37.5	0	0.0	-54.5
南　非	9	0.3	80.0	580	0.0	-85.8	50	0.0	-98.8
苏　丹	13	0.4	0.0	67	0.0	9.8	0	0.0	0.0
坦桑尼亚	8	0.2	700.0	130	0.0	550.0	6	0.0	-88.2
多　哥	4	0.1	300.0	6	0.0	0.0	0	0.0	0.0
突尼斯	5	0.1	400.0	41	0.0	4000.0	0	0.0	0.0
乌干达	7	0.2	40.0	119	0.0	-44.9	0	0.0	0.0

续表

国家(地区)	项目(企业)个数			合同外资金额			实际使用外资金额		
	本年累计	占总数(%)	同比增长(%)	本年累计	占总数(%)	同比增长(%)	本年累计	占总数(%)	同比增长(%)
布基纳法索	5	0.1	0.0	21	0.0	0.0	0	0.0	−7.4
刚果(金)	0.0	0.0	0.0	0	0.0	0.0	0	0.0	−9.4
赞比亚	2	0.1	0.0	31	0.0	0.0	0	0.0	0.0
津巴布韦	7	0.2	600.0	136	0.0	1033.3	0	0.0	−53.9
厄立特里亚	2	0.1	0.0	2	0.0	0.0	0	0.0	431.4
欧　洲	345	9.8	34.2	294515	6.8	−2.1	108041	5.8	−12.8
欧　盟	266	7.5	29.8	230714	5.4	−22.2	102727	5.5	−14.2
比利时	2	0.1	100.0	−949	0.0	0.0	24	0.0	200.0
丹　麦	7	0.2	75.0	3410	0.1	60.3	785	0.0	−89.0
英　国	65	1.8	20.4	59150	1.4	16.5	35664	1.9	30.8
德　国	47	1.3	23.7	47425	1.1	24.4	26443	1.4	−22.0
法　国	22	0.6	−8.3	22230	0.5	95.3	7787	0.4	−22.1
爱尔兰	1	0.0	−50.0	1285	0.0	−80.3	5421	0.3	240.9
意大利	42	1.2	50.0	35557	0.8	−43.1	4632	0.2	58.4
卢森堡	5	0.1	0.0	18578	0.4	3.5	10825	0.6	−47.0
荷　兰	18	0.5	28.6	23588	0.5	41.7	5455	0.3	−14.7
希　腊	2	0.1	−33.3	22	0.0	−72.5	0	0.0	−95.4

续表

国家(地区)	项目(企业)个数			合同外资金额			实际使用外资金额		
	本年累计	占总数(%)	同比增长(%)	本年累计	占总数(%)	同比增长(%)	本年累计	占总数(%)	同比增长(%)
葡萄牙	5	0.1	0.0	253	0.0	0.0	59	0.0	−99.8
西班牙	14	0.4	27.3	3878	0.1	−95.5	748	0.0	−84.6
奥地利	4	0.1	100.0	10105	0.2	573.7	3154	0.2	10.6
保加利亚	4	0.1	300.0	142	0.0	1675.0	66	0.0	1000.0
芬　兰	4	0.1	300.0	1033	0.0	0.0	16	0.0	−51.5
匈牙利	1	0.0	0.0	16	0.0	300.0	0	0.0	70.0
马耳他	0.0	0.0	0.0	0	0.0	0.0	0	0.0	0.0
挪　威	5	0.1	66.7	545	0.0	1918.5	363	0.0	353.8
波　兰	8	0.2	100.0	−415	0.0	0.0	58	0.0	13.7
罗马尼亚	2	0.1	0.0	288	0.0	−3.0	124	0.0	−82.1
瑞　典	7	0.2	−22.2	2752	0.1	512.9	1047	0.1	−28.9
瑞　士	9	0.3	28.6	12251	0.3	247.8	4871	0.3	20.5
立陶宛	4	0.1	300.0	299	0.0	14850.0	0	0.0	0.0
格鲁吉亚	2	0.1	100.0	11	0.0	450.0	0	0.0	0.0
亚美尼亚	0.0	0.0	0.0	0	0.0	0.0	0	0.0	−79.1
阿塞拜疆	12	0.3	100.0	121	0.0	−39.5	0	0.0	0.0

续表

国家(地区)	项目(企业)个数			合同外资金额			实际使用外资金额		
	本年累计	占总数(%)	同比增长(%)	本年累计	占总数(%)	同比增长(%)	本年累计	占总数(%)	同比增长(%)
白俄罗斯	3	0.1	0.0	80	0.0	0.0	0	0.0	-72.2
摩尔多瓦	1	0.0	0.0	1	0.0	0.0	0	0.0	0.0
俄罗斯联邦	23	0.7	4.5	50599	1.2	0.0	0	0.0	42.2
乌克兰	21	0.6	75.0	182	0.0	10.3	68	0.0	0.0
斯洛文尼亚	1	0.0	0.0	2090	0.0	0.0	419	0.0	1032.4
捷　克	1	0.0	-50.0	7	0.0	-88.5	0	0.0	0.0
斯洛伐克	0	0.0	0.0	-30	0.0	0.0	0	0.0	0.0
塞尔维亚	3	0.1	200.0	11	0.0	-99.4	12	0.0	0.0
南美洲	109	3.1	34.6	174162	4.0	30.4	146408	7.9	46.1
阿根廷	4	0.1	300.0	87	0.0	4250.0	0	0.0	0.0
巴巴多斯	0	0.0	0.0	0	0.0	0.0	0	0.0	0.0
伯利兹	3	0.1	0.0	897	0.0	79.4	645	0.0	545.0
多民族玻利维亚国	3	0.1	50.0	21	0.0	950.0	0	0.0	0.0
巴　西	13	0.4	333.3	542	0.0	0.0	0	0.0	-84
开曼群岛	19	0.5	46.2	65835	1.5	17.3	68933	3.7	51.7
智　利	2	0.1	-33.3	16	0.0	-85.3	0	0.0	0.0

续表

国家(地区)	项目(企业)个数			合同外资金额			实际使用外资金额		
	本年累计	占总数(%)	同比增长(%)	本年累计	占总数(%)	同比增长(%)	本年累计	占总数(%)	同比增长(%)
哥伦比亚	20	0.6	33.3	265	0.0	284.1	0	0.0	0.0
多米尼克	1	0.0	0.0	2	0.0	0.0	0	0.0	0.0
古　巴	0	0.0	0.0	2	0.0	0.0	0	0.0	0.0
多米尼加共和国	1	0.0	0.0	23	0.0	91.7	0	0.0	0.0
厄瓜多尔	2	0.1	100.0	18	0.0	500.0	0	0.0	0.0
洪都拉斯	0	0.0	0.0	30	0.0	1400.0	0	0.0	0.0
墨西哥	9	0.3	350.0	507	0.0	3521.4	0	0.0	0.0
尼加拉瓜	1	0.0	0.0	2	0.0	0.0	0	0.0	0.0
巴拿马	1	0.0	−66.7	3807	0.1	204.6	3607	0.2	487.5
巴拉圭	2	0.1	0.0	9	0.0	0.0	0	0.0	0.0
秘　鲁	5	0.1	−16.7	77	0.0	97.4	0	0.0	0.0
萨尔瓦多	1	0.0	−50.0	5	0.0	150.0	0	0.0	0.0
乌拉圭	0	0.0	0.0	0	0.0	0.0	0	0.0	0.0
委内瑞拉	5	0.1	150.0	9	0.0	200.0	0	0.0	−47.2
英属维尔京群岛	17	0.5	−29.2	101715	2.4	34.8	73223	3.9	35.7
圣其茨和尼维斯	0	0.0	0.0	293	0.0	0.0	0	0.0	0.0
北美洲	278	7.9	12.6	205743	4.8	597.3	36357	2.0	65.4

续表

国家(地区)	项目(企业)个数			合同外资金额			实际使用外资金额		
	本年累计	占总数(%)	同比增长(%)	本年累计	占总数(%)	同比增长(%)	本年累计	占总数(%)	同比增长(%)
加拿大	52	1.5	-11.9	12834	0.3	104.0	4976	0.3	553.0
美　国	225	6.4	19.7	190679	4.4	820.2	30682	1.6	66.9
百慕大	0	0.0	0.0	700	0.0	-71.9	29	0.0	-99.0
北美洲其他国家(地区)	1	0.0	0.0	1530	0.0	0.0	670	0.0	846.7
大洋洲	83	2.4	43.1	59791	1.4	-4.3	23359	1.3	-37.1
澳大利亚	37	1.0	60.9	9610	0.2	23.8	2373	0.1	23.7
斐　济	2	0.1	0.0	3	0.0	0.0	0	0.0	0.0
新西兰	7	0.2	0.0	1147	0.0	35.3	1175	0.1	85.9
萨摩亚	27	0.8	12.5	45532	1.1	-14.8	19124	1.0	-44.2
马绍尔群岛	9	0.3	125.0	3158	0.1	679.8	393	0.0	0.0
大洋洲其他国家(地区)	1	0.0	0.0	341	0.0	0.0	294	0.0	-19.5
其　他	54	1.5	-72.0	252970	5.9	-32.1	190351	10.2	40.7
国(地)别不详	0	0.0	0.0	631	0.0	660.2	631	0.0	660.2
创业投资公司投资	3	0.1	-94.1	1502	0.0	-90.6	3888	0.2	17.0
股权投资公司投资	0	0.0	0.0	0	0.0	0.0	0	0.0	0.0
投资性公司投资	51	1.4	-64.1	250837	5.8	-29.6	185832	10.0	40.9

2018年浙江省引进“一带一路”沿线国家（地区）外商投资情况表

单位：万美元

项 目	本年累计金额	同比增长（%）
项目数	1022.0	12.3
实际外资	7.0	47.3

四、对外经济合作

2018年浙江省国外经济合作情况汇总表

单位:万美元

内　容	当年累计	比上年同期增长(%)
境外企业总投资额	16695473	1267.7
境外企业中方投资额	1838091	90.6
境外企业实际投资额	858629	8.5
境外投资企业数(个)	737	
营销网络项目	617	
并购项目	151	
研发项目	31	
国外经济合作营业额	756048	3.8
其中:对外承包工程营业额	738517	3.4
对外劳务合作实际收入总额	17531	21.5
国外经济合作合同额	411499	-20.3
其中:对外承包工程合同额	397784	-21.5
对外劳务合作合同工资总额	13715	47.9
期末在外人数(人)	33594	
外派人次	22569	

2018年浙江省各市国外经济合作情况统计表

单位:万美元

单位	营业额及收入总额(合计)	同比增长(%)	对外承包工程		对外劳务合作		外派人数(人)	期末在外人数(人)
			合同额	营业额	合同工资总额	实际收入总额		
全省	756048	3.8	397784	738517	13715	17531.3	22569	33594
省属	124267	4.3	117491	123988	150	279	1839	4155
杭州市	267201	13.6	175345	264997	347	2204	2201	4937
宁波市	168681	-24.9	75967	168617	7	64	243	559
温州市	12054	9.8	0	11753	282	301	4404	4505
嘉兴市	17805	15.1	336	17805	0	0	1	436
湖州市	8378	46.3	5149	8060	0	318.3	60	196
绍兴市	18146	-26.7	889	18021	13	125	82	554
金华市	32920	2.8	20145	32919	31	1	2146	2220
舟山市	95006	96.2	0	80767	12886	14239	11505	15831
台州市	11590	-3.9	2462	11590	0	0	88	201

2018年浙江省国外经济合作前十位国家(地区)情况表

单位:万美元

名次	国家(地区)	营业额
1	中国香港特别行政区	70366
2	阿尔及利亚	61241
3	秘　鲁	56021
4	印度尼西亚	51300
5	阿根廷	38725
6	巴基斯坦	33767
7	马来西亚	29850
8	越　南	26895
9	尼日利亚	20561
10	刚果(金)	19484

2018年浙江省境外投资前十位国家(地区)统计表

(按累计中方投资排序)

单位:万美元

名 次	名 称	项目数	投资总额	中方投资额
1	中国香港特别行政区	1969	1789276.8	1691895.8
2	美 国	1469	2099557.7	1462085.5
3	印度尼西亚	148	926029.0	790977.2
4	瑞 典	25	5037818.5	634197.0
5	德 国	378	10533825.5	584436.9
6	日 本	254	428367.6	356937.3
7	英属维尔京群岛	73	409928.0	340904.3
8	澳大利亚	235	276454.4	266073.4
9	越 南	216	334065.7	255243.0
10	新加坡	203	257447.1	230138.4

2018年浙江省境外投资分市地情况表

单位:万美元

名　称	累计项目数	上年同期	累计投资总额	同比增长(%)	累计中方投资额	同比增长(%)
全省合计	737	527	16695473	1267.7	1838091	90.6
省　属	10	8	5712	313.0	5696	311.9
杭州市	247	194	5422761	1296.6	815942	184.9
宁波市	192	130	519925	183.6	414324	136.6
温州市	35	25	70348	-41.5	59266	-14.0
嘉兴市	68	26	258039	80.7	195334	53.7
湖州市	55	33	133970	797.3	38114	161.7
绍兴市	31	29	71286	-45.9	62450	-40.7
金华市	36	31	23445	-79.9	16482	-85.6
其中:义乌市	14	8	3728	-93.6	3661	-93.7
衢州市	10	7	6382	-62.8	4420	-74.2
舟山市	15	8	19790	402.3	19536	453.6
台州市	35	31	10163607	10051.3	206321	312.1
丽水市	3	5	208	-42.0	208	10.6

2018年浙江省实际对外投资分形式和地区情况表

单位:万美元

国别(地区)	中方实际投资额							
	合　计		货币投资		实物投资		其他投资	
	12月额	当年累计	12月额	当年累计	12月额	当年累计	12月额	当年累计
合　计	116463	757829	114559	755748	1904	2082	0	0
北美洲	11364	73499	11364	73484	0	15	0	0
加拿大	2	2191	2	2191	0	0	0	0
美　国	11362	71309	11362	71294	0	15	0	0
大洋洲	2519	7173	2519	7173	0	0	0	0
澳大利亚	2443	4805	2443	4805	0	0	0	0
巴布亚新几内亚	3	148	3	148	0	0	0	0
新西兰	0	1800	0	1800	0	0	0	0
斐　济	73	420	73	420	0	0	0	0
非　洲	2071	4034	1159	2959	912	1075	0	0
阿尔及利亚	0	9	0	9	0	0	0	0
埃　及	379	555	379	555	0	0	0	0
埃塞俄比亚	637	787	637	787	0	0	0	0

续表

国别(地区)	中方实际投资额							
	合　计		货币投资		实物投资		其他投资	
	12月额	当年累计	12月额	当年累计	12月额	当年累计	12月额	当年累计
利比里亚	0	57	0	57	0	0	0	0
南　非	144	796	144	796	0	0	0	0
尼日利亚	912	948	0	36	912	912	0	0
坦桑尼亚	0	40	0	40	0	0	0	0
突尼斯	0	600	0	600	0	0	0	0
乌干达	0	243	0	80	0	163	0	0
拉丁美洲	377	45422	377	45422	0	0	0	0
阿根廷	5	5	5	5	0	0	0	0
巴　西	14	549	14	549	0	0	0	0
哥伦比亚	0	1	0	1	0	0	0	0
古　巴	0	2	0	2	0	0	0	0
开曼群岛	86	16263	86	16263	0	0	0	0
墨西哥	273	1498	273	1498	0	0	0	0
乌拉圭	0	60	0	60	0	0	0	0
英属维尔京群岛	0	27043	0	27043	0	0	0	0

续表

国别(地区)	中方实际投资额							
	合 计		货币投资		实物投资		其他投资	
	12月额	当年累计	12月额	当年累计	12月额	当年累计	12月额	当年累计
欧 洲	18807	211386	18807	211386	0	0	0	0
爱尔兰	0	153	0	153	0	0	0	0
白俄罗斯	342	1476	342	1476	0	0	0	0
比利时	784	3374	784	3374	0	0	0	0
冰 岛	1473	1473	1473	1473	0	0	0	0
波 兰	33	70	33	70	0	0	0	0
丹 麦	125	205	125	205	0	0	0	0
德 国	2134	23540	2134	23540	0	0	0	0
俄罗斯联邦	0	16	0	16	0	0	0	0
法 国	5149	10965	5149	10965	0	0	0	0
荷 兰	0	1001	0	1001	0	0	0	0
捷 克	0	690	0	690	0	0	0	0
卢森堡	0	101669	0	101669	0	0	0	0
罗马尼亚	14	14	14	14	0	0	0	0
瑞 典	2412	9978	2412	9978	0	0	0	0
瑞 士	0	11283	0	11283	0	0	0	0

续表

国别(地区)	中方实际投资额							
	合计		货币投资		实物投资		其他投资	
	12月额	当年累计	12月额	当年累计	12月额	当年累计	12月额	当年累计
西班牙	0	14	0	14	0	0	0	0
意大利	142	1878	142	1878	0	0	0	0
英国	6200	43587	6200	43587	0	0	0	0
亚洲	81325	416316	80333	415324	992	992	0	0
阿拉伯联合酋长国	0	285	0	285	0	0	0	0
巴基斯坦	167	518	167	518	0	0	0	0
菲律宾	0	100	0	100	0	0	0	0
哈萨克斯坦	0	1357	0	1357	0	0	0	0
韩国	9	141	9	141	0	0	0	0
吉尔吉斯斯坦	157	241	157	241	0	0	0	0
柬埔寨	3161	6284	3161	6284	0	0	0	0
老挝	0	3793	0	3793	0	0	0	0
马来西亚	2750	3066	2434	2750	316	316	0	0
蒙古	0	72	0	72	0	0	0	0
孟加拉国	210	298	210	298	0	0	0	0
缅甸	0	5	0	5	0	0	0	0

续表

国别(地区)	中方实际投资额							
	合　计		货币投资		实物投资		其他投资	
	12月额	当年累计	12月额	当年累计	12月额	当年累计	12月额	当年累计
尼泊尔	0	1600	0	1600	0	0	0	0
日　本	319	3716	319	3716	0	0	0	0
沙特阿拉伯	100	100	100	100	0	0	0	0
斯里兰卡	0	35	0	35	0	0	0	0
中国台湾地区	66	89	66	89	0	0	0	0
泰　国	194	4022	194	4022	0	0	0	0
土耳其	203	213	203	213	0	0	0	0
乌兹别克斯坦	493	494	17	18	476	476	0	0
新加坡	5696	20742	5696	20742	0	0	0	0
以色列	10558	10630	10558	10630	0	0	0	0
印　度	953	1293	953	1293	0	0	0	0
印度尼西亚	11269	19944	11069	19744	200	200	0	0
越　南	2677	25277	2677	25277	0	0	0	0
中国香港特别行政区	42343	312000	42343	312000	0	0	0	0

2018年浙江境外投资按行业分类统计表

单位:万美元

名　称	项目数(个)	投资总额	中方投资额
农、林、牧、渔业	19	13161	11888
农、林、牧、渔服务业	11	10104	9384
农　业	4	1754	1390
渔　业	3	1153	964
农业开发	1	150	150
采矿业	5	27043	13142
有色金属矿采选业	4	26889	12988
煤炭开采和洗选业	1	154	154
制造业	222	16011861	1443724
汽车制造业	20	15312097	937521
有色金属冶炼和压延加工业	9	116263	81558
电气机械和器材制造业	14	94116	74210
造纸和纸制品业	7	47504	46864
专用设备制造业	11	89301	42919
其他制造业	28	35041	33345
通用设备制造业	12	32873	32236
黑色金属冶炼和压延加工业	增资项目	39500	31523
医药制造业	14	86451	30906

续表

名 称	项目数(个)	投资总额	中方投资额
纺织服装、服饰业	6	26410	25980
家具制造业	14	46176	22497
化学纤维制造业	1	15500	15500
金属制品业	8	13567	13527
金属制品、机械和设备修理业	6	7732	7716
木材加工和木、竹、藤、棕、草制品业	3	6245	6245
橡胶和塑料制品业	9	6240	6225
纺织业	13	6297	5886
废弃资源综合利用业	6	6238	5430
皮革、毛皮羽毛及其制品和制鞋业	7	5694	5369
计算机、通信和其他电子设备制造业	14	4219	4177
文教、美工、体育和娱乐用品制造业	7	3647	3647
非金属矿物制品业	2	2580	2471
农副食品加工业	2	2200	1996
印刷和记录媒介复制业	增资项目	1650	1650
化学原料和化学制品制造业	2	1356	1416
仪器仪表制造业	3	1570	1239
机械制造	2	1195	1170
食品制造业	1	140	444
铁路、船舶、航空航天和其他运输设备制造业	1	60	60
电力、煤气及水的生产和供应业	9	126719	87812
电力、热力生产和供应业	8	55005	51238

续表

名 称	项目数(个)	投资总额	中方投资额
燃气生产和供应业	1	71713	36574
建筑业	11	6567	6411
房屋建筑业	2	4986	4986
建筑装饰和其他建筑业	2	770	770
土木工程建筑业	3	380	380
建筑安装业	4	432	275
交通运输、仓储和邮政业	7	63473	30024
管道运输业	1	63000	29600
装卸搬运和运输代理业	5	274	225
仓储业	1	120	120
铁路运输业	增资项目	79	79
信息传输、计算机服务和软件业	59	75837	36353
软件和信息技术服务业	39	52076	25313
互联网和相关服务	20	23762	11041
批发和零售业	272	150054	96351
批发业	195	73834	69437
进出口贸易	64	16377	16257
零售业	13	59843	10657
住宿和餐饮业	1	100	100
餐饮业	1	100	100
金融业	1	100	100
其他金融业	1	100	100

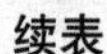
续表

名称	项目数(个)	投资总额	中方投资额
租赁和商务服务业	21	48671	43067
商务服务业	20	46747	41144
租赁业	1	986	986
资本市场服务	增资项目	938	938
科学研究和技术服务业	44	141536	52134
研究和试验发展	31	78018	39499
科技推广和应用服务业	5	59284	10471
专业技术服务业	8	4235	2164
水利、环境和公共设施管理业	3	3066	1597
生态保护和环境治理业	2	2506	1037
水利管理业	1	560	560
居民服务、修理和其他服务业	5	4296	4296
其他服务业	5	4296	4296
教　育	1	157	156
教　育	1	157	156
卫生、社会保障和社会福利业	3	18961	7217
卫　生	3	18961	7217
文化、体育和娱乐业	1	253	2203
广播、电视、电影和影视录音制作业	增资项目	250	2200
文化艺术业	1	3	3
其他类	10	3617	1518
其　他	10	3617	1518

2018年浙江省境外投资各大洲分布情况表

单位:万美元

名　称	项目数(个)	投资总额	中方投资额
全省合计	737	16695472.6	1838090.7
亚　洲	415	716019.3	605461.3
非　洲	27	40113.4	20405.0
欧　洲	112	15341721.0	882703.2
南美洲	33	154089.3	59983.0
北美洲	125	353331.6	232335.3
大洋洲	18	87908.8	35570.3

2018年浙江省与"一带一路"沿线国家(地区)经济合作情况表

单位:万美元

项　目	本年累计金额	同比增长(%)
境外投资项目(202个)	37.2	22.3
对外承包工程营业额	29.2	-0.4

五、电子商务

2018年浙江省各地市网络零售情况表

单位:亿元

地 市	网络零售总额			居民网络消费总额			顺 差
	本年累计	占比(%)	同比增长(%)	本年累计	占比(%)	同比增长(%)	
全 省	16718.8	100.0	25.4	8470.5	100.0	25.0	8248.3
杭州市	5304.4	31.7	23.3	2384.7	28.2	23.6	2919.7
宁波市	1778.3	10.6	28.8	1258.7	14.9	24.1	519.6
温州市	1968.2	11.8	25.5	1127.5	13.3	24.4	840.7
湖州市	568.8	3.4	34.3	358.8	4.2	26.3	210.0
嘉兴市	1818.2	10.9	25.0	663.5	7.8	27.8	1154.7
绍兴市	535.1	3.2	25.6	596.6	7.0	25.7	-61.5
金华市	2869.6	17.2	22.3	862.9	10.2	25.6	2006.7
衢州市	1526.7	9.1	18.5	—	—	—	—
舟山市	277.5	1.7	43.0	164.8	1.9	25.7	112.7
台州市	56.9	0.3	61.5	162.6	1.9	24.1	-105.7
丽水市	1191.4	7.1	26.0	680.3	8.0	26.6	511.1

2018年浙江省各行业网络零售情况表

单位:亿元

行 业	各行业网络零售总额	
	本年累计	占比(%)
服饰鞋包	6729.3	40.3
家居家装	2838.4	17.0
3C数码	1977.1	11.8
母婴用品	1563.8	9.4
美装护肤	1045.4	6.3
运动户外	690.4	4.1
食品保健	619.7	3.7
生活服务	502.0	3.0
机车配件	332.7	2.0
文化娱乐	184.3	1.1
其 他	235.8	1.4
汇 总	16718.8	100.0

2018年浙江省跨境网络零售出口情况表

单位:亿元

地 市	本年累计	占比(%)	同比增长(%)
全 省	574.4	100.0	31.1
杭州市	115.5	20.1	36.4
宁波市	54.1	9.4	35.6
温州市	52.5	9.1	31.4
湖州市	2.6	0.4	30.2
嘉兴市	9.7	1.7	30.7
绍兴市	9.0	1.6	31.8
金华市	310.3	54.0	28.5
衢州市	3.7	0.6	31.3
舟山市	1.0	0.2	31.8
台州市	10.7	1.9	30.4
丽水市	5.3	0.9	31.1

六、开放平台

2018年浙江省开发区主要指标情况表

项　目	单　位	本年累计金额	同比增长(%)
进出口	亿元	13632.1	11.6
其中:出口	亿元	9609.6	7.7
进口	亿元	4022.5	22.3
实际外资	亿美元	105.4	7.8

数据来源:浙江省商务厅。

2018年浙江省国家级、省级开发区核心区外商直接投资情况表

单位:万美元

序号	地区	实际外资金额	同比增长(%)	序号	地区	实际外资金额	同比增长(%)
开发区合计		802770	-0.7	20	富阳经济技术开发区	15797	-42.9
其中:国家级开发区		478926	-9.7	21	浙江南浔经济开发区	15058	249.9
省级经济开发区		323843	14.0	22	浙江吴兴经济开发区	13954	-2.3
1	宁波经济技术开发区	97835	-4.2	23	浙江诸暨经济开发区	13232	4.6
2	萧山经济技术开发区	45016	-22.4	24	浙江安吉经济开发区	12352	20.4
3	嘉善经济技术开发区	42123	-6.9	25	浙江宁海经济开发区	11663	38.5
4	平湖经济技术开发区	40798	9.1	26	浙江建德经济开发区	11629	-8.4
5	宁波杭州湾经济技术开发区	40354	14.9	27	宁波石化经济技术开发区	11533	93.5
6	浙江海宁经济开发区	39311	-2.3	28	(浙江姚庄经济开发区)	11520	4.7
7	嘉兴经济技术开发区	39146	-5.7	29	浙江嵊州经济开发区	11170	11.6
8	浙江桐乡经济开发区	32240	15.4	30	浙江象山经济开发区	10879	4.6
9	余杭经济技术开发区	30874	-7.9	31	浙江平阳经济开发区	10321	414.3
10	浙江前洋经济开发区	27957	162.9	32	绍兴袍江经济技术开发区	10084	-6.9
11	杭州经济技术开发区	24182	-58.3	33	宁波大榭开发区	10000	-28.6
12	湖州经济技术开发区	23373	-6.9	34	绍兴柯桥经济技术开发区	9785	171.4
13	浙江余姚经济开发区	23163	-39.4	35	浙江上虞经济开发区	9143	5.1
14	长兴经济技术开发区	20370	25.6	36	浙江慈溪滨海经济开发区	8941	27.4
15	浙江乍浦经济开发区	20357	27.0	37	(浙江独山港经济开发区)	8439	-7.1
16	浙江奉化经济开发区	19565	14.1	38	义乌经济技术开发区	7291	215.6
17	杭州湾上虞经济技术开发区	17656	24.6	39	浙江玉环经济开发区	7253	-10.2
18	浙江桐庐经济开发区	16615	100.7	40	浙江鄞州经济开发区	6582	1780.6
19	浙江海盐经济开发区	16293	16.6	41	浙江秀洲经济开发区	5569	37.5

续表

序　号	地　区	实际外资金额	同比增长(%)	序　号	地　区	实际外资金额	同比增长(%)
42	浙江百步经济开发区	4978	66.9	59	浙江临海经济开发区	1110	−24.4
43	浙江金义都市经济开发区	4826	59.7	60	浙江三门经济开发区	1001	−3.9
44	温州经济技术开发区	4332	−33.9	61	浙江普陀经济开发区	206	
45	衢州经济技术开发区	3641	−15.0	62	浙江江山经济开发区	201	2133.3
46	浙江头门港经济开发区	3629	5.2	63	浙江衢江经济开发区	190	−72.9
47	浙江温岭经济开发区	3327	−26.9	64	浙江天台经济开发区	167	−69.8
48	舟山航空产业园	3234		65	浙江岱山经济开发区	150	0.0
49	浙江瓯海经济开发区	3118	773.4	66	浙江浦江经济开发区	144	−92.1
50	浙江镇海经济开发区	2871	−52.4	67	浙江永康经济开发区	2	−99.9
51	金华经济技术开发区	2645	−11.8	68	浙江黄岩经济开发区		
52	浙江东阳经济开发区	2551	−29.0	69	丽水经济技术开发区		
53	浙江兰溪经济开发区	2515	6.6	70	浙江乐清经济开发区		
54	浙江龙游经济开发区	2104	89.2	71	浙江青田经济开发区		
55	浙江瑞安经济开发区	2013	59.4	72	宁波南部滨海经济开发区		
56	浙江武义经济开发区	1665	−3.1	73	浙江景宁经济开发区		
57	浙江仙居经济开发区	1500	3847.4	74	浙江缙云经济开发区		
58	浙江淳安经济开发区	1319	234.8	75	浙江龙泉经济开发区		

数据来源：浙江省商务厅。

2018年中国(浙江)自由贸易试验区主要指标情况表

项　目	单　位	12月	本年累计
固定资产投资	亿元	14.1	419.0
新增注册企业数	家	239.0	1998.0
其中:新增油品企业数	家	72.0	703.0
外商投资企业数	家	7.0	299.0
合同外资	万美元	—	389127.0
实际外资	万美元	—	29418.0
大宗商品电子交易额	亿元	323.3	1487.3
保税油直供量	万吨	31.0	359.3
货物进出口总额	亿元	86.1	642.2
其中:出口总额	亿元	40.0	194.2
进口总额	亿元	46.0	448.0
油品进出口总额	亿元	56.5	432.9
其中:出口总额	亿元	29.9	162.1
进口总额	亿元	26.6	270.8
融资租赁企业数(季末数1—12月)	家	—	263.0
跨境人民币结算金额(季末数1—12月)	亿元	—	727.9

注:1. 新增注册企业数包括法人和产业活动单位。

2. 实际外资使用商务部口径。

数据来源:中国(浙江)自由贸易试验区管委会。

七、其他

2018年浙江省国民经济主要统计指标情况

项　目	单　位	累计金额	同比增长(%)
生产总值(GDP)(四季度)	亿元	56197.2	7.1
第一产业	亿元	1967.0	1.9
第二产业	亿元	23505.9	6.7
第三产业	亿元	30724.3	7.8
固定资产投资	亿元	—	7.1
限额以上消费品零售额	亿元	9097.7	7.3
财政总收入	亿元	11705.8	13.6
公共财政预算收入	亿元	6598.1	11.1
金融机构人民币存款	亿元	116512.7	8.6
金融机构人民币贷款	亿元	105774.9	17.2
规模以上工业企业经济效益(1—11月)	—	—	—
企业单位数	个	40586	—
其中:亏损企业	个	7065	17.3
利润总额(1—11月)	亿元	4114.4	8.7
亏损企业亏损额(1—11月)	亿元	406.2	22.8

续表

项　目	单　位	累计金额	同比增长(%)
居民消费价格总指数	%	102.3	2.3
商品零售价格指数	%	102.1	2.1
工业生产者出厂价格	%	103.4	3.4
工业生产者购进价格	%	105.1	5.1
外贸依存度(2018年四季度)	%	50.7	—
出口依存度	%	37.7	—

数据来源:浙江省统计局。

2018年浙江省对外贸易经营者备案登记情况表

单位:个

地区	当年累计数				12月新增数			
	总数	内资企业	外资企业	个体经营者	总数	内资企业	外资企业	个体经营者
全省合计	33914	33232	354	328	3201	3146	24	31
省属企业	28644	28301	125	218	2749	2723	9	17
杭州市	5270	4931	229	110	452	423	15	14
宁波市	3679	3626	26	27	326	318	4	4
温州市	2309	2278	14	17	178	176	0	2
嘉兴市	1436	1397	24	15	118	115	2	1
湖州市	746	721	4	21	56	56	0	0
绍兴市	2205	2195	0	10	154	154	0	0
金华市	15646	15541	48	57	1681	1677	3	1
衢州市	322	315	5	2	36	35	0	1
舟山市	388	385	2	1	44	44	0	0
台州市	1617	1560	2	55	131	124	0	7
丽水市	296	283	0	13	25	24	0	1

注:义乌市2018年12月备案企业1568家。截至2017年12月底,全省累计获权企业170165家(含宁波市)。截至2016年12月底,全省累计获权企业151723家(含宁波市)。截至2015年12月底,全省累计获权企业135850家(含宁波市)。截至2014年12月底,全省累计获权企业122048家(含宁波市)。截至2013年12月底,全省累计获权企业107428家(含宁波市)。截至2012年12月底,全省累计获权企业95378家(含宁波市)。截至2011年12月底,全省累计获权企业83782家(含宁波市)。截至2010年12月底,全省累计获权企业71810家(含宁波市)。截至2009年12月底,全省累计获权企业60533家(含宁波市)。截至2008年12月底,全省累计获权企业50742家(含宁波市)。截至2007年12月底,全省累计获权企业41960家(含宁波市)。截至2006年12月底,全省累计获权企业33080家(含宁波市)。截至2005年12月底,全省累计获权企业25006家(含宁波市)。

数据来源:浙江省商务厅。

2018年浙江省出口退税分地区统计表

单位：万元

地区	累计办理退免税		
	合计	退税	免抵调库
全省合计	23488000	18832000	4656000
直属分局	466400	466400	0
宁波市	6782000	5782000	1000000
小浙江合计	16706000	13050000	3656000
杭州市小计	792280	1209	791071
嘉兴市小计	2567067	1873067	694000
湖州市小计	946925	738442	208483
绍兴市小计	2787769	2275869	511900
舟山市小计	255364	212038	43326
温州市小计	1606791	1338870	267921
丽水市小计	211520	148007	63513
金华市小计	1991621	1567808	423813
衢州市小计	142904	142900	4

数据来源：根据浙江省国税局提供数据整理。

第四编

调研报告

第四章

[illegible]

以“一带一路”建设为统领 推动形成全面开放新格局

党的十九大报告提出以“一带一路”建设为重点，坚持引进来和走出去并重，遵循共商共建共享原则，加强创新能力开放合作，形成陆海内外联动、东西双向互济的开放格局。对外开放40年来，浙江作为中国革命红船的起航地、改革开放的先行地和习近平新时代中国特色社会主义思想的重要萌发地，实现了从“外贸大省”到“开放大省”的跨越。新时代新起点，浙江将继续深入推进“一带一路”建设，努力发展更高层次的开放型经济，响应党的十九大提出的“推动形成全面开放新格局”的号召，为全国乃至全世界扛起浙江责任、拿出浙江作为、作出浙江贡献。

一、对外开放推动浙江经济快速发展

浙江在开放过程中不断对标国际，寻找差距，不断检验和调整相关的制度设计和法规规章，优化资源配置，始终坚持分享发展红利，40年来成就瞩目，成果颇丰。当前浙江经济进入转型调整期，开放型经济正处在从“有没有”到“好不好”转变的关键期。2018年5月，全省对外开放大会时隔14年再次召开，省委书记车俊宣布了以“一带一路”建设为统领、构建全面开放新格局的“四梁八柱”。浙江要在参与和服务“一带一路”建设上走在前列，在发展更高层次的开放型经济上走在前列，在打造国际一流营商环境上走在前列，全面提升在“一带一路”国际合作中的参与度、连接度和影响力，推动形成全面开放新格局。

（一）有力促进了浙江经济社会发展

对外开放40年来，浙江一路披荆斩棘，锐意进取，取得了一系列重大经济社会发展成就。1978—2017年，浙江进出口总额年均增长24.7%，达到3779亿美元。对外贸易的迅速增长有力地拉动了浙江经济的发展，对外贸易依存度从1978年的1.0%，上升到2017年的49.3%。进入21世纪后，浙江对外贸易先后迈上1000亿美元、2000亿美元和3000亿美元三个台阶，成功实现“三级跳”，促进浙江省生产总值(以人民币计)相继突破3万亿元、4万亿元和5万亿元大关。利用外资高速增长，实际利用外资从1984年的252万美元，上升到2017年的179亿美元，累计实际利用外资1941.4亿美元。开发区作为产业发展的主平台，以7%的面积贡献了61.6%的工业增加值和35.9%的税收。按照出口1亿美元可以提供8000个就业岗位来计算，2017年浙江对外贸易出口直接或间接地提供了就业岗位2400万个，占浙江就业人口的比重超过50%。开放型经济为浙江经济发展带来成效显著，成为创造和吸纳社会就业的新渠道，极大地推动了浙江经济社会的发展。

开放促改革，改革寓于开放之中。习总书记在中国首届进口博览会和亚太经合组织第二十六次领导人非正式会议上再次宣布了中国扩大开放的重要举措，指出中国开放的大门不会关闭，只会越开越大。浙江开放的脚步也不会停止，只会更加坚定。从省内来看，改革开放再深化，扎实推进两个高水平建设已进入关键期，进一步冲破思想观念的束缚，激发制度活力、激活基层经验、激励干部作为，都需要以开放促改革。从省外来看，国际国内形势面临百年未有之大变局，贸易保护主义抬头，世界经济不确定性增多，如何更好地利用世界市场，推动浙江经济高质量发展，也需要向开放要动力。

（二）有效拓展了浙江经济发展空间

对外开放40年来，浙江进出口总额年均增长24.7%。进口额也从1978年的0.2亿美元上升到2017年的910.1亿美元，丰富了化妆品、电子产品、汽车等高端消费品的供应，满足了消费升级的需求。2018年是改革开放40周年，也是“八八战略”实施15周年，浙江已转向高质量发展的关键阶段，步入经济转型的深水区和改革创新的关键期，外贸高速增长难以为继、产业转型放缓、资源要素趋紧难题凸显，继续深入推进浙江对外开放，有利于跳出浙江发展浙江、布局全球发展浙江，有利于进一步拓展境内外发展空间，加快产业链、服务链和价值链的全球化布局。浙江改革开放再出发，加强与国内外地区的合作交流，有利于进一步拓展浙江经济发展新空间，实现稳外贸、促增长，有利于加强国际双向贸易投资和产能合作，最大限度配置全球资源为浙江所用，为新的产业发展和外贸增长培育新动能。

开放促发展，有效拓展了浙江经济发展空间。40年改革开放的历程中，浙江不断加强国际产能合作，与全球230多个国家和地区建立了经贸往来，传统市场不断巩固，新兴市场逐步拓展，利用“两种资源”，开拓“两个市场”的能力持续增强，全球资源配置能力得到大幅提升。自“一带一路”倡议提出后，浙江与“一带一路”沿线国家经贸往来更为密切。2013—2017年，浙江对“一带一路”沿线国家出口额由783.5亿美元增加到929.7亿美元，年均增长4.4%，高于浙江同期平均水平1.2个百分点，与“一带一路”沿线国家的贸易额占浙江外贸总额的比重均在30%以上。2017年，浙江与“一带一路”沿线国家，尤其是与前三大贸易国印度、俄罗斯、印度尼西亚的进出口值分别为122.7亿美元、96.1亿美元和80.4亿美元，增速均超过20%；对沿线国家的投资项目115个，累计金额达30.4亿美元；境外经贸合作区建设领先全国，截至2017年底，浙江共有境外经贸合作区6个，其中国家级境外经贸合作区4个，占全国总数的1/5，为全国首位。

（三）有力推动了浙江经济转型升级

对外开放40年来，浙江始终坚定实施创新驱动战略，对外开放始终坚持抓住创新的牛鼻子，走出了一种“跳出浙江，发展浙江”的创新模式，打造了对外开放的浙江样板。民营企业异军突起，浙商着眼全球，主动布局海外，坚定地走出国门谋发展，参与国际竞争。通过发展民营外贸企业，带动了近八成的对外出口，通过“以民引外”、推进浙江引进外资的方式创新，通过推动民营企业与跨国公司对接，打造了一批具有全球竞争力的民营跨国公司。

以中国（浙江）自由贸易试验区等开放平台建设为抓手，以油品全产业链建设为重点，浙江加快探索贸易和投资自由化便利化。以“线下属地一窗受理、线上全程网上办理、后台纵横集成服务”商务领域“最多跑一次”的实践，为优化营商环境提供有益探索。近几年，浙江积极探索新型贸易方式，义乌及海宁成为全国采用市场采购贸易方式的试点城市，杭州开展了国家服务贸易创新发展试点工作，杭州、宁波开展了国家服务外包示范城市建设，杭州及宁波获批建设跨境电子商务综合试验区等，这些试点的开展为全国提供了“浙江经验”。40年的波澜壮阔，浙江站在新的时代起点上，要深刻把握当前所处的历史方位，保持战略定力，锚定战略支点，统筹谋划在新一轮对外开放中参与“一带一路”建设的使命、定位、目标和路径，全力推进大湾区大花园大通道大都市区建设，全面提升省域对外开放新格局。

二、浙江推动形成全面开放新格局存在的主要问题

（一）全球经济增长不确定性增大

据世界银行统计，过去100年，全球经济总量超过60倍，至2017年达到80.68万亿美元，城市化和全球化成为推动世界经济发展的两大主要力量。与此同时，全球经济也遭遇了两次比较大的冲击，一次是1929—1933年的资本主义世界经济危机，使得服务于全球化的金融秩序崩溃，货币战和贸易战拉开序幕，导致二战全面爆发。第二次是2007年发端于美国的次贷危机引发的金融海啸，影响波及全球，打断了经济全球化进一步延伸的进程。随之而来的，是传统和非

传统安全风险的相互交织，发达国家内顾倾向不断加重，英国脱欧引发欧洲难民潮，意大利宪改公投失败致总理离职，美国退出TPP协议引发全球不满，种种因素叠加在一起，致使全球经济面临曲折化发展，未来增长不确定性进一步加大。

（二）开放型经济区域发展不平衡

从地域上来看，浙江沿海开放程度相对较高，但内陆山区开放程度相对较低，开放型经济区域发展呈不平衡状态。

以大湾区为例，2017年全省对外贸易的72%、对外投资的74%、利用外资的92%集中在环杭州湾地区，浙西南和温台沿海开放型经济的规模则相对较小。浙江经济已进入开放型发展阶段，浙江经济发展面临国内外竞争的双重挤压：一方面，东南亚和中西部地区要素成本较低对省内劳动密集型传统产业形成有力竞争，导致企业丢失市场份额的风险增大；另一方面，在再工业化和第三次产业革命的作用下，拥有先进技术和充足资本的发达国家在高端制造业和新兴产业上占据了制高点，对省内尚处于培育阶段的产业造成了无情打压。这些不稳定因素将直接影响着浙江外贸的进出口，对浙江推动形成全面开放新格局带来挑战。

（三）投资营商环境有待进一步优化

随着贸易投资便利化程度的提高，如何在放权的同时，完善监管体制，及时发现对外开放中的风险，防止外部风险对浙江经济造成冲击，如何在对外资的审批取消后掌握外资在国内的经营情况，对外投资改为备案制后如何防范走出去风险等，成为当前对外开放面临的重要问题。与此同时，近几年来，国内各省市引进外资竞争不断加剧，广东省出台了利用“外资十条”和“外资十条”修订版，上海市印发《上海市着力优化营商环境加快构建开放型经济新体制行动方案》，未来吸引外资的重点将会是高端制造业和现代服务业，这些产业更看重制度、政府服务等软环境，如行业准入限制、知识产权保护、政府采购等，如何建设便利化、国际化、法治化的营商环境，将是浙江下一步对外开放的重要着力点。

（四）外贸竞争新优势有待进一步培育

总体上看，浙江产业仍处于全球价值链的中低端，短期内高端产业难以形成气候，同时纺织、服装等产业向周边国家转移的趋势难以逆转，面临发达国家和发展中国家的“双重挤压”。外贸方面，如何推动浙江外贸发展由要素驱动向创新驱动转变，由规模速度向质量效益转变，由以价格优势为主向以技术、品牌、质量、服务为核心的综合竞争优势转变，实现发展质量、效率、动力变革，需进一步深入研究。近年来，浙江紧紧抓住长三角战略发展机遇，利用政策叠加优势，主动拓展对外开放广度和深度，坚持以开放促改革促发展，积极承接国内外产业转移，着力培育特色优势产业。当前和今后一段时期，随着我国经济进入新常态，经济发展内在支撑条件和外部需求环境都在发生深刻变化，浙江如何更好地发挥区位、人才、资源、产业等优势，更有效利用国内外的市场、技术、管理、标准等资源要素，加快培育外贸竞争新优势，就成为亟须破解的难题。

（五）国际化人才队伍有待进一步壮大

在“引进来”方面，浙江需聚焦重大战略和国际前沿，突出“高精尖缺”，继续大力引进国外高层次人才和智力，推动浙江创新发展、转型升级，坚持人才引进由中低端为主向国际高端发展转变，由短期为主向中长期发展转变，由个体引进为主向团队式、平台式为主发展转变。在“走出去”方面，浙江需进一步实施本土人才国际化工程，着力培养以专业技术、高技能、企业经营管理三支人才队伍为重点，具有国际视野、富有创新能力的国际化人才队伍。随着亚运会的来临，四大都市区国际化的声望不断提高，浙江品牌的全球化效应越来越明显，浙江对于海外高层次人才的需求相比其他先进省市差距开始凸显，给在全面深化改革开放，推动形成全面开放新格局的浙江带来一定挑战。

三、推动形成全面开放新格局的建议

当前国际国内政治经济形势正面临大调整、大重塑，浙江参与“一带一路”建设一方面既要加强战略定力，坚定不移打开对外开放新局面，实现互利共赢，另一方面又要积极响应国家改革开放新形势，加强前瞻性领域研究，主动作为，积极调整“一带一路”建设重点和模式。下一阶段，浙江省要进一步发挥“八八战略”的引领优势，深刻领会百年未有之大变局的深远意义，坚决扛起参与“一带一路”建设的历史使命，开启新时代浙江对外开放的新篇章。

（一）着力打造以自贸区为引领的对外开放新高地

加强内外统筹、陆海联动，充分发挥多主体作用，有序推进重大平台、重大工程和重大项目建设，凸显亮点，提高实效。以高水平建设自贸试验区为核心，以积极争取自由贸易港落户浙江为主目标，加快推进各类试验区、示范区建设，全面提升大都市区国际化水平。要加快复制全国自贸试验区成熟经验，提升海关特殊监管区综合服务水平，探索实行“海关特殊监管区＋开发区”建设和管理模式。自贸试验区要继续围绕打造油品全产业链，在重大项目建设、争取更大自主改革创新等方面取得新突破，做好扩区赋权工作，加强同上海自贸区的协同合作，推进自由贸易港的联合申报方案。按照大湾区大花园大通道大都市区建设总体部署，激活开放元素，强化开放优势，补齐开放短板，推动省域开放层次的全面提升。推动中国—中东欧“16＋1”经贸合作示范区成为浙江“一带一路”建设的重要标杆，加快推进各类园区的整合提升工作，积极打造一批高能级开放开发战略平台。

（二）着力打造辐射全球的“一带一路”重要枢纽

以宁波—舟山港为核心，全面推进海、陆、空和信息“四港”联动发展，大力提升综合交通和多式联运的信息化、智慧化水平，打造联通陆海、辐射全球的开放大通道网络和国际化现代物流体系。宁波舟山港要加快与沿线重点港口城市建立国际港口联盟，支持对外直接投资参与境外港口建设和运营，构建常态化合作机制与物流服务网，强化国际航运、物流、贸易、金融等开放功能，建设国际港航服务集聚区。对接舟山群岛新区、江海联运服务中心和绿色石化基地建设，加快构建辐射中西部、对接海内外的江海联运重要节点。全力组建“义新欧”物流联盟，进一步打响“义新欧”班列品牌，提升运行质量和效率，更好发挥亚欧重要桥梁作用。积极谋划和打造一批具有浙江特色、服务“一带一路”的境外系列站，重点加快“一带一路”捷克站建设，打造涵盖“义新欧”班列物流分拨、生产加工、跨境电商、展示交流、人文合作、小商品城分市场等功能于一体的开放综合体，辐射推进浙江与欧洲国家的交流合作，高水平打造“一带一路”重要枢纽。

（三）全力推进大湾区大花园大通道大都市区建设

构建全面开放新格局，进一步拓展和优化开放空间布局。按照大湾区大花园大通道大都市区建设总体部署，激活开放元素，强化开放优势，补齐开放短板，推动省域开放层次全面提升。推动大都市区成为开放发展的引领区，在全球大格局中找准四大都市区的定位，深入实施国际化战略，努力成为吸引全球高端要素的主载体、参与国际合作和竞争的主平台，带动中小城市全面提升国际化水平。支持杭州建设独具韵味、别样精彩的世界名城，支持宁波建设国际港口名城，支持温州建设国际时尚智城，支持金义都市区建设国际商贸名城、影视文化之都。推动大湾区要成为开放发展的主战场，把开放高地建设作为打造世界级现代化大湾区的引擎，面向全球发“招贤令”、引新技术、聚好公司，培育以数字经济为标志的世界级先进产业集群，以此推动现代产业高地、“互联网＋”科创高地目标的实现。全面接轨上海，以上海建设全球城市为契机，深化长三角区域开放合作，促进更高质量的一体化发展。推动大花园成为开放发展的新亮点。衢州、丽水等地是浙江省开放发展的洼地，在生态文明时代，这一洼地的后发优势将日益凸显。努力在更大范围发挥绿水青山优势，加快建设国际旅游目的地，在全球打响“诗画浙江”旅游品牌，深化山海协作，提升经济全球化水平，打造向国际社会展示“两山”理念实践成果的重要窗口。

（四）着力打造以“最多跑一次”为引领的一流营商环境

深入推进“一带一路”建设和对外开放领域的“最多跑一次”改革，对标国际先进水平，提高综合服务水平，努力在打造国际一流营商环境上走在前列。加快探索贸易和投资便利化政策，大幅度放宽市场准入，加强市场准入统一平台建设，依托电子口岸公共平台建设国际贸易“单一窗口”，深入推进“四张清单一张网”，探索国际贸易“一窗受理、一站式审批、一条龙服务”优化路径，加快推行贸易和投资便利化先进经验的复制和推广。探索建立与高标准贸易投资规则相适应的制度保障体系，营造稳定、公平、透明、可预期的营商环境。依法保障各类知识产权，保障不同所有制企业在政策适用、资质牌照、政府采购、科技项目、标准制定等方面公平待遇。建立国际营商环境评价机制。强化涉外法律服务，切实维护全省公民、法人在海外及外国公民、法人在省内的正当经济社会权益。全面深化外商投资负面清单管理制度，开展各市、县(市、区)外商投资营商环境评价工作，举办外商投资企业圆桌会议，深化商事制度改革和“最多跑一次”改革，进一步优化营商环境，提升浙江贸易投资便利化水平。

（五）全力发展更高水平的国际贸易和投资

国际贸易和投资是开放型经济的主要内容。浙江要在发展更高层次的开放型经济上走在前列，需要全面提升外贸国际竞争力、着力打造高质量外资聚集地和高水平对外投资策源地。要深入实施多元化战略，千方百计巩固提升市场份额。优化国际市场布局，尤其是在“一带一路”沿线市场的供应链布局。推进外贸发展方式转变，加快培育以技术、标准、品牌、质量、服务为核心的贸易竞争新优势。以更大力度培育跨境电商、市场采购、外贸综合服务平台等贸易新业态新模式。始终坚持创新驱动，把服务贸易放在突出位置，推进服务贸易扩量提质，进一步打响“浙江服务”品牌，推动“浙江服务”与“浙江制造”融合。积极发展进口贸易，促进进出口平衡发展。着力打造高质量外资聚集地，优化外资产业结构，创新招商引资方式，加强引资引技引智联动。着力打造高水平对外投资策源地，加快培育本土跨国公司，鼓励浙企“抱团出海”，高水平建设境外经贸合作区。

（六）着力推进高素质国际化人才队伍建设

构建全面开放新格局关键要有高素质的国际化人才，要全方位推进和深化科技教育、文化旅游、医疗健康等领域的国际化人才交流与合作，扎实推进人才队伍建设。各地各部门要牢固树立“人才为王”的观念，始终坚持有利于集聚人才、有利于发挥人才的作用来建立健全引才用才制度，加快打造人才生态最优省。坚持培育国际化人才和引进外国人才两手抓，既立足浙江，加强本土人才国际化能力建设；要更面向全球，创新海外引才方式，努力在引进海外高层次人才和金融、法律、会计等专业中介人才上取得重大突破。完善国际化人才创业创新服务体系，高标准建设“千人计划”产业园和海外人才离岸创新创业基地，将浙江打造成为全球人才追逐梦想、实现梦想的理想创业地。优化国际化人才管理服务，消除人才国际流动的体制机制障碍，加强国际教育、国际医疗、国际社区建设，将浙江打造成为全球人才创造美好生活、享受美好生活的理想居住地。当前浙江正处于加快“两个高水平”建设的发展阶段，更要充分发挥高级别人才交流机制的示范带动作用，巩固深化浙江省同境外人才的交流合作，汇聚资源。

课题组组长：盛秋平
课题组副组长：张钱江　陈建华
课题组成员：方　晓　陈芳芳　兰　健
黄　澄　赵梧吟　马伟峰
应翔君（执笔）
丁武兴（执笔）

浙江自由贸易港建设研究

党的十九大报告提出“探索建设自由贸易港”，这是党中央、国务院在新形势下全面深化改革和扩大开放的一项重大战略举措，也为浙江创建自由贸易港指明了方向。浙江作为我国经济大省、开放强省，有责任、有决心、有条件为国家承担这一重任。浙江探索建设自由贸易港禀赋优越、基础扎实、潜力巨大，对贯彻落实党的十九大精神、构建全面开放新格局、更好服务国家“一带一路”建设、融入和引领全球经济发展具有重要的战略意义。

一、优势条件和战略意义

（一）优势条件

浙江拟依托宁波—舟山港建设自由贸易港，参照国际标准，比较沿海港口城市，浙江具有独特的优势，是我国探索建设自由贸易港的最佳选择。

1. 拥有规模世界第一的开放大港。良好的港口资源是建设自由贸易港的先决条件，规模庞大的贸易、仓储、物流、金融、服务能吸引带动大量人员、货物、资金、技术集散。宁波—舟山海岸线长，占全国22.4%，能满足10亿吨级以上大港建设需要；离岛资源丰富，拥有2000多个岛屿，占全国海岛总数的20%以上。宁波—舟山港是世界第一大港，2017年成为全球首个货物吞吐量突破10亿吨的港口，连续9年位列全球第一，集装箱吞吐量达2597万标箱，跃居全球第四，拥有117条国际远洋干线，国际中转达到390万标箱。港口基础条件优。岸线水深-17米以上，40万吨超大型船舶可自由进出，是全球大型和特大型深水泊位最多的港口；铁路直通港区，多式联运发达，是我国海铁联运南方第一大港。港口通航等级高，毗邻国际航线，具有建设全球航运枢纽的最佳禀赋。

2. 拥有一批具有国际竞争优势的先进产业。与香港、新加坡等自由港相比，浙江建设自由贸易港最大优势在于拥有强大的经济腹地支撑。浙江是我国经济大省，GDP占全国6.3%，排名全国第四，经济活力强，市场主体近600万家。浙江产业优势明显，已形成阿里巴巴、波音、大众、吉利、宁波镇海炼化、舟山民营石化等一批大企业，以及一大批细分行业的隐形冠军和单打冠军，初步形成汽车、航空、石化、新材料、信息技术等现代化产业集群，八大万亿产业快速发展。以阿里巴巴、网易、义乌小商品、绍兴纺织、宁波家电等“制造＋市场”“线上＋线下”的新业态、新模式引领全国，是“大众创业、万众创新”样板。2017年，浙江新产业新业态新模式“三新”经济增加值达1.25万亿元，对经济增长贡献率为37.1%。江浙沪GDP总量与印度相当，约占全国1/5；长江经济带经济实力更是雄厚，占全国比重超过4成，都将为自贸港建设提供强大的实体经济支撑。

3. 拥有丰富的科教创新资源与文化。创新是引领发展的第一动力，是建设现代化经济体系的战略支撑。浙江科教创新资源丰富，拥有浙大等一批知名高校和科研院所，围绕大数据、云计算、人工智能、新材料、物联网等为重点的中科院宁波材料所、之江实验室、阿里达摩研究院正在不断集聚和整合科研资源。浙江创新文化底蕴深厚，是“红船精神”发源地，浙商精神核心就是“敢为人先”的改革创新精神。近年来，浙江承担了中国（浙江）自由贸易试验区、中国（杭州、宁波）跨境电商综合试验区、义乌国贸改革试点、温州市金融综合改革试验区等多项国家改革试点任务，取得了显著成效，为国家各项改革探索出了一批可复制可推广经验。浙江以“最多跑一次”改革为引领，全面深化改革开放取得显著成效，全省“最多跑一次”实现率达到87.9%，办事群众满意率达到94.7%。这些为自由贸易港建设提供了强大的创新源泉和动力。

4. 拥有得天独厚的区位优势。区位优势是国际自由港发展的基础优势。浙江位于我国东部黄金海岸线与长江黄金水道的“T”字形交汇处，背靠长三角和长江流域广阔的经济腹地，是东北亚及环西太平洋连接世界的桥头堡。宁波—舟山港是长江经济带的“龙眼”，是长江连通外海的唯一通道。国际上看，与大阪、釜山、香港等东北亚及西太平洋一线构成一个近500海里等距离的扇形海运网络，我国7条国际远洋航线中就有6条经过舟山海域；国内来看，方圆500海里范围，往北覆盖华北地区，往南可达福建、广东、台湾，辐射范围广。浙江还是“丝绸之路经济带”和“21世纪海上丝绸之路”交汇点，既可以将货物往东通过宁波走海路运送到中东、欧洲和非洲，也可以通过“义新欧”中欧班列西行运输到中亚、中东和欧洲。独特的区位优势将为集聚全球要素资源和辐射全国经济提供便利通道。

（二）战略意义

中国特色的自由贸易港旨在充分运用全球资源要素，形成具有全球引领作用的现代化、高质量产业体系，通过高端要素的集聚渗透、辐射带动广袤的全国腹地经济高质量发展，成为“一带一路”的战略支点，在全国构建陆海内外联动、东西双向互济的开放新格局中发挥举足轻重的作用。浙江经济发展基础扎实，优势突出，在浙江探索建设自贸港具有更大的战略意义。

1. 构筑全面开放新格局的有效路径。当前，世界正处于大发展大变革大调整时期，多边贸易体制发展进程受阻，开放水平更高、灵活性更强的区域贸易安排蓬勃发展，成为驱动经济全球化的主引擎。开放是国家繁荣发展的必由之路，以开放促改革、促发展，是我国现代化建设不断取得新成就的重要法宝。建设自由贸易港，旨在探索与国际接轨的高水平贸易、投资、金融、运输自由化便利化政策，进一步推动新时代中国特色社会主义制度与市场经济的相互融合，以点带面，带动全国对外开放。浙江地处长江口，市场经济发达，浙商遍布国内外。在浙江探索建设自贸港，有利于带动长三角、长江经济带乃至全国腹地经济发展，打造开放层次更高、营商环境更优、辐射作用更强的开放新高地，加快推动形成我国全面开放新格局。

2. 打造“一带一路”新枢纽的有力抓手。“一带一路”建设是我国扩大对外开放的重大举措，也是今后一段时期对外开放的工作重点。当前，“一带一路”沿线部分经济体已建设了许多高能级的开放平台，比如新加坡、香港、迪拜、鹿特丹等，成了人流、物流、资金流、信息流等集聚中心和货物中转中心，对提升所在地区竞争力产生了巨大影响。我国是“一带一路”倡议国和主导国，目前还缺少一个类似的更高层次更高水平的开放平台，来承担共建“一带一路”倡议的战略枢纽和战略节点功能。浙江与“一带一路”沿线国家经贸关系密切，宁波“一带一路”综试区快速推进，义乌至马德里中欧班列被习近平总书记称为“‘连接欧亚大陆的桥梁’和‘一带一路’的早期成果”。在浙江探索建设自由贸易港，有利于打造我国“一带一路”建设的战略枢纽，促进要素流动便利化自由化，进一步提升我国在“一带一路”建设中的影响力和塑造力。

3. 培育全球资源配置新中心的重要载体。按照高质量发展要求，建设现代化经济体系，促进我国产业迈向全球价值链中高端，是习近平新时代中国特色社会主义经济思想的重要内容。建设自由贸易港，大力发展转口贸易、离岸贸易、服务贸易和科技创新等产业，有利于在国际更高层面实现货物流、资本流、信息流和人才流的高效自由流动。浙江是市场经济发源地，在浙江探索建设自由贸易港，有利于集聚国际高端人才、科技、教育等优质资源，充分利用国际先进技术和优秀创新人才，探索助推高质量发展新路径，打造深度嵌入全球价值链的创新中心，推动全国产业向全球价值链高端攀升。有利于突出浙江大宗商品特色，全力打造油品、LNG、铁矿砂等大宗商品贸易交易中心，提高国家能源等战略资源全球配置能力，维护国家经济安全。更有利于浙江作为传统制造业大省、市场大省推动供给侧结构性改革，推动小商品等传统产业向价值链高端迈进，实现“买全球、卖全球”，完成质量变革、效率变革、动力变革。

4. 构建引领全球化进程新规则的重要手段。近年来，世界经济疲弱，发展失衡、治理困境、公平赤字等问题更加突出，“逆全球化”潮流涌动，贸易保护主义抬头。但经济全球化是时代大潮，深入发展的大势不可逆转。中国已经实现了从站起来、富起来到强起来的伟大飞跃。如何扮演好新的国际角色，更好适应和引导经济全球化，是不容回避的重要责任。浙江作为我国东部沿海经济大省和开放强省，在先进制造、电子商务、信息技术等产业上领先全国，以阿里巴巴、吉利为代表的一批本土跨国企业在全球具有较大影响力，承担过多项国家试点，积累了丰富的改革创新经验。在浙江建设自由贸易港，有条件探索实施领先国际的贸易、投资、金融等领域的新规则，有利于我国积极参与国际经济社会新治理，增强我国国际地位和话语权。

二、总体思路和战略定位

（一）指导思想

高举习近平新时代中国特色社会主义思想伟大旗帜，认真贯彻党的十九大精神，深入践行新发展理念，进一步解放思想、深化改革、扩大开放，对照国际最高标准，发挥中国特色优势，以货物资金人员等要素自由流动为重点，搭建国际化、便利化、自由化、风险可控的政策和制度新体系，更好地利用两个市场、两种资源，着力打造开放层次更高、营商环境更优、辐射作用更强的开放新高地，集聚全球高端资源要素，带动长江经济带乃至广袤的全国腹地经济高质量发展，助推“一带一路”建设，提高参与全球经济社会治理能力，推动形成陆海内外联动、东西双向互济的开放新格局，为实现“两个一百年”奋斗目标、实现中华民族伟大复兴作出更大贡献。

（二）主要原则

1. 坚持服务国家战略。围绕我国推进形成全面开放新格局，提高参与全球治理能力，立足世情国情，勇于改革创新，建立与我国开放发展战略相适应、接轨国际新规则的开放型经济新体系，提高服务国家“一带一路”和“长江经济带”战略能力。

2. 坚持国际最高标准。借鉴国际最好水平的自由贸易港经验，实施基础性和核心制度创新，建立境内关外的监管模式，实现“一线放开、二线联动可控、港内自由流动、注重辐射带动”，高水平实现货物、资金、信息和人才等资源要素的自由流动。

3. 坚持改革系统集成。聚焦重点领域和关键环节，深化“最多跑一次”改革，对接企业需求，系统集成、协同推进国际贸易、港航物流、金融服务、财税制度、监管体制和社会治理等改革创新，打造国内最优的开放营商环境，显著提升制度环境国际竞争力。

4. 坚持有效防范风险。坚决落实中央关于防范系统性风险的政策要求，全面加强信用监管，建立风险管理体系，预防为主、动态监控、分级响应，强化对新兴领域和交叉业务的精准监管，确保不发生颠覆性、系统性、区域性风险。

（三）战略使命

浙江创建中国特色自由贸易港站位上要跳出浙江，重点谋划如何利用特色与优势支撑国家重大战略。作为经济大省，要侧重服务国家经济战略，带动全国经济高质量发展。社会主义现代化强国、“一带一路”建设、长江经济带发展是当前中国面向国内、国际和区域发展三方面最重要的经济战略，浙江自贸港谋划要深度融入这三项重大战略，切实履行好党中央、国务院赋予的重要使命，提升浙江在国家战略格局中的地位和作用。

1. 服务好社会主义现代化强国建设。全面建成社会主义现代化强国是新时代中国特色社会主义发展的中长期战略目标，关系着中华民族伟大复兴的历史使命，自贸港建设首要使命就是服务和推动这一目标的实现。现代化强国建设关键在于构建国际化现代化经济体系、集聚全球高端要素资源和形成世界领先的创新能力，推动经济发展质量变革、效率变革、动力变革。浙江要充分发挥经济基础、区位条件、资源禀赋的优势，把自贸港打造成为社会主义现代化强国建设的助推器。

当好构建现代化经济体系的试验田。建设现代化经济体系是开启全面建设社会主义现代化国家新征程的重大任务，是推动经济转型升级的根本保障。积极发挥浙江市场经济发源地的先天优势，在自贸港先行先试，以开放、创新、国际化理念，探索实施经济及政治、文化、社会、生态等相关领域制度创新。对标与引领国际高标准贸易投资规则，探索建立更加自由便利、符合中国特色、对接国际标准的商事、贸易、投资、金融、监管等制度与规则，不断完善社会主义市场经济体制机制。

当好配置全球高端要素资源的大窗口。我国进入高质量发展阶段后，已经不可能像以往那样主要依靠要素投入数量的增长，必须转向更多依靠全要素生产率的提高，为此，必须配置全球高端要素资源为我所用，推动经济发展质量变革、效率变革、动力变革。要发挥浙江区位优势，依托自贸港推进全面对外开放，实行高水平的贸易和投资自由化便利化政策，吸引集聚国际高端人才、资本、技术、管理、信息、教育等优质资源，助推全国经济高质量发展。突出浙江港口大宗商品集散能力强的特色，全力打造油品、LNG、铁矿砂等大宗商品贸易交易中心，提高国家对能源等战略资源全球配置能力，维护国家经济安全。

当好创新型国家建设的主引擎。建设创新型国家是迈向现代化强国的内在要求，劳动生产率、社会生产力提高主要依靠科技进步和全面创新，创新是引领经济发展的第一动力，是解决我国“大而不强”的关键一招。要发挥浙江丰富的科教创新资源与深厚的创新文化底蕴优势，依托自贸港集聚全球创新资源，健全离岸科技研发、转让、产业化等体制机制，推动国际国内协同创新，加强新能源、新材料、高端装备、高端芯片、生命科技等高科技研发，形成世界顶级科创中心，辐射带动全国产业向全球价值链高端攀升。

2. 服务好“一带一路”建设。“一带一路”建设是促进全球发展合作的“中国方案”，是我国统筹内外、全面布局新一轮对外开放的伟大构想。中国特色自贸港作为更高层次的开放平台，必然要以服务“一带一路”建设作为首要使命。浙江自古在“一带一路”版图上具有重要战略地位。数千年前，浙江曾是古丝绸之路中重要的商品生产地和集散地，更是古代海上丝绸之路重要起航地之一。浙江自贸港要充分发挥战略交汇、全球大港等优势，全面提升在“一带一路”国际合作中的参与度、连接度和影响力。

打造“一带一路”港航物流枢纽。充分发挥吞吐量世界第一的开放大港优势，继续加大港口开放力度，加密宁波—舟山港与沿线国家和地区港口间的航线，探索开辟新的海上航线，形成便利连接中国与“一带一路”沿线的物流大通道。大力发展航运金融、保险、仲裁等高端港航服务业，优化港口管理机制，提升“海丝指数”国际影响力，不断提升自贸港面向“一带一路”沿线的港航物流服务水平。

打造“一带一路”国际贸易枢纽。依托自贸港实施“一线放开，二线联动可控”的通关政策，提升与“一带一路”沿线贸易便利化自由化水平。依托中东欧“16＋1”框架和博览会、跨境电商综试区等优势，集聚一批具有全球资源配置能力的贸易商、物流运营商等供应链平台型主体，以中东欧市场、跨境电商为突破口，做大做强“一带一路”沿线贸易。

打造“一带一路”双向投资枢纽。以自贸港为平台，坚持“引进来”与“走出去”并重，遵循共商共建共享原则，深入推进中国与“一带一路”沿线国家的国际产业合作。加快构建国际化、法制化、便利化的营商环境，为中国资本投资“一带一路”沿线和沿线国家投资中国、分享中国成长、搭乘中国发展的快车提供平台和通道。

3. 服务好长江经济带发展。推动长江经济带发展是国家重大区域发展战略之一。长江经济带横跨我国东中西三大区域，人口和经济总量均超过全国的40%，生态地位重要、综合实力较强、发展潜力巨大，是构建陆海内外联动、东西双向互济对外开放新格局的核心载体。带动腹地经济发展是中国特色自贸港的使命所在，浙江地处长江口，在浙江探索建设自贸港，要将服务长江经济带发展作为主要任务。

建设成为江海联运服务的中心平台。以自贸港建设为依托，加快舟山江海联运服务中心建设，降低长江经济带物流成本，提升区域产业竞争力。加快完善铁路内河等集疏运体系，提升大宗货物、集装箱水水中转能力，打造国际一流的江海联运综合枢纽港。创新江海联运体制机制，扩大启运港退税政策实行范围，加强江海联运信息服务平台建设，增强现代航运物流服务功能。将自贸港打造成为江海联运服务的中心平台，货物能够通过自贸港便捷高效地从世界各地进出长江经济带沿线地区。

建设成为推进沿江开放的战略支点。大幅度放开自贸港一线管制、二线管住风险的同时，打通高端资源要素通道，通过内外联动，推动自贸港内高端人才、先进技术、高质量项目、新知识新理念新模式等能够通过二线渗透到长江经济带沿线，加快沿江内陆开放，推动国家陆海双向对外开放新走廊建设，通过自贸港辐射带动长江经济带，乃至全国形成全面对外开放新格局。

建设成为面向环太平洋经济圈的桥头堡。以自贸港建设为纽带，提升长江经济带省市协作水平。以自贸港为通道，进一步增强长江经济带与环太平洋国家和地区的联系，深度融入全球经济一体化，积极嵌入全球产业链、价值链、创新链，增强长三角产业国际竞争力，推动长三角地区成为现代化世界级大湾区，向世界级城市群地位攀升，提高其在全球的影响力。

（四）发展目标

到2020年，基本建立开放度更高、与国际通行规则接轨的境内关外制度体系，基本实现投资贸易便利化和市场要素的自由流动，基本建立权责统一、集约高效、安全可控的管理体制机制，航运、贸易、金融、科创、能源配置等竞争优势明显，自由贸易港对国家“一带一路”和长江经济带建设的辐射和支撑作用更加明显。

到2035年，形成全面接轨国际的自由贸易规则体系和境内关外制度体系，实现更高水平投资贸易便利化，国际贸易、港航物流、离岸产业、高端制造等具有国际竞争力，国际化、高端化创新人才和创新团队会聚，二线有序渗透放开，辐射效应显著，六大战略使命基本实现。

到2050年，高水平建成我国开放层次最高、营商环境最优、辐射作用最强的中国特色自由贸易港，成为我国全面深度融入经济全球化的重要载体、全球一流的开放发展高地，资源要素二线无阻碍流动，完全实现六大战略使命。

（五）区域布局

自由贸易港的谋划不能单打独斗、小打小闹，需要从国家宏观大局出发，突破传统行政区域界限，打造最能体现国家战略意图、实现整体利益最大化、能够辐射带动全国实现社会主义现代化强国的高能级平台。浙江省将重点依托宁波—舟山港探索建设自由贸易港，初步考虑以宁波、舟山部分区域（或全域）为主，即以“宁波舟山＋”来布局。根据自贸港功能发展需要，可加上杭州、义乌等省内其他优势资源要素集聚区域。长三角区域内浙江、上海等区域各具优势，可以强强联合，共同建设中国特色自由贸易港，这对于长三角一体化、长江经济带发展、“一带一路”建设都具有重要意义。根据党中央、国务院的部署要求，浙江可与上海、江苏联合探索建设中国特色自由贸易港。

根据区域选择初步拟定小中大三个方案：

小方案：涵盖上海、宁波、舟山主要港口区域，面积约200平方公里。该方案以点状分布，核心是发展港航、物流、贸易等服务业，基本建立开放度更高、与国际通行规则接轨的境内关外制度体系，成为全球重要的国际航运中心。

上海：涵盖上海外高桥保税区、上海外高桥保税物流园区、洋山保税港区、上海浦东机场综合保税区等海港、空港区域，重点发展集装箱国际物流、国际金融、贸易等高端服务业。

宁波：涵盖梅山岛和穿山北区域。重点基于港口优势，发展集装箱及大宗货物港航物流、贸易、金融等高端服务业及LNG新能源产业。

舟山：涵盖大小洋山、衢山岛、黄小双、马迹山岛、鼠浪湖岛等主要航运物流港口区域。重点基于港口优势，发展大宗商品港航物流、贸易交易等高端服务业。

中方案：涵盖上海、宁波、舟山两地港口及毗邻区域，面积约800平方公里，与新加坡面积相当。该方案呈环状分布，形成一个杭州湾外圈，建立全面接轨国际的自由贸易规则体系和境内关外制度体系，核心是发展港航物流、贸易、金融、科创等高端服务业及部分高端制造孵化，成为连接长江经济带与世界的双向开放门户。

上海：涵盖上海外高桥保税区、上海外高桥保税物流园区、洋山保税港区、上海浦东机场综合保税区海港、空港及周边区域，重点发展国际金融、贸易、科技创新等高端服务业。

宁波：涵盖梅山岛、穿山北区域、大榭岛及周边区域。宁波的核心优势在于港口和腹地经济，要利用规模庞大的物流引导信息流、资金流集聚。重点发展离岸贸易、离岸服务、离岸科创及大宗商品加工交易等产业。

舟山：涵盖自贸试验区、大小洋山、衢山岛、岱山等区域。舟山核心优势在于港口、岛屿资源丰富、区位独一无二、风险可控，有条件实施更大力度的开放。重点发展全球大宗商品国际贸易、数据信息服务、临港先进智造业、国际海洋旅游养生等产业。

大方案：涵盖上海、江苏和浙江省的宁波、舟山、杭州、义乌等区域，浙江区域的面积约2000平方公里，相当于两个香港。该方案可形成集成优势，为未来50年的经济发展留下空间。核心是发展高端服务业及尖端制造业，建立高度市场化、国际化、法治化、现代化的制度体系，营商环境国际一流，成为连接中国与世界的双向开放门户。

上海：涵盖上海沿海连片区域。上海作为长江经济带的龙头，获批可能性最大。浙江与上海区域毗邻，与上海处于同一湾区，建设自贸港与上海组合有利于区域协同发展，实现强强联合、错位发展。

江苏：涵盖上海附近沿海连片区域。将江苏纳入自贸港申报方案，长三角作为一个整体建设自贸港，有利于推动长三角一体化，打造世界级大湾区，形成更强的辐射能级。

宁波：涵盖梅山新区及临空经济区。宁波舟山港是全球第一大港，在国际集装箱水水中转上具有优势，可与上海联合打造成为全球航运枢纽。同时可以发挥腹地空间优势，发展高端制造业。

舟山：涵盖舟山全域。舟山拥有自贸试验区基础，海岸线长，离岛资源丰富，试验风险可控，在大宗商品转口贸易上具有优势，有条件发展成为类似新加坡模式的自由港。

杭州：涵盖滨江高新区、城西科创园等区域。杭州是信息经济和数字贸易发展高地，也是新兴的创新和人才集聚地，可与上海共同打造钱塘江金融港湾，发挥杭州、宁波综试区作用，建设全球数字经济中心。

义乌：涵盖义乌陆港等区域。义乌是全国唯一国际贸易改革试点，将义乌纳入自贸港建设，有利于通过义甬舟、义新欧推动小商品“买全球、卖全球”，打造世界小商品之都和“一带一路”战略支点，拉动腹地经济发展，形成陆海联动的开放格局。

三、产业选择和功能培育

发挥自由贸易港高度自由便利的制度体系和浙江区域资源禀赋、特色与优势，聚焦高端业态、高增值环节、高附加值产品，集聚国际化经营主体，打造更具国际竞争力的“两枢纽两中心两基地”。

（一）打造全球航运核心枢纽，重点发展国际运输、海事服务、供应链物流等产业

发挥宁波—舟山港自然良港和世界最大吞吐量的优势，依托长江经济带强大的经济腹地，不断提升国际中转比重，打造全球航运服务核心枢纽。

1. 国际运输。拓展宁波—舟山港国际运输枢纽功能，大力推进港口基础设施和运输通道建设，发展以国际中转、沿海捎带、多式联运等为重点的国际运输服务。加快江海联运中心建设，加强支线航道建设，形成江海物流网络互联布局。加快发展国际集装箱中转集拼和国内出口集装箱中转业务，探索发展国际国内货物混拼业务，创新监管模式，统筹规划，建设高效便利的国际国内混拼基地。

2. 海事服务。以做大做强航运全产业链为目标，大力发展以燃料油加注、航运保险、航运金融、国际船舶注册、船舶交易、船务服务、海员培训、海事仲裁等为重点的专业服务，积极发展国际船舶运输、国际船舶管理、国际航运经纪等产业。完善“海上丝绸之路指数”体系，建设航运大数据中心，发展航运运价指数衍生品交易业务，扩大影响力，提高话语权。

3. 供应链物流。面对全球化原料采购、全球化生产力布局、全球化产品营销的趋势要求，鼓励企业在自由贸易港内设立采购中心、分拨中心和配送中心，大力引进一批全球顶尖的仓储管理、组装加工、分拨配送等供应链平台型企业，重点发展国际冷链物流、进口汽车、进口木材、通用航空等专业物流，搭建综合服务平台，积极融入全球供应链网络，促进供应链管理与国际贸易融合互动，打造国际经贸合作供应链创新试验区。

（二）打造全球战略资源配置枢纽，重点发展大宗商品储运加工、交易定价、安全供给等产业

顺应国家能源战略安全需要，围绕石油、矿产、农产品等国家战略性大宗物资商品，以油品储运加工、大宗商品交易定价、高品质综合能源供应保障为支撑，打造以能源为重点的全球战略性资源配置枢纽。

1. 油品储运加工。利用杭州湾区域未来上亿吨的原油需求和国际原油市场总体供过于求的现状，积极推进油品储运基地建设，大规模提升油气储运能力。以国家级石化产业基地为平台，以绿色石化基地等重大项目为支撑，以乙烯、芳烃、MDI系列等为重点做优做强高端石化产品，增强石化能源生产能力，打造技术先进、绿色环保、效益突出、国际一流的临港石化生产基地。

2. 大宗商品交易。吸引国际大型油气供应商、油气生产加工商、贸易金融服务商和国家重要交易平台入驻，大力发展原油进口、液化气进口、成品油和下游化工品销售等能源贸易，完善能源贸易综合服务。探索开展原油、成品油、燃料油、液化气等油气产品和铁矿石、有色金属、粮食、煤炭、木材等大宗商品的现货和期货交易，提高能源贸易定价权，扩大人民币结算规模，增强国家能源资源配置话语权，建设成为以油气资源为主导具有国际影响力的油气贸易与定价中心。

3. 能源安全供给。发挥管网完善、对接腹地的优势，推进宁波—舟山海底天然气管道建设，优化布局管网设施和加气站，实现宁波—舟山区域天然气主干管网全覆盖，打造全国最大的天然气供应集散枢纽。以浙石化、宁波镇海炼化、大榭石化、台塑石化等综合能源生产平台为依托，进一步优化完善油气管网、储罐、仓储码头、物流基地等基础设施，打造国内能源安全供给战略基地，提高国家能源安全保障能力。以提高保税油供应量作为切入口，共享舟山保税加油许可权下放政策，开展保税燃料油加注，打造国际保税燃料油储存、混兑、供应中心。

（三）打造新型国际贸易中心，重点发展转口贸易、进口贸易、数字贸易等产业

顺应全球产业转移和贸易格局变化趋势，发挥“一线放开”的优势，创新贸易业态和模式，突出发展油品等大宗商品和义乌小商品等“一大一小”国际贸易，大力发展转口贸易、离岸贸易、进口贸易、数字贸易，打造链接东北亚和世界的全球贸易中心。

1. 转口贸易。实施全球贸易商计划，吸引跨国及本土贸易企业在港内设立转口贸易主体，建设一批功能性贸易会展平台。大力推动油品等大宗商品转口贸易，鼓励世界贸易巨头利用宁波舟山优质的存储条件和区位优势，建立全球战略储备中心开展转口贸易业务。支持企业开展加工转口贸易，拓展品牌、研发、组装、维修、分拨和结算中心等产业链高端业务，高水平打造东北亚转口贸易枢纽。支持离岸贸易发展，鼓励大型跨国贸易公司和跨国集团贸易型功能总部在自贸港开展离岸贸易。

2. 进口贸易。充分利用各类双(多)边贸易规则，围绕人民日益增长的美好生活需要，建设国际高端进口消费品展示交易中心，扩大进口供给；聚焦产品价值链高端环节，大力发展补链型工业中间品、紧缺型大宗商品等的进口贸易，有效弥补国内资源品不足。

3. 数字贸易。聚焦服务实体经济高质量发展，加强顶级互联网公司合作，以建设数据空间为抓手，建立全球生产资料和生产性服务贸易网上B2B交易平台，制定交易规则，掌握定价话语权，建设全球重要的生产资料交易和配置中心。创新跨境电商服务模式，支持企业建设国际配送平台、境外综合运营中心和跨境贸易数据中心，更好地融入全球零售体系。

（四）打造世界级国际科创中心，重点发展科技研发、科技服务、创意设计和信息经济等产业

突出科创能力支撑，集聚全球创新资源，健全离岸科技研发、转让、产业化等体制机制，通过发展信息经济、生命科技等高科技研发，推动国际协同创新，促进国际国内研究机构合作互动，形成世界顶级科创中心。

1. 科技研发。鼓励企业依托全球顶尖科创资源设立国际离岸研发中心，支持境外企业、高校科研机构设立网上离岸研发平台。围绕新一轮科技革命催生的新产业、新技术和新业态，大力引进国际一流的研发机构，集聚高开放度、高技术含量的跨国企业研发中心、设计中心，建设离岸创新创业基地，在更高层面融入全球供应链、产业链、创新链。利用自由贸易港的人才流动通道，探索建立与世界接轨的柔性人才引进机制，吸引国内外知名的理工学院、职业培训机构落户，努力打造面向未来产业的工程师和STEM人才培养基地，成为全球高端人才创业集聚地。

2. 科技服务。以科技金融、产权交易、检验检测等新兴科技服务业态为重点，加快集聚一批专业性投行、风险投资、创业基金等国际顶尖创投机构，大力引进国内外顶尖的孵化器、加速器企业，创新"科技资本＋技术交易＋离岸外包"的新型孵化、加速模式，争取设立中国跨境知识产权交易中心，建设一批国际双向产能合作科技园，打造全球科技成果汇聚展示地和交易地。

3. 创意设计。坚持文化与科技、产业跨界融合，推进互联网技术与内容创意融为一体，大力发展工业设计、柔性设计、云设计、视觉设计、时尚设计等创意设计，加快集聚一批大数据分析、社交媒体、数字广告、跨界设计等高科技公司，搭建线上线下、链接全球的创客平台和创客设计服务中心，辐射带动腹地产业和实体经济转型升级。

4. 信息经济。加强区块链、虚拟现实、类脑计算、新一代互联网等前沿技术的研发，大力发展人工智能、大数据、云计算、物联网等产业。把握信息服务应用新趋势，在金融支付、数据安全、征信管理等领域，引进培育一批具有国际竞争力的信息服务企业。建设全国电子数据交换系统贸易网，推进国际贸易、投资、金融一体化大数据信息资源库和智能物流骨干网建设，加快形成海陆空互联互通的国际大通道，打造枢纽型国际化信息强港，助力国家提升在全球大数据领域的资源掌控、技术支撑和价值挖掘能力。

（五）打造先进制造业孵化基地，重点发展高端传统制造、先进装备制造、绿色创新制造等产业

集聚全球创新要素资源，着力发展智能家电、高端纺织等高端传统制造业，航空、汽车、海工装备等先进装备制造业，以及新能源、新材料等绿色创新制造业，打造世界级先进制造业孵化基地，与腹地经济形成互动，推动供给侧结构性改革和传统产业升级，实现中国制造业质量、效率和动力变革。

1. 高端传统制造。传统优势产业是中国制造业的母机和升级的基础，支持传统产业优化升级。加快新技术、新工艺、新装备、新材料在传统产业领域的应用，大力推进"机器换人"，加快发展智能家电、高端纺织、精密机电等产业。努力研发推出适用性先进技术，瞄准国际前沿，推动传统产业赢得市场竞争、焕发新生机。

2. 先进装备制造。发挥我国世界装备制造的大国优势，紧密围绕重点制造领域关键环节，发展智能设备、先进装备制造业。加快推动新一代信息技术与制造技术融合发展，大力发展机器人与智能装备制造业。大力发展汽车与现代交通装备制造业，加快推动波音交付中心建设，培育发展通用航空相关制造业。大力发展海洋工程、绿色船舶、潮能装备等临港高端船舶与海洋工程装备制造产业。

3. 绿色创新制造。在资源日益紧缺、环境容纳能力日益趋紧的形势下，加快发展新材料、新能源等绿色创新制造业。大力发展新能源和节能环保装备制造，加大先进节能环保技术、工艺和装备的研发力度，支持新一代光伏、风力发电机组、核岛蒸发器、水气污染处置装备及关键部件生产制造。发展高性能玻璃纤维、碳纤维、石墨烯、纳米材料等新型无机非金属材料，建成国内领先的高性能纤维及复合材料产业基地，率先在石墨烯产业化应用方面取得突破。

（六）打造现代服务业基地，重点发展专业服务、跨境金融、离岸金融，推动人民币国际化

积极发展法律、咨询等专业服务业。重点发展金融业，提升贸易和产业资金支持、人民币国际化、投资自由化等方面的水平，积极创新金融科技（Fintech），形成新业态，以科技支持金融业务创新、模式创新，提升数字普惠金融水平。

1. 专业服务。支持专业服务领域的双向投资合作，鼓励中外知名中介服务机构在港内设立机构，加快发展人力资源、法律仲裁、会计税务、咨询服务、认证认可、信用评估等中介服务，大力培育综合型、创新型、成长型的各类中介机构，集聚各类国际高端专业服务人才，增强产业国际化协同服务功能。

2. 跨境金融。支持金融机构加大跨境业务尤其是跨境人民币产品的创新力度，为实体经济提供更多的国际化金融服务、风险管理工具和全流程跨境金融服务。大力发展国际供应链金融和跨境股权投资业务，打造中国资本活力中心和产金对接中心。大力发展航运保险、责任保险、贸易信用保险和跨境租赁等业务。允许符合条件的金融机构申请获得离岸业务资质，在自由贸易港内开展国际信贷、国际融资、离岸结算、财富管理等离岸金融业务。支持金融机构设立“一带一路”金融资产管理中心，开拓“一带一路”沿线市场，提高海外资产流动性。

3. 人民币国际化。推进以油品等大宗商品为主的跨境贸易人民币计价与结算，进一步深化与俄罗斯等我国主要原油进口国双边货币合作力度，推动原油进口重点国别使用人民币计价与结算，并将结算主要安排放在自贸港内。建立人民币离岸业务在岸的交易结算中心，实现人民币在岸市场与离岸市场有效对接。开展跨境人民币业务和场景的创新，建立服务实体经济、连接港澳、联通世界的跨境人民币投融资的服务体系，成为离岸、在岸人民币主要枢纽。

四、制度设计

对标国际最高标准和最好水平，以“国际化、便利化、自由化”为目标，实施最具国际影响力的系统性政策创新，打造开放自由、监管便捷、智能高效、法治安全、风险可控的具有中国特色的自由贸易港管理模式，实现既能放得开，也能管得住。

（一）建立以优化贸易流程为重点的贸易自由化制度

1. 建立便捷高效的货物进出境管理制度。对货物进出境实施以安全原则为核心的分类管理，制定实施货物进出口负面清单，清单外货物豁免许可证核验，可在境外与自由贸易港之间自由进出。简化一线管理手续，对运输工具和货物给予最大限度的通关便利，仅需通过“单一窗口”办理抵离港申报，一次性向海关、检验检疫、海事等部门传输舱单及相关电子数据，并依法接受相关部门的有限检查。货物在港内可自由开展装卸、换装、分拆、集拼、转运、仓储、加工等作业，无须申报，免于惯常监管。货物在自由贸易港与境外其他地区之间通过国内其他口岸进出境的，比照现行过境、转运或通运货物实施监管。货物从国内其他地区进出自由贸易港，按规定办理申报手续并实施许可证管理。

2. 建设全球先进水平的国际贸易“单一窗口”。建立覆盖自由贸易港内管理机构、监管部门、企业和运营单位的一体化信息管理服务平台，实现监管信息跨部门同步共享、企业运营信息与监管信息的实时对接。平台集成企业申报、行政服务、监管执法、数据协同和风险监测等功能。建立运输工具抵离港舱单综合申报系统，接受舱单申报数据，实施与海关、检验检疫、海事、边检等监管部门的数据共享、转报和联网核放。企业通过“单一窗口”一站式办理所有申报手续，实时查询申报进度。监管部门通过“单一窗口”实现重点作业环节信息对接，实施综合评估、动态预警。

（二）建立以放宽市场准入为重点的投资自由化制度

1. 建立高度开放透明的市场准入管理模式。实施最高标准的市场准入制度，除涉及国家安全、环保等少数领域外，全面取消采矿业、金融、电信、文化、交通运输、航运服务等产业对外商投资的准入限制，取消投资者资质要求、股比限制、经营范围限制等准入限制，营造有利于各类投资者平等准入的市场环境。港内企业无内外资区分，在市场准入、设立程序、资本要求、外汇管制等方面不设任何限制，为企业开展对外贸易、离岸支付结算、跨境投融资等方面提供便利。实施公平竞争审查制度，取消资质资格获取、招投标、权益保护等方面存在的差别化待遇，实现各类市场主体依法平等准入清单之外的行业、领域和业务。积极探索在有效管控市场风险的前提下，建立现货、期货、衍生品交易等多种交易方式充分接轨的大宗商品交易体系。

2. 全面实行最低干预程度的商事登记监管制度。建立精简高效的统一行政审批机构，实行一站式服务。最大程度简化商事登记手续，提供方便快捷的企业注册制度。全面实施“多证合一、一照一码”登记制度，推动工商登记全程电子化和使用电子营业执照，监管部门以后台联网、抽查核查形式开展监管。放宽港内企业住所（经营场所）登记条件，取消企业经营范围限制，推动商事主体资格和经营资格分离，在合法的前提下可自由经营各项业务，无须审批。

（三）建立以优化跨境金融服务为重点的金融自由化制度

1. 实行以贸易投融资资金自由收付为重点的跨境金融业务管理制度。基于跨境资金宏观审慎管理和风险可控的金融风险监管体系，在自由贸易港实行贸易结算资金自由收付制度。金融机构可在“了解你的客户、了解你的业务、尽职调查”的基础上，凭港内企业提交的收付款指令，直接办理经常项下本外币结算业务。支持金融机构为港内企业提供有真实贸易背景的本外币国际贸易融资与再融资。支持港内企业自主选择融资币种，管理货币风险。支持港内企业对标国际标准，依托离岸金融市场开展投融资活动。推进利率市场化。推进港内国际贸易结算自由，港内可使用任何货币进行贸易结算，企业在港内银行开立多种货币账户，自由选择贸易结算币种。

2. 健全“走出去”和“引进来”金融服务政策。实施境外并购外汇管理改革，支持港内企业利用试点政策开展真实、合规的境外并购。实行跨境贷款对外债权登记管理，鼓励金融机构利用试点政策拓展跨境贷款业务的广度和深度。支持符合条件的港内企业境内外上市，推广和运用基石投资者购汇等相关外汇政策，为港内企业在境内外上市提供保障。以登记为中心，实施便捷高效的外商投资企业投资和再投资管理。拓展港内外商投资企业结汇后人民币资金使用范围，可用于理财、委托贷款及符合条件的境内股权投资等。在自由贸易港开展合格境外有限合伙人试点，吸引境外资本投资。

3. 创新境外机构境内银行结算账户制度。以现行境外机构境内银行结算账户制度为基础，通过延伸、拓展账户功能和业务范围，在自由贸易港开展本外币跨境业务创新。支持开立境外机构境内银行结算账户（港内NRA账户），开展人民币信贷资产、票据资产、融资租赁资产跨境转让等创新试点。允许金融机构自主确定港内NRA账户的存款和贷款利率。允许港内外币NRA账户资金购买理财产品。支持境外机构意愿结汇，在资金限于境内使用的前提下，允许港内外币NRA账户结汇后汇入港内同名人民币NRA账户。允许港内NRA账户从境外同名账户汇入本外币资金，便利开户主体将境外资金调入境内账户使用。

（四）建立以船舶、人员为重点的要素进出自由化制度

1. 实行国际运输资源市场化配置政策。允许外轮经营我国沿海港口至自由贸易港的沿海捎带业务。允许在自由贸易港范围内开展国内出口货物与国际转口货物混拼业务。先期实行自由贸易港及相关海域自由通航制度，建立外籍船舶行驶在我国内水的相关简易申报或备案规定，免强制引航，免办海关手续。逐步发展宁波—舟山港船舶登记业务，支持宁波—舟山船籍港建设，吸引国际船舶来宁波—舟山港登记注册，注册船舶不受船龄、国籍限制，免征进口环节税和吨位税。实行船舶自由通航和航运企业自由经营等相关政策。赋予启运港退税政策。

2. 实行自然人自由进出政策。在港内设立出入境管理机构，由国家相关部门授权办理相关口岸签证、外国人停留居留证等出入境证件。与我国签订互免签证协议的国家(地区)人员进出口岸实行免签政策，对未实行免签政策的国家和地区直抵自由贸易港的人员，允许直接办理落地签证。外籍人员来港内工作采取备案制，不限制雇用外国员工数量。对在港内工作、生活、商贸等外籍人员，给予办理多次出入境的签证证件便利政策。

(五) 建立具有国际竞争力的境内关外财政税务体系

1. 实施关税、增值税免征政策。在全面实施选择性征收关税、其他相关进出口税收等政策的基础上，进一步调整关税优惠政策，实现除少数特殊商品外，一般货物免征关税和进口环节海关代征税。国内货物入港视同出口，实行出口退税。对港内注册的各类融资租赁企业及项目子公司，实行融资租赁货物出口退税政策。港内企业之间货物交易免征增值税、消费税，对注册在港内的仓储、物流等服务企业从事货物运输、仓储、装卸搬运业务取得的收入，增值税实行即征即退。对注册在港内的航运企业从事国际航运业务取得的收入，免收增值税。在符合税制改革方向和国际惯例，以及不导致利润转移和税基侵蚀前提下，积极研究完善适应境外股权投资和离岸业务发展的税收政策。

2. 实施低税率所得税政策。完善境外所得税收抵免方式，对港内注册的各类投资者，因非货币性资产对外投资等资产重组行为而产生的资产评估增值部分，可在不超过规定期限内，分期缴纳所得税。实行企业自主报税，规定周期内汇总纳税。通过项目申请、设置后置条件等方式，对特定业务实施企业和个人所得税优惠政策。对在港内开展对外贸易投资业务企业和个人，其对外业务所得的利息、股息、红利、股票等收益实行免征所得税政策。对港内从事物流运输、中介咨询、金融保险等服务业的跨国经营的地区总部或分支机构，企业所得税给予一定比例的优惠。

3. 研究推进简单税制改革。为了促进经济复苏，全球主要经济体逐渐将政策重心从货币政策转向财政政策，无论是发达国家还是发展中国家正在兴起新一轮减税潮流，美国是其中的领头羊。中国宏观税负感偏重并不简单地由税收导致，而是非税负担带来的综合性税费感偏重。在国际普遍削减税负的大环境下，可以考虑在自由贸易港试点简单税制改革，合并和减少收税和收费项目，探索税费制度改革。同时，基于企业总体税赋水平，简化税种，研究设置企业所得税、个人所得税和物业税三种直接税，并设立免税额制度。

(六) 建立促进区内区外高效协同的区域管理机制

1. 营造自由便利的经营环境。切实转变政府管理方式，弱化干预，强化事中事后监管，打造“隐形”的监管模式，给予市场主体充分自由。港内企业实施自我管理、自建账册、联网存证备查。企业自主开展货物进出口或者技术进出口业务，以及港内货物仓储、加工、组装、维修、检测、展示、交易等业务。货物在自由贸易港和国内其他地区之间进出，实施港外收发货人单侧申报制度，港内企业免于申报。除因国家安全、公共安全、生态安全等重大公共利益外，最大限度取消生产经营许可证或改为备案、告知承诺等管理方式。

2. 实施“一线放开，二线联动可控”通关政策。实施“一线放开”的自贸港与境外之间的关境监管制度，对境外与自贸港之间给予极大的自由度，通过“一线放开”吸引货物、资金、人才、技术等集聚，配置全球资源要素为我所用。实施“二线联动可控”的自贸港与国内其他地区的关境监管制度，在管住风险的同时，积极推动国内腹地与自贸港之间的合作互动，打通内外资源，推动人才、技术等高端要素资源渗透辐射带动腹地经济发展，最终形成全面开放新格局。

3. 建立信息化实时后台监管机制。从自由贸易港区实际出发，以专区专管为基础，建立政企共用、全面覆盖港区管理机构、监管部门、企业和营运主体的一体化信息化管理服务平台，实现监管信息跨部门同步共享，企业运营信息与监管信息实时对接。一体化信息管理服务平台的管理和服务覆盖码头、仓库、货栈、卡口等作业场所，与企业经营数据自动对接，具备企业申报、行政服务、监管执法、数据协同和风险监测等集成集约功能。一体化信息管理服务平台与舱单综合申报信息、二线申报信息等重点作业环节信息对接，实施综合评估、动态预警。

（七）建立开放便捷、安全高效的风险管控模式

1. 建立“评估→完善”新机制。建立及时有效的评估和完善机制，对重点项目、重点事项运行情况适时评估，及时加以完善。完善风险管理组织职能体系，自由贸易港管理机构会同监管部门，以贸易安全、生产安全等为重点，建立风险识别和评估体系，明确风险防控和处置机制，实现全流程的风险实时监测和动态预警管理。依托一体化信息平台，监管部门加强对港内企业、作业场所和业务往来的风险监测，根据风险管理需要，会同自由贸易港管理机构实施查验和查缉。

2. 实施企业信用分级分类管理。加强企业经营各个环节的信用管理，建立诚信管理、失信名单披露、市场进入和退出制度。实施港内企业合规性风险控制体系综合达标认证和审计制度，企业按认证等级享受相应便利。鼓励企业申请经认证经营者(AEO)、质量管理、信息安全等级等国际高标准资质认证，定期按照规定格式和内容将经营者情况向社会公告。建立企业主动披露制度，鼓励企业开展合法合规自查。

3. 加强金融等重点领域风险管理。按照“一线完全放开，二线有限渗透”的管理原则，对“一线”资金流动实行宏观审慎基础上的全面放开，对“二线”资金流动实施有限渗透管理，实现港内与境外国际金融市场的充分融合。依托跨境资金监测和金融风险监管相关平台，建立自由贸易港跨境资金监测体系，加强跨境外汇和人民币资金流动监测和异常情况分析研判，防范跨境资金流动风险。加强金融监管部门、税务、海关和司法机关在反洗钱、反恐怖融资和反逃税领域的政策协调、信息沟通和快速响应。推动政务信息公开和跨部门信息共享，完善信用约束机制，营造公平竞争的市场环境。

五、保障措施

围绕建设具有中国特色的综合性自由贸易港，强化管理制度创新和组织保障，完善基础设施功能，为培育更具国际竞争优势的开放型经济功能提供良好环境。

（一）健全管理体制

设立自由贸易港管理委员会，按照最高开放度和风险可控的要求，建立单一机构主导下的自由贸易港管理体制，充分授权管理机构统一实施区域发展、规划建设、统计监测等行政事务。各有关部门根据各自履职需要，与自由贸易港管委会在政策协同、推进制度创新和有效防范风险等方面，共同研究、及时反馈，建立高效、便利、协同的管理模式，共同推进相关实施细则或办法的制定，共同推进相关体制机制创新。

（二）创新社会治理

探索建立适合自由贸易港建设需要的境外人员在港管理、国际性组织活动管理等涉外管理体制，完善境外人员管理工作外部协作机制。相关监管部门可根据需要单独或会同管理机构，开展社会综合治安工作，强化监管的稳定性、合法性、可预期性。创新港内社区治理模式，探索外籍人士参与社区治理机制。开发和优化境外人员管理信息系统，创新公共数据服务管理，推动社会治理现代化。完善多元化的公共服务供给模式，营造各类人才集聚创新创业发展的良好环境，打造国际人才自由港。

（三）强化法律保障

加快建设形成与自由贸易港相配套的法律体系，在建设初期，需要暂时调整实施有关法律、行政法规和国务院文件的部分规定，按照相关程序办理。在国家层面，根据自由贸易港建设实际，国务院适时研究制定自由贸易港行政法规，明确管理体制、运行规则、服务体系等制度规范，各部门加大支持力度，针对自由贸易港建设方案，在海关监管、税收减免、投资贸易、人才引进等方面强化制度保障。在地方层面，浙江省要通过地方立法，建立与自由贸易港建设发展相适应的运营与管理制度。

（四）完善基础设施

加快推进道路交通、要素资源、智能监管、信息网络等基础设施建设，实现自由贸易港内高效、便捷、智能、安全运转。加快推进交通网络建设，推进高铁、轨道交通、快速通道向港区延伸对接。加快布局建设5G网络、大数据平台、高效能计算等基础设施，建成全球一流的港口运输、管理、信息共享的智能化基础设施体系。建设面向空间协同人工智能的高精度导航定位网络，强化智能化网络安全架构，依托高度智能化的设施和装备，严守风险底线，进一步提升监管水平，实现全流程、高精准、全息化监管。

（五）推进组织实施

按照自由贸易港建设方案明确的战略定位、产业功能、政策制度的要求，强化使命意识、全局意识，高度重视自由贸易港的规划建设，大胆创新、勇于突破、争取主动、打破瓶颈，扎实推进重要政策和重大改革，扎实推进各项任务落地见效。各有关部门，按照职能分工，切实落实各项建设和管理责任，及时制定实施细则和办法，及时完善法制保障，及时做好重大事项请示汇报。

课题组组长：盛秋平
课题组副组长：张钱江
课题组成员：汤小刚　兰　健　任锦群
王君英　朱李鸣　查志强
韩　峰　周　挺　陈震寰
吴　铮　徐伟红　肖　亮
胡朝麟（执笔）

附件

全球四大自贸港比较分析表

主要比较指标	中国香港特别行政区	新加坡	荷兰鹿特丹	迪拜
主要服务区域	重点服务中国大陆及亚洲其他国家	服务东半球，是连接东半球与西半球的投资贸易枢纽。	服务欧洲，是欧洲的天然门户和重要国际枢纽。	主要服务中东、非洲、南亚等，是中东地区最重要的贸易枢纽。
区域范围	包括香港全境，1103平方公里。	新加坡全域，647平方公里。	鹿特丹港区，100多平方公里。	共设立了24个自由贸易区，其中杰贝阿里自由区48平方公里，是最早设立、带动作用最大的自由贸易区。
是否物理围网	无	通过物理围网在毗邻主要港口和机场的区域设立了8处自由贸易区，方便货物自由进出。	无	仅杰贝阿里自由区有物理围网，其他自由区无围网。
与其他区域关系	无	无	港区内不享受特殊优惠政策，与荷兰其他区域政策基本一致。	实施区内外有效隔离、区别对待，基本严禁区内外业务往来，以管控风险。
管理体制	全域型自由港，经济发展主要由香港商务及经济发展局负责。	全域型自由港，经济发展主要由贸工部负责。	鹿特丹港采取的是产权和经营权相分离的“地主港”管理模式，管理机构设置扁平，其中鹿特丹港海关由荷兰海关直属，与其所在区域的南荷兰省海关平行。	管理机构设置扁平，管理高效。以杰贝阿里自由区为例，其自由港管理局、迪拜海关和迪拜港务集团实行三块牌子一套班子。
集装箱与散货情况	以集装箱为主，占98%以上。	坚持集装箱和散货并重的发展战略，吞吐量一半以上来自油品等大宗散货，集装箱吞吐量居全球第二。	坚持集装箱和散货并重的发展战略，吞吐量有67%来自油品等液体散货和干散货。	杰贝阿里自由区开展集装箱、油品、铁矿石、LNG以及其他干散货等全方位的运输。
口岸管理及效率	承运人只需于货物输入或输出后14日内向海关呈报进口或出口商品的运输资料和进（出）口报关单。	实行“单一窗口”，进出口商通过电脑终端10秒钟即可完成进出口相关申报手续，10分钟即可获得审批结果。	实行“单一窗口”，一般仅有2%需要开箱查验，其他98%的货物可通过集装箱扫描装置快速通过。	实行“单一窗口”，7小时内完成货物通关手续，提供一站式企业服务。
投资政策	对外资企业实行国民待遇，基本放开行业准入，没有禁止私人和外来投资者参与的行业，也没有控股比例限制。	对外资实行国民待遇，外资进入没有行业限制。除国防相关行业和金融、保险、证券等特殊领域需向主管部门审核备案。	对外资企业实行国民待遇，除涉及国家安全、环保等少数行业，其余产业投资准入均已放开。	除矿产开发、金融零售业务外，区内企业注册、经营活动基本不受干预。

续表

主要比较指标	中国香港特别行政区	新加坡	荷兰鹿特丹	迪拜
区内适用法律	香港法律。	新加坡法律，自由贸易区实施《自由贸易园区法案》。	与荷兰其他地区一致。	在法律上规定了自由区为离岸法区，其民法和商法在区内停用，由自由区管委会自行制定相关法规。
进出口关税	对所有非禁止类商品实施零关税，只对酒类(30度以下)、烟草、碳氢油类及甲醇四类征收商品税。	允许全球超过90%的货物免关税自由进出，对进口酒类、烟草(含卷烟)、糖制品、人造珠宝、皮包钱包和冰箱等，征收约5%关税；汽车进口实行高关税，达到45%。	实行荷兰统一关税。	零关税。
所得税	仅对来自香港的利润及收入征税，有利得税(企业所得税，最高税率16.5%)、薪俸税(个人所得税，最高税率15%)和物业税三种直接税，并设有免税额制度，使税负再得以减轻。	企业所得税税率为17%，且所有企业可享受税前30万新元应税所得的部分免税待遇：前1万新元所得免征75%，后29万新元所得免征50%，并实行一企一策的定向优惠税收政策。个人所得税税率保持在0—20%。	荷兰公司所得税税率在欧洲颇具有竞争力，20万欧元以内按20%征收，超过20万欧元部分按25%征收。	免征企业和个人所得税，免税保证期自2004年起算长达65年(保证50年，加15年延期)。

浙江省“一带一路”境外系列站点发展战略研究

十九大报告明确提出中国特色社会主义进入新时代,我国需要加快培育国际经济合作和竞争新优势,推动形成全面开放新格局。浙江被习近平总书记赋予“秉持浙江精神,干在实处,走在前列,勇立潮头”的新使命新要求,为此,省委十四次党代会指明浙江省要以“一带一路”统领新一轮对外开放,全力打造“一带一路”战略枢纽。省十三届人大政府工作报告则具体指出要积极谋划和推进“一带一路”境外系列站点建设,高质量建成“一带一路”捷克站,促进境内外开放平台协同发展。因此,建好“一带一路”境外系列站点任务明确,影响重大,意义深远。如何科学选建、合理引导、创新推进是省级商务部门当前面临的重要命题,需要系统规划、深入研究。

一、建设意义

“一带一路”境外系列站点建设是浙江省在新的历史方位审时度势、把握机遇的创新之举,是浙江省新时代开展全球开放布局的主动作为,是将浙江省建设成为“一带一路”枢纽的重要组成,是统筹“开放浙江”世界形象的有效载体。“一带一路”境外系列站点作为开放综合服务平台,将推动浙江省开放经济转型升级,促进省内境外协同发展,进一步培育“互联网+”时代浙江省参与国际经济合作与竞争的新优势。

(一)建设“一带一路”境外系列站点是浙江省增加传统优势产业新动能的改革之举

浙江产业基础扎实、区位条件优越、民营经济活跃,较好把握了我国快速融入世界经济的发展良机,经济突飞猛进。进入“十三五”时期,我国开放经济发展外部环境发生了深刻变化,国际金融危机深层次影响在相当长时期依然存在,世界范围内不稳定、不确定因素增多。中美贸易摩擦不断演进,风险及影响尚无法深度评估。浙江省自身发展中存在的一些深层次矛盾和问题尚未根本破解,传统优势产能转型升级仍存在较大压力,产业结构需进一步优化,创新资源要素仍需加强集聚。建设“一带一路”境外系列站点,主动布局传统优势产业的国际产能合作,推动浙江省企业在传统优势产业领域实现内外联动,将进一步释放浙江省经济增长潜力,带动外贸优进优出,双向投资量升质提,推动省内境外联动的对外合作新通道建设。

(二)建设“一带一路”境外系列站点是浙江省适应“互联网+”新机遇挖潜争先的主动作为

“互联网+”时代挑战与机遇并存。浙江在新一轮“互联网+”产业升级再造中已握有先发优势。准确把握“互联网+”新机遇将为浙江省争取更有利的国际地位,形成更突出的竞争优势。首先,紧抓“互联网+制造”,要在浙江省制造优势上挖潜,聚焦高端装备制造、新材料、生物、新能源汽车等战略性新兴产业,发挥浙江制造业产业生态完整的优势,培育高端制造业。其次,关注创新要素集聚,聚焦信息技术、物联网、人工智能、节能环保、数字创意等战略性新兴产业,以“一带一路”境外系列站点为区域创新资源集聚中心,布局符合浙江新一轮开放发展需要的全球发展网络,探索构建“以我为核心、为我所用”的新一轮对外开放新格局。再次,捕捉“互联网+”酝酿的贸易投资便利化制度创新新机遇,在具备条件的合作区域内发挥“一带一路”境外站点的综合服务功能，积极探索异地通关前移等贸易便利化或投资便利化的制度创新，获取新一轮对外开放中的政策红利。

（三）建设"一带一路"境外系列站点是浙江省新时代推进"一带一路"建设的重要实践

浙江坚持以"八八战略"为总纲，以"一带一路"统领新一轮对外开放开启了新的征程。作为古代陆上和海上丝绸之路的重要出发地，浙江有条件、有责任、有担当要与沿线国家共同创新合作载体，创建合作机制，实现互利共赢，分享合作成果。浙江第十四次党代会报告中指出，要以国际化为导向，谋划实施一批最体现浙江资源禀赋、最契合国家战略使命的重大开放举措，努力成为参与"一带一路"建设的排头兵。浙江省也已经具备构筑海陆统筹、东西互济、面向全球，全方位参与"一带一路"建设的基础和条件。2014—2017年，浙江省同"一带一路"沿线国家贸易总额达4373.7亿美元，占全国比重从2014年的9.6%上升到31.2%；对沿线国家的投资累计达158.4亿美元，占全省对外投资比重翻了一番，从2014年的15.8%上升到31.6%。在"一带一路"沿线国家科学布局境外系列站点无异将有力推动浙江深度参与"一带一路"建设，建设"一带一路"战略枢纽，在我国开放发展的新时代做出浙江更大的贡献。

（四）建设"一带一路"境外系列站点是新时代浙江全球名片的整体塑造

在全球范围内讲述浙江故事，传播浙江声音，需要有"浙江形象"的统一元素，需要综合平台权威呈现。在浙江发展历史上，不乏代表性的浙江元素，但在新时代的"浙江形象"中"数字浙江""创新浙江"应占有重要地位。目前，浙江省在全国，乃至全球数字经济领域已拥有明显的特色优势。省政府组织专题会议研究《浙江省国家数字经济示范省建设方案》，深入谋划城市大脑、无现金社会等引领性、标志性的重大目标，加快打造数字科技创新中心、新型贸易中心和新兴金融中心。优化数字经济产业布局，深化开放合作，打造一流的数字经济产业生态。因此，在"一带一路"境外系列站点建设过程中，"数字浙江""创新浙江"将是"数字中国""创新中国"的生动诠释，成为浙江打造新时代"浙江形象"的有效载体。

二、现有基础

浙江省《打造"一带一路"枢纽行动计划》明确提出，浙江省要主动服务"一带一路"倡议，发挥浙江特色优势，拓展国际合作领域，创新国际合作模式，提升合作交流水平，高水平打造"一带一路"枢纽。布好"一站"是"一带一路"枢纽总体布局的重要组成，其主要任务包含建好捷克站，加快迪拜站建设，谋划对接、合作共建境外系列站点等内容。目前，捷克站、迪拜站项目均已启动。

（一）捷克站项目

捷克站是省委、省政府高度关注的重点项目，是浙江省深度参与"一带一路"建设，发挥捷克在新欧亚大陆桥建设重点区位和产业优势，对接打造浙江省对外开放新优势的重点海外平台项目，是省市联动共同推进的涵盖产业、贸易、人文等多领域的开放综合体和产业生态链。项目于2017年7月启动，计划到2022年全面建成。目前，捷克站物流园、货运站子项目已成功启动，捷克（浙江）经贸合作园已经授牌。捷克站定位于具有服务中心、贸易中转、物流中枢功能的开放综合体，意在带动浙江省与捷克及周边国家（地区）双向贸易投资增长，推动浙江省新一轮对外开放提质增效，是探索贡献浙江智慧的务实举措，也是聚集省市资源要素落实国家关于浙江与捷克点对点外交任务的具体行动。

（二）迪拜站项目

阿联酋是"一带一路"沿线重要国家，作为中东地区的重要枢纽，又曾是古代海上丝绸之路上的重要一站，以迪拜为代表的整个阿联酋正加快经济多元化的步伐，"一带一路"倡议推动阿联酋和中国合作双赢、共同发展。迪拜，作为中东地区的经济和金融中心、贸易之都，拥有得天独厚的地理位置，成熟的基础设施，出色的人才配套，是浙江布局全球的优选窗口，有条件形成浙江对外开放发展通道的重要枢纽。迪拜站项目将发挥迪拜自贸区在中东地区中的区位功能优势和浙江的贸易产业优势，建设具有贸易中转、物流中枢、人文中心功能，涵盖物流商贸、加工制造、人文交流、综合服务等模块的开放综合体，并以此为轴心，向中东、东非、中亚地区等周边国家（地区）布点，以点带线，以线布网，形成浙江省对外开放的区域型节点。2018年3月，省海港集团与迪拜环球港务集团签署合资合作协议，打造义乌—迪拜直通仓项目，共同组建"浙江义迪通供应链服务有限公司"，将迪拜的海关清关服务功能前移，开展全方位的物流合作。

三、选建原则

"一带一路"境外系列站点选建应考虑布点规划、选建指标体系构建及建设指导原则三部分内容。

（一）布点规划

"一带一路"境外系列站点承载着服务浙江经济转型升级和两个高水平建设的任务，是浙江深度参与"一带一路"建设的高能级平台载体，是省委、省政府推进新一轮开放的重点项目。因此，规划设计需要具有前瞻性、全局性。前瞻性指境外系列站点的功能设计需要符合浙江新一轮开放长远发展的需要，推动浙江培育新的国际合作与竞争优势；全局性指境外系列站点立足国家、省战略目标，汇集全省资源与优势，反映浙江省对外开放的整体利益诉求。

1. "一带一路"境外系列站点布点应优先考虑区域贸易中心。贸易往来是双边经贸关系的主要衡量指标之一，包括双边货物贸易进出口规模与增速，双边服务贸易进出口规模与增速等具体指标。"一带一路"境外系列站点的基础功能应具备贸易辐射功能，所以，布点选址应优先考虑某一区域的贸易枢纽或贸易中心，此类国家（地区）通常拥有有利的区位优势、发达的物流网络、良好的贸易便利化水平及较强的周边辐射能力。

2. "一带一路"境外系列站点布点应优先考虑重大投资项目目的地。企业进行重大投资项目选址往往是贸易或投资行为积累到一定程度后的规模扩张、合作升级，具有良好的市场认知与前期基础。重大投资项目建设过程将对双边国际合作产生带动效应，同时，重大投资项目建成运营后，将成为"一带一路"境外站核心功能落地的重要平台载体和有力项目抓手。

3. "一带一路"境外系列站点布点应优先考虑区域创新要素集聚地。伴随着工业4.0时代的来临，世界经济发展规律已发生重大改变。推动经济增长的要素已由劳动力、资本要素向技术、人力资本要素转变，这一类高级生产要素相比传统生产要素具有更强的流动性，更易产生集聚效应。因此，浙江省"一带一路"境外系列站点建设规划应高度重视在区域创新要素集聚地的布点，主动集聚服务浙江省新一轮开放发展需要的创新要素，使浙江省在世界经济中保持长期竞争实力与有利竞争地位。

4. "一带一路"境外系列站点布点应考虑合作基础与双边关系。共建"一带一路"正在成为我国参与全球开放合作、改善全球经济治理体系、促进全球共同发展繁荣、推动构建人类命运共同体的中国方案。以服务"一带一路"建设为主要目标的境外系列站点应重视中国与目标地双边关系发展现状，考虑浙江省与目标地已有合作基础，如是否与目标地已签署双边合作协议，是否在目标地已建有浙江省商务代表处等因素。

（二）选建指标

"一带一路"境外系列站点选建指数共设置七类子项指标，分别是货物贸易指数、双向投资指数、国外经济合作指数、服务贸易指数、创新要素指数、人文交流指数与双边关系指数。具体指标及权重赋权如下：

<table>
<tr><th>序号</th><th colspan="2">子项指标</th><th>指标含义</th><th>计算方法</th><th>权重</th></tr>
<tr><td>1</td><td colspan="2">货物贸易指数</td><td>以浙江省与目标地双边实物进出口规模衡量双边货物贸易关系</td><td>依浙江省与“一带一路”目标地货物贸易进出口额在同期浙江省进出口总额中的占比排序，排名1—10位，得满分100分；11—20位，得80分；21—30位，得60分；30位以后，得50分。</td><td>20%</td></tr>
<tr><td>2</td><td colspan="2">双向投资指数</td><td>以浙江省与目标地双向投资规模衡量双方投资活跃度</td><td>依浙江省与“一带一路”目标地双向投资存量在同期浙江省双向投资存量中的占比排序，排名1—10位，得满分100分；11—20位，得80分；21—30位，得60分；30位以后，得50分。</td><td>20%</td></tr>
<tr><td>3</td><td colspan="2">国外经济合作指数</td><td>以浙江省在目标地开展的对外承包工程和对外劳务合作合同额衡量浙江省与该地经济合作活跃度</td><td>依浙江省在“一带一路”目标地开展对外承包工程、对外劳务合作等国外经济合作营业额进行排序，排名1—10位，得满分100分；11—20位，得80分；21—30位，得60分；30位以后，得50分。</td><td>10%</td></tr>
<tr><td>4</td><td colspan="2">服务贸易指数</td><td>以浙江省与目标地双边服务贸易规模衡量双边服务贸易往来情况</td><td>依浙江省与“一带一路”目标地服务贸易总额在同期浙江省服务贸易总额中的占比排序，排名1—10位，得满分100分；11—20位，得80分；21—30位，得60分；30位以后，得50分。</td><td>10%</td></tr>
<tr><td>5</td><td colspan="2">创新要素指数</td><td>利用全球创新指数衡量目标国创新要素集聚程度</td><td>依“一带一路”目标地全球创新指数排名排序，排序位列1—10位，得满分100分；11—20位，得80分；21—30位，得60分；30位以后，得50分。</td><td>10%</td></tr>
<tr><td rowspan="3">6</td><td rowspan="3">人文交流指数</td><td>旅游</td><td>利用出境旅游人口规模衡量双方旅游合作活跃度</td><td>依浙江省居民赴“一带一路”目标地旅游人数排序，排名1—10位，得满分100分；11—20位，得80分；21—30位，得60分；30位以后，得50分。</td><td>4%</td></tr>
<tr><td>教育科研</td><td>利用双边教育合作项目数量衡量双边教育合作活跃度</td><td>依浙江省高校、科研机构与“一带一路”目标地开展教育、科研合作的项目数排序，排名1—10位，得满分100分；11—20位，得80分；21—30位，得60分；30位以后，得50分。</td><td>4%</td></tr>
<tr><td>其他</td><td>利用其他人文交流活动数量衡量双边其他人文交流活跃度</td><td>依浙江省与“一带一路”目标地开展其他人文交流活动数排序，排名1—10位，得满分100分；11—20位，得80分；21—30位，得60分；30位以后，得50分。</td><td>2%</td></tr>
<tr><td>7</td><td colspan="2">双边关系指数</td><td>衡量浙江省与目标国（地区）双边关系现状与动态</td><td>满足下列条件中的两项，即得满分100分；满足一项，得60分；不满足任何条件则该项得0分。
（1）浙江省在该国（地区）建有商务代表处
（2）浙江省与目标国（地区）签有双边合作协议（备忘录）
（3）浙江省在该国（地区）建有产业合作园/科创园
（4）我国与该国（地区）设有共建工作机制
（5）浙江省承接与该国（地区）相关的国家任务
（6）浙江省与该国（地区）高层互访次数在“一带一路”国家（地区）中排名前列
（7）有其他推动双边关系利好的重大事件</td><td>20%</td></tr>
</table>

（三）建设原则

“一带一路”境外系列站点建设需本着实事求是的精神，针对各境外站点的功能定位与目标需求制订科学的建设方案，建设原则上共同坚持以下几点：

1. 要坚持企业主体、政府推动的原则。鼓励国有企业、民营企业等各类市场主体深入挖掘浙江省与主要经贸合作伙伴之间的发展空间，按照企业自主决策、自负盈亏、自担风险的原则，鼓励企业充分利用国家、省级开放发展政策红利，捕捉市场机遇，积极参与项目建设。各级政府为项目建设提供政策支持，全力做好沟通、协调、服务工作。

2. 要坚持共商共建共享的原则。引导系列站点建设企业立足长远，基于双边合作共赢原则，在项目对话、建设、运营过程中，充分考虑伙伴国国情和经济发展现实需要，主动与当地政府和市场主体开展互利合作，做到蓝图共同商议、建设共同参与、成果共同分享。

3. 要坚持以点带面、分步推进的原则。立足项目目标定位，根据市场需求迫切程度与项目建设条件成熟程度有序开展，逐步积累经验、创造条件，分步骤、分阶段推进其他项目建设。

4. 要坚持稳中求进、风险可控的原则。根据国家经济外交整体战略，充分估计境外投资的政治、经济风险，合理把握投资重点和节奏，做好项目可行性研究和事前、事中、事后监管，最大限度防范投资风险。

四、功能定位

现阶段先行启动的捷克站、迪拜站项目均以物流项目切入，设计了物流中心、商贸中心、展销中心、加工中心、人文交流中心、综合服务中心等主要功能，但对于如贸易投资促进中心、国际化管理人才培养中心、企业科技合作培育中心等体现更多新特点、新趋势的功能模块仍需进一步论证、规划。境外系列站点因布点国别不同，可以区分综合型及特色型站点，服务以下全部或部分功能定位。

（一）推动产能合作

在需求匹配、条件成熟的合作国设立境外站，开展生产加工合作，输出传统优势产能，突出浙江生产制造优势，为合作国提供符合当地及周边市场需求的优质商品。加工中心、生产基地或产业合作园都拥有此类功能，可发挥当地人力资本优势、土地等生产要素优势、区域市场优势及本土化管理优势等，实现合作双赢。

（二）增进贸易往来

双边贸易规模是双边市场需求匹配度的客观呈现。在具有良好双边贸易基础的区域设立境外站，建设商贸中心，提供贸易展销与贸易服务便利，势必增进双边贸易往来，扩大贸易规模，提高双边贸易依存度。

（三）促进双向投资

在与浙江省开展深度产业链合作的国家或地区规划设立境外站，承接贸易投资促进功能，汇集双边企业合作信息，对接企业投资需求，提供投资促进政策咨询与配套服务，密切双边产业合作，扩大双向投资规模。

（四）集聚创新要素

立足长远、定位高端，破解浙江省目前产业经济结构的发展瓶颈，需要进一步集聚全球创新资源，逐步培育形成以创新要素驱动的开放经济发展模式。基于这一需求，浙江省在全球创新要素集聚区域设立境外站，有助于把握产业前沿，增进信息交流与人员往来，促进创新要素向浙江省集聚。

（五）孵化科创合作

新型科创产业园已成为境外产业园区的重要新生力量。在全球创新要素集聚区域设立境外站，以促进双边科技合作为目标，孵化科技创业项目，出台相应的鼓励政策推动科创合作项目落地，将起到杠杆效应，带动资本、人员、科技等高级生产要素整体流动，带动高端产业链上、下游产业发展，推动浙江省产业升级及长远发展。

（六）培育国际人才

随着“一带一路”建设的推进，我国国际化人才供不应求的矛盾越发突出，迫切需要大量能够适应“一带一路”多元文化需要、具有小语种应用能力、掌握“一带一路”沿线国家法律法规政策、具有产业背景及国际化管理经验的高端国际人才。借鉴日、韩等国国际化人才培养经验，可依托“一带一路”系列站推进浙江省国际化管理人才培养专项工程，为企业“走出去”提供了人才资源池，同时，与吸引的海外高端人才共同构成浙江省新一轮开放的智力支撑。

（七）展示浙江形象

浙江需要进一步扩大国际影响力。在世界新旧格局交替之时、科技革命重塑产业命脉之际，新时代的“浙江形象”应在原有优势基础上增添“科技性”“先进性”“数字化”“信息化”等元素。世界舞台上的“浙江形象”需要数以万计的浙江民众、浙江企业微观诠释，也需要诸如境外站此类的综合平台主动推介、系统宣传。

（八）促进人文交流

民心相通是“一带一路”合作的主要内容之一，对于中国与“一带一路”沿线国家加深了解、增进互信，作用不可取代。现有人文交流项目多基于教育、科研、旅游、文化等领域的市场主体自发推动，交流项目良莠不齐，文化推广缺乏品牌效应与品质意识。“一带一路”境外系列站点可对浙江省在“一带一路”沿线国家的人文交流项目加强引导、确保质量、注重实效。

（九）探索共建机制

习近平总书记诠释“一带一路”建设国际合作框架内共商、共建、共享原则，希望各方携手开创发展新机遇，谋求发展新动力，拓展发展新空间，实现优势互补、互利共赢。浙江省谋划“一带一路”境外系列站点，因时、因势，与境外站所在国家（地区）共谋双边合作的具体载体，探索共建的有效机制，进一步归纳总结形成可复制的经验模式。

（十）规避贸易投资保护主义

当今世界贸易保护主义抬头，投资审查越发严格，全球化面临前所未有的严峻考验。与此同时，全球生产网络在科技革命的助推下席卷全球，势不可当。在两股冲突力量的作用下，如何巧妙规避业已抬头的贸易投资保护主义，遵从市场内生规律开拓全球市场，成为当前企业面临的普遍问题。“一带一路”境外系列站点可为企业提供新的选择。

五、保障措施

浙江省坚持以习近平新时代中国特色社会主义思想为指引，求真务实，奋发进取，坚持共商共建共享原则，积极促进“一带一路”国际合作。各部门结合自身职能，加强统筹协调，夯实基础，打开局面，推动“一带一路”境外系列站点建设取得积极成效，为浙江省谋划与“一带一路”沿线国家（地区）合作提供可复制可推广的有效经验。

（一）建立机制，完善组织保障

建议将“一带一路”境外系列站点建设工作纳入浙江省“一带一路”建设领导小组统筹指导。分管省领导任组长，分管副秘书长、省商务厅厅长任副组长，省商务厅、省发改委、省财政厅、省交通运输厅、省海港委、省国税局、省外汇管理局、杭州海关等为小组成员单位。各部委合力推进，根据方案共同制定建设路线图、时间表和任务书。

（二）加强指导，加快项目进度

加强系列站建设工作规划，确定布点选建原则与选建指标体系，围绕建设目标，聚焦浙江省优势产业领域及战略性新兴产业领域，科学选址、合理布局、有序推进。与此同时，政府部门在系列站建设过程中，应加强信息搜集、政策解读、风险预警、宣传推广、人员培训等方面的服务指导。定期发布国别、地区产业投资指引，指导企业加强对目标地宏观政治经济环境、投资政策、产业政策、税收政策、法律政策、外汇政策等研究；加强与省、国家主管部门沟通协调，指导企业充分利用各级各类鼓励扶持政策，加快推进系列站建设。

（三）营造氛围，密切双方联系

“一带一路”境外系列站点建设应遵循“共商共建共享”原则，谋求目标国合作伙伴参与共建，鼓励合作方以投入资金、土地、技术等方式参与系列站建设。组织企业参加目标国商贸对接活动和专业展览，邀请目标国派团参加浙江省主要贸易博览会，促成浙江省与目标国及其地方省州商签合作协议，争取建立相应共建工作机制，营造系列站建设双向便利环境。发挥华商会、驻外商务代表处、华侨华人等纽带作用，广泛开展文化、教育、科技、旅游等领域的交流与合作，为深化双边合作奠定坚实的民意基础。

（四）深化合作，充实平台功能

推进“一带一路”系列站建设工作，丰富其功能承载，积极谋划展览会、洽谈会等一批贸易促进载体，加快建立自主营销网络、公共海外仓等一批境外营销渠道；积极发挥系列站投资促进与品牌推广功能，培育浙江省健康、良好的国际形象；构建内外联动的跨境研发协同体系，对目标地周边国家和地区的创新资源、技术项目及人才形成集聚；在基础扎实或条件允许的目标国，尝试贸易投资便利化制度创新，探索系列站共建机制，增强双边合作依存度，培育浙江省参与国际竞争与合作的新优势。

（五）整合资源，争取政策配套

各部门根据职责，争取国家有关部委对系列站项目的支持，推动建立双边推进机制，协调解决项目建设中遇到的重大问题。积极争取亚洲基础设施投资银行、国家开发银行和国家级基金、省级基金等金融机构和平台的支持。统筹省级商务专项资金支持项目的建设和运营。

课题组组长：韩　杰

课题组成员：陈国荣　贾春仙（执笔）

张海燕（执笔）

附件

“一带一路”境外系列站点选建指标体系

“一带一路”境外系列站点选建指标体系通过筛选浙江与“一带一路”沿线国家的双边关系、双边贸易、相互投资、人口互通等方面的主要指标反映浙江与“一带一路”沿线国家的开放经济依存程度，进而作为“一带一路”境外系列站点选建的重要依据。

一、计算原则

“一带一路”境外系列站点选建指数计算原则为：“一带一路”沿线国家（地区）作为境外站选址备选国家（地区），各子项指标经计算、排序、赋值，再加总计算，得出“一带一路”境外系列站选建指数，指数分为综合指数与单项指数两类。综合指数越高，说明中国与该国（地区）经贸往来活跃，可作综合型境外站点备选地址。单项指数满分，说明中国与该国（地区）特色合作明显，可作特色型境外站点备选地址。

二、计算方法

“一带一路”境外系列站点选建指数对指标体系中的每一项，计算统计期内指数 V_{it}^{k}。其中i指代“一带一路”建设中的一个国家（地区）；t指代统计期；k指代指标体系类型，包括{C,I_1,E,S,I_2,C,R}七项，分别指代货物贸易、双向投资、国外经济合作、服务贸易、创新要素、人文交流、双边关系。每一子项指标采用主观赋权法赋予权重，其中，双边货物贸易占比20%、双向投资占比20%、对外经济合作占比10%、双边服务贸易占比10%、创新要素集聚程度占比10%、双边人文交流占比10%、双边关系占比20%。

计算过程中，以“一带一路”国家（地区）为样本集，将样本集所有国家（地区）同类指标进行计算排序，依某国（地区）具体指标在样本集中的排序确定分数。如以货物贸易指数子项为例，初定样本限于原“一带一路”国家（地区）64国，则将浙江省与64国统计期内的货物贸易进出口额在浙江省同期进出口贸易总额中的占比进行排序，目标国A如排名第五，则该项得满分100分，乘以权重20%，则A国在货物贸易指数子项中得分20分，计入“一带一路”境外系列站点选建指数。

“一带一路”境外系列站分国家选建指数等于一国七项指标得分×权重加总求和，即 $V_t=\sum\phi_i V_{it}$。需要说明的是目前“一带一路”境外系列站选建指数各指标权重及排序赋分仍处于试行阶段，需要根据各项基准指标变化不断比较后适度调整。

三、具体指标及权重赋权

“一带一路”境外系列站点选建指数共设置七类子项指标，分别是货物贸易指数、双向投资指数、国外经济合作指数、服务贸易指数、创新要素指数、人文交流指数与双边关系指数。具体指标及权重赋权如下：

序号	子项指标		指标含义	计算方法	权重
1	货物贸易指数		以浙江省与目标地双边实物进出口规模衡量双边货物贸易关系	依浙江省与“一带一路”目标地货物贸易进出口额在同期浙江省进出口总额中的占比排序，排名1—10位，得满分100分；11—20位，得80分；21—30位，得60分；30位以后，得50分。	20%
2	双向投资指数		以浙江省与目标地双向投资规模衡量双方投资活跃度	依浙江省与“一带一路”目标地双向投资存量在同期浙江省双向投资存量中的占比排序，排名1—10位，得满分100分；11—20位，得80分；21—30位，得60分；30位以后，得50分。	20%
3	国外经济合作指数		以浙江省在目标地开展的对外承包工程和对外劳务合作合同额衡量浙江省与该地经济合作活跃度	依浙江省在“一带一路”目标地开展对外承包工程、对外劳务合作等国外经济合作营业额进行排序，排名1—10位，得满分100分；11—20位，得80分；21—30位，得60分；30位以后，得50分。	10%
4	服务贸易指数		以浙江省与目标地双边服务贸易规模衡量双边服务贸易往来情况	依浙江省与“一带一路”目标地服务贸易总额在同期浙江省服务贸易总额中的占比排序，排名1—10位，得满分100分；11—20位，得80分；21—30位，得60分；30位以后，得50分。	10%
5	创新要素指数		利用全球创新指数衡量目标国创新要素集聚程度	依“一带一路”目标地全球创新指数排名排序，排序位列1—10位，得满分100分；11—20位，得80分；21—30位，得60分，30位以后，得50分。	10%
6	人文交流指数	旅游	利用出境旅游人口规模衡量双方旅游合作活跃度	依浙江省居民赴“一带一路”目标地旅游人数排序，排名1—10位，得满分100分；11—20位，得80分；21—30位，得60分；30位以后，得50分。	4%
		教育科研	利用双边教育合作项目数量衡量双边教育合作活跃度	依浙江省高校、科研机构与“一带一路”目标地开展教育、科研合作的项目数排序，排名1—10位，得满分100分；11—20位，得80分；21—30位，得60分；30位以后，得50分。	4%
		其他	利用其他人文交流活动数量衡量双边其他人文交流活跃度	依浙江省与“一带一路”目标地开展其他人文交流活动数排序，排名1—10位，得满分100分；11—20位，得80分；21—30位，得60分；30位以后，得50分。	2%
7	双边关系指数		衡量浙江省与目标国（地区）双边关系现状与动态	满足下列条件中的两项，即得满分100分；满足一项，得60分；不满足任何条件则该项得0分。 （1）浙江省在该国（地区）建有商务代表处 （2）浙江省与目标国（地区）签有双边合作协议（备忘录） （3）浙江省在该国（地区）建有产业合作园/科创园 （4）我国与该国（地区）设有共建工作机制 （5）浙江省承接与该国（地区）相关的国家任务 （6）浙江省与该国（地区）高层互访次数在“一带一路”国家（地区）中排名前列 （7）有其他推动双边关系利好的重大事件	20%

浙江省供应链创新与应用研究

供应链是顺应新时代中国特色社会主义发展要求，以客户需求为导向，以提高质量和效率为目标，以整合资源为手段，实现产品设计、采购、生产、销售、服务等全过程高效协同的组织形态，具有创新、协同、共赢、开放、绿色的特征，能够解决不平衡、不充分发展的问题。近年来，我国高度重视供应链的发展，习近平总书记在党的十九大报告中明确提出要在现代供应链领域培育新增长点，《国务院办公厅关于积极推进供应链创新与应用的指导意见》(国办发〔2017〕84号)于2017年10月出台，指出要在推进农村一二三产业融合发展，促进制造协同化、服务化、智能化，提高流通现代化水平，积极稳妥发展供应链金融，积极倡导绿色供应链，建全球供应链等方面积极推进供应链创新与应用。

总体来看，浙江区位优势独特，产业基础好，部分产业领域涌现了一批供应链领先企业，在供应链技术创新、模式应用等方面有较好的实践，取得了协同成效；部分城市开始探索构建供应链体系，呈现良好的发展势头。但与深圳等优势地区相比，浙江省还存在较大差距，需要借鉴先进经验，充分发挥浙江优势，在重点领域培育、政策和公共服务供给等方面进行加强，探索供应链治理新机制、新模式，推动浙江供应链发展，促进经济转型升级。

一、浙江省供应链发展现状

(一) 发展现状及典型案例

浙江区位优势独特，拥有排名在全国吞吐量前列的宁波—舟山港口，开放度高，是外贸大省，与世界大部分国家均有经贸合作，自贸区等多项国家战略在浙江实施，走在改革开放的前沿。浙江产业基础好，互联网经济发达，拥有品类众多的产业集群和商品交易市场，供应链需求旺盛，供应链服务基础较好。

1. 部分行业龙头企业通过供应链协同实现转型升级。

(1) 工业制造业领域：吉利集团通过海外投资与并购，构建体系化、标准化、智能化全球供应链，实现采购、研发、制造、物流、仓储、金融服务的协同，从一家汽车制造商逐步构建包含经销商、供应商及其他合作伙伴共同参与的汽车生态圈。美欣达印染公司作为一家服装面料的专业生产企业，正在通过智慧云平台、供应链管理系统，建立印染行业供应链标准化体系。森马服饰通过打造智能生产和个性化定制融合的服装产业智能协同制造平台，实现传统服装产业的"虚拟经营"。农夫山泉正在探索实现全渠道数据联通和可视化管理，构建跨界融合的饮料产业供应链生态。

(2) 商贸流通领域：物产中大通过全球化上下游资源配置、国内国际联动、现货期货结合等方式，从商品经营转变为提供集成服务，从传统贸易赚取差价逐步转向为供应链上各企业降低成本，推动了公司供应链集成服务主业的持续稳健增长。2017年，物产中大供应链集成服务板块实现营业收入2684亿元，同比增长36.3%，占集团营业收入的97.4%，其中，钢铁、煤炭、化工、铁矿石、汽车服务业务等核心业务板块综合实力在全国名列前茅。汇孚集团通过并购境外知名品牌、整合国外营销渠道，为供应商提供供应链增值服务，从一家单纯的外贸出口商转型成供应链服务商。浙商中拓以钢材、煤炭等大宗商品行业为重点，提供采购、仓储、风险对冲、融资租赁、商业保理、供应链金融等全方位、多层次、个性化服务，初步形成全国性网络布局。

（3）仓储物流领域：传化智联以城市物流中心、智慧物流商城为两大入口，以物流供应链、金融服务为两大引擎，逐步建设覆盖全国、互联互通的智能供应链服务平台，为行业企业提供“物流、仓储、信息、金融”全链条服务。菜鸟供应链协同100多家物流企业，构建全国250多个城市的标准化、智能化、柔性化仓配服务系统。心怡科技以仓储服务为基础，打造仓配网络、自动化服务、跨境服务、供应链金融四大供应链模块，成为向世界500强及国内外知名企业提供仓配一体化服务的国家AAAA级物流企业。

（4）农业农村领域：不老神食品通过标准化养殖和生产管理的输出，在全国范围带动农民绿色养殖，开展加盟连锁，实现农产品全产业链管理，与50多个乡镇230多个自然村的6000多户农民签订养殖合同，常年与全国30000多户农民养鸡户建立收购业务，每年为农民增收12.5亿元，助力“三农”。衢州东方集团通过专柜农产品二维码溯源管理，签约入驻阿里健康放心农产品溯源平台，打造生鲜农产品领域的供应链网络平台。

2. 专业化的供应链服务企业不断涌现。

（1）电商供应链企业倒逼生产组织模式改革。阿里巴巴正在通过拓展淘工厂、大企业采购、零售通、天猫小店等版块，由线上交易平台向O2O供应链服务平台转型。网易严选通过C2B的销售模式和ODM的生产模式，提高生产和流通效率，实现供需匹配。网易考拉通过原产地直采、采购销售过程严控、大数据管理等供应链管理模式，树立全国跨境零售行业标杆。云集共享科技致力于个人社交零售服务平台的打造，为个人移动端提供社交零售一站式解决方案。

（2）专业供应链服务企业找准行业痛点难点，搭建生产性服务业供应链平台。川山甲从工业品辅料行业入手，打造“全渠道工业品B2B交易链接平台”，实现精准采供。明日科技以上下游客户需求为导向，加大银行、保险、期货、物流、咨询等社会资源的整合，搭建塑化产业生态圈。天轮供应链将现代供应链管理体系全面运用于轮胎行业的垂直运营中，成为国内首家专业B2B2C/O2O的轮胎供应链流通与平台服务型企业。宏伟供应链是一家服务于国内所有核电业主的物资集成服务商，正致力于打造具有国际竞争力的全球性核电工程物资供应链公司。实达实“工业购”网上交易市场，以五金机电、电动工具、五金工具、标准件等工业品为主要产品，以小微企业为主要对象，创新B2B＋F＋C（企业-企业＋金融＋赊销）模式，优化生产性供应链。宁波海上鲜利用互联网模式开展撮合交易、自营（代销代购）、仓储物流、供应链金融及海鲜溯源、海洋大数据等供应链服务，打造国内领先运用“北斗＋互联网＋渔业”的一站式渔业综合服务平台类企业。

3. 部分城市重点产业供应链体系正在逐步形成。杭州市逐步形成以物流产业及互联网经济为主、信息咨询及零售业为辅的供应链产业经济，经营范围涉及面广、产业结构多元化。目前，正在通过打造最具创新竞争力的国际电子商务中心，颠覆传统商业交易和管理模式，来推动完善流通业、工业、农业等重点产业供应链体系，探索供应链金融服务实体经济新途径，建立优质高效的供应链质量促进体系和全程绿色供应链。

舟山市依托自贸区先行先试的优惠政策，打造中国浙江自由贸易试验区油品全产业链和浙江国际农产品贸易中心为核心的城市供应链体系，正在逐渐形成集商品交易、公共信息、口岸通关、航运综合、金融于一体的配套服务体系。国家远洋渔业基地聚集43家远洋渔业企业，成立产业联盟，以冷链系统和信息系统为支撑，形成“捕捞＋加工＋贸易＋物流＋销售＋补给服务”的“远洋渔业＋互联网”创新模式。

义乌市凭借四通八达的公路、铁路、海路、航路、邮路、网路、“义新欧”“义甬舟”等“新八路”物流体系，建设“义新欧”铁路物流中心、快递物流集聚中心、义乌中国小商品城国际商贸城、国际电子商务城以及义乌港等十大供应链基础设施项目，打造义乌购、义网通、国贸通、义乌通、聚达通、数字贸易港等六大供应链平台，源源不断地把“中国制造”运抵全球，与世界各地深度融通。

长兴县通过超威电源和天畅供应链两家蓄

电池龙头企业，整合区域内中小微生产企业资源，以全过程、全链条、全环节的绿色发展为导向，完善供应链全程绿色化管理机制建设，打造可循环绿色生态圈，实现产业集群降本增效和地方环境保护的双赢。

庆元县以“庆元香菇”产业为重点，建设香菇市场、食用菌研发中心等公共服务平台，发挥食用菌产业化龙头企业示范引领作用，推动供应链资源集聚和共享，打造联结农户、新型农业经营主体、农产品加工流通企业和最终消费者的紧密型农产品供应链体系。

（二）主要存在的问题

1. 供应链建设层次相对较低，供应链思维相对缺乏。浙江省不少企业已经构建或参与到供应链体系当中，但大部分核心企业主要致力于内部供应链管理，构建协同化、服务化、智能化供应链体系的意识相对薄弱，“大而不强”“大而孤立”现象较为突出。绝大部分中小企业存在同质化竞争、经营管理不规范、交易单据不完整、抗风险能力弱等不稳定因素，对参与到现代供应链体系的积极性不高。

2. 地区、产业间发展差异较大。浙江省各区域间要素禀赋、产业基础不同，供应链发展水平差异也较大。大型供应链企业倾向布局在交通便利、传统产业发达的城市，如杭州、宁波、湖州、嘉兴、绍兴、舟山等浙东北地区，杭州的中心地位显著；浙西南地区因交通不发达、产业基础较弱，供应链发展水平低。从产业发展看，浙江省依靠跨国公司、电商平台的力量，在生产制造、消费流通等领域有较好的供应链发展基础，但在农业农村、绿色发展和供应链金融等领域发展相对薄弱，亟待构建供应链体系去改善农产品流通、农村供给、环境保护、中小微企业融资等问题。

3. 发展氛围不强，政策支持力度不足。浙江省现代供应链体系建设尚在起步阶段，有利于供应链产业发展的创新体系和生态环境尚未形成。政府层面尚未对该行业引起足够重视，缺乏对供应链产业发展的统一规划和顶层设计，在鼓励供应链技术创新、平台搭建、人才引进等方面的支持力度不够，管理上尚未形成分工协作、通力配合的工作机制，难以支撑和推动供应链产业的突破式发展。

二、深圳供应链发展情况及启示

（一）发展现状

深圳由口岸物流业起步，供应链创新和应用发展迅速，集聚全国80%以上的供应链企业，成为我国供应链服务行业的标杆城市。有关数据显示，深圳现有供应链服务企业3200多家，其中，营业收入超100亿元的企业16家，进出口规模超1亿美元的企业44家。呈现以下一些特点：

1. 流通成本明显下降。深圳供应链服务企业通过资源整合，优化产业组织结构，有效提升全社会流通效率，降低了流通成本，实施供应链管理后的企业管理成本降低了10%、准时交货率和生产率分别提高了15%和10%，库存降低了5%—15%。

2. 供应链金融发挥显著作用。深圳供应链服务企业搭建多方联动的“供应链＋金融”平台，有效缓解中小企业融资难。据行业协会调查推算，供应链服务企业向各类企业融资已占深圳金融机构贷款余额的近10%。

3. 新技术得到广泛应用。深圳80%以上的供应链服务企业建立了完善的供应链管理信息系统，多数龙头企业运用大数据、云计算、人工智能及区块链等先进技术，构建智慧供应链体系。

（二）典型企业供应链创新应用

经过多年的发展，深圳已经成为我国供应链服务创新的高地，培育了怡亚通、飞马、东方嘉盛、普路通、百果园等多家供应链服务企业。

1. 怡亚通，以物流为基础，以供应链服务为载体，以互联网新技术为手段，打造物流、采购和销售执行、分销、冷链、新零售、金控、金服、品牌等十二大服务平台，联合供应链各环节参与者，致力于构建一个跨界融合、平台共享、共融共生的供应链商业生态圈，实现全国380个主要城市，300万家销售终端的覆盖，是国内第一家上市供应链服务企业，也是首个把物流、商流、资金流、信息流“四流合一”提升为供应链理论并在市场上实践的企业。

2. 一达通，立足承接中小企业外贸综合服务核心业务，不断拓展供应链环节，打造中国买全球卖全球的供应链闭环。致力于延伸及打通27个供应链环节，优化现有环节物流服务，加强基础退税融资风险管理，夯实买家端供应链物流、延展金融服务，完成支付闭环，更将供应链环节扩展至海外。

3. 百果园，将“互联网＋”技术运用到生鲜水果物流冷库项目，极大地提高了公司运营效率和食品安全保障能力，在全国开设门店近3000家，有力地促进了公司快速发展。

（三）政府经验及对浙江的启示

1. 政府经验。深圳市高度重视供应链产业的发展，将其与文创、高新技术和金融业定位为深圳的四大支柱产业。

一是建立高效统一的领导协调机制。早在15年前，成立了深圳市现代物流业发展工作领导小组，领导和协调全市现代物流业发展工作，引导各相关部门形成合力，共同推进供应链服务业发展。

二是制定适度超前的发展规划。先后出台以供应链服务为主要支撑的现代物流业发展四个“五年”规划。《深圳市现代物流业发展“十三五”规划》明确提出“打造全球供应链管理中心”的规划目标，并提出了“集聚供应链管理总部”“创新供应链＋互联网”“创新供应链＋资本”等具体工作任务，为深圳物流业及供应链发展提供了明晰指引。

三是制定系统的促进行业发展政策措施。早在2002年，深圳就出台了《关于加快发展深圳现代物流业的若干意见》，2014年，又出台了《关于促进深圳电子商务物流业发展的若干措施》，从土地供给、物流设施建设、新技术应用等方面提供政策支持，每年安排超过2亿元的专项资金扶持行业发展。

四是注重人才聚集，为供应链发展提供智力支持。组建“深圳市现代物流业发展咨询委员会”，形成供应链与物流发展决策的高地；实施“人才洼地战略”，每年由政府组织召开供应链人才招聘专场会，引导人才向供应链行业集聚。

五是充分发挥行业协会积极作用。深圳物流与供应链管理协会是目前中国供应链管理领域最具实力和影响力的非营利性社团组织之一，有100多名专职人员，发挥着政企之间的桥梁和纽带作用，从四个方面推动深圳供应链发展：整合力量，加强行业凝聚力；举办论坛，提高行业知名度；建言献策，明确行业分类；制定标准，提高行业话语权等。国内首批供应链管理服务行业的团体标准由该协会制定。

2. 重要启示。目前浙江省供应链发展的条件与深圳供应链行业发展之初相比，存在较多共同之处，可充分借鉴深圳的经验。

一是推动供应链创新与应用是培育新增长点和新动能的重要抓手。深圳现代供应链体系的快速发展，有效服务经济高速增长，2017年深圳市GDP2.2万亿元，增长12.7%，赶超广州、香港。深圳实例证明现代供应链是现代化经营体系的重要内容，是流通现代化的重要发展模式，具有打通国内国外、融合线上线下、推动降本增效的作用。

二是推动供应链创新与应用需要观念更新和组织流程再造。深圳供应链企业与制造业企业、商贸企业形成了共享共赢的供应链商业生态圈。供应链服务行业的发展，可以实现非核心业务的外包，让制造业企业专注于研发创新等核心业务。无论是深圳还是浙江，未来的企业都将置身于商业生态圈之中，在协同和合作中发展和创新，提高社会发展整体效益。

三是推动供应链创新与应用需要发挥区位和产业优势作用。根据深圳供应链行业发展的经验，浙江省应充分发挥自贸区、港口等区位优势，结合产业集群集聚、电子商务发达、商品交易市场众多等产业优势，推动浙江特色行业供应链的发展。

四是推动供应链创新与应用需要抓住关键环节。通过深圳供应链发展可以看出，物流业是现代供应链发展的起源和产业基础；金融服务能力是现代供应链的核心竞争力；大数据是现代供应链上台阶的突破口，企业可根据客户需求的大数据，寻找供应商组织生产，实现“轻资产虚拟工厂”的经营模式。

五是推动供应链创新与应用需要政府企业协会共同努力。深圳政府部门为推动供应链发展，出台多项政策，推出工作举措，落实资金支持，营造宽松、良性、积极的发展环境。深圳的供应链行业协会协同龙头企业，通过政府倡导、政策扶持、行业自律、标准制定、人才培育等多种方式构建起行业与政府的桥梁，起到了产业推动的作用。

三、政策建议

（一）加强重点行业供应链的培育

生产制造、消费流通、农业农村和绿色发展、供应链金融是我国供应链创新与应用重点发展的几大领域，结合浙江目前供应链行业的发展优势和薄弱环节，建议从以下几个方面重点培育。

1. 推动制造业协同化、服务化、平台化发展。发挥浙江制造业和块状经济发达的优势，推动制造企业应用精益供应链管理技术，支持柔性供应链管理及技术创新，缩短生产周期和新品上市时间，高效响应市场需求；推动制造型服务企业平台化、专业化、品牌化和社会化发展，支持其拓展研发设计、系统解决方案、远程运维、合同能源管理、大数据管理和运用、仓储物流等增值服务；聚焦重点产业集群，建设跨行业跨领域的工业互联网平台，推动县域经济转型升级。

2. 提升流通业信息化、标准化、集约化水平。借助电商集聚、流通业线上线下整合能力强的优势，鼓励电商平台、大卖家等重点电商企业加强供应、服务、采购和消费等环节资源整合，构建营销驱动、产销协同、高效运作的电商平台供应链体系；发展智慧商店、智慧商圈，促进线上与线下、商品和服务、行业跨界深度融合，打造新的服务品牌，培育城市新零售生态；鼓励批发、零售、物流企业整合供应链资源，构建采购、分销、仓储、配送于一体的供应链协同平台，重点夯实物流供应链基础，提高物流标准化水平；推动重点商品市场，向基于供应链综合平台管理的新型市场转型。

3. 建立健全农业农村供应链体系。支持涉农龙头企业依托供应链管理技术，拓展研发、信息、生产、加工、流通、金融和保险服务等功能，构建农业供应链体系，开展农场预售、网上直销等新模式；完善县级物流公共配送中心和农村物流综合服务站，构建乡村物流设施共享体系；加强农产品和食品冷链设施及标准化建设；以重要食用农产品、农业生产资料等为重点，建立健全来源可查、去向可追、责任可究的全链条可追溯机制。

4. 积极稳妥发展供应链金融。推动供应链核心企业与商业银行等金融机构合作，开放信息共享，与人民银行应收账款融资服务等平台对接，建立供应链金融服务平台，提供面向中小微企业的金融服务；开展线上应收账款融资、存货融资、预付款融资等供应链金融；支持供应链上下游关联企业联合发行集合债券、票据，开展资产证券化业务等；鼓励保险机构与供应链企业合作，创新发展供应链保险业务；健全供应链金融担保、抵押、质押、转让机制，确保资金流向实体经济。

5. 积极倡导绿色供应链。推行重点产品全生命周期绿色管理，探索建立统一的绿色产品标准、认证、标识体系，推动形成绿色制造供应链体系；倡导绿色采购、绿色销售、绿色消费，打造绿色商品流通供应链；鼓励创建集节能改造、节能产品销售于一体的绿色商场；鼓励建立基于供应链的废旧资源回收利用平台，优化供应链逆向物流网点布局，促进回收和再制造；健全环保失信企业联合惩戒机制。

6. 大力推进全球供应链建设。对接国家“一带一路”建设，加快义甬舟开放大通道交通枢纽、物流通道、信息平台等基础设施建设，加强与国际国内互联互通；推进义新欧班列做大做强，加快系列站建设；鼓励优势产能走出去，建设“一带一路”境外合作园区，加强境内外园区供应链对接；鼓励企业通过建设境外分销和服务网络、物流配送中心、海外仓等，建立本地化的供应链体系；支持创建开发区海外创新综合服务体、海外创新孵化园区等各类开放平台；支持跨国公司、国际知名供应链服务企业在浙江设立地区总部；支持外贸综合服务平台发展，构建外贸服务生态闭环；依托中国国际进口博览会，扩大先进设备和优质产品进口，建设进口供应链平台。

（二）加强政策供给和完善公共服务体系

建设

1. 加大政策扶持。围绕供应链的重点领域、重点产业和骨干企业,实施企业成长、技术创新、平台建设、人才培养、标准制定等一批供应链创新与应用工程,出台配套政策。

2. 注重示范引领,组织开展国家和省级试点。浙江有4个城市、26家企业列入为期2年的国家级试点,要做好试点工作指导、典型案例挖掘、宣传推广等工作;梯度开展省级试点示范的培育工作。

3. 打造供应链技术创新和应用体系。推动产学研用合作,促进人工智能、云计算、大数据、物联网、区块链等新技术在供应链领域的应用;支持有条件的城市,建设供应链科技研发中心;鼓励供应链核心企业加快关键和共性技术研发。

4. 构筑供应链人才和服务支撑体系。支持省内高等院校和职业学校设置供应链相关专业和课程;鼓励企业和机构加强专业培训,培养供应链专业人才;出台吸引国内外优秀供应链人才优惠政策,创新人才激励机制;组建供应链专家委员会、企业联盟和现代供应链创新服务中心,整合平台、商协会、研究机构、核心企业等力量,开展供应链重大问题研究,提供决策和智力支持。

5. 建立供应链信用和监管创新体系。促进商务、海关、税务、市场监管、金融等部门和机构之间公共数据资源互联互通,对接国家信用信息系统,强化对信用评级、信用记录、违法失信行为等信息的披露和共享;支持利用区块链、人工智能等先进技术,整合市场准入、海关、税务、市场监管、金融等政策,创新供应链信用评价机制,加强供应链风险管控。

6. 建设供应链标准和统计调查体系。开展供应链相关地方标准的制订和实施,促进供应链各行业间数据信息的高效兼容、传输和交互;引导重点企业提高供应链管理流程和服务标准化水平;加快完善供应链统计体系,开展供应链行业统计调查。

课题组组长:徐高春

课题组成员:潘　中　骆林勇　陈巧艳
景旦群(执笔)　张希明(执笔)

贸易摩擦背景下加快推动浙江省消费升级 培育壮大经济高质量发展新动能

一、消费升级迎来“黄金机遇”

（一）推动消费升级，是满足人民美好生活需要、高水平全面建成小康社会的必然要求

经过改革开放40年的发展，浙江省社会生产力水平明显提高，人民生活显著改善，2017年浙江省人均GDP达到1.36万美元，按世行标准已迈入高收入经济体水平和“富日子富过”的消费阶段。人民对美好生活的向往更加强烈，对消费升级的需求更加迫切，期盼有更优质的商品、更称心的服务、更实惠的价格、更便利的设施、更放心的环境。但与此同时，消费市场发展仍存在优质商品服务供给不足、流通成本偏高、农村流通基础设施薄弱等不平衡不充分问题。高水平全面建成小康社会，最直接、最根本的是提高人民生活质量、增进民生福祉。只有加快推动消费升级，丰富商品和服务供给，完善流通设施，降低流通成本，优化消费环境，才能不断满足人民日益增长的美好生活需要，才能让人民群众有更多获得感、幸福感、安全感。

（二）推动消费升级，是加快推动产业转型升级、实现经济提质增效的必由之路

消费升级的方向是产业升级的重要导向。只有顺应消费升级规律，坚持消费者优先，以新消费为牵引，催生新技术、新产业，“浙江制造”才能适应市场、满足基本消费，并引导市场、促进新消费，进一步优化产业结构、提升产业竞争力和附加值，实现更有质量和效益的增长。从历史看，消费结构转型升级带有很强的层次性和阶段性，直接影响产业结构的变化。改革开放以来，浙江省出现了三次消费升级，带动了全省产业结构的升级：改革开放之初的第一次消费升级，拉动了轻工、纺织产品的生产；20世纪80年代末至90年代末的第二次消费升级，“老三件”（自行车、手表、收音机）和“新三件”（冰箱、彩电、洗衣机）的消费需求，对家电、电子、机械制造业等行业产生了强大的驱动力；当前以“互联网＋新消费”为主要特征的第三次消费升级带动了数字经济蓬勃兴起，信息消费等成为新一轮消费热点，在大数据、人工智能和移动互联网等新技术推动下，百货超市等传统零售业态与电商平台深度融合，不断涌现出更注重消费者体验、集餐饮、购物、娱乐、休闲等跨界消费场景于一体的新零售业态，进一步拉动消费品行业和服务行业的结构调整和升级。加快推动消费升级，不仅可以更有力地激发市场主体产品创新、服务创新、技术创新活力，加快形成一批符合消费升级需求的新消费热点，催生新兴产业发展空间，而且能更好地发挥消费对促进技术创新、产业发展、经济发展方式转变的显著导向作用。

（三）推动消费升级，是新时代畅通经济良性循环体系、构建高质量发展长效机制的内在需要

随着浙江省经济步入高质量发展阶段，当前经济运行面临的突出矛盾和问题，除了周期性、总量性因素外，根源在于重大结构性失衡。从供需结构看，部分行业产能严重过剩与中高端消费大量外流情况并存，购买的品种也从高档奢侈品向日用消费品延伸。从投资看，在去杠杆和金融强监管大背景下，投资的关键性支撑作用边际效用趋减，过去依靠债务驱动投资拉动经济增长的

发展模式难以为继。只有围绕消费需求升级趋势进行投资、创新和生产，才能最大限度地提高投资有效性，加快形成消费引领投资、激励创新、经济转型的良性循环机制。加快推动消费升级，有利于倒逼供给侧结构性改革，提高供给结构对需求结构的适应性，促进产业优化升级，降低投资潜在下滑对浙江省经济平稳运行的影响，更好地抵御内外部风险，有利于巩固消费、投资、出口协同拉动经济增长的局面，推动经济真正实现高质量发展。

（四）推动消费升级，是中美贸易摩擦背景下夯实经济发展韧性、增强应对外部冲击底气和信心的根本举措

今年以来国际贸易保护主义抬头，特别是美国对我国挑起贸易摩擦，外部风险明显上升，以往拉动经济增长的三驾马车之一出口面临失速熄火风险。一旦中美贸易摩擦升级，原先依托美国市场的外需必须也只能依靠内需来消化。虽然加大开拓欧盟以及新兴市场力度可在一定程度抵消损失，但是美国市场体量太大（2017年浙江对美出口额3698.6亿元，略高于同期温州市社零规模3324.3亿元，占浙江省出口的19%，仅次于欧盟的20%），短期内很难有类似体量经济体能顶上这块市场缺口。反观浙江省本身拥有5500多万人口的消费大市场，2017年全省社会消费品零售总额24308亿元，连续多年居全国第四位，是全国城乡居民收入差距最小的省份之一（收入倍差为2.054），城镇和农村居民人均可支配收入分别连续16年和32年位居全国各省区第一，中产阶层人数众多，扩大内需大有可为。当前唯有积极顺应消费升级趋势，着力培育壮大新的消费热点，充分发挥消费对经济增长的“稳定器”和“压舱石”作用，才能打赢中美贸易摩擦“持久战”，推动浙江省经济行稳致远。

二、浙江省消费升级现状及特点

当前，浙江省进入新旧动力加快转换的关键期，经济增长由投资拉动逐步向消费驱动转型，全省消费市场运行呈“总体平稳、稳中向好”态势，消费供给不断优化，结构向品质化、多元化、个性化升级，网络消费、农村消费、服务消费成为新的消费热点。具体特点如下：

（一）从消费层次来看，由生存型消费逐步向发展型、享受型消费转变

“八八战略”实施十五周年以来，浙江省居民在“吃”“穿”“住”“行”上持续跨上新台阶，正在向全面小康迈进。2013年至2017年，城镇居民恩格尔系数从34.4%下降至27.9%，且低于全国平均水平0.7个百分点，农村居民家庭恩格尔系数为35.6%下降至31.0%，低于全国平均水平0.2个百分点，综合来看，已经初步达到联合国划分的20%—30%富足标准。汽车等主要耐用消费品等保有量高居全国前列，截至2017年年末，浙江省居民每百户家用汽车拥有量为47.9辆；其中城镇55.5辆，农村33.3辆，分别比2013年增加11.2辆和10.7辆。消费观念发生巨大变化，居民收入中用于即期消费的比例逐步提高，2013年至2017年，浙江省社会消费品零售总额年均增长率为11.1%，明显高于GDP和居民收入年均增速，显示出居民消费正从满足基本生活需求的生存型消费，向主动超前的发展型、享受型消费转变。

（二）从消费方式来看，由线下为主逐步向线上线下融合转变

一是网络零售所占份额持续扩大。线上消费增长明显快于线下消费，相对于社零比重和贡献稳步提升。2017年浙江省实现网络零售13336.7亿元，同比增长29.4%，高出社零增幅18.8个百分点，规模相当于同期社零总额的54.9%，较2010年提高44.9个百分点。二是实体商业改造提升初见成效。浙江省商务厅监测的426家重点零售企业经营业绩呈现连续回升态势，2017年销售额同比增长7.8%，较上年提高10.5个百分点，扭转了连续两年下滑的势头。杭州大厦2017年销售增长13.7%，实现连续3年业绩下滑后的首次增长。三是新消费新业态蓬勃兴起，盒马鲜生等新零售业态纷纷落户浙江省，并在杭州、宁波等中心城市开出多家门店，数量仅次于北上深等一线城市，居全国第四。“老字号＋新餐饮”激发餐饮新活力，阿里口碑网联合五芳斋在杭州推出全国首家无人智慧餐厅，为消费者提供更好的体验。

（三）从消费领域来看，由城市为主逐步向城乡统筹、内外贸融合发展转变

一是农村消费快速增长。随着农村流通渠道日益完善和农村电商快速发展，农村消费品零售额增速加快并高于城镇，城乡消费差距持续缩小。2017年乡村市场同比增长12.2%，高出整体增速1.6个百分点，高出城镇增速1.9个点；乡村市场占社会消费品零售总额的比重为17.0%，比2013年提升1.1个百分点。二是进口消费井喷式增长。进口食品、婴童产品等高品质产品持续旺销，天猫国际、网易考拉等成为国内最大的跨境电商平台之一。2017年全省（杭州＋宁波）跨境电商零售进口165.8亿元，同比增长96.6%。据海关统计，2018年上半年进口消费品257亿元，同比增长30%，保税物流进口增长66.2%，其中化妆品、水海产品、酒类进口增长明显。

（四）从消费内容来看，从大众消费向品质消费、个性消费转变

中高端商品消费增长明显。从限上单位零售情况看，信息消费、文化消费相关商品品类快速增长。2013—2017年，通信器材类、文化办公用品类商品销售年均增速分别达26.1%、17.8%。汽车消费升级“增购换购”渐成市场主流，据省税务局数据，价格区间在20万以上的中高端B级、C级车销量占比从2013年的35.9%提高至39.0%。绿色循环消费更加活跃。2017年新能源汽车销量5.3万辆，同比增长147.4%；二手车交易额达865.92亿元，同比增长18.0%。生态有机、非转基因、低糖等绿色饮食理念越来越深入人心，净水器、绿色家电、绿色建材等有利于节约资源、改善环境的商品消费呈增长态势。品牌消费更受青睐，Gucci、LV等国际一线大牌纷纷入驻杭州等中心城市，GIVENCHY、Miu Miu等品牌单店销售额居全国前三。代表中产小资消费的星巴克杭州门店数达189家，仅次于上海、北京居全国第三。运动手环、扫地机器人、空气净化器等智能商品受到消费者追捧。

（五）从消费热点来看，从商品消费为主向商品服务消费、个性消费转变

餐饮娱乐、文化休闲、健康养老等服务消费进入快车道，增速快于商品消费，占总消费比重不断上升。2017年全年实现餐饮收入2558亿元，同比增长13.8%，高出商品零售3.5个百分点；接待境内外游客近6.4亿人次，同比增长9.6 %；实现旅游业总收入9322.7亿元，同比增长15.1%；自由行、自驾游、城市休闲、民宿、主题酒店等渐成旅游主流，出境游、定制游、邮轮游等高端化、个性化旅游发展迅速。电影票房总收入43.96亿元，同比增长27.1%。2018年上半年全省居民人均生活消费支出14444元，商品消费向服务消费升级势头不减，在八大类消费支出中生活用品及服务、其他用品及服务支出增长最快，分别增长32.7%和30.7%。特别是追求舒适生活的享受型服务消费需求旺盛，其中居民人均家政服务支出增长73.0%，旅馆住宿支出增长61.3%，医疗服务支出增长26.8%。

三、制约浙江省消费升级的主要问题

如何加快浙江省消费升级，更好地培育新的消费热点，面临着消费主体、消费供给、消费环境、政策体系、工作机制等方面瓶颈。

（一）居民收入提升动能不足

收入是居民消费的决定性因素。截至2017年，浙江省居民人均可支配收入连续多年位居全国各省区第一，但随着传统增收因素力度的减弱和基数的不断升高，浙江省居民收入的增长速度连续17年实际收入增幅总体低于同期GDP增速，更低于同期财税收入增幅。实践表明，没有“藏富于民”的收入分配结构，不改变财富向政府集中、向资本集中、向垄断行业集中的不公平合理的分配结构，不可能有持续扩大的消费需求，消费促进也将成为“无源之水”。近几年，浙江省居民实际消费支出增速呈下降态势，与收入增速差距持续增大，至2017年，浙江省居民人均生活消费支出实际增长3.9%，低于实际收入增速3个百分点，表明居民边际消费倾向下降。与此同时，教育、医疗、养老等公共服务体系有待完善，股票等财产性收入波动性较大，成为制约居民消费的后顾之忧。

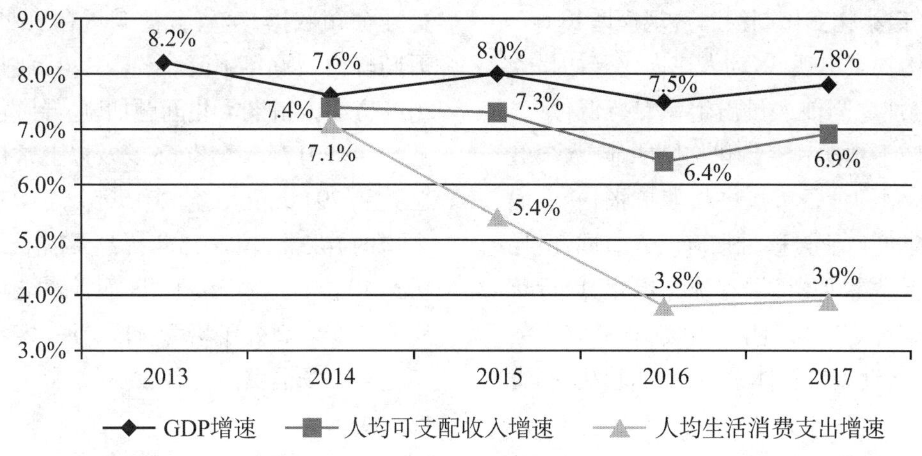

图1 2013—2017浙江省GDP、人均实际收入和消费支出增长情况

（二）高房价挤出负面效应显现

近年来房价上涨及居民加杠杆速度较快，虽然在加杠杆的初期阶段可能有利于增加与房地产相关的产品销售，并通过财富效应刺激居民消费需求，但随着居民杠杆的快速攀升，过度加杠杆的负面效应也日益凸显，对居民消费的影响不容忽视。2017年，全省住户贷款达33842.0亿元，较2015年增长43.8%。从居民消费支出看，居住类占比明显提高，浙江省城镇居民的居住类消费支出占比从2014年的25.3%快速提升至2017年的26.4%左右，已明显高于韩国当前水平(18%)。浙江省居民杠杆率(=住户贷款余额/GDP)由2015年的54.9%迅速提升至2017年的65.4%，增加了10.5个百分点，而同期全省居民人均生活消费支出增速却下降了1.5个百分点，考虑到住户贷款70%左右为房贷，高房价对消费支出的挤出效应越发明显(见图2)。在人均收入增长相对稳定的情况下，居民加大居住类消费支出必然会挤压其他领域的消费，尤其是服务业相关消费支出，拼多多的火爆折射出部分中产群体出现了“消费降级”现象。2017年全省居民八大类生活消费支出中居住类支出同比增长14.0%，比上年提高了11.2个百分点，对消费支出增长的贡献率高达55.4%，增幅和贡献率均居八大类消费支出首位，一举超越了占比最高的食品烟酒类对消费支出的贡献率。而人均交通通信、教育文化娱乐等服务消费支出比重分别由17.1%、10.9%下降到15.9%、10.5%。

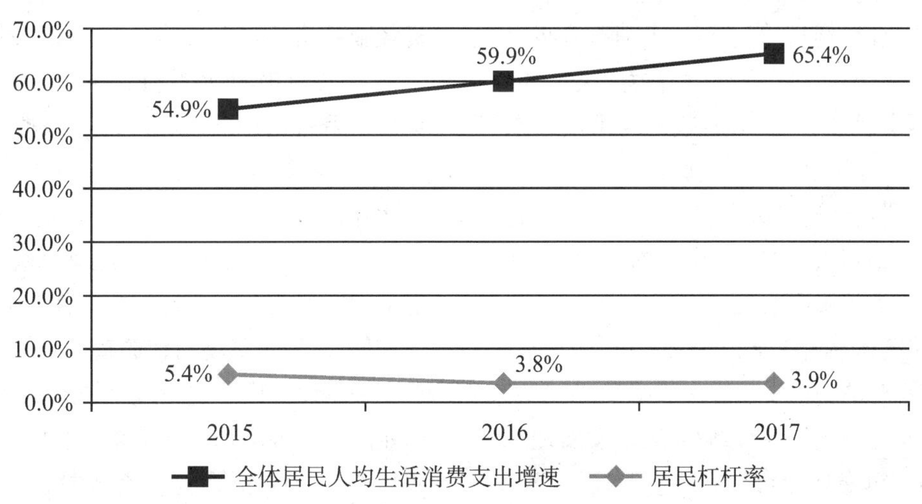

图2 2015—2017年浙江省消费支出增速、居民杠杆率变化情况

（三）人口结构变化制约消费规模增长

人口结构拐点出现，劳动人口占比开始呈现趋势性下滑，加之当前人员出生率保持低位（二胎政策效果低于预期）、老龄化加剧明显，人口红利开始消失，制约消费市场中长期扩张。一方面传统劳动密集型产业转移带来流动人口回迁，导致生活必需品需求下滑。据省统计局测算，近年来，浙江省流动人口增速明显放缓。省公安厅数据显示，省外流动人口总体平稳，增速趋缓。据省盐业公司数据，全省食盐销量在2011年达到24万吨峰值后逐年下降，一直在20万吨左右徘徊。另一方面人口老龄化问题加剧，导致消费需求增速放缓。2017年，全省65岁及以上常住老年人口已达到704.9万人，较2015年增加85.6万，占总人口的14.3%，较2015年提高3.1个百分点，居全国第13位，并在继续上升。而针对老龄群体的健康养老产业尚处于培育阶段，在一定程度上制约了老龄市场消费潜力释放。

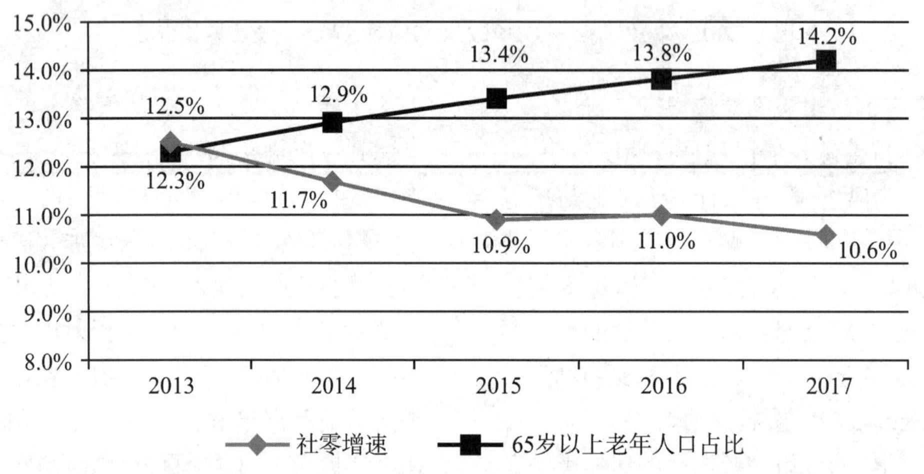

图3 2013—2017浙江省社零增速、人口老龄化率变化情况

（四）优质消费供给滞后

无论是商品消费还是服务消费领域，均存在优质消费短缺，高端化、品牌化、个性化供给不足、供需失衡。究其原因是浙江省企业产品创新、工艺创新、商业模式创新能力跟不上消费升级形势，产业体系有待进一步完善。在教育、医疗、健康、养老等服务消费领域，公共投入与市场化水平存在“双低”，导致海外留学、海外代购、海外就医大量产生，消费外流势头不减。医疗服务方面，看病难问题依然存在，高端医疗机构少，难以满足高端服务需求的快速增长。

（五）政策体系支撑乏力

一是政府对消费重视程度亟待提高。消费尽管已成为拉动经济增长的首驾马车，但发展理念和消费税制改革滞后导致地方政府对促消费工作重视不够，不同程度存在“重生产、轻消费”“重投资、轻消费”的倾向。二是政策扶持乏力。其中财政投入与消费对经济贡献程度明显不匹配，中央和省市县三级地方财政专项资金中用于即期消费促进的政策缺失；缺少对汽车、家具、家电以旧换新等引导绿色消费的消费补贴制度，现有补贴往往给生产企业而不是消费者；存在重商品消费轻服务消费的现象，缺少支持服务消费的财政政策。三是工作机制有待完善。各级商务部门牵头促消费普遍存在的“缺政策、缺抓手、缺资金、缺人手”问题尚未根本改观，内贸工作力量配置仍然存在“头重脚轻”的现象，尤其是县一级大多数只有一个科室，1—2人，管理力量呈“倒三角”现象，很难将国家及省里消费部署工作落到实处。

（六）消费环境有待改善

一是商业网点建设规划缺乏刚性，导致全省商业网点发展不均衡状况未能彻底改变：部分区域商业综合体过剩，部分新建社区商业网点少、业态不丰富，部分开发区、园区等商业配套不完善，农村地区流通基础设施比较薄弱，商业配套相对落后。二是保护消费者权益的立法有待健全，商品质量问题特别是食品安全问题、网络消费、跨境消费、服务消费成为消费者投诉的热点，农村消费产品质量问题较为突出。一些生产者与经营者缺乏法制意识、诚信意识，消费者维权难。

四、下一步促进消费升级的措施及建议

加快浙江省消费升级，必须把持续促进消费作为推动浙江省经济高质量发展的中长期战略，而不是仅仅作为短期稳增长的主要手段，也不应指望短期快速拉升消费需求。要在总结学习国内外先进经验、深入分析浙江省消费升级现状的基础上，结合浙江省实际，从发展理念、制度环境和政策体系等深层次原因入手，进一步深化改革，破除体制机制障碍，从信息消费、服务消费、网络消费、绿色消费、农村消费等热点领域和关键环节精准发力找短板、抓短板、补短板，以创新和完善促进消费的体制机制激发新活力，以增加高品质商品和服务供给满足新需求，以优化消费环境和规范市场秩序释放新空间，着力推动消费和投资良性互动、产业升级和消费升级协同共进、创新驱动和经济转型有效对接，切实增强消费对经济发展的基础性作用，为经济高质量发展提供更持久、更强劲的动力。重点从以下方面发力。

（一）提升消费能力，解决居民“钱不够花”的问题

1. 深化收入分配改革。建立完善收入增长的长效机制，实现城乡居民收入水平和经济增长同步，劳动者报酬和生产率提高同步，逐步增加财产性收入，稳定居民消费预期。按照“托底扩中限高”的原则加大再分配改革力度，提升普通劳动者、特别是中低收入者的收入水平和消费能力，坚决打赢低收入百姓增收攻坚战，切实保障困难群众生活，构建“橄榄型”的居民收入分配格局。

2. 大力支持就业创业。实施更加积极的就业政策，逐步构建劳动者终身职业培训体系，加强公共就业服务体系建设。积极推进大众创业、万众创新，加快建立以市场需求为导向的创业生态，鼓励大众创业者应用新技术、开发新产品、创造新需求、培育新市场、打造新业态，以创新创业促进大众创收增收，激发和释放新的消费增长潜力。

3. 完善公共服务体系。从解决重要民生领域供给瓶颈的角度出发，扩大重要民生服务投资，推进城乡基本公共服务均等化，健全基本公共服务体系。按照“房住不炒原则”加强房地产市场调控，推进保障性住房建设。加大教育和健康公共服务品的供给力度。通过加大投入、能力建设、制度保障等措施，大力增加居民所需的教育和健康公共服务品供给。健全社会福利服务体系。加快构建终身教育、就业服务、社会保障、基本医疗卫生、住房保障、社会养老服务“六大体系”，提高城乡居民的幸福指数。

（二）优化消费供给，解决居民“钱怎么花”的问题

1. 增加服务消费供给。深化“最多跑一次”改革，研究制订鼓励社会资本进入幸福产业领域的准入门槛和管理制度，重点支持社会力量进入医疗、养老、教育、文化、体育等服务供给，推动互联网与医疗、养老、教育、文化、体育等服务业融合发展。创建全域旅游示范区，降低重点国有景区门票价格。完善文创产品开发试点成效评价和激励机制，推进文化文物单位文化创意产品开发。深化电影院线制，探索差异化经营方式，盘活影院闲置时段资源。鼓励社会力量举办大型群众性体育赛事，丰富节假日体育赛事和业余赛事活动。

2. 扩大品质浙货消费。实施“三名”工程，加大“品质浙货”培育力度，丰富品牌文化内涵，推动老字号传承创新发展。发挥流通引导生产的作用，加快“10＋1”传统产业改造提升，培育壮大战略性新兴产业，引导浙江制造企业注重智能化、柔性化设计和生产，更好地满足多样化个性化智能化消费需求。支持浙江优势产业集群拓展省内市场，探索精品浙货集合体验店建设试点，创新扩大有效供给。加大对浙江名优特新消费品的宣传推广，整合品质展会活动，鼓励举办更多浙江品牌推介会，探索开展浙江老字号巡回展活动。

3. 鼓励新零售创新。实施创新驱动战略，积极推动消费模式、商业技术的创新，促进现代新兴消费加快发展。创新发展预定制网络消费，探

索发展在线定制、网络预售、众筹团购等个性化、定制化消费模式，培育聚划算、淘定制等新兴网络消费模式。加快实体商业改造提升，创新发展O2O模式，探索在有条件的地区打造新零售标杆城市，促进城乡居民体验式、便利化消费。适应消费新常态，培育发展个性化、多元化、品牌化消费模式，加快促进消费转型升级，拓展消费新领域。

4. 培育消费促进平台。做响做强消费促进月和金秋购物节等促销平台，充分发挥市场机制和企业主体作用，办好中国中华老字号精品博览会、中国（浙江）国际养老服务业博览会、浙江餐饮美食博览会暨厨师节等重点展会。指导各地依托特色产业，利用重大节庆假日和地方消费特点，组织形式多样的促销活动，包装策划实施一批购物、美食、会展、旅游休闲、文体、住房等各类促进消费活动，培育一批影响力大、带动力强的促销活动平台。大力发展“月光经济”，打造特色鲜明、功能完备、服务优质的品质夜市，推进夜间经济发展。

（三）完善现代流通体系，解决居民“钱不便花”的问题

1. 健全城乡消费网络。优化城乡商业网点布局，完善便民消费设施供给，有序发展城市综合体、购物中心、商贸会展和酒店宾馆等，推进成熟商圈上档升级，加快新兴商圈和社区便民商圈建设，完善消费业态，打造形成一站式综合性消费平台。优化商圈路网布局，完善地下地面停车设施。打造培育一批特色商业街（美食、夜市街区），加快建设创意产业集聚区，完善文化、体育等消费设施，不断满足城乡居民特色化、个性化、多元化消费需求。开展现代商贸特色镇建设试点，提升商贸流通现代化水平，大力发展农村电子商务，畅通农村消费渠道。

2. 完善消费基础设施。提升流通环节效率，推进物流标准化、社会化发展，深化杭州国家级物流标准化试点和省级城市共同配送试点，支持托盘等标准化物流设施设备应用和第三方物流企业为商户提供共同配送服务；支持大型商贸企业自建配送中心，开展连锁门店集中配送。加快公益性农产品批发市场、物流分拨中心等流通基础设施建设，引导农产品批发市场升级改造。加强跨区域农产品冷链物流设施建设，健全覆盖农产品采收、产地处理、贮藏、加工、运输、销售等环节的冷链物流体系。

3. 培育发展消费金融。鼓励银行等金融机构设立专营消费信贷部门，提高消费信贷业务专业化程度，积极支持发展汽车金融公司、消费金融公司、住房储蓄银行等金融机构，完善消费金融体系，激发消费潜能。鼓励金融机构创新金融产品和服务，支持线上互联网消费。做好新型城镇化过程中的消费金融服务工作，大力培育农村地区消费金融需求。着力推进用卡环境建设，大力发展手机银行、移动支付、快捷支付等支付方式，提升居民缴费、金融消费的便利性。完善社会信用管理体系，夯实消费金融持久发展基础。

（四）着力培育消费热点，解决居民“钱不愿花”的问题

1. 巩固传统热点消费。促进汽车消费平稳增长，鼓励汽车流通＋互联网、汽车金融等模式创新和跨行业融合发展，协调推进新能源汽车充电桩设施建设；支持宁波梅山开展国家汽车平行进口政策试点，培育汽车消费新增长点；促进二手车便利交易，活跃二手车市场。发展大众化服务消费，大力发展大众化餐饮，培育一批生活性服务业品牌连锁龙头企业，加快发展社区电子商务、连锁经营和社区配送，促进社区消费；加快建设公益性居民生活服务网络平台，提升家政、美容美发、健身、休闲娱乐等行业的服务质量，加大居民生活服务设施投入，建设一批包括居家养老家政服务网点、便民服务网点在内的生活服务业设施。

2. 做大做强网络消费。推进社区电商服务网络建设，加快E邮柜等社区智能快递投递终端的布点建设，进一步挖掘城市居民网络消费潜力。实施“电子商务进万村”工程，建设农村电商服务（站）点，构建多层级的农村电商服务网络，便利农村居民网络消费。大力发展网络服务消费，积极推动电子商务在旅游、文化、教育等服务业领域的应用，探索发展基于互联网的预定制消费和小众创意消费。

3. 培育新兴消费热点。发展信息消费，加快光纤宽带网络及4G网络建设，全面推动三网融合，夯实信息消费支撑能力；推进智慧城市建设，加快杭州信息消费示范城市试点，增强信息消费供给，提升公共服务能力。发展绿色消费，建立统一的绿色产品标准、标识、认证体系，支持绿色技术、绿色产品研发推广，促进空气净化器、净水器、绿色建材等产品消费。提升旅游休闲消费，稳步推进带薪休假和职工疗休养制度，推动旅游基础设施升级扩容，创新发展中医药、老年养生、文化、运动休闲旅游，推进商旅文体医融合；大力发展乡村旅游，推动全省乡村旅游提档升级。积极发展“银发经济”，发展紧急呼叫、健康咨询、物品代购等适合老年人服务项目，完善居家养老服务体系。

（五）着力吸引外来消费，解决居民“钱到外面花”问题

1. 打造国际消费之都。制定国际化商圈、世界级消费城市、长三角国际商业中心培育计划，依托中心城市和重要旅游目的地，培育面向全球消费者的国际消费中心。支持杭州开展“消费之都”培育试点，加快杭州国家中心城市建设，更好地释放G20峰会后效应，完善购物、美食、会展、旅游休闲、文化、体育等设施功能，加强宣传推广，提升城市品质和形象，不断增强消费之都的集聚辐射能力和吸引力。

2. 吸引境外消费回流。积极承接上海中国国际进口博览会的溢出效应，重点打造若干具有国际影响力的进口商品展销平台，发挥浙江省传统商贸业和电商优势，构建进口商品分销体系，打造“6＋365”世界进口超市。鼓励省内有条件的工商企业实施内外贸一体化战略，不断提升国际商品采购、物流配送和代理分销等跨国流通服务能力。支持在义乌等城市打造一批进口消费品交易集散中心，探索在机场、交通干线、区域中心城市等重要节点开设进口商品免税店。加快发展跨境电商，以杭州、宁波跨境电商综试区建设为契机，探索发展适应浙江实际的跨境电商零售进口模式，支持天猫国际等跨境电商零售进口平台发展，吸引境外消费回流。

3. 接轨国际质量标准。以提升质量标准为引领，加快浙江省消费品质量安全标准与国际标准或出口标准并轨，促进内外销产品“同线同标同质”，倒逼浙江企业技术进步，开发适销对路产品，开展个性化定制、柔性化生产，增加高质量、高水平有效供给。引导企业以消费意愿为信号，从创意设计、品种花样、个性化、品牌质量等方面提高消费品供给能力和水平，实现供给和需求的“无缝衔接”。

（六）着力优化消费环境，解决居民“钱不放心花”问题

1. 改善消费法治环境。完善消费法规标准，在食品安全、住宿餐饮、旅游休闲、网络消费、电视购物等重点领域开展法规、规章、标准的制定和宣贯。加快简政放权，按“最多跑一次”要求简化促销审批手续，更好地发挥行业协会和企业促销积极性。探索建立流通追溯体系，鼓励商品流通经营者对所经营商品实行追溯管理。完善商品退市、退货、召回制度。

2. 加大市场整治力度。完善消费市场监管网络体系，畅通消费者维权渠道，加大对互联网领域、农村和城乡接合部侵权假冒行为的整治力度，坚持专项整治与日常监管并举，保持打击侵权假冒的高压态势，将整治查处结果录入企业信用信息公示系统和浙江省企业信用服务平台，让城乡居民放心满意消费。

3. 改善市场诚信环境。积极推进市场诚信体系建设，构建网络化、信息化的经营者诚信信息系统，引导生产流通企业、服务企业和行业协会建立完善基于消费者交易评价和社会公众综合评价的企业信用评价机制。开展和第三方征询机构合作，加强政府间信用信息共享系统建设，为社会公众提供查询服务。

课题组组长：徐高春
课题组成员：姚国善　潘国帅（执笔）
陶洪斌（执笔）
张希明（执笔）

浙江省数字贸易发展研究

浙江省发展数字贸易具有良好的产业基础，以跨境电商为引领的数字贸易发展快速。浙江大力发展数字贸易，培育贸易新业态新模式，建设新型贸易中心，有利于以开放驱动、市场驱动、创新驱动为内涵的开放型经济体制机制的建立，积极参与国际数字贸易规则制定，参与全球经济治理，可以更好地推动浙江融入全球经济。

一、数字贸易的概念

（一）数字贸易的内涵

数字贸易指的是依赖互联网和互联网技术建立的国内贸易和国际贸易。可见数字贸易既包括贸易标的是数字化的产品或服务，也包括贸易标的是各种各样商品的电子商务。

（二）数字贸易的外延

数字贸易涉及范围广泛，分类较为复杂。美国将其数字贸易主要划分为四类：数字内容、社会媒介、搜索引擎、其他数字产品和服务，具体如下：

数字内容：数字音乐；数字游戏（包括完整格式和手机游戏、附加内容下载、游戏订阅、社交网络游戏、在线多人游戏）；数字视频（包括互联网电视、电影、其他视频）；数字书（包括电子图书、数字课程材料和音频书籍）。

社会媒介：社交网站；用户评论网站。

搜索引擎：通用搜索引擎；专业搜索引擎。

其他产品和服务：软件服务（包括通过云计算提供的移动应用和软件）；通过云计算提供的数据服务（包括数据处理和数据存储）；通过互联网提供的通信服务（包括电子邮件、即时通信、通过互联网协议的语音）；通过云计算的计算平台服务。

其中数字内容主要涉及文化娱乐产业，包括图书、音乐和影视内容；其他产品和服务主要包括各类技术类服务，如数字化的服务外包和技术贸易业务。结合浙江的具体情况，数字化贸易主要涵盖：数字文化贸易、软件信息服务业、电子商务、互联网金融以及传统制造行业对数字技术的应用。[①]

（三）特征

1. 内在属性。

（1）虚拟化。具体表现在三个方面：要素虚拟化；交易虚拟化；传输虚拟化。

（2）平台化。越来越多的商业组织朝平台化发展，平台成为互联网时代消费、就业、创业、创新的重要基础。

（3）集约化。企业依托数字技术实现劳动力、资本、技术、管理等生产要素的集约化投入，促进研发设计、材料采购、产品生产、市场营销、物流运输等产业链各关节的集约化管理。

（4）普惠化。数字技术的广泛应用大大降低了贸易门槛，中小微企业、个体商户和自然人，都可以通过互联网平台面向全国乃至全世界的消费者。

（5）个性化。商家根据消费者的个性化需求提供定制化产品与服务成为提升竞争力的关键。

（6）生态化。平台、商家、支付方、物流企业、政府部门等，在产品开发、市场推广、客户服务等

① 传统制造行业对数字技术的应用主要指物联网技术、自动化技术、机器人技术、云计算和深度数据分子被企业应用在产品研发、生产、企业管理和内部协调、市场营销、销售和客户关系管理以及分销和售后服务等领域。

方面沟通合作，共享数据资源，形成了一个互利共赢的生态体系。

2. 外部属性。一方面，数字贸易以信息通信技术作为技术支撑。另一方面，数字贸易以制造业智能化作为历史使命。

二、浙江数字贸易主要产业领域发展现状

2018年7月，浙江召开全省数字经济发展大会，袁家军省长强调要以“数字产业化、产业数字化”为主线，全面实施数字经济“一号工程”，持续推进数字经济发展，争创国家数字经济示范省，并明确指出要“加快电子世界贸易平台(eWTP)、跨境电商、新零售、智慧物流等创新发展，打造新型贸易中心”。

(一) 数字文化贸易

从2013年开始，国务院陆续出台了一系列促进信息消费、发展网络经济的政策措施，中国数字文化贸易正迎来新一轮高速增长。

2017年浙江文化服务进出口总额55.29亿元，其中互联网线上交易文化服务近50%①，出口内容涉及网络文学、影视剧、电子书、数字期刊、网络音乐、网游等。

1. 数字出版物。2010年4月，杭州正式获批成立杭州国家数字出版产业基地。截至2017年底，杭州国家数字出版基地有数字出版企业390余家，2016年产值超过100亿元。

数字图书出版。浙江是全国数字图书出版产业起步较早、发展较快的地区之一。截至2015年，浙江共有互联网图书出版许可证的单位有55家。浙江数字图书出版产业正处在高速发展阶段。此外浙江省内各数字图书出版机构深度拓展数字阅读全产业链，营造了浙江数字图书出版产业鲜明的阅读特色。

数字报纸。截至2017年年底，浙江公开发行报纸68种，出版期刊229种。浙江初步形成了以浙江在线新闻网站为龙头，以杭州网、宁波网、温州网为骨干，整合省、市、县优势资源的网络新闻传播格局。

2. 数字游戏。浙江网络游戏行业起步于2000年年初，近年来浙江已形成了人才培养、游戏研发、平台运营、营销推广的完整产业链；浙江网络棋牌游戏平台总量全国第一。杭州市是浙江网络游戏产业的主要集中地，呈现出网游产业的区块聚集效应。

3. 互联网电视。华数传媒是浙江唯一一家拥有互联网电视集成业务运营的牌照商。截至2015年，华数影视平台(播控平台)积累了2000万用户，活跃用户比例在10%—15%，成为中国互联网电视的领先者。

4. 互联网视听节目。浙江影视产业发展势头强劲，初步形成全国影视产业副中心的格局。浙江互联网视听节目服务以主流媒体的视听服务掌握了舆论高地，产业布局多元，“互联网+”的模式盘活资源产生集聚效应。

(二) 软件信息服务业

2017年浙江实现软件收入4252.2亿元，同比增长20.1%；实现利税总额1785.3亿元，利润总额1371.4亿元，软件出口22.3亿美元。②

软件产业持续平稳向好发展。2017年浙江软件产业在大数据、人工智能和云计算等高新技术的推动下持续快速发展，产业规模继续扩大，产业结构进一步优化，经济效益持续攀升，新业务新业态不断涌现，产业综合竞争力不断增强，业务收入，经济效益和出口增速均高于全国同行业，特别是信息技术服务持续高速增长，成为引领软件产业发展的主要动力。

软件出口态势良好，为出口重要引擎。2017年浙江完成软件出口高出全国11.7个百分点，软件产品出口占比近八成。2017年信息技术外包(ITO)合同接包执行额337.13亿元，占总执行额的50.47%。

龙头企业引领发展，产业集聚效应显著。2017年浙江软件二十强企业实现软件业务收入2480.9亿元，占全省软件行业的58.3%，二十强

---

① 数据来源：浙江省商务厅。

② 数据来源：浙江省经济和信息化委员会电子信息办。

企业仍然是带动行业增长的主动力。

（三）电子商务

2017年，浙江实现网络零售13336.7亿元，占社会消费品零售总额比值的54.9%；省内居民网络消费6777.0亿元，网络零售顺差达到6559.7亿元，拥有活跃网络零售网店超过74.06万家；实现跨境网络零售出口额438.1亿元，共有各类跨境电商（出口）活跃网店6.68万家；实现农产品网络零售506.2亿元，拥有活跃的涉农网店近2万家；网络零售额超过千万元的电子商务专业村779个，占全国总数的36.8%；建有电商产业基地323个，国家级示范产业基地（园区）7个；直接解决就业约212.3万人，间接带动就业超过500万人。2017年，浙江工业企业直接开设天猫店2.1万家，销售额超2000亿元；近400个专业市场开展了电子商务应用，基本实现专业市场电商化；百货、超市等积极探索O2O经营模式；餐饮、住宿、旅游、金融、教育、文化、出版、家政和社区服务等领域纷纷开展电商业务。电子商务支撑服务体系逐步完善，跨境电商现代供应链应用创新不断发展。

（四）互联网金融

浙江互联网金融发展势头迅猛。2013年浙江阿里巴巴集团“余额宝”诞生，标志着浙江互联网金融崛起。此后，还出现了一些新兴的并且具有较强品牌认知度和行业知名度的互联网金融平台，如微贷网、51人品等。当前互联网金融服务稳步上升，技术落差拉开的地区差异，供应链金融发展创新模式建成，金融大数据领跑行业应用，监管逐步到位，重塑行业规范。

（五）传统制造行业对数字技术的应用

物联网技术、自动化技术、机器人技术、云计算技术和深度数据分析正在成为企业在其业务范围内的标准工具。这些技术资源被广泛应用于传统制造行业，包括产品研发、生产企业管理和内部协调、市场营销、销售和客户关系管理以及分销和售后服务。以柔性制造、智能制造为主的产销协同能力不断提升。利用数据分析推进传统制造业智能化升级。优化支撑体系打造跨境电商供应链协同创新中心。

三、浙江发展数字贸易的主要问题

浙江需要重点关注的有以下几个方面：

1. 顶层设计有待优化。我国在数字技术应用、数字经济和数字贸易规则方面却稍显落后，在投资、数据输出、产品安全评估和关键信息基础设施等领域的政策如何与国际接轨，有效改善数字贸易发展环境还有待研究和深化。

2. 产业高端环节发展薄弱。当前浙江数字贸易结构仍然不尽合理，浙江数字贸易具有比较优势的领域如电子商务、互联网金融、共享经济等大多依靠商业模式驱动，缺乏核心技术，技术驱动与引领的企业仍然凤毛麟角。

3. “信息孤岛”现象普遍存在。目前，浙江省数字贸易信息平台呈离散、无序、局部的状态，电商、物流、支付企业与政府之间以及政府各部门之间的数据接口、技术标准不统一，尤其是跨国、跨行业、跨地区的电子认证标准不统一，导致信息无法顺畅地互联互通。“信息孤岛”现象普遍存在。

4. 关键要素供给不足。当前，支撑浙江数字贸易健康快速发展的人才、技术、资金、政策等支持性要素供给严重不足，突出表现为数字贸易高素质创新人才和管理人才缺乏；鼓励、激励数字技术和关键网络技术创新机制缺乏；研究开发数字贸易技术的资金投入不足；涵盖产业、财税、科技创新、人才等配套支持政策体系尚不完善，支持力度不足。

5. 企业信用管理体系不健全。当前制约数字贸易发展很重要的因素就是依托于网络虚拟化交易的诚信问题，尤其是涉及跨境贸易领域，因物流成本高昂、退换货手续不便等，极大地制约着跨境数字贸易的成长。

6. 相关法律制度缺失。我国知识产权保护制度不完善导致包括复制或滥用公司品牌资产、假冒身份进行域名抢注、变更合法内容误导浏览者，以及电影、音乐、软件、书和期刊版权的网上侵权等行为屡禁不止；我国数据审查制度透明度不够为数字贸易的发展设置了不必要的障碍，甚至引起发达国家的指责。

7. 统计口径不一。数字贸易的产生使得商品和服务的定义界限越来越模糊,无论是现有以海关为主的货物贸易统计分类,还是以服务贸易统计分类,都不足以涵盖以数字贸易为代表的各类新型贸易,使得政府难以准确掌握数字贸易的发展情况,直接影响了宏观调控的科学性和准确性。

四、浙江数字贸易发展的政策建议

(一)浙江发展数字贸易的基本思路

浙江应牢牢把握数字经济变革的历史机遇,充分利用好数据资源丰富、信息产业基础雄厚、数字化基础设施完善等优势,把发展数字贸易作为全面深化对外开放的战略方向和主要着力点,坚持数据驱动、创新引领、融合带动,以建设数字贸易基地、扩大数字贸易领域、培育数字贸易新业态新模式为重点,通过优化顶层设计、提升开放程度、明确发展重点、培育市场主体、强化创新驱动、加大人才支持、加强监测监管、建设专家智库、加快基础设施建设,完善发展环境等一系列创新举措,加快建设理念先进、设施完善、互联互通、智能共享的数字贸易生态圈,促进与各国特别是“一带一路”沿线节点地区电子世界贸易平台(eWTP)构建,打造全球电了商务核心功能区、“21世纪数字丝绸之路”战略门户和具有全球竞争力的数字贸易示范区,为实现高质量发展走在全国前列和探索制定数字贸易国际规则贡献“浙江经验”。

(二)浙江发展数字贸易的政策建议

1. 优化顶层设计。根据浙江实际情况,成立数字贸易领导小组,针对跨境数字贸易与国内数字贸易制定发展战略,提出数字贸易发展目标与原则,明确重点发展方向,在全社会形成利用数字技术促进经济发展的良好氛围,为推动数字贸易打下坚实的产业基础。

2. 明确发展重点。深入推进中国(杭州、宁波、义乌)跨境电子商务综合试验区建设,推动跨境电子商务便利化;以“一带一路”为统领,高标准建设电子世界贸易平台(eWTP);加快推进国际电商合作与布局,打造跨境电商全球生态链,建立面向全球的跨境电商贸易、投资、服务网络,带动产品、资本、技术、标准的全面输出。大力发展数字文创产业,推动面向各行业的云计算、大数据解决方案研发应用,深化数字技术在金融领域的创新融合应用,积极布局区块链、量子技术等未来产业。

3. 强化创新驱动。实行促进互联网相关领域技术创新政策,突破高端服务器、高端存储设备、数据库等薄弱环节,大力发展云计算、大数据等解决方案。推进创新数字贸易平台工具,推广如手机APP形式展现的手机银行或手机钱包等移动支付手段,发展第三方支付平台,强化创新在数字贸易发展中的驱动作用,为数字贸易用户提供灵活的交易平台。做好前瞻技术研发工作,加速布局新一代信息技术、前沿技术、关键技术,围绕新型芯片、新型操作系统、新型数据库、新型网络等打造从底层到应用的全新生态,迅速打开全新的应用领域,形成真正具有核心竞争力的“壁垒”。

4. 加大人才支持。发挥浙江省高校培养人才的主渠道作用,着力打造数字贸易人才孵化基地,坚持自身培养和高端人才引进“两条腿走路”。鼓励外资研发机构、功能性总部落户浙江,在高科技资源富集国家探索建立境外科技研发型经贸合作园。

5. 加强监测监管。建立数字贸易监测平台,推进数字贸易相关领域的产品服务技术标准制定工作,加强管理数字商品服务的前端和后台技术建设,建立能够捕获从订单到交货的整个数字贸易供应链信息的系统解决方案。

6. 建设专家智库。建议浙江大学、西湖大学、之江国家实验室、跨境电子商务试验区(杭州、宁波、义乌)等各领域专家学者及业界精英成立政产学研用有机结合的数字贸易专家库。

7. 加快基础设施建设。完善信息网络基础设施,优化提升互联网国际专用通道,建立健全数据安全、网络安全保障体系,打造基于主动防御的数据、网络安全体系架构数据生态圈。

8. 完善发展环境。发挥企业主体作用,深化政企合作,共同构建良好的数字贸易发展环境,简化行政审批事项,以助推“最多跑一次改革”为契机，加大电子签章等应用覆盖范围，切实提高数字贸易便利化水平。

课题组组长：胡潍康

课题组成员：方　晓　陈文辉　赵梧吟
王乔斌　周　蕾（执笔）

推动自贸试验区油品跨境贸易人民币计价与结算 加快人民币国际化

人民币国际化是国家重大战略之一，对中国构建大国体系至关重要。石油是货币国际化最佳载体，依托浙江自贸试验区油品全产业链建设，做大做强石油贸易与交易，推动油品贸易、交易以人民币计价和结算，是打造“石油人民币”，加快人民币国际化步伐的有效途径。

一、现实基础

（一）全球油品市场现状

1. 国际油品贸易基本情况。原油：2016年世界原油贸易总量达到21.2亿吨，国际原油进口规模前三位的国家（或地区）为：欧洲（5.0亿吨，占23.6%）、美国（3.9亿吨，占18.6%）和中国（3.8亿吨，占18.1%）；出口规模前三位的国家（或地区）为：沙特阿拉伯（3.8亿吨，占17.7%）、俄罗斯（2.7亿吨，占12.9%）和西非（2.2亿吨，占10.2%）。成品油：2016年，世界成品油贸易总量达到11亿吨，主要进口国家（或地区）为：欧洲（2.0亿吨，占18.2%）、新加坡（1.2亿吨，占11.0%）、美国（1.0亿吨，占16.8%）；主要出口国家（或地区）为：美国（2.0亿吨，占18.4%）、俄罗斯（1.5亿吨，占13.7%）、欧洲（1.3亿吨，占12.0%）。燃料油：2015年，世界燃料油加注总量为1.85亿吨。加注规模排名前三国家（或地区）为：亚洲（6955万吨占比，占37.6%）、欧洲（4541万吨，占24.6%）、北美（2242万吨占比12.1%），其中亚洲加注规模前三的国家分别是：新加坡（4516万吨）、韩国（872万吨）、中国（850万吨）。

2. 国内油品贸易与交易基本情况。原油：2016年，我国原油进出口贸易3.84亿吨、7760亿元，其中进口3.81亿吨、7700亿元。我国原油进口主要来自俄罗斯（占13.8%）、沙特（占13.4%）和安哥拉（占11.5%）。2016年，从中东地区原油进口占总进口量的近50%，是我国原油进口的最主要来源。国内主要原油进口地区占比分别为：山东29.9%，华南23.1%，华东20.3%，东北16.4%，华北7.5%，西北2.9%。2016年，舟山关区原油进口规模为1800万吨，约占全国的5%（按企业注册地统计，舟山原油进口额约38亿元，约占全国的0.5%）。目前，国内尚未开展原油相关现货交易。由于油品特许经营、期货油品品种缺失、外汇管制及市场准入限制等原因，全国范围内也没有具有国际影响力、采用国际通行规则的油品现货市场，国内企业进口原油均在国际市场上直接采购。2018年3月26日，上海期货交易所子公司上海国际能源交易中心正式推出原油期货。以人民币计价的中国版原油期货的诞生，无疑将增加中国这个全球原油最大消费国的油价话语权，对人民币国际化和中国金融开放也将产生深远影响。成品油：2016年，我国成品油进出口贸易7615万吨、2010亿元，其中：进口2784万吨、735亿元；出口4831万吨、1275亿元。出口的主要国家为新加坡、印度尼西亚、越南、菲律宾等，其中新加坡是汽柴油出口的第一目标市场。舟山成品油进口总额88亿元，占全国的12%；出口总额60亿元，占全国的4.7%。国内及舟山成品油现货主要以燃料油为主。燃料油：2016年，我国燃料油进口量为1160万吨，总额达175亿元。全国保税燃料油加注总量达到842万吨，燃料油加注规模排名前列地区为上海、舟山、青岛，其中黄浦191万吨，占22.7%；舟山106.4万吨，占

12.6%；黄岛74万吨，占8.8%。

（二）人民币及油品贸易计价与结算情况

1. 人民币国际化进程稳步发展。随着中国综合国力的不断增强，以及对外经贸规模的进一步扩大，人民币已跨过国界，在中国与周边国家（地区）的边境贸易中，被作为计价和结算货币普遍使用。中国在与越南、泰国、缅甸、朝鲜、蒙古、俄罗斯、巴基斯坦、尼泊尔等国家的边境贸易中，均不同程度地存在人民币计价结算。2009年7月，国内开展跨境贸易人民币结算试点，人民币国际化步伐正式开展。近年来，随着跨境人民币业务各项政策相继出台，跨境人民币业务规模不断扩大。2012年初，中国人民银行决定组织建设人民币跨境支付系统（CIPS），2015年10月8日，CIPS（一期）成功上线运行，人民币跨境清算结算体系在运行时间、清算路径等方面实现了新的突破，截至2016年底，CIPS共有28家直接参与者，512家间接参与者，覆盖六大洲80个国家和地区。系统累计运行312个工作日，共处理支付业务722849笔，金额48427亿元。2018年4月3日，中国人民银行印发《人民币跨境支付系统业务规则》的通知（银发〔2018〕72号），进一步规范了CIPS系统业务行为。以CIPS为代表的人民币国际化相关基础设施建设正在进一步完善。

2. 美元是油品贸易中最主要的结算货币。美元作为国际货币，承担了交易媒介、价值储藏和计价单位三大职能。现在国际贸易的80%以上是以美元结算，世界各国的外汇储备中，美元所占份额超过60%。不过，在国际原油贸易当中，美元几乎是作为100%的结算货币。20世纪70年代，美国与沙特签订了一系列“不可动摇的协议”。在这项所谓的“不可动摇的协议”中，沙特同意用美元作为原油唯一的定价货币。而由于沙特是世界第一大石油出口国，因此欧佩克其他成员国也接受了这一协议。美元与石油“挂钩”成为世界的共识，任何想进行国际原油交易的国家不得不把美元作为储备。正是这一系列协议奠定了美元在国际石油交易计价货币中的垄断地位。但应注意到，在油品贸易结算美元占主导地位的情形下，人民币仍在结算中占有一定地位。2017年9月，委内瑞拉总统尼古拉斯·马杜罗宣布正式放弃美元，改用人民币为石油计价。这一事实从一个侧面反映出美元的疲软态势及人民币国际地位的提升。

（三）推进油品贸易人民币计价与结算的意义

近年来，我国经济保持持续稳定增长，石油消费量稳步提升，2008—2016年期间，国家石油表观消费量从2008年的3.65亿吨增加至5.78亿吨，累计增长58.34%。在国内石油探明量有限和石油生产能力不足的背景之下，中国石油的供需矛盾持续扩大，从国外大量进口石油成了必然选择。虽然中国每年石油进口数量呈现逐年上升的趋势，但是中国却无法参与世界油价的定价权。

随着全球经济一体化步伐加快，区域经济版图也将进一步重组，人民币将与欧元、日元、卢布等国际货币，共同对美元这一单极的国际结算货币产生不可逆转的冲击，进而从根本上影响国际石油价格形成机制。因此中国应该未雨绸缪，将人民币推向国际舞台，在未来国际货币体系中占据一定的位置，增强人民币的国际话语权。

二、面临的重大机遇与挑战

（一）面临的机遇

1. 中国经济及贸易地位显著提升。经过40年的发展，中国GDP排名世界第二位，成为仅次于美国的世界第二大经济体。据世界贸易组织（WTO）发布的2016年全球贸易统计报告显示，2016年全球货物贸易额降幅有所收窄，中国继续保持出口第一大国地位。我国出口额为2.1万亿美元，占全球份额的13.2%，进口额为1.6万亿美元，连续八年保持全球第一大货物贸易出口国和第二大进口国地位。经济总量和贸易规模的增大以及国际地位的提高，增加了国外出口商使用人民币计价的安全感。同时，中国海关总署公布的数据显示，2017年全年中国原油进口为840万桶/日，超过美国的790万桶/日，总量达到4.2亿吨，同比增长10.1%，创出历史纪录新高。中国在国际油品市场所占份额稳步提高。基于此，为了保住在中国的市场份额，国外出口商有较强的动机接受人民币计价。这样，人民币在国际市场上的话语权进一步提升，为人民币国际化提供了前所未有的机遇。

2. 加入SDR进一步加强了主要产油国使用人民币计价结算的意愿。加入SDR后，我国经济保持快速增长。2016、2017年我国GDP增速分别达到6.7%和6.9%，高速增长态势不减。并且，加入SDR使人民币作为储备货币的地位被认定，中央银行或货币当局持有的人民币资产将无可争议地被统一认定为外汇储备。在此过程中我国也采取了一系列措施提高中央银行或货币当局持有人民币的便利程度，因此各国将人民币纳入外汇储备的意愿也大幅增强。2017年上半年，欧洲央行共增加等值5亿欧元的人民币外汇储备。新加坡、俄罗斯等60多个国家和地区将人民币纳入外汇储备。截至2016年底，我国已与36个境外货币当局签订了双边本币互换协议，总规模超过3.3万亿元人民币。

3. 国家亟须合适的载体推进人民币国际化。虽然我国已有建立CIPS系统、进入SDR等推动人民币国际化的措施和手段，但仍存在不可忽视的问题。在全球GDP排名前5位的国家中，中国是唯一在国际结算中主要使用外币的国家。同时，我国外汇储备中65%为美元计价资产，外汇结构单一，长期面临美国货币政策的福利冲击。由于长期以来的贸易顺差，我国外汇储备中的美元已超过2万亿，而这些美元又大部分投资了美国国债，极易受到美国货币政策和美元汇率的影响。人民币国际化不仅可以实现双边贸易由人民币进行计价和直接结算，降低我国在国际贸易中对美元储备的依赖，还可以利用人民币借入外债或持有外国资产，有助于优化外汇结构，确保外汇储备的保值。

在此背景下，浙江自贸试验区油品全产业链建设自然成为推进人民币国际化进程的重大历史机遇。到2030年，浙江自贸试验区将推进打造世界级“三基地一中心”，即建设以原油、成品油、保税燃料油现货交易为重点的国际油品交易中心，以保税燃料油加注为切入点的国际海事服务基地，以石油商业储备为核心的国际油品储运基地和以环杭州湾石化产业集群为引领的国际石化基地，建成大宗商品跨境贸易人民币国际化示范区。2017年9月，由浙江省政府主办的首届世界油商大会上，来自全球40多个国家和地区的500多位中外嘉宾，38家世界500强中涉油企业汇聚一堂，共谋浙江自贸试验区油品全产业链发展，并在现场签约油品合作项目20个，涉及总金额573.7亿元，其中外资48亿美元。浙江自贸试验区已经成为国际石油行业投资的一片崭新热土。浙江自贸试验区有能力通过油品贸易提升人民币国际地位，推动人民币国际化进程。

（二）面临的挑战

1. 油品贸易中“石油美元”的传统计价格局难以打破。目前全球交易量最大、影响最广泛的原油期货合约是西得克萨斯中质原油（WTI）及北海布伦特原油（BRENT），它们主导着全球多数市场的原油基准价格；成品油期货主要在ICE、CME Group交易；全球燃料油现货交易主要在新加坡，其现货市场的规模大约在每年4000万—5000万吨左右，2016年为4860万吨。期货市场规模大约是现货市场的3—5倍，每年成交约1.5亿—2亿吨。而这些交易以美元计价，意味着美元在各个领域均掌握着较强的控制能力，并且这种控制能力已延伸到各个贸易领域，导致境外交易对手已经习惯使用美元进行计价结算，许多国家和地区在银行间国际清算、国际资本流动、官方外汇储备、外汇市场干预中也以美元作为主要货币。这对其他货币扩大其在境外使用范围进而成为新兴国际主要货币产生一定的阻滞影响。

2. 我国金融服务水平制约人民币计价结算发展。跨境贸易人民币结算是对一国市场金融服务水平的重要考验。当前我国金融服务水平还存在许多不足，制约人民币计价结算的进一步发展。缺乏统一高效的跨境人民币清算渠道。畅通、快捷的清算系统是一种货币成为国际结算货币的前提和基础。目前，边境地区主要是双方银行通过建立一一对应的代理账户行关系，利用代理账户帮助客户结算。而这种方式时间长、效率低，不能解决双方货币头寸平补问题。银行在经营人民币跨境结算业务时与民间金融力量相比缺乏足够灵活性。银行在和民间金融机构竞争中处于下风，其原因一是商业银行总行要求本行边境地区分支机构的邻国外汇头寸余额不许隔夜保留，以控制汇率风险,该做法限制了银行本币结算业务的大规模开展;二是金融机构对美元结算路径形成依赖,对开展人民币结算业务的主动性不高;三是各家边境地区银行自行负责跨境现钞调运,银行结算收入往往不能抵补运钞成本,使银行在经营现钞业务方面望而却步。非居民持有人民币的风险对冲机制的缺失与不足。由于国际金融市场上缺乏人民币的金融产品,所以在境外个人、企业、银行在持有人民币后,没有对冲风险的工具,持有人民币意味着额外的持有、兑换费用。因此会直接影响非居民持有和使用人民币的意愿。这将会导致人民币在跨境使用上的萎缩。

3. 金融市场限制较多,有效的人民币回流机制尚未形成。人民币不能完全兑换影响了境外回流和持有。人民币要扩大计价使用的范围,一个重要前提是境外人民币持有者能够通过金融市场将持有的人民币自由、便捷、低成本地兑换成其他国际主要货币,或者是能够方便地将本国货币转换成人民币以及获得以人民币计价的资产。当前,我国的经常项目已实现基本可自由兑换,部分资本项目也进一步放松管制,但与美元、欧元、日元等主要国际货币相比,我国的经常项目和资本项目兑换仍然存在许多限制。虽然我国已有在境外发行国债的措施,但力度不大,不足以作为人民币回流的有力途径。

三、英、美、日等国货币国际化经验借鉴

在世界经济发展进程中,英国、美国和日本凭借其雄厚的经济实力,成功使英镑、美元和日元走向国际化。其发展途径各有特点,值得我国借鉴和学习。

(一)英镑国际化进程及经验

英镑是世界上第一种成为国际货币的主权货币,它得以成为国际货币主要依靠可以兑换黄金。

首先,英国拥有当时全世界最强的经济实力。16、17世纪,英国先后数次发动海战,击败了西班牙和荷兰。同时英国国内发生了资本主义革命,确立资产阶级统治制度,迅速实现了资本的原始积累。1694年,英国中央银行——英格兰银行成立并很快开始发行英镑。

其次,英国较早确立了金本位制度。1717年,英国皇家铸币局局长牛顿将黄金以英镑定价。从此英镑建立了与黄金的平价,金本位制雏形开始形成。1816年,英国通过《金本位制度法案》,以法律形式确立了金本位制,并于1821年正式启动。当时,公民可将持有的纸币按法律规定的含金量兑换为金币;黄金可以自由地输入或输出本国。

最后,英国建立了世界最完善的金融体系。19世纪,世界各国间的经济联系日益密切,各国货币根据各自的含金量建立了相互间的汇率。由于英国是当时经济最强大的国家,拥有世界最完善的金融体系,基于对英镑的信任,各国都愿意持有英镑并使用英镑进行结算。相较于使用黄金结算,这种方式大大降低了成本。这样,英镑就逐渐成为国际货币。据统计,在20世纪初,国际贸易中的大多数商品都以英镑计价,90%以上的国际结算都使用英镑。

(二)美元国际化进程及经验

美国经济在19世纪迅速崛起,美元国际化进程也随之展开。

首先,美国经济迅速崛起并赶超英国。美国从1800年到1840年每10年的产值增长率是52.3%,从1839年到1859年每10年的产值增长率是59.1%,从1869年到1889年每10年的产值增长率是50.0%。一般认为到1894年前后,美国总产值超过英国;20世纪初,美国人均产值超过英国,成为世界第一经济强国。20世纪40年代中期,英国在第二次世界大战中受到了严重创伤,消费品产量只有战前的50%,出口不到战前的33%,黄金储备只有100万美元,对外债务高达120亿美元。美国则在第二次世界大战中发展壮大,工业产量占世界工业产量的50%,对外贸易占世界贸易的33%以上,黄金储备占世界黄金储备的59%。

其后,布雷顿森林体系为美元国际化建立了制度保障。美国政府建议建立的布雷顿森林体系,以制度的形式确立了美元至高无上的地位:美元钉住黄金,各国货币钉住美元。美元成为等

同于黄金的唯一国际货币。之后，随着美国价格水平不断上升，美元的购买力不断下降，政府无法长时间维持黄金与美元的汇兑平价，在1973年，布雷顿森林体系解体。但是在此期间世界贸易形成的几乎所有大宗商品都使用美元计价、几乎所有经济活动都使用美元结算的格局仍然延续下来。

布雷顿森林体系解体后迅速建立了石油美元体系，维持了其国际货币地位。在1971年美国政府停止美元兑换黄金后，时任美国总统尼克松同意向沙特阿拉伯提供军火和保护，条件是沙特所有的石油交易都要用美元结算。由于沙特是OPEC中最大的产油国和全球最大的石油出口国，其他国家也很快采用美元进行石油交易，石油美元体系从此确立。

（三）日元国际化进程及经验

日元国际化基础仍是雄厚的经济、贸易实力。日本在二战前已经发展成工业强国。虽然在二战中经济遭受重创，但其工业基础依然存在，并在战后重建中得以恢复；而美国在20世纪50年代和60年代参与了朝鲜战争和越南战争，大量从日本采购物资，这有力促进了日本的外部需求。日本经济在1955年已超越战前水平，1968年跃居世界第二位。

牙买加体系使美元不再是唯一的国际货币，给日元提供了机会。1973年布雷顿森林体系解体，美元不再等同于黄金。1976年"牙买加体系"的形成使除美元以外的其他货币有可能成为国际货币，这为日元的国际化提供了机会。以日元计价的日本出口贸易比例从1970年的0提高到1980年的约30%，但以日元计价的进口贸易比例仍不足5%。20世纪70年代末80年代初，日本的国内生产总值和进出口额虽仍然不及美国，但已超越英法，为日元国际化创造了先决条件。

在大宗商品都使用美元计价和结算的贸易体系中，日元受到挤压，其国际化程度并不充分。从20世纪80年代开始，日本政府着手推进日元国际化。从1980年到1999年，日本对外汇、外贸方面的法规进行了数次修订，基本实现了日元资本项目兑换自由化、利率自由化和国内外资本流动自由化等，有力推进了日元国际化。但是，日元相比英镑和美元，其国际化程度明显较低。以2010年为例，在世界各国的外汇储备中，美元占61.5%，欧元占26.2%，英镑占4.0%，日元只占3.8%，所占的比例还不如国内生产总值只有日本50%的英国英镑。

通过对英镑、美元和日元国际化进程的梳理，可以总结出货币国际化的几点共性经验：首先，强大的经济贸易实力是货币国际化的必要条件。英、美、日三国在推动本国货币国际化的时期，均是当时世界首屈一指的经贸强国。只有经济实力强大，才能在国际贸易中享有充分话语权，占据主导地位。其次，国际化进程中货币应与原油、黄金等挂钩。英镑、美元的国际化进程中，两种货币都较早地完成与黄金挂钩，获得在国际贸易中的主导地位。相比之下，日元由于没有与黄金以及作为重要能源的石油挂钩，未能在其国际化进程中打破以美元结算的贸易体系，故而国际化并不充分。再次，应扩大国际贸易份额，推动大宗商品以本国货币计价结算。英国、美国的共同特点都是在国际贸易中占有较大份额，尤其是大宗商品方面。这有助于提升国家在贸易中的话语权，有助于本国货币的输出，有助于建立本国货币贸易结算体系。

四、实现途径和主要任务

综合以上分析，我国推动人民币国际化的客观条件已渐趋成熟，且面临着良好的机遇。为此，浙江自贸试验区应把握油品全产业链建设有利契机，紧跟人民币国际化重大战略步伐，发挥自贸试验区巨大贸易优势，推动人民币国际化进程。

（一）做大自贸试验区油品贸易规模

1. 加快基础设施建设。工欲善其事，必先利其器。要通过油品贸易推动人民币国际化进程，就必须首先做好油品储备和人民币计价结算方面的基础设施建设。完善油品储运基础设施，加快推进自贸区重点油品储运项目建设，迅速建立健全接卸泊位、管网、油罐、地下油库、锚地、物流基地等基础设施体系。同时在自贸区内开展并逐步完善人民币结算中心建设，保证人民币计价结算正常进行。

2. 加强贸易主体招引。我国主要原油进口国有俄罗斯、沙特、安哥拉、伊拉克、巴西和科威特等。在与其进行油品贸易的过程中，应注重放开准入政策，加大优惠力度，吸引大型跨国油品贸易公司入驻自贸区，推动油品贸易便利化、自由化，同时配合人民币结算中心建设，实现自贸区内油品贸易人民币结算，推进打造“石油人民币”。

3. 大力发展转口和离岸贸易。实施全球贸易商计划，吸引一批跨国及本土贸易企业在自贸区内设立转口贸易主体，特别是推动以油品为主的大宗商品转口贸易，鼓励世界大型贸易公司利用自贸区突出的存储条件和区位优势，建立全球储备中心，开展转口贸易、离岸贸易。支持企业开展转口加工贸易，拓展品牌、研发、组装、维修、分拨结算中心等产业链高端业务，并结合自贸区离岸贸易、离岸金融中心建设，将自贸区打造成东北亚转口、离岸贸易枢纽。

（二）推进油品跨境贸易人民币计价与结算

1. 推动重点国别油品人民币计价与结算。通过外交手段推动与大宗商品出口国、“一带一路”沿线国在油品乃至其他大宗商品贸易中使用人民币计价和结算，并在自贸区建立结算中心，支持使用人民币结算。进一步深化与重点国别的贸易合作力度，扩大货币互换规模，大力推动人民币对相应货币的直接交易，扩大跨境人民币结算量。

2. 推动外贸优势领域人民币计价与结算。自贸区应抓住油品贸易这一契机，通过推行油品人民币结算，为其他外贸优势领域树立良好范本。通过建立专用账户、设计相关金融产品、完善风险管控手段等措施，吸引外贸优势领域贸易商进入自贸区进行交易。利用自贸区的便利条件，建立相关人民币结算中心，推动人民币结算体系建设，进一步扩大人民币的国际影响力。

3. 推动大型公司在自贸区内实现人民币计价与结算。浙江自贸区挂牌一年来，新增注册企业4860家，注册资本总额达到2339.11亿元。可见，自贸区内的大型公司已有相当的规模，在业务上也覆盖了诸多领域，因此，必须推动大型公司在自贸区内使用人民币进行计价与结算。《关于金融支持中国（浙江）自由贸易试验区建设的指导意见》中支持设立贸易专用账户，配合人民币结算中心建设，可以实现大型公司贸易的人民币结算，这将极大促进人民币国际化进程。

（三）探索创新金融配套服务

1. 大力发展大宗商品相关金融配套服务。根据油品贸易发展需求，大力支持银行机构积极参与构建油品贸易专用账户，承接账户管理、交易清算等业务（以人民币结算）。推动商业银行加大油品等大宗商品领域的金融服务创新力度，提供种类丰富的金融产品以及风险管理工具，满足油品交易需求。

2. 依托离岸经济中心建设推动海外人民币产品创新。海外人民币市场具有两方面优势：一是受到的监管程度较低，二是市场参与方具有较强的金融创新能力。省外汇局起草的《关于金融支持中国（浙江）自由贸易试验区建设的指导意见》《推进中国（浙江）自贸试验区外汇管理改革试点实施细则》均已印发实施；为自贸区人民币产品创新提供了制度依据；另外，配合离岸金融中心建设，自贸区应充分利用“境内关外”的特点，推动人民币产品创新，鼓励自贸区内的金融机构和企业在自贸区内和境外发行人民币债券，鼓励所筹资金在境外使用，并探索发行以人民币计价的金融工具。

3. 拓宽人民币回流途径：金融产品设计。在推动人民币“走出去”的过程中，还应考虑如何让人民币顺利流回国内，建立起人民币的国际循环通道。这就需要拓宽人民币跨境金融交易渠道，设计金融产品。针对自贸区，应研究“一带一路”沿线国等重点国别油品大宗交易产生的境外人民币投资国内资本市场的政策安排，增加人民币资产供给，逐步形成“人民币—石油、大宗商品—人民币计价金融资产”的循环，确保人民币顺利回流。

（四）构建交易便利、风险可控的管理模式

1. 构建油品贸易专用账户。利用现有账户体系，建立适合油品贸易的专用账户，实现境内外资金融合，主要用于贸易双方的货物结算资金存放，以吸引国际贸易商在自贸区内开展油品贸易，并结合实际需求，积极研究类似于第三方支付备付金管理的第三方存管制度。同时，推行油品贸易人民币结算业务，做到自贸区内油品贸易全部使用人民币结算。

2. 加强跨境资金风险管理。督促金融机构切实履行法律规定的反洗钱、反恐融资、反逃税义务，全面监测、分析跨境资金流动，按规定及时报送大额和可疑交易报告。建立健全内控制度，完善业务审查机制。加强金融消费权益保护，完善客户权益保护机制，切实负起保护消费者的主体责任。

课题组组长：张钱江

课题组成员：汤小刚 兰 健 任锦群
王君英 胡朝麟（执笔）
尚 玄（执笔）

商务高质量发展指标体系构建思路探讨

高质量发展指标体系，是确定发展思路、制定经济政策、实施宏观调控的工作基础和根本要求。商务经济作为经济社会的重要组成部分，构建商务高质量发展指标体系，有助于我们更好地剖析高质量发展的内涵、查找制约高质量发展的因素，更好地指导我们按照高质量发展要求推进商务工作。

一、当前反映商务发展水平的主要指标

从当前商务发展指标统计体系以及对各地市考核体系看，评价商务发展水平的指标可以分为三类：

一是总量指标。主要反映某一具体指标的总规模、总水平或工作总量，总量指标用一个绝对数或者占比来表示，比如说社零总额、浙江省出口占全国比重等，以此来反映特定现象在一定时间上的总量状况或者来确定一个地区某一领域的发展要求，是最基本的统计指标。

二是增速指标。增速指标是反映社会经济现象增长程度的相对指标，是报告期增长量与基期发展水平之比(由于采用的基期不同，分为环比、同比)，主要反映一定时期内某一具体指标发展水平的变化程度，能够比较直观地反映某一领域发展的基本态势，也是当前考核工作的主要指标。一直以来，社零、外贸进出口、电子商务等商务发展指标，都以增速评价为主。

三是定性指标。主要是指无法直接通过数据来直接评价或反映工作成效、工作情况，需对评价对象进行客观描述和分析来反映评价结果的指标。比如说重点工作推进情况、重大改革推进成效、发展模式创新应用、政策体系构建、营商环境改善等方面的情况，对于这些情况，目前还缺少直接反映指标，往往采用定性分析。

当前商务发展的主要指标，以反映商务经济总量、商务发展速度为主，是反映“高速增长”阶段特征指标。在“高速增长”阶段，主要专注的是经济产出。进入新时代，“高速增长”完成了其历史使命，经济转向“高质量发展”阶段。而反映“高质量发展”阶段的指标，如聚焦高质量、竞争力、现代化的指标体系还没有形成。

二、商务高质量发展的内涵意义

十九大报告中提出，我国经济已由高速增长阶段转向高质量发展阶段。这表明，“高速增长”转向“高质量发展”是我国经济发展进入新时代的基本特征，是当前推动经济发展的战略目标。推动商务高质量发展，首先要研究商务高质量发展的内涵所在。

一是更大作用。所谓更大作用，就是商务经济发展对全省社会经济发展要作出更多贡献。商务经济是国民经济的重要组成部分，实现商务高质量发展，最终是要体现在服务和促进全省经济社会发展中所发挥的作用。

二是更低风险。防风险是决胜全面建成小康社会的“三大攻坚战”之一。商务领域，特别是开放型经济方面，同样面临诸多风险和挑战。比如中美贸易摩擦，只有通过积极应对，最大限度降低风险，才能更好地保护我们自身产业和企业，才能更好地实现高质量发展。

三是更重创新。多年来，浙江省商务发展依靠要素成本优势，在发展规模方面取得了巨大成绩，但是也遇到了发展瓶颈并衍生了一些低质量发展的后果。浙江省商务发展要继续走在全国前

列，就必须从要素投入驱动的模式，转向以创新驱动的模式，使创新成为驱动高质量发展的主要动力。

四是更优结构。十九大报告指出，我国的社会主要矛盾，已经转化为人民日益增长的美好生活需要与不平衡不充分的发展之间的矛盾。商务发展同样也存在很多不平衡不充分的方面，大的体现在区域之间发展不平衡、企业之间发展不平衡，小的体现消费结构不优、出口产品结构不优、利用外资结构不优等诸多方面。实现商务高质量发展，就是要推动商务发展朝着结构更优、更平衡的方向发展。

五是更高效益。就是推动商务发展从数量和速度向质量和效率提升转变，立足生产和生活消费升级的需要，着眼更高水平参与国际竞争与合作，加快培育和发展新业态、新模式、新技术、新产品，提高全要素生产率，从而提高增长效益。

结合当前反映商务发展水平的主要指标以及商务高质量发展的内涵意义，当前的商务发展指标体系，存在以下几个方面的问题：

一是指标设置相对单一。当前的商务考核指标，以总量指标或者增速指标为主，而没有考虑内在结构、发展效益以及创新应用等发展指标，指标设置浮于表面、相对单一。比如说外资，我们的考核是以年度实际外资完成数为依据，车俊书记在全省对外开放大会中指出不能“捡进篮子都是菜”，就是要求更加注重外资的质量，更多考虑外资的结构、对经济带动作用等方面。

二是工作指导性不强。考核的根本目的，在于更好地指导工作。多年以来，地方在推进商务工作中，往往只盯牢有没有完成省里要求的总量指标或者增速指标，但是对于重点抓什么？要怎么抓？缺乏谋划，主要原因还是在于当前我们的考核指标设计，在工作重点、工作路径、工作导向等方面给予地方的指导相对有限。

三是促进经济发展作用难以体现。商务经济与经济发展密切相关，无论是消费、出口、外资，还是其他开放型经济的发展，对促进经济发展、加快转型升级、拓展发展空间都有积极作用。当前的考核指标，仅仅从商务发展本身来进行设置，只能反映商务发展的总体水平，不能全面体现对促进经济社会发展的作用。

三、构建商务发展高质量指标体系的基本考虑

按照新时代对高质量指标体系构建的工作要求以及当前商务发展指标体系存在的问题，从重要意义、设计原则、体系框架和主要内容三方面，提出了商务发展高质量指标体系设计的一些基本考虑。

（一）重要意义

一是建立“四大工作体系”的基本保障。实现“两个高水平”“四个强省”和建设“六个浙江”，根本方法是建立健全工作推进的指标体系、工作体系、政策体系和评价体系。指标体系是建立“四大工作体系”的基础性工作，是推动高质量发展的指挥棒，在基于科学合理的高质量发展指标体系基础上，才能更好地进行工作体系、政策体系和评价体系的顶层设计和统筹谋划，以推动各地政府将高质量发展理念转化为高质量发展的行动。

二是全面反映商务发展水平的根本需要。当前的指标体系已经不适用于高质量发展要求，主要表现在反映速度、总量的指标多，体现质量、效益的指标少，反映传统发展方式路径的指标多，体现新发展方式路径的指标少；反映发展水平的指标多，体现企业、群众获得感的指标少。在原有考核指标体系基础上，加快形成推动高质量发展的评价指标体系，能够更加全面、更加客观地评价商务发展情况。

三是推动商务高质量发展的重要手段。高质量指标体系与当前的考核指标体系相比，最主要的区别是，高质量指标体系的侧重点在于评价，是工作的导向、努力的方向，考核指标体系的侧重点在于考核，是工作的目标、工作的成效。建立高质量指标体系，能够更直接地引导地方对照先进发展水平，朝着更高水平、更高质量的方向发展，形成创先争优的良好氛围，加快推动商务高质量发展。

（二）基本原则

一是体现高质量。商务发展高质量发展指标体系的设计，第一原则就是要体现商务发展的高

质量，从更大作用、更低风险、更重创新、更优结构、更高效益等五个方面出发，更好地体现质量第一、效益优先的工作要求，更好地反映商务发展与经济社会发展的紧密性。

二是具有科学性。高质量发展指标体系的设计，要以新发展理念为指导，对构建高质量发展工作体系具有更强的指导意义。各项指标之间要有严密的逻辑关系，既相互独立，又彼此联系，共同构成一个有机统一体，全面反映商务经济发展水平。

三是具有实践性。商务工作包含了许多内容，指标体系不能简单地积累所有内容的指标，要有所侧重、有所舍弃，选择一些简明的关键性指标，可以在推进商务发展的具体工作中有所体现，能够反映商务发展的进程与成效，体现地方商务特色和实际，确保指标体系的可操作性。

四是具有可获性。指标体系中的数据获取，要有公共性和权威性的来源渠道，即所有数据尽可能是公开、连续的，特别是对于各地市的数据来源，要有统一的口径和标准，以保证考核评价结果的客观性。

（三）总体框架

浙江省商务厅作为商贸流通和开放型经济的主管部门，主要涉及“商贸流通、对外贸易、利用外资、对外投资、服务贸易、开放平台、电子商务”七大业务板块。当前的重点，就是围绕七大业务板块，建立每一个业务板块的高质量发展指标体系，从而反映某一具体业务板块的发展水平，为构建商务高质量发展评价指标打好基础。总体框架如下：

一级指标，对应七大业务板块，即商贸流通发展水平、对外贸易发展水平、利用外资发展水平、对外投资发展水平、服务贸易发展水平、开放平台发展水平和电子商务发展水平。

二级指标，按照七大业务板块的发展目标，提出每一个业务板块中最能体现高质量发展的重点目标、重点任务或者重点方向。

三级指标，为二级指标的具体细化，是整个高质量发展指标体系的核心内容。三级指标中，有部分指标是近期指标，当前就可获取、能够较好地反映商务发展水平的指标；有部分指标为中长期指标，指当前无法获取，但能够代表商务发展趋势或者反映商务高质量发展的指标。

（四）主要内容

根据以上基本原则和总体框架，我们形成了商务高质量发展的指标体系（附件1），具体如下：

一是商贸流通方面。未来五年，浙江省商贸流通主要是通过构建“创新融合的现代流通体系、多元普惠的消费促进体系、灵敏高效的运行保供体系、法治有序的市场秩序体系”四大体系，着力建设“消费大省”和“流通强省”。围绕“消费大省”和“流通强省”目标要求，我们认为可以通过以下指标来反映：

1. 消费大省指标，主要通过消费规模、消费升级、消费效益等指标来反映。消费贡献，主要包括社零总额、批零总额、网络零售额等指标；消费升级，主要包括服务消费、绿色消费、中高端消费、乡村消费占比等指标；消费效益，主要包括最终消费贡献、消费者信心指数、区域发展协调指数等指标。

2. 流通大省指标，主要通过流通贡献来反映，主要指标有流通业增加值、连锁零售企业商品销售额、流通业就业人数、商品统一配送率、零售企业利润率、社会物流总费用等指标。

二是对外贸易方面。未来五年，全省对外贸易的主要目标是“建设贸易强省”，积极推动对外贸易发展由要素驱动向创新驱动转变，由规模速度型向质量效益型转变，由成本、价格优势为主向以技术、标准、品牌、质量、服务为核心的综合竞争优势转变。围绕“贸易强省”建设要求，我们认为可以通过以下指标来反映：

1. 贸易往来指标，主要包括总体规模、外向程度等两方面。总体规模主要包括货物进出口额、出口份额、进口份额等指标。外向程度主要包括对外贸易依存度、外贸活跃度等指标。

2. 结构优化指标，主要包括贸易结构和协调程度。贸易结构由民营企业出口占比、外贸新业态出口占比、“一带一路”市场出口占比、机电和高新技术产品出口占比、品牌产品出口占比等指标组成。协调程度由市场多元化指数、区域外贸发展协调指数、进出口协调度等指标组成。

3. 发展效益指标，主要包括外贸贡献和国际竞争能力。外贸贡献包括就业贡献率、纳税贡献率。国际竞争能力包括产业贸易份额、出口产品增加值。

三是利用外资方面。未来五年，利用外资的主要目标是“打造高质量外资集聚地”，加快形成浙江省招引外资的综合优势，强化服务全省经济转型升级的作用。围绕这一目标要求，我们认为可以通过以下指标来反映：

1. 投资往来指标，主要用总体规模来反映，包括实际外资规模、实际外资份额、新设外资企业数量、年末外商投资存量。

2. 结构优化指标，包括项目结构和协调程度。项目结构具体由高新技术产业外资占比、重点外资项目占比、外资大项目占比、独立法人研发中心数量、跨国公司地区总部数量等指标组成。协调程度主要用区域平衡度来反映。

3. 发展效益指标，包括经济效益和技术效益。经济效益包括外资企业年末从业人数、利润总额、亩均税收等指标。技术效益包括技术溢出率、研发经费占比等指标。

四是对外投资与经济合作方面。未来五年，浙江省对外投资主要围绕“提升企业国际化经营水平”的工作目标，积极推动浙江省企业嵌入全球产业链、价值链、创新链。围绕这一目标要求，我们认为可以通过以下指标来反映：

1. 发展规模指标，主要指对外投资的总体规模、平台建设等情况。总体规模，主要包括对外投资备案额、境外企业和机构数、国外经济合作营业额等指标。平台建设，主要是指浙江省建设的境外经贸合作区数量、“义新欧”班列年度往返次数、建立境外营销网络情况等。

2. 结构优化指标，主要包括投资结构、行业结构、区域结构等。投资结构，主要是指跨国并购金额占对外投资比重、境外投资1亿美元以上项目数。行业结构，重点关注第二产业投资占对外投资比重、重点行业投资占对外投资比重等指标。区域结构，主要关注对“一带一路”市场投资比重。

3. 内外联动指标，主要包括要素流动和经济贡献。要素流动包括，境外投资企业省内投资项目数、用于省内发展的境外技术数量、带动回归省内发展的人才数量。经济贡献包括，带动出口规模、产业提升率等指标。

五是服务贸易方面。当前，服务贸易的主要目标，就是推动服务贸易与货物贸易协调发展。围绕这一目标要求，我们认为可以通过以下指标来反映：

1. 总体规模，主要包括服务贸易的发展规模、协调程度和经济贡献等。发展规模主要指服务贸易总量、服务贸易增速、服务贸易比重等指标。协调程度主要包括服务贸易协调度、新兴服务出口占比。

2. 发展结构，主要用服务贸易的重点领域和市场结构来反映，主要包括文化服务占比、运输服务占比、数字贸易服务占比、“一带一路”占比、欧美发达国家占比等指标。

六是开放平台方面。未来五年，浙江省开放平台的建设目标是，按照以“一带一路”统领新一轮对外开放的目标要求，不断强化全省对外开放平台的综合优势，在更大范围、更广领域和更高层次的开放上寻求突破。围绕这一目标要求，我们认为可以通过以下指标来反映：

1. 发展规模。主要包括国家级开发区数量、实际外资占比、进出口总额占比、税收收入占比、规模以上工业增加值占比等指标。

2. 创新发展，主要包括技改投入率、每万人科技活动人员数、科技活动经费支出、新产品产值率、高新技术企业产值占比等指标。

3. 发展效益，主要包括土地利用率、土地税收产出率、工业企业劳动生产率、工业土地增加值产出率、清洁生产通过率等指标。

七是电子商务方面。紧紧围绕“高水平建设具有全球战略地位的国际电子商务中心”的工作目标，推进电商发展国际化、品质化、智能化和规范化，为全国电子商务发展提供浙江经验。围绕这一目标要求，我们认为可以通过以下指标来反映：

1. 总体水平，主要包括发展规模、基础支撑。总体规模主要包括电子商务交易额、经济贡献度、电商企业数量、就业人数等。基础支撑主要包括计算机服务业固定投资、电商物流效率、网络普及率。

2. 重点领域，主要包括农村电商、跨境电商和服务业电商。农村电商，主要关注农产品线上销售规模、农村电商服务网点建设情况、电商专业村建设情况；跨境电商，重点关注跨境电商规模、跨境电商增速、跨境电商比重、跨境电商普及率等指标；服务业电商，主要关注服务业电商规模、服务业电商平台数量等指标。

四、对当前指标评价体系科学性的验证

根据商务高质量发展内涵，我们在梳理以上指标的基础上，从上述指标体系中选取了25个具体指标，对每个指标提出了2022年的目标值（附件2），形成了现阶段评价商务发展情况的指标体系。

一是关于指标的选取。由于高质量指标体系反映的是工作导向和方向，每个业务板块中提出的部分指标当前阶段无法获取，或者各地统计标准、口径存在不一致。为了更加科学地反映当前阶段的商务发展情况，我们选取了部分数据来源稳定、数据准确性高的统计指标。同时，为了更加客观地反映各业务板块对商务发展的作用，每个业务板块的指标数量、指标分值保持相对均衡。

二是关于目标的设定。本次高质量指标体系的目标值完成时间设置在2022年，一方面，时间跨度与本届政府任期保持一致；另一方面，与全省高质量发展指标体系的时间跨度保持一致。在目标值的确定上，按照指标走在全国前列、对照先进省市水平、通过努力可以实现的原则，提出了目标值的具体值。

三是关于权重的确定。按照规模是基础、结构是重点、效益是核心的原则，对规模指标、结构指标和效益指标分别赋予了3分、4分和5分的权重。

在以上工作基础上，按照完成2022年目标值的百分值计算得分，对2012—2017年期间的商务发展指数进行了测算（附件3），得出的商务发展指数分别为66、66、67、72、77、80，较好地反映了近年来商务发展工作成效，也在一定程度上反映了该指标体系能够较好地评价商务发展情况。

课题组组长：陈建华
课题组成员：方　晓　陈芳芳
黄　澄（执笔）
赵梧吟　马伟峰

附件1

商贸流通评价指标体系

评价内容	一级指标	二级指标	三级指标	数据来源	备注
商贸流通发展水平	A1消费大省	B1消费规模	C1社会消费品零售总额	省统计局	近期指标,可获取
			C2批发零售业总额	省统计局	近期指标,可获取
			C3网络零售额	省商务厅	近期指标,可获取
		B2消费升级	C4服务消费占比	省统计局	中期指标,当前不可获取
			C5绿色消费占比	省统计局	中期指标,当前不可获取
			C6中高端消费占比	省统计局	中期指标,当前不可获取
			C7农村消费占比	省统计局	近期指标,可获取
		B3消费效益	C8最终消费贡献	省统计局	近期指标,可获取
			C9消费者信心指数	省统计局	近期指标,统计局年度开展调查统计
			C10区域发展协调指数	省商务厅	近期指标
	A2流通强省	B4流通贡献	C11流通业增加值	省统计局	近期指标,可获取
			C12连锁零售企业商品销售额	省统计局	近期指标,可获取
			C13流通业就业人数	省统计局	近期指标,可获取
			C14商品统一配送率	省统计局	近期指标,可获取
			C15零售企业利润率	省统计局	远期指标,当前不可获取
			C16社会物流总费用	省统计局	近期指标,可获取

指标解释:

1. 社会消费品零售总额:批发和零售业、住宿和餐饮业以及其他行业直接售给城乡居民和社会集团的消费品零售额。

2. 批发零售业总额:批发业是指批发商向批发、零售单位及其他企业、事业、机关批量销售生活用品和生产资料的活动,以及从事进出口贸易和贸易经纪与代理的活动。

3. 网络零售额:企业(单位、个体经营户、个人)通过公共网络交易平台实现的商品和服务零售额。

4. 服务消费占比:指企业(单位)通过交易提供给个人的非商品性服务所取得的收入金额。

5. 绿色商品消费占比:指重点调查企业绿色商品销售额占社会总消费的比重。

6. 中高端商品销售额:指重点调查企业中高端商品销售额占社会总消费的比重。

7. 农村消费占比:农村社会消费品零售总额占社会消费品零售总额的比重。

8. 最终消费贡献:指常住单位在一定时期内对于货物和服务的全部消费支出。

9. 消费者信心指数:反映消费者信心强弱,取值在“0—200”之间,“0”表示极端悲观,“200”表示极端乐观,“100”为乐观与悲观的临界值。

10. 区域发展协调指数:反映全省各市消费规模平衡程度,采用赫芬达尔指数计算,趋近于1表示向某一区域集中,越趋近于0表示越平衡。

11. 流通业增加值:指流通业以货币形式表现的生产经营活动的新增价值。
12. 连锁零售企业商品销售额:指连锁零售企业年度商品销售额。
13. 流通业就业人数:指流通业吸纳的就业人数。
14. 商品统一配送率:商品流通采用统一配送方式的占比。
15. 零售企业利润率:指限额以上批发零售贸易企业利润总额与销售总额之比。
16. 社会物流总费用:指国民经济各方面用于社会物流活动的各项费用支出的总和。

对外贸易评价指标体系

评价内容	一级指标	二级指标	三级指标	数据来源	备注
对外贸易发展水平	A1贸易往来	B1总体规模	C1货物进出口额	杭州海关	近期指标,可获取
			C2出口份额	杭州海关	近期指标,可获取
			C3进口份额	杭州海关	近期指标,可获取
		B2外向程度	C4对外贸易依存度	杭州海关	近期指标,可获取
			C5外贸活跃度	省商务厅	近期指标,可获取
	A2结构优化	B3贸易结构	C6民营企业出口占比	杭州海关	近期指标,可获取
			C7外贸新业态出口占比	杭州海关	近期指标,可获取
			C8“一带一路”市场出口占比	杭州海关	近期指标,可获取
			C9机电和高新技术产品出口占比	杭州海关	近期指标,可获取
			C10品牌产品出口占比	杭州海关	近期指标,可获取
		B4协调程度	C11市场多元化指数	省商务厅	近期指标,省商务厅根据杭州海关数据进行测算
			C12区域外贸发展协调指数	省商务厅	近期指标,省商务厅根据杭州海关数据进行测算
			C13进出口协调度	省商务厅	近期指标,省商务厅根据杭州海关数据进行测算
	A3发展效益	B5外贸贡献	C14就业贡献率	省统计局	远期指标,当前无法获取
			C15纳税贡献率	省税务局	远期指标,当前无法获取
		B6国际竞争能力	C16产业贸易份额	省统计局	远期指标,当前无法核算
			C17出口产品增加值	省统计局	远期指标,当前无法核算

指标解释:
1. 货物进出口额:指实际进出我国国境的货物总金额。
2. 出口份额:浙江省货物出口总额占全国货物出口总额的比重。
3. 进口份额:浙江省货物进口总额占全国货物进口总额的比重。
4. 对外贸易依存度:外贸总额与GDP的比值。
5. 外贸活跃度:有出口实绩的企业数占全省外贸经营者备案企业总数的比重。
6. 民营企业出口占比:民营企业出口占全省货物贸易出口总额的比重。

7. 外贸新业态出口占比:以市场采购、外贸综合服务平台、跨境电商等方式的出口额占货物贸易总出口额的比重。

8. “一带一路”市场出口占比:与“一带一路”沿线国家的货物贸易总额占全省货物贸易总额的比重。

9. 机电和高新技术产品出口占比:机电和高新技术产品出口额占货物贸易总出口额的比重。

10. 品牌产品出口占比:浙江省品牌产品出口比重占货物贸易总出口额的比重。

11. 市场多元化指数:反映国际市场在浙江省对外贸易中的变化情况(香农威纳指数,趋近于1表示多元化,趋近于0表示单一化)。

12. 区域外贸发展协调指数:反映省内各地在对外贸易中协调发展情况(赫芬达尔指数,趋近于1表示向某一区域集中,越趋近于0表示越平衡)。

13. 进出口协调度:货物贸易出口与货物贸易进口的比值。

14. 就业贡献率:有出口实绩的外贸企业吸纳的就业人数占全省就业人数的比重。

15. 纳税贡献率:有出口实绩的外贸企业贡献的税收占全省税收的比重。

16. 产业贸易份额:浙江省重点产业贸易份额占全球贸易总额的比重。

17. 出口产品增加值:货物贸易在国内环节新增的价值。

利用外资评价指标体系

评价内容	一级指标	二级指标	三级指标	数据来源	备注
利用外资发展水平	A1 投资往来	B1 总体规模	C1实际外资规模	省商务厅	近期指标,可获取
			C2实际外资份额	省商务厅	近期指标,可获取
			C3新设外资企业数量	省商务厅	近期指标,可获取
			C4年末外商投资存量	省统计局	近期指标,可获取
	A2 结构优化	B2 项目结构	C5高新技术产业外资占比	省商务厅	近期指标,可获取
			C6重点外资项目占比	省商务厅	近期指标,可获取
			C7外资大项目占比	省商务厅	近期指标,可获取
			C8独立法人研发中心数量	省商务厅	近期指标,可获取
			C9跨国公司地区总部数量	省商务厅	近期指标,可获取
		B3 协调程度	C10区域平衡度	省商务厅	近期指标,可计算
	A3 发展效益	B4 经济效益	C11外资企业年末从业人数	省统计局	近期指标,可获取
			C12利润总额	省统计局	近期指标,可获取
			C13亩均税收	省统计局	近期指标,可获取
		B5 技术效益	C14技术溢出率	省统计局	远期指标,当前无法核算
			C15研发经费占比	省统计局	近期指标,可获取

指标解释:

1. 实际外资规模:指的是年度外商(含台港澳投资者)实际投入资本总额。

2. 实际外资份额：实际外资规模占全国的比重。

3. 新设外资企业数量：指的是年度全省新批准或备案设立外商投资企业数量。

4. 年末外商投资存量：截至某年末全省外商投资存量=外商投资企业归属于外方股东的所有者权益—对境外母公司的权益投资（反向投资）＋对境外投资者的债务-对境外投资者的债权。

5. 高新技术产业外资占比：高新技术产业领域的实际外资占全省外资总额的比重。

6. 重点外资项目占比：世界500强企业、全球行业龙头企业、“隐形冠军”等实际外资占全省外资总额的比重。

7. 外资大项目占比：投资1亿美元以上的项目实际外资占全省外资总额的比重。

8. 独立法人研发中心数量：年度按规定新设的独立法人研发中心数量。

9. 跨国公司地区总部数量：经商务厅认定的年度新设外商投资地区总部数量。

10. 区域平衡度：浙西南地区实际外资占比。

11. 外资企业年末从业人数：年末外商投资企业吸纳的就业人数。

12. 利润总额：外商投资企业总利润额。

13. 亩均税收：外资企业纳税总额与占用土地亩数的比值。

14. 技术溢出率：外资企业的核心或关键技术被浙江省企业应用情况。

15. 研发经费占比：指规模以上外资企业用于研究和开发的费用在销售收入中所占的比重。

对外投资与合作评价指标体系

评价内容	一级指标	二级指标	三级指标	数据来源	备注
对外投资发展水平	A1 发展规模	B1 总体规模	C1投资备案额	省商务厅	近期指标，可获取
			C2境外企业和机构数	省商务厅	近期指标，可获取
			C3国外经济合作营业额	省商务厅	近期指标，可获取
		B2 平台建设	C4境外经贸合作区数	省商务厅	近期指标，可获取
			C5“义新欧”往返班次	省商务厅	近期指标，可获取
			C6建立境外营销网络	省商务厅	近期指标，可获取
	A2 结构优化	B3 投资结构	C7跨国并购金额占比	省商务厅	近期指标，可获取
			C8投资大项目占比	省商务厅	近期指标，可获取
		B4 行业结构	C9第二产业投资占比	省商务厅	近期指标，可获取
			C10重点行业投资占比	省商务厅	中期指标，可根据确定的重点行业进行计算
		B5 区域结构	C11“一带一路”占比	省商务厅	近期指标，可获取
	A3 内外联动	B6 要素流动	C12项目回归	省商务厅	远期指标，当前无法核算
			C13技术回归	省商务厅	远期指标，当前无法核算
			C14人才回归	省商务厅	远期指标，当前无法核算
		B7 经济贡献	C15带动出口规模	省商务厅	中期指标，当前无法计算
			C16产业提升率	省商务厅	远期指标，当前无法核算

指标解释:

1. 投资备案额:年度对外投资备案总额。
2. 境外企业和机构数:年度在境外新设或备案的企业和结构数量。
3. 国外经济合作营业额:年度在境外完成的营业额。
4. 境外经贸合作区数:在境外设立的经贸合作区数量。
5. “义新欧”往返班次:“义新欧”班列年度往返次数。
6. 建立境外营销网络:年度在境外新设的具有营销仓储功能的企业数量。
7. 跨国并购额占比:跨国并购金额占对外投资比重。
8. 投资大项目占比:境外投资1亿美元以上项目数。
9. 第二产业投资占比:第二产业投资占对外投资的比重。
10. 重点行业投资占比:重点行业投资占对外投资的比重。
11. “一带一路”市场占比: 对“一带一路”市场投资占对外投资的比重。
12. 项目回归:境外投资企业省内投资项目数。
13. 技术回归:用于省内发展的境外技术数量。
14. 人才回归:带动回归省内发展的人才数量。
15. 带动出口规模:外投资企业带动浙江省的出口额。
16. 产业提升率:带动省内产业转型升级率。

服务贸易评价指标体系

评价内容	一级指标	二级指标	三级指标	数据来源	备注
服务贸易发展水平	A1总体规模	B1发展规模	C1服务贸易总量	省商务厅	近期指标,可获取
			C2服务贸易增速	省商务厅	近期指标,可获取
			C3服务贸易比重	省商务厅	近期指标,可获取
		B2协调程度	C4服务贸易协调度	省商务厅	近期指标,可获取
			C5新兴服务出口占比	省商务厅	近期指标,可获取
	A2发展结构	B3重点领域	C6文化服务占比	省商务厅	近期指标,可获取
			C7运输服务占比	省商务厅	近期指标,可获取
			C8数字贸易服务占比	省商务厅	近期指标,可获取
			C9“一带一路”占比	省商务厅	近期指标,可获取
			C10欧美发达国家占比	省商务厅	近期指标,可获取

指标解释:

1. 服务贸易总量:年度完成的服务贸易总额。
2. 服务贸易增速:年度服务贸易增长速度。
3. 服务贸易比重:服务贸易与货物贸易和服务贸易总和的比值。
4. 服务贸易协调度:服务贸易进口与出口的比值。
5. 新兴服务出口占比:新兴服务出口占服务贸易出口总额的比重。

6. 文化服务占比:文化服务贸易进出口占服务贸易总额的比重。
7. 运输服务占比:运输服务贸易进出口占服务贸易总额的比重。
8. 数字贸易服务占比:数字贸易进出口占服务贸易总额的比重。
9. “一带一路”市场占比:与“一带一路”市场服务贸易进出口占服务贸易总额的比重。
10. 欧美发达国家占比:与欧美发达国家服务贸易进出口占服务贸易总额的比重。

开放平台评价指标体系

<table>
<tr><th>评价内容</th><th>一级指标</th><th>二级指标</th><th>三级指标</th><th>数据来源</th><th>备注</th></tr>
<tr><td rowspan="15">开放平台发展水平</td><td rowspan="15">A1 开发区发展水平</td><td rowspan="5">B1 发展规模</td><td>C1国家级开发区数量</td><td>省商务厅</td><td>近期指标,可获取</td></tr>
<tr><td>C2实际外资占比</td><td>省商务厅</td><td>近期指标,可获取</td></tr>
<tr><td>C3进出口总额占比</td><td>省商务厅</td><td>近期指标,可获取</td></tr>
<tr><td>C4税收收入占比</td><td>统计部门</td><td>近期指标,可获取</td></tr>
<tr><td>C5 规模以上工业增加值占比</td><td>省统计局</td><td>近期指标不能获取(统计局目前不公布工业数据)</td></tr>
<tr><td rowspan="5">B2 创新发展</td><td>C6技改投入率</td><td>省统计局</td><td>近期指标不能获取(统计局目前不公布投资数据)</td></tr>
<tr><td>C7每万人科技活动人员数</td><td>省统计局</td><td>中期指标,可计算</td></tr>
<tr><td>C8科技活动经费支出</td><td>省统计局</td><td>近期指标不能获取(统计局目前不公布工业数据)</td></tr>
<tr><td>C9新产品产值率</td><td>省科技厅</td><td>近期指标不能获取(统计局目前不公布工业数据)</td></tr>
<tr><td>C10高新技术企业产值占比</td><td>省统计局</td><td>近期指标不能获取(统计局目前不公布工业数据)</td></tr>
<tr><td rowspan="5">B3 发展效益</td><td>C11土地利用率</td><td>国土规划</td><td>近期指标,可获取</td></tr>
<tr><td>C12土地税收产出率</td><td>省统计局</td><td>近期指标,可获取</td></tr>
<tr><td>C13工业企业劳动生产率</td><td>省统计局</td><td>近期指标不能获取(统计局目前不公布工业数据)</td></tr>
<tr><td>C14工业土地增加值产出率</td><td>省统计局</td><td>近期指标不能获取(统计局目前不公布工业数据)</td></tr>
<tr><td>C15清洁生产通过率</td><td>省经信委</td><td>近期指标,可获取</td></tr>
</table>

指标解释:

1. 国家级开发区数量:省内拥有的国家级经济技术开发区数量。
2. 实际外资占比:开发区实际利用占所在地的比重。
3. 进出口总额占比:开发区进出口总额占所在地的比重。
4. 税收收入占比:开发区税收收入占所在地财政总收入比重。
5. 规模以上工业增加值占比:开发区工业增加值占所在地比重。
6. 技改投入率:报告期内区内企业技术改造投入的资金总量占开发区固定资产投资额的比重。
7. 每万人科技活动人员数:报告期末区内规模以上工业企业每万人从业人员中科技活动人员人

数占比。

8. 科技活动经费支出强度:规模以上工业企业科技活动经费支出占工业增加值的比重。

9. 新产品产值率:报告期内区内规模以上工业企业新产品产值占工业总产值的比重。

10. 高新技术企业产值占比:当年规模以上工业高新技术企业总产值占工业总产值的比重。

11. 土地利用率:年末开发区已达到通路、通电、通信、通上水、通下水、通燃气、通热力及土地平整,企业可以进行建设或生产经营的开发区土地面积占全部实际管辖面积的比重。

12. 土地税收产出率:当年区内企业单位面积土地实现的税收收入。

13. 工业企业劳动生产率:当年区内规模以上工业企业人均创造的工业增加值。

14. 工业土地增加值产出率: 指当年区内规模以上工业企业单位土地面积产出的工业增加值。

15. 清洁生产通过率:规模以上工业企业中已获得省绿色企业称号的占全部规模以上工业企业的比重。

电子商务评价指标体系

评价内容	一级指标	二级指标	三级指标	数据来源	备注
服务贸易发展水平	A1 总体水平	B1 发展规模	C1电子商务交易额	省商务厅	近期指标,可获取
			C2经济贡献度	省商务厅	近期指标,可获取
			C3电商企业	省商务厅	近期指标,可获取
			C4就业人数	省商务厅	近期指标,可获取
		B2 基础支撑	C5计算机服务业固定投资	省统计局	近期指标,可获取
			C6电商物流效率	省统计局	近期指标,可获取
			C7网络普及率	省统计局	中期指标,建议通过大数据计算
	A2 重点领域	B3 农村电商	C8线上销售规模	省商务厅	近期指标,可获取
			C9电商专业村	省商务厅	近期指标,可获取
			C10农村电商服务网点	省商务厅	近期指标,可获取
		B4 跨境电商	C11跨境电商规模	省商务厅	近期指标,可获取
			C12跨境电商增速	省商务厅	近期指标,可获取
			C13跨境电商比重	省商务厅	近期指标,可获取
			C14跨境电商普及率	省商务厅	中期指标,建议通过大数据计算
		B5 服务业电商	C15服务业电商规模	省商务厅	近期指标,可获取
			C16服务业电商平台	省商务厅	近期指标,可获取

指标解释:

1. 电子商务交易额:年度完成的电子商务交易总额。
2. 经济贡献度:电商交易额与GDP的比值。
3. 电商企业:年度新增从事电商行业的企业数量。
4. 就业人数:电商企业吸纳的就业人员数。
5. 计算机服务业固定投资:计算机服务业固定投资占总投资额的比重。

6. 电商物流效率:产品周转平均时间。

7. 网络普及率:互联网用户数占常住人口的比例。

8. 线上销售规模:农产品线上销售额。

9. 电商专业村:经省商务厅认定的电商专业村数量。

10. 农村电商服务网点:经省商务厅认定的农村电商服务网点数量。

11. 跨境电商规模:由省商务厅统计的跨境电子商务进出口总额。

12. 跨境电商增速:由省商务厅统计的跨境电子商务进出口总额增长速度。

13. 跨境电商比重:跨境电商进出口占外贸比重。

14. 跨境电商普及率:从事跨境电商企业数占比。

15. 服务业电商规模:服务业网上交易规模。

16. 服务业电商平台:引进和培育服务业电商平台数量。

附件2

当前商务高质量发展指标评价体系

序号	指标	权重	单位	目标值
1	社会消费品零售总额	3	亿元	34000
2	批发零售业总额	3	亿元	160000
3	流通业增加值	5	亿元	11000
4	乡村消费占比	4	%	18
5	居民消费率	5	%	40
6	出口占全国份额	4	%	13.5
7	进口占全国份额	4	%	5.5
8	机电和高新技术产品出口占比	4	%	45.0
9	服务贸易占比	5	%	12.0
10	外贸新业态出口占比	4	%	20.0
11	高新技术产业外资占比	4	%	28.0
12	实际外资份额	4	%	15.0
13	外资企业利润总额	5	亿元	3000.0
14	利用外资区域平衡度	4	%	12.0
15	境外直接投资备案额	3	亿美元	200.0
16	国外经济合作营业额	3	亿美元	90.0
17	跨国并购金额占比	4	%	0.65
18	境外经贸合作区数量	4	个	8.0
19	开发区实际外资占比	4	%	60.0
20	开发区进出口总额占比	4	%	55.0
21	开发区税收收入占比	4	%	40.0
22	开发区规模以上工业增加值占比	4	%	65.0
23	网络零售额	3	亿元	30000.0
24	农产品网络零售额	4	亿元	1200.0
25	“一带一路”指数(外贸外经)	5	-	35.0

附件3

2012—2017年商务高质量发展指数试算

指标	2012		2013		2014		2015		2016		2017	
	完成值	得分	完成值	得分	完成值	得分	完成值	得分	完成值	得分	完成值	得分
社会消费品零售总额(亿元)	13546.00	1.20	15138.00	1.34	16905.00	1.49	19784.00	1.75	21970.00	1.94	24308.00	2.14
批发零售业总额(亿元)	53500.00	1.00	60955.00	1.14	69184.00	1.30	82454.00	1.55	92800.00	1.74	109093.00	2.05
流通业增加值(亿元)	4724.00	2.15	5358.00	2.44	5797.00	2.63	6240.00	2.84	6873.00	3.12	7441.00	3.38
乡村消费占比(%)	15.80	3.51	15.90	3.53	16.10	3.58	16.50	3.67	16.80	3.73	17.00	3.78
居民消费率(%)	36.00	4.50	36.00	4.50	36.80	4.60	37.00	4.63	36.20	4.53	–	–
出口占全国份额(%)	11.00	3.26	11.30	3.35	11.70	3.47	12.10	3.59	12.80	3.79	12.70	3.76
进口占全国份额(%)	4.80	3.49	4.50	3.27	4.20	3.05	4.20	3.05	4.20	3.05	4.90	3.56
机电和高新技术产品出口占比(%)	44.30	3.77	42.30	3.60	42.60	3.63	43.60	3.71	44.00	3.74	44.60	3.80
服务贸易占比(%)	8.00	2.67	8.80	2.93	9.70	3.23	11.30	3.77	12.50	4.17	12.50	4.17
外贸新业态出口占比(%)	–	–	–	–	–	–	–	–	15.10	3.02	13.50	2.70
高新技术产业外资占比(%)	–	–	15.40	2.20	11.40	1.63	15.70	2.24	16.20	2.31	24.20	3.46
实际外资份额(%)	6.70	1.79	12.00	3.20	13.00	3.47	13.40	3.57	13.90	3.71	13.70	3.65
外资企业利润总额(亿元)	–	–	1242.30	2.07	1311.90	2.19	1484.50	2.47	2066.00	3.44	2658.00	4.43
利用外资区域平衡度(%)	10.90	3.63	10.80	3.60	9.50	3.17	6.20	2.07	7.70	2.57	10.80	3.60
境外直接投资备案额(亿美元)	38.90	0.58	55.20	0.83	58.10	0.87	139.90	2.10	168.90	2.53	96.40	1.45
国外经济合作营业额(亿美元)	38.30	1.28	45.10	1.50	53.40	1.78	63.30	2.11	68.30	2.28	72.80	2.43

续表

指标	2012		2013		2014		2015		2016		2017	
	完成值	得分	完成值	得分	完成值	得分	完成值	得分	完成值	得分	完成值	得分
跨国并购金额占比(%)	0.18	1.12	0.10	0.60	0.19	1.18	0.37	2.25	0.49	3.00	0.56	3.44
境外经贸合作区数量(个)	6.00	3.00	6.00	3.00	6.00	3.00	6.00	3.00	6.00	3.00	6.00	3.00
开发区实际外资占比(%)	49.60	3.31	53.50	3.57	54.50	3.63	53.40	3.56	52.50	3.50	55.70	3.71
开发区进出口总额占比(%)	47.00	3.42	47.30	3.44	44.50	3.24	44.10	3.21	47.50	3.45	48.90	3.56
开发区税收收入占比(%)	28.40	2.84	31.00	3.10	32.50	3.25	35.90	3.59	34.50	3.45	34.30	3.43
开发区规模以上工业增加值占比(%)	50.00	3.08	57.70	3.55	57.90	3.56	61.60	3.79	64.90	3.99	64.20	3.95
网络零售额(亿元)	–	0.38	3821.30	0.38	5641.60	0.56	7610.60	0.76	10306.70	1.03	13336.70	1.33
农产品网络零售额(亿元)	–	–	–	–	–	–	304.00	1.01	396.20	1.32	506.20	1.69
“一带一路”指数(外贸外经)	–	–	–	–	–	–	31.00	4.43	35.00	5.00	31.00	4.43
商务发展指数	66		66		67		72		77		80	

备注：对部分数据缺失的年份，均已换算成百分制得分。

大力发展乡村商贸　助力乡村振兴战略

党的十九大明确指出："中国特色社会主义进入新时代，我国社会主要矛盾已经转化为人民日益增长的美好生活需要和不平衡不充分的发展之间的矛盾"。不平衡发展突出在农村，不充分发展突出在农业。党的十九大吹响了"决胜全面建成小康社会、夺取新时代中国特色社会主义伟大胜利"的时代号角，关键是要让广大农民致富奔小康。党的十九大旗帜鲜明地提出"农业农村农民问题是关系国计民生的根本性问题，必须始终把解决好'三农'问题作为全党工作的重中之重，实施乡村振兴战略"。商贸流通业是国民经济先导性、基础性产业，大力发展乡村现代商贸流通体系，对乡村产业振兴、农业发展、农民增收、城乡市场统筹发展具有不可替代的作用。

一、浙江省乡村商贸流通体系发展现状

乡村商贸体系建设是商贸发展的政策聚焦和工作重点。特别是近年来，浙江省结合新型城镇化和美丽乡村建设，创新商贸政策载体，推进镇村联动发展、线上线下结合、工业品下乡与农产品进城双向流通渠道建设，乡村商贸发生深刻变化，改善了农村居民消费环境，促进了农业发展和农村创业，总体工作走在全国前列。

（一）农村居民消费较快增长

2013年以来，浙江省农村居民收入增速持续高于城镇，2017年农村居民人均可支配收入24956元，仅次于上海居全国第二位。随着收入提高，农村居民消费快速增长，自2013年开始，农村社会消费品零售总额增速持续高于城镇，2017年全省农村社零4140.4亿元，同比增长12.2%，高于全省社零增速1.6个百分点。2017年浙江省农村居民人均消费支出18093元，仅次于北京的18810元，高于上海的18090元，居全国第二位。浙江省农村居民家庭每百户汽车拥有量为33.3辆，仅次于北京的38辆居全国第二位，农村居民消费较快升级。

（二）乡村商贸设施不断提升

2004年浙江省率先启动"千镇连锁超市、万村放心店"建设工程，2005—2012年实施"万村千乡"工程，推动城市连锁超市龙头企业进入农村市场，推行商品统一采购、统一配送、统一价格，对"农家店"按标准进行升级改造。至2017年底，全省乡镇连锁超市门店3070家；行政村便利店68188家。同时，商业综合体、商业街等大型商业网点也加快在乡村地区布局，已有营业面积超过1000平方米的商业网点3244个，其中商业综合体270个，百货店130个，超市859个；共建有商业街638条，集聚商户9万多家。既改善了农村消费环境，也促进了农村居民就业。

（三）农村电商走在全国前列

2013年浙江省率先实施"电子商务进万村"工程，连续4年纳入省政府十件民生实事，并在全国范围复制推广。至2017年底，全省共有电商专业村779个，占全国总数的36.8%，以超过第二名和第三名总和的绝对优势稳居全国第一；建成1.64万个农村电商服务点，覆盖全省58%以上的行政村。2017年，全省实现电子商务网络零售总额13336.7亿元，其中县及县以下区域网络零售总额6482.4亿元；全省拥有活跃的涉农网店近2万家，实现农产品网络零售506.2亿元，同比增长27.8%；拥有含省、市、县三级的淘宝特色馆39个，服务网商1万余家，农产品销售额超100亿元。农村电商高速发展，促进了工业品下乡与农产品进城双向流通。

（四）农产品流通体系不断健全

2013年以来，利用国家和省级试点政策，先后实施了"集中连片推进农产品流通和农村市场体系建设3年行动计划"、公益性农产品批发市场和26县农产品流通体系建设试点，建设项目292个，带动社会资金投入97.43亿元。目前全省农产品批发市场112家，其中交易额30亿元以上有28家；省级农产品流通龙头企业88家，农超对接示范企业27家。连续8年举办长三角地区农产品产销对接洽谈会。省内60余家大型连锁超市开展农超对接业务，开设生鲜门店800余家，对接生产基地2000多个，超市鲜活农产品基地直采比例平均达到45%。通过项目建设和产销对接，加快构建了农产品流通骨干网络，培育壮大了农产品流通主体，在保障市场供应的同时，带动了农业生产和农民增收。

（五）乡村商贸发展特色明显

2017年开始，浙江省在全国率先开展现代商贸特色镇政策试点，先后支持转塘街道、灵溪镇、织里镇等16个乡镇（街道）开展创建，引导试点乡镇围绕"现代"和"特色"两大关键词，通过规划布局推动项目建设，共实施商贸建设项目84个，计划总投资455亿元，提振了商贸发展活力，形成各具特点的商贸小镇，在完善商贸业态、增强产业带动、促进农村消费等方面初显成效。"电子商务进万村"工程的实施也给浙江省农村商贸发展增添了电商基因，塑造了浙江省"电商专业村"的品牌形象。截至2017年底，浙江省已有3.5%的行政村以电商为支柱产业；全国十大淘宝村集群中，浙江占6个。"淘宝村""电商专业村"已成为产业集聚的典范、创业创新的载体、城乡融合的桥梁。

（六）乡村市场流通效率提升

近年来，浙江省大力开展美丽宜居乡村建设，农村道路、网络等基础设施建设加快推进，农村环境实现了全面改善，为农村市场流通效率提升夯实了基础。同时，随着"万村千乡"等工程的推进，乡村商贸流通设施逐步完善，现代流通网络体系逐步健全，特别是农村电商的快速发展，带动了物流、快递企业深入农村布点，目前，全省已建有乡镇物流配送中心182个，年配送额达88亿元；村级商品配送服务站3140个；乡镇快递网点覆盖率已达100%。流通渠道的通畅、流通效率的大幅提升，不但降低了农村商品价格促进了消费，也扩大了浙江省优质农产品外销，增加了农民收入。

二、浙江省乡村商贸发展存在的主要问题

（一）地方对乡村商贸发展认识不足

近年来，浙江省加强了乡村商贸发展工作，乡镇商业网点规划编制居全国前列。但总体而言，地方政府对发展乡村商贸的重视程度还不够，不少乡镇未制定商贸发展规划或原有规划不适应新形势要求，对乡村商贸建设缺乏政策和资金投入，导致商业网点建设无序、业态单一、设施陈旧与不完善等问题，无法适应新时期乡村发展的要求。

（二）乡村商贸主体偏少且实力弱

虽然"万村千乡"工程培育了一批乡村商贸骨干企业，但是与城市相比，由于乡村消费水平偏低、市场环境欠佳，优不胜劣的现象还不同程度存在，导致乡村商贸法人企业发展不快，限上商贸企业数量较少。截至2018年11月，注册地为乡镇的限上批零企业2316家，仅占全省限上批零企业的11.9%，且缺乏带动性强、影响力大的龙头企业。

（三）乡村商贸建设相关标准缺乏

根据浙江省乡村经济社会发展实际和乡村商贸产业在乡村振兴中的重要作用，今年省政府出台的批发零售业改造提升行动方案，提出了"现代商贸特色镇""商贸发展示范村"等建设方向和5年目标，上述工作推进载体属浙江省首创，缺乏相关建设标准指引，急需加快研究制定。

（四）农产品流通效率仍然偏低

浙江省农业产业化、规模化、品牌化发展水平与现代流通的要求仍有较大差距，且农产品以生鲜为主，在质量、包装、物流、涉农平台管理等方面的标准均不够完善，加之冷链技术和基础设施发展滞后，致使农产品品质难以有效保障，流通环节损耗大，也无法实现优质优价，不利于浙

江省农业的优质高效发展。

（五）促进乡村商贸投资体制还不顺

乡村商贸建设和运营，因收益水平低，较难吸引有实力的投资主体。即便如此，对外来投资者，因公司注册地不在本地，社零、税收不体现在本地，一些地方政府并不欢迎，更得不到政策上的支持，而省级试点政策受制于财政拨付制度，对这类企业无法实现统筹安排。

（六）农村商贸人才队伍建设有待加强

由于农村待遇低、条件相对较差，年轻人和知识型人才更多地向城市集中，导致农村商贸流通业发展始终处于人才缺失状态。特别是现阶段农村电商的发展，更需要懂电商、会运营、能美工的复合型人才，但是农村招不到人、留不住人，专业人才匮乏已经成为农村电商发展的一个难点与痛点。

（七）乡镇商贸集聚作用未能充分发挥

乡镇是链接城市和农村的重要节点，本应在乡村商贸发展中大有作为，但近年来由于重视不足，乡镇商贸基础设施建设相对滞后，集聚农村人口和方便农村居民消费的作用在削弱，浙江省镇级社会消费品零售总额占全省的比例从2013年的23.6%下降到了2017年的21.3%，而同期村级社零占全省的比例从15.9%提升到了17.0%，小镇在乡村商贸振兴中的作用亟待加强。

三、进一步推动浙江省乡村商贸振兴的建议

（一）强化乡村商贸工作机制

在各级政府乡村振兴的组织框架下，成立由商务部门牵头，农业农村、发改、财政、建设、交通、供销、邮政等多部门参与的乡村商贸发展工作组，加强整体谋划、工作协调和政策协同，并将这一工作推进机制向乡镇延伸，形成健全的工作网络。

（二）突出商贸规划引领作用

各级政府应将商贸发展纳入乡村振兴总体规划，按照一、二、三产业融合和适度超前的原则，明确当地商贸发展的目标定位、重点项目和镇村布点，将商业网点规划纳入乡镇布局规划，将商业设施纳入乡村建设规划，实现多规合一同步实施。

（三）推动工商资本上山下乡

落实省政府即将出台的《鼓励工商资本参与乡村振兴指导意见》，完善商贸投资的融资贷款、配套设施建设补助、税费减免、用地等扶持政策。加大各级商务政策扶持力度，建立乡村商贸项目库和招商渠道。从制度上解决跨地区投资税收、社零统计等问题。

（四）发挥乡镇商贸集聚作用

将乡镇作为乡村商贸发展的主平台、城乡物流的主节点，加快发展商业街区、商业综合体、商品市场、住宿餐饮、电商园区、仓储物流等商业设施，引进品牌企业入驻，发展现代流通方式，完善生活和生产服务体系，促进一、二、三产业融合发展，吸引消费、就业人口集聚，解决农民离土不离乡的就业问题。

（五）树立乡村商贸发展标杆

开展现代商贸特色镇、商贸发展示范村创建，出台相关建设标准。支持试点乡镇发挥历史文化、资源环境、地理区位、相关产业等优势，打造现代与特色融合、镇村协调发展的乡镇商贸建设样板。支持试点行政村，设立连锁便利店，丰富商贸业态和服务功能，建设特色农产品产地市场，为全省行政村建设提供示范。

（六）推动农村电商提质增效

依托主流电商平台、区域性农产品网上销售平台、社商平台等拓宽网上销售渠道，探索生鲜农产品网上直销。支持农资、建材、药品等商品利用电商开拓农村市场。提升农村电商服务网点功能。建设农村电商创业平台，培育提升电商专业镇村。完善县级物流公共配送中心和农村物流综合服务站，探索发展“移动互联网＋众包”模式，构建乡村物流设施共享体系。

（七）建设农产品现代流通体系

支持涉农龙头企业依托供应链管理技术，拓展生产、加工、流通和服务等功能，通过直接投资、参股经营、订单合作等方式，带动农户、农民专业合作社和家庭农场融入农业供应链体系。建设农产品流通线上线下公共服务平台。完善城乡一体农产品流通骨干网，推动产地市场、加工配

送中心、集配中心和冷链设施建设。建立覆盖农产品生产、加工、流通等全链条标准体系。

(八)壮大农村商贸经营主体

加强政策实施与主体培育相结合,建立重点企业联系制度,推动政策对接、项目对接。发挥"万村千乡"龙头企业作用,加快商业技术、模式和业态创新。培育农业合作社、供销、邮政、农村电商、农产品出口、再生资源回收等农业农村商贸流通骨干企业。发展农村养老、文化、娱乐等生活服务企业。对推进乡村商贸振兴中作出突出贡献的企业和企业家予以表彰。

(九)推动农业农村对外开放

学习借鉴发达国家发展乡村商贸经验和模式,拓宽国际视野。实施特色优势农产品出口提升行动,培育出口名牌,支持企业抱团参加境内外国际性重点展会,突出整体形象,推动优势农产品国际采购中心建设。加强与"一带一路"沿线国家和地区农业合作,"走出去"建立境外生产基地,"引进来"发展现代农业外资项目。充分利用进口博览会平台,扩大先进农业机械进口,提高农业生产效率。

(十)加强乡村商贸人才建设

立足乡村商贸发展实际,实施新型职业农民商业技能培育计划。利用省内高职院校和大型商贸企业等资源,以项目、基地、特聘岗位等为载体,搭建乡校、乡企合作平台,为农村商贸从业人员开展培训。完善乡村创业就业扶持政策,改善基础设施和生活环境,为各路人才返乡创业就业提供优质服务,营造良好发展空间。建立有效激励机制,以乡情乡愁为纽带,吸引企业家、党政干部、专家学者、技能人才等,通过下乡担任志愿者、投资兴业、技能服务等多种方式服务乡村商贸振兴。

课题组组长:潘　中(执笔)
课题组成员:陈如长　张希明(执笔)
沈肖敏(执笔)

推动浙江省装备制造业出口转型升级的思考

近年来，浙江外贸保持了良好的发展势头，民营企业、一般贸易和外贸新业态出口成为浙江外贸发展的最大亮点，浙江出口增速连续多年位居东部沿海前列，占全国的份额不断提高。但我们也看到，相比外贸规模的迅速增长，浙江外贸结构的优化相对缓慢，特别是相比广东、江苏等外贸大省，以装备制造业为代表的机电、高新技术产品的出口比重相对较低。高端装备制造等是浙江省近年来着重发展的八大产业之一，也是综合实力的集中反映，在当前中美贸易摩擦长期化、外贸发展环境不确定性加大的背景下，推动浙江省装备制造业出口转型升级，加快培育浙江外贸竞争新优势，是一个值得深入思考和研究的问题。

一、浙江省装备制造业出口的现状

（一）保持了较快的增长势头

近年来，浙江省以装备制造业为代表的机电、高新技术产品出口整体保持了较快的增长势头，出口额不断提高。其中，机电产品出口额从2012年的6053.6亿元提高到2017年的8412.0亿元，年均增长6.8%；高新技术产品出口额从2012年的943.5亿元提高到2017年的1272.0亿元，年均增长6.2%。

（二）出口占比没有明显提升的趋势

尽管浙江省以装备制造业为代表的机电、高新技术产品出口保持了较快的增长势头，但与全省出口平均增速相比基本相当（2012—2017年，浙江省外贸出口平均增长6.5%），机电、高新技术产品出口占比提升不明显，部分年份甚至有下降趋势，2017年底分别为43.4%和6.5%。

（三）出口比重低于全国和沿海主要省市

2017年，浙江省机电、高新技术产品出口占全省比重分别为43.3%、6.5%，明显低于全国和江苏等省；与此同时，浙江省纺织服装、八大类轻工等日用消费品出口占全省的比重为39.4%，仍明显高于全国和江苏等省。浙江省外贸尤其是出口在产品结构等方面与江苏等沿海主要省市存在巨大差异。

表1　2017年浙江与全国、江苏出口产品结构比较表

单位：%

分类		全国	江苏	浙江
产品结构	机电产品出口占比	58.4	65.9	43.3
	高新技术产品出口占比	29.4	37.3	6.5
	纺织服装出口占比	11.8	12.9	22.7

二、原因分析

（一）产业结构决定了出口结构

经过多年发展，浙江省装备制造业已形成了较好的发展基础，产业规模位居全国第四（列江苏、广东、山东之后），但与此同时，浙江省装备制造业发展仍面临着增长速度趋缓、创新投入不足和产业层次不高等问题。“十二五”期间，浙江省装备制造业产值年均增速由“十一五”时期的17%下降到7%，规模以上装备企业R&D支出占主营收入的比重仅为1.2%，中低端装备产品占比较大。据统计，当前浙江省装备制造业占规模以上工业总产值的35%左右，其中高端装备制造业仅占规模以上工业总产值的7%左右，不但在规模上，在占比上也低于广东、江苏等沿海省市。

（二）产业结构的调整是一个缓慢的过程

出口产品结构的调整需要以产业结构调整

为支撑，而产业结构调整需要经历一个缓慢的过程。2007—2017年期间，浙江省纺织服装比重从最高的29.4%下降至22.7%，但八大类轻工产品从12.8%提高至17.2%，日用消费品（纺织服装、八大类轻工产品）的出口比重始终维持在40%以上。与此同时，浙江省机电产品出口比重始终在40%—45%之间，高新技术产品始终在5%—10%之间徘徊。

表2 2007—2017年期间浙江省主要产品出口比重

年份	机电产品（%）	高新技术产品（%）	纺织服装（%）	八大类轻工（%）
2007年	43.6	9.5	27.7	12.7
2008年	44.3	8.9	27.4	12.1
2009年	41.9	7.4	29.9	13.5
2010年	44.0	8.1	27.5	13.4
2011年	42.7	7.2	27.8	13.2
2012年	42.7	6.7	26.6	14.0
2013年	40.8	5.8	27.0	15.1
2014年	41.2	5.7	25.9	16.1
2015年	42.1	6.1	24.8	16.8
2016年	42.4	6.3	24.1	17.2
2017年	43.3	6.5	22.7	16.7

（三）装备制造出口受国际环境的影响更大

在全球经济不振的情况下，装备制造出口将受到更大的影响，而作为刚需、弹性系数低的日用消费品，如纺织服装、轻工产品等，反而能够保持更加稳定的增长。如金融危机爆发后，2009年浙江省出口大幅下降13.8%，机电产品下降幅度达到18.5%，而纺织服装、轻工产品表现较好，仅下降5.9%、3.7%。近期美国发动贸易战，针对《中国制造2025战略》、打击中国产业升级、遏制中国发展的矛头指向十分明确，将对未来装备制造业出口带来更大的不利影响。

（四）新业态新模式带动了出口规模的更快增长

近年来浙江省以市场采购贸易、外贸综合服务、跨境电子商务为代表的外贸新业态新模式发展迅速，与浙江省日用消费品生产和出口的传统优势有机结合，出口增速远高于全省平均增速。由此带来了浙江省出口规模的快速增长，也客观上造成了装备制造业出口占比难以明显提高。

三、下一步的工作重点

大力支持装备制造业出口，进一步优化浙江省外贸出口结构，是实现浙江省外贸回稳向好、推动外贸转型升级的重要任务，是解决一直以来浙江省高新技术、机电产品出口占比偏低、产品附加值不高的短板，培育浙江省外贸竞争新优势的有力举措，也是"一带一路"统领新一轮开放背景下，通过省内供给和国际需求的有效对接，推动浙江省制造业提质升级、巩固扩大浙江省出口全球市场份额的有效路径，更是"把工作着力点从短期的增长快慢转移到长期的结构调整上来"，扎实推进"稳增长、保份额、调结构、促创新"各项工作的重要内容。

装备制造业是以高新技术为引领、处于价值链高端和产业链核心环节、决定整个产业链综合竞争力的新兴产业，具有技术密集、附加价值高、成长空间大等特点。大力发展装备制造业特别是高端装备制造业，是浙江省培育八大万亿产业的重要内容，也是打造优化升级的外贸促进支持体系、提升出口产品竞争力和话语权、培育浙江外贸竞争新优势的重要内容，对于应对当前严峻复杂的国际贸易环境、推进经济转型升级具有重要作用。

（一）夯实装备制造产业发展和出口基础

依托浙江省装备制造业现有基础和发展优势，进一步细分市场，打造集设计、研发、制造、服务于一体的高端装备制造业产业链，形成高端装备制造业错位发展的新格局。重点发展新能源汽车及轨道交通装备、高端船舶装备、光伏及新能源装备、高效节能环保装备、智能纺织印染装备、现代物流装备、现代农业装备、现代医疗设备与器械、机器人与智能制造装备及关键基础件等十个领域。力争到2020年，规模以上高端装备制造业总产值超11000亿元，年均增长15%，占装备制造业总产值的25%，占规模以上工业总产值的11%，工业增加值率提高3个百分点，全员劳动生产率达25.4万元/人,继续保持全国前列;建成以创新引领、智能高效、绿色低碳、结构优化为核心特征的高端装备制造业体系,高端装备制造业发展水平位于全国前列,成为我国重要的高端装备制造基地。

(二)组织实施外贸出口"优质优品"行动

按照《浙江省培育外贸竞争新优势行动计划(2018—2020年)》的要求,围绕"建设贸易强省",以加快培育外贸竞争新优势为主要抓手,强化与政策性金融机构的协作,完善政策性金融、保险支持方案,开展外贸优化升级基地建设和机电装备制造出口转型示范项目试点,推动浙江省装备制造业优化升级和扩大出口。一是开展外贸优化升级基地建设。组织开展国家级、省级外贸优化升级产业基地的评审认定,目前浙江省已有39个基地入围国家级外贸转型升级基地,目标是到2020年,培育建设50个出口产业集聚、特色鲜明、市场份额和技术创新领先的国家级、省级外贸优化升级基地。二是开展机电装备制造出口转型示范项目创建工作。目标是到2020年,培育建设30个机电装备制造出口转型示范项目,提高浙江省装备制造产品出口的质量、效益和附加值。

(三)加大政银企合作支持推动装备制造出口模式转型

加大政银企合作力度,引入政策性金融支持措施,提升出口重点产业、试点示范区域在品牌推广、渠道建设、质量、技术以及研发服务等方面的整体实力,支持浙江省装备制造业扩大出口。

2017年9月,我厅联合中国进出口银行浙江省分行、中国出口信用保险公司浙江分公司,共同下发了《关于支持装备制造业出口和优化外贸出口结构的通知》(浙商务联发〔2017〕69号)。要求各地市梳理排出一批重点企业名单、重点产品清单和订单情况"三个单子",作为工作的重点,并积极引导进出口银行、出口信保公司等政策性金融工具与"三个单子"企业进行对接,引导企业运用好政策性金融和保险工具接大单长单、改善融资环境、推动装备制造业务转型。今年9月26日,我们推动省政府与中国进出口银行签署《战略合作协议》,同时省商务厅与中国进出口银行浙江省分行签署《支持稳外贸稳外资服务浙江省开放型经济发展合作备忘录》,中国进出口银行浙江省分行制定了支持稳外贸稳外资的16条措施,尤其是在信贷规模上加大了扶持力度,将更好地发挥政府部门的政策指导与政策性银行的金融服务职能,全面实现政银企优势互补,共同推动金融创新,推进装备制造出口模式转型。

根据进出口银行浙江省分行发布的报告,2017年,该行全年直接支持外贸进出口信贷投放533.5亿元,其中"三档优惠利率"贷款投放256.49亿元;截至年末支持外贸及外贸转型升级贷款余额870.92亿元,占比80.5%,估算累计带动外贸进出口合同额近400亿美元。在政策性金融等一系列"组合拳"的推动下,2017年全省机电高新技术产品出口实现增长较快。其中,机电产品出口增长12.3%,增速高于全省平均2.2个百分点;高新技术产品出口增长13.7%,增速高于全省平均3.6个百分点;占全省出口的比重分别上升0.9和0.2个百分点;全省出口商品结构进一步优化。

课题组组长:张曙明

课题组成员:李　杨　张康杰(执笔)

世界银行营商环境评价分析及对浙江的对策建议

2017年7月，习近平总书记在中央财经领导小组第十六次会议上强调，加快对外开放步伐，降低市场运行成本，营造稳定公平透明、可预期的营商环境。在博鳌亚洲论坛2018年年会开幕式上再次强调，在扩大开放方面，中国将创造更有吸引力的投资环境。2018年首次国务院常务会议的首个议题，是部署进一步优化营商环境。当前，世界银行（以下简称“世行”）建立的营商环境评价指标体系被广泛认可，已经成为跨国公司投资的风向标。本文试图对照世行指标体系，对浙江营商环境进行初步分析，并提出对策建议。

一、世行营商环境指标及对浙江的初步评价

世行指标体系反映企业全生命周期的便利化和法治化程度，大致涉及两类共10项一级指标：一类反映监管过程的便利程度和费用支出；另一类反映法治保障程度。由于条件所限，数据采集难度较大，本文对照世行指标，通过对比浙江与京沪两地[①]差异，对浙江省营商环境做初步评价。

（一）以简政减税减费为重点的便利化指标

1. 办理施工许可。该项指标包括办理施工许可程序、时间、成本和建筑质量控制指标共4个二级指标。浙江先于北京、上海，成为全国开展相对集中行政许可权试点之一，并作为唯一省份试点改革精简房屋建筑、城市基础设施等工程建设项目审批全过程和所有类型审批事项。2018年，衢州首创“三证联办、即报即办”模式，建设单位从确定施工企业到取得施工许可证从原来的平均17.5天缩短为申报当天即办。初步估算，浙江办理施工许可的行政效率高于京沪两地。综合考虑行政效率、物价、人力资源服务收费等因素，浙江省办理施工许可所需的成本费用低于京沪两地。

表1 “办理施工许可”指标得分一览表

办理施工许可证	中国	北京	上海	东亚及太平洋地区	经合组织高收入经济体	总体表现最佳
程序（个）	20.4	22	19	15.1	12.7	-
时间（天）	155.1	137.5	169.5	133.5	153.1	-
成本（人均收入%）	2.9	3.7	2.4	1.9	1.5	-
建筑质量控制指标（0—15）	11.1	10.0	12.0	9.1	11.5	15（3经济体）
办理施工许可证便利度（前沿距离）	65.16	-	-	-	-	-
排名	121	-	-	-	-	-

① 世行指标数据在各经济体最大的商业城市采集，北京和上海是中国营商环境指标数据采集样本地。

2. 开办企业。该项指标包括开办企业手续、时间、成本和最低法定资本金等4个二级指标。世行报告显示，京沪两地开办企业平均耗时8.5天。浙江在全国首推“1＋N＋X”多证合一、证照联办商事登记制度改革，并在全国率先启动“商事登记一网通”，到2018年底常态化企业开办时间将压缩到4天。①成本方面，按照世行的计算标准，除了履行法定程序所需的行政费用（目前为零）外，还包括企业所支付的法律服务费、购买账簿等费用。综合考虑行政效率、地区人均收入、消费水平等因素，初步评价，浙江开办企业成本略低于京沪两地。

表2 **“开办企业”指标得分一览表**

开办企业	中国	北京	上海	东亚及太平洋地区	经合组织高收入经济体	总体表现最佳
开办企业手续（个）	4	4	4	6.9	4.9	1（新西兰）
开办企业时间（天）	8.6	8	9	26	9.3	0.5（新西兰）
开办企业成本（人均国民收入%）	0.4	0	0.7	17.8	3.1	0（斯洛文尼亚）
最低法定资本金（人均国民收入%）	0	0	0	4.0	8.6	0（117经济体）
开办企业便利度（前沿距离）	93.52	–	–	–	–	–
排名	28	–	–	–	–	–

3. 登记财产。该指标主要通过对登记财产的程序、时间、成本、土地行政管理的优劣等方面评估财产转移的便利度。从程序和时间上来看，从2017年12月25日开始，浙江省杭州市不动产登记、房屋交易、税收的相关业务严格按照“四个一”②执行，在办事程序、时间效率优于京沪两地，走在全国前列。从成本上看，世行的标准主要考量法律要求的费用，包括转让税、印花税和其他上缴给财政登记部门、公证人员、律师的费用，浙江的不动产价值、律师服务费等低于京沪两地，各项成本费用也相对较低。综合评价，浙江财产登记便利度高于京沪两地平均水平。

表3 **“登记财产”指标得分一览表**

登记财产	中国	北京	上海	东亚及太平洋地区	经合组织高收入经济体	总体表现最佳
程序（个）	3.6	3	4	5.4	4.7	1（4经济体）
时间（天）	9	9	9	72.6	20.1	1（新西兰）
成本（财产价值%）	4.6	4.6	4.6	4.5	4.2	0（沙特阿拉伯）
土地管理系统的质量指数（0—30）	23.7	24.0	23.5	16.3	23	–
登记财产便利度（前沿距离）	80.80	–	–	–	–	–
排名	27	–	–	–	–	–

① 国务院办公厅《关于进一步压缩企业开办时间的意见》要求，2018年年底前，各直辖市、计划单列市、副省级城市和省会城市要将企业开办时间压缩一半以上，由目前平均20个工作日减至8.5个工作日以内。

② 四个一：一套材料、一个系统、一窗受理、一小时办结。

4. 获得电力。该指标包括获得电力程序、时间、成本、供电可靠性和电费指数透明度4个二级指标。同等假设条件下,从用电成本看,北京和上海用电为零。此外,获得电力所需程序、时间、供电可靠性和电费透明度指数方面,浙江与京沪两地相似。综合评价,浙江获得电力便利度与京沪两地水平大致相当。

表4　　“获得电力”指标得分一览表

获得电力	中国	北京	上海	东亚及太平洋地区	经合组织高收入经济体	总体表现最佳
程序(个)	3	3	3	4.3	4.5	3(25经济体)
时间(天)	34	34	34	65.0	77.2	18(3经济体)
成本(人均收入%)	0	0	0	625.1	64.2	0(3经济体)
供电可靠性和电费指数透明度(0—8)	6	6	6	4.0	7.5	8.0(27经济体)
获得电力便利度(前沿距离)	92.01	–	–	–	–	–
排名	14	–	–	–	–	–

5. 纳税。纳税指标包括纳税次数、时间、总税率和社会缴纳费率、税后流程等4个二级指标。综合来看,由于税收环境主要由国家顶层设计决定,浙江纳税便利度和京沪两地水平相当,处于世界下游水平。

表5　　“纳税”指标得分一览表

纳税	中国	北京	上海	东亚及太平洋地区	经合组织高收入经济体	总体表现最佳
纳税(次)	7	7	7	21.2	11.2	3(中国香港)
时间(小时)	142	142	142	180.9	159.4	49(新加坡)
总税率和社会缴纳费率(利润%)	64.9	61.4	67.7	33.5	39.8	26.1%(32经济体)
税后流程指标(0—100)	50.0	50.0	50.0	56.4	84.4	–
纳税便利度(前沿距离)	67.53	–	–	–	–	–
排名	114	–	–	–	–	–

6. 跨境贸易。该指标记录了进出口货物的时间和成本,共8个二级指标。据省商务厅贸易便利化课题组调查显示,近年来浙江省在推进大通关建设,深化“放管服”改革方面成效显著,贸易便利化水平明显提升,在全国处于第一梯队。对“跨境电商”“市场采购”等新型贸易方式建立了与其特色相适应的贸易监管体系;通过自贸试验区建设对油品等大宗商品实施了多项贸易便利化举措。综合评价,浙江贸易便利化水平与京沪两地相当,油品贸易便利化方面较为领先。

表6　　“跨境贸易”指标得分一览表

跨境贸易	中国	北京	上海	东亚及太平洋地区	经合组织高收入经济体	总体表现最佳
出口报关单审查时间(小时)	8.6	10	8	57.6	2.4	1(26经济体)
出口通关时间(小时)	25.9	29	23	54.7	12.5	1(19经济体)
出口报关单审查费用(美元)	73.6	78	70	109.4	35.2	0(20经济体)
出口通关费用(美元)	314	325	305	382.2	139.1	0(19经济体)

续表

跨境贸易	中国	北京	上海	东亚及太平洋地区	经合组织高收入经济体	总体表现最佳
进口报关单审查时间(小时)	24	24	24	57.0	3.4	1(30经济体)
进口通关时间(小时)	48	48	48	69.2	8.5	0(25经济体)
进口报关单审查费用(美元)	122.3	125	120	109.5	24.9	0(30经济体)
进口通关费用	326	315	335	415.8	100.2	0(28经济体)
跨境贸易便利度(前沿距离)	82.59	–	–	–	–	–
排名	65	–	–	–	–	–

(二)反映法治保障程度的法治化指标

世行指标体系中,保护少数投资者、获得信贷、办理破产、合同执行四项指标反映法治保障程度。中国(京沪两地平均值)在这四项指标上的得分排名分别为第64名、73名、61名和第6名。法治保障基本由国家顶层设计决定,地区间差异较小,京沪两地在这四项指标的评分基本相同,据此初步推测,浙江与京沪两地基本处于同一水平。

表7　“保护少数投资者”指标得分一览表

保护少数投资者	中国	北京	上海	东亚及太平洋地区	经合组织高收入经济体	总体表现最佳
披露程度指数(0—10)	10	10	10	5.6	6.5	10(13经济体)
董事责任程度指数(0—10)	1	1	1	4.9	5.3	10(柬埔寨)
股东诉讼便利度指数(0—10)	5	5	5	6.7	7.3	10(吉布提)
股东权利指数(0—10)	7	7	7	5.6	6.4	10(哈萨克斯坦)
所有权和管理控制指数(0—10)	4	4	4	4.0	5.4	–
公司透明度指数(0—10)	9	9	9	5.3	7.6	10(6经济体)
保护少数投资者便利度(前沿距离)	60.0	–	–	–	–	–
排名	64	–	–	–	–	–

表8　“获得信贷”指标得分一览表

指标	中国	北京	上海	东亚及太平洋地区	经合组织高收入经济体	总体表现最佳
合法权利力度指数(0—12)	4	4	4	7.1	6.1	12(5经济体)
信贷信息深度指数(0—8)	8	8	8	4.2	6.7	8(42经济体)
信贷登记机构覆盖率(成年人%)	98.1	98.1	98.1	16.9	21.8	100(4经济体)
信用局覆盖率(成年人%)	0	0	0	23.0	65.3	100(25经济体)
获得信贷便利度(前沿距离)	60	–	–	–	–	–
排名	73	–	–	–	–	–

表9　“办理破产”指标评分一览表

指标	中国	北京	上海	东亚及太平洋地区	经合组织高收入经济体	总体表现最佳
回收率(%)	36.9	36.9	36.9	35.5	70.5	–
时间(年)	1.7	1.7	1.7	2.6	1.7	0.4(爱尔兰)

续表

指标	中国	北京	上海	东亚及太平洋地区	经合组织高收入经济体	总体表现最佳
成本(资产价值的%)	22	22	22	20.6	9.3	1(挪威)
破产框架力度指数	11.5	11.5	11.5	6.8	11.9	–
办理破产便利度(前沿距离)	55.82	–	–	–	–	–
排名	61	–	–	–	–	–

表 10 “合同执行”指标得分一览表

指标	中国	北京	上海	东亚及太平洋地区	经合组织高收入经济体	总体表现最佳
时间(天数)	496.3	510	485	581.1	582.4	–
成本(标的额%)	16.2	17.5	15.1	47.2	21.2	–
司法程序质量指数(0—18)	15.5	16.0	15.0	7.9	11.5	–
合同执行便利度(前沿距离)	78.97	–	–	–	–	–
排名	6	–	–	–	–	–

二、对策建议

全面贯彻党的十九大和省委第十四次党代会、全省对外开放大会精神，锚定“国际一流”目标，以“最多跑一次”改革为牵引，系统集成推进营商环境建设，为浙江实现高质量发展提供更有力的支撑。

（一）形成更加开放有序的投资环境

1. 深入推进“最多跑一次改革”。以“最多跑一次”改革为引领，深化“放管服”改革。多推“啃硬骨头”的举措，对标世行排名落后指标，强化问题导向，以商事登记制度改革为重点，对企业开办、施工许可、水电气报装、不动产登记、纳税、跨境贸易等事项大幅精简审批程序、压缩办理时间。推进投资审批过程全覆盖，尽快实现开工前审批延伸至竣工验收前“最多跑一次”。以“最多跑一次”改革倒逼要素配置市场化改革，倒逼中介服务和公共服务体制改革。加快全程网办系统建设，强化部门协作，深入抓好“证照联办”“一窗一表”等工作。

2. 全面实行准入前国民待遇加负面清单的外资准入制度。按照全面实施市场准入负面清单制度的要求，并落实《浙江省人民政府关于促进外资增长的若干意见》，深入推进浙江省服务业扩大开放，进一步扩大利用外商投资，清理妨碍统一市场和公平竞争的各种规定和做法。完善承诺式准入等管理方式，进一步强化落实告知性备案、准入信息公示等配套措施。创新全省公共服务领域市场开放机制，制定社会资本进入垄断行业和特许经营领域管理办法。

3. 不断拓展民间资本投资领域。全面落实民间资本准入平等待遇，对民间资本不能单独设置附加条件、歧视性条款和准入门槛。积极鼓励民间资本参与浙江省重大工程建设和国有企业混合所有制改革。制定放宽社会服务业市场准入具体办法，切实解决健康养老、医疗康复、技术培训、文化体育等领域准入门槛高、互为前置审批等问题。加大民间投资示范项目推介力度，加快推出一批示范项目，持续推出浙江省重点领域政府和社会资本合作项目。支持民营企业创新发展，破除信贷、上市、税收、创新、超投标、人才等方面的歧视性限制和各种隐性障碍，打造民营经济发展最优环境“金名片”，切实提升各类市场主体的活力和竞争力。

4. 加强维护市场公平秩序。巩固和深化“双随机、一公开”监管在市场监管执法事项和其他行政执法事项全覆盖的工作成果。进一步完善市场监管、城市管理等领域综合行政执法体制改革，逐步实现“多帽合一”，解决多头执法、重复执法问题。加快建立以信用承诺、信息公示为特点的新型监管机制，加强外商投资信息跨层次多部门共享，加快推进事中事后监管。制定失信守信黑红名单及管理办法并向社会公布，接受群众监督。

（二）形成更加便利的贸易环境

1. 提升贸易便利化水平。依托自贸试验区油品交易中心、国际农产品贸易中心等建设，从改革审批制度、降低准入门槛、优化办事流程等入手，以点带面优化贸易环境。加快建成国内领先的国际贸易“单一窗口”，确保2018年整体通关时间压缩1/3以上。开展跨境贸易便利度专项行动，不断提高通关效率。建立“义新欧”班列进口直通机制，探索进口贸易简化申报；推进中国—中东欧贸易便利化国检试验区建设，在贸易便利化方面打造示范性样本效应；加快市场采购贸易方式的出口流程标准化、货值核算标准化、监管方式标准化等建设，为复制推广提供标准和规范，等等。

2. 服务在浙企业开拓国际市场需求。对境外投资实行备案为主、核准为辅的管理模式，完善境外重大投资项目协同服务机制，加强境外投资真实性审查。采取以投资带动工程承包、政府和社会资本合作等多种方式，实现对外承包工程转型升级、向国际产业链高端延伸，带动技术、产品、设备和服务“走出去”，推动在应用中国技术和标准开展海外工程建设项目方面实现重大突破。发挥“一带一路”城市商会联盟、境外友好商(协)会等多双边工商合作机制作用，推进与国际组织、跨国公司以及全球重要城市投资促进机构和商(协)会的合作，加快构建境外投资经贸合作伙伴网络。

（三）形成更加良好的生产经营环境

1. 优化全省科技创新环境。支持重大前沿项目与创新平台建设，促进科技金融深度融合创新发展。制定实施浙江省促进新型研发机构发展办法，加快推进国际一流的新型研发机构建设。设立浙江省科技创新基金，重点投向高端“硬技术”创新和前端原始创新，引导符合浙江省战略定位的高端科研成果转化。加大财政科研项目和经费管理政策措施落实力度，进一步完善相关配套细则。在战略性新兴产业领域，研究探索利用财政资金形成的科技成果限时转化制度。支持外资研发中心建设，加强国内外创新交流服务平台建设，吸引境内外创业投资机构落户浙江。

2. 降低企业税费负担。全面落实“营改增”政策，规范优化征管服务。处理好外商投资企业土地使用费征收问题，完善涉企收费目录清单和集中公示制度，严肃查处各类违法违规收费行为。组织实施一批能效提升技术改造项目，推动企业节能改造。通过复制推广开发区工业用地循环利用经验；落实国家发展新产业新业态的供地政策，试点推行产业用地弹性年期出让；重大产业项目差别化降低城市基础设施配套费征收标准等方式，进一步降低企业用地成本。进一步推动海关商检等部门降低通关环节费用。

（四）形成更加公正的法治环境

1. 完善政策制定实施机制。注重合理保持政策的稳定性、连续性，给予市场主体稳定预期。建立有效的政企沟通和反馈机制，新政策出台前要充分听取企业意见，出台后要给企业留足消化和申报准备时间。落实公平竞争审查制度，防止出台排除、限制竞争的政策措施，有序清理废除现存妨碍统一市场和公平竞争的各种规定、做法。

2. 建立多元化商事纠纷解决机制。制定实施深入推进多元化纠纷解决机制改革工作实施方案。配合政府职能转变、投资领域开放、贸易发展方式转变、金融领域开放创新等各项改革措施，加强民商事审判工作。开展在线调解试点工作，开发运用在线调解平台。以服务实体经济为宗旨，引导和规范各类金融行为，妥善审理各类金融案件，维护金融秩序。探索健全金融消费者(投资者)权益保护体系，切实保护金融消费者(投资者)合法权益。多渠道引入人民调解组织、行业协会、专业机构、仲裁机构等社会力量，建立健全“开放式”委托调解机制。

3. 推动破产制度体系建设。建立健全破产程序启动机制和破产重整企业识别机制，促进有价值的危困企业再生。加快制定和完善浙江省执行转破产工作实施方案和关于实施执行转破产工作的规范指引，推动资不抵债、符合破产条件的"僵尸企业"及时转入破产程序。探索破产案件"繁简分流"机制建设,推进"繁案精审,简案快审",促进简易案件快速审结。坚持市场化导向开展破产重整工作,构建庭外兼并重组与庭内破产程序相互衔接机制。协调完善破产配套制度,推动破产审批组织和破产管理人队伍专业化建设。

4. 健全创新监管机制。创新监管执法方式,规范监管执法行为,健全以"双随机、一公开"监管为基本手段、以重点监管为补充、以信用监管为基础的新型监管机制,切实解决多头监管、重复监管问题。坚持依法行政和政务公开,坚决兑现政策承诺,提高政府公信力。健全全省公共信用信息服务平台,并与全国平台实现互联互通,推进诚信信息在采集、共享、使用、公开等环节的应用。完善守信联合激励和失信联合惩戒制度,依托公共信用信息服务平台实现红黑名单统一管理和联合惩戒业务协同。

(五)形成更加精细的人才发展环境

1. 完善高端人才引进政策。打造具有国际竞争力的人才引进制度,为顶尖科学家及其团队成员引进做好服务保障。全面实施外国人来华工作许可制度,统一评价标准,实行分类管理。探索建立弹性学制,打通科研人才双向流动通道。修订人才引进政策标准,大力引进优秀投资人才和创新创业人才。发挥政府、市场、专业组织、用人单位等多元评价主体作用,建立科学化、社会化、市场化的人才评价制度。

2. 加大人才培训和激励机制。完善高校学科专业动态调整机制,培养复合型、创新型人才。加大校企人才联合培养力度,支持院校与企业合作办学,推进专业设置与产业需求、课程内容与职业标准对接。探索专业人才协议工资制和项目工资制等薪酬分配办法;发展专业性、行业性人力资源市场,放宽人力资源服务业准入限制。在省属上市公司、非上市科技型企业中试点开展股权激励、分红激励,构建科研人员、管理骨干与企业风险共担、利益共享的长效机制。

3. 健全人才服务体系。在配偶就业、子女入学、医疗、住房、社会保障等方面完善相关措施,加大保障房配建、改建以及代理经租等公租房筹措力度。加快在全省经济技术开发区等的重点产业功能区和引进人才密集地区高质量配套建设基础教育学校,推动入学政策创新,不断完善国际化教育服务体系。增加涉外医疗服务供给,鼓励发展多种形式国际医疗保险,提升外籍人才医疗服务水平。加大住房供应力度,合理确定各类住房供应比例。创新人才住房保障机制,采取购租并举方式,满足人才多层次住房需求。以产业园区为重点,通过新建、收购、改建、长期租赁等方式,加大人才公租房筹集力度,由园区企业自持、统一配租,优先满足入园企业人才住房需求。鼓励用人单位按国家规定为外籍高层次人才建立补充养老保险,探索外籍人才社保缴纳转移接续机制。

(六)研究探索建立浙江省营商环境评价机制

1. 配合推进营商环境评价工作。全面落实国务院关于"抓紧建立营商环境评价机制"的部署,积极支持配合国家发改委开展营商环境评价工作推进。强化统筹协调,落实主体责任,做好人、财、物及制度保障,逐项分解细化任务、进度安排和工作目标,采用信息化、大数据等手段,动员企业、政府部门、中介机构等力量开展评价。用中国特色、国际可比的指标体系,从衡量企业全生命周期、反映城市投资吸引力、体现城市高质量发展水平三个维度,对浙江省营商环境进行系统评价,做好杭州、衢州国家营商环境试评价工作,以评价促进营商环境优化。

2. 找准症结,深化改革创新。以评价为契机,参照评价结果,强化问题导向,找准问题症结。对于长期积累的深层次问题,要深挖体制机制原因,找准改革突破口和关键点。对于普遍存在的共性问题,全省各地要拓展思路、勇于破题,省级相关部门要注重梳理提炼,推动形成全国层面改革举措。对于地方层面的个性问题,各地要因城施策、因地制宜。同时,从打造全球竞争新优势、培育壮大发展新动能、增强企业和群众获得感三个方面深化认识、切实提升优化营商环境的责任感和使命感。

3. 建立浙江省营商环境评价机制。建议浙江省借鉴北京、上海、河北等地做法,加大经费投入,委托第三方研究机构和专业调查公司研究建立浙江营商环境评价体系。建立简单易行指向明确的营商环境评价指标体系；指标体系设计既要对标国际，与国家营商环境评价机制衔接，又要结合浙江实际，引导全省各地形成优化营商环境的良性竞争，要成为营商环境“晴雨表”，为构建现代化经济体系贡献“浙江智慧”。

4. 借鉴兄弟省市营商环境优化经验。对照营商环境评价各指标的最优值，结合浙江省实际，参考和借鉴兄弟省市的宝贵经验和有效方法，切实推进改革。比如科技金融创新发展模式、大数据市场主体监管新模式、特色文化产业国际合作新模式、“园区共建、收益共享”的开发区共建机制、全天候为客商提供服务的项目运作流程等，有针对性地加以推广应用，积极创造条件，推动各项改革经验落地生根、取得实效。

5. 加强宣传解读和评估监督。加强政企沟通和宣传解读，听取律师事务所、会计师事务所、税务师事务所、咨询公司等专业机构以及行业协会商会关于优化营商环境的建议，为营商环境改革提供决策依据。定期召开宣讲会和培训讲座、诊断咨询，开设各类企业服务活动场所，充分调动企业和群众优化营商环境的积极性。加大监督检查力度，通过检查、督查、评估等多种方式，大力推动和督促落实各项改革任务。对落实到位、积极作为的要通报表扬、给予激励，对发现的问题要坚决整改，对工作不落实的要严肃问责。

课题组组长：兰　健

课题组成员：沈霞俊　赵建华　王冬敏
陈频频（执笔）　江　玮
赵　青（执笔）

阿克苏出口产业合作园建设建议

2017年8月，省委书记车俊率浙江省党政代表团考察阿克苏地区时，作出了在阿克苏地区谋划建设出口产品加工园区的重要指示。

阿克苏地区位于我国西部，是“一带一路”的重要节点。党的十九大报告中明确提出要“形成陆海内外联动，东西双向互济的开放格局”，在阿克苏建设出口产业合作园，符合省委省政府“以‘一带一路’统领新一轮对外开放”的总要求，也符合产业援疆、助民增收，实现阿克苏社会稳定和长治久安的目标，更是对十九大精神的生动实践。

一、现实基础

（一）产业有对接

阿克苏纺织服装业资源优势突出。阿克苏地区是全国最大的棉花产区。2017年，阿克苏地区棉花种植总面积790.89万亩，占全国的16.33%、新疆的23.78%；棉花总产量100.44万吨，占全国的18.31%、新疆的22.00%。其中长绒棉产量占全国的93%以上，被誉为“中国长绒棉之乡”。棉花品质优良，是80—300支高支纱和特种纺织工业的最佳原料。禽畜资源丰富，可为纺织产业发展提供羊绒、山羊毛、绵羊毛等原料。发展印染所需的水资源充足，南疆地区有大小河流16条，水资源总量83.24亿立方米。浙江纺织服装业有产能转移需求。近年来，省委省政府作出了打好经济转型升级系列组合拳的决策部署，大力推进纺织服装业等传统产业改造提升，坚决淘汰落后产能，积极化解严重过剩产能。阿克苏地区是南疆地区的纺织服装制造中心，已具备印染企业布局的能力，且有化纤产业发展的预期，是合适的纺织服装业产能承接地。

（二）区位有优势

阿克苏地区是南疆交通枢纽中心，是国家“一带一路”向西开放和联通欧亚国际经贸大通道的桥头堡。目前已经形成集铁路、公路、航空于一体的立体交通网络，货物从阿克苏进入欧洲市场，比海运时间缩短3/4，运输成本降低1/3。随着“一带一路”建设深入推进，以喀什为起点、通达瓜达尔港的中巴经济走廊功能将极大提升，阿克苏的区位优势将更加突出，货物从阿克苏地区进入中亚、南亚和欧洲将具有相当大的交通便利优势。

（三）土地有保障

阿克苏地委、行署把出口产业合作园建设列为促进地区经济发展的重大战略举措，地委书记窦万贵在2018年阿克苏地委（扩大）会议上提出“持续深化浙阿产业发展战略合作，加快出口产品加工园区建设”的要求，并多次专题会议研究推进工作，希望浙江进行整体开发、管理和招商。目前基本确定项目规划选址方案，拟在阿克苏纺织工业城（开发区）周边划定一块区域，用于建设出口产业合作园，规划用地面积3.6平方公里左右（约5500亩）。

（四）建设有困难

建设资金短缺。阿克苏出口产业合作园的土地征迁补偿和土地平整投入估算约需5亿元，加上基础设施和配套建设投入至少在10亿元以上。目前新疆维吾尔自治区严控严管政府债务，阿克苏政府和阿克苏纺织工业城都无法负担出口产业合作园建设资金。浙江援疆资金规模有限且用途计划性强，无法满足园区建设的资金需求。产业链闭环尚未形成。印染是阿克苏地区乃至整个南疆纺织服装业缺失的重要环节，加之纤维原料、服装辅料等纺织服装业上下游配套不足，这些短板钳制了纺织服装业的发展。通关环境有待改善。阿克苏地区至今没有自己的口岸，也无海关布点，仅有近期启动的海关监管仓，长期制约着当地开放型经济的发展。

二、建设路径

抢抓“一带一路”建设的重大机遇，按照先“建园”，再“扩量”，最终“提质”的三步走战略，建设面向中亚、南亚和欧洲市场的出口产业合作园。

（一）确定开发主体，启动园区建设

建议复制浙江省境外经贸合作区建设成功经验，采用“飞地”模式，选择一家省属大型国有企业承担阿克苏出口产业园的整体开发建设工作，负责开发、管理和招商。建成后出口产业合作园进行税收分成和利益共享，名称上可以冠以“浙疆（浙阿）出口产业合作园”。

（二）推动企业集聚，扩大外贸体量

围绕阿克苏地区纺织服装全产业链的“补链”和“强链”开展招商选资，同时支持向西出口的日用小商品生产企业转移。重点招引对象是以中亚、南亚为主要销售市场带动作用强、具有产业链相关性的企业。同时，将当地分散各处、具有发展潜力的纺织企业引入园区，推动企业集聚。实施深耕重点出口市场战略，在巩固吉尔吉斯斯坦、哈萨克斯坦、巴基斯坦等传统市场的基础上，积极开拓俄罗斯和其他市场。

（三）吸引疆外资源，提升产业能级

充分利用疆外资源，着力培育龙头企业。逐步形成龙头企业带动、配套企业协同发展的良好格局。加大纺织服装业技术创新投入，推动产业链前端的研究、开发、设计和后端的营销网络构建、知名品牌打造，解决阿克苏纺织产品的市场定位与产品档次不高、品牌建设薄弱的问题，提高阿克苏纺织服装业产品出口附加值。推进纺织服装业产品和日用小商品西进喀什，依托喀什—瓜达尔港中巴经济走廊，打通阿克苏地区产品出海口，实施出口市场多元化战略，进一步开拓海外市场，扩大纺织产品在西亚和欧洲的市场份额。

三、保障措施

（一）政策保障

在浙江省传统产业改造提升支持政策的基础上，对产能转移到阿克苏的生产企业精准施策，从土地、财税、金融、保险、用工等多方面集合发力。对于产业转出后企业原工业用地的规划用途变更给予政策支持。对引资入园的浙江企业支付的地价款（或租赁费）给予一定资助。相关金融机构对符合国家政策规定和贷款条件的入园企业，积极提供必要的授信支持和配套金融服务。研究增加保险品种，为入园企业提供投资保险等服务。

（二）进度保障

根据出口产业合作园建设进度，从2018年起全面启动开发建设。做到“一年奠定基础，两年初见成效，三年变面貌”，争取三年出成效。同时，坚持规划先行、招商先行、基础设施先行，加大招商引资引智力度，着力引进染整、聚酯化纤、服装配件等产业链关键环节企业。促进产业专业化、集聚化、特色化发展。成立督查考核领导小组，对重点任务和重点项目责任到人，对出口产业合作园建设的推进落实情况进行督查和考核。

课题组组长：梁志良　兰　健

课题组成员：戴争光　武建明　蔡　丽

应翔君（执笔）　傅雪梅（执笔）

海南全面深化改革开放对浙江对外开放工作的启示与建议

2018年4月19—21日，浙江省商务厅张钱江副厅长带队，会同省委政研室、普陀区政府联合调研组赴海南学习考察。调研组在博鳌和海口深入学习了解海南这次全面深化改革开放的情况，重点调研了海南博鳌乐城国际医疗旅游先行区。

一、基本情况

（一）海南开启新一轮改革开放行动迅速、力度大

4月13日，习近平总书记在庆祝海南建省三十周年大会作重要讲话。14日，《中共中央国务院关于支持海南全面深化改革开放的指导意见》（以下简称《指导意见》）正式发布，开启了海南新一轮改革开放。《指导意见》指出：赋予海南改革开放新的使命，是“习近平总书记亲自谋划、亲自部署、亲自推动的重大国家战略”。“三个亲自”充分体现了这次海南全面深化改革开放的分量和地位。总书记讲话后，海南上下迅速行动，以超常力度开展工作。11个省委常委率党政机关代表团迅速分赴11个自由贸易试验区考察学习。省委常委、海口市委书记张琦带团于17—19日到浙江自贸区调研，白天考察，晚上讨论，夜以继日，离开舟山即已形成调研报告提出下步工作举措。近日，海南11份调研报告将汇总形成总报告，同时形成自贸试验区总体方案。

（二）博鳌乐城国际医疗旅游先行区已成气候

4月11日，习近平总书记考察了乐成国际医疗旅游先行区，充分肯定了先行区成绩。先行区于2013年2月由国务院正式批复设立，明确包括加快医疗器械和药品进口注册审批、放宽境外医师执业时间等九条政策（“国九条”）。沈晓明省长到海南工作后亲自抓先行区建设。目前先行区围绕医美抗衰、健康体检、医疗科研等产业，已有9个项目完成建设、27个项目开工建设、101个项目达成投资意向。区内已建成集医养一体的一龄养护中心、拥有国内第二台质子刀设备的恒大国际医院、干细胞中心等一批国际医疗项目，先行区的排头兵作用正在不断发挥。

（三）博鳌超级医院项目成效超过预期

作为先行区的重点项目，博鳌超级医院仅用130天时间就完成从启动到运营的过程，并在4月1日正式揭牌营业，由杭州树兰医院运行管理。除了顶尖专家集聚、超级医疗服务水平以外，医院最大的特色在于“国九条”落地，即允许使用国际最前沿、未在国内上市过的新药品、新器械、新疫苗。目前，政策突破主要在率先使用进口最新技术人工耳蜗、人工眼角膜以及九价宫颈癌疫苗等方面。开业仅10天，九价宫颈癌疫苗的预约高达884例，超出医院服务接待能力。

二、调研体会与启示

（一）《指导意见》将国家战略和海南实际结合，充分体现国家意志彰显海南特色

《指导意见》将海南定位为“国家重大战略服务保障区”，提出深度融入海洋强国、“一带一路”建设、军民融合等重大战略，切实履行好党中央赋予的重要使命，提升海南在国家战略中的地位和作用，这是国家意志和国家战略在海南的体现

和实施。《指导意见》将海南定位为“国家生态文明实验区”“国际旅游消费中心”，又与海南的实际紧密结合，体现了海南特色。特别是在自贸区和自贸港建设方面，《指导意见》明确：海南自贸区实施范围为全岛，三年内建成自贸区，再后五年初步建立自贸港制度。海南陆地面积3.54万平方公里，分别是中国香港、新加坡的32倍和49倍，建成后将成为全球最大的自贸港。《指导意见》的又一大亮点是明确建设中国特色自贸港的定位和方向：“不以转口贸易和加工制造为重点，而以发展旅游业、现代服务业和高新技术产业为主导，更加强调通过人的全面发展，充分激发发展活力和创造力，打造更高层次、更高水平的开放型经济”。这些是从海南资源禀赋、发展水平的实际出发，同时体现了国家战略国家意志。海南自贸区面积之大超乎预期，应该说，之前海南对建设自贸港的目标定位思想准备不是很充分，总书记重要讲话后，海南上下迅速统一思想，提高认识，明确举措。

（二）“一天当三天用”“不惜脱一层皮”的干劲深入推进对外开放

海南开放早。调研组接触到无论是企业还是政府部门，对开放的认识都非常深刻。认为海南内部市场小，各方面资源和人才缺乏，开放是海南深层次发展的需要，也是海南生存的需要。要把改革开放的大旗一扛到底，以开放倒逼改革，使海南成为我国服务业对外开放的重要窗口。《指导意见》的出台，令海南上下非常振奋，更加坚定开放的决心。调研接触的各级干部，见缝插针开会、随时随地学习，埋头苦干，体现出勇当对外开放尖兵的决心和奋勇向前的使命感。

（三）谋定而后动和钉钉子的精神使海南驶入对外开放快车道

海南博鳌在医疗旅游产业的培育上，充分体现了谋划能力和锲而不舍推动“国九条”落地的钉钉子精神。乐城国际医疗旅游先行区紧紧围绕“四个特许”，即“特许医疗、特许研究、特许检查、特许国际合作”，几年如一日推进落实。先行区内的企业，在政策尚未落地时，就做好硬件和软件投资，恒大、慈铭、干细胞中心等项目都已经进入技术成熟、市场可期、团队待命的状态，企业坚定信念等待并不遗余力推动政策落地。最终以建立超级医院为契机，通过顶级团队打消了政策制定者的技术顾虑，实现了人工耳蜗等几个点的政策突破。

（四）善于借力的开放式方法助推海南医疗旅游产业快速发展

海南并没有发展医疗产业的优势，据介绍，海南本地医疗资源相对缺乏，海南人还会前往中山等地就医。在这样没有市场、没有优势、没有基础的情况下，乐城先行区在短短三年内拔地而起，吸引全国一流的专家、投资和全国病人，很重要的一个经验是善于借力。如在引资引技引智上相对灵活，不求所属、但求所用；恒大国际医院发挥与美国布莱根和妇女医院合资优势，并为政府代建药品公共保税仓；超级医院采用1＋X模式，撬动了全国各地的顶级专家采用专科中心方式在博鳌提供医疗服务；一龄生命养护中心更是将其在其他省的资源向博鳌集中。

三、对浙江省下步对外开放工作建议

党的十九大指出，中国特色社会主义进入新时代，要推动形成全面开放新格局。对照学习这次海南的全面深化改革开放，对浙江省的对外开放工作建议如下：

（一）以更高层次和更大力度推动浙江新一轮对外开放

四十年改革开放的实践证明，没有开放就没有今天的浙江，对外开放是繁荣发展的必由之路，是浙江发展的重要引擎。浙江要在新一轮对外开放中继续走在全国前列，必须在更高层次上以更大力度推进。

一是进一步统一思想、提高认识。以改革开放40周年和即将召开的全省开放大会为契机，对以开放促改革、以高水平开放带动高质量发展、推动形成现代化经济体系的思想要再认识、再提高、再统一。

二是打造更好的营商环境。要制定落实切实有效的政策举措，深化“放管服”改革，保护投资者合法权益，加强知识产权保护，营造国际化、法治化的营商环境。

三是坚持对标国际。以国际标准、国际水平衡量开放水平，以国际影响力和国际竞争力为发展目标推动开放，不关起门来搞建设，以更高标准、更高要求推动新一轮开放。

（二）新一轮对外开放要紧密结合国家战略同时彰显“浙江特色”

在形成全面开放新格局中，浙江有基础有能力，更应有担当在其中扮演重要角色，关键是要将国家战略与浙江实际紧密结合起来，把国家战略贯彻落实在浙江的新一轮对外开放中，既体现国家意志，又彰显浙江特色。要积极地将建设海洋强国、舟山群岛新区、海洋经济发展示范区等国家战略与“最多跑一次”改革、民营经济、“互联网”+科技创新、开放大港、文化软实力等最能体现新时代浙江特色的实际紧密结合，在建设自由贸易试验区、探索建设自由贸易港、推进“一带一路”建设等方面，要注重国家战略国家意志与浙江实际浙江优势高度结合、无缝对接。

（三）以创建国际医疗旅游先行区为突破口推动服务业开放

新一轮对外开放，服务业领域开放是重点。

一是创建国家层面的“国际医疗旅游先行区”。在自贸试验区框架下，以现有国家健康旅游示范基地为依托，创建“国际医疗旅游先行区”。要第一时间复制和落地海南“国九条”重要政策，推动其他条款在浙江率先落地；引进或培育国际医院，重点围绕特需健康服务，在医美抗衰、高端体检、辅助生殖、疫苗服务等需求旺盛、市场成熟的方面，抓紧开展各类基础设施建设，一旦政策落地，迅速开展业务、抢占市场；加快培育医疗领域的“保税区”，建立进口药品保税仓，发展国际医疗器械和药品贸易；推动医疗、健康与旅游相结合的新业态，结合舟山以佛教为特色的旅游品牌，开发特色旅游线路，推动医疗、康复、养生和健康旅游的深度融合，将先行区打造成医疗旅游领域开放高地。

二是谋划开展服务业扩大开放综合试点。可选择在杭州、宁波等基础条件良好的区域，开展医疗、旅游、文化、金融等服务业扩大开放综合试点，统筹推动高水平开放。制定服务业开放落地时间表，对一些国家已经明确的开放领域，如金融服务、合作医院、国际学校，要加快制定时间表，在全国率先落地，打破开放中存在的“玻璃门”“旋转门”等情况。

三是积极扩大国际消费。如引进国际赛事、国际文娱表演、提高外国游客入境便利度、在离境退税等方面加快复制现有开放政策。

课题组组长：张钱江
课题组成员：陆　军　陈芳芳（执笔）
马伟峰

借鉴四川做法与经验 探索创建浙江自贸试验区联动创新区

四川省政府近期出台《中国(四川)自由贸易试验区协同改革先行区建设实施方案》,为深入学习四川探索建立自贸试验区协同改革先行区的做法与经验,2018年10月10日,浙江省自贸办张钱江副主任带领由省委政研室、省商务厅综合处、商务研究院、宁波市商务委共同组成的调研组赴四川调研考察,调研组与四川省自贸办进行了座谈并赴四川自贸试验区天府新区片区进行了实地考察。调研情况及对浙江启示与建议如下:

一、四川的主要做法

根据四川自贸办的介绍,四川建立自贸试验区协同改革先行区主要是为了解决片区过小矛盾,调动更多市州的积极性。方案包括三方面:

(一) 分两个阶段培育一批先行区

根据方案,2018年探索建设3个左右的自贸试验区协同改革先行区,力争到2020年培育打造15个协同改革先行区。根据"优势叠加、分类促进,以点带面、全域自贸"的原则,深化"3区+N园"模式创新,通过协同改革、协同创新、协同开放、协同发展,引领带动四川全省共享自贸试验区改革红利。

(二) 鼓励三类平台主体探索建设

在申建条件方面,《方案》鼓励支持具备以下三项条件的主体申建协同改革先行区:一是体制机制灵活,且具有平台、功能、产业和渠道优势的各类国家级开发区。二是符合全省构建区域协调发展格局和立体全面开放格局战略部署,改革创新能力强、开放发展优势明显、区域辐射带动作用突出的各类经济功能区。三是区位优势突出、产业特色鲜明、开放潜力较大的县级行政区域。

(三) 聚焦八项重点任务协同改革创新

《方案》提出要从联动推进核心制度创新,率先复制推广改革经验,赋予更大改革自主权,协同建设对外开放平台,构建立体全面开放新格局,发展更高层次开放型经济,构建特色现代产业体系,提升区域互联互通水平八个方面推动四川自贸试验区协同改革先行区建设。与自贸试验区同步下放相关省级权限,是四川赋予先行区最具价值的政策红利。四川将通过协同改革、联动试验,争创一批跨区域、跨部门、跨层级的重大改革创新成果。

二、四川经验与启示

四川建设自贸试验区协同改革先行区,给浙江省带来了三点重要启示:

(一) 满足了地方强烈的扩区需求

目前自贸试验区面积只有不到120平方公里,满足不了创新的需求,难以承担创新龙头的使命与担当。与此同时,国家对自贸试验区扩区还未有明确态度和计划,各地对改革创新又存在强烈的需求。四川建设自贸试验区协同改革先行区正好满足了地方强烈的扩区需求。四川建设自贸试验区协同改革先行区方案公布后,环成都经济区7个市均提出创建改革先行区,各地积极性非常高。

(二) 培育了经验复制推广的主平台

党中央国务院主要领导多次强调,自贸试验区是制度改革试验田,是"种苗圃",而不是"栽盆景”。探索形成一批可复制可推广创新经验是各自贸试验区《总体方案》中明确的目标任务。开发区、海关特殊监管区等各类开放平台是复制推广自贸试验区创新经验主要载体。目前国家已经公布了四批共153项改革试点经验复制推广任务，四川建设自贸试验区先行区首要任务就是复制推广自贸试验区创新经验，将对先行区进行考核，实行末位淘汰机制。

（三）契合了省委、省政府重大发展战略

四川新一届省委、省政府在区域发展上提出了两大战略：一是“一干多支、五区协同”区域协同战略，着眼解决四川发展不平衡不充分问题，推进区域协调发展；二是全面开放合作战略，全力推动“四向拓展、全域开放”，将开放合作上升到全局性、战略性地位。四川提出建设自贸试验区协同改革先行区，通过发挥自贸试验区引领带动示范作用，引导支持具备条件的地区协同推进改革创新，整体提升四川综合竞争力和对外开放影响力，与省委、省政府两大区域发展战略相契合。

三、建议设立浙江自贸试验区联动创新区

四川探索建立自贸试验区协同改革先行区，是在省委、省政府权限内推动自贸试验区的扩区，更大限度提升自贸试验区影响力和释放改革红利。据了解，上海、辽宁也有类似的做法。上海在2015年制定了《推进上海自贸试验区和上海张江国家自主创新示范区联动发展实施方案》；辽宁今年3月发布了《推进辽宁自贸试验区与重点产业园区协同发展的指导意见》，旨在推动自贸试验区与18个省内重点产业园区协同发展；广东自贸试验区正在谋划推动在汕头经济特区等地扩区。综合来看，四川的做法更务实，更具借鉴价值。为此，建议由省自贸办牵头探索建设浙江自贸试验区联动创新区。具体突出“两创新两联动”：

（一）创新区域

车俊书记在开放大会上提出，要抓紧谋划并争取片区优化。省第十四次党代会明确提出，加强全省重点湾区互联互通，推进沿海大平台深度开发，大力发展湾区经济。大湾区建设是当前全省区域发展的重大战略。为落实省委、省政府精神，助力重大战略发展。自贸试验区联动创新区布局上要跳出舟山，结合大湾区战略，在宁波、杭州、嘉兴等开放程度高、体制创新活跃、战略带动意义强的区域设置新的片区，形成省内“一区多片”布局。重点在各类国家级、省级开发区、综保区、特色小镇等各类经济功能区布局，发挥政策叠加优势。

（二）创新产业

联动创新区产业发展不限于浙江自贸试验区的油气产业，重点是把自贸试验区改革创新理念和先进制度运用到自身特色产业发展中。联动创新区要充分发挥各地自身优势特色，深入挖掘资源禀赋、区位优势和发展潜力，紧扣全省万亿级支柱产业、新兴产业、未来产业及数字经济，积极开展产业人才合作、企业对接联动、项目载体共建等深度合作，推动产业优势互补、协调联动、错位发展。如：宁波除LNG产业发展外，还可聚焦智能制造业发展、杭州可聚焦数字经济发展、义乌可聚焦小商品发展。

（三）联动改革

聚焦构建现代政府治理、双向投资管理、贸易便利化、金融开放创新、创新创业等核心制度创新体系，强化联动试验和系统集成，争创一批跨区域、跨部门、跨层级的重大改革创新成果。以复制推广自贸试验区创新经验为重点，推动联动创新区联动改革。持联动创新区充分享受自贸试验区改革制度性成果。积极推广国家层面各批相关改革试点经验和最佳实践案例，率先推广浙江自贸试验区自主创新成果。将自贸试验区改革经验的复制推广作为联动创新区重要考核指标，完善复制推广工作机制，适时开展专项督导。

（四）联动赋权

紧扣联动创新区特色改革试验任务，以“最多跑一次”为引领，比照自贸试验区同步下放省级管理权限，赋予联动创新区更大改革自主权。积极加强与国家相关部委协调沟通，力争部分下放至浙江自贸试验区的国家管理权限，能同步下放至条件成熟的联动创新区。鼓励联动创新区结

合自身特色，借鉴学习上海、广东、天津等国内其他自贸试验区成功经验，在政府职能转变、投资贸易便利化自由化等领域开展联动改革、联动创新。

调研组组长：张钱江

调研组成员：兰　健　韩　隽　王君英
寿　斌　马伟峰
胡朝麟（执笔）

杭州湾航空产业带国际化发展战略报告

为贯彻落实袁家军省长、朱从玖副省长、高兴夫副省长关于发展浙江省航空产业的批示精神，加强浙江省航空产业国际化发展研究，省自贸办成立了以省商务研究院研究力量为主体的课题组，通过赴省内外实地调研和深入研究分析，形成了本研究报告。

一、浙江航空产业发展仍处于起步阶段

本文研究的航空产业是民用航空，包括运输航空和通用航空，运输航空载体以大飞机为主，通用航空载体包括公务机、轻型飞机、直升机、运动飞机、无人机等中小型飞机。

（一）民航运输制造业发展步履维艰

随着波音737MAX飞机完工和交付中心项目落户浙江自贸试验区落地舟山朱家尖，浙江民航运输制造业得到了跨越式发展。波音完工和交付中心预计年交付100架飞机，但主要以飞机内饰安装、涂装及飞机维修维护服务为主，未涉及飞机关键零部件制造环节。波音项目落地之前，省内仅西子航空一家民营企业从事大飞机及相关零部件制造。西子航空通过蛟龙600、C919等飞机舱门的成功研制，成为波音、空客、庞巴迪等国际民用航空巨头供应商和国产大飞机C919的9家机体供应商当中唯一一家民营企业，虽然“十年磨一剑”，但飞机制造投资仍处于亏损阶段。

（二）通用航空产业热起来还没飞起来

通用航空产业发展形势比民用航空明显要好，近年来，民营企业积极跻身通用航空领域，形成了一批实力较强的企业。如万丰航空收购通用飞机制造行业龙头企业钻石工业公司，具备了国际领先的通航飞机自主研发和制造水平；精功集团参股投资美国第一飞机公司，提供公务包机、飞机培训、飞机体验和空中游览、飞机测绘、飞机代管维修等通用航空专业服务；海卡航空致力打造浙商海外业务平台，重点服务中俄的通用航空器业务、航空技术往来、知识产业引进并购和人才技术交流。同时，围绕通用航空机场和航空产业项目，浙江大手笔布局了建德航空小镇、平湖九龙山航空运动小镇、德清通航制造小镇等10个左右航空特色小镇。但通用航空产业还没飞起来，大部分通用航空企业基本处于亏损状态，航空小镇以通航机场建设、旅游休闲、飞机运动体验等概念为主，通航飞机制造相对较少。

（三）人才、金融、市场等综合配套薄弱

航空产业发展需要大量高端人才支撑，浙江航空专业科研院校、航空人才孵化平台偏少，航空产业领域的人才总量较小，拥有证书、掌握高新技术和关键设备开发使用的人才尤为缺乏。陕西省与中国航空工业集团对西飞民机公司新增股权投资67亿元，江西省为中国商飞在南昌市建设专业飞机试飞跑道，江苏省支持建设碳纤维航空复合材料产业园，但浙江省对航空企业资金、土地等要素支持力度不够。国内的航空产业市场高度垄断，开放程度不高，2018版外商投资准入负面清单仍未完全放开民航运输、通用航空服务等产业，需进一步营造有利于外资与内资、民企与国企公平竞争的营商环境。

二、国际航空产业发展呈现“两集两高一长”的特点

国际航空产业发展呈现出集聚化、集团化、高技术投入、高资金投入、产业链长四大特点：

（一）集聚化发展

美国航空产业主要集聚在西雅图和威奇托，波音飞机的生产制造主要是在西雅图，部分在威奇托。威奇托在生产商用飞机、通用航空以及产品配送等方面在美国处于领先地位，相关设备、金属零部件的生产和专业化服务也有较强的优势。2017年，通航飞机全球交付量北美占据六成。法国航空产业主要集聚在巴黎和以图卢兹为中心的西南地区，其中巴黎占35%，以图卢兹为中心的西南地区占34%。国内陕西航空产业以阎良为核心，形成了“一基地五园区”的产业辐射带动格局。天津借助东疆保税港区政策优势，依托空客总装中心形成了近千亿级的航空产业集群。

（二）集团化发展

集团化发展使资金集聚、产品结构互补、技术互补、优势互补，形成规模生产能力，最终增强航空产业的整体竞争实力，巩固国际垄断地位。1996年，世界最大的航空制造公司美国波音公司宣布兼并世界第三大航空制造公司美国麦道公司。法国航空产业大约由190家航空企业组成，这些企业绝大多数加入了法国航空航天工业集团（GIFAS）。2010年7月30日，中航工业与天津市签署共建中航工业航空服务保障基地的战略合作框架协议，中航工业入股成为天津航空产业的股东之一，为天津航空产业的发展整合资源。从民航整机制造上看，国际上形成了以波音、空客、庞巴迪三大民用航空巨头，是一个寡头垄断市场。国内整机制造企业主要为中国商飞，目前正在从100座以下支线飞机生产，探索生产大飞机。从通用航空整机制造上看，国际上存在湾流、庞巴迪、德事隆等一批实力强劲的生产制造公司，中国具有代表性的公司有中航通飞公司，是一个垄断竞争市场。

（三）高技术投入

航空产业属于技术高度密集型产业，对技术创新要求高，需要从国家层面推动联合创新。美国国防部和NASA将各种航空产业研究、研制项目的80%以上委托给工业界、政府其他部门、高校、学术界和民间机构进行研究、设计、试制、试验与生产。陕西省作为我国航空大省，航空研究院所遍布陕西各地，在西安阎良飞机城坐落着中国航空工业第一飞机设计研究院，是目前中国唯一的集歼击轰炸机、轰炸机、运输机、民用飞机和特种飞机设计的研究机构，率先采用三维数字化设计技术，创造出国内第一架全机数字电子样机，使我国飞机设计手段与国际先进水平全面接轨。

（四）高资金投入

航空产业属于资金密集型产业，整机制造都需要数十亿级以上规模投入。为此，航空产业集聚地政府都予以大力度的政策支持。美国利用民用航空器贸易谈判使外国降低甚至取消民用航空产品的进口关税，利用其国家标准、适航性审查、认证制度限制外国航空产品进入美国市场。法国设立了发明援助基金，用于航空产业支付实验室科研费、雇员工资、专利申请费、发明产品研制费。天津东疆保税港区给予在保税港区设立的单机（SPV）租赁公司，在所得税方面均给予部分税收返还，同时在飞机购买、融资渠道等方面也给予不同程度的政策优惠。

（五）产业链长

民用航空产业链长，包括飞机设计、研发、制造、飞机运营使用、后期维修与技术服务等。飞机整机制造是核心，围绕整机制造企业，形成了一个以飞机零配件生产、飞机机载设备研发等相对稳定的供应链体系。通用航空产业以公务机、轻型飞机、直升机、运动飞机等飞机制造为核心，以航空租赁和航空运输为主干，集研发、制造、销售和运营服务为一体，涉及庞大的周边和地面产品集群，产业链长，经济拉动效应高，对一、二、三产业都有巨大的带动作用，是促进产业结构调整与升级的有效途径。

三、以国际化为路径推动杭州湾航空产业发展

通过调研分析，课题组认为杭州湾地区是浙江航空产业发展的重点区域，发展路径是：紧抓中国航空产业体系重构、波音项目落地机遇，以国际化为路径，利用国际优质资源，加快培育“外资＋民资＋国资”的发展主体，实现弯道超车，将杭州湾打造成国际化的航空制造高地、通用航空

业发展的示范区。

以波音项目落地为突破口，推动波音飞机总装落地，集聚波音飞机供应链体系上的外资企业，同时带动省内企业发展配套产业。

以中外合资、跨国并购为主要方式，通过引进龙头外资企业联动民资、国资组建中外合资企业，推动大飞机制造；通过跨国并购高技术含量的中小型优质通航企业，推动通用航空产业发展。

以“外资＋民资＋国资”为发展主体，我国大部分省(市)依托国有企业发展航空产业，浙江将结合自身实际，探索一条外资企业、民营企业、国有企业协同发展的特色航空产业发展道路。

以舟山朱家尖、杭州大江东为两极，从舟山海岛向杭州湾上游逐步渗透发展，联动中国商飞所在的上海临港地区，集聚航空领域企业，全面布局航空产业项目，形成杭州湾航空产业带。舟山、杭州、宁波发展民航大飞机制造，舟山以大飞机总装、装饰涂装、维修服务、融资租赁等为主，杭州大江东、宁波杭州湾新区以大飞机零配件制造为主。新昌、建德、德清、安吉和桐庐等地发展通航制造、机场建设、飞机培训、休闲旅游等通用航空产业。

四、推动杭州湾航空产业国际化发展的对策建议

（一）通过中外合资引进一批高质量民航大飞机项目

继续深化与波音的合作，积极推动波音总装项目尽快落户浙江。围绕总装项目，重点招引国外民航大型干线飞机核心零部件制造企业。支持西子航空等浙江本土优势制造企业与国际民航龙头配套企业合资合作，进入大飞机环节制造项目，进而寻求浙江进入大飞机制造供应链体系的切入点，以期提升浙江装备制造整体工艺技术水平。深入分析民航制造产业关键环节，寻求与美国、加拿大、法国、俄罗斯等欧美国家在航空复合材料、飞机发动机等尖端的航空制造龙头企业，组建中外合资企业加强国际合作，形成带动作用强、示范效应明显的一批航空制造企业。

（二）通过跨国并购引进一批优质的中小型通用航空项目

鼓励万丰航空、精功集团等民营企业利用自身渠道和优势，跨国并购一批高技术含量的中小型优质通用航空企业，以获取通航领域技术、品牌、市场等高端要素资源，提高通航制造、研发及设计能力。围绕国际通用飞机生产体系，积极招引西飞、古德里奇、佐迪亚戈、泰雷兹等零部件制造企业，做大做强浙江通用航空产业。积极发展通航制造配套产业，带动省内制造企业进入通航制造领域。

（三）培养集聚一批国际化高端人才

以波音项目落地为契机，培育集聚一批国际化航空制造领域高端人才。充分利用省内现有的浙江大学、浙江海洋大学、宁波诺丁汉大学、浙江交通职业技术学院、金华职业技术学院、旅游与健康职业技术学院、西子航空工业学院等优质航空教育资源，培育飞机制造、喷漆、维修、空乘等航空专业人才；加强与国内顶尖航空类院校合作，探索军民融合人才路径，培育航空类紧缺型人才。出台航空产业人才优惠政策，细化明确对航空人才的认定，设立引进和培养航空产业高层次人才的专项基金。同时，为航空专业人才提供住房保障、子女入学、社会保险等服务配套，并给予 定的个人税收优惠、专项津贴等。

（四）设立一个航空产业发展基金

借鉴国内外航空产业发展先进经验，设立一个首期基金规模50亿元左右、远期募集200亿—300亿元的航空产业发展基金，充分发挥政府“种子基金”的政策导向作用，通过积极推广政府资本投入，建立民用资本进入与退出机制，引导民用资本投入西子航空、精功集团、万丰航空等优势制造企业以及飞机维修、咨询、租赁等航空配套服务企业，协助民营企业在航空领域做大做强，在短期内形成浙江航空产业特色发展的相对优势，推动全球航空企业向杭州湾集聚发展。

（五）成立一个航空产业国际化发展领导小组

鉴于航空产业市场准入与技术门槛高、资金投入巨大、投资收益周期长，民营企业跻身航空领域，难以持续经营。建议成立一个航空产业国

际化发展领导小组，整合全省资源、政策，协调各方力量，做大做强航空产业，推动浙江航空产业国际化发展。设立领导小组办公室，明确专人抓具体工作，定期召开工作会议，以航空产业问题为导向，分步骤、分阶段地务实推进航空产业发展规划实施的各项工作。

（六）出台一批有利于国际化合作的政策措施

研究制定航空产业国际化发展政策措施，打造一个有利于国际化合作的营商环境，推动浙江航空产业健康快速发展。搭建航空产业相关展会平台，营造产业发展氛围。对以中外合资、跨国并购等方式开展航空项目的企业，提供外资备案、外汇管制、反垄断审查、驻华人员政策等专项业务指导。加强与中国民航局密切联系，优化通航适航审批流程与服务，助力民营企业获取通用航空适航证。积极落实“最多跑一次”改革，优化简化航空项目审批流程及相关手续。给予航空领域企业优惠税返政策，实行税收先征后返，增加返税频率。对飞机租赁产业，提供债券发行、ABS等多元化金融服务支持。对符合省重大产业项目申报指标的航空项目，优先列入省重大项目库，优先保证用地指标。

课题组组长：张钱江
课题组成员：兰　健　方　晓　陆　军
王君英　胡朝麟（执笔）
张国标（执笔）　杨　蕾（执笔）

关于赴郑州、广州跨境电商调研的报告

为进一步推进浙江省跨境电商发展，学习兄弟省市关于跨境电商综试区的好经验好做法，2018年3月7日—9日，徐高春副厅长带队赴郑州、广州开展跨境电商综试区专题调研。厅电商处、电商中心、杭州综试办、宁波综试办、义乌电商办相关负责人参与调研。现将调研有关情况报告如下。

一、郑州跨境电商综合试验区的主要做法

（一）主攻B2B跨境电商出口，力推产业集群跨境电商发展

郑州跨境电商综试区以做大做强B2B为主攻方向，把促进产业发展作为工作重点，鼓励企业做大做强，形成以技术、品牌、质量、服务为核心的外贸竞争新优势。在具体政策方面，出台了《关于大力发展跨境电商促进产业集群发展的指导意见》，推动出口产业集群和传统制造企业发展跨境电商，打造新型工贸一体产业链。同时，以B2C（企业对消费者）模式作为有益补充，助力小微企业发展，促进大众创业、万众创新。

（二）坚持“一顶帽子大家戴”，在全省推开综试区建设

郑州综试区建设不限于郑州市，而是坚持“一顶帽子大家戴”，在全省稳步推开综试区建设。省政府、17个省辖市和10个省直管县（市）都成立了跨境电商综试区建设工作领导小组，15个省辖市和8个省直管县（市）出台实施方案。全省上下联动推进跨境电商综试区建设和跨境电商发展的工作领导和力度很大。目前，综试区建设已经拓展到洛阳、开封、南阳、焦作、三门峡、信阳和新乡等市。

（三）自贸区与跨境电商综试区统筹推进，创新力度大

河南自贸试验区郑州片区（73.17平方公里）与郑州跨境电商综试区在区域范围上重叠，为统筹推进改革和创新，形成创新政策叠加提供了便利。在通关便利、金融支付、退税结汇和信用管理等方面，统筹形成了监管服务资源共享共用，较好地形成了贸易便利化的合力。在跨境电商零售进口方面，除保税进口、直购等通行模式外，先行先试，探索开展“网购保税＋实体新零售”模式，在中大门开设了保税直购中心，实现跨境购物“即买即提”（该模式，目前已被财政部叫停）。

（四）区位条件加政策支持，打造全球跨境电商集疏分拨中心成效明显

郑州北站是亚洲最大的火车编组站，物流方便，尤其是EMS费用极低。郑州相对杭州、广州更靠近日韩，日韩的美妆产品通过秦皇岛后可直达郑州。作为首批，也是全国中部和西北地区唯一的试点城市，市场辐射范围可达我国中西部和北方市场。依托区位物流优势，郑州积极探索“航空港＋综试区”“中欧班列（郑州）＋综试区”“内陆口岸＋综试区”等具有显著特色的郑州跨境电商物流通道和枢纽，建设“多式联运、智能物流、仓配一体”等功能的仓储物流网络和全球跨境电商集疏分拨中心。为支持航空物流发展，河南省专门制定了20条优惠政策（详见附件），在航班航线、市场开拓奖励、机场使用费减免补助、用地保障、融资担保、通关检验、高端人才引进等方面予以大力支持，一批跨境电商零售进口重点企业都把郑州作为拓展西北市场的物流仓配基地。

二、广州跨境电商综合试验区的主要特色和优势

（一）跨境电商园区门类齐全，特色明显

广州共有经国家批准设立的海关特殊监管区5个，分别是广州保税区、广州出口加工区、广州保税物流园区、广州南沙保税港区和广州白云机场综合保税，海、陆、空物流通道齐全，是国内拥有海关特殊监管区类型最丰富、功能最齐全的地区之一。如，白云机场综合保税区内的空港保税物流中心已集聚南航、法航、中远、中外运、UPS、DHL、TNT等160余家航空、快件及国际货运代理公司。南沙保税港区拥有国际国内航线50多条，航线覆盖欧洲、美洲、非洲、东南亚等地区。同时，南沙利用自贸试验区和毗邻港澳的优势，开通了“粤澳跨境电商直通车”，澳门跨境电商商品到南沙后，可以以跨境电商直购进口模式直发内地；创建香港机场—南沙保税港区的“超级中国干线”，跨境进口货物可以从香港快速通关运抵南沙保税港区。广州以白云机场综合保税区、南沙保税港区、广州保税区为试点，正在积极打造生鲜、冷链产品跨境电子商务进口枢纽。

（二）政策措施针对性强，大部分政策以企业为实施对象

广州跨境电商综试区以打造中国跨境电子商务发展高地和亚太地区跨境电子商务中心城市为总体目标，出台了《加快广州跨境电子商务发展若干措施（试行）》等政策文件，明确了引进与培育跨境电商主体、建设跨境电商园区、打造跨境电商公共服务平台、加快跨境电商物流发展、创新跨境电商金融服务体系、加快人才引进培育、创新跨境电子商务监管和服务制度等7个方面的政策支持措施，政策措施针对性强，大部分政策以企业为实施对象。如，对认定为市电子商务示范企业的跨境电子商务龙头企业，按规定给予奖励；对认定的市级跨境电商企业由市财政给予一次性财政资金奖励扶持。在跨境电商发展土地要素等资源保障方面，明确在符合土地利用总体规划和城乡规划前提下，优先保障安排跨境电子商务物流仓储项目用地。如，为满足跨境电商保税仓用地不断增加的需求，白云机场综保区核减了综保区外围面积，紧邻机场跑道的区块一的规划面积由1.64平方公里扩大到了2.943平方公里（国务院已批复同意）。

（三）与市场采购贸易方式有机结合，推动跨境电商零售出口监管便利

在跨境电商监管创新方面，鼓励跨境电商平台企业利用市场采购贸易试点政策开展跨境B2B等业务，允许跨境电商航空快件国际和台港澳中转集拼业务按市场采购贸易方式报关出口。据企业反映，广州黄埔海关对按市场采购贸易方式报关出口的跨境零售出口货物，允许以HS编码前6位简化归类申报（部分综试区对符合有关条件的，允许以HS编码前4位归类），同时对抽查比例实现“双控制”：对集装箱车辆的抽查率为20%、每个集装箱开箱查验的包裹不超过10个。

三、郑州、广州跨境电商综试区建设经验对浙江省的借鉴

（一）借鉴郑州做法，加快在全省复制推广综试区建设工作经验

根据国务院关于在全国复制推广跨境电商综试区建设的经验做法的决策部署，结合浙江省产业集群跨境电商发展试点工作，借鉴郑州综试区做法，加强工作领导和协调机建设，加快在全省复制推广综试区建设工作经验。首批选择金华、温州、嘉兴、绍兴等若干跨境电商发展基础和工作基础较好的地区，联合海关、国税、检验检疫等部门，出台相关政策意见，推动有关成熟经验和做法真正落地实施。

（二）充分利用两地优势，支持浙江省企业优化跨境电商市场布局和产业生态

一是积极支持浙江省一批重点跨境电商企业“走出去”，充分利用郑州和广州综试区的政策支持、地理区位和跨境物流通道相对发达等优势条件，优化业务流程和产业链，加快全国乃至全球市场的布局。二是要积极引进广东、深圳的一批优质跨境电商服务资源，尤其是一批物流以及跨境电商供应链服务企业来浙设立分公司或办事机构，不断优化浙江跨境电商产业生态。

（三）聚焦关键环节，着力深化跨境电商监管改革与创新

一是借鉴广东、深圳等地的做法，进一步推进浙江省跨境电商出口通关便利化。二是着力推进跨境电商出口税收监管政策试点在浙江省先行先试。三是进一步明确跨境电商统计范围和统计指标，通过人工采集、大数据抓取以及第三方交易和服务平台合作等多措并举，综合施策，进一步拓展跨境电商出口数据采集渠道，不断破解跨境电商统计难题。

课题组成员：程 雁 陈巧艳 王乔斌 朱曼亭 陈巧艳（执笔）

美国拟退出万国邮联对浙江省跨境电商发展的利弊分析及应对措施

“邮路”是浙江省跨境电商出口的重要物流通道，美国是浙江省跨境电商重要出口市场。同时，美国也是浙江省电子商务“走出去”和“全球化”发展中的主要竞争对手。在美国白宫宣布启动退出万国邮政联盟（以下简称万国邮联）程序的第一时间，我厅即会同有关地方对美国退出万国邮联对我跨境电商企业带来的直接影响进行了调查，第一时间上报了信息（商务专报第107号）并得到领导批示。根据袁省长的批示要求和厅主要领导的工作指示，我们进一步对美国拟退出万国邮联在微观、中观和宏观等多个层面对我跨境电商发展产生影响进行了调研和分析，拟从进一步拓展物流通道、加强主体培育、提升贸易便利化水平和支持电商“走出去”和全球化布局等四个方面综合施策，加强应对。

一、美国退出万国邮联的影响及其连锁反应

（一）微观层面，直接影响部分卖家物流成本

美国退出万国邮联，在微观层面，将直接影响部分卖家的物流成本。以省内跨境电商出口最多的义乌为例，跨境电商出口日均150万票，90%以上都是通过邮政包裹（包括邮政小包、E邮宝），商业快递占比不超过5%（DHL、UPS等）。其中，对美国的邮包数占比约为21%，销售金额占比约为25%。目前，对美邮政小包运费价格每单8.5元，E邮宝约为16元，商业快递则至少需要21元。美国退出万国邮联，一部分卖家的物流成本将大幅提升，从而挤压企业的利润和生存空间。从卖家类型来看，义乌、深圳等地的组货式卖家受影响比较大，生产型卖家、自建供应链型卖家的影响比较小。

（二）中观层面，跨境电商“邮路”通道可能受阻

“邮路”是浙江省不少平台和卖家的重要跨境电商物流通道，并且呈快速增长态势。据省邮管局统计数据，今年前三季度，全省国际/港澳台业务量累计完成13002.2万件，同比增长118.2%，同比增速高于全国78.9个百分点（全国前三季国际/港澳台业务量累计完成7.9亿件，同比增长39.3%）。目前，通过邮政寄递跨境电商包裹主要有三种方式：一是中国邮政速递的跨境电商包裹寄递服务产品。如“E邮宝”“E速宝”等。二是一些平台通过与邮政合作，推出的专门针对本平台卖家的邮政物流解决方案。如，Wish通过与邮政合作，为平台上卖家推出了“Wish邮”跨境电商包裹寄递服务产品（因此，美国拟退出万国邮联，Wish平台和卖家受到的影响非常大）。三是境外的邮政公司与国内物流企业合作提供的邮政寄递服务。如，新加坡邮政、香港邮政、比利时邮政、英国皇家邮政、荷兰邮政、德国邮政等，都通过与国内物流企业合作等方式，间接拓展国内跨境电商包裹寄递业务市场，为国内卖家提供邮政包裹寄递服务。另外，部分跨境电商专线，也是通过“专线＋邮路”组合的方式进行的。如，“菜鸟”杭州-里加-莫斯科的专线，以专线方式到里加后，再通过“邮路”从里加进入俄罗斯境内。美国拟退出万国邮联及其连锁反应，无疑会使跨境电商“邮路”及其相关物流通道受阻。

（三）宏观层面，加速跨境电商全球市场拓展和产业结构优化

美国拟退出万国邮联及其贸易政策的不确定性，包括平台、卖家和物流服务商等在内的市场各方主体都在积极应对。从平台来看，亚马逊表示，除了加强FBA仓服务外，将考虑通过加速扩展海外站点的方式，应对美国国内政策变化带来的影响。目前，亚马逊全球开店15个站点中，已有11个面向中国卖家开放。中国的产品和卖家资源是亚马逊全球开店战略实施的重要支持，亚马逊全球开店的加速，将进一步推动全球跨境电商市场的拓展，并带动中国卖家跨境电商市场的扩张。同时，这也将促使一些平台为提升卖家的利润空间和平台的生存空间，加快由销售低价产品向销售中高价产品转变。在“邮路”通道可能受阻的情况下，不少卖家也表示将积极实行业务模式转型，走品质化和品牌化发展之路，制胜海外市场。长远来看，这将有助于跨境电商产业结构优化和稳健发展。

二、下一步应对措施和相关建议

（一）加强跨境电商物流通道拓展

万国邮联成立至今已有140多年，国际邮政业务随着跨境电商的发展也出现了很大的变化，美国要求在万国邮联内部就新规则进行双边或多边谈判，其诉求有一定的合理性，很有可能会得到万国邮联其他成员国的支持，尤其是发达国家成员，目前的“邮路”很可能会受阻。对此，在浙江省杭州、宁波、金义等跨境电商较为发达、卖家较为集中的地区，我厅将联合相关部门积极引导和支持重点跨境电商物流服务企业通过单独或联合等方式，加强重点市场专线拓展。同时，进一步加强“海外仓”布局，不断提升公共海外仓服务功能和服务质量。

（二）积极推进产业集群跨境电商发展，加强生产型和供应链型卖家主体培育

从调研情况来看，义乌等地的组货式卖家的利润空间不断受到挤压，依靠不断扩张品类提升企业经营规模的空间越来越小。对此，要引导组货式卖家由“水平扩张”向“垂直扩张”转型，加大向产品研发、设计等上游环节的延伸，加强重点销售产品研发设计、生产、营销等供应链整合协同，不断提升竞争力。下阶段，我厅将继续深入推进产业集群跨境电商发展试点，做好评估总结和试点经验复制推广；进一步落实好产业集群数字贸易转型升级工作，加快推进跨境电商普及应用；组织开展跨境电商品牌培育工程，加强跨境电商自主品牌和生产型、供应链型卖家主体培育。

（三）进一步推进贸易便利化

与传统贸易相比，跨境电商有以下几个方面的不同：一是从贸易业态和形式来看，传统贸易主要以B2B形式为主；而跨境电商，除了B2B，还有B2B2C、B2C等形式，既有传统对外贸易的属性，也有自身新的特点。二是从贸易主体和特征来看，在跨境电商中，广大消费者和中小企业直接成为重要的参与主体，多品种、多批次、小批量的交易越来越普遍，交易趋于碎片化，这与传统贸易以专业贸易商参与为主，批量交易、整进整出不同。三是在物流方式、支付结算、售后服务等方面，跨境电商的物流方式和渠道更加多样和复杂、支付结算更加小额分散、售后服务需求也更加个性化。跨境电商企业倾向于“邮路”，一是因为价格优势，二是因为通关便利。“邮路”受阻，一部分跨境电商企业和包裹势必需要转其他方式出口。这就要求我们自身进一步推进贸易便利化改革和跨境电商监管创新，为跨境电商健康快速发展创造良好环境，切实减少“邮路”受阻给企业和产业发展带来的影响。对义乌等受美国退出万国邮联影响较大的地区，要以中国（义乌）跨境电子商务综合试验区获批和建设为契机，进一步深化改革，加强税收、结汇等监管政策协调，真正建立与跨境电商特点相适应的高效、便利的监管服务机制。

（四）大力支持电商“走出去”和全球化布局

全球化不仅已经成为国际电商巨头的重要发展战略，也已成为国与国，尤其是中美间电子商务和新型国际贸易竞争的制高点。浙江省速卖通、嘉云、执御等一批跨境电商平台已在俄罗斯、印度、中东、东南亚等“一带一路”沿线市场稳扎稳打，取得了初步成效。但是，与亚马逊等电商巨头相比，我企业的全球化程度和能力还相去甚远，抵御国际市场风险和各国监管政策调整风险的能力也有待提高。同时，我跨境电商企业“走出去”和全球化，也面临亚马逊等巨头和各国本土电商崛起的双重攻势与压力。对此建议充分利用“一带一路”倡议实施创造的良好多双边关系，重点推进浙江与“一带一路”沿线市场的电子商务合作；在财政、金融、人才等方面重点支持企业对外拓展和打造跨境电商产业链。同时，进一步跟踪分析跨境电商面临的监管、合规以及知识产权等方面的政策，加快构建政府、中介、企业“三位一体”的风险防范和应对机制。

（浙江省商务厅电商处）

第五编

市、县（市、区）商务发展

一、各市商务发展

2018年杭州市商务

国内贸易

2018年,杭州市累计实现社会消费品零售总额5715.3亿元,同比增长9.0%,与全省、全国增速持平,全面完成省、市政府下达的目标任务。按经营单位所在地分,城镇消费品零售额5401.2亿元,同比增长8.9%;乡村消费品零售额314.2亿元,同比增长10.0%。按消费类型分,批零业收入5061.0亿元,同比增长8.9%;住餐业收入654.3亿元,同比增长9.6%。

根据杭州市委、市政府关于扩大内需、提振消费工作要求,2018年围绕打造“购物新天堂”,以大力培育信息消费、文化消费、健康消费、绿色消费、时尚消费、品质消费等新热点消费为基点,以“春暖杭城”“绿色盛夏”“欢乐金秋”“活力冬季”为脉络,开展了209场有规模的会展、节庆、促销活动,为有效拉动社零增长起到助推作用。

延安路国际商业大街建设。杭州市将延安路规划建设成为展示“新零售、新商业、新消费”的国际化商业大街。市政府成立建设工作领导小组,召开十余次建设工作专题会议。建设规划区域:以延安路为中轴线,东沿中山路至鼓楼,西沿西湖经南山路、湖滨路、武林路至环城北路,总面积约5平方公里。按照建设计划,将于2020年初步建成,2022年全部完成,届时将为杭州亚运会提供优质的商务、旅游、购物和休闲等服务。在此基础上,综合考虑高品位步行街的功能要求和延安路的实际交通状况,杭州市提出将湖滨步行街申报为国家高品位步行街。2018年12月,商务部发文将杭州湖滨步行街列入全国首批11条步行街改造提升试点。湖滨步行街依托湖滨路、东坡路和平海路(延安路以西段),形成“千”字形步行街区格局,规划总长度超2000米,是延安路国际商业大街核心之一。街区具有毗邻西湖景区的独特区位优势,集聚国内零售巨头、国际品牌旗舰店、新零售业态多的资源优势,湖滨商圈拥有商业体量60万平方米以上,2018年实现社会消费品零售总额146亿元,连年保持高速增长。这次改造提升将努力把湖滨步行街建设成为最时尚、最智慧、最人文的“醉杭州”样板和“杭州的、时尚的、国际化的智慧街区”。

积极开展批发零售业改造提升。根据浙江省批发零售业改造提升试点工作要求,杭州市立足传统商品市场现状,积极发挥试点带动作用,全面推动市场加快转型升级。2018年,通过企业申报、区县推选、网络公示、检查考核等措施,共有26个项目参加试点。试点涵盖了传统批发零售业各个方向和领域,其中:商品市场转型6个、零售模式创新8个、特色商圈改造4个、商贸品牌振兴3个、再生资源回收体系建设5个。试点引导社会总投资约2.88亿元。形成了商品市场转型、零售模式创新、特色商圈改造等多个典型案例。

全面启动农贸市场第三次改造提升。为进一步改善市区农贸市场经营购物环境,满足老百姓日益提高的购物体验和生活需求,打造独具杭州特色韵味的农贸市场，助推杭州城市国际化建设和亚运会召开，杭州市于2018—2020年对主城区定点配套和新增农贸市场进行安装空调和基本建设改造。到2018年底，已经有49家农贸市场完成了改造提升计划。

加强公益性农产品市场建设。根据《浙江省商务厅 浙江省财政厅关于开展省级市场体系建设试点工作的通知》要求，制定了《杭州市区农产品市场体系公益性建设试点方案》，组织了浙江永辉超市有限公司、浙江物美亿商超市、浙江顶鲜物联网科技有限公司、杭州群丰果品连锁有限公司、杭州和达冷链物流有限公司5家企业参加浙江省农产品市场体系公益性建设试点项目。2018年，杭州市新农都农批市场被商务部评为全国公益性农产品示范市场，联华华商集团被商务厅评为浙江省公益性农产品示范市场。

成功入选全国供应链创新与应用试点城市。根据商务部等8部门联合下发的关于开展供应链创新与应用试点的通知要求，通过省、市、区三级层层推荐、审核、评定，杭州市53家供应链企业申报供应链创新与应用试点。经国家8部门专家组权威评定，14家杭州企业入选为全国供应链创新与应用试点，同时杭州市被确定为全国供应链创新与试点城市。

特种行业平稳发展。2018年，杭州市再生资源回收网点增加到867个，回收再生资源158.1万吨，垃圾回收利用率36%（省“为民办实事项目”）。共有拍卖企业126家（新设7家），全年拍卖成交额129亿元，佣金收入2.25亿元。共有典当企业94家，典当成交金额148亿元，营业利润1.29亿元。杭州市二手车交易量26.6万辆，回收拆解报废汽车37355辆。杭州市共有成品油批发（仓储）企业26家，加油站（点）729座，共销售成品油378.18万吨，其中：汽油188.57万吨、柴油88.41万吨、煤油（航煤）101.21万吨。

杭州市会展业改革创新。2018年，杭州市会展业以“国际化、品牌化、产业化、信息化、市场化”为引领，以打造国际会议目的地、国际会展之都、赛事之城为目标，进一步加快推进杭州会议展览业的发展。出台《关于深化会展管理体制改革的实施意见》《杭州市重大会展活动备案办法》，更好地对在杭州市举办的重大会展活动提供相应的公共服务，规范市场管理，促进会展业健康发展。全年在展览专业场馆举办展览280个，展览总面积302万平方米；单个展览平均展览面积10785.7平方米。全年举办会议14061场，比上年增加515场，增长3.3%；其中，国际会议436个，占3.1%。2018年，杭州市成功举办2018年FINA世界游泳锦标赛（25米）、中国城市规划年会、中国计算机大会等重要项目，中国国际茶业博览会获得国际展览业协会（UFI）认证，实现了杭州市会展UFI认证项目零的突破。2018年，杭州市荣膺“改革开放40年，中国会展魅力之城”“年度中国会展名城”“年度中国最具魅力会议目的地”等荣誉。

会展管理体制改革。2018年2月26日，经杭州市编办批复同意，杭州市西博办更名为杭州市会展办（市大型活动办），负责杭州市会展业的统筹规划、综合协调、管理服务和引导促进等工作。根据杭州市委、市政府关于深化会展管理体制改革的决策部署，依据《杭州市会展业促进条例》，3月30日，原杭州市西博办的办会职能及其下属杭州西湖国际博览有限公司、杭州世界休闲博览会有限公司、杭州西博文化传播有限公司正式划归市商旅集团，实现了经营性国有资产集中统一监管，推进了“管办分离、事企分开”。7月30日，正式成立杭州市会展业发展领导小组。

电子商务

根据浙江省电子商务大数据公共服务平台统计，2018年杭州市实现网络零售额5304.4亿元，占全省的31.7%，同比增长23.3%；居民网络消费2384.7亿元，占全省的28.2%，同比增长23.6%；网络零售顺差达2919.7亿元，占全省的35.4%，同比增长23.0%。网络零售额、居民网络消费、网络零售顺差均继续保持全省首位。分区（县、市）来看，西湖区、江干区、萧山区、余杭区、滨江区、拱墅区等六区网络零售入围全省前十名。在重点监测第三方电子商务平台上共有活跃网络零售网店19.6万家，相当于当地网络零售网店总数的39.2%；活跃网络零售网店总数在浙江省排名第一。电子商务就业创业氛围良好,直接解决就业岗位51.3万—53.6万个;间接带动就业岗位127.4万—133万个。杭州市电子商务网络零售额与社会消费品零售总额之比为92.8%,电子商务增加值达到1529亿元,同比增长17.5%,占杭州市GDP比重达到11.3%。

谋划“新零售之城”建设。全面推进社区小店与零售通合作,利用互联网、云计算和大数据,推动线下零售业升级,赋能百万商店,打造智能社区,服务亿万居民。截至2018年底,零售通在杭州地区签约合作线下小店超过2万家,其中天猫小店在杭州地区签约达到428家。加快盒马鲜生开设新店和落户,杭州市已建成盒马鲜生8家,其中解百新元华门店在全国各门店中交易额居于前列;全国首家网易严选旗舰店也正式落户杭州解百。推进延安路国际化商业大街新零售业态布局,对该区域智能化特色街、社区小店、生鲜超市的推进和落实进行重点部署。同步推进“口碑街”建设,西湖霞鸣口碑街、江干庆春商圈口碑街等相继开街。杭州作为新零售策源地,不断涌现出“全国首创”的新零售业态,家时代、潮童馆、新零售茶馆、天猫便民服务中心、智能母婴室、智慧家居体验馆等“新零售十景”正从杭州推广到全国。

“双十一”成交额持续上升。2018年是阿里巴巴连续第十年举办天猫“双十一全球狂欢节”,总交易额达2135亿元,同比增长26.9%,全天物流订单量超10亿,18万个品牌参与,237个品牌当日成交额破亿元。80后、90后占比超过70%,低线城市释放消费潜力;在销售量前十名的品牌榜上,国产品牌占据八席;中华老字号销售额超过28亿元;数百万家线下实体店参与“双十一”。从数据来看,消费结构升级呈现实物消费个性化、服务消费智能化、文旅消费精品化、普惠消费品牌化、消费人群年轻化趋势,进口消费成常态。浙江省全天销售金额415亿元,同比增长29.7%,全国排名第二,仅次于广东省的474亿元;销售金额和消费金额浙江省前3的城市分别是:杭州、宁波、温州;杭州销售额212亿,同比增长36%,全国城市排名第二;杭州消费额69亿元,同比增长17%,全国城市排名第三;杭州天猫国际进口额2.27亿元,同比增长65%,全国城市排名第三。

“杭州产业带”平台深化运营。2018年,杭州产业带累计入驻企业超18000家,其中新增入驻企业7000余家,组织10余次线上大促销专场活动,10多次线下活动交流,入驻卖家线上交易额达到121亿元,交易额与往年相比有大幅度跃升,实现了较好的增长,优势行业表现为女装、日用百货和包装。

第五届中国(杭州)国际电子商务博览会成功举办,博览会以“新零售·新商业·新消费”为主题,引领国际电子商务和零售业发展趋势,是一场国际化、高端化、市场化、专业化、品牌化的高水准展会,向中外嘉宾展现了杭州打造全国数字经济第一城的蓬勃景象。阿里巴巴集团副总裁肖利华、“云经济学之父”乔·韦曼等1000多名全球电商领域专家及经济学者出席盛会;阿里巴巴、亚马逊等500多家品牌企业参展,展馆面积达到2万平方米;10万多人次到场参观,网络直播观看人数突破1000万。

圆满举办浙江电子商务创业创新大赛杭州分赛。在杭州市范围内共征集56个参赛项目,经初评及项目路演,评出了初创组、跨境电商组、服务电商组、新锐品牌组前三名,并推荐参加由浙江省商务厅等8部门联合主办的“之江创客”2018全球电子商务创业创新大赛复赛。参加省级大赛的杭州电商企业有8家进入决赛,其中三家企业获一等奖、三家获二等奖,两家获三等奖,杭州市商务委获鼎力贡献奖。

电商帮扶成效明显。积极推进电商园区共建工作。杭黔电子商务产业园入驻世界500强企业3家,其他各类大中型企业113家。杭恩共建电子商务产业园总面积达到32万平方米,入驻企业超过200家,经营产品涉及农产品、日用品等多种品类,园区产业链建设日渐完备,服务功能日趋完善。指导完善电商公共服务体系,在杭州市电商公共服务中心指导帮助下,恩、黔两地州级公共服务中心均已建成运营,其中黔东南州16个县(市)均已建成电商运营服务中心,建成乡(镇)村级电商综合服务站(点)1548个(含社区电商站点37个),行政村覆盖率达71.4%;恩施州建成县市级公共运营服务中心22个，投资在建乡镇村综合服务网点2299个，729个贫困村建立服务站544个，覆盖全州491个贫困村，8县市全部入围“国家级电子商务进农村综合示范县”。助力推动农特产品出山，2018年两地农特产品进杭州超市115家，进市场45个，进食堂52个，进社区24个，销售额超200万元。部分区县(市)还专门开设了黔、恩两地农特产品展销中心，建立了长期产销合作关系。西湖区商务部门在西湖区古墩路60号开设了对口协作地产品展销中心，面积达600余平方米，黔东南州、恩施州200多种农特产品入店展销。上城区“鹤峰上品”特色农产品展示直销中心和“硒山寻”产品展示厅、下城区“黔货出山”农产品O2O体验店、富阳·锦屏“黔锦农夫”黔品体验中心、临安·施秉特色商品展示中心等均已投入营业。开展电商业务培训，采取“派出去”和“请进来”“业务培训＋游学”“线下实地培训＋网络课程自学”等形式，帮助黔、恩两地培训电商专业人才，市、区(县、市)两级商务部门累计帮助黔、恩两地举办培训班114个，参加培训达7572人次。

农村电商规模持续提升。实施以农村电商“增加农村集体经济收入、增加农民收入、增加当地农民就业”的“三增”工程，推动杭州市农村电商的发展。2018年，杭州市农村电商网络销售额为120亿元，同比增长20%。全国淘宝村达到3202个，每周新增20个。约1/5的淘宝村分布在贫困县，带动超过180万个就业机会。“亩产1000美金计划”令农产品不但能在淘宝、天猫等平台上销售，还能在线下入驻盒马鲜生、大润发等，助力农业供给侧改革。其中浙江省拥有1172个淘宝村、128个淘宝镇，全国排名第一，杭州市占了126个淘宝村，全省排名第五。

农村电商试点示范工作有效推进。培育农村电商创业示范点。鼓励支持杭州市农业企业、家庭农场、专业合作社等经营主体和创业个人，在本市的区、县(市)或行政村从事本地农产品网络销售，截至2018年底，创业示范点达到40个，实现销售额5361.1万元，带动各类农产品销售达7902.3万元。打造农产品新零售示范点项目。积极发挥“互联网＋零售”的优势，在杭州市商业核心区域、人口密集区等地开设农产品新零售示范点，宣传、推介、拓展农产品销售渠道，提升各地优质农产品品牌。通过示范点带动销售本地及东西部扶贫协作及对口帮扶地区的各类特色农产品2000万元以上。

对外贸易

2018年，杭州市(不含省级公司)进出口总额4847.7亿元，同比增长3.7%；出口3149.8亿元，同比下降0.5%；进口1697.8亿元，同比增长12.4%。其中，一般贸易出口2682.7亿元，同比下降1.7%，占出口总额的85.2%；加工贸易出口423.2亿元，同比增长4.7%，占出口总额的13.4%。机电产品出口1415.2亿元，同比增长0.7%，占出口总额的44.9%；高科技产品出口500.9亿元，同比增长9.1%，占出口总额的15.9%。全年共有进出口实绩企业12072家，有出口实绩企业10200家。全年跨境电子商务进出口总额113.7亿美元，增长14.4%，其中出口80.2亿美元，增长14.2%，进口33.5亿美元，增长14.9%。

开拓国际市场。在“一带一路”沿线国家举办了“八大系列”中国贸易博览会，其中波兰、土耳其、埃及、阿联酋四个展会由杭州市政府主办，印度、约旦、南非、墨西哥四个展会由杭州市商务委联合其他省市主办。上述展会的总面积超过15万平方米，展位数超过7000个，参展企业超过3500家，吸引约50个国家的超过9万人次采购商到场，其中杭州展位超过1600个，参展企业700多家，帮助杭州企业成交近1.2亿美元。

组织开展2017年度“杭州出口名牌”认定工作。为深入贯彻落实杭州市委、市政府品牌引领的战略部署，加快形成杭州市外贸企业自主品牌参与国际市场竞争新优势，按照有关文件要求，经评审，认定2017年度“杭州出口名牌”企业107家，其中新增28家，复评79家。

做好杭州市公共海外仓建设推动工作。一是研究海外仓相关政策，对各区、县(市)海外仓政策进行排摸。二是研究海外仓评审的相关办法，建议修订完善公共海外仓培育建设的机制和标准，在全省范围内试行公共海外仓分类管理和星级评定办法；加大海外仓项目认定前的现场核验措施，加强财政资金使用的安全性、针对性和有效性；在加大海外仓培育力度的同时，对使用公共海外仓的出口企业给予相应的政策支持。三是利用公共海外仓信息系统做好基础数据采集。利用委托开发的“杭州市公共海外仓管理信息系统”，做好海外仓企业的运行数据采集，实现对海外仓企业的长效管理和动态跟踪。四是做好省级公共海外仓申报推荐工作，3家企业5个海外仓获评第四批省级公共海外仓。

跨境电子商务指数发布。2018年4月，杭州市商务委和中国(杭州)跨境电子商务综合试验区、浙江工商大学联合课题组联合发布2017年度杭州跨境电子商务指数发展报告。截至2017年12月底，杭州跨境电商综合发展指数为257.3点，同比增长了56.5点，增幅为28.1%。产业规模指数再上新台阶，应用覆盖指数进一步突破，创业创新指数大幅提升。

参加首届中国国际进口博览会。招展面积5000多平方米(占全省的40%以上)，招商2500家(占全省总量的四分之一)。本届进博会省交易团首单和单个项目十亿元大单，均由杭州市服贸企业实现。跨境电商平台(企业)参展成效明显，如阿里巴巴宣布了未来五年的进口计划，实现全球2000亿美金的进口额；网易考拉与超过110家企业完成累计近200亿人民币的商品采购协议等。智能及高端装备企业洽谈活跃，在中德数字贸易论坛上签约了5亿美元的设备合同。现场采购和意向采购金额走在全省11个市前列，促进了杭州市进口与出口协调发展。

国际贸易救济案件应对。共组织企业参加36起国际贸易救济案件的应诉(美国的301调查、201调查、232调查除外)，涉案金额达2.94亿美元，涉案企业达463家；案件主要发起国为印度13起，占36.11%；美国9起，占25%；主要涉案产品为机械、电子、五金、化工、纺织和钢铁等有关的出口产品。

对外贸易预警点建设。指导省市两级预警点结合产业特点认真制订年度工作计划，督促各点抓好日常工作落实；结合杭州产业发展特点，召开年度预警点工作会，对杭州市预警点进行整合提升，按照预警点紧紧围绕杭州市产业发展、外贸出口风险预警的要求，撤销2个预警点，新建1个预警点；杭州市11个预警点在浙江省商务厅组织的年度考评中，100%达到合格以上级别，其中优秀率达到30%以上。

外经贸法律服务和培训。2018年6月，在主城区、余杭区和桐庐县分水镇分别组织了“外经贸法律服务”活动，为参加活动的240多家企业提供各类国际贸易救济案件应对与防范、国际贸易纠纷问题解决、一带一路沿线国家商机和出口、投资风险等方面的咨询服务。全年组织600多家企业参加浙江省商务厅组织的案件分析交流、应诉案件胜诉总结会、应对美301调查法律指导等培训。

服务贸易

根据商务部统计口径，2018年，杭州市服务贸易实现进出口总额358.9亿美元，同比增长132.6%。其中，出口为71.7亿美元，同比增长21.7%，占服务贸易进出口额的近20.0%；进口为287.2亿美元，同比增长201%，占服务贸易进出口总额的80.0%。2018年，杭州市承接服务外包合同签约额92.2亿美元，服务外包合同执行额75.2亿美元，其中离岸服务外包合同签约额85.7亿美元，离岸服务外包合同执行额69.2亿美元，同比增长7.0%。截至2018年底，进入商务部服务外包业务管理系统备案的企业达1517家，服务外包企业从业人员42万余人。按照商务部要求，完成了2016年度、2017年度服务外包示范城市综合评价。杭州市在服务外包综合评价中全国排名第四，比上年度进步三名。

积极推进杭州市深化服务贸易创新发展试点工作。牵头制定《杭州市深化服务贸易创新发展试点实施方案》；将“杭州市服务贸易创新发展试点工作领导小组”更名为“杭州市服务贸易发展工作领导小组”，增加9家单位的主要负责人为成员；编制《杭州市服务贸易创新发展三年行动计划》；强化服务贸易公共服务平台建设。

2018年9月26日至28日，由商务部、杭州市人民政府主办，杭州市商务委、中国国际投资促进会承办的第九届中国国际服务外包交易博览会在杭州成功举办。大会以"适应发展趋势，集聚创新要素，开拓数字化服务新时代——新技术·新业态·新人才·新机遇"为主题，以论坛、展览、对接洽谈为主，形成"会展洽"互补新格局，推动新趋势、新理念讨论和交流，力促业务实践和对接实效。

利用外资

2018年，杭州市新引进外商投资企业744家，合同外资156.6亿美元，同比增长46.35%，实际利用外资68.3亿美元，同比增长3.3%。引进投资总额3000万美元以上大项目224个，合计投资总额248.1亿美元，合同外资117.4亿美元，同比增长分别为39.6%和44.2%。从投资行业看，2018年，杭州市制造业实际利用外资10.48亿美元，同比增长34.87%，占比15.36%，比上年同期提高3.60个百分点。服务业实际利用外资55.8亿美元，同比下降2.4%，占比81.7%；其中信息软件业实际利用外资13.6亿美元，同比增长3.5%，占比20.0%。从投资来源看，2018年，共有66个国家（地区）到杭投资，比上年增加13个。欧盟国家到杭投资了55个项目，合同外资2.9亿美元，同比增长93.6%。"一带一路"国家到杭投资了75个项目，合同外资7.4亿美元，同比增长524.7%，其中哈萨克斯坦、乌兹别克斯坦和乌克兰均为首次到杭投资。从生产经营情况看，根据2018年度联合年报（2017年）系统参报信息统计，杭州市外商投资企业总体运营良好。杭州市外资企业销售（营业）收入9019.7亿元，同比增长26.4%；纳税总额648.5亿元，同比增长11.8%；利润总额1717.1亿元，同比增长27.9%。

创新重大产业项目招引机制。坚持围绕高质量发展总体目标，以创新机制促进招大引强。2018年，杭州市建立市政府常务会议听取重大产业项目进展情况报告机制，提升重大产业项目推进的力度和层级。会议全年共听取杭州市11个区、县（市）关于产业链建设和重大项目谋划情况汇报，上会项目171个，涵盖人工智能、航空航天等20条产业链，总投资6410亿元。通过机制促进杭州市重大产业项目推进工作的资源要素保障、政策扶持等难点问题，形成推进机制工作闭环。

聚焦利用外资政策引导实效。按照国务院和浙江省关于有效利用外资促进高质量发展的一系列文件要求，杭州市出台《关于积极有效利用外资促进产业发展的若干举措》，围绕打造高质量外资集聚地的目标，加快优质外资集聚，提升开放发展水平，改善引资结构和水平。各区、县（市）、开发区（集聚区）积极出台配套举措，如高新区（滨江）形成了以《关于建设国家自主创新示范区核心区打造世界一流高科技园区的若干意见》为主的14项涉及科技、人才、创新等多领域的"1＋X"政策体系汇编。

精准开辟外资招引广阔渠道。2018年，根据省里部署，杭州市积极参与"浙洽会""厦洽会""进口博览会"等重大活动，组织开展项目签约、客商对接、宣传推介等投资促进活动。同时，杭州市先后组织赴美国、德国、以色列、英国、日本、新加坡、中国香港特别行政区等地开展小规模和产业指向精准的投资促进和项目推介活动。在市委、市政府领导高度重视下，杭州市外资招引的有效渠道得到了进一步拓宽。

努力打造国际一流营商环境。以着力打造与城市国际化相适应的营商环境为总体目标，围绕杭州市大力发展的战略性新兴产业和未来产业，从产业生态、要素环境以及相关商务环境等入手，寻找与先进城市的差距和短板，建立了产业生态系统评价指标体系。杭州市外商投资企业设立商务备案和工商登记"一口办理"，进一步优化了外商投资企业设立备案业务流程，取得明显实效。

对外经济合作

2018年，杭州市实现境外企业总投资额543.0亿美元，境外企业中方投资额81.7亿美元，同比增长246.9%。其中新批对外投资项目247个，总投资525.1亿美元，中方投资额63.8亿美元。新批境外投资增资项目53个，增资额17.9亿美元。实现国外经济技术合作营业额26.7亿美元,同比增长13.7%。全年对外承包工程新签合同额17.9亿美元,完成营业额26.5亿美元;对"一带一路"沿线国家完成承包工程营业额13.8亿美元,占总数的52%。项目主要分布于俄罗斯、保加利亚、沙特阿拉伯、印度尼西亚、越南、泰国、巴基斯坦、老挝、柬埔寨等43个沿线国家。对捷克、马来西亚、泰国、孟加拉国等20个"一带一路"国家投资56个项目,总投资10.7亿美元,中方协议出资8.9亿美元,主要投资于农业种植、太阳能发电、服装生产等行业。对外劳务人员新签劳务人员合同工资总额347.0万美元,劳务人员实际收入总额2204.0万美元。

推进杭州市境外经贸合作区建设,在一个国家级园区的基础上,2017年建成墨西哥北美华富山工业园、柬埔寨中柬农业合作示范园、美国硅谷钱塘中心、文莱大摩拉岛石油炼化工业园4个省级园区,其中2个在"一带一路"沿线国家,为企业抱团出海,实现产能转移搭建综合服务平台。组织对美出口企业对接泰中罗勇工业园、北美华富山工业园。出台了《杭州市境外经贸合作园区认定和培育办法》,重点支持加工制造型园区、资源利用型园区、农业产业型园区、商贸物流型园区、科技研发型园区、专业性产业园区六类境外经贸合作区。

2018年,杭州市共组织100余家企业参加厦洽会、浙洽会、东盟博览会、中非投资合作项目对接会、中国—中东欧投资合作洽谈会、上法兰西大区杭州投资推介会等项目对接活动。与加拿大、美国、尼日利亚等驻沪领馆,与香港贸发局、日本振兴社、爱尔兰招商局、美国芝加哥招商局等机构建立合作关系,实现信息互通、工作互助。与北京中侨联文化交流中心、印中经济文化促进会、上海合作组织经贸促进机构、中国非洲民间商会等建立联系。

(杭州市商务局　杭州市投资促进局)

2018年宁波市商务

国内贸易

2018年，宁波市累计实现社会消费品零售总额4154.9亿元，比上年同期（下同）增长8.1%，商品销售额26632.0亿元，增长14.1%，餐饮业营业额547.9亿元，增长15.3%。宁波市累计实现网络零售额1778.3亿元，增长28.8%。

限额以上社会消费品零售总额总体平稳。2018年，宁波市累计实现限上社会消费品零售总额1527.3亿元，同比增长4.2%。按行业分，限上批发业同比下降5.5%，限上零售业、限上住宿业、限上餐饮业同比分别增长5.2%、5.5%、10.7%。按商品分，限上生活必需品类、限上金银珠宝类、限上家居装潢类、限上石油及制品类、限上汽车类分别增长5.8%、20.8%、0.1%、16.6%、0.8%。按业态分，六大业态"五涨一跌"，百货商场、超市、便利店、专业店、网上商店同比分别增长11.1%、8.7%、1.4%、6.5%、14.0%，专卖店下降0.3%。

限额以上商品销售高位运行。2018年，宁波市累计实现限上商品销售额20240.0亿元，同比增长14.9%。按行业分，限上批发业、限上零售业分别增长15.7%、5.3%。大宗商品价格保持高位运行，限上金属材料类、化工材料及制品类、石油及制品类、煤炭及制品类四大类商品合计实现销售额13269.1亿元，同比增长16.0%，其中价格同比上涨约9.9%，销量同比增长约5.6%。

餐饮营业收入增长平稳。2018年，宁波市累计实现限上餐饮业营业额59.0亿元，同比增长11.1%。其中，客房收入为5.9亿元，同比增长10.6%，餐费收入为50.8亿元，同比增长10.3%，商品销售额为1.1亿元，同比增长58.0%，其他收入为1.2亿元，同比增长19.9%。

对外贸易

进出口规模再创历史新高。2018年，宁波市进出口8576.3亿元，同比增长12.9%，其中出口5550.6亿元，增长11.4%，进口3025.6亿元，增长15.7%。累计实现贸易顺差2525.0亿元。外贸出口全国占比为3.38%，比上年上升0.13个百分点。2013年，宁波市外贸进出口规模首次超过1000亿美元。2018年达到1301.0亿美元，比2017年的历史高位多180亿美元，再创历史新高。

出口商品结构持续优化，机电产品继续领跑宁波市。2018年，宁波市机电产品出口3102.0亿元，同比增长12.2%，高于宁波市出口增幅0.8个百分点，占宁波市出口总额的55.9%，占比提高0.4个百分点。高新技术产品出口355.8亿元，同比增长7.0%，占宁波市出口的6.4%。服装、纺织、灯具、塑料制品、家具、鞋类、箱包七大类日用消费品合计出口1567.0亿元，同比增长8.7%，低于宁波市2.7个百分点，占宁波市出口的28.2%，占比下降0.7个百分点。

对主要贸易伙伴出口全面增长，对中东欧国家出口增速比重均有提升。2018年，宁波市对美国出口1333.3亿元，同比增长14.7%，高于宁波市平均增幅3.3个百分点，占宁波市出口的24.0%，比重较上年同期提高0.7个百分点；对欧盟、自贸区市场出口分别增长11.5%、12.4%，三者合计占宁波市出口的69.9%。对"一带一路"沿线国家出口1411.2亿元，同比增长10.9%，其中对中东欧16国出口210.5亿元，同比增长22.0%，高出宁波市增幅10.6个百分点，占宁波市出口的3.8%，占比提高0.3个百分点。

大宗商品进口增减互现。2018年，宁波市机电产品进口524.9亿元，同比增长23.1%，高出宁波市增幅7.4个百分点，占宁波市进口总额的17.3%，比重提高1.0个百分点。高新技术产品进口321.5亿元，增长15.4%，占宁波市进口的10.6%。宁波市进口前20位商品增减互现，其中，煤及褐煤、未锻轧铜及铜材、二甲苯、初级形状塑料进口增长较快，分别增长51.4%、32.1%、22.8%、19.8%；成品油、铁矿砂及其精矿、粮食进口下降明显，分别下降11.4%、14.5%、22.2%。

民营企业占据主导，百强企业表现亮眼。2018年，宁波市民营企业出口同比增长14.6%，占宁波市出口总额的71.0%，较上年同期提高2.0个百分点；进口增长20.7%，占宁波市进口的54.5%。外商投资企业出口增长3.3%，进口增长6.1%。宁波市进出口前108家企业进出口同比增长18.4%，增幅高出宁波市5.5个百分点，占宁波市的41.0%，比重上升1.9个百分点。其中，宁波市出口前108家企业出口同比增长17.4%，高出宁波市6.0个百分点，进口前108家企业进口同比增长22.1%，高出宁波市6.4个百分点，占宁波市进口的73.0%。

贸易方式结构持续优化，一般贸易比重继续提高。2018年，宁波市一般贸易出口同比增长12.9%，占宁波市出口总额的87.5%，比重较上年同期提高1.2个百分点；进口同比增长17.4%，占宁波市进口的80.4%，比重提高1.1个百分点。加工贸易出口下降1.6%，进口增长10.1%。其他贸易方式下，特殊监管区域物流货物出口、进口分别增长41.5%和61.2%。

利用外资

2018年，宁波市累计新批外商投资项目623个，增长12.3%；投资总额113.35亿美元，下降7.2%；合同外资73.46亿美元，增长18.3%；实际外资43.2亿美元，增长7.2%。实际外资完成评价指标的100.5%。截至2018年底，宁波市累计批准外商投资项目17178个，投资总额1734.79亿美元，合同外资982.91亿美元，实际外资543.33亿美元。

引进境外世界500强创新高。2018年，宁波市引进境外世界500强企业投资项目10个，比上年增加6个。截至2018年底，宁波市共有62家境外世界500强企业投资136个项目，总投资184.1亿美元，合同外资78.5亿美元，实际外资62.2亿美元，分别占宁波市比重的0.8%、10.6%、7.9%和11.5%。

外商再投资转投资和增资扩股及利润再投资增长迅猛。2018年，宁波市通过投资性公司再投资的规模不断扩大，实际外资6.4亿美元，增长122.2%。来自开曼群岛和英属维尔京群岛等自由港的实际外资3.8亿美元，同比增长51.4%。宁波市增资项目177个，合同外资增资45.5亿美元，同比增长46.2%，增资项目平均规模2569万美元，比上年同期增长32.9%。外商投资企业实现利润再投资1.6亿美元，同比增长350.5%。

服务业引资占比高。2018年，宁波市服务业实际外资26.8亿美元，同比增长25.4%，占宁波市比重62.1%，同比增加9个百分点。其中，租赁和商务服务业实际外资5.7亿美元，同比增长2.1倍，占宁波市比重13.2%，同比增加6.4个百分点。科学研究和技术服务业实际外资3.2亿美元，同比增长55.4%，占宁波市比重7.4%，同比增加2.3个百分点。

并购投资项目质量高。2018年，宁波市以并购方式新设外商投资项目44个，投资总额15.5亿美元，合同外资7.9亿美元，占比分别提高2.7个、11.7个和8.2个百分点，涉及汽车制造、医药制造、纺织服务、化学原料、商业管理、互联网、仓储业和贸易经纪代理等领域。并购投资主要来自中国香港特别行政区、美国、德国、法国、荷兰、卢森堡、意大利、日本、韩国、加拿大、新加坡等16个国家和地区。

重点开放平台利用外资地位突出。宁波市20个重点国家级、省级开发区实际利用外资27.8亿美元，同比增长10.5%，占宁波市比重64.2%。特别是国家级开发区实际利用外资17.7亿美元，同比增长7.9%，占宁波市比重40.9%。省级开发区实际外资11.2亿美元，同比增长20.9%。

对外经济合作

2018年，宁波市备案（核准）境外企业和机构172家；备案（核准）中方投资额41.44亿美元，增长142.1%；实际中方投资额20.33亿美元，增长70.6%。备案（核准）中方投资额完成评价指标的207.2%。截至2018年底，宁波市累计备案（核准）境外企业和机构2869家，备案（核准）中方投资额215.87亿美元，实际中方投资额129.52亿美元，分布在120个国家和地区。2018年，宁波市境外承包工程劳务合作营业额16.8亿美元，下降18.9%；外派劳务243人；期末在外劳务559人，下降3.0%。境外承包工程劳务合作营业额完成评价指标的112.0%。

对外投资增速再创新高，大项目占据主导。一是对外投资年增速创历史纪录。全年累计境外备案中方投资额41.4亿美元，同比增长1.4倍，为宁波市历年来年度对外投资最高增幅（2011—2017年增幅分别为112%、18.3%、20.2%、16.9%、36.3%、39.9%、11.3%），也是2017年对外投资受政策调控影响后出现的恢复性增长；二是对外投资大项目占到九成。全年备案千万美元以上对外投资大项目22个，累计中方投资额38.0亿美元，占到宁波市总量的91.8%，同比增长1.5倍，平均项目规模达到1.7亿美元。三是制造业成为对外投资的绝对主力。全年宁波市对外投资前三位行业分别是制造业、批发零售业和电力生产业，投资额分别为31.8亿美元、3.6亿美元和2.5亿美元。其中，制造业投资额同比增长144.6%，占宁波市总量的76.8%。同时，房地产、平台类境外投资项目继续保持零审批、零增长，非理性对外投资得到有效遏制。

对外承包不断优化，实绩企业持续扩大。一是工程行业结构分布多元化。2018年，电力工业、交通运输、石油化工和制造加工类项目共完成营业额9.96亿美元，占工程营业额总量的59.3%，远超传统行业房建类项目的比重。二是国际装备市场积极开拓。2018年，宁波市加快推进成套设备输出步伐，完成成套输出工程项目营业额7.9亿美元，占工程营业额总量的47%，同比增长3.3%。三是实绩企业不断增多。外经队伍持续扩大，累计对外承包工程注册企业94家，比上年新增15家。新增实绩企业10家，实现工程营业额1.4亿美元，占宁波市营业额总量的8.1%。同时，营业额超千万美元大企业也不断增多，有38家企业完成营业额均超千万美元。

走出去区域不断拓展，投资合作目的地数量有新增加。一是对外投资目的地新增两个。2018年宁波市在阿曼和所罗门群岛新设立了境外投资企业，使宁波市对外投资目的国（地区）新增两个，达到120个。二是亚洲继续成为宁波市对外投资首选地。2018年宁波市企业共对亚洲各国投资24.8亿美元，同比增长3.1倍，占到宁波市总量的59.9%，是宁波市第一大投资目的洲。欧洲作为宁波市第二大投资目的洲，累计投资额12.3亿美元，同比增长1.2倍，占到宁波市总量的29.7%。三是“一带一路”地区工程业务发展迅速。2018年，宁波市对“一带一路”沿线21个国家承包工程营业额达到10.6亿美元，占到宁波市总额的63.1%，同比增长2.5%，主要涉及房屋建筑、电力工业、交通运输、工业建设、废物处理、石化工业等行业领域。

走出去作用不断增强，境外营销网络增长较快。一是境外营销网络不断增长。全年共备案境外批发零售业和经贸办事处99家，占到宁波市境外投资企业和机构总数的57.6%。截至2018年底，宁波市共在境外104个国家设立境外营销网点（批发零售业企业和经贸办事处）1976个，占到了宁波市境外投资企业和机构数量的68.9%，有效拓展了宁波市产品的国际市场份额。二是带动进出口贸易更加务实有效。根据商务部合作司统计，通过宁波市境外企业和境外承包工程及资源回运，共带动宁波市进出口额12.7亿美元，约占到宁波市进出口总额的1.1%。同时，通过带动服务贸易16.8亿美元，约占到宁波市服务贸易总额的14%。三是双向投资互动更加明显。2018年，宁波市龙头走出去企业均胜电子、银亿集团、东方联盛等企业通过境外企业返程投资，回归发展，形成合同外资约8亿美元，带动有效投资将近1.2亿美元，进一步反哺了宁波市经济。同时走出去企业还通过境外技术、人才交流，进一步促进了宁波市制造业技术提升和经济的转型升级。

服务贸易

2018年,宁波市国际服务贸易进出口总额为829.98亿元,其中出口554.65亿元,进口275.33亿元,分别增长10.7%、10.1%和12.0%。服务贸易进出口总额和服务贸易出口额分别完成评价指标的100.7%和100.1%。新增服务外包从业企业106家,新增从业人员5118人。截至2018年底,宁波市共有服务外包企业1512家,从业人员5.85万人。

服务贸易规模与增速均保持稳定向好趋势,服务外包保持持续稳步发展。2018年,宁波市服务贸易进出口继续延续平稳增长态势,服务进出口、出口和进口的增速继续保持两位数增长,全部完成年初制定的目标任务。宁波市承接服务外包执行金额336.6亿元,同比增长15.7%,完成年度考核目标的100.6%,服务外包总执行额首次突破300亿元。宁波市承接离岸服务外包执行额159.4亿元,同比增幅17.6%,完成年度考核目标的102.2%,占宁波市服务外包合同执行额的近一半,占比达到47.4%。

传统服务领域占主导,新兴服务领域增长较快。2018年,宁波市传统服务(运输、旅游、建筑)进出口440.0亿元,同比增长2.5%,进出口总额占宁波市服务贸易进出口总额的53.0%。新兴服务领域进出口额390.0亿元,增长21.7%,高于整体增速11.0个百分点,高于传统服务进出口增速19.2个百分点,占宁波市服务贸易进出口总额的47.0%,比上年同期提升4.2个百分点。从具体领域看,尤以计算机和信息服务、文化服务和其他商业服务等高附加值服务出口增势迅猛,较上年度同期分别增长24.4%、52.5%和25.1%。

与知识产权相关的高端服务进出口增速较快,文化服务出口增势强劲。根据外汇管理局提供的BOP口径数据显示,其他商业服务领域中涵盖的研发成果转让费及委托研发服务进出口额35.9亿元,同比增长264.5%。文化服务出口13.2亿元,增幅达52.5%,占宁波市服务贸易出口比重2.4%,较上年度出口比重提高0.7个百分点,主要以文化创意和设计服务、其他文化艺术服务和其他文化服务三类为主,三类文化服务出口合计12.7亿元,占宁波市文化服务出口总额的96.1%。其中以高科技、高附加值为主的文化创意和设计服务出口额达11.9亿,占宁波市文化服务出口总额的90.0%。

以“一带一路”为重点,国际市场更趋多元。宁波市与“一带一路”沿线国家和地区服务贸易进出口总额45.4亿元,较上年度同期增长55.9%,占宁波市与全球服务贸易进出口总额的0.5%。其中宁波市与中东欧16国服务贸易进出口额1.9亿元,较上年度同期增长13.3%,占宁波市与全球服务贸易进出口总额的12.1%。宁波市与全球184个国家和地区开展服务贸易进出口交易,其中中国香港、美国、新加坡、瑞典、韩国、澳大利亚、英国、德国、日本和加拿大为宁波市前十大国际服务贸易伙伴。

电子商务

电子商务稳步发展。2018年,宁波市网络零售稳步增长,累计实现网络零售额1778.3亿元,同比增长28.8%;累计实现居民网络消费额1258.7亿元,同比增长24.1%,在浙江省排名第二。宁波市网络零售总额前三名的行业分别是3C数码、服饰鞋包、家居家装,占比分别为37.4%、20.8%、15.3%,三大行业网络零售总额合计占宁波市网络零售总额的73.5%。宁波市跨境网络零售出口54.1亿元,增长35.6%,高于全省平均4.5个百分点。

深入实施电商促进乡村商贸振兴。截至2018年底,宁波市已建成农村电商服务站超过2100个,目前,奉化、象山、宁海和慈溪四个县(市)均与阿里巴巴农村淘宝达成战略合作协议。建成以淘宝、京东等全国第三方大平台市县两级农产品特色馆23个,为推广宁波市农特产品提供了平台支撑。入驻商家2500家,累计实现交易额10.7亿元。

中国（宁波）跨境电子商务综合试验区

2012年12月，宁波成为国家首批跨境贸易电子商务服务试点城市，2016年1月12日，国务院同意在宁波等12个城市设立跨境电子商务综合试验区。几年来，宁波跨境电商从无到有、从小到大，以翻几番的速度快速增长，以瞩目成就领跑全国同类城市，成功抢占跨境电商发展高地。2018年，中国（宁波）跨境电子商务综合试验区（以下简称“宁波跨境电商综试区”）在宁波市118个省级以上改革试点中，被第三方机构评为8个成效突出项目之一。

中国（宁波）跨境电子商务综合试验区充分依托宁波口岸、开放、产业、物流传统优势，围绕宁波“全面建成现代化国际港口城市”的战略目标，通过建设线上跨境电商综合信息平台、线下跨境电商园区平台和跨境电商物流平台，拓展“可信交易、快捷结算、便利商务、协同物流”四大服务功能，建立“信息共享、风险防控、金融支撑、企业孵化、人才建设”五大保障体系，实现“跨境电商模式创新、跨境电商监管创新、税汇便利化管理创新、跨境电子商务生态圈建设创新、海外分销渠道创新、产业联动机制创新”六大创新突破，把综试区建成国内领先的跨境电子商务产业升级引领区、监管服务创新区、仓储物流示范区。

立足先行先试，为国家层面制度创新贡献“宁波智慧”。宁波跨境电商综试区制度创新清单58条措施，其中39条被商务部等14部委综合融入《关于复制推广跨境电商综试区探索形成的成熟经验做法》，面向全国复制推广。出台B2B出口业务认定标准和申报流程，积极探索基于线上综合服务平台的统计监测体系。

坚持因地制宜，形成具有宁波特色的便利化措施清单。结合监管部门“放管服”改革，从提高效率、放宽限制、创新模式入手，出台多项符合宁波实际情况的跨境电商便利化措施，其中包括：提供“365全年无休＋7*24小时”通关通检服务、开通跨境电商一般出口新业务、通过大数据分析降低跨境电商单证查验率、简化跨境电商收结汇流程以及取消跨境电商高风险能力认定制度，为跨境电商发展营造起良好的政务环境。

着眼全球视野，积极参与国际跨境电商贸易规则制定。积极参加世界海关大会、“中国—中东欧国家海关合作论坛”等国际活动，参与推动国际贸易体系新规则的制定。2018年12月6—7日，宁波跨境电商综试办与亚马逊联合举办2018亚马逊“全球开店”卖家峰会，参会总人数突破13000人次，为历届之最，为全国400余家优质制造企业和1万余名跨境电商卖家提供了合作平台，达成意向订单累计约20亿美元，媒体总曝光量超过1.8亿次。

据海关统计，2018年，宁波跨境电商综试区实现跨境电商进出口额1093.7亿元，同比增长77.0%。其中，进口额为144.5亿元，占宁波市外贸进口总额的4.8%，同比增长85.3%，增速高于宁波市外贸进口69.6个百分点，全国累计2596.0万人次购买了宁波跨境进口商品；宁波跨境进口业务自2018年6月份跃居全国首位以来，始终保持领先。2018年“双十一”，宁波跨境进口单量773万单，货值14.5亿元，同比增长24%和30%，占全国总单量的27.4%，稳居全国之首。网易考拉、小红书、天猫国际、京东全球购、云集等国内十大跨境进口电商企业全部落户宁波。宁波跨境电商综试区现有跨境进口仓储80万平方米，商品备案超43万个，累计消费者5082.5万人次，已经成为业务规模最大、集聚企业最多、商品品类最齐、基础设施最优的跨境进口龙头城市。

跨境电商出口方面，2018年以来，传统企业加快摒弃贴牌代工、低价优势等传统出口，朝有品牌、有设计、有技术含量的新外贸和新制造企业大步迈进。豪雅、乐歌、遨森、方太、公牛、东耀、格兰家居等进一步重构生产链、供应链、物流链，带动产业提质增效。经测算，宁波跨境电商综试区企业在亚马逊、易贝、阿里巴巴、wish、Lazada、Shopee等国际性跨境电商平台注册账户达4.8万个，相关企业及个体超过5000个，带动直接就业3万人，间接就业10.5万人。2018年，实现跨境零售出口额54.1亿元。

（宁波市商务局）

2018年温州市商务

国内贸易

2018年，温州市社会消费品零售总额3337.11亿元，比上年增长9%，其中限额以上消费品零售总额941.58亿元，增长7.3%；网络零售额1968.2亿元，增长25.5%；居民网络消费额1127.5亿元，增长24.4%。从城乡消费情况看，城镇消费品零售额2800.8亿元，比上年增长8.9%；乡村消费品零售额536.3亿元，比上年增长9.4%。按消费形态分，商品零售2845亿元，比上年增长8.1%；餐饮收入492.1亿元，比上年增长14.5%。按行业分，实现批零贸易商品销售总额9912.66亿元，比上年增长12.8%；住宿餐饮业营业额697.75亿元，比上年增长13.9%。

积极开展促消费活动。推动消费升级，2018年开展金秋购物节等促消费活动超100场，消费促进月实现销售额9.16亿元。成功举办展出面积2万平方米以上的展会14个，其中2018国际时尚消费博览会意向成交额达3.5亿元。在限额以上批发零售业商品销售额中，粮油、食品类增长19.6%；服装、鞋帽、针纺织品类增长16.2%；日用品类增长13.4%；中西药品类增长29.1%；通信器材类增长25.9%，文化办公用品类增长11.3%；体育娱乐用品类下降70.6%，建筑及装潢材料类增长41.1%；家具类增长42.3%；汽车类与去年同期持平；石油及制品类增长15.3%。

商贸流通体系不断健全。一是加强政策引导。制定出台了《温州市推动批发零售业改造提升实施方案》及相关配套扶持政策，以59个重点项目为具体抓手，推进批零业改造提升。积极开展省级批零业改造提升试点，全年9个试点项目实际投资额超5亿元。二是加快商圈改造提升。优化商业布局，打造高品质商业服务平台，温州市亿元以上商贸流通项目41个，全年实际投资额120.8亿元。强力推进老城区大南商圈改造提升工程、温瑞塘河夜游商旅项目,商文旅有效融合发展。三是推进线上线下融合。着力打造"智慧市场"模式，大象城、国际机电城等与阿里巴巴贸易平台1688合作，成全国首例；商业综合体创新应用"O2O＋智慧门店＋大数据"商业模式，大型商超等抱网升级，加强与阿里系合作，打造首条全国刷脸支付智慧街区，推进无人新零售温州市布局。四是推进商贸品牌振兴。鼓励引导老字号传承创新发展；浙江森马服饰获得国家供应链创新与应用试点企业；瞿溪镇、灵溪镇现代商贸特色镇创建有序推进；温州市成功入围全国城乡高效配送试点城市。

加强成品油市场经营管理。开展加油站地下油罐改造工程，完成所有成品油经营企业国五到国六油品升级工作。

"菜篮子"商品市场供应充足。2018年，温州市蔬菜总交易量达116.58万吨，同比上年的115.72万吨上升0.74%；平均批发价格2.95元/公斤，同比上年2.29元/公斤上升28.8%；生猪屠宰总上市量达48.05万头，同比上年45.55万头上升5.5%；生猪肉品交易量4.98万吨，同比上年5.28万吨下降5.8%。全年猪肉平均批发价格19.03元/公斤，与上年19.14元/公斤基本持平；温州市区冰鲜水产品成交量达1.71万吨，比上年同期1.58万吨上升约8%。

典当拍卖行业发展平稳。2018年，温州市共有典当企业66家，典当业务笔数共计6336笔，实现典当总额1.3亿元，其中房地产抵押业务额0.4亿元，占30.8%，动产质押典当业务额0.7亿元，占53.8%，财产权利质押典当业务额0.08亿元，占6.15%，利息和综合费收入496万元，上缴税金11.39万元，税后利润-55.58万元。温州市有省批拍卖独立法人企业30家，共组织各类拍卖活动676（场）次，总成交额达52.3亿元，佣金3175万元，营业利润1819万元，营业税达253万元。

会展业持续发展。2018年，温州会展中心举办各类展览展销活动共51个，展出面积共62.7万平方米，参观人数280万人次。其中举办三万平方米以上的6个，二万平方米至三万平方米（不含三万平方米）的有6个；一万五千至二万平方米（不含二万平方米）的有2个；一万至一万五千平方米（不含一万五千平方米）的有8个。

电子商务

2018年，温州市实现网络零售额1968.2亿元，同比增长25.5%，实现居民网络消费额1127.5亿元，同比增长24.4%，实现跨境网络零售（出口）52.5亿元，同比增长31.4%，共有活跃网店12.4万家，网络零售额、居民网络消费额、活跃网店总数均居全省第三位。

与主流网络平台对接合作。一是创新“1688智慧市场”模式。温州大象城、国际机电城与阿里巴巴旗下B2B贸易平台1688合作，全国首个“1688电商服务中心”落户温州大象城，助力专业市场扩展新渠道；温州陶瓷品市场完成O2O电商平台、会员管理系统、移动POS系统、微信商城、商城管理系统、智能WIFI管理系统UI设计和功能确认，实现了线下实体商铺与线上电子商城、PC端与移动手机端双融合。二是提升“淘宝特色中国温州馆”。入驻“淘宝特色中国温州馆”商家数达2763家，全年累计成交额2.9亿元，开馆至今累计成交额达12亿元，入驻商家数居全省淘宝特色馆第1位。三是加强地方网络营销产业带建设与运营。阿里巴巴温州（瓯海）、乐清等5个产业带入驻企业达5.39万家，地方产业带数量居全省第一。

重点行业电商普及工作。一是培育平台型企业。在新型综合性电商、生活性服务业电商、行业垂直电商等领域，绿森信息、好派多网络菜场、八米网等一批代表性平台茁壮成长；国技互联、奥康国际、红蜻蜓、联欣科技4家企业荣获“商务部电商示范企业”称号；浙江绿森信息科技网络综合购物国家级服务业标准化试点项目顺利通过验收。二是提升制造业电商。如瑞安依托传统产业优势，人本、环球、大东等10家企业跨入网零亿元级企业行列，帆布鞋网络销量约占全国网销量的2/3，已成为全国最大的帆布鞋网货基地。三是创新商贸业电商。创新“互联网＋零售”模式，人本超市、沃尔玛超市、世纪联华超市等纷纷与淘宝、京东、美团等合作，打造淘鲜达、京东一小时送达等线上平台，万象城、大西洋银泰城等商业综合体创新应用“O2O＋智慧门店＋大数据”商业模式，改变线下单一渠道模式。四是拓展网络个性化定制。推进浙江东经科技“互联网＋包装”、浙江晴耕雨读“互联网＋文创纸制品”等一批市级重点网络个性化定制项目有序开展。

电商产业集聚发展。据阿里研究院发布的《中国淘宝村研究报告（2018）》，温州新增阿里淘宝村91个（累计254个），阿里淘宝镇5个（累计20个），淘宝村总数分别位居全省第1和全国第2，淘宝镇总数位居全省第2和全国第4。其中，乐清电工电气淘宝村集群和瑞安鞋、汽配淘宝村集群，分别居全国第5位和第8位。大力发展多业态一体化产业基地，温州国智电商园、温州农业电商园、温州鹿城跨境电商园、龙湾高新区电商大厦被省商务厅认定为浙江省AAAA级电商产业基地，温州鹿城跨境电商园被省商务厅新增为省级电商示范基地。

电商产业项目。唯品会创业创新中心落户瓯江口产业集聚区并开工建设，占地403亩，拟建成为集浙南区域结算中心、跨境电商和进口奢侈品集散中心、浙南区域物流中心以及集团研发中心、设计中心、培训中心。浙南云谷建筑面积达5.06万平方米，已建成集科创研发、企业孵化、青年创业、教育培训、公共服务和生活配套等复合功能于一体的公共科创集聚平台，目前入驻众创空间11家，企业116家。韵达浙江（温州）电商总部基地项目落户永嘉黄田，总投资约14.2亿元，规划建筑面积15.3万平方米，拟建设智能化快递中心、智能云仓中心、电商中心、智能化快运中心。平阳数字商务中心入驻企业达42家，执御

(温州)服务中心、阿里巴巴国际站、农村淘宝平阳服务中心等为1200多家企业(个人)提供技术指导、政策咨询等服务。

对外贸易

2018年温州进出口1507.15亿元,同比增长13.6%,其中出口1302.43亿元,同比增长12.5%,进口204.72亿元,同比增长20.9%。

有效帮扶外贸企业。一是做好组展参展工作。出台《2018年重点国际性展会目录》,确定54个国内外重点展会,引导企业开拓市场抓订单。做好三大国内综合展会组展工作。华交会、广交会、消博会等三大传统展会累计参展企业1412家、展位2974个,意向成交额4.5亿美元。其中,华交会管理工作获全省第一名、124届广交会信息工作获全省第一名,管理工作获二等奖。组织41家企业参加第二届俄罗斯机械自办展。组织中俄地方合作暨产业对接圆桌会议等相关对接洽谈活动。组织96家企业参加第六届印度自办展,展位247个,同比增长30%,十余家中印媒体对此进行报道,中国驻印度总领事主动提出做印度展的支持单位。对接中国国际进口博览会,成立温州市参与中国国际进口博览会工作领导小组,组织招商观展工作。1200家采购商报名,登记人数2241人,完成预定950家和2000人的目标,达成意向订单1.24亿美元。举办首届浙江(温州)进口消费品博览会,展出规模15000平方米,参展企业350多家,展位550个,累计观众107217人次,其中专业观众3000多人,现场成交额约3000万元,意向成交额约1.5亿元。二是加大外贸主题培育力度。全面开展“万企贸易成长计划”和“外贸小微企业成长三年行动计划”,新增出口备案企业2084家,新增外贸实绩企业555家。加强对小微外贸企业开展“师徒制”培训,总计开展十多场培训活动,完成1325家培训目标。三是健全温商外贸回归工作机制。各地均出台贸易回归扶持政策。2018华商(温州)论坛暨贸易对接会上签约贸易回归,本年度回归金额达3.8亿多元,实现了落地生根式贸易回归。出台新的外贸政策。谋划新一轮鼓励进出口政策,对外贸新业态培育、出口基地的公共服务平台、出口品牌、跨境电商海外仓、对接义新欧、进口集散中心建设等方面出台鼓励措施,及时开展政策培训和业务宣讲会。开展形式多样的互联网+外贸培训活动。强化与速卖通、亚马逊等跨境电商平台合作,通过设立产业专区等形式开展对外网络零售贸易,直接对接海外终端需求,共培育跨境电商主体400家、品牌20个,直接拉动外贸出口100亿元。鼓励各县(市、区)出台扶持政策,支持和引导企业将跨境邮包出口以9610项下报关,出口额4.97亿元,同比增长34.6%。

推动贸易平台建设。全力推动获批市场采购贸易试点。9月29日历时三年的温州(鹿城)市场采购贸易试点获批。牵头成立市场采购贸易方式试点领导小组,组建由相关部门组成的工作专班,出台市场采购贸易扶持政策、综合管理办法等文件,建成市场采购贸易方式试点联网信息平台并通过省商务厅等七部门和国家税务总局的验收。改造提升海关监管场站和综合服务大厅,腾挪改造鞋博城、交运物流中心等原有市场,举行温州(鹿城)市场采购贸易试点启动仪式和新闻发布会。截至2018年年底,试点区域预约登记入驻的供货商和代理商3100多家,市场采购贸易方式出口552票,金额3666.63万美元,试点工作初见成效。推进市保税物流中心(B保)发展,促进B2B2C保税进口业务发展,入驻企业7家,租赁面积超75%。全力打造跨境电商,提升企业互联网+贸易水平。制定出台跨境电商海外仓考核办法,积极引导自用海外仓向公共海外仓发展,新增英国伯明翰公共海外仓为温州市级公共海外仓,积极申报省级公共海外仓。精心打造两大海外运营中心——浙江制造塞尔维亚和智链北美外贸综合服务中心,完成投资420万美元,新建营运中心面积17000平方米,新增36家浙江企业入驻中心,其中25家为温州企业,实现交易额超7000万美元,带动温州出口额约1600万美元。开展跨境电商重点产业、企业、园区调研,鹿城、瓯海、瑞安、永嘉省级产业集群跨境电商发展试点通过省厅考核,完成《中国(温州)跨境电子商务综合试验区申报方案》初稿,召开《中国(温州)跨境电子商务综合试验区申报方案》可行性论证会。积极申报国家级外贸转型升级基地，研究出台推动基地建设政策举措，进一步推动基地内外贸企业优化升级。温州市鞋类、永嘉县教玩具、瓯海区眼镜、平阳县宠物用品成功获评国家外贸转型升级基地。指导建设省级外贸转型升级试点，鹿城、瑞安外贸转型升级试点建设考核顺利通过省商务厅评估通过试点，鹿城、瑞安两地一批公共政策和开放新平台相继落地，如鹿城商业快件监管中心，跨境电商平台等。做大做强“一达通”“温贸通”“外贸通”等省、市级外贸综合服务企业，评定通过3家市级外贸综合服务企业。持续推进进口集散中心建设。编制浙南闽北赣东进口商品集散中心“一核多区”三年行动计划，成立市、局两级的浙南闽北赣东进口商品集散中心领导小组和办公室，谋划和推进列入各大进口平台重点项目，核心区三大项目布局完成。

公平贸易工作。2018年，温州市继续加强外贸预警工作，完成9家省级预警点2018年度的考核评优工作，鞋革、泵阀、电气三家预警点被评为省级优秀预警点。完成贸易摩擦案件排查20起，其中温州涉案的主要有欧盟钢铁保障措施、美国燃油泵337调查、化油器337调查、USB电源驱动盖板337调查、美国钢、铝产品232措施、汽车232措施以及美国301措施。温州市商务局指导企业应诉1起，为浙江瑞星化油器制造有限公司应诉美国化油器337调查。

对外经济技术合作

2018年，温州市累计备案境外企业和机构35个(其中境外企业33家、机构2家)，中方投资额5.9亿美元，超额完成目标任务的68%。其中并购项目5个中方投资额1.75亿美元。完成国际经济合作营业额1.2亿美元(其中青山控股集团机电设备出口印尼完成对外承包工程营业额1.17亿美元，温州金盛贸易有限公司对乌兹别克斯坦鹏盛工业园劳务输出完成对外劳务营业额218万美元)。温州市金盛贸易在乌兹别克斯坦新设农林科技合资公司，并通过省级境外园区考核确认，成为温州市第5家省级境外经贸合作区。

对接“一带一路”沿线国家。温州在“一带一路”沿线9个国家投资项目共23个，占项目总数的65%，完成中方投资额3.44亿美元，占比58%。其中制造业项目10个，投资国家有印尼、柬埔寨、孟加拉国、埃及、尼日利亚、印度等人工成本较低的地区。境外经贸合作区带动12家浙企抱团出海，成为参与“一带一路”推动国际产能合作重要平台。

鼓励开展跨国并购。2018全年完成跨境并购项目5个，并购额1.75亿美元，占同期中方投资总额的30%。最大并购项目为森马集团并购法国KIDLIZE童装集团，该项目也是2018年温州市备案的最大境外投资项目。森马通过跨境收购，获得集团旗下自主品牌共15个，以及集团在全球的营销渠道，一举成为全球童装第二大生产商。佩蒂宠物并购新西兰公司，建设主粮生产基地，填补高端产品空白。青山控股集团和正泰集团入选全省跨国公司30强。

境外投资服务体系。牵头成立温州市“走出去”服务联盟，出台《温州企业境外投资备案指引》手册，为企业“走出去”提供便利服务。谋划组建“一带一路”境外经贸服务联盟，在德国杜伊斯堡成立境外经贸综合服务站。出台全省地级市首个《处置境外经贸类纠纷和突发事件应急预案》。妥善处置俄罗斯新西伯利亚鞋厂火灾事故。在温州市范围内开展境外项目安全排查工作，加强境外企业安全意识。

服务贸易

2018年，温州市服务贸易进出口总额165.43亿元，同比增长24.28%，其中出口77.61亿元，同比增长1.59%，服务贸易进出口占服务贸易和货物贸易进出口比重9.89%，比上年同期提升0.95个百分点。国际旅游、运输和建筑工程等传统领域服务出口59.45亿元，占服贸出口的76.62%，居主导地位。服务外包离岸执行额12.4亿元，同比下降16.73%，其中技术出口0.14亿元，同比增长30.4%，服务外包业务逐步向价值链高端延伸。

(温州市商务局)

2018年嘉兴市商务

国内贸易

2018年，嘉兴市实现社会消费品零售总额1938.6亿元，同比增长8.9%，比上年同期回落1.4个百分点，低于全省平均水平0.1个百分点，扣除价格变动因素实际增长6.6%，实际增速同比回落2.5个百分点。嘉兴市限额以上批发和零售业销售总额2807.7亿元，同比增长10.5%；限额以上住宿和餐饮业营业额43.3亿元，同比增长7%。

嘉兴市住宿餐饮业市场受红色旅游及居民消费升级的双重因素拉动，总体呈现较好的发展态势。嘉兴市住宿餐饮业营业业绩突破300亿元，营业额达320.88亿元，增长15.3%，增速高于全省平均1.6个百分点，居全省第三位。其中，住宿业增长平稳，餐饮业占主导且贡献大。2018年，嘉兴市住宿业营业额36.66亿元，增长9.0%；餐饮业营业额284.22亿元，增长16.2%，增幅比住宿业快7.2个百分点；占全部营业额的比重为88.6%，对全部营业额增长的贡献率达92.9%，拉动全部营业额增长14.2个百分点。

从规模看，限额以上零售增长乏力，限额以下零售贡献大。2018年受成品油油价大幅回调及汽车购置税上调等因素，限额以上零售额增长继续放缓，增速由一季度的12.6%回落到前三季度的8.4%，再下滑到全年的6.0%。限额以下零售额增长12.0%，占零售总额的比重为69.9%，同比提高1.4个百分点，拉动零售总额增长7.0个百分点，拉动力高于限上5.1个百分点。

市区居民消费价格累计上涨2.3%。八大类消费品和服务项目价格均比上年有所上涨，其中教育文化和娱乐、生活用品及服务、食品烟酒、医疗保健、居住、衣着、交通和通信、其他用品和服务类依次上涨3.5%、3.0%、2.7%、2.2%、2.2%、1.7%、0.8%、0.3%。城镇生活垃圾回收利用率为31%，比省下达指标高出一个百分点；嘉兴市成品油销售160多万吨，较好地满足了市场需求；全年新增特许经营企业2家。

2018年，嘉兴市完善市场流通体系，提升商贸流通水平。一是扎实推进省级试点。稳步实施批发零售业改造提升试点，全力推动消费换挡提质。印发试点工作方案，公开征选了14个项目列为2018年改造提升项目，年度计划总投资10.57亿元。充分发挥试点项目引领作用，抓好项目推进。全年完成投资额约9亿元，其中当年度计划完工的8个项目已全部实施完毕，其余项目达到年度投资进度，项目整体推进情况良好。二是扎实做好促消费工作。推动成立嘉兴市流通与消费工作领导小组，明确相关成员单位职责，建立促消费工作机制和联席会议制度，制订全年消费促进工作计划。推动城市商圈建设，重点开展“一环四路”(环城路、中山路、禾兴路、勤俭路、建国路)整治，促进新兴消费业态集聚发展，培育消费新增长点。组织开展为期三个月的金秋购物节促消费活动，依托市本级重点商圈实现联合促销，推动商、旅、文融合发展。举办了以“美好生活 品质消费”为主题的“2018嘉兴现代生活博览会暨金魔豆电商主播大赛”，设置了现代生活体验等五大板块，250多个标准展位，面积1.6万平方米，参展企业156家，到场观众6万人次，现场成交额突破800万元。三是推进老字号传承和创新发展。组织第六批浙江省老字号申报推荐工作，修订嘉兴老字号认定办法，启动第三批嘉兴老字号认定，组织参加商务部、中宣部中华老字号宣传项目申报。四是推进成品油市场长效监管。出台加强成品油市场长效监管工作方案，多措并举加强成品油市场监管，组织开展成品油经营企业安全生产检查，会同相关部门查处非法加油经营行为。组织开展加油站消防安全标准化示范点推进工作，基本完成散装汽油销售定点加油站信息管理系统提升工程。牵头开展生活垃圾分类回收利用专项行动。五是推进餐饮业转型提升。多渠道、多形式挖掘、开发地方特色菜肴，塑造"禾菜"美食品牌，出版嘉兴地方特色菜谱《食美嘉兴》。

电子商务

加快推进省级电子商务创新发展示范地建设，努力实现电子商务高质量发展。2018年，嘉兴市累计实现网络零售额1818.2亿元，同比增长25%，增幅在全省排名第四。跨境电子商务网络零售出口额9.7亿美元，同比增长30.7%，各类跨境电商网店1080家。居民网络消费额663.5亿元，同比增长27.8%，增幅在全省排名第六。

截至2018年底，嘉兴市在重点监测第三方电子商务平台上共有活跃网络零售网店4.7万家，相当于当地网络零售网店总数的45.5%，活跃网络零售网店总数在全省排名第6。电子商务就业创业氛围良好，直接解决就业岗位12.2万—12.7万个；间接带动就业岗位30.4万—31.7万个。安正时尚集团股份有限公司、浙江金蚕网供应链管理有限公司、浙江五芳斋电子商务有限公司和嘉兴创意投资开发有限公司(嘉兴电子商务产业园)等四家单位成功入选全省电子商务百强企业，海宁市庆云村和南湖区三星村等入选全省电子商务十强专业村。

出台政策谋划电商发展。2018年，嘉兴市以电商高质量发展为目标，陆续制定出台了一系列政策文件，对产业垂直电商、跨境电商、园区高质量双招双引等新增内容加大了扶持力度，较好地体现出嘉兴电商特色。有效整合电子商务服务资源，提升嘉兴市电子商务公共服务体系，推动各县(市、区)电子商务公共服务中心建设。截至2018年底，嘉兴市已有各类县(市)级以上电子商务公共服务中心6家，电商服务站18个(3个专业市场，6个电商园区，9个乡镇街道)。嘉兴市已开展电子商务应用的工业企业突破一万户，占全省的11.2%，其中规模以上工业企业应用电子商务，位列全省第二。

开展试点先行先试。嘉兴市成功入围5个省级电子商务创新发展试点地级市(含宁波)，连续三年获得省级财政扶持。2018年，11个项目被列入嘉兴市2018年度省级电子商务创新发展试点项目，涵盖了农产品网上销售提升、生活服务业电商提升和电商公共仓储配套提升等方面。海宁、桐乡和平湖产业带也获评首批省级跨境电商产业集群试点。通过各类创新试点的先行先试，嘉兴市电子商务创新发展工作取得明显成效，行业引领和区域带动效应显著。随着首批省级电子商务创新发展试点项目的有效推进，嘉兴市农产品网上销售体系、生活服务业电子商务应用和公共仓储建设取得了一定的经验，并加以不断总结推广。农村电商助力乡村振兴。把电商专业村模式作为实施农村战略的重要抓手，以强县思路带动乡村全面振兴。嘉兴市共有113个"淘宝村"和17个"淘宝镇"，数量和销售额均居全国前十。

加快推动电子商务与传统行业的深度融合，强化产业电商龙头企业培育和知名电商企业(平台)打造、引进。举办两次产业电商沙龙，组织企业赴上海参加工业互联网高层论坛，引导形成具有嘉兴特色的"产业电商"，加快制造业新旧动能转换。组织开展电子商务创业创新大赛，产生18个优秀项目。组织参加"之江创客"全球电子商务创业创新大赛，虹越花彩、灵客智能对话母系统项目分别获得成长组和初创组二等奖，蓝调云仓项目获得成长组三等奖，获奖项目数列全省第二。通过大赛，发现和遴选一批优秀的电商创业创新项目。嘉兴市商务局被大赛组委会授予"鼎力贡献奖"称号。

依托跨境电商走自主品牌之路。以"子驰贸易"为例，2019年1月，该产品的跨境网络销售额就高达500万美元。据企业预测，2019年跨境网销额将同比增长3-5倍。"子驰贸易"从2017年开始向自有品牌化转型，在美国、欧盟、加拿大等地同时注册了"Orolay"等自有品牌，并成立设计中心。根据消费个体的购买数据需求，加快北美市场的新品开发。目前，该公司在亚巴逊上的"Orolay"羽绒服售价比同质产品高出50%以上，但销量仍遥遥领先。美国沃尔玛线上商城、法国梅西百货也纷纷抛出橄榄枝,企业在海外零售市场渠道不断扩大,主要原因还是在于自主品牌带来的用户忠诚度,增强了企业竞争力。

优化升级集聚发展。2018年,嘉兴电子商务产业园通过评审验收,升格为省级AAAAA级电商园区。嘉兴市拥有各类电商特色产业园区27个,省级跨境电商试点产业集群3个。嘉兴电子商务产业园被评为"浙江省电子商务十大产业基地"和"浙江省电子商务产业示范园区"。嘉兴北科建智富创新园、海宁中国皮革城电子商务创业园、濮院毛衫电子商务产业园区等15家园区获批省级电子商务产业基地。嘉兴市电商发展服务体系不断完善。生态圈不断丰富,以嘉兴现代物流园等重点园区为带动,发挥顺丰快递、圆通速递、川山甲供应链等龙头企业优势,逐步建成满足嘉兴市电子商务行业发展需求的现代物流配套服务体系。

对外贸易

对外贸易持续较快增长。2018年,嘉兴市实现进出口总额2821.2亿元,同比增长14.2%,其中,出口2017.3亿元,同比增长13.6%,出口占全国比重12.29‰,高于全年11.6‰的目标任务;进出口增速分别高于全国、全省平均4.5个、2.8个百分点,出口增速分别高于全国、全省平均6.5个、4.6个百分点,在全省各地市中排第一位。

从出口市场来看,传统市场保持平稳增长,对美国、欧盟和日本分别出口549.5亿元、434.2亿元和157.1亿元,同比分别增长13%、9.4%和10.3%,分别占嘉兴市出口比重的27.2%、21.5%和7.8%。推进市场多元化取得积极成效,新兴市场增长加快,对东盟、拉丁美洲、非洲和大洋洲分别出口172.1亿元、118.5亿元、75.4亿元和66亿元,同比分别增长19.8%、33.6%、23.3%和36.3%;从出口产品来看,嘉兴市机电产品出口763.1亿元,同比增长17.5%,占嘉兴市出口总值的37.8%,比上年提高1.2个百分点;高新技术产品出口147亿元,同比增长19.6%,占嘉兴市出口总值的7.3%,比上年提高0.4个百分点。

加快外贸方式转变,培育竞争新优势。一是组织企业参展拓市场。结合嘉兴市产业特点与展会实际,制定2018年度重点展会目录。积极组织企业参展,嘉兴市组织企业参加境内外展会150余个,展位数近5000个,参展企业2000余家。嘉兴市荣获第124届广交会全省唯一优秀分团一等奖。举办中国(嘉兴)非洲投资贸易洽谈会,邀请安哥拉等9个国家20位非洲采购商与嘉兴市近40家生产企业面对面洽谈,达成多个合作意向。二是推进外贸模式创新。制定《嘉兴市加快培育外贸竞争新优势行动计划(2018—2020年)》。推进跨境电子商务等外贸新业态培育发展,会同阿里巴巴、谷歌、亚马逊等平台组织开展系列培训,推进外贸企业建立跨境电商专业团队,5家综合服务商入选省级名录。指导各地引导跨境电商企业集聚发展,认定首批重点培育的9家市级跨境电子商务基地。基本形成以海宁、平湖、桐乡省级跨境电商产业带多点支撑、多极集聚的产业发展格局。提升外贸转型升级基地,桐乡玻纤、海宁经编、平湖箱包基地再次被认定为国家级外贸转型示范基地。三是加快外贸主体培育。全年嘉兴市进出口权备案登记的企业有1436家,比上年同期增加128家。嘉兴市有出口实绩的企业家数为6199家,比上年新增395家。开展外贸"师徒制"培训,培训企业2645家。加强贸易运行监测,嘉兴市商务运行调查监测点工作连续十年获"优秀市级监测点"称号。

积极参与首届进博会,主动承接溢出效应。一是加强组织领导。嘉兴市政府印发参与首届进博会总体方案,明确了职责分工、重点任务、工作要求。成立了领导小组以及综合协调组等9个工作小组,建立了协调联系和推进机制。组建了嘉兴市交易团,各县(市、区)、嘉兴经开、嘉兴港区分别成立交易分团。二是加强对接合作。多次主动赴上海、北京与进博局和商务部相关司局对接进博会工作。嘉兴市"五芳斋"作为上海市以外的唯一餐饮企业入驻进博会餐饮区,提供餐饮服务并开展裹粽表演和展示,向世界展示中华餐饮文化,彰显嘉兴特色。三是做好招展招商和组织参展采购工作。嘉兴市邀请的国外企业参展面积134平方米(15个标准展位),居省交易团第二位。共组织了1163家企业、3577人参会，参会企业数量居省交易团第四，人数居第三。嘉兴市企业累计场内采购成交4.03亿美元，成交金额居省交易团第三。制定了采购商参会方案和突发事项应急预案，有序组织采购商参展，确保参会观展安全有序。四是参与和举办配套活动。进博会期间，嘉兴市组织参与了G60科创走廊九城市政策发布会、浙江—德国数字经济和高新技术产业高峰对接会、世界500强及行业龙头企业产品推介交流会、浙江省集中采购签约仪式等场内配套活动。举办了中国（嘉兴）紧固件产业博览会、2018中国（嘉兴）跨国采购对接会、2018国际创新项目路演会、“选择嘉兴 再创辉煌”——嘉兴与欧洲跨国公司推介对接会等4场场外配套活动。其中，紧固件产业博览会和跨国采购对接会成功列入进博会场外配套活动，进一步提升了活动成效，扩大了嘉兴影响力。

加强组织谋划，全力应对中美贸易摩擦。一是加强组织领导。嘉兴市政府成立嘉兴市中美经贸摩擦应对工作领导小组，嘉兴市商务局第一时间相应成立了“嘉兴市商务局对美经贸摩擦应对小组”，加强分析研究，为各级领导提供决策建议，相关报告受到市领导批示肯定。二是加强走访指导。深入涉案企业大走访，引导企业按照法律和规则积极应对，降低风险。积极动员涉案企业联合进口商、批发商和零售商等美方力量反映诉求。宇星螺帽、中华化工等企业的出口产品在征税清单中成功排除。同时，积极转变应对模式，政企合力主动发起对进口产品的反倾销调查，嘉兴市信汇新材料等代表国内卤化丁基橡胶产业，金燕化工、乐天化学等代表国内乙醇胺企业向商务部提交了对原产于美国等国家相应产品的反倾销调查申请，获得成功。三是加强专题培训。建立贸易风险重点联系企业清单和信息库，举办了“中美贸易摩擦背景以及相关应对措施”“新兴市场开拓的路径和相关措施”等系列专题培训会，引导企业拓宽应对思维，加快培育竞争新优势。

服务贸易

2018年，全年实现国际服务贸易进出口额210.9亿元，同比增长20.7%；运输和海事服务、分销服务、其他商业服务、旅游服务、计算机和信息服务五大领域占服务贸易进出口总额的89.2%，行业集聚明显。嘉兴市完成服务外包合同执行金额28.4亿元，同比增长30%，其中离岸合同执行金额3.3亿美元，同比增长42%；嘉兴市承接了来自109个国家和地区的离岸业务；美国、中国香港特别行政区、日本等13个国家和地区的接单业务均超过500万美元，合计占业务总量的84.6%。

实施培优育强扶小，加快服务贸易发展。一是加强品牌企业培育。建立月度走访企业机制，加强调研，宣传政策，指导帮扶重点企业发展壮大。浙江依爱夫游戏装文化产业有限公司入选国家文化出口重点企业，嘉兴市国家级文化出口重点企业实现零的突破。组织日立解决方案等三家企业申报先进型服务企业，争取政策支持。二是加强培训指导。根据国际服务贸易统计工作的新要求，开展服务贸易、服务外包统计业务培训，提高各部门服务意识和统计业务能力。先后组织开展服务贸易、服务外包政策宣传与实务培训，邀请商务部专家以及市国税局、市外汇管理局专家授课。三是组织开拓市场。组织相关主体参加上交会、京交会、软交会等，展示产品和服务，拓展服务贸易市场。推进服务外包海外推广和项目对接平台建设，巩固美、欧、日等传统市场，积极开拓“一带一路”沿线国家新兴市场。四是培育特色业态。重点发展软件开发与系统运维、数据处理、物流管理、业务运营、金融服务、检验检测与监测等8大服务外包业态企业。积极引进培育壮大服务外包企业，全年新增有业务实绩的企业47家。执行金额超过100万美元的企业有104家，比上年增加30家。

利用外资

2018年，嘉兴市新批外商投资项目350个，合同利用外资63.9亿美元，同比增长12.2%；实际利用外资31.4亿美元，同比增长4.9%（剔除外债因素，同口径增长57.7%）。引进世界五百强投资项目9个，行业龙头项目10个，总投资（增资）

超亿美元产业项目44个。制造业实际利用外资18.2亿美元，占嘉兴市实际利用外资总额的57.8%，其中通用设备制造业实际利用外资2.6亿美元，同比增长198.4%；三产实际利用外资12.5亿美元，同比增长24.3%，占比39.8%，比上年同期增长6.2个百分点，其中高技术服务业实际利用外资总额1.6亿美元，占实际利用外资总额的5.2%。

强化政策导向。制定了《高质量外资集聚地建设实施意见》和《嘉兴市国家级、省级平台考核办法》等10项政策意见和行动方案，形成全方位推进高质量外资集聚地建设的政策体系。

强化制度安排。成立嘉兴市高质量外资集聚地建设工作领导小组，下设办公室、农业招商组、制造业招商组、服务业招商组、开发区工作组，统筹推进产业招商和平台建设；建立了高质量外资集聚地建设工作会议、通报、宣传、督查、考核和常态化交流六大工作机制，确保各项工作落实到位。

积极组织推进。嘉兴市委、市政府先后召开了嘉兴市高质量外资集聚地建设动员大会、高质量外资集聚地建设工作推进现场会。推进县(市、区)“五个一”国际化配套体系建设和开发区“五个一”高质量外资引进功能体系建设。国际友城实现县(市、区)全覆盖；批具有国际化品质的社区已建成或正在建设。嘉兴市已有平湖枫叶、海宁浙大国际校区等4所国际合作学校，凯宜国际医院建设持续推进。

强化精准“双招双引”。聚焦欧美发达国家实施精准项目招引，2018年，西方发达国家实际利用外资4.9亿美元，占嘉兴市实际利用外资总量的15.6%。举行国际人才创业创新项目路演会、嘉兴·瑞典新能源汽车产业合作对接会、嘉兴与欧洲企业合作对接会等招商推介活动，新引进外商投资高技术制造业项目27个、高技术服务业项目62个，高技术产业合同、实际利用外资分别为10亿美元和4.7亿美元。强化“双招双引”队伍建设，2018年8月，在深圳举办“双招双引”市委主体培训班，来自县市区、省级以上开发区及相关部门的40余名同志参加培训。

完善涉外投资服务。组织召开涉外投资服务提升工作大会，成立嘉兴市涉外投资服务中心，成立涉外投资政务服务联盟和社会服务联盟。线上服务平台“今日外资”微信公众号上线运营，线下设立涉外投资服务窗口，“一中心两联盟”通过线上线下相结合的方式开展涉外投资服务。召开了外资高管座谈会，以及外资高管工作签证新政解读专场等涉外投资服务活动6场，涉外投资服务中心加入红船服务总联盟，打响嘉兴涉外投资服务品牌。

开放平台

聚焦特色发展，提升开放平台功能水平。推动争先晋位。开展开发区对标先进、争先晋位活动，3个国家级开发区在全国排位均前移，嘉兴经济技术开发区列全国第13名。平湖经济技术开发区、秀洲经济开发区、海宁经济开发区等8家省级以上开发区已列入省商务厅公布的深化整合提升工作第一批开发区名单，数量列全省之首。

加快国际产业园区建设。制定出台《关于加快国际产业合作园发展的实施意见》，重点加快中德、中荷、中法、中日四大省级国际产业园以及平湖欧洲(德国)工业园、海盐中欧城镇化伙伴关系示范区等国际产业合作平台建设和招商工作。推进浙江中英(秀洲)创新园申报省级国际产业园。积极争取推进浙江中荷(嘉善)产业合作园升级为国家级中荷生态园。浙江中荷(嘉善)产业合作园成为全省对外开放大会上受表彰的“2017年浙江省十佳对外合作单位”之一，是全省19个省级以上国际产业合作园中唯一获此殊荣的平台。2018年10月，在李克强总理与荷兰吕特首相的共同见证下，浙江中荷(嘉善)产业合作园与引进的两个荷兰项目现场签约，其中锂能沃克斯公司新能源锂电池项目总投资达18亿美元，为浙江省近年来引进的最大外资项目。2018年，国际产业园共引进欧美、日韩等发达国家外商直接投资企业35家，实际利用外资2.2亿美元。嘉善经济技术开发区、平湖经济技术开发区“走出去”，赴荷兰、德国设立海外招商办事处。

深化接轨上海平台合作。深化与上海开放创

新平台高质量合作，实现省级以上开发区(园区)紧密型合作关系全覆盖。加快推进与上海重点合作平台张江长三角科技城、上海漕河泾新兴技术开发区海宁分区、浙沪新材料产业园等重点园区的建设。嘉兴科技城与松江经济开发区(国家级)达成战略合作，海盐经济开发区与上海康桥集团共建海盐康桥科技园，海宁高新区与上海浦东科创合作共建海宁电子信息产业园，嘉兴经济技术开发区与青浦工业园区签订战略合作框架协议。“2018’上海·嘉兴周”期间，举办了沪嘉开放创新平台产业对接合作交流会。2018年度，通过上海共引进外资项目131个，实际利用外资13亿美元，引进世界500强企业投资项目5个，总投资超亿美元项目22个。

加快综保区创新发展。参与制定《关于加快推进嘉兴综合保税区创新发展的实施方案(2018—2022年)》，加快“仓储货物按状态分类监管”等新政复制推广力度。

对外经济合作

2018年，嘉兴市对外投资项目68个，直接投资额19.5亿美元，同比增长53.6%，超额完成全年10亿美元的目标任务。对外直接投资额1亿美元以上的大项目5个，合计投资额14.2亿美元。跨国并购增长明显，跨国并购项目13个，并购金额1.2亿美元。对美国投资项目数最多，有13个项目，中方投资额3.6亿美元。

加大服务管理力度，提高企业走出去能力。一是加强摸底调研。根据目标任务进度，深入县(市、区)和意向企业调研摸底，及时掌握境外投资项目意向情况，做好“对外投资意向项目库”建设工作。振石、华友、福莱特3家企业入选全省2018年本土民营企业跨国经营30强。二是优化企业服务。抓项目进度跟踪，及时为企业排忧解难，先后协调振石印尼项目、卫星石化美国项目等，确保项目尽快实施。举办和组织企业参加各类境外投资活动6场。三是加强对外投资管理。对嘉兴市劳务合作企业进行排查，有效规范对外劳务合作工程市场秩序。开展企业对外投资年报工作。

(嘉兴市商务局)

2018年湖州市商务

国内贸易

2018年,湖州市实现社会消费品零售总额1297.24亿元,同比增长10.0%,增速列全省第四;其中限额以上社会消费品实现零售总额385.58亿元,增长10.0%,增速列全省第四。湖州市批发和零售业实现商品销售额5880.51亿元,增长15.8%,增速列全省第三;住宿和餐饮业实现营业额236.77亿元,增长11.2%,增速列全省第十。湖州市实现商贸业增加值416.89亿元,增长6.1%,占GDP、服务业比重分别为15.3%和31.6%,对GDP的贡献率达12.0%,对服务业贡献率达24.8%。2018年,湖州市编报实施类商贸建设项目57个,建设推进顺利,累计完成投资80.37亿元,完成年度计划的113%。

做大商贸新增量。一是扎实推进商贸项目建设。以商贸业重大项目建设为抓手,着力扩大商贸领域有效投资,完善商贸业态设施,促进消费转型升级,实现投资和消费"双轮"驱动。总投资251亿元的太湖龙之梦乐园项目已完成土建工程量的90%,部分项目已对外营业。湖州铁公水综合物流园区工程完成当年投资计划的235%,西铁路货场投入运营,唯品会华东运营总部建设加速推进。莫干山国际休闲旅游度假区内,郡安里度假区二期、江南瑶坞和影视文创度假屋等基础配套项目相继动工。二是强化对口合作。稳步推进对口支援合作,加快与吉林省白山市、四川省青川县、丽水市等在商贸流通领域的对口合作,市及各区县全年开展对接活动22场次,帮助对接70余家服务商,推动麦巴夫、育星网络等为白山市、青川县等地企业开展电商服务。三是加快推进"商旅文"互动融合。依托优良的自然生态和厚重的人文历史资源,大力推进商旅文互动融合。2018年,新建长兴东鱼坊、改造提升中心城区小西街、状元街和德清余英坊等一批独具特色的商业街区,新建城市书房7家。全年旅游总收入1379亿元,同比增长25%。

打造商贸新业态。一是加快推进"新零售"发展。积极引进永辉超级物种、苏宁小店新零售业态落地湖州,支持浙北集团与阿里巴巴战略合作,打造新零售示范企业。推动周生记、老娘舅和奥奇等近500家商家"智慧点餐、扫描买单"系统的接入。推进传统百货超市向"商品+服务"转型,支持打造星火百货"小集沐"童装、浙北超市"浙北便利"等自营品牌,其中"浙北便利"全年新开25家门店。鼓励玖象家居体验馆打造自营O2O平台,借力"新零售"推进传统市场转型升级。大力发展社区商业,打造西山社区"邻里街区"。二是推进老字号发展模式创新。支持德泰恒、梅月针织和菱湖缫丝等老字号企业建设老字号博物馆、老字号工匠创新工作室、健康养生谷和丝绸工业旅游项目等,推进老字号"+互联网""+文化""+旅游"创新发展。2018年,新推荐4家企业申报第六批浙江老字号申报,启动第二批湖州老字号认定工作。三是开展楼宇经济促进工程。建立市、区县、街道(乡镇)、社区四级联动的楼宇经济工作机制,基本建成湖州市楼宇经济信息管理平台,完成湖州市76幢楼宇建档工作,实现楼宇信息的动态更新和智慧管理,湖州市楼宇经济税收产出17.27亿元,比上年增长21.6%。

推进发展绿色化。一是推进商务领域乡村振兴战略实施。贯彻落实湖州市委市政府《湖州市打造实施乡村振兴战略示范区行动方案》(湖委办〔2018〕1号)精神,推进20个"乡镇商贸振兴工程"实施乡镇,成立湖州市商务领域乡村商贸振兴工作领导小组。二是推进再生资源回收利用体系建设。牵头实施城镇生活垃圾回收利用专项行动，推进“2018年实现城镇生活垃圾回收利用率达30%”的省民生实事工作任务落实。印发《湖州市城镇生活垃圾回收利用专项行动方案》《湖州市再生资源行业专项整治行动方案》，加强再生资源行业管理，加快健全回收企业信息库。重点培育“两网”融合工作龙头企业，在湖州大剧院等市本级23个场所设立再生资源回收网点，加快吴兴实验中学等5个“两网”融合试点有序推进，成功召开“文明＋绿色商务行动——再生资源回收利用与生活垃圾分类处置‘两网’融合现场推进活动”。三是推进公益性农产品市场体系建设。全力推进公益性农产品市场体系建设，浙北农副产品交易中心等4家企业入选首批浙江省公益性农产品市场（全省共22家）。组织32家次企业参加各类农商互联、产销对接活动。2018年，扶持“菜篮子”流通体系建设资金310.2万元。湖州市拥有浙北农副产品交易中心和浙江新农都长兴农副产品批发市场在内的各类农副、农贸市场100余家，“菜篮子”平价商店8家，社区“菜篮子”微市场17家。四是推进供应链创新与应用试点工作。组织开展供应链创新与应用调研，建立91家供应链企业信息库。组织浙江美欣达纺织印染、超威电源和浙江天畅供应链管理3家单位申报并入选全国供应链创新与应用试点，推荐浙北大厦集团有限公司等30家企业申报省级供应链创新与应用试点。

促进管理规范化。一是加强特种行业管理。深化“最多跑一次”改革，落实“双随机一公开”，指导服务成品油、二手车、融资租赁等行业和预付卡领域规范管理，出台《湖州市人民政府办公室关于促进二手车市场繁荣发展的实施意见》。2018年，湖州市回收报废汽车4588辆，依法拆解4885辆；办理各类成品油审核和转报手续32件，完成400余家加油站（点）的年检工作，配合市相关部门开展9次非法流动加油点集中清查行动；协调处理单用途预付卡投诉300余件。二是加强安全生产管理。配合市安监、消防等部门加强商贸行业安全监管；开展烟花爆竹“双禁”工作宣传，发放宣传资料6000余份；加强商贸企业电梯安全宣传，印发电梯安全宣传资料。深入推进《湖州市文明行为促进条例》贯彻落实，制订《大型商超推进〈湖州市文明行为促进条例〉实施计划》，累计向湖州市商场超市、宾馆饭店发放犬只禁入标志3500份。三是加强诚信体系建设。牵头做好湖州市“双打”工作，有序开展各项专项整治行动；继续开展“诚信兴商宣传月”，营造良好氛围，严格实施商务领域守信“红名单”、失信“黑名单”管理办法，引导企业诚信经营。四是建立完善预警监测和应急保供体系。建立完善突发公共事件物资能源及粮食、猪肉、蔬菜和成品油“1＋4”应急预案体系和灾害性天气等突发事件市场保供应急保障机制。建立完善30家应急骨干企业和90个应急供应网点组成的生活必需品应急供应网络，进一步提升湖州市生活必需品应急保供能力。全面落实生猪活体3.8万头（市本级2.8万头）、冻猪肉140吨应急储备任务。加强“八大商圈”和黄金周消费市场定点监测，密切关注市场动态，强化商务运行及市场走势的分析研判。

电子商务

2018年，湖州市实现网络零售额568.8亿元，完成全年力争目标任务的107.3%，占全省比重3.4%，列全省第七位，同比增长34.3%，高于全省平均8.9个百分点，增幅列全省第四位；实现居民网络消费额358.8亿元，完成全年目标任务的105.2%，占全省比重4.2%，同比增长26.3%，增幅列全省第四，实现顺差210亿元；全年实现跨境电商交易额（含B2B、B2C出口及跨境进口等）41.74亿元，同比增长52.1%。

各项重点工作有序推进。制订并实施《湖州市电子商务发展三年行动计划（2018—2020年）》《2018年湖州市电子商务发展工作要点》，狠抓跨境电商、农村电商、电商服务业、平台建设、项目招引、电商扶贫等各项重点工作任务的落实推进。一是全力推进跨境电商发展。积极贯彻落实湖州市委、市政府“跨境电商扩强行动”的有关要求和部署，在区县综合考核中首次设置一定分值权重，积极发挥考核指挥棒的作用，加快推动跨境电商发展。全年新增从事跨境电商的企业214家,累计达1214家。安吉县跨境电商孵化园、吴兴区跨境电商孵化园开园运营,长兴县引进杭州信天翁共同打造南太湖跨境电商产业园,德清县联合国贸云商建成“畅销天下”跨境电商平台——德清站。二是不断深化农村电商工作。相继召开市委农村工作会议、市政府“开门听建议”座谈会、湖州市农村电子商务工作现场会,出台《关于加快推进湖州市农村电子商务发展的实施意见》,进一步加快农村电商发展。积极打造“‘两山’农品汇”区域公共品牌,杭州、上海、苏州等地的门店陆续开张,“两山”农品汇APP和微商城也正式上线运营。湖州市现有“一乡一品”示范乡镇20个;省级电子商务专业村54个;湖州市累计培育5个淘宝镇和35个淘宝村,分别较上年增加了3个和15个,首次实现三县两区淘宝村全覆盖。三是着力提升服务业电商水平。大力推进城乡电商服务网络建设,全年新建电商服务站点206个、改造提升111个,新建“丰巢”等社区智能投递终端139个。深化“电商便民一网通工程”,湖州市60%左右的本地服务行业商家已开通线上交易功能,总数超1.3万家,其中2018年新增1200家;大都汇、长兴东鱼坊等5个新开业的商圈或综合体实现线上线下一体化经营,累计达17个;推动周生记、老娘舅、奥奇等近500家商家“智慧点餐、扫描买单”系统的接入。四是持续推动基地和平台建设。湖州市共有25个基地入选浙江省电子商务产业基地名录,较上年增加3家,总数和新增数分别占全省总量的7.7%和13.6%。湖州市共有吴兴跨境电商孵化园、安吉两山产业园等7个电商园区实现开园,累计达30个,入驻企业1600余家,较2017年增加100余家。本地自建自营的电商平台建设进一步加快,“老有所依”互联网养老平台、玖象家居体验馆O2O平台等17个电商平台新开发上线,湖州市现有各类正常运营的电商平台78个。五是加快电商引进来走出去步伐。汇编湖州市新招商引资政策,成功签约了浙江佑棠、聚合魔方等国内电子商务项目13个,全之脉、国贸云商等跨境电商项目4个;做好已落地项目的跟踪服务,全年共有8个项目建成运营,其中,唯品会A地块建设完成,中国物流浙江(安吉)两山电商产业园一期完成建设并开园运营。六是创新优化电商公共服务。精心举办“湖州市第二届电子商务创业创新大赛”“美丽创客 筑梦未来”湖州市首届女性创业创新(电商)大赛等活动,“智多金S2B童装”项目获得“之江创客”全球电子商务创业创新大赛三等奖。认真组织义博会、中国(浙江)跨境电商博览会暨CCEE选品大会、中国(杭州)跨境电商博览会、进博会等展会活动,共有46家企业展览展出,较上年增加了28家。加快电商人才引进工作,组织21家企业赴南昌大学举办电子商务人才专场招聘活动,达成初步实习或就业意向158人;强化电商人才培训,全年普及培训电子商务2.4万人次,较上年增加2000人次;推动湖州职院与阿里巴巴共建客户体验产学研基地,打造阿里巴巴“云客服”基地的高职标杆。

对外贸易

2018年,湖州市实现外贸及港澳台贸易进出口总额885.1亿元,同比增长14.6%,其中出口771.0亿元,增长13.1%;进口114.1亿元,增长25.9%。外贸及港澳台贸易依存度由上年的31.4%提高至32.7%,出口占全省出口总额比重继续提升,占比从上年末的3.5%提高至3.7%,出口份额目标顺利实现,外贸及港澳台贸易出口增幅连续三年保持全省前三名。

积极开拓多元市场。持续推进市场多元化发展路线,加大企业参展扶持和指导工作。制订2018年湖州展会目录,加大对企业拓展“一带一路”等重点市场支持力度。做好广交会、首届中国国际进口博览会、香港家庭用品展和墨西哥投资贸易交易会等重点境内外展会的招、组展工作,全年组织1000家次企业参加境内外展会73个,累计展位数2737个,增长15.1%。2018年,湖州市对欧、美、日、港四大传统市场出口418.6亿元,增长10.9%;其中对美国、欧盟分别出口218.7亿元和171.2亿元,分别增长17.8%和7.0%;出口日本和中国香港特别行政区24.9亿元和3.8亿元,分别下降8.6%和20%。对新兴市场出口352.4亿元,增长16%,拉动湖州市出口增长7.1个百分点。对“一带一路”沿线国家和地区贸易持续升温，出口210.2亿元，增长15.9%；沿线市场中出口额超1亿元31个，其中印尼、越南、埃及、阿曼、也门5个国家增速均在40%以上。非洲和拉美市场增长势头较好，出口非洲42.2亿元，增长27%，出口拉丁美洲61.3亿元，增长17.5%。

外贸队伍增强壮大。大力推进“异地转本地、间接转直接、单一转复合”三转工作，出台《湖州市推动“三转”促进外贸赶超发展行动计划》，全年累计新增出口35亿元，拉动出口增长5.1个百分点。湖州市共培育外贸及港澳台贸易进出口实绩新企业510家，累计进出口实绩企业2860家，比上年同期增加247家。本土制造业企业外向发展加快，湖州市生产企业实现出口531.8亿元，占比69%，比上年同期提高5个百分点，增长21.9%，高于湖州市平均8.8个百分点。建立重点培育大企业运行监测机制，湖州市前50强外贸及港澳台贸易企业合计进出口353.4亿元，增长22%；其中，出口289.2亿元，增长16.9%。小微企业出口呈现较强活力，累计出口113.4亿元，增长28.2%，高于湖州市平均15.1个百分点。

外贸结构不断优化。成功创建湖州工程机械、安吉家具、安吉竹产品、长兴纺织和吴兴纺织服装5家国家级外贸转型升级基地。积极推进安吉县外贸转型升级示范县和安吉县、德清县境外外经贸综合服务体系等省级试点项目的实施和建设，抓好泰普森、恒林、永艺和中源等企业海外运营中心建设。继续推进出口名牌建设，开展省、市出口名牌评定工作；获评124届广交会品牌展位174个，比上一轮评选增加94个，增加数量居浙江省交易团第1位。自主品牌出口建设大步推进，新增“浙江出口名牌10项、新认定“湖州市出口名牌”11项，累计达59项和129项。2018年，湖州市机电、高新产品分别出口259.1亿元和24.1亿元，分别增长12.2%和9.1%。湖州市第一大出口产业机电产品出口占湖州市出口总额的33.6%；纺织行业出口223.1亿元，增长12.5%；化工产品出口98.4亿元，增长26.3%；农副产品出口38.7亿元，增长1.5%。进口方面，总量前三位的商品分别是机电设备及零部件、化工产品和木及木制品，分别进口39.8亿、20.9亿和18.6亿元。

贸易风险有效防控。面对不断升级的中美贸易摩擦，湖州市第一时间建立应对工作小组，制订方案，梳理出1300余家中美贸易摩擦涉案企业清单，加强监测点和预警点建设，及时发布案件动态及应对措施建议，做好企业影响情况跟踪和分析，做好应对指导。开展2018年湖州市涉外法律服务专题月活动，邀请省贸易救济局及有关法律专家到湖州开展涉外法律专题服务活动5场次。加强对遭受贸易救济案件企业的指导工作，全年指导湖州市1000余家企业应对来自美国、欧盟、印度等10个国家及地区贸易救济案件25起，涉案金额约16.7亿美元。湖州市商务运行调查监测点被省商务厅评为优秀监测点，德清县轻质金属户外用品、吴兴区服装（童装）、长兴县纺织（面料）3个对外贸易预警示范点被省商务厅评为省级对外贸易优秀预警示范点。

营商环境更加优便。加快推进湖州保税物流中心（B型）建设工作，8月，湖州保税物流中心（B型）项目成功获批，填补湖州市海关特殊监管区建设上的空白，截至2018年底意向入驻企业10余家，项目主体建设加速推进。出台并实施《湖州市外贸高质量赶超发展三年行动计划（2018—2020年）》，部署“加快优势产业外向发展、推进外贸及港澳台贸易主体队伍壮大”等十大工作任务，进一步凝聚湖州市合力、提振发展信心。积极对接市外展览、物流和涉外法务等外贸服务平台，提升湖州市外贸及港澳台贸易服务支撑，成功招引鸿尔展览集团在湖州成立湖州鸿尔国际会展有限公司，搭建湖州外贸及港澳台贸易企业与境外客商的贸易桥梁。

服务贸易

2018年，湖州市服务贸易稳步增长，呈现持续健康发展态势。全年服务贸易进出口总额96.9亿元，同比增长12.4%，其中出口66.1亿元，进口30.7亿元，分别同比增长17.0%和3.5%。

服务贸易规模扩大，展会活动有效开展。湖州市全年服务贸易进出口总量近97亿元，占全省比重为2.5%，占湖州市外贸比重为9.9%。全年组织企业参加上交会、京交会和软交会，并动员有市场开拓实力与需求的企业参与国内外服贸展会。

贸易结构不断优化,基地建设日趋健全。2018年,湖州市文化、金融服务等九大新兴领域贸易额占进出口总额为26.6亿元,占服贸总额的27.5%,平均增幅29.4%,高于服务贸易总体增幅17个百分点。2018年,湖州市8个基地园区的服务贸易进出口额为33.29亿元,占湖州市总额的1/3,增速为17.4%,高于湖州市平均增速5个百分点,显示出强大的发展动能。2018年湖州多媒体产业园、南浔智能电梯小镇、湖州经济技术开发区和德清地理信息产业发展基地4家在岸服务外包园区内有业绩的在岸服务外包企业64家,执行额达到7.2亿元,同比增长了3.6%;湖州市安吉经济开发区和长兴经济技术开发区2家离岸外包综合园区内有业绩企业43家,比上年末增加了1家,执行额达到了6.46亿元,同比增长了57.6%;德清的休闲文化产业基地全年文化服务出口1670万元。

重点企业培育壮大,试点工作上新台阶。2018年,湖州市服务贸易(外包)重点企业的培育效果显著,服贸(外包)业绩超过千万美元企业有6家。其中吴兴区的浙江九州云信息科技有限公司全年服务外包执行额1.2亿元,同比增长3倍多,其中承接腾讯云计算(北京)有限责任公司的单笔订单就超过了4000万元。在岸服务外包试点工作不断推进,在岸外包交易平台运行良好。全年在岸服务外包系统共实现合同67笔,在岸服务外包执行额为1228万元。

利用外资

2018年,湖州市共批外资及港澳台资项目218个,完成合同外资及港澳台资34亿美元,同比增长50.4%;实到外资及港澳台资12.7亿美元,同比增长21.0%;完成省定计划的121.1%,居全省第三位。

扎实推进招强引优。深入实施"一四六十"工作体系,进一步强化招商引资"一号工程",出台《湖州市人民政府办公室关于打造高质量外资集聚先行区的实施意见》,全力推进高质量外资集聚先行区建设。新引进总投资3000万美元以上项目45个,同比增长14个。其中,超1亿美元项目7个。新引进世界500强中国建筑总公司投资项目一个。全面实施外资及港澳台资"大好高"项目引进、推进工作。全年累计引进外资及港澳台资"大好高"项目38个,开工32个,竣工36个,分别完成年度计划的126.7%、133.3%和150.0%,"大好高"项目累计实到外资及港澳台资占湖州市实到外资及港澳台资的66.8%。

持续优化引资结构。2018年,湖州市利用外资及港澳台资结构得到进一步优化。从产业分布看,引进的第一、第二、第三产业项目个数占比分别为2.3%、53.2%和44.5%,其中第二产业项目116个,同比增长31.8%,其合同外资和实到外资及港澳台资同比分别增长41.2%和58.3%。从产业导向上看,高技术产业利用外资及港澳台资增长较快。2018年湖州市高技术产业实际利用外资及港澳台资2.68亿美元,同比增长97.1%,占湖州市实际利用外资及港澳台资的比重为20.6%,同比提高7.6个百分点。其中,研发与设计服务为湖州市吸引高技术产业投资的第一行业,占比达到47.0%,其次为电子及通信设备制造业,占18.0%。从资金来源看,中国香港特别行政区仍然是湖州市外商投资的第一大来源地,贡献55.5%的合同外资及港澳台资和59.1%的实到外资及港澳台资。来自欧美日韩新加坡等发达国家合同外资及港澳台资5.06亿美元,占湖州市合同外资及港澳台资的14.9%。

精心组织推介活动。通过"请进来""走出去"的方式,精准谋划,制订了2018年湖州市招商推介活动方案,精心组织筹备各类招商推介活动,加强城市形象和投资环境宣传,大力提升城市知名度。举办投资湖州上海推介系列活动、中国汽车生态设计国际论坛、央企"两山"行、澳大利亚湖商家乡行和国际电动车新型锂电池会议等推介活动,赴以色列、德国和英国等国家开展高端制造产业精准招商活动,组织参加"浙洽会""厦洽会"等重大投资活动。同时,在北京、上海、深圳、杭州等重点城市设立湖州商务代表处,完善内通外畅的招商网络体系。

不断提升平台承载力。按照《湖州市加快开发区转型升级创新发展的实施意见》,湖州市招商引资平台建设进一步深化。湖州市各级开发区(园区)合同外资及港澳台资、实到外资和港澳台资及港澳台资分别占湖州市的70.1%和76.3%,新批的84个1000万美元以上项目中,有54个落户在各级开发区(园区)。安吉"浙澳(安吉)经贸合作区"成功申报创建为省级国际产业合作园,加快长兴中德、湖州开发区中美、吴兴中韩、安吉浙澳四个省级国际产业合作园建设,围绕新能源汽车及关键零部件、生物医药、时尚美妆和高端装备等重点产业发展,加强与合作国及地区的合作,年内已成功引进了林奈新能源、绿明电源、韩佛化妆品、衍宇包材、海王生物科技、德普斯医疗器械和沃冠新材料等一批优质项目。2017年度,湖州开发区、长兴开发区在全省国家级开发区考核中分别列第6位和第8位;安吉开发区、南浔开发区和吴兴开发区在全省省级开发区考核中分别列第6位、第17位和第20位。

对外经济合作

2018年,湖州市经备案的境外企业60家,完成中方协议投资额3.81亿美元,增长160.96%,增速列全省第四,比上年提升两位。截至2018年12月底,湖州市经核准或备案的境外企业和机构303家,累计中方投资备案额26.49亿美元,覆盖59个国家和地区。完成境外承包工程营业额8378.04万美元,增长46.32%,增速列全省第二,比上年提升一位。

对外投资结构不断优化。全年湖州市制造业对外投资项目34个,投资额达3.22亿美元,增长3.6倍,占湖州市投资总额的84.5%。其中制造业并购大项目6个,并购额达1.78亿美元。如诺力机械5499万美元并购法国同行Savoye S.A.,获得自动化物流设备的生产技术及品牌,完善了公司产品线;兔宝宝5335万美元并购大自然家居,获得最知名地板品牌"大自然"及市场渠道;鼎力机械2000万美元收购美国加利福尼亚制造工程有限公司25%的股权,获得品牌和销售渠道,布局美国市场。

沿线国家项目推进有力。全力推动天振竹木、恒林椅业等24家民营企业赴越南等13个沿线国家建立生产基地,投资额达1.46亿美元,其中兔宝宝、华力纺织入驻柬埔寨西港特区和越南龙江国家级境外经贸合作区。全年湖州市对"一带一路"沿线投资项目34个,中方完成投资额1.56亿美元,同比增长43.12%,占湖州市对外投资总额的40.94%。截至2018年12月底,湖州市累计在"一带一路"沿线43个国家设立126家企业,累计投资金额4.93亿美元;推动中铁十六局集团第三工程有限公司几内亚Dabola-Cissela段国道重建项目启动实施。推动核工业井巷等工程企业在巴基斯坦、柬埔寨等沿线国家完成工程营业额8059.74万美元,增长53.52%。

全球布局意识不断增强。推动金三发、佐力药业等一批优势企业加快境外营销网络布局,全年新建境外营销网络机构55个,涉及家具、纺织、医药和五金机械等行业。境外营销网络项目占总项目数的91.67%。新增孟加拉国、加纳、缅甸和乌干达4个投资国家。截至2018年12月底,湖州市累计共设境外营销网络机构277个,占总项目数的91.42%。累计境外企业带动出口额13.62亿美元。

搭建有效境外投资平台。有效利用境内外各类重大投资推介和经贸促进活动,帮助企业拓展市场。2018年,先后举办"吉尔吉斯斯坦投资经贸洽谈会""湖州市企业跨境投资专题研讨会"和"一带一路沿线投资风险及融资业务讲座"。推动市政府与中信保浙江分公司签订《支持湖州境外投资及国际产能和装备制造合作关系》合作协议。组织中源家具等民营企业赴东盟四国境外经贸合作区对接交流。为企业积极"走出去"参与国际产能合作提供信息服务。深入基层企业调研摸底,结合国家"一带一路"倡议,对企业参与沿线国家国际产能合作和开展境外承包工程给予重点支持。

(湖州市商务局)

2018年绍兴市商务

国内贸易

2018年,绍兴市社会消费品零售总额2007.6亿元,同比增长11%,按区、县(市)分,越城区(含高新、袍江)507.3亿元,同比增长11.3%;柯桥区305.5亿元,同比增长11.1%;上虞区342.2亿元,同比增长11.2%;诸暨市351亿元,同比增长10.4%;嵊州市315.2亿元,同比增长10.8%;新昌县186.4亿元,同比增长10.8%;限上社零总额760.8亿元,同比增长11.7%,按区、县(市)分,越城区(含高新、袍江)329.1亿元,同比增长10%;柯桥区106.6亿元,同比增长14.6%;上虞区115.4亿元,同比增长18.1%;诸暨市136亿元,同比增长10.4%;嵊州市53.4亿元,同比增长7.9%;新昌县20.5亿元,同比增长8.2%。

生活必需品市场平稳运行,供应充足。2018年,生猪屠宰量累计221783头,与上年同比减少82715头,减幅为27.2%。12月蔬菜交易量21458吨,总成交额19149万元,成交量和成交额环比分别为-10.8%和1.9%,同比分别为6.7%和1.3%;蔬菜环比监测品种有49个,平均跌幅5.1%,价格上涨的品种有26个,平均涨幅为17.6%,价格下滑的品种有21个,平均跌幅为10.1%,持平有2个。

重点流通企业运行平稳。2018年,列入监测的18家重点百货零售企业共实现营业额119.9亿元,同比增长35.1%;20家重点住宿餐饮企业实现营业额16.8亿元,同比增长10.2%;15家重点连锁企业实现营业额58.5亿元,同比增长4.9%;14家重点商品交易市场实现交易额2542.3亿元,同比增长7.9%。

绍兴市商贸流通项目投资建设推进顺利。2018年,绍兴市投资额1000万元以上的商贸流通项目(主要包括商品批发零售、住宿餐饮、仓储及各类商品交易市场等商贸服务设施建设)共87个,其中续建项目56个,新建项目31个,2018年预计投资209.5亿元,完成实际投资239.6亿元,完成年度计划的114.6%。

开展消费促进工作。2018年5月初至6月中上旬,举办了2018消费促进月活动。活动以“新时代、新消费”为主题,包括六大主题活动,参与商家超500家,实现销售额12亿元。7月下旬,举办中国绍兴古城新商业高峰论坛,十余位业内专家、企业家代表上台进行交流,30余家国内知名新零售品牌和绍兴市近百家重点商贸流通企业参会并进行了对接。9月底至11月,举办绍兴市第十届金秋购物节活动,活动内容包括秋季车展、商圈促销、第三届养老博览会、美食手绘地图发布等七大项主题活动。

推动便民放心早餐工程。绍兴市商务局牵头的“便民放心早餐网点建设”工作被列为2018年“绍兴市政府民生实事工程”,出台了《绍兴市便民放心早餐项目实施方案》。在项目实施过程中,多次组织召开专题会议、座谈会及现场会议,交流工作进展情况,部署阶段工作,协调解决遇到的困难和问题;多次赴各区、县(市)进行工作指导和专项督查,并对项目进展情况实施一月一通报制度。截至2018年12月底,绍兴市建设(改造)便民放心早餐店55家。

积极推进批零业省级试点工作。围绕批发零售业综合竞争力提升,以模式创新、业态融合、企业培育等为重点,着力推进实体零售业模式创新、推进商贸品牌振兴、创建现代商贸特色镇、推进绿色循环经济发展,制订了《2018年绍兴市批发零售业改造提升试点工作实施方案》。梳理试点项目，对绍兴市供销合作总社、绍兴港、绍兴苏宁云商等重点项目实地走访，经审查，冠城商业广场等11个项目为2018年绍兴市批发零售业改造提升试点项目，并予以公示。做好项目的跟踪服务，会同相关部门，梳理项目建设中出现的困难和问题并提出对策，确保项目建设平稳推进。开展试点项目中期评价，对每个项目逐一开展评价。

做好古城商业业态优化。完成绍兴古城主要道路解放路商业业态规划，根据市主要领导"繁荣解放路商业"工作要求，邀请第三方编制了《绍兴古城解放路商圈及五个历史片区商业业态规划》并通过评审；编制完成《绍兴城市商贸流通转型升级实施方案》，对商贸产业发展作全面梳理，明确定位，提出发展目标和具体路径。推进商业特色街建设，重点打造上大路老绍兴风情街、咸亨新天地餐饮特色街等，吸引一批业态新颖的商贸特色项目。

着力做好生活必需品保供。组织开展绍兴市防汛防台抗旱生活必需品应急保供演练，市本级6家应急保供单位根据指令开展相关物资商品的应急调运；开展2018年冰冻雨雪市场保供，做好应急储备和应急调运，保障市场供应；开展节假日市场保供，加强重点商品监测。加强与企业间的沟通，做好货源组织和调运，保障市场运行平稳。

加强市场运行监测和分析。加强督查通报，加强监测分析，做好商务部重点流通企业、生活必需品、重要生产资料三大平台和绍兴重点商贸流通企业系统进行运行维护和数据催报，按时完成定期分析材料；加强企业调研，开展企业走访座谈，加强小微企业培育。

开展老字号立法调研工作。对绍兴市老字号企业、协会进行走访调研，联合相关市级部门、老字号协会、企业和专家代表召开老字号立法论证会，通过了老字号立法建议，并上报绍兴市政府法制办及市人大财经工委、法工委。

帮助企业拓展市场。积极组织企业参加中华老字号博览会、中国（宁波）食品博览会和中国（武汉）食品博览会、组织黄酒企业抱团参加第97届全国糖烟酒会等，提高绍兴产品国内市场占有率。

做好特种行业监管工作。完成对绍兴市10家批发（仓储）企业和市区57家加油站（点）的年检工作，做好成品油保供相关工作，下发《绍兴市商务局关于进一步规范绍兴市成品油经营企业散装汽油供应管理工作的通知》，对散装汽油销售企业（加油站）进行了进一步梳理和规范，做好"国五升国六"油品升级工作，配合做好综合功能站建设工作。对典当、拍卖、报废汽车回收利用等行业企业进行进一步梳理和规范。

电子商务

绍兴市网络零售稳步增长。2018年，累计实现零售总额535.1亿元，同比增长25.6%；累计实现居民网络消费总额596.6亿元，同比增长25.7%。跨境电商网络零售出口超过9亿元，同比增长31.8%。各区、县（市）网络零售额稳步增长。从绝对值看，诸暨市、嵊州市、柯桥区相对较高，分别为148.5亿元、114.3亿元和94.7亿元；从同比增速看，上虞区、新昌县和诸暨市增速相对较高，高于绍兴市平均增速，分别为27.4%、26.1%和26.0%。

从销售平台看，绍兴市产品销售主要集中在淘宝、天猫、京东三大平台。绍兴市累计在淘宝、天猫、京东上产生的网络零售总额占比分别为51.5%、32.7%、13.5%，总占比高达97.7%。其他平台销售比重较低，需进一步优化平台选择的多样性，提高本地电商平台的影响力和覆盖率。同时，需进一步加强与淘宝、天猫等知名第三方平台的合作。

从行业分布看，服饰鞋包、家居家装和3C数码集聚效应明显，美妆护肤、母婴用品和食品保健发展较快。绍兴市服饰鞋包、家居家装和3C数码三大行业，在淘宝、天猫和京东三大平台上实现的网络零售占比分别为30.7%、21.2%和15.8%，总占比为67.7%。美妆护肤占比上升趋势明显，从上年同期的5.2%增长到9.7%，母婴用品、食品保健虽然增幅较小，但总占比相对较高，分别为9.7%和6.7%。总体来说，绍兴市各大行业线上销售结构并未改变，但零售产品结构正在逐步优化,美妆护肤、母婴产品、食品保健类正成为网络零售的新“蓝海”。

强化服务体系建设。成立绍兴市电子商务促进会,已有140家企业会员;推动校企合作人才培养,撮合绍兴文理学院、越秀外国语学院等高校与阿里口碑、百酷电商产业园的合作交流,通过邀请阿里讲师为高校学生授课等方式,打造“实战型”课程;联合越秀外国语学院、浙大跨境电商研究院等高校和机构举办跨境电商研讨会。

推进服务业电商做大做强。加强与口碑、美团等知名平台的合作,积极培育孵化服务业电商领域的第三方服务商;鼓励服务商开展行业新零售基础知识、数据运用、营销工具等相关课程培训,开展相关知识培训4场,培训人数300余人。积极推进“蚂蚁金服无限宝盒——绍兴新型智慧零售城市试点”项目,引入天猫超市产品以及及时达服务线,打造24小时无人值守智能超市,目前已与蚂蚁金服达成合作,布点智能零售终端及无人超市。

推动跨境电商发展。加强中国轻纺城跨境电商产业园、嵊州领带产业园、云电商产业园等跨境电商产业园的配套服务建设,其中中国轻纺城跨境电商园总投资8亿元,已招商入驻绍兴易商网络科技有限公司等年销售额1000万元以上企业20家;柯桥区继续推进跨境电商创业服务中心和亚马逊孵化中心的培育发展,共孵化企业39家;诸暨市重点扶持梵缇珠宝等标杆企业发展,开展跨境电商培训5场;嵊州市积极开展亚马逊全球开店行动计划,力争全年新增亚马逊店15家以上。

优化电商发展氛围。举办“新零售·新电商”创新发展论坛;举办2018年第二届绍兴市电子商务创业创新大赛,挖掘出18个优秀项目;跟踪服务2017年绍兴市首届电子商务创业创新大赛的优秀项目,推动“双创”项目孵化成长和转化应用,优秀项目转化落地率达70%;举办电子商务发展论坛,组织200余家外贸企业、制造业企业和电商企业参加。

对外贸易

2018年,绍兴市自营进出口2240.3亿元,同比增长12.2%,其中出口2046.1亿元,同比增长10.5%,进口194.2亿元,同比增长33.3%。进出口额居全省第五,出口额居全省第四,进口额居全省第七;进出口增幅居全省第六,出口增幅居全省第七,进口增幅居全省第二。

以贸易方式看,绍兴市加工贸易进出口134.3亿元,同比增长13.4%,其中加工贸易出口94.1亿元,同比增长3%,占绍兴市出口总额的4.6%;加工贸易进口40.2亿元,同比增长48.8%,占绍兴市进口总额的20.7%。绍兴市一般贸易出口1951.7亿元,同比增长11%;一般贸易进口144.1亿元,同比增长30.5%。

以国家地区看,绍兴市进出口国家和地区218个,其中出口超6500万元的国家和地区124个。在15个主要出口国家和地区中,出口前三位的为美国、印度、越南,分别出口319.1亿元、87.1亿元、83.5亿元;增幅排在前列的分别是:孟加拉国、印度、墨西哥,分别增长23.5%、22.7%和19.2%。“一带一路”沿线国家进出口894.0亿元,同比增长12%,其中出口841.2亿元,同比增长11.2%。

以产业结构看,绍兴市机电产品出口411.5亿元,同比增长8.8%,占绍兴市出口总额的20.1%;高新技术产品出口38.0亿元,同比增长1.6%,占绍兴市出口总额的1.9%;化工产品出口167.1亿元,同比增长18.7%,占绍兴市出口总额的8.2%;纺织服装出口1220.8亿元,同比增长9%,占绍兴市出口总额的59.7%,其中对美国出口143.9亿元,同比增长7.9%,对欧盟出口169.5亿元,同比增长5.6%,对中东出口156.2亿元,同比下降3.7%。

以企业类型看,至12月底有出口实绩企业9740家(包括三资企业),比上年同期增加555家,其中出口超6500万元的企业720家。绍兴市出口“百强”企业,按出口实绩分:越城区19家、柯桥区29家、上虞区(含滨海)23家、诸暨市16家、嵊州市3家、新昌县10家。

积极拓展国际市场。为鼓励企业开拓国际国内市场，制定了《2018年度展会目录》，共涉及货物贸易类展会共245个，其中：市境内政策性重点展会6个，市境外政策性重点展会17个，一般类境内外展会185个。所有境外展会中，“一带一路”沿线国家和地区的展会共88个，占展会总数的36%。2018年，绍兴市商务系统已组织境内外展会730次，参展企业5717家，展位数10931个。其中：境外展会532次，参展企业2085家，展位数3426个。

优化出口产品结构。认真做好产业与贸易结合文章，通过市场引导、政策服务等手段，稳定传统优势产品出口，鼓励非纺产品出口。2018年，绍兴市纺织服装、机电、化工、农副和高新技术五类产品分别占绍兴市出口总额的59.7%、20.1%、8.2%、2.2%和1.8%。绍兴市纺织服装类产品出口1220.8亿元，出口额同比增长9.0%。机电产品增长较快，累计出口411.5亿元，同比增长8.8%，其中，汽车零件同比增长18.3%。化工产品中，维生素由于价格上涨，出口额同比增长32.1%。

培育壮大外贸主体。认真落实《浙江省外贸小微企业成长三年行动计划》和《绍兴市小微企业三年成长计划》，把“促小育新”作为壮大外贸主体的一项重要工作来抓，对有出口实绩的外贸小微企业以及有进出口经营资格但无出口实绩的企业开展了大规模的培训。共组织16场，1751家外贸小微企业参加培训活动；截至2018年底，绍兴市有出口实绩企业达到9118家，同比增加505家。

打造转型促进体系。推动企业自主品牌建设，组织品质浙货、出口名牌企业参加2018全球展览浙江（西湖）论坛、2018年“品质浙货”联合国采购贸易洽谈暨培训会等活动，提升企业国际市场竞争力和话语权，提高自主出口品牌出口比重。推进外贸转动力调结构，巩固提升传统优势，进一步发挥比较优势，建设国家级外贸转型升级基地。上虞区、诸暨市、嵊州市成功创建国家级外贸转型升级基地，进一步推动了特色产业基地对产业和地方经济发展的带动和示范作用。

营造保份额的环境。联合中国纺织品进出口商会、浙江省商务厅贸易救济局，在绍兴举办“全省应对美国301、232调查法律指导培训会”，开展2018外经贸法律服务系列活动，帮助和提高企业增强防范和化解风险的意识和能力。组织200余家外贸企业参加商务促进政策培训会、出口信保政策宣讲会等活动，介绍最新外贸促进政策，进一步帮助企业提高政策运用、风险防患等涉外业务能力。

服务贸易

2018年，绍兴市实现服务贸易进出口总额126.2亿元，同比增长10.1%，其中：服务贸易出口总额95.5亿元，同比增长13.7%；服务贸易进口总额30.7亿元，与上年基本持平。

绍兴市传统的运输、旅行和建筑服务实现进出口总值93.4亿元，同比增长4.1%；以技术、管理等生产性服务为主的新兴服务贸易快速增长，绍兴市实现新兴服务进出口总额25.3亿元，同比增长26%，高于传统服务进出口增幅21.9个百分点；其中金融服务、服务外包、计算机服务、知识产权使用费、技术服务、专业和管理咨询服务及研发成果转让费等实现了两位数以上增长。加工服务发展迅速，绍兴市实现进出口总额6.9亿元，同比增长73.5%。

绍兴市对“一带一路”沿线国家和地区服务出口总额23.8亿元，占绍兴市服务出口总额的24.9%。其中：建筑服务出口2.9亿元，占对“一带一路”沿线市场服务出口总量的12.4%；服务外包出口1.8亿元，占对“一带一路”沿线市场服务出口总量的7.6%。服务出口总额前三位的国家为印度尼西亚、越南和印度，分别出口3.1亿元、2.3亿元和1.9亿元。

绍兴市实现离岸服务外包执行额17801万美元，同比增长24.7%。发包地主要来自中国香港特别行政区、美国、日本、新加坡、印尼、英国、意大利、荷兰、瑞士和韩国等59个国家和地区；前三位的中国香港、美国和日本分别实现离岸执行额5485万美元、4408万美元和1178万美元。从承接的离岸服务外包类型看，信息技术外包（ITO）、业务流程外包（BPO）及知识流程外包（KPO），分别实现离岸执行额228万美元、896万美元和16676万美元，分别占总量的1.3%、5.1%和93.7%；服务业态有工业设计、生物医药研发、专业管理服务、文化创意、集成电路设计和计算机信息技术服务等。

绍兴市国际服务贸易保持平稳较快增长，贸易结构持续优化，发展质量进一步提高。巩固了绍兴市运输、建筑、旅游三大服务贸易主要领域规模，进一步推进了服务贸易和货物贸易协调发展，提高了服务外包、文化服务、工业设计、检验检测等附加值较高服务领域在服贸中的比重；积极组织本地企业参加境内外展会，帮助企业开拓国际市场；努力夯实服贸产业基础，推进省文化服务贸易城市试点工作，积极培育省服务贸易发展基地，加快培育一批服务贸易领军企业；进一步加强了服务贸易监测统计运行分析，落实服务贸易统计分析月报制度，不断扩大直报企业数量，提高了统计分析的时效性和准确性。

利用外资

2018年，绍兴市新批外资项目230个，合同利用外资21.3亿美元，实到外资13.5亿美元，完成市定目标的103.2%、省定目标的117.5%，实到外资完成率位居全省第四，实到外资总量位居全省第四。

绍兴市新批二产项目44个，合同外资8.2亿美元，同比增长25.6%，实到外资4.5亿美元，同比增长87.1%；三产项目186个，合同外资13.1亿美元，同比下降37.8%，实到外资9.0亿美元，同比下降14.2%。外资来源仍以港资为主，港资新批项目104个，合同外资13.4亿美元，实到外资8.4亿美元，分别占绍兴市总量的62.9%和62.2%。

绍兴市开发区合同外资14.0亿美元，同比下降1.2%，实到外资10.2亿美元，同比增长13.9%，约占绍兴市的75.8%。

搭建平台，营造利用外资良好氛围。起草制定“鼓励引进优质外资”的政策意见，积极组织绍兴市企业参加2018中日韩商协会商务合作暨新兴产业经贸投资合作峰会、2018“一带一路”经贸合作浙江行暨省贸促会(省国际商会)“走进绍兴”经贸交流会，推动企业和日本、韩国、“一带一路”沿线国家来绍兴考察企业开展专题对接，促成部分企业达成了初步合作意向；组织绍兴市91名境内外客商和政府工作人员参加了第二十届浙洽会，其间促成2个外资项目签约，总投资4亿美元，协议利用外资0.9亿美元。

加强服务，关心外资企业生产和外商生活情况。建立了外商外企联络机制，对宝业大和、麦当劳等企业在经营中碰到的一些具体问题，及时开展协调，帮助解决困难；主动为外商办理外商服务卡，调研走访绿筑建筑、福清卫生等外资企业，了解企业需求，为企业提供业务指导上门服务，提高利用外资工作的成效。

强化督查，规范外资企业设立及变更备案工作。市场监管、发改(物价)、商务、综合执法、质监5个部门组成两个检查组，通过查阅资料、现场查看等方式，共抽查了袍江经济技术开发区、滨海新城两地12家外资企业。

对外经济合作

2018年，绍兴市新批境外投资企业31家，企业增资13家，总投资额71286万美元，中方投资额为62450万美元，同比降低40.7%，完成目标104.1%。绍兴市境外工程营业额18021万美元，同比下降26.9%，完成目标72.1%。境外工程主要分布在委内瑞拉、赞比亚、卡塔尔、澳大利亚、阿尔及利亚、巴基斯坦等国家和地区。

抓调研优服务。及时组织走访了各区、县(市)局，分析了当前外经工作面临的形势，动员部署做好2018年的绍兴市重点外经工作和目标任务。调研走访了卧龙电气、龙盛集团、上峰建材、精工钢构、上风高科等10多家绍兴市重点外经企业，加强联系和沟通，宣传政策，指导开展境外投资合作项目的申报落实工作。

抓推进强培育。围绕《绍兴本土民营跨国公司三年行动计划(2017—2019年)》方案，抓好推进工作，在公布的浙江本土民营企业跨国公司培育30强企业名单中，绍兴市卧龙集团、龙盛集团、海亮集团、万丰集团等6家企业榜上有名，排全省第二位。同时，积极组织企业参加法国等国别投资推介会、中东欧经贸合作洽谈会、紧抓"一带一路"机遇服务高质量"走出去"浙江境外投资与服务论坛等活动，举办"跨国并购风险与管理"业务研讨会，帮助企业争取更多支持，增加"走出去"的能力，减少境外投资的风险。

抓项目促建设。组织开展了2018年境外投资合作意向的调查摸排工作，建立项目意向库，共有7个项目，投资金额超3亿美元，主要项目有卧龙集团公司计划在美国并购投资金额达1.4亿美元；龙盛集团公司计划在美国并购投资金额超2000万美元；上峰建材公司计划在格鲁吉亚投资水泥生产线，金额超1亿美元等。建立了市、县、企业三级联动机制，加强联系和沟通。

抓联络营合力。开展与市外管、财政、金融、保险等部门的对接活动，通过对接交流形成合力。联合浙江省境外投资企业协会在绍兴市举办"2018高质量发展与境外投资业务培训"活动，邀请浙江省境外投资企业服务联盟的特聘专家与绍兴市重点培育企业进行面对面的交流，解决企业"走出去"过程中的疑难杂症，营造有效服务企业的合力。

商务改革

积极参与"最多跑一次"改革工作。按照"一窗办、移动办、一证办、全城办"工作要求，积极落实"最小颗粒化"事项梳理、参加业务培训、咨询等项工作，保证"一窗办"工作顺利推进，认真做好外商投资企业设立商务备案与工商登记"一口办理"工作；完成全省商务系统"最多跑一次"属地受理制度改革省级试点。通过试点，浙江省商务厅制订完成了《浙江省商务系统"最多跑一次"属地受理制度改革方案(试行)》，建立了全省商务网上政务服务系统，实现了"线下属地一窗受理、线上全程一网办理、后台纵横集成服务"改革目标。"同城通办"取得突破。制定实施方案，指导各县市区商务窗口采取"异地受理，属地办理"的方式，全面应用"一窗受理"平台和"同城通办"功能，2018年5月底前，对列入"全城通办"的4个事项，已在绍兴市范围内实现了"异地受理、属地办理"。

(绍兴市商务局)

2018年金华市商务

2018年，面对错综复杂的国内外经济形势，特别是中美经贸摩擦的严峻挑战，金华市商务工作在浙江省商务厅和金华市委、市政府的领导下，贯彻新发展理念，不畏时艰，迎难而上，聚焦聚力打赢改革开放攻坚战、实体经济翻身战，金华市商务高质量发展态势加快形成，货物贸易出口、网络零售等主要指标运行高于预期，为金华市经济社会发展作出了应有贡献。

国内贸易

2018年，金华市实现社会消费品零售总额2253亿元，同比增长6.5%，其中限额以上社会消费品零售总额710.8亿元，同比增长0.9%。金华市批发零售业实现商品销售额13390.72亿元，同比增长12.6%，其中限额以上批发零售业商品销售额1792.7亿元，同比增长9.7%。住宿餐饮业实现营业额407.77亿元，同期增长11.1%，其中住宿业实现营业额66.89亿元，同比增长11.9%，餐饮业实现营业额340.88亿元，同比增长11%。城镇社会消费品零售总额1889.09亿元，同比增长5.5%；乡村社会消费品零售总额363.92亿元，同比增长12.1%。浙江双灯家纺等4家企业获评第六批“浙江老字号”，截至2018年底，金华市共有“浙江老字号”企业52家，居全省第二位。

成功举办各类消费促进活动。“浙中购物节”围绕推动商贸、信息、农业、文化、体育、旅游和农村消费等多领域融合，共策划了42大项，近150小项活动，直接拉动消费39.2亿元，同比增长1.5%，其中婚博会、家博会成交分别突破3000万元和1.25亿元。开展以“品质消费，美好生活”为主题的“消费促进月”活动，实现销售额36.5亿元。

会展经济发展走在全省前列。坚持走“专业市场＋会展”的发展模式，打造了以义博会、五金展和门博览等具有较大影响力的国家级品牌展会，金华市共有省商务厅确认的品牌展会13个。会展经济规模列全省首位，年内完成规模以上展览会面积88.49万平方米，占全省比重29%。组织火腿、酥饼、酒类等金华名特优产品参加浙江老字号名品展和食博会等各类展会，拓展市域外市场。

垃圾分类回收实现农村全覆盖。加强再生资源回收体系与垃圾分类的两网融合，推进出台《垃圾分类低价值可回收物兜底回收补助办法》，在已经实现967个村全覆盖的基础上，对城区34个垃圾分类示范小区开展了兜底回收服务。制订《金华市城镇生活垃圾分类回收专项行动计划》，全年金华市城镇生活垃圾回收利用率为31%。

有序推进商贸流通改革试点。省级农产品市场体系公益性建设试点绩效考评优秀，试点改造的兰溪门等5家农贸市场均达省级放心市场，浙江福泰隆连锁超市与市场集团兰溪门农贸市场通过浙江省商务厅公益性农产品市场认定。浙江宏伟供应链等2家企业列入全国供应链创新与应用试点，17家企业申报省级供应链创新与应用试点。

权重商品消费形势涨跌互现。全年国内成品油价格震荡走高后快速回落，在10月达到2014年以来的高位，11—12月持续回落，金华市限上石油及制品类全年实现零售额179.7亿元，同比增长15.9%，拉动全年社零增幅约1.17个百分点。而汽车消费受多方因素影响则表现欠佳，全年累计限上汽车类零售额增幅下降6.4%，增幅低于上年同期13.7个百分点。

基本生活类商品销售高速增长。随着居民生

活水平的提高和消费理念的转变，家具类、化妆品类、日用品类、饮料类、粮油食品类、通信器材类等吃、用类商品消费增长较快，同比分别增长126.1%、93.2%、49.6%、41.3%、27.5%、19.8%，增速较上年同期分别扩大128.5个、86个、29.2个、45.6个、23.9个和21个百分点，而烟酒类需求减弱，同比下降8.7%。

加强成品油监督管理力度。开展成品油专项整治工作，全年各地各部门共开展成品油市场专项检查427次，查处、捣毁非法加油站(点)25处，查扣流动加油车45辆，查处非法经营人员38人，查处非法油罐18个。落实对散装汽油经营企业的监督检查，在金华市加油站点中推广国家、省反恐防范标准，实现金华市加油站反恐防范工作“基础扎实、标准健全、措施到位”的目标。

电子商务

2018年，金华市实现网络零售总额2869.6亿元，同比增长22.3%，占全省网络零售总额的17.2%；实现居民网络消费862.9亿元，同比增长25.6%，其中限上批零企业通过公共网络实现的零售额为46.2亿元，同比增长9.1%。

电商成为创业创新项目集中领域。举办金华市第二届电子商务创业创新大赛暨之江创客比赛，在省电子商务创业创新大赛中，金华市商务局获大会鼎力贡献奖。全年金华市电商快递业务量36.6亿件，超过全省1/3，首次超过上海居全国第二位。支持“一带一路”沿线国家跨境配送体系建设，巩固提升现有10个省级跨境电子商务试点公共海外仓建设。

农村电商及电商扶贫等成效明显。通过强化基础设施、加强产业引导、组织人员培训和提供公共服务等方式，引导更多村民参与电子商务，加快电商专业村培育发展，2018年，金华市共培育电商专业村(淘宝村)244个，新建(提升)农村电商服务点381个。赴南充、汶川等地开展东西部协作电商扶贫，共举办电商扶贫对接活动16次，对接电商平台5个。

电子商务产业基地建设得以推进。开展电子商务产业基地等级评定工作，义乌陆港电商小镇被评为浙江省AAAAA级电子商务产业基地，菁英电子商务创业园等2家电子商务产业基地被评为浙江省AAAA级电子商务产业基地，同时还有A-AAA级电子商务产业基地7家。开展电子商务品牌培育行动，全年培育首批市区电商重点品牌10个，评定电子商务信用等级A级以上企业20家。

对外贸易

2018年，金华市实现货物贸易进出口3769亿元，同比增长10.7%，其中出口3658.3亿元，同比增长10.5%，高于全国、全省3.4个和1.5个百分点，总量、增幅分列全省第二、第七位，占全国22.3‰，全年实现进口110.8亿元，同比增长18.1%。金华市与232个国家和地区建立了贸易关系，其中出口超10亿元的国家和地区71个。

企业主体队伍培育壮大。组织实施万企贸易成长三年行动计划，通过外贸主体线下培训和“师徒制”培养，外贸小微企业业务拓展能力提高。全年共培训各类企业1680家，净增有进出口实绩企业1256家，全年有进出口实绩企业达8548家。出口品牌培育成效显现，全年新申报浙江出口名牌23个，金华出口名牌11个，截至2018年底，金华市拥有省、市出口名牌70个和109个。开展“展会拓市场”行动，全年组织企业参加各类展会102个。

全力应对中美贸易摩擦。在金华市“中美经贸摩擦应对工作领导小组”的统一部署下，通过市县联动、快速协同的工作机制，及时发布预警信息，提高企业应对的主动性，协助17家金华企业向美国贸易代表办公室提交美国2000亿征税清单商品的公众评审意见，成功帮助5家企业将其产品从清单中移除，最高可免于征收2000多万美元。加大贸易摩擦、救济案件帮扶力度，年内累计应对国外发起的贸易摩擦案件23起。

民营企业占据绝对份额。全年有进出口实绩的民营企业8199家，同比增长17.8%。全年民营企业实现出口3558.4亿元，同比增长10.8%，高于金华市平均增速0.3个百分点，占金华市出口比重的97.3%，较上年提升了0.3个百分点；进口

104.2亿元,同比增长21.7%,高于金华市平均增速3.6个百分点,占金华市进口比重的94.1%,较上年提升了2.8个百分点。

机电高新出口保持稳定。全年金华市机电产品出口1435.5亿元,同比增长10.4%,占金华市出口比重的39.2%。纺织服装出口664.8亿元,同比增长12.6%,占金华市出口比重的18.2%;轻工产品出口785.3亿元,同比增长7.3%,占金华市出口比重的21.5%,两者合计对金华市出口增长的贡献率为36.8%。高新技术产品出口89.5亿元,同比增长17.5%,占金华市出口比重的2.5%。

对主要市场出口增长较快。全年金华市对传统贸易市场欧盟、东盟分别出口502.7亿元、335亿元,同比增长12.8%、16.8%,分别占金华市出口比重的13.7%、9.2%。全年金华市对美国出口408.8亿元,同比增长18.5%,高于金华市平均增速8个百分点,占金华市出口比重的11.2%。对"一带一路"沿线国家出口1571.5亿元,占金华市出口比重的43%,出口规模居全省首位,占全省对"一带一路"沿线国家出口比重的23%。

大宗商品进口量价齐升。全年金华市资源性大宗商品进口32.8亿元,同比增长6.3%,占金华市进口比重的29.7%。金华市大宗商品进口均价上涨3.5%,进口数量平均增长5.2%,总体上呈现量价齐升的态势。初级形状塑料、纺织纱线、废金属、未锻造的铜、新干水果坚果是金华市前五大进口商品,2018年合计进口47亿元,同比增长21.9%,占金华市进口总值的42.5%。受中美贸易摩擦影响,废金属的进口量下降26.4%,导致金华市对美国进口同比下降23.2%,拉低金华市进口增速3.5个百分点。

组织参加首届中国国际进口博览会。进博会组织工作受到市委、市政府主要领导的肯定性批示。金华市共组织3000余家采购企业参加首届中国国际进口博览会,共签订采购意向383项,意向采购金额7.64亿美元,居省内前列,采购国家覆盖美国、德国等30余个国家和地区。义乌举办为期两个月的义乌进口展,实现成交额2.7亿元,努力打造"永不落幕"的进口展会。

服务贸易

2018年,金华市实现服务贸易进出口总额248.48亿元,同比增长10.27%,其中出口188.34亿元,同比增长10.4%,进口60.14亿元,同比增长9.86%。

文化服务贸易增速较快。浙江画之都、金华邮电工程、千乘影视、东方丝路等9家企业被列入国家级文化出口重点企业,金华邮电工程公司的吉尔吉斯斯坦视频点播网络、东阳长城影视公司的电视剧《大玉儿传奇》2个项目被列入国家级文化出口重点项目。全年金华市文化服务贸易实现进出口13.8亿元,其中出口9.6亿元,同比增长逾125%。

新兴服务进出口占比提高。金华市服务贸易虽然仍以旅游和运输服务为主,但新兴服务进出口总额占比明显提高。金华市服务贸易份额占比超过两位数的有运输服务、旅游服务,以上两大重点领域分别占金华市服务贸易总额的30.34%、25.15%。传统建筑占比为8.79%。新兴服务进出口总额占金华市服贸的35.73%,占比较上年同期提升6.64个百分点,贸易结构趋于优化。

服务进出口市场分布广泛。金华市服务贸易进出口市场遍布六大洲91个国家和地区。从大洲分布看,非洲为主要海外市场,主要出口领域为建筑工程设计服务;其次是亚洲市场,主要出口领域为文化和娱乐服务及货运服务;第三是北美洲市场,主要出口领域为文化和娱乐服务。从国别地区看,金华市服务贸易出口前五大市场为阿尔及利亚、马来西亚、科威特、中国香港特别行政区和美国。

利用外资

2018年,金华市新批外商投资企业1007家,合同利用外资12.14亿美元,实际利用外资3.18亿美元。

合同利用外资结构更加优化。受多方因素影响,金华市合同外资出现一定降幅,但从诸如农副食品加工业、通用设备制造业、科学研究和技术服务、通用仓储等行业看，项目投资情况良好，合同外资实现净增。其中，大项目带动作用明显，金华华旭电商产业园、义乌深国际综合物流港项目合同外资分别达1亿美元和1.5亿美元。

实际利用外资质量有所提高。金华市实际利用外资逐渐由传统的制造业和加工组装转向高技术制造、科技研发、信息服务、商业服务等高附加值领域。其中，高新技术产业实际利用外资1.5亿美元，同比增长11.6%，占金华市实际利用外资的46.9%，占比较上年同期提高15.9个百分点。主要涉及电子及通信设备制造业、研发与设计服务等行业。

投资来源地分布结构多元化。全年共有99个国家（地区）到金华市投资，较上年增加了9个。其中，来自新加坡、土耳其、伊朗等"一带一路"沿线国家（地区）在金华市投资势头良好，共新设外商投资企业711家，同比增长25.6%，合同利用外资1.27亿美元，实际利用外资1891万美元，同比增长14%。此外，来自美国、韩国、中国台湾等地对金华的实际投资也分别增长了6.2倍、8%和47.4%。

对外经济合作

2018年，金华市经备案核准的境外企业和机构共36家，境外投资总额2.34亿美元，其中对外投资中方投资额1.65亿美元。完成对外承包工程营业额3.29亿美元。年末在外各类劳务人员2220人。

"一带一路"为金华市对外投资重要目的地。全年金华市在"一带一路"沿线国家（地区）投资项目14个，中方投资额1.36亿美元，占金华市总额的82.77%。金华市在"一带一路"沿线国家新签承包工程合同总额1.16亿美元，占金华市总额的57.43%；实际完成营业额1.27亿美元，占金华市份额从2017年的27.28%提高到2018年的38.50%。

国际营销网络建设稳步推进。全年金华市经备案、核准设立的境外营销网络项目共30个，中方投资额1.28亿美元，占金华市总额的77.67%。截至2018年底，金华市共审批、核准或备案设立境外营销网络400余家，主要分布在中国香港特别行政区、美国、瑞典、德国和阿联酋等主要出口市场的60多个国家和地区。

金华市对外承包工程队伍扩大。全年有对外承包工程实绩企业8家，较上年增加1家。对外承包工程市场开拓有新进展，在斯里兰卡、科威特、马尔代夫等"一带一路"沿线国家均承接了新业务。对外承包工程传统市场阿尔及利亚份额有所下降，该市场全年完成营业额1.87亿美元，占金华市总额的56.72%，占比较上年同期下降14.23个百分点。

其　他

开放平台建设取得重大突破。义乌国际贸易综合改革试验区框架方案获省委、省政府批准，中国（浙江）自由贸易试验区金义片区申报方案在省级层面已初步达成共识。中国（义乌）跨境电商综试区成功获批，成为金华市又一个新的国家级对外开放平台。浙江（捷克）国际经贸合作园获省政府授牌，成为金华市首个省级境外经贸合作区。金义综保区和义乌B型物流保税中心实现一体运营、联动发展。

推出系列商务创新发展政策。在省、市改革开放大会、改革开放攻坚战和实体经济翻身战等推动下，先后制订出台《金华市加快培育外贸竞争新优势行动计划（2018—2020年）》《金华市人民政府关于促进外资增长的若干措施》《促进"义新欧"班列发展十大举措》《金华市区促进开放型经济发展的实施意见》《金华市推动批发零售业改造提升实施方案（2018-2022年）》等一系列政策。

国家现代服务业试点经验全国推广。国家现代服务业综合试点全面完成，连续三年试点绩效评价被财政部、商务部评为优秀等级，持续走在前列。全链式基金运作、"跨境通"电商服务平台等5条经验全国推广，由商务部发文推广的典型经验数量与上海、厦门并列全国十大试点城市之首。试点入选金华市改革开放40周年"改革十大典型案例"，受到市委、市政府表彰。

"义新欧"班列被写入中西两国联合声明。联合声明第25条提到“两国愿进一步发挥中欧班列(义乌-马德里)作用以增加货运量”。“义新欧”10条获多位省领导的肯定性指示。2018年“义新欧”班列开行320列,发运2.5万个标箱,同比增长68.8%。全年开运中亚班列50列,发运4632个标箱,同比增长近3倍。

(金华市商务局)

2018年衢州市商务

2018年，衢州市围绕市委“1433”发展战略体系在商务领域重重落地，衢州市商务系统紧扣“打造四省边际商贸中心”这一目标，以供给侧结构性改革为主线推进消费升级，积极扩大新一轮对外开放，着力打造商务最优营商环境，为建设“活力新衢州，美丽大花园”提供坚实支撑和重要保障。

国内贸易

2018年，衢州市实现社会消费品零售总额717.5亿元，同比增长9.2%，增幅位列全省第五；限额以上批零企业商品销售额529.6亿元，同比增长19.7%。

省级以上试点争创成果丰硕。2018年，衢州市本级、龙游县和江山市成功纳入省级批发零售业改造提升试点，市本级、江山市入围省级电子商务创新发展试点，巨化集团境外外经贸综合服务体系建设试点、国家外贸转型升级基地建设稳步推进。不老神、东方集团、实达实机械设备3家企业名列商务部公布的全国供应链试点榜单(全省仅4个城市26家企业列入)；衢州新农都、衢州农商城、东方商厦、施慧商贸4家企业入选首批省公益性农产品市场。

商贸特色发展为城市品牌加分。全面推广“衢州味道”，主推“一桌菜”打造南孔家宴；出版《阙里佳肴——衢州菜》美食画册，收录100多道最具地方特色的名菜名点；为推动衢州菜走出去，指导成立宁波餐饮协会衢州菜分会，稳步推进地方特色小吃发展，在杭州等地开设多家精品衢州特色小吃店。中国首届常山鲜辣美食节暨世界首届斗辣会在常山县成功举办，开化县成功创建浙江美食之乡。高质量完成衢州市14家大型商场超市的创文工作，确保了“国检”过程中零扣分。积极打造“南孔圣地，衢州有礼”城市品牌标识，组织市区14家酒店率先推行“公筷公勺”，倡导文明用餐新风。

稳步推进重大商贸项目建设，衢州市新建续建项目63个，实际完成投资75.4亿元，衢州市已有大型商贸综合体7家，大中型超市16家，社区连锁便利店近500家，乡镇连锁超市和村级连锁便利店覆盖率分别达100%、95.2%。组织开展2018消费促进月衢州活动、举办金秋购物节系列活动，大中小型活动达117场次。全年垃圾分类废品回收率达34.5%，超过省定30%的标准。

非法加油站点专项整治取得实效，衢州市共查处固定非法加油站点26处，流动加油车74辆，收缴和扣押油品275.9吨，罚没款95.51万元，其中公安部门立案6起，移送起诉2人，刑事拘留1人；常山县、衢江区非法加油站点专项整治成效突出。“最多跑一次”办理事项实现市域范围“无差别受理”升级。

开展商务领域信用体系建设，衢州市6家企业获得2018年度“浙江省商贸流通业诚信示范企业”称号。全年承办12345热线派发工单603件，即时响应率、办结率均达到100%，满意率达到99.3%，并首次启动行政约谈程序，探索与保险机构合作处置投诉纠纷；衢州市商务局获2018年度12345政府服务热线办理工作优秀单位，柯城区商业预付凭证投诉处理规范到位。

散装水泥行业有序发展，散装水泥率达73.1%，衢州市26家预拌混凝土企业完成改造并通过验收，在全省率先实现全域混凝土行业清洁化生产。联合市发改委等7部门专门出台《规范预拌混凝土市场秩序加强行业管理的实施意见》，为全省行业规范管理提供了新的样板。衢州市散装水泥办公室获年度全省考核优秀单位。

电子商务

2018年,衢州市实现网络零售总额277.5亿元,同比增长43%,增幅位列全省第二;居民网络消费总额164.8亿元,同比增长25.7%。跨境电商网零出口3.7亿元,同比增长31.3%。

电商创新发展成效明显。加强与阿里巴巴等一流企业合作。积极参与创建浙江省首个与阿里深度合作示范市、全国与阿里全方位合作样板市。协助阿里巴巴衢州客户体验中心招募人才、成功落户,目前该团队规模达1200多人。加强与农村淘宝合作,浙江省首批84个村淘4.0天猫优品服务站落地。推进"零售通"项目合作,衢州市内首批天猫小店建成营运。成功引进网易严选客服体验中心项目,目前客服团队达350余人。江山市引进一批电商总部,花园258创新创业园、衢州大学生创业园等电商园区被纳入衢州市"两园一楼一镇六飞地"创业创新平台体系。衢州海蜂巢仓储有限公司获批保税仓。移动支付范围持续扩大,在市区人流密集地布放10个无人超市,东方集团成为全省首家全域引入"刷脸支付"系统企业。柯城创客孵化园建立衢州市首个电商大数据系统。实达实工业购首创的B2B+F(金融)+C(赊销)交易模式引起各界广泛关注。

集中引导本地企业与"一达通"、亚马逊、eBay等知名电商平台对接,启动或扩大跨境电商业务;组织大批本市企业参加世界互联网大会、数字贸易交易会等重大活动,开展业务对接;组织开展"之江创客"—2018全球电子商务创业创新大赛衢州市选拔赛,衢州市两个项目在省级决赛中获奖,一批新的电商人才崭露头角。

开展电商"精准助农"试点,聚焦农产品上行模式创新;以发展农村电商助推乡村振兴战略和乡村大花园建设,衢州市新建和改造提升农村电商服务站点538个;开化县华埠镇被评为衢州市首个"中国淘宝镇",14个村入选2018年度"中国淘宝村",21个村被评为省级电商专业村;衢江农产品电子商务产业园基本建成,全国首家粮食行业综合性电商园区—衢州粮食电子商务产业园正式开园;江山市入选2018年阿里县域电商GMV百强榜单。认真落实国家东西部扶贫战略,电商企业在对口帮扶中起到了主力军作用。

对外贸易

2018年,衢州市进出口总额350.4亿元,同比下降4.5%。其中出口额232.1亿元,占全国出口总额的1.4‰;进口118.3亿元,同比增长12.5%。衢州市服务贸易进出口总额14.4亿元。

组织衢州市300多家企业参加华交会、广交会等20多个境外综合性展会,引导企业开拓"一带一路"沿线国家新兴市场。鼓励发展外贸新业态,龙游新丝带商贸有限公司创办的哥伦比亚波哥大仓入围省级公共海外仓名录。组织衢州市270多家企业、500多人参加首届中国国际进口博览会,达成意向采购金额2.4亿美元,龙游县精心组织,参展首日签下1.5亿美元采购大单。助力外贸小微企业拓展业务渠道,全年培训外贸小微企业237家,完成省厅下达任务的158%。建立外贸小微企业政府联保平台,对外贸小微企业投保出口信用保险给予全额补助。外贸实体企业出口逆势上扬,集聚区、柯城区、龙游县为衢州市外贸出口贡献积极力量。巨化集团成功应对美国对华聚四氟乙烯树脂产品反倾销。组织开展关于外贸高质量发展的课题研究。及时分析研判中美贸易摩擦对衢州市开放型经济的影响。

双向投资

2018年,衢州市新批项目13个,实际利用外资7431万美元,完成全年目标任务的106.2%。衢州市新设境外投资项目7个,中方投资额4419.6万美元。

"双向投资"稳中有进。浙洽会期间,衢州市共签约项目3个,总投资9.8亿美元;投洽会期间,成功配对23个项目,涉及制造业、养生养老、休闲旅游等行业领域。制定开发区"亩均效益"综合评价体系和开发区领跑行动计划,力促开发区转型升级和高质量发展。引进世界500强企业1

家，华友钴业与韩国LG合作，注册成立华金新能源材料（衢州）有限公司，投资总额1.59亿美元。衢州市经济技术开发区实际外资占开发区实际外资总量的59.3%，外资项目主平台作用得到进一步发挥。积极培育本土民营跨国公司，开山集团入选2018年浙江本土民营企业跨国经营30强。成功举办2018推动衢州企业"走出去"会议。中信保衢州办事处承保金额5.3亿美元，带动融资16.5亿元，为企业"走出去"提供政策性金融保险支持。

"一带一路"经贸合作引来国际关注。成功举办2018"一带一路"（中国·衢州）国际经贸合作系列活动，"一带一路"商贸合作项目一期衢州国际经贸中心隆重开馆。这是衢州建市以来举办的规模最大、规格最高的国际经贸交流活动。来自"一带一路"沿线以及大洋洲、南美洲等地的17个国家在衢州国际经贸中心开辟展示馆，衢州市和南促会也设立专门的展示馆；展销区域有10个展销馆入驻，经销14个国家的特色产品。此类平台在全省范围内尚属首例。项目专班获市委、市政府授予的"活力新衢州、美丽大花园"建设开放开发先锋战队称号。成功举办"一带一路"沿线国家投资合作洽谈会、印尼—中国（衢州）商务投资对接会等投资促进活动。先后拜访55个国家驻沪总领馆，接待18批次27个国家驻沪总领馆到衢州考察。抓住首届中国进口博览会契机，举办"一带一路"商贸合作项目推介活动，新推动12个以上驻沪总领馆走进衢州。

（衢州市商务局）

2018年舟山市商务

2018年，舟山市商务局全面落实市委、市政府决策部署，持续打好“五大会战”、建设“四个舟山”，围绕“利用国际国内两种资源，开拓国际国内两个市场”基本职责，谋深发展思路，找准工作路径，抓实工作举措，各项商务工作取得了积极的进展。

国内贸易

2018年，舟山市实现社会消费品零售总额536.9亿元，同比增长8.7%。实现批发业销售额3149.3亿元，同比增长30.1%。其中限上批发业销售额2302.4亿元，同比增长37.4%。石油及制品类贡献率超六成，累计实现销售额1009.4亿元，同比增长65.5%，拉动舟山市限上批发业销售额增速23.8个百分点。

深入开展批发零售业改造提升试点。基本完成芙蓉洲路创建特色商业示范街区、香樟湖社区邻里中心、三农农产品批发市场等9个试点项目建设。有效推动商贸业投资，定海区西部商业中心、新天地、和平路商业中心等项目进展顺利。积极开展供应链创新与应用试点。依托国际农产品贸易中心建设，积极向商务部争取以农产品供应链创新与应用为重点的城市试点，舟山市和国家远洋渔业基地建设发展集团有限公司分别被列为全国供应链创新与应用试点城市和企业。全力推进消费促进工作。积极组织开展“消费促进月”“金秋购物节”等消费促进活动，围绕购物、家装、美食、旅游等开展主题促销活动近10场，参与企业120多家，实现销售收入近4亿元。

电子商务

2018年，舟山市实现网络零售额56.9亿元，同比增长61.5%，增速高于全省平均36.1个百分点，增幅居全省首位。网络零售额占舟山市社会消费品零售总额的比重为10.6%，较上年同期提高3.9个百分点。居民网络消费额162.6亿元，同比增长24.1%。

推动渔农村电商提质增效。依托主流电子商务平台打造区域性地标品牌旗舰店，推动普陀佛茶、金塘李子等地标品牌对接淘乡甜和盒马鲜生等新零售渠道。推动农村淘宝项目，建成阿里巴巴村淘区级运营中心、物流中心。持续举办“线上东海开渔节”，培育推广舟山地域电商品牌。依托天猫、淘宝、网易考拉等电商平台，开展购物满减、爆款包邮营销活动。推动发展服务业电商。创新发展服务业电商，建成9家无人便利店。推出淘鲜达新零售模式，实现线上生鲜订单3公里内一小时内送达。加大专业市场电商应用，舟山水产城中心批发市场等3个专业市场入选省级电商应用示范试点。推动跨境电商普及深化。出台跨境电商产业扶持办法，支持跨境电商企业、平台、物流、人才等方面加快发展。聚焦“非特”化妆品，加强与阿里巴巴集团合作，共同打造集仓储、加工、展示、交易、配送为一体的化妆品国际贸易平台。完善跨境电商服务体系，建设跨境电商通关管理平台等跨境电商信息化平台，实现监管部门与电商企业信息互联互通。

对外贸易

2018年，舟山市实现进出口总额1135.6亿元，同比增长44.9%，首次突破千亿大关创历史新高。其中进口710.7亿元，同比增长78.0%；出口424.8亿元，同比增长10.6%，进出口、进口增速分别高于全省平均33.5个和59.0个百分点，均列全省首位。对"一带一路"沿线国家实现进出口415.9亿元，同比增长75.5%，占舟山市进出口比重的36.6%。舟山市造船出口80.2亿元，同比下降23.7%。水产品实现进出口额93.9亿元，同比增长23.5%。其中出口79.6亿元，同比增长17.7%。舟山市大宗商品实现进出口额734.8亿元，同比增长67.0%，占舟山市进出口比重的64.7%。自贸试验区实现进出口额642.2亿元，同比增长1倍。大宗商品进出口占舟山市进出口比重由上年的56%增加到65%。

积极争取中石化、中石油、中化、中海油、中国化工等参与舟山东北亚原油现货贸易中心建设，加大铁矿砂及农产品相关问题研究，促进铁矿砂及农产品贸易加快发展。加大外贸政策扶持。制定培育外贸新优势促进外贸稳增长政策，从培育和引进外贸出口龙头企业、推进国际油品贸易等十三个方面促进外贸稳增长。加强对中美贸易摩擦跟踪研究，研讨应对贸易摩擦措施，积极开展中小外贸企业法律服务和应对国际贸易摩擦专业培训。搭好外贸展会平台。精心组织近200家企业参与首届进口博览会，实现场内外成交7.9亿美元。组织参加中国(青岛)渔博会、广交会等重点展会，用好"参展多、补贴多"的政策，逐步降低展会费用，帮助企业拓展新兴市场。

服务贸易

2018年，舟山市服务贸易实现进出口额153.9亿元，同比增长17.7%。其中进口25.7亿元，同比增长9.6%；出口128.2亿元，同比增长19.5%。国际运输与海事服务和建筑及相关工程支撑舟山市服贸进出口，分别实现进出口额66.0亿元和49.9亿元，同比分别增长28.4%和48.3%，占舟山市服务贸易进出口比重的75.3%。

加快培育发展国际海事服务。授予信力石油等2家企业保税油经营资格，经市政府审批保税油经营资格企业已达7家。推动新批5家保税燃料油供应资质企业开展供油业务，5家新批保税油经营企业供应量占总量的28.1%。服务中油泰富保税油总部、中长燃华东结算中心、中石化船供油全球总部落户舟山。

利用外资

2018年，舟山市新设外商投资企业271家，合同利用外资43.1亿美元，同比增长3.3倍；实际利用外资4.2亿美元，同比增长3.1%。舟山市引进投资总额3000万美元以上大项目182个，5000万美元以上大项目29个，1亿美元以上大项目8个。自贸试验区新设外商投资企业256家，占舟山市新设外商投资企业总数的94.5%，合同利用外资38.9亿美元，占舟山市合同利用外资额的90.3%；实际利用外资2.9亿美元，占舟山市实际利用外资额的70.3%。

聚力谋划促进外资增长。落实《浙江省人民政府关于促进外资增长的若干意见》，拟定《积极有效利用外资推动经济高质量发展实施意见》，全面提升外商投资环境法治化、国际化、便利化水平。围绕重点项目集中攻坚、精准施策，加大瓶颈问题解决服务力度，确保实际外资及时到位。聚力开展油品产业链招商。积极参与组织第二届油商大会，落实伊朗国家石油、中联油等客商30家，成功组织浙新理事会油商大会闭门会议。加大外资、央企油品企业招商力度，引进中信石油、托克能源(浙江)、能玺石油等外商投资油品贸易企业，中石油、中联油设立自贸试验区独立法人公司。聚力开展融资租赁招商。牵头制定推进融资租赁业发展的实施方案及若干意见，推动融资租赁与油品、航空、海洋产业等联动融合发展。进一步加强招商力量，创新招商方式。舟山市已注册外资融资租赁企业237家，合同外资30亿美元以上；内资融资租赁企业27家，实到注册资金73.9亿元，投放资金13亿元。在全国11个自贸试验区中列第二位，融资租赁业集聚效应逐步显现。

开放平台

中国(浙江)自贸试验区(以下简称“浙江自贸试验区”)建设。全面实现不同税号下保税油品的混兑调和。2018年7月4日,商务部正式批准同意浙江自贸试验区开展保税燃料油混兑加工贸易业务。在商务部、海关总署等支持下,舟山编制了《中国(浙江)自贸试验区保税燃料油混兑实施方案》《浙江自贸区企业办理保税燃料油混兑加工贸易生产能力证明的指引》等文件,对保税油混兑调经营和加工企业备案流程进行梳理,并对相关企业进行业务培训,同步开展精准招商引资。推动中石化和中化兴中顺利完成4.5万吨首票加工贸易项下的不同税号保税油品混兑调和。

波音完工中心及相关许可获批复。针对波音项目受航空制造领域外资准入相关政策制约及相关许可审批中存在的困难,加大攻坚力度。2018年5月31日,商务部正式批复同意设立波音完工中心有限公司,为首架飞机交付奠定了基础。同时在相关零部件和技术进口、两用物件进口许可等方面积极争取部、省支持,确保了该项目顺利进展。

成功落地浙石化原油进口配额。2018年7月30日,商务部批复同意浙石化500万吨原油非国营贸易进口配额,确保了浙石化提前进行原油采购,保障了企业年底按时进行试生产。被上海国际能源交易中心指定为唯一380燃料油期货交割库,原油期货交割库运营良好。突破原油非国营贸易进口资质。2018年2月24日,商务部正式发文,明确支持赋予自贸试验区符合条件的2-3家企业原油进口和使用资质。

国际农产品贸易中心建设。国际农产品贸易中心实质运行。编写《浙江国际农产品贸易中心建设文件汇编》白皮书,制定印发2018年工作任务清单、争取突破政策清单等四张清单,确定了58个重点建设项目、21项争取突破政策,并召开推进会落实工作责任。深入开展政策研究。完成粮食检验检疫政策、舟山空港水产品进口贸易、组建航空货运机队、挪威水产品货运直航等课题调研,并形成课题调研报告上报舟山市政府、浙江省商务厅。积极研究中美贸易摩擦对舟山市农产品贸易影响,加强“一核心一平台四基地”调研,形成高质量调研分析报告近10篇。深入开展精准招商。精心组织进博会浙江国际农产品贸易中心经贸对接会,艾地盟等四大粮商及知名农产品企业近200名客商参加,签约项目5个、总金额达5.6亿元。依托浙洽会等投资洽谈会组织专场推介会10余次,引进博成(中国)等企业18家。

对外经济合作

2018年,舟山市境外投资中方投资额1.95亿美元,同比增长4.5倍;完成国外经济合作营业额9.5亿美元,同比增长92.8%,创历史新高。稳步拓展境外投资新领域。舟山银美并购相关境外企业汽车零配件业务,分别在美国、法国和墨西哥设立5家境外投资企业,中方投资额1.63亿美元。

加强“走出去”服务保障能力。组织企业参加中东欧博览会、浙洽会、厦洽会,与台湾高雄市经贸发展协会、巴西出口促进局等单位进行商务洽谈,开展浙台经贸合作区招商项目对接。加大“走出去”企业扶持力度。

(舟山市商务局)

2018年台州市商务

国内贸易

2018年，台州市完成社会消费品零售额2366.9亿元，同比增长10.2%，排名全省第3位。完成批发零售业商品销售额7619.4亿元，同比增长13.0%，居全省第7位。其中，批发业销售额4282.4亿元，同比增长12.3%，居第10位，零售业销售额3337.0亿元，同比增长14.0%，居全省第3位。

促进商贸流通繁荣发展。组织开展消费促进月、金秋购物节活动。组织举办电动车及零部件博览会、住宅产品博览会等10多个展会。积极推进商贸流通设施建设，全年完成重点商贸设施投资66.2亿元，完成年度计划122.2%。制订《台州市城镇生活垃圾回收利用工作方案》，做好城镇生活垃圾回收，城镇生活垃圾回收利用率达31.87%，高于考核目标1.87个百分点，大型商场超市包装限塑比达到100%。初步完成社区商业邻里中心建设编制，指导各地开展邻里中心试点建设。大型商场超市公厕改造提升工作基本完成。

增强民生服务保障能力。认真落实粮食安全责任制，整改落实考核扣分项目，协调督促10个考核指标牵头部门抓好考核任务。规范执行地方储备粮管理和轮换机制，确保年底台州市38.8万吨地方储备粮（含7650吨成品粮）实现规模、仓储、费用“三落实”。抓好仓储设施建设，台州市本级中心粮库实现全面试压，椒江粮食储备中心二期正式开工；黄岩粮食储备配送中心二期主体完工；临海粮食储备中心项目完成主体工程。派出5名同志参与台州市委、市政府牵头的安全生产、消防安全、垃圾分类、平安建设、扫黑除恶等各类督导小组，加强非洲猪瘟疫情防控工作，做好台州市的猪肉供应保障工作。加快预拌混凝土行业清洁生产进度，台州市有46家混凝土生产企业完成技术改造。

电子商务

2018年，台州市网络零售额1191.4亿元，列全省第6，同比增长26.0%，居全省第6；居民网络消费额680.3亿元，列全省第5，同比增长26.6%，居全省第3。跨境电商网络零售出口额10.7亿元，同比增长30.4%。

推进电子商务转型升级。开展电子商务提升三年行动计划，修订跨境电商促进政策，鼓励有条件的制造企业积极对接阿里、天猫等电商平台，组织开展第三届台州“互联网”峰会、“之江创客—2018全球电商创业创新大赛台州选拔赛”等活动13多场，涉企2000多家。完成提升改造农村电商服务站235个，电商专业村203个。首家本地跨境电商B2B平台—“港际通TZSELLERS”上线，亚马逊全球开店入驻台州，全国首个京东汽车用品运营招商培训基地落户天台，百度AI项目落户高新区，京东物流牵手仙居。

对外贸易

外贸升级稳步推进。2018年，台州市实现进出口总额1743.0亿元，增长10.4%；其中，出口1537.6亿元，增长11.5%，增速排名全省第4，出口占全国比重达9.36‰。培育省级出口名牌达132个，位居全省第2。机电高新产品出口占总出口比重为63.1%。新增4个国家外贸转型升级基地。2018年，台州市出口美国318.8亿元，占台州市出口的20.7%(上年为20.2%),增长14.7%。中美贸易摩擦期间,美国加征关税,台州市涉及企业约1900家,涉及金额约25.6亿美元,占台州市出口美国产品总额的62.3%。所有加税清单中涉及的台州市企业出口美国总额占台州市全年总出口额的12.5%左右。

积极应对中美贸易摩擦。成立应对中美贸易摩擦工作小组,建立市县两级外贸企业联系服务机制。构建政府部门、行业协会和外贸企业三方联动机制,做好贸易风险的预警预判。开展国际法、外汇及贸易纠纷应对等培训,实现对台州市5589家外贸企业全覆盖。

开展"大宣传、大培训、大破难、大服务、大落实、大谋划、大冲刺"稳外贸专项行动。做好政策宣传、企业培训、调研走访、上门服务等系列动作,对台州市5000多家外贸企业集中开展外贸相关业务和宏观政经形势轮训,做到不落一企、不落一人;建立台州市外贸服务直通车制度,外贸企业政策、协议和订单等项目跟踪制度、重点企业对口帮扶制度,着力破解企业发展过程中遇到的难点,推动外贸转型升级。

出台对外开放系列政策。台州市委、市政府召开台州市对外开放大会,出台《关于进一步扩大开放促进开放型经济高质量发展的若干意见》《关于应对贸易摩擦确保外贸稳定增长的实施意见》等政策,修订台州市市级外经贸促进政策,推动台州市与中国进出口银行浙江省分行和中信保浙江分公司等金融保险机构签署战略合作协议,加大支企惠企力度。

培育出口品牌。对品牌基础工作好、有潜力企业进行梳理,重点引导与推动,按优势企业、市出口名牌、省出口名牌分梯队逐级培育,以个性化的服务,促进企业做强做大,培育国际品牌。充分利用广交会、华交会、消博会等优质展会宣传报道台州市企业自主品牌产品,在各类展会分配上向出口品牌、自主品牌,海内外注册商标企业或产品和国际认证的企业倾斜,鼓励企业积极申报广交会品牌展位。第124届广交会台州市品牌性展位674个,占全省总数的34.2%,位居全省(宁波单列)第一。

组织好境内外展会。组织2000多家台州企业参加广交会、消博会、法兰克福圣诞礼品展、上海卫浴展、俄罗斯机械展等境内外展会。广交会期间,举行智能马桶、新能源电动车及零部件产业发布会等七大千亿产业专场,在全球各大网络页面曝光近1300万次,点击量超过25万人次。

供采对接拓市场。加强与国家外贸中心、印尼长友集团合作,推动供采对接促产销直通,在产品、物流、金融等方面为外贸企业提供平台支撑。组织40多家企业参与两场对接会,星威家具、永强集团、正特集团等通过产销直通,与外方成交总额超500万美元;利欧集团、爱仕达等与印尼长友集团达成合作经营意向。

利用外资

2018年,台州市新批外资项目44个,总投资8.2亿美元,同比下降48.5%,合同外资5.0亿美元,同比下降35.4%;实际外资2.9亿美元,同比下降34.8%。

激发投资合作活力。开展重大境内外招商活动,组织参加中国—中东欧投资贸易博览会、浙洽会、消博会、厦洽会等活动;依托驻德代表处、中德工业城市联盟,深入开展对德合作,组团参加2018德国汉诺威工业博览会、中德工业城市联盟第五次全会及2018浙江 德国数字经济和高新技术产业高峰对接会。

开放平台

打造高能级开放性平台。2018年,国家级经济技术开发区、海峡两岸(玉环)经贸合作区、台州综合保税区申报工作有序推进。积极推动浙江头门港经济开发区申报升级并更名为国家级台州湾经济技术开发区;积极协助浙台(玉环)经贸合作区争创海峡两岸(玉环)经贸合作区;开展境外并购国际产业合作园创建前期各项工作;规划建设中白(台州)汽摩配产业园;推动台州综合保税区创建。

对外经济合作

2018年，台州市新批35家境外投资企业，中方投资额20.6亿美元，同比增长312%，中方投资额列杭州、宁波之后，居全省各地市第3位。对外经济合作营业额1.2亿美元，完成年度计划的115.9%。

加快"走出去"步伐，组织开展台州对德投资推介会、台州—孟加拉国投资说明会、德国北威州投资说明会、台州企业境外并购座谈会等多场次活动，引进上海芮德泚齐律师事务所，为相关企业境外投资提供服务。

（台州市商务局）

2018年丽水市商务

国内贸易

2018年，丽水市实现社会消费品零售总额682.9亿元，同比增长11.4%，连续两年增幅居全省第一，高出全省平均水平2.4个百分点；实现批发业销售额1091.2亿元，同比增长19.2%，增幅居全省第二，高出全省平均水平5.2个百分点；实现零售业销售额850.8亿元，同比增长15.3%，增幅居全省第一，高出全省平均水平3.2个百分点；实现餐饮业营业额115.20亿元，同比增长16.4%，增幅居全省第二，高出全省平均水平2个百分点。2018年丽水市在建商贸流通业项目57个，总投资224.14亿元，同比增长45.91%。

限额以上单位中，服装类、日用品类保持强劲增长态势，分别增长68.2%和31.8%；石油及制品类增长17.2%；受汽车保有量较高及税率优惠调整影响，汽车类零售增速放缓，增长6.3%。丽水市餐饮业保持较快增长态势，规模进一步扩大，限额以上单位中，80.8%的餐饮单位实现正增长，餐饮业规模前30位的单位同比增长42.7%，高于行业平均水平26.3个百分点。

电子商务

2018年，丽水市网络零售额达350.5亿元，同比增长34.9%，增幅连续六年列全省前三；居民网络消费额达210.3亿元，同比增长29.4%；网络零售顺差达140.2亿元；跨境网络零售出口5.3亿元，同比增长31.1%。丽水市在重点监测第三方电子商务平台上有活跃网络零售网店1万多家，电子商务就业创业氛围良好，直接解决就业岗位2.6万—2.7万个；间接带动就业岗位6.8万—7.2万个。

2018年，丽水市累计实现农村电子商务销售额223.9亿元，同比增长33.1%，其中，农特产品网上销售额118.3亿元，同比增长28.2%。丽水市累计建成各类农村电子商务服务站点4045个，其中，“赶街”农村电子商务服务站点1268个。淘宝特色中国·丽水馆实现交易额8290万元。

第三届中国农村电商大会在丽水召开。2018年10月12日，丽水市成功举办了第三届中国农村电子商务大会。来自全国23个省(市、自治区)政府和商务部门领导、企业代表、高校代表等近1000人参加大会。中央电视台、人民网、新华网、浙江卫视、《浙江日报》等主流媒体纷纷报道丽水电商经验。会上，中国国际电商中心与丽水市签订了深化战略合作协议，将丽水作为全国农村电子商务示范区，使“丽水模式”成为可复制、可借鉴的浙江样板，全国经验。

对外贸易

据海关数据统计，2018年丽水市实现外贸进出口总额247.1亿元，同比增长10.8%；其中出口额225.9亿元，同比增长10.2%；进口额21.2亿元，同比增长17.4%。进口商品以铁合金、不锈钢板材、天然橡胶、乙烯聚合物、木材和葡萄酒为主，分别进口3.8亿、2.3亿、1.9亿、1.4亿、0.6亿和0.5亿元。进口来源地主要集中在印度尼西亚、南非、泰国、澳大利亚、西班牙和俄罗斯等国家。

出口企业中，流通公司出口95.8亿元，同比下降4.5%，占丽水市比重的42.4%。内资生产型企业出口121.9亿元，同比增长22.2%，占丽水市比重54.0%。三资企业出口8.15亿元，同比增长

67.4%，占丽水市比重的3.6%。

出口市场中，亚洲市场80.4亿元，同比增长8.2%。其中，中东市场18.6亿元，同比下降4.0%；东盟市场29.4亿元，同比增长37.4%。欧洲市场58.5亿元，同比增长4.4%。其中，欧盟市场45.1亿元，同比增长2.2%。北美市场49.1亿元，同比增长21.7%；拉丁美洲市场18.6亿元，同比增长10.8%；非洲市场16.0亿元，同比增长10.4%；大洋洲市场3.3亿元，同比增长10.9%。美国、印度和俄罗斯为出口前三位国家，出口额分别为45.8亿元、11.6亿元和10.7亿元。

出口商品中，农副产品出口4.9亿元，同比增长21.1%。其中，香菇出口2.8亿元，干木耳出口0.7亿元。纺织服装出口21.7亿元，同比下降1.1%；轻工工艺品出口59.2亿元，同比下降1.7%。其中，鞋类出口8.9亿元，玩具出口14.8亿元，文体用品出口12.1亿元。机械产品出口128.0亿元，同比增长17.8%；化工产品出口12.0亿元，同比增长20.4%；机电产品出口90.2亿元，同比增长4.7%。

获批三个国家级外贸转型升级基地。2018年3月14日，商务部批准丽水市成立庆元铅笔、食用菌和云和木制玩具3个国家级外贸转型升级基地。

举办了首届世界华侨进口商品博览会。2018年11月17—19日举办了首届世界华侨进口商品博览会（简称“侨博会”），“侨博会”由中国侨联为指导单位，浙江省商务厅、浙江省侨联、丽水市人民政府主办，丽水市商务局、丽水市外侨办、丽水市侨联、青田县人民政府承办。本次“侨博会”是浙江省委、省政府承接进博会溢出效应的十大活动之一，也是全国全省对接进博会最迅速的一次活动。共设展区7个，展位1000个，展销面积达6.5万平方米。展会期间，共吸引来自63个国家的367家进口日化和食品企业、405家境外葡萄酒庄、960名参展商、国内2689名专业采购商参展，展品囊括了1万多款进口葡萄酒、5万多种进口商品，参观总人数超过10.5万人次。来自国内外60多家新闻媒体100多名记者集聚青田，进行了多角度、深层次的报道，“青田洋货”“青田世界红酒中心”品牌的知名度和美誉度大幅提升。

丽水市在“进博会”上意向成交额达3053万美元。在首届中国国际进口博览会上，丽水交易团共有22家企业（单位）签订了30份意向成交协议，意向金额3053.1万美元。以上年度各市进口额占全省的比重为参照标准，丽水市参与“进博会”意向成交完成进度排全省第三位。

签订新一轮厅市合作协议。2018年10月10日，浙江省商务厅与丽水市人民政府签署了《浙江省商务厅 丽水市人民政府关于建立厅市紧密合作关系助推丽水大花园建设的合作协议》。浙江省商务厅表示，将全力支持丽水大花园建设，把世界华侨进口商品博览会打造成永不落幕的进口博览会，培育进口商品“世界超市”。支持丽水引进民宿、旅游、休闲养生等高质量外资项目，支持青瓷、宝剑、石雕、茶叶等产品出口，加大“一带一路”沿线国家和地区市场开拓力度，打造“一带一路”开放平台，共同研究推进农村电商创新发展示范市建设。

服务贸易

2018年，全年丽水市完成服务贸易进出口总额23.1亿元，其中出口5.2亿元，占服务贸易进出口总额的22.5%；进口17.9亿元，占服务贸易进出口总额的77.5%。服务贸易结构转变为以运输服务和旅游服务为主，其他服务贸易为补充的格局。其中，运输服务21.5亿元，同比增长3.8倍，占丽水市服务贸易额的92.9%，占比持续扩大；旅游服务0.3亿元，同比下降99.6%，占丽水市服务贸易额的1.2%。文化服务贸易占比大幅提升。2018年，丽水市文化服务贸易进出口总额3874万元，同比增长42.2%。“文化服务占服务贸易总额的比重”目前为1.68%，远高于上年同期的0.21%，增长7倍。

利用外资

2018年，丽水市新备案外商投资项目29个，增资项目7个，投资总额8.46亿美元，合同利用外资2.96亿美元，同比下降19.4%；实际利用外资1.07亿美元，同比下降50.7%。引进千万美元以上外商投资项目9个。新增外资项目中,二产项目10个,合同利用外资1.73亿美元,实际外资0.42亿美元;三产项目18个,合同利用外资1.01亿美元,实际外资0.17亿美元。项目来源地以中国香港特别行政区和意大利为主,分别为14个和3个。首个利用外资10亿级重大项目肖特高端药用玻管项目成功签约,丽水市在引进重大外资项目上走出了关键性一步。

组织举办丽水市生态休闲产业(上海美国商会)推介活动,参加第四届中国—中东欧国家投资贸易博览会、第二十届中国浙江投资贸易洽谈会、第十七届中国国际日用消费品博览会、第二十届中国国际投资贸易洽谈会、“2018浙江省高质量外资集聚先行区(北京)推介交流会”活动、长三角对外投资合作联盟启动仪式等外商投资洽谈、推介活动。

对外经济技术合作

2018年,丽水市新增备案境外投资项目3个,境外直接投资备案额208.19万美元,同比增长1.36%。境外投资分布在美国、中国香港特别行政区、韩国、印度尼西亚、阿联酋等23个国家和地区。“一带一路”成为企业“走出去”的主要国家(地区),共有23个项目分布在“一带一路”沿线,境外直接投资备案额9052.26万美元。并购成为企业“走出去”的主要途径,中方并购金额8411.2万美元,占总数的61.8%。制造业对外投资成主力,家数占90.4%,境外直接投资备案额占96.3%。

(丽水市商务局)

二、各扩权县(市、区)商务发展

2018年温岭市商务

2018年,温岭市实现社会消费品零售总额633.34亿元,同比增长11.0%;实现自营进出口289.6亿元,同比增长9.4%,其中,自营出口267.2亿元,自营进口22.4亿元;新批境外投资项目8个,增资项目1个,中方投资额2456.51万美元,境外承包工程营业额9550万美元;新批外资项目8个,实际利用外资3327万美元。

抢抓机遇,精准发力,激发商贸经济活力

(一)开展试点创建工作,优化流通产业结构

以省级批发零售改造提升试点为契机,围绕商品市场转型、零售模式创新、特色商圈改造、商贸品牌振兴四个核心,做好农贸市场改造提升、农产品电子商务品牌培育、特色商业示范街区创建、老字号传承创新发展等六方面工作,实现商贸流通环境进一步改善。

(二)评选重点商贸企业,扶持企业做大做强

为引导温岭市商贸流通企业做大做强,发挥重点商贸流通企业在扩大消费中的重要作用,经评选授予温岭市37家企业为2018年度重点商贸流通企业。借力全市股改新政,重点将瑞人堂医药连锁和三和连锁超市两家企业作为上市培育对象,对企业上市筹备过程中的问题积极予以协助解决,引导企业进入资本市场,实现"裂变"发展。

(三)扩大展会覆盖范围,实现会展有效扩面

2018年在举办中国泵与电机展览会、中国工量刃具展览会等国家级展会,汽车用品展览会、鞋机鞋材等专业展会和年货节、家居建材展等消费型展会外,还打造了2018中国(温岭)童鞋童装展览会这一新兴展会,扩大了行业触角,带动了产业提升。2018年全市累计举办各类展会14个场次,达成现场成交额18.08亿元、意向成交额37.92亿元。

(四)借力电子商务平台,促进新兴业态提升

积极组织电商资源对接会,加强温岭市电商企业与淘宝、拼多多等大平台的沟通交流。与浙江国贸云商达成跨境电商生态体系建设合作意向,在温岭市实行"麒麟计划"。跟谷歌公司达成战略合作,培育温岭市跨境电商复合型人才。与支付宝、蚂蚁金服合作,建设首批县级移动支付城市,目前已完成太平街道购物中心、北山菜场标杆市场的打造,两大标杆市场支付宝收钱码铺设的覆盖率达80%以上。培育"城市盒子""餐餐玩"项目等创业创新企业,其中"城市盒子"获"之江创客"全球电子商务创新创业大赛总决赛优胜奖、最佳人气奖,并列入台州市级重点电子商务项目库。举办温岭·中国网络童鞋节,线上观看超100余万人次。2018年,温岭市累计实现网络零售额187.4亿元,同比增长23.5%。全市共有电子

商务专业村95个,电子商务专业镇8个,是全国第三大淘宝村集群。

创新思路,提升质量,加快构建开放格局

(一)培育壮大外贸主体,拉动经济增长动能

出台《关于应对贸易摩擦确保外贸稳定增长的实施意见》,加大外贸出口企业扶持力度。优化企业营商环境,联合台州中信保公司在全市镇(街道)进行小微企业出口信用政府整体参保政策宣传,实现新参加投保企业200余家。2018,温岭市自营出口实绩企业893家,自营出口2000万元以上企业253家,覆盖"一带一路"沿线70个国家(地区)。温岭鞋帽基地被商务部评定为国家外贸转型升级基地。

(二)组织企业"走出去"参展,助力开拓国际市场

组织214家企业、476人参加首届中国国际进口博览会。首次开展温岭区域品牌在波兰贸易博览会上整体推广,帮助企业深入全球产业腹地,直面国际专业买家,对接国际市场。第123、124届广交会共计达成意向订单3.14亿美元。2018年,引导370家次企业参加境外各类国际性展览会,其中150家次企业参加"一带一路"沿线国家重点国际性展会。

(三)提供"妈妈式"服务,推动项目落地到资

落实外资"放管服"改革,推进外商投资商务备案与工商登记"一窗一表"受理,指导帮助45个外资项目完成登记备案。全年新设外资项目8个,其中双擎动力、千人环境、科钛机器人、山洋智能科技等项目通过引进外国人才和先进技术,助力温岭市汽车、水泵、电机等主导产业转型升级。

(四)加强境外投资服务,鼓励企业跨国并购

利用温岭市德国商务代表优势,召开德国投资合作座谈会,推动温岭市企业与德国先进制造业企业合作。洛森压缩机通过并购德国IDE品牌,大幅度提升国际市场对公司产品的认可度,出口额成倍增长。新界泵业WITA并购项目经过平稳过渡后新增投资额938万美元,实现国内外双向提升发展。万邦德集团继续在南非投资设立租赁服务项目,拓展医疗器械销售和租赁服务。力扬建材投资的哈萨克斯坦矿业有限公司已成为该国生产能力最大的花岗岩开采加工企业。

完善机制,深化改革,加强民生保障能力

(一)落实科学储备粮食,保障粮食质量安全

采用智能储粮新技术、改善仓房存储条件、借助省级粮食管理平台等手段,提升粮食工作现代化、信息化水平,实现储粮环境和保管水平的双提升。通过与安徽桐城粮食局签订粮食产销合作协议、与吉林通化市柳河县粮食企业签订产销对接合作协议书等方式拓展省外粮源。对接海宁、海盐落实粮食代储,缓解温岭市仓容紧张局面。深抓粮食安全工作,2018年温岭市共签订早稻订单3.37万吨,其中省级订单3000吨,订单面积9.6万亩,实际入库3.7万吨,占台州全市收购量的53%。

(二)加强市场监测管理,推动市场平稳运行

做好市场供应监测工作,尤其是重要节假日期间,保证市场有序供应。强化对生猪活体、药物、粮油储备工作的日常监管,确保在紧急时期"调得到、投得出"。完成2017年成品油经营企业年检工作,其中合格企业115家。推进利达加油站关停工作,并在规定时限内完成关停拆除工作。完成中石化16座加油站地下油罐改造,中石油7座加油站地下油罐改造。

(三)开展平安创建,确保系统安全稳定

紧紧围绕"平安三连创、誓夺平安鼎"的目标,扎实推进易制毒化学品企业管理、金融典当扫黑除恶等行动。在大型商场、超市、加油站等场所挂贴平安宣传标语759条,发放平安宣传资料3944份。全系统组织召开安全生产工作会议401次,参会人数达4250人次,开展安全检查778次,

检查单位2125家，发现安全隐患783处。

（四）推动国有企业改革，促进社会安定和谐

建立改制领导小组，推进燃料、粮油、食品和化建等国有企业的公司制改制工作。抓好中央环保督查“回头看”的整改落实，完成报废汽车处置工作。此外，联合纪检对华阳公司开展信访调查工作，为企业内部管理提升奠定基础。

（温岭市商务局）

2018年慈溪市商务

国内贸易

2018年，慈溪市社会消费品零售总额625.78亿元，同比增长7.5%，总量居宁波市各区县(市)第3位，增速居第8位。批发零售业销售总额1612.50亿元，同比增长24%，其中，批发业销售额1004.44亿元，同比增长32.4%；零售业销售额608.06亿元，增长12.2%。限额以上批发零售业商品销售额903.05元，同比增长38.3%。限额以上批发零售业企业通过互联网实现零售额46.02亿元，同比增长6.0%。全市服务业增加值632.2亿元(含宁波杭州湾新区)，同比增长11%，增速位居宁波各县市区首位，占GDP比重36.4%。服务业固定资产投资443.2亿元，同比增长3.5%。慈溪市被宁波市人民政府授予2018年度商贸流通业、商贸经济贡献度、商贸民生发展、商贸管理第二等级荣誉称号。

重点项目建设。2018年，列入慈溪市商务局监测的服务业重点建设项目15个，完成投资额37.9亿元，完成计划的109.1%。中科院宁波工业技术研究院慈溪生物医学工程院研究所、中科院慈溪应用技术研究与产业化中心园区、爱琴海购物公园等6个项目竣工和开业，博洋电商高端配套项目开园，慈溪新城吾悦广场综合体开业。服务业集群区发展态势良好，形成了一主四副（以CBD为中心，城北、城东、城西、城南四个片区为副中心）的商业集聚区。CBD现代商务中心：优化提升CBD核心商业集聚区业态、品质，发挥银泰城的商圈核心引领作用，银泰城实现销售额6.2亿元。城东主题商贸区：加大特色服务业项目的招商引资力度，提升城东板块城市服务功能，红星美凯龙实现销售额8649万元，同比增长1.5%；麦德龙实现销售额1.34亿元。城西都市休闲区：保利滨湖天地实现销售额2.7亿元，同比增长12.2%；城北商务创意核心区：宁大科学技术学院迁建项目累计完成投资23.7亿元；中科院两个项目分别完成投资1.7亿元和1.4亿元；爱琴海购物公园开业；城南商务宜居区：吾悦广场开业；保时捷4S店项目正式营业，汽车行业集聚度进一步提升。

市场开拓。2018年2月，举办2018慈溪市第24届春节年货展销会，设展位285个，销售货品3000余种，客流量达13万人次，营业额6500万元；9月，举办第26届中国慈溪中外名车展览会，参展商50余家，现场成交额1.5亿元。

“菜篮子”工程。2018年，慈溪市加强“菜篮子”商品应急保障体系建设，制定《慈溪市菜篮子商品应急保障预案》《慈溪市菜篮子商品应急保障体系建设管理和资金使用办法》，建立应急储备单位、应急供应点、菜篮子生产基地三大保障体系。按照商务部不低于当地居民20天消费量的要求，推进“菜篮子”商品供应基地建设，通过公开招投标落实生猪2万头，水产800吨，禽蛋100吨的菜篮子商品应急储备。加强肉菜追溯体系建设，做好了肉类蔬菜流通追溯体系建设，19个流通节点正常运营。开展天元农贸市场等7个单位创建省放心农贸市场，会同有关部门和属地镇（街道）开展专项检查督查15次，出动检查人员60余人次。

现代物流。2018年，慈溪市登记注册的物流及货运企业3000余家，国标A级以上25家，其中AAAA级3家、AAA级17家、AA级5家。加强本地企业在冷链基础设施和标准化、信息化方面的项目建设，慈溪蔬菜公司等13家企业共计33个项目获得资金扶持；涌现出了宁波东拓塑业有限公司、众车联等供应链龙头企业，引导企业标准化托盘应用及循环公用，大力支持和完善供应链平台等项目建设。

家庭服务业。2018年，慈溪市家庭服务业国家AAA级企业1家，AA级企业2家。家庭服务业标准化、品牌化发展逐步推动，家政企业参与宁波市家政企业和家政从业人员等级评选，企业创新家庭服务业经营模式，进军“互联网＋家政”，整合月子护理、保姆、保洁、居家养老、家庭护理等业务板块，打通线上线下资源对接，推进家政服务信息化建设，实现服务资源的更优化配置，“慈溪家政”公共服务平台微信端实现月均接单150份以上。母婴护理行业成为资本重点关注领域，现有月子会所5家。

市场运行分析。2018年，慈溪市商务局按月开展消费品市场运行情况分析，形成《商贸服务业运行监测》（月报）11期。会同慈溪市统计、市场监管等市级部门，开展商贸服务业企业进限排摸，全市共计新增服务业限上企业122家，其中批发零售住宿餐饮企业102家。

行业监督与管理。做好单用途商业预付卡、加油站（点）等投诉处理工作，2018年度共调处各类投诉近600起，组织召开调解会议8次。指导4个加油站新建、迁建工作，完成全部民营加油站地下油罐防渗整改工作；开展成品油经营批准证书年检工作，71家企业合格率达100%；组织开展了散装汽油销售管理专项检查、加油站（点）安全隐患排查整治等260余家次，开展各类暗查暗访60余次。加强日常监管和节假日重点监管，推进商贸领域“消防生命通道整治提升工程”，大型城市综合体和商超基本已建设微型消防站和电动车集中充电桩；指导商贸领域开展节能减排，慈客隆的节能灯等设施设备和保利mall屋面太阳能光伏2个节能项目完成改造；做好能耗监测工作，与5家宁波市重点用能企业、242家慈溪市限上企业分别签订责任状。

电子商务

2018年，慈溪市实现网络零售额409.7亿元，同比增长34.3%，位列宁波市各县（市）第一位；跨境电商B2B出口试点企业实现跨境电商出口额13.9亿美元，列宁波市各县（市）第一位。慈溪市被宁波市人民政府授予2018年度电子商务工作考核第一等级，被浙江省商务厅评为首批产业集群跨境电商发展试点2017年度工作考核A级。

建立完善电子商务公共服务网络。2018年3月，慈溪市电子商务公共服务中心正式运营。建立全市电子商务工作联络员制度，成立镇级电子商务公共服务中心，各镇（街道）及市级电子商务集聚区落实1名联络员，明确了联络员工作职责，联络员工作和镇（街道）电子商务公共服务工作纳入各镇（街道）电子商务工作考核。

电商集聚区建设。截至2018年底，慈溪市已建成E＋E观海卫电子商务产业园、周巷奇迪电商园区和驿淘互联网产业园等电子商务集聚区。宁波（中东欧）邮政跨境电子商务创新园建设进展顺利。建成2家镇级电子商务服务中心，新浦、匡堰等镇依托家电、卫浴、童装等优势产业建成镇级电商服务中心。电子商务众创氛围不断浓厚，全市有猪八戒网国际创意城、慈溪创客码头、智巢慈溪文化创意园等5家电商类市级创业创新众创空间。

电子商务应用领域。截至2018年底，慈溪市在重点监测第三方电子商务平台上共有各类活跃网络零售网店12740家，相当于注册零售网店总数的50.6%；活跃网络零售网店总数在宁波市排名第1，在全省排名第16。电子商务就业创业氛围良好，直接解决就业岗位33540-35200个；间接带动就业岗位85320-89530个。慈溪市电子商务氛围浓厚，电子商务成为“大众创业、万众创新”的新引擎，本地约有1/3以上的创业创新项目集中在电子商务相关领域。

电子商务宣传和合作。慈溪市率先全面推进阿里巴巴内外贸电子商务战略合作，签订《阿里巴巴·慈溪市人民政府开展中小企业内外贸电子商务服务框架合作的协议》，制定《2018年度阿里巴巴中小企业内外贸电子商务战略合作产业政策》，成功举办中国（慈溪）首届家电产业互联网化高峰论坛，表彰2018年度慈溪市阿里巴巴国际站十大新锐网商、十大风云网商、1688十大网商和“天猫优品”十大服务站等,首次发布了全国小家电线上市场发展报告;同时,成功举办2018慈溪阿里巴巴跨境电商生态峰会、“新外贸”达人赛浙江赛区决赛等大型活动,召开天猫优品项目专场推介招募会2场,1688中小企业商学院线下基地落户慈溪(首批全国共30个),“慈溪童装”产业专区在1688正式上线。

跨境电商。宁波跨境电商综合试验区慈溪分园“一区三园”建设持续推进,跨境电商数据填报样本企业不断增多,申报试点企业由9家增加到39家,其中28家为家电企业。培育本土跨境电商服务企业,建成跨境电商公共服务平台—ECX跨境通,在美国、英国、法国、俄罗斯、德国、西班牙等地布局海外仓,有40家家电企业入驻,实现跨境出口约3000万美元。联合阿里巴巴、亚马逊、LAZADA等平台开展跨境电子商务对接活动10余场次,举办“星耀慈溪·品质浙商”阿里巴巴跨境电商生态峰会等大型跨境电商峰会4场,跨境电商小型论坛11场,受众达4000余人。

农村电子商务。系统实施阿里巴巴“天猫优品”合作项目,会同阿里巴巴召开两场天猫优品项目专场推介招募会,最终签约29家作为第一批“天猫优品”合作商家,组织商家参加2018金秋购物节线上线下互动活动。在阿里巴巴农村淘宝丰收节上,慈溪市获“天猫优品”浙江省域大家服汽(大家电和汽配产品)销售额单项冠军。目前,我市被省商务厅认定的淘宝村共有78个,电子商务专业村54个。

对外贸易

2018年,慈溪全市实现进出口总额851.9亿元,同比增长12.7%,其中出口742.6亿元,同比增长12.5%,进口109.3亿元,同比增长14.1%。市本级实现进出口总额678.9亿元,同比增长12.3%,其中出口627.9亿元,进口51亿元,分别同比增长11.7%和19.8%。

出口主体。2018年,慈溪市新增对外贸易经营者备案登记企业543家,累计达5567家。市本级自营出口实绩企业2165家,比2017年净增153家,出口超五千万元企业261家,超亿元企业128家。自营生产企业出口520.1亿元,增长11.5%,占市本级出口总额的82.8%。出口前十位企业共出口126.2亿元,占市本级自营出口总额的20.1%。

出口商品。2018年,慈溪市本级出口产品达海关HS编码的20类76章,前十位商品共出口278.1亿元,占市本级出口比重44.3%。市本级机电产品出口512.7亿元,同比增长11.5%,出口占比81.7%;家电出口237.9亿元,同比增长9.7%,占比37.9%;轴承出口42.1亿元,同比增长9.3%,占比6.7%;纺织服装出口33亿元,同比增长8.9%,占比5.3%;农产品出口16亿元,增长15.4%,占比2.6%。七大类劳动密集型产品共出口68.4亿元,增长14.4%。

出口市场。2018年,慈溪市产品出口到201个国家(地区),较2017年减少1个,其中出口超五千万元国家(地区)84个,同比增加4个,超亿元国家(地区)67个,同比增加3个。对六大洲的出口中,欧洲出口246.1亿元,占比39.2%,同比增长12.1%(其中出口欧盟219.7亿元,同比增长11.6%);亚洲出口153.4亿元,占比24.4%,同比增长7.6%(其中出口东盟35.8亿元,同比增长14.0%);北美洲出口131.7亿元,占比21.0%,同比增长16.7%;拉丁美洲占比7.5%,同比增长6.9%;非洲占比4.9%,同比增长15.6%;大洋洲占比3.0%,同比增长15.3%。全年市本级出口传统市场368亿元,同比增长13.5%,占比58.6%;出口新兴市场203.6亿元,同比增长8.1%,占比32.4%;市本级出口“一带一路”沿线国家163亿元,同比增长9.9%,占比26.0%,其中对中东欧国家出口32.8亿元,增长23.3%。出口前十位国家共出口344.9亿元,增长12.7%,占比54.9%。

进口贸易。2018年,慈溪市本级实现进口51亿元,增长19.8%。进口的前三大行业依次为:铜材,进口21.5亿元,同比增长100.5%;塑料,进口14.8亿元,同比下降20.7%;有机化学品,进口2.4亿元,同比增长77.0%。市本级共有进口实绩企业634家,增加49家,其中进口超千万元企业65家,超亿元企业8家。进口前十位企业累计进口32.1亿元,占市本级进口总额比重63.0%。市本级共从95个国家(地区)进口商品,减少4个,其中进口超千万元国家(地区)42个,减少1个,超亿元国家(地区)18个,增加5个。进口前十位国家(地区)累计进口29.9亿元,增长15.6%,占市本级进口比重58.6%。

自主品牌。2018年,慈溪市积极培育创建出口自主品牌,推动企业从做OEM(代工)向自主品牌出口转变,鼓励企业在国外市场注册商标,开发自主品牌,在国外建立家电品牌专卖店;鼓励企业并购具有一定知名度、一定市场份额的国外品牌,加速品牌建设。慈溪市共有浙江省重点出口品牌38个,宁波市重点出口品牌21个(不含杭州湾新区),均列宁波第一。

服务贸易。2018年,慈溪市本级实现服务贸易进出口额64.29亿元,其中出口57.81亿元,进口6.48亿元,服务贸易进出口额和出口额分列宁波各县(市)、区第4和第3位,服务贸易在进出口、出口和进口上占对外贸易(服务贸易和货物贸易之和)的比重分别为8.65%、8.43%和11.27%。市本级承接服务外包执行总额32.31亿元,其中承接离岸服务外包执行额29亿元,分别同比增长30.0%和25.7%。服务外包执行总额、离岸执行额系统入库率均达到100%,服务外包执行总额及离岸执行额在宁波各县(市)、区分别排第5和第2位。全市共有服务外包企业107家,从业人员2795人。

公平贸易。2018年,慈溪市本级涉及贸易救济案件10起,涉案企业60余家,涉案金额6000多万美元。从发起国来看,美国最频繁,占案件总数的50%。从案件类型来看,“双反”调查为4起,占案件总数的40%。涉案金额和涉案企业最多的案件是美国对华铝芯电缆产品双反调查,涉案金额3266.5万美元,涉案企业36家。单家企业涉案金额最大的案件是美国对华床垫产品启动反倾销调查,慈溪市三家企业涉案,总金额为1835万美元。

招商引资

2018年,慈溪市完成实际外资3.2亿美元,同比增长32.2%,完成年度工作目标的133.3%;完成慈溪市外内资150亿元,同比增长81.6%,完成年度工作目标的171.4%,其中宁波市外内资117.5亿元,同比增长88.9%,完成年度工作目标的175.4%。市本级有招商项目260个,其中,在谈项目129个,签约项目22个,工商注册项目63个,在建项目46个。新注册总投资1000万美元以上外资项目9个,总投资1亿元以上内资项目35个。慈溪市商务局全年审批外商投资项目34个,投资总额4.9亿美元。增资项目6个。全市实际利用外资3.2亿美元。

招商活动。2018年,慈溪市举办国内外重大招商推介会5场,参与各类招商推介会32余场。先后赴德国、罗马尼亚、美国、韩国、奥地利等国家和中国台湾地区开展境内外小分队,赴上海、北京、杭州、深圳等城市开展国内小分队招商,共70余批次。接待国内外客商100批次496人次。

对外经济合作

2018年,慈溪市新备案境外投资企业18家,主要分布在美国、德国、日本、俄罗斯、印度、孟加拉国、马来西亚、新加坡、中国香港特别行政区等国家和地区,涉及轴承、汽配、家电、五金、纺织机械、再生资源回收再利用、医疗器械、农业开发、智能设备控制及安防设备等行业,所涉领域宽泛。完成中方协议投资额1.12亿美元,中方实际投资额306万美元,对外承包劳务合作营业额1.11亿美元。截至2018年底,全市共有境外营销机构205家。

(慈溪市商务局)

2018年诸暨市商务

国内贸易

2018年，诸暨市第三产业实现增加值574.17亿元，增长5.9%，占GDP比重46.9%，占比较上年提高2.8个百分点；全市实现社会消费品零售总额350.99亿元，同比增长10.4%；全市第三产业完成500万元及以上固定资产投资332.02亿元，三产投资占比达65.7%。

全年入库服务业项目114只，总投资126.57亿元，其中新建项目81只，总投资30.59亿元；续建项目33个，总投资95.98亿元。5000万元以上服务业45个，其中新建项目12个。服务业类招商引资项目12个，总投资69.89亿元，在谈服务业项目22个，总投资74.1亿元，涵盖了物流、旅游、医院、休闲养老、金融、资产管理、互联网运行、文化体育、保税区项目等多种业态。春风十里项目进展顺利，东和颐养小镇、仙人阁民族风情园等项目基础建设稳步推进。云溪九里、香妃梅林度假村、仙人阁民族风情园等服务业项目列入2018年浙江省服务业重大项目；大唐袜艺小镇入围国家发改委评选的全国特色小镇50强名单。

2018年诸暨市商贸批零企业销售收入为2545.96亿元，其中批发增长16.1%，零售增长15.7%。新增限额以上服务业企业81家。诸暨以浙江省批零改造试点县市为契机，着力推动传统商贸业转型升级，系统谋划布局消费升级五年行动工作，确定农产品市场体系、百货超市创新发展项目、再生资源回收体系建设等试点方向。浙江海越股份、祥生地产、雄风集团、一百集团等四家企业入围2018浙江省服务业百强企业；雄风集团连续九年列入中国连锁百强企业。全市拥有“一百”“绿球”“桃花源”“天利”“六峰同山烧”“枫桥酒厂”等6个“浙江老字号”。

全市各类商品交易市场84个，2018年成交额535.06亿元，同比增长2.4%，成交额超亿元市场20个，较上年度增加1个，成交额超10亿元市场6个，与上年度持平。诸暨华东国际珠宝城年销售额126.2亿元，同比增长12.0%；大唐袜业城年销售额140.2亿元，同比增长2.4%；华东汽配水暖城年销售额114.1亿元，同比增长2.4%。

集中精力大力推动服务业集聚发展，在载体平台建设上形成自己特色和优势，以旧城改造区、城东、城西、城南四大生活性服务业集聚区框架基本形成。以核心商贸综合体建设为重点，积极推进商业特色街区建设，印象城、长弄堂步行街等老城核心商贸区更加繁荣；以生产性服务业为载体，全力推进城西商务区企业总部大楼、新金融大厦、汽车城建设，城西商务区建设进一步加快；以总部楼宇、西子大剧院、科技馆等城东商贸综合体为重点，城东行政文化金融中心初显形象；城南集聚港龙国际装饰城、乐家、东门木制品市场等11个专业市场的诸暨国际商贸城集聚区，基本建成并投入使用；店口嘉凯城城市客厅、大唐广粤荟及永新广场等重点镇街商贸综合体服务功能完善，带动城乡消费作用明显。全市已建成大唐袜业智库、诸暨珍珠产业综合生产服务区两个省级服务业集聚区和袜业城、雄风新天地、店口汽配城等三个绍兴市级服务业集聚区。城乡流通网络日益完善，重点商贸企业共建连锁便利店554家，其中镇级连锁超市121家，村级连锁店373家，校园连锁店60家，三级连锁店共实现销售额19.8亿元。

对外贸易

2018年,诸暨市累计进出口405.45亿元,同比增长20.2%,出口348.97亿元,同比增长14.2%;进口56.48亿元,同比增长78.9%。

进出口国家(地区)202个,同比增加3个。出口超1亿元的国家(地区)55个,比去年同期增加8个。出口前三位的国别地区是美国、印度、俄罗斯,分别出口676075万元、150432万元、115443万元,增幅分别为8.37%、-13.04%和-3.43%;在15个主要出口国家和地区中,增幅排在前列的分别是印度尼西亚、泰国和日本,分别增长70.1%、35.4%和27.5%。

全年组织境外展会123次展会,217个企业,246个摊位;境内展共11次展会,134个企业,265个摊位。组织抱团参展3次,分别为上海袜交会、东莞缝制设备展、上海服装展,其中上海袜交会共有100多家袜业企业参加。组织企业参加首届上海进博会,诸暨支团采购单位共159家,报名参展人员共计381人。2018年11月28日,开通诸暨至宁波舟山港的海铁联运专线。

利用外资和对外经济合作

2018年,诸暨市新批外资企业28家,比去年同期减少36家。新批项目总投资平均规模达到1852万美元,比去年同期增加363万美元;合同外资平均规模达到1030万美元,比去年同期减少164万美元。全市累计总投资50470万美元,同比下降43%;合同外资28717万美元,同比下降57.8%;实到外资30103万美元,同比增长5.3%。至2018年底,全市现存外商投资企业472家。

2018年,全市新批境外投资项目14个,同比增加7个,投资总额23373.2万美元,其中中方投资额23365.3万美元,同比增长48.8%。截至12月底,全市累计设立境外企业和机构308家,总投资额27.48亿美元,其中中方投资额24.8亿美元。全市完成境外承包劳务营业额3681万美元,同比下降28.6%。

全市服务贸易进出口总额19.14亿元,同比增长7.2%,其中出口14.91亿元,同比增长10.04%,进口4.3亿元,同比下降1.72%。

电子商务

2018年,诸暨市网络零售额148.5亿元,同比增长26%,占绍兴地区的27.7%,总量稳居绍兴地区第一。开展浙江省电子商务创新发展试点工作,推进珍珠产业跨境电商基地和网络直播基地建设,11月30日珍珠节开幕式上百名“网红”进珍珠小镇开展现场直播。引进杭州三果科技、杭州企拓等市外跨境电商服务商。24个村被评为中国淘宝村,大唐、草塔、山下湖被评为淘宝镇,淘宝村数量占绍兴地区总量的85.7%。全年累计快递业务量24019.6万件,同比增长42.0%。

(诸暨市商务局)

2018年余姚市商务

国内贸易

2018年,余姚市新增各类商贸企业340余家,实现社会消费品零售总额471.8亿元,同比增长8.2%。实现批发零售业销售额1405.6亿元,同比增长12.1%;其中,批发业销售额953.9亿元,同比增长12.3%;零售业销售额451.7亿元,同比增长11.5%。实现住宿餐饮业营业额61.4亿元,同比增长15.9%;其中,住宿业营业额9.1亿元,同比增长14%;餐饮业营业额52.3亿元,同比增长16.3%。

线下消费促进成绩喜人。全年先后举办了农博会、年货节、春(夏)季大型车展、“520”浪漫季、“618”促销、婚博会、海洋之光主题展等各类消费促进活动,其中四次大型车展活动,成交额近3亿元。将第四届“魅力姚城、悦亨生活”购物节作为年度重点,推出抢“第二季阿拉券”盛夏美食季、“甜蜜七夕·甜品嘉年华”首届趣玩市集暨七夕圆桌交友大会、“臻爱闪耀·黄金珠宝特别企划”、挥洒青春之“3vs3街头篮球赛”等十大全市性主题活动,并配合宁波市商务委举办2018宁波购物节闭幕式。购物节共推出促销活动50多场次,实现销售2.78亿元,同比增长30%以上,获宁波购物节优秀组织奖。

城市商圈品质提升显著。引导企业明确自身定位,通过业态调整、品牌招引等方式,逐步打造特色鲜明、主题突出的经营思路。余姚市三大商业广场(万达、五彩城、银泰)积极调整品牌业态,新引进了西选、永辉超市、西西弗书店、玩具反斗城等知名品牌企业,大力开展各类主题活动,不断扩大影响力和聚客力,效果显著,全年共实现营业额15.8亿元,客流量超3000万人次。

重大项目建设推进加快。积极推进海吉星农副产品批发市场迁建工程,该项目交易区占地约15.18公顷,配套4.21公顷,总建筑面积约25万平方米,总投资达10.1亿元。至2018年底,交易区主体42栋建筑单体顺利封顶。初步拟订市场业态安置方案,完善食品追溯体系建设。加快余姚市第三中心粮库项目建设,该项目位于马渚瑶街弄,总建筑面积为1.8万平方米,仓容达到4.3万吨,建设投资约1.98亿元。至2018年底,已完成总投资的50%以上。

电子商务

余姚市是浙江省首批电子商务示范县(市),一直以培育电商产业园、建设服务平台、推进跨境电商等方面为重点,促进电子商务全面发展。2018年首批宁波市电子商务产业基地中,余姚市被认定2A级3家(余姚泗门电商园、余姚市低塘众创空间电商园、宁波文山电子商务产业园),3A级3家(余姚市阳明电子商务产业园、余姚市电子商务产业园、浙江飞智电商创业园)。2018年,全市实现电商交易额780亿元,同比增长18%,其中,网络零售额155亿元,同比增长30%。

“电商进万村工程”推进显实效。余姚市积极推进电子商务专业村的应用与发展,扩大农村电商的覆盖面。全年新建和提升的服务点达到55个,新认定省级电子商务专业村(中国淘宝村)8个。余姚市作为浙江省首批“电子商务进万村工程”试点市,到2018年底,已累计建立村级(社区)电子商务服务点280个,实现了乡镇街道全覆盖,服务点基本具备代购、代收、代卖、生活性缴费、便利金融等服务功能。全市以速递易、富友、丰巢为代表的社区快递智能柜投用总数已超过220个。2018年,余姚市政府与阿里巴巴签约,通过搭建县村两级服务网络,充分发挥电商优势,突破物流、信息流的瓶颈,实现“网货下乡”和“农产品进城”的双向流通,共同建设农村淘宝项目——天猫优品服务站,并召开全市农村淘宝动员大会和天猫优品招商会,实现服务站陆续开业。

跨境电子商务增速迅猛。余姚市作为省级产业集群跨境电子商务发展试点市,大力促进跨境电商的应用和创新,鼓励企业发展跨境电商。截至2018年底,共培育认定跨境电商产业集聚区3家、跨境电商产业园区1个、跨境电商物流园区1个,布局海外仓15座,培育跨境试点企业89家,其中2018年新增73家。全年实现跨境电商出口额11.9亿美元,增长200%。余姚市商务局、余姚市电子商务公共服务中心和宁波超曲速电子商务有限公司联合主办2018年亚马逊“全球开店”培训会暨招商大会,亚马逊中国招商总监、亚马逊制造+团队高级运营经理、亚马逊物流+团队高级招商经理和WorldFirst负责人分别就海外推广、全球开店项目最新政策、物流情况和境外支付等相关知识进行了讲解,指导跨境电商企业提高运营水平,拓宽海外渠道,扩大市场份额。

电商服务平台助推给力。积极发挥余姚市电子商务公共服务中心的作用,通过整合全市电商服务资源,为企业和个人提供电商政策公告、信息发布、培训交流、人才培养、创业孵化、资源对接等多项服务,已设立余姚阳明电商园、低塘创客空间电商园两个分中心。不断开展电商培训,培养电商人才,全年组织开展阿里直通车、商家成长计划等各实操技能人才培训8场次,参训660余人次;举办姚北片跨境电商高峰论坛和电商峰会、微选商城推荐会等,累计1800余名企业代表参加。

对外贸易

2018年,全市实现进出口总额820.96亿元,首次突破800亿元,同比增长14.2%。实现进出口双双增长,其中,自营出口540.33亿元,同比增长12%;自营进口280.63亿元,同比增长18.7%,进口增速高于同期出口增速,进出口结构更趋平衡。

始终坚持并大力实施“市场多元化”战略,一方面积极引导企业巩固欧美等传统市场,全年出口欧洲和北美分别为165.0亿元和158.8亿元,同比增长11.9%和14.9%,两者合计占出口总量的60%;另一方面,进一步开拓中东欧、东南亚、非洲、南美等新兴市场,重点拓展“一带一路”沿线国家市场,并成立余姚市打造开放合作先行区对接“一带一路”倡议行动领导小组及办公室,成立对美贸易摩擦应对工作领导小组及办公室,多次组织座谈会倾听企业诉求,指导和帮助企业不断优化出口市场结构,有效应对中美贸易摩擦风险。全年实现出口“一带一路”沿线市场151.6亿元,同比增长12.9%,占出口总量的28.1%。

始终将推动传统出口产业升级和培育新兴出口产业作为外经贸工作的一项长期重要任务,积极引导与鼓励企业走品牌之路,不断提高自主创新能力和产品的技术含量及附加值,扩大高新技术和机电等产品出口,进一步优化出口商品结构,增强企业在国际市场中的议价能力与核心竞争力。2018年,实现家电电子出口122.6亿元,同比增长10.5%;汽配出口24.8亿元,同比增长11.6%。实现高新技术产品出口45.5亿元,同比增长12.5%;机电产品出口394.5亿元,同比增长13.3%,占出口总量的73.0%。

积极组团参加华交会、广交会、消博会、德国柏林电子展、俄罗斯家庭用品展等境内外重点展会,帮助企业拓展订单渠道,春秋两季广交会展位分别达到369个和375个。鼓励企业全面深度参与首届中国国际进口博览会,加快承接进博会溢出效应,余姚市共有采购企业360家,采购商725人参加,并达成意向成交额4.5亿美元。

服务贸易

2018年,全市实现服务贸易进出口额56.9亿元,同比增长18.1%,其中,服务贸易出口额44.7亿元,同比增长18.4%。在服务贸易进出口12大领域中,运输服务、建筑及相关工程服务、国际服务外包占比较大,比重均在25%以上;其次是旅游服务、教育服务及其他商业服务，比重均在6%—8%。全年实现服务外包执行总额33.44亿元，同比增长18.91%；服务外包离岸执行额22亿元，同比增长30.05%。

服务外包队伍进一步扩大，业务入库率不断提高。积极培育服务外包企业，截至2018年底，余姚市共有服务外包企业142家，其中新增服务外包企业12家。同时，进一步提高服务外包质量，引导企业开展相关业务。由于企业统计人员的流动性大，余姚市商务局每年组织开展服务贸易和服务外包业务政策暨统计培训会议，规范服务外包统计工作，进一步提高业务水平和能力，及时做好业务入库。

利用外资

2018年，全市新批外商投资项目58个，同比下降15.94%；合同外资32897.93万美元，同比下降62.07%；实到外资50074万美元，同比上升4.17%，完成全年目标（4.8亿美元）进度的104.32%。外资占前三位的行业中，批发和零售业占29.87%，科学研究和技术服务业占26.41%，信息传输、软件和信息技术服务业占18.73%。

强化思想认识，重视外资。近年来，余姚市始终把招商引资作为“一号工程”来抓，龙头项目增多、项目结构趋优、基础更加扎实。为了进一步提高外资招商成效，各级领导及相关人员更加重视招商工作，主动“走出去”，投入更多的时间和精力，提高外资招商成功率，并通过引进优质项目、高端人才、新型业态来推动经济转型发展。

围绕主导产业，紧抓谋划。外资招商工作紧紧围绕主导产业寻找合作契机，服务项目发展，精准发力，招大引强，延链补链，牢牢把握主动权。当前，京沪深许多外资企业计划外迁，余姚市处于长三角黄金节点，牢牢抓住这一机遇，快速成立驻京沪深三办，选择重点方向，进一步加强产业转移能力，加大外资招商力度。

优化招商环境，吸引客商。在符合法律法规以及相关政策的前提下，通过“一企一策”营造更好的政策环境吸引外资客商。特别是针对一些大项目、好项目、龙头项目敢于让利，尽力使企业享受更多优惠。宣传利用外资有关优惠政策，鼓励境外投资者持续扩大在余姚投资。此外，余姚市积极开展“最多跑一次”等服务行动，简化审批程序，提高服务效率，增加工作透明度，降低企业成本，努力为外资企业创造审批少、流程优、效率高、服务好、获得感强的营商环境，加快优质外资项目落地投产。

完善招商机制，提高绩效。完善信息共享机制，健全以“三库一图”为核心的信息基础平台和共享化的信息沟通发布平台，构筑互联互通的信息体系。完善科学评判机制，通过专家决策评审、完善联席会议制度、委托第三方评估等方式，加快形成一套更为科学完善的招商评判流程。完善联合推进机制，充分联合各地、各部门以及社会各界力量，切实形成各方齐抓共促的招商推进机制。完善绩效考评机制，进一步强化考核任务完成，严格日常工作督查推进，切实提高项目落实绩效，不断开创外资工作新局面。

构建网络平台，提升时效。充分运用“互联网＋招商”手段，整合相关招商数据，牵头编制“招商地图”，该“地图”分印象余姚、交通区位、产业优势、配套优势、招商平台、招商资源、招商政策七大板块，可实现网上动态管理，通过360度全方位视觉效应，投资商能一目了然地寻找合作地区，实现全市招商引资信息共享。该创新举措在宁波范围内属于首创，既方便招商部门依据地图在线功能，进行招商推介活动，在节约人力成本的同时，大大提高招商工作的时效性、准确性和成功率，又能让投资商通过“招商地图”，按图索骥确定方位，找到理想的投资地，从而推动招商项目落地。

对外经济合作

2018年，全市新批境外企业13家，同比增长8%；实现境外投资1.28亿美元，同比增长47%；境外承包工程12009万美元，同比增长13.9%。

境外投资领域不断拓展，且向智能领域迈进。宁波富佳实业有限公司和宁波德昌电机制造有限公司作为余姚市两大出口美国的吸尘器生产巨头，已在越南投资设厂，核准投资额均为

5000万美元。宁波江丰电子材料股份有限公司在日本设立贸易公司，投资600万美元。宁波容百新能源科技股份有限公司充分利用韩国锂电池的市场与技术优势，投资1592万美元，收购了韩国锂电池生产企业载世能源株式会社。余姚天数智芯电子科技有限公司收购美国一家芯片公司，投资1000万美元。宁波睿熙科技有限公司在美国设立芯片研发公司，投资200万美元。

境外承包工程不断推进，力争稳步发展。宁波燎原照明集团有限公司积极开拓业务，并加强与央企对接，境外工程业务发展良好。浙江大丰实业股份有限公司菲律宾项目正式开工建设，一期签约1500万美元，总体项目工程量在5000万美元左右。

（余姚市商务局）

2018年乐清市商务

2018年,乐清市实现限额以上批零住餐销售额315.91亿元,累计同比增长24.2%;限上社会消费品零售总额124.64亿元,累计同比增长11.1%。外贸进出口160.60亿元,同比增长15.9%;其中,出口155.18亿元(不含一达通),同比增长15.5%;进口5.42亿元,同比增长29.9%。网络零售额192.05亿元,同比增长28.08%。新增外资企业6家,实际利用外资7206万美元,新批境外投资项目5个,中方投资总额666.31万美元。

商贸流通

重视商贸业监督管理,充分发挥商贸流通业在国民经济中的先导性和基础性作用,进一步强化流通规划引领。加快乐清市商业城市综合体、本地特色专业市场发展,做好农副产品批发集散中心、再生资源回收等生活资料和生产资料市场的网点布局,积极谋划民生项目建设。

一是开展平安商贸创建活动,推进商贸业消防和安全生产工作。强化加油站、大型商场超市等行业的安全生产监督,开展商贸行业安全生产大检查活动。

二是加快推进重点商圈建设和滨海新区商贸业发展。乐清市总投资亿元以上的有中国国际电工电器城、正大新生活商业城市综合体、奥特莱斯广场、天元广场等商贸流通项目,2018年累计完成投资约20亿元。2018年以来,对滨海新区商业店铺进行全面排查摸底,针对行业发展需求制定商业培育专项扶持政策,进一步完善新区生活配套设施,凝聚商气人气。

三是搭建促销平台引导消费。配合省、市商务部门重点推进"金秋购物节"活动,组织汽车协会、南虹广场、乐联商贸等商超开展促销活动,全年共组织展览会20多场次,参会企业达2000多家,成交额超5亿元。组织有关企业参加浙江农博会、上海温州进出口博览会、浙江"老字号"精品博览会、省农商对接大会、知名品牌农产品展示展销会等,2018年超市生鲜农产品交易额达1亿多元。

四是做好丹霞路蔬菜批发市场搬迁工作,建成乐清市农副产品批发市场,主要从事蔬菜、干调、副食品、蛋制品等农副产品的批发交易,项目作为乐清市首个"菜篮子"工程,为保障市民餐桌食品安全起到积极作用。

五是推进特殊流通行业管理体系建设。加强了对拍卖、典当、酒类流通、加油站、二手车流通、旧机动车回收拆解等特殊流通行业的管理,完善了再生资源回收体系建设,完成了33家加油站的油罐做防渗池和双层罐整改任务。

电子商务

2018年,乐清市网络零售稳步增长,累计实现网络零售额192.05亿元,同比增长28.1%。

一是电商创业氛围浓厚。截至2018年底,在重点监测第三方电子商务平台上共有各类活跃网络零售网店1.43万家,活跃网络零售网店总数在温州市排名第3位,在全省排名第12位。电子商务就业创业氛围良好,直接解决就业岗位3.6万个。阿里研究院公布的2018年度淘宝村名单中,乐清市淘宝村数量达到83个,同比增长207%,淘宝村数量居温州市首位。柳市镇和北白象镇分别以65个淘宝村和9个淘宝村入选淘宝镇。同时,乐清市入选全国十大淘宝村集群,排名第五位。同京东集团合作开展的京东乐清特产馆及电器之都旗舰店均已上线运营。

二是指导电商园区规范建设。乐清市现有温

州市电商重点产业园区4个，重点电商交易平台7个。截至2018年底，已建成综合性电商园区5个，共计11.5万平方米，入驻企业250多家。同时，2018年新命名成立专业性电商园1个（锐豪汽车电商产业园），建筑总面积16000平方米。

三是积极开展电子商务基础建设。全面升级农村电商服务点50个，建成小区智能投递终端30个。2018年举办各类电商论坛11次，累计培训1100人次。

对外贸易

2018年，乐清市新增外贸进出口备案企业115家，全年有出口实绩企业1590家，主要出口市场为欧盟、东盟和美国。

一是加大展会拓市场力度。鼓励出口企业积极参加国外展会，全年共支持参展企业500多家次。组织107家企业参加春秋两届广交会，组织企业参加省厅和温州市举办的重点展会。上半年组织了50多家电气行业企业到宁波参加“中国电力行业‘一带一路’国际合作论坛”，与中国电建、葛洲坝集团、东方机电集团、施耐德、ABB等央企和大型跨国公司对接交流，寻求借船出海、抱团开拓海外市场的机会。同时积极对接中国机电商会、中国机械集团等单位，为乐清企业参与“一带一路”建设，寻求“走出去”渠道支持。

二是推进外贸综合服务企业发展。引进省国贸集团下属企业——浙江国贸云商在乐清市设立外贸综合服务平台，为中小微出口企业提供报关、退税、信保、订单融资等服务，2018年，平台已与乐清100多家中小微企业签订出口服务协议，为50多家企业提供了外贸出口综合服务，全年累计出口5800万美元。

三是积极开展进口博览会组织工作。积极对接企业做好筹备工作，重点联系乐清市近3年大型进口企业和行业龙头企业，鼓励各大企业积极参与博览会并做好采购企业的注册登记，全市参加博览会企业93家，实际参观采购人数117人，意向采购金额1839万美元。

四是努力优化贸易结构。引导企业加大自主品牌建设，提高自主研发能力和出口产品附加值，组织了8家企业申报浙江出口名牌；鼓励企业开展境外工程安装、产品设计等离岸服务外包业务，全年服务外包执行额4242万美元，列温州全市第一。

五是加强外贸回归工作。加强对外贸回归企业的排摸和跟踪服务，对接意华新能源公司的外贸回归工作，2018年度外贸回归额达7000万美元。

六是加强外贸运行监测工作。完善外经贸运行监测工作，优化了80家监测对象，将出口1000万美元以上的企业全部纳入监测范围，进一步提高了监测数据的准确性。重点加强了中美贸易摩擦对乐清市出口企业的影响的监测和分析。

七是优化外贸出口服务工作。积极开展营商环境提升服务，了解企业出口订单情况和经营发展中遇到的困难和问题，全年组织了跨境电商、中美贸易问题应对、外贸风险防范等业务培训，培训人数达500多人次，有效提高中小企业外贸人员的业务水平。

利用外资和对外经济合作

2018年，乐清市全年新增外资企业6家，实际利用外资7206万美元，新批境外投资项目5个。

一是重点跟踪服务世界500强新加坡益海嘉里乐清湾港区项目。项目一期用地（海）231亩，总投资21亿元，于11月8日正式开工建设，年内实到外资2100万美元。

二是重点跟踪服务协众国际控股有限公司外资并购项目。该项目是协众国际为了长远发展，对集团进行公司重组，将南京的4家汽车4S店公司重组入协众国际上市公司。6月27日，中恒国际有限公司以3195万美元收购友旭实业75%中方股权股份，该项目股权并购完成，合同外资3770万美元，实到外资2700万美元。

三是重点跟踪服务德力西电气有限公司境外投资者利润再投资项目、法国溯高美集团投资项目、浙江科都电气有限公司有意与法国溯高美集团在乐清经开区新设外资合作项目、温州童乐医院增资等项目。

（乐清市商务局）

2018年瑞安市商务

国内贸易

2018年,瑞安市实现社会消费品零售总额452.7亿元,同比增长9.3%;实现限额以上消费品零售总额135.9亿元,同比增长8.3%;实现限额以上批零住餐390.1亿元,同比增长20.3%。其中限额以上批发业265.9亿元,同比增长27.3%;限额以上零售业110.1亿元,同比增长2.4%;限额以上住宿业5.2亿元,同比增长16.2%;限额以上餐饮业8.9亿元,同比增长28.8%。

重点商贸项目进展顺利。吾悦广场、塘下综合体、悦来悦好生活广场等大型商贸项目顺利开业,给瑞安市消费市场注入活力,仅吾悦开业首日就达到28万人次的客流量,一定程度满足了市民对高质量消费的需求。瑞立五星酒店、瑞祥新区五星级酒店、侨贸广场五星级酒店成功招商,开工建设。万松城市综合体等重点商贸项目建设顺利。深入调研对接,修编加油站"十三五"布局规划。完成瑞安市8座加油站前期推进工作,落实新增阁巷新区加油站、丁山加油站规划指标,成功挂牌碧山加油站。

注重提升流通市场活力。积极引导、组织企业参加机械、农产品等各类展会,取得良好的效果。挖掘"周氏堂骨伤膏贴疗法",成功申报"温州老字号"称号。重点抓好节假日集中消费良机开展促销活动,组织2018五一大型品牌汽车展,实现交易量约500辆,总销售额7000万元,接待市民观众3万人次。开展第二届建材家装采购节,吸引了100多家企业参展,现场订单额达410万元左右。开展金秋购物节系列活动,参与企业达到250家以上,销售额达1.7亿元。

加强商贸服务行业管理。一是狠抓商贸领域安全生产工作。全年共出动284人次对大型商场超市、加油站安全(平安)和市场供应情况开展督导,发现问题立即整改,杜绝安全事故发生。二是切实做好非洲猪瘟防控工作。第一时间对接肉类流通企业,并做好瑞安市猪肉的价格监测工作,确保猪肉市场供应稳定。三是全力以赴巩固文明城市创建成果。共出动132人次,对大型商场超市文明建设情况进行督导,在4200余家餐饮店发放"文明餐桌"标识17800多份,张贴率达到95%以上。四是再生资源回收体系建设见成效。制订《瑞安市再生资源回收体系建设实施方案》,引入一家再生资源龙头企业,完成80个再生资源回收网点建设,瑞安市城镇生活垃圾回收利用率达30%以上,再生资源回收体系建设走在温州市前列。五是有效化解预付卡纠纷。克服管理人员少、法律依据不足、证据难采集等难题,共处理单用途商业预付卡信访件411件,信访件办结率达98%以上。商贸综合受理窗口推出保姆式、精减式、拓展式、便利式四项便民举措,为企业提供优质高效服务。

电子商务

2018年,瑞安市实现网络零售额347.9亿元,连续4年位居温州第一,同比增长21.7%。

促进线上线下融合发展。一是农村电商蓬勃发展。好派多等本地农产品电商平台销量增长50%以上,新建农村电子商务服务站60个,总量达到221个。新增电商村(淘宝村)16个,总量达到71个。涌现了一批农村电商基地,平阳坑镇以善康平台为依托,打造农旅结合的"线上+门店+田园"的农产品新零售体验中心。高楼镇建设以电商为特色的"三农"服务中心高楼旗舰店项目。马屿、曹村“三位一体”为农服务中心电商空间及农村电商服务网点有效推进。二是工业企业触电面进一步拓展。推动工业企业借助电商平台拓展销售渠道,成功打造全国最大的帆布鞋网货基地。并涌现出人本、环球、大东、卡贝等一批网络销售超亿元企业。“双十一”当天天猫销量超千万元网店3个、500万—1000万元5个、百万元以上合计37个。三是商贸企业借力起航。易达购网络商城线上交易额破亿元。做好与阿里巴巴集团、中合农业的对接,推进中合农业“智慧市场”项目落地。江南国际服装城线上平台试运行,瑞安水产城电商运营中心正式投入运营,带动传统市场电商化转型。

服务功能进一步提升。一是抓好各电商园区建设。融电商众创和电商公共服务于一体的浙报传媒瑞安电商园的引领示范作用进一步显现。以汽配线上跨境电商+线下展示中心为核心内容的领客互联网创新创业园、融合电商孵化及电商仓配服务等功能的易达江南电商创业园等电商园区日渐成熟。两家企业参评省AAAA级园区,一家参评省AAA级园区。二是完善电商仓储物流体系。依托6.9万平方米的江南仓储中心,打造温州地区最先进的电商智能仓配中心之一。新增智能快递柜52台,累计达到223台。全年实现快递业务量1.95亿件,居温州市第一,占温州地区总量的22%。三是完善电商公共服务体系。以政策带动促成温职院瑞安学院——鸿一、名澳电商人才实训基地装修投运。瑞安学院数十名在校生与电商企业签约成为正式员工,为化解企业人才瓶颈作了有益尝试。瑞安市电子商务协会成立,吸收会员单位206家。

提升电商创业创新氛围。举办2018中国·瑞安云江科技创新大会新一代信息经济论坛,以“大数据、品牌、资本——‘互联网+’瑞安产业提升之路”为主题,进一步推动瑞安市信息经济和互联网经济发展,促进产业转型升级。开展天猫、京东、亚马逊等7场平台对接活动,组织指导电商培训、孵化40余场。组织企业参加电子商务展会,借助大平台推广瑞安城市及产业。协同瑞安市旅游局、招商局举办了“互联网+瑞安(上海嘉定)旅游推介会”,促进城市旅游资源线上线下融合推广。举办中国瑞安创意设计节,提升瑞安轻工产品研发能力,提高产品附加值。

对外贸易

2018年,瑞安市进出口总额累计277.3亿元(含一达通),位列温州第一,同比增长9.1%。其中,出口累计237.4亿元,同比增长11.3%;进口累计35.7亿元,同比增长7.4%(不含一达通)。外贸产品结构得到进一步优化,机电类产品出口占比达历年最高49.9%,同比增长14.9%。服务外包离岸执行额完成1255万美元。

外贸保持稳定增长。一是主动推进内贸企业转外贸企业。截至2018年10月,新增内贸转外贸企业307家,新增出口实绩企业87家,出口额达1.64亿元。二是积极推进侨贸回归工作。加强瑞商贸易回归政策扶持力度,吸引20家海外瑞商入驻,企业贸易回归金额8.19亿元,同比增长9.49%。三是加大国际市场拓展力度。结合国家“一带一路”战略,扩大境内外展会支持范围,较上年度增加5个展会,达106个。四是加强跨境电商培训,引导企业实现跨境电商孵化。与四海商舟等跨境电商专业机构进行合作,启动孵化项目二期,30多家企业参与孵化,走出企业发展跨境电商的重要一步。

以外贸转型升级和产业集群跨境电商两大省级试点为契机,全面加速推进外贸转型升级工作。推动创建外贸服务平台20多个,服务企业300多家。全力推动外贸发展从“数量规模”向“品牌质量”转型,获“2017年度全省外贸创新发展示范单位”称号。

坚持“平台+政策”两轮驱动,以侨贸小镇为核心,辅以塘下领客跨境电商园等跨境电商园区,打造“一主多点”平台体系。坚持“引进来”与本土培育两条腿走路,引入“瓯贸通”等外贸综合服务平台,截至2018年10月,“瓯贸通”出口额达到1.49亿元。与赛伯乐投资集团有限公司签订协议,开发跨贸云项目,目前入驻跨贸云汽摩配平台的企业已实现跨境电商销售。截至2018年10月,跨境电商B2C贸易额已突破4亿元,同比增长21%,跨境电商贸易(一达通)累计出口金额达

3.56亿元。

进口保持较快增长,贸易顺差进一步缩小。组织60多家企业约200人参加首届中国国际进口博览会,达成意向成交金额1733万美元;组织200多人参加温州首届进口博览会;举办了瑞安市首届进口商品展销会,销售额达到300多万元,取得良好效果。以侨贸小镇为平台,积极推动进口市场项目建设。重点推进侨贸进口商品中心、进口商品仓储展销中心、进口商品展销中心等项目。易达网络科技有限公司在侨贸小镇设立公用型保税仓获批,成为温州南片地区及闽北地区首家保税仓。

进一步落实"最多跑一次"改革。截至2018年10月,共受理"最多跑一次"行政审批事项636件,办结率100%,即办率100%。会同海关、商检,进一步加大"单一窗口"标准版推进改革力度,打破部门间信息孤岛,实现国际贸易"单一窗口、单一表格"办理三个部门的登记备案事项。"外贸六证联办"三个部门、三个平台整合统一注册录入。取消审批材料3项,合并受理系统2项,完善系统传输1项,办理时间由一个小时缩短至半小时。

加快提升服务效率。一是提高外贸政策供给精准度。制定《关于新时代进一步扩大对外开放加快发展更高层次开放型经济的决定》和《关于进一步加快开放型经济发展的若干政策意见》。二是加强风险防范意识。快速反应积极应对中美贸易摩擦,把控事件动态,做好美国232调查、301调查、美国对华钢制货架反倾销反补贴调查及瑞安市瑞星化油器公司"337"调查应诉相关工作。三是妥善处理突发境外安全事件。及时跟进俄罗斯新西伯利亚鞋厂火灾事件。同时做好境外投资企业安全生产自查自纠工作,并加强安全生产教育,强化境外中资企业安全意识。

双向投资

2018年,瑞安市实际利用外资6478万美元,完成任务数的108%。上报审批境外投资项目3个,中方投资总额达430万美元。

招商引资工作量质并进。项目库建设不断完善。一是编制招商地图。面向世界500强企业,围绕战略性新兴产业培育工程、传统优势产业提质工程、现代服务业发展工程三大类及32个细分产业的要求,为精准招商提供有效目标。二是紧紧围绕本市产业结构特色,精心谋划12个招商项目,涉及高端制造业、现代物流、时尚产业、现代旅游、医疗健康等产业,为做好招商引资工作打好扎实的基础。世界500强企业韩国SK成功落地,为瑞安市近5年来首个世界500强项目。

招商引资氛围日趋浓厚。一是市领导带头招商。主要领导高度重视招商引资工作,做到重要客商亲自会见、重要考察团亲自接待、重要问题亲自协调、重大项目亲自洽谈。二是各镇街与部门单位积极参与招商。市政府加大考核考绩力度,进一步压实招商责任,加大招商引资、招大引强在目标考核中的权重,放大考核"指挥棒"效应,形成"人人关心招商,人人服务招商"的良好态势。三是积极优化营商环境。深入贯彻"最多跑一次"改革,并且采取招商项目"一对一"服务,派专人进行跟踪与服务,及时解决困难与问题。出台的招商引资优惠政策,在支持力度与深度上都有所突破。

精准招商成效显著。一是有的放矢开展招商。中国香港特别行政区与台湾地区是瑞安市主要投资来源地,市领导组团赴台湾进行招商活动,邀请30多位台商参加招商会,推介30多个项目,并且达成意向项目两个。市领导带队参加香港商谈会,成功签约江南新区侨贸广场项目,投资约10亿元。二是积极参加招商活动和各种投资推介招商平台,参加第二十届浙洽会、厦门国际投资洽谈会以及广州商品交易博览会,并邀请重大项目投资方参加"世界温州人"大会及瑞安分会。

(瑞安市商务局)

2018年义乌市商务

概　述

2018年，义乌市商务局以党的十九大精神为指引，全力落实全省对外开放大会任务，围绕高水平建设“世界小商品之都”目标，以国际贸易综合改革统领新一轮改革大局，以“一带一路”统领新一轮对外开放大局，深入开展大学习大调研大抓落实主题活动，勇担当、善作为，全面完成各项商务重点工作，奋力开创新时代改革开放新局面。

2018年，全市实现社会消费品零售额668.77亿元，同比增长4.5%；实体市场成交额1593.05亿元，同比增长6.69%；电子商务交易额2368.3亿元，同比增长16.74%，入围阿里淘宝村134个，占全省的11.4%，连续4年位列“中国电商百佳县”榜首；邮政和快递业务量达29亿件，同比增长52.03%，位列全国城市排名第四位；实现出口2521.56亿元，同比增长9.42%，高于全省、全国，在全省对外开放大会获得省委省政府表彰，荣膺全省外贸十强县（市、区）第一位；进口38.46亿元，同比增长10.22%，其中，日用消费品进口16.48亿元，同比增长177.37%，实现倍增；全年新批外商投资项目946个，实际利用外资14731万美元；备案境外投资项目14个，境外投资备案额3660万美元。

国内贸易

社会消费小幅增长。一是成功获国家八部门批准，入围全国供应链创新与应用试点城市。二是商业综合体建设再上新台阶。新城吾悦广场已建成开业，总体量近9万平方米，引入了154个品牌商户。银泰百货绣湖店建成开业，倡导“一站式”消费和“体验式”购物。三是消费促进活动大面积开展。全年举办消费促进月、金秋购物节等促消费活动508场，成交额35.13亿元。四是加油站建设规划获得批准。制定加油站规划并由市政府印发执行，制定了加油站行业准入退出机制。五是粮食管理工作得到进一步加强。完成85118吨库存粮油全年“一符四无”检查工作。签订市内早、晚稻订单合同27453吨，已收购17266吨。通过网上竞价销售方式成功轮换出库储备粮油32967吨。完成中心粮库扩建项目，争取到1086万元中央资金支持，仓储容量扩容至15.46万吨，成为全省县级市最大的单体粮库。

实体市场进入转型升级新轨道。一是市场要素资源市场化改革取得积极进展。制订一区东市场商品细分集聚方案。推行“腾笼换鸟”，清退18户29个商位，完成招商1336户1982个商位，商位整体出租率保持在95%以上。二是创新设计蓬勃发展。建成商城设计学院和篁园时尚服饰产教协同中心。吸引9家金华地区浙江制造企业入驻浙江制造品牌建设功能中心。举办2018“品字标”公共品牌（标准）发布会，发布86项“浙江制造”标准。三是“好品义乌”渐成气候。接洽品牌加盟、“好品义乌”加盟及供应链合作项目26个，促成广西防城港、辽宁抚顺等地市场加盟。四是智慧市场建设稳步推进。市场范围内试点小额在线支付、智慧停车、智慧用电等功能，逐步推行商位费用在线缴纳、智慧停车微信无感支付、市场用电在线充值等。

对外贸易

出口贸易实现较快增长。一是成功获批国家

外贸转型升级基地(服饰)。参加了全国纺织服装外贸转型升级基地工作会议,基地正式挂牌。二是外贸综合服务企业稳中有升。修订了市级外贸综合服务企业认定办法,7家企业通过复核认定,全年代理出口173.75亿元,同比增长8.73%。三是多元化开拓市场取得显著成效。支持695家次本土企业参加第24届义博会、第28届华交会、第123届和第124届广交会,设立1321个展位。全年支持1504家次企业参加136个有影响力的境外展会,设立2359个展位。四是国际服务贸易稳步发展。全年实现国际服务贸易额116.02亿元,同口径增长14%,其中服务贸易出口107亿元。五是应对贸易摩擦工作得到明显加强。发挥外贸预警点作用,全年排查印度、欧盟、美国等7个国家和地区发起的22起贸易救济调查案件,其中美国10起。推动市政府成立应对贸易摩擦工作领导小组,建立重点企业联系机制,组织应对贸易风险培训活动3场,参与企业260余家次。六是成功举办第24届义博会。吸引国内外2150家企业参展,共设有国际标准展位4136个,展览面积达10万平方米,五天累计到会参观者、采购商20.47万人次,同比增长13.09%,成交额184.28亿元。

进口贸易结构明显优化。一是市场采购进口贸易方式获国家八部委批准。推动市政府出台工作实施方案,列出第一批工作清单,已创新实施海关税款担保、汇总征税等24项举措。二是成功参与首届进口商品博览会。实施全球消费品进军义乌计划,组织5000人大型采购团赴上海观展、采购,举办"义新欧"沿线国家进口产品采购会,促成采购意向329项,签约额6.64亿美元,位列全省第二。展会结束后,组织为期2个月的中国义乌进口商品博览会秋季展,共有50个国家、420家企业参展,吸引68万名观众、采购商前来参观、采购,达成2000余项合作协议,落地1000余个品牌。义乌参与进口商品博览会成效显著,中央《新闻联播》两次专题报送,并获得省政府领导朱从玖、高兴夫和金华、义乌市主要领导批示肯定。三是进口促进政策瞄准高质量发展。推动市政府出台《关于促进商贸业高质量发展的若干意见(试行)》。四是成功举办2018中国义乌进口商品博览会。吸引了100多个国家和地区的1032家企业和机构参展,共设展位1624个,与会参观者、采购商累计达11.81万人次。

利用外资与对外经济合作

商贸线招商工作全面展开。一是商贸线招商工作机制初步确立。推动市级层面成立了商务局、丝路新区、商城集团、市场集团4个招商小组,明确招商定位,确定招商目标。二是商贸线招商任务和计划正式出台。推动市政府出台《义乌市促进外资增长任务分解方案》。制订了境内外两批市领导招商计划,确定138家目标企业;制订了机关部门招商计划,确定300家目标企业,推动市领导和各部门奔跑招商。三是商贸线招商成效显著。成功引入京东集团、新加坡易家电商平台、深圳环金科技、宁波井贝、杭州云集、杭州昆汀等销售额超亿元的电商平台和企业19家。吸引中粮进口食品有限公司、中发利合(浙江)进出口有限公司等70余家日用消费品进口企业落地义乌。

对外开放取得新突破。一是"一带一路"系列站建设取得实质性进展。捷克站获批省级境外经贸合作区,成立了华捷投资有限公司,货运站、物流园已建成启用,商贸服务园启动建设。非洲站津巴布韦项目已签约,积极参与迪拜站筹备工作,商城集团已设立迪拜办事处。二是一批国家级工作机制、工作资源成功落地。与国家发改委"一带一路"促进中心建立常态化合作机制,全年组织4次外国官员来义乌考察对接活动。与捷克中小企业协会等6个境外国家商协会、国家部委签订战略合作协议。成功吸引保加利亚中国工业发展商会、菲律宾总统中华事务特使办公室在义乌落地,创造了境外国家商协会、国家部委在义乌设立办事处两个第一。三是外商邀请渠道进一步拓宽。设立马来西亚等16个境外采购商服务中心,邀请1100余名外商来义乌考察对接,达成意向采购约1.9亿美元。贸促会新增南非联络处,海外联络处总数达到12个。四是外商服务水平进一步提升。完成苏丹、伊拉克、埃及、韩国4个商会备案。世界商人之家全年组织活动180余场次，吸引1.5万余人次中外商人参加。五是成功举办中捷协调推动“一带一路”合作规划工作会议。邀请两国政府高层、智库、企业等代表150人参加，同期举办中捷经贸合作交流会、“一带一路”沿线国家经贸投资环境推介会，加深了义乌市与“一带一路”沿线国家的合作。

电子商务

电子商务获得重大突破。一是成功获批国家级跨境电商综试区。国务院批准义乌列入第三批跨境电商综试区，义乌迅速行动、全速推进，实施方案于2018年底获省政府批复同意。2019年1月1日，率先开通1210进口业务，首日放行10278单，走在第三批综试区最前列。二是电商载体建设形成新机制。制定了《义乌市电子商务园区认定管理办法(试行)》，完善了电商园区建设标准。推动电商村专业化发展，全年评定星级电商村10个。三是汶川电商扶贫协作取得实质性进展。制定了“汶川—义乌电商扶贫协作任务工作清单”，实施5大工程15个项目。四是成功举办2018中国国际电子商务博览会暨首届数字贸易博览会。吸引国内外1102家企业参展，共设立展位2226个。其间举办了2018世界电商大会、2018中国数字贸易高峰论坛等20余场主题活动。

国贸改革(市场采购贸易)

国贸改革取得新进展。一是国贸改革专项小组工作获得全面推进。制订了国贸改革专项小组2018年工作计划，推动各部门完成8项重点改革任务。二是探索建立并实施市场采购贸易组货人制度。10月1日正式试行，已注册组货人501家，全年组货11.11万票。三是市场采购贸易方式得到了国家部委的高度肯定。第三次向全国6个市场复制推广，获得袁家军省长批示肯定。四是国际贸易综合信息服务平台功能大幅提升。平台实现一站式办理市场采购贸易各项业务。其中“互联网＋”自助结汇政策大面积推广，已对接10家银行，已注册结汇主体1.48万户，全年结汇达50.8亿美元，累计结汇突破71.6亿美元。五是商务领域“最多跑一次”改革获得重大突破。首创外贸企业“证照通办”，实现企业注册同步赋予外贸经营权，全年新增外贸登记主体1.41万余家，改革经验获省政府领导冯飞批示肯定并在全省复制推广。推进贸促会签发原产地证“跑零次”工作，全年签发一般原产地证57808份。

(义乌市商务局)

2018年海宁市商务

国内贸易

2018年,海宁市实现社会消费品零售总额439.43亿元,比上年增长8.6%。其中,城镇消费品零售额408.09亿元,增长8.6%,拉动整个消费品市场增长8.0个百分点;乡村消费品零售额31.34亿元,增长8.6%,拉动整个消费品市场增长0.6个百分点。分行业看,批发和零售业零售额386.46亿元,增长8.5%;住宿餐饮业零售额35.56亿元,增长6.5%。批发和零售贸易业实现增加值138.23亿元,增长4.4%,占全市地区生产总值的14.6%,占全市第三产业增加值的35.2%,住宿餐饮业实现增加值10.61亿元,增长5.4%,占全市生产总值的1.2%,占全市第三产业增加值的35.2%

截至2018年底,全市有限额以上批发和零售企业358家。限额以上批发和零售贸易业零售额中,蔬菜类比上年增长56.6%,鞋帽类增长172.7%,针纺织品类增长64.5%,书报杂志类增长118.1%,石油及制品类增长28.7%。年末全市有各类商品交易市场61个,其中成交额超亿元的市场30个。全年市场交易成交额360.91亿元。

加强市场监测和管理。截至2018年底,商务部商贸流通业统计信息平台系统样本企业17家,商贸流通业统计监测系统样本企业9家,生活必需品市场监测系统样本企业2家,重要生产资料市场监测系统样本企业1家,商贸行业季度分析系统样本企业5家,信息泵采集分析系统样本企业1家。嘉兴市四之堂医药连锁有限责任公司获“2018嘉兴市老字号”称号。

举办2018海宁休闲购物节,举行百店商场大联动、众商献爱心促销活动、改革开放40周年主题征文比赛、大众甄选品质商家、购物节专属洪荒券网购等数十项各类活动。各商贸流通企业通过线上线下拉动销售额达4.36亿元,同比增长6.3%。

对外贸易

2018年,海宁市累计实现进出口总额563.15亿元,同比增长16.2%。其中,累计出口506.02亿元,同比增长19.3%;累计进口57.1亿元,同比下降5.8%。

商品出口方面。2018年度,纺织品累计出口191.23亿元,同比增长7.9%;家具行业累计出口63.41亿元,同比增长3.5%。机电高新产品累计出口132.49亿元,同比增长35.3%,其中,光伏产品累计出口64.18亿元,同比增长91.5%,为全市出口起到较大正向带动作用。医药化工保持较快增长,2018年累计出口43.67亿元,继续保持较快增长,同比增幅达到77.2%。

出口市场方面。2018年度,海宁市传统出口市场累计出口280.61亿元,同比增长16.5%。其中,出口第一市场美国累计出口127.35亿元,但同比增长6.9%;第二大出口市场的欧盟累计出口75.92亿元,同比增长23.5%。对新兴市场累计出口221.25亿元,同比增长22.8%,其中“一带一路”市场累计出口169.01亿元,同比增长14.4%。

贸易方式方面。一般贸易仍占主体地位,加工贸易企稳回升,全市一般贸易累计出口439.33亿元,占全市出口总额的88.8%,出口同比增长16.7%。加工贸易2018年以来保持较高水平增长,全市累计出口66.21亿元,占全市出口总额的11%,出口同比上升41.87%。

深化转型升级,推进提质增效。立足国家级

外贸转型升级示范基地的建设，将示范基地的先进经验在全市推广。根据《海宁市自主品牌出口企业培育实施方案》文件要求，对首批7家自主品牌培育企业进行了年度考核，并对考核通过的予以奖励支持，并积极申报浙江省级出口品牌，着力培养一批有实力、有品牌、有技术、有竞争力的行业样板企业。2018年，海宁新增省级出口名牌1家，全市累计省级出口名牌企业共计9家。

大力推进促展，多元开拓市场。强化促展机制，制订发布了《2018年度海宁市重点支持国际展会项目计划》，引导鼓励企业参加国际知名展会，全年共有法兰克福家纺展、中国香港亚太区皮革展、美国高点国际家具展等40个境外展会被列入重点目录。继续组织家纺企业抱团参加第123届和124届广交会，强化“海宁家纺”区域品牌的宣传，提升海宁家纺国际市场竞争力。深入参与首届进口博览会，共组织全市200多家企业（单位），400余人次参加中国首届进口博览会，现场达成成交意向4000余万美元，万凯新材料、晶科能源等多家企业不仅与国际知名供应商加深了双向合作，同时也利用进口商品博览会开拓了营销及采购渠道。

提升服务水平，加大走访调研。据年度企业政策业务培训计划，加大宣传力度，扩大影响程度，提高企业对外经贸政策的熟知度。结合“大走访、大宣讲、大解放”专项活动，积极下基层走访调研，了解企业生产经营情况，实施精准服务。同时多途径多形式举办各类培训宣讲、座谈会，将政策解析到位、措施宣传到位、业务指导到位。全年共计开展各类培训20余次。加大重点企业对接力度，联合各相关涉外部门建立与重点外经贸企业实时对接、即时服务机制，为重点外经贸企业及时解决营运管理及进出口相关问题，保障重点企业稳定发展。

利用外资

2018年，海宁市开展“双招双引年、优质服务年”活动，始终坚持“双招双引”“一号工程”地位不动摇，出台了《2018年海宁市“双招双引”工作意见》《海宁市高质量外资集聚地建设实施意见》等文件，始终坚持以高质量、高层次为“双招双引”导向，把握好新形势下“双招双引”工作的目标，切实在精准发力、量质并举中突出重围、走在前列，推动海宁市“双招双引”工作取得实效。开展多批次、主题化、专业性的系列招商活动，先后组织了香港经贸考察、2018海宁（广州）投资说明会、2018海宁（北京）泛半导体产业招商（招才）推介会、2018海宁（深圳）泛半导体产业招商（招才）对接会、2018海宁（上海）泛半导体产业招商（招才）推介会、第三届海商大会、2018海宁（上海）外商投资说明会等。

海宁市新设外商及港澳台商投资企业44家，合同利用外资及港澳台资96978万美元，实际利用外资及港澳台资42204万美元。全市各大招商平台中，经济开发区（海昌街道）合同利用外资及港澳台资27699万美元，实际利用外资及港澳台资10013万美元；长安镇（高新区）合同利用外资及港澳台资18140万美元，实际利用外资及港澳台资10065万美元；尖山新区（黄湾镇）合同利用外资及港澳台资13573万美元，实际利用外资及港澳台资8011万美元；经编产业园区合同利用外资及港澳台资1188万美元，实际利用外资及港澳台资5002万美元。全市新批（增资）总投资1000万—3000万美元外资及港澳台资项目9个，合同利用外资及港澳台资8689万美元。新批（增资）总投资3000万—1亿美元外资及港澳台资项目4个，合同利用外资及港澳台资6663万美元。新批（增资）投资总额1亿美元以上外资及港澳台资项目8个，合同利用外资及港澳台资61963万美元。新批世界500强项目2个，分别为浙江物产经编供应链有限公司，由世界500强排名第270位的物产中大集团投资；佛吉亚（海宁）汽车部件系统有限公司，由世界500强第108位的标致雪铁龙集团投资。投资来源国别（地区）中以中国香港为主，合同利用资金77622万美元，实际利用资金35502万美元，分别占总额的80.0%和84.1%。

2018年8月，由世界500强排名第270位的物产中大集团投资设立浙江物产经编供应链有限公司。公司投资总额3亿元人民币，注册资本7000万元人民币，主要从事供应链管理业务。11

月，由世界500强第108位的标致雪铁龙集团投资设立佛吉亚(海宁)汽车部件系统有限公司。公司投资总额1.6亿元人民币，注册资本6500万元人民币，主要从事汽车部件系统研发，汽车部件制造及售后服务、技术咨询。

2018年9月28日，成功举办第三届海商大会。本届大会主题为"海纳百川、勇立潮头"，旨在高擎"八八战略再深化，改革开放再出发"旗帜，回顾改革开放海商40周年、共聚发展，推动广大海商积极投身海宁建设，吸引新海商投资海宁，加快海宁市经济社会转型发展。浙江大学副校长、浙江大学国际联合学院(海宁国际校区)院长何莲珍，浙江大学校长助理、浙江大学国际联合学院(海宁国际校区)党工委书记、副院长傅强出席会议。市委书记朱建军作大会主旨演讲。市委副书记、市长曹国良主持会议。市领导姚敏忠、周红霞、沈雨祥等出席会议。此次大会共邀请到了500余位海商和特邀嘉宾畅叙桑梓情深，共话合作发展。会议举行了重大招商引资项目签约仪式，共有39个重大投资项目成功签约，总投资额达305亿元。会前，部分客商参加了首届海宁"法国日"、国际创新创业交流大会、新生代传承创新主题对话会、智汇东湾专场推介会、海商总会理事会年会、泛半导体产业创新发展大会、鹃湖国际科技城创新论坛等专题活动。

对外经济合作

2018年，海宁市新核准境外投资项目15个，总投资额8.45亿美元，带动出口2.51亿美元，同比增长2.6%。投资领域涵盖纺织、汽车、家具、服饰、造纸等行业，涉及美国、印度、德国、柬埔寨、英国、瑞士、马来西亚等国家和地区，投资类型为海外营销网络、设计研发机构、生产加工企业等。

电子商务

2018年，海宁市实现网络零售总额达到701亿元，嘉兴市排名第一，全省县(市)排名第七。目前注册天猫店数1100家，占嘉兴市天猫店总数的30%，注册淘宝店铺3.3万家，其中活跃淘宝店铺近1.5万家。全市注册电子商务企业达到了3600余家。全市有淘宝村59个，同比增长96%；淘宝镇9个。2018年，海宁市通过出台电商产业扶持政策，招引培育电商项目，举办电商资源对接会(峰会)，召开政策宣讲会、电商法培训会、行业座谈会，加强电商行业监管等多种途径，全方位推进全市电子商务产业健康有序发展，涌现出了一批优秀电子商务企业和平台。

电子商务集聚区建设得到新提升。海宁建设和培育电子商务园区(楼宇)4个。海宁马桥跨境电子商务产业园主要招引跨境电子商务B2B和B2C企业入驻。海宁皮革城网商大厦，主要以吸引皮革城周围网商品牌企业入驻。盛天电子商务产业园主要以包装产业和传统服装企业作为支撑，吸引相关电商企业入驻。海宁电子商务产业园(丁桥)主要吸引传统企业和网商企业入驻，承载市区溢出电商企业入驻。

传统企业电商化取得新成效。皮革、经编、家纺等传统产业进一步加快了电商化的步伐，以雪豹、安正、虹越花卉、美大、帘到家、火星人厨具等为代表的多家大型传统企业在各类专业交易网站纷纷开设旗舰店或自建交易平台，销售业绩快速上升。2018年度火星人线上销售将近3.7亿元。虹越花卉线上收入达到7500万元。

跨境电子商务取得新进展。推进跨境电商园区建设。海宁(马桥)跨境电商园区已入驻电商企业45家，其中跨境电商服务企业5家。推进产业集群跨境电商发展试点。出台推进产业集群跨境电商发展工作机制，统筹推进全市产业集群跨境电商发展。成立了海宁市跨境电商协会与公共服务中心。开展跨境电商基础性培训。亚马逊、GMC、海派孵化器等达成合作开展2018年度跨境电商培训班的初步意向，2018年培训跨境电商人才200人。2018年全市跨境电商带动出口将近1.3亿美元。

2018年7月25日，"筑潮梦·创未来"2018海宁市电子商务创业创新大赛决赛成功在海宁举办。本届大赛由海宁市人民政府、嘉兴市商务局、浙江省电子商务促进会指导，海宁市商务局、海宁市经济和信息化局、海宁市财政局、海宁市人力资源和社会保障局、海宁市地方金融监管局、共青团海宁市委员会、浙江海宁经编产业园区管委会共同主办。本次大赛共征集到参赛项目100多个，涵盖了产业电商、跨境电商、生活服务业电商、农村电商等多种类别，呈现出领域多样、跨界创新的特点。决赛当天，经过激烈路演角逐和答辩环节，最终“晓停(X-Parking)智慧车位共享云项目”和“虹越花彩＋”项目分别获得创业组和企业组的一等奖。

海宁市和浙江天猫技术有限公司签订战略合作意向书，该意向书的签订，推动天猫平台鲜花绿植行业以及海宁花卉产业和电子商务发展，实现互利共赢、优势互补、共同发展。浙江天猫技术有限公司成为海宁世界花园大会战略合作伙伴，参与花卉论坛，双方一起打造花卉产业集聚中心，开展新零售业务合作尝试，推动海宁传统花卉企业转型升级。

2018年11月23日下午，海宁市2018第二届跨境电商峰会在海洲大饭店举行。峰会吸引了亚马逊、谷歌、东南亚shopee、俄罗斯Ukma和中东等主流跨境电商平台以及来自全市200多家外贸企业参加。峰会上，各大跨境电商平台的代表围绕传统企业转型升级、品牌智造全球化、跨境电商市场新机遇等主题作了精彩的分享。海宁跨境电商重点企业金潮实业和深圳大卖家分享了传统外贸企业如何转型发展跨境电商业务。

(海宁市商务局)

2018年桐乡市商务

国内贸易

2018年,桐乡市实现社会消费品零售额392.74亿元,同比增长8.9%,总量和增幅均列嘉兴第二位。

一是狠抓转型升级,打造"桐乡特色"新零售模式。以限额以上规模商贸流通企业为基础,梳理建立桐乡市重点企业培育库。密切跟踪联系东兴生活广场、新城吾悦广场等商业综合体发展,掌握经营动态,协调企业经营遇到的问题与困难。积极开展省级批发零售业改造提升试点工作,结合上级政策支持,拟订实施方案,重点推进4大改造提升方向,紧密追踪3大重点项目推进情况。依托毛衫、皮草、女鞋、家纺等特色产业,以龙头企业为带动,加快推动实体零售网络化、数字化、智能化发展,打造符合桐乡特色的"互联网+"新零售模式。

二是注重市场开拓,提升商贸流通业整体发展水平。积极组织企业参加嘉兴市机械展、嘉兴市现代生活博览会、2018浙江省农商对接大会等大型展会,开拓商贸新市场。精心策划并鼓励企业参加主题节会活动、开展消费促进月,挖掘新消费增长点,形成对本地消费市场的拉动。促进月期间,东兴商厦、乐购、沃尔玛等大型商贸企业成功举办促销活动10余场,参与商家600多户,实现销售金额近4000万元,同比增长5.26%。推进商贸领域品牌战略,紧抓"浙江老字号""嘉兴老字号"培育,积极开展推进2018年度"浙江老字号"推选工作和"老字号"企业档案征集工作。

三是规范行业管理,优化商贸行业发展软硬环境。紧抓成品油、典当、单用途预付卡等行业监管。完成全市散装汽油供应点实名登记信息系统升级和布点调整,散装汽油定点购销加油站由12座调整至6座。完成全市87家成品油经营企业和8家典当企业年检工作。开展"平安加油站"创建,建立成品油市场长效监管机制,严格落实安全目标责任,联合相关部门和属地,对加油站非法经营行为开展专项检查,全年累计出动检查200多人次,发现隐患60多处,限期整改20多处。对辖区内8家典当企业开展风险排查专项检查,依法从严打击各类非法集资行为,确保行业规范经营。此外,全年妥善处理预付卡纠纷近50起,无大型群体性纠纷事件发生。

电子商务

2018年,桐乡市实现网络零售额372.09亿元,同比增长26.98%,总量排名嘉兴市第二位和全省第十二位。全市新增跨境店铺数量约100家,实现跨境电子商务交易额约为1亿多美元。桐乡市振东物流电商中心获评"嘉兴市级跨境电子商务基地"。

扩大电商产业发展规模。提升电子商务集聚区功能和服务水平,推动产业基地与平台深入合作,增强凝聚力和辐射力。如联合濮院毛衫市场举办1688淘工厂双淘会线下订货会展;组织"新电商时代"拼多多核心商家对接会;开展中国好买家助力计划,举办2018全球速卖通桐乡招商大会;组织优秀电商企业参展嘉兴市首届现代生活博览会等,为桐乡市特色优势产业进一步拓宽网销渠道。

推进农村电商深入实施。2018年,针对农村电商启动提升改造计划,一方面天猫优品加大对镇(街道)的招商力度及活动力度,另一方面对原有的村淘队伍提升整改,通过走访摸底升级成不同类型的服务站；同时在阿里巴巴村淘合作项目的基础上，拓展农村电商服务站及淘帮手数量，2018年，农村电商服务站带来网上购物近3215万元，桐乡区域手机淘宝新用户增加1.39万人，村淘用户数10.05万人，订单量15.7万笔。

完善电商配套服务。落实电商发展相关政策，对符合标准的电商企业及村点完成政策兑现。邀请电商协会、电子商务公共服务中心、跨境电商服务中心及企业代表召开座谈会，共同商讨桐乡市跨境电商产业发展、电商人才机制建设等。指导电商协会开展“桐乡市十大电商风云人物”评选，树立行业标杆，激发电商企业及电商创业者的热情。开展精准培训，针对跨境电商、产业电商、电商人才培训等，对接各大院校及知名平台，深入产业基地开展精准化培训，累计开展培训20多次，培训人数达1200多人次。

继续促进跨境电商发展。印发《桐乡市大力推进产业集群跨境电商发展工作实施方案》和《2018年桐乡市产业集群跨境电商专项资金分配方案》，加大政策支持。进一步加强资源对接，邀请知名电商平台和电商服务企业举办专题讲座，鼓励企业参加各类跨境电商展会，2018年推荐毛衫企业作为桐乡市代表产业进驻首届中国(浙江)跨境电商博览会主会场参展，并组织优势产业属地负责人和跨境电商企业赴展参观学习。

对外贸易

2018年，桐乡市实现进出口贸易总额426.0亿元，比上年增长18.2%，其中出口额285.7亿元、进口额140.3亿元，分别增长17.2%、20.2%。进出口、出口和进口增幅均在嘉兴各县(市、区)列第三位。进出口贸易中，一般贸易进出口占主导地位，全年全市一般贸易进出口额338亿元，占全市进出口总额的79.3%，其中出口额241.5亿元、进口额96.6亿元，分别增长18.4%、17.5%。加工贸易出口额44.2亿元、进口额42.4亿元，分别增长11.2%、25.8%。

市场多元化趋势进一步显现。2018年，桐乡市与172个国家和地区开展贸易往来。对主要传统市场和新兴市场出口表现均较好，实现对欧盟出口额69.9亿元、对美国46.2亿元，对日本18.4亿元，分别比上年增长7.3%、24.9%和65.0%。实现对东盟出口额26.6亿元，对非洲20.5亿元，对拉美15.5亿元，分别增长27.7%、7.6%和20.1%。对香港地区出口7.0亿元，比上年增长76.9%；对台湾地区出口2.7亿元，比上年增长37.9%。全市563家企业与“一带一路”沿线国家和地区有贸易往来，合计实现进出口额119.2亿元，其中出口95.5亿元、进口额23.8亿元。

大企业出口带动作用明显。全年桐乡市有自营进出口实绩企业921家，自营出口实绩企业837家，与上年相比分别增长70家和59家，其中出口前20强企业合计实现出口162.6亿元，比上年增长20.5%，占全市出口总额的57%，拉高全市出口增幅11.4个百分点，其中中国巨石、华友钴业、桐昆集团、新凤鸣集团、永泰隆电子、欧美斯羊绒等企业出口增幅均超20%，新出口企业宇视科技实现出口总额3.0亿元，为全市外贸发展注入新的活力。

出口商品结构持续优化。与上年相比，九大类主要出口商品类别中，纺织品、机电、服装、医药化工、塑料及橡胶制品、床上用品、高新技术产品等七大类商品实现增长，裘皮革和鞋类出现下降。纺织品是全市第一大出口商品类别，占全市出口总额的40.3%。机电和高新技术产品出口形势较好，出口增速高于全市平均水平7.7个百分点，占全市出口总额比重提高至19.9%。

2018年3月，商务部公布国家级外贸转型升级基地认定名单，桐乡市玻璃纤维出口基地被评为国家级外贸转型升级基地。桐乡市玻璃纤维出口基地成立于2011年，是浙江省首批获得批准的50个出口基地之一，桐乡玻璃纤维产业经过30多年的发展已经成为产业集群效应明显、龙头带动作用强劲的特色产业基地，目前已经成为全球最大的玻璃纤维生产企业和出口基地，分别占据国内和国际38%和20%的市场份额。2018年，基地内共有玻璃纤维生产企业和出口企业50家，合计实现出口29.1亿元，占全市出口总额的10.2%，出口市场覆盖欧美、中东、印度、南美等93个国家和地区。

服务贸易

2018年,桐乡市国际服务贸易出口总值29.4亿元,位居嘉兴市五县(市)、两区首位,总值占嘉兴市全市比例的22.8%,同比增长21.3%。2018年,桐乡市新增服务外包企业5家,接包合同签约金额3.44亿元,同比增长47.5%;接包合同执行金额2.82亿元,同比增长45.8%,其中,离岸外包执行金额4194.4万美元,同比增长51.6%。

利用外资

2018年,桐乡市合同利用外资59931万美元,同比下降36.84%;实际利用外资36143万美元,同比增长2.17%。引进总投资1000万美元及以上项目36个,合同利用外资56914万美元。其中,总投资3000万美元以上项目12个,合同利用外资24504万美元;总投资1亿美元及以上项目4个,其中,世界500强投资项目2个,合同利用外资累计8149万美元,占全市合同外资的13.6%。培育本土跨国公司3个。

统一思想,强化高质量发展部署。一是根据《嘉兴市关于高质量外资集聚地建设的实施意见》精神,以及“一二三”工程部署,针对具体要求,制订《桐乡市关于推进高质量外资集聚地建设实施方案》(以下简称《实施方案》),落实“一二三”工程牵头部门,成立由桐乡市委书记、市长任组长的领导小组,各副市长为副组长,相关职能部门任领导小组成员,组建桐乡市最强工作推进阵容。二是根据桐乡招商引智工作实际,全市上下统一思想,充分认识打好“精准招商持久战”是推动桐乡高质量外资聚集地的前提,只有开展好“精准招商”,才能有效推动“高质量外资和高质量人才”两个高质量阵地建设。年初,桐乡市委、市政府出台了《桐乡市“精准招商(引智)持久战”实施意见》,对桐乡加快推进两个集聚地建设,促进招商引智提档升级,推动桐乡形成全面开放新格局等作了总体部署。

全力以赴,完善招商服务保障措施。一是桐乡市级层面在原来设招商局的基础上,结合“高质量外资集聚地建设”和“精准招商”工作要求,分设农业、工业、服务业招商局,各产业招商局分别由农经、经信、发改确定一名专职副局长统筹招商。经济开发区招商局专门设立汽车汽配、新能源、新材料产业招商局、上海产业转移招商局(招商一二三局)和欧美招商局。二是在推进“两退两进”工作中,制定出台了《桐乡市“退散进集大会战”政策意见》,以“四无”企业(作坊)整治为重点,统筹推进污染企业整治提升、安全隐患(无安全保障企业)整治提升、违法经营(无证无照企业)整治提升等十大专项行动。三是推行“最多跑一次”升级版,全面推行“无差别全科受理”改革,对企业服务设置自助办理区,通过智能终端,快速办理企业名称核准、企业设立(变更)、投资项目备案等90个在线申报事项。同时,专设VIP企业服务,专为项目审批提供专家答疑、联审联办、现场踏勘等更为精细化、个性化的服务。

多路出击,加快外资高质量集聚进程。一是围绕高质量外资集聚地建设,精准产业、精准区域,有针对性地开展一系列招商活动。4月,在美国底特律举办“桐乡汽车汽配招商推介会”,密歇根州麦迪逊海茨市市长、美国商务部官员以及150多位密歇根州汽车及零部件企业、大区商会和投资机构代表出席,桐乡本地企业巨石集团、合众新能源汽车作主题演讲,中美双方就汽车汽配领域的投资与合作前景展开交流。同时,桐乡的另一支招商队伍赴德国、法国针对欧洲高端装备制造业、汽车轻量化配套产业开展招商活动。4月下旬,桐乡市人民政府、紫旌科技、瑞典英诺迪克公司等共同举办“北欧创新企业项目路演·投资对接会”,来自瑞典、挪威、丹麦等涉及智能制造、清洁技术、新能源、新材料、生物医药、汽车汽配、互联网教育等领域的10多个项目分别进行了路演,并与桐乡当地20多家企业进行对接交流。另外,桐乡经济开发区、濮院、乌镇等平台分别围绕汽车汽配、新材料、互联网、时尚产业等开展了近30场产业招商对接会。

凝心聚力,提升开发区平台能级。桐乡经济开发区区街合一以后,以建设创新驱动示范区为目标,搭建创新平台。一方面,桐乡经济开发区始终坚持明确的产业定位,即以汽车汽配为主的高端装备制造、新能源新材料和现代服务业作为三大主导产业。2018年以来，新签约汽车汽配项目10个，总投资超62亿元。华友公司与世界500强韩国浦项公司签约投资两个超20亿元的锂电池项目已经启动，预计一期项目将于2019年投产。平安养老养生社区、绿地智慧城、五星级酒店等一系列高质量项目陆续落户发展。2018年9月，再次与中国平安签约合作“平安·桐乡新经济城”项目，产业投资达到180亿元。另一方面，与上海交大、香港绿地合作成立“交大绿地桐乡双创服务中心”，引进“稼沃云鼎产业基金”等活跃创新氛围。2018年，引进国千6人，全区企业新引进硕士以上高层次专业人才近300人，省科技型企业已认定46家，新认定国家高新技术企业17家，浙江省专利示范企业2家，申请发明专利620项，授权发明专利118项。

对外经济合作

境外投资和境外工程承包稳步推进。2018年，桐乡市全年新批境外投资企业18家、增资项目9个，合计实现中方投资额6.04亿美元，完成目标任务的201%，列嘉兴各县(市、区)第二位。其中1000万美元以上大项目(含增资)7个，大项目投资总额5.39亿美元，占全市投资总额的89.2%。从投资国别分析，对“一带一路”沿线国家和地区投资成为热点，合计中方投资额4.34亿美元，占全市投资总额的71.9%。实现境外工程承包营业额1.51亿美元，完成目标任务的216%，列嘉兴各县(市、区)第一位。境外企业合计带动出口3.90亿美元，比上年增长3.5%。

振石、华友成功入围浙江本土民营企业跨国经营30强。2018年10月23日，浙江省境外投资企业协会根据企业境外资产、跨国指数、品牌建设、行业地位、带动出口等方面作出综合评定，发布了2018年度浙江本土民营企业跨国经营30强企业名单，桐乡市振石控股和华友钴业两家企业成功入围。培育本土民营跨国企业是构建开放型经济新优势的重要组成部分，是推动经济转型升级的新动力。近年来，桐乡市以培育本土民营跨国企业为核心，积极鼓励企业通过“走出去”加快布局国际市场，目前已基本形成矿产资源开发、海外生产基地、境外营销网络、境外农业开发和境外工程承包为主的境外投资多元化格局，投资地遍布全球33个国家和地区。

(桐乡市商务局)

2018年东阳市商务

概况

2018年,东阳市完成社会消费品零售总额280.18亿元,增速9%,排名金华第四。全年限上社零总额63.58亿元,增速8.9%。全年完成批发业商品销售额530.53亿元,增速13.2%,排名金华第二。完成限上批发业商品销售额163.44亿元,增速13.6%,排名金华第三。全年完成零售业商品销售额650.62亿元,增速12.3%,排名金华第四。完成限上零售业商品销售额59.09亿元,同比增长9.3%,排名金华第四。全年完成住宿业营业额10.86亿元,增速16.8%,排名金华第二。完成限上住宿业营业额4.88亿元,同比增长32.5%,排名金华第二。全年完成餐饮业营业额39.98亿元,增速11.8%,排名金华第五。完成限上餐饮业营业额6.01亿元,同比增长2.2%,排名金华第五。全年网络零售额114.48亿元,同比增长25.53%。

全年外贸进出口总额207.31亿元人民币,同比增加4.59%。其中,出口额190.17亿元,同比增长5.43%;进口额17.15亿元,同比减少3.83%。国际服务贸易进出口总额47.2亿元,排名金华第二。全年新增备案外贸企业144家,全市备案外贸企业达到1360家。全年完成对外承包工程营业额3亿美元,占金华全市对外承包工程营业额的92.3%。中方在外劳务人员1897人,雇佣项目所在国劳务人员2425人,雇佣第三国劳务人员1512人。新设境外公司2家、办事机构2家,增资2家,中方对外直接投资备案额462万美元。

工作亮点

育主体,做大做强商贸产业。加强“下升上”培育工作,全年新增27家限额以上商贸企业。积极走访重点商贸项目,动员成立独立法人运营企业主体,实行统一管理、收银和核算的现代商业运营管理模式,及时纳入限额以上管理。加强股改上市培育工作,做好一对一跟踪服务,全年完成挂牌股权交易中心企业34家,完成股改工作企业3家。东阳市黄家竹编工艺研究院被认定为“浙江老字号”,东阳市东白山茶场、东阳市东白山土特产开发有限公司、东阳市六石镇万春堂药店被认定为“金华老字号”。全年商贸服务业重大项目累计实现投资额25.23亿元,完成全年计划投资总额的94.96%。服务业强市培育工作取得显著成效,6月底联宜电机、金象科技、英洛华装备制造3家企业,顺利通过国家现代服务业综合试点项目竣工验收,9月中旬通过省服务业强县培育综合评价核查。

拓会展,拉动内需扩大消费。精心组织“消费促进月”、东阳市第十届休闲购物节等系列展会活动,加大展会促消费力度。全年共举办各类展会32个,总成交额30.28亿元,同比增长137.5%。其中,南马镇东湖村举办的首届中国(东阳)夏凉枕头小件产品博览会暨全国席品交易会,成交额2.7亿元,订单同比提升30%以上;花园红木市场举办的“2018中国花园红木家具展销会”,成交额9.8亿元;第十三届东博会,客流量约9.6万人次,成交额及意向订单超10亿元。

抓规范,行业管理逐步正规。组织开展安全生产大检查,出动检查人员345人次,检查企业167家次,排查整改安全隐患39个。开展成品油市场专项整治，取缔非法加油点2个，采取刑事强制措施6人，查扣非法营运油箱式货车8辆、油罐车2辆、成品油30吨。完成66家成品油经营企业、8家典当行、125家外资企业和43家外经企业的年检工作。59个加油站点完成地下油罐更新改造，2个加油站点正在改造中。全年受理单用途预付卡相关投诉789起，成功处理686起，转交其他途径处理103起，取得良好办理效果。有序推进"双打"工作，加强商务领域知识产权保护工作力度，促进品牌建设。加强节日市场供应和应急监测工作，保障市场供应。加快推进信用制度建设，开展诚信宣传教育，增强生产经营者的诚信意识和守法意识。

抓重点，农村电商快速发展。围绕乡村振兴目标，狠抓电子商务专业村建设，组织部分镇乡街道和电子商务培育村赴缙云县北山村、浦江县石埠头村学习，建成11个电子商务专业村，完成率金华第一。斯村、金马村、夏屠村、怀鲁村4个村被新认定为"淘宝村"，全市"淘宝村"达到10个。新建"天猫优品"服务站10家、农商银行"丰收驿站"60家。邮乐购累计建设站点596个，代购笔数达到15364笔，实现批销额1660.45万元。京东商城"中国特产·东阳馆"新上线10个产品，累计上线产品50个，被认定为金华唯一的"京东好店"特产馆。6月，成功举办"东阳市第三届青年创业大赛暨电子商务创新创业大赛"，"演家"项目获金华大赛初创组二等奖，入围"之江创客"2018年全球电子商务双创大赛半决赛。

建平台，培育发展电商产业。对接浙江国贸云商企业服务有限公司，研究制订东阳市跨境电商生态体系建设方案。横店影视城"智慧旅游"平台、"多维"东作云、木雕城"云市场"等平台逐步完善，其中，横店影视城"智慧旅游"平台，注册个人用户数273万人，全年实现网络零售额3.95亿元，同比增长8.8%。邮政跨境电商小包邮件收寄量176.7万件，同比增长50.25%，其中，"一带一路"国家国际小包占全部的27.47%。使用"一达通"外贸综合服务平台的企业共504家，代理出口累计1804.48万美元，阿里巴巴国际站企业用户有306家，为企业提供电商培训共计37场，覆盖约1300多人次。

出实招，有效应对中美贸易摩擦。积极关注中美贸易摩擦，一是由东阳市分管领导带队走访外贸企业，听取意见建议，帮助解决问题。二是对照清单进行企业排查和数据分析，掌握美国"301调查"对东阳市出口影响程度，并向企业传达省市相关对策建议。三是积极协助和组织受影响企业开展应诉，指导企业参与申请关税豁免、转报相关材料。目前，东阳市2家重点涉案企业的"对氯三氟甲苯"产品获得全部豁免，1家涉案企业"沙滩椅和折叠椅"产品获得部分豁免，以上豁免产品2018年对美出口额近5000万美元。

搭平台，有序组织企业参展。2018年春秋两季广交会参展企业共109家，展位170个，参展代表600余人，累计成交金额约3865万美元。2018年华交会参展企业14家，参展代表80余人。5月，组织华谊兄弟、唐德影视、新丽传媒等企业参加了京交会；6月，组织正午阳光、横店影视等企业参加了戛纳（杭州）电视节；9月，组织陆光正大师工作室赴英国伦敦参加"百分百设计展"；10月，组织东阳欢娱、欢瑞世纪等5家企业参加法国戛纳（浙江）影视展；11月，组织东阳市陈国华木雕工艺品有限公司、东阳市王向东木雕工作室参加浙江（美国）文创展，组织东阳嗨乐影视参加新加坡影视展。积极参与进口博览会。配合中国国际进口博览局、上海市商务委、省商务厅对接陆光正大师工作室，定制的木雕《锦绣中华》作品在会议主论坛现场展示，是浙江省唯一入选中国国际进口博览会的作品，为进博会增辉添彩的同时也展现了东阳工艺美术之乡的魅力。圆满组织了109家企业233人次参加首届进口博览会，有10余家企业在展会现场达成了成交意向。

架桥梁，对外经贸合作保持平稳。大力宣传推介"义新欧"班列品牌，对接联系浙江紫东供应链管理有限公司，动员企业组织货源参与"义新欧"班列。5月，承办金华市对外承包工程业务培训，组织企业参加了省对外承包工程业务培训、省"一带一路"论坛、省企业境外投资培训、央企浙企项目对接会等活动，参加企业38家次，累计培训88人次。新增中筑建设、海天建设2家有对外承包工程实绩企业，有对外承包工程实绩企业达到6家；新拓展1个对外承包工程项目国（贝宁),对外承包工程项目国达到8个。妥善处理对外承包工程企业6起境外劳务纠纷。

优服务,“最多跑一次”改革深入推进。根据省商务厅统一部署,对首批纳入属地受理改革事项,进行了专门业务交流和科室之间的分工协调。完成企业办理事项材料的接受、受理、审核及审核转报等办理环节账号设置,组织窗口业务人员学习外商投资企业设立备案、外商投资负面清单、对外贸易经营者备案等相关法律法规。9月上旬,已完成属地受理首批48项事项设置和系统测试,办理属地受理事项1件。全年完成政务服务事项314件。属地受理改革工作情况被市委政研室改革专刊采用。

编制出台新政策、新规划。3月,东阳市委、市政府出台了《关于促进商务经济高质量发展的若干政策意见》。4月,制定出台了《东阳市促进开放型经济发展专项资金实施细则》。编制《东阳市商贸服务业规划纲要(2018—2020年)》,并于7月19日发布实施。12月,出台了《东阳市促进外贸出口稳定增长的补充细则》。新政策、新规划的出台实施,有力地促进了商务经济的高质量发展。

(东阳市商务局)

2018年平湖市商务

2018年，平湖商务工作主动适应经济发展新常态，在市委、市政府的正确领导下，紧紧围绕年初下达的目标任务，以“四大工程”建设为重要抓手，充分发挥部门职能，夯实奋进，创新发展，扎实推进招商引资、对外贸易、商贸流通等重点工作，平湖市商务各项工作取得平稳较好发展。

利用外资

2018年，平湖市共新增合同外资项目82个，其中新设项目49个、增资转股项目31个、合并项目2个。完成合同外资72268万美元，同比增长7.56%，绝对值与增幅在嘉兴五县两区中均列第4位；完成市级下达任务的131.4%。实际外资完成44503万美元，同比增长11.18%，绝对值、增幅在嘉兴五县两区中分列第2、第3位，完成嘉兴市下达考核任务的111.3%。

完善机制促招商。围绕高质量外资集聚地建设要求，结合平湖市实际，牵头起草了《平湖市高质量外资集聚地建设工作方案（2018—2020年）》《关于进一步加快开放型经济发展的若干政策意见》等政策文件，进一步加大利用外资政策扶持力度。成立招商引资作战室，完善考核机制，制定《2018年双招双引工作考核办法》，根据上级考核任务增加力争目标完成率、高技术产业占比、总部型、国际并购等指标。构建督查通报体系，对各镇街道招商引资进度按月进行通报，力求把招商引资“一把手”工程落到实处。

拓宽渠道促招商。开展中介招商，积极拜访丹麦、德国上海领事馆等驻沪商会、协会及投资促进机构，通过与美麟等第三方中介机构签订委托招商协议，借助其客户资源及专业优势挖掘项目信息。深化活动招商，组织在日本、欧洲、上海、深圳等主要引资区域开展专题投资推介会16场，成功举办西瓜灯文化节投资贸易洽谈会，会上签订投资项目30项，总投资231.4亿元。开展资本招商，引进的津上精密增资项目，其资金来源于其母公司在香港上市募集所得。

配强力量促招商。深化蹲点招商，平湖市多个招商主体派出骨干力量充实到联络点进行一线锻炼，目前平湖市在上海共设立招商点9个，派出招商员54名。强化招商员业务能力提升，组织开展平湖市“双招双引”培训班2场，分别围绕招商理论知识及实务知识对平湖市招商业务骨干进行重点授课讲解。同时，加强招商队伍稳定性建设，进一步拓宽招商员职业晋升通道，2018年按照程序招聘国企编招商员6人。

精准服务促招商。严格贯彻“最多跑一次”改革要求，2018年1—10月，平湖市商务局办事窗口共计完成各类办件业务798件，同比增长4.7%。其中，外资企业的设立、变更备案198件；生产能力证明245件，对外贸易经营者备案登记258件，机电产品自动进口许可审核转报、设备进口等其他杂项96件，所有项目全部按照要求办理，并推行提前办结制。同时，做好对于已落户外资企业的走访服务工作，结合“三大活动”，专门编制外向型经济政策宣讲手册，通过一对一上门走访、座谈会、外资企业片区企业座谈会等形式，先后对日本好侍食品、纳铁福、万奇汽车零部件、希杰福味园等众多新落户外资企业进行走访调研，了解企业在生产运行及发展过程中遇到的问题，并及时予以协调解决。

对外贸易

据海关统计，2018年，平湖市累计实现进出口总额394.8亿元,同比增长9.27%。其中,出口总额271.4亿元,同比增长10.0%;进口123.4亿元,增长7.71%。累计出口额在全省占比份额为1.281%,完成了嘉兴下达的1.277%的目标任务。

加快转型升级步伐。围绕平湖市重点发展产业,引导外贸企业不断调整和优化出口商品结构。1—10月机电产品出口占比达43.64%,其中高新产品出口占比达7.58%,比上年同期增加1.87个百分点,平湖市箱包基地被商务部认定为国家外贸转型升级基地。积极推进出口品牌建设,“嘉特GINT”品牌入围“浙江出口名牌”培育名单。深入挖掘服务贸易发展潜力,浙江依爱夫游戏装文化产业有限公司被认定为2017—2018年度国家文化出口重点企业。

加大市场开拓力度。依托展会平台,引导企业积极“走出去”抱团参展,先后组织200多家次企业参加华交会、广交会、美国旅行用品展、中国品牌箱包欧洲展等境内外重要展会,落实展位1000多个。认真做好首届进口博览会的参展组织工作,在前期做好进口意向调查摸底的基础上,积极组织平湖市100多家重点企业参会,会上意向成交额约4000万美元。借助进博会主动寻求溢出效益,平湖市委、市政府主要领导率团拜访了德铁信可、正大、CJ等已落户平湖外资企业的总部展位,会上,泛亚医药与瑞典Plantamed公司成功签约。

提升风险应对能力。针对中美贸易摩擦,及时做好分析研判,形成分析简报3期。加强走访调研,通过召开外贸工作会议、市级座谈会、实地走访等方式及时了解企业受影响情况,累计走访日本电产三协、华城、科宝电子、芝浦、津上等100多家重点出口企业及受影响企业。同时,加强与各级商协会、信保公司等单位的联系,运用各类资源为企业提供有针对性的市场分析和风险防范培训,组织开展出口风险预警分析、信保培训8次,涉及企业500多家次。平湖市商务运行调查监测点和箱包行业监测点双双被评为2017年度优秀监测点,服装对外贸易省级预警点被评为嘉兴市级优秀预警点。

强化政策服务保障。围绕当前外贸发展较为复杂的形势,着重加强对外贸政策的解读与宣讲,引导企业用足用好各级商务促进政策,为企业参与国际市场提供支持,先后举办了省商务监测点总结培训会、境外展览工作培训、涉外政策培训班等各类政策培训会3场,涉及企业470多家次。

对外经济合作

2018年,平湖市新批境外投资项目6个,中方投资额3.06亿美元,在嘉兴位列第二。劳务合作营业额150万美元,带动出口10000万美元。

(平湖市商务局)

2018年玉环市商务

国内贸易

2018年，玉环市实现限额以上社会消费品零售额36.92亿元，同比增长13.2%，总量、增速分别位居台州市第六位和第五位。

内贸流通加速提质升级。中国(玉环)国际机床展首次升格为国字号，参展企业500多家，参展客商3.9万人，现场成交额达2.2亿元，增长23%，意向订单约3.85亿元。完善商务设施布局，玉环新城吾悦广场盛大开业，成为玉环市首个大型城市综合体。加快成品油经营企业的建设进度，2个加油站开工建设，4个加油站18个油罐完成改造。加强预付卡监管，受理预付式消费卡投诉共124起，调解处理85起，走法律途径39起，切实维护消费者合法权益。全面开展资源回收行业清查，摸底玉环市150多家回收企业(个体)，统计玉环市年回收各类废旧物资约200万吨，销售额近100亿元。积极推进消防铁拳整治常态化，组织安全检查261次，出动检查人员1304人次，已整改隐患911处，拆除消防隐患建筑面积15000余平方米，消防整治成效进一步显现。

粮食安全实现稳固保障。全年轮换粮食16056吨，全面完成地方储备粮规模，收储效益进一步提高。落实市外“代储粮”5000吨，做好早晚稻收购工作，积极推广“订单粮食”和宣传惠农政策，完成夏秋两季粮食收购3695.92吨。抓好对口合作契机，积极引进吉林辉南县大米，已有100多吨大米陆续进入玉环市场销售。

散装水泥加快推广应用。预拌混凝土实际使用量130万立方米，完成年度计划任务的104%，其中农村使用量50.98万立方米，完成年度计划任务的106%。出台推广使用预拌砂浆实施意见，完成散装水泥企业清洁化生产改造，干江滨港工业城预拌混凝土项目完成招投标。

电子商务

电子商务持续深入推进。2018年，玉环市实现跨境电商交易额2.73亿元，网络零售额34.8亿元，同比增长25.2%。阿里巴巴2018年县域电商GMV(电商成交金额)百强榜玉环市排名全国第79位，楚门镇的胡新村、筠岗村、吴家村3个行政村获“2018年浙江省电商专业村”称号，楚门镇获“2018年浙江省电商镇”称号。大力推广跨境电商业务，400多家制造业企业在阿里巴巴国际站、亚马逊等主流跨境电商平台开展业务，全年通过跨境电商撮合的订单量超5亿元人民币。组织花果山同四川茂县签订合作意向，开展电商扶贫活动。

对外贸易

2018年，玉环市实现外贸进出口总额273.52亿元，同比增长14.2%，其中，出口额263.96亿元，同比增长14.0%，出口总量、增速分别居台州市第二位和第三位。

对外经贸取得稳步发展。密切关注中美贸易摩擦，深入调研企业100多家，出台《玉环市促进外贸稳定发展的若干措施》。获国家外贸转型升级基地(水暖卫浴)和中国水暖阀门出口基地两大国字号招牌。组织715家企业参加71个境内外展会，15家企业新获品牌展位66个，新增1个省、市出口名牌，已成功创建省、市出口名牌35个。提高企业开拓市场防风险能力。全力做好首届中国国际进口博览会报名和采购工作，完成采购商报名企业159家、报名人数400余人,完成情况均位居台州市第一,累计实现签约金额4102.5万美元。

利用外资和对外经济合作

2018年,玉环市全年新批外资企业6家,实际利用外资6699万美元,完成目标任务的133.98%,连续3年位居台州市第一;完成境外投资200万美元,新批境外投资项目1个,截至2018年底,玉环市累计外经项目数为65个。

(玉环市商务局)

2018年嘉善县商务

国内贸易

2018年，嘉善县商务局深入开展商贸流通体系建设，加快现代服务业的发展，进一步落实国家扩大内需政策、拓展国际国内市场、开展市场秩序整顿，商贸流通业在引导生产、服务企业、促进消费、扩大内需、推动全县经济平稳较快发展方面发挥重要作用。2018年，全县社会消费品零售总额216.48亿元，同比增长8.5%。其中，批发、零售、餐饮业分别实现29.36亿元、157.41亿元、16.16亿元，分别同比增长10.8%、8.1%和11%；网络零售额101亿元，同比增长33.4%。

嘉善县商贸企业规模化经营龙头效应进一步显现，集聚化程度不断趋强。由于大商场、超市及连锁经营商店具有信誉、品牌及价格优势，规模经营效果日渐明显，各企业做优做强，不断探索经营化理念、思路、发展，以求在竞争中赢取市场份额。餐饮市场呈现平稳增长的发展态势，全社会餐饮业零售额完成16.16亿元，同比增长11%。主要呈现五大特点：餐饮企业食品安全、品牌意识明显增强；传统经营和现代电商相互融合共赢；主题经营与节日节点凸显企业的温情理念；关注地方风味、菜品精细化定位、拥有特色菜肴，精细化的创新定位渐成趋势；装修文化、菜品文化、服务文化、员工团队文化等共同构成嘉善餐饮亮丽的风景线。

对外贸易

2018年，嘉善县自营进出口294.73亿元，同比增长9.86%。其中，进口63.85亿元，同比增0.01%；出口230.88亿元，同比增加12.94%，其中，外商投资企业290家，出口107.12亿元，同比增加7.41%，占出口总额的46.4%；外贸自营生产企业440家，出口110.9亿元，同比增长17.96%，占出口总额的48.03%，外贸流通公司146家，出口12.86亿元,同比增加20.44%，占出口总额的5.57%。1—12月份，机电产品出口112.17亿元，同比增加11.39%；高新技术产品出口11.39亿元，同比下降1.71%，两者占全县出口额的48.73%。

进口增速小拉低进出口增幅。累计进口同比增0.01%，比上年同期增幅下降20.59个百分点；累计进出口同比增9.86%，比上年同期增幅下降5.24个百分点。

出口龙头企业表现不一。2018年，财纳福诺出口额累计16.2亿元，同比增加62.9%，位居榜首。新华昌出口同比增加79.58%。前30位企业中台升同比增3.94%，拉低了全县平均值，主要是由于台升实业生产的美式家具90%出口美国、实行零关税，美方加征10%关税以及中方反制关税实行后，企业面临产品出口和原木进口双重加税的压力，被迫计划将20%低附加值的业务转移越南代加工。亿力清洁设备同比下降5.24%，主要是由于企业受中美贸易摩擦以及阿根廷对吸尘器反倾销影响。

一般贸易占比持续升高，外贸订单有转移现象。2018年，嘉善县一般贸易出口额为199.64亿元，同比增长17.7%；加工贸易出口额为31.15亿元，同比下降10.4%。加工贸易中，来料和进料同比分别下降14.2%和10.9%。一般贸易占比的持续上升，主要是由于美国客商将订单转移到东南亚、南美等地区，同时如台升、高裕等企业都已在东南亚开设新工厂，企业部分订单随之转移。

纺织服装行业增幅较低。2018年，嘉善县木制品及家具行业出口额66.64亿元，同比增加13.9%；家用电器及电子元件出口额23.41亿元，同比增加13.8%；五金机械类产品出口额77.08亿元，同比增加10.6%；纺织服装类出口额24.92

亿元,同比增加1.8%。四者合计出口额192.05亿元,占出口总额的83.2%。

出口仍以传统市场为主,新兴市场有待开拓。北美、亚洲、欧洲依旧是嘉善商品主要出口市场,2018年,对北美洲出口占比48.9%,对亚洲出口占比22.3%,对欧洲出口占比21.3%。美国仍是嘉善最大出口国,出口美国105.34亿元,占比45.6%,同比增12.3%。美国作为嘉善最大进出口贸易伙伴和最大出口市场,预计贸易摩擦风险将是影响2019年外贸出口的最主要因素。

与"一带一路"国家贸易往来密切。2018年出口"一带一路"沿线国家(64国)金额为37.04亿元,同比增11.3%,占全县出口总额的16.0%。其中,东南亚11国出口额为15.45亿元,同比增18.1%,占"一带一路"沿线国家(64国)出口总额的41.7%。"一带一路"出口国家前三位是泰国、印度、越南,同比分别增14.1%、6.6%、38.4%。

利用外资

2018年,嘉善县审批外资项目共128个:新设项目61个,增资项目33个,减资项目2个,转股项目6个,合并分立3个,分公司项目23个。合同外资117056.91万美元,同比增38.37%。连续17年获得全省"利用外资十强县市区"称号。全年全县自营进出口44.73亿美元,同比增长12.98%,其中,出口35.02亿美元,同比增16.11%,完成全年任务。

推进招商引资"一号工程"。着力开展驻点招商、活动招商、中介招商以及以商引商,构建政府、中介、企业"三位一体"协同招商机制。根据《嘉善县2018年"双招双引"工作实施方案》明确的主要目标,认真研究和搜集产业政策和信息,积极对外宣传嘉善的投资环境及招商政策,推介招商项目,广泛联络企业,不断创新招商思路,改善招商方式,拓展招商领域,取得了招商引资的新成效。全年共有620多批次来嘉善考察,其中,签约项目10个,总投资15亿元,虞祁(智洐物联项目)的落地推进,上海电器等超亿美元的项目在积极接洽中、威马锂电池等项目的跟进。依托驻点招商队伍。配合分管领导,与驻点招商专员加强联系合作,突出产业导向,从区域招商向产业链招商转变。以制造业招商为核心,统筹农业、服务业和科技人才项目招引。重点锁定世界500强、中国500强、浙商500强以及国际国内行业龙头企业,制定重点项目目录,有针对性地开展对接工作。大力推进中介机构市场化招商,鼓励会计师事务所、律师事务所、银行、评估师事务所等中介机构参与招商引资,提高招商引资活动成功率。鼓励引进外商投资性公司、外资融资租赁公司和外资创投公司;鼓励发展较好的外资企业以增资和利润再投资方式扩大投资。

对外经济合作

2018年,嘉善县对外投资总额为6235万美元,完成上年总投资额的456%,境外投资企业带动出口5901万美元。外经新设及增资项目备案11个,为浙江嘉善新天地车城投资有限公司、在印度尼西亚投资设立的浙江新天地有限公司,投资额为150万美元;嘉兴市豪能不干胶制品有限公司在埃塞俄比亚投资设立的伊罗克洛玛豪能包装私营有限公司增资项目,投资额为700万美元;浙江精步木业有限公司,在美国投资设立的美国精步木业有限公司,初始投资额为900万美元,6月增资至3095万美元;浙江长盛轴承技术有限公司在美国投资设立的长盛(北美)轴承技术有限公司,投资额为50万美元;浙江高裕家居科技有限公司在越南设立的越南高裕家居科技有限公司,投资额为600万美元;浙江凯鸿物流股份有限公司在越南设立的凯鸿物流(越南)有限责任公司,投资额为20万美元;浙江凯鸿物流股份有限公司在马来西亚设立的凯鸿物流(马来西亚)有限责任公司,投资额为10万美元;嘉兴市豪能不干胶制品有限公司在比利时投资的伊洛克洛玛豪能欧洲有限公司增资950万美元;浙江美声智能系统有限公司11月在中国香港特别行政区新设美声服饰辅料和包装(香港)有限公司并增资至660万美元。

(嘉善县商务局)

2018年杭州市萧山区商务

国内贸易

2018年，萧山区实现社会消费品零售总额681.2亿元，同比增长9.6%，增幅分别高于全国、全省和全市均为0.6个百分点。其中，批零贸易业实现零售额588.56亿元，同比增长9.5%；住宿餐饮业实现零售额92.6亿元，同比增长10.7%。萧山区实现限额以上商品销售额2386.7亿元，同比增长22.8%。萧山区涌现出亿元以上商贸企业284家、10亿元以上商贸企业53家、50亿元以上商贸企业6家、100亿元以上商贸企业2家，再创历史新高。

新零售催生新业态。研究制定推进新零售发展的政策意见。协助银隆百货、恒隆广场等主体招引新零售标杆项目，协调有关新零售门店落地事宜。对接服务盒马鲜生、超级物种、宝燕到家、联华鲸选、联华生活馆等新零售门店落户，苏宁小店、天猫小店、丰美科技等新零售项目落地。举办新零售转型升级实战训练营（萧山站）活动，200余家电商和商贸零售企业的负责人参训。

大项目增添强动力。完善商贸重大项目储备库，建立重大项目领导联系机制，及时协调解决项目推进过程中的难题。银泰城南商业中心、汇德隆奥体印象城动工建设，开元名城商贸中心、绿地·众银汇、天润商业中心、文华广场、东方世贸城等项目建设进展顺利，空港新天地、华润万象汇、瓜沥七彩小镇等项目相继开业。萧山区36个投资额亿元以上的商贸项目2018年度完成投资58.9亿元。

节庆展呈现新活力。成功举办2018中国浙江（国际）餐饮美食博览会暨第八届浙江厨师节，春、秋季媒体汽车展和娱乐家电博览会，第十届萧山购物节及利川、从江、龙游农产品展销会等，第十七届中国国际（萧山）汽车展等节庆活动，有效聚集人气，促进消费增长。其中，春、秋季媒体汽车展和第十七届中国国际汽车展共销售各类汽车3148辆，实现销售额5.1亿元。第十届萧山购物节共实现销售额24.1亿元，同比增长17.8%。

改设施提生活品质。扎实推进22个省批零改造提升试点项目建设，其中3个项目完成改造。按照城区国际化要求，指导国有农贸市场统一标注、提升形象，试点开展智慧市场建设。城西农贸市场开业，彻底解决了周边几万户居民“买菜难”问题。完成香悦奥府、江南之星各3000平方米农贸市场接收，推进2018年区政府实事工程，协助5个国有农贸市场对9处公厕进行标准化改造。

强监管保行业安全。扎实开展再生资源回收、二手车销售、粮食流通等领域行政执法工作，累计开展执法检查98次，出动人员443人次，检查经营主体209家次。加大对单用途商业预付凭证领域的监管力度，重点检查省市备案企业和商超“三项制度”执行情况，共检查企业40家次，实现备案企业全覆盖。完成垃圾分类低价值废品分拣中心项目建设。加强对报废汽车回收企业的监管。

电子商务

2018年，萧山区深入实践“互联网＋”重大战略，着力推动省电子商务示范区和省产业集群跨境电商发展试点示范区建设。萧山区实现网络零售额720.4亿元，同比增长24.1%。萧山区可纳入跨境电商统计的出口额10.1亿美元，同比增长

16%;进口额1.98亿美元。

网络零售快速增长。2018年,萧山区网络零售额在杭州市排名第三。萧山区在重点监测第三方电子商务平台上共有各类活跃网络零售网店36960家,相当于注册零售网店总数的39.3%;活跃网络零售网店总数在杭州市排名第二,在全省排名第四。电子商务就业创业氛围良好,直接解决就业岗位10万个左右,间接带动就业岗位26万个左右。

园区企业提质升级。中国(杭州)跨境电子商务综合试验区·萧山园区开发区产业园成功获评"省电子商务示范产业基地"。瓜沥中盟百富电子商务产业园等电商园区建设稳步推进。新认定喜临门等4家电商企业和嘉宁实业等5家跨境电商企业为区第四批电子商务产业重点培育企业。目前,萧山区已经培育发展一批涵盖国家、省、市、区四级的电子商务重点企业,包括国家级重点企业1家、省级2家、市级4家、区级18家,年网络销售额亿元以上的企业10家以上。

跨境电商形势喜人。实施"新外贸新服务新制造"计划,开展跨境电商龙头企业培育专项行动,深化产业集群跨境电商试点工作。着力打造跨境电商综合服务平台,空港、开发区、新塘和邮政四个跨境电商产业园新入驻跨境电商企业98家,注册资金2.21亿元。举办第二届萧山跨境电商峰会,召开"谷歌亚马逊齐聚萧山"2018首届跨境电商交流会。鼓励规模较大的外贸企业自建跨境电商平台,帮助企业与"单一窗口"对接,支持有条件的企业设立海外仓,开展B2B2C业务。

农村电商蓬勃发展。萧山区瓜沥镇等8个镇入选2018年浙江省电商镇,北干街道兴议村等50个村入选2018年浙江省电商专业村,数量居杭州市第一。靖江街道雷东村获"2018浙江省电子商务十强专业村"。阿里巴巴萧山特产馆共有入驻农特产品企业116家,2018年实现线上销售额2400余万元。

产业带运营良好。举办了2018年阿里巴巴萧山产业带宣传推广会,开展了328网络大促销专题培训,阿里巴巴电商资源对接会、1688线上经济特区萧山站、阿里巴巴电商专题培训周。2018年,萧山产业带新增入驻企业312家,累计入驻企业1306家。

电商企业屡获荣誉。全尚科技获"2018浙江省电子商务百强企业"称号。易斯百等3家企业被认定为第四批浙江省电子商务实践基地;杭州张瑜食品有限公司被认定为浙江省电子商务培训机构。在"之江创客"2018全球电子商务创业创新大赛杭州分赛中,浙江保宏境通供应链管理有限公司获得跨境电商组最具影响力奖,慧橙新能源发展(杭州)有限公司获得初创组二等奖,杭州闪耀星网络科技有限公司获得初创组最具影响力奖。"亿熹""芷荻夕"获"杭州产业带2018十佳风格女装"称号。

高规格活动现风采。承办第四届中德数字技术领袖峰会,60余位在互联网、电子商务、工业4.0、物流领域知名高管专家,100多位中国企业家、政府相关人员参加会议,双方围绕"数字经济:通过数字创新实现指数式增长"主题开展高峰对话,寻求深度合作。组织参加2018中国(杭州)电子商务国际博览会,并设萧山馆,邀请区内20家园区、企业参会,全面展现萧山区电子商务发展成果,为区内电商企业搭建交流洽谈桥梁。

跨境出口难题破解。在杭州海关、电子口岸数据中心、邮政速递等多部门的支持下,建设萧山跨境电商9610出口信息化平台,为区内跨境电商企业、物流企业和海关、外管、国税等管理部门之间搭建数据交换平台。通过该平台的跨境电商海关数据归属萧山区,并将为萧山区引进的Wish、Paytm、有棵树、通拓等大电商平台提供海关数据综合服务保障。

激励措施与时俱进。开展电商人才分类评定,培训电商人才2000余人次。开展广泛调研,走访电商园区和企业,重点对标深圳南山区和杭州余杭区等新经济发展高地,研究制定电商新政策。

交流合作不断深化。赴大连市和延边州举办2018萧山区电子商务产业招商招才推介活动,为两地商务部门和电商企业合作交流、人才培养、共同发展搭建全方位高层次对接平台。开展贵州从江、湖北利川电商帮扶工作,赴从江、利川实地考察并举办座谈会,启动阿里巴巴萧山产业带从江馆、利川馆建设。开展电商技能培训,为两地培训电商人才1000余人次。

对外贸易

2018年，萧山区实现进出口总额790.3亿元，同比增长8.0%。其中，出口总额599.6亿元，同比增长10.1%，增幅分别高于全国、全省、全市3个百分点、1.1个百分点、10.6个百分点；进口总额190.7亿元，同比增长2.0%。以美元计价，全年实现进出口总额119.9亿美元，同比增长11.0%。其中，出口总额91.01亿美元，同比增长13.3%;进口总额28.9亿美元，同比增长4.3%。

出口继续回升，结构进一步优化。从出口市场来看，对新兴市场的出口占比提高2.1个百分点，增至53.1%。其中，对越南出口同比增长27.5%，占比6.0%，对印度尼西亚出口同比增长35.5%，占比3.3%；出口印度同比增长15.4%，占比2.9%。从企业类型看，民营企业出口占比提高3.9个百分点，增至55.3%。就贸易方式来说，一般贸易出口占比为90.3%，近几年来保持稳定，上年占比为90.4%。机电产品和高新技术产品出口占比仍然维持稳定。

动能加快转换，转型升级初现成效。机电产品出口增长8.0%，汽车配件出口增长7.2%。外贸新业态发展迅速，跨境电商出口快速增长，2018年全年跨境电商出口10.1亿美元，增长15.5%，占萧山区出口比重进一步提高至11.1%。实施自主品牌出口增长计划成绩显著，全年自主品牌出口27917.8万美元，品牌备案增加9个。2018年，累计培育省、市出口名牌80个，其中2018年新评省级出口名牌2个。

进口保持较快增长，进出口更趋平衡。2018年，萧山区进口增长1.99%，对进出口增长的贡献为0.5%。乙二醇等化纤原料进口41.3亿元，增长28.3%；褐煤等煤产品进口19.2亿元，增长85.0%。组织300家企业600多人参加首届进口博览会为下年进口打下坚实基础。

贸易摩擦频发，公平贸易形势严峻。从2018年3月发起钢铝产品232调查起，美即对华发起贸易摩擦逐步升级到覆盖输美产品2500亿美元。2018年，全年应对美对华232调查，钢制货架双反、铝板产品双反、钢制轮毂双反等对330多家企业进行了调查问卷和排查。尤其是中美贸易摩擦案件中，萧山区涉案产品达9.25亿美元，占萧山区出口的11.6%，涉及企业153家。涉案产品除覆盖萧山区绝大部分汽配、传动机械、阀门外，还延伸到羽绒羽毛、家具、五金工具等。

产业转移持续存在，产业竞争日趋激烈。在萧山区出口回升的前提下，服装出口占萧山区的比重从2005年的18.5%下降到2018年的7.0%，家具出口则从2008年的8.3%连续下降到2018年的4.9%，提示劳动密集型产业转移继续存在。由于越南纺织品产业链尚不完整，对萧山区聚酯短纤、羽绒、聚酯单纱等生产资料需求旺盛，在萧山区出口前十国家和地区排名中，越南从2012年的排名第八，跃升到2013年的第四位，2015年至2018年均为第二位，同时也提示越南服装及纺织品加工产业的发展。

服务贸易

2018年，萧山区服务贸易出口额78.7亿元，同比增长27%，完成市目标任务的110.6%；实现服务外包离岸执行额4.25亿美元，同比增长38.5%。萧山区入库浙江省服贸统计监测系统企业43家；入库商务部服务外包业务管理系统企业共计110家，服务外包从业人员达50967人。服务外包稳步发展。实现服务外包离岸执行金额为42682万美元，累计引进服务外包入库企业110家，近5年保持年均6.3%的稳定增长。

服务贸易结构持续优化。技术、建筑、专业和管理咨询服务、服务外包成为萧山区服务贸易主要发展领域，分别占比29.9%、13.9%、10.4%和35.3%。境外建筑工程承包是亮点，其业务量占区服务贸易总额的13.9%，杭萧钢构股份有限公司、东南网架股份有限公司、潮峰钢构股份有限公司等企业未来3年内已签订的境外工程承包额超3.5亿元。

服务贸易市场不断拓展。服务贸易出口市场占比：亚洲37.1%、欧洲19.9%、美洲35.7%、大洋洲1.2%、非洲6.1%。前三大服务贸易目的出口国分别是美国16116.2万美元、韩国7025.8万美元、日本5046.6万美元。

"一带一路"沿线国家和地区增长迅速。65个"一带一路"沿线国家和地区中，有35个和萧山发生服务贸易往来，覆盖率达53.8%。对"一带一路"沿线国家和地区服务贸易离岸出口额为23312万美元，占总离岸执行额的26.5%。

利用外资

2018年，萧山区新批外商直接投资120家，实到外资10.09亿美元，分别完成市、区目标任务的110.7%和106.2%。其中，新批总投资3000万美元以上项目60家，总投资26.09亿美元，占新批外商项目总投资的91.74%。

招引优质项目亮点纷呈。一是强化招大引强，成功引进总投资9465万美元的世界500强传化壳牌能源公司项目；引进总投资47.26亿元的华夏幸福产业新城项目、注册资金30.01亿元的杭州奋鼎投资有限公司项目。二是强化招新引优，加快布局新兴产业。网易云音乐项目正式迁址钱江世纪城，实到外资2.5亿美元；商汤科技、微医云等重点项目加快推进，到位资金分别为9350万元和6000万美元；成功招引独角兽企业微贷网和云集。三是强化总部项目招商，中国500强企业、上市公司浙商中拓总部项目落户开发区，浙商银行总部项目落户钱江世纪城。四是强化存量资源招商，总投资4亿美元的华东智能物流中心落户空港，该项目通过改造存量厂房建成高端智能物流仓储项目。五是强化生物医药产业链招商，由"国千"专家余国良博士牵头创建的健新原力项目落户空港，将全力打造生物医药全产业链生产基地。引进歌礼生物肝病医治诊疗中心项目，公司于8月份在香港成功上市。

加强推介开展精准招商。一是开展活动招商，萧山区委、区政府主要领导及分管领导多次开展对外招商活动。10月，先后组织在深圳、北京、上海三地召开萧山区产业创新发展新闻发布会，重点推介"1＋4＋X"产业创新发展总体规划。12月，到北京开展产业招商活动，赴紫光集团、汉能集团、北京大学、中国信科开展敲门招商。二是开展小分队招商，萧山区领导带队开展小分队招商，赴英国、德国、北京、上海、深圳等地走访企业，推进重点项目，拓展招商渠道。三是开展会展招商，承办中德高科技对话论坛、杭州智能汽车高峰论坛、美国浙江商会萧山行等各类推介活动，组织参加第十届中国浙江投资贸易洽谈会、第二十届中国国际投资贸易洽谈会、第三届世界杭商大会、2018中国房地产发展高峰论坛等活动，推介萧山投资环境。

对外经济合作

2018年，萧山区报经国家和商务部门核准的境外投资项目25个，其中增资7个，中方协议境外投资总额13.4亿美元，完成目标任务的602.7%，同比增长232.3%。

"一带一路"沿线项目增加，企业迎来新机遇。国家重点推进有利于"一带一路"建设和周边基础设施互联互通的基础设施境外投资，鼓励境内企业参与"一带一路"建设和国际产能合作。萧山区企业创新对外投资方式，拥抱全球经济新浪潮，走上国际舞台大展身手。对比上年同期数据，萧山区境外投资"一带一路"沿线项目由上年4个增至13个，境外投资目的地分别为新加坡4个、越南4个、以色列1个、印度1个、缅甸1个、捷克1个、巴西1个，已不再拘泥于美国、欧洲等热门国家。

本地骨干企业再增资，扩大产能效益高。2018年5月，万向集团在对万向资源(新加坡)有限责任公司增资990万美元后，又于10月对美国莱凯汽车公司增资9.6亿美元。浙江健盛集团股份有限公司也在2月对健盛(越南)纺织印染有限公司增资2000万美元用于采购进口设备等，这三个增资项目占萧山区总投资的74.1%。

高科技领域显现，传统行业项目缩减。浙江娃哈哈创业投资有限公司并购的海法大学娃哈哈联合创新实验室有限公司在计算机、人工智能及海洋科技等领域有较好的技术积累和基础，提升了我国在相关领域的技术水平、填补技术空白，并得到了以色列当地政府的大力支持。杭州科百特过滤器材有限公司是国家高新技术企业，2018年同时在新加坡、美国、中国台湾、日本新设四家公司,专注于过滤技术的开发和应用,此领域市场空间巨大,投资回报期短,销售收入和利润预计稳健增长。

对美投资项目缩减。从2018年数据看,萧山区企业对美国境外投资项目从上年同期7个缩减至4个,企业对美投资持观望态度。

（杭州市萧山区商务局）

2018年杭州市余杭区商务

国内贸易

2018年,余杭区共实现社会消费品零售总额515.8亿元,同比增长10.4%,增速在杭州市13个行政区(县、市)中排名第一,比上年度提升四位。余杭区实现商品零售额474.3亿元,同比增长11.0%;余杭区限额以上单位实现零售额353.6亿元,同比增长28.7%,占社会消费品零售总额的68.5%。实现餐费收入41.5亿元,同比增长3.3%。余杭区共有57家企业被列入亿元以上社零骨干企业名录库,全年实现零售额274.9亿元,占余杭区社零总额的53.3%,同比增长43.6%。被列入区级重大商贸项目22个,其中续建项目19个、新建项目3个,计划完成投资29.7亿元,实际完成投资36.2亿元,完成年度计划的122%。

国际化商业街创建。为加快推进杭州城市国际化步伐,2018年,塘栖老街开展国际化商业街创建准备工作。分别开展年味节(包括面王争霸赛、古镇元宵灯谜会、热热闹闹看大戏、财神来了等多项活动),塘栖"非遗"系列展示活动(以"保护'非遗',传承文明"为主题,开展学剪纸、塘栖糕点品尝会、做纸鸢、做米塑立夏狗、做香袋等系列活动)。在"5·2余杭百姓日"活动中,邀请对余杭解放有贡献的老干部、老兵免费参观游览和住宿,在枇杷节活动中,开展枇杷节历史瞬间和照片故事征集、塘栖文化促进会新书读者见面会等,在"开运节"活动中,开展"行运塘栖"定向活动、月饼及米塑制作体验、社戏8天乐等大型主题活动5场,参与群众13万人。街区2个微型消防站,由管辖消防队派驻专人管理,并根据游客最大承载量制定相应的安全应急预案和应急措施。成立消费维权服务站,设立投诉处理办公室。

推进重大商贸项目建设。2018年,华元欢乐城、理想银泰城、余之城、意法联合广场、西溪印象城三期、西溪海港城(纽蓝顿商务中心)、亲橙里(淘宝三期)、西溪乐天城8个项目建成开业,新增商业面积62.54万平方米,总投资156亿元。欧美金融城项目(东区)、闲林街道何母桥商贸楼(恒发商务中心项目)等项目竣工。

典当行业。余杭区共有典当公司9家(含分公司2家),分别是:杭州众信典当有限责任公司、杭州猫头鹰典当有限责任公司、浙江裕富昌典当有限责任公司、杭州正裕典当有限责任公司、杭州临融典当有限责任公司、浙江华诚典当有限责任公司、杭州银信典当有限公司、浙江中财典当有限责任公司余杭分公司和杭州恒丰典当有限责任公司余杭分公司。

电子商务

2018年,余杭区实现电子商务主营业务收入1765.0亿元,同比增长17.9%。余杭区网络零售额为710.4亿元,同比增长26.1%,居全省县(市、区)前列。实现跨境交易额13.2亿美元,其中,跨境出口10.2亿美元,同比增长6.5%;进口3.02亿美元;新增跨境电商产业链企业70家。

跨境电商产业集群。2018年,余杭区继续深化与阿里巴巴全球速卖通平台合作,速卖通余杭纺织服装产业带专区2018年度实现交易额1200余万美元。2018年举办大型供销对接会5场,120余家纺织服装企业和1000余家跨境卖家参会,共签订单1300余份,总额1.5亿余元。2018年5月16日,跨境服饰新零售论坛暨全球速卖通大型服饰供销对接会在余杭区举行,近700人参加会议,70余家省内服装制造厂商参加对接。

电商产业发展良好。2018年，余杭区商务局制定《余杭区支持电子商务产业发展若干政策意见》及实施细则，加大对电商产业的扶持力度。与华立创客社区、开发区孵化园等电商园对接，分别在未来科技城、余杭经济技术开发区设立电商产业公共服务站。对接阿里巴巴“零售通”团队，参与推进“天猫小店”布点，推进新零售发展。至2018年底，余杭区“天猫小店”建设数量87家，位列全市第一。

优化营商环境。余杭区商务局大力宣传余杭区产业政策，分别于2018年10月、12月，开展“中国(杭州)跨境电商峰会”与“2018金麦奖颁奖盛典暨中国(余杭)数字经济峰会”活动，优化电子商务营商环境。通过与亚马逊、速卖通、网易考拉、雨果网、亿邦动力网等企业(平台)合作，开展交流活动，协调各企业(平台)与艺尚小镇集聚的顶级设计师资源、梦栖小镇工业设计类企业及优势制造业企业实现对接，其中，衡康电子等4家余杭区传统制造业已与网易考拉签订合作协议。

对外贸易

2018年，余杭区实现货物贸易进出口总额462.4亿元，同比增长17.0%。其中，进口48.1亿元、同比增长62.5%；出口414.3亿元、同比增长13.31%，高于杭州市12.7个百分点，高于浙江省3.2个百分点，高于全国5.1个百分点。占杭州市出口份额高于2017年1.9个百分点，占全省出口份额高于上年0.1个百分点。出口总量在全省排名第十二位。

2018年，余杭区外资企业出口8.5亿美元，同比上升0.8%，出口份额同比减少2.1个百分点；自营生产型企业出口40.8亿美元，同比增长18.9%，份额同比增长2.2个百分点；外贸流通企业出口13.5亿美元，同比增长20.4%，份额同比增长0.9个百分点。全年高新产品出口5.8亿美元，同比增长17.5%，份额同比增加0.9个百分点；家纺服装出口23.0亿美元，同比上升15.9%，份额同比减少0.2个百分点。余杭区对美国、欧盟等传统市场分别出口14.4亿美元和17.0亿美元，同比增长17.5%和15.5%；对金砖国家出口5.6亿美元，同比增长20.1%；对“一带一路”沿线国家出口20.7亿美元，同比增长19.1%。

组织企业申报国家进口贴息项目34个；组织企业申报“省级出口名牌”企业11家，通过认定7家，“区出口名牌”企业通过认定3家；组织杭州长江汽车有限公司、浙江春风动力股份有限公司等3家企业通过汽车、摩托车出口资质申报；组织企业参加德国汉诺威工业博览会、土耳其贸易博览会等国外各类展会，加大对“一带一路”沿线国家市场的开发。2018年，余杭区被认定为国家级家纺外贸转型升级基地。余杭区商务局连续第十年获评“杭州市外贸运行监测优秀单位”，获评“2017年度浙江省进出口公平贸易考核一档等次”。

服务贸易

2018年，余杭区实现服务贸易出口总额45.7亿元，完成全年任务的126.5%，增幅、考核均位列全市第二。余杭区完成服务外包离岸执行额32455万美元，同比增长32.6%。新认定服务外包企业8家。

利用外资

2018年，余杭区实际利用外资10.6亿美元，完成市下达任务的103.9%。新设外商投资企业96家，大部分来自中国香港、新加坡等地，其中投资总额3000万美元以上企业13个，投资总额15.8亿美元，占总数比重的85.5%。开展“联合年报”工作，应检外商投资企业641家，实际参检企业628家，参检率达98%，参检企业合格率达100%。重点引进供应链管理、金融服务、信息技术等产业项目。

2018年，余杭区先后举办招商引资项目集中签约仪式4次，共有61家企业参加签约。先后组织开展“走进余杭·2018一季度拟出让地块”实地踏勘活动；参加第二十届中国浙江投资贸易洽谈会、“首届中国·杭州湾大湾区论坛暨2018长三角土地展”、余杭土地推介会、第二次小城镇环境综合整治招商引资资源对接会等。

对外经济合作

2018年，余杭区办理境外项目备案(新设、变更、注销)47个，新增中方境外投资额33856万美元，完成全年任务(8500万美元)的398.3%，同比增长106.0%。

(杭州市余杭区商务局)

2018年杭州市富阳区商务

国内贸易

2018年，杭州市富阳区实现社会消费品零售总额270.47亿元，同比增长10.1%。

商贸项目进展顺利。城东农贸市场和鹿苑农贸市场开业运营，城北农贸市场和京东电商产业园均已结顶。鼓励和引导商贸流通企业策划组织特色促销活动，包括周年店庆、工厂直销、年货展、网销融合等扩消措施，举办休闲购物节活动，拉动全区零售额增长。“十一”黄金周期间，17家重点流通样本监测企业在实现零售额6412.34万元，同比增长37.2%。

出台全区再生资源回收实施方案，督促指导24个乡镇街道完成56个再生资源回收站点建设，落实6万方分拣中心，全区回收体系网络初步形成，全年实现回收13万吨。落实生猪、食盐、尿素、复合肥等重要商品储备，完善市场应急保供体系。指导99家加油站点实施地下油罐更新或进行防渗处理。开展报废汽车拆解日常巡查，二手车市场交易量7823辆，报废汽车回收3374辆、拆解3441辆。建立商贸行业隐患排查整改闭环工作机制，组织商贸领域安全检查56次，检查企业329家次，发现和整改安全隐患218个，整改率100%，全年无挂牌督办隐患和安全事故。

电子商务

2018年，全区完成网络零售额95.7亿元，同比增长33.8%；天猫小店签约10家。

举办“京东—富阳区域资源招商会”，邀请京东超市华东区域采销、招商部门来富阳对接资源。推荐2家企业参加全省电商创业创新大赛初创组海选，其中杭州艾霄客网络科技有限公司的旅游电商项目“鲸徙”在杭州地区的比赛中荣获初创组最佳模式创新奖。组织企业实地调研盒马鲜生、永辉超级物种、网易考拉“海淘爆品店”等新零售业态实地调研。开展电商专题培训3期，介绍谷歌免费工具、新零售做法、备战“双11”经验分享等内容，培训人次约200人。

电博会富阳电商特色馆斩获颇丰，6家参展企业收获意向客户约2000个，现场直接成交订单达810个，接洽有意向合作的电商产业链公司70余家，其中洪牛堂龙门牛肉成为电博会“网红”打卡点。

对外贸易

2018年，富阳区全年累计出口128.6亿元，同比增长11.6%；进口152.6亿元，同比增长9.4%。累计完成服务贸易出口25.5亿元，新发展入库企业11家。截至2018年底，富阳区进入商务部业务统计系统并正常申报数字的服务贸易企业共41家。

加工贸易发展迅猛，杭州富通通信技术股份有限公司成为杭州关区首家开展“出境加工”业务模式企业并在全国推广。浙江江铜富冶和鼎铜业有限公司成为省内首家有资质开展铜精矿加工贸易业务企业。两家企业2018年通过加工贸易创新发展实现出口6.94亿元，均首次跻身全区出口前十；实现进口96.53亿元，占全区进口总额的63.26%。

2018年，新认定杭州市出口名牌3家，复评8家。截至2018年底，富阳区共有省出口名牌企业8家，市出口名牌企业20家，“品质浙货”出口领军企业1家，3家企业通过海关AEO高级认证，品牌企业出口量占全区总额的32.4%。

围绕中美贸易争端，开展外贸企业专项服务，对全区600多家外贸企业进行全面排查。联合相关部门及专业机构开展国际贸易风险防控专题宣讲培训，尤其是针对中美贸易争端中如征税目录、汇率风险、转口贸易以及政策扶持等方面进行解读，面对面为企业答疑解惑。

招商引资

2018年，全区新引进外资项目15个，实到外资28903万美元；实到内资82亿元。浙商回归到位资金35.3亿元。个性化产业项目29个，“152”4个，智能制造类15个，金融服务类5个，生物医药类1个，运动休闲类1个，文创类3个。

建立书记、区长双组长的招商引资委员会，创新机构设置，实行“1＋2”招商体制，即1个办公室(招委会办公室)和两个小组(产业链招商组和项目评估组)。建立招商引资委员会月度例会制度和区四副班子领导联系项目制度，实行项目“一杆到底”负责制和“一条龙”服务制。

紧盯智能制造、数字影视、光通信等产业链发展，以“152工程”为抓手，积极开展项目谋划、盯引和推进工作，举办招商引资工作大会、深圳投资环境推介会等活动，对530家企业开展敲门招商，对接项目信息165条。全年招引落地西安寰星、百成医药、图南电子等项目116个。签约北影(杭州)国家级电影产业基地等项目145个、总投资365亿元。

对外经济合作

2018年，富阳区境外投资项目15个，累计中方投资2.18亿美元。富阳区已有多家企业到“一带一路”沿线国家开展境外投资或进行项目增资，如富通集团在泰中罗勇工业园项目，是富通集团在海外投资的第一个海外工厂，也是富通全球化布局的关键一步。

(杭州市富阳区商务局)

2018年杭州市临安区商务

国内贸易

2018年，临安区实现社会消费品零售总额199.6亿元，同比增长10.0%，增幅位于杭州市七县市区第四，十三县市区第四。营造氛围促消费。一是优化商业网点布局规划。结合撤市设区，出台新一轮商业网点发展规划(2018—2025)，明确今后全区商业发展重点和建设时序。二是稳步推进商贸项目。重点做好锦北宝龙综合体、科技城宝龙综合体、中骏滨湖城市综合体、钱王财富中心金街时代广场等商旅项目的推进工作。三是积极开展促销活动。举办“临安好家风百笋宴”“临安旅游乡村宴席大赛”“有机蔬菜节”“杨梅节”“1688双11备货会”等活动，开展家电博览会、空调节等促销费活动10次，百货商场、超市开展“店庆”“中秋”“国庆”等各种主题促销活动10次。四是强化行业安全管理。以临安区商贸安全专委会的实体化运行为主抓手，建立健全商贸行业安全管理长效化工作机制；建立预付卡管理联席工作机制，提升常态和应急管理水平；完成“双打”领导小组工作机制建设；组织商贸企业参与“国家卫生城市”“文明指数测评”“平安临安”等工作。

电子商务

2018年，全区实现网络销售额64.6亿元，同比增长31.5%。精准施策助电商。一是推动白牛电商小镇规划建设。完成规划编制和产业研究，下发《2018年临安区白牛电商小镇项目实施方案》和三年行动计划；白牛村电商分装中心筹备建设；分赴姚生记等知名电商企业开展敲门招商，国资与姚生记合作的区域品牌标准化体系建设达成实施意向。二是提升公共服务。强化市场化运作，做好农村淘宝、赶街、村邮乐购等农村电商服务站点的新建和提升工作，现全区共有各类电商服务站点425个，其中村淘41个、邮乐购384个。三是深化平台合作。与阿里巴巴农村淘宝、盒马鲜生、聚划算、兴农扶贫、菜鸟物流等平台合作，勤耕、兴农等年网络销售额超过500万元的网销企业27家，实现网销额4.83亿元。四是开展电商扶贫。建设电商协作运营中心，探索“1＋3＋8＋300”市场化运作模式，组织开展施秉产品专题推介会、精品水果专场推介会、苗绣专题对接会等活动。

对外贸易

2018年，全区实现自营出口总额109.1亿元，同比下降8.95%。累计实现服务贸易交易额14.1亿元，同比增长38.6%，完成杭州市下达任务11.7亿元的120.5%。

提振信心稳外贸。一是积极做好中美贸易摩擦应对工作。成立专门工作小组，全面摸底，召开部门、重点企业座谈会和镇街座谈会，开展涉美企业的运行、监测、分析、受损研判等工作，出台相关政策，加强协调统筹。二是持续做强“新引擎”。2018年，全区实现跨境电商出口3.26亿美元，其中园区完成出口2.4亿美元，占全区的73.8%，目前园区累计入驻企业145家，集聚效应明显。三是强化风险防控。完善中信保联保政策，参保的中小微企业门槛由300万美元调整到500万美元以下，费率由0.15%降低到0.04%，参保渗透率由28%提高到67%。同时，开展“贸点点”免费服务，为本地出口企业提供产品质量管控项目

100个,免费提供中信保境外客户资信调查项目300个,扩大小微企业联保范围。

利用外资

2018年,全区引进实际利用外资2.17亿美元,完成全年指标任务2.05亿美元的105.7%;全区引进浙商回归资金35.3亿元,完成全年浙商回归指标任务23亿元的153.5%。

量质并举抓招商。一是深入推进产业链招商。以"产业招商大行动"为载体,谋划实施集成电路、高端装备制造、休闲医养健康等重点产业链招商,其中,集成电路产业链累计招引项目26个,总投资达79.2亿元。上报"152"工程项目即省市县长项目及产业链引擎性项目6个,其中省长项目1个。二是开展专场活动招商。坚持新老并进,全力开展科技城集成电路招商,加快电线电缆等传统产业"以企引企",持续推进"一月一签约",引导平台、产业组织专场招商活动,举办2018半导体产业(上海)峰会暨杭州青山湖科技城微纳制造投资合作交流活动、10家高端酒店旅游项目集中签约、珠三角土地专场、民宿专场等13场招商活动。三是强化"一盘棋"制度创新。持续运行好"七个一"招商机制,深入开展全区招商"一盘棋"模式改革,健全镇街、部门协同作战机制,招商大数据平台投入试运营,建立临安区商务局与青山湖科技城、滨湖新城、锦南新城、重点平台等月度联席会议制度,强化项目信息共享,实现好项目在区内流转落地,全面构建信息共享、联动高效的"一盘棋"招商体系。四是加强招商专业队伍建设。开展"一月一培训",举办滨湖新城规划解读、区块链、基金、招商实务、集成电路等10场专题培训,并注重招商实战锻炼,优化项目服务,增强了产业分析、项目研判、接洽谈判以及服务项目等方面的能力。2018年,招商小分队共接待客商510批次,外出招商160次,获取招商信息625条。

(杭州市临安区商务局)

2018年宁波市鄞州区商务

2018年，鄞州区商务系统认真贯彻区委、区政府的决策部署，根据“两高四好”新鄞州建设的工作要求，主动适应新常态、探索新路径、谋求新发展，以发展高端化、品质化、国际化、绿色化、人文化的城市经济为主线，努力把鄞州区建设成为国际消费中心城区、对外开放的新高地、国际化都市核心区、现代服务业集聚地。商务经济主要指标继续在全省和全市领跑领先，并率先迈入高质量发展新阶段。

国内贸易

2018年，鄞州区实现社会消费品零售总额811.1亿元，同比增长8.5%，规模全市第一；限额以上批发零售业商品销售额3260亿元，同比增长23.5%。

批发零售业改造提升工程。根据《浙江省人民政府关于印发浙江省推动批发零售业改造提升行动方案（2018—2022年）的通知》文件精神，制订了《2018年鄞州区批发零售业改造提升试点实施方案》，以宁波爱默隆生鲜连锁有限公司、银泰鄞州店、银泰江东店、新江厦超市、利时百货、世纪百联超市、天伦百货、攸品邻里中心等11家公司为试点单位，在商品市场转型、零售模式创新、特色商圈改造、商贸品牌振兴等五大方面开展批发零售业改造提升试点。目前，通过加强现代商圈建设，增强核心商圈竞争力，已成功打造万达（包括万达广场、联盛广场和明州里）、印象城（包括印象城、钱湖天地、巴丽新地）和东部新城（包括东部银泰城、宏泰广场、文化广场）三大商圈，有效提升舟宿夜江、甬上传说·文化餐饮街、下应北路汽车4S大道、惊驾路餐饮一条街、南部商务区水街、东裕里和集盒七大特色街区，为占据新零售优势奠定了基础。

民生实事工程。2018年，鄞州区姜山、东吴、九曲、东柳、曙光5个菜场被列入浙江省“放心农贸市场”创建计划，其中九曲菜市场为新创，另4家菜市场为复评，鄞州区共投入570余万元对市场硬件设施进行了改造，并严格按照“不少于8个项目、每日检测不少于15批次且不少于总经营户数的8%，每月非农残检测比例不少于30%”的要求落实检测工作，菜市场软硬件设施整体提升，消费环境明显改善，5家菜市场顺利通过验收。此外，新一轮（2018—2020年）菜市场改造提升工程启动，9家新建、改造城镇和主要村级菜市场工程顺利推进（惠风西路菜市场顺利开业），改造提升完成后城镇菜市场将达到三星级以上标准，农村菜市场达到二星级标准。

“两项整规”成效显著。联合各街道（园区）、区市场监管局、区国税局、区地税局等在鄞州区范围内持续开展了“楼宇整规”及“商贸统计整规”工作，根据区委、区政府要求，在原“楼宇整规”工作基础上通过旬报制进行新一轮的排摸整规，取得显著成效。楼宇整规方面，截至2018年底，鄞州区纳入商务楼宇信息平台系统楼宇共计135幢488.3万平方米，入驻企业13830家，入驻面积384.1万平方米，入驻率78.8%，注册率84.9%，完成整规企业679家，有效促进了鄞州区楼宇经济健康、持续发展。商贸统计整规方面，鄞州区排查出符合年度入库要求企业701家，其中批发业394家、零售业254家，住宿业23家、餐饮业30家，累计新增入库商贸企业16家，贡献商品销售额近46.6亿元，有效优化了限额以上商贸统计库结构，为实现“应统尽统，确保商贸经济稳定增长”作出了积极的贡献。

电子商务

2018年,鄞州区实现网络零售额456亿元,同比增长26%。通过举办各类电商系列活动,逐渐扩大鄞州电商的影响力和辐射力,如连续举办三届的“电商武林大会”规模不断扩大,涵盖杭州、深圳、宁波三地,成为宁波市电商领域最具影响力的活动之一;中国产业互联网大会连续两年在鄞州区举办,成为国内产业互联网领域规格最高的行业盛会;亚马逊全球开店卖家峰会首次落地。2018年,亚马逊宁波跨境产业园正式落户,新引进北京“大朴”家居纺织品交易平台、上海“海智在线”工业品采购平台、汉升区块链物联网设备共享平台等国内产业领先平台,其中大朴家居平台和汉升区块链物联网设备共享平台成功入选市“泛3315”电商类项目。

电商园区平台建设工程。目前已建成区级以上电子商务园区11个,园区总运营面积33万平方米,集聚各类电子商务企业约500家,园区年网络总交易额(营业额)近100亿元;拥有各类交易额超亿元的平台10余个,年平台总交易额达2000亿元左右,大宗商品交易平台、世贸通、航运订舱平台(航交所)3个平台列入国家首批电子商务试点平台。筹备建设电子商务创新产业园区。

对外贸易

2018年,鄞州区实现外贸进出口总额1592亿元,同比增长20.9%,增幅高于全市平均8个百分点。其中,出口1215亿元,总额位居全市第一,同比增长16.1%;进口376.5亿元,同比增长39.4%,增幅位居全市第二。改革开放以来,鄞州区不仅实现了从工贸小县到外贸强区的历史性跨越,更是全省首个出口突破百亿美元的县(市)区,并于2017年出口率先突破“千亿大关”,名列全省“外贸十强”县(市)区第二位。鄞州区服务外包企业累计达451家,服务外包执行总额91.9亿元,其中离岸执行额42.8亿元。

一是着眼于转型升级,推动国际贸易高质量发展。深化科技强贸战略,探索“基地+企业”的集群出口模式,拥有五金制品、纺织服装、餐厨用品三个国家级外贸转型示范基地,数量居全国第一。机电产品和五金工具产品通过海外并购、产品研发、“互联网+”等加快转型,已替代纺织服装产品成为出口支柱性产品,高新技术产品出口增幅已超鄞州区平均水平近20个百分点。大力拓展新兴市场,“一带一路”沿线国家出口增长20.8%,中东欧16国出口同比增长29.7%,东盟、东欧等新兴市场出口增幅达31.6%和25.5%。

二是着眼于创新引领,推进新型贸易模式实践。紧跟电子商务快速发展的潮流,着力培育外贸综合服务平台,发展跨境电子商务,培育新型外贸业态。目前,经商务部门认定的外贸综合服务平台企业6家,是全省外综平台最为集中的区域,年拉动鄞州区外贸增长约10个百分点,其中世贸通为国家级外贸综合服务平台试点企业,五金工具跨境电商产业集群成为全省试点。鄞州区实现跨境B2B出口额25.9亿美元,同比增长1倍,总量和增幅均位列全市第一,跨境电商B2B、B2C出口合计占鄞州区出口总额的近15%,逐渐成为推动外贸出口新的增长极。

招商引资

“三个产业”招商喜人。作为“重质量、抓落地”招商引资增效行动的主要责任单位,鄞州区商务局致力于优化营商环境,有针对性地推出各类外贸帮扶政策,发挥区内航运集聚区、会展中心等产业平台优势,积极引进一批优质外贸企业、航运物流及会展企业。

招商引资方面,在全省范围内首创了小微企业信保通保和融资平台,大力推进贸易便利化,加快通关及退税速度,惠及广大外贸企业,吸引了大量优质外贸企业落户。全年新增外贸备案企业1135家,其中进出口实绩企业770家,目前鄞州区拥有各类外贸企业5000余家,其中进出口上亿美元企业23家。此外,会展业通过“点对点”精准招商,亚太美容养生博览会、中国机器人展、2018磷复肥工业展览会、亚马逊全球卖家峰会、航运物流展5个新展会落户,宁波卓沃文化科技有限公司、宁波华盟展览有限公司新引进会展企业2家,其中上规模会展企业1家。

航运物流业招商方面,主动与宁波市口岸办、宁波市投促局对接,加强与东部新城开发建设指挥部、宁波舟山港集团等单位的联合联动,成立由鄞州区商务局和相关街道组成的“鄞州港航物流招商突击小分队”,扎实推进航运物流业的招商引资工作。新引进航运物流及相关企业142家,规模以上航运物流企业总数达195家,新增航运业营业收入15.2亿元,航运集聚区的集聚度达到90%,波兰船级社、“港口圈”港航创新创业平台项目、纽约航交所远期订舱合作项目、北麓海事服务公司项目、宁波墨客区块链公司、小米供应链金融区域总部、赛保航运保险科技区域总部等多个大项目落户。

对外经济合作

2018年,鄞州区新批境外投资企业23家,中方投资额3.26亿美元,承包工程营业额达2.3亿美元。“走出去”平台搭建工程。搭建商协会平台,组织区内企业抱团拓展境外市场,如搭建了“一带一路”沿线的重要平台——柬埔寨宁波商会,承担区内外有意向赴东南亚投资企业的联络和咨询事宜,2018年商会已为100余人次提供当地投资环境考察。此外,以在越南投资建厂的永峰包装、乐歌股份等企业为平台,加强投资联络,引导区内劳动密集型企业利用东南亚的优惠政策、劳动力成本优势实施产业梯度转移。推进“走出去”风险控制平台建设,为企业境外投资保驾护航,加强与政策性保险机构的合作力度,鼓励境外重点制造业企业、资源回运企业积极投保海外投资保险,保障“走出去”企业的资产安全。2018年共有10家企业申报中央和市级海外投资保险政策,保险金额达9000余万美元。

(宁波市鄞州区商务局)

2018年绍兴市柯桥区商务

国内贸易

2018年，柯桥区实现社会消费品零售总额305.5亿元，同比增长11.1%，其中，限额以上社会消费品零售总额106.6亿元，同比增长14.6%；实现批发业销售额5143亿元，占全市总量的54.7%，同比增长16.3%，增速居绍兴市第一；零售业销售额684.2亿元，同比增长15.4%；住宿业营业额6.2亿元，同比增长18.2%；餐饮业营业额30.3亿元，同比增长19.0%。

立足传统促消费品牌活动，创新商贸活动载体，促进线上线下协同发展，有效盘活节会经济。组织116家企业参加"柯桥城市购物节"之新春嘉年华、春季消费周和城市购物节等系列活动，实现销售额5.6亿元，其中32家企业参加"柯桥城市购物节"，实现销售额2.1亿元，同比增长6.5%。

商贸主体培育成效明显。开展批发、零售、住宿、餐饮企业排查和汽车4S店、商贸零售业、楼宇经济专项调研，加强监测统计分析，培育壮大商贸主体，深入挖掘消费潜力。东方山水二期(酷玩小镇)、黄酒小镇、龙之梦项目等26个跟踪监测重点商贸服务业建设项目完成投资135.3亿元，完成当年计划投资的111.2%，中纺国际时尚购物中心、大润发超市顺利招商开业。

民生实事工程扎实推进。着力抓好放心早餐工程、再生资源回收利用体系建设，通过摸底调查、公开招标、试点改进、跟踪指导，协调解决相关问题，完成10家便民放心早餐网点建设，全部通过验收，会同柯桥区供销社建立完善再生资源回收体系，建成回收站点12个、分拣中心1个，并择优引进专业回收企业1家。

商贸流通相对稳定。扎实做好汽车销售、二手车交易、拍卖、家政服务、内资直销、美容美发等特殊流通行业监督管理，规范行业发展，办理各类商务投诉处置，建设商务诚信体系。23家限额以上汽车销售企业销售汽车20115辆，实现销售额62.2亿元，同比增长9.4%，现有完成备案的二手车市场4家，完成交易22171辆，成交额7.1亿元。

秩序监管安全有序。扎实推进加油站点安全生产长效管理，发布加油站安全信用等级评定检查标准38条，完成地下油罐改造40家172个油罐，总完成率达90.5%，浙石轻纺城城北加油站完成绍兴市首家油气回收自动监测设备试点安装。加强散装汽油购销管控，销售成品油27.3万吨，其中，销售汽油19.7万吨，销售柴油7.6万吨。现有成品油经营企业(点)50家，其中加油站42家、民营加油点7家、管理公司1家。

散装水泥绿色发展。扎实做好清洁生产督查提升、建设工程"禁现"检查、绿色混凝土改造，组织12家预拌混凝土、砂浆生产企业签订行业绿色清洁生产认定合同并全部完成省级绿色清洁生产验收。努力提高清洁生产完成率和水泥散装率，进入全省领先序列，销售散装水泥85.9万吨，同比增长14.5%，水泥散装率90.4%，销售预拌混凝土529.2万立方米，同比增长22.9%；销售预拌砂浆31.0万吨，同比增长22.2%。

电子商务

2018年，柯桥区实现网络零售额94.67亿元，同比增长24.3%；轻纺城网上交易额420.4亿元，同比增长38.4%，新增跨境电商企业155家。中国轻纺城跨境电商产业园、绍兴聚势电子商务产业园等被纳入省级电子商务产业基地名录，绍兴盈科商务信息咨询有限公司、绍兴橙果网络科技有限公司被评为省跨境电子商务重点服务企业，方家桥村、岭湖村、联兴村和澄湾村4个行政村被评为电子商务专业村，浙江省纺织产业集群跨境电商发展试点2017年度工作绩效考核评定B级。

加快跨境电商载体建设，丰富生态体系。建成中国轻纺城跨境电商产业园，进一步集聚各类电商及配套主体，签约引进“明州通”“沐家家居”等104家电商企业，引入法务、摄影、设计等相关配套产业链，开发建设“通纺云”跨境电商平台，架构跨境电商出口、报关、退税全流程闭环。深化柯桥区跨境电商创业服务中心、亚马逊服务联盟孵化中心建设，打造B2B、B2C多元化跨境平台孵化体系，累计孵化企业365家。新引进“创梦天地孵化器”，签约入驻企业5家。组织开展各类跨境电商主题论坛、峰会、资源对接会共13场，累计发动3445家次企业参与。

加速农村电商网络布局，助力乡村振兴。加快“新零售直营店＋农村网点＋城乡物流配送体系”模式推广运营，带动农产品上线销售，促进农民创收。提升改造农村电商服务网点37个，建成新零售直营店16家，建设物流分拨中心1处。“供销·淘实惠”农村电商平台实现销售额2.02亿元，同比增长34.7%，推动本地商品尤其是农副产品上线销售，平台累计入驻本地企业112家，其中农特产品类企业52家，农特商品种类804种，农特产品销售1969万元。

打造服务业电商新热点，促进便利消费。加强与“口碑”平台合作，构建线上线下融合的体验式消费，组织实施网络购物节，发动平台商家850家，服务顾客达4万人次，平台消费462.4万元，同比增长30.2%。加快“美团”“饿了么”等平台推广，融合本地商场、超市、餐饮店等开展外卖配送，促进消费升级，平台入驻商家2017家，同比增长55.3%。线上餐饮美食零售量达1.25亿件，实现销售11.2亿元。

提升电商配套服务层级，强化发展支撑。出台电子商务高质量发展激励政策，着力培育发展电子商务业，鼓励发展跨境电商，鼓励企业营销拓市。制订电子商务人才培训实施方案，构建人才培养体系，坚持人才本地化培养输送，联合之江学院、区职教中心组织开展电子商务师、助理电子商务师等专业培训2期，培养专业电商人才127名。开发柯桥区电子商务信息管理系统，整合各方信息资源，完善基础数据信息采集，录入电子商务店铺15495家。

对外贸易

2018年，柯桥区实现自营进出口额793.2亿元，同比增长11.6%，其中，出口额751.0亿元，同比增长9.5%。进出口额、出口额均居全市第一。一般贸易进出口781.8亿元，同比增长11.3%；加工贸易进出口11.33亿元，同比增长38.9%。对外贸易进出口实绩企业4986家，其中，出口实绩企业4497家，同比增加254家，其中，贸易型出口企业3694家，同比增加281家，出口569.0亿元，同比增长11.7%；轻纺市场出口企业1932家，同比增加94家，出口286.71亿元，同比增长9.4%；生产型出口企业803家，同比减少27家，出口182.04亿元，同比增长3.0%。柯桥区进口实绩企业489家，同比增加1家。对外贸易进出口国家和地区190个，其中出口国家和地区188个，出口超1000万元的国家和地区129个。“一带一路”沿线国家和地区出口411.75亿元，同比增长9.2%，占柯桥区出口总额的54.8%。出口居前五位的国家是越南、美国、印度尼西亚、孟加拉国、巴西，分别出口48.7亿元、47.6亿元、44.5亿元、32.7亿元、31.7亿元，同比分别增长17.4%、9.1%、22.5%、20.7%、9.0%。

2018年5月9日，柯桥区在浙江省对外开放大会上获“2017年度浙江省外贸十强县（市、区）”称号并受到表彰。2018年7月，柯桥区柯桥街道、华舍街道、马鞍镇、齐贤街道4个镇街在绍兴市对外开放大会上被授予“2017年外贸十强乡镇（街道）”称号。2018年8月，在柯桥区对外开放大会上通报了“2018年柯桥区对外开放十大标志性事件”。

深入实施“廿展千企”“丝路柯桥·布满全球”活动计划，按照“东”“西”两个维度，组织1793家次企业参加春秋季广交会、美国拉斯维加斯展等境内外展会35场，设立展位3729个，并赴意大利、缅甸、巴基斯坦举办自办展。组织103家单位、236名专业采购人员参加首届中国国际进口博览会，达成成交意向15单，成交意向金3437.89万美元。其中，宝业集团与美国霍尼韦尔公司就智能楼宇管理平台和指挥控制墙系统签订了2000万美元的采购协议，并向日本发那科公司(FANUC)意向采购1000万美元机器人设备，全面发力智能制造。

积极应对中美贸易摩擦。2018年，柯桥区积极应对中美贸易摩擦，开展反倾销排查7次、贸易摩擦调研6次，联系走访企业1600余家次。依托化纤长丝和高端纺织装备2个省级外贸预警点，继续深化预警研判分析，发布预警信息36条。全面深化“1+X”部门协作机制。组织694家次企业参加外贸预警业务培训、论坛6场，引导企业积极应对中美贸易摩擦等形势变化。

根据“最多跑一次”改革要求，柯桥区贸促会对出口货物一般原产地证签发、企业年检、企业变更业务做到100%“即来即办”，签发一般产地证64495份，一般原产地签证量稳居全省、全市同类机构首位。启用贸促会原产地证企业申报系统，完成对2600余家企业注册、变更、年检工作，238家企业自主打印原产地证书21267份，并对一次性办理产地证10份以上的企业启动预约打印服务，开展预约服务85次，打印原产地证1011份。

服务贸易

2018年，柯桥区服务贸易进出口额36.7亿元，完成目标任务的108.6%，其中服务贸易出口额32.1亿元，服务贸易进出口额、出口额均居全市第一。实现服务外包离岸执行额2424万美元，同比增长10.0%，现有服务外包认定企业104家，企业数居全市第一，发包地来自50余个国家和地区，承接业务类型均为知识流程外包(KPO)，涉及工业设计中的花型设计、面料研发、LED照明设计等领域。培育离岸执行额1000万元以上服务贸易企业4家。

新增服务贸易监测系统入库企业12家，累计入库企业63家；新增服务外包入库企业3家，累计入库企业104家。全面贯彻推行2018版《国际服务贸易统计监测制度》，组织60余家次企业参加浙江省服务贸易统计监测培训会、绍兴国际服务贸易发展论坛等培训活动3场次。获“2017年度绍兴市服务贸易统计监测工作先进单位”荣誉称号，9家企业获“2017年度绍兴市服务贸易统计监测工作先进企业”荣誉称号。组织企业参加第5届中国(北京)服务贸易交易会、第6届中国(上海)国际技术进出口交易会、2018伦敦百分百设计展等各类境内外服务贸易推介会10场次。

利用外资

2018年，柯桥区新批外资项目117个，比上年减少133个，增资24家，减资12家，合同外资50687万美元，实到外资28898万美元，同比减少11.9%。117个项目合同外资来自25个国家和地区，实到外资来自11个国家和地区。柯桥经济技术开发区(含马鞍镇、齐贤街道、安昌街道)完成实到外资19914万美元，占柯桥区实到外资总量的84.3%。新批(增资)总投资1000万美元以上项目41个。其中，索密克汽车配件有限公司外方合同增资688.34万美元，连续第5年增资，总投资17903万美元；浙江升笑家居科技有限公司总投资2871万美元，合同外资1899万美元，主要经营家具、家居用品，塑料化工的研发、设计、生产加工；浙江华彬供应链管理有限责任公司总投资5000万美元，主要经营供应链管理服务和机械设备租赁。新批二产项目14个，占总项目数比重较上年提高4.6个百分点，合同外资10459万美元，实到外资中二产项目到资7273万美元，同比增长46.0%；三产项目到资21625万美元，同比减少22.3%。

2018年，柯桥区接待临时出入境外商85052人次，办理居留许可5327人次，审核外籍子女入学96名，创历年新高。柯桥区现有国(境)外企业常驻代表机构1459家，其中当年新增39家；现有外商投资商业企业799家，出口18.67亿元，占柯桥区出口额的2.5%，其中当年新增75家。组织490余名外商开展欢庆元宵——世界美食交流、无偿献血、三伏天送清凉等外商活动10场次。

2018年8月，推出柯桥区外商管理服务工作回顾展，分“我在东方有个家”“家在哪 心在哪”“家更好 梦更圆”三大板块，以外商视角回顾柯桥区涉外管理服务工作。自2005年柯桥区涉外管理服务中心成立以来，外商与柯桥共谋划、同成长，见证柯桥逐步发展成为“国际纺织之都、现代商贸之城”。

首批外籍调解员受聘上任。2018年9月，柯桥区商务局联合柯桥区人民法院打造“以外调外”模式，公开选聘外籍调解员参与涉外商事纠纷调解，来自巴基斯坦、印度、也门、阿富汗等国家的5名外商受聘，任期2年。当年11月，柯桥区商务局联合柯桥区司法局成立柯桥区涉外纠纷人民调解委员会，全面深化柯桥区涉外纠纷调解机制建设，推动柯桥区社会和谐稳定和市场持续繁荣。外籍调解员制度建立以来，累计调处各类涉外纠纷130余起。

对外经济合作

2018年，柯桥区新批（备案）境外投资企业5家，增资2家，总投资1747万美元，同比增长28.7%，其中，中方投资额1265万美元，同比减少0.8%。完成对外承包工程实际营业额1074万美元，同比减少33.0%。现有获批准（备案）境外投资企业500家，分布66个国家和地区。

投资领域有新拓展。2018年，柯桥区企业首次赴澳大利亚设置营销网络。在原有纺织、服装、家纺、农业、投融资、清洁能源开发、度假酒店开发、文化服务、飞机制造、医疗研发、3D打印等产业基础上，又新增计算机、通信和其他电子设备制造境外投资类别，填补了柯桥区境外投资在这一领域的行业空白。

平台搭建有新成效。2018年，柯桥区组织150余家企业参加推介对接、经贸交流、辅导培训等各类对外投资合作活动17场。浙江迅实科技有限公司、浙江赛尚医药科技2家企业的境外研发机构首次成功研发出新产品。多家企业赴越南、泰国、印度尼西亚等“一带一路”国家进行实地考察调研。实现对外劳务合作经营资格核准“同城通办”。

（绍兴市柯桥区商务局）

2018年绍兴市上虞区商务

2018年,绍兴市上虞区商务局紧紧围绕区委、区政府决策部署,牢牢把握高质量发展要求,全区商务工作保持平稳较快发展。

聚焦高质量发展,主要指标运行良好

(一)商贸经济稳步增长

切实抓好主要指标运行分析,着眼争先晋位,着力补短板、促增长。全年实现服务业增加值398.17亿元,同比增长8.8%,居绍兴市第二位;实现社会消费品零售总额342.24亿元,同比增长11.2%,居绍兴市第二位;限额以上零售、住宿、其他营利性服务业等指标,连续居于绍兴市前列。

(二)外向型经济稳中向好

2018年,全区实现出口255.38亿元,同比增长5.5%,伞业基地获评“国家级外贸转型升级基地”;实现服务贸易进出口总额18.0亿元,完成目标任务的134.0%,同比增长33.2%,增速居绍兴市第一位;全年实现实到外资3.53亿美元,完成区定目标的117.8%,完成市定目标的107.4%,实到外资总量居绍兴市第一位;阿克希龙舜华1.28亿美元并购项目成为2018年绍兴市最大的实到外资项目。完成境外投资2.21亿美元,完成区定目标的110.5%,总量居绍兴市第一位;上虞区连续第3年荣膺“全省外经合作十强县市”。卧龙集团投资1.72亿美元收购通用电气部分资产项目,成为2018年绍兴市单体规模最大的境外收购项目。

(三)服务业项目平稳推进

实行服务业重点项目与区领导一对一联系制度,做精做细项目跟踪服务工作,及时协调项目进度和存在难题,全区23个重点服务业项目中,实际开工20个,当年累计完成投资19.98亿元。

坚持高标准落实,重点工作扎实推进

(一)深入开展调研试点

开展服务业专项调研,修订完善服务业激励政策;密切关注中美贸易摩擦,跟踪分析、动态预警,组织举办对美贸易风险防范等培训活动5场,受益企业800余家次。商务运行监测点、伞业对外贸易预警点均获“年度省级优秀单位”。同时,作为全省商务系统“最多跑一次”办事事项“线下属地一窗受理、线上全程一网办理、后台综合集成服务”试点县(市区),积极承接63个省级事项,为试点工作在全省推广作出贡献。

(二)精心组织节会活动

组织第十届浙东新商都购物节,推出主题购物、网络互动和文化休闲三大板块23项活动,举办上虞首届结对合作特色农产品展,对接帮扶小金、景宁展销特色农产品。切实做好参加首届中国国际进口博览会组织工作,邀请ATB控股参展,组织采购工作绍兴市领先。

(三)扎实推进民生实事

实施便民放心早餐项目,按照绍兴市政府的统一要求,抢抓建设进度,按时建成10家便民放心早餐门店;做好再生资源回收利用,制订城乡垃圾回收利用体系建设方案,培育骨干回收企业1家,建成再生资源(含生活垃圾)回收站点20个,建设分拣中心1个。

着眼高效率管理，商务环境不断优化

（一）加强行业监管

稳步推进加油站地下储油罐双层罐改造工作，完成改造47家；完成2017年度加油站和典当企业年检，全年开展加油站专项检查10次，办结预付卡、加油站等信访投诉400余件。

（二）推进社区服务

96345社区服务中心处理求助11.12万件，回访满意率保持在99.8%以上；开展各类志愿便民服务22次，实现居家养老服务工作全区覆盖。

（三）规范内部管理

认真开展“党建全域提升年”，落实“周一夜学”，开设机关干部讲坛，深入推进“两学一做”学习教育常态化、制度化；多形式开展主题党日活动，“商务E站”获评“第一批区直机关党建品牌”；建立机关日常行风效能“三色预警”管理机制；扎实做好一届区委第四轮巡察反馈意见整改工作，建立完善制度27个；开展“聚焦项目大抓落实”活动，上虞区商务局领导带队走访调研企业67家次。

（绍兴市上虞区商务局）

第六编

开发区发展概况

一、国家级开发区

2018年杭州经济技术开发区发展概况

一、概 况

2018年，杭州经济技术开发区（简称“杭州开发区”）以打造“下沙科技城”和“下沙新城”为抓手，实施“创新驱动、转型升级、产城融合”三大战略，经济增长的内生动力不断增强，发展质效持续提升，呈现出“总体平稳、稳中有进”的特点。

2018年完成工业总产值比上年增长11.6%；完成新产品产值563.3亿元，增长33.4%；完成信息经济增加值104.19亿元，增长10.1%；完成主营业务收入507.43亿元，增长12.9%；新一代信息技术、生物医药、高端装备制造、新能源新材料四大主导产业全年工业总产值完成1301.7亿元，增长15.2%；实现服务业增加值208.54亿元，增长3.3%，服务业增加值占GDP比重29.6%，基本持平；实现社会消费品零售总额118.45亿元，增长10.4%；实现商品服务销售总额448.19亿元，增长7.4%；实现进出口总额688.98亿元，增长7.3%。

二、主要工作

加快推进动能转换。引进新增领军型人才和高端人才项目，柔性电子与智能技术全球研究中心、搜狗（杭州）研究院、帝国理工先进技术研究院等一批高端创新平台，高端要素集聚取得新突破。入选“国家创新人才培养示范基地”，新认定国家高新技术企业、新设科技型企业数量保持30%以上增幅，企业专利申请量、授权量、新产品产值分别增长20%、45%、33%，企业创新主体作用进一步凸显。

全力促进产业转型。以杭州市制造业区域综合试点为契机，大力推进“三化融合”和“五无企业”整治，引进“闪银”“小米智能家居”“华海药业”等一批优质项目，实施“零地技改”“机器换人”等项目66个，集中整治低效用地企业和低小散企业，9个总投资50亿元以上企业转型提升项目全面启动，战略性新兴产业、装备制造产业、高新技术产业增加值均保持两位数增长，产业结构和质效持续优化提升。医药港小镇被授予“杭州医药港”称号，新注册落户生物医药项目180余个，签约落户浙江大学临床实验中心等一批重大项目，在全省特色小镇考核中名列优秀；大创小镇新落地企业800余个，国际创博中心等一批平台建成投用，成功创建省级特色小镇；出口加工区获批综合保税区，全年跨境进口累计验放包裹6042万单、交易金额115.3亿元，分别增长65%、56.7%。

持续深化产城融合。按照拥江发展战略部署要求，编制下沙分区规划和沿江等重点区块城市设计，新建成投用一批学校、医院，地铁1号线机场段和8号线、艮山快速路东延伸段、大剧院、亚运轮滑馆等一批重点项目加快建设，城市功能设施不断完善。杭州开发区以文明城市指数测评和国卫城市复评为抓手，实施环境综合整治专项行动,重点推进金沙湖区块和环下沙31.3公里城市绿廊建设,有效解决重大安全隐患及脏乱差问题。

全面加强社会治理。按照新时期党的建设总要求,加强党建引领,推进各领域基层党建和党风廉政建设,打造克难攻坚、敢于担当、干净干事的下沙铁军。深化"最多跑一次"改革,统筹推进项目建设、智慧城市、城市管理、国有企业、基层治理等领域的深化改革,发展活力不断激发。加强平安建设,开展扫黑除恶专项斗争,落实安全生产责任制,做好重点涉稳问题化解和重点时段维稳安保工作,社会大局总体和谐稳定。

三、亮点特色

(一)杭州开发区排名国家级开发区综合考评第9位

2018年12月,商务部公布2018年国家级经济技术开发区综合发展水平考核评价结果,杭州开发区综合考核排名第9位,科技创新单项排名第9位,双双进入全国十强,成为浙江省唯一进入全国开发区综合发展十强的开发区。根据考核标准,开发区人均GDP、单位面积产出、单位GDP排放、企业效益、高新企业主营业务收入比重、研发投入占比等指标均走在全国前列,成为十强中创新引领、高质量发展的典范,在国家级开发区转型示范工作中成效初显。

(二)出口加工区升级成为综合保税区

2018年2月13日,国务院批复同意浙江杭州出口加工区核减规划面积并整合优化成为杭州综合保税区。整合优化后的杭州综合保税区规划面积为2.007平方千米,四至范围:东至21号大街、南至20号大街、西至杭州绕城高速公路东侧绿化带、北至21号大街。批复同意杭州综合保税区发挥区位优势和政策优势,发展保税加工、保税物流、保税服务等业务;杭州综合保税区实行封闭管理,要求按照海关特殊监管区域有关规定组织综合保税区隔离监管设施的建设,条件具备后,由海关总署会同有关部门进行验收。杭州综合保税区封关验收后,不再保留杭州出口加工区。

(三)杭州医药港建设启动

2018年5月21日,中国·杭州医药港建设启动仪式暨《促进生物医药产业创新发展的实施意见》新闻发布会在杭州开发区举行。

杭州市政府在杭州医药港召开新闻发布会,正式对外发布《促进杭州市生物医药产业创新发展的实施意见》,意见明确提出杭州要打造具有全球影响力的生物医药创新城市的目标。杭州将引进全球生物医药创新资源,通过政府引导、资源整合、重点突破、全面推进的方式,推动生物医药产业实现跨越式发展。到2022年,初步建成国内领先的生物医药研发及产业化高地,主营业务收入达到1000亿元以上。生物医药产业空间布局,意见明确围绕"一核三园多点"打造高端生物医药产业基地。其中"一核"即以杭州开发区为核心,打造杭州市要素最齐全、环节最完备、发展速度最快的生物医药高端产品研发集聚区。

(四)大创小镇入选省级特色小镇创建名单

2018年9月13日,浙江省特色小镇规划建设工作联席会议办公室公布省级特色小镇第四批创建名单,杭州开发区大创小镇入选省级特色小镇创建名单。6月,杭州市2017年度特色小镇创建对象考核结果揭晓,杭州开发区大创小镇被评为2017年度市级优秀特色小镇。大创小镇是杭州市首批人才生态示范区、浙江省首批海外高层次人才创新创业基地,集聚创新园区32个、国家级孵化器4个、众创空间12个、国家级众创空间4个,入驻企业3800家、创客1万余人,从业人员3.5万人。小镇借助省内最大高教园区的集聚优势,以新一代信息技术为主导产业,导入人才、科技、产业、金融等系列政策,通过3至5年,建设打造集创新链、人才链、投资链、服务链等要素为支撑的"双创"生态,逐步建设成为杭州东部的创业创新高地,长三角地区产学研协同创新的示范区以及全国双创新高地。

(五)搜狗(杭州)研究院落户开发区

2018年1月31日,开发区管委会与搜狗公司签订战略合作协议,搜狗(杭州)研究院落户杭州开发区。研究院秉承"自然交互+知识计算"人工智能战略,以语言为核心布局人工智能,并将AI技术应用于核心产品。主要发展方向为自然交互、知识计算、智能硬件,首期总投入超过4.5亿元,专利申请300件以上。计划5年内组建一支400人以上的研发及周边功能团队,将搜狗(杭州)研究院打造成北京总部以外的最大研发基地。

(六)帝国理工先进技术研究院落户大创小镇

2018年4月19日,帝国理工先进技术研究院项目落户开发区大创小镇。该研究院由英国帝国理工大学院士团队、RTC Innovation公司与开发区管委会共同打造,致力于推进帝国理工大学医疗影像等领域的人才、技术及国际资源在开发区落地。研究院将成立大数据中心,建立独立医学影像诊断中心,建成医学诊断开放性平台,创建离岸孵化中心,专注服务于英国帝国理工大学及伦敦地区高校先进医疗大数据和人工智能科技成果的引进及在浙江的产业化。

(七)跨境商品特殊区域出口模式启动

2018年2月8日,3300余件户外运动服装自下沙跨贸园出发,通过杭州海关监管后运往国外。这是杭州海关启动跨境商品新出口模式——特殊区域出口模式后的首票跨境商品,跨境商品出口新模式在浙江落地。在特殊区域出口模式下,开展跨境电商出口业务的企业在货物出售前,提前将跨境商品批量运入海关特殊监管区域的对应仓库,随后根据平台订单情况将货物在区内打包成大货(B2B)或小包裹(B2C)形式报关出口。由于应用海关特殊监管区"入区即退税"的政策,跨境商品一进入该区域就可以申请退税,减少企业原先分时间每次分批报关出口的多方沟通和走流程的成本,加快跨境企业资金周转,缓解企业资金压力。

(杭州经济技术开发区管委会)

2018年萧山经济技术开发区发展概况

一、概 述

2018年，萧山经济技术开发区实现地方生产总值376.3亿元，规模以上工业增加值163.5亿元；完成全社会固定资产投资88.9亿元，同比增长14.1%；规模以上服务业增加值67.5亿元，同比增长14.2%；出口167.8亿元，同比增长6.7%；财政总收入106.9亿元,同比增长17%；一般公共预算收入58.9亿元，同比增长19.7%，超额完成全年目标任务。

"退低进高"全面启动。深入贯彻落实省、市"亩均论英雄"改革举措，在"四无企业"整治基础上，进一步完善闲置厂房长效管理办法，严格落实日常巡查制度。出台《桥南区块高质量发展的实施意见》及《若干政策意见》，建立"一企一册"，加快企业改造提升步伐。完成市北区块"退二进三"面积400亩。

创新驱动不断加速。新增国家高新技术企业37家，省级企业研究院4家，省级高新技术研发中心3家，市级技术中心4家，高新技术产业增加值占比达64%。融创信息、传化精细2个研发项目列入省重点研发计划，9家企业的研发项目被列入区重点研发计划。人才集聚成果显著。自主培养市"521"计划人才6名。新增杭州永磁和大立建设2家省级博士后工作站。全年新认定A-F类人才464名。开发区人力资源产业园完成开园准备。

二、招商引资势头良好，优质项目相继落地

全年引进外商投资企业37家，实际利用外资4.5亿美元，占全区比重为44.6%。实现市外内资31.4亿元、浙商回归28.6亿元。招商引税完成全年目标的184%。获得全区平台招商引资（引税）考核一等奖。狠抓重大项目。坚持"实体强基"导向，世界500强德国采埃孚电驱动项目等签约落地。成功引进央企投资中铁（盾构机）项目、中信重工特种机器人项目。美国和睦家项目实现萧山外资医院"零的突破"。强抓新兴产业。围绕"创新引领"目标，招引新一轮"5213"项目23个。引进森尼克化合物半导体、清华长三院生物医药加速器、英希捷半导体新材料、优捷特环保、太铭生物等项目。紧抓"总部项目"。总投资8000万美元的友嘉全球创新研发中心、总投资6000万美元的台湾格上出行总部项目完成签约。成功引进浙商中拓、微贷网和歌礼生物3家境内外上市企业。

三、重点平台加速发展

特色小镇持续壮大。信息港小镇向着"精细化、专业化、国际化"纵深发展，完成注册企业1508家，集聚创业创新人员2万余名。成功创建AAA级旅游景区。实现主板上市企业三家、新三板挂牌两家。成功招引云集等独角兽企业。引进瑞康医药浙江总部、量知科技、云特森等一大批优质重点项目，微软云基地、谷歌、网易云、阿里云、湾区孵化器、清华水木茶社、海多孵化器等知名创新孵化平台，挂牌成立浙大—讯飞人工智能研究中心、浙大CG产业研究中心、未来交通研究院、量知大数据认知决策研究院等研究机构。在这些新经济企业的带动下，小镇数字经济红利集中爆发，全年实现小镇税收13.27亿元，同比增幅近七成，其中数字经济税收增量高达149%。截

至2018年底，成功引进和培育独角兽企业5家，上市企业11家，知名上市企业浙江总部2家，同时引进和培育国家级高新技术企业42家、浙江省级科技型企业37家。小镇“一个智汇港＋X个智慧谷”格局初步成型。

四、机器人小镇成功入选省级特色小镇第四批创建名单

2018年，萧山机器人小镇以“培育产业，完善配套”为抓手，围绕机器人小镇建设要求，推进产业发展，集聚高端要素，开展科技创新，成功入选省级特色小镇第四批创建名单，并获“中国机器人十大产业园”与“国际合作贡献奖”荣誉称号。小镇新收储存量厂房25万平方米，满足企业落地需求，保障招引项目发展空间。出台《关于促进机器人小镇产业发展的若干意见（试行）》“黄金十条”，加大产业发展扶持力度。引进15个项目，总投资近13亿元，其中“5213”项目6个，包括西门子工业4.0（萧山）智能制造创新中心、钱江机器人研发销售及工程应用中心、韩国机器人中心、精工智慧能源总部、深酷运动机器人、臻越高端品牌汽车内外饰智能装备、沐森机器人系统集成、翼菲并联机器人等。坚持“服务企业就是服务发展”的理念，为入驻企业提供店小二式的多样化、专业化、个性化贴身服务。通过“一赛一展一会”形式，即RoboCom（睿抗）品牌赛事、机器人行业系列展会、国际机器人西湖论坛，来营造生态文化，活跃小镇氛围。未来，小镇将持续加强与项目人才的对接，获取更多项目与资源，为企业做好服务工作，营造机器人“产业生态圈”，完善小镇公共服务建设，拉动小镇全方位提升。

五、萧山开发区产业园练好“内家功”提升外拓力

作为萧山区现有四大跨境电商园区的重要一环，萧山开发区产业园充分依托自身独特的区位交通优势和良好的产业基础，按照“一心一园一基地、多点发展”的思路和“政府主导、企业主体”的运作模式，积极整合各方力量，专注打造跨境电商综合生态服务体系，引导跨境电商企业、人才在园区内集聚，成功获“省级跨境电商试点园区”称号，中国（杭州）跨境电子商务综合试验区·萧山园区开发区产业园被评为浙江省电子商务示范产业基地。截至目前，园区总面积已达8万平方米，成功引进Wish中国、GMC、触角科技等符合标准的电商企业和平台105家，其中年营业额超千万元企业16家，注册资本金总额逾3亿元；截至2018年底，园区入驻率达到100%，共入驻企业110家，注册资本金总额超过5亿元人民币，其中注册资金千万元以上企业15家。2018年度，园区进出口额约1.4亿美元，同比增长超过30%，其中出口超过99%；国内交易额约11.5亿元。2018年，园区主营业务收入合计达到20亿元。园区自建的“速通宝”跨境电商综合服务平台完成出口量报送约9000万美元，同比增长100%。

六、创新领航集聚动能

科技城成功举办第三届工业大数据钱塘峰会、基因工程和再生医学国际高峰论坛。引进启函生物杨璐菡博士团队，推动荣泽生物与沃尔特·博德默、布赖恩·戴维·约瑟夫森教授团队合作，加快生物T细胞制造中心、细胞药物研发平台建设。科技城创业谷完成钢结构主体。千亿平台加速推进。创新聚能城“152”项目在省市区各级各部门倾力支持下，充分发挥属地单位的统筹服务功能，围绕规划修编、用地征迁、土地指标、审批公示、设施建设等提供全程服务。完成29万平方米建筑拆房交地任务。益农拓展区按照化纤制造业改造提升试点工作部署，完成产业单元、集镇单元控规编制以及水、电等专项规划编制和江益一路、益农四路施工招标，完成启动区块321户和二期950户农户的征迁，为重大项目的落户创造了条件。

七、产城融合稳步推进，民生保障更加完善

大力推进有机更新。积极开展“四边三化”、

危房整治、十二大行业企业违建整治等各项工作，全年累计拆除各类违建约44万平方米，新增旧厂房改造面积27万平方米。积极推进“73021”部队停偿扫尾攻坚工作，累计拆除企业207家，涉及面积约180万平方米。启动大型安置房建设项目6个，其中宁围街道3个、新街街道2个、益农区块1个，合计总建筑面积达324万平方米。完成地铁7号线和6号线相关站点的征、借地工作。积极营造和谐环境。大力开展安全生产十大专项行动，推进安全生产宣传教育向纵深落实。重拳整治出租房屋及“三合一”场所安全隐患。做好信访维稳工作，切实维护群众合法权益。认真开展整体规划环评、信息港小镇规划环评和污染源普查工作。积极推进新农都周边、省法纪教育基地周边道路环境综合整治。持续严抓“五水共治”。扎实开展河道“两清”、河长制工作，加强对河道排放口的巡查监管。护塘河、九号坝直河、场部河等河道整治工程整体完工。着力开展小微水体整治和美丽(无违建)池塘创建。大力推动“科技治水”特色创新，全面推广万向河“智慧河道云平台”试点，宁东河、宁安河、金一河等被纳入平台管理。大力发展民生事业。红垦学校、市心幼儿园顺利开学，科技城国际教育园“一园三校”正式投用，杭师大附属科技城小学开工建设。浙江大学、科大讯飞等优质资源入驻，开启教育品牌发展新篇章。开发区医院新院区加快建成步伐。科技城英慈医院进入方案设计。东方一品小区成为省市区垃圾分类工作示范点。社会帮扶、住房保障、慈善、老龄等各项工作扎实推进。

(萧山经济技术开发区管委会)

2018年余杭经济技术开发区发展概况

2018年,余杭经济技术开发区全年实现规模以上工业销售产值615.26亿元,工业增加值174.32亿元;实现财政总收入56.7亿元,经常性财政收入25.38亿元,分别增长20.2%、10.2%;实到外资3.08亿美元,实到浙商回归资金26.88亿元;完成有效投资87.6亿元。在2017年度全国219家国家级经济开发区综合考评中,综合排名位列第40位,荣获"2018年省级先进开发区"称号。

一、招商引资

招引一批重大产业投资项目,引进3个总投资10亿元以上的重大项目,智能制造产业链中,老板电器智能制造、求是半导体等项目落地;健康产业链中,豪悦健康卫品、嘉衡医用顺利推进;时尚产业链中,众望布艺、阅布纺织摘牌,还有网易严选等项目顺利推进。首次推出机器人产业招商,杭州(余杭)机器人产业园开园,该产业园规划"一园多点,以点带面"的空间布局,分成启动、科创、产业化三大功能区块,整体将形成约2.49平方公里的产业区块。目前,已引进杭州以勒上云机器人科技有限公司年产10万台智能新零售机器人项目等5个机器人战略合作项目。为工业机器人、物流机器人等机器人产业项目打造产业加速空间。积极利用存量厂房空间招商,引进阿里巴巴迅犀新制造示范工厂、全盛机电、儿童医院等项目。领信信用正式落户余杭经济技术开发区。该公司作为开发区重点引入的信用评级企业,将进一步强化人与人、企业与企业、企业与资本间的信用联系,成为余杭区健全信用评级体系建设有力抓手,打造余杭区经济社会发展信用"金名片"。

二、产业发展

春风动力荣获"国家企业技术中心""2018智能制造试点示范项目"称号,西奥电梯、本松新材料、春风动力荣获"2018年两化融合管理体系贯标试点企业"称号,老板电器、西奥电梯荣获"2018制造业与互联网融合发展示范项目"称号,老板电器荣获"2018工信部制造业'双创'平台试点示范项目"称号。积极推进企业上云工作,老板、春风、西奥荣获浙江省上云标杆企业。重点培育冠军企业,欧伦电气、中塑新材等6家企业被评选为浙江省"隐形冠军"培育企业。积极推进上市工作,天地数码成功在深交所创业板上市。

2018年4月,开发区与阿里巴巴集团签订新制造示范工厂项目合作协议。阿里巴巴新制造项目是引领阿里未来20年的五大最高战略部署之一,也是阿里五新中最贴近实体产业的一部分。此次阿里集团在开发区内设立的示范工厂项目,以互联网制造为目标,以服装时尚行业为切入口,打造全链路数字化、智慧化"制造大脑",通过方案、设备及生产模块输出,引领传统制造业转型升级。

2018年3月2—5日,开发区在中国布艺城举办2018中国布艺(春季)时尚博览会。展会分为室内品牌店展览区和室外展棚展览区,其中展棚展览区面积3200平方米,分为特装展位、跨界创意展位、画稿展示展位、零售体验展位和标准展位共83个,室内展览区面积40000平方米。此次展会为加快建设省家纺产业创新服务综合体,打造具有现代、时尚、国际的多元化家纺产业创新生态系统,促进家纺产业聚焦新动能培育和传统动能修复,建设联通全国家纺业的互通桥梁,向综合体内中小企业创新发展提供新载体、新机遇。

三、配套建设

开发区全年完成被列入政府投资的新建、续建项目30个,累计投资约13.2亿元。基础设施建设成效明显,环境景观进一步提升,公建配套不断完善,高层农居安置房稳步推进。城东中学迁建工程、开发区公租房等项目开工建设,“三路一环”秋石快速路余杭段建成通车,泉漳小学、育才实验小学新荷校区等4所学校投入使用,大配套、大交通逐步完善。杭州余杭儿童医院落户开发区,儿童医院交通便捷,周围有多个公交车站点。医院内设停车位200个,总床位数100张,面积10283平方米。医院融入现代建筑设计理念,引进国际儿童医院智能化管理。作为余杭区首家儿童专科医院,该院投入使用后将大大缓解儿童看病难的问题。

四、创业创新

引进优质创新创业平台资源,新增“国千”人才1名、“省千”人才3名,成功举办2018年中国科技成果创业创新大赛。新引进科技型中小微企业185家,新增国家重点支持领域高新企业39家、省级企业研究院4家、省级研发中心12家。兴源环境、运达风电、安杰思等5个项目被列入2019年浙江省重点研发计划项目,贝达药业成功创建抗肿瘤靶向治疗药国际科技合作基地。2018中国科技成果创新创业大赛总决赛颁奖典礼暨创新型园区集中开园仪式在开发区举行。比赛分设孵化培育组和成长加速组,共设奖项30个。获奖项目涉及医疗器械、新材料、智能制造等产业领域,由海内外高层次人才领衔,具有较强科研攻关能力,具备较为成熟的产业化基础,这些项目的落户将为开发区全域创新输入新动力。获奖项目可得到落户空间,人才政策、科技成果转化等相关政策扶持,以及天使梦想基金、产业基金等跟进投资。

五、科技创新

一是海联热电关停,新奥能源供能。2018年2月13日,浙江海联热电股份有限公司正式关停,临平告别煤制集中供热时代。实施关停前,引入更环保的天然气供热公司——杭州余杭新奥能源发展有限公司,并成立专项工作组,妥善处理好海联热电关停事宜。新奥3号泛能站为该公司首个以泛能模式替代大型园区燃煤热电厂煤改气的项目,也是目前新奥在浙江省供能规模最大的泛能网项目。余杭新奥泛能项目3号站的投运,可满足整个开发区所有蒸汽用户和临平副城100多家民用及工商户共82万吨/年的蒸汽用量。未来2—3年,其他5座泛能子站将相继投运,可保障开发区200余家企业年均100万吨蒸汽耗量的基础负荷,3号站也将从保供站变为调峰调度站。

二是中翰盛泰全球首款针对脓毒症早期检测试剂盒上市。该产品是浙江省委、省政府“精准对接”医疗器械项目,也是省首个体外诊断类医疗器械审批的产品。脓毒症具有发病率高、死亡率高的特点,全球每年新发病例约3000万。此次中翰盛泰推出的检测试剂盒可以对脓毒症进行早期诊断,更可以预测严重脓毒症的发生,对未发展为脓毒症的患者进行早期治疗和干预,大大提高患者存活率。

三是勇电照明荣获第45届IES照明奖金奖。2018年8月,开发区勇电照明有限公司凭借樱花湖之恋项目荣获第45届IES照明奖金奖。IES照明奖由超过百年历史的IES(北美照明工程协会)颁发,与《照明》杂志颁发的照明设计奖(LDA)和国际照明设计师协会颁发的IALD照明奖同为全球三大知名照明设计奖项,代表了当年行业出众的设计水平。此次获奖意味着勇电照明的专业水准及产品质量得到了国际认可。

四是联运环境研发余杭“最聪明”厕所。1月,余杭经济技术开发区(钱江经济开发区)企业浙江联运环境工程股份有限公司在东湖公园内设计一座智慧公厕,已建成并投入使用。该智慧公厕配备人流量计数器、臭味传感器、SOS声光报警器、红外感应洗手液、智能考勤机、便民信息显示屏等，实现相关数据实时监测、相关设施智能应用。

五是业内首家全方位人工智能“黑工厂”在西奥电梯正式奠基。2019年3月，杭州西奥电梯智能工厂正式奠基，预计到2020年可正式完工。此次开工建设的杭州西奥电梯智能工厂项目占地256亩，总投资达10亿元，建成后将形成100000台电梯的年产能。工厂将布局体验馆、行政大楼、会议中心等多个功能区块，不仅是行业内最大的“智能制造”基地，也是业内最有看头的电梯体验基地，业内首家全方位应用人工智能的“黑灯工厂”，实现关灯生产，从进原材料、制造、检测、包装，最后成品，完全是无人化操作。待杭州西奥电梯智能工厂建成后，客户在参观的过程中即可体验一场“一站沉浸式体验”的电梯行业“工业旅游”，可以全程感受西奥电梯各种高科技、智能化的产品，也能完成自己定制化需求的自助下单。

六是福斯达深冷八万空分设备正式出厂成全国行业内首例。10月8日，位于余杭经济开发区的杭州福斯达深冷装备股份有限公司出口境外的2套GOX80000空分设备正式发货出厂，这两套设备将被发往海外的一处大型工业园区，包括附属设备在内，总金额达7.5亿元，是国内空分行业内最大级别的出口项目。80000空分装备规模的技术成果是福斯达在中国空气分离设备行业取得的重要突破，更是中国空分装备制造业走向世界的里程碑事件。

（余杭经济技术开发区管委会）

2018年富阳经济技术开发区发展概况

2018年，富阳经济技术开发区坚持“高新工业强区”战略不动摇、产城融合不动摇、高质量发展不动摇，各项工作稳步推进。全年完成“四上企业”主营业务收入2096.2亿元，同比增长11.8%；完成规模以上工业总产值和销售产值分别为1192.2亿元和1181.4亿元，分别同比增长7.3%和7.5%。全年实现规模以上工业增加值225.7亿元，同比增长13.8%，远高于富阳区水平；发展质量方面：完成高新产业产值、装备制造业产值、战略性新兴产业产值分别为263.4亿元、125.8亿元、357.2亿元，分别同比增长13.2%、4.3%、32.9%；实现增加值分别为65.9亿元、24.8亿元、67.2亿元，分别同比增长16.6%、5.0%、29.9%。全年实现限额以上主营服务收入367.4亿元，同比增长18.6%。2018年新增国家级高新企业32家、省级以上研发中心11家、省级双创平台1个。新增市级孵化器1家，创建省级名牌商标4件。省级七大万亿产业信息经济（数字经济）主营业务收入350.2亿元，同比增长12.3%，占全区比重的60%以上，实现财政收入112.2.亿元，同比增长35.8%。

一、招商引资

2018年，富阳经济技术开发区围绕“招商引资”一号工程，按照“产业集聚、要素集约、功能集成、产城融合”的要求，精准定位银湖、东洲、场口、新登四大产业平台，启动“一城一带5100”计划，在招商引资、项目储备、项目推进等各个方面取得了较大成效：开发区完成实到外资15033万美元，完成年度任务（15000万美元）的100.2%；完成实到内资61.8亿元，完成年度任务（52.1亿元）的118.7%；上报浙商回归数字28.7亿元，完成年度任务（21亿元）的136.7%，上报浙商引税1.6亿元。持续对总部经济、物联网、智能制造、电子商务、文化创意、高端装备、生物医药、新材料产业上招大引强，总部经济、物联网、智能制造、电子商务四大产业轮廓显现。

个性化项目是2018年考核新增加内容，富阳开发区成功上报个性化项目16家，盯引10亿元以上“152”重大项目3个，包括大华二期、中南绿建、中策清泉项目，入围杭州市“大好高”项目1个（国自机器）、“小而美”项目2个（银湖激光和思旋科技）。2018年，全区累计签约项目81个，其中，拿地产业项目45个（亿元以上项目20个），合同额54.8亿元，占地64.33公顷。落地银湖新区15个、东洲新区4个、场口新区15个、新登新区16个，这45个项目亩均投资强度539.4万元，高于上一年签约产业项目（亩均投资强度445万元）的21.2%，亩产效益进一步攀高。同时，70%的项目属于高新技术产业项目，包括一批以西安航天寰星、百诚医药、润歌网络为代表的创新型、成长型、研发型企业总部以及一批以东箭智能家居、润展科技、朗鸿科技为代表的先进装备制造业项目。

二、项目建设

2018年，富阳开发区直管区域内被列入富阳区大计划产业项目37个，其中工业项目31个（其中新建27个、续建4个）、服务业项目6个，全年完成固定资产投资53.6亿元；开发区通过建立每月工作例会、进度公开通报、项目关键时间节点梳理备案、常态督查督办等机制，抓进度、抓开工、抓投产。全年新开工建设项目26个，如中南绿建、朗鸿、新恒力、大华二期、老鹰画室等；新竣工项目15个，如大华智联、中控技术、富通4.0、富春云、京东等；续建的4个工业项目速度加快：(1) 杭州集世迈新能源智能装备股份有限公司投资2亿元的新能源物流车辆及智慧物流智能装备生产项目，总建筑面积46551平方米，1#、2#厂房，1#、2#仓库以及门卫室、配电房等已全部结顶，其中1#、2#厂房外墙已封闭。(2) 杭州大华塑业有限公司投资3亿元，新建的功能性膜材料研发生产基地项目，总建筑面积40937平方米，容积率面积68773平方米，主厂房30306平方米、试验车间大楼18983平方米、仓库19392平方米及门卫室等均已完工进行水电安装，并完成厂区道路施工。(3) 杭州智帛科技有限公司投资7652万元兴建的年产服装(饰)100万件生产线项目，总建筑面积22531.91平方米，厂房21575.87平方米、食堂927.48平方米以及门卫室等，已完成总工程的50%以上。(4) 杭州泰林生物技术有限公司投资1.6亿元，兴建的生命科学生物技术分析仪器类产品研发生产销售基地项目，总建筑面积31610平方米，已于2018年8月9日全部竣工，至年底顺利投产。被列入区政府2018大计划的27个新建工业项目更是大干快上，东洲新区：杭州永特信息技术有限公司投资10亿元兴建的年产特种光纤1000万芯公里项目，已完成总工程量的40%；杭州新恒力电机制造有限公司投资3.15亿元兴建的年产10万千伏高效节能特种电机项目，已完成总工程量的50%。新登新区：杭州昆仲机械有限公司投资2.45亿元兴建的新型建筑装备生产基地项目，已完成总工程量的40%；杭州博纳水净化设备有限公司投资9000万元兴建的年产7万台水处理设备生产线项目，已完成总工程量的45%场口新区：浙江中南绿建投资6.5亿元兴建的年产装配式波形钢板组合结构体系60万平方米项目，已完成总工程量的50%，由圣昌交通科技有限公司投资1亿元兴建的年产热塑性弹性垫板3000万片生产线项目，已完成总工程量的40%以上。银湖新区：由杭州崇胜贸易有限公司投资3亿元新建的智能机器人高新园区项目，已完成总工程量的30%以上。同时，前几年动建的2018年不再被列入区政府大计划的几个重大项目，如杭州富春硅谷、中国智谷(富阳园区)、京东电子商务产业园、金固钢轮生产线、金固(鞍钢)加工中心、浙大网新创新研发园等项目，大多已进入竣工扫尾投产阶段。

在大力推进产业项目建设的同时，2018年开发区还承担直管区其他基础配套项目88个(新建47个、续建41个)，完成投资额27.3亿元。富春山居集团以"重效率、勇担当、作表率"为抓手，紧盯目标任务，挂图作战，抓工期、抢速度，项目建设力争早开工、早完工。到2018年底，银湖公寓、富春山居景观房产项目配套道路、银湖水系公园绿道慢行系统工程、场口农产品检测中心装修及周边提升工程、东梓关综合整治提升工程、新登新区电力配工程等20个项目完工；同时，新建项目进展高效有序，快速推进亚运射击射箭馆、金融小镇核心区块、新区安置房等一批重点项目建设，43个项目全部完成施工图设计，其中30个项目完成招投标，10个项目已开工建设。

(富阳经济技术开发区管委会)

2018年宁波经济技术开发区发展概况

一、经济质量稳中向好

经济实力稳步提升。2018年，区本级实现地区生产总值1155亿元，增长8%左右；财政总收入350亿元，增长19%；一般公共预算收入182.6亿元，增长15.6%；规模以上工业总产值3125亿元，增长10.2%；实际利用外资9.78亿美元，约占宁波市1/4；外贸进出口总额增长9%，进口和出口额首次双破百亿美元；银行贷款不良率下降至0.61%，金融生态持续保持宁波市最优。居民人均可支配收入增长8.7%。

转型升级量质并举。装备制造业产值占规模以上工业产值比重41%，"新领军行业"地位日益稳固。战略性新兴产业产值增长11%，实现规模以上工业新产品产值948亿元，新产品率达30.3%。完成首批71个市级技改项目验收。启动"千百十亿"企业培育工程，远大物产成为宁波市首家本土千亿级企业，申洲国际纳入恒生指数成分股，贝发、海伦分别获评"国家单项冠军产品企业"和"国家服务型制造示范企业"称号，51家企业实现小升规。成立拟上市企业联盟，25家企业进入上市流程。新增"浙江制造"品牌认证企业5家，海天精工智能工厂顺利通过工信部验收，拓普集团获评"省级上云标杆企业"称号。制定出台服务业扶持新政，营利性服务业营收增长30.9%，成为宁波市唯一入选的省电子商务创新发展试点区，霞浦物流园区获评"国家示范物流园区"和"全国优秀物流园区"称号。

扩大开放持续发力。加快创建"一带一路"建设综合试验区核心区，积极配合做好自贸区扩区方案，全面落实"中东欧国检试验区"首批9条贸易便利化措施。穿山北港区通过国家口岸开放验收，特色贸易平台加快集聚，中商联、丹马士等项目相继开工，进口整车首破1万辆，同比翻一番。实现限额以上商品销售额4792亿元、约占宁波市的1/4，类金融企业注册资本突破2万亿元。建成宁波市首个出口监管仓，网易考拉客服体验中心投入运营，跨境电商交易额达19.5亿美元，文具、服装两大产业入选国家级外贸转型升级基地，境外投资连续三年领跑宁波市，继峰公司成功收购百年德国企业。认真抓好区域对口协作，全年共实施支援项目43个，较好地完成年度对口扶贫合作任务。

二、发展活力不断增强

加强项目投资支撑。招商引资取得新成效，总投资近30亿美元的台塑新材料系列项目和总投资11亿美元的敏实系列项目顺利签约，引进落户超20亿元的项目6个。浙商回归到位资金134亿元，居宁波市首位。芯港小镇建设加快推进，新签约落户项目13个，总投资达70亿元，中芯宁波N1项目投产，N2项目、南大光电、安集微电子等顺利开工，成功入选省级集成电路产业基地创建名单。项目攻坚取得良好成效，吉利CMA、中海油LNG二期、申洲全方位技改等30个项目顺利开工，新秀丽物流中心、康达医疗产业园等18个项目建成投产。全年184个政府投资项目建成率、投资完成率分别达90%和95%。

加大创新要素供给。北航宁波创新研究院正式揭牌，固高科技北仑区域合作中心、华科城孵化园等平台签约落户。宁波大学梅山校区正式开学，宁波公共实训中心一期建成投用。全社会研发投入经费占比达3%，梅山产业集聚区获批创建先进制造省级高新技术产业园，6家企业入选省创新能力百强名单，新增高新技术企业11家、市级科技型初创企业136家。成功创建宁波市首家智能制造装备国家级质检中心，新认定省级企业研发中心6家、省级企业研究院5家、市级院士工作站4家。东方电缆成功研发生产国内首条海洋脐带缆，并获评“国家技术创新示范企业”和“国家企业技术中心”。举办首届中国海外工程师大会，“百企百千”“名师名医”工程扎实推进，新增顶尖人才12名、特优人才15名、高层次人才150名、高技能人才5000余名。

加快重点领域改革。全面深化“最多跑一次”改革，1324个群众和企业办理事项实现“最多跑一次”，其中448项实现“零上门”。出台“标准地＋承诺制”改革实施方案，梳理企业投资项目审批“一件事”清单，实现项目开工前审批“最多跑一次”“最多100天”。率先开展“证照分离”改革试点，推广全程电子登记，企业开办时间压缩至3个工作日。深化“亩均论英雄”改革，整治“低散乱”企业112家，改造旧厂区20.4万平方米，消化“批而未供”土地5600亩，20个“供而未建”“建而不快”项目实现对账销号。完成税务征管体制改革，国地税顺利合并。加快投融资体制改革，积极稳妥推进政府性债务化解。

三、城乡面貌持续优化

全面打响“两整两提”行动攻坚战。启动全区54个市场综合整治，新建、改造菜场5个，农批市场、新碶和霞浦老菜场等市场整治取得良好成效。开展小微企业整合，落实新建示范小微企业园选址7个、改造提升20个。推进河道水质提标，建成宁波市首座出水标准类Ⅳ类污水处理厂，区控以上水质考核断面达标率90%以上，小浃江获评省级“美丽河湖”，第三次捧得“大禹鼎”，基本建成“污水零直排区”。推进城乡居住环境提升项目84个，整治老旧住宅小区200个，整改各类“围挡”150处、“桥头跳车”隐患桥梁65座，改造城区积水点62处，群众身边的各类“顽疾”得到有效治理。小港、戚家山和郭巨3个街道高质量完成小城镇环境综合整治省级验收。

坚决打赢城乡建设管理持久战。完成滨江新城发展战略研究，梅山湾沙滩公园、万年基业游艇港开放运营。积极打造美丽经济交通走廊，完成329国道大榭岔口改建、人民路拓宽、云台山路延伸等工程，轨道交通2号线二期拆迁顺利推进，甬舟高铁客运专线过境方案基本确定，泰山路获评“省绿化美化示范路”，连续3年被评为省“四边三化”行动优秀区。实行境内高速客车免费通行，完成10个城区路口拥堵点改造，新增配建5930个停车位，部分路段交通拥堵现象得到初步缓解。“三改一拆”处置违法建筑169.8万平方米，完成城中村改造56.1万平方米、危旧房治理3.36万平方米，成功创建“基本无违建县（市区）”。隆顺、星阳等地块实现拆迁“清零”，妥善承接北仑新村、北极星村“三供一业”管理职能，顺利完成邬隘变扩容改造。

认真打好乡村振兴战略开局战。全域景区化推进美丽乡村创建，启动秀美山川沿线改造提升和北仑城郊公园、“美丽和鸽”示范村建设，积极打造“四好农村路”，新培育美丽乡村风景线1条、示范村3个、A级景区村庄15个。实施33个农村生活污水改造提升工程，完成森林抚育2000亩、林相彩化500亩，新建美丽森林村庄2个，农村人居环境不断提升。启动芦江省级农业园区建设，河头村获评“省休闲旅游示范村”，全年乡村旅游接待游客突破1000万人次，营收达5亿元。高质量完成农村土地承包经营权确权登记颁证工作，全区12个重点薄弱村开展企业结对帮扶，消薄工作扎实推进。成功创建省级农产品质量安全放心区，地产农产品抽检合格率达99%以上。

四、生态环境有效改善

生态创建更加扎实有力。出台生态文明示范创建三年行动计划，启动第二批街道生态示范创建，白峰街道获评宁波市首批“十佳美丽街道（乡镇）”。顺利通过国家生态工业示范园区复查评估，获得全省首批“美丽浙江”建设考核优秀单位。编制完成区域自然资源资产负债表，认真开展街道领导干部自然资源资产责任审计，绿色发展报告制度被列为省级环保改革试点。“一打三整治”行动取得良好成效，全省首例海洋非法捕捞刑事附带民事公益诉讼案顺利办结。实施环保“督政问企”，推进环保历史遗留项目整治清理349个。

环境治理更加科学有效。高质量完成中央环保督察“回头看”、国家海洋督察和省级环保督察问题的整改。出台打赢污染防治攻坚战三年行动计划，扎实推进工业挥发性有机物治理，推行靠港船舶“油改电”，完成宁钢烧结机等重点企业脱硫脱硝改造，空气质量优良率达88%，PM2.5浓度均值为28微克/立方米，六项空气指标首次全部达到国家二级标准。坚决打赢净土保卫战，启动电镀园区异地迁建，开展金属表面处理等5个行业污染整治，建成固废处置三期，年增危废处理能力3万吨。落实耕地保护责任，新建高标准农田1.43万亩。

绿色发展更加深入人心。稳步推进省级低碳区试点，加强重点用能企业碳排放管理，全年规模以上工业增加值能耗下降5%。率先通过国家级园区循环化改造示范试点验收，吉润汽车获评国家“绿色工厂”。全面推进节水型社会建设，获评全省实行最严格水资源管理制度成绩突出集体。倡导绿色出行，新能源出租车和清洁能源公交车比例分别提高至58%和83%。积极推进生活垃圾分类收运处置体系建设。探索“党建＋环保＋公益”的公众参与模式，生态文明馆被列入宁波市首批环保公众开放示范点。

（宁波经济技术开发区管委会）

2018年宁波大榭开发区发展概况

2018年，宁波大榭开发区地区生产总值333.1亿元，同比增长4.5%；财政总收入166亿元，同比增长18.6%，公共预算收入79.4亿元，同比增长21.8%；工业总产值666.8亿元，同比增长11.1%，其中石化工业产值615.5亿元，同比增长11.2%；工业增加值190.2亿元，同比下降1.5%；全社会固定资产投资35.9亿元，同比增长54.1%；进出口总额51.27亿美元，同比增长20.9%，其中出口16.74亿美元，同比增长7.5%；实际使用外资1亿美元；港口货物吞吐量9747万吨，同比增长6.5%，其中集装箱吞吐量345.5万标箱，同比增长9.1%；商品销售总额2707.8亿元，同比增长14.6%。

一、全力推进经济高质量发展，再上新台阶

地区生产总值、工业总产值、进出口总额分别首次突破300亿、600亿、300亿元大关，商品销售额、港口货物和集装箱吞吐量再创历史新高。在全国219家国家经济开发区综合发展水平考核中名次大幅提升43位，位列宁波4家国家级经济开发区第2位。"亩均论英雄"五项评价指标增幅均在10%以上。其中，全员劳动生产率、亩均工业增加值两项评价指标位居宁波市第一。国际能源贸易岛建设取得新进展，2018年新引进能源化工贸易平台和企业166家，集聚效应进一步显现。

二、推进在谈、在建重大项目取得新成效，项目实，后劲足

开发区600亿元重大项目基本完成总体布局并陆续转入施工阶段。全年共有260亿重大项目签约落地，200亿元重大项目开工建设，加上在建的60亿元重大项目，在谈的100亿元重大项目，形成了"在建一批、开工一批、储备一批"的滚动开发良好局面，为未来几年区域经济增长奠定了坚实的基础。国际能源贸易岛建设扎实推进，目前已完成控规、土规、港规、地下储油库规划等10余项前期规划以及本岛作业区规划调整方案；穿鼻岛大桥、环岛道路、炸山场平、填海、码头等基础配套建设前期工作有序推进中。

三、推进创新引领产业绿色发展

2018年，大榭开发区R&D经费支出3.75亿元，同比增长6%；高新技术产业增加值41.5亿元，同比增长13.3%；技术交易额2.64亿元。中海油大榭石化三期主体装置获国家科技进步二等奖；万华化学成为宁波市唯一获浙江省专利金奖企业；万华高性能材料研究院新材料入选市特色产业示范园第一批培育对象；万华容威获评"国家制造业单项冠军示范企业"；推进区内重点企业之间实现氢气资源互供及余热蒸汽利用；实施总投资1.47亿元的节能技改项目38个；年耗能万吨标煤以上石化企业产品能耗达到国内行业领先水平。

四、严格落实地方党政领导干部安全生产责任制

制定出台《深入推进安全生产领域改革发展的实施意见》，全面推进风险管控年活动。建立园区危化品事故应急救援处置联动机制，多次快速成功处置突发紧急情况。推行化工过程安全管理

试点，夯实危化品安全综合治理基础。以“三场所三企业”为重点，以5类专项整治和标准化建设为抓手，推进大榭开发区中小企业的安全管理水平逐步上台阶。有序化解地方政府债务风险，查处互联网金融平台1起，辖区银行不良贷款率0.15%，低于宁波市平均数88个百分点。法治大榭建设不断深化，普法宣教注重实效。完成省民生实事一号工程，保障群众饮食用药安全，劳资纠纷妥善处理。没有发生重大案(事)件、较大及以上安全生产事故和越级上访事件，社会治安形势稳定。

五、推进园区美丽新城建设提档升级

根据“两整两提”专项行动要求，投入2.7亿元完成园区灯光亮化、复绿美化等基础设施改造任务，获得宁波市“五水共治”的“它山堰杯”，小城镇环境综合整治工作提前一年通过省级验收。“三改一拆”完成率居宁波市第一名，空气环境质量优良率保持宁波市前列。全面推进生活垃圾分类工作；打好管理提升战，全力开展小微企业整治，扎实推进“污水零直排区”创建，完成围挡、四边三化、两路两侧等清理，顺利通过“三改一拆”、“五水共治”、小城镇环境综合整治、垃圾分类省级两轮督查，城区环境更加优美，城市管理更加到位。

六、聚焦服务争效，政府自身建设全面加强

深化“最多跑一次”改革，实现事项100%全覆盖；开展全省“证照分离”改革试点，成为宁波市企业开办速度最快的地区；企业投资审批项目实现“最多跑一次、最多100天”；实行“标准地”出让；试行“容缺审批制度”；首创办税信息全程前置短信息告知服务；不动产登记全面提速；全区档案电子化归档等常规性工作在功能园区领先；出台《大榭开发区打造一流营商环境的若干意见》等一批政策，全力助推企业转型发展。通过世卫组织复核认证，获评全国首家“国际卫生港”。口岸机构保障功能进一步提升。

七、聚焦党建争强，政治生态建设风清气正

认真履行全面从严治党、基层党建和意识形态主体责任，对标落实、创新推进。通过大榭大讲堂、专题培训班等形式抓实抓细习近平新时代中国特色社会主义思想、党的十九大精神和中央省市重要工作安排部署学习传达，牢固树立“四个意识”，始终坚定“四个自信”，坚决做到“两个维护”。进一步优化党建管理机制，成立区两新工委，推行街道大工委制和社区大党委制，建立宁波市首家园区党校。总结推广“党员建组、服务划区”“531结对帮扶机制”等党建服务品牌，推行“行动党小组”精准攻坚、锋领全程，每月开展党员公益日活动。上线运行党风廉政履职纪实系统，实时纪实、在线上报、留痕管理和全程监督。开展“四风整治”、经济责任审计等常态化检查和重要节点廉政风险防范提醒，落实党风廉政建设“两个责任”专项检查。加大宣传报道力度，中央、省市级主流媒体推出大榭专题报道200余篇，专版20个，“今日大榭”官方微信粉丝量翻番达到3.8万人，策划推出大榭VR全景及15个系列专题。

2018年宁波大榭开发区外贸进出口情况表

单位：万美元

201年大榭开发区		全年累计	同比增长%	比重
进出口		512677	20.9%	
进口		345293	28.7%	67.3%
出口		167384	7.5%	32.7%
贸易方式	一般贸易	354889	30.4%	69.2%
	加工贸易	118806	9.2%	23.2%
	保税仓库进出口境货物贸易	38982	−9.4%	7.6%

（宁波大榭开发区经济发展局）

2018年宁波杭州湾经济技术开发区发展概况

2018年，宁波杭州湾经济技术开发区围绕建设“国际化产业名城、现代化美丽湾区”总目标，凝心聚力，攻坚克难，商务工作实现新突破、取得新成就。全年实现限额以上批发零售业销售总额449.9亿元，同比增长59.27%；实现外贸进出口总额172.98亿元，同比增长14.1%,其中，实现出口总额114.73亿元，同比增长16.6%；实现进口总额58.28亿元，同比增长9.5%。实现电商销售43.9亿元，同比增长13.7%。实现跨境电商进口单量1863.7万单，交易额达30.79亿元，同比增长117.86%，约占全市的21.3%；出口验放单量7154单，交易额3.78亿美元，同比增长36.28%，约占全市的2.6%。出口加工区完成进出区货值总额49.02亿元，同比增长39.5%。

一、加强外贸培育，坚定不移发展外向型经济

一是精准扶持贸易企业做大做强。修订完善《重点外贸企业培育办法》，着力于对外贸产业扶持资金、项目进行整合，对超亿元龙头企业、超千万元的优势企业、增长实现翻番的小微企业三类进行重点培育，力保外贸稳步增长，全年培育出口超1亿美元企业2家、超1000万美元企业24家，培育企业增量9000万美元，拉动新区外贸出口7个百分点。二是积极推进招商引资。对接促进妈咪宝、慈星集团2家企业外贸业务逐步回归，新增外贸出口500万美元；同时积极搭建外贸服务平台，引进首家对外贸易服务平台领肯(厦门)会展服务有限公司，帮助新区企业开拓哈萨克斯坦等“一带一路”沿线国家市场。三是积极帮助企业开拓市场。共组织27家企业参加广交会、华交会、消博会，展位数70余个，完成订单量约800万美元。四是认真应对中美贸易摩擦。牵头成立中美贸易摩擦应对小组，深入企业实地调研，普及应对措施，加大帮扶做好应急预案，为贸易战做好充分准备。

二、实施要素提升工程，切实提高民生保障水平

一是加快推进“菜篮子工程”建设。改造提升金溪路菜市场和庵东镇集贸市场，推进世纪城农贸市场和庵东镇集贸市场成功创建省放心农贸市场。二是构建平价菜和应急保供体系。与永辉超市签订菜篮子应急保供协议，确保群众在灾害性天气等特殊时期能保价保量采购菜篮子商品。三是加快推进加油站体系建设。汇轸路加油站基本完成基建建设，天宝路加油站进场施工；体育公园加油站完成施工图审批。四是提升服务品牌，引进了711、十足等知名零售品牌，星巴克在世纪金源购物中心、吉利研究院、方特乐园布点开业，进一步提升了居民生活的便利性和品质感。

三、着力促进消费，加快电商和跨境电商发展

一是引导工业企业积极开展互联网业务，帮助方太成功对接并入驻京东电商平台；先后两次组织召开“品质浙商、货通全球”等主题的电商峰会，邀请了250余家外贸企业和300余家电子商务企业参加峰会；共同推动e设计街区和仟仁电商产业园招商，加强新区外贸企业、电商企业与亚马逊、京东电商平台对接，推进辰佳、方特等重点电商企业纳入电商统计。仟仁电商产业园、e

设计街区电商产业园入选宁波市级A级电商产业基地,仟仁电商产业园被评为宁波市小微企业创业创新基地。二是加速跨境电商发展。加快推进跨境电商专用仓储三期建设项目;牵头协调各部门做好服务工作,优化提升卡口形象和办事效率,配合天猫国际开展"年货节""开仓日""6·18""双11"等促销活动,进口交易量在全市5个主要跨境电商进口试点功能区中排第2位;推进出口加工区展厅建设。

四、推进安全生产管理,确保行业和谐平稳

一是深化安全管理体系建设。进一步强化,积极发挥各部门、网格长的作用,引导商贸领域规范发展,确保不发生重大安全事故。二是积极做好安全宣传工作。完成宾馆、商场、旅游景点等人员密集型场所53家、92人次安全生产管理培训班,全面提高企业主要负责人和安管员的安全生产意识和处理突发事故能力。三是开展企业自查自纠。结合厨房消防、厨房卫生管理、通道疏通、人员密集区域安全、店外乱搭乱建、电器老化等重点方面多次牵头安监、工商、消防、城管等部门开展商贸领域安全自查自纠工作,重点在小餐厅、小旅馆、小超市"三小"企业进行试点。四是抓好安全生产大检查和专项整治行动。对列管商贸企业安全生产隐患进行深入彻底的全面排查,累计共出动近300人次,共检查企业近700家次,对加油站、旅游、宾馆、农贸市场等商贸领域做到了全覆盖,发现并督查改正灭火器和消火栓箱等消防设施堵塞、缺失;煤气罐离明火太近;电线未套管保护等重点安全隐患问题300余处。

五、加强课题前沿研究,统筹谋划长远发展

一是完成新区生活性服务业国际化元素提质升级的课题研究,经多轮修改完善,服务业提升三年行动计划已向各部门征求意见。完成服务业发展白皮书编制,正式对外发布。二是开展全域旅游规划编制工作。开展旅游资源摸底调研,初步编制完成全域旅游三年行动计划。三是完成菜场规划研究。在全面梳理现有菜市场的基础上,合理布局改建新增菜市场,形成布局合理、体系完善、服务便捷的菜市场服务体系。

(宁波杭州湾经济技术开发区管委会)

2018年温州经济技术开发区发展概况

近年来，温州开发区围绕国务院关于国家级开发区创新发展、省委省政府关于产业集聚区提升发展、市委市政府推动城市向东面海发展等系列精神，突出实体经济，聚焦智能制造，坚持把招商引资作为生命线工程，全力打好转型升级组合拳，大力推动产业平台能级提升。作为全省唯一产业平台入选国家级相对集中行政许可权改革试点，先后荣获“国家生态工业示范园区”“国家低碳工业示范园区试点”“浙江省先进开发区”“省级特色品牌园区”“全省产城融合十大示范新城”“中国开发区30年30强‘产业创新奖’”等荣誉和称号，在全国国家级开发区综合考评中排名晋升8位。

2018年，全区经济社会保持平稳较快发展，开发区“一区七园”实现地区生产总值470亿元、工业总产值1100亿元。区本级完成固定资产投资230.1亿元，增长9%；工业总产值534.6亿元，增长9.7%；规模以上工业增加值88.4亿元，增长8.6%；财政总收入28.6亿元，增长20.7%（其中，一般公共预算收入16.7亿元，增长25.8%）；固定资产投资108亿元，增长10.6%；批零住餐业销售额513亿元，增长20.1%；外贸出口额84.5亿元，增长9.4%；R&D经费支出占比达3.5%；城镇和农村居民人均可支配收入分别增长8%、9.3%；万元GDP能耗下降6.5%。

一、现代化产业体系初步构建

目前，全区各类企业近8000家，其中工业企业近4600家、规模以上企业406家，包括高新技术企业126家、省科技型中小企业502家，上市企业4家，高新技术企业密度温州市第一。2018年，上榜中国民营企业500强2家、中国民营企业制造业500强3家，新增上市企业2家。已经形成了新能源新材料、电子信息、高端装备制造、汽车及关键零部件等主导产业及传统产业升级格局，水暖洁具、食药机械、民用电器等“一街一业”均创成了国字号名片，拥有较为完善的基础设施体系、产学研体系、现代服务体系和社会配套体系。

二、产城融合步伐加快

以环金海湖核心区建设为龙头，加快科创平台、金融服务、工业设计、邻里中心、外商服务等配套设施建设，星级酒店、高端楼盘、商业综合体、交通枢纽中心、人才公寓等一大批功能配套项目相继建成，浙江东方职业技术学院、温州职教中心、市籀园小学、绣山中学滨海分校及市中西医结合医院分院落户，S2线、沈海高速复线、环山东路等重大交通项目建设进展顺利，教育、医疗、商住、交通等环境优势逐步显现，承载能力有效提升。

三、深化改革创新试点

作为浙江省首批整合提升试点园区，全区实施“四换三名”、招才引智，加大创业创新投资，打造激光产业园、海洋科技创新园、科技成果转化中心、开发区知识产权服务中心等公共创新平台。深化“最多跑一次”改革，梳理公布“最多跑一次”事项达1076项，并基本实现全覆盖，积极推行“标准地”、承诺备案制、捆绑审批、批后公告、施工许可并联审批、容缺办理、“区域环评+环境标准”等多项改革。率先探索实施“负面清单”管理模式，建立重点项目无偿代办、“模拟审批”、“多证联办”等一系列快速审批机制；“相对集中行政许可权”等三大国家试点、“证照分离”等三大省级试点成为全省产业平台样板。

四、空间拓展深入推进

瓯飞工程是温州拓展发展空间，推进城市向东面海发展的战略性、基础性工程。自2017年起，大力推进瓯飞起步区3.445万亩、瓯飞一期北片6.64万亩两大围垦建设，累计完成投资140亿元。目前，瓯飞起步区获得温州市首个省水利工程“钱江杯”，顺利完成各专项竣工验收工作。瓯飞一期北片海堤全线达7高程以上，荣获“浙江省工人先锋号”和“温州市工人先锋号”称号。近年来，瓯飞围垦工程建设超常规实施，建设速度全省领先，料场生产能力全省第一，3380亩海域使用权完成挂牌出让并获得海域不动产权证。

温州经济技术开发区将以建设现代滨海产业新城为目标，突出实体经济，聚焦智能制造，向改革要动力，向转型要潜力，向创新要发展，高标准推进核心区开发建设，大力推进城乡统筹发展，勇当深化改革排头兵，争创高质量发展示范区，加快建设成为全省一流的产业发展平台。

（温州经济技术开发区管委会）

2018年湖州经济技术开发区发展概况

一、概　况

2018年，湖州经济技术开发区（以下简称“开发区”），全面贯彻落实中央和省市各项重大决策部署，深入践行“八八战略”，紧紧围绕市委“一四六十”工作体系，紧扣“奋力赶超争一流、构筑发展新高地”目标，扎实开展“五大专项行动”，全区经济社会呈现量质齐升的良好态势。在全省21个国家级开发区综合考核中排名第6名，被评为先进开发区，在全国219个国家级开发区综合考核中排名第52名，比上年提升15位。2018年，全区实现地区生产总值177.23亿元，同比增长8.6%，增幅列湖州市第一；完成财政总收入39.85亿元，增长22.7%，地方财政收入完成22.98亿元，增长28%，增幅均列湖州市第二；完成规模以上工业增加值52.84亿元，增长13.2%，增幅列湖州市第一；完成固定资产投资140.03亿元，增长6.4%，增幅列湖州市第五；完成实到外资及港澳台资2.34亿美元，完成年度任务的110.4%，列湖州市第三。

二、深化改革

坚持以“最多跑一次”改革为引领，协同推进重点领域改革，全力打造最优营商环境。扎实推进“标准地＋承诺制”改革，累计实施承诺制项目10个，成交“标准地”16宗、724亩。全力推进企业投资项目开工前“最多100天”改革，累计新备案项目20个，其中6月以来一般企业投资项目开工前审批100天实现率达100%。全面推进“五未”土地处置，累计消化批而未供土地2705亩，盘活存量建设用地2655.1亩。深化“亩均论英雄”改革，狠抓低效企业出清，对26家亩均效益列为D档的企业施行水价、电价和城镇土地使用税差别化政策。2018年上年度，全区规模以上工业企业亩均税收15.77万元，列湖州市第一。

三、主导产业

围绕新能源汽车、生物医药和电子信息三大主导产业，坚持调结构、促转型，产业集群加速发展，产业结构不断优化。全年三大产业产值均增长25%以上，占规模以上比重达34%，比上年同期大幅提高。新能源汽车产业已基本形成从上游电池材料到下游整车的较为完善的产业链；生物医药集聚特瑞思药业、协和华东干细胞、金时代生物和博沃生物等企业40余家；电子信息产业集聚碳化硅新材料、芯启源半导体科技和佳格电子等一批企业和项目。

四、产业升级

以传统产业高新化为路径，全力推进规模以上企业技术改造全覆盖。全年实施技改项目51个，完成技改投资12.27亿元。永兴特钢年产25万吨不锈钢和特种合金棒线项目全面投产，全年产、销、效增长均在22%以上；香飘飘公司陆续推出兰芳园等新产品，主营业务收入、利税总额均增长30%以上。湖州机床厂“多工位伺服冲压液压机”项目和鼎诚环保“大型烟气换热装置”项目成为全省首台（套）。绿色智造特色凸显，成功获评国家“第三批绿色园区”和“省军民融合产业示范基地”，久盛电气被评为国家级绿色工厂。微宏动力“锂离子动力电池智能制造试点示范项目”入选“2018年国家智能制造试点示范项目”，久盛电气“高精度复杂矿物绝缘电缆产品绿色工艺创新与系统集成应用项目”入选国家绿色制造系统集成项目。

五、科技创新

牢牢抓住高新技术产业培育发展重点，高新技术产业增长居湖州市前列，高新技术企业、双高企业和科技型中小企业培育完成全年目标，科技综合能力不断提升。全区高新技术产业增加值同比增长10.9%，列湖州市第二；高新技术产业投资增长27.1%，列湖州市第三。全年新认定高新技术企业11家，重新认定13家，净增5家。新认定国家级科技型中小企业54家、省级科技型中小企业35家，推荐2家高企申报省创新型领军企业。新认定国家专利优势企业2家，实现零的突破，新认定专利示范企业省级2家、市级1家。组织区内7家企业开展科技保险补贴申报，推荐3家企业申报省科技进步奖，完成技术合同成交额3.3亿元。新认定省级企业研究院1家、省级研发中心2家和市级研发中心4家。

六、人才引进

全年新引进院士4人、“国千”人才12人、“省千”人才16人，申报“国省千”人才26人，累计集聚“千人计划”人才66人，“千人计划”人才引育数、申报数创历史新高；新入选“南太湖精英计划”项目62个，累计达199个，“南太湖精英计划”入选数量和A类项目数量均居湖州市首位。新建院士工作站2家，累计达8家。新增大学生和各类人才创业就业8011人。通过盘活民营企业闲置楼宇，高标准、精致化建设4万平方米的南太湖精英计划产业园，于11月8日开园运行，由5位“国千”专家领衔的湖州“千人”计划环保产业应用技术研究院等8个项目签约入驻。成功举办首届全球高层次人才创新创业大赛，6个城市分赛312个创业项目参与角逐，117个项目参加现场路演，最终10个项目入选“南太湖精英计划”，8个项目入选“西塞山英才计划”。

七、招商引资

充分发挥“十局两办”作用，聚焦三大主导产业和高质量外资项目，实施重点区域驻点招商、精准招商，累计举办招商引资、招才引智推介会18场。成功举办首届投资贸易科技人才洽谈会，签约项目35个、总投资504.32亿元，在项目签约数量、质量和总投资额上均创历史纪录，实现100亿元以上制造业项目招引的重大突破。全年签约产业项目77个，总投资769.9亿元，100亿元以上1个、50亿元以上2个、20亿以上11个、10亿元以上13个和1亿元以上42个，其中，工业制造业项目68个、投资规模603.78亿元，数量和投资占比分别为67.3%、78.4%。

八、项目建设

全年累计新开工项目50个（其中工业项目22个），总投资174亿元，竣工项目35个（其中工业项目13个），总投资97.6亿元。全年新认定工业“大好高”项目19个，入选省重大产业项目8个，分别比上年增长73%和33%。累计出让工业用地1173亩，累计争取新增建设用地指标1931亩（含物流园区码头738亩），分别比上年增长37.4%和155.4%。

九、产业平台

以康山分区和黄芝山西拓区两大万亩大平台建设为抓手，坚持软硬配套建设并举，“一城五园”六大产业平台的承载能级和贡献度稳步提升。科技城全年新招引校地合作平台16个、社会资本投资项目6个和引育众创空间14家。中关村领创空间、“千人”计划产业园、南太湖药谷研发中心、新能源创新服务综合体、湖州智能科学中心、海王科创中心和联想创新中心等十大重点项目顺利推进。五大产业园建设快速推进。南太湖生物医药产业园新开工建设项目5个、竣工6个，全年完成投资5.9亿元。铁公水综合物流园临港大道、敢山南路西延和弁南大道等主干道建成通车，环北路西延、旄儿港路东延等道路快速推进，唯品会华东运营总部、上海铁路局湖州西货场和全胜物流等项目即将投入运营，宝供物流、湖州保税物流中心（B型）加快建设。南太湖金融产业园实现税收4.77亿元，增长43.8%，成为湖州市第一幢税收“亿元楼”。新能源汽车产业园、电子信息产业园全面拉开框架。

（湖州经济技术开发区管委会）

2018年嘉兴经济技术开发区发展概况

2018年，嘉兴经济技术开发区（以下简称“嘉兴经开区”）牢牢把握“干在实处永无止境，走在前列要谋新篇，勇立潮头方显担当”的新要求、新使命、新期待，坚持稳中求进工作总基调，以“三大”活动为总引领，以“三个先行地”建设为总目标，扎实推进“五个突破年”重点工作，全区经济社会保持稳中有进、稳中向好的发展态势。全区完成规模以上工业总产值2967.37亿元，同比增长13.8%；出口总额89.29亿美元，同比增长12.3%，进口总额55.86亿美元，同比增长27.2%；实际利用外资12.06亿美元，同比增长6.4%；税收收入232.71亿元，同比增长20.9%。其中，核心区完成GDP 286亿元，同比增长8%；合同利用外资6亿美元，实到外资3.91亿美元，引进市外内资85亿元；社会消费品零售总额109亿元，同比增长11.5%；固定资产投资200.28亿元，同比增长9.6%；财政总收入64.97亿元，同比增长17.9%，其中，区级公共预算收入26.33亿元，同比增长20.1%。

一、经济质态实现新提升

一是产业结构更趋优化。先进制造业和现代服务业齐头并进，第二、三产业结构比为47.3:52.7。工业方面，全区规模以上工业总产值连续24个月保持两位数以上的较高增长；规模以上工业增加值增长12%，增幅高出嘉兴市平均3个百分点；高新技术产业、装备制造业增加值分别增长12.5%、12.8%，其中装备制造业占规模以上工业比重达47.2%，高出嘉兴市平均17.5个百分点，居嘉兴市第一。服务业方面，楼宇经济势头强劲，拥有税收超千万元楼宇34幢，其中超亿元楼宇7幢，全年完成楼宇税收22.2亿元，税收总额列嘉兴市第一。三是转型升级步伐加快。大力实施资源要素差别化政策，亩均税收、单位排污工业增加值两项指标列嘉兴市第一。大力推进街道工业企业转型升级，全年腾退低小散企业61家，腾退低效用地366亩，淘汰落后设备367台。深化“两化融合”，大力发展信息经济，数字经济增加值增长20%以上。新培育高新技术企业15家，累计达66家，占规模以上工业企业比重稳居嘉兴市第一，R&D经费支出7.7亿元，总量创历史新高。

二、改革开放再添新活力

一是区域合作再加强。深入贯彻习近平总书记对长三角区域一体化国家战略的重要指示精神，嘉兴经开区党工委、管委会主要领导带队先后赴上海、苏州、宁波等先进地区学习考察、沟通对接，与上海浦东软件园、青浦工业园全面开启战略合作，接轨上海迈出新步伐。积极融入G60科创走廊建设，推动智创园与浦东软件园在智慧园区建设和人才服务等方面开展合作。2019年1月，嘉兴经开区又和连续3年在全国考核排名第一的苏州工业园签订了全面战略合作协议，携手打造长三角一体化发展的合作典范。二是项目质量再提升。成功举办第四届“携手共进、合作共赢”招商大会暨重大项目签约仪式、全区企业家座谈会等重大活动，招商引资工作走在前列，利用外资单项考核继续保持全国十强，名列第8位，比上年又前进了1位，成功获得了“省十佳开放平台”等荣誉称号。坚定不移地瞄准世界最发达的制造业强国，欧美项目特别是德资项目签约落户数量创历史新高，新批欧美项目数增长75%，其中德资项目数增长150%，引进了世界三大暖通之一的喜德瑞、欧洲暖通龙头沃尔夫、英国200强RPC食品包装、全球行业龙头芬兰美卓流体设备、细分领域全球第二的费尔兰特过滤器等一批高质量外资项目。新引进了日本丸红和德国克劳斯玛菲2个世界500强项目，世界500强累计数达35家，占嘉兴市的40%。隆重召开庆祝改革开放40周年大会，一批外商投资企业、突出贡献企业和为经济发展作出突出贡献的企业家受到表彰。三是营商环境再优化。坚持向改革要活力，持续深化“最多跑一次”“标准地”“承诺制”等改革，企业投资项目开工前平均审批“最多100天”实现率达100%，全面推行“无差别受理”，在嘉兴市率先试点“证照分离”改革。健全“3＋1”项目推进新模式，顺利推进大明金属、晶晖国宴中心等30个重点项目开工建设，新加坡面包新语等5个高质量外资项目实现了当年洽谈、当年签约、当年开工。

三、城市品质呈现新变化

一是功能配套更加完善。全年新建道路24条，新建桥梁17座，三环南路、南江路、庆丰路、双溪路等道路高标准建成通车，实施万国路跨杭州塘大桥、槜李路等一系列重点区域互通道路工程。加快推进嘉兴先进制造业产业基地国际创新园项目，着力打造重资产招商平台，目前拥有各类高标准厂房18幢，总建筑面积28万平方米，极大提升了招商引资特别是招引欧美项目的能级水平。二是城市形象全面提升。高铁核心区、运河新区、商品交易产业园等重点区域全面开展环境综合整治，区域环境、城市形象得到明显改善。全域绿化扎实推进，完成绿化面积1300余亩，加快推进洪波公园、樱花公园、八字桥公园等建设。全面完成86个小城镇环境综合整治项目，嘉北街道被评为省级样板，塘汇街道顺利通过省考核验收。三是生态环境持续优化。牢固树立“绿水青山就是金山银山”的理念，不折不扣抓好中央环保督察反馈的26个信访交办件整改，坚决打好污染防治攻坚战，大力开展治气、治水、治土污染防治行动，扎实推动“污水零直排区”创建，出境断面平均水质达到三类水，生活垃圾分类扩面率达99.4%，遥遥领先嘉兴市。区域生态质量进一步改善，城北区域居民环境信访量持续下降，市民的满意度一年比一年高。

四、社会民生得到新改善

一是公共服务提质增效。持续加大投入，一般公共预算用于民生支出占比达78%，达到17.4亿元。嘉兴一中实验经开学校、同济大学附属嘉兴实验学校、嘉兴国际商务区实验中学3所新学校建成启用，英国诺德安达嘉兴国际学校顺利开工建设。基层医疗服务规范化标准化建设全面开展，在嘉兴市率先制定健康社区标准，顺利推进“居家养老医养结合服务标准化”国家级试点，启动“经开夕阳红”智慧养老服务平台。成功举办首届“禾之源”群众文化艺术节，制作完成了区歌《张开飞越的翅膀》。二是民生保障不断完善。统筹推进就业创业，全年新增城镇就业人员7200人，城镇登记失业率1.91%。社会保障水平稳步提高，基本养老参保率和居民基本医疗保险参保率分别达94%和98%。社会救助体系不断完善，落实长期护理保险制度，待遇享受率达89%。三是社会治理持续加强。以总结提升推广新时代“枫桥经验”为抓手，大力推进自治、法治、德治“三治融合”和“一体两翼三基四联”基层治理新模式，社会治理根基有效夯实。全力护航市区快速路等重点项目建设，圆满完成重大峰会维稳安保任务。大力开展“三打击一整治”、扫黑除恶等专项行动，铁拳护航大会战工作考核位居嘉兴市第一。安全生产、食品安全、消防安全各项工作平稳有序，平安建设考核列嘉兴市第二。

五、党的建设展现新气象

一是强化思想引领。坚持把学习贯彻习近平新时代中国特色社会主义思想和习近平总书记对浙江工作重要指示精神作为首要政治任务，引导全区各级党员干部牢固树立“四个意识”，始终坚定“四个自信”，坚决做到“两个维护”。把讲政治落实落细落到具体工作中，严明政治纪律和政治规矩，全面贯彻落实中央和省、市各项重大决策部署，始终做到不打折扣、不作选择、不搞变通。二是夯实基层基础。深入开展“社情民意大走访、‘八八战略’大宣讲、思想观念大解放”活动，累计走访居民91385户、企业10146家，收集各方面反映的问题诉求2264条，问题解决率达94.52%，进一步锤炼了干部、改进了作风，拉近了联系群众“最后一公里”。高标准打造街道党群服务中心，党组织战斗堡垒和党员先锋模范作用充分彰显。三是提升干部队伍。全年累计培训干部员工2000多人次，提任和转任重要岗位干部16名，对24名区管干部进行跨街道、跨部门轮岗交流，选派22名优秀干部参与红船干部学院筹建、垃圾分类、小城镇环境综合整治等市、区重点工作和赴沪挂职锻炼，不断提升干部队伍素质。四是深化纪律建设。坚持挺纪在前，对3个街道及4个部门（单位）开展了巡察，运用好监督执纪“四种形态”，予以提醒诫勉36人、组织调整和纪律轻处分9人、纪律重处分8人。强化责任担当，高质量完成省委巡视反馈的27个具体问题的整改落实，制定修订各类制度48项，进一步扎紧扎密制度笼子。深化作风建设，出台区党工委贯彻落实中央八项规定实施细则的办法，全区党风政风持续好转。

六、重大项目签约情况

2月27日，富通集团（嘉兴）管理总部项目开工仪式隆重举行。总投资约9亿元的富通集团（嘉兴）管理总部项目是嘉兴国际金融广场又一个重大的总部类服务业项目，总建筑面积约20万平方米，将建设三幢高层大楼，其中一幢建筑高度约150米。

5月23日，大明国际高端装备制造及金属材料加工项目开工典礼隆重举行。该项目由“中国制造业企业500强”大明国际控股有限公司和全球知名钢铁流通和加工企业日本阪和兴业株式会社合资建设，总投资12000万美元，总占地面积220亩，规划建设现代化厂房约10万平方米，将于2018年底投产运行。

9月20日上午，淳安电子股份有限公司与嘉兴经济技术开发区达成战略合作协议。淳安电子股份有限公司将在嘉兴经开区投资两个项目，计划总投资额为2.5亿美元。其中，第一个项目是设立淳敏投资有限公司，项目总投资1亿美元，首期注册资本金1亿美元，从事中国境内淳安电子的所有投资性业务，作为淳安电子中国大陆地区唯一的投资、销售总部；第二个项目是由淳敏投资有限公司为投资主体，在嘉兴经开区内新设立汽车电子制造项目。

10月30日上午，世界三大暖通集团之一——德国喜德瑞集团BDR Thermea在浙江中德（嘉兴）产业合作园内投建的喜德瑞中国嘉兴工厂举行奠基仪式。喜德瑞中国嘉兴工厂用地共计30亩，投资额过亿元人民币，达产后年销售额预计将超过10亿元人民币。建成后，嘉兴工厂将作为该集团集生产、销售、研发于一体的中国区总部。

11月9日，面包新语地区性总部及生产基地项目签约落户嘉兴经济技术开发区。该项目位于马家浜健康食品小镇，用地约41亩，整体项目累计注册资本超过5000万美元，固定资产投资不低于1.39亿元人民币。投产后第三年起预计各板块累计年销售收入约5亿元人民币，各主体预计合计年综合纳税约2000万元人民币。

11月28日，上海浦东软件园与嘉兴经济技术开发区、智慧产业创新园签署全面战略合作协议，建立紧密合作关系，共同打造创新创业、产业对接、运营管理等园区支撑平台，进一步集聚资源要素、提升服务水平、优化园区管理、加快企业集聚，实现嘉兴软件和信息服务产业高质量、规模化发展。双方还签订了两个具体项目合作协议，分别涉及智慧园区建设和人才服务合作。

（嘉兴经济技术开发区管委会）

2018年嘉善经济技术开发区发展概况

2018年，嘉善经济技术开发区（以下简称“嘉善开发区”）完成地区生产总值104.5亿元，同比增长8.6%；实现财政总收入24.2亿元，其中地方财政收入12.21亿元；完成固定资产投资43.4亿元，其中工业生产性投资24.28亿元、服务业投资17.68亿元；完成规模以上工业产值357.2亿元，同比增长11.3%，规模以上工业企业利税18.98亿元，其中利润8.32亿元；合同利用外资2.82亿美元，实际利用外资2.16亿美元，实际利用县外内资18.37亿元；完成进出口总额141.59亿元，同比增长10.3%，其中，出口110.68亿元，同比增长10.2%。

一、产业发展

继续深化开展“服务千企”大走访活动，工业企业绩效综合评价企业377家。深度推进“企业上云”三年行动，积极申报浙江省第二批上云标杆企业。18家企业被列入县信息化建设重点项目，积极开展“物联网、大数据、云计算、智能制造、智慧工厂”等信息化建设，提高企业经营管理和智能制造水平。晋亿实业股份有限公司等3家企业申报省“两化”融合管理体系贯标认证，11家企业申报嘉善县“两化”融合标杆培育企业，梦天木门集团有限公司申报省智能制造重点项目。浙江豪声电子科技股份有限公司转创业板，梦天木门集团有限公司完成股改，新设立股份制企业2家。完成机器换人项目17个，技改投资15.9亿元。11家企业申报“专精特新”（隐形冠军）企业，20家企业申报2018年度“独角兽”企业，企情在线企业服务432家。浙江晋正自动化工程有限公司入围“2017年度嘉兴市‘机器人＋’优秀工程服务公司”，浙江上虹货架有限公司商标被认定为国家“驰名商标”，爱德曼氢能源装备有限公司氢燃料电池发电机获“2019年浙江省装备制造业重点领域（省内）首台（套）产品”称号。

二、科技创新

实现高新技术产业产值121亿元，占规模以上工业总产值的34%。启动省级高新技术产业园区规划编制，新增高新技术企业23家，省科技型中小企业17家、省级新产品60项。积极推动企业研发中心、研究院提档升级，新增博士后“两站一基地”1家，各博士后工作站新进站博士共4人，新申报院士工作站3个，入选嘉兴市重点企业创新团队1个、浙江省“海外工程师”人才1名。鼓励创业创新，新增县级星创空间1家，新增省级孵化器、省级众创空间各1家，北创产业园开工建设。浙江长盛滑动轴承股份有限公司获2018年浙江省科学技术进步奖三等奖。新增认定县级研发中心7家、市级研发中心3家、省级研究院1家。申报“国千”人才4名、“省千”人才12名。全年完成发明专利申请数320件，授权发明专利47项。

三、投资促进

2018年，嘉善开发区全力以赴抓好“双招双引”工作，突出“以商引商”，更加注重产业链招商，保持高频率外出招商和蹲点招商，拓展招商途径，创新招商模式。格科微电子（浙江）有限公司被列入省重大产业项目。深化接轨上海，推进接轨上海示范区建设，与上海金茂签订“上海之窗·枫南小镇”合作开发框架协议，基本完成枫南区块整体拆迁，建立项目推进指挥部，引入英国惠灵顿国际学校。加入“长三角开发区协同发展联盟”,联合枫泾镇举办沪浙毗邻地区“五个一体化”两周年论坛。参加“2018中国·嘉善国际投资贸易洽谈会”,举办“中国(嘉善)半导体产业发展研讨会”和“中国(嘉善)氢能及燃料电池产业发展与应用论坛”两个专场活动。积极参加全国、省内重要经贸洽谈活动,紧密联系各国驻沪领事馆及知名机构,组织外商、台商开展联谊活动,推进区内企业二次招商。同时加快推动区内现代服务业发展,促进物流产业提升,积极推进楼宇经济。2018年,完成服务业投资17.68亿元,同比增长20.3%。加快推进嘉地物流等重点项目,宝湾物流有限公司被列入省服务业重大项目,嘉善科技文化创意园获市级服务业集聚区二等奖。

四、机制体制创新

落实“最多跑一次”,231项事项实现无差别全科受理,优化办事流程,66项实现“红色代办”,全年办结服务事项14241件,满意度达98.5%。以建设全省“全科网格”暨网格员队伍示范县为抓手,着力打造全科网格,实现“多元合一、一员多用”,整合全科网格44个,标准化建立企业网格驿站。

五、绿色集约

实施城镇低效用地再开发458.74亩、完成腾退低效用地697.47亩。全面开展行业整治和村级工业园整治。整治“低散弱”企业118家,淘汰落后产能21家,累计完成腾退企业184家。全面推进能源“双控”,建立51家高耗能企业“一企一策”。开展第二次全国污染源普查工作,集中清查1799家企业,779家企业完成调查填报。落实16家企业环保信息公开工作,关停“散乱污”企业5家。加强能源审批工作,共计承诺备案项目13个。

六、国际合作

主动对接国际产业合作,进一步加强与以荷兰为主的欧美国家合作交流,推动友城合作、项目引进、经贸洽谈,不断增强产业承载力、对外影响力,在国际化往来交流上取得丰硕成果。三次组团赴荷兰开展考察交流及推介活动,先后拜访阿姆斯特丹大学科学院、奥兰治投资集团等合作机构及在谈招商项目。加快欧美工业智造园等重点项目推进,成功引入奥兰治科研孵化平台。先后参加荷兰驻沪总领事馆农业与食品产业论坛、荷比卢工商协会投资论坛、中荷现代农业论坛等重要中荷活动,接待荷兰德伦特省副省长代表团、鹿特丹市政府代表团、荷兰绿港全产业链联盟、中荷农业促进协会企业代表团、荷兰农业科技企业联盟等考察交流。更高标准推进中荷园建设,中荷园驻荷办事处首次以荷兰企业身份参加4月份荷兰首相吕特访华团,与同行荷兰企业建立紧密联系。此外,与荷比卢工商会、荷兰清洁环保科技委员会、荷兰投资贸易委员会、韦斯特兰绿港等一批荷兰机构达成战略合作伙伴关系。中荷园已累计入园企业17家,其中荷兰企业6家、其他欧美企业7家、内资企业4家,总投资超13.7亿美元。中荷园在全省对外开放大会上获“2017年度浙江省十佳对外合作单位”称号,被评为全省境外外经贸综合服务体系建设一等奖。

七、基础设施建设

实施“上海之窗·枫南小镇”、嘉善科技新城(惠民组团)、西区水系调整规划编制及东区规划修编,完成嘉善塘以南、丁诸线航道以西、庐山路以北、平黎公路以东1.3平方公里区块规划调整,有序做好商业、住宅地块出让。推进开发区平台建设,实施东纵一路拓宽改造及延伸工程、永丰路中段工程,完成东升路改造、成功路大修、永丰路西段等工程,总投资8.5亿元的开发区服务功能配套项目部分投入使用。推进违法建筑全域清零,强化存量违建拆除与新增违建管控,拆除违建935宗、42.43万平方米。

八、党建工作

学习贯彻习近平新时代中国特色社会主义

思想，深化“两学一做”学习教育常态化制度化，坚持开展每月5日、25日的主题党日活动制度。深化“85后菁英成长计划”，成立“红船旁”青年党团员突击队。组织机关党员干部“重走一大路”，开展“六个一”红船主题党日活动。筑强组织堡垒，建立完善后备干部队伍，制订梯度培养计划。启动建设中荷园“强村计划”报团项目，总投资1.4亿元，打造“党建＋惠民”“党建＋经济”两条示范带。以“党建引领、群团共建、服务发展”为主题，高标准打造党群服务中心。突出两新领域党的组织建设，开展习近平新时代中国特色社会主义思想进企业活动，深入开展“树一种精神、建一个阵地、组一支队伍、办一项活动、亮一批先锋、编一份厂报、谱一首厂歌”“七个一”活动。新建“两新”组织14家，其中，单建13家，联建1家。10家企业设立了共享型“党建客厅”，形成“5分钟党建共享圈”，打造非公企业“6S”品质党建，企业党员领办攻坚项目在嘉善县“红色工匠”评比大赛中荣获一等奖。每月常态开展“红色36公益嘉年华”等志愿服务122场次，参与志愿者8176人次，服务受益群众达62713人次。高频次开展“党群齐心志愿、宜居家园共建”“美丽园区、志愿联盟”等志愿者联动60多场。

（嘉善经济技术开发区管委会）

2018年绍兴袍江经济技术开发区发展概况

2018年，绍兴袍江经济技术开发区（以下简称“袍江开发区”）实现规模以上工业总产值981.7亿元，增长12.3%；规模以上高新技术产业产值434.2亿元，增长17%；工业企业利税总额61.8亿元，同比增长17%；合同利用外资1.86亿美元，实到外资1.01亿美元。实现出口总额197.7亿元，同比增长9.2%。共有国家级高新技术企业75家，省级科技型中小企业306家，国家级孵化器1家，省级研究院10家。省级研发中心35家。在2017年度商务部219个国家级开发区综合发展水平考核评价中排名第147位。

2018年是开发区机构调整融合，全面实施改造提升的攻坚之年。袍江开发区切实按照市委、市政府的总体部署，坚持“政区合一”进一步整合提升的工作思路，坚决贯彻新发展理念，努力完成省级以上功能区各项考核任务。在体制调整后努力融合，主要开展了以下几项工作：

一、理顺开发区管理体制

2018年，袍江开发区与越城区（高新区）合署办公，开发区原有内设机构、事业单位并入越城区（高新区）统一管理。袍江开发区合力按照“职责明晰、属地负责、高效运行”原则，理顺了市与越城区（高新区、袍江开发区）职责事权关系，平稳有序地抓好了开发区管理体制调整工作，坚持以“最多跑一次”改革为牵引，袍江开发区内设机构全部并入越城区，深度融合，以体制机制调整完善推动行政效能和服务提升，致力优化协同高效。经过几个月运作已全面对接、平稳交接，确保思想不散、秩序不乱、干劲不减，实现体制融合、干部融合、工作融合。

二、深化开发区整合提升

紧紧围绕袍江开发区在商务部、省商务厅国家级开发区综合考评争先进位工作，通过深化整合提升，进一步优化开发区空间布局、产业结构、资源配置和体制机制，努力打造杭州湾经济区集约高效、产城融合、绿色智慧的高能级开放平台。以现行《浙江省开发区综合考评指标体系》36个评价指标为依据，分别按照越城区全行政区、袍江开发区＋高新区、袍江开发区＋高新区＋镜湖新区三个方案，协调区级相关部门反馈汇总的2017年度指标数据进行了模拟考核评价测算，在12月底前提出最佳方案，已上报市政府。下一步通过完成袍江开发区的整合提升工作，进一步优化开发区空间布局、产业结构、资源配置和体制机制，建设高能级开发平台，使其更好地服务于外资引领的全面开发新格局、服务于建设现代化产业体系、服务于全面深化改革、服务于实施创新驱动发展战略。更好发挥开发区在“一带一路”等国家战略和大湾区、大花园、大通道、大都市建设等重大战略布局中的平台支撑作用，焕发袍江开发区体制机制新活力。

三、做好开发区成果展示

牵头做好由浙江省商务厅、浙江省科学技术厅联合组织的纪念改革开放40周年浙江开发区（高新区）开放创新高峰论坛暨浙江国家级开发区（高新区）成果展。展示袍江国家级经济技术开发区的发展成就，以互动式和体验式的展示方式，吸引业界人士和社会公众关注。同时，做好创新型领军企业的申报，从多维度展示开发区整体形象以及企业发展现状,努力体现开发区产业集聚、企业发展的成果。

四、配合综保区前期工作

依托国家级开发区配合市商务局做好综保区的争取落地工作,从进一步加快新兴产业发展、进一步完善开发区城市功能、进一步强化社会管理创新的角度出发,提出相关建议意见。以周边电子信息、生物医药、机电一体化、新材料和环保等高新技术产业项目已落户的特点,以区位优势、配套政策、优质服务为优势进行深度谋划。

五、绿色经济全域发展

下一步全面摸底排查、依法关停淘汰低效低端及落后产能,大力发展都市型工业,以绿色、节能、轻型、高效为主导,培育汇集信息流、物流、人才流、资金流和技术流等资源的都市型工业和城市经济。通过绿色经济引领下的"腾笼换鸟",确保优质企业做大做强,确定100家重点骨干企业和100家成长型中小企业进行重点培育,推进企业向总部型、上市型、高新型、国际国内著名品牌拥有者和国标行标制定者"五型"方向发展。

六、新兴产业招大育优

下一步牢固树立"项目为王"理念,以"大制造+都市型工业"、生产性服务业为对接重点,瞄准高端机械装备、新材料、现代医药、电子信息四大领域,积极对接环杭州湾产业带,积极创建新特色、培育新动能、营造新高地,全力抓促新兴产业项目落地生根、集群发展。着力加强科技金融服务、人才项目的产业对接服务,扎实推进引智聚才工作,借综合保税区申报的契机,提前谋划,深入对接,争取实现开发区产业结构、企业品质、产品竞争力的新一轮提升。

七、软硬合力争先进位

下一步建立袍江开发区争先进位领导机构,牵头统筹袍江开发区争先进位工作,从而确保相关工作推进中涉及需要区级其他部门配合的工作能够及时得到协调解决。全面承担起阶段工作推进落实、投资(建设)疑难问题处置、对外工作协调等职责,形成争先进位浓厚氛围。同时,继续谋划综合保税区、国际产业合作园等各项工作,加强合作意向性摸排,与中介组织及企业间深度合作交流,发挥园中园在政策和资源上的叠加效应,实施精准招商、精准合作,争取将袍江开发区打造成为绍兴市外资集聚的新高地,外贸出口的新增长极。

(绍兴袍江经济技术开发区管委会)

2018年柯桥经济技术开发区发展概况

一、园区概况

柯桥经济技术开发区的前身为柯桥经济开发区，成立于1992年9月；1993年11月，经浙江省人民政府批准，成为全省第一批省级重点经济开发区；2010年11月，经浙江省人民政府批准设立省级高新技术产业园区；2012年10月，经国务院批准升格为国家级经济技术开发区。2018年7月体制机制调整后，柯桥经济技术开发区党工委、管委会与滨海工业区党工委、管委会按照"两块牌子、一套班子"的原则，合署办公，一体运行；柯桥经济开发区和滨海工业区分别不再与齐贤街道、马鞍镇合署；区域范围为原滨海工业区（马鞍镇）、原柯桥经济开发区（齐贤街道）和安昌街道，总规划面积165.8平方公里，致力打造区域经济发展的主引擎、创新创业的新高地、改革开放的示范区。

2018年，柯桥经济技术开发区实现财政总收入64亿元，同比增长17.98%；规上工业总产值1138.7亿元，同比增长24.16%；工业投资103.1亿元，服务业投资19.75亿元，自营出口182.1亿元，同比增长9%，实到外资2.36亿美元，占全区总额的81.8%。商贸服务业贡献占比持续提升，预计限额以上批发及零售业完成商品销售额236亿元，限额以上社会消费品零售总额65亿元，限额以上服务业实现增加值16.8亿元。新设企业1597家，完成"个转企"80家，"下升上"21家，"小升规"61家。

二、主要工作

（一）坚持大提升发展，突出招引优质项目

坚定"项目为王"理念，以"1＋4＋X"的产业发展为方向，切实把招商工作作为经济发展的首要任务，实施"一把手"招商、全员招商，推进精准招商、以商招商和产业链招商，招大引强实现重大突破，引进了央企巨擘中国恒天集团、上市公司苏泊尔集团等大型企业和香港立信、日本东伸等一批行业领军型企业。成功签约引领区域新兴产业发展导向的恒天新能源汽车（整车制造）、拥有全球领先染整工艺的香港立信智能装备工业园项目、苏泊尔生活大家电制造基地等5亿元以上项目18个，其中20亿—50亿元3个，50亿元以上3个，计划总投资462.7亿元。坚定"打桩"就是硬道理，以抓落实的决心，加快推进项目签约动工，落地见效。推动项目落户5个，挂牌7个，待挂牌6个；元筑装配式建筑项目完成"当年拿地、当年建成、当年投产、当年见效"目标。

（二）坚持大动作集聚，做强做优传统产业

围绕"绿色高端、世界领先"发展目标，深化传统产业改造提升工作，历时8年，全面完成印染集聚升级工程。印染集聚三期17只项目中，爱利斯染整、越新印染等16只项目投入试生产，天马印染主体结顶。浙能热电二期、龙德二期供热、江滨污水集中预处理二期等基础配套设施相继投入运行。印染集聚一、二期中已投产的40只项目中，生产装备、管理水平和产品竞争力得到全面提升，并积极探索印染企业加工转经销的发展新模式，首批10家企业成为绍兴印染产业试点。行业领军和标杆企业不断涌现，迎丰科技位居2018年绍兴市工业亩均效益"领跑者"企业榜

首，同时完成IPO辅导阶段工作。乐高股份进入辅导阶段，吴越人家、宇皓服饰在浙江股权交易中心成长板挂牌。63只循环化改造项目进入专项审计，其中45只已通过专家初验。

（三）坚持大规划引领，着力推动产城融合

立足融入大湾区大花园大通道大都市区建设，按照“拉开框架、完善功能、提升品位”的总体思路，高起点、高水平编制区域规划总纲，完成《绍兴柯桥经济技术开发区总体规划》制订。同时高层次启动产业发展规划编制，划定招商产业目录，制定产业发展负面清单，严把项目准入关。高质量完善重大基础配套建设。全年实施政府性投资项目27只，完成投资15.03亿元，达到指标数的126.6%。全面优化对外大交通格局，钱滨线、新东线等主要道路基本建成投运，加快闸前大道及31省道北延线等重要路网建设；办实办好民生实事工程，全力保障齐贤街道阳嘉龙村、高泽居地块房屋签约腾空，如期完成B3、B6、柯北、陶里等4个安置小区建设任务，完成齐贤街道柯北、陶里与马鞍镇B3二期、B6等4个安置小区竣工验收，全新引入品牌住宅和商贸综合体，钱江房产精品住宅顺利开盘，安昌古镇晋级国家4A级景区，5A级景区创建策划及古镇概念性规划项目完成招标，切实提升区域综合环境及城市功能。

（四）坚持大格局创新，增强人才科技活力

主动“筑巢引凤”，通过产业、企业、平台招才引智。依托浙江“千人计划”绍兴产业园，利用外国高端人才集聚区平台优势，聚焦大项目、好项目挖掘高层次人才，拓宽人才引育渠道。全年组织辖区企业参与俄罗斯、南非、德国专家路演、人才峰会等活动20余场次；全年共引进“国千”6人，“省千”2人，“市海内外英才”17人，省领军型创业创新团队1个。同时以金柯桥基金小镇“蓄水池”为依托，激发企业“双创”活力。认定国家高新技术企业36家、科技型中小企业133家；浙江红绿蓝纺织印染有限公司等5家企业创建省级高新技术企业研发中心；浙江现代纺织工业研究院创建省级众创空间；精功(绍兴)复合材料有限公司、浙江滨海金属制品有限公司创建市级院士工作站。全年共申报专利2500余项，其中发明专利500余项；授权专利2400余项，其中发明专利250余项。

（五）坚持大力度改革，营造更优营商环境

深化审批服务改革。以“最多跑一次改革”为引领，深化投资项目集成式审批服务，推进区行政服务中心开发区分中心建设，实现“充分授权、一窗受理、集成服务”，努力实现“开发区的事在开发区办”，打通服务企业的“最后一公里”，最大限度地提高工作效能。完成4个新增土地工业项目100天高效审批和1个项目“标准地＋承诺制”改革试点。建立投资项目“一对一”服务机制，实行“店小二”式全程服务代理，深入企业一线了解实际情况，切实提升提高服务意识、服务水平和服务效率，营造务实高效发展新环境。完善公共资源交易平台建设，推动有条件上网的公共资源通过网络办理；制定招投标管理办法、工程预决算审核管理办法等制度，严格规范招投标程序。

（六）坚持大手笔投入，打造蓝印时尚小镇

蓝印时尚小镇以打造世界一流的绿色纺织印染集聚区为载体，以绿色印染为基础，时尚文旅为支撑，产城融合为方向，科技创新为驱动，致力成为杭州湾湾区经济带上的时尚产业类特色小镇，开发建设累计投入资金超100亿元。目前小镇环境景观全面提升，路网构筑基本完成，中央绿肺主题公园、沿河游步道建成投用，基础配套设施日趋完善，浙能滨海热电一、二期集中供热项目、江滨水处理一、二期污水集中预处理项目均已全部顺利投运；小镇城市功能不断健全，小镇客厅、印染文化博物馆、游客接待中心已建设完成，可入住4000多人的“旅馆式”职工公寓正式投入使用，小镇农产品集散中心、幼儿园相继建成投用，容纳2000个车辆中心立体综合停车楼启动建设。3A级景区加快创建，水处理环保教育基地、“梦幻电厂”社会实践基地及曹娥江游艇度假酒店等一系列文旅项目陆续投运，成功举办2018年第三届中国绍兴“蓝印时尚小镇”国际摩托艇公开赛和蓝印时尚小镇汽车音乐节，被列入浙江省第二批特色小镇培育名单，成为全国传统产业改造提升发展的重要展示窗口。

（柯桥经济技术开发区管委会）

2018年杭州湾上虞经济技术开发区商务概况

杭州湾上虞经济技术开发区作为绍兴市第一大平台，2018年在绍兴市三个国家级开发区综合排名中位列第一，在全国219家国家级开发区综合考评中位列第100位。过去一年，杭州湾上虞经济技术开发区紧紧围绕“创新之区、品质之城”的总体定位，牢牢把握提档升级三年行动总抓手，坚持党建引领，全面推进产业集群、绿色安全、产城融合、创新开放发展，奋力推动经开区平台、产业双转型、双提升，取得了良好成效。

一、党建引领持续加强

2018年，经开区完成新一届机关党委委员、机关纪委委员选举，调整完成“两新”工委成员，强化党对“两新”组织的领导；完成经开区总工会、机关工委、妇工委等组织机构的调整优化，统筹推进经开区“大党建”工作格局，实现党建工作资源联享、工作联做、活动联搞。紧密结合“党建全域提升年”活动的主要精神，针对经开区实际，制订完成《开发区“强化党建引领 推进提档升级”工作方案》，梳理出68条工作清单，明确牵头科局、配合科局、完成时限。同时，结合杭州湾上虞经济技术开发区成立20周年，开展“拥抱大湾区，共筑美丽梦”系列活动，“摄影记者进园区”“走进演播室”“千人健步行”等活动。积极配合对绍兴市委第三巡察组进驻经开区开展巡察，对巡察反馈问题明确整改时限要求，坚决落实整改。巡察组反馈的四个方面11大类42项具体问题，40项已整改到位，2项仍在持续整改中。

二、经济运行稳健增长

2018年，经开区经济增长态势良好，200余家投产企业实现规模以上工业总产值664.8亿元，同比增长14.98%；完成税收35.05亿元，同比增长34.74以上；实现限额以上批发业销售额9.28亿元，同比增长42.4%；外贸出口81.49亿元，同比增长9.23%；高新技术企业实现产值409.45亿元，同比增长15.09%。骨干企业积极发挥支撑引领作用，61家重点企业实现产值544.3亿元，69家企业税收超千万元，其中鸿盛化工、新和成生物、龙盛染料、龙盛集团、自立股份、闰土股份和闰土新材料7家企业超亿元。

三、产业集聚不断加快

2018年，经开区依托现有绿色化工产业的基础和优势，积极布局新材料、现代医药，兼顾汽车及其零部件、高端装备的“2＋2”主导产业集群，组建现代医药、先进新材料、服务业、综合产业四个招商小组，每个小组均由班子领导带队，选优配强招商力量，实施产业招商、垂直招商、精准招商。全年，经开区签约落户项目24个，总投资244.94亿元，9个项目投资超10亿元。其中，新材料产业签约落户9个，总投资185亿元；现代医药签约落户4个，总投资16.4亿元。两大产业项目招引数量占比达54.1%，投资占比达82.2%。中科院国科控股新材料产业项目总投资达到110亿元，极大地带动经开区新材料产业发展，为加快建设国家级新材料创新研究院打下坚实基础。

四、营商环境持续优化

2018年以来，经开区以“绿色安全、循环高效”为目标，坚持“安全、环保、亩产效益”管控标准，持续深化化工行业改造提升，投入整改资金近50亿元，完成第一轮改造提升整改任务，并开始启动“新技术、新工艺、新装备、新应用、新管理、新气象”六新改造提升工作；持续推进“科学治气”，投入资金1.97亿元，新增、改造设备605台（套）；同时启动建设“4＋2”综合监管服务系统，并在全国首推异味评价体系，智慧化管理水平持续提升，基本达到异味污染可评价、可溯源、可预警，成为中国智慧化工园区试点示范；不断推进循环发展，14个国家级循环经济项目开工建设，累计完成投资13.9亿元，基本形成企业内部小循环模式，加速构建资源利用高效循环体系。区域大气环境空气优良率同比提高5.6个百分点，PM2.5下降7微克/立方米；化工产业全年预计产值同比增长17%，税收同比增长24%以上，实现经济总量与亩均效益的双提升。

五、规划布局更趋完善

2018年，经开区着眼于大湾区城市协同发展，突出产业特色和区位优势，注重产城融合，建设宜居宜业的现代化新城，加快推进“一轴一核两翼”（“一轴”即以区内长海公路为南北发展轴，标志着经开区发展从以单一制造业为主的进港公路时代迈向产城融合的长海公路时代；“一核”以康阳大道沿线一带为核心，集聚科研院校、产业展示、项目孵化等创新要素，打造助推产城协同发展的创新核；“两翼”为东侧制造业区和西侧服务业区，作为开发区重点打造两大平台）的城市空间布局，全面启动开发区湾区融合和空间发展规划研究及化工产业拓展区控规编制，产业、空间、功能等各项资源要素逐步实现深度融合。

六、融资保障不断强化

2018年，在金融去杠杆背景下，为推动产业转型升级，打造优良的区域经济金融生态，经开区与中国银行绍兴市分行、建设银行绍兴市分行、交通银行绍兴市分行、中信银行绍兴市分行、绍兴银行总行五家银行共签订了340亿元支持新材料和现代医药产业发展信贷合作协议。此外，龙盛集团与工商银行上虞支行、美都海创与中国银行上虞支行、国祥股份与建设银行上虞支行、康隆达与中信银行上虞支行还签订了总额为28亿元的“凤凰行动”培育项目合作协议。通过强化金融机构的对接服务，全力助推银、企、基金对接，推动优质企业、优质项目的融资推介。

七、项目建设推进有力

坚持一个项目、一名领导、一个团队、一抓到底的“四个一”推进机制，班子领导挂钩联系“重大改革创新项目、重大招商项目、重大基础设施项目”。每周开展工作督查，每月通报形象进度，全年召开解难协调会议9次，帮助企业协调解决各类问题120余个，有效保障了项目顺利推进。改革创新项目国家级循环化改造试点14个改造项目已全部开工，累计投资13.8亿元；皇马科技47个工作日完成开工前审批全流程，创下了上虞区企业投资项目“最多跑一次、最多100天”最快纪录；中金格派、毅聚新材料、思达研磨、宏哲医药、康隆达等新招引项目实现当年洽谈、当年落户、当年启动建设，6个“市、县长工程”项目全部完成入库。

八、创新示范引领显效

2018年，经开区积极探索平台创新、管理创新、科研创新，“4＋2”安全综合监管服务体系启动建设，安全环保综合监管指挥中心投入运作，运行管理体系逐步完善；成功创建省级“军民融合”产业基地；成功申报创建国家级创新创业特色载体，大学生实训基地正式启用，新增高新技术研发中心3个、院士工作站2个、博士后工作站1个，培育高新技术企业19家，整体创新实力不断提升。

九、成立杭州湾上虞经济技术开发区科学技术协会

在经开区加快传统产业转型升级、实施创新驱动战略的背景下，为进一步提高广大科学工作者工作积极性，加快技术改革创新，杭州湾上虞

经济技术开发区科学技术协会应运而生。科协立足经开区发展实际，积极带好头、求突破、争创先，发挥好引领带动、桥梁纽带、服务保障作用，努力让广大科技工作者在经开区顺心干事业、安心谋发展。

十、与中国科学院控股有限公司合作签约

2018年，经开区与中国科学院控股有限公司签订新材料产业合作项目协议，中科院投资超110亿元。与中科院资本、中科院新材料、中科院化工新材料技术创新与产业化联盟分别签署了新材料产业发展基金、新材料技术转化平台、新材料产业联盟等项目合作协议；杭州湾新材料产业技术创新研究院筹建正式启动。此次合作对经开区培育打造化工新材料等千亿级产业集群、优化产业结构将起到极大的促进作用，也将为经开区推进实施产业链精准招商、加快新旧动能转换注入强劲动力，携手打造国家级新材料产业技术创新中心和制造平台。

十一、成功申报创建国家级创新创业特色载体

杭州湾上虞经济技术开发区成功申报创建国家级创新创业特色载体，将获得首批2500万元资金支持。在全国首期99个园区入围，浙江省共有5个，杭州湾上虞经济技术开发区是绍兴市唯一一个入围园区。

（杭州湾上虞经济技术开发区管委会供稿）

2018年义乌经济技术开发区发展概况

义乌经济技术开发区(以下简称“义乌开发区”)成立于1992年,2012年3月经国务院批准升级为国家级经济技术开发区。2014年10月,经省政府批准实施第二批开发区深化整合提升,深化整合面积达126.72平方公里,其中国家核准面积9.17平方公里。2018年,义乌开发区(整合提升区)实现规模以上工业总产值311亿元,同比增长13%,实现财政收入134亿元,税收收入51亿元。

一、招商引资

按照转型创新发展的要求,义乌经济技术开发区积极引进装备制造、新材料、生物医药、信息技术、节能环保、汽车整车及零部件等战略性新兴产业项目,进一步拓展完善产业链条,增强产业发展实力。2018年,义乌开发区(本级)共签约项目30个,其中产业项目6个、科技人才项目24个;50亿元以上项目2个,10亿元以上项目4个,总投资超160亿元。在汽车零部件及装备制造业方面,引进总投资84.6亿元的吉利集团DHT专用混动变速器及动力总成制造总部项目,总用地483亩,投资建设形成年产70万台专用混动变速器的吉利智慧工厂,采用沃尔沃全球标准,旨在打造行业标杆级专用混动变速器产品。吉利动力总成制造总部将搬迁至义乌,总部具有生产组织、设计改进、供应链优化、产品研发等功能,并逐步引进超过500名本科学历(含)以上的人才,同时带动超百家行业高端制造业、零部件企业集聚义乌。引进总投资15亿元的“丰树(义乌)产业园”项目;在新材料产业板块方面,签订拟投资50亿元的年产30万吨高性能锦纶6切片项目框架协议;在生物医药与健康产业方面,引进北京水母科技有限公司投资的水母基因检测云平台项目,成立赛默飞—水母基因全球创新示范中心。该项目总投资约2亿元,选址开发区高创园内,用地约3000平方米。该平台全部建成投产后,预期能够实现每年上百万例基因样本的流转、检测、存储计算和后续服务。

二、项目建设

由世界500强正大集团、康地集团投资的中央厨房项目家禽养殖标准场试投产,生猪养殖示范场具备投养条件,肥料加工项目土建基本完成,食品加工、饲料加工项目即将开工建设,将打造成“饲料加工—畜禽养殖—特色盒饭生产、肉制品深加工—冷链物流—连锁销售”为一体的现代特色经营业态;安诺优达基因检测综合体项目开业,主要包括基因研究院、医学检验中心、基因健康中心和仪器试剂制造中心四大模块,未来可为医疗保健系统开展精准医疗提供技术保障;极智年产4000万台无源光网络通信产品生产基地项目试生产,该项目是义乌首个光通信产业项目。此外,赵龙特种车二期、海之纳二期及圆德新材料、伟丽纤维、永泰五金等陆续竣工。全年义乌开发区建设土建工程18个,新开工项目13个,完工项目10个;建设道路里程31.6公里,在建绿化工程施工面积超1500亩,21条道路开工建设,15条道路建成通车。

三、“特色小镇”创建

义乌绿色动力小镇位于义乌市赤岸镇与佛堂镇交界处,规划面积3.32平方公里,其中建设面积约为1.7平方公里,2015年5月启动建设,是年入选金华市级特色小镇创建名单,2017年7月入选省级特色小镇第三批创建名单。绿色动力小镇已落户锋锐发动机、义利动力总成、英伦新能源整车、沃尔沃发动机、DHT专用混动变速器及动力总成制造总部等项目,总投资超过350亿元,其中3个省特别重大产业项目、1个省重大产业项目。全部投产后义乌绿色动力小镇将达到年产10万台整车、160万台发动机、70万台变速箱的生产规模,成为全球最大的汽车动力生产基地。2018年,义利1.0TD发动机荣膺"'中国心'2018年度十佳发动机"称号;沃尔沃发动机项目主厂房钢结构全面完成;英伦新能源整车项目首款TX5车型于12月25日正式下线;DHT专用混动变速器及动力总成制造总部项目正式签约;邻里中心酒店、文化综合体等小镇配套设施正在全力推进建设。此外,森山健康小镇建设成果初显,石斛地理公园开园试营业,石斛一期仓储厂房、饮料车间已结顶,森山半岛开工建设。

四、科技创新

2018年,义乌市海之纳生物工程有限公司、浙江亿控自动化设备有限公司等5家企业通过国家高新技术企业认定专家评审;英伦新能源整车实现技术交易额2.8亿元,占义乌市技术交易总额的54.90%。高创园二期已建成投用,一期已完成提升改造,先后落地高层次人才项目5个,培养高端人才13人次,引进慕森检测、飞犇网络、当归科技等科技孵化项目15个、配套服务机构5家。目前,高创园内科技人才项目共计43个,累计引进了"国千""省千""国青千"13人,教授级高工、博士等15人。

五、有机更新

开发区积极推进整合提升区范围内有机更新进度。江湾工业区工业企业有机更新拆迁已基本完成,1号地块由中梁地产挂牌成交,儿童公园已开工建设,西江路、富港大道等部分配套道路已完成建设;上溪老工业区(镇前区块)有机更新拆迁已基本完成,义亭镇棚户区(城中村)改造工作顺利推进。

(义乌经济技术开发区管委会)

2018年衢州经济技术开发区发展概况

2018年，衢州经济技术开发区（以下简称“衢州经开区”）按照“两个高水平”建设的要求，增强信心、奋力拼搏、逆势而为，全力以赴担当衢州市经济发展主战场的重任，全区新旧动能加快转换、质量效益改善向好，经济继续保持高开高走、结构向好、量质齐升的发展态势，各项主要经济指标总量和增幅均列衢州市前列。全年实现工业总产值695.4亿元，同比增长18.5%，其中，规模以上工业总产值580亿元，同比增长16.1%；财政总收入32.2亿元，同比增长15.6%，其中，一般公共预算收入16.7亿元，同比增长11.6%；完成固定资产投资41.2亿元，同比增长4.2%，三个结构性投资指标中民间投资28.4亿元，同比增长10.4%，生态环保等基础设施投资5.6亿元，增长20.6%，高新技术产业投资16.2亿元，增长29.2%；进出口总额85.5亿元，增长22.6%。

一、招商引资提前完成全年目标

招商引资提前3个月完成全年目标，成功签约43个项目，协议投资额225.94亿元，其中亿元以上项目35个、10亿元以上项目6个、80亿元以上项目1个。项目投资主体强、科技含量高、发展潜力大，突出表现为三个特点：一是投资主体强，引进了一批国内外知名的龙头企业项目，如国内顶尖的半导体材料制造企业杭州立昂微电子总投资83亿元的集成电路用12英寸硅片项目、国内无机氟化工龙头多氟多集团与中宁硅业的战略重组项目、国内微电子领军企业杭州致善半导体投资10亿元的产业基地项目等。二是外资项目加快集聚，突出韩国、德国两大重点区域开展海外招商，成功引进总投资35亿元的华友钴业与韩国LG化学合作项目以及德国夏特等一批高端外资项目，推动韩国浦项钢铁与元立集团达成合作等，外资项目引进数超过过去5年的总和。三是总部经济有新突破，成功引进东氟科技母公司四达股份总部、环新公司总部，利民化工总部。

二、开放创新全面推进

全力打造衢州对外开放的桥头堡，与杭州大江东产业集聚区正式签署合作协议，双方明确将在产业链、空间链、招商链、资金链、创新链等方面开展合作，在浙江省率先开展集聚区间的“山海协作”，共同打造全省集聚区间“山海协作”升级版的样本。深圳前海创新园正式开园，标志着衢州经开区在北京、上海、深圳、杭州的四大“科创飞地”基本投入使用，成功引进宇泛智能科技等一批高科技企业，走出了“孵化在外地、产业化在本地”的产业培育新路径。国际合作不断深化，先后赴韩国、德国等国家考察，成功设立中澳联合创新中心、韩国浙江衢州创新中心。产业创新服务平台不断提升，衢州氟硅钴产业创新服务综合体成功获批进入第一批省级产业创新服务综合体培育名单，获批省第二家专利导航产业发展实验区。产学研合作逐步深入，与浙大签约共建浙大实验实训基地、浙大化工研究院。

三、大干项目一枝独秀

全年实施171个重点项目，总投资达595亿元，年度计划投资99.37亿元，已完成投资80亿元，固定资产投资同比增长17.2%。省、市重点项目超进度完成，9个省集中开工项目以及39个市集中开工项目已全部开工建设，楠华电子年产1500万片传感器项目、索尔维蓝天年产6000吨钎焊剂项目等9个项目实现当年开工当年投产目标。工业投资类项目全力推进，杉杉新材料、金瑞泓一期等43个项目已正式投产，华海三元前驱体、华友资源再生科技、致善微电子、旺旺酒品等116个重点项目全部开工建设。配套类项目加快建设，高新片区生态化改造项目相继完成，东港片区改造提升工程即将完工，衢州第四水厂、城东污水处理厂（三期）和东港第二工业水厂、高新二污等项目按期推进。物产凤凰医院年底投用，东港小学、白沙小学已完成67%的工程量，新宏蓝庭商业综合广场、三和里综合体、职工宿舍等项目正在加快建设。

四、营商环境优化提升

围绕衢州市建设中国营商环境最优城市的目标，全力打造营商环境最优示范区。最多跑一次改革有新突破，重点实施“区域能评＋区块能耗标准”“区域环评＋环境标准”的“标准地”制度，成功推出衢州市首宗工业项目“标准地”；实现施工许可证等审批事项“无纸化”“零跑腿”，发出了全省第一张社会投资项目施工许可证电子证书。全区143项审批事项全面加速，施工许可证最快1个小时就可出件；工程规划许可从5天减至1天，总评审核从7天减至2天，供地报批从10天减至3天，部分项目从备案到开工仅用了42天。企业诉求及时回应，扎实开展两轮大批次的企业调研走访活动，开设“企业问政”平台，设立企业服务“红黑榜”，倒逼提升服务质量；精准纾解企业痛点，缓缴企业税收约4.5亿元、退税约2亿元、兑现绿色金融专项资金4448万元，帮助企业招工4000余名，协调解决华友至巨化污水管廊建设、杭氧公司用气用电等一批企业提出的诉求。要素保障进一步增强，共征收、交付土地2426亩，收储土地502亩，为项目建设提供充足用地保障；新增3只总规模13.3亿元的产业基金——金瑞泓、致微、一道基金，为优质产业项目落地提供资金支持。

五、社会治理扎实提升

坚持一手抓经济发展、一手抓社会治理，平安环境总体稳定，为全区经济的高速发展提供了强有力的保障。综治维稳扎实开展。将全区划分成80个大网格，包括6个企业编组大网格、271个企业小网格，在解决推进重大工作和重大问题上发挥了积极作用。安全环保力度不减。规范党政领导干部安全生产责任制，完善“区安委会”＋“七个专业委员会”的“1＋7”安全生产责任制，做到安全生产与业务工作同时安排部署、同时组织实施、同时监督检查。创新工作方法，20家重点危化企业享受动火作业和受限空间第三方服务，51家化工企业享受安环责任险，23家企业采用智慧用电技术。全面开展企业清洁生产审核，成功获首个“浙江省清洁生产示范区”称号。

六、队伍建设全面加强

狠抓队伍建设，从严执纪问责、从严教育管理，营造了心齐气顺、风清气正的干事创业氛围。整风行动扎实开展。以开展全区大整风“十大行动”为契机，优化提升“6＋1”组团式管理服务工作机制，建立重点工作、重点项目十大工作专班，干部职工工作效能、工作作风进一步提升。廉政建设常态推进。坚决落实“两个责任”，切实完成内巡试点工作，执纪问责趋于常态，共开展专项检查4次，开展立案调查、党纪处分、诫勉谈话、教育谈话15人次。基层党建扎实推进。实施基层党建“三个三”工程，深化“两新”党建“新三版”建设，新增12家创建单位；开展村组织换届“回头看”工作，对软弱落后基层党组织进行集中整顿。学习培训常态推进。认真学习贯彻党的十九大及习近平总书记系列重要讲话精神和衢州市委七届四次全会精神，高质量举办理论学习中心组学习活动和绿色大讲堂等，干部综合素质显著提高。

（衢州经济技术开发区管委会）

2018年丽水经济技术开发区发展概况

一、概　况

2018年，丽水经济技术开发区深入学习贯彻落实党的十九大精神和习近平新时代中国特色社会主义思想，始终坚守“两山”理念，认真贯彻落实市委、市政府的决策部署，攻坚克难，苦干实干，经济社会保持了平稳发展的态势，全年完成地区生产总值67.4亿元，同比增长7.1%；工业产值和规模以上工业增加值同比分别增长13.8%和8.9%；财政总收入和一般公共预算收入同比分别增长25.9%和21%。

二、主要工作

（一）招商引资成效明显

全年共引进工业项目27个，出让工业用地970亩，实际利用市外内资50.4亿元，到位浙商回归资金28.2亿元，到位山海协作资金35.1亿元，与宁波国家高新区开展深化“山海协作”工程。工业项目新开工20家、竣工17家，工业投资同比增长62.4%。

（二）“亩均论英雄”改革初战告捷

完成156家规模以上企业、239家规模以下企业绩效综合评价，实施分类指导，整治亩均税收1万元以下“低散乱”企业320家，工业企业亩均税收同比增长14.2%。全年战略性新兴产业增加值、高新技术增加值和装备制造业增加值同比分别增长16.5%、10.6%和21.5%。

（三）产业发展动能转换不断加快

兑付企业补助资金2.2亿元，新增规模以上企业33家、国家级高新技术企业16家、省级科技型中小企业30家，新增工业机器人应用48台，完成“两化融合”试点项目10个，创成省级科技孵化器，中国驰名商标行政认定实现“零的突破”。

（四）“最多跑一次”改革红利逐步释放

99.8%的事项实现“最多跑一次”，91.5%的网办事项实现全程网上办理，100%的民生事项实现“一证通办”。市场主体增幅丽水市第一。全年出让“标准地”5宗265亩，通过“标准地”“承诺制”“代办制”，实现项目开工前审批“零上门”“最多100天”。

（五）城乡环境持续改善

办结中央、省级环保督察信访件49件，查处环保违法案件81起，处罚金额830万元，停产整治9家，辖区水质稳定保持在Ⅲ类水以上，空气质量优良率达到94.2%，工业危废基本实现规范化管理。

（六）民生项目快速推进

完成拆违21.5万平方米，旧厂区和城中村改造23.6万平方米。完成公寓安置177户、迁建安置291户。新建城市污水管网5.6公里、绿道5.2公里、电动汽车租赁点90个和农村文化礼堂、110千伏变电站等项目，改造农村公厕55座，腾空D级危房400户，农村垃圾资源无害化处理率达99%。

（七）乡村振兴战略成效显著

解决农村历史遗留问题86个，实施农村项目70个总投资933万元，农村居民可支配收入同比增长12%；安排“消薄”专项扶持资金1000万元，成立明兴集体经济发展有限公司，35个行政村的集体经济收入全部超过10万元，村集体总收入同比增长50%。

（八）社会综合管理平稳有序

实体化运行沙溪亭、绿谷、云阁和秀山4个社区，完成“平安开发区”“无欠薪区创建”“扫黑除恶”和“基层治理四平台”等年度任务，群众信访件办结率、矛盾纠纷调解成功率和平安系统办结率分别为99%、99.5%和100%，全年未发生重大以上安全事故。

（丽水经济技术开发区管委会）

二、部分海关特殊监管区

2018年宁波保税区（出口加工区）发展概况

2018年，宁波保税区（出口加工区）坚持以习近平新时代中国特色社会主义思想为指导，坚持稳中求进工作总基调，全力以赴稳增长、谋创新、抓改革、促转型，全区经济社会发展稳中有进、进中向好。全区全年实现生产总值192亿元，同比增长10%；财政收入60.5亿元，同比增长23.2%，其中，一般公共预算收入29.9亿元，同比增长27.2%；外贸进出口890亿元，同比增长19.2%（其中出口300亿元、进口590亿元，同比分别增长14.2%、21.9%）；跨境电商进口达到100亿元，同比增长82%，在全国特殊监管区中位居第一；限额以上商品销售总额1569亿元，同比增长15%；新引进外资企业49家，实际利用外资6258万美元，增长270%。在全省对外开放大会上，宁波保税区被评为全省十佳开放平台。

一、立足高质量，招商引资实现新提高

2018年，一批大项目、大平台加快落地，一批谋划项目加快筹建，一批在建项目加快推进。全年推进重点项目34个，实际投资20亿元，完成年度投资计划。其中，市级项目宁波航天智慧科技城完成投资7.3亿元、引进企业388家、注册资本52.9亿元、税收4.3亿元，获批成为省级军民融合产业基地。区级项目加快建设，总投资20亿元的宁波数字贸易港一期中国智能骨干网宁波节点项目完成签约落户；易海电商、普洛斯宁波智慧物流园、海天金属压铸机生产基地等项目相继签约落地和开工建设，网易宁波仓储中心、中东欧贸易物流园二期加速推进；阴极铜保税现货交易平台加快推进，市场实体业务启动运作；涌优产业园基础设施建设全部完成，即将正式投用；宁波国际文化产业园获批宁波市首批服务贸易特色园区。

一是招商引资成果丰硕。着力推进招大引强，壮大区域发展后劲，全年引进各类企业3038家，同比增长60%，注册总资金549亿元，其中资金1000万元以上企业1128家、5000万元以上253家。聚焦贸易产业链招商，正丰源、鑫钢联、供通云供应链等一批优质大宗商品贸易项目落户。全年引进大市外内资12亿元，同比增长76%。

二是数字经济稳步推进。数字经济平台建设加快，百度云智大数据产业基地新引进企业72家。金融科技（区块链）产业园启动建设，出台宁波市首个金融科技产业政策，成功举办2018金融科技峰会，引入创业邦等知名创业服务企业，与宁波诺丁汉大学合作共建宁波市首个区块链实验室，共引进金融科技项目37个。航天科工云制造示范基地启动建设，首批2个云制造核心项目航天云网云制造（浙江）公司、航天科创云制造服务（浙江）公司落地运作，集聚宁波市上云企业23.5万家，占航天云网全省上网企业90%、全球14%。智能终端产业项目加快集聚，引进人工智能芯片设计、自动光学检测设备、智能厨具等领

域智能终端项目10个。新型数字贸易服务平台培育有新突破，宁波市首家国际供应链管理与结算平台上线运营，宁波数字贸易港一期项目、宁波易豹智能通关项目、中远海运智慧物流平台落户，围绕数字贸易生态链平台雏形初步形成。

三是商务结构优化提升。高新技术产业支撑作用明显，全年实现高新技术产业产值267亿元、增加值40亿元；战略性新兴产业、高新技术产业增加值在全区工业增加值的占比分别达到93%和80%；“企业上云三年行动计划”加快推进，新增上云企业137家。国际贸易“小巨人”培育行动成效显著，全区外贸超亿美元企业达到29家，新增5家，这些企业实现外贸进出口占全区外贸达61.6%。新兴服务业加快发展，全年新引进软件和信息服务、人力资源服务、类金融、文化等新兴服务业项目1009个，服务贸易进出口23亿元，增长21%；保税维修和入境再利用业务货值4140万美元，增长35%。

二、立足优环境，商务发展集聚新动力

积极响应省、市“最多跑一次”改革要求，实现“事项全覆盖”。行政审批“一窗受理、集成服务”改革成效显著，行政服务中心“无差别全科受理”全面推行，受理窗口缩减85.7%，服务效率提升53.3%，省级指导目录内群众和企业办事事项实现“最多跑一次”全覆盖。率先推进跨区跨层级外贸企业“证照联办”，共办理69家，办理时间同比缩短66%。企业开办时间压缩至3.5个工作日，推进投资项目开工前审批“最多跑一次、最多100天”改革，一般工业类投资项目开工前审批全流程缩短至60天内。创新企业住所登记改革，推广实施企业办公住所（经营场所）商务秘书托管模式，建设经贸服务综合平台，全区商务环境得到进一步优化提升。

一是供给侧结构性改革成效明显。推行“亩均论英雄”改革，出台促进资源要素有效利用实施意见，规模以上工业亩均税收50万元。实施“标准地”制度，完成首宗按“标准地”出让的工业用地。加强土地储备和低效用地整治，全年收储存量土地171亩，完成低效用地再开发362亩。加大对工业和仓储物流企业技术改造升级的支持，全年工业技改投入3.43亿元，同比增长216%。

二是投资贸易便利化改革走在前列。保税区海关、外汇管理、市场监管、税务等部门加快复制推广自贸区创新成果，70余项试点创新成果在区内落地实施。深化通关一体化改革，扎实推进保税跨区流转、卡口智能化升级、货物分类监管、国际贸易“单一窗口”建设，进口报关单无纸化率达95%，进口整体通关时间下降33%；成功核销省内首票“关税保证保险”保单；推出外汇许可“网上办”，对区内企业实施差异化监管，促进新兴贸易业态发展；推行“证照联办制＋告知承诺制＋同步备案制”改革和企业名称自主申报制度，推行简易注销程序，全流程电子化登记企业数同比增长500%。创新“互联网＋办税”模式，实现常见业务全流程线上办理，办税体验和退税效率进一步提高。多项改革试点起步良好，全省首个增值税一般纳税人资格试点政策落地宁波出口加工区，3家企业获得试点资格，累计实现试点销售额1.3亿元。

三、立足强开放，对外贸易取得新突破

一是开放平台建设成效显著。深化中东欧贸易物流园建设，与中远海运合作打造“一带一路”港航物流服务中心，发布全国首个“一带一路”智慧航线。建设“一带一路”进口商品馆，新增国家特色馆10个，新增进口商品1200余种（累计5000余种），成为华东最大的中东欧进口商品展示交易平台，全年与“一带一路”沿线国家进出口290亿元，增长23%。加快打造国际采购配送中心，启动建设出口商品检验协作监管区，全年引进出口配送企业4家，完成国际采购配送货值15亿元。积极组织参加首届中国国际进口博览会，实现采购意向成交额1.9亿美元、展位成交额5亿美元，位居宁波交易团前列，超额完成工作任务。

二是进口商品市场做大做强。深化国家进口贸易促进创新示范区建设，建设进口商品大通

道，进口商品市场积极构建源头认证、信用管理、品牌提升、功能辐射、网络融合、智慧管理六大体系建设，推动市场转型升级发展，入驻企业超过1600家，集聚全球60多个国家和地区的5万多种消费品，通过复评被延续确认为“浙江省五星级文明规范市场”，同时获评2018年“浙江省放心消费示范区”，新外贸新零售创业中心建成运营，成为进口贸易大通道重要载体。进口市场实现交易额2050亿元，增长5%，其中大宗商品市场1930亿元、生活消费品市场120亿元，分别增长3%、20%；进口生活消费品规模提升，其中进口葡萄酒1200万升、进口额3.3亿元。新型大宗商品市场快速发展，木材市场进口20亿元、阴极铜市场进口5.6亿元。内销网络持续拓展，新设直销中心6家，销售总额2.9亿元，增长14%。

三是跨境电商发展全国领先。示范区建设稳步推进，启动创建国家跨境电商商标品牌创业创新基地，获批全省首批、宁波市首个“网络监管与服务示范区”，全国首个跨境电商信用信息公示平台上线，与省内一批高校共建数字贸易人才学院等跨境电商人才基地，跨境仓库总面积超过42万平方米，产业链不断完善。全年实现跨境电商进口100亿元（累计225亿元），占宁波市的70%、占全国的12%，各项指标位居全国试点城市前列。阿里巴巴1688平台宁波进口中心站上线，1688全球货源平台宁波站入驻商家614家，全年销售额8亿元，增长25%。引进国内龙头电商苏宁易购、新型电商云集入区运营。

（宁波保税区〔出口加工区〕管委会）

2018年宁波梅山保税港区发展概况

一、基本情况

（一）发展历程

2008年2月，国务院批准设立宁波梅山保税港区，是年3月设立宁波梅山保税港区管委会。2010年10月，浙江省委、省政府设立梅山国际物流产业集聚区，总规划面积约240平方公里，市政府委托北仑区统筹管理，由梅山保税港区管委会承担开发建设职能。2015年9月，宁波市委、市政府设立宁波国际海洋生态科技城，与宁波梅山保税港区、宁波梅山物流产业集聚区实行“一个机构、三块牌子”。

（二）优势条件

一是区位和交通优势。地处“21世纪海上丝绸之路”与“长江经济带”的交汇处，紧邻亚太国际主航道要冲，是浙江经济与世界经济互联互通的“先行区”和“桥头堡”。拥有10万吨级以上深水泊位20多个，开通国际航线超过100条，设计吞吐能力超过2000万个标箱；两横两纵的高速公路，以及穿山铁路支线，形成高效便捷的港口集疏运网络。二是环境和基础优势。区内同时拥有山、海、湖、港、湾、湿地等特色资源，投资近25亿元的梅山湾蓝海工程，打造了总长11.5公里、水域面积超10平方公里的近海蓝色港湾。空气质量优越，PM2.5常年维持在优良水平。三是平台和政策优势。主要是保税港区享受国家保税特殊政策和梅山岛实施宁波市本级财政政策。其他政策关键看自主创新突破，特别是国家“1＋3＋7”自贸区成功经验和政策复制推广应用。

（三）目标定位

立足比较优势，培育特色优势，力争将梅山打造成为浙江打造“一带一路”枢纽的桥头堡、引领区域经济（即现代港口服务业和制造业创新）发展的新引擎、宁波新一轮发展的重要增长极。

二、开发建设总体情况

近年来，宁波梅山保税港区坚持“五大发展理念”，推动国际化、生态化、高端化发展方向和“港、产、城、人、景”融合发展，改革创新、攻坚突破，保持了良好的发展势头。主要取得以下几方面成效：

一是经济实力不断增强。2018年，宁波梅山物流产业集聚区完成固定资产投资155.2亿元；实现财政总收入151.2亿元，同比增长36.9%，其中，一般公共财政预算收入71.8亿元,同比增长30.8%；完成限额以上商品销售额3609.4亿元，同比增长15.9%；实现外贸进出口总额217亿元，同比增长38.6%；完成集装箱吞吐量425万个标箱，同比增长26.1%；完成规模以上工业产值199.4亿元；各项主要经济指标继续保持快速发展。

二是对外开放水平不断提升。截至2018年底，宁波梅山保税港区累计建成运营10万吨级集装箱泊位5座、在建10万吨级集装箱泊位5座，建成运营全省首个专业汽车滚装码头，开通国际航线超100条。港区内建成投用国际物流仓储设施面积20.3万平方米，总投资110亿元。2014年成功创建国际卫生港，近年来相继获批进口活体植物特定口岸、汽车整车进口特定口岸、进口肉类指定查验平台等一批先行先试的开放创新平台，其中进口活体植物特定口岸已经成为全国最大罗汉松进口口岸，汽车整车进口特定口岸获批成为国家汽车平行进口试点，累计进口汽车超2.6万辆。

三是现代化产业体系加快形成。截至2018年底，区域累计引进企业27004家，注册资金21837亿元。国际贸易与物流产业主要依托汽车整车进口特定口岸、活体植物进口口岸、进口肉类指定查验口岸等一批先行先试的开放创新平台，2018年实现自营进出口总额217亿元，实现限额以上商品销售额3609.5亿元。其中，实现汽车整车进口10388辆，货值33.3亿元，同比分别增长68.5%和36.9%；完成跨境电商业务22.8万单，货值3.8亿元，同比增长40.8%；梅山口岸完成检验检疫进口冷链食品0.98万吨，货值0.65亿美元。丹马士国际物流中心、中外运国际集运物流中心、中信国际汽车保税展示中心等龙头项目开工建设，中商联跨境农产品平台、若水跨境电商国际供应链基地、涌金生态林业进口木材交易中心等项目加快建设，网易考拉、国美车服云等供应链平台落户梅山，与迪拜多种商品交易中心（DMCC）合作深化推进。现代金融创新服务产业蓬勃发展，累计引进股权投资、融资租赁、投资管理等金融创新企业18268家，注册资本超2万亿元，成为全省乃至国内资本密度最高、发展成效最显著的区域，已形成以信达系、兴业系、五矿系和软银系等为代表的30余个投资集群，2018年，梅山税收142.8亿元，其中金融业税收近半。与人民银行宁波中心支行全面开展战略合作，国家外汇管理局批复同意梅山开展资本项目收入结汇支付便利化试点，对梅山提升金融领域开放创新水平具有重要意义。蔷薇控股、美的金控等一批重大类金融项目纷纷落户，大力推动类金融企业实体化运作，计划至2018年底，50家重点类金融企业入驻三创基地办公，同时加快产融对接平台（路演中心）、科技金融对接平台等项目建设，推进类金融产业将逐步向实体化发展。海洋科技与智能装备产业不断壮大，主要形成了以吉利汽车为龙头的汽车整车及零配件制造产业和以康达医疗产业园为龙头的生命健康产业；科技创新要素快速集聚，相继引进了宁波大学海洋科教园、麻省理工供应链创新学院、中科院宁波城市环境观测研究站、宁波海洋研究院、北航宁波研究院（研究生院）等一批高校和科研机构，2016年获批成为国家科技兴海产业示范基地、2018年获批成为省级高新技术产业园。滨海生态体育休闲旅游产业加快培育，依托梅山蓝色海湾、梅山湾沙滩公园、宁波国际赛道、梅山湾生态游艇港等旅游休闲资源，已成功举办世界X-CAT摩托艇锦标赛、宁波国际马拉松赛、中国航海日帆船赛、全国帆船邀请赛、WTCC世界房车锦标赛、CTCC中国房车锦标赛、国际汽联F4中国锦标赛等重大赛事活动，获批成为省级旅游度假区，全省首家游艇帆船保税仓投入运营。与此同时，赛车主题乐园、水上运动小镇、冰雪小镇、海洋教育营地等一批重点旅游项目正在加快推进。

四是新城建设的基础更趋扎实。截至2018年底，新城累计完成基础设施投资超过200亿元，建成区面积超7平方公里，累计建成道路70公里，穿山疏港高速梅山保税港区连接线、梅山红桥等重点交通节点项目已全面建成投用，象山港疏港高速、六横高速宁波段等项目加快推进，“客货分离、快慢分离”、“到市区四十分钟、到北仑多通道”的交通网络初步形成。城市重点功能配套项目建设全面推进，高水平运营中国港口博物馆、滨海国际学校、梅山学校、滨海新城医院、希尔顿酒店等一批新城配套设施，世茂、龙湖、美的等高品质楼盘相继建成，城市综合体、邻里中心、市民广场等城市公共服务设施加快建设，智慧城市、无线城市、海绵城市等建设有序推进，宜居宜业宜游的滨海新城框架初步形成，被评为浙江省首届最具发展潜力十大新城。

（宁波梅山保税港区管委会）

2018年舟山港综合保税区发展概况

舟山港综合保税区管委会与舟山群岛新区海洋产业集聚区管委会、舟山高新技术产业园区管委会,三块牌子一套班子。作为舟山群岛新区经济发展的核心区块,舟山群岛新区海洋产业集聚区总规划面积约98平方公里,规划形成“一城诸岛”总体战略布局架构。规划打造海洋清洁能源、港口物流与港航服务、船舶与临港装备、临港石化、海洋旅游、现代渔业、水产品精深加工与海洋生物和大宗物资加工等八大产业集群。2017年4月1日,中国(浙江)自由贸易试验区正式挂牌,作为全国第三批自贸试验区,实施范围总面积119.95平方公里,其中涉及舟山群岛新区海洋产业集聚区共18.64平方公里,包括舟山岛北部片区和舟山港综保区衢山分区。

2018年,全区完成财政总收入18.68亿元,同比增长59.85%;地方税收收入8.58亿元,同比增长55.89%;实际利用外资8078万美元;实际利用市外资金91.2亿元;浙商回归引进到位资金48.7亿元;一线进出口额14.85亿美元,同比增长121.86%;全年累计完成企业注册3589家;规模以上工业增加值9.62亿元,同比增长6.2%;实现固定资产投资15.6亿元,工业总产值48.6亿元。集团公司融资到位资金15.4亿元,完成隐性债务处置2.6亿元,保障了园区平稳运行。舟山跃升为全国保税船用燃料油第一大加油港,并首次跻身全球十大供油港。“进口非特”化妆品产业起步,与阿里巴巴集团达成共建“进口非特”化妆品产业园区合作。

一、以“招商引资”为工作主线,招强引优

坚持量质并举强实体,引进精宏机械、恒尊新型材料等实体项目15个,协议利用资金177亿元,涉及土地2945.3亩。坚持特色企业齐发展,全年新引进油品类企业1496家,油品类企业完成贸易额1870亿元,占总贸易额的72.5%;落户综保区的各类融资租赁公司达126家(含spv),占舟山市引进融资企业的“半壁江山”,注册资本总计306.33亿元,投放额总计299.42亿元。坚持动能转换加速度,树立“亩均论英雄”发展理念,制定资源要素差别化政策,对亩均税收万元以下的11家企业分别制订整治提升方案,倒逼企业整改升级或主动退出;梳理出闲置厂房面积约26.4万平方米,并通过二次招商盘活闲置土地面积122.3亩,成功激活闲置企业等厂房总面积20.3万平方米,完成沃克莱登等4家产能落后企业处置工作,盘活弘禄汽车安全气囊部分厂房等资产,实现“腾笼换鸟”。坚持促进投资显成效,23个重点项目累计完成投资8.8亿元,其中新奥舟山液化天然气(LNG)接收及加注站项目(一期)8月顺利接卸第一船LNG,10月正式投运,项目二期于2018年底启动建设;宏发集团产业园按照“一次性报建、整体验收”的建设计划正式开建。围绕“五大会战”“四个舟山”建设倒排节点、科学谋划,实现纬六道西段工程等9个新建项目、15个续建项目顺利推进,邻里中心一期等5个项目提前完成计划,高新区供配电工程等7个项目顺利完工,累计完成投资5.34亿元。

二、贯彻“创新驱动”发展战略,“双创”环境实现新飞跃

坚持科技创新促升级。顺利完成国家级高新区迎检工作,新认定高新技术企业6家、省级科技型中小企业12家、高成长型科技企业3家,区

内澳尔法机械公司获首批省级“军民融合示范企业”授牌，浙江黎明发动机零部件公司气门桥活塞冷却喷嘴“浙江制造”标准发布。坚持招才引智促升级。园区“5313”科技领军人才项目申报获重大突破。组织申报科创类项目18个，其中10个项目通过评审获得创业资助，通过项目数量创历年之最。组织杭州、深圳两场海洋经济创业大赛，储备了一批具有发展潜力的科技项目，其中获得总决赛银奖铜奖项目各1个，优胜奖项目2个。坚持平台优化促升级。以大学科技园为主体，整合区内其他创新资源成功申报省级孵化器；建立军民融合产业园，已成功引入天海一体防务体系、全海况水声通信实验基地等4个军民融合项目。

三、紧贴国家重大战略、积极承担试点任务

发挥改革开放“排头兵”的示范引领作用，不断打造扩大开放新高地。保税船用燃油供应中心地位得到稳固。舟山保税船用燃料油供应量达359.3万吨，结算量566.3万吨，约占全国结算量的50%。在加强事中事后监管、完善加注系统计量技术规范、实现南京港区一船多港多供、不同税号保税油调和等方面取得了创新成果，圆满举办“全球限硫令规则下船用燃料发展变革”论坛，发布保税船用燃料油供应“十大”创新举措。中石化全球船供油中心落户舟山、新加坡协力石油在舟山成立信力石油公司、海港集团与维多石油合资公司协同运作、舟山市保税船用燃料行业协会成立，舟山保税燃供品牌影响力持续提升。进口非特化妆品产业探索落地。率先复制落地“进口非特”化妆品备案管理政策，6月完成浙江自贸试验区首例备案发放，办理速度较上海自贸试验区缩短近4个月。已完成天猫全资子公司设立，完成新品备案30余个，进口额破2000万美元。大宗商品分销枢纽能力增强。抓紧江海联运等国家战略释放的政策红利，衢山分区全年完成铁矿砂吞吐量5025万吨，其中保税铁矿砂累计接卸1372万吨，同比增长123%；完成混配矿1296万吨，完成年度考核目标的162%。航空经济启动新引擎。协助推进波音厂房、综合配套等基础设施建设，完善综保区管理办法，首架波音737MAX飞机在空港分区顺利交付。

四、深化改革，进一步理顺体制机制

全面推行“承诺制＋标准地”工业投资便利化改革试点。相继出台了企业投资项目承诺制实施办法和“标准地”试点实施方案，2018年集聚区标准地出让面积达491.76亩，占全年已出让土地总面积的97.41%，占舟山市总“标准地”出让面积的50.5%，着力打通一般投资项目审批事项网上申报路径，实现工程建设项目审批管理系统应用，首批“承诺制”项目全部达到开工前“最多一百天”要求。纵深推进国企改革。加快国资企业整合，确立了以“集团公司＋”模式调整公司框架，委属企业从27家公司整合至20家，并按照现代企业管理制度的要求，结合公司改革的实际，重新构建了相对独立、完整的薪酬配套体系。

五、提升园区品质，构建全域联动的空间布局形态

园区面貌进一步提升。新增绿化面积超过10万平方米，完成公共厕所建设2座；全面落实河长制，完成新建污水收集管网5公里，修复改造污水管网7.8公里，“品质河道”创建通过市级验收，污水零直排区创建全面启动；积极融入创建全国文明城市热潮，深入开展城乡环境综合整治大会战行动和“基本无违建”创建，园区企业自行拆除违法建筑152处，面积2.86万平方米，备案棚类构筑物149处，面积2.84万平方米。产城融合步伐加快。编制完成《产城联动启动区概念性规划设计》；各项基础配套设施进一步完善，北马峙环境提升一期工程、新港大成十一路整修工程、综保区环境综合提升工程等一批提升园区品质感的工程相继完工。新港邻里中心一期主体工程完成，即将交付使用；开通国际进口商品城免费公交路线，园区公交线路不断优化。园区综合治理持续向好。围绕“品质舟山”“幸福舟山”要求，深化“五和园区”建设，园区安全生产平稳，金融风险有效防范化解，及时妥善解决“12345”群

众诉求73起。完成钓琅湾农庄土地征收、安邦地块、瑞祥木业等项目政策处理工作。持续开展"滴漏抛洒"整治巩固提升行动、建筑垃圾管理提升行动、市政路面工程规范施工整治等系列工作，保障园区环境整治得好、保持得住。

（舟山港综合保税区管委会）

三、部分省级开发区

2018年建德经济开发区发展概况

2018年，建德经济开发区（航空小镇）围绕打造“通航产业浙江样板”的总目标，紧扣“平台突破年”主题，以“航空速度”聚焦“突破”，围绕各项中心工作，找准靶心，精准发力，各项工作都打开了新局面，取得了新成果。

一、牢记使命，凝心聚力共筑发展动力

一是打造“党建红＋航空蓝”品牌。坚持“党建红＋航空蓝”融合发展，打造通航产业“红色引擎”，通过党建引领，大力实施人才蓝、产业蓝、项目蓝工程，打造人才高地，加快小镇发展，助推开发区转型升级。二是招揽高层次研发人才。认真贯彻省、市人才工作会议精神，加强对人才工作的宏观指导和协调。开发区党（工）委召开了人才工作专题部署会，提出了加快人才发展的一系列新思想、新要求、新举措，进一步优化人才政策环境，把识才、育才、选才、用才作为首要任务。现已建成院士工作站、专家工作站各1个，博士后、院士等工作站4个，引进“国千”人才3人，引进航空项目高层次人才19名。三是汇聚各方发展正能量。开发区（航空小镇）统战工作始终围绕中心，服务大局，发挥各界人士专业特长和人才智力优势，为开发区（航空小镇）献计献策；提拔任用党外干部，一人担任市管副职领导，一人担任中层正职；关心各民主党派干部的工作与生活，主动与他们交流，听取建议；走访开发区内的企业，与企业家等新阶层人士交流感情，交换意见；接待来自杭州、宁波等地及省外民盟、民进等各民主党派来小镇考察交流20余批次。

二、砥砺奋进，倾力打造“通航浙江样板”

小镇全力打造通航服务、通航制造、通航旅游为一体的通航全产业链。2018年，开发区核心区块（航空小镇）实现工业总产值19.05亿元，实现税收1.23亿元，固定资产投资15.8亿元，其中民间投资13.57亿元，浙商创新创业到位资金3.83亿元。完成招商引税3200万元；旅游接待总人数50余万人次，实现旅游收入8000万元。完成招商引资外资1056.5万美元，内资方面，完成总投资5000万以上重点项目考核任务11个，新引进项目19个，计划总投资近140亿元。先后获得2017年度浙江省特色小镇考核优秀、杭州市特色小镇考核优秀、杭州市社会资源国际旅游访问点、品牌杭州·生活品质总点评交流发布会年度区块、杭州市2018年度最具品质体验点等荣誉。

（一）构筑了全省最完备的通航服务体系

一是打造通航总部平台。省机场集团投资的浙江通航产业发展有限公司总部落户小镇，总投资20亿元，将在建设全省低空飞服中心、全省航空产学研培训基地、通航重点实验室等八大领域开展合作，全力打造全省通航总部平台，目前上述项目均已启动建设。二是优化机场功能布局。启动机场改扩建，跑道将由800米延伸至1200

米，同时新建航站楼、塔台和机坪机库等配套设施，建成后将成为华东地区乃至全国的标杆性通航机场。目前机场有驻场单位32家，中航油油料供应、虹湾飞机维修和托管服务、东进低空飞行服务站均已正式运营。三是搭建通航科研平台。与中国航空器材集团一起打造全省航空应急救援中心基地项目，总投资20亿元，目前建设方案已经报省政府；浙江传媒学院航空学院正式开学，一期招收了空乘、无人机、机务维修、机场运行管理四个专业约200名学生；与杭州电子科技大学共同组建杭电建德军民融合产业创新创业中心；联合省机场集团、中国民航管理干部学院共同建设省级通航产业重点实验室；成立上海技术产业研究院浙江创新院，重点打造北斗产业化、先进装备制造等平台。

（二）集聚了业内最前沿的通航制造项目

2018年以来，已开工建设项目6个，完成注册项目11个。其中总投资6亿元的华奕无人直升机飞控平台及整机研发制造项目，公司已完成注册，目前厂房建设已基本完成规划设计。落地后，将填补全市在通航制造领域的空白；投资5亿元的大棕熊系列Ⅱ飞机生产组装制造基地项目正式落户，已建成飞机展示展销中心、飞机总装中心，首架大棕熊系列Ⅱ飞机已在建德下线，项目落地后，建德成为大棕熊100系列Ⅱ飞机在国内组装销售交付基地，所有在国内销售的大棕熊系列Ⅱ飞机都在建德实现交付，税收在建德缴纳，同步落地维修改装、航材销售项目。由国家千人计划，原中国商飞系统总集成师嬴淑娴博士领衔，总投资3.2亿美元的美国安飞电动飞机研发和制造项目已经完成公司注册，前期团队入驻小镇开展研发设计工作。此外，驭云无人机、亚航热气球等制造项目也正式签约落地。此外，目前在谈项目的总投资超过200亿元，如：投资5亿元的威翔航空C4型新材料4座运动飞机研发制造项目；投资5亿元的野马轻型运动飞机生产制造项目；总投资3亿元的江苏金威遥感轻型飞机生产制造项目等。

（三）营造了全省最火爆的通航旅游氛围

按照旅游先行的工作思路，集中精力打造全省低空旅游的示范区，目前已成为省内通航旅游最成熟、最火爆的地区。一是低空旅游集聚人气。先后引进了驼峰跳伞（华东地区首家跳伞基地）、直升机低空体验旅游，热气球、飞行模拟体验等低空旅游项目，2018年，跳伞接待游客近3000人，实现旅游收入1500余万元，小镇成为全国高空跳伞最火爆的地区。低空旅游项目成为全省旅游的新亮点。二是通航科普吸引眼球。通过举办全国大学生科研类航空航天模型竞赛、全省卡丁车大赛等大型赛事，聚集小镇人气。新增了飞机主题餐厅、航空梦想工厂、黎翔航空科普等通航旅游类项目。2018年，小镇累计接待国内外游客50万余人次，实现旅游收入8000余万元。2018年暑假接待来自全国各地的中小学生夏令营团队2.5万人，实现旅游收入2500万元。三是创成4A景区。严格按照4A级景区创建要求，不断改善基础设施建设及软件提升工作，成功创成4A级景区，为2019年创建省级特色小镇打下坚实基础。

（四）树立了特色最鲜明的通航小镇品牌

航空小镇在建设过程中，通过老厂区改造，减少新区建设资金投入，缩短小镇培育周期，形成“历史—现在—未来”同时空的小镇印象和小镇味道。擦亮特色工业遗存。依托原横山钢铁厂较为完善的小镇肌理和存量建筑，将原厂区50余处逾7.5万平方米的建筑进行改扩建，设立通航总部大楼、飞行员公寓，建设横钢纪念馆、小镇客厅，布局电商产业园、双创空间等业态，保留原有火车铁轨、影剧院等文化元素，基本打造成生产、生活、生态“三生融合”的通航小镇。叫响“60.06理想放飞地”品牌。通过在北京、武汉等地举办小镇推介会、国际通航论坛及参加相关航展论坛等一系列活动，提升小镇知名度和影响力。加大宣传力度，在京杭高铁线首次开展高铁专列宣传，成效良好。2018年6—10月，小镇连续位居“全省特色小镇网络影响力指数排行榜”前10位。

三、跨越赶超，推进开发区转型升级

2018年，根据《关于加快开发区（航空小镇）、高铁新区（高新园）发展的实施意见》，开发区核心区块规划面积扩展到68.08平方公里，按照“以航空小镇打造促进开发区转型升级”的发展思路，确定发展定位，平台框架迅速拉开，进一步形成了通航产业、高端装备制造业为主导的产业发展格局。

（一）聚焦军民融合，引进高质量发展“产业载体”

依托杭电建德军民融合产业双创中心，摸排已有的军工资源以及各类合作渠道，通过市场化运作，推荐和吸引军民融合产业项目落户，通过各类军民融合重大项目的落地，有效推动开发区军民融合产业做深做实、做大做强。2018年，大华机械（1.5亿元）已经落地，正在加快推动萧山恒宏机械、大宇机械、亿恩航空和其他初步有意向的项目尽快落地。

（二）聚焦项目建设，启动高质量发展“强大引擎”

项目建设是工业经济发展的“牛鼻子”，是稳增长、增投入、强后劲的“动力源”，2018年开发区紧盯置信航空智造谷、蓝腾液压机械制造、虹湾PMA件研发制造等工业项目和恒大温泉旅游养生度假、梦幻自然主题公园服务业项目，持续做好项目督查，促进新落户项目早竣工、早投产。

（三）聚焦营商环境，启动高质量发展“绿色服务”

营造良好投资氛围。坚持“企业的事情企业办，园区的事情园区办”，继续深化网格化服务管理机制，将每家企业落实到每个干部，优化服务企业机制，实施大走访及区管干部定期走访制度，切实破解企业服务痛点问题。深化最多跑一次改革。启用开发区办事服务中心和行政审批专用章，实现“一枚印章管审批”的审批机制，以“一窗受理、集成服务、对照可查、立等可取”为目标，对工业项目、商办项目审批流程进行全面的梳理，精简审批程序，全力推动项目审批加速，加强项目推进跟踪服务。创成污水零直排区。通过“开展集中排查行动、集中督查行动、联合验收行动”等专项行动，保质保量完成污水零直排区创建的各项工作，并于12月20日顺利通过杭州市治水办验收。开发区累计投资1060万元，园区企业累计投资160万元，新增市政各类管网10000余米新建各类排水沟渠2500余米，排查出来的116个问题全部完成整改。

（建德经济开发区管委会）

2018年慈溪滨海经济开发区发展概况

2018年，慈溪滨海经济开发区重点工作完成情况如下：

一、主要指标情况

2018年，区镇实现地区生产总值122亿元，同比增长8.6%；实现财政总收入17.1亿元，同比增长15.9%；实现工业总产值720亿元，同比增长6.8%；规模以上工业产值368亿元，同比增长15.3%；实现服务业增加值23.6亿元，同比增长5.5%；实现固定资产投资23亿元。

二、重点工作情况

招商引智成绩显著：全年引进项目23个，总投资52.1亿元，新增供地和盘活土地930亩；引进内资23.3亿元，实到外资3769万美元。4个项目入选慈溪市“上林英才”评选，1个项目入选宁波“泛3315计划”。2018年重点引进的年产2万辆新能源整车的电咖汽车项目完成供地，正在进行立项及施工图设计。年产6万台电池的博氢新能源项目已完成供地、立项及施工图设计，准备施工招投标。

工业经济提质增效：全年新增高新技术企业5家，宁波市工程技术中心5家、发明专利申请150件。积极推动小进规和股改上市，全年新进规企业11家，指导5家企业在宁波股权交易中心挂牌。改造提升传统优势产业，进一步推动“低散乱”企业治理工作，引进国能置信置业有限公司启动142亩区镇小微企业园建设。17个重点项目总体进展顺利，嘉丰汽车座椅、中科众茂二期、金东方金属表面处理、东鼎特种管材等省第五批集中开工重点项目按既定时间要求完成开工任务，其中嘉丰、中科已经投产，金东方金属表面处理、东鼎特种管材项目主体结顶。投资12亿元的公牛二期、投资1.8亿美元的宁波石头纸项目被列入省第六批集中开工项目，其中公牛二期项目已经开工，正在进行地上施工；石头纸项目完成施工许可证办理，准备开工。

平台能级得到提升：中捷（中东欧）国际产业合作园、航空产业园、新材料产业园加快建设和招商。三大产业园均完成“五专”工作，引入产业基金，成立专业公司，全部实现公司化运营。捷克户外保温箱项目、台湾商用饮水机项目落户并投产。进一步加大人文交流，中东欧国际玻璃艺术馆正式开馆、承办中东欧人才项目交流会、浙江中捷（宁波）产业合作园授牌仪式、中国—中东欧国家贸易便利化国检试验区揭牌仪式、第二届“未来之桥”中国—中东欧青年研修交流营等活动。航空工程技术中心有限公司成立，并聘请航空领域专家为公司总经理开展公司运营。泉康投资的浙江慈溪滨海泉康产业园项目，已经签订投资协议并通过市产业领导小组会议审议，准备土地招拍挂。同时加强校企合作，与上海华理资产经营有限公司签订合作协议、达成合作意向，共同做好新材料产业园的招商引资、服务管理工作。

配套设施不断完善：全年共安排配套项目24个，其中新城13个、工业区11个。综合写字楼二期、金融中心、110千伏铁塔移位工程完成竣工验收，新城幼教中心主体结顶并进行内部装修，新城初中完工，新城综合绿化工程建成，琉璃艺术博物馆完工并开馆，众安山水苑四期、龙湖地产二期住宅开盘，金悦珑府住宅项目完成方案设计，旅游观光核心区的宁波现代影视城项目正在积极洽谈中。中东欧产业基地一期工程管理服务用房完成装修，消防中心站工程完成竣工验收并正式投用，长邱线延伸段二期工程完成地勘，三期区块五条道路工程进行路面施工，新能源汽车租赁项目投入运营。天然气利用工程进行管网延伸建设，新增26家用气企业。蒸汽利用工程进行管网延伸建设，新增16家用汽企业。东部污水处理系统提标改造工程（一期）基本完成，110千伏镇龙输变电工程完成竣工验收。慈溪东部地区引水工程指挥部成立，完成路径规划选址意见书批复及可研报告的编制。

（慈溪滨海经济开发区管委会）

2018年瓯海经济开发区发展概况

瓯海经济开发区(以下简称“瓯海经开区”)于1994年8月经浙江省人民政府批准为省级经济开发区,授权核心区面积18.37平方公里,包括梧田工业园、娄桥工业园、新桥工业园、仙岩工业园、三溪工业园、梧白工业园6个工业园区,瓯海经开区作为瓯海区经济发展的主阵地,以鞋革、服装、眼镜、汽摩配、电器等产业为主,规模以上工业产值占瓯海区的70%以上。

一、经济发展与产业转型

2018年,瓯海经开区有生产企业1146家,规上工业企业309家,实现规模以上工业总产值345.53亿元,同比增长14.92%,外贸进出口总额16.86亿美元,同比增长6.4%;商贸业企业120家,限额以上消费品零售总额累计21.5亿元,限额以上批零住餐四大行业销售额累计106.3亿元,同比分别增长0.4%、36.7%;税收收入25.10亿元。完成工业性投资8.21亿元。小升规完成55家。累计拥有省级以上高新技术企业60家,其中新增及复评34家;省科技型企业230家,其中新增43家;累计省级名牌产品9个,其中新增2个;全年上报区技术改造项目备案150个。

二、产业平台建设

2018年,瓯海经济开发区围绕温州市“3+12”产业平台建设的相关部署,加快推动传统产业转型升级,紧盯重点产业项目,为高质量发展提供更好支撑。

倾力打造中国(瓯海)眼镜小镇。瓯海区共有眼镜企业500多家,从业人员6万余人,形成了集研发、设计、生产、销售于一体的完整产业链,拥有“中国眼镜生产基地”、“国家外贸转型升级专业型示范基地”(浙江瓯海眼镜)、“国家级眼镜质量提升示范区”等称号,而眼镜小镇作为瓯海推进眼镜产业转型升级的主平台、主阵地、主战场,重点发展眼镜研发设计、眼镜高端定制生产、眼镜博览交易、眼镜文旅体验四大产业,将打造成为国家眼镜行业创新研发示范区和长三角特色都市体验旅游目的地。启动眼镜品牌街建设,以眼镜公园为主题,通过“前店后厂”工贸一体化模式,将核心区内6条道路沿街店面统一规划打造成中高端眼镜产品批发兼零售一体化(B2B兼2C)的品牌街。品牌街将眼镜产业从生产、分销到终端零售的资源进行全面整合,极大缩短眼镜产品的供应链条,补齐瓯海眼镜品牌化不够的短板。一期总面积约1.57万平方米,签约入驻51家全国中高端眼镜品牌企业。建设跨境电商园,在中国眼镜核心区的瓯海总部经济园区内建设国内首个眼镜跨境电商园区,一期面积2.1万平方米,目标打造成为国内最大的眼镜外贸和电商基地,已开园投用,并有入驻企业41家。建设眼镜小微园,将郭溪高新技术产业园作为眼镜小镇的配套产业园区,占地75亩,总建筑面积13.5万平方米,是温州市首个完全由政府自持、采取EPC模式的装配式钢结构产业园,产业园楼钢结构已结顶,园区面向眼镜、智能锁具等特色战略产业,经大力招商,吸纳了一批科技含量高、研发投入大、发展前景好的优质企业,拟签约入驻广州、深圳及本土知名企业眼镜企业16家。

启动梧田旧工业区改造工程。为进一步提升经开区作为瓯海经济主阵地主引擎的发展活力、创新动力和综合实力,经过前期认真调查谋划,将对梧田工业园区旧厂房通过“腾笼换鸟”实行改造提升,培育新的发展平台,全面实现新旧动能转换。一期旧厂房改造区域为第2、3区块，总供地面积170亩，涉及总供地企业32家，租赁企业82家、沿街店铺105间，建筑面积12.15万平方米。根据企业和个人工业厂房的合法用地面积结合建筑面积、建筑结构、生产规模等因素实施货币补偿、土地置换、厂房置换等方式进行安置，已开始对签约企业进场拆迁。

启动广告产业园建设。定位以打造高端广告产业为主导，印务、传媒、电子出版及产品交易为配套的综合广告产业园区。制定《温州广告产业园招商办法》等政策，重点在入驻奖励、发展奖励、品牌奖励、融资扶持、人才奖励、绿色通道六个方面给予重点支持。成功承办"第十届全国大学生广告艺术大赛策划案现场决赛"，荣获"教育推动奖"，成功承办第三届凤凰都市LED媒体行业高峰论坛，助推温州广告行业高速发展。已成功申报省级广告产业园，筹备申报国家级广告产业园。

持续推进大学科技园建设。持续引进优质企业，截至2018年底，大学科技园共引入3名国家"千人计划"专家，阿里创新中心等各类众创空间9个，引进企业350家，其中电子商务企业约150家、文化创意企业约80家、检验检测企业12家。瓯海区"两创"企业贷款风险池基金持续运作，累计完成5家企业共计1299万元贷款发放。检验检测园已覆盖产品检测、水利检测、建筑检测、环保检测等各类检验检测服务项目。

启动昌隆工业园建设项目建设。位于仙岩工业园，为浙江朝隆纺织机械股份有限公司的建设项目，总投资约5亿元，总用地109亩，其中，一期用地79.5亩，建筑面积71852平方米，计划投资3.26亿元，形成年产55台套非织造布生产线能力；二期改扩建建设工程，新增建筑面积17000平方米，购置国产设备等，计划投资1.755亿元。

三、企业服务

深化开展"营商环境提升年"行动，召开"营商环境提升年"行动动员大会，开展机关干部思想大讨论，成立"营商环境提升年"行动领导小组，制订《开发区深入开展"营商环境提升年"行动实施方案》，营造深厚氛围，提升服务意识。落实科技创新、"零地"补助等各项补助奖励资金共1.51亿元。开展"万名干部进万企"活动，变"要我服务"为"我要服务"，听意见、解难题、送服务，共收集解决158条问题。加强工作纪律检查，严格落实"一岗双责"，打造风清气正的环境，开展正风肃纪专项督查行动，以及党委书记对分管领导、分管领导对科室负责人、科室负责人对一般干部的一对一谈心提醒教育。

四、园区环境

扎实开展平安建设。瓯海经济开发区严格落实安监云系统，企业安全报审率、自查自报率和网格巡查率均达到100%。新增社会化服务112家、标准化建设33家。免费安装电动自行车充电桩口6000个，新增智慧用电企业、出租房200余家，其中30人以上出租房安装率100%。开展"开发区无欠薪"创建工作，维护劳动者合法权益，处置集体欠薪案件31件，涉及1598人、涉及金额976.7万元。

全面提升园区市容市貌。清运垃圾3万余吨，完成雨污分流整改企业约200家，做好各片区污水管网疏通工作及道路清洁。完成仙岩工业园企业周边围墙建设及绿化种植工作，完成沈一路、呈祥路人行道绿化种植，完成东方路、蛟凤路、横河二路EF地块、垟中河东岸等处绿化提升。智慧城管工作共处置各类案件7705件，处置率达99.96%。拆除违建面积1.3896万平方米，其中新建违章面积2600平方米。

五、党建工作

瓯海经济开发区强化红色引领，夯实基层党建基础。严格落实"三会一课"制度，组织参观红色教育基地、领导班子领学、邀请党建专家讲座、党支部集体讨论、观看党的十九大精神学习视频、网络课堂培训等，共开展12次主题党日学习和40余次"两新"组织党员志愿服务、主题党日活动。开展党员组织关系全面排查，共撤销24个破产搬迁企业党组织，新建15家实体型、19家拓展型企业党组织。推进荣誉银行工作，表彰“两优一先”“优秀储蓄所”“优秀储户”。以“服务创客的党建，培育党建的创客”为核心思路打造智创党建中心，构建以眼镜小镇党委为核心的“1＋4＋x”党建大格局。出台《瓯海经济开发区党建导师工作方案》，按照“一人一企”“一人多企”的形式，指导和帮助“两新”书记开展日常党建工作。以党建为引领，高质量推进营商环境提升、最多跑一次、千企结千村等“红色动力”工程。

（瓯海经济开发区管委会）

2018年安吉经济开发区发展概况

2018年，在县委、县政府的坚强领导下，安吉经济开发区在奔跑中调整呼吸，全力推进“双百千万”工程，各项工作全面有序推进，保持了稳中求进的良好发展态势。预计实现财政收入30.2亿元，完成全年任务的100.1%；完成实到外资8900万美元，完成全年任务的100%。各项经济指标基本实现满堂红。

一、坚持目标导向，项目双进成效显著

坚持只招工业“大好高”和外资项目原则，安费诺电子、科尔卡诺家具、科彦汽配等一批优质项目顺利签约。转变招商思路，探索开展零土地总部经济项目招引，3月底开展首次集中签约，10个项目顺利签约。紧紧围绕“数字经济”一号工程，进一步加大云数据中心产业谋划推进力度，与阿里巴巴、华为、腾讯、中国电信、中国移动、中国联通等企业进行了洽谈，其中中国电信、云泰数通签订框架协议，预计固定资产投资达到100亿元。坚持突出重点、强化项目前期、创新牵头包干，全年预计完成工业项目开工30个；工业竣工项目27个，均提前超额完成全年目标任务。特别是对永艺工业4.0、养生堂智能生活产业园、宝业新型建筑、敏实工业系列、浙北汽配产业园等单体总投资20亿元以上的大项目实行牵头领导跟踪机制，养生堂项目被选为安吉县安洽会集中开竣工现场。

二、强化对症施策，企业服务不断优化

出台《安吉经济开发区优化营商环境十项举措》，配套县政府奖励出台涉及小上规、股改挂牌、科技创新、“两化”融合、企业“上云”、人才引进、“亩均论英雄”改革等十个方面的支持政策，助力企业提质增效、转型升级。优化服务水平，升级开发区服务APP，推行服务企业记账销号和首问负责制，目前全区所有规模以上企业均试用；建立服务项目“日记法”，年初安排一批重点项目服务计划，每名项目联系人详细记录好每日服务事项，通过项目服务日记提升服务效能。强化企业培育，拟订“金象金牛”企业培育计划，与洁美、恒林、永艺、中源等企业，谋划了共建“双金”工业城的思路与格局；鼓励企业登录多层次资本市场，中源家居在上交所主板上市，安吉县椅业上市企业达到3家。积极应对各类涉企历史遗留问题，丰华五星、竹贸城等破产重组取得明显进展，稳妥推进绿世界、信多达等环保案件处置，营造了安商亲商的发展氛围。

三、落实发展规划，平台形象稳步提升

围绕开发区新一轮战略规划落地，推进“双百千万”工程，落实重点区块城市设计和园区形象提升，加快三大平台提质升级。积极推进73个重点基础设施项目，杭长高速开发区互通启动建设，齐云路基本贯通，绕城北线、灵峰北路完成改造，塘浦大道、阳光大道延伸段工程开工，地下管廊工程即浦源大道改造工程破土动工。启动开发区新一轮入口标识建设，绿色建筑产业园、广电产业园、大数据产业园、椅业小镇等启动规划设计。强化“拔钉清障”，强势推进三大平台城中村改造，康山湖北厂、双河方家上、万亩、南北庄区块征迁进展明显，敏实东山岛、洁美三期等“拔钉清障”顺利完成。

四、持续创新破难，工作举措更加有力

坚持解放思想，持续创新破难，不断提升开发区发展质量和效益。提出《2018年重点改革创新领域十项举措》。比如，针对土地空间等指标日益紧张等问题，明确招商引资导向，坚持只招"大好高"项目和优质外资项目，着力发展楼宇产业、总部经济；针对地方债压力大问题，通过进一步规范涉企融资担保制度，科学编制投资计划，减小分子，并通过推动投融资平台公司改制、提高信用评级，完善涉土地、厂房、征迁、经营性物业四类资产管理，做大分母，提高可持续发展能力；针对用地紧缺问题，想方设法盘活存量空间，积极探索乡镇间土地垦造与财政、招商挂钩的"飞地合作"模式，尝试推出工业"标准地"市场竞价机制，明确规划建成区内一律取消宅基地安置、公墓用地一律只减不增等规定，积极推动存量村级留用地货币置换，提高土地利用效率。创新制定了《关于开发区征收土地附着苗木搬迁补助管理办法(试行)》《开发区已征迁苗木处置方案》，取消苗木征迁市场价补偿，实行移栽费补偿，明确苗木种植密度标准，优化完善苗木市场评估指导价，建立苗木补偿分级审核机制，通过创新思路疏堵结合，从源头管控遏制抢种；同时，牵头整合各大平台力量，加大"四抢"巡查打击力度，营造社会风清气正新环境。建设"预征土地信息化管理"系统，对开发区历史和今后的土地征用工作，进行信息化管理，提高工作效率，提升规范化管理水平。

五、打造开发铁军，发展氛围更加浓厚

严格执行民主集中制，坚持做到重大事项必须提交党工委会议讨论，专项工作必须提交主任办公会议讨论。认真贯彻落实中央和省、市、县有关廉政建设的部署和要求，自觉履行党风廉政建设主体责任，严格落实"一岗双责"，将压力层层传导到开发区工作各个环节。修订《年度绩效考核办法》《开发区内部管理制度汇编》，出台《工作人员个人重大事项报告制度》，加强工作人员动态管理，坚决整肃庸政懒政怠政，营造竞相有为、主动作为的干事创业环境。落实党委抓党建工作主体责任，成立机关党委、机关纪委，完善机关党建架构。开展"奔跑吧开发区"主题党日、"奋进新时代，我们怎么干"大讨论、全国文明城市创建和党性党纪教育活动，全面营造"在奔跑中调整呼吸"的工作氛围。成立开发区"两新"工委，充分发挥开发区经发局联系和服务企业的优势，做好"围绕经济抓党建，抓好党建促发展"的结合。进一步加强非公企业"两新"党建工作，重点提升洁美、上港、南方水泥党建工作，组织企业支部与省内相关行业支部结对活动8次。开展一区二街道中层干部竞争上岗工作，进一步激发了干部职工的工作热情。特别是，加强上下联动，注重工作统筹，与两街道一起合力推进城中村改造与护航"两会"两项中心工作，"一手拔钉子、一手钉钉子"，切实展现了开发铁军形象，维护了平安稳定大局，服务了经济发展中心。

(安吉经济开发区管委会)

2018年吴兴经济开发区发展概况

吴兴经济开发区位于湖州市吴兴区。吴兴地处长江三角洲的地理位置中心，200公里半径交通圈覆盖了上海、杭州、南京等城市，是长三角都市圈、环太湖经济圈和沪杭都市圈建设的战略节点位置。吴兴经济开发区位于湖州中心城区，北临南湖，风光秀丽，城市公共辐射效应显著，优秀人才和优质资源高度集聚。宣杭铁路、长深高速等路网贯穿，高铁站、通用机场也落户其中，是城市人流、商流、信息流和资金流的集聚地。吴兴经济开发区紧邻104国道、杭宁高速青山互通，随着湖苏沪高铁、商合杭高铁建设，1小时可直达上海、杭州两个国际大都市，具有明显的区位优势。

吴兴经济开发区由吴兴工业园区整合提升形成，规划面积19.35平方公里，分为织里分区和埭溪分区。其中织里分区面积为11.35平方公里，主要发展智能装备、金属新材等产业；埭溪分区面积为8平方公里，主要发展美妆产业等。具体四至范围：织里分区东至栋梁路东边河道，南至318国道，西至八里店镇界，北至申苏浙皖高速公路；埭溪分区东临苕溪，南下沈河、往圻自然村，西至埭芳线，北至丰华矿。

2018年，吴兴经济开发区完成规模以上工业总产值157.7亿元；完成合同外资3.7亿美元，同比增长65.3%；实到外资1.4亿美元，累计进出口8.4亿美元，同比增长44.2%；财政收入23.6亿元，同比增长20.4%。已形成了智能装备、美妆、童装等优势主导产业。开发区企业实力雄厚，主板上市公司3家，新三板上市公司5家，上市公司子公司1家，其中珀莱雅、上美等4家企业实现税收超亿元。

一、高质量打造开放合作平台

以吴兴经济开发区整合提升为契机，以开发区万亩大平台为主阵地，依托“亩均论英雄”改革和“五未”土地处置等抓手，大力推进平台拓展百日攻坚行动，完善平台功能配套，提升平台承载能力。全年累计完成拓展提升面积6005亩，拆迁1067户，加快东尼路、鹏飞路、上前路和环北路等道路建设，着重打造以珀莱雅、韩佛等龙头企业为主的美妆产业集群，以新凤鸣等龙头企业为主的现代纺织产业集群，以万邦德、东尼电子为代表的智能制造产业集群。进一步完善开发区给排水、环保等配套设施，提升城市防洪排涝排污功能。实现园区绿化、道路亮化全局到位，平台电力、区域水力全面覆盖，天然气管网铺设确保接气方便、用气充足，基本实现园区基础设施建设“七通一平”。

二、创新招商模式推动项目招引

建立“术业专攻”的招商团队，打造“8+8”产业招商大格局（即以通航制造、新能源汽车及零部件、工业机器人等为重点产业方向成立8个产业招商分局，以美妆小镇、丝绸小镇、休闲旅游等为重点产业方向成立8个部门招商分局）；牢固树立“项目为王，工业为先”的理念，围绕四大主导产业，紧盯新能源汽车及零部件、智能装备、集成电路及芯片等战略性新兴产业，瞄准500强企业及国内外行业龙头企业，着力招引有利于促进产业集聚、形成“产业链”的龙头项目，成功引进哈工大机器人、华夏光彩、长城电子等规模大、技术高、带动力强的10亿元以上优质项目21个，锚定50亿级、百亿级大项目，成功引进万邦德等百亿级、50亿级项目4个，不断提升区域产业层次；实施“链式招商”，加快建链、补链、强链，带动特色产业集群发展，打造化妆品全产业链集聚发展新高地。先后引进韩国第三大化妆品研发工厂韩佛、最大化妆品包材企业衍宇以及蔻丝恩、绮丽华等10余家化妆品及相关产业外资项目。东林、织里东片、埭溪南片作为吴兴经济开发区整合提升区域，积极发展化妆品配套产业，成功引进摩瞪化妆品等多个配套项目。

三、重大项目推进制造业提质增效

牢牢抓住项目“牛鼻子”，强势推进“项目双进见效行动”，狠抓重大项目落地。项目推进扎实有力，通过把握节点，细化推进目标，优化推进机制，扎实开展“五个一批”滚动推进，锁定“方案设计、指标安排、开工入库、竣工投产”等重要节点，为项目的快速开工见效提供有力的保障，全省扩大有效投资重大项目集中开工仪式湖州分会场在万邦德绿色制造生产基地顺利举行，一大批规模大、装备水平高和产出预期明显的项目落地开工；项目质量全面提升，以重点制造业项目为核心，瞄准四大主导产业提升，把补短板作为深化供给侧结构性改革的重点任务，鼓励企业提高产业投资水平，着力加大产业投资引导力度，全面优化投资结构，东尼电子、龙鹰电子和长城电工等一大批技术水平高、装备水平高的优质项目开工建设，全面提升吴兴经济开发区制造业整体水平。

四、各类主体共同发力开拓新市场

开发区以扩大童装、物流装备、电子电器、绿色家居等特色及块状产业出口规模为目标，积极组织企业抱团参展。截至2018年底，组织120多家次企业参加各类境内外展会，折合标准展位166个，其中为推动织里童装产业开拓国际市场，累计组织20家次企业参加中国品牌商品中东欧展和中国西部国际博览会，累计展出面积近300平方米，组展力度空前；锁定三类主体，挖掘新动能。建立“50＋2＋N”外贸企业分类培育体系。锁定全区外贸出口50强企业，实行“一对一”联系全覆盖；挖掘“两转企业”增长潜力，联合财政、国税等相关部门，建立企业出口异地转本地、间接转直接长效服务机制，三一、士商、新凤鸣3家企业出口增量达到3.61亿元，拉动出口增幅7.1个百分点。

五、科技创新活力突出

近年来，吴兴区大力实施“创新驱动”发展战略，“科技强区”建设扎实推进，科技综合实力大幅提升，先后获得“全国科技进步考核先进区”“国家知识产权强县工程示范区”“省级知识产权示范区”等称号，并被列入浙江省第二批创新型试点县(区)。吴兴经济开发区作为吴兴科技制度改革试点的重要载体，创新环境不断改善，国际合作渠道不断拓展，创新服务新体系逐步健全，企业创新能力持续加强。截至2018年底，吴兴经济开发区累计创建国家级高新技术企业44家，省科技型企业89家，累计引进“国千”、“省千”、院士和外国专家22人。培育省级高企研发中心10家，省级企业技术中心3家，省级企业研究院3家，院士专家工作站5家，博士后工作站共4家。

（吴兴经济开发区管委会）

2018年桐乡经济开发区发展概况

桐乡经济开发区成立于1992年7月，1993年11月经浙江省人民政府批准为浙江首批省级经济开发区，核准面积7.23平方公里。2014年10月，深化整合提升总规划面积为152.34平方公里，总体空间架构为“一核两翼三区”，即以桐乡经济开发区为核心区，延伸推进振东新区和高桥新区，辐射带动梧桐工业园区、临杭经济区和崇福经济区。2017年8月，与高桥街道实施“区街合一”，桐乡经济开发区（高桥街道）核心区行政管辖面积为93.31平方公里，下辖（含托管）23个行政村（社区），其中已开发28平方公里，成为地处上海一小时经济圈和杭州半小时经济圈，拥有高速、高铁“双门户”的开放窗口。

一、实体经济稳中快进

2018年，开发区（高桥街道）实现地区生产总值610.2亿元，同比增长22.2%；财政总收入108.2亿元，同比增长34.5%；实现规模以上工业总产值1324亿元，同比增长10.5%。缴纳税金108.2亿元，其中，工业企业缴纳税金56.4亿元、第三产业企业缴纳税金45.7万元。实现利润135.5亿元，其中，工业企业实现利润103.7亿元、三产企业实现利润27.3亿元。企业实现进口总额55.5亿美元、出口总额35.1亿美元。全年完成全社会固定资产投资264亿元，其中，工业生产性投入103亿元，第三产业投资161亿元。

二、平台建设日益提升

开发区（高桥街道）根据乌镇大道科创集聚区建设的要求，围绕“两纵五横”的规划布局，大手笔提升平台承载能力。在持续提升浙江省工业循环经济示范园区、浙江省知识产权示范园区、浙江省外商投资新兴产业基地、浙江省开发区特色品牌园区、国家级玻璃纤维出口示范基地等基础上，加快推进乌镇大数据高新技术产业园、省级新能源汽车智造小镇建设步伐，同时大力推进新材料产业园、中韩产业园、新经济小镇、科创小镇建设。通过坚持建设与整治并举，生态文明建设不断向前推进，桐乡经济开发区是省级生态化建设与改造示范园区、浙江新型城镇化（产城融合）示范区、省环境竞争力十强开发区。

三、产业集群发展壮大

开发区（高桥街道）紧紧围绕以先进制造业为核心的实体经济，高端装备制造业、新材料、数字经济和现代服务业四大主导产业迅速发展壮大，已成为拉动区街乃至全市经济发展的重要动力。2018年，核心区块内共有上市企业12家，高端装备制造业和数字经济产业产值分别达到122.5亿元和68.9亿元，增长25.4%和38.4%，产业增加值分别达到27亿元和15.4亿元，增长17.7%和23.7%，桐乡整车基地被列入《浙江省汽车产业高质量发展行动计划（2019—2022年）》；新材料产业产值首次突破200亿元，达到216.3亿元，增长17.4%。纳入评价的151家规模以上企业亩均税收达到25万元，同比增长39%。新增规模以上工业企业30家、规模以上服务业企业15家、亿元企业13家；完成企业股改11家、股交中心挂牌4家、新三板挂牌2家。桐昆集团排名2018年中国民营企业500强第129位，桐昆集团、振石控股和华友股份分别排名中国民营企业制造业500强第65位、第303位和第425位。巨石集团和华友钴业分别是世界最大的玻纤生产企业和中国最大的钴化学品制造商，2018年巨石集团荣获中国工业大奖。

四、开放水平显著提高

开发区（高桥街道）充分发挥桐乡市对外开放"主阵地"和窗口作用，加快转变对外经济发展方式，全面提升开放型经济发展水平。按照"引龙头、强链条、促集聚"的思路，大力开展精准招商，引进了华友浦项和浦华新能源、宇视科技等一批总投资超过10亿元的成长性好、带动力强的优质大项目。2018年，核心区块新签内外资项目26个，引进世界500强项目2个、总投资超亿美元及10亿元以上项目6个。完成合同外资4亿美元、实到外资2.2亿美元；引进市外内资35.2亿元，其中注册资本21.5亿元。同时高度重视全球化战略，积极鼓励区内企业开展"根植本土、丝路全球"经营模式，境外投资走在全省前列，截至2018年底，区内企业在全球各地的境外投资项目数累计达109个，投资近20亿美元。

五、创新活力不断增强

截至2018年底，区内已建立院士工作站5家、博士后工作站2家，拥有国家级科技企业孵化器1家、国家级众创空间1家、国家高新技术企业80家、省级企业研究院10家（其中重点2家）、省级重点实验室1家、浙江省科技型企业139家、省级高新技术研发中心30家、省级以上企业技术中心12家。同时，创新要素快速集聚，通过平台引才、产业聚才、柔性用才等多种措施，现已集聚各类高层次人才2300多名，其中到国家"千人计划"人才18人、浙江省"千人计划"6人。加快乌镇大数据高新技术产业园区建设，其中14万平方米的数字经济小镇先导区于2018年底完成主体建设。

六、产城融合加速推进

2017年，高桥撤镇设街道，开发区（高桥街道）成为桐乡南部的新城区。为进一步加快推进开发区（高桥街道）由建设开发为主向建管并重、产城融合转变，着力打造产业更加繁荣、设施更加完善、生活更加便捷、生态更加优美的南部新城区，着力引进平安新经济城、绿地智慧城等现代服务业项目，推进中小学、卫生院等教育卫生事业基础设施的改造提升，加快推进断头路、瓶颈路的畅通，实现区内交通网络体系全面提升。深化"三治融合"，进一步提升基层治理水平，2018年在越丰村建成全国首个"三治融合"展示馆，顺利承办全国和省市三级会议。着力改善城乡环境，以国卫复查迎检、文明市创建等活动为契机，进一步提升垃圾分类处置能力和水平，巩固小城镇综合整治和国卫复查成果，逐步推进小集镇基础设施建设和环境提升。同时，优化管理体制机制，逐步形成高起点站位、执行操作力强的适应新城区规划建设的运行体制机制。

（桐乡经济开发区管委会）

2018年海盐经济开发区发展概况

海盐经济开发区位于杭嘉湖平原腹地，南濒杭州湾，地处长江三角洲地理中心。海盐经济开发区成立于1992年7月。开发区核心区域总面积扩大至58.02平方公里(其中海盐港区面积5.43平方公里)，下辖11个行政村(社区)和1个集镇居委会。2018年末，全区(街道)常住人口约8万人，户籍人口41103人。全年实现地区生产总值59.2亿元;公共财政预算收入8.4亿元，同比增长27.8%;农村居民人均可支配收入37018元，同比增长8.7%。开发区首次挺进全省经济(技术)开发区综合考评前8强。

一、精准招商，坚持量质并举，招大引强有新突破

坚持招商引资“一号工程”不动摇，主要领导亲自抓招商，深入实施“以商引商”“产业链招商”“菜单式招商”等，更加注重招商质量。全年签约引进内外资项目46个，总投资183.6亿元，比上年增长超20亿元。其中，外资项目15个，总投资16.3亿美元;内资项目31个，总投资69.5亿元。累计实到外资11484万美元，实到市外内资21.8亿元，实到市外注册15.1亿元。46个项目中，亿元以上项目总计31个，其中5亿元以上1个、10亿元以上4个、20亿元以上1个、50亿元以上1个。成功引进了意大利维龙、诺爱、巴利奥尼，安费诺永亿，德国伍尔特三期等一批高端外资项目，高端外资集聚区建设成效显著。主动接轨上海，良信电器、日久光电、大生牌业等优质内资项目纷纷落户。

二、平台提质，坚持项目推进，有效投入有新成效

狠抓有效投入，全年完成固定资产投资30.1亿元，其中工业投资19亿元，工业民间投资占比达到60%以上。加快平台建设，不断推进高端外资集聚区、新经济产业园、“两创”中心、装配式建筑产业园、汽配产业园、海盐(康桥)科技创业园、临港“两创”园区等特色园区和园中园建设，产业集聚效应不断显现。其中，全年新建续建园区7个，总投资19.6亿元，总建筑面积35.5万平方米。不断完善项目推进机制，打通招商和项目推进桥梁，构建起高效便捷的项目推进新模式，全年亿元以上产业项目入库12个，完成工业民间投资11.75亿元;协助做好500万元以上项目备案105个，总投资185.94亿元。深化重大项目县领导挂帅联动推进机制，66个领导挂帅重点项目占海盐县重点项目近一半。全年共办理供地项目34个，完成工业土地摘牌项目27个，面积2101亩;实际开工项目46个，开工率94%;竣工项目4个，投产项目3个。积极向上争取，完成省级重大产业项目申报5个，入选省级重点技改项目10个。

三、工业强区，坚持转型升级，科技创新有新进展

坚持工业强区，完善各项扶持政策，落实企业减负措施，全力做好“稳企业”工作。全区规模以上企业总数达到99家，比上年净增8家，规模以上企业实现工业总产值276.4亿元，新兴产业实现总产值176.4亿元，同比均增长6%;实现销售产值275.2亿元，增长8.4%;实现进出口总额

55.5亿元，增长9.7%。开展"四无"企业和落后产能淘汰整治，关停企业153家，提升整治68家，入园入区3家。开展企业股改上市突破战，全年累计新增股份制企业4家、新三板挂牌企业1家、省市重点拟股改上市后备企业7家、并购重组1起。强化科技创新，全年新增省高新技术企业8家、省科技型中小企业13家、省市级研发中心4家。累计引育"国千人才"5名、"省千人才"6名、"市级领军人才"15名。R&D经费投入同比增长38.1%，占GDP比重8.8%。全年新申报发明专利205件，完成发明授权32件。

四、产城融合，坚持建管并举，城乡面貌有新提升

开展交通建设大会战，市政道路启动建设17条，建成7条4.4公里。加快安置房建设，新建项目5个，在建11个，建成3个。顺利完成了新安花苑、东港南苑、西塘景苑3个安置小区的交房工作，共涉及881套。创新推进农村土地综合整治项目，探索采用定制开发模式，完成农房搬迁486户、复垦484亩。全力抓好征拆，收储企业及商业用房29家，涉及土地380.5亩，完成"清障拔钉"14户。发展壮大集体经济规模，规划区外的6个村（社区）全部实现经常性收入超100万元，经营性收入超15万元。持续深化农村产权制度改革，农村土地承包经营权确权颁证率达92.7%，累计农房确权颁证3802户。实施雪亮工程，构建起区域性、可视化视频监控全覆盖体系。实施出租房旅馆式管理，实现出租房消防隐患整治和流动人口管理无盲区。

五、环境整治，坚持全面提升，生态环境有新改善

推进全域环境整治，清理各类垃圾3000余吨。开展拆违和垃圾分类推进战，拆除各类违法建筑45.7万平方米，完成任务数的169%；"三改"面积83.8万平方米，完成任务数的350%。建成"一中心四站"生活垃圾资源化处理点，日处置能力6吨，垃圾同比减量率为13.13%。开展小城镇综合整治攻坚战，投入2.4亿元完成24个整治项目，加强环境整治和秩序管理，高质量展现"江南桥乡、湾区新城"的崭新面貌，被列为省级样板项目。全力推进文明创建工作，文明指数不断提升。开展治水和生猪退养巩固提升战，严格落实河长制，开展长浜浪河水系连通、白洋河东段清淤及河道河沟治理，不断改善水环境，生猪退养实现零反弹。加强环保监督，17家重点废气企业按照"一企一策"全面完成整改，区域环境质量明显改善。

六、民生福祉，坚持共建共享，社会事业有新进步

全力推进民生项目，做深做细群众工作，造纸废弃物资源综合利用项目如期开工。九年一贯制学校、养老院、社区卫生服务中心等项目有序推进。大力推进公共文化体系建设，举办了首届市民文化节等一系列文化惠民活动，两级文化礼堂基金全覆盖，并在省、市作经验交流。完善社会大救助体系，全年发放临时性和慰问性救助198万元，2939人（户）受益。基本养老保险、基本医疗保险覆盖率不断提高，长期护理险制度全面实施。深化推进与屏山、景宁的对口帮扶。深化"三治融合""三社联动"，实施安置小区整治改造，不断提升社区精细化管理水平。有序推进撤村建居，组建了6个城市新社区，基本完成户籍人口应迁尽迁。试点德指数测评，建设"睦邻客厅"，提升基层社会治理水平。深化平安建设提升战，优化"四个平台"，强化网格建设，实施综治中心标准化改建工程，圆满完成重要时段系列维稳安保任务。抓好安全生产、道路交通、消防、食品药品等综合治理，调处矛盾纠纷239起，维护了社会和谐稳定。

（海盐经济开发区管委会）

2018年海宁经济开发区发展概况

一、概　况

2018年，海宁经济开发区规划面积54.2平方公里，开发面积22.5平方公里。海宁经济开发区（海昌街道）地区生产总值110.51亿元，财政总收入18.09亿元，分别增长7.5%、10.8%。区（街道）204家规模以上工业企业总产值280.60亿元，利税31.73亿元，其中利润19.03亿元，分别比上年增长10.8%、14.9%、15.7%。位列全省省级开发区综合考评第2名，被评为年度先进开发区、年度对外贸易十强开发区、年度利用外资十强开发区。

二、经济建设情况

全年合同利用外资2.77亿美元，实到外资1亿美元、市外内资33.40亿元。引进海宁法能咨询有限公司、浙江意兰可电力电子科技有限公司、海宁雅苑包装制品有限公司、嘉兴奥尔萨汽车零部件有限公司、索璞科技（海宁）有限公司、浙江翰通汽车科技有限公司6个欧洲项目。全年完成“个转企”117家、“小升规”净增25家，完成“规改股”16家，获得市长质量奖2家，分别是浙江雪豹服饰有限公司和浙江宏厦建设有限公司；芯能科技在上交所主板上市。全年固定资产投资57.38亿元，其中工业投资29.78亿元、高新产业投资9.17亿元、民间投资47.22亿元。泛半导体产业园在建面积52万平方米，竣工面积20万平方米，完成投资10亿元。成立4个泛半导体专业基金，一期规模22亿元。全年引进泛半导体项目29个，总投资超100亿元。全年服务业投资27.59亿元，增长16.4%；限额以上服务业增加值4.16亿元，增长5.9%。落实一张“流转单”制度，对供地项目实行建设过程全程代办，代办覆盖率位列海宁市第二位。全年技改投入15亿元。年内新增高新技术企业17家、省科技型中小企业18家、省级研发中心2家、嘉兴市级研发中心2家、海宁市级研发中心8家，累计有高新技术企业55家、省科技型中小企业127家、省级研究院7家、省级研发中心20家。专利申请2044件，专利授权894件。引进顶尖人才1人、“国千”人才1人、嘉兴领军人才3人、海宁潮乡精英人才6人。

区内上海漕河泾新兴技术开发区海宁分区有规模以上企业13家，工业总产值38.60亿元，主营业务收入33.30亿元，利润3.15亿元，利税4.50亿元。全年固定资产投资16.50亿元，其中工业生产性投入7.20亿元。海宁科技绿洲一期引进法国Multistation、执信智控装备、三匠电子、同志智能、诺昊新材料5家企业，拥有入驻项目企业20家，出租面积2.5万平方米；科技绿洲二期预约销售面积1.7万平方米，引进光维通信、浙江泰矽微电子、紫金港生物科技、派觅琪照明科技、孚硕电源科技等6家高科技企业，其中浙江泰矽微电子科技有限公司获2018年“潮乡精英引领计划”一等奖。引进“漕河泾科创中心”“漕河泾创营”两大品牌，成立众创空间——“漕河泾创营·海宁”，已经有17个项目入驻，年内被评为嘉兴市级众创空间。11月，海宁科技绿洲被认定为嘉兴市级科技企业孵化器。

三、基础设施建设情况

区内文苑北路、谷水路等主干道路建成通车，康湖路、兴业路等城市道路有效推进，由拳路改造基本完成；开发区中心幼儿园建成并投入使用，伟才国际幼儿园已结顶，开发区实验小学开工建设。完成凌通电子、利民袜厂、路宝经编等企业的征迁，拆除房屋5.8万平方米，腾出土地68.7亩。迎丰村征迁正式启动，完成16个组532户农户评估签约，涉及新村点3个组112户农户基本完成腾房。完成浙沪天然气管道12公里借地工作。实施美丽园区建设，推进入城口、入区口美化、主干道路两侧亮化及道路标志牌规范建设等工程。利民、隆兴新村点有序建设中，横山、狮岭、星光新农村基建持续完善。全年完成各类公寓房安置278户。

全区全年拆违13.8万平方米，完成任务数的229.9%，完成水文站、伊甸园等遗留区域“拔钉清障”。完成城中村改造106户2.95万平方米，完成新宏洋等10家企业旧厂区改造，改造建筑面积15.7万平方米，双山村景区化村庄累计投资达900余万元，入围全市AAA级创建名单。完成河道疏浚10.24公里，达到任务的103.9%；完成示范河道建设1条，桐乡港成功创建嘉兴市级美丽河道；河道绿化47亩，达到任务的109.3%。36条镇级河道平均水质Ⅲ类水占比超50%，Ⅳ类水及以上占比达100%。完成东区32家企业废气整治，完成洛隆路54家餐饮店油烟整治工作，实现市区范围油烟净化器安装率100%，市郊范围安装率达97%；洛隆社区由拳路131号完成嘉兴市垃圾分类示范小区首轮验收。

四、重大项目情况

海宁泛半导体产业园（四期）项目开工。8月28日，海宁泛半导体产业园（四期）项目举行开工仪式。海宁泛半导体产业园（四期）项目位于经济开发区漕河泾路东侧、谷水路北侧，项目总投资7.1亿元，建筑面积23.5万平方米，引进装备项目，达产后产值60亿元，税收3亿元。

哈工智能机器人产业园落户。11月15日，海宁市举行哈工智能机器人产业园项目签约仪式。哈工智能是一家以智能制造和人工智能为核心的高科技上市公司，韩国现代重工是全球领先的工业机器人企业之一，在工业机器人本体制造及应用领域拥有强大的技术储备和行业经验。会上，海宁市政府与哈工智能签署投资协议，并与哈工智能、现代重工签署多方合作协议。哈工智能机器人产业园项目地块位于海宁经济开发区（海昌街道）高新路南侧、文苑路西侧。项目将注重布局智能制造、人工智能等高新技术研发及产业项目孵化，同时开展工业机器人本体及其核心零部件研发、生产、销售、维修保养和相关技术服务业务。12月21日，在海宁举行哈工智能和现代重工工业机器人本体项目签约仪式。

合众思壮北斗导航芯片项目落户。4月8日，海宁市举行北斗导航自组网设备的研发、生产和测试项目签约仪式。作为专业的卫星导航定位终端产品开发及应用推广企业，北斗导航科技有限公司以“推动北斗导航产业全球布局发展”为己任，坚持原始创新、技术创新、产品创新和应用创新，致力于军用导航产品和专业领域中高端卫星导航产品研发与生产，力求为国防科研和武器装备制造领域，提供品质卓越的卫星导航产品和基于卫星导航系统的全面技术解决方案。会上，海宁市政府与北斗导航签署了投资协议。北斗导航自组网设备的研发、生产和测试项目地块位于海宁经济开发区泛半导体产业园B06厂房。项目主要目标是建设北斗导航生产基地，从事北斗导航的研发、生产和测试。并保证项目落地后为海宁地方经济以及相关产业发展等起到促进作用。

启动浙沪首个国家级开发区科创合作项目。1月11日，上海漕河泾新兴技术开发区海宁分区公司与上海漕河泾新兴技术开发区科技创业中心在海宁科技绿洲举行《沪浙科创平台战略合作协议》签约仪式，并揭牌“漕河泾创营·海宁”，标志着浙沪首个国家级开发区合作科创平台项目启动。漕河泾海宁分区引进“漕河泾科创中心”“漕河泾创营”两大品牌及其先进的经营、管理模式和招商资源，漕河泾科创中心定期到分区进行“双创”工作现场咨询，指导分区开展“双创”体系的品牌建设、氛围营造和载体运营，通过异地孵化、现场指导等形式，共同推动分区“双创”环境营造，把分区打造成一流的国际科技园区。“漕河泾创营·海宁”是分区在漕河泾科创中心的指导下成立的创新型众创空间，旨在依托漕河泾科创中心的品牌和企业孵化经验，结合海宁强大的服务优势;加快项目实施以及科技成果转化。作为嘉兴市接轨上海重点平台,此次合作将为深化沪浙合作、创新合作方向、拓展合作渠道上作出新探索,取得新成果。

芯能科技在上交所主板上市。浙江芯能光伏科技股份有限公司成立于2008年,坐落于海宁经济开发区(海昌街道),是一家国家级高新技术企业。公司主营业务包括分布式光伏电站投资运营、分布式光伏解决方案提供以及光伏产品研发制造。旗下拥有数十家专注于分布式光伏电站投资运营的子公司和三大生产基地,业务覆盖华东、华南、华中等区域。芯能科技以提供清洁、安全、高效的绿色能源为己任,先后为超500家企业提供了绿色环保方案,装机容量达680兆瓦,年发电量可达68000万度,年节约标准煤27万吨,年减少二氧化碳排放68万吨、减少二氧化硫排放2万吨,为实体经济年节约能源成本近6000万元。浙江芯能光伏科技股份有限公司A股股票7月9日在上交所上市交易。该公司A股股本为50000万股,本次上市数量为8800万股,证券简称为“芯能科技”,证券代码为“603105”。

(海宁经济开发区管委会)

2018年秀洲经济开发区发展概况

一、概　况

浙江秀洲经济开发区位于嘉兴市区西南部的王店镇，在沪杭高速G60和乍嘉苏高速G15w的交汇处，于2016年8月获浙江省政府批复为省级经济开发区。

开发区按照“一个主体、一套班子、多块牌子”原则，采取区镇合一方式，设立浙江秀洲经济开发区管委会。整合嘉兴现代物流园管委会现有机构、班子及工作人员，进行优化设置、调整和充实，与嘉兴现代物流园管委会合署办公。同时，按照政府主导、专业机构参与、市场化运营的管理模式，推动浙江秀洲经济开发区建设。

二、产业发展

开发区的特色产业全国知名。一方面，依托于嘉兴现代物流园，以现代物流为特色的服务业全国知名。坚持高起点规划。立足嘉兴、辐射长三角，建设以培育智慧物流产业为主导、物流资源整合为核心、物流科技应用为支撑；以数字化应用、现代化展示、智能化配送为特色的智慧物流园区。坚持高标准建设。累计投入60多亿元，建成“三横三纵”的路网结构，建成高端仓储等配套145万平方米。在建IPV6国家下一代互联网基础设施平台1个、500吨泊位的公共码头1个。坚持高规格招商。引进各类企业600多家，包括沃尔玛、安博、宝湾、DHL等世界物流巨头和行业龙头，形成了供应链管理、快递业、第三方物流、区域配送、物流科技等现代物流产业。坚持品牌化引领。先后被授予国家交通运输部与浙江省政府联合共建的重点物流基地、浙江省现代服务业集聚示范区等称号，连续七年获得全国优秀物流园区称号，2016年被国家发改委等三部委评为首批国家级示范物流园区。

浙江秀洲经济开发区产业特色鲜明。依托于区位交通优势和独特产业优势，突出“智能、智慧”，构建“先进制造业和现代服务业”互动发展平台。开发区的集成装饰(家居)产业全国知名。产品占据国内市场份额超70%，拥有A股上市企业1家，“新三版”企业3家，国家高新技术企业12家，形成了集研发、制造、销售和售后服务为一体的智能家居集群基地，是浙江省品牌示范基地、中国集成吊顶产业基地，已列入市级特色小镇。另外，高端装备和新材料也是开发区的发展重点，台华新材料(603055.sh)成功主板上市，振申绝热的泡沫玻璃市场占有率列全国第一。开发区的现代物流业全国知名。依托于嘉兴现代物流园，引进供应链管理、快递业、第三方物流、区域配送、物流科技等现代物流企业。开发区的智能家居产业园全国知名。重点建设智能家居的体验展示中心、中外合作产业园区和电动床总部园区，目前已引进培育了礼恩派、礼海机械、顾家家居等智能家居龙头，形成了集研发、制造、销售和售后服务为一体的智能家居集群基地。

2018年，开发区主要经济指标增幅均在两位数以上，拥有规上工业企业62家，实现规上工业总产值121.95亿元，规上工业增加值31.98亿元，主营业务收入120.73亿元。税收收入10.55亿元，完成固定资产投资34亿元。实现进出口总额73872万美元，完成合同利用外资15284万美元，实际利用外资5569万美元。

三、商务发展

(一) 流通企业发展情况

开发区内物流产业以嘉兴现代物流园为发展主平台。目前,物流基础设施累计投资65亿元,其中信息化及设备投资额2.37亿元。物流运营占地面积约145万平方米,自动化仓储4.5万平方米,物流专线档口313个,高峰期日进出园区货运卡车数1100辆左右。拥有仓储总面积100万平方米,其中恒温仓储面积10万平方米。安博(嘉兴)物流仓储有限公司建有近10万平方米仓储设施,为DHL、德邦物流、海格物流等量身定制仓储设施;沃尔玛华东配送中心5万平方米仓储设施已为华东地区共94家门店提供商品分拨和配送服务,年配送额约50亿元人民币;丰树仓储为百世物流提供4万平方米仓储;宝湾供应链为招商路凯、京东等提供近10万平方米的智能仓储。

2018年,园区各类货物吞吐量650.55万吨、快递包裹收发量20181.6万件,从业人员6535人。截至2018年底,已入驻企业605家,全年营业收入和税收分别达到36.82亿元和2.1亿元。业内知名企业沃尔玛、安博仓储、平安不动产、宝湾物流、招商路凯、DHL、德邦、顺丰、申通、圆通、川山甲物资供应链等企业均已入驻园区。据统计,园区拥有世界500强企业5家,AAAAA物流企业7家,AAAA物流企业9家。

(二) 服务外包方面

2018年,实现服务外包接包金额3.8亿元,同比增长26.38%,执行金额3亿元,同比增长26.09%,其中离岸执行金额1220万美元,同比增长49.69%。

开发区服务外包特色鲜明,主要以物流服务外包为主。一是供应链解决方案服务,以浙江川山甲供应链打造全球工业辅料分销服务中心为代表,为客户提供原产品采购优化方案、产成品配销解决方案,极大降低制造企业生产、运输和销售成本。国内眼镜电商第一平台可得眼镜网入驻园区,提供个性化采购方案设计,优化物流流程,切实降低企业运行费用和采购成本。二是物流方案优化设计服务,以国家级甩挂试点企业宇石国际货代和伟盛货代等为代表,提供客户进出口代理订舱、报关、进出口接货运和仓储等方面的物流及设计;引进国内公路快运第一的德邦物流、区域落地配丰巢、顺丰等企业,将材料供应商、制造商、销售商和客户连成全产业链网,拓展优化材料供给、生产流通、产品销售等物流供应链,促进制造业、商贸业、物流业三业联动发展。三是业务流程库存优化,引进星雅图供应链、大恩供应链等项目,优化智能家装及智慧物流产业链,改进生产作业流程,提高生产效率。四是物流科技服务,引进北京网能科技等信息科技企业,建设基于IPV6智能交互中心的信息平台,太极云仓正式启用,为物流企业和生产制造企业提供物联网、大数据及云平台等信息系统支持。引进快仓物流机器人项目,以云技术、人工智能为技术支撑,为大型网络电商企业提供智慧化仓储、物流方案。

四、发展方向

下一步,浙江秀洲经济开发区将按照“智能制造高地、智慧物流小镇、生态宜居新城”的定位,紧抓嘉兴市作为浙江省全面接轨上海示范区的契机,大力实施“2020”计划,打造“三个百亿”,构建先进制造业和现代服务业双业互动发展平台,全力拓展三大产业发展功能区。一是长三角智能制造产业集聚区。依托长三角雄厚的产业基础,全面接轨上海示范区的良好机遇,引进智能装饰、装备制造等龙头企业,加快推动先进制造业集群发展、高端发展、品牌发展,全力打造成为实体经济发展的重要支点和基地。二是空港新城枢纽经济区。整合嘉兴市大物流平台,进一步增强临空产业关联度,高标准规划建设,高水平运作管理,全力打造空港枢纽经济区。三是创业创新生态宜居新城。深入实施“创新驱动”战略,高标准建设两创中心、智能制造产业园等平台,积极引进国内外知名企业设立研发中心、地区总部,集聚高端项目、高层次人才,推动高科技成果转化、高新技术产业化,全力打造创业创新生态宜居新城。

到2020年，实现“三个百亿”目标，即累计完成固定资产投资超100亿元，力争150亿元；以智能装饰为主的规上工业产值超100亿元，力争150亿元；以智慧物流为主的服务业营业收入超100亿元，力争150亿元。力争引进市外内资100亿元，实到外资3亿美元。实施“2020”计划，培育产值超30亿元企业2家、产值超5亿元企业10家，主板上市企业2家、股改或新三板企业10家，国家重点扶持高新技术企业20家，建成创业创新平台面积10万平方米。实现经济总量翻番，整体实力位列全市前十。

（浙江秀洲经济开发区管委会）

2018年百步经济开发区发展概况

2018年,百步经济开发区(百步镇)以打造“时尚智造新城、沪杭门户新市”为目标,深化产城互动、产城融合,着力推进环境综合整治,大力提升经济发展水平,全面优化公共服务能力,激发政策创新活力,全力推进开发区建设发展。全年实现地区生产总值35.92亿元,同比增长10%;财政总收入3.52亿元,同比增长12%,其中,一般公共预算收入1.96亿元,同比增长13.8%;农村常住居民人均纯收入36645元,同比增长8%。

一、平台建设稳步推进

攻坚征地拆迁。聚焦省级平台建设,围绕任务、责任、进度三张清单加快拆、整、建进度。累计拆(搬)迁307户,拆违29.3万平方米(完成率130.4%,海盐县第一),“三改”46.6万平方米(完成率275.6%,海盐县第二),“清障拔钉”25户。第五至十个土地整治项目已完成土地复垦92亩。开发区用地空间进一步拓展。

完善设施配套。完成基础设施投入1.68亿元,深入推进新市镇两横两纵道路框架建设,完善内部路网。仙坛庙路、学苑西路竣工,金山路北段、钱王路、娄七路、仙坛庙路建设稳步推进,园区主干道路网初具雏形。开发区区域性环评、能评通过评审,道路、能源、通信、环保等基础设施更加健全。

优化三产服务。扶持壮大服务业,全年完成服务业“小升规”5家。沿百禾路、通汇路商业圈进一步巩固扩大,小镇客厅建设稳步推进,格莱美公司获评全县首家“浙江省工业旅游示范基地”,打造“乡村+工业”旅游线路。中达进出口大楼获评“嘉兴市第一批星级商务楼宇”,百步集成家居服务业集聚区被纳入县级现代服务业集聚区名单。

二、有效投入全面加强

深化招商选资。围绕重点产业、高端外资、优质内资实施精准招商,组团参加嘉兴集成吊顶展、广州建筑装饰博览会、“智赢海盐”智能家居精准对接、海盐经济贸易洽谈会等活动。招商接待中心、科创中心正式开放,与上海海事大学海洋科学与工程学院签订战略合作框架协议,红星美凯龙、绿智产业发展基金等项目顺利签约,中意产业园项目完成注册,海鸥卫浴、嘉恩新材料即将开工建设,外资引进实现新突破。全年引进市外内资6.5亿元,注册资本3.7亿元,合同外资1.1亿美元,实到外资5000万美元,各项指标均超额完成。

狠抓项目推进。实行问题汇总、分类交办、节点反馈、逐个销号的项目推进闭环管理机制,狠抓项目推进。和美新材料、集致装饰等一批重点项目顺利开工,友邦、吉仑高分子等重大项目稳步推进,欧易新能源、嘉恩纺织完成供地,星和宅配项目完成项目联审。完成固定资产投资15.8亿元,其中,民间投资14.5亿元,工业民间投资6.8亿元。

加强企业培育。加强涉企服务,开展政企连心系列走访服务活动,依托担保公司、商会等帮助解决企业融资问题,集成吊顶、印刷产业“两创”中心顺利竣工,两个“两创”中心建设正在筹备中。继续实施新规模以上企业1万元奖励扶持政策,全年净增规模以上企业14家,新增股份制企业5家,进入省、市级重点拟股改上市后备库企业4家。

三、产业发展量质并升

做强特色产业。围绕省级特色小镇培育和集成家居产业园建设推进产业提质增效，友邦产业园项目即将竣工，中国集成家居电商产业园投入运行。友邦公司获评“浙江省商标品牌示范企业”。“质量标准化”特色示范小镇培育、嘉兴市供给侧改革试点建设稳步推进。完成工业总产值108亿元，规模以上工业产值65亿元，同比增长21%。

做优重点产业。以集成家居时尚智造产业为核心，同步推进创意印刷、纺织化纤、机械制造等传统主导产业改造提升，培育壮大高分子材料等新兴产业。纺织化纤产业现有企业115家，以亚麻纱、合纤、纺织服装制造等为基础产业，高分子新材料制造为新兴产业，机械装备(核电关联)产业以不锈钢制品为基础产品，向具备核心技术、高附加值的核级无缝钢管、特种金属材料等核电关联产业产品转变，中达特钢核级钢管通过“浙江制造”标准评审。印刷产业以出口商标印刷为主，正加快向创意文化产业领域发展。做优“水稻、水果、水产、新兴产业”等特色农业，发展生态循环农业，海盐县口口鲜生态农场、海盐县金斗笠农场等3家主体被认定为省级生态循环示范主体。

推进创业创新。坚持创新驱动战略，人才引育、专利申报和品牌创建工作取得新进展，坚持创新驱动战略，人才引育、专利申报和品牌创建工作取得新进展，实现高新技术企业产值15.72亿元，同比增长21.9%，中达公司成功设立浙江省博士后工作站，中达特钢、五丰生态公司主导编制“浙江制造标准”顺利发布，友邦公司获评“浙江省商标品牌示范企业”。开展“四无”企业和落后产能淘汰整治，累计关停“四无”企业632家，整合提升178家。

四、强化自身建设，服务效能全面加强

深化体制改革。以百步经济开发区整合提升为契机，拟采取就近整合、异地整合模式推进开发区整合提升，进一步下放审批权限，简化审批手续，用足用好在规划管理、项目审批、工商登记、环境保护、安全执法、质量监管、土地管理等方面的县级授权，梳理完善开发区部门权力清单。对整合提升区域的行政管理事项行使审批、监督管理等职权，形成区内的事情由管委会自己负责办理的新体制。

推进强区扩权。以省级开发区建设、小城市培育试点为契机推进强区扩权。累计承接下放经济管理事项100余项、社会管理事项60项。深化“最多跑一次”改革，新便民服务大厅投入使用，便民窗口增至12个，实现办理事项119项。按照“一窗受理、集成服务”的要求设立了“综合受理”窗口并延伸到村，覆盖率达100%。

提升服务效能。实施村级代办、网格代办、“一对一”全程陪同代办服务，服务效能稳步提升。创新实施“村官帮帮购”服务，通过网上代买、代卖、代办，为基层群众提供便利。加强正风肃纪，用好“海盐百步”政务微博、微信平台，全年受理办结群众各类投诉、举报和咨询求助115次。通过机关事业干部住夜值班及基层日走访、中层干部述职评议、村书记“党建责任清单”和“实绩档案”、“一团三队”党员志愿服务、“三长同建”工程等工作载体狠抓队伍建设、推进破难攻坚。

(百步经济开发区管委会)

2018年嵊州经济开发区发展概况

嵊州经济开发区经数次整合后总面积233.11平方公里，范围包括：核准区域面积17.31平方公里、就近整合区域19.32平方公里（浦口二期和三塘）、异地整合区域196.48平方公里。开发区以工业经济建设为主业，已形成领带服饰、厨具电器、机械电机三大产业集群，截至2018年底，共有规模以上企业545家，规模以上工业总产值412.35亿元；引进世界500强企业2家，培育国内主板上市企业3家，国外上市企业1家，新三板挂牌企业15家。2018年全年实现财政总收入32.19亿元，同比增长18.3%；一般公共预算收入14.22亿元，同比增长17.6%；规模以上工业总产值412.35亿元，同比增长16.3%。2018年度嵊州经济开发区在省级经济开发区考评中排第12名，实现了连续2年每年前进2位。

一、工业经济持续走强

以三大传统产业的转型升级为重点，深入实施转型升级行动，积极打造电机、厨具和“中国丝高地”三张产业“金名片”。深入推动领带服饰业向产业链上下游延伸，厨具电机业向智能化高端化方向发展。巴贝工厂化养蚕一期已建成，亿田电器荣获省政府质量奖，盛泰、特种2家企业入选国家级“绿色工厂”，均实现嵊州零突破。加大企业培育力度，完成下升上11家，小升规28家，企改股7家，浙交所挂牌2家，帅丰电器、亿田电器、盛泰色织等企业IPO按计划有序实施。新增国家级高新技术企业21家，其中首次申报通过13家。进一步加大行业整治力度，共淘汰“低小散”企业33家，整治提升27家，完成印染行业整治。有效投资继续增长。完成在建标准厂房79万平方米，其中闲置土地厂房建设29.2万平方米；“僵尸”企业盘活改造40.5万平方米。新增入库项目共34个，新增计划总投资51.4亿元。快速推进蓝炬星、普森等重点工业项目，不断加大工业性有效投资。

二、“腾笼换鸟”加速转型

2018年完成土地腾换565.186亩，风险倒闭企业闲置土地有序腾换，蓝炬星（原棉纺厂）旧厂房改造、设备购置完成，已全面投产；万事兴（原胜坚轴承）项目总投资2.5亿元，1#厂房在建主体工程，预计2019年10月份结顶，12月份竣工投产；顺泰新材料（原三博聚合）总投资约5亿元，正在购置设备；艾妍生物（原晨怡电子）计划总投资2亿元，正在旧厂房改造。同时，全力推进天乐集团、弘顺科技等企业的风险化解工作，确保职工稳定、社会稳定。

三、招商选资成效显著

紧抓招商选资“一号工程”不动摇的原则，坚持“一把手”抓招商，通过主动走出去和积极引进来，招商引资工作取得了积极进展，引进了一大批优质项目。全年共出让（含腾笼换鸟）土地1685.33亩，先后引进了亿田、巴贝、万能、海威、中工、艾迈、万事兴、顺泰等11个优质项目，累计总投资约98亿元。全年引进合同外资1881.68万美元，实到外资817.77万美元；实际利用市外境内资金11.2亿元；新引进亿元以上项目11只；谋划招引一共10个，其中谋划招引3亿—5亿元项目5只、谋划招引5亿—10亿元项目1个、谋划招引10亿—20亿元项目2个、谋划招引20亿—50亿元项目2个；谋划招引落地镇长（主任）盯引5

亿元以上产业项目1个；引进20亿元以上新项目落地建设2只。同时做好项目落地服务工作，全程开展"店小二"式服务。

四、重点项目实力创新

浙江巴贝集团工厂化养蚕项目：近年来由于受桑农数量下降桑田面积减少等因素影响，生丝成本价连年上涨，丝织品产业受到极大冲击，为提高丝源自主掌控能力，避免产业发展受制于原材料价格上涨，作为国内领带行业龙头的嵊州市巴贝集团，经过7年潜心探索创新，成功实现了全龄人工饲料工厂化养蚕项目产业化，成为当前全球首家掌握全龄人工饲料工厂化养蚕技术的企业，产能约占到目前浙江省鲜茧市场份额的50%。本项目由巴贝集团投资25亿元在领尚小镇打造工厂化养蚕和智能缫丝生产基地和设计研发基地，其中生产基地占地300亩，建筑面积20多万平方米。工厂化养蚕颠覆了5000年的养蚕传统模式，诠释了敢于创业、勇于创新、追求极致的浙商精神。2018年底生产线投产成功，受到省委高度关注。近日，在浙江杭州举办的"2019全国双创活动周"上，巴贝集团"高密度全龄人工饲料工厂化养蚕"得到李克强总理的高度肯定，并入选2019全国十大颠覆性创新榜TOP10。

亿田智能化厨具工厂：规划建设用地660亩（一期260亩于2018年9月拍得土地，开始建造），采用自主研发的互联网远程监控和无害厨房环境发明专利技术，引进国内外领先水平的冲压自动化生产线、自动化焊接生产线、自动化切割机、装配流水线以及实验室检测等设备，打造智能工厂，形成年产30万套智能环保集成灶的生产能力。以"集成科技重塑厨房空间"的品牌理念，从产品层面跨越到厨房空间的解决方案的专业品牌，也从千亿级厨电市场跨越到万亿级厨房市场。

万能弹簧接轨5G技术：浙江万能弹簧机械有限公司是一家专业生产电脑弹簧机械及配套产品设备的国家高新技术企业，中国弹簧机械标准起草单位，中国弹簧专业协会理事单位，浙江名牌产品。连续五年获中国机械通用零部件工业协会创新产品优秀奖、国家火炬计划项目、国家重点新产品计划项目，并列入国内弹簧机械重点企业。公司首次尝试将智能弯丝机器人和5G技术相结合，借助5G超低时延的特性，开发出具备高精度远程操控的弯丝机器系统，实现对弹簧机床的运行状态、位置服务信息、设备服务周期信息的监控以及远程开关。该智能管控系统的问世可有效解决万能弹簧机设备管理及售后管理需求，严密监控所有设备，包含设备管理、客户管理、售后维护、远程控制等，为无人化工厂奠定产业基础，后期可结合AR、VR技术进行远程维护维修，这将进一步推动嵊州经济开发区在智能制造产业方面的快速发展，有效提升嵊州在智能制造领域的综合实力。

五、快速推进园区建设

全年完成基础设施投资15.06亿元，同比增长21.3%，浦东南路、浦东北路工程、三塘直路延伸段市政工程和浦南大道南延伸段市政工程已完工；时尚产业园市政配套工程浦南大道绿化整治工程已完成、浦溪线改造已完成工程量的30%；浦口区块基础设施配套工程中浦南三路已完成，南三路等五条道路、浦东六路等五条道路正在抓紧施工；浦口派出所及开发区交警中队业务用房一期已完工。浦口小城镇环境综合整治顺利通过省考核验收，马寅初故居面貌焕然一新。中南建设、绿地香港2家开发商分别在城南区块、浦口核心区块签订项目投资协议，总计出让商住土地341.073亩，有力推动产城一体化进程。

六、不断强化要素保障

全力做好"平转实"工作，不断推动平台公司规划化、实体化运行，完成框架搭建，成立资产管理部，落实人员，规范资产出租、使用、处置等手续，抓好国有资产收益管理，2018年新增融资15.6亿元，保障了开发区资金需求。坚持引进外来人才和培育本地人才并重，2018年共申报国千人才2人；引进省千人才1人；完成绍兴"海内外英才计划"人才考核3人、"剡溪英才计划"2

人;新增硕博士研究生及211、985、双一流本科生81人。

七、抓环境治理促发展

集中力量对浦口、茹家、蒋家弄、高俞、墩头王、万年亭等6个区块实施了城中村改造工作,累计签约、腾空、拆除421户,拆除房屋面积约18万平方米,为开发区完善功能、提升品位腾出了发展空间。以"无违建"创建"百日攻坚"活动为抓手,深入开展拆违、发证工作,完成拆违30余万平方米,农房登记办证8100多本。全面开展"五星达标·3A争创",全域推进环境整治示范村和"美丽庭院"创建,打好治污持久战,完成河道清淤3.2万立方米,推进污水零直排区建设,完成城东、三塘区块摸排工作及60%的整改工作;全面推进垃圾分类工作,实现城乡垃圾分类100%覆盖推广;扎实开展"小红帽"等创建系列活动,全力推进文明城市创建。

八、保障民生夯基础

大资金投入到教育事业中,投资1.5亿元建成开发区双塔小学和常青藤幼儿园,投资2000万元建成东郭幼儿园,投资1500万元建成屠家埠幼儿园,开发区教育资源更加丰富;按照省一级标准建设开发区文化活动中心;全面落实"最多跑一次"改革工作,加快推进"一窗受理、集成服务"改革,重点推进企业投资项目"多评合一""多规合一"等改革,群众、企业办事效率和满意度大幅提升。

(嵊州经济开发区管委会)

2018年永康经济开发区发展概况

2018年，永康经济开发区按照继续打造工业经济主战场和五金制造先行区的总要求，在稳定经济发展和保障社会民生上均取得了较好成绩。连续多年被评为“浙江省优秀开发区”，在金华市经济开发区综合考评中继续保持“领头雁”地位。

一、经济建设情况

以智能制造、循环化改造、军民融合示范打造和深化股份制改造为落脚点，通过改革经济领域的制造体系和管理体系，努力提升五金制造主业的生产品质，全力确保经济平稳运行。

1. 总体经济指标完成情况。永康经济开发区受托管辖面积为108.9平方公里。截至2018年底，已开发利用土地面积24.36平方公里，合36540亩。有“四上”企业874家，其中规模以上工业企业541家；从业人数22万人，其中规模以上工业企业从业人数9.5万人。

开发区（整合区）共实现限额以上固定资产投资70.8亿元，其中基础设施投资6.5亿元,企业技术改造投入12.7亿元，技改投入率17.9%；实现规模以上工业总产值685亿元，规上工业增加值128.4亿元，新产品产值262.8亿元，新产品产值率38%；实现税收收入67.6亿元；实现进出口总额40.6亿美元；拥有省级以上高新技术企业99家，研发中心、技术中心、院士工作站和博士后工作站41家，3年内经评定的知名品牌（商标）、出口名牌共计94件；工业土地投资强度157万元/亩；当年工业土地增加值产出率94万元/亩；当年亩均土地税收产出率18.5万元/亩。

开发区（核心区）共实现规上工业总产值305.6亿元，同比增长1.1%，其中新产品产值139.1亿元；实现销售产值300.8亿元，同比下降0.2%，其中出口交货值92.3亿元。完成固定资产投资9.48亿元，其中工业投资8.4亿元(72个项目)，服务业投资1.1亿元（5个项目）。实现工业利税25.6亿元；完成内资招商27.5亿元，完成浙商回归投资3.74亿元；实现研究开发费7.6亿。实现乡镇税收23.8亿元，同比下降8.55%，其中工业税收18.4亿元，同比下降12.03%。完成自营出口额99.8亿元，为全年计划的105.3%。五金“八大行业”中，除车业、休闲器具业外，其余六大行业均实现“稳增长”，其中门业增长17.3%，形势良好。小升规完成40家，信息化项目立项69个。

2. 转型升级体系进一步完善。开发区工业主业转型升级一直走在省市前列，“智慧智能智造”的产业体系初步形成，众泰、浩天等部分企业已经享受到减员增效的“智造红利”。年内开发区共实施“智能化无人工厂（车间）”重点项目10个，计划总投资15.1亿元，占全市重大智能制造项目（14个）70%以上；其中5000万元以上项目7个，占比70%。新增省研发中心3家，省企业研究院2家，省科技型中小企业18家，省创新型示范企业3家；天鑫、博大等2家企业获市政府质量奖（全市3家）；17家企业获24项“浙江制造”认证证书（全市21家企业32项）；人才工作方面，开发区新增省千1人，双龙2人（全市国千1人、省千1人、双龙5人）。现有上市公司4家。王力、炊大王、正阳等龙头企业在顺利完成股份制改造后，着手制订上市计划，把启动IPO申请提上议事日程；飞剑、威力等进入上市后备；美斯特、骑客、龙力等5家中小型企业完成了股份制改造并在浙江省股交中心挂牌；4家股份制公司新注册设立。

3. 项目引领水平进一步提升。5000万元以上在库项目14个，5000万元以下在库项目56

个,稳投资项目库建设水平逐步提高。中坚公司农林机械产业化项目、顶康科技智能跑步机生产项目、王力安防物联网智能家居生产项目、鉴丰电子智能控制器生产线项目等省重大产业项目得以顺利开工、有序推进,均按要求完成既定目标。内资招商累计完成25亿元,完成率100%。循环化改造18个支撑类项目,计划总投资28.9亿元,已完成28.2亿元,开工率100%,其中铝塑生产线建设项目、熔炉节能降耗建设项目、年产4万吨高精度宽幅铜板带项目、天然气管网工程、全自动混凝土砖生产线等12个项目已完成投产。相比过去,开发区已经开始正式跨入"智能"时代暨"工业4.0"时代。

二、开发建设情况

开发区(核心区)以返还地建设、小微园建设和基础设施建设为主要抓手,着力破解开发区实际可规划利用的土地资源严重不足难题,优资源、强平台、促发展,在发展空间拓展和土地利用提质增效上,开展了大量卓有成效的工作。

1. 重点工程有序推进。2018年以来完成投资3900万元,新增九州东路延伸、堰头至下堰头等5条道路工程。芝英连接线全线贯通;完成苏溪西路延伸、雅庄溪改造、安息堂附属、名园大道延伸等工程,安息堂附属工程完成积存架采购招标;H05至四环线道路工程完成碎石垫层,栋陇公墓道路工程完成道路路基,预计12月底全面完工;中心幼儿园扩建及附属工程完成立项审批,预计年底前完成初步设计。完成零星绿化工程种植5000多平方米,办理市政绿化开挖审批41份;完成酥溪橡胶坝左岸绿地、九鼎路(六百里水库)绿化工程、东清线等绿化养护移交209700平方米;完成酥溪橡胶坝右岸绿化工程九州路—夏溪老桥段、酥溪东岸曹园段绿化等工程44300平方米;完成雅应村至堰头村道路提升工程(约20000平方米)沥青路面浇筑,预计11月底完成;芝英连接线道路绿化工程(约13000平方米)具备施工条件部分已完成,剩余部分已安排施工;做好新增道路市政道路维护移交前准备工作,年内完成移交工作。其他工程项目除受政策、土地指标限制的项目外,均能稳步推进、如期完成。

2. 农村区块开发不断加强。返还地建设方面,黄城里城市综合体项目已开展考察调研、规划指标调整、《招商办法》制订,进入实际招商和土地出让、立项报批阶段;苏溪村、荆山夏村、邵塘村已完成土地出让;溪碧山村一期工程已基本结顶;雅应村、长恬村正在修改完善规划方案;陈路塘村、杜山头村返还地工业开发有序开展;西朱村返还地以"资金村民自筹、统一规划设计、统一施工建设"的方式已完成定桩放样,正在建设。此外,"三改一拆"以"党员先行""企业先行""小微园攻坚"为抓手,年内累计拆除违章建132宗30.19万平方米,完成年度任务30万平方米的100.62%,拆后利用率达到90%。深入开展危房整治,共拆除D级危旧房98宗、修缮加固217宗、腾空防控483宗。农房改造共15个村,今年新增1个为兰街村。大坟山沿村138户已进行定桩放样,正在建设中,另需建设用地指标2.6万平方米;荆山陈村第一批57户已基本完工,第二批拟安排8户,相关工作正在推进中;西朱村42户已进行定桩放样,正在建设;兰街农房改造细则已经市委农办审批。曹园村农房改造区域已进行土地平整。

3. 小微园建设全力展开。一是创建小微园建设"西朱模式"。利用西朱村现有村级留用地暨返还地F10-01地块进行开发建设,规划总用地面积约4.68万平方米,建筑占地面积约2.85万平方米,总建筑面积约11万平方米。采取"股份筹资、集体联建"的模式,拟建成标准厂房9幢、办公楼1幢,总投资1.2亿元。西朱小微园建设完成并投入使用后,将给村集体和农户带来每年2000万元的收益。二是举全区之力建设"堰头小微园"。堰头小微企业园主要涉及堰头、炉头、荆山夏三个村,原共有48家企业用地面积16.3万平方米,堰头小微企业园规划总用地面积31.78万平方,其中工业用地21万平方;将分两期建设,第一期用地21万平方,基本用于道路建设和安置原有企业。目前,已完成炉头、堰头、荆山夏三个村的征地工作,征地面积为18万平方米。已完成控制性规划方案审批,相关农转用手续已组卷上报，待上级部门审批；已完成所有违章用地厂房拆除和部分需安置厂房拆除，共拆除厂房41宗、占地面积8.8万平方、建筑面积19.4万平方米，涉及32户；已开展需拆迁安置对象签约工作，应签33户，已签27户，未签6户，签约率82%；已签户协议约定均已腾空或拆除。

三、生态建设情况

开发区（核心区）以开展“环保十大行动”为主抓手，把生态建设当作是循环发展新举措、转型升级组合拳的核心来抓，推动修复园区绿色生态体系，抓出了一定成效。

1. 集中开展低效低能整治。全面完成首批127家五金涂装企业整治，并收集企业废气处理设备设计方案及合同、废气处理设备照片、废气检测报告、环评审批文件等作为证明材料，建立形成完善的“一企一档”。“低散乱危”结合小微园、三改一拆和环保整治工作进度，已完成整治92家；“五炉”整治方面，现已全面完成所有生产用、生活用高污染燃料锅炉的拆除和改造升级；淘汰落后产能，更新设备生产线，现已超额完成全年目标5家（神超、豪迈、顶诚、顺虎、豪铭；“清洁生产”企业创建，现已有3家（林炎、环迪、德世）正在申请验收，超额完成全年目标。

2. 积极开展“零直排区”创建。年内完成企业雨污分流整改79家，累计完成417家企业“污水零直排区”的创建工作，预计到2019年全域建成。截至目前，排查行政村29个，生活小区4个，餐饮380家，建筑工地23家，入河排水口91个，农村生活污水处理设施3处等范围，发放工业企业排水许可证365本。投资2500万元，新增雨水管网3公里，污水管网3公里；全力打造生态廊道景观工程，投资500万元建设酥溪东岸（科源桥-九鼎桥）绿化景观工程，面积约37800平方米，绿道长约0.5公里；投资300万元建设南湖环湖公园，面积约20000平方米，绿道长约0.5公里；投资180万元建设酥溪右岸（九州桥—夏溪老桥）绿化景观工程，面积约10000平方米，绿道长约0.2公里；投资100万元建设芝英连接线道路绿化工程，面积约13000平方米。加强农村生活污水处理长效运维管理，完成排查城镇污水配套管网6公里，完成农村生活污水治理工程综合验收8个村，完成标准化运维试点1个；兰街、栋陇、陈园、苏溪四个村的污水提升工程已竣工并通过综合验收；杜山头、长恬等村的污水提升工程已完成投标。

3. 美丽乡村创建大步迈进。开发区立足实际，坚定信心，创新举措，全民发动，始终按照“五美”要求，强势推进美丽乡村创建工作。建立健全长效管理机制，从根本上改变田园“脏乱差”现象。黄塘下村、雅应村、栋陇村3个村争创美丽乡村。全年各村组织环境卫生大整治450多次，清理各类垃圾1600多吨。投资150万元引入专业保洁公司，对乱贴、乱涂、乱画、乱挂实行常态清理。落实每月垃圾分类监督、考评制度。对29个行政村开展日常督查工作，实地检查综合考评，共发放1617张督办单，已完成1582张，整改率97.84%。坚持精品理念引领、因地制宜、环境治理与文化特色融合的指导思想。在各村村口、道路沿线、空闲地，精心规划、充分利用自然景观和人文风情，见缝插绿、空地置景。2018年度，新建设街角小品任务260个，已完成249个，完成率95.77%。深化推行兰街村“党建＋垃圾分类”创建垃圾分类“一联四定”模式，全面落实党员代表联系户、户主垃圾分类承诺制和房东负责制，园区内各村在乱堆乱放、环境卫生、区域改造、村庄绿化等方面下足工夫，清理池塘、硬化道路、种植绿化，依据村庄具体情况打造街角小品，使得全村面貌焕然一新。目前，园区整体人居环境明显提升，百姓幸福感和获得感明显增强，美丽建设水平在多方位、多层次不断提升。

四、社会建设情况

开发区（核心区）创新“党建＋”各类工作模式，提高基层党建水平，夯实基层执政基础，抓党建促经济，较好发挥了党建在经济社会建设各个方面的实质性成效，基层治理体系也得到了进一步完善。

1. 党建基础不断夯实。一是探索建设党建车间。计划建设红色车间13个，已建成众泰

E200、T600、超人研究院、中坚金加工、三锋电焊机5个红色车间。开展标准化创建，推广“众泰车间党建20条”模式，按照“七有”标准，实行车间党组织“四个在一线”。组建“党员技术攻坚队”13个，形成攻坚克难的良好氛围，促进企业效益提升。众泰集团涂装车间因采纳“金点子”28条，实现增效300多万元。探索完善“一线推优、定向培养”发展党员机制，及时发现和吸收优秀的员工加入党组织，注重技术骨干和党员的相互转换。目前，共举办2期素质提升班，培养红领青工13人，发展入党积极分子75人。二是创新龙头示范模式。众泰集团党委继续完善“红色产业链”，在7家上下游协作企业中建立党支部的同时，对不具备建立党支部条件的合作企业派驻党建指导员，探索红色产业链的延伸。在162家规上企业中，2018年新建党支部8家，总数达到62家，剩余未单建党支部的企业通过建立联合支部的形式，实现党建工作100%全覆盖。三是强化执纪问责，管好党员干部队伍。按照从严治党的要求，加强党员干部的教育培养、考核管理。

2. 四个平台运行平稳。综合指挥室新补充正式编制人员1名，满足市“2+2”的人员配备要求。“综合指挥中心”的各硬件、软件设施运行正常，在网上信息流转和日常视联服务、应急值班等方面发挥作用越来越大。针对“四个平台”建设中企业多、人口多、诉求多和管理难、流转难、处置难的“三多三难”严峻形势，开发区以网格为平台、网格员为主体，采取“集中培训、分片轮训、逐一辅导、考核过关”的办法抓实业务培训，促进基层治理体系进一步完善，切实发挥“四个平台”实质性成效。共组织开展网格员培训12场次1300多人次，流转办理8890诉求196件、行风热线36件、平安建设系统曝料5047件，浙江政务服务APP的注册数已达19300人。

3. 平安建设不断加强。开展每年春、秋两季安全生产大检查等工作，共检查企业1700余家，各类场所68家，签订安全生产责任书1352份，排查隐患共3074处，完成整改2877处。开展专项整治可燃爆金属粉尘18家，涉液氨企业9家，喷涂作业完成整治4家，危险化学品7家，整治简易升降设备7台，淘汰改造各类老旧锅炉76台。劳动保障接受投诉案件总数437件，调处纠纷案件318件，累计金额553万元左右，成功调解职工死亡重大案件11起。集中开展了“一巡三查”、“志愿汇”等一系列信访维稳工作，截至目前，我区开展信访维稳研判会议15批次，领导接访4批次，全面排查矛盾纠纷90人次，化解5起，信访维稳总体形势比较稳定。针对各种行业的重点场所开展了6次地毯式的消防安全隐患排查行动，共计出动人数1409人次，下发责令改正通知书880份，处罚133家，关停3家，拘留15人，罚款单位37家，罚款个人96人，确保开发区火灾形势持续稳定好转。以健全群防群治组织、推广“平安浙江APP”、签订综治责任书、覆盖安装村级监控和建筑行业、食品药品、环保生态安全管理等为主体的平安创建活动蓬勃开展，群众安全感较大幅度增强。

2019年，经济开发区将继续贯彻十九大报告精神，按照新发展理念要求，以高质量发展为核心，紧紧围绕“打造中国乃至世界五金制造高地”的发展目标，按照市委、市政府的决策部署，立足园区实际，深入调查研究，努力克服困难，持续推动科技创新、智能制造、产城融合和绿色生态，具体抓实大项目推进、增长点培育、发展空间拓展、服务环境优化、绿色生态提升和干部队伍建设，全面提升发展品质，努力推动实现开发区经济社会各项事业的高质量发展。

（永康经济开发区管委会）

2018年江山经济开发区发展概况

一、概　况

2018年，江山经济开发区实现规模以上工业总产值96.78亿元，累计增长17.2%；累计完成固定资产投资14.6亿元，其中，工业投资完成11.9亿元，政府投资2.7亿元。高新技术产业完成投资2.89亿元，占固定资产投资比重19.8%，占工业投资比重为24.3%。实现税收收入5亿元，同比增长25.7%，其中，一般公共财政收入2.1亿元，同比增长25.5%。

二、主要工作

（一）抓载体建设，平台能级有提升

一是强化平台创建。成功创建省军民融合产业示范基地，成功获批创建省级智能装备高新技术产业园，成为衢州市、县（市、区）中首个获批创建的开发区。二是完善平台配套。中机国能正常供热，江东工业园32家企业实现集中供热；城南集中供热项目年内完成了近15公里主管网及9家企业内部管网建设。城南菜市场、东岳广场建成投入使用；开发区小学、健盛幼儿园主体基本建成；莲华山公租房动工建设；木门产业创新服务综合体完成内部装修。蓝领公寓、城南大型商业综合体、小微园二期、铁路物流园区、公跨铁路立交桥等项目有序推进。三是加速平台孵化。科创园被评为省级小微企业创业创新示范园，年内新引进卅川电子、中承智能装备、科士杰电子科技、光驰通信、安选科技5个项目，冠旗纳米、美阳光电2家孵化企业成功在园区落地建设；电商园新引进票管家、优甫商贸、禾田电子3家电商企业；小微园新引进明润轴承、深奥电子、新竹洲等一批高科技企业。

（二）抓规划引领，发展空间有完善

按照连片开发、产城融合的工作思路，拟将开发区规划面积调整为57.8平方公里，方案已编制完成并上报省商务厅审批。完成江东工业园控规调整并报经市政府批复同意；完成门艺小镇控规编制并获市政府批复同意；江山—柯桥山海协作产业园发展规划获市政府常务会议通过。

（三）抓转型升级，企业培育有实效

一是股改上市稳健。园区摸排出上市重点培育企业24家，康慈医疗被上市公司万邦德新材股份有限公司收购；杰圣光电、富达化工完成股改；科润电力、天际互感器IPO有序推进；科力公司完成财务规范化管理提升。二是内增动力强劲。全年完成24家企业“小升规”；锐帆电力、叶力机械、金冠变压器、博奥电气、森源电气、源光电气、金链精密、骏驰纸制品8家企业新进高新技术企业行列，4家企业被列入培育库。实施智能制造项目12个，总投资3亿元，天际互感器智能工厂、科力车控数字化车间等项目已初显成效。

（四）抓招大引强，招商引资有成果

一是聚焦产业转移。聚焦杭州、上海等地产业转移，相继引进杭州萧山的总投资12.5亿元的永利百合产业园项目、总投资1.55亿元的杭州迈特汽车零配件项目、总投资1.2亿元的千彩铝卷等5个项目。二是聚焦平台创建。聚焦省级高新技术园区创建，相继引进总投资1.2亿元的佶可特真空设备生产线项目、总投资1.45亿元的冠旗纳米生产线项目、总投资7000万元的美阳LED灯生产线项目、总投资7000万元的禹万川环保建材项目等5个项目。三是聚焦链条缺补。相继通过欧派公司引进总投资3.5亿元的王牌家居产

业园项目、雷士照明引进总投资1.8亿元德加电子、广东商会引进总投资7500万元的东江消防3个项目。

（五）抓向上对接，要素争取有成效

一是争取土地指标。积极申报省重点建设项目，向国土部门上报争取土地指标，全年共争取用地指标381亩。永利百合链传动产业园被成功列入2018年省重点建设项目增补计划。二是向上争取资金。全年累计向上级部门争取资金4650万元，其中江山—柯桥山海协作产业园获得补助资金1400万元、开发区小学项目到位3000万元中央预算内财政资金、污水管网改造项目获上级补助资金250万元。

（六）抓全链管理，项目建设有突破

一是统筹谋划项目盘子。全年排出69个涉及重点产业类、生产性生活性服务业以及重大基础设施类项目，其中产业类项目46个(同比增长53.3%)、政府性投资项目23个，总投资132亿元(同比增长16.2%)，年度计划投资41.34亿元(同比增长15.3%)，项目投资额度较2017年有较大幅度增长。二是成立专班倒逼推进。建立重大项目工作专班，实行“一日一交流、一周一例会、一月一督报、一季一总结”，解决项目推进中遇到的问题和困难，快速推进永利百合产业园、王牌产业园、名雅居产业园建设；欧派产业园一期、健盛产业园一期建成投产，实现年初预期目标。年内项目开工率达90%以上。

（七）抓营商环境，企业服务有氛围

一是项目落地高效审批。企业服务中心共办件850件，服务2400多人次，共受理工业投资备案项目115个。实施“标准地”改革，全面提高项目落地效率，2018年有11宗土地实现“标准地”供地。二是为企服务硕果累累。完善网格化管理工作方案，细化网格员工作考核办法，规定每个月第一个星期二为“入企服务日”，经常性走访企业，为企业排忧解难。2018年企业向开发区提交问题较往年有大幅度增加，共收集企业反馈问题130多个，大部分问题都得到了有效解决。

（八）抓克难攻坚，征迁收储有硕果

一是拓展发展空间。聚焦清湖、虎山、莲华山、江东、自主实施5大区块，累计完成土地征收2356.9亩、拆迁农房75户、迁移坟墓210穴。二是保障项目开工。全年实现浙西公铁联运物流园无水港项目、莲华山15号路和横山支路项目、莲华山8号路9号路项目、莲华山EN12区块外围道路项目、莲华山贺兴南路区块等7个项目清零。三是盘活存量企业。针对僵尸企业或低效闲置用地企业，加大“腾笼换鸟”力度，全年共收储企业6家，收储国有土地126.6亩。

（九）抓隐患治理，企业整治有力度

一是铁腕实施企业整治。全力推进门业整治，涉及32家门业企业全部整治到位；整治完成“低、小、散、乱、差”等“四无”企业20家；结合上年度企业综合绩效评级及亩均税收等依据，对16家企业限电，其中3家停电。二是保持安全生产。持续推进重点领域风险分级管控和隐患排查治理双重预防机制建设，全年共签订责任书260余份，累计检查企业600余次，整改消除一般隐患2800余处，完成2项省级挂牌督办重大隐患整改验收。三是集中提升雨污分流。以创建省级污水零直排区为契机，集中开展园区排水管网大排查、大整治专项行动，相继完成江东工业园所有企业管网整治、山海协作园43家企业内部管网排查；完成清湖大道辅道和莲华山大道江滨路段污水管网建设1.1公里，雨水管网建设0.75公里。

（江山经济开发区管委会）

2018年龙游经济开发区发展概况

2018年，龙游经济开发区按照“五年打基础、五年求突破、五年争崛起”的“三步走”战略，始终坚持工业发展是龙游命脉的理念，加快产业集聚和产城融合。立足于高起点、高标准，强化各类要素保障，优化营商环境，全力打造一流的工业平台。

2018年，龙游经济开发区有工业企业540余家，其中规模以上工业企业125家，累计实现规模以上产值138.9亿元，同比增长14.71%，占全县规上工业产值的63.93%；全年入库税收6.12亿元；全年500万元以上固定资产投资项目120个，累计实现工业投资20.79亿元。累计引进工业项目67个（新增用地项目19个、“腾笼换鸟”项目19个，租赁类项目29个），协议总投资额83.54亿元，项目实际到位资金21亿元。

一、项目为王抓招商

一是围绕产业精招商。依据“一区两块”功能定位，结合县“五大百亿”产业培育规划，聚焦产业集群发展，探索项目生成新路径。按照“一手提升主导产业、一手培育战略性新兴产业”思路，着力引进精密高端装备制造、纸基新材料、绿色食品等能对区域起辐射带动作用，尤其是引领型、补链型的产业项目。扩大本地企业与招商对象地区的合作关系，进行链条式结构放大，从而引进其上下游产品制造商、配套生产、经营企业，促进产业集聚发展。2018年在谈项目涉及特种纸、绿色食品饮料、智能制造、新能源新材料、电子科技等多个产业。先后组建特种纸产业、高端装备制造产业招商小分队赴各地开展重点企业对接洽谈。二是升级合作强招商。拓宽山海协作新思路，加快融入协作发展快车道。围绕龙游—镇海“省级山海协作”大平台、龙游—萧山“杭衢一体化”发展大趋势，实施多层次全方位深度融合对接，积极探寻产业合作新路径。开展国内、省内合作交流，主动承接产业链好项目。目前已促成12个杭州地区项目、2个宁波地区项目落户开发区。三是依托乡情巧招商。充分发挥各地龙游商会、协会的“桥头堡”“千里眼”“顺风耳”作用，依托商会牵线搭桥，推进浙商回归。举办第三届龙商大会和专场项目推荐会，集中签约一批“龙商回归”项目。2018年共19个“龙商回归”项目落地，浙商回归到位资金22亿元，成为助推区域经济快速发展又一引擎。四是活用媒体广招商。积极探索新媒体宣传方式，建立灵活、开放、有时效的宣传新途径。除借助省级以上网站、电视、纸媒等宣传龙游最优投资环境，集中推介龙游招商项目信息，充分利用开发区、产业园两个官方微信公众号及时发布招商信息，逐步尝试应用“企情通”“互联网+”的宣传模式。

二、平台完善快推进

一是强化前期规划。以产城融合概念性规划为蓝图、超级社区为目标，编制《龙游经济开发区超级社区建设方案》，明确建设任务、时间节点。超级社区首期建设项目：职工公寓、综合市场等已开展项目前期工作。二是保障项目落实。结合开发区各项工作实际，成立工程项目推进、招商引资、监督执纪、低效出清、政策兑现等12个工作专班，坚持结果导向，对标时序进度计划，不断提升执行落实效能。三是推进工程建设。全面启动道路景观改造提升、产业创新服务综合体、机器人产业园、小微企业产业园等39个要素保障和平台提升类项目，累计投入约3亿元，进一步强化开发区生产性和生活性配套设施建设，加深产城融合发展。2018年，开发区被列入龙游县"421"行动重点建设项目30个（含实施类22个、前期类8个），计划总投资246.57亿元，2018年计划投资34.31亿元，累计完成32.4亿元。

三、涉企服务再升级

一是深化"最多跑一次"改革。依托开发区企业服务中心，梳理审批事项和办事指南64项，编制《工业服务手册》。启动投资项目和涉企事项"无差别受理"工作，开展营商专员项目代办服务。截至2018年9月底，企业服务中心窗口累计受理24611件，其中涉及项目审批服务业务426件，按期办结率100%。二是完成"企情通"开发及运用。借助"村情通"和全科网格的成功经验，建成集数据统计、在线审批、事件上报等于一体的智慧化管理系统。目前已完成开发区企业数据录入，及园区企业培训、推广和应用工作。三是科研创新助力转型升级。5月，龙游科技大市场正式开业，针对区内企业开展科技专项服务，深入企业调研70多家，开展技术难题和需求征集，共征集技术需求20多项，科技拍卖成果5项，完成200家企业培训，15家企业高新技术申报，发布科技成果200项，解决企业技术难题20项。围绕造纸产业改造省级试点的目标，积极创建省级特种纸产品质量检验中心，发挥省级特种纸产业技术创新服务平台技术转化能力，为园区企业提供检测服务和专利事务服务，开展业务培训和座谈会，更成功申报2019年度省重点研发计划项目两项、市级重点科研项目1项，获批县级重点科技计划项目3项。

四、监督管理讲实效

开发区始终坚持高标准、严要求，狠抓企业管理，多方位、全角度监管区内企业。一是安全生产监管无死角。成功引入安全生产第三方社会化服务，组织开展企业安全隐患排查100余家次，排查隐患279条，落实整改237条，整改率达到85%以上；对31家企业开展县级重大安全隐患挂牌督办行动，并于10月底前完成31家隐患整治到位并摘牌；开展"三场所两企业"专项检查26家次，排查隐患58条，下达整改意见书5份，全部整改到位。二是环境保护监管不停歇。对区内单位与个人环境违法行为进行立案调查，全年累计巡查企业304厂次，现场核实企业在线超标情况60家次，罚款51.5万元，形成打击环境违法行为高压态势。三是税源监督管理全方位。抓好年所得12万元以上纳税人个税自行申报工作，开展2017年度个人独资企业和合伙企业个人所得税、社保费和企业所得税汇算清缴，强化股权转让及资产转让税收征管。抓好欠税费清缴工作和破产清欠工作。四是违章搭建拆除零容忍。借力"亩均论英雄"、企业政策兑现等工作制度，倒逼企业做好违建拆除等工作，全年累计拆除80321.6平方米违章建筑。

（龙游经济开发区管委会）

2018年普陀经济开发区发展概况

普陀经济开发区成立于1991年6月，原称普陀东港经济开发区，1993年11月，省政府批准为省级经济开发区，更名为普陀经济开发区。2014年，在舟山群岛新区大开发背景下，为合理布局、协调发展，加快地区开发建设速度，对普陀经济开发区进行了提升整合，此次深化整合提升区域面积为93.54平方公里，整合形式为“1+3”空间布局：以六横虾峙区块为核心，辐射至沈家门、东港以及展茅各区块。

2018年，普陀经济开发区依托“自由贸易先行区、海上花园会客厅”两大发展优势，秉承高质量发展的理念，实现财政收入32.1亿元，同比增长11.8%；地区生产总值增长7%；规模以上工业总产值201.1亿元，同比增长7.8%；进出口总额71.67亿元美元，同比增长142.1%，其中，出口总额36.1亿美元，同比增长83.9%；实际利用外资2119万美元；固定资产投资136.8亿元，同比增长8.4%。

一、自贸区建设加快推进

2018年以来，普陀经济开发区提高站位，开放引领，创新步伐明显加快。深化制度创新，构建商事登记“1+N”综合受理服务体系，营商环境持续优化。全面深化“最多跑一次改革”，解放思想，改革突破，机制活力日趋增强。企业投资项目“最多100天”实现率100%，“一网办”实现率100%，不动产交易登记实现1个工作日内办结，开展“竣工测验合一”改革试点，审批提速率达94.7%。新设立企业1458家，其中融资租赁企业143家，投放合同融资余额超6亿元。小干岛自贸金融中心项目加快建设；鑫亚船厂携手世界500强瑞士ABB集团设立涡轮增压定点维修中心；中石化全球船供油业务中心挂牌运行，今后每年将有400万吨油在普陀结算，2018年保税油供应量突破280万吨，计划到2020年力争突破700万吨，形成国际化保税油供应市场。发展总部经济，积极引进商贸业区域结算中心。

二、工业经济平稳发展

落实降本减负政策，减免各类税费超5亿元。全力推进鑫亚船舶、正源标准件、金星水产等企业推进自动化数字化技术改造项目，建立一批无人车间，累计投资6.4亿元。推动船舶修造企业整合提升，推进船舶修理脱硫装置组装安装、压载水系统改造等工程，加快建设绿色修船基地。国电海上风电并网发电，拉动电力生产业产值增长5.8%。全年外轮修理781艘，产值增长16%，全国占比25%。扬帆集团成功交付自主设计的全球最大汽车滚装船。炜驰机械完成股改工作，泰和食品挂牌新三板。海士德、冠素堂食品获评“省级‘两化’融合发展示范企业”。推行“亩均论英雄”改革，淘汰落后产能。培育高新技术企业10家、省级科技型企业52家，新增院士工作站2家。水产品市场需求不断增加，企业转型升级不断推进，行业产值增长迅速，成功创建省水产品精深加工产业创新服务综合体，为顺应市场需求，开发区全面推进海洋生物肽产业发展，积极与全国知名高校和科研机构合作成立海洋肽研究所和发展基地，计划打造海洋肽产业园，促进企业产品升级，提高原料利用率和附加值；加强人才培育，引进国际顶尖人才3人、国家级杰出人才4人、“国千”2人、“省千”3人、院士和外国专家4人。

三、推动新旧动能转换，紧抓招商工程

紧扣“2＋4＋X”产业方向，牢固树立招商引资“一号工程”不动摇，以重点区域、重点平台、重点产业为主线，打破惯性思维，集中力量引进一批大项目、好项目，特别是先进制造业，为普陀经济开发区经济持续发展打下坚实基础。做实做优做强产业平台，优化普陀海洋生态创新谷、大健康产业园、国际健康产业中心等平台产业结构和功能布局。普陀大健康产业园扩容提质，国际健康产业中心投入运营，集聚精准医学、细胞治疗、高端体检等重点项目45个，普陀海洋生态创新谷加快建设，品级基因、腾宇航天新材料、炜驰汽车零部件等项目投产运行。发挥波音项目带动作用，积极引进航空制造及配套产业；依托船舶海工、水产品精深加工等传统产业基础，大力引进高端装备、海洋电子信息、智能制造、生物制造等项目。在项目推动和招商成果转化方面取得了优化和突破，霍普金斯干细胞项目、树兰国际医学中心项目等重大产业项目、锐赛生物等项目取得重大进展。普陀湾众创码头成功入围国家创业孵化示范基地，在全省率先建成转业退伍军人创业园。

四、实施重大项目攻坚工程

始终牢固树立“抓项目就是抓发展、服务项目就是服务发展”的理念，坚持以项目攻坚为主线，通过“三重”项目攻坚、加快重点项目建设。全面启动普陀健康养老综合体项目、展茅鱿鱼加工项目，11家企业中有9家已基本完成主体工程；炜驰汽车零部件及配套生产项目已全部完工，正实施生产计划；美丽海岛田园综合体项目，所有子项目均已启动。加快推进半升洞高端休闲街区项目、欢乐海洋大世界、彩虹鱼深海科技城一期、东白莲岛油品储运、虾峙岛临港产业基地、百里滨海大道（普陀段）等项目。其中半升洞高端休闲街区项目，由宝龙地产实施建设，总投资25亿元，用地面积152.8亩，建立独具渔港风情的街巷式商业街区、高端地标式酒店、高品质住宅小区等。项目建成后，将成为普陀“海上花园会客厅”的新名片。

五、城市配套逐步完善，民生福祉不断增进

推进城乡建设，深入开展环境整治。一是推进城市配套建设。百里滨海大道（普陀段）陆上标段基本贯通，329国道（普陀段）、普陀至开化公路朱家尖段建成通车，鲁家峙至东港、展茅至东港、城北支一路等8条交通道路加快建设，鲁滨南路、鲁港路等断头路顺利打通。岭陀隧道、天吴隧道、普陀—新城交界等入城口改造完成。鲁家峙北岸线、东港一期防浪堤完成亮化提升。建成滨港路、银港街、莲花路精品示范街（路）。东港海滨公园获评“省优质综合公园”，建成鲁家峙文化公园等4个特色公园。二是深入开展环境整治。扎实开展城乡环境十大整治行动，城中村改造三年任务两年完成，建成瑞祥家园安置小区，加快推进新塘、上戚家安置房建设。完成沈家门游泳池、东港兴业花园老旧小区改造。纵深推进“三改一拆”，拆后利用率达92.5%。开展整洁田园、整洁村庄专项行动。渔农村生活污水处理设施运维管理获全省优秀。虾峙、六横蛟头等通过省级小城镇环境综合整治验收，获评“省级小城镇环境综合整治优秀县（区）”。三是不断强化生态保护。深化蓝色海湾专项整治，推进近海海域污染防治。建成5条品质河道，东港景观河获评省级“美丽河湖”，六横镇获评“省剿灭劣V类水工作突出贡献集体”。贯彻落实治水治污大会战的工作方案，完成“污水零直排”的最终建设目标。改造污水管网23.7公里，规范化整治提升入海排污口5个。展茅3000吨/天应急污水处理设施建成运行。19家小船厂和79家虾皮加工户整治任务全部完成，船舶、汽车、化工等企业危废规范化集中管理。

（普陀经济开发区管委会）

2018年仙居经济开发区发展概况

2018年，仙居经济开发区高举习近平新时代中国特色社会主义思想伟大旗帜，以党的十九大精神为指导，贯彻落实中央、省、市、县经济工作会议精神，围绕"做大总量、做强产业、完善机制、提档升级"的总体要求，以"绿色化开发区建设突破年"活动为载体，大力推进六大攻坚行动，基本完成年度目标。获评"浙江省重点文化产业园区""台州市'500精英'创业园"。

2018年，全区企业实现销售158.5亿元，同比增长26.17%；税收入库10.4亿元，同比增长18.19%。其中，招商引资企业销售37.5亿元，同比增长18.2%，税收入库1.69亿元，同比增长23.95%。

一、全面加速小微园建设，促传统产业转型升级

（一）规范管理，提速保质推进小微园建设

以加快推进传统产业转型升级为导向，努力形成工艺、橡塑、医疗器械、新材料等产业集聚、协同发展为目标，按照规模合理、适度超前的原则，根据园区地理位置、特色产业等因素，合理规划，科学布局工艺小微园、橡塑小微园、医疗器械产业园工业地产、高新技术创业园、横溪小微园五大小微园，总占地面积约654.32亩，建筑面积约91.96万平方米。

（二）科学谋划，提升小微企业配套服务水平

一是创建并获得市级审批通过"500精英计划"创业创新园。二是科学谋划，合理经营，全面开展工艺、橡塑小微园销售工作。前期深入开展市场调研并根据实际情况，委托有资质的评估公司进行厂房、配套设施销售价格测算评估，并上报县政府审批确定。三是完成工艺小微园及配套项目、橡塑小微园模型制作、房地产开发资质办理、制定《仙居县经济开发区孵化企业入园管理办法》等工作。目前，正式入驻工艺小微园22家，面积4.8万平方米；工艺品意向入园报名企业161家，橡塑意向入园报名63家，其他意向入园配套报名企业56家。

二、坚持招商选资"一号工程"不动摇

进一步强化招商选资"一号工程"，坚持招大引强、选优、引资、引技、引才相结合原则，不断创新招商方式，多渠道加强合作交流，尝试以赛招商、高新技术项目有偿招商、代建产业园招商等方式开展招商选资工作，举办了医疗器械创业创新大赛，通过以赛引才、以赛招商方式，招引更多高端医疗器械项目落户产业园。2018年，共引进项目24个，总投资17.5亿元。其中，县内项目5个，招商引资项目19个；落地项目12个用地442.39亩，孵化项目9个用地12700平方米，租用厂房项目3个用地9221平方米。京东浙南电商运营结算中心项目已签订意向协议，一期用地500亩。北京伟德杰、伟杰信生物科技有限公司由在美国科研院校和世界顶尖的生物制药公司有多年科研与管理经验的留美博士创建，项目落户在永安区块。

三、狠抓低效工业用地处置工作，发展潜力有效挖掘

全面实施低效工业用地及"僵尸企业"处置攻坚行动，加速挖掘高质量发展潜力。自加压力全面完成89家低效工业用地企业处置工作，占

地面积1242.21亩。其中,源众药业签订追加投资协议,追加投资金额为1.7亿元;雄达电器已签订收储协议,待收储资金到位后,正式进行收储;慧欣机车和慧欣工贸已经过法院拍卖,引进了新项目。据统计,全年开发区89家低效用地企业销售收入27.24亿元,同比增加66.17%;税收1.22亿元,同比增长95.27%,亩均税收达到5.99万元。

四、抓牢项目建设,高质量发展动能有效释放

以重大产业项目为抓手,挂图作战,盯紧关键节点不放松,做好促建促产工作,全力促进高质量动能释放。全年共谋划浙大基础医学院创新实践基地、京东数字经济产业园、工艺橡塑小微园3个10亿元以上项目,总投资40亿元,总用地面积1230亩,安排仙药、神洲药业等新建续建重点项目12个,仙琚制药、神洲药业等续建项目都已投入试生产,兴宇汽车、金晟环保、东景、得乐康等项目一期主体工程基本完工;博达异形、优亿、一洲、君业药业、清和一期、奋达等项目开工建设;正在办理危废焚烧项目和清和二期项目前期手续。完成高源、连通、鸿州橡塑、飞天4家"零增地"企业手续办理,其中高源、连通两家企业已顺利开工建设。开展"标准地+承诺制"改革试点工作。以最精简的手续、最短的时间促进企业开工建设,完成了工艺小微园一期等3个地块共197.114亩土地摘牌,且完成了施工许可证办理并开工建设;目前正在办理欧霖、康倍宝等10个企业的建设手续,工艺、橡塑小微园的配套项目正在土地出让公示阶段。

五、大力推进要素保障攻坚行动,夯实发展基础

(一)空间拓展有效推进

政策处理方面完成了下各工艺、橡塑小微园一期土地进场清表,泰和路以西、金晟环保以南地块约120亩土地进场清表、围墙建设及政策处理费用结算,杨府村、岩头下村仙通项目10亩土地进场清表,黄梁陈区块规划三路以北地块填土及围墙建设,一都新材料及周边150亩土地征地补偿协议签订,横溪已批68亩土地进场清表,下手山白塔谷岩村114.672亩土地、官路永狮村1.2405亩土地、田市4.9605亩土地征地协议签订及田市吴桥下村土地青苗款发放等工作;基本完成了大路商务中心一期67亩土地青苗款发放,仙药地块楼下园村、杨府村约50亩土地青苗款发放,楼下园村鸿雁地块约110亩土地青苗款发放等工作。

土地报批方面完成下各工艺、橡塑小微园一期,上官村庄北面已通过土地林地审批;完成京东仙居数字经济产业园一期500亩土地农转用报件上报;全年总供地554.822亩。

创新园区整合方面完成下各创新园区整合并入开发区,全面推进园区内企业消防安全、安全生产和违章搭建等摸排工作,并完成创新园区控规编制。

(二)基础配套不断完善

全年共续建、新建项目21个,其中车头(大战)至现代污水管道工程,司太立大道改造工程等10个项目已完工,标准厂房1#楼、白塔服务中心等4个项目在建。现代区块已全面完成后丁安基础设施建设;永安区块完成消防中队搬迁,下各区块两路10千伏跨江线路铺设,标准厂房1#楼正在结顶;白塔区块服务中心项目正在进行外墙涂料及设备安装,完成初验,白塔区块至县城污水管道工程已完成;横溪区块园中路工程完工。各项基础配套设施工程的逐步落实,为企业的综合发展、开发区的绿色跨越提供了新的保障。

(三)发展环境进一步优化

严格落实服务企业"四个零"工作机制,深入开展"五问五心"活动,为企业提供了科技、人才等从建设到生产经营全方位"妈妈式"精准服务。2018年以来,企业联系人共走访企业超过1000家次,统计小微企业贷款需求,联合县金融办召开信保基金业务推介会,帮助企业与银行等机构对接;积极帮助解决区内各企业近90名外来务工员工子女就学问题。全程代办到位22家企业的施工许可证、10家企业的竣工验收,14家企业的不动产权证;正在帮助12家企业解决"两证"

历史遗留问题。

（四）安全生产工作扎实推进

一是健全制度，成立了开发区安全生产工作委员会，建立了网格化管理制度，对开发区的安全生产、消防安全工作实施三级网格化管理，明确工作职责。二是加大宣传力度，以两个“百日行动”为抓手，大力宣传普及安全生产及消防安全知识。三是加大行业隐患排查和专项整治工作力度。针对工艺品行业性质，7月份成立了工艺品城区域性隐患整治工作领导小组，开展专项整治工作。共检查工艺品城内企业59家次，发现隐患295条，下达《责令限期整改指令书》57份，完成整改复查15家。有效地遏制了低水平事故重复发生，促进了开发区安全生产和消防安全形势稳定向好。

六、全面落实从严治党，狠抓党建工作

（一）全面落实从严治党，层层压实责任

党工委和管委会领导班子高度重视党风廉政建设工作，把加强党风廉政建设作为全面加强党的建设、践行群众路线、促进开发区发展的大事来抓。通过成立领导小组、召开全面从严治党专题会议、签订责任书等多种方式，压实责任，形成了“一把手”负总责、上抓下、层层分解的良好工作格局。

（二）红色引领绿色发展，做好非公企业党建工作

完成非公企业党组织关系接转工作。顺利完成企业党组织关系接转工作，截至2018年底，开发区党工委下有党支部58个，党员总数595人，托管党委2个（仙药、新农），其中仙药党委党员数311人、新农党委党员数80人。

做好双覆盖“集中攻坚月”专项工作。一是加强领导，抓好部署落实。二是重新排摸，深挖组建潜能。制定《仙居县经济开发区管理委员会非公企业党建工作联系人制度（试行）》，结合开发区企业联系人制度，对企业进行重新排摸，目前已通过挂靠党群服务中心联合支部模式完成覆盖。三是突破难点，有效推进组建。把招商引资企业作为重点，最大程度推进党的组织工作全覆盖，目前单独组建党组织3家，建立党群服务中心联合支部1家。

非公企业党组织队伍不断壮大。顺利开展了2018年度入党积极分子公推优选、应知应会考试工作，按时按程序完成21名积极分子的转预备工作，完成33名预备党员的转正工作。

（三）夯实队伍建设，发挥党员战斗堡垒作用

一是广泛推行亮党员身份、承诺践诺、党员设岗定责等做法，引导干部职工立足岗位、对标看齐。二是组织开展“最多跑一次”改革党员志愿服务活动，各党员干部切实承担起了企业运行的监测员、企业项目的代办员、企业难题的联络员、有效投资的推进员作用。

七、其他方面工作

（一）公共管理职能进一步加强

2018年收缴卫生费93万余元，完成开发区300组智慧充电桩的安装；完成开发区绿化带白蚁防治、区内垃圾清运、清扫以及绿化养护、农民工公寓物业等招投标工作；完成二号路沿河景观房的收回以及出租工作。同时与杭州大江东人才市场签订合作协议，将农民工公寓综合楼建设成仙居县经济开发区人才服务中心，以解决企业招工难问题。

（二）信访维稳工作平稳有序推进

加强信访维稳工作，突出问题导向，化解各类纠纷。全年处理企业劳资及安全事故纠纷25起，处理12345热线信访件26起。

（仙居县经济开发区管委会）

2018年头门港经济开发区发展概况

2018年，头门港经济开发区紧紧围绕建设“浙江湾区经济发展示范区”奋斗目标，以项目建设和队伍建设为主抓手，统筹推进三个“聚焦”，港产城湾融合发展态势进一步显现。主要经济指标增速超过25%，其中规模以上产值突破500亿元大关，占到临海市总量的一半以上。开发区全年工作取得“满堂红”，实现了发展新跨越。

一、狠抓项目攻坚，发展动能不断增强

以“百大项目、百团攻坚”行动为载体，全力以赴攻坚项目，干出了头门港力度和头门港速度。全年共安排重点项目133个，5亿元以上项目21个、10亿元以上项目8个，项目数量、体量在临海市占比均超过15%。以全面落实“妈妈式”服务为着力点，深化“五个一”工作机制，攻克了滨海第一大道道路提升工程项目交叉变更多、万盛新老厂区间隔远和原料运输困难等一大批项目堵点难点，保障项目有序推进。开发区全年竣工项目11个，新开工项目27个，实施类项目开工率达86%。

二、狠抓产业提升，经济活力不断释放

平台开放能级不断提升。国家级经济技术开发区创建和台州综合保税区申报工作取得阶段性成效。传统产业优化升级。吉利汽车临海产业园30万辆扩建项目提前半年建成达产，配套企业达到17家。医化产业向高端挺进，江北南海药业、伟锋药业等一批原料药项目即将建成，加快向现代医药制造模式转变，完成125个车间改造。港口开发取得突破。10万标辆汽车运输能力的滚装码头完工，成功首航，2个5万吨兼靠7万吨级码头加快建设，海事监管基地、溢油应急设备库建成。五星金属交易中心落地营业，大宗物资交易市场引进实现“零的突破”。首条班轮航线正式开通，“公铁水多式联运工程”成为国家示范项目，货物吞吐量超200万吨。全年实现出口额6.1亿美元，出口超亿美元企业1家、超千万美元企业13家。招商选资扎实推进。引进国华远合建筑等项目11家，出让土地748亩，协议总投资31亿元，其中投资5亿元以上项目3个、2亿元以上项目3个。累计合同外资2.66亿美元，实际利用外资2.36亿美元。生态发展水平稳步提升。启动第二轮“环保整治三年行动”，重点推进地下水和废气无组织排放治理，环保立案24起，对9家企业进行停产或限产整治，共罚金127万元。

三、狠抓城市建设，发展环境不断完善

基础设施进一步提质。城市启动区的场地填筑全部完成，新建道路21公里，道路白改黑提升改造14公里，启动区城市框架成型。同时提升城市绿化亮化，改造和新增绿化面积107万平方米，新建路灯2110套，83省道绿化工程完工。金沙湾诗意小镇整体合作开发协议签订。服务配套进一步完善。台州学院附属中学头门港分校开工建设，基本商定共建台州学院头门港产业学院。五星级酒店、公交首末站、供电大楼开工，加油站即将开工，汽车文化广场土地成功摘牌。累计建成安置房1060套，建成及在建商住房屋面积42万平方米。城市特色进一步凸显。白沙湾海滨公园海岸带整治一期完工，湖底清淤开工。建成“三

水一岛一花海”，2座河道公园完工，北洋河道公园水系整治完成，大竹山岛生态提升工程完工，花海建成一期。“融汇”“逐浪前行”城市雕塑小品建成。

四、狠抓平安建设，社会稳定基础不断夯实

安全生产检查引入新模式，投入30万元组织省级专家对43家危化品企业开展安全生产大检查、大整治、大提升专项行动，全年检查企业发现并整改隐患1620条，26家企业整厂或局部停产整改。交通安全管理水平提升，投入2000万元改造道路交通安全设施及视频监控系统，并对辖区内的工程车安装右侧感应雷达。开展安全生产和消防安全检查。同时，智能监管水平提升，智慧园区应急指挥中心土建全部完工，建成电动车智能充电桩777套。劳资矛盾得到有效化解，农民工劳动合法权益得到保障。

（头门港经济开发区管委会）

第七编

省级商务研究、服务机构工作概况

2018年浙江省散装水泥发展中心工作概况

简　介

浙江省散装水泥办公室成立于1980年，为浙江省商务厅的下属事业单位。2018年底，更名为浙江省散装水泥发展中心，主要职责为：

贯彻执行国家和省关于发展散装水泥、预拌混凝土和预拌砂浆的法律、法规、规章等方针政策并组织实施和监督检查。负责全省散装水泥发展和应用的具体管理工作。

负责编制全省散装水泥、预拌混凝土和预拌砂浆发展规划，并组织年度计划的实施；负责对全省新建、扩建、改建水泥生产项目、预拌混凝土和预拌砂浆生产项目以及散装水泥中转配送站规划审查的管理，并负责对水泥生产项目的散装发放能力和新建预拌砂浆生产项目的设计生产能力和散装发放能力的审查的管理。

负责全省禁止现场搅拌混凝土、砂浆工作。

负责全省散装水泥、预拌混凝土和预拌砂浆专用车辆安装和使用行驶记录装置的管理；负责全省散装水泥、预拌混凝土和预拌砂浆专用车辆驾驶人业务技能和安全培训的管理。

负责全省发展散装水泥、预拌混凝土和预拌砂浆技术装备的科研开发、成果的推广应用，协同相关部门制定行业标准等；负责全省发展散装水泥、预拌混凝土和预拌砂浆示范市、县（市、区）及示范工程的培育和组织推广。

按国家及省有关规定负责征收、管理、使用散装水泥专项资金。

负责全省散装水泥、预拌混凝土和预拌砂浆现代物流体系的建设。

负责全省散装水泥、预拌混凝土和预拌砂浆在农村的推广和应用。

负责全省发展散装水泥、预拌混凝土和预拌砂浆的信息交流、宣传教育、职工培训、统计管理。

负责全省散装水泥、预拌混凝土和预拌砂浆发展和应用中出现的重大问题的组织协调。

各项指标完成情况

2018年，预计全省水泥散装率为82%，位居全国省区第二；预拌混凝土供应量为2亿立方米，同比增长8%。预拌干混砂浆产量1000万吨，同比增长22%。主要指标位居全国前列。

全省散装水泥发展和应用领域可实现节约标准煤423.34万吨，节省水泥用量1235万吨，减排水泥粉尘98.49万吨、二氧化碳441万吨、二氧化硫0.33万吨；循环综合利用工业固体废弃物3600万吨，创综合经济效益44.10亿元，为节能减排和美丽浙江建设作出了新贡献。

主要工作及成效

（一）未雨绸缪，组织召开全省工作会议

为促进散装水泥事业发展，2018年5月，协助省商务厅组织召开了全省散装水泥发展和应用工作会议暨预拌砂浆进家装现场会，全省散装水泥行政主管部门分管领导、散装办负责人及15个省级相关部门和新闻媒体代表应邀参加，会议人数达230余人，徐高春副厅长莅会指导并讲话。会上提出了2018年全省散装水泥发展和应用工作必须坚持以习近平新时代中国特色社会主义思想为指导，紧密联系十九大报告提出的“加快生态文明体制改革，建设美丽中国”总要求，遵循创新、协调、绿色、开放、共享的发展理

念，围绕“美丽浙江建设”、“文明城市建设”、“平安浙江建设”、大气污染防治、“五水共治”等主题，坚持“八八战略”总纲，继续深入贯彻《浙江省促进散装水泥发展和应用条例》，全面实施《浙江省散装水泥、预拌混凝土和预拌砂浆发展“十三五”规划》，聚焦聚力高质量、竞争力，深入推进行业供给侧改革，突出抓重点、补短板、强弱项，切实提升我省预拌混凝土、预拌砂浆和水泥预制构件“三位一体”科学发展水平，为我省在经济发展新常态下，实现经济稳步增长，促进行业转型升级和生态环境的改善作出应有贡献。

（二）服从大局，积极做好机构改革工作

在省商务厅党组的正确领导下，在厅人事处的具体指导下，散装水泥办公室面对改革，立足正面引导，始终保持人员思想稳定、机构队伍稳定，找准工作定位，更好地履行法律赋予的职责，以积极的心态支持改革；认真做好有关机构改革的准备工作。一是进一步厘清“权力清单”和“责任清单”。依据机构编制“三定”方案、国家法律、国务院法规、《浙江省促进散装水泥发展和应用条例》、国家部委规章等，进一步厘清“权力清单”和“责任清单”，完善内容，并及时与省编办、省法制办对接，严格按照省行政类事业单位改革领导小组的要求填报相关表格。二是拓展责任清单内涵。结合省委省政府“美丽浙江”、“文明城市”、“平安浙江”建设中涉及我办的工作以及推进行业清洁生产、安全生产等新的工作载体，积极拓展职责清单。三是积极主动向省商务厅汇报本办对机构改革的相关意见和建议，以便行政主管部门及时掌握散装水泥办公室在本轮机构改革中的基本诉求。四是定期与编办保持密切的沟通。充分发挥主观能动性，积极主动汇报，凸显散装水泥工作的重要性、必要性及工作内涵。11月8日，省商务厅通报了省散装办机构改革情况，原省散装办“对省管建设工程违法现场搅拌混凝土、砂浆的行政处罚；对违法使用袋装水泥、袋装普通干混砂浆行为的行政处罚；对省管企业专用车辆所有人或管理人使用未经业务技能和安全培训的驾驶人驾驶专用车辆等行为的行政处罚”的三项行政处罚权力划归省商务厅，其余10项职能继续履行。继续保留省散装办（中心），改革达到了预期效果。

（三）多措并举，推动砂浆行业健康快速发展

一是着力培育市场主体。全年指导新建预拌砂浆生产企业8家。二是加大执法力度，严格依法禁止现场搅拌砂浆。全年共检查建设工地600余个，下发整改通知书46份，实施行政处罚2起。三是完善标准体系，规范行业管理。对2017年的质量抽检结果进行了通报，对质量抽检连续两年或以上不合格的2家预拌砂浆生产企业进行了约谈，并在全省散装办系统内予以公告。同时顺利完成111家企业的预拌砂浆产品质量抽检工作。四是适时组织全省预拌砂浆生产企业实验室主任和试验人员培训，共2期263人，提高试验室人员对预拌砂浆生产质量控制水平。五是加快预拌砂浆进家装进程。2018年首先会同预拌砂浆生产企业加大了对装修公司和居民的宣传力度，分别从经济和环保的角度展示预拌砂浆的好处，并与预拌砂浆生产企业、装修装饰公司开展专题联合探讨，摸索生产、销售、施工一体化商业模式，以加快形成推动预拌砂浆产业发展的市场机制，采用先进工法工艺，扩大预拌砂浆在家装工程中的应用份额。严格预拌砂浆产品质量监管，鼓励企业继续开展适合家庭装修预拌砂浆产品研究，降低成本、提高效率、保证质量。各级散装水泥管理部门通过积极实施预拌砂浆进家装试点工作，产生带动效应。各市均推出了2—3个预拌砂浆进家装应用试点。

（四）扩大试点，加快推进预拌混凝土下乡

一是营造绿色建材下乡的良好氛围。坚持不懈地开展宣传活动，要求各市、县（市、区）要与当地生态文明、美丽乡村建设和农村综合整治、提高农村发展质量结合起来，积极争取各级领导的重视和社会各界的支持，用好用足相关的政策。把重要的集镇、中心镇，以及建设体量较大的区域作为宣传的重点，用好各类宣传载体，扩大绿色建材下乡的社会影响力。各级管理部门、社团组织主动融入当地社会诚信体系建设，加快行业信用建设步伐，实现企业信用体系建设共享机制，共同营造良好的市场竞争环境和绿色建材下乡的氛围。二是积极培育农村绿色建材市场。积极引导相关企业，按照建筑工业化发展，推行建筑全装修，禁现工作等要求，以及当前农村建设对绿色建材的需求，加大市场的培育力度，发挥好绿色建材在美丽乡村建设中的基础性作用。三是创新市场营销模式。建立通畅的物流配送网络体系、企业配置部分小型的搅拌车和混凝土泵车，确保预拌混凝土进村入户。四是扩大预拌混凝土下乡试点范围。围绕乡村振兴战略，推动企业建设面向农村的预拌混凝土供应服务体系，预拌混凝土下乡试点工作有序开展，成效显著。

（五）创新引领，全面提升预拌混凝土行业清洁生产水平

我省在全国首推预拌混凝土行业清洁化生产，按照“全封闭、内循环、零排放”要求扎实推进。一是全力以赴加快改造进度。督促各市县散装办要加强本区域内企业清洁化改造总体推进力度，全过程服务企业的改造，包括改造方案的制定、计划的安排、项目的实施，并严格按照相关通知要求向我办定期报送改造工作进展情况，以便我办统筹安排。对改造进度明显滞后的市，责成说明情况，提出切实可行的整改措施。二是组织专家开展全省预拌混凝土行业清洁生产示范项目验收工作。对全省40家申报示范企业进行了验收，最终34家获得通过。三是及时通报了全省预拌混凝土行业清洁生产改造验收结果。浙江省商务厅等4部门联合通报杭州山鑫水泥构件有限公司等11家企业通过浙江省预拌混凝土行业清洁生产技术创新中心验收，杭州山鑫水泥构件有限公司等34家企业通过清洁生产“示范企业”验收，杭州三阳混凝土有限公司等146家企业通过第一批清洁生产“达标企业”验收。四是组织省清洁生产专家指导衢州市新建混凝土企业的清洁生产验收工作。截至2018年10月底，全省共有在产预拌混凝土生产企业519家，其中有430余家已完成清洁生产改造，完成比例达到了83%。预计至2018年底，全省预拌混凝土企业完成清洁生产改造比例基本达到95%以上。

（六）积极培育，推动装配式水泥预制构件发展

一是抓住建筑工业化发展机遇。推动散装水泥发展和应用工作向装配式水泥预制构件生产领域延伸，拓展散装水泥管理机构的职能。二是积极培育水泥预制构件生产企业。重点引导预拌混凝土生产企业向水泥预制构件生产领域拓展，为绿色建筑、装配式建筑产业发展提供支撑。2018年全省新培育装配式水泥预制构件生产企业3家（衢州宝红预制构件有限公司、瑞安市天翔新型环保材料有限公司、丽水金立圣水泥制品有限公司）。

（七）紧盯安全，提升专用车辆管理共治水平

一是根据省委建设平安浙江领导小组办公室要求，2018年将专用车辆管理纳入省委对各级党委、政府平安建设管理的考评范围，散装水泥专用车辆发生亡人交通事故的，每起扣2分，每增加死亡1人扣3分。这是省委、省政府对专用车辆安全管理工作提出的新要求，也是对散装水泥行业多年来努力做好这项利国利民工作的鼓励和鞭策。为此，我们认真总结经验，全面提升专用车辆“互联网＋安全”共治管理水平，适应平安浙江考核需要，确保专用车辆致人伤亡人数大幅下降，更好地维护人民生命财产安全。5月22日召开了专用车辆共保体建设工作座谈会，省保监局、省保监协会、人保浙江分公司、太保浙江分公司、国寿财险、中华联合、大地保险、阳光保险、太保温州公司、通运公司等单位参加，征求车辆共保体建设的合理化建议，为全面提升互联网安全共治管理工作水平奠定基础。二是加强驾驶员诚信档案建设，全面落实安全星级制度和荣誉体系建设。各级散装办认真做好企业专用车辆、驾驶员信息审核工作，6月底前，专用车辆驾驶员诚信档案系统向全省开放。三是完成每月监管车辆通报。通过对上线、超速、安全事故情况分析，列出安全管理突出问题县市区名单和企业名单，提出安全整改要求，形成全方位抓安全管理局面。四是完成部分市、县专用车辆防御性驾驶培训。湖州市、桐庐、临安等共培训驾驶员约1000人。五是加强企业安全投入，强化安全主体责任落实。加强专用车辆驾驶《五条纪律》的贯彻落实。加大专用车辆卫星定位系统和右转弯音视频设备安装和正常使用的检查力度。全年各级散装水泥管理机构共检查专用车辆11000余台次，行政处罚6起。

（八）承前启后，做好“十三五”规划中期评估

2018年散装水泥发展中心按照省发展改革委《关于开展“十三五”规划中期评估工作的通知》（浙发改规划〔2018〕169号）文件精神，全面评价行业取得的成效，坚持问题导向、需求导向和效果导向，采用全面评估与重点评估相结合、定性评估与定量评估相结合等方法，重点围绕主要目标、战略任务、产业布局、保障措施等进行全面评估。评估表明，“十三五”规划确定的约束性指标和预期性指标均完成较好，其中建立预拌混凝土清洁生产技术创新中心、培育信息技术服务型科技龙头企业、培育预拌砂浆生产上市企业数量、培育水泥预制构件生产示范企业等指标已经超前达到2020年目标，多项指标快于预期，水泥散装率等指标继续保持在全国前列，预拌砂浆产业快速发展，禁止现场搅拌混凝土、砂浆工作持续推进，专用车辆安全得到有效监管，行业清洁生产和预拌混凝土下乡工作取得显著成效，为我省节能减排，发展循环经济，促进生态文明建设和大气污染防治作出了积极的贡献，基本实现了绿色、环保、健康发展的良好态势。

（九）注重宣传，营造推动散装水泥事业发展良好氛围

一是举办“纪念习近平总书记对浙江散装水泥事业发展作出重要批示15周年”征文活动。要求各市组织征文投稿活动，全面总结各市、县（市、区）15年来发展散装水泥、预拌混凝土和预拌砂浆工作好的经验做法，全省共投稿78篇。9月上旬组织专家评审，评选出的获奖作品合编刊印一期《浙江商务》特刊，优秀作品在《中华建筑报—散装水泥》双周刊报纸上发表。二是制作发放了10000套（40000张）宣传画。《发展散装水泥 建设美丽浙江》宣传画一套四张，第一张主题“纪念习近平总书记对浙江散装水泥事业发展作出重要批示15周年”，宣传15年来全省散装水泥发展和应用取得的成效；第二张主题“深入践行绿水青山就是金山银山理念 依法推动散装水泥绿色产业发展”，宣传第二次修正后的《浙江省促进散装水泥发展和应用条例》；第三张主题“推进新时代浙江散装水泥行业高质量发展 实施行业清洁生产 有效减少环境污染”，宣传行业清洁生产工作；第四张主题“创新散装水泥专用车辆互联网安全共治管理 为政府分忧 为企业增效 为生命财产保平安”，宣传行业专用车辆监管工作。三是继续开展散装水泥陈列馆开放参观活动。2018年杭州、宁波、温州、嘉兴、湖州、绍兴等市散装办分批组织本地区相关部门、行业企业等单位300余人来陈列馆参观交流。向社会宣传散装水泥事业的过去、现状和未来发展趋势，以及散装水泥对经济发展和人类社会进步的巨大贡献，打造集科普功能、教育功能、展示功能、活动功能、文化精神传承功能于一体的文化综合阵地。四是成立行业内清洁生产资深专家组，以省商务厅等四部门联合下发的清洁生产文件为向导，开展各市行业企业清洁生产改造达标指导活动，检查指导各市清洁化生产推进、达标企业验收等工作，帮助相关企业协调解决改造提升工作中遇到的困难，督促企业按进度计划完成改造任务。各市根据安排，制定详细活动方案，确定重点，合理分工，落实经费，开展宣传月活动。据统计，各级散装办共印制宣传册和其他宣传材料6万余册，悬挂宣传横幅和张贴宣传画4.5万多幅，发送宣传短信10万多条，分发宣传品7万余份等，宣传成效明显。

认真抓好党风廉政建设工作

以习近平新时代中国特色社会主义思想为指导，牢固树立“四个意识”，以落实主体责任为主线，以深入推进“两学一做”学习教育常态化，不断输入“踏实做人、干净做事”的正能量，增强党员的党性修养和组织纪律性。认真落实“大学习、大调研、大抓落实”活动，提高学习能力、调查研究能力和为基层、为群众服务能力，领导班子成员分别赴台州、衢州、丽水、金华、温州、舟山等地进行预拌混凝土清洁化生产工作调研及开展“九联系”活动，为基层“把脉问诊”，解决实际问题53项；有计划地组织党员干部参加“深化党员志愿服务、共筑红色先锋联盟”活动，不断增强与群众的血肉联系，关心解决群众疾苦，增进党群、干群关系。2018年以来共组织办党员参加皇亲苑社区活动4次,支部自行组织活动4次。狠抓作风建设,立好规矩、建好章法,抓好中央"八项规定"、省委"28条办法"和"六个严禁"的落实,持之以恒纠正"四风",实现作风建设常态化、长效化。充分发挥党员表率作用,以带动广大职工投身于散装水泥事业的历史使命感、责任感和紧迫感。

(浙江省散装水泥发展中心)

2018年浙江省商务研究院工作概况

简　介

浙江省商务研究院(ZAC)成立于1987年8月,是浙江省商务厅直属的科研型事业单位。下设"一带一路"研究中心、自贸区研究中心、国际贸易研究中心、国际投资研究中心、消费与流通研究中心、商务研究促进中心、浙江省国际经济贸易学会秘书处、浙江世经商务咨询中心等研究机构和服务平台。主要从事开放型经济、开放平台和消费、流通研究,为各级政府和社会各界提供商务经济政策和决策咨询、战略研究及发展规划,为省内外企事业单位提供高质量的智力支持和信息服务。

主要职能

1. 负责国际经济、国际贸易、国际投资和国内贸易发展趋势和理论研究,跟踪浙江商务领域发展中的难点、热点问题,分析全局性、战略性问题,提出综合性政策建议。

2. 开展国别政策研究,提供政策、信息咨询服务。

3. 开展国际投资、国际贸易等商务领域的专业培训。

4. 开展国内市场运行和消费监测工作。

5. 汇集、整理、编印国际经济、国际贸易、国内贸易、经济合作信息和研究资料。

6. 组织开展有关论坛活动、学术交流和业务合作。

7. 承办浙江省商务厅交办的其他事项。

发展情况

2018年,浙江省商务研究院紧紧围绕厅中心任务,牢牢锁定"打造全省商务系统的高端智库"这一目标,不断深化落实"大学习、大调研、大抓落实"主题实践活动和"正学风、改文风、转作风、树新风"专项行动,充分发挥智库作用,较好地完成了各项任务。

(一)以厅党组决策部署为中心,做好研究工作

研究成果多次获得省领导、厅领导肯定性批示,其中省领导批示18个,厅领导批示19个。

一是围绕对外开放40年,做好总结研究和长远谋划工作。主要承担完成了对全省开放型经济、对外贸易、服务贸易、利用外资、对外投资等40年开放成就、问题和下一步思路的总结研究,形成了《浙江开放型经济40年课题报告集》。面对新一轮开放,对一些深层次问题进行了再思考再研究,完成了《浙江对外开放的地位和作用》《GNP视角下浙江开放作用的再认识》《推动浙江从外贸大省向外贸强省跨越》等20余篇专题研究报告。

二是服务浙江省自贸区建设,全力做好自贸区扩权和自贸港申报的相关研究工作。全力配合省自贸办,做好自贸区建设的有关思路研究,完成了《浙江创建自由贸易港的主要思路》《对标国际国内先进水平,加快推进浙江自贸试验区建设》《关于共同建设中国特色自由贸易港的建议》《积极谋划创建浙江自贸港,打造国家重大战略服务保障区》《中国(浙江)自由贸易试验区建设"四体系"、"三重大"报告》等综合研究。围绕国际航运、离岸经济、LNG、限硫政策等新问题开展专题研究，形成了《加快建设国际中转港，打造全球航运枢纽》《探索建设自由贸易港，建设离岸经济中心》《全球LNG市场贸易发展现状及对浙江自贸试验区相关建议》《紧抓国际海事组织2020限硫政策机遇，打造国际船舶燃料油加注中心》等专题研究报告。积极做好国内外自贸区建设经验的研究分析工作，形成了《关于<上海自由贸易港区建设方案>的分析报告》《海南自贸港解读及对浙江的启示与建议》《深圳特区发展经验对探索建设自贸港的启示》等调研分析材料。

三是围绕进口博览会、中美贸易战、数字贸易等新情况、新问题，深入做好研究分析工作。围绕进口博览会，开展《扩大进口博览会溢出效应，加快建设进口商品"世界超市"》等课题研究。跟踪中美贸易摩擦最新进展，形成《美国出口管制趋严背景下浙江新型进口替代研究与建议》《近期美国经贸政策变动对浙江开放型经济的影响和对策建议》《中美贸易摩擦影响及应对》《美国投资法案及其对浙江省企业的影响》《中美贸易摩擦对浙江消费市场的影响及建议—以大豆、猪肉为例》等研究报告。围绕全省建设数字经济的重点工作，深化数字贸易研究，形成《加快数字贸易发展的对策研究》《从贸易强省看数字贸易发展》等研究报告。

四是围绕打造高质量外资集聚地的目标，做好营商环境、高能级平台等研究工作。通过省内外调研，参照世行标准，初步分析了浙江营商环境，形成了《基于世行指标的浙江营商环境初步分析及对策建议》。为进一步营造良好的外资环境，开展《积极利用外资是浙江经济跨越发展的重要支撑》的研究。围绕建设浙江的高能级平台，完成了《建设新时代高能级开放平台》的研究报告。围绕省内开发区与省外园区的联动发展，调研开展了《阿克苏出口产业合作园建设建议》等专项研究。

五是围绕流通与消费，开展供应链、消费等领域研究。积极开展现代供应链研究，形成《大力发展浙江省现代供应链的对策建议》《浙江天轮现代供应链模式的启示与建议》《绍兴市现代供应链建设研究》《现代供应链在消费升级中的作用研究》等研究报告。针对消费新趋势，开展了《杭州消费的新趋势新动力研究》等研究。

六是深入开展大调研，深入基层，服务地方商务发展。以"大学习、大调研、大抓落实"实践活动为抓手，以服务地方商务需要为契机，深入基层，广泛开展调研，赴温州、义乌、安吉、吴兴、新昌、余杭等地开展调研，完成了《创建温州世界华商综合发展试验区》《义乌跨境电商综试区建设》《浙澳（安吉）经贸合作区发展规划》《新昌工业园区转型升级新昌经济开发区工作方案》等调研报告，获得各地市商务部门的一致好评。其中"建设世界华商综合发展试验区"成为车俊书记在全省开放大会提出的十大举措之一，写入了省委文件；《义乌跨境电商综试区建设》作为义乌跨境电商综试区申报总体方案，推动义乌成为国务院新批的22个跨境电商综试区之一。

（二）以加强对外交流与合作为载体，稳步推进智库建设，扩大影响力

一是推动智库联盟建设。浙江省商务研究院作为浙江省"一带一路"建设工作智库支持单位，大力推动了浙江省"一带一路"智库联盟的成立运作。借助浙江省国际经济贸易学会平台，联合省内高等院校专家学者，为商务领域的重点、难点问题开展研究，全年完成立项课题41项。

二是主办、承办了一系列论坛与会议，扩大了影响力。充分发挥对外交流平台作用，与省开发区协会、省中科园区产业研究院共同主办了浙江开发区（高新区）开放创新高峰论坛；承办了2018年第四届中国数字贸易学术研讨会、中韩国际贸易学术研讨会、浙江省社会科学界第四届学术年会专场会议"大湾区时代：新动能与新格局"、服务贸易专题研讨会、浙江自贸区国际咨询委员会第二次全体会议等论坛、会议。

三是加强对外交流，扩大影响力。加强省内外相关部门走访交流，走访了商务部研究院、山东省商务研究院、浙江大学、宁波大学、浙江工业大学、浙江金融学院、浙江省社科联等相关单位，推动对外联络。积极参与省内外重大论坛与活动，参与了2018浙江（杭州）境外投资与服务论坛、浙洽会国际投资论坛"浙商领袖对话国际巨头"、"浙港经贸合作周"论坛等活动；全院赴省内外参加各类培训、会议、论坛等活动共100余人次，拓宽了研究人员视野，加强了对外交流。

（三）以改善服务为抓手，推进商务运行监测

配合做好市场运行监测和商务预报网站等平台日常运行维护分析，全力深化商务运行监测预测工作。

一是积极做好监测系统运行维护，不断强化市场运行监测分析。积极做好生活必需品、重要生产资料、重点流通企业等系统的信息催报、内容更新及运行维护等工作，截至2018年10月底，系统月平均报送率和及时报送率分别为98%和96%以上。根据系统报送数据，对浙江省市场运行进行监测分析，动态、及时地反映市场运行情况，全年累计完成周报、月报、新闻稿、累计月报等日常分析材料200余篇，部分稿件获得商务部肯定。

二是积极做好商务预报宣传工作。2018年，浙江省商务预报网站累计发布市场新闻、市场动态分析等各类信息3000余条，其中，原创信息1800余条，网站点击量达600余万次；积极发布商务预报信息，扩大商务预报知名度和影响力。浙江商务预报微信公众号发布周报、月报、新闻稿及地市商务预报信息等200多条。

三是加强市场热点跟踪。加强异常信息跟踪，做好年初低温雨雪冰冻和台风期间日报监测，向省政府报送春节和国庆期间全省市场运行保供情况，为提前做好应急准备提供依据；做好非洲猪瘟疫情监测，及时上报分析材料。

四是开展消费市场运行分析。按季度开展消费市场景气指数调查，现已开展三期，调查2500多家企业，并编写季度消费市场景气指数调查报告。配合组织召开分析师工作会议，全面跟踪消费市场运行动态和走势，已进行三期：一季度召开超市和新零售企业座谈，二季度召开汽车和家电企业座谈，三季度召开汽车、成品油、生活必需品企业座谈。

（四）以加强编辑和科研成果发布为重点，完善改进宣传工作

一是做好年鉴编纂工作。编印出版《浙江商务年鉴（2018）》；协助浙江省商务厅完成《中国商务年鉴（2018）》浙江商务发展供稿任务。二是做好杂志编印工作。全年出刊《浙江商务》12期、《商务研究》20期。三是做好通志工作。做好厅通志编纂委员会办公室相关日常工作，包括与省方志办日常联络，上传下达；推动商务各卷落实各阶段工作；配合厅相关处室完成了《国内贸易志》初稿评审等工作，取得阶段性成果；配合厅相关处室完成《国际投资与经济合作志》初审稿编纂工作。

（五）以基础建设为根本，优化内部管理建设

一是抓好党建工作。严格落实"三会一课"制度，截至2018年10月底，院党支部召开支委会10次，支部扩大会议9次，深入学习中央及省委重要会议和文件精神；开展党课7次，其中支部书记上党课2次，支部委员上党课2次，普通党员上党课2次，邀请社区党委书记上党课1次；广泛开展"大学习、大调研、大抓落实"主题实践活动，开展主题党日活动7次，设立固定"党员服务日"，积极开展"禁三公、做三工"党员志愿服务活动。二是积极推进院数字化转型。2018年4月，院信息管理系统正式上线运行；同年9月，移动办公掌上研究平台正式上线，运行效果良好，极大提升了职工的工作效率和成效。同时，积极推进院门户网站改版工作。三是做好人才引进和培养工作。研究院通过公开招聘引进具有博士研究生学历人员1名，科研队伍逐步壮大。同时，研究制定青年科研人员管理办法，从轮岗、考核等方面入手，加强对青年科研人员的管理和培养。

（浙江省商务研究院）

2018年浙江省国际投资促进中心工作概况

简　介

浙江省国际投资促进中心(以下简称“促进中心”)是浙江省商务厅下属的事业单位,担负着推介浙江省投资环境和产业政策、吸引国际投资,推动浙江省企业“走出去”,实现跨越式发展的重任。近年来组织承办了由省领导带队的美国、韩国、日本、中国澳门特别行政区、俄罗斯、法国、新加坡“浙江周”及在德国、澳大利亚、新西兰、日本、保加利亚、克罗地亚、尼日利亚、土耳其、埃及、新加坡、马来西亚、印度尼西亚、中东、捷克、北美北欧、中东欧、中国台湾地区等国家和地区举办的重大经贸活动,积极承办、参与“浙洽会”“厦洽会”等省内外重大商务活动,同时与境外商务和投促机构合作举办了多个国家的投资环境说明会、企业洽谈会、行业对接会等各类投资促进交流活动。中心推行“一家受理,全程服务”的新型服务体系,下设综合业务部、外资促进部、对外投资部、国际联络部、浙江省外商投资企业投诉中心(投诉调解部)、北京代表处、浙江省国际投资服务中心、浙江省商务人力资源交流服务中心等部门及直属单位,并承担上海驻点工作,其中浙江省国际投资服务中心和浙江省商务人力资源交流服务中心在省内各市地设有分支机构,全国范围内设有广泛的业务网络。

业务特色

1. 贯彻执行外商投资法律、法规和政策,宣传介绍浙江的投资环境和产业信息。

2. 协助境外机构及客商到浙江考察,协助省商务厅、地市商务局、开发区做好项目推介与跟踪服务工作,推进优质项目落地。

3. 实施省政府“走出去”战略,为有意赴海外上市、跨国经营、承包工程、劳务输出等浙江企业创造条件,协助他们降低走向国际化的成本并提供服务。

4. 组织承办全省性、境内外、多形式的双向投资促进活动。

5. 为外商提供项目咨询、技术评估、市场分析、可行性研究、代办手续、申报审批等服务。

6. 代理外资企业和外商驻浙代表机构的设立、注册及其中方雇员的人力资源管理服务。

7. 为国内企事业,包括国营企事业、民营企业和私营企业提供人事外包服务。

8. 组织与双向投资促进相关的业务培训及高级人才境外培训,举办各类以涉外经济为主题的论坛。

9. 受理外商投诉,为外商提供法律咨询服务,代理进行诉讼、仲裁。

10. 指导和联系全省各市、县及国家级、省级经济开发区投资促进机构、投诉调解机构开展工作。

发展情况

2018年,在厅党组的正确领导下和各业务处室的大力支持帮助下,促进中心坚持以十九大精神为指引,紧扣“一带一路”热点,围绕厅党组中心工作,根据“三大”主题实践活动的标准和要求,对标年度重点工作,聚焦双向投资促进主业,坚持一手抓党建、一手抓业务,找差距、补短板,讲学习、强本领,谋发展、抓落实,通过举办大活动、搭建大平台、推进大项目、创建大品牌、拓展大网络,着力推进各项工作落地,在为中外企业提供全方位服务等方面取得了显著成效，有力推动了浙江省提高利用外资水平和企业“走出去”的跨越式发展，中心在国内外业界有相当不错的核心业务和核心竞争力，影响力、凝聚力和号召力不断增强，成为省内投资促进机构的领航者，国内投资促进机构的排头兵，国际专业机构的重要成员。

（一）整合资源，形成合力，集各方优势，推动高水平大项目，助力高质量外资集聚地建设

创建自有品牌，打造拳头业务。共举办4期“跨国企业浙江行”，邀请来自世界500强、行业龙头企业、国际咨询机构、知名商协会等170多位客商到浙考察，打造中心乃至省商务厅的金名片。

推进“协同招商”，紧盯“大好高”项目，全方位开展项目促进。与41家相关机构建立合作关系，签订合作协议19份。全年共跟踪推进项目76个，其中世界500强企业12个，跨国龙头企业18个，包括省领导访问及会见的成果项目。6个项目落地，其中100亿元海游项目和19亿美元俄罗斯高山滑雪项目完成公司注册，蔚来汽车和宝爱捷已全省布点。共陪同50批次的客商近400人赴全省市地考察，其中世界500强、跨国龙头公司客商近三分之一。

（二）着眼大企业，承办“大活动”，搭建大平台，促进中外交流对接

共承办、参与各种双向投资促进活动40多场，重点团组7个，包括省委、省政府、省商务厅领导出席的非洲活动，日本、新加坡活动，浙洽会、厦洽会，中东欧与阿联酋活动，多哥商务论坛、北京推介会，上海答谢晚宴，等等，搭建高层次中外对接平台，促成合作。

加强浙江省投资促进机构联席会议机制建设，使其成为各机构之间资源共享、互通有无、互相学习的交流平台，具有很强的凝聚力和向心力。2018年举行两次联席会议专题会，中外300多位代表参会，相互交流，共商合作，充分发挥了联席会议在双向投资促进工作的策划、协调、推进的平台载体作用。

（三）以“一带一路”为引领，探索“走出去”带动“引进来”平台建设

继续推进“海外机构走浙企”，主要陪同各国使领馆、投资促进署、知名中介等海外机构走访浙江有意向对外投资的企业，了解了企业在海外发展的现状、展望以及需求，介绍境外投资环境、优惠政策、优势产业，为企业境外落户和发展提出意见与建议。

着重与“一带一路”沿线国家及地区为重点的外方机构加强联系与合作，与“一带一路”65个沿线国家中的55个建立联系。依托“一带一路浙商行”，参与浙江丝路产业基金、“一带一路捷克站”、境外园区建设等大型项目，借力省领导、厅领导出访，举办9场经贸活动，考察浙江省的投资合作项目，推动国际产能合作。

协助市地出访，配合境外机构走访浙江企业，推动两家浙江企业在欧洲注册成立机构，助力市地和全省企业走向世界，带动技术管理“引进来”。

（四）拓展工作渠道、扩大客户网络，建设工作载体，夯实双向投资促进的基础

设立北京代表处，注重拓展在京的世界500强企业、跨国公司、驻华使馆、驻华国际机构的联系，与上海形成南北互补、相得益彰态势，中心已经与世界各地900多家国家使领馆、政府机构、商协会、投资促进机构、大型跨国公司等机构建立了联系，全年新签订合作协议19个，为服务浙江省双向投资促进工作奠定了基石。

（五）提升服务，当好贴心人

以服务为宗旨，加强对地市商务部门、企业和境外机构的服务。增强服务市地综合商务能力，支持市地各种形式商务活动。加大服务省内企业力度，积极促成项目合作。着力服务境外机构，召开境外驻浙机构联谊会，增进其对浙江的了解。积极做好外商投诉工作，保护外商合法权益。

（六）加强内部建设，打造党建新标杆，铸造投资促进钢铁队伍

加强党总支建设，形成分工协作、责任明确的党建体系。响应厅党组号召，发挥党总支作用，组织所属支部“做红色义工”共18次，参与党员职工200多人次，帮助社区老人实现微心愿2个，英语教学4课时。促进中心全员参与，体现巨大的热情。学习23次，建设思想高地，增强干部职工队伍对党的基本理论、基本路线、基本方略的政治认同、思想认同、情感认同。调研97次，深入探讨如何发挥省级平台作用，精准招商，找准定位，谋划方向，增强谋划工作的能力和水平。做好财务、班子和队伍建设、党风廉政建设和综合工作，强化执行力、创新力、凝聚力和协作力建设。

（浙江省国际投资促进中心）

2018年浙江省对外贸易服务中心工作概况

简　介

浙江省对外贸易服务中心(以下简称“外贸中心”)为浙江省商务厅所属纯公益性事业单位。通过服务创新和协同发展，致力于对外贸易公共服务(跨境)大平台建设运营，帮助浙江省企业提升国际化运营能力。

主要职责

1. 促进浙江省企业与外国企业间的双向交流与合作，扩大浙江省产品在国际市场上的知名度和份额。

2. 积极实施品牌战略，组织品牌商品的对外宣传推介活动，组织实施技术贸易、高新技术产品出口等促进活动。

3. 与境外贸易促进机构和有关组织开展合作与交流。

4. 承担浙江省外贸国内外综合性对外贸易展览会、洽谈会和博览会的组织、筹展工作。

5. 组织实施浙江省中小企业国际市场开拓促进活动，承担浙江省中小企业国际市场开拓资金运用项目的组织评审事宜。

6. 为浙江省中小企业开拓国际市场提供相关信息和服务。

7. 承办浙江省商务厅交办的其他事项。

发展情况

2018年，外贸中心围绕厅党组确定的商务工作主线，依托“品浙行”浙江省对外贸易公共服务平台，聚焦浙江省外贸智能化、便捷化、规范化发展，有序推动外贸服务领域“促创新”各项工作。

(一) 践行政务服务和企业服务两落实，为深化“放管服”和“最多跑一次”改革添砖加瓦

2018年，外贸中心在“品浙行”建设中，按照“标准化、多元化、数据化、智能化”的要求，坚持“让外贸更便捷”的理念，依托政务服务和外贸业务服务应用系统，初步完成浙江省外贸数据中心技术架构和多维度的外贸数据库。

1. 政务端服务，以“最多跑一次”改革为要求优化各项外贸公共服务。平台推出的3款应用产品：以外贸资金项目管理服务模块(贸e资链)为核心，辅助于外贸数据可视化决策模块(贸e视链)和展会项目管理服务模块(贸e展链)，配套线下采购服务、会展服务、国际营销等外贸综合服务，为各级商务管理部门服务好辖区内企业提供智能化支撑。目前，平台已在安吉、余杭、嘉兴、湖州等地展开落地服务，服务当地企业超过1500家；先后帮助170家浙江企业成为联合国采购供应商；完成全省18万余家进出口备案企业与平台15327家服务企业的精准画像匹配，能实现移动端的精准信息推送、调查问卷、运行监测信息实时推送的基本服务，畅通对浙江省中小企业拓展国际市场的信息实时推送服务，企业项目申报实时咨询服务；完成省级企业、杭州、嘉兴、富阳、仙居、平湖等市、县(市、区)2122家中小企业提升国际化经营能力项目的审核服务工作；持续承担好全省外经贸运行调查监测及展会监测系统的维护、企业对接、数据汇总及整理分析，形成浙江商品、企业等30多个维度的海关数据可视化大屏展示；顺利完成年度34个重点展、自办展展会执行情况、企业参展意愿和参展效果展前、展中、展后全时段动态跟踪，收集和整理企业参展成效和展后反馈信息报告等工作,为全省年度展会资金切块管理、项目管理发挥了有价值的服务。

2. 企业端服务,以“放管服”改革为引领深化企业服务便捷化建设。平台以外贸企业业务需求为导向,以资源整合为手段,已基本实现从产品设计、采购、生产、销售、服务等全过程高效协同的“贸e智链”的全免费外贸综合服务SAAS平台,并同步推出境外外贸服务模块(贸e仓链)、规划建设“在线境外外贸综合服务动态监测平台”,力争形成浙江省境内外同步的外贸综合信息化服务体系,为外贸企业互联互通做好转型支撑。

一是落实浙江省外贸综合服务企业规范化发展要求,帮助外综服企业实现全业务流程的标准化、便捷化。依托“贸e智链”外贸综合服务SAAS平台,在业务功能上已顺利实现对中信保、省国税、国家单一窗口、省中行、省建行等部门的系统直连,为企业线上出口退税、信保、报关及融资等做好一站式基础保障服务;辅导及对接全省融易通等28家外综服平台企业实现外贸业务流程网络化,累计带动超过5000家中小微企业通过外综平台开展进出口业务;同步延伸境外外贸服务模块(贸e仓链),已与省纺尼日利亚海外仓、伯恒美国AB仓等境外外贸综合服务机构实现境内境外数据联通,为培育一批专业化、本土化、规范化、风控前置化、跨境化、增值化的外综服企业奠定数据基础。

二是尝试破解浙江省外向型中小微企业“融资难、融资贵”困境,促进外综服企业的转型升级。中心发挥“贸e智链”外贸综合服务SAAS平台价值,结合出口过程中的关、检、汇、税一站式申报和办理等合规化服务,为精准扶持中小微企业外贸业务项下政策性金融做好数据支撑;结合省进出口行以“小企业统借统还”方式服务外贸中小企业的案例,发挥政策性金融协助外贸业务项下融资服务试点,引导外贸小微企业围绕“贸e智链”开展外贸业务项下的业务融资服务。首批政策性金融专项资金2亿元人民币已在台州落地,惠及温岭市万德福铜业有限公司等200多家当地中小微企业。

三是立足于“从订单数量变化研究中美贸易摩擦”,着手开展浙江省“出口订单管理系统”建设。根据袁家军省长“关注出口订单变化情况”,“从订单数量变化研究中美贸易摩擦影响,建立监测系统”的指示,为进一步掌握浙江省对美出口订单的走势,初步建设完成企业端数据输入、管理端省市县商务监测、维护端系统运行管理的出口订单管理系统,已实现用户体系管理(企业备案库约15.6万家基本情况、各市、县〔市、区〕管理部门服务体系及标签有出口实绩的企业名单及涉美业务名单),订单录入体系(包括新签订单,在手备货订单,预报关订单三部分)的功能模块的开发,初步实现通过系统掌握市场、产品、行业、地区出口订单行业用工情况的变动趋势和结构性分析。

浙江省对外贸易公共服务平台(品浙行)作为省商务厅主导的外贸公共服务平台,是省商务厅积极深化“放管服”改革要求、主动落实“最多跑一次”改革的集中体现,也是深入推进数字化政府建设、提升浙江省外贸营商环境的重要举措。2018年一季度,国家审计署发布公告(2018年第45号),公布了国家重大政策措施落实情况跟踪审计结果,浙江省对外贸易公共服务平台(品浙行)作为“深化‘放管服’改革,构建高效服务体系”的优秀案例上报国务院及国家主席办公室,并在全国进行了总结推广。

(二)坚持理论学习和队伍规划两手抓,深入开展“大学习、大调研、大抓落实”活动,为中心职责和平台建设做好支撑保障

1. 按照新时代商务工作高质量发展新要求,外贸中心坚持目标导向,主动作为“大学习、大调研、大抓落实”。

理论学习方面:深入开展学习党的十九大精神,大力弘扬“红船精神”,在支部建设上突出“忠诚、干净、担当”三意识,牢牢树立规矩意识和政治纪律,形成中心支部发展的格局意识,确保主体责任的落实;严格执行“三会一课”制度,规范党员管理及支部班子建设,推进“两学一做”学习教育制度化常态化,组织理论学习9次,主题党日活动8次,开展党员谈心18次,红色义工活动5次。

业务学习方面：外贸中心围绕“品浙行”外贸供应链业务方向，积极开展“国务院关于推进供应链创新、浙江省培育外贸发展新优势三年行动计划”等业务性文件学习，及时掌握供应链、外综服、外贸业务国家（省里）战略导向，为“品浙行”平台建设规划坚定方向指引。

2. 一岗多职，按照厅领导对外贸中心“做计算机不做算盘”的队伍建设要求，谋划年轻团队的锻炼培养。外贸中心通过一岗多职、工作项目化、项目指标化等多形式锻炼人才，在厅人事处指导下，外贸中心上半年已招聘到岗2位新员工；派驻3名工作人员到进口博览会办公室学习锻炼；目前已初步培养和建立了一支集外贸综合服务、境外外贸（海外仓）服务、政务项目服务、宣传策划服务、信息技术服务于一体的专业团队，在外贸中心与大洋洲“一带一路”国际促进组织联合举办的国际展望大会上，中心的服务能力及“品浙行”平台得到了联合国前秘书长潘基文的点赞。

3. 厘清职责，充分发挥外贸中心和远大公司体制机制优势，谋划外贸服务蓝图。中心聚焦中小企业服务，创新外贸应用服务，谋划浙江远大国际会展公司加快改革步伐，通过共享、共创、共赢等模式，力争将远大打造成境内境外资源协同、股权结构优化合理的大型展会集团。

（浙江省对外贸易服务中心）

2018年浙江省商务认证中心工作概况

简 介

浙江省商务认证中心(以下简称“认证中心”)为浙江省商务厅直属事业单位,前身是“浙江省商务厅培训中心”,致力于商务系统的干部人才培训、商务体系认证等工作。

主要职能

1. 组织开展各类外贸、外资、外经、开发区、内贸、电子商务等业务培训及相关考试。

2. 协助商务部、联合国计划开发署开展援外培训业务。

3. 承担全省商务系统内的各类职业水平认证,以及企业、商品认证工作。

4. 承办商务部、浙江省商务厅交办的其他事项。

工作概况

2018年,认证中心在浙江省商务厅党组的正确领导和厅相关处室、兄弟单位的支持关心下,紧紧围绕商务中心工作和目标任务,立足职能定位和转型发展,较好地完成了全年各项工作任务。

(一) 强援外,积极扩大对外经济交流

圆满完成商务部下达的全部援外培训任务。2018年,认证中心共承办了8期援外培训项目,参训学员260人次,分别来自29个发展中国家。其中有6期司处级研修班和2期技术培训班,参训学员人数比上年增长17.6%。培训内容涉及“旅游饭店管理、旅游促进与合作、人力资源管理、绩效管理、政府治理、乒乓球技术、羽毛球技术”等方面。我们始终以高度的政治责任感,将援外培训作为国家政治任务,全力以赴做好每项工作,从高处着眼,从细节入手,规范管理,优质服务,对每期援外培训项目都作了精心的组织和安排,确保外籍学员在杭期间的吃、住、行、学各个环节满意舒心,特别是在安全管理、应急预案方面下了很大的功夫,两个突发事件都得到了及时处理,得到外籍学员和上级部门的一致好评。

协助商务部及有关机构完成援外培训考察工作。先后两次协助安排了商务部培训中心和中国对外经济贸易大学的两期援外培训班近100名学员在浙江的参观考察活动。

(二) 重服务,着力提升商务培训认证工作水平

认真做好厅里交办的各项培训任务。一是协助完成了厅机关处室的会议工作4批次:4月中下旬协助厅开发区处举办了“2017年度全省经济开发区综合考评会议”;5月下旬协助厅人事处举办了“开放型经济发展专题研讨班”;6月下旬协助厅人事处举办了“商务系统‘最多跑一次’属地受理制度改革部署会暨系统操作培训会”;8月下旬协助厅开发区处举办了“全省开发区大会”。二是承办了厅机关处室的全省商务系统干部业务培训4批次,培训387人次。包括6月开发区处的“全省经济开发区统计工作培训班”、7月下旬政法处的“全省商务系统法制工作人员培训班”、8月中旬综合处的“全省商务系统综合文字工作人员培训班”、11月下旬服贸处的“2018年度全省商务系统服务贸易业务培训班”。

积极开展全省商务系统行业职业水平认证工作。一是电子商务人才技能水平认证。全年共认证电子商务类3657人次,培训电子商务师资

80人次。二是外贸单证岗位职业技能水平认证，认证1136人次。三是物流岗位职业水平认证，认证147人次。四是帮助企业开展新员工培训。7月举办了2018年度杭州市轻工工艺纺织品进出口有限公司新员工上岗培训班。五是建立健全商务系统行业职业水平认证的教学、管理、培训、考试和发证等各个环节的工作机制，加强认证管理，树立"行业品牌"，推动全省商务系统职业人才队伍的建设。

（三）创方式，积极探索商务培训新模式

开发并试运行"商务云课堂"平台。经过大半年的策划、研究、协调，代表认证中心培训工作创新方式的"商务云课堂"平台APP正式上线，板块分为政策解读、宏观经济、业务知识、综合文字、思想与党建、健康与养生六个模块，与传统课程相比，云课堂能补充传统课堂学习内容并能有效开展非正式学习，并可通过智能手机、平板电脑等移动设备为省商务厅机关和下属单位干部职工提供全新的学习方式。

探索"线上＋线下"相结合的培训模式。借鉴教育资源开放共享的做法，通过线下录制精品视频公开课和收集精品资源共享课的方式进行知识分享。完成了线下课程录制15批次，将所有录制的课程进行剪辑处理，采用视音匹配、降噪、压缩等技术手段进行优化，最后上传至商务云课堂平台。此外，收集课程视频206批次，平台累计访问量超过300人次。

（四）拓业务，稳步推动中心转型发展

筹建成立了认证业务部。一是完成了认证业务部的筹备工作，相关工作顺利起步；二是积极拜访上级相关主管业务部门，对接商务部信息中心，为第二年的项目开展奠定基础；三是深入开展"大调研"活动，进行市场调研，走访潜在客户，掌握客户需求；四是加强商务系统内部合作，寻求相关处室的支持，积极探索在其他商务认证业务方面的研究，推动中心认证工作不断深入。

建立合作机制。积极开展与省内高等院校、职业院校、科研机构的合作交流，争取就职业认证、行业培训、人才交流等方面达成初步合作意向，建立合作共赢的长效机制，寻求在新领域的合作契机。

（五）转作风，加强党风廉政建设

狠抓党风廉政建设。落实党风廉政建设主体责任，切实加强作风建设，严格执行和维护党的政治纪律、组织纪律、财经纪律、工作纪律。充分发挥党组织的战斗堡垒作用和党员先锋模范作用，提高党支部的凝聚力和战斗力，使作风建设常态化、制度化。

深入开展"三大"主题实践活动。认证中心党支部根据制订的《认证中心党建工作制度》，每月召开专题学习会议，认真学习党的十九届二中全会精神、习近平新时代中国特色社会主义思想、梁家河精神等重要内容，支部书记上党课，支部党员交流心得体会。

积极开展"做红色义工、铸党建联盟"主题实践活动。坚持以服务基层、企业和群众为导向，结合中心实际定期开展"做三工"活动和党日活动。

（浙江省商务认证中心）

2018年浙江省驻外商务机构服务中心工作概况

简　介

浙江省驻外商务机构服务中心(以下简称“驻外中心”)为浙江省商务厅所属公益一类事业单位,下设有驻新加坡(东南亚)商务代表处、驻德国(欧洲)商务代表处、驻美国(北美)商务代表处、驻日本(东北亚)商务代表处(筹)。

主要职能

1. 承担驻外商务代表的协调联络工作。

2. 承担与商务代表派驻国家(地区)的合作拓展、构建商务网络的具体工作。

3. 指导驻外商务机构在派驻国家(地区)开展重大经贸活动。

4 承办浙江省商务厅交办的其他事项。

主要工作

(一) 加强内部建设,促进业务工作发展

1. 加强内部队伍建设。做好驻外中心的内部组织建设,搭建“一个中心,若干个海外代表处”的框架,加强中心本级与海外代表处的联系指导,充实驻外干部队伍。加强组织文化建设,落实并进一步修订完善驻外中心内部管理各项制度,发挥代表处“窗口、桥梁、平台”的作用,坚持业务与廉政两手抓。

2. 实施绩效考核,强化目标责任制。驻外中心会同浙江省商务厅机关处室一起,科学制定海外商务代表处年度目标考核责任制,与驻外首席商务代表签订《工作目标考核责任书》,加强以落实目标为主要内容的年度考核。召开驻外工作座谈会,邀请浙江省商务厅相关处室对驻外工作提出建议和意见,听取驻外首席代表的工作述职。

(二) 充实和完善海外代表处的布点工作

1. 推进美国(北美)代表处的设立。2018年5月,浙江省商务厅领导在美国加州为驻美代表处揭牌,其他筹建工作稳步推进。代表处成立后,将致力于开展对美国乃至北美的贸易和投资促进工作,进一步加强浙美(北美)经贸投资合作与交流。

2. 开展各代表处工作人员的派驻工作。通过公开招聘、选派等方式充实海外代表处的工作力量。驻新加坡、德国代表处工作人员已派驻到位,驻美国商务代表也即将赴美落实具体筹建工作。

(三) 服务区域环境,建立工作联系网络

东盟、欧盟、北美是浙江重要的经贸合作伙伴,是浙江企业“走出去”的重点地区,也是国家“一带一路”建设的核心区。2018年驻外中心积极走访所辖区域,拜访使领馆、政府部门、商会、企业、工业园区等,建立工作联系,构建合作网络。

1. 扩大办事处区域覆盖面。2018年,共走访区域内有关国家包括泰国、印度尼西亚、菲律宾、捷克、匈牙利、克罗地亚、斯洛文尼亚、西班牙、葡萄牙、荷兰、比利时、塞尔维亚、芬兰等15个国家,熟悉各国基本经济政治情况,有效拓展办事处区域覆盖面,特别是加强与“一带一路”沿线国家的了解与沟通。

2. 构建工作联系网络。走访中国驻外使领馆的经商参处、地方政府机构、境外中资企业、境外经贸合作区、世界500强企业、商协会等机构,成功建立工作联系,有效构建合作网络,为以后的合作打下良好基础。有效促成省商务厅、促进

中心、驻外办事处与荷兰、西班牙、德国的相应机构签署6份合作备忘录，并已与90家机构新建立了合作关系。

（四）推进项目合作和双边投资促进工作

1. 圆满完成第13届浙新经贸理事会的各项筹备和组织工作。积极协助完成2018年4月第13届浙江—新加坡经贸理事会的有关会务工作。

2. 协助企业开展对外投资。协助顾家家居、新吉奥公司等赴境外投资，开展国际化经营。成功促成顾家家居收购德国1家企业。

3. 精心做好团组接待工作。2018年，驻新加坡和德国两个代表处共承接了省、厅和有关市领导的商务出访团组25批次，并协助举办各类经贸对接活动，有利推动了浙江省与相关国家的经贸合作，得到了省、厅、市的普遍好评。

4. 积极组织境外商务代表团来浙江考察走访。驻新加坡和德国代表处积极加强与境外政府、商协会、大型企业等机构的联系，邀请并组织商务代表团来浙江开展商务考察与合作交流活动，全年共邀请组织15个商务代表团来浙江，主要包括比利时西弗兰德省经济欧洲事务及国际合作司代表团、新加坡文化、社区及青年部兼贸工部高级政务部部长沈颖率新加坡代表团、荷兰国家外商投资局代表团、西班牙政商代表团、菲律宾华商浙江考察团、西班牙阿拉贡自治区代表团等。

（五）对标新加坡推进浙江自贸试验区建设

1. 跟踪落实有关合作项目。跟踪落实新加坡浙新经贸理事会的14个重点合作项目，涉及国际物流、油品、智能制造、生物科技、节能环保等多个领域。驻新加坡代表处积极跟进项目合作进展，推动合作早日落地见成效。

2. 积极推进舟山市新加坡代表处设立。全力支持舟山市在新加坡设立代表处，协助开展境外机构注册等事项。

（六）加强信息和客商资料收集工作

1. 做好海外信息收集和发布。驻外代表处发挥自身优势，结合业务工作实际，认真做好信息收集、报送与发布工作，全年两个海外代表处共报回“海外商务信息”184条，涉及贸易、投资并购、技术等信息，做到信息共有共享。加强对重点和热点问题的调查研究，形成调研报告。

2. 做好境外宣传和推介。驻外办事处积极利用多种媒体和活动，推介浙江，宣传浙江良好的营商环境和经济竞争力。协助浙江省内媒体赴境外采访报道，提高驻外中心的知名度。

（浙江省驻外商务机构服务中心）

2018年浙江省电子商务促进中心工作概况

简　介

浙江省电子商务促进中心(以下简称“电商中心”)于2015年3月26日成立,是浙江省商务厅直属事业单位,机构规格相当于正处级。围绕电商促进工作目标,坚持“服务创造价值、数据创造未来”的发展理念,通过提供商务大数据探索应用、构建电商服务资源对接体系、搭建互联网创业创新平台、推动浙江电商标准和品牌服务输出、参与电商国际化进程,积极打造“电商数据权威、公共服务平台、创业创新工场和对外合作窗口”,凭借专业、专注积极推进电商发展生态建设,致力于服务浙江省打造“国际电子商务中心”。

业务特色

1. 贯彻执行浙江省电子商务发展法规、政策,协助起草全省电子商务法规、规划、政策及有关标准。

2. 研究全省电子商务发展趋势及相关理论,为浙江乃至全国的电子商务发展体系研究提供智力支持。

3. 搭建浙江省电子商务公共服务、大数据公共服务两大平台,全方位服务浙江省的电子商务发展。

4. 承担全省电子商务行业统计和监测的具体性工作。

5. 积极探索大数据在商务领域应用,提供大数据统计分析服务。

6. 提供区域电子商务发展规划及行业发展规划服务。

7. 针对农村电商、跨境电商发展需求,提供精准服务。

8. 指导和联系各地电商公共服务中心开展工作。

9. 开展企业电子商务应用促进工作,推动电子商务国际交流与合作。

10. 搭建创业创新服务平台,为项目、资本、产业等多方资源提供对接融合服务。

11. 组织承办电子商务创业创新大赛、发展论坛、会展、培训等各项活动。

12. 开展对外交流,积极推动电商服务“走出去”,对外输出浙江品牌和浙江模式。

13. 承担省商务厅信息系统和机关办公自动化网络系统的建设、运行和维护的后台集成服务。

工作概况

2018年电商中心紧紧围绕浙江省商务厅党组中心工作,以建设“电商研究和促进中心、商务大数据分析中心、智慧政务支撑中心”为目标,积极探索商务信息化工作,主动开展电商促进工作,服务全省商务改革、电商发展大局,圆满地完成了各项工作任务。

(一)积极推进厅信息化工作

做好厅信息化项目的需求调研、规划、招投标、实施、验收等工作,加快全省商务系统全程网办系统的迭代开发、实施、培训工作,围绕厅“最多跑一次”改革重点实施厅数字化转型工作;强化网络安全培训、宣传工作,构建全厅总体安全体系,全方位保障厅重要信息系统安全稳定运行;提升全厅信息化运维质量,保障全厅业务应用系统的高性能、高效率。

(二)深入开展电商研究工作

2018年1月30日,正式成立浙江国际电子商务研究院，并建立一系列规章制度。整合浙江大学、浙江理工大学、浙江外国语学院等高校资源，对下一步研究课题清单进行了初步梳理，并完成课题《全球电子商务平台比较研究》，组织浙江电商企业及一些地市商务部门走访调研，对地方政府和电商企业的发展需求进行排摸梳理，形成书面材料，为下一步对接研究服务奠定一定基础。

（三）推进电商大数据建设

提升数据采集能力，定期更新电商统计样本库，升级电子商务大数据平台（PC端、移动端）数据服务水平，积极为地方商务部门提供数据增值服务，拓宽市场分析应用能力，并积极跟进电商统计制度报批工作。2018年，累计开发大数据分析报告666份，邮寄报告3618份，提供大数据咨询500余次，处理电商统计需求400余次。加强课题研究分析能力，参加商务部综合司与中国对外经济贸易统计学会联合举办的商务高质量发展指标体系及统计体系论文评选活动，并荣获企事业组一等奖。开展电商统计培训工作，举办2期电子商务大数据研讨班，共计86名业务负责人参加。

（四）主动开展电商公共服务

2018年，全省共完成各类线上线下公共服务资源对接会57场，包括跨境电商主题8场、乡村振兴主题7场等，共计服务企业7000余家，为企业对接服务商800余次。还不定期组织国内主要电商平台对服务中心队伍和企业进行培训，并组织举办了2次全省电子商务公共服务中心主任联席会和2次电子商务法学习会。积极开展了浙川东西电商扶贫专项行动，专题举办了3场电商扶贫资源对接会，400余人参会，为当地带去浙江最新的电商理念和最优的电商资源。

（五）努力推进电商创业创新

围绕电子商务创业创新工程，积极创建各类平台载体。一是成功组织了为期一年的“之江创客”大赛活动，共举办各级赛事70场和10余场配套活动。400余个海外和省外项目参赛，涵盖数字经济全领域，辐射10余个国家和省市，最终有4个签约落户杭州。二是打造“创E有约”创业创新综合服务平台。“创E有约”共录制并播出10期主题直播沙龙，推动ACOCO等80多个优质创业项目、近50家投资机构以及多个政府部门、园区等资源的精准对接。直播总在线观看人数量超过1400万，每期直播点击量均超百万，做大做强双创资源入口。

（六）积极开展对外合作

推进“一带一路”电商合作，与马来西亚雪兰莪州联合举办跨境电商峰会、创新创业联合路演等2场活动，受邀赴马来西亚参加智慧城市高峰论坛及参展，与雪兰莪州投资促进机构签订战略合作协议，积极推进双方在电子商务、创新创业发展的交流与合作。主动对接德国石荷州、西班牙、韩国等地机构，邀请多个电商平台及服务商参与对接，取得良好成效。

（七）做好厅智慧政务平台管理

全面接手智慧政务平台日常运行工作，配合厅“最多跑一次”改革，做好办事流程优化及服务升级，通过驻点和培训等方式，做好对各地商务办事服务窗口的业务指导。加强队伍建设，提升服务质量。截至2018年12月底，厅智慧政务平台累计完成各类审批事项办理69187件，上门办理4109件，代办2915件。另外，完成商务中心整体划转工作，成功实现浙江经贸商务中心的办公地点搬迁，完成电商中心对商务中心的股权投资，并依法依规完成商务中心股权划转，并及时办理股权变更、法人变更、经营范围变更等手续。

（八）稳步推进电商信用工作

一是完善商务信用建设配套工作制度，建立工作机制。制订了浙江省商务信用体系配套建设工作方案及专项资金管理办法，并保证专款专用；二是加强与之江信用平台合作，以PPP合作模式参股之江信用公司，并尝试在创业创新大赛上将之江信用提供的信用报告纳入项目综合评价体系，逐步加大在电商领域的信用运用和推广；三是通过开展浙江省商贸流通业诚信示范企业创建活动、金秋购物节诚信专版、商务信用培训班等活动，借势宣传商务诚信文化，营造良好氛围；四是配合业务主管处室，做好有关信用管理辅助工作，如黑红名单制度、单用途商业预付凭证管理、融合拓展项目等建设。

（浙江省电子商务促进中心）

2018年浙江省国际经济贸易学会工作概况

概　况

浙江省国际经济贸易学会（以下简称“学会”）是由浙江省商务厅主管，省民政厅和省社科联监督指导，由全省从事外经贸工作和国际经济贸易科学研究的政府职能部门、高等院校、科研机构、社会团体及企事业单位的科研与实际工作者组成，专门从事国际经济与贸易研究与交流的群众性学术组织。学会为省内外经贸领域的政、学、企人士提供开展国际贸易、跨国投资、WTO和涉外法律等课题的研究与交流平台。学会是联系专家学者、广大企业与政府职能部门的纽带，也是一个研究外经贸问题的专业人才库。

主要工作

2018年，学会深入贯彻落实党的十九大、十八大和十八届三中、四中、五中、六中全会精神以及省委、省政府关于开放型经济发展的决策部署，在省商务厅、省民政厅、省社科联的关心和指导下，在全体会员单位的大力支持和共同努力下，紧紧围绕开放型经济中心工作，积极开展科研交流、决策参考、信息宣传、人才培训等工作，努力提高综合服务能力，取得了良好的成效。为推动浙江省国际经济贸易研究，作出了积极的贡献。

（一）加强对策应用研究，为政府决策服务

为进一步增强对策应用研究，为浙江新一轮经济发展贡献才智和力量，2018年，学会在浙江省商务厅指导下，组织开展2018年对策类课题立项工作。省商务厅高度重视，先后下发《关于组织开展2018年对策类课题立项申报工作的通知》（浙商务办发〔2018〕22号），《关于公布2018年对策类课题立项的通知》（浙商务发〔2018〕69号），来自省内各大高等院校、各市商务局、科研机构的从事国际经济贸易研究的理论与实务工作者积极提交了课题申报材料，经过专家评审，确定立项课题43项，学会立项课题主题明确，紧跟实际，紧紧围绕全省商务发展大局，研究浙江全面深化改革和开放型经济发展中的重大理论和现实问题，具有较强的现实意义与参考价值。10月，学会组织专家对对策类课题成果进行评审，最后确定36项课题符合结题要求。学会对策类课题申报工作，切实发挥了学会专家集聚的优势，为政府决策提供了智力支持。

（二）组织论文征集评选，活跃学术氛围

优秀论文评奖活动已经成为学会一大特色，2018年，论文征集和评奖活动受到会员单位积极响应，征集论文数达70余篇。经专家评审，2018年共评选出25篇优秀成果，在第十届年会上予以表彰。2018年学会的实务类论文不乏全省商务主管部门的代表，省商务厅、湖州商务局、舟山商务局、衢州商务局等商务主管单位都向学会推荐了研究成果。为了加强对学会研究成果的宣传和推广，学会秘书处组织专家对第十届学术年会评选表彰的优秀论文进行收集整理、评议修正，汇编成《2018国际经济贸易研究报告集》，加大宣传，扩大影响力。

（三）编印报告精选集，献礼改革开放40周年

2018年是改革开放40周年，浙江省国际经济贸易学会成立10年。在这一重要时间节点，梳理回顾过去10年的研究成果，甄选一些有代表性、有指导意义的高质量研究成果，集结精编，为今后研究提供历史参考，具有特殊意义。10年

来，学会围绕浙江开放型经济发展的重点、热点、难点和焦点问题开展研究，成果合计达500余篇，凝聚了省内高校、科研机构和商务部门广大会员的智慧。由于精选集篇幅有限，学会通过召开专家咨询会、征询有关会员单位意见等方式，最终筛选收录了32篇研究报告，结集成册。

（四）举办浙江省社会科学界联合会第四届学术论坛专场会议——浙江省国际经济贸易学会第十届年会暨“纪念改革开放40周年 构建全面开放新格局”论坛，扩大影响力

12月1日，浙江省社会科学界第四届学术年会专场会议，“浙江省国际经济贸易学会第10届年会暨纪念改革开放40周年　构建全面开放新格局论坛”在中国计量大学顺利举行。会议由浙江省商务厅、浙江省社会科学界联合会指导，浙江省国际经济贸易学会主办，来自全省各大高校、科研院所、政府部门、商协会等200余名代表参加了会议。浙江省社科联副主席陈先春、中国计量大学校长宋明顺、浙江省商务厅副厅长张钱江等领导出席会议并发表重要讲话，省商务研究院院长兰健主持会议。会议由开幕式、“纪念改革开放40周年 构建全面开放新格局论坛”主题论坛和“浙江对外开放40年”“‘一带一路’建设”“贸易投资高质量发展”三个分论坛组成。

会议开幕式上，中国计量大学校长宋明顺致欢迎辞，省社科联副主席陈先春致辞，省商务厅副厅长张钱江发表讲话。陈先春副主席指出，2018年是改革开放40周年，“八八战略”实施15周年，为落实车俊书记在全省对外开放大会上提出“推进开放强省，以‘一带一路’建设为统领，构建全面开放新格局，为推动‘两个高水平’建设提供强大动力和坚实支撑”的讲话精神，将本届学术年会专场会议的主题确定为“纪念改革开放40周年 构建全面开放新格局”，希望通过与会专家、学者的研讨，产生丰硕的思想成果，助推浙江构建全面开放新格局。张钱江副厅长肯定了学会成立10年来取得的成绩，总结了浙江改革开放40年发展成就和今后的开放重点领域，并对学会提出要围绕国家开放战略、围绕全省对外开放大会的部署不断加强研究，要在“一带一路”、自贸区、长三角一体化等专题研究上努力形成一批标志性、开创性研究成果，要不断健全协同研究的交流机制，推进创新型研究，将学会打造成为高端智库联盟。会议开幕式还通报了2018年度浙江省商务厅对策类课题结题情况和2018年国际经济贸易研究优秀成果奖，举办了《浙江国际经贸研究成果精选集（2009—2018）》新书发布仪式。

（五）与会员单位合作举办论坛，发挥研究交流平台作用

2018年，学会先后与浙江大学中国跨境电子商务研究院、浙江工业大学、浙江越秀外国语学院合作，承办、协办了多场论坛活动，如2018第四届中国数字贸易学术研讨会、大湾区时代：新动能与新格局、中韩国际贸易学术研讨会。2018年10月24—25日，学会与省商务研究院在德清组织召开了2018服务贸易专题研讨会，邀请了学会有关专家和商务部门的代表共同研讨推动服务贸易高质量发展的有关问题。学会研究交流平台作用进一步发挥。

（六）搭建平台，服务地方商务工作

学会充分发挥专家云集的优势，积极结合当前经济发展的新形势，2018年8月，学会组织专家为“龙湾外资外经实务培训班”授课，9月底，学会推荐温州大学商学院专家参与温州市“走出去”服务联盟，为温州商务局“走出去”企业提供专家咨询服务。组织杭州市商务委、宁波市商务委等地市商务局参加学会组织的研讨会。充分整合资源，加强理论研究与国际经贸发展实际的联系，积极开展形式多样的交流合作。

（浙江省国际经济贸易学会）

第八编

重大会展、活动概况

浙江省参与首届中国国际进口博览会情况

一、首届中国国际进口博览会总体情况

2018年11月5—10日，首届中国国际进口博览会(以下简称“进口博览会”)在上海国家会展中心成功举办。首届进口博览会集广交会、G20峰会和世博会“三会合一”，是2018年我国第四场主场外交。国家主席习近平多次强调，进口博览会不是一般性的展会，是中国推进新一轮高水平对外开放的重大决策，是中国主动向世界开放市场的重大举措。国家主席习近平出席开幕式并发表题为《共建创新包容的开放型世界经济》的主旨演讲。本次展会有172个国家、地区和国际组织参会，有18国国家元首、政府首脑和300多个部长级政要参会，来自五大洲的3600多家企业参展，其中世界500强和行业龙头企业200多家，包括中国企业在内的境内外采购商超过40万人。展会面积达30万平方米，展品十分丰富，首次进入中国的展品就多达5000余件，100多项国际前沿新产品和新技术在进口博览会上首次发布。进口博览会采购商数量和协议成交金额均超过广交会。展会期间还举办了虹桥国际经贸论坛，4000多位具有国际影响力的政商学界人士围绕全球贸易和世界经济发展开展对话交流。境内外共有4000名媒体记者参与报道。正如习近平主席在开幕式上所说，进口博览会是国际贸易发展史上一大创举，取得了丰硕的成果，体现了中国对全球发展的重大贡献。

二、浙江省参与首届进口博览会工作走在全国前列

1. 招展工作居全国第一。共招引480家境外企业完成官网报名，参展面积为1.94万平方米，完成进口博览会筹委会办公室(商务部)下达目标的243%，任务完成情况位列全国第一。

2. 招商工作居全国第三。共组织采购单位1.5万家、人员4万人参加进口博览会，超额完成浙江省组织1万家采购商的工作目标，采购总人数位列全国第三。

3. 实际成交额居全国第一。全省实际成交199.0亿美元，居全国第一。其中，展位成交金额达116亿美元，被纳入大会统计的展位成交金额为60.72亿美元，居全国前列。

4. 配套活动数量居全国第一。进口博览会前后，浙江省共组织24场配套活动，活动数量居全国第一，影响力居全国前列，积极为参展商和采购商搭建合作平台。特别是浙江—德国数字经济和高新技术产业高峰对接会聚集了埃森哲、SAP、西门子、拜耳等50多家德国企业高管以“1对多”的方式与浙江省240多家企业高管开展的精准对接，签约项目14个，正在洽谈的合作项目超过20个，取得了非常好的活动效果，得到中央电视台专访及国内媒体的广泛报道，盛秋平厅长、宗庆后先生接受中央电视台采访。

三、进口博览会期间的工作情况

1. 全力配合中央主场外交。以高度的责任感、使命感，积极参与到进口博览会各项活动中。袁家军省长、朱从玖副省长参加了虹桥国际经贸

论坛开幕式，走访了德国、加拿大等国家馆以及美国、日本、意大利等国知名企业展台。由浙江省牵头主办的浙江—德国数字经济和高新技术产业高峰对接会等活动，成为对接境外客商的重要平台。举办浙江省交易团集中签约仪式，集中展示了浙江省进口博览会的招商成果，扩大了进口博览会的品牌影响。

2. 充分彰显浙江元素。把进口博览会作为展示浙江省产业、产品和艺术的国际平台，着力扩大浙江影响力。一是积极展示浙江发展成就：中国国家馆的动态版绿水青山图呈现了安吉生态文明发展现状，青田县的“稻鱼共生”展示了首批全球重要农业文化遗产的面貌，“义新欧”成为国际陆海贸易大通道的重要展示内容。二是积极展示浙江艺术精品：东阳木雕屏风《锦绣中华》是国家会展中心（上海）的“镇馆之宝”，青瓷、丝绸、朱府铜艺等特色工艺品等入选国礼。三是积极展示浙江企业形象：卧龙集团、吉利集团、物产中大等公司旗下的境外投资企业在进口博览会上精彩亮相，展现了浙江企业实力。

3. “十百千万”工程成效明显。除了组织重点平台和重点进口企业参加采购、推动成交外，还重点组织实施了一系列具有浙江特色的配套活动，这些活动对交易成交的促进作用明显，成交额占总成交额的一半以上。比如，阿里巴巴在全球跨境进口和供应链领袖峰会上成交额超过20亿美元；网易考拉在跨境进口全球趋势高峰论坛上与110多家品牌商达成合作，金额约200亿元人民币；云集在进口贸易助力消费升级论坛上签订了价值50亿元的跨境采购大单；浙江—德国数字经济和高新技术产业高峰对接会的投资贸易签约金额超过5亿美元；浙江省进口药品耗材、医疗器械采购专场采购活动上签约83亿元人民币；浙江交易团集中签约仪式完成了重点进口企业和国外客商的13.9亿美元成交额。

同时，各市也举办了内容丰富的配套活动。如杭州市、湖州市、嘉兴市、金华市联合长三角地区的其他5个城市举办了G60科创走廊九城市扩大开放政策发布会；宁波市举办了“一带一路”国家贸易对接会暨重大采购项目签约仪式；义乌市专门发布了中欧班列“陆上丝绸之路”指数；温州市、丽水市举办地方特色的进口商品博览会；杭州市、嘉兴市、绍兴市、台州市、衢州市、舟山市举办经贸合作推介会和贸易洽谈会。

4. 积极拓展经贸交流渠道。博览会期间，组织投资促进机构和企业参加越南贸易促进局杭州贸易促进办公室揭牌仪式、2018巴基斯坦贸易和投资会议、克罗地亚—中国经贸论坛及对接会、捷克—中国商务论坛等，全力拓展对外联络渠道，扩大对外交往的“朋友圈”。此外，浙江省还组织安排20余场外事活动，邀请100余家省内企业参加相关经贸活动，涉及日本、德国、新加坡、西班牙等经贸合作重点国家和地区。

四、主要工作体会

1. 认识到位。省委、省政府高度重视进口博览会。5月，省政府第5次常务会议专题研究部署浙江省参与进口博览会工作。车俊书记、袁家军省长多次就组织好进口博览会作出重要批示，车俊书记在出访非洲期间专门推介进口博览会。朱从玖副省长先后主持召开全省参与首届进口博览会工作电视电话会议和交易组织工作会议。省商务厅党组会、厅长办公会议4次听取进口博览会工作汇报，对浙江省参与工作进行部署和推动。全省各级政府高度重视，确保全省上下深刻把握习近平总书记“不一般”的总要求和对标“五个一流”工作理念，为进口博览会取得良好成效打下了工作基础。

2. 谋划到位。出台《浙江省参与首届中国国际进口博览会总体方案》和《浙江省商务厅参与首届中国国际进口博览会总体方案》，明确了8大任务。组织实施“十百千万”工程，成立了13个交易分团，高质量谋划24场对接活动，为浙江省成交额走在全国前列奠定了坚实基础。

3. 协调到位。在组织筹备过程中，注重上下沟通、左右联动，积极与商务部、进口博览会筹委会办公室、进口博览局等做好汇报沟通，共上门对接18次，主动了解上级要求，及时反映浙江诉求；积极与上海市政府接待办、虹口区合作交流办等部门协调，共对接10多次，落实安保等后勤保障事宜；积极发挥领导小组成员单位、各市

(县)领导小组和各交易分团作用,召开了由相关省级成员单位参加的联络员会议11次,地市联络员会议16次,省商务厅参与进口博览会牵头小组工作会议11次,形成了全省上下合力推进的工作局面。筹备过程中,以浙江省参与首届进口博览会领导小组办公室名义下发的文件共53个。

4. 保障到位。根据省政府统一部署和要求,省级相关部门、厅系统协同保障首届进口博览会取得积极成效。组织方面,省级共成立10个工作小组,完善了工作机制,明确了职责分工,形成了工作合力。信息方面,共上报浙江省参与进口博览会工作简报19期。进口博览会筹委会办公室简报共录用浙江省参与筹备信息10条,居各省区市第一。宣传方面,进口博览会开幕前,浙江省商务厅共召开媒体通气会2次,共有40多家媒体参与报道。进口博览会期间,浙江省委宣传部组织逾50名记者赴现场宣传报道浙江省参与进口博览会成果,据不完全统计,进口博览会期间发出原创性报道120篇以上;浙江在线、浙江新闻客户端在首页开设进博会专题,点击量超过800万。经费方面,浙江省财政厅积极落实浙江省参与进口博览会的经费预算。安全保障方面,浙江省公安厅落实"环沪护城河"安保任务。环境保障方面,浙江省生态环境厅积极落实长三角区域大气污染防治协作任务。外事方面,浙江省外侨办积极落实外事分流接待任务。金融服务方面,9月,浙江省商务厅与中国银行浙江省分行签订协议,为浙江省参会企业提供金融支持。此外,浙江省卫生健康委、浙江省经信厅、浙江省教育厅、浙江省科技厅、浙江省贸促会等部门做了大量卓有成效的工作,保证了进口博览会各项参与工作落实到位。

五、下一步工作打算

(一)深入贯彻落实习近平总书记讲话精神

把学习贯彻落实习近平总书记的讲话精神作为当前的一项重点工作,坚决把扩大对外开放的思想和行动,统一到中央新一轮对外开放战略整体布局中,结合车俊书记省委常委会讲话精神和2018年5月在开放大会上提出的十大举措,突出抓好自贸试验区赋权扩区、推动长三角一体化发展、积极落实扩大市场准入举措、不断深化"最多跑一次"改革、优化营商环境等方面的重点工作,真正把学习贯彻习近平总书记的系列讲话精神、推进全省对外开放大会的决策部署,转化为浙江省构建对外开放新格局、推动"两个高水平"发展的强大动力。

(二)巩固深化浙江省参与进口博览会的系列成果

做好本次组织参与进口博览会的总结工作,重点梳理好交易清单、项目清单、客商清单等目录,为国内外企业在产业、贸易、投资、技术、人才等方面实现精准合作对接打好基础。密切跟踪签约项目、意向采购的进展情况,做好服务、强化保障,切实推进项目落地、成交落实。立足数字经济、八大万亿产业等浙江省重点发展产业,做好参展客商的精准分析,邀请一些在国内已有一定市场份额的企业到浙江投资发展。积极利用本次展会积累的政府资源、客商资源和平台资源,组织开展一系列经贸交往活动,为企业开拓新市场提供平台。

(三)积极承接和扩大进口博览会的溢出效应

举办进口博览会是促进出口与进口贸易平衡、推动新一轮高水平对外开放的一项全新举措。浙江省将以此为契机,进一步提升对进口工作的重视程度,坚持进口与出口协调发展,探索建立促进进口工作协调机制,研究提出扩大进口的具体政策措施建议,切实形成重视进口、发展进口的工作氛围。结合各地发展实际,培育若干具有国际影响力的进口商品展销平台,支持义乌进口博览会、青田进口葡萄酒交易会等展会平台,打造世界进口"商品超市"和永不落幕的进口博览会。

(浙江省商务厅)

第二届世界油商大会情况

2018年10月17日至19日，第二届世界油商大会在舟山成功举办。本届大会由浙江省人民政府主办，中国(浙江)自由贸易试验区管理委员会和中国(浙江)自由贸易试验区建设领导小组办公室共同承办，得到了商务部、海关总署和国家能源局的支持。大会深入贯彻习近平总书记"一带一路"倡议和对浙江工作的重要指示精神，围绕"开放包容、互利共赢——推动'一带一路'油气产业合作愿景与行动"主题，精心组织了省领导会见、嘉宾主旨演讲、重大项目签约、平行论坛、闭门会议、商务酒会等活动，吸引了来自34个国家和地区的800多名中外嘉宾参会，省委副书记、省长袁家军，副省长朱从玖和三家大会支持单位领导出席会议并致辞。总体来看，本届大会参会知名企业多、嘉宾代表级别高、国际影响力大、成果含金量高，充分彰显了油气全产业链新机遇、新空间、新市场，实现了省政府提出的"行业峰会、产业对接、成果落地"的办会目标。大会取得圆满成功，在国内外引起了强烈反响，赢得了普遍赞誉，有力提升了浙江自贸试验区的国际知名度和影响力，唱响了"一带一路"国际能源合作激昂有力的"浙江声音"。

一、大会主要特点

世界油商大会是浙江省委、省政府贯彻落实"一带一路"倡议，推动石油、天然气等能源领域国际合作，打造全省对外开放新高地的重要平台，是新时代扩大对外开放的生动实践。相比首届世界油商大会，本届大会具有五大突出特点：一是大会主题更加鲜明。既明确将"一带一路"写入会议主题，又将以石油为主的油品全产业链，拓展至石油和天然气并重的油气全产业链，进一步彰显出油气全产业链的新机遇、新空间和新市场。同时，在平行论坛主题策划方面，全面紧扣油气全产业链发展中广受关注的油品交易和金融服务创新、LNG市场的供需、贸易与挑战、限硫令规则下船用燃料发展变革等热点问题展开策划，进一步吸引了嘉宾参会热情。二是行业集中度更高。参会企业涉及行业覆盖面更广、专业性更强，绝大部分企业与油气全产业链建设中的炼化、储运、贸易、交易、金融服务、航运等领域紧密相关，特别是世界前十大石油公司中的8家、世界前十大石油化工企业中的7家、世界五大石油贸易商中的4家、世界500强主营业务涉及油气产业中的30家(总共60家)等均派代表参会，充分体现了大会行业峰会的显著特点。三是嘉宾层次更加高端。大会共有参会企业231家(国外114家，国内117家，世界500强企业57家)，其中97家企业派出高规格嘉宾参会(国内53家，国外44家，世界500强企业30家)，特别是沙特阿美全球高级副总裁，BP综合供应与贸易东半球首席执行官，埃克森美孚集团副总裁，道达尔贸易和供应板块全球总裁，嘉能可全球油气首席执行官，霍尼韦尔特性材料和技术集团总裁兼首席执行官，中国交通建设集团有限公司总经理，中石油、中石化、中海油副总经理等近百名高规格嘉宾参会。四是产业对接更加紧密。大会筹备期间，围绕油气全产业链建设，一大批国内外知名企业纷纷前来浙江自贸试验区对接洽谈项目，达成了合作意向。其中，大会签约25个项目，总投资1656亿元，涵盖油品储运、石油贸易、LNG等领域，项目整体质量和数量都比上一届有所提升，进一步凸显大会"产业对接、成果落地"的鲜明特点。五是国际化程度更加明显。始终坚持以搭建国际化的合作平台为目标，站在深化国际合作的角度策划、设计大会各项活动，将一大批国际客商作为重点对象，让他们通过大会传递最新信息、寻找合作项目、挖掘有利资源，提高大会在国际能源领域的关注度和吸引力。据统计，本届会议国外参会企业数量已接近总数的50%，充分体现了大会的国际性。

二、大会主要成果

（一）深入贯彻了党中央国务院和省委、省政府重大决策部署

大会紧紧围绕党中央国务院和省委、省政府决策部署，按照习近平总书记关于“要把舟山放在国际上、放在全中国、放在浙江省这样的位置上去考虑”，和李克强总理关于“浙江具备发展外向型经济的天然禀赋，要更加主动当好沿海对外开放的排头兵”等指示精神，深入贯彻落实全省对外开放大会精神，牢牢把握对外开放的基本原则，坚持以自贸试验区为开放大平台，把引进外资作为重要任务，全面加强与国外知名油气企业对接洽谈，打造国际化平台；把支持民营企业发展作为重要责任，重视企业发展中存在的困难问题，积极为企业发展搭建平台，将企业推向国际市场。

（二）切实提升了世界油商大会的品牌影响力

大会成功举办，得到了国内外嘉宾的一致好评，特别是袁家军省长的主旨演讲及国家部委领导的致辞进一步申明了浙江共商共建共享油气发展新机遇和中国油气全产业链对外开放的姿态，赢得了广泛赞誉。同时，通过5场主题鲜明的平行论坛，与会嘉宾围绕油气全产业链建设的热点问题展开头脑风暴，分享国际油气领域最新信息，探讨未来发展方向，取得了显著的成效。如壳牌亚太和中东地区化学品总经理Aw Kah-peng（区嘉冰）表示，“新加坡同类型的会做了25年，舟山用2年时间做到了超越。”埃克森美孚原油全球销售经理Thomas Martenak（托马斯·迈特纳克）表示，“参加这次世界级的油商大会，就是想从舟山走进和拓宽中国市场，希望找到进一步入列中国地区全球供应商的机会。”这些，都充分说明油商大会已经得到了全球油商的普遍关注和参与，已经形成了一定的国际影响力。

（三）全面推动了自贸试验区招商引资工作

本届大会围绕油气全产业链建设，沙特阿美与省政府签订战略合作协议，埃克森美孚、BP、道达尔、嘉能可等分别与自贸试验区相关单位签订了项目合作协议，其中外资项目14个，占项目总数的56%，外资世界500强企业项目和重大油气项目11个。同时，省、市领导分别会见了沙特阿美、BP、嘉能可、埃克森美孚、壳牌、霍尼韦尔、菲利普66等一批重要客商，就有关项目合作进行了洽谈。大会期间，发布了保税油供应创新举措“新十条”，相继举行了浙江—新加坡经贸理事会油气贸易和海事服务专题工作组会议、2018海外侨商走进自贸区暨侨商项目投资对接会以及若干场闭门会议，现场签约5个项目，总投资3.3亿元。大会的召开，进一步扩大了浙江自贸试验区对外影响力，已陆续有企业及外资金融机构等前来咨询洽谈，大会效应逐步开始显现。

（四）更加坚定了加快油气全产业链建设的信心

本届大会紧密结合自贸试验区特色亮点工作，以油气全产业链建设为重点，搭建全球油气企业合作交流的平台，让参会嘉宾在不断地交流活动中找到企业发展的伙伴，看到浙江自贸试验区未来发展的美好蓝图，特别是嘉能可全球油气首席执行官Alex Beard（艾利克斯·比尔德）表示，“浙江自由贸易试验区将成为下一个全球炼化中心。中国和亚洲都要有自己的价格标杆，浙江具备了这样的优势，有优越的地理位置和不断提升的炼化能力。”BP综合供应与贸易东半球首席执行官Janet Kong（孔庆影）表示，“大会在舟山举办，对于这里是一个相当有利的时机，可以利用这个机会来把舟山打造成一个世界级的油品交易中心平台。”嘉宾们的认可和期望，也更加坚定了我们推进油气全产业链建设的决心和信心。

三、体会和启示

（一）领导重视是关键

第二届世界油商大会是舟山市迄今为止承

办的规模最大、规格最高、影响最广的国际性会议，大会筹备得到了省委、省政府的高度重视，被列入2018年全省重点工作。特别是袁家军省长亲自谋划推动、专题听取汇报，指导并明确提出办会要求，为大会筹备指明了方向。朱从玖副省长全程精心指导，多次听取汇报并带领筹备组对接联系、邀请客商，提出会务指导意见，为大会成功奠定了基础。

（二）主题鲜明是重点

大会深入贯彻落实党中央、国务院决策部署，紧扣“一带一路”“改革开放”“油气全产业链”“低硫时代”、LNG等各方关注的重点、热点，精心策划设计大会主题及平行论坛，充分吸引了全球油商的眼球，让他们感到参加会议必将获取大量有价值的信息，为大会的成功，特别是一大批高规格嘉宾参会发挥了很好的“头雁效应”。

（三）市场办会是方向

本届大会，我们坚持立足市场，引入市场化机制，一方面通过公开购买会议服务，引入专业办会公司，既保证会议服务质量、又合理压缩会议支出，减少了政府办会压力；另一方面积极与相关企业合作办会，借助企业资源既缓解政府经费压力、降低成本支出，又丰富配套活动、提高嘉宾参与度，扩大了大会成果。这种办会方式，也必将成为大会更具持久生命力的有效途径。

（四）以商引商是抓手

大会充分利用市场经济规律，发挥省内各大企业作用，挖掘企业优质的客户资源，通过企业以商引商，推动了嘉宾邀请取得显著成效，一大批嘉宾带着与企业合作、洽谈等意向参会，并实地考察了浙江自贸试验区部分重点区域。

（五）干部担当是保障

大会的成功举办，也得益于一大批有情怀、敢担当、有责任的干部的无私付出和辛勤劳动。在大会筹备的最后阶段，舟山市全面动员，有关单位主要领导带头示范，党员干部冲锋在前，主动承担了综合协调、嘉宾接待、会务保障、安全保卫、宣传引导等重要工作，全面保障大会各项工作的顺利推进。

（中国（浙江）自贸试验区管委会）

第28届“华交会”浙江交易团参展情况

第28届华东进出口商品交易会(以下简称“华交会”)于2018年3月1日至3月4日在上海新国际博览中心举行,作为中国每年最早举办的外贸展会,从展商的参与度和订单的成交量上可以管窥出一年外贸交易的大体走势。浙江省商务厅高度重视“外贸新春第一展”,将其作为拓展国际市场的重要平台,积极筹划、周密部署、精心组织,谋求外贸新突破。

一、“华交会”基本情况

为精简会期,节省参展企业时间,在尽可能短的时间内集中发挥展会作用,第28届“华交会”首次尝试将展期由5天缩短到4天。这在一定程度上影响了采购商规模及总体成交量,与上一届相比,主要呈现以下特点:

是展会规模略有扩大。本届“华交会”总规模为12.36万平方米,较第27届增加展览面积2700平方米,展位总数共计5707个。“华交会”继续推进专业化办展道路,共设5大专业主题展,服装服饰展展位1500个,占26.3%;纺织面料展展位925个,占16.2%;家庭用品展展位1916个,占33.6%;装饰礼品展展位702个,占12.3%;现代生活方式系列展下设进口商品展区和跨境电商展区,其中境外展区展位530个,占9.3%,跨境电商展区(含服务展位)展位134个,占2.4%。展会参会共计14个交易团(9个主办省市交易团、3个组团城市交易团、1个联合交易团、1个境外交易团),共组织4000多家企业参展,其中境外参展企业463家。

二是采购商与会人数略有增长。展会期间,到会境外客商22311人,来自109个国家和地区,客商总数比上届略增0.77%。亚洲客商占80.5%,比上届增长1.2%。其中,日本客商累计到会9205人,占41.3%,比上届略减0.3%,但仍是到会客商最多的国别地区;欧洲客商占10.9%,比上届增长1.3%;北美客商占6.7%,比上届增长4.3%;拉丁美洲客商占0.6%,比上届减少21.7%;大洋洲客商占0.9%,比上届减少40.1%。

三是出口成交与上届基本持平。本届“华交会”出口成交稍有增加,累计成交23.2亿美元,比上届增加0.2%。其中对亚洲成交15.1亿美元、增长14.3%;对欧洲成交4.4亿美元,增加1.9%;对北美洲、中南美洲、大洋洲和非洲的成交额均有所下降。日、韩居成交前两位,对日本成交7.7亿美元,增长2.3%;对韩国成交3.2亿美元,增长67.5%。

二、浙江省企业参展情况

(一)参展情况

本届“华交会”浙江省组织浙江、杭州和宁波三个交易团组团参加,主要呈现三个方面特点:

一是参展企业数与展位数均居首位。本届“华交会”浙江省参展企业由浙江交易团、杭州交易团、宁波交易团组团构成。全省参展企业920家,展位数1545个,占本届“华交会”展位总数的27.1%,居参展的华东各省、市第1位。其中家庭用品展位566个,服装服饰展位441个,装饰礼品展位265个,纺织面料展位273个。从企业类型来看,生产企业占参展企业总数的比重为71.5%;从企业属性来看,民营企业占参展企业总数的比重为74.3%。

二是品牌企业参展热情高。本届“华交会”上,浙江省4家“品质浙货”出口领军企业、26家浙江出口名牌企业、3家浙江制造“品字标”企业参展，如恒林椅业、哈尔斯、市下控股、天玮雨具、新秀箱包等。这些品牌企业通过推出更多新技术、新工艺、新产品，吸引不少境外采购商沟通洽谈、下单成交，在“华交会”上秀出了“品质浙货”的实力。

三是抱团参展尽显区域风采。企业抱团参展已经成为浙江省开拓市场的有力手段，进行整体宣传、统一特装，既可以帮助企业招揽顾客、吸引订单，又推介了区域品牌、提升了整体形象。本届“华交会”，湖州家具、台州家居礼品、绍兴纺织服装、上虞伞业、金华餐厨用品等都采取抱团参展的形式，借此整合资源、丰富内涵、提升价值，增强了产业集群竞争力和区域品牌影响力。

（二）成交情况

一是出口成交稳中有升。据统计，本届“华交会”浙江省(包括浙江交易团、杭州交易团、宁波交易团)出口成交共计8.1亿美元。其中，浙江交易团出口成交3.9亿美元，比上届增长4.9%，增幅高于大会平均4.8个百分点，占大会总成交额的17.0%，居各省市交易团第一位。浙江交易团的各类企业中，民营企业出口成交2.5亿美元，比上届增长12.0%，国有企业和外资企业呈现下降趋势。

二是亚洲、非洲、中南美洲市场增长明显。据统计，浙江交易团对亚洲成交金额最高，增速达2.57亿美元、增长16.8%；对非洲成交额增长最快，达91.0%；对中南美洲成交额增长30.9%，对欧洲、北美洲和大洋洲分别下降了8.6%、48.5%、22.1%。出口成交额排名前10位国家和地区分别为日本、韩国、新加坡、美国、马来西亚、法国、印度、德国、俄罗斯、土耳其。其中，对马来西亚和新加坡成交额增长幅度较大，分别为443.7%和194.2%。“一带一路”沿线国家仍是浙江省参展企业在“华交会”出口成交的主要国家。

三是轻工工艺类产品成交情况较好。从各类商品出口来看，浙江交易团轻工工艺类产品成交1.66亿美元，同比增长了23.4%，其中箱类、文教用品、旅游用品、纸制品、金属器皿成交情况突出，同比增幅较大；亚洲、非洲、中南美洲和大洋洲市场均有所增长，其中新加坡、马来西亚、印度、澳大利亚和新西兰增长尤其明显。纺织服装类产品出口总体成交1.86亿美元，下降了5.3%。其中棉制品和羽绒服装分别增长277.1%和72.9%，但服装辅料、棉布和化纤布降幅较大。对非洲地区的订单量同比增长104.6%。其中南非和尼日利亚分别增长171.2%和157.8%；对亚洲地区增长2.4%。其中马来西亚和韩国分别增长413.6%和29.9%；而上届纺织服装类产品成交较好的日本和印度订单有所下降。

四是订单仍以短单小单为主。当前汇率波动较大，原材料及人工成本上涨幅度较大，企业环保成本日益增加，出口价格难以提高，出口企业综合竞争力下降，利润空间越来越小，不少参展企业表示接单面临诸多困难，签下的出口意向订单仍以短期小单为主。

（三）参展企业出口开拓市场多措并举

本届“华交会”上，浙江参展企业依靠研发创新产品开拓国际市场，以自主品牌重塑竞争新优势，并积极向绿色、低碳、环保方向迈进，布局国内外市场，多措并举探索外贸发展新路，努力提升产品附加值，打造外贸竞争新优势。

一是精心研发拓市场。为适应全球消费升级趋势，参展企业从产品设计入手，不断研发高端产品开拓国际市场，提高竞争力，赢得议价权。安吉原创家居用品有限公司为了规避产品设计的同质化，形成企业的差异化产品路线，在设计研发中加大投入力度，不仅邀请海内外的设计力量作支撑，组建自己的专业团队进行产品设计，而且采取与院校科研机构、专业设计机构合作的模式进行产品研发。

二是自主品牌显成效。当前，在劳动力、原材料成本持续上涨的情况下，许多浙江出口企业从贴牌、代工到不断推出自主品牌，抢占国际市场。浙江嘉欣丝绸股份有限公司不断优化调整品牌布局及组织构架，旗下“金三塔”品牌定位丝绸内衣及家居服，坚持电商营销的经营模式，争做真丝内衣家居服电商行业冠军，力争把“金三塔”品牌建设成为以健康舒适为理念的真丝居家第一品牌。

三是低碳环保增优势。《中国制造2025》提出企业必须走绿色发展道路，培育竞争新优势。浙江出口企业纷纷走上转型升级之路，开始朝着绿色、低碳、环保的方向迈进。浙江艾克电器有限公司生产的干手器采用低能耗、高效率的稀土永磁直流无刷电机、喷气式高速气流、大风量、无尘无菌出风系统，提高效率、降低使用成本、节约纸张、低碳环保。

四是多维营销促成交。在复杂的外贸形势下，浙江出口企业积极优化国内外市场布局，加强营销网络建设，在优化升级、拓市场促成交上取得了效果。台州市伟业电器有限公司携手互联网,开拓线上市场，拓展跨境电商业务。同时建立全球营销体系，根据欧美人崇尚环保的理念和生活习惯，不断地推出低功率、节能型风扇，用于车载及地下车库，宣传广告也在部分国家当地电视台播出。最大的国际客商主要来自美国、意大利和澳大利亚。

三、浙江交易团工作情况

为切实提高企业参展实效，本届“华交会”浙江交易团精心筹备、加强管理、落实责任，较好地完成了各项任务，以高度责任感确保第28届“华交会”平稳运行。

一是厅领导高度重视“华交会”工作。在“华交会”期间，浙江省商务厅党组书记盛秋平，浙江交易团团长、浙江省商务厅副厅长韩杰先后走访调研了30余家“华交会”浙江参展企业，详细询问企业在产品研发、市场开拓、客商洽谈、出口成交等方面的情况，深入了解了企业在提升产品竞争力、培育出口竞争新优势方面的有效举措及当前出口所面临的困难。盛秋平书记鼓励企业珍惜参展机会，积极主动接洽客商，全力以赴做好参展工作，同时强调，当前外贸形势依然复杂严峻，任务依然艰巨，要充分利用“华交会”等平台，了解国际市场需求，分析研判当前外贸形势，准确把握新时代外贸发展面临的新变化，围绕“建设贸易强省”，敢于迎难而上，敢于担当责任，以坚定的信心、昂扬的斗志、振奋的精神，高质量地完成各项目标任务，为开放强省建设和全省经济社会发展大局作出应有贡献。

二是深入推进“品质浙货，行销天下”。在“华交会”期间，浙江交易团多措并举，大力宣传“浙江制造”，在“华交会”展馆入口广场和序幕大厅摆放了“品质浙货”大幅宣传海报，十分亮眼，序幕大厅电子屏定时播放“选择浙江”宣传片，引来国内外采购商驻足观看。此外，浙江交易团积极组织浙江品牌企业参展，鼓励企业坚持走自主创新发展的道路，认真组织企业参与“华交会”创新奖评选。其中，浙江省土产畜产进出口集团有限公司、浙江银座箱包有限公司、森森集团股份有限公司三家企业获得第28届“华交会”创新奖。

三是高标准实施统一布展。本届“华交会”浙江交易团根据大会要求，在展位绿色搭建、设计创新上下足工夫。浙江展区设计主题为丝路花雨，整个展区通透、简洁，有个性特色，大胆采用装饰线帘作为衬托，外加亚克力立体透明字美工，整个展会布置既时尚靓丽、又绿色环保。各市分团也根据区域特色进行了统一风格设计与特装搭建。展馆里，设计精美的“品质浙货，行销天下”标识随处可见，采购商在各展位中一眼就能识别浙江企业所在区域。浙江交易团要求参展企业立足展品、精心布展，不断追求参展效果的最大化，进一步提升“品质浙货”的知名度和影响力。为了加强展位现场管理，保障参展质量，提高参展效果，浙江交易团设立了标准展位统一布展考核表，下发分团与企业，综合考核结果作为今后确定标准展位施工单位的参考依据。

四是扎实做好管理服务工作。本届“华交会”，浙江交易团严格遵照大会有关规定做好展位使用及布、撤展管理。在展前及时召开领队会议，向各分团通报“华交会”参展、筹备情况，并对展位管理、调研、宣传、安全等工作进行了部署，签订安全保卫责任合约。展会期间，各分团切实落实分管责任，向参展企业宣贯安全责任意识，有效形成了集团部、分团、企业于一体的工作机制。团部在强化管理的基础上提升服务，做好证件办理、事务协调、日常值班等各项服务工作，通过微信群、微信公众平台等多种渠道及时将工作要求传达至分团，广泛倾听收集企业意见并反馈大会组委会。

五是全方位提升信息宣传工作。浙江交易团高度重视本届“华交会”的宣传工作。与《“华交会”通讯》、浙江卫视、《浙江日报》、《国际商报》等媒体加强合作，邀请媒体采访浙江参展企业，展示浙江出口企业风采。3月1日的浙江卫视浙江新闻联播和3月2日的《浙江日报》分别以“第28届“华交会”开幕，浙江企业参展数居各省市第一”和““华交会”浙企展位数居首”为题，播放刊登了“华交会”浙江参展情况。中国新闻网、浙江在线、《每日商报》、《青年时报》、《国际商报》、凤凰网等媒体也纷纷加入报道阵营，宣传及时、传播范围广。“浙江商务”微信公众平台在本届“华交会”四天里每日都进行了专题信息推送。“华交会”期间，各类媒体累计报道浙江省参展情况38篇次。

六是高覆盖率完成外贸调研工作。为深入了解本届“华交会”参展企业发展现状，准确研判外贸形势，深入了解当前外贸出口存在的突出问题，浙江交易团做好外贸形势调查问卷，组织参展企业参与填报。参展期间，在各交易分团的大力发动下，调研一共回收有效问卷536份，覆盖面高达91.5%。除了网络调研，浙江交易团还积极走访参展企业，了解企业出口情况，倾听企业诉求。

（浙江省交易团）

第123届“广交会”浙江省交易团参展情况

一、参展概况

本届“广交会”浙江省(包括浙江、宁波、杭州三个交易团)共有参展企业5000家,展位11000多个。其中,浙江省交易团共有参展企业3000多家,展位近7000个。

据大会统计,本届“广交会”共吸引超过20.33万名采购商到会,为5年来最高水平。其中,亚洲112585人,欧洲34830人,美洲33426人,非洲15888人,大洋洲6617人。与上年同期相比,五大洲均有增长,增幅从高至低为美洲12.76%,欧洲8.07%,非洲7.24%,大洋洲4.19%,亚洲2.29%。

数据显示,本届“广交会”累计出口成交300.8亿美元,比2017年春交会增长3.1%,为4年来春交会最高水平。其中本届“广交会”浙江省累计出口成交37.92亿美元,同比增长3.95%。

二、展会特点

(一)采购商询价、洽谈积极

企业普遍反映每期首日的采购商较上年增长,后面几天的客流也维持在一个比较好的水平。采购商较上届更加积极主动地进入展位了解商品详情,很多展位现场出现采购商排队等候的现象。问卷调查显示,87.76%的企业认为接待人数与第121届“广交会”相比增长和持平,87.33%的企业认为与第122届“广交会”相比增长和持平。

(二)意向成交平稳增长

采购商意向成交积极性较高,直接下单的采购商也不少。大部分新老采购商在现场达成购买意向,会后再下订单,新客户也会下一些样品订单。整体成交量比较平稳,有所增长。问卷调查显示,在成交意向方面,90.56%的企业认为与第121届“广交会”相比增长和持平;89.47%的企业认为与第122届“广交会”相比增长和持平。

(三)订单价格趋于稳定

老客户与企业在价格谈判上比较默契,没有在价格磋商方面花太多时间,基本维持原来的价格水平。但受国际大宗商品和金属原材料价格上涨的影响,一些新款式、新产品价格则有小幅调整。

(四)成交市场多元化

出口市场主体更为多元化。其中,亚洲、欧洲市场成交有所增长,不少企业将“一带一路”沿线的中东、东欧及东南亚市场作为主攻方向,美国及拉美市场成交有所下降。

(五)品牌企业成交踊跃

大部分品牌企业的展位多位于主通道,而且布展设计亮眼,吸引采购商眼球。此外,品牌企业更加注重培育外贸竞争新优势,拥有自主品牌、设计理念先进、技术领先、智能环保的产品深受欢迎,成交踊跃。

三、浙江参展企业亮点

第123届“广交会”,浙江出口企业紧紧围绕高质量发展战略,全面“换挡提速”,实现转型升级,积极应对当前的复杂贸易形势。

(一)坚持研发创新,提高企业核心竞争力

创新永远是企业得以永续发展的核心驱动力,浙江出口企业加大研发力度,以创新激发潜力。浙江星星冷链集成股份有限公司的新一代智能售货柜,24小时无人值守,自动收货,扫码开

门，关门结算，方便快捷；搭载先进的重力传感技术，精准感应取货种类和取货数量；搭载摄像监控系统保证安全购物环境的同时，结合云监控，反馈售卖及库存信息，即时精准补货；智能语音客服，购物体验更人性化；24小时LED广告屏，结合大数据，实现精准广告投放。浙江金得利电器有限公司自主设计研发的智能卷发器采用速热芯系统德国X7芯技术，美发行业先进的特快加热系统；利用电路面板控制温度，发热卷筒的材质为电气石陶瓷面板，可以平均分散热力，循环加热，改善头发蛋白质结构制造弯曲，并在烫卷的过程中最大程度地降低头发的受损率，保护发质。

（二）坚持海外营销，推进企业全球布局

在当前复杂的外贸形势下，浙江出口企业积极布局国外市场，加强海外营销建设。浙江省化工进出口有限公司为开拓国际市场，每年参加境内外知名展会近30场，业务员超百人次。为向出口企业提供仓储、展示、分拨、代销、代收货款、售后等服务，建立境外外贸综合服务平台，近距离跟踪目标市场需求，着手规划海外仓计划，在海外建立国际仓储、国际物流配送、各类营销机构和售后服务体系，推进供应链向下延伸至批发商和零售商，在海外设立办事处、营销机构、售后服务体系等。汇信进出口集团股份有限公司目前在英国设立了海外子公司、在澳大利亚参股了合作公司，在箱包、鞋类等方面尝试整合海外营销和品牌运营资源。另外，在2016年，该公司在跨境电商领域进行了积极的探索，成立了四个电商团队，投入了大量工作精力。2017年，根据公司实际情况，已结合部分业务条线共性产品在荷兰注册两个公司，建立了海外保税仓。

（三）坚持培育自主品牌，努力开拓新兴市场

浙江出口企业在实现转型升级的道路上，实现品牌化战略，为拓市场打下坚实基础。南龙集团有限公司的美国自有保温杯品牌“SIMPLE DRINK”已在线上平台亚马逊进行售卖，并将厨具新品牌“SIMPLE COOK”一并注册；2018年组建新的销售团队，计划开通加拿大、欧洲五国、日本等多个线上站点。除此之外，再结合沃尔玛、麦德龙、家乐福等大型综合超市，线上线下同步进行市场拓展，不断研发新品，打造品牌特色。浙江博泰家具有限公司在战略上由从前的生产导向型转变为以市场为驱动。近年来实现外贸B2B博泰（BJTJ）与内销B2C（Bota）双品牌运作模式。接下来，博泰还将开发以提供整体解决方案为核心的消费终端品牌，引入整体家具理念，整合家居等业态，开拓线上线下多种渠道，并吸引异业优质合作商，增强消费者对品牌的认知度。

（四）坚持绿色参展，践行绿色发展计划

浙江省交易团积极引导企业联合打造“广交会”发展计划升级版，探索绿色生态发展之路。浙江金豪包装材料有限公司在全球提倡“节能减碳”环保意识之际，以绿色创新为契机，开发聚乳酸（PLA）纸杯。PLA是一种新型的生物基及可再生生物降解材料，由可再生的植物资源（如谷类、秕壳等）所提取的淀粉原料制成，可在多个领域替代传统塑料。中南仪表有限公司始终秉承着绿色发展理念，在绿色产品设计、绿色工艺、绿色设备使用等方面都有出色的表现。公司产品在设计中使用可循环利用的材料，在生产过程中使用绿色环保技术，在生产设备选择中使用节能型、无污染或低污染型的机器。

（五）坚持知识产权保护，提高主动维权意识

浙江出口企业高度重视知识产权工作，知识产权保护意识不断提高。浙江豪中豪健康产品有限公司专门设立知识产权办公室，由专人负责知识产权工作。制定《专利管理办法》与知识产权应急预案，设立知识产权专项资金，进行专利知识培训。除此之外，还对出口量大的产品进行知识产权海关备案，从全国各地海关出口处防止侵权。浙江博民机电股份有限公司积极与国际商标组织接轨，先后向马德里体系、越南申请国际商标注册，以防范商标权益遭受侵害。此外，还聘请著名知识产权专家、法律顾问、律师等人员组成企业知识产权保护领导小组，设立组织机构，赋予工作职责，全面管理公司所属的商标、专利、技术及商业机密，确保公司的经营秩序正常。

四、工作亮点

（一）借助平台，推进“品质浙货、行销天下”

1. 供采专场对接会提升外贸实效。为了更好地为浙江参展企业提供便捷服务，提高买家卖家匹配度，实现高效对接，提升外贸实效，浙江交易团借助“广交会”平台举办浙江省出口领军企业——“广交会”VIP境外采购商专场对接会。18家“品质浙货”出口领军企业先后进行走秀推介，并与现场采购商进行洽谈。来自美国、德国、意大利、澳大利亚等30多个国家和地区的上百名采购商来到现场，活动取得了预期效果，为供采双方搭建了互利共赢的有效平台。

2. 时尚走秀活动展现浙江魅力。为了给浙江品牌和特色产品拓展国际市场搭建优质平台，浙江交易团在“广交会”中平台组织了“品质浙货”时尚走秀活动。活动精选了7家“品质浙货”代表企业，通过模特走秀一一展示最新最优产品。利用“广交会”中平台得天独厚的地理优势，多形式地动态演绎，更有针对性地展示产品的独特功能与特性，向境外采购商展现浙江品牌的无穷魅力，提升“品质浙货”的品牌价值和市场影响力。

3. 各市利用馆内外资源组织系列活动。浙江省各地市充分利用“广交会”馆内馆外的场地资源和“广交会”全方位对外的开放平台作用，围绕当前市场热点举办“品质浙货”系列活动。其中，在“广交会”A区北平台设立台州智能马桶产业展示区并召开发布会，首次在国际性展会中打响“智能马桶台州造”品牌形象；武义制造精品展在广州国际采购中心琶洲馆与“广交会”同期举办，与“广交会”共享20万采购商资源。

4. 馆内宣传打造浙江名片。浙江交易团已连续四届对“品质浙货”进行整体宣传，亮出“品质浙货”靓丽名片，效果明显。本届“广交会”浙江交易团在A、B区展馆继续设立了动态宣传屏，效果独特、引人注目。在中平台外墙面放置“品质浙货”大幅海报，中平台通道也随处可见“品质浙货”的大幅灯箱。浙江省各市也在“品质浙货”大主题下积极宣传，如杭州、宁波、温州、绍兴、温岭、平湖等地踊跃打造地方特色产业宣传。

5. 绿色展位奖树立优秀典范。自“广交会”组织举办绿色奖评选活动以来，浙江交易团始终高度重视，组织推荐、宣传推介，极大激发了浙江参展企业的参评热情，并通过评选活动提升了绿色展位的设计水平及展示效果。2018年4月16日上午，第123届“广交会”“绿色展位奖”颁奖仪式在“广交会”展馆中平台举行，浙江省有8家企业获奖，包括金奖1家、铜奖6家、人气奖1家。

6. 汇聚各方力量营造良好舆论氛围。浙江交易团提前谋划、认真落实，各分团高度配合，共同合作完成宣传报道工作。着力传递“广交会”浙江声音、讲述外贸领域浙江故事，唱响浙江外贸转型升级主旋律。浙江卫视、《浙江日报》、《国际商报》等多家主流媒体参会，对本届“广交会”进行了全方位专题报道，网络媒体积极发布、转发信息，整届“广交会”形成了良好的舆论氛围。在本届“广交会”全国55个交易团与商会中，浙江交易团再次以发稿量第一的成绩获得投稿优秀单位奖。

（二）深入调研，研判外贸形势

1. 深入现场调研参展企业。本届“广交会”，浙江交易团专题调研了第123届“广交会”对美贸易的重点企业，积极了解企业在客商接洽、出口趋势、品牌培育、市场开拓等方面的情况，以及在当前外贸形势下，尤其是中美贸易摩擦背景下的困难与需求。团部领导鼓励企业注重创新驱动、打造自主品牌、做好知识产权保护，充分利用“广交会”这一重要的贸易促进平台，培育外贸竞争新优势。

2. 围绕“中美贸易摩擦”积极开展调研。本届“广交会”，浙江交易团与各分团组织召开多场外贸形势分析调研会，利用“广交会”这一外贸战线，听取企业意见、探讨发展之路，并就中美贸易摩擦对浙江省外贸形势的影响和应对进行沟通交流，提出有效应对措施。浙江交易团还开展了5场“一对一”企业座谈会，通过网络问卷调查等方式开展深度调研。

（三）狠抓落实，高水平完成展会各项管理工作

1. 组织召开各市领队工作会议。2018年4

月26日，浙江交易团召开各市领队工作会议，会上通报了第123届“广交会”前两期的组展工作情况，对第三期的各项工作进行了全面部署。团部领导表示，办好“广交会”，是全面贯彻落实党的十九大精神、推动发展更高层次开放型经济的重要举措之一，各分团要以高度的责任感和使命感，切实做好各项工作。

2. 展前筹备工作充分周全。为统筹安排好浙江交易团参展工作、圆满完成各项任务，4月14日，召开展前会议，会上除了常规性的传达大会精神、介绍交易会概况、部署各项工作外，还邀请嘉兴、湖州、金华、台州分团领队分别就各自展位管理工作、信息工作、创新活动进行了经验分享。会上，各分团充分深入地交流讨论、共同商议，气氛热烈，全力以赴推动形成我团上下齐心协力促成交、同心同德谋发展的强大合力。

3. 首次召开专项工作会议。浙江交易团首次在广交会期间召开证件管理、展位检查、信息宣传、知识产权保护四场专项工作会议，对分块工作进行指导，并提出下一步的有关工作建议，先进分团进行经验分享。会议的召开为企业的顺利参展提供服务保证。

4. 切实做好展位管理、安全保卫工作。努力抓好各方面的自查自纠工作，及时处理企业在证件管理、展位纠纷和知识产权中出现的问题。开展期间每天安排专人进行现场巡查，核对每个展位上的人员、展品信息，并建立违规企业资料库，及时记录违规企业信息，为交易团工作考核以及下一届展位分配提供重要依据。

5. 大力引导企业绿色参展。加强宣传推广，引导企业从布展到撤展，不断深化“绿色广交会”的理念。鼓励企业使用绿色环保材料、可循环使用材料，对于不符合绿色展位标准的企业进行指导，并及时跟踪整改进度，确保参展企业全面实现绿色布展。督促企业绿色撤展，妥善处置搭建材料废弃物，防止二次污染，100%回收搭建材料。

（四）做好服务，为分团企业提供便利化服务

1. 完善服务功能，提升服务质量。各类证件审核办理规范化，办证及时，确保企业顺利参展；完善广交会期间值班制度，要求值班人员不迟到、不早退，并认真填写值班日志；做好新参展企业的引导工作，确保企业顺利参展，取得实效，促进成交量增长。

2. 及时做好上情下达和下情上传。编印了《第123届广交会浙江省交易团参展手册》企业版，下发到每个参展企业展位负责人，使企业实时了解有关信息；通过短信和微信群等渠道及时将大会的要求与活动传达到各分团与企业；倾听收集意见建议，向商务部反馈建议，与大会各部门协调交流。

3. 提供知识产权保护的指导工作。积极落实知识产权保护工作，引导企业强化知识产权保护的意识，提升企业遇到知识产权问题时的应对能力，协调企业关于知识产权的纠纷问题。做好自查工作，防止涉嫌侵犯知识产权情况的发生。

（浙江省交易团）

第4届“中国—中东欧博览会”、第20届“浙洽会”、第17届“消博会”情况

由商务部、浙江省人民政府主办的第4届中国—中东欧国家投资贸易博览会(简称“中国—中东欧博览会”)、第20届中国浙江投资贸易洽谈会(简称“浙洽会”)和第17届中国国际日用消费品博览会(简称“消博会”)于2018年6月7日至11日在宁波成功举办。第4届“中国—中东欧博览会”、第20届“浙洽会”、第17届“消博会”(以下统称“三会”)以“扩大高水平开放,推动高质量发展”为主题,着眼全局谋长远,通过举办会议论坛、投资洽谈、贸易展览、人文交流四大板块共计“1+25”项重大活动,为搭建中国与中东欧国家经贸合作大平台、提升浙江参与国际交流合作水平、加快宁波名城名都建设等起到了有力的促进作用。“三会”得到了商务部等国家部委、浙江省委、省政府、兄弟省市各级领导及国内外来宾、客商的充分肯定和广泛好评,活动总体成效超出预期。

一、基本情况

(一)宾客云集层级更高

“三会”期间,有2万余名境内外嘉宾、客商云集宁波,其中来自57个国家和地区的境外客商总计10150名。其间,共吸引逾5万人次进展馆参观、洽谈。商务部、海关总署等国家部委领导,省委、省人大、省政府、省政协主要领导,新疆、青海、四川、安徽、江苏、海南等省20余个城市政府代表团,浙江省各市领导、浙江省商务厅等省级有关部门负责人,进出口商会等商协会代表等参加了相关活动。

包括中东欧16国和乌克兰的29位副部级以上官员应邀出席相关活动。其中,副国级2位,正部级3位。中东欧国家海关、商协会、友城、经贸、旅游、教育、人文等方面人士参加了中国—中东欧博览会相关活动。世界500强和行业龙头公司高管、国内外知名专家、学者参加了“三会”相关活动。

(二)会议论坛影响广泛

第三次中国—中东欧国家经贸促进部长级会议是2017年11月李克强总理和中东欧16国领导人共同发表的《中国—中东欧国家合作布达佩斯纲要》所确定的重要合作内容。会上,中国商务部部长钟山代表中方发言,阿尔巴尼亚、波黑、保加利亚、克罗地亚、捷克、爱沙尼亚、匈牙利、拉脱维亚、立陶宛、马其顿、黑山、波兰、罗马尼亚、塞尔维亚、斯洛伐克、斯洛文尼亚的中东欧16个国家经贸部部长、副部长、大使、商务参赞等正式代表参会,会议由中国商务部国际贸易谈判代表兼副部长傅自应主持。会议围绕“深化16+1经贸合作”主题,就深化“一带一路”和“16+1合作”框架下中国与中东欧国家贸易、投资、基础设施互联互通、产能、金融、电子商务、中小企业合作等重点议题深入交换意见,达成广泛共识。会后,举行了新闻发布会,傅自应发布了本次会议4项成果:一是通过了《中国—中东欧国家电子商务合作倡议》;二是通过了《中国—中东欧国家服务贸易合作倡议》;三是建立中国—中东欧国家经贸官员研讨交流机制;四是宣布在宁波正式启动建立首个“16+1”经贸合作示范区(首次把地方城市的成果列入部长会议成果清单)。

第三届中国—中东欧国家海关检验检疫合作对话会包括海关总署及全国42个直属海关代

表，捷克、克罗地亚、罗马尼亚等13个中东欧国家和俄罗斯、乌克兰政府官员，欧盟驻华使团、世界动物卫生组织、联合国粮农组织代表共280余人参加。会议发布了第三届中国—中东欧国家海关检验检疫合作共同愿景及三年(2018—2020)行动计划，就建立信息通报和联络机制、建立定期会议磋商机制、优化海关检验检疫合作信息网、强化标准合作与服务、推进检疫准入、促进贸易畅通等方面达成多项共识。

第二届中国—中东欧国家市长论坛包括中国人民对外友好协会，国民议会副议长、马丁市市长安德烈·赫尔恩恰尔，罗马尼亚前总理、克卢日纳卡波市市长等中东欧国家领导人，克罗地亚普拉市等20个中东欧国家省、市的22名官员及来自四川、安徽、海南等20余个中国城市的市领导出席论坛。会议就深化中国与中东欧国家城市间的合作交流，提出五点建议：一是以友好、合作、发展、共赢为原则，适时成立城市合作委员会，共建常态化合作平台；二是以创新贸易便利化政策为抓手，拓展市场采购和跨境电商业务范围，共促双边贸易持续快速增长；三是以产业园区合作为基础，共同打造一批促进双向投资的桥头堡；四是以扶持中小企业合作为着力点，提高项目对接精准性，促进企业间务实高效合作；五是以开放包容、互学互鉴为纽带，加强人文交流合作，树立民心相通、文化交融的友好关系典范。

浙江国际投资论坛以“新时代·大开放·高质量”为主题，组织了1场主论坛、2场对接会和会后考察等活动。其中，主论坛围绕中国对外开放与吸引外资、产业互联互通下的新机遇等议题，吸引了来自飞利浦、西门子、微软、朗盛集团等世界500强及行业龙头企业、跨国公司、境外商协会、投资促进机构，省内浙商领袖及省市相关部门、开发区等近700名代表参加。会后举办的智能制造技术交流及项目对接会、资本合作与技术引进对接会、杭州资本合作与技术引进对接分会、跨国企业浙江行·绍兴考察活动也吸引了大批境外客商和企业现场洽谈。

《浙江省打造“一带一路”枢纽行动计划》实施推进会暨浙江省“一带一路”论坛介绍了《行动计划》的基本情况，围绕自贸试验区、国际枢纽港、数字贸易网、境外服务站、国际合作园、民心连通桥(即“一区、一港、一网、一站、一园、一桥”)6个方面进行推介。省发改委等省级部门、省“一带一路”智库联盟理事会单位及有关金融机构、企业代表参会，会上还举行了浙江省“一带一路”网启动仪式。

2018中东欧国家华侨华人宁波峰会有来自“一带一路”沿线的42个国家和地区共250余名海外侨胞、港澳台同胞和侨团负责人参会。其中，参会的中东欧国家15个，侨领侨商120余名。会上发布了《中东欧国家华侨华人年度发展报告》，还举行了宁波企业—中东欧侨商经贸对接会和中东欧国家侨界宁波联盟第二次年会。

“品字标”走向“一带一路”——“品字标制造”区域公共品牌浙洽会专场发布会发布了《“品字标制造”认证“一带一路”三年行动计划》，颁发了首批“品字标制造”认证“一带一路”认证证书和全外资企业“浙江制造”获证证书。来自浙江制造国际认证联盟成员机构、国际合作机构的代表、“浙江制造”品牌企业、培育企业代表及相关部门代表等近200人参会。

(三) 投资洽谈成效显著

第4届中国—中东欧国家投资合作洽谈会共推出投资合作项目177个，累计投资意向金额逾100亿欧元，涉及制造业、能源、农业、旅游、房地产、交通运输、基础设施建设等多个领域。5个中东欧国家的政府机构及企业与100余家国内相关省市的政府部门、投资促进机构和企业进行深入对接洽谈。同时，还举办了中国—中东欧国别投资合作对接洽谈会。

全省共签约重大内外资项目232个，总投资3675亿元人民币。其中，外资项目71个，总投资173.3亿美元；内资项目161个，总投资2876.1亿元人民币。全省总签约项目中，在浙江国际投资论坛上签约的项目有24个，总投资658.9亿元人民币。其中，外资项目14个，总投资310.3亿元人民币，主要集中在新能源、高端装备制造、新材料、信息科技、交通物流等行业；“四大建设”项目10个，总投资348.6亿元人民币，主要集中在食品加工、新材料、集成电路和高端装备制造、旅游、环保等行业。场外签约外资项目和“四大建设”项目共28个，总投资715.8亿元人民币。舟山市举办了浙江国际农产品贸易中心推介会和企业对接会，现场洽谈踊跃。

宁波市共签约重大投资项目180个，总投资2300.24亿元人民币。其中，外资项目41个，总投资60.53亿美元，协议外资23.69亿美元；内资项目139个，总投资1912.85亿元人民币。成功举办宁波市国际投资合作洽谈会暨重大项目签约仪式，全市总签约项目中，有73个项目是在该会上签约的，总投资超千亿元人民币。其中，外资项目24个，协议利用外资18.8亿美元，涉及智能制造、新材料、新一代信息技术、生物医药、节能环保等领域；内资项目49个，总投资1303.2亿元人民币，涉及物流以及物流商贸、产业园、房地产等行业。投资1亿美元以上的外资项目10个，占到签约项目总数的40%；投资10亿元人民币以上的内资项目30个，占到签约项目总数的61%。会上，103名海内外业界精英还被聘为“招商大使”并颁发聘书。

第五届中国—中东欧国家商会商务合作大会暨“一带一路”国家商会联盟国际高峰论坛有包括中东欧国家在内的60余个“一带一路”沿线国家的经贸部门官员、商会负责人、企业家代表以及来自国内30多个省市贸促机构和企业代表共460多位代表参会。12个中外商会间战略合作协议书成功签约；“一带一路”64个国家商会共同发起的“一带一路”国家商会联盟在宁波启动成立。

浙江国际人才智力项目洽谈对接大会有来自美国、德国、日本、英国等21个国家近百名人才引进机构代表与全省377家企事业单位代表进行了洽谈对接，共推出166个人才技术项目，涉及节能环保、新能源化工、高端装备制造、新材料、生物制药等领域，共达成合作意向271项。

浙江国际智能医疗创新大会邀请了中科院院士、天津大学教授姚建铨，中国工程院院士谭建荣，巴黎高等师范学院特聘教授、巴黎智能云平台基础建设者Jean-Paul Smets等重要嘉宾，全球医疗健康500强和行业龙头企业、医疗健康产业上市公司、医疗健康领域优质企业及医疗机构等近600名代表参会，共商智能医疗与健康、智能医疗创新、医学人工智能合作等话题。还举办了卫生健康科技成果转化对接会、英国生命科学创新应用分享会、医疗健康大数据产业高峰论坛、浙江国际医疗旅游先行区建设研讨会四场专业平行会议。

第七届甬港澳台暨海外青年华商创业创新合作论坛有来自港澳台青年华商及海外的450余名侨界、企业界青年华商、经济科技界青年代表与会。论坛举行了“宁波市侨界青年优秀创业项目”、“宁波市侨界青年创业创新贡献奖”颁奖仪式。有9人被聘为第二批“宁波市侨联海外引才大使”。其间，还举行了宁波人才新政暨创业创新环境推介会和新侨甬创项目路演两场分论坛活动。

阿克苏地区·兵团一师阿拉尔市产业援疆对接会暨合作项目签约仪式共签约26个投资项目，签约金额88.8亿元人民币。

（四）贸易展览突出实效

第五届中东欧国家特色商品展共设展位310个，16个中东欧国家257家企业、350余名参展商参展，吸引了国内大批采购商到会洽谈采购，普通市民参会踊跃，中东欧展商普遍认为成效明显，表示下届要继续参展。有来自中东欧国家257家参展商携带酒类、果汁、饮料、糕点、糖果、茶、蜂蜜、果蔬酱、化妆护肤品、水晶等15大类千余种产品，与北京、上海、山东、湖南等10多个省市的350多家采购商进行现场洽谈对接，共成交和达成商品采购意向4220万美元。博览会期间，塞尔维亚、捷克等中东欧国家特色商品馆及伊朗国家馆顺利开业迎客。至此，中东欧已有14个国家在宁波设立国家馆。

消博会展览面积8.5万平方米，展位规模3050个。本届消博会与专业展览机构合作，对1、2、3、4号馆进行专业化、精细化、封闭式管理，只对专业客商开放。展览期间，有来自12个国家和地区、15个国内省（市）和全省11个城市的1063家企业参展，展品1.2万余种，涵盖家居用品、工艺品、文体用品等领域，共吸引了众多海内外采购商到会选购洽谈。首次设展的“品质浙货”馆组织了百余种浙江外贸转型升级特色产品参展，吸引了大批采购商进馆洽谈。跨国采购对接会有来自20余个国家和地区的50余名采购商与国内150多家供货商进行对接，达成一批合作意向。中非中小企业合作大会有30余家企业达成合作意向。“品牌突围，出海南美”对接会共有100余家企业参会。

（五）人文交流精彩纷呈

“16＋1”经贸合作示范区成功揭牌，宁波成为国内首个“16＋1”经贸合作示范区城市；向全球发布了“16＋1”贸易指数，为各国政府推动“16＋1”合作倡议实施和政策调整提供重要依据。

主宾国拉脱维亚举行了经贸交流、主题展览、人文艺术、音乐美食等系列活动，吸引了一大批宾客和市民参与。其中，拉脱维亚展区有13家企业参展，涉及饮食、化妆品、旅游等行业；其间，22天的拉脱维亚美食快闪店首次亮相，吸引了大量人气。

第五届中国（宁波）—中东欧国家教育合作交流活动共签署了17项教育合作协议；丝路联盟国际商务MOOC开发中心、中国（宁波）—中东欧企业家教授联盟等一批合作项目和平台启动；中国（宁波）—中东欧城市基建教育与投资合作研究平台正式揭牌。

2018中国（宁波）—中东欧国家旅游交流周有来自捷克、克罗地亚、保加利亚等10余个中东欧国家旅游部门与全国各地的旅行商、投资商等500余人进行洽谈和推介，宁波市与中东欧国家签订旅游投资项目4个；举办了中东欧国际文化美食节暨国际湖泊音乐节、国际休闲湖泊论坛等活动，吸引了国内外40余家知名湖泊景区代表和大批宾客、民众参与；今年“百团千人游中东欧活动”继续举行，吸引了一大批市民报名参加。

中国（宁波）—中东欧高层次人才智力合作交流会共签订合作协议4个。“舌尖上的中东欧”集中展示了中东欧16国的特色食品和文化，老外滩人气爆棚，吸引了一大批市民前往参与和品尝。同时，立陶宛企业署宁波代表处正式揭牌，中国（宁波）—中东欧青年创业创新中心授牌并正式启动。中国国际青年交流中心与保加利亚国际社会发展协会举行签约仪式，宁波中东欧青年创业中心、16＋1国际志愿者宁波工作站在论坛上揭牌；首次发布“一带一路”智慧航线；中国—中东欧版画名家作品展共展出版画78幅，其中中东欧16国作品60幅，吸引了大批市民参观；成立了宁波—中东欧国家美术馆联盟。中东欧进口商品节有超过100种中东欧商品在宁波和杭州两地10家华润万家门店亮相，吸引了大批市民争相采购。

（六）宣传造势氛围浓厚

包括《人民日报》、新华社、中央广播电台、中央电视台、第一财经、澎湃新闻以及《华尔街日报》、凤凰卫视等110余家海内外媒体共380余名中外记者到会进行报道，美通社和新华社对“三会”向境外网站推送了3篇重点图文视频稿件，全文转载媒体数达658家。波兰、保加利亚、拉脱维亚、匈牙利、罗马尼亚、克罗地亚、斯洛文尼亚等8个中东欧国家10名媒体记者应邀来甬进行集中采访。各级各类报纸、广播、电视和网络新媒体开展联动宣传。据第三方统计，“三会”期间，共发表相关信息3914条，其中论坛贴文251篇，微博706条，新闻报道1625篇，微信文章598篇，移动客户端相关信息606篇，博客文章48篇。

二、主要做法

（一）领导重视合力强

部、省、市各级领导对“三会”给予高度重视并寄予厚望。筹备期间，商务部领导多次听取部长会议和中国—中东欧博览会情况汇报。海关总署、团中央、全国友协等领导大力支持在宁波市举办相关活动。省领导对“三会”作出重要批示，在省政府常务会议上专题研究并作出指示。宁波市作为东道主，市委、市政府高度重视，分别以市委专题会议、政府常务会议形式研究部署相关工作。省商务厅充分发挥承办单位作用，厅领导亲自协调、督促、推进各项筹备工作，多次牵头协调专场活动。省有关部门和各市政府按照省政府和组委会统一部署认真抓好落实工作。

（二）谋划全局起点高

一是更加注重国际合作。找准浙江省与重点国家和地区在产业“引进来”与“走出去”、贸易进出口等方面的契合点，把握好工作着力点，安排了中东欧合作和浙江国际投资合作的系列活动，吸引了中东欧16国等57个国家和地区的外宾参会，中东欧元素突出。二是主动承接国家战略。省、市两级政府积极谋划中东欧活动，及早研究制定总体方案，多次赴京汇报争取，得到了商务部的大力支持。如贯彻国家“一带一路”战略，重点安排了宁波“一带一路”建设综试区内容。通过各方共同努力，推动第三次部长级会议、中东欧博览会和宁波设立“16＋1”经贸合作示范区成功写入2018年的《布达佩斯纲要》。如浙江国际投资论坛等活动设计了符合中国和浙江当前经济发展趋势的演讲和对话主题，邀请专家、学者和世界500强高层与浙江省企业家互动交流。三是联动协作确保成功。部、省、市三方联动和各工作部紧密协作，保证了活动顺利、圆满。商务部欧洲司、外事司和贸发局、投促局等多次与组委会在北京和宁波共同研究和对接部长会议与中东欧活动筹备工作。省政府办公厅、省商务厅及省有关部门与宁波市等全省各市紧密配合、分工协作，精心组织“三会”各项筹备工作。组委会各工作部、宁波市有关部门及区(县)市、分工明确，责任落实，配合密切，确保各项活动筹备工作和各项服务保障工作落到实处。

（三）务实创新求实效

一是注重组织创新。充实组委会成员机构部门和成员，促使部、省、市三级指挥更加顺畅；提升组委办领导规格，分别由宁波市分管领导和省商务厅主要领导担任；精简工作部设置，明确每项活动联络员和每个部总联络员。二是注重资源共享。组委会及时排出“三会”重要活动，并第一时间对外发布。精心梳理了浙江省各兄弟城市在“三会”期间参加的如开幕招待会、巡馆活动、中东欧市长论坛、浙江国际投资论坛等十余项重点活动。同时，各市主动抓住机遇，积极组织企业参加相关活动。三是注重内容创新。会议论坛对话有了新成果：海关检验检疫合作对话会签署了《中国—拉脱维亚关于进出口食品安全合作备忘录》及《关于合作推进中国—乌克兰禽肉进出口的谅解备忘录》；浙江国际投资论坛签署了“协同开放宣言”，发布了浙江省外商投资企业知识产权保护风范企业。投资洽谈领域有了新突破：中东欧投资合作洽谈会推出超过170个合作项目；人才技术项目领域重点向节能环保、新能源等高端项目倾斜。贸易展览规模有了新提升：首次将中东欧展从1号馆整体安排到8号馆，中东欧展品种类更加丰富多样；四场对接专场洽谈踊跃，成效明显；消博会首次设立“品质浙货”馆，吸引了一批境外采购商参观和洽谈。人文交流安排有了新亮点：首次举办“16＋1”经贸合作示范区揭牌，并写入部长会议成果；首次举办中国—中东欧青年研修交流营活动、旅游合作首次举办国际湖泊论坛等。四是注重形式创新。会议论坛务虚与务实相结合，既有演讲对话，又有成果发布，既有主题论坛，又有平行会议或对接洽谈。借会促项目成为了浙江国际投资论坛的一大亮点，对接洽谈实现了精准化匹配和一对一洽谈的务实模式。宁波市国际投资合作洽谈会上，市政府主要领导为来自海内外的103名“招商大使”颁发了聘书。招展招商更加规范化、专业化。招展方式多样，有政府推介、市场化运作、委托代理、商协会合作、展会互动、网上招展等多种形式，多渠道提高了招展实效；招商渠道广泛，有合作招商、发函邀请、平台推介、重点对接等。同时，对消博会1、2、3、4号馆进行了专业化、精细化、封闭式管理，只对专业客商开放，并设立展示区、洽谈区、服务区等，提高了展会档次和办展水平。

三、工作建议

（一）认真做好总结，体现“三会”成效

全面系统总结“三会”的成果和举办经验，广泛、细致、深入地听取各方面意见，全方位搜集梳理参会客商反馈情况，为提升下一届“三会”的办会水平提供更好的借鉴和参考。

（二）扩大办会成果，跟踪项目落实

继续本着抓早、抓紧、抓主动的工作原则，对签约项目深入跟踪，尽快实现由意向到协议、协议到合同、合同到开工、建设和投产的转化。同时要做好国外政要、相关协议、对外承诺等基础信息、资料的汇总，并分解落实跟踪推进的任务，通过扎实有效的后续工作，使大会各项成果尽快得以落实。

（三）推动博览会升格落地

加强与商务部、外交部的汇报沟通，按照国家机制性涉外展会申办程序，抓紧落实各项准备工作，重点是要制定中国—中东欧博览会升格工作方案，突出浙江及宁波特点和贡献，争取2019年年内有实质性突破。

（四）提前谋划明年活动思路

尽早启动新一届活动的方案设计等谋划工作，要按照更加突出浙江特色、更加突出创新意识、更加突出办会实效的总体思路来策划活动内容，争取新一届活动能有新面貌、新突破、新成效。

（中国—中东欧博览会浙洽会消博会组委会办公室）

第20届中国国际投资贸易洽谈会浙江省代表团参展情况

一、展会概况

第20届中国国际投资贸易洽谈会(以下简称“投洽会”)于2018年9月8日至11日在厦门国际会展中心顺利举行。全国人大常委会副委员长曹建明在开馆式上宣读习近平主席贺信,并为本届“投洽会”启动金钥匙。

大会以“贯彻新发展理念,融入‘一带一路’,促进双向投资”为主题,围绕服务“一带一路”倡议和三大攻坚战等国家战略,精心策划展览展示、论坛研讨、对接洽谈等系列活动。举办了重点产业对接、重点区域对接、热点专题对接和中国企业“走出去”专场对接等四大类型150多场对接洽谈活动,安排3万多批次线上线下的对接洽谈,促进双向投资。

本届“投洽会”吸引了来自128个国家和地区的1005个工商团组、约5000家企业的12万多名客商聚首厦门,13万平方米6000个国际标准展位的2500多家境内外机构闪亮登场、共觅商机,617位嘉宾在87场投资促进主题论坛研讨分享智慧、点拨趋势,2万多个优质项目通过对接洽谈,1982个项目达成合作协议,协议总投资额5275亿元人民币。

二、浙江省代表团参展主要成果

浙江省代表团由省、市、县(市、区)商务主管部门、开发区及企业代表共450余人组成,全程参加了本届“投洽会”的展示宣传、论坛研讨、项目对接等活动,达到了预期效果。

(一)统一布展,全面展示宣传浙江投资环境

浙江省展区位于厦门国际会展中心C馆C204,总面积160平方米,以“新时代·大开放·高质量”为主题,全方位、多形式介绍浙江省投资环境。展位继续运用多媒体和灯光效果,将图片、文字和视频有机融为一体,对全省各地市进行全方位的个性化展示,大力宣传浙江品牌和形象。“投洽会”期间,浙江省展区共吸引了来自中国香港、中国台湾、德国、英国、日本、巴西、波兰、新加坡等国家和地区近600位境外客商前来接洽,现场共发放《浙江省人民政府关于促进外资增长的若干意见政策解读》和各市投资指南等招商宣传资料3800余份,全方位宣传浙江投资环境,有重点地推出一大批招商项目。此外,浙江省开发区也组团参会,重点展示浙江省开发区投资环境、平台优势及特色产业等。

(二)展洽结合,省市联动项目推介初现成果

本届“投洽会”期间,浙江省组织相关人员积极参加组委会安排的招商项目对接、成员单位展位对接和重点产业对接等数十场对接会。共推出200多个重点招商项目,通过4天推介洽谈,有100多个项目与外商实现了一对一的现场洽谈。

9月8日下午,浙江省国际投资合作交流会在厦门国际会展中心成功举办,韩杰副厅长出席活动并致辞,拜耳(中国)副总裁贺孟升、津巴布韦驻华公使衔参赞玛维丝·斯班达、瑞典贸易投资委员会中国区主任霍伦伟等来自10多个国家和地区的70多位客商应邀参加,并与浙江省各市招商部门、投资促进机构和企业家等100多位

代表展开了对接交流。会后，参会客商与浙江省相关地市、开发区和企业代表就40个项目进行“一对一”深入交流，开展精准对接。

大会期间，浙江省各市还纷纷主动出击，最大限度分享大会资源，在展会期间开展了小分队、专题化招商活动，与近600家境外企业客商进行接洽，新结识近200名外商，与数十家企业成功建立了联系，均取得了较好成效。

（三）主动参与，紧跟形势全面提升综合素质

本届“投洽会”举办了2018国际投资论坛以及“引进来”、“走出去”专题论坛等87场高水平会议论坛和境内外推介活动，共有来自72个国家和地区的约617名嘉宾发表了精彩演讲。浙江省参会人员有近500人次参加了包括“2018国际投资论坛”在内的近40场“引进来”和“走出去”各类论坛和研讨会。通过参加论坛和研讨，浙江省参会的招商人员和企业家拓展了国际视野，增进了对宏观经济形势和相关行业发展大趋势的了解，有效提升了招商队伍的整体素质和理论功底。

三、工作建议

（一）巩固洽谈成果，拓展客商资源

本届“投洽会”期间，浙江省招商人员积极参加撮合对接、展位对接、重点产业对接和论坛研讨等活动，特别是通过参加浙江省国际投资合作交流会，在项目洽谈和拓展客商资源方面取得了初步成果。一些项目找到了合作线索，一些客商将应邀来浙考察调研，还有相当数量的客商与浙江省建立联系。下阶段，各市要趁热打铁，想方设法巩固已有成果，对有合作意向的客商要加强联系，制定有针对性的招商方案，主动开展上门招商；对已签订合作协议的项目要紧盯不放，落实政策提供服务，争取早日在浙江省落地生根。

（二）重视网上平台，扩大招商成果

本届“投洽会”大力推动投资促进线上线下、会内会外相结合，充分利用“网上投洽会”平台、“投资万里行”活动，提供常年项目展示和跨区域对接洽谈的平台，将“投洽会”的功能、时间、空间进一步外延。各市商务主管部门要加大运用“互联网＋招商”新模式，充分利用“投洽会”网上平台，重视网上项目填报工作，及时推出本市重点招商项目，既为明年厦洽会项目撮合对接作准备，也为进一步拓展客商资源和推介渠道提供助力。

（三）双向投资促进，协调发展双赢

“走出去”项目日益受到“一带一路”沿线国家的高度重视，本届“投洽会”专设的2000平方米“海丝国家投资馆”，吸引了包括马来西亚、泰国等东盟十国，以及巴基斯坦、约旦等二十多个“一带一路”沿线国家参展，双向投资合作的项目就多达600多个。各市商务主管部门要进一步重视“走出去”、“引进来”协调发展，研究两者有机结合的有效途径，争取通过“走出去”实现更高水平的“引进来”，实现浙江省打造“高质量外资集聚地”的目标。

（浙江省商务厅）

第124届“广交会”浙江省交易团参展情况

一、参展概况

本届“广交会”浙江省(包括浙江、宁波、杭州三个交易团)共有参展企业5354家,展位11752个,其中浙江省交易团共有参展企业3260家,展位7021个。第一期浙江省共有参展企业1935家,展位4025个;第二期共有参展企业1113家,展位2605个;第三期共有参展企业2306家,展位5122个。

据统计,采购商到会189812人,来自215个国家和地区,比2017年秋交会同比下降1.11%;累计出口成交2064.94亿元人民币(折合298.6亿美元),同比2017年秋交会下降1%。浙江省累计出口成交36.73亿美元,占“广交会”总成交额的12.3%,同比下降0.5%。

二、展会特点

(一)整体参展水平大大提升

参展企业普遍反映参展体验好,参展水平有明显的提升。一是品牌展位效果好。分团和企业对品牌重评表示充分肯定,认为品牌评审标准和实施细则精准合理,通过评审,保留杰出老企业、吸纳优质新企业,整体水平明显提高。浙江省新获得品牌展位的企业高度重视、推优推强、主动适应、收获满满,品牌企业的示范作用进一步增强。二是展区结构优化明显。扩大了需求紧张的餐厨、家电等展区的展位数,浙江省企业展位满足率比历次都要高。三是综合性平台整体提升。“广交会”不断改革创新,想方设法为交易团和企业搭建各类平台,创造贸易机会,浙江省企业充分借助“广交会”平台展示产品、宣传品牌、开拓市场,对“广交会”平台建设表示高度认可。

(二)到会采购商呈下行趋势

除了非洲采购商与会人数增长1.15%,其他洲均有下降;美洲下降0.59%,亚洲下降0.82%,欧洲下降2.93%,大洋洲下降2.95%。主要发达经济体及传统市场采购商到会普遍减少,欧盟、美国、澳大利亚、加拿大、中国台湾、中国香港分别减少3.93%、4.07%、4.14%、5.09%、3.27%、6.34%。

(三)成交订单以中短期为主

浙江省参展企业普遍反映,采购商来展位询问、洽谈人数有所减少,对汇率、原材料价格等不确定因素的担忧比较普遍,订单金额普遍不大。中短单占比居高不下,长单占比依然偏低。3个月以内的短单占44.6%,3—6个月的中单占30.7%,6个月以上的长单占24.7%。

(四)“一带一路”沿线市场潜力大

据统计,“一带一路”沿线国家和地区采购商到会84578人,增长0.16%,占与会总人数比例超过44%。对“一带一路”沿线国家出口成交96.3亿美元,增长2.7%,占总成交额的32.3%。浙江省众多参展企业紧扣“一带一路”倡议,以适销对路的新产品开拓沿线市场,拓展出口市场格局。

(五)中美贸易摩擦影响明显

受中美贸易摩擦影响,美国采购商与会10739人,下降4.07%,对美出口成交27.9亿美元,下降30.3%,降幅较大。绝大部分采购商下单趋于谨慎,询价、比价情况成为常态。

(六)品牌创新产品优势凸显

浙江省参展企业为消化成本上涨、汇率波动等问题所带来的压力,更加注重发挥品牌的延伸价值,通过产品创新、转型升级,推出设计新颖、高附加值、低碳环保的产品吸引采购商。采购商尤其关注产品创新,新产品成交优势明显,个性化定制产品增多,拥有核心技术、实现差异化发展的企业产品更受青睐。参展企业由“浙江制造”向“浙江智造”转变明显。

三、浙江参展企业亮点

第124届“广交会”,浙江出口企业紧紧围绕高质量发展战略,持续深化标准化管理和精益生产,全面对企业发展“换挡提速”,实现转型升级,积极应对当前复杂贸易形势。

(一)稳步推进布局全球

浙江出口企业积极布局全球市场,主动融入国家“一带一路”倡议,把握历史新机遇,不断开拓新兴市场。针对不同市场需求,潜心做好市场研究,紧抓客户需求,破解企业发展制约瓶颈,稳步向全球市场迈进。浙江星星冷链集成股份有限公司借助政策的东风,积极推动在“一带一路”沿线国家的贸易发展。在中亚地区,星星冷链在原来的基础上,积极深入中亚、中东及周边国家,加强营销推广,开拓新的客户与资源,逐步完善营销网络。现如今,星星冷链对中亚地区的销量基本保持在10万台以上,在国内出口中亚部分国家的家电数据中名列前茅。在东南亚地区,星星冷链在印度尼西亚、柬埔寨、越南、缅甸等国家出口一直处于领先地位,同时引领着当地市场的产品发展潮流。汇信进出口集团股份有限公司目前在英国设立了海外子公司,在澳大利亚参股了合作公司,在箱包、鞋类等方面尝试整合海外营销和品牌运营资源。另外在2016年,公司在跨境电商领域进行了积极的探索,成立了四个电商团队,投入了大量工作精力。根据公司2018年实际情况,已结合部分业务条线共性产品在荷兰注册两个公司,建立了海外保税仓。

(二)打出品牌建设组合拳

如何让品牌的力量在国际市场施展威力,从OEM实现OBM转型,是所有外贸人不得不面对的课题。创牌是方式,育牌是基础,用牌是目的。浙江出口企业积极打出自主品牌建设的组合拳,力求开拓更大国际市场,努力推动品牌迈向更高品质、更高水平。诺力智能装备股份有限公司通过商标、品牌、产品、形象、信誉等优良工作的开展,加强品牌保护,规范市场行为,发挥品牌功能,增强商标使用的法制观念,让全球客户认识“诺力”文化,赢得客户的信任。公司在马来西亚设有生产基地,在美国设有公司品牌服务基地,销售以质取胜,售后用心服务,匠心打造诺力品牌。永高股份有限公司作为“品质浙货”出口领军企业、浙江出口名牌企业,在公司创立之初就注重自主品牌建设。国内销售100%为自主品牌,国际销售60%以上为自主品牌。为实现与同行的差异化竞争,永高股份努力争取不同产品系列获得不同国家需求的国际认证,以最快速度进入当地市场并获得当地政府工程的准入门槛,直接把中低端的竞争对手甩在后面。

(三)创新“智”胜跑出加速度

近年来,浙江出口企业正逐步走出价格战的怪圈,以求新求变的方式抢抓订单。创新的内涵不断延展,推动企业提升综合竞争力,逐步掌握市场定价权。浙江华朗洁具有限公司高度重视技术研发及自主品牌建设,每年以超过15%的资金占比投入研发创新设计,遥遥领先于同行。在本届“广交会”上,该公司精心推出了50余款系列新产品,尤为突出的是两款系列新产品所设计的插取式厨房喷头支架与磁力自吸式厨房喷头支架,解决了配件磨损的难题,具备表面处理质感比同行业的产品简约美观、抗磨力强、整体设计具有诸多领先优势。浙江正特股份有限公司是一家致力于产品自主创新和研发、制造和销售的高新技术企业,具备设计优势和品质优势,产品用于天安门广场、上海世博会场等知名场所,广受国内外客户认可,多次获得全球创新设计荣誉。2013年至2016年,连续4年公司产品荣获具有设计界国际奥斯卡之称的德国“红点奖”,成为国内户外休闲家具用品行业在该奖项上获奖最多的企业,持续的原创设计能力和精益的制造能力,使得公司的行业美誉度和品牌知名度得到显著提升。

(四)跨国并购助企业弯道超车

浙江出口企业通过收购欧美、日本等发达国家同行业的优质资源,促进浙江经济的转型升级,浙江大多数民营企业积累也已具备这样的实力。对于产能过剩、技术革新等问题，海亮集团选择用并购来解决，通过并购获取先进技术、优质品牌和营销网络要素。2016年，海亮以3000万美元收购美国空调巨头JMF公司100%股权，充分利用JMF强大的销售网络和本土品牌优势，拓展美国市场，完善美国销售网络，进一步提升市场占有率。浙江钱江摩托股份有限公司于2005年10月成功收购意大利百年摩企Benelli（贝纳利），开创了中国摩托车行业本土品牌跨国收购的先例，这使钱江整车、发动机、零部件的制造技术提高到一个新的水平，填补了钱江摩托车缺乏大排量赛车产品的空白，为品牌国际化运作打下了坚实基础，同时也大大提升了钱江品牌的知名度。

（五）多举措从容应对贸易摩擦

对于中美贸易摩擦，广大浙江参展企业坚持自己的节奏，从容应对，积极培育外贸竞争新优势。浙江佳佳童车有限公司加大新品投入力度，提升企业内部管理，以引起客户对公司的高度关注；积极与美国贸易伙伴沟通，了解美国方面实时动态，必要的时候请他们向美国政府和行业协会提出自己的诉求，维护双方共同的利益；高度重视并做好汇率避险，密切跟踪汇率走势，预防汇率波动风险，在贸易结算中尽可能使用人民币，通过结算币种规避贸易风险。浙江画之都文化创意公司复制在美国开办子公司的成功经验，在英国设立独立子公司，辐射整个欧洲市场，借以大幅提高公司产品在欧洲市场的占有率；加大了其他国家市场拓展力度，在小型国家设立了销售代表，利用欧美成熟市场开发的经验，研究市场目标国的国情，进行产品研发设计，提高市场占有率。

（六）绿色发展是高质量发展应有之义

浙江出口企业坚定不移走生态优先、绿色发展之路，推动企业实现高质量发展。浙江松华新材股份有限公司专门从事生产聚四氟乙烯及其他塑料制品，公司产品主要以废旧氟塑料为主要原料，利用废弃聚四氟乙烯资源回收利用设备适用技术，形成了以聚四氟乙烯再生制品为核心的高性能产品集群，该技术被列入工信部《再生资源综合利用先进适用技术目录》。再生资源综合利用技术的实施，使公司实现了较好的经济效益，也促进了行业的可持续发展，是资源综合利用，践行绿色发展的典范。丰华科技发展有限公司是一家不干胶商标材料纸系列产品专业生产厂家。该企业高度重视节能减排工作，先后对涂塑等十多条生产线设备和锅炉进行更新改造，年均能耗下降5%，实现节电、节煤、减少二氧化硫和煤渣的产生量，同时建成一套国内先进的汽油净化回收装置，废气回收率达65%以上。

（七）知识产权护航高质量发展

近年来，浙江外贸企业通过加强知识产权保护，将公司的力量凝聚到创新发展之上，专利申请呈现数量增长、质量提高、结构优化等特征，释放创新驱动和转型升级的积极信号。浙江兆龙互连科技股份有限公司作为一家出口型企业，70%以上产品出口全球100多个国家和地区，每年赴境内外参展13次以上，为有效防范知识产权侵权和避免纠纷，公司在出口国家和地区申请注册“兆龙”商标，避免商标侵权行为的发生；通过与国外客户沟通，了解当地的专利法律，提前对自身产品进行专利申请，在出口产品宣传册中声明自主知识产权，防范境外同类企业的侵权交涉、诉讼、赔偿等；公司举办多种形式的知识产权培训活动，提高工程技术人员和管理人员对知识产权的保护意识，同时提高了知识产权管理人员对知识产权方面问题的认识和处理能力。台州真达灯饰有限公司为更好地稳定企业的市场地位，分别持有中国境内以及法国、德国的新型产品专利证书。在积极同欧洲的专利律师事务所合作、加大打击国外市场上侵犯公司专利的产品的同时，公司也通过把所持有的专利证书，通过邮件或邮寄给客人的方式，敦促客人不要采购侵犯公司专利的产品，取得了不错的效果。

四、工作亮点

（一）多管齐下深入调研，研判分析外贸形势

1. 盛秋平厅长深入调研二期企业。2018年10月26日上午，浙江省商务厅厅长盛秋平带队调研了第124届“广交会”。盛秋平厅长一行走访了飞剑工贸、东方集团、哈尔斯、爱仕达、土产畜产、画之都、艺维斯、杭州轻工工艺等20余家公司展位。围绕设计创新、品牌建设、市场开拓等方面的情况，盛秋平厅长与参展企业负责人进行了深入交流。下午，盛秋平厅长组织召开出口企业座谈会，了解杭州中泰、太尔炊具、成功集团、汇信集团、舟山玩具厂等14家外贸企业当前出口情况、面临的困难等，并一一回应了企业提出的诉求。盛秋平厅长对各地商务局与出口企业为推进全省外贸工作所作的贡献表示肯定，并提出了4点工作要求：一是认清形势，坚定信心。国际市场复苏的基础还很不牢固，中美贸易摩擦愈演愈烈，出口形势仍然不容乐观，大家要坚定信心，沉着应对，全力以赴推进浙江省外贸稳增长。二是精准施策，全力做好稳外贸各项工作。全力应对中美贸易摩擦，积极培育外贸发展新动能，不断巩固外贸发展竞争优势，推进“品质浙货、行销天下”工程。三是全力以赴，力促外贸回稳向好。要求外贸企业着力稳预期、稳信心，着力拓市场，着力促升级。要求各级商务部门更大力度稳增长，更大力度抓改革，更大力度优服务。四是多管齐下，用好“广交会”平台开拓国际市场。珍惜“广交会”参展机会，积极主动接洽采购商，抢抓订单，全力以赴促成交，抢占更多市场份额。

2. 韩杰团长调研一期企业。在第一期开展期间，韩杰团长走访了电子家电、汽车配件、五金工具、机械建材等多个展区，深入调研了奥来电器、涛涛车业、三花智能、星星冷链、海啊集团、阿波罗、福仕达、市下控股、永源集团、海霸洁具、菲时特、华联机械等80余家参展企业，询问了企业参展展品、出口份额、主要市场、开拓方向等方面的情况，了解企业在当前外贸形势下，尤其是中美贸易摩擦背景下的困难与需求。鼓励企业要充分利用“广交会”平台，积极拓展客户，坚持自主创新，努力扩大市场，推进浙江外贸回稳向好发展。

3. 围绕“中美贸易摩擦”积极开展调研。浙江交易团与各分团组织召开多种形式的外贸形势分析调研会，听取企业意见、探讨发展之路，并就中美贸易摩擦对浙江省外贸形势的影响和应对进行沟通交流，提出有效应对措施。积极开展“一对一”企业座谈会，与11家参展企业面对面交流，深入了解各地参展企业在“广交会”洽谈成交、开拓市场等方面的情况，沟通交流在中美贸易摩擦下对出口形势的预判，引导企业调整出口市场结构、优化洽谈策略。另外，还通过实地走访展位、网络问卷调查等方式开展深度调研。

（二）借助“广交会”开放平台，推进“品质浙货、行销天下”

1. 时尚走秀活动展现“浙江制造”风采。浙江交易团组织了两场浙江出口名牌精品秀——2018“广交会”秋季时尚周（秋季）“品质浙货”专场活动，经过12个分团推荐，精选了12家“品质浙货”服装行业和轻工行业代表企业，通过模特走秀一一展示最新最优产品，这些产品代表了“品质浙货”的原创设计力量，引领轻工产品时尚新趋势。活动采用了视频和照片同步直播，活动现场吸引了来自欧美、日韩、东南亚等地的上百名采购商观摩，采购商们对“品质浙货”高度赞赏，纷纷围观拍照。这次走秀活动，为浙江品牌和特色品牌走向国际市场搭建了优质的平台，提升了“品质浙货”品牌价值和市场影响力。

2. 借助平台推动产业拓市场。浙江省各地充分利用“广交会”馆内馆外的场地资源和“广交会”全方位对外开放平台作用，围绕当前市场热点举办“品质浙货”系列活动。其中，台州市第二次在一期“广交会”A区的北平台设立智能马桶产业展示区，打响“智能马桶台州造”品牌形象；台州黄岩组成了新能源电动车及零部件产业展示区，抱团开拓国际市场，推动浙江优势产业走向世界，并于“广交会”开幕第一天在“广交会”中平台召开中国（黄岩）新能源电动车产业发布会。这是自第123届“广交会”台州智能马桶展区成功设点后的又一次尝试，是当前国际经济形势下培育外贸新动能、扩大对外开放的积极举措；二期“绿色家居·魅力安吉”推介活动在“广交会”中平台举办。活动现场布置了逾百平方米的绿色家居产业精品展区，恒林椅业、永艺家具、博泰家具等绿色家居龙头企业集中展示。活动大大提升整个行业的中外知名度，充分体现了浙江绿色家居产业的品牌价值。

3. CF奖彰显“品质浙货”核心竞争力。2018

年“广交会”出口产品设计奖(CF奖)颁奖仪式于10月24日在“广交会”展馆举行。浙江省在2018CF奖评选中收获颇丰,共有14家企业的17件产品获奖,其中金奖2个,银奖12个,铜奖3个。此外,浙江省交易团获得了“2018年最佳组织奖”,自2013年CF奖评选活动举办以来,浙江省交易团已连续6次获得该奖项。

4. 绿色展位奖获奖项目再创新高。自“广交会”组织举办绿色奖评选活动以来,浙江交易团始终高度重视、组织推荐,极大激发了浙江参展企业的参评热情,并通过评选活动提升了绿色展位的设计水平及展示效果。在第124届“绿色展位奖”评选中,浙江省有14家企业分别获得了1个金奖,3个银奖,8个铜奖,3个人气奖,比122届“广交会”多了7个奖项。

5. 全面及时讲述“广交会”“浙江故事”。浙江交易团邀请了浙江卫视、浙江之声、《国际商报》等多家主流媒体现场采访调研,并进行全方位专题报道。其中,浙江卫视派出两组人员来到“广交会”现场,用了三大篇幅报道了浙江外贸趋势和浙江参展企业情况;国际商报总社对韩杰团长进行了专题采访;《浙江日报》、浙江之声等媒体相继进行了深度报道,其他网络媒体纷纷转发,形成良好的宣传氛围。每日向“广交会”新闻中心投稿,全面及时报道“广交会”浙江省参展动态和亮点,在全国55个交易团与商会中,浙江交易团连续第四次以发稿量第一的成绩获得投稿优秀单位奖。

(三)夯实责任狠抓落实,高水平完成管理工作

1. 深入贯彻落实《商务部办公厅关于做好第124届“广交会”有关工作的通知》文件精神。浙江交易团深入学习,通过领队会议、座谈会等传达文件要求,并印发给分团,将相关要求与精神落实到“广交会”日常组展工作中,加大展位检查力度,全面规范办展秩序,营造良好展览环境。

2. 组织召开领队工作会议。为切实做好浙江省参加“广交会”的各项工作,确保参展取得实效。10月14日晚,浙江省交易团组织召开第124届“广交会”领队会议,对第124届“广交会”大会工作指示和组展工作情况进行了汇报,部署了展品摆放、标准展位简装、信息宣传、安全保卫、证件工作等下一步组展工作的安排与要求,了解各分团的组展情况,总结了面临的问题,并提出了实质性的意见与建议。韩杰团长根据商务部文件要求,在领队会议上提出了五点要求:一是紧抓机遇,大力开拓国际市场;二是提高认识,全面做好调研和成交统计工作;三是加强管理,参展期间严格遵守各项管理规定;四是廉洁参展,展现优良的工作作风;五是研判形势,提前谋划明年外贸工作。

3. 展前筹备工作充分周全。在开展前组织召开第124届“广交会”绿色发展推广活动、通气会等多场会议,每一期第一天专门召开各市联络员工作会议,会上总结了上一期的工作情况,通报信息报送、知识产权保护和贸易纠纷处理、展位管理、安全保卫、成交统计的工作情况,并对该期的各项工作进行了强调和部署。

4. 高要求做好展位管理工作。向分团下发《浙江交易团第124届“广交会”突发公共事件总体应急预案》,与参展企业签订安全保卫责任书,加强管理、齐心协力,做好安全宣传,共同做好安保工作。努力抓好各方面的自查自纠工作,及时处理企业在证件管理、展位纠纷和知识产权中出现的问题。开展期间每天安排专人进行现场巡查,核对每个展位上的人员、展品信息,并建立违规企业资料库,及时记录违规企业信息,为交易团工作考核以及下一届展位分配提供重要依据。

5. 创新模式提升管理水平。为进一步提升“广交会”专业化、信息化管理水平,确保交易团内部信息的高效传递,强化省团与分团之间的沟通协同,专门建立了钉钉工作群,并组织召开入门培训会,使全团形成了一个便捷的联系网。通过钉钉发布通知公告,打造无纸化、数字化、规范化“广交会”办公。

6. 大力引导企业绿色参展。根据大会深入推进的“广交会绿色发展2.0计划”,引导企业推动绿色布、撤展常态化,鼓励企业使用绿色环保材料、可循环使用材料,对于不符合绿色展位标准的企业进行指导,并及时跟踪整改进度,确保参展企业全面实现绿色布展。督促企业绿色撤展,妥善处置搭建材料废弃物,防止二次污染,

100%回收搭建材料。

（四）层层落实做好服务，提供便利化服务

1. 各项组展服务更趋完善。各类证件审核办理规范化，办证及时，确保企业顺利参展；完善"广交会"换展期和展会期间的值班制度；做好新参展企业的引导工作，确保企业顺利参展，取得实效，促进成交量增长。

2. 及时做好上情下达和下情上传。编印《第124届"广交会"浙江省交易团参展手册》企业版，下发到每个参展企业展位负责人，使企业实时了解有关信息；通过短信、微信群、钉钉群等渠道及时将大会的要求与活动传达到各分团与企业；倾听收集意见建议，向商务部沟通建议，与大会各部门协调交流。

3. 首次邀请知识产权专家驻会。积极响应"广交会"大会号召，高度重视知识产权保护和贸易纠纷解决工作，不断建立宣传教育、自查自纠、信息公开等制度。与浙江省知识产权局达成合作，特别邀请了专业人员来到"广交会"，为参展企业提供知识产权现场指导服务。每期在开展前组织培训会议，专门建立了知识产权保护工作小组，形成了责任明确、重点突出、协调联动的工作机制。

（浙江省交易团）

2018年浙江省商务厅境外货物类自办展参展情况

2018年，浙江省商务厅积极发挥境外自办展的示范带动效应，精心打造了15个境外自办展，项目完成率达100%，带领浙江省各市共同做好展会拓市场工作，助力外贸出口稳增长、保份额成效明显。15个自办展共计参展企业1196家，展位数1901个，参展面积3.3万平方米，接待客商16.5万人次，意向成交达5.8亿美元。其中浙江出口商品(大阪)交易会、浙江出口商品(越南)交易会、浙江出口商品(马来西亚)交易会三个自办展获得了国际权威展览机构UFI认证，标志着我省自办展已达到了国际展览的较高水平，成为我省打造市场化、品牌化、国际化、信息化展会项目的新标杆。

2018年浙江出口商品(波兰)交易会于1月31日至2月2日在波兰华沙国际展览中心隆重举行。交易会得到了中国驻波兰大使馆经济商务参赞处、波兰照明工业协会、波兰华人联合会及中波经济文化协会的大力支持。韩杰副厅长出席交易会开幕式剪彩仪式并致辞。本次交易会共组织了96家参展企业，设展位150个，参展面积共计1350平方米。我省企业主要展品为建筑照明，街道路灯、信号灯，办公室照明，家居装饰照明，圣诞节日用品灯饰等。本次参展企业既有深耕波兰市场多年的老牌外贸企业，也有对开拓波兰市场满怀信心的新企业，所有参展企业都在巩固老客户长期合作关系、开发新意向客户方面达到预期效果，现场成交额(含意向)达6000万元。

2018年浙江出口商品(大阪)交易会于9月12—14日在大阪Intex Osaka国际展览中心举行。本届交易会我省共组织了220家企业，310个展位，展览面积7000平方米，接待客商近2.8万人次，现场成交额(含意向)约1.2亿美元。本届交易会开幕之际，日本遭遇五十年一遇的超强台风袭击，关西机场受损严重关闭。在韩杰副厅长的协调指挥下，团组人员和浙江远大公司第一时间启动紧急预案，及时将机场受损情况通报各参展企业，全力协助企业在最短的时间内调整航班，密切关注各参展企业的航班改签及住宿预订情况，通过东京、名古屋、冈山及一切可能的口岸齐集大阪，经过大家的不懈努力，最后490名参展商克服重重困难，如期到达大阪参展。大阪交易会期间还举办了多场论坛活动，邀请中日专家与客商进行贸易讲解，让与会客商受益匪浅。

2018年浙江出口商品(巴拿马)交易会于2月28日至3月3日在巴拿马城举办。我省展区面积近1000平方米，共设70个标准展位，45家具有行业代表性的企业参展，展品涉及纺织品、日用消费品、电子电器、轻工产品、五金建材等我省优势产品。其中不乏浙江众多知名品牌企业亮相，如双鹿电池、伟星建材、友泰电器等。展会共计接待专业客商7532人次，现场成交额(含意向)3700万美元。开幕当天，巴拿马总统在我驻巴拿马大使馆魏强大使、王建参赞等陪同下参加中国馆开幕式及“品质浙货”发布会剪彩仪式，随后同中外嘉宾一起参观走访我省企业，各方对展会的展区装修、展品类别、展示效果等给予了高度评价，对企业积极开拓中南美洲市场的热情和积极性高度认可。

2018年浙江出口商品(墨西哥)交易会于2018年3月6—8日在瓜达拉哈拉国际会展中心开幕。本届展会由浙江省医药保健品进出口、御茶村茶叶、杭州奥化网络科技等61家食品类、食品包装类和零售超市类企业参展，展出展位100个，展出面积达900平方米，成为展会最大的海外组团省份，"品质浙货"再次在这个西班牙语系国家生根发芽，深入中北美地区市场。三天展期我省参展企业共接待来自20个国家约2000名专业买家，现场成交额为100万美金，现场成交额（含意向）约450万美元。本次交易会的一大亮点是设立了中心展台，大气美观的搭建风格，成为整个展馆最亮眼的风景，受到主委会和其他国家代表团的高度赞赏。

2018年浙江出口商品（沙特）交易会于3月13—16日在沙特阿拉伯吉达举办。本届沙特交易会展出面积为2500平方米，展位数130个，有来自杭州、宁波、台州、义乌等企业63家，参展人员达150人，参展样品近300种，四天展会共累计接待来自沙特、阿联酋、印度、巴基斯坦、也门、阿曼、约旦、埃及等专业买家1.9万人次，现场成交额（含意向）7300多万美元，企业普遍反映成效显著。沙特交易会是我国单一省份在沙举办的规模最大的交易会。我国驻吉达总领事馆经济商务室参赞张明、沙特吉达商会秘书长H.E. Hasan Ibrahim Dahlan、沙特ACE公司总裁Hadi Al—Harith等嘉宾参加了开幕仪式并剪彩，与参展企业进行了深入的交流，沙特当地主流媒体对展会进行了报道。

2018年浙江出口商品（巴基斯坦）交易会于3月27—29日在巴基斯坦卡拉奇举行。该交易会与亚洲国际纺织机械及纺织服装面料展同期举行。交易会为纺织品类专业展览，展出的主要产品为服装面料、家纺面料及纺织机械等。参展企业来自杭州、绍兴、湖州、嘉兴、温州等各纺织名镇，总展出面积为1350平方米，共计150个展位，主要由58家浙江企业组成，参展企业主要为服装面料企业，也有家纺面料及纺机企业。在展会期间，我省参展企业平均接待了客户35人次，意向成交近4500万美元，现场直接签单的金额就达近150万美元。

2018年浙江出口商品（俄罗斯）交易会于3月28—30日在俄罗斯喀山国际展览中心顺利举行，共组织浙江省杭州、温州、台州、宁波、绍兴、嘉兴等市的60多家具有"浙江制造"代表性的汽车零部件、配件、维修用品等企业亮相展会。参展企业以浙江龙头企业为主，共设100个展位，展出面积达2000平方米。据现场情况及展后统计，3天展会到会专业客商10000余名，现场成交额（含意向）6500万美元。俄罗斯鞑靼斯坦共和国副总理及工业与贸易部副部长等外方嘉宾出席开幕仪式并巡馆。同期举办的商务配对会给浙江汽车零部件生产商提供了与当地汽车制造商一对一交流的机会，部分企业现场达成合作意向。

2018年浙江出口商品（塞尔维亚）交易会于5月24—26日在塞尔维亚贝尔格莱德再次成功举办，展览面积为2000平方米，展位数80个，参展企业近50家，参展人员近100人，3天展会共累计接待采购商1500人次，现场成交额（含意向）约1000万美元。塞尔维亚前总统、塞尔维亚对中俄合作委员会主席汤米斯拉伏·尼洛里奇，中国驻塞尔维亚大使馆大使李满长等嘉宾出席展会开幕式并对我省企业的到来表示欢迎。除了积极组织企业参加本次展会，还组织参展商们参观考察贝尔麦克物流园区，帮助他们更好地了解当地市场及贸易习惯。

2018年浙江出口商品（印度）交易会于7月27—29日在印度钦奈贸易中心举办。为期三天的展会，专业买家云集，有数万名来自印度及周边国家和地区的采购商、参展商、医生代表等齐聚一堂。本次参展的60家浙江医疗器械企业主要带来了四大类参展商品。这是浙江企业第一次集中向印度和南亚地区的专业观众展现了我省医疗器械制造业与国际接轨的高水平。经过前期的广泛宣传和专业对接，我省首次组团参展成效显著。三天的展会浙江馆共接待专业客商6300余位，现场成交260万美元，现场成交额（含意向）735万美元。

2018年浙江出口商品（越南）交易会于8月2—4日在越南胡志明西贡国际会展中心SECC举办，展览面积4000平方米，109家浙江企业参加，共设展位150个。本届展会设三大展区，分别为建材装饰材料展区、五金展机械电子展区、日用消费品及纺织面料展区。中国驻越南胡志明总领馆经商处领事李建良、越南工贸部亚太司副司长苏玉山、中方企业家代表及越方工商界300余人出席了开幕式。据展会现场情况及展后统计，为期三天的展会受邀到会的专业客商10023人，12732人次参观了展会。现场成交额（含意向）2860万美元，其中机械电子类产品和日用消费品相当受欢迎。

2018年浙江出口商品（土耳其）交易会于9月13—16日在土耳其伊斯坦布尔举办，与土耳其家庭用品、礼品及家用电器展览会（ZUCHEX）同期举办。交易会展览参展面积近2000平方米，展位数150个，参展企业89家，参展人员近180人，四天展会累计接待专业买家17000人次，现场成交额（含意向）达7600万美元。据组委会统计，展会期间到会客商分别来自美洲、欧洲、亚洲、非洲等80个国家和地区近30000名专业观众。经过精心组织与挑选，台州的塑料家居用品、宁波的小家电、义乌的家用纺织品及饰品等浙江省名优产品齐聚亮相本届展会。本届展会参展产品主要涉及家居用品、家用电器、工艺礼品、家庭装饰等，成交比较好的产品有小家电、家居用品、餐厨用品、工艺礼品等。展会充分展现出浙江名优产品的高品魅力，普遍受到土耳其以及周边国家地区客商的欢迎。同时，通过参加此次展会浙江参展企业对开拓土耳其及周边市场也更加充满信心。

2018年浙江出口商品（捷克）交易会于10月1—5日在捷克布尔诺举办，与捷克布尔诺国际机械工业博览会MSV同期进行，我省展区面积近1000平方米，共设50个标准展位，有来自杭州、宁波、湖州、台州、嘉兴、温州等地市的32家具有行业代表性的企业参展，展品涉及小型机械及配件、气动元件、工业零配件、焊接设备等省内优势产业，浙江省是最大的中国参展省份。本届工博会展会涵盖了工业生产的各个领域，吸引了来自全球32个国家的1651名参展商，超过8万观众前往参观。我省参展企业共计接待专业客商5927人次，现场成交额（含意向）2800万美元。

2018年浙江出口商品（伊朗）交易会于10月13—16日在伊朗德黑兰举办，共设100个展位，精选适销对路的产品参展，参展产品涉及机械、工业零部件、动力传动、模具、电力电工、电子电机、五金工具、汽车维修等，是我省以纯工业类产品为主题单独在伊朗办展的第三年。4天展期，共计接待有效专业客商8750人次，现场成交额（含意向）达800万美元。本届交易会受到伊朗各方的高度重视和广泛关注，伊朗工贸部亚太司司长穆萨维扬先生对浙江省商务厅第三年带领浙江企业来伊朗参展表示诚挚的谢意。交易会还吸引到了伊朗国家中央新闻、伊朗《经济日报》、伊朗国家新闻频道、凤凰卫视等10余家影响力颇高的主流媒体前来采访、报道。

2018年浙江出口商品（缅甸）交易会于12月7—9日在缅甸仰光举办，展会受到了缅方当地政府和商协会的高度重视。展会产品类别以轻工类和纺织类为主，企业主要来自浙江各个地区，包括杭州、义乌、上虞、台州、绍兴等。本届展会展出面积为1350平方米，共计150个展位，主要由104家浙江企业组成。本次展会自备了进馆系统和采购商统计系统，据统计，展会三天时间内，注册进馆观众达5289人，到会贸易观众主要为缅甸当地连锁超市采购商、商场采购商、市场批发商及贸易商等。企业接待客户达12000多人次，现场成交额（含意向）5000万美元。

2018年浙江出口商品（马来西亚）交易会于12月13—16日在马来西亚吉隆坡举行，有较好延续性和品牌知名度，广受马来西亚工商界人士的关注，交易会接待专业买家10556人次，现场成交额（含意向）达4700万美元。本次交易会展期4天，共计88家浙江参展企业150个展位，展览总面积达4000平方米，共有三大类展品，分别为机械电子类、家电、家居用品类及消费品、饰品类。在马来西亚贸易发展局、马来西亚工业发展局、马来西亚中国经济贸易总商会、马来西亚中小型企业公会等协助下，在展会现场举办了系列专题会议及买家对接交流会。展会期间与马来西亚礼品商会、百货商会、布匹商会、马来商会、槟城进出口商会、森美兰商会等各大商会会长、会员进行对接，对接活动达200余场，增强了企业和采购商的信息交流，帮助企业创造和捕捉商机。

第24届中国义乌国际小商品博览会情况

第24届中国义乌国际小商品博览会(以下简称“义博会”),在商务部、浙江省人民政府等各主办单位的大力指导和帮助下,在社会各界的广泛支持参与下,经浙江省商务厅、义乌市人民政府及全体参会人员的共同努力,取得了圆满成功。

一、展会基本情况

第24届“义博会”从搭建出口平台、引领小商品潮流、推动市场转型升级、催生新模式新业态、促进“一带一路”经贸、提升城市产业能级着手,努力赋予“义博会”更多的时代新内涵。本届展会共设有国际标准展位4136个,有来自美国、俄罗斯、德国、葡萄牙等国家及国内26个省(区、市)的2150家企业参展,展览面积达10万平方米。除五金、百货、工艺品等14大传统制造业行业参展外,本届义博会还设“品字标浙江制造”、标准主题馆两个展区,另设时尚百货、浦江水晶、宠物用品、锁具、国际品牌联盟、箱包、时尚饰品产业、智能生活方式、义采宝实力展商联展、创新设计、妇联手工艺、山海协作、电子商务及贸易服务、跨境电商等14个特色专区。展会期间有来自全球179个国家和地区的客商204695人次,同比增长13.09%,到场专业采购商58462人。其中,“一带一路”沿线国家和地区高达56个;境外采购商8066人,居前十位的国家和地区是印度、巴基斯坦、韩国、也门、中国台湾、埃及、伊拉克、印度尼西亚、阿富汗和马来西亚。本届义博会共达成各类交易、合作意向6万多项,实现成交额184.28亿元,同比增长3.1%。本届义博会作为国内首个植入标准化元素的国际展览会,特设“1+1+X”个标准展区,即1个“标准”主题展区、1个“品字标浙江制造”品牌主题展区、X个标准化行业示范展区。今年是“品字标浙江制造”第三次与义博会携手,一批代表浙江省制造业高水平、高标准的轻工产品在“品字标浙江制造”品牌主题展区登台亮相。展会同期还举办了浙江省第五届省外浙商市场采购浙货对接会、2018中国零售业百货商品采购(义乌)峰会、腾讯中小企业云端建设高峰论坛、2018第五届跨境大师高峰论坛等多项经贸配套活动,进一步促进小商品贸易洽谈,推动中小企业交流合作。

二、展会主要特点及成效

(一)聚焦标准引领,打造全国首个标准化元素博览会

一是设立“标准”主题展区。展区分为公共展区、改革试点展区、服务机构展区、标准成果展区、标准创新基地展区5大板块。吸引了国内12个省(市)及地区组团109家单位参展,包括UPS、腾讯、吉利、王斌集团、浪莎、方太、欧意、中财管业、海尔、新海、鸿雁、亚马逊、京东等国内外知名品牌企业。国际标准化组织ISO首次作为支持单位,中标院、美国UL、德国特灵顿TUV等众多国内外标准化机构参展。二是突出企业“亮标”,丰富展会内涵。本届义博会统一设计了“亮标”和“制标”标识,方便采购商识别“亮标”和“制标”的参展企业,直观了解产品执行标准和相应技术指标,以标准作为评判参展产品质量的依据,带动更多企业开展对标达标活动,参与各类标准的制(修)订,推动展会产品的提档升级。三是标准配套活动形式多样。同期举办中小企业标准化(国际)大会,以“高标准转型 高质量提升——国际标准化助推中小企业走向全球”为主

题，邀请了众多国内外标准化领域专家、学者以及开展标准工作卓有成效的国内外企业，为中小企业高标准转型、高质量提升出谋划策。开展全国技标委与浙江产业对接活动，引导省内和义乌市的优势行业开展标准制订，助推产品提档升级。

（二）首创对标亮相，“浙江制造”引领市场转型升级新引擎

一是继续设立“品字标浙江制造”品牌主题展区。位于C1馆，面积3800平方米左右，主体由形象展示墙、建设成功展示区、标杆企业展区三部分构成。吉利汽车首次“开进”展馆亮相义博会，还有方太厨具、老板电器、新海科技等共26家行业龙头企业入驻，集中展示了一批代表浙江省高水平、高标准企业的产品，展示了“浙江制造”产品标准核心技术指标的先进性，体现了浙江高端制造的产品品质与品牌建设实力。二是首创以对标形式亮相。将“浙江制造”标准技术指标与国内外标准技术指标横向比较，通过指标碰撞，让采购商更直观了解“浙江制造”标准先进之处。现场有26家企业在展位公示对标情况，老板、方太、欧意等厨具行业领军企业集中亮相，展示最先进的技术和最新的产品。欧意厨具总经理方志明表示，企业目前执行的“品字标浙江制造”标准对标国际先进，在国内及南太平洋市场出口形势较好。义乌市双童吸管和浪莎针织也进行了亮标。三是通过系列活动，集中展示“浙江制造”成果。展会期间，举办了中小企业标准化（国际）大会暨“品字标”品牌成果发布会、“品字标”品牌联合国采购说明会、“品字标”品牌商超采购专场采洽会等活动。其中，“品字标”品牌联合国采购说明会吸引了200多家企业代表和联合国官员进行零距离交流。

（三）注重创新设计，推动小商品市场转型升级

一是举办创新设计周。共分7个主题板块、30余项活动。其中，主题板块包括设计展示、论坛沙龙、设计之夜、设计交易、设计发布、设计对接。实现项目设计领域专家、优秀设计师、设计机构、设计企业等行业多方对话及思想碰撞，深入探讨对接，为市场创造无限商机。二是设立创新设计展区。汇集了60余家知名创新机构、10余家知名创新平台、50余家知名企业，如科技美学创新产品策源地太火鸟、家居产品设计领航者品沐、红点奖全球排名第六的正负极工业设计、上海设计之都促进中心义乌分中心等参加展会。同时，与上海电机学院、上海第二工业大学、上海海事大学、深圳职业技术学院四家院校达成合作，输送新型设计人才，助力义乌创新设计产品开发，助推义乌小商品市场升级。如来自太火鸟的优雅不倒杯深受韩国客户喜爱，首日订购量便逾几千款。

（四）荟萃义乌好货，树立本土品牌整体形象

一是设立“义乌好货”专区。专区产品涵盖20余个大类，1000余个单品，所选产品按照“标准优先”原则，均有国家标准、行业标准或企业标准，符合直接进驻商超要求的商品。二是本土品牌企业竞相亮相。义乌国际品牌联盟，集结了30余家市场内各行业优质生产企业亮相，成功打响义乌本土创新品牌，引领义博会和义乌市场创新发展新潮流。作为根植于义乌的本土企业货郎先生、韩尚优品、2358等展区，也吸引了众多意向客户前来业务洽谈，在展会上掀起了一阵阵购买、洽谈热潮。三是设立箱包专区。由义乌奕君箱包产业园组织9家企业32个展位抱团参展，抱团宣传园区企业风采，同期举行奕君箱包新品发布会，分享新品走秀、箱包故事讲解、新零售计划、箱包设计等。四是设立时尚饰品产业专区。由义乌市饰品配件行业协会组织的33家企业56个展位抱团参展，集中展示了饰品配件及成品领域的新产品、新工艺、新品牌，同期举行的产业高峰论坛成效显著。

（五）聚焦精准扶贫，助推帮扶结对地区开拓市场

一是连续多年设立山海协作展区。义博会“山海协作”专区已连续设立15年，对推动欠发达地区经济协调发展、增加就业岗位和非农收入做出了积极贡献。2018年山海协作专区共设展位35个，吸引了来自衢州、丽水、金华、温州等地多家企业参展。其中，来自温州苍南县的鑫烨电子科技是义博会“山海协作”专区的老面孔，公司总经理洪晖堂表示，"连续参加义博会，对扩大企业产品知名度、打开外贸市场作用很大。展会现场吸引的来自乌克兰、阿尔及利亚等地的多位外商表示要到公司实地考察。"二是搭建东西部扶贫合作平台。本届展会有来自浙江莲都、四川汶川、新疆温宿等地多家企业展出羌绣、竹制品、农产品等特色商品。其中，义乌对口援建城市汶川县的草坡红姐羌绣合作社和羌风羌韵羌绣合作社两家企业首次参展，展示具有汶川特色的羌绣制品数百件。来自新疆阿克苏的冰糖心苹果、大红枣等地道的农产品，通过义博会开辟交易新渠道，畅销国内外。

（六）突出采洽对接，配套活动形式多样

为进一步凸显义博会的引领性和经贸性，展会期间举行了第十五届中国标准化论坛、2018年中国零售业百货商品采购(义乌)峰会、义博会采购洽谈会等20余项配套活动。其中，"采购峰会"已经陪伴义博会走过了三个年头，高效服务上百家企业，完成了商品直通对接，让众多企业在一天之内完成了300万元的采购目标。缩短采购无效时间，提高采购精准率，已成为"采购峰会"历年来的特色，因而备受零售企业认可支持。据IBMG商业智库提供的数据显示，三年来，通过义博会平台，全国百强零售企业在义乌采购各类商品的金额已超过3亿元，惠及万千国内消费者，实现了采购商与供应商的互利共赢。浙江省第五届省外浙商市场采购浙货对接会，来自10个省、市15家大型专业市场的200余位采购商将齐聚义乌，为"品字标浙江制造"产品和"义乌好货"提供拓展空间和流通平台。此外，为兼顾不同商品类别及采购商类型，展会还分别设置了行业采购专场及境外采购专场等7场采购洽谈会，进一步促进了小商品贸易和中小企业交流合作，推动义乌乃至浙江成为全球小商品标准的策源地。

（七）搭建巾帼舞台，推动妇女创业创新

为积极响应全国妇联发起的打造巾帼"双创"升级版和"巾帼脱贫行动"，在本届博览会期间，妇联展区共设展位108个，来自北京、河北、河南、山西、甘肃、湖南、江西等多个省（区、市）及浙江对口支援的新疆温宿、湖北恩施和省内各县市的330余名优秀来料加工经纪人、电商创业女性、女企业家参展，其间开展了中国妇女手工精品展洽活动、浙江省妇女创业就业成果展洽活动和金华女匠展洽活动。据统计，义博会期间妇联展区共发放名片、产品宣传资料等29294份，意向成交1588项4090万元，现场成交1114项2532万元，代理合作意向209项。从2006年以来，在义博会期间承办妇女创业就业成果展示展洽等大型活动21场，展位总数1296个，参展总人数4640名，促成业务28057项，总成交额达到17.96亿元（含意向成交额）。

（八）全方位宣传推介，大力提升展会影响力和知名度

一是全方位开展宣传推介。先后在北京等地举办了第24届义博会推介会，有针对性邀请商会、新闻媒体、生产企业、贸易机构参会，组织人员在浙江、上海、河南、河北等地市的各大专业市场发放资料，一对一进行展会宣传并收集商户名片，对市场商户进行现场邀约。展会期间，《人民日报》、新华社、中央电视台、《Y亚太日报》、凤凰卫视、新浪、腾讯、网易、环球、《香港商报》、第一财经等70余家新闻媒体及来自俄罗斯、美国、越南等14个国家的100多名记者参会采访，全方位报道了本届义博会的盛况和特色。截至10月25日，新闻媒体共刊发97篇，转载义博会有关报道300余篇。二是网络媒体连续专题报道，传播义博会好声音。凤凰网、人民网、新华网、腾讯网、今日头条、新浪网、网易等网络平台纷纷开设专题，运用图文、视频等方式展示义博会盛况，中国网、中国经济导报网、中国发展网、中国财政时报网等纷纷报道义博会。中国义乌网设立全媒体演播中心，全程直播采访义博会盛况。三是运用大数据，发挥自媒体力量。全新改版义博会官方微网站，开展矩阵式微营销，截至展会闭幕，义博会微信订阅号关注人数达72542。通过创新自助智能办证、智慧客流监测，5天实际与会参观者、采购商204695人次。

（中国义乌国际小商品
博览会执委会办公室）

2018中国义乌进口商品博览会情况

一、展会情况

为期四天的2018中国义乌进口商品博览会于5月9日在义乌国际博览中心圆满落幕。在省委、省政府、省商务厅、义乌市委、市政府的正确指导下，在义乌市商务局、义乌市外侨办等执委会各成员单位的分工协助下，在商城集团的积极努力下，顺利完成项目申报、招展招商、配套活动、宣传报道、现场服务、后勤接待、场馆保障等各项展务工作。

2018中国义乌进口商品博览会以"培育进口商品'世界大超市'，构筑'买全球卖全球'聚宝盆"为主题，积极开拓海外源头渠道。博览会共组织国际标准展位1624个，展览面积4万平方米，设亚洲馆Ⅰ、亚洲馆Ⅱ、欧洲馆和美大非与跨境贸易馆共4个展区，吸引了五大洲100多个国家和地区的1032家企业和机构参展，与会参观者、采购商累计达11.81万人次。

二、本届展会特点

（一）展会文化经贸交流规模持续扩大

展会紧扣"一带一路"合作倡议，展品聚焦国外二、三线日用畅销品及源头货，协力长三角进口产业优势，已成功打造成为中国进口日用消费品品牌展会，为境外中小企业源头产品进入国内市场创造了良好的贸易契机。本届展会上，上海捷克商务处、西班牙埃斯特雷亚马杜拉大区对外局、印度手工艺礼品促进委员会（EPCH）、大韩贸易投资振兴公社（KOTRA）、韩国庆北龟尾政府组团、日本浙江总商会、伊朗驻沪总领事馆、乌干达驻华大使馆、蒙古国工商会、阿拉伯国家联盟驻华代表处等来自近百个国家和地区的政府、商协会及企业组团参展，文化经贸交流规模持续扩大。

（二）十万余种境外源头货惊艳亮相

本届展会汇聚十余万种境外源头商品，涵盖日用品、工艺品、家居用品、食品饮料等多个品类。西班牙交流合作展区汇聚了马德里、阿拉贡、埃斯特勒马杜拉、安达卢西亚大区和里奥哈5个大区的30家优质企业，带来了高品质的安达卢西亚地中海岸百年橄榄树油、伊比利亚黑猪火腿、Riofrio Caviar S.A鱼子酱等产品；意大利、德国、波兰企业家组成的欧洲品牌展团带来了纯天然有机食品先锋—安娜玛丽柏琳、30年德国经典保健品牌—Dr.Hauschka(德国世家)、德国百年草本有机品牌—Salus等大批完美结合自然与健康理念的日用保健品及美妆用品；来自澳洲墨尔本的Australia Cosmeceutical Group带来了澳洲专业医生团队研制的高端纯天然母婴护肤品牌Allganic。

（三）主宾国捷克全方位演绎当地风土人情

驼铃悠悠传千古，丝路合作谱新篇。习近平总书记2016年访问捷克时，中捷双方签署共建"一带一路"合作谅解备忘录和双边合作规划，一时传为佳话。中国是捷克第二大进口商品来源地，捷克是中国在中东欧地区第二大贸易伙伴，中国企业在捷克直接创造5000多个就业岗位，中国到捷克游客数量连年保持20%以上的增长，政治经贸领域的合作升温为两国带来了无限的合作机遇和人民福祉。捷克以本届展会主宾国的身份设立了捷克国家馆，带来了颇具波西米亚风格的捷克水晶制品、啤酒、波丹妮化妆品等特色产品，并举办了"浪漫狂欢捷克啤酒文化节"、"捷克满是故事"图片展、捷克电影节等文化周系列活动，为广大参会客商全方位呈现了独特的中欧古国魅力。

（四）现场商务、文化活动精彩纷呈

中国义乌进口商品博览会既是万国文化的集中荟萃，又是各国商品经贸对接的重要平台，2018年的进口展配套活动形式多样，内容丰富。针对参会的大批专业采购商，执委会组织了全国商品交易市场进口商品采购对接会、大型商超采购洽谈会暨德国产品采购对接会、义乌西班牙经贸合作推介会等商务对接活动；针对普通客商和观展市民，执委会邀请秘鲁印第安土著舞蹈团、非洲马达加斯加歌舞团、欧洲古典乐队阿德玛四重奏等重量级表演团亮相，各国民族艺术表演轮流登台，轻松体验浓厚的异域风情。

（五）展会市场深度联动、成效显著

展会期间，进口展与中国进口商品城联动频繁，深度对接，约旦制造业协会、阿拉伯商人协会、韩国Kotra展团等多个团体考察进口商品城。拉脱维亚手工饰品、鞋服，斯里兰卡红茶、床上用品，俄罗斯食品，阿拉伯食品、日用品等产品商家纷纷意向入驻进口商品城。展会期间，市场—展会互动客商超过8000人，充分带动了分、主会场的人气，进口展已经充分成为义乌进口商品城“腾笼换鸟”、优化市场结构的核心手段。

三、工作建议

1. 以培育进口贸易为终极目标，以“整合资源、打造品牌、展贸联动、差异发展”为原则，以专业化、国际化、市场化、信息化为方向，加大办展办会联动力度，加强与国内外专业机构合作，创新办展办会模式，与上海、宁波、昆明、南宁、珠海等城市进口主题展览差异化发展，逐步市场化销售组团政策，将义乌进口展培育成为进口消费品的中国品牌展会。

2. 利用进口展平台扩大跨境进口电商，引进更多的平台商和跨境园区，广泛发动更多电商企业与参展企业开展经贸对接，寻找适合自己的海外源头产品，争取拿到国内代理权、经销权，拓宽义乌网商对进口商品的源头采购渠道，形成义乌跨境进口电商集聚优势。

3. 进一步推进进口商品进入义乌口岸的通关通检便利化，从4年来的进口商品展通关通检情况看，因义乌行政级别及义乌港自身条件所限，海外商品直接通过义乌进入其他国内市场的渠道仍不通畅。义乌作为全球最大的小商品批发集散地，作为国际综合贸易改革试点城市和国内重要的物流节点城市，在海外商品通关通检方面仍需要政府及海关商检上级部门提供政策支持，真正能做到为国外中小企业提供低成本、高效率的全球性展览、贸易平台，帮助他们以义乌为桥头堡，把商品销往中国各地，乃至世界各地。

4. 集全省资源，把义乌进口展办得更好。动员全省各地的供应商、采购商等参加义乌进口展；动员分布在全球各地的浙江籍侨商资源组织当地企业和商品参加义乌进口展；邀请浙江省各地市的国际友好城市政府组织当地企业和商品参加义乌进口展；动员全省有资源的部门，有资源的展览公司等协助办展，把义乌进口展打造成为浙江省第一大进口展；争取将浙江省进口商会总会落户在义乌，并动员全省从事进口贸易的企业以及浙江籍侨商加入进口商会，共同探讨促进浙江进口贸易持续繁荣发展的举措。

5. 利用中国国际进口博览会（中博会）开放平台，宣传义乌进口贸易政策环境、义乌进口商品博览会，推介义乌无与伦比的商品分销体系和物流优势，让义乌成为国外企业进入中国的跳板。中博会期间，集聚了大量的进口商、分销商等资源，充分利用这些资源，通过城市形象宣传，市场推介等让采购商发现义乌，了解义乌，并邀请他们到义乌考察、学习，或者开展专项贸易对接活动，争取利用跨境电商试点机会，结合新型业态，考虑线上线下结合，引进知名机构战略合作。

（中国义乌进口商品博览会执委会）

“2018浙江金秋购物节”情况

为深入贯彻中共中央、国务院关于促进消费的系列精神，按照省委、省政府年度消费促进工作安排，结合推进落实《浙江省批发零售业改造提升行动计划（2018—2022年）》《浙江省消费升级行动计划（2018—2022年）》等具体工作，2018年9月21日—11月20日，浙江省商务厅联合11个省级部门，共同举办了“2018浙江金秋购物节”。

本届购物节以“品质生活、快乐金秋”为主题，坚持“需求导向，民生为本，品质引领；市场运作，政府引导，企业参与；三级联动，上下呼应，形成合力；跨界融合，创新驱动，转型升级”的原则，通过搭建全省性内容丰富、形式多样、力度空前的促销平台，主动顺应消费升级趋势，着力推动时尚引领、品牌集聚、消费创新，积极提升消费贡献度、人民满意度，增强消费对经济发展的基础性作用。据不完全统计，全省各地共举办各类消费促进活动、展会1090场（次），参与企业36457家，实现销售（营业）额907亿元，同比增长8.33%。

一、成果和特色

（一）品质展会精彩亮点频出

1. 省级展会重磅开展。根据购物节方案标准，省组委会协调发动相关协会和有关部门组织了9场高品质展会，总面积达36万平方米。中国浙江（国际）餐饮美食博览会暨第八届浙江厨师节，来自35个国家和地区的160余位浙籍餐饮同行共同见证浙江餐饮辉煌30年品牌建设发展成果；第十五届中国中华老字号精品博览会汇聚全国300余家主要老字号，吸引近10万人次消费者到会参观；2018浙江金秋购物节明日汽车生活展充分诠释了“新能源汽车”是未来汽车发展的方向；首届杭州国际新零售产业博览会暨无人店及智能零售终端技术设备展览会，为行业观众带来全新的智能无人零售科技产品及解决方案。

2. 市级展会亮点纷呈。杭州继续举办中国国际（杭州）电子商务博览会、2018中国（杭州）工艺美术精品博览会、第十六届结婚采购大会、中国国际丝绸博览会等优质展会；嘉兴举办2018嘉兴首届婚庆产业博览会，近百家商家订单量达1200多单，总成交额1300万元；湖州举办长兴县第二十六届汽车博览会、安吉第八届家博会、2018安吉第一届母婴用品展等系列专题展会，实现销售额6000多万元；温州2018国际时尚消费博览会实现传统和时尚、智造和消费双融合，现场合同交易额超9000万元；台州玉环市第14届机床展、第7届中国（临海）户外家具及庭院休闲用品展览会、第二届洪家购物节、中国工量刃具展览会等10项展会活动累计实现销售额35.54亿元。

3. 进口展会联通世界。首届中国国际进口博览会在购物节期间举办，浙江省累计组织24场进口专场采购会、167家进口平台企业、1498家重点进口企业和18771家采购商参加进博会，协议/合同执行期1年内的展位成交意向60.72亿美元，位居全国省市交易团前列。购物节期间，全省各地组织多场进口商品展，用实际行动支持扩大进口：杭州举办武林洋淘进口商品博览会，实际销售额近千万元；宁波保税区举办金秋全球购活动，实现销售额12.79亿元；温州进口展汇集意大利、泰国、日本等国家近1000种进口商品，现场交易额约3000万元；丽水首届世界华侨进口商品博览会暨青田进口葡萄酒交易会吸引了来自63个国家的405家境外葡萄酒庄、960名参展商、1万多款进口葡萄酒、5万多种进口商品，达成意向成交15.6亿元。

（二）跨界融合线上线下创新驱动

1. 支付平台多样体验。积极与银联“云闪付”、腾讯“大众点评”等支付和促销平台合作，提供多样化消费体验。浙江银联卡联合营销投入资金600多万元，在全省2000家门店开展满减优惠活动，以银联移动支付为工具，开展特约商户刷银联卡“随机立减”和以支付宝为代表的非触式支付优惠活动，营造多元、共赢的购物体验。“大众点评”开展浙江金秋购物节全省让利活动，2018年10月25—28日在餐饮、丽人、亲子、婚庆等板块及大众点评必吃榜餐厅提供多种优惠，400多家企业累计达成销售额1200万元，给消费者带来不一样的体验。

2. 线上活动体系消费。各地市先后举办了杭州校园网上购物节、宁波慈溪“天猫优品”推介活动、淘宝特色中国金华馆线上促销、衢州“银联二维码超市节活动”、舟山2018年线上东海开渔节等线上促销活动，持续打造永不落幕的“网络金秋购物节”。2018天猫双11购物节累计销售额2135亿元（未计入金秋购物节总销售额），同比增长26.9%，再次创下单日购物新纪录。

3. 节庆消费热力衔接。围绕中秋、国庆、“双十一”等重要节点，全省各地有序衔接热点时间引爆消费。嘉兴桐乡新城吾悦国庆爱国大阅兵活动实现销售1808万元；温州南虹广场双11金秋购物节销售额1260万元；湖州浙北购物中心、万达广场、星火百货、杭州大厦大都汇、长兴八佰伴商贸有限公司等集体营造消费气氛；舟山杉杉普陀天地、凯虹广场、舟山一百等商场开展“双11来这就购了”、“1111狂欢购”、“抢先双11”等活动，最大限度发挥有节过节、无节造节的效能，实现了法定假日和自办节日的完美结合。

（三）区域消费彰显各地特色

1. 地方活动品牌化。第六届杭州拱墅区金秋购物节系列促销活动、2018中国大运河庙会、西溪湿地火柿节等传统活动如期举行；第11届宁波美食节反映宁波、香港、延边等城市的餐饮文化和城市文化特色；嘉兴举办2018嘉兴南湖全国旅游采供大会、2018香樟树旅游商贸文化节、2018国际钢雕文化艺术节等活动，大力弘扬“红船精神”，实现了商贸、旅游、文化、党建等领域融合发展；绍兴开展“寻味绍兴”“大咖带你品绍兴”活动宣传绍兴菜；衢州举办2018年国际汽联亚太汽车拉力锦标赛“姜席堰杯”中国（龙游）拉力赛，吸引来自澳大利亚、新西兰、日本等国家和地区的33支车队85台赛车参与。丰富多彩的地方活动已成为了地区消费升级、产业转型、经济发展的金字招牌。

2. 企业活动精品化。“乐由心声”杭州大厦2018周年庆携手MAXMARA、VALENTINO、三宅一生等15家国际一线时尚品牌组织近百场品牌活动为购物节助阵；银泰百货20周年庆大巡游，8省34城63家门店打造新零售嘉年华；老娘舅全省77家门店开展金秋购物节专属促销，销售额近5000万元；宁波浙江万达狂欢购物节结合购物节启动集结290家企业开展明星见面会、灯光美食音乐节、品牌折扣促销、异业联合展示等活动；嘉兴海宁中国家纺城金秋购物活动吸引4.5万人次，成交额20亿元；台州星光耀城市广场举办交响乐音乐会，为市民带来高品质的听觉享受，销售额同比增幅达103%。

3. 农民丰收节特色化。积极响应国家乡村振兴战略，各地农民丰收节成为购物节新的特色。嘉兴秀洲首届中国农民丰收节嘉兴庆祝活动，开展非物质文化遗产传承人现场制作、参观农民画长卷、稻作文化展示区、优质农产品等系列活动；湖州2018年南浔区首届农民丰收节，集中展示展销本地区特色名优农产品，实现销售额4368万元；衢州举办2018国家公园首届中国农民丰收节成果展、中国(龙游)畲乡首届生态农产品丰收节等活动；金华婺城区首届“中国农民丰收节”农产品展销会，举行了本地民俗表演、农产品展销、农耕文明展示、农民才艺大比拼等丰富多彩的活动。

根据活动组织方案安排，2018年12月21日，省组委会专门召开总结大会，对“2018浙江金秋购物节”进行系统总结，对杭州、丽水等12个地市（含义乌市）组委会、“第十五届中国中华老字号精品博览会”等30个精品展会、“浙江省银联卡联合营销”等19个优质促销活动、银泰商业集团等46家消费者喜爱的商家企业，以及浙江日报社等20家媒体合作单位等进行了通报表彰。

二、收获和体会

（一）省级高效统筹，强化领导力

为进一步增强购物节统筹力、扩大影响力，在2017年8个省级主办单位的基础上，协调增加省委网信办、省外侨办、省林业厅三个部门，分别突出宣传工作和异域风情、绿色环保等特色，使购物节拓宽至商贸、经济信息、农林、旅游、文化、体育等多个主流消费领域。各主办单位按照组委会分工，发动自身资源，积极举办了2018中国（杭州）工艺美术精品博览会、2018年国际汽联亚太汽车拉力锦标赛——中国（龙游）赛、2018第十五届中华老字号精品博览会、2018国际时尚消费博览会、首届世界华侨进口商品博览会暨青田进口葡萄酒交易会、2018第24届中国义乌国际小商品博览会、2018中国义乌国际森林产品博览会等一系列重要展会及活动，在省级层面率先形成联动导向，为其他地市举办展会活动提供了借鉴模式，树立风向标。

（二）地市联动跟进，落实执行力

按照方案部署，2018年9月下旬，省级和全省11个市同步启动购物节，89个县、市、区全数参与活动，实现了省级活动牵总线，市级活动作支撑，县域活动全覆盖，乡镇活动来助力，形成点、线、面齐发力的局面。杭州结合市政府“购物新天堂”打造，把购物节作为“消费总动员”的重要活动；衢州购物节由市商务局、市委宣传部、市农办、市经信委、衢州日报报业传媒集团、衢州广电传媒集团等多部门联合主办；金华由市政府牵头主办“2018年浙中购物节”；台州把购物节列为市商务局年度重点工作，进行专项考核。全省上下联动，合力掀起促销热潮。

（三）平台发挥优势，激发消费力

采取“政府搭台、协会敲锣、企业唱戏”的方法，紧密依托省、市、县三级各行业协会及特色街区平台优势，广泛开展相关活动。杭州市餐饮旅店行业协会、焙烤食品糖制品行业协会、葡萄酒行业协会、咖啡西餐行业协会等组织举办了风采各异的活动，清河坊历史街区、杭州市商业特色街联合会、青芝坞特色街管委会分别举办了吴山庙会、杭州商业街美食活动、青芝坞美食节；金华市汽车流通行业协会举办金华第十四届汽车展销会、粮食行业协会开展粮油优惠促销、中小商贸流通企业服务中心承办2018秋季第14届家博会；衢州中国皮划艇协会举办2018中国划水公开赛；中国皮革协会、浙江省皮革行业协会联合主办2018中国（温岭）童鞋童装展览会等。协会、街区、企业联盟等平台优势得到充分发挥，真正让消费资源活了起来。

（四）媒体多方助阵，推广影响力

《浙江日报》、浙江卫视、浙江经视、浙江在线、《杭州日报》等80多家省市主流媒体对购物节重点活动进行现场和专题报道。新浪网、新浪微博、杭州同城会等积极跟进购物节活动宣传。“浙江金秋购物节”官微搭建由300多家自媒体公众号组成的宣传矩阵，组织20多家核心企业，30多家协会微信公众号与官微、官网联动宣传。银泰集团全省30多家门店、十足集团1825家门店、甘其食12家门店以及联华华商、嘉里中心、杭州大厦、BCMIX小米、网易考拉等门店资源，通过户外大屏、店内电子屏、店内吊旗、桌贴、宣传栏统一参与宣传。金华通过浙中在线、百姓零距离、小马开讲等知名微信公众号进行推广；舟山利用大舟山网、官方微信等循环播报活动信息资讯；台州市商务局大力支持宣传工作，在户外大屏LED、楼宇视频、公交站牌等39处持续宣传1个月。全省各地多种媒体海量传播，共同营造全民金秋购物氛围。

三、工作建议

根据《中共中央国务院关于完善促进消费体制机制进一步激发居民消费潜力的若干意见》（中发〔2018〕32号）和《国务院办公厅关于印发完善促进消费体制机制实施方案（2018—2022年）的通知》（国办发〔2018〕93号）等文件精神和商务部关于消费促进、消费升级的具体要求，会同发改、经信、文旅、市场监管等部门，进一步完善消费促进相关政策机制，积极挖掘城乡居民消费潜力。紧跟消费新趋势，融合新技术、新产业、新业态、新模式，探索组建政府部门、行业协会、重点企业参与的促销联盟，突出汽车、家电等下乡巡回展等重点活动，不断挖掘农村消费潜力，拓展绿色消费，扩大智能消费，努力把浙江金秋购物节打造成有区域影响力的品牌盛会。

（浙江省商务厅）

第九编

商务表彰榜

浙江省人民政府办公厅公布2018年落实有关重大政策措施真抓实干成效明显地方名单

一、推进“最多跑一次”改革成效突出，实现率和满意度位于全省前列的市、县(市、区)

衢州市、桐庐县、宁海县、温州市洞头区、嘉兴市南湖区、桐乡市、新昌县、义乌市、开化县、临海市。

2019年对上述地区给予一定财政资金奖励，用于统筹推进“最多跑一次”改革工作。(省跑改办组织实施)

二、实施乡村振兴战略、高水平推进农业农村现代化成效明显的县(市、区)

杭州市临安区、永嘉县、德清县、江山市、台州市黄岩区、缙云县。

2019年对上述地区在安排相关专项资金时予以倾斜，支持其在农业农村改革试验试点、乡村振兴示范创建等方面先行先试。(省农业农村厅组织实施)

三、积极推进“一带一路”枢纽建设，构建全面开放新格局工作成效明显的设区市

杭州市、宁波市、金华市。

2019年对上述地区优先支持其行政区域内设立省级经济开发区1家，优先支持其在境外发债融资、申报国际金融组织贷款、创建“一带一路”试验示范点、开展对外开放领域先行先试试点，对其行政区域内符合条件的项目优先推荐国家“一带一路”项目库，对符合条件的境外投资项目、外资项目优先纳入省外商投资和境外投资项目双向推进计划，给予重点跟踪服务。(省发展改革委、省商务厅组织实施)

四、推进大湾区建设成效明显的设区市

杭州市、湖州市。

2019年对上述地区在安排海洋(湾区)经济发展专项资金时予以倾斜，对重大战略平台内符合条件的项目优先列为省重点建设项目。(省发展改革委组织实施)

五、推进大花园建设成效明显的县(市、区)

桐庐县、安吉县、浦江县、开化县、舟山市普陀区、遂昌县。

2019年对上述地区在安排支持“诗画浙江”(四条重点线路)资金时予以倾斜，在申报中央预算内生态文明专项资金、创建国家级和省级循环经济领域试点示范等方面予以倾斜支持。(省发展改革委组织实施)

六、推进大通道建设成效明显的设区市

杭州市、温州市、台州市。

2019年对上述地区在争取中央预算内投资等补助资金、申报国家各类试点示范、安排省级各类试点等方面予以优先支持，在安排年度综合交通投资计划、项目前期推进计划时予以优先支持，对符合条件的上报项目优先列为省重点建设项目。（省发展改革委、省交通运输厅组织实施）

七、实施数字经济“一号工程”，大力发展数字经济，培育新动能方面取得积极成效的县（市、区）

杭州市余杭区、乐清市、嘉兴市南湖区、新昌县、义乌市。

2019年对上述地区在安排省工业与信息化发展财政资金时予以倾斜，在数字经济发展、培育新动能发展重大政策先行先试、重大产业布局和重大项目落地上予以倾斜，对其申报数字经济、培育新动能发展等相关领域各类国家重大专项、试点示范项目方面予以优先支持。（省经信厅、省发展改革委组织实施）

八、加快传统制造业改造提升成效明显的县（市、区）

杭州市萧山区、杭州市余杭区、慈溪市、乐清市、海盐县、绍兴市柯桥区。

2019年对上述地区在安排省工业与信息化发展财政资金时予以倾斜，在国家级、省级新型工业化产业示范基地（先进制造业基地）、星级小微企业园建设以及智能化技术改造、服务型制造和工业设计等试点示范等方面予以优先支持。（省经信厅组织实施）

九、推进批发零售业改造提升成效明显的县（市、区）

杭州市上城区、宁波市鄞州区、文成县、长兴县、义乌市、温岭市。

2019年对上述地区在安排省商务促进专项资金时予以倾斜，倾斜资金通过因素法分配方式切块下达，用于统筹推进批发零售业改造提升工作。（省商务厅组织实施）

十、落实政府数字化转型工作、推进“掌上办事”“掌上办公”成效明显的设区市

杭州市、温州市、衢州市。

2019年对上述地区给予一定财政资金奖励，在承接政府数字化转型重大项目试点方面予以优先支持。（省大数据局组织实施）

十一、传承发展浙江优秀传统文化工作积极主动、成效明显的设区市

杭州市、绍兴市、衢州市。

2019年对上述地区给予一定财政资金奖励，在非物质文化遗产保护载体建设、公共文化旅游服务、红色旅游保护开发等工作中给予支持。（省文化和旅游厅组织实施）

十二、推进县域医共体建设工作成效明显的县（市、区）

瑞安市、德清县、东阳市。

2019年根据上述地区县域医共体建设成效给予适当奖励，在安排辖区内医疗资源配置方面给予适当政策倾斜。（省卫生健康委组织实施）

十三、实施学前教育补短提升工程措施有力、成效明显的县（市、区）

杭州市拱墅区、诸暨市、江山市。

2019年统筹相关资金对上述地区给予适当奖励。（省教育厅组织实施）

十四、落实养老服务业支持政策、完善养老服务体系表现优异的县（市、区）

杭州市西湖区、宁波市镇海区、嘉善县。

2019年对上述地区在安排下一年度养老服务体系建设专项资金预算时，在原有资金安排基础上增加10%的奖励。（省民政厅组织实施）

十五、鼓励和支持就业创业政策落实力度大、提高就业创业服务水平成效明显的设区市

杭州市、宁波市、台州市。

2019年对上述地区在安排财政就业补助转移支付资金时给予倾斜支持。(省人力社保厅组织实施)

十六、打好污染防治攻坚战成效显著、生态环境建设指标优良的设区市

杭州市、宁波市、衢州市。

2019年对上述地区在安排省级环境保护专项资金时给予倾斜,在省级生态文明建设示范市县创建等方面予以支持。(省生态环境厅组织实施)

十七、打好低收入百姓增收攻坚战、深入实施低收入农户高水平全面小康计划工作主动、成效明显的县(市、区)

武义县、江山市、天台县、龙泉市、庆元县、松阳县。

2019年对上述地区在安排财政专项扶贫资金时,在按客观因素、绩效因素等一般因素分配基础上,再予以倾斜奖励。(省农业农村厅组织实施)

十八、防范和化解金融风险工作积极主动、成效明显的设区市

温州市、台州市。

2019年对上述地区给予一定财政资金奖励,在同等条件下对其申报金融改革试验项目给予优先支持。(省地方金融监管局组织实施)

十九、财政预算执行、政府性债务风险管理、盘活财政存量资金、国库库款管理等财政管理工作完成情况较好的市、县(市)

杭州市、台州市、丽水市,淳安县、瑞安市、德清县、安吉县、平湖市、东阳市、临海市、温岭市、玉环市、龙泉市。

2019年对上述地区,省财政利用收回的存量资金、本年度预算资金等,在省与市县两级结算时予以奖励。(省财政厅组织实施)

二十、实施全域土地综合整治与生态修复工程、节约集约利用土地、批而未供土地消化利用、闲置土地处置工作较好的市、县(市、区)

嘉兴市,杭州市江干区、杭州市西湖区、温州市鹿城区、德清县、海盐县、海宁市、绍兴市柯桥区、诸暨市、衢州市衢江区、温岭市。

2019年对上述地区给予新增建设用地计划指标奖励。(省自然资源厅组织实施)

二十一、实施“凤凰行动”计划,推动企业上市和并购重组工作力度大、成效明显的县(市、区)

杭州市西湖区、杭州市余杭区、慈溪市、海宁市、绍兴市上虞区、仙居县。

2019年对上述地区给予一定财政资金奖励,对其行政区域内重点拟上市企业和上市公司并购重组加大工作支持力度。(省地方金融监管局组织实施)

二十二、实施科技新政、构建“产学研用金、才政介美云”十联动创业创新生态系统工作成效明显的设区市

杭州市、宁波市、嘉兴市。

2019年对上述地区在安排重大科研项目等方面予以倾斜,优先支持建设省级产业创新服务综合体。(省科技厅组织实施)

二十三、深化“亩均论英雄”改革工作有力、成效明显的县(市、区)

杭州市滨江区、杭州市萧山区、宁波市江北区、乐清市、平湖市、绍兴市柯桥区。

2019年对上述地区在安排省工业与信息化发展财政资金时予以倾斜,在用能权交易、主要污染物总量减排核算上给予适当倾斜,给予一定新增建设用地计划指标奖励。(省经信厅、省发展改革委、省生态环境厅、省自然资源厅组织实施)

二十四、落实投资新政、实施省市县长项目工程、优化投资结构等工作成效较好的市、县(市、区)

杭州市、嘉兴市,杭州市余杭区、湖州市吴兴区、海宁市、义乌市、天台县。

2019年对上述地区在省发展与改革专项资金中统筹安排资金,用于补助支持其行政区域内符合条件的公益性基础设施项目建设,给予一定新增建设用地计划指标奖励。(省发展改革委、省自然资源厅组织实施)

浙江省商务厅公布2018年度“浙江出口名牌”名单

总序号	行业序号	出口品牌名称	企业名称(中文)	地 区	新增/复核
		机械电子			
1	1	UPLAND	杭州久祺工贸有限公司	杭州上城区	新增
2	2	SHINING 3D	先临三维科技股份有限公司	杭州萧山区	新增
3	3	泰格王	杭州泰格电子电器有限公司	杭州余杭区	新增
4	4	天屹牌	浙江万马天屹通信公司	杭州临安区	新增
5	5	福特NF Forward	宁波福特继电器有限公司	宁波海曙区	新增
6	6	博菱Borine	宁波博菱电器股份有限公司	宁波北仑区	新增
7	7	BLG	宁波日兴电子有限公司	宁波鄞州区	新增
8	8	富贵家RICHOME	宁波华彩电器有限公司	宁波鄞州区	新增
9	9	新乐Xinle	宁波新乐电器有限公司	宁波奉化区	新增
10	10	赛耐比SNAPPY	宁波赛耐比光电科技股份有限公司	宁波高新区	新增
11	11	圣烨SHENGYE	宁波圣烨电器有限公司	宁波余姚市	新增
12	12	天瑞TALLER	宁波天瑞电器有限公司	宁波余姚市	新增
13	13	江丰KFMI	宁波江丰电子材料股份有限公司	宁波余姚市	新增
14	14	奥博尔aoboer	宁波奥博尔电器有限公司	宁波慈溪市	新增
15	15	华裕HUAYU	华裕电器集团有限公司	宁波慈溪市	新增
16	16	利浦尔	浙江利浦尔照明科技股份有限公司	温州经开区	新增
17	17	中南	中南仪表有限公司	温州乐清市	新增
18	18	CZT	温州意华接插件股份有限公司	温州乐清市	新增
19	19	科瑞普KRIPAL	浙江科瑞普电气有限公司	温州乐清市	新增
20	20	VECAS	温州华嘉电器有限公司	温州乐清市	新增

续表

总序号	行业序号	出口品牌名称	企业名称(中文)	地区	新增/复核
21	21	常安	常安集团有限公司	温州乐清市	新增
22	22	BTL	伯特利阀门集团有限公司	温州永嘉县	新增
23	23	超达	超达阀门集团股份有限公司	温州永嘉县	新增
24	24	益坤	温州益坤电气有限公司	温州平阳县	新增
25	25	SRH	森赫电梯股份有限公司	湖州南浔区	新增
26	26	MAXGE	美高电气科技有限公司	湖州德清县	新增
27	27	CSB	浙江长盛滑动轴承股份有限公司	嘉兴嘉善县	新增
28	28	ZOB	浙江双飞无油轴承股份有限公司	嘉兴嘉善县	新增
29	29	精仪	嘉善声光电子有限公司	嘉兴嘉善县	新增
30	30	compupal	浙江恒科实业有限公司	嘉兴嘉善县	新增
31	31	豪庭灯饰	浙江豪庭灯饰有限公司	嘉兴桐乡市	新增
32	32	向日光科	浙江向日葵光能科技股份有限公司	绍兴越城区	新增
33	33	盛洋	浙江盛洋科技股份有限公司	绍兴越城区	新增
34	34	精大Jing Da	浙江精功科技股份有限公司	绍兴柯桥区	新增
35	35	晨辉	晨辉光宝科技有限公司	绍兴上虞区	新增
36	36	SLING	浙江斯菱汽车轴承股份有限公司	绍兴新昌县	新增
37	37	KYT	永康市开源动力工具有限公司	金华永康市	新增
38	38	SENCAN	浙江信源电器制造有限公司	金华永康市	新增
39	39	鸽牌	正阳科技股份有限公司	金华永康市	新增
40	40	BSE	浙江波速尔运动器械有限公司	金华武义县	新增
41	41	KXD	浙江硕智工贸有限公司	金华武义县	新增
42	42	RFZ	浙江阿波罗摩托车制造有限公司	金华武义县	新增
43	43	尤尼威(UNIV)	浙江尤尼威机械有限公司	衢州衢江区	新增
44	44	SUNSUN	森森集团股份有限公司	舟山定海区	新增
45	45	龙源四方	浙江龙源四方机械设备制造有限公司	舟山定海区	新增
46	46	欧森	浙江欧森机械有限公司	台州椒江区	新增
47	47	宝宇	浙江宝宇缝纫机有限公司	台州椒江区	新增

续表

总序号	行业序号	出口品牌名称	企业名称(中文)	地 区	新增/复核
48	48	欧林达	台州市航宇塑胶有限公司	台州椒江区	新增
49	49	凯锋	台州市凯锋塑钢有限公司	台州椒江区	新增
50	50	KAIHUA	浙江凯华模具有限公司	台州黄岩区	新增
51	51	丰收	浙江三鸥机械股份有限公司	台州路桥区	新增
52	52	欧耀	浙江欧耀机械有限公司	台州路桥区	新增
53	53	科马	浙江科马动力机械有限公司	台州路桥区	新增
54	54	GOODSENSE	浙江吉鑫祥叉车制造有限公司	台州开发区	新增
55	55	颐顿	浙江颐顿机电有限公司	台州温岭市	新增
56	56	西格迈	西格迈股份有限公司	台州三门县	新增
57	57	蜻蜓	浙江万维机械有限公司	丽水缙云县	新增
58	58	Truemax	杭州骐瑞机电设备有限公司	杭州下城区	复核
59	59	天丰 skyrich	杭州天丰电源股份有限公司	杭州拱墅区	复核
60	60	HIKVISION	杭州海康威视数字技术股份有限公司	杭州滨江区	复核
61	61	士兰 Silan	杭州士兰微电子股份有限公司	杭州滨江区	复核
62	62	恒星	恒星创业投资集团有限公司	杭州萧山区	复核
63	63	“HAMATON”牌	万通智控科技股份有限公司	杭州余杭区	复核
64	64	JohnTools	杭州一楠五金工具有限公司	杭州余杭区	复核
65	65	UN	浙江尤恩叉车股份有限公司	杭州富阳区	复核
66	66	方园	杭州方圆塑机股份有限公司	杭州富阳区	复核
67	67	SWE	杭州鸿世电器有限公司	杭州富阳区	复核
68	68	美科斯/Maximal	海斯特美科斯叉车(浙江)有限公司	杭州富阳区	复核
69	69	云泰克	浙江华鹰控股集团有限公司	杭州富阳区	复核
70	70	GOLDHORN	杭州天恒机械有限公司	杭州临安区	复核
71	71	东海 DHDONGHAI DH	宁波东海集团有限公司	宁波海曙区	复核
72	72	世林 SINOLINK	宁波世林国际贸易有限公司	宁波海曙区	复核
73	73	宁波 NB	宁波水表股份有限公司	宁波江北区	复核
74	74	麦科思 MARQUIS	浙江天时国际经济技术合作有限公司	宁波北仑区	复核

续表

总序号	行业序号	出口品牌名称	企业名称(中文)	地　区	新增/复核
75	75	艾谱AIPU	艾谱机电发展(宁波)有限公司	宁波北仑区	复核
76	76	恒达高EF	宁波恒达高智能科技股份有限公司	宁波鄞州区	复核
77	77	木子Muzi	宁波李氏实业有限公司	宁波鄞州区	复核
78	78	欣达XINDA	宁波欣达(集团)有限公司	宁波鄞州区	复核
79	79	亿太诺E·MC	浙江亿太诺气动科技有限公司	宁波奉化区	复核
80	80	KEPO	宁波凯普电子有限公司	宁波东钱湖	复核
81	81	辰佳changer	宁波辰佳电器有限公司	宁波杭州湾	复核
82	82	方太FOTILE	宁波方太厨具有限公司	宁波杭州湾	复核
83	83	贝士达NBBEST	慈溪市贝士达电动工具有限公司	宁波杭州湾	复核
84	84	富佳FURJA	宁波富佳实业有限公司	宁波余姚市	复核
85	85	奥晟AOSHENG	宁波奥晟机械有限公司	宁波余姚市	复核
86	86	丰茂Fengmao	宁波丰茂远东橡胶有限公司	宁波余姚市	复核
87	87	更新KINSING	宁波市更新电器实业有限公司	宁波慈溪市	复核
88	88	公牛Gongniu	公牛集团股份有限公司	宁波慈溪市	复核
89	89	凯迪利Kedly	宁波凯迪利电器有限公司	宁波慈溪市	复核
90	90	海歌HEIGER	宁波海歌电器有限公司	宁波慈溪市	复核
91	91	慈星CIXING	宁波慈星股份有限公司	宁波慈溪市	复核
92	92	吉盛AGSUN	宁波吉盛电器有限公司	宁波慈溪市	复核
93	93	CIE	宁波市慈溪进出口控股有限公司	宁波慈溪市	复核
94	94	FIT	宁波市慈溪进出口控股有限公司	宁波慈溪市	复核
95	95	科飞COFLY	宁波科飞电器有限公司	宁波慈溪市	复核
96	96	环驰HCH	环驰轴承集团有限公司	宁波慈溪市	复核
97	97	华联	华联机械集团有限公司	温州瓯海区	复核
98	98	劳达斯	温州鸿升集团有限公司	温州经开区	复核
99	99	PEOPLE	人民控股集团有限公司	温州乐清市	复核
100	100	sorl	瑞立集团瑞安汽车零部件有限公司	温州瑞安市	复核
101	101	球豹	球豹阀门有限公司	温州永嘉县	复核

续表

总序号	行业序号	出口品牌名称	企业名称(中文)	地　区	新增/复核
102	102	越球	湖州越球电机有限公司	湖州南浔区	复核
103	103	长虹	安吉长虹制链有限公司	湖州安吉县	复核
104	104		浙江昱能科技有限公司	嘉兴南湖区	复核
105	105	威能 WINNER	浙江威能消防器材股份有限公司	嘉兴南湖区	复核
106	106	天通、TDG	天通控股股份有限公司	嘉兴海宁市	复核
107	107	永泰隆	浙江永泰隆电子股份有限公司	嘉兴桐乡市	复核
108	108	京马	京马电机有限公司 (原名:浙江京马电机有限公司)	嘉兴桐乡市	复核
109	109	双鸟	浙江双鸟机械有限公司	绍兴嵊州市	复核
110	110	XCC	浙江五洲新春集团股份有限公司	绍兴新昌县	复核
111	111	金轮	浙江金轮机电实业有限公司	金华金东区	复核
112	112	盛虎	金华市亚虎工具有限公司	金华金东区	复核
113	113	百達	浙江华丰电动工具有限公司	金华金义都市新区	复核
114	114	今飞	浙江今飞凯达轮毂股份有限公司	金华开发区	复核
115	115	星月神 GSMoon	星月集团有限公司	金华永康市	复核
116	116	TUPSUN	浙江中坚科技股份有限公司	金华永康市	复核
117	117	X-tai	浙江天泰机械有限公司	金华武义县	复核
118	118	开山	开山控股集团股份有限公司	衢州市本级	复核
119	119	新西帝 CCT	浙江龙游新西帝电子有限公司	衢州龙游县	复核
120	120	信质	长鹰信质科技股份有限公司 (原名:信质电机股份有限公司)	台州椒江区	复核
121	121	公元(ERA)	浙江公元太阳能科技有限公司	台州黄岩区	复核
122	122	SINOPM	西诺控股集团有限公司	台州黄岩区	复核
123	123	亿利达	浙江亿利达风机股份有限公司	台州路桥区	复核
124	124	永源	永源集团有限公司	台州路桥区	复核
125	125	绿田	绿田机械股份有限公司	台州路桥区	复核
126	126	安露	浙江安露清洗机有限公司	台州路桥区	复核

续表

总序号	行业序号	出口品牌名称	企业名称(中文)	地　区	新增/复核
127	127	富士特	富士特有限公司	台州路桥区	复核
128	128	跃岭	浙江跃岭股份有限公司	台州温岭市	复核
129	129	BAOLIGHTEN	浙江宝利特新能源股份有限公司	台州温岭市	复核
130	130	佳迪(JIADI)	台州佳迪泵业有限公司	台州温岭市	复核
131	131	五福	浙江瑞丰五福气动工具有限公司	台州温岭市	复核
132	132		浙江博民机电股份有限公司	台州玉环市	复核
133	133	塔罗斯	塔罗斯控股有限公司 (原名:玉环县和成铜业有限公司)	台州玉环市	复核
134	134	邦强	浙江双友物流器械股份有限公司	台州玉环市	复核
135	135	创优	浙江创新汽车空调有限公司	丽水龙泉市	复核
136	136	山蒲	浙江山蒲照明电器有限公司	丽水缙云县	复核
137	137	华洋	浙江华洋赛车股份有限公司	丽水缙云县	复核
138	138	TAO MOTOR	浙江涛涛车业股份有限公司	丽水缙云县	复核
纺织服装					
139	1	M&M HOME TEXTILE	杭州双美家纺有限公司	杭州拱墅区	新增
140	2	A-PLUS	宁波先锋新材料股份有限公司	宁波海曙区	新增
141	3	德赛	德赛集团有限公司	温州瓯海区	新增
142	4	龙华扎带	温州龙华日用电子有限公司	温州乐清市	新增
143	5	美欣达	浙江美欣达纺织印染科技有限公司	湖州吴兴区	新增
144	6	蝶莉莎 DIELISHA	浙江彩蝶实业有限公司	湖州南浔区	新增
145	7	FORNiCE	湖州福美达纺织有限公司	湖州南浔区	新增
146	8	纳尼亚	湖州纳尼亚实业有限公司	湖州长兴县	新增
147	9	QINGSONG	浙江青松轻纺股份有限公司	湖州长兴县	新增
148	10	同辉	浙江同辉纺织股份有限公司	嘉兴桐乡市	新增
149	11	雅士林 yashilin	浙江雅士林领带服饰有限公司	绍兴嵊州市	新增
150	12	Manzi	浙江曼姿袜业有限公司	金华义乌市	新增
151	13	ZFC	浙江省粮油食品进出口股份有限公司	省属	复核

续表

总序号	行业序号	出口品牌名称	企业名称(中文)	地　区	新增/复核
152	14	保俶塔	浙江省纺织品进出口集团有限公司	省属	复核
153	15	迪欧达	柳桥集团有限公司	杭州萧山区	复核
154	16	帝凯	杭州帝凯工业布有限公司	杭州萧山区	复核
155	17	兴洋 KōYō	维科控股集团股份有限公司	宁波海曙区	复核
156	18	天雪 TISNOW	维科控股集团股份有限公司	宁波海曙区	复核
157	19	欧家 O'HOME	宁波海洋纺织品有限公司	宁波保税区	复核
158	20	ZXMF	浙江中新毛纺织有限公司	湖州吴兴区	复核
159	21	cxsilk	浙江省长兴丝绸有限公司	湖州长兴县	复核
160	22	LEAMAIN	浙江华城实业投资集团有限公司	嘉兴平湖市	复核
161	23	凤鸣	新凤鸣集团股份有限公司	嘉兴桐乡市	复核
162	24	CASHFEEL	浙江新澳纺织股份有限公司	嘉兴桐乡市	复核
163	25		浙江红绿蓝纺织印染有限公司	绍兴柯桥区	复核
轻工工艺					
164	1	B.I.PACKAGING	浙江晶岛实业有限公司	杭州西湖区	新增
165	2	Quties	杭州可靠护理用品股份有限公司	杭州临安区	新增
166	3	Sunon 圣奥	浙江圣奥家具制造有限公司	杭州萧山区	新增
167	4	F	宁波市甬陵轻工实业有限公司	宁波江北区	新增
168	5	嘉美可 Giameco	宁波可逢日用品制造有限公司	宁波北仑区	新增
169	6	成誉 Chengyu	宁波卡特马克智能厨具股份有限公司	宁波北仑区	新增
170	7	雅文 YAWEN	宁波雅文国际贸易有限公司	宁波北仑区	新增
171	8	祥丰 OFFISTAR	宁波祥丰进出口有限公司	宁波北仑区	新增
172	9	三禾 SANHO	浙江三禾厨具有限公司	宁波慈溪市	新增
173	10	帅帅	浙江帅帅电器科技有限公司	温州平阳县	新增
174	11	LONGWIN	安吉县龙威家具有限责任公司	湖州安吉县	新增
175	12	E&S	安吉艺维斯家具有限公司	湖州安吉县	新增
176	13	iRest	艾力斯特健康科技有限公司	嘉兴南湖区	新增
177	14	Available	平湖市陈达仓储办公设备有限公司	嘉兴平湖市	新增

续表

总序号	行业序号	出口品牌名称	企业名称(中文)	地　区	新增/复核
178	15	ZEGO	永康市新多杯业有限公司	金华永康市	新增
179	16	LONG YARD	浙江荣亚工贸有限公司	金华永康市	新增
180	17	CENSUN	浙江安胜科技股份有限公司	金华永康市	新增
181	18	TECHSPORT	浙江天鑫运动器材有限公司	金华永康市	新增
182	19	BIMETALLIC CABLE	浙江百川导体技术股份有限公司	金华浦江县	新增
183	20	HAODA 浩大	浙江浩大科技有限公司	金华武义县	新增
184	21	LONGDA	浙江隆达园艺家具制造有限公司	金华武义县	新增
185	22	百润 bairun	浙江百润厨房用品有限公司	金华武义县	新增
186	23	鑫亚	浙江恒源洁具股份有限公司	台州临海市	新增
187	24	爱美特	临海市维格工艺品有限公司	台州临海市	新增
188	25	SunGiant	浙江三杰工艺品有限公司	台州临海市	新增
189	26	勤达伞业	浙江勤达旅游用品有限公司	台州临海市	新增
190	27	TONA	临海市朵纳卫浴有限公司	台州临海市	新增
191	28	尚莱	临海市尚莱休闲用品有限公司	台州临海市	新增
192	29	东海龙威 ESLONGWEI	浙江龙威灯饰有限公司	台州临海市	新增
193	30	CNXD	浙江鑫东洁具有限公司	台州玉环市	新增
194	31	森川	浙江森川家具有限公司	台州开发区	新增
195	32	宇宙	浙江土产畜产进出口集团有限公司	省属	复核
196	33	PROSTAR	杭州普仕达进出口有限公司	杭州下城区	复核
197	34	顿力,dunli	顿力集团有限公司	杭州余杭区	复核
198	35	NBOND	杭州诺邦无纺股份有限公司	杭州余杭区	复核
199	36	伊司达 East、Eastar	宁波伊司达洁具有限公司	宁波海曙区	复核
200	37	凯越国贸 MARKET UNION	宁波凯越国际贸易有限公司	宁波北仑区	复核
201	38	美博 MASCUBE	宁波美博进出口有限公司	宁波北仑区	复核
202	39	TreasureGarden	宁波万汇休闲用品有限公司	宁波鄞州区	复核
203	40	LIPAC	温州市轻工艺进出口有限公司	温州市本级	复核

续表

总序号	行业序号	出口品牌名称	企业名称(中文)	地 区	新增/复核
204	41	天龙	浙江天龙集团有限公司	温州龙湾区	复核
205	42	餐宝	温州市汇顺达工贸有限公司	温州瓯海区	复核
206	43	金石	浙江金石家居用品有限公司	温州瑞安市	复核
207	44	育才	育才控股集团有限公司	温州永嘉县	复核
208	45	联丰	安吉富和家具有限公司	湖州安吉县	复核
209	46	中源	中源家居股份有限公司 (原名:安吉中源工艺品有限公司)	湖州安吉县	复核
210	47	大东方	安吉大东方家具有限公司	湖州安吉县	复核
211	48	鼎星	浙江五星家具有限公司	湖州安吉县	复核
212	49	HG	浙江昊国家具有限公司	湖州安吉县	复核
213	50	万氏昌	浙江万昌家具股份有限公司 (原名:安吉万昌家具有限公司)	湖州安吉县	复核
214	51	晟旭	浙江百之佳家具有限公司	湖州安吉县	复核
215	52	恒林	浙江恒林椅业股份有限公司	湖州安吉县	复核
216	53	BeRica	浙江佳佳童车有限公司	嘉兴平湖市	复核
217	54	新秀	新秀集团有限公司	嘉兴平湖市	复核
218	55	旅行之家	浙江爱美德旅游用品有限公司	嘉兴平湖市	复核
219	56	Wadou画都	浙江画之都文化创意有限公司	金华义乌市	复核
220	57	DM Reflective Material	道明光学股份有限公司	金华永康市	复核
221	58	南龙NANLONG	南龙集团有限公司	金华永康市	复核
222	59	中信ZONSIN	浙江中信厨具有限公司	金华永康市	复核
223	60	SUNLN圣澜	浙江圣雪休闲用品有限公司	金华武义县	复核
224	61	诺维雅NOVIA	浙江诺维雅工贸有限公司	金华武义县	复核
225	62	绿意(LVYI)	浙江鑫鼎塑业股份有限公司	台州椒江区	复核
226	63	临亚	浙江临亚股份有限公司	台州临海市	复核
227	64	TIAN JI	浙江天吉旅游用品有限公司	台州临海市	复核
228	65	浙诺尔	台州浙诺尔鞋业有限公司	台州温岭市	复核
229	66	华贸	台州华茂工艺品股份有限公司	台州温岭市	复核

续表

总序号	行业序号	出口品牌名称	企业名称(中文)	地　区	新增/复核
230	67	minzo	浙江明筑新材料有限公司	台州天台县	复核
231	68		浙江大自然户外用品股份有限公司 (原名:浙江大自然旅游用品有限公司)	台州天台县	复核
232	69	竺梅	台州竺梅汽车用品股份有限公司 (原名:仙居竺梅企业有限公司)	台州仙居县	复核
建材冶金					
233	1	绿家地板	浙江大东吴绿家木业有限公司	湖州吴兴区	新增
234	2	MSD	浙江明士达新材料有限公司	嘉兴海宁市	新增
235	3	精大	浙江精工钢结构集团有限公司	绍兴柯桥区	新增
236	4	耐乐	浙江耐乐铜业有限公司	绍兴上虞区	新增
237	5		浙江飞哲工贸有限公司	金华永康市	新增
238	6	伟星	浙江伟星新型建材股份有限公司	台州临海市	新增
239	7	金迪	浙江金迪控股集团有限公司	杭州萧山区	复核
240	8	舒奇蒙	杭州福莱特塑料开发有限公司	杭州萧山区	复核
241	9	三环Sanhuan	宁波兴业盛泰集团有限公司	宁波杭州湾	复核
242	10	华钢	华迪钢业集团有限公司	温州龙湾区	复核
243	11	兔宝宝	德华兔宝宝装饰新材股份有限公司	湖州德清县	复核
244	12	华之杰HUAZHIJIE	华之杰塑料建材有限公司	湖州德清县	复核
245	13	大艺树	浙江良友木业有限公司	嘉兴南湖区	复核
246	14	鹦鹉	浙江裕华木业有限公司	嘉兴嘉善县	复核
247	15	中达	中达联合控股集团股份有限公司	嘉兴海盐县	复核
248	16	巨石	巨石集团有限公司	嘉兴桐乡市	复核
249	17	“锦达JINDA”牌	浙江锦达新材料股份有限公司	嘉兴海宁市	复核
250	18	DAMNO	绍兴市天龙锡材有限公司	绍兴越城区	复核
251	19	roundsun	浙江环日洁具有限公司	台州玉环市	复核
252	20	菲时特	菲时特集团股份有限公司	台州玉环市	复核
253	21	丰华	台州丰华铜业有限公司	台州玉环市	复核

续表

总序号	行业序号	出口品牌名称	企业名称(中文)	地　区	新增/复核
化工医药					
254	1	Rightsign	杭州博拓生物科技股份有限公司	杭州余杭区	新增
255	2	FLAPERSE	杭州福莱蒽特精细化工有限公司	杭州大江东产业集聚区	新增
256	3	ICOOL	中宁化集团有限公司	宁波海曙区	新增
257	4	聚峰	浙江华峰新材料股份有限公司	温州瑞安市	新增
258	5	恒泰源	浙江恒泰源聚氨酯有限公司	台州温岭市	新增
259	6	SDM	浙江圣达生物药业股份有限公司	台州天台县	新增
260	7	ZHECHEM	浙江省化工进出口有限公司	省属	复核
261	8	H&H	杭州海虹精细化工有限公司	杭州余杭区	复核
262	9	XAJ	浙江新化化工股份有限公司	杭州建德市	复核
263	10	宁钛 NingTi	宁波新福钛白粉有限公司	宁波镇海区	复核
264	11	五龙	浙江五龙新材股份有限公司	湖州德清县	复核
265	12	BUGAO 牌	浙江中山化工集团股份有限公司	湖州长兴县	复核
266	13	brother	兄弟科技股份有限公司	嘉兴市本级	复核
267	14	双箭	浙江双箭橡胶股份有限公司	嘉兴桐乡市	复核
268	15	ZD	振德医疗用品股份有限公司 (原名:绍兴振德医用敷料有限公司)	绍兴越城区	复核
269	16	闰土	浙江闰土股份有限公司	绍兴上虞区	复核
270	17	康裕	浙江普洛康裕制药有限公司	金华东阳市	复核
271	18		浙江华海药业股份有限公司	台州临海市	复核
272	19	际喜	浙江沙星科技有限公司 (原名:浙江沙星医药化工有限公司)	台州临海市	复核
273	20	君业药业	浙江仙居君业药业有限公司	台州仙居县	复核
农副产品					
274	1	GF	浙江土产畜产进出口集团有限公司	省属	新增
275	2	大三元	瑞安市华盛水产有限公司	温州瑞安市	新增
276	3	达利	浙江省粮油食品进出口股份有限公司	省属	复核

续表

总序号	行业序号	出口品牌名称	企业名称(中文)	地　区	新增/复核
277	4	狮峰牌	浙江省茶叶集团股份有限公司	省属	复核
278	5	TOYOSHIMA	丰岛控股集团有限公司	杭州下城区	复核
279	6	KALUGAQUEEN	杭州千岛湖鲟龙科技股份有限公司	杭州淳安县	复核
280	7	大洋世家OCEAN FAMILY	浙江大洋世家股份有限公司	舟山定海区	复核
281	8	海豚王子	舟山市越洋食品有限公司	舟山定海区	复核
282	9	兴业牌	浙江兴业集团有限公司	舟山定海区	复核
其他					
283	1	大叶DAYE	宁波大叶园林工业有限公司	宁波余姚市	新增
284	2	日安RIAN	宁波日安阀门有限公司	宁波宁海县	新增
285	3	恒石基业	浙江恒石纤维基业有限公司	嘉兴桐乡市	新增
286	4	LINTEX	浙江联洋新材料股份有限公司	嘉兴桐乡市	新增
287	5	灏钻HIDROTEK	宁波灏钻科技有限公司	宁波镇海区	复核
288	6	海伯HAIBO	宁波海伯集团有限公司	宁波北仑区	复核
289	7	世家SHIJIA	宁波世家戴乐斯清洗用品有限公司	宁波奉化区	复核
290	8	欧伦泰Orientx	浙江欧伦泰防火设备有限公司	宁波余姚市	复核
291	9	凯旋 防火 KX fire	宁波凯旋消防器材有限公司	宁波余姚市	复核
292	10	妈咪宝MYBABY	慈溪摩尔顿国际贸易有限公司	宁波慈溪市	复核

注:2018年度292个“浙江出口名牌”(其中新增118个,复核174个),有效期为三年,即2019年至2021年。

浙江省商务厅、浙江省财政厅公布2018年度浙江省出口品牌建设20个业绩突出、成效明显的市、县(市、区)

一等奖:台州市、杭州市、桐乡市、安吉县
二等奖:嘉兴市、湖州市、温州市、绍兴市、临海市、温岭市、萧山区、余杭区
三等奖:金华市、丽水市、舟山市、衢州市、永康市、海宁市、新昌县、武义县

浙江省商务厅　浙江省财政厅公布
2018年省级公共海外仓名单

杭州佳成国际物流股份有限公司	马来西亚吉隆坡仓
杭州佳成国际物流股份有限公司	日本东京仓
杭州佳成国际物流股份有限公司	英国米尔顿凯恩斯仓
浙江凯西国际货运代理有限公司	美国洛杉矶仓
浙江执御信息技术有限公司	沙特利雅得仓
温州强邦国际贸易有限公司	印度新德里仓
科劳斯(浙江)海外仓服务有限公司	德国汉堡仓
龙游新丝带商贸有限公司	哥伦比亚波哥大仓
义乌宝通国际货运代理有限公司	喀麦隆杜阿拉仓
浙江华捷投资发展有限公司	捷克布拉格仓
义乌一米供应链管理有限公司	西班牙瓦伦西亚仓

浙江省商务厅等7部门公布第一批省级供应链创新和应用试点城市和试点企业名单

第一批省级供应链创新与应用试点城市名单

（按市、县〔市、区〕排序）

序　号	城市名称
1	温州
2	海盐
3	长兴
4	永康
5	庆元

第一批省级供应链创新与应用试点企业名单

（按各市企业拼音字母排序）

序　号	设区市	企业名称
1	杭州	百世物流科技(中国)有限公司
2	杭州	杭州德邦货运代理有限公司
3	杭州	杭州海仓科技有限公司
4	杭州	杭州海兴电力科技股份有限公司
5	杭州	杭州郝姆斯食品有限公司
6	杭州	杭州九阳小家电有限公司
7	杭州	杭州老板电器股份有限公司

续表

序　号	设区市	企业名称
8	杭州	杭州市轻工工艺纺织品进出口有限公司
9	杭州	杭州物恋科技有限公司
10	杭州	杭州小农网络科技有限公司
11	杭州	杭州一骑轻尘信息技术有限公司
12	杭州	杭州长安民生物流有限公司
13	杭州	华东医药股份有限公司
14	杭州	华润万家生活超市(浙江)有限公司
15	杭州	迈迪信息技术有限公司
16	杭州	仟金顶网络科技有限公司
17	杭州	网赢如意仓供应链股份有限公司
18	杭州	浙江多吉盛供应链技术有限公司
19	杭州	浙江国贸云商企业服务有限公司
20	杭州	浙江海盟供应链管理有限公司
21	杭州	浙江九仓环境有限公司
22	杭州	浙江九州通医药有限公司
23	杭州	浙江泰普森控股集团有限公司
24	杭州	浙江汤氏供应链管理有限公司
25	杭州	浙江先合信息技术有限公司
26	杭州	浙江英特物流有限公司
27	杭州	祖名豆制品股份有限公司
28	宁波	宁波国际物流发展股份有限公司
29	宁波	宁波海利得进出口有限公司
30	宁波	宁波航运订舱平台有限公司
31	宁波	宁波若水供应链管理有限公司
32	宁波	宁波赛尔集团有限公司
33	宁波	宁波世腾控股有限公司
34	宁波	宁波物产物流有限公司
35	宁波	宁波甬宁苏宁易购商贸有限公司

续表

序 号	设区市	企业名称
36	宁波	宁波涌金生态林业股份有限公司
37	宁波	蔷薇商业保理有限公司
38	宁波	天邦食品股份有限公司
39	宁波	浙江大道众包电子商务股份有限公司
40	宁波	浙江蓝雪食品有限公司
41	宁波	浙江乐檬信息技术有限公司
42	宁波	浙江网塑电子商务股份有限公司
43	宁波	浙江智慧普华融资租赁有限公司
44	宁波	中信港通国际物流有限公司
45	温州	浙江一鸣食品股份有限公司
46	嘉兴	海宁市众越电子商务有限公司
47	嘉兴	虹越花卉股份有限公司
48	嘉兴	新秀集团有限公司
49	嘉兴	浙江东明不锈钢制品股份有限公司
50	嘉兴	浙江金蚕网供应链管理有限公司
51	嘉兴	浙江晶科能源有限公司
52	嘉兴	浙江青莲食品股份有限公司
53	湖州	德华兔宝宝装饰新材股份有限公司
54	湖州	湖州今童王制衣有限公司
55	湖州	湖州朗田服饰有限公司
56	湖州	湖州纳尼亚实业有限公司
57	湖州	湖州南浔浔味堂食品有限公司
58	湖州	湖州市对外贸易股份有限公司
59	湖州	湖州鲜绿多健康农产品产业发展有限公司
60	湖州	湖州鑫达国际物流有限公司
61	湖州	巨人通力电梯有限公司
62	湖州	老娘舅餐饮有限公司
63	湖州	诺力智能装备股份有限公司

续表

序号	设区市	企业名称
64	湖州	永艺家具股份有限公司
65	湖州	浙北大厦集团有限公司
66	湖州	浙江欧诗漫集团有限公司
67	湖州	浙江升华云峰新材股份有限公司
68	湖州	浙江天跃物流有限公司
69	湖州	浙江新市油脂股份有限公司
70	湖州	中国物流(安吉)有限公司
71	绍兴	绍兴港现代物流集团有限公司
72	绍兴	浙江浙农茂阳农产品配送有限公司
73	金华	合丰信息科技(金华)有限公司
74	金华	商翔集团有限公司
75	金华	浙江丰贸进出口股份有限公司
76	金华	浙江福泰隆连锁超市有限公司
77	金华	浙江省国贸供应链服务有限公司
78	金华	浙江横店影视城有限公司
79	金华	浙江金士敦供应链管理有限公司
80	金华	浙江库川供应链服务有限公司
81	金华	浙江联宜电机有限公司
82	金华	浙江万国邮供应链管理有限公司
83	金华	浙江伟丰肉食品有限公司
84	金华	浙江中国科技五金城集团有限公司
85	衢州	驰骋控股集团有限公司
86	衢州	衢州早田农业科技开发有限公司
87	衢州	浙江车马象物联网络有限公司
88	衢州	浙江宜味电子商务有限公司
89	衢州	浙江宗泰农业发展股份有限公司
90	舟山	舟山港综合保税区商品交易结算所有限公司
91	台州	浙江中非国际经贸港服务有限公司

续表

序号	设区市	企业名称
92	台州	中新国际供应链集团有限公司
93	丽水	起步股份有限公司
94	丽水	浙江百兴食品有限公司
95	丽水	浙江森友食品有限公司
96	丽水	浙江讯唯电子商务有限公司

浙江省商务厅、浙江省财政厅公布2018年省电子商务创新发展试点名单

市级5个：宁波市、嘉兴市、绍兴市、金华市、衢州市；

县(市、区)10个(含宁波1个)：北仑区、平阳县、长兴县、柯桥区、诸暨市、浦江县、义乌市、江山市、三门县、莲都区。

浙江省商务厅公布2018年浙江省电商专业村和电商镇名单

2018年浙江省电商专业村

序 号	市	县/区	镇	村
1	杭州市	富阳市	富春街道	春华村
2	杭州市	富阳市	富春街道	秋丰村
3	杭州市	建德市	杨村桥镇	杨村桥村
4	杭州市	江干区	笕桥镇	横塘社区
5	杭州市	江干区	笕桥镇	黄家社区
6	杭州市	江干区	笕桥镇	同心社区
7	杭州市	江干区	笕桥镇	俞章社区
8	杭州市	江干区	九堡镇	三村
9	杭州市	江干区	九堡镇	宣家埠村
10	杭州市	江干区	九堡镇	杨公社区
11	杭州市	江干区	彭埠镇	七堡村
12	杭州市	临安区	昌化镇	白牛村
13	杭州市	临安区	昌化镇	后营村
14	杭州市	临安区	昌化镇	西街村
15	杭州市	临安区	岛石镇	岛石村
16	杭州市	临安区	岛石镇	仁里村
17	杭州市	临安区	高虹镇	崇阳村
18	杭州市	临安区	高虹镇	高乐村
19	杭州市	临安区	高虹镇	虹桥村
20	杭州市	临安区	锦北街道	平山村
21	杭州市	临安区	龙岗镇	新溪新村

续表

序 号	市	县/区	镇	村
22	杭州市	临安区	龙岗镇	兴龙村
23	杭州市	临安区	清凉峰镇	马啸村
24	杭州市	临安区	清凉峰镇	新都村
25	杭州市	临安区	清凉峰镇	玉屏村
26	杭州市	临安区	天目山镇	对石村
27	杭州市	临安区	天目山镇	周云村
28	杭州市	临安区	於潜镇	下埠村
29	杭州市	临安区	於潜镇	杨洪村
30	杭州市	临安区	於潜镇	自由村
31	杭州市	桐庐县	城南街道	春江村
32	杭州市	桐庐县	分水镇	东溪村
33	杭州市	桐庐县	横村镇	方埠村
34	杭州市	桐庐县	横村镇	横村
35	杭州市	西湖区	三墩镇	华联村
36	杭州市	西湖区	三墩镇	山联村
37	杭州市	西湖区	三墩镇	双桥村
38	杭州市	西湖区	双浦镇	板桥村
39	杭州市	西湖区	西湖街道	梅家坞村
40	杭州市	萧山区	北干街道	兴议村
41	杭州市	萧山区	党山镇	八里桥村
42	杭州市	萧山区	党山镇	官一村
43	杭州市	萧山区	党山镇	前兴村
44	杭州市	萧山区	党山镇	群力村
45	杭州市	萧山区	党山镇	群益村
46	杭州市	萧山区	党山镇	山北村
47	杭州市	萧山区	党湾镇	红界村
48	杭州市	萧山区	党湾镇	幸福村
49	杭州市	萧山区	党湾镇	镇中村
50	杭州市	萧山区	瓜沥镇	航民村
51	杭州市	萧山区	瓜沥镇	永联村

续表

序　号	市	县/区	镇	村
52	杭州市	萧山区	河庄街道	同一村
53	杭州市	萧山区	进化镇	墅上王村
54	杭州市	萧山区	临浦镇	通二村
55	杭州市	萧山区	南阳街道	横蓬村
56	杭州市	萧山区	宁围镇	二桥村
57	杭州市	萧山区	宁围镇	丰北村
58	杭州市	萧山区	宁围镇	宁牧村
59	杭州市	萧山区	宁围镇	宁新村
60	杭州市	萧山区	宁围镇	顺坝村
61	杭州市	萧山区	宁围镇	新安村
62	杭州市	萧山区	宁围镇	新华村
63	杭州市	萧山区	宁围镇	盈二村
64	杭州市	萧山区	所前镇	联谊村
65	杭州市	萧山区	闻堰镇	黄山村
66	杭州市	萧山区	闻堰镇	山河村
67	杭州市	萧山区	闻堰镇	长安村
68	杭州市	萧山区	新街镇	江南村
69	杭州市	萧山区	新街镇	山末址村
70	杭州市	萧山区	新街镇	盛东村
71	杭州市	萧山区	新街镇	盛乐村
72	杭州市	萧山区	新街镇	盛中村
73	杭州市	萧山区	新街镇	同兴村
74	杭州市	萧山区	新街镇	新盛村
75	杭州市	萧山区	新街镇	新塘头村
76	杭州市	萧山区	新街镇	盈中村
77	杭州市	萧山区	新街镇	元沙村
78	杭州市	萧山区	新街镇	长山头村
79	杭州市	萧山区	新塘街道	五联村
80	杭州市	萧山区	新塘街道	西许村
81	杭州市	萧山区	新塘街道	霞江村

续表

序　号	市	县/区	镇	村
82	杭州市	萧山区	新塘街道	浙东村
83	杭州市	萧山区	新塘街道	紫霞村
84	杭州市	萧山区	衙前镇	新林周村
85	杭州市	萧山区	义桥镇	蛟山村
86	杭州市	萧山区	义桥镇	民丰村
87	杭州市	萧山区	义桥镇	田丰村
88	杭州市	萧山区	益农镇	东联村
89	杭州市	萧山区	益农镇	久联村
90	杭州市	萧山区	益农镇	五六二村
91	杭州市	萧山区	益农镇	众力村
92	杭州市	余杭区	仓前街道	高桥村
93	杭州市	余杭区	崇贤街道	向阳村
94	杭州市	余杭区	崇贤街道	沿山村
95	杭州市	余杭区	径山镇	长乐村
96	杭州市	余杭区	良渚街道	大陆村
97	杭州市	余杭区	良渚街道	勾庄村
98	杭州市	余杭区	良渚街道	行宫塘村
99	杭州市	余杭区	良渚街道	良渚村
100	杭州市	余杭区	良渚街道	南庄兜村
101	杭州市	余杭区	良渚街道	七贤桥村
102	杭州市	余杭区	良渚街道	西塘河村
103	杭州市	余杭区	良渚街道	荀山村
104	杭州市	余杭区	良渚街道	运河村
105	杭州市	余杭区	瓶窑镇	凤都村
106	杭州市	余杭区	瓶窑镇	长命村
107	杭州市	余杭区	乔司街道	朝阳村
108	杭州市	余杭区	乔司街道	方桥村
109	杭州市	余杭区	乔司街道	葛家车村
110	杭州市	余杭区	乔司街道	和睦桥村
111	杭州市	余杭区	乔司街道	良熟村

续表

序号	市	县/区	镇	村
112	杭州市	余杭区	乔司街道	三角村
113	杭州市	余杭区	乔司街道	吴家村
114	杭州市	余杭区	乔司街道	五星村
115	杭州市	余杭区	乔司街道	永和村
116	杭州市	余杭区	乔司街道	永西村
117	杭州市	余杭区	仁和街道	双陈村
118	杭州市	余杭区	仁和街道	云会村
119	杭州市	余杭区	塘栖镇	柴家坞村
120	杭州市	余杭区	塘栖镇	超山村
121	杭州市	余杭区	塘栖镇	泰山村
122	杭州市	余杭区	闲林街道	万景村
123	杭州市	余杭区	余杭街道	金星村
124	杭州市	余杭区	余杭街道	义桥村
125	杭州市	余杭区	运河街道	兴旺村
126	杭州市	余杭区	中泰街道	紫荆村
127	杭州市	淳安县	青溪新城	马路村
128	杭州市	淳安县	青溪新城	前坞村
129	宁波市	慈溪市	庵东镇	海南村
130	宁波市	慈溪市	庵东镇	海星村
131	宁波市	慈溪市	庵东镇	三洋村
132	宁波市	慈溪市	附海镇	东港村
133	宁波市	慈溪市	附海镇	东海村
134	宁波市	慈溪市	附海镇	花木村
135	宁波市	慈溪市	附海镇	花塘村
136	宁波市	慈溪市	附海镇	南园村
137	宁波市	慈溪市	附海镇	南圆村
138	宁波市	慈溪市	附海镇	四界村
139	宁波市	慈溪市	观海卫镇	城隍庙社区
140	宁波市	慈溪市	观海卫镇	大岐山村
141	宁波市	慈溪市	观海卫镇	东山头村

续表

序号	市	县/区	镇	村
142	宁波市	慈溪市	观海卫镇	东营村
143	宁波市	慈溪市	观海卫镇	洞桥村
144	宁波市	慈溪市	观海卫镇	方家村
145	宁波市	慈溪市	观海卫镇	福山村
146	宁波市	慈溪市	观海卫镇	蒋家桥村
147	宁波市	慈溪市	观海卫镇	锦堂村
148	宁波市	慈溪市	观海卫镇	鸣鹤社区
149	宁波市	慈溪市	观海卫镇	三塘头村
150	宁波市	慈溪市	观海卫镇	山海村
151	宁波市	慈溪市	观海卫镇	师东村
152	宁波市	慈溪市	观海卫镇	卫东村
153	宁波市	慈溪市	观海卫镇	五洞闸村
154	宁波市	慈溪市	观海卫镇	五里村
155	宁波市	慈溪市	观海卫镇	小团浦村
156	宁波市	慈溪市	观海卫镇	新泽村
157	宁波市	慈溪市	横河镇	东畈村
158	宁波市	慈溪市	横河镇	彭桥村
159	宁波市	慈溪市	横河镇	秦堰村
160	宁波市	慈溪市	坎墩街道	坎西村
161	宁波市	慈溪市	匡堰镇	龙舌村
162	宁波市	慈溪市	匡堰镇	樟树村
163	宁波市	慈溪市	龙山镇	三北社区
164	宁波市	慈溪市	龙山镇	王家路村
165	宁波市	慈溪市	龙山镇	西门外村
166	宁波市	慈溪市	桥头镇	毛三蔛村
167	宁波市	慈溪市	桥头镇	上林湖村
168	宁波市	慈溪市	桥头镇	五丰村
169	宁波市	慈溪市	桥头镇	五姓村
170	宁波市	慈溪市	逍林镇	联明村
171	宁波市	慈溪市	逍林镇	林西村

续表

序号	市	县/区	镇	村
172	宁波市	慈溪市	逍林镇	破山村
173	宁波市	慈溪市	逍林镇	桥一村
174	宁波市	慈溪市	逍林镇	新园村
175	宁波市	慈溪市	新浦镇	老浦村
176	宁波市	慈溪市	新浦镇	六甲村
177	宁波市	慈溪市	新浦镇	荣誉村
178	宁波市	慈溪市	新浦镇	上舍村
179	宁波市	慈溪市	新浦镇	双庆浦村
180	宁波市	慈溪市	新浦镇	洋龙村
181	宁波市	慈溪市	新浦镇	余家路村
182	宁波市	慈溪市	长河镇	沧田村
183	宁波市	慈溪市	长河镇	大牌头村
184	宁波市	慈溪市	长河镇	大云村
185	宁波市	慈溪市	长河镇	长丰村
186	宁波市	慈溪市	掌起镇	巴里村
187	宁波市	慈溪市	掌起镇	柴家村
188	宁波市	慈溪市	掌起镇	陈家村
189	宁波市	慈溪市	掌起镇	东埠头村
190	宁波市	慈溪市	掌起镇	古窑浦村
191	宁波市	慈溪市	掌起镇	厉家村
192	宁波市	慈溪市	掌起镇	戎家村
193	宁波市	慈溪市	掌起镇	五姓点村
194	宁波市	慈溪市	掌起镇	周家段村
195	宁波市	慈溪市	周巷镇	城中村
196	宁波市	慈溪市	周巷镇	大古塘村
197	宁波市	慈溪市	周巷镇	湖塘新村
198	宁波市	慈溪市	周巷镇	万寿寺村
199	宁波市	慈溪市	周巷镇	新缪路村
200	宁波市	慈溪市	周巷镇	云城村
201	宁波市	慈溪市	周巷镇	镇东新村

续表

序 号	市	县/区	镇	村
202	宁波市	慈溪市	周巷镇	周西社区
203	宁波市	慈溪市	宗汉街道	百两村
204	宁波市	慈溪市	宗汉街道	潮塘村
205	宁波市	慈溪市	宗汉街道	新界村
206	宁波市	慈溪市	宗汉街道	怡园村
207	宁波市	海曙区	高桥镇	古庵村
208	宁波市	海曙区	高桥镇	新庄村
209	宁波市	海曙区	高桥镇	秀丰村
210	宁波市	海曙区	高桥镇	长乐村
211	宁波市	海曙区	古林镇	布政村
212	宁波市	海曙区	古林镇	礼嘉桥村
213	宁波市	海曙区	古林镇	藕池村
214	宁波市	海曙区	古林镇	藕池新村
215	宁波市	海曙区	古林镇	薛家村
216	宁波市	海曙区	古林镇	戴家村
217	宁波市	海曙区	集士港镇	集士港村
218	宁波市	海曙区	集士港	祝家桥
219	宁波市	宁海县	西店镇	滨海村
220	宁波市	宁海县	西店镇	王家村
221	宁波市	宁海县	西店镇	樟树村
222	宁波市	鄞州区	东钱湖镇	高钱村
223	宁波市	鄞州区	姜山镇	翻石渡村
224	宁波市	鄞州区	姜山镇	茅山社区
225	宁波市	鄞州区	姜山镇	周韩村
226	宁波市	鄞州区	邱隘镇	东雅村
227	宁波市	鄞州区	邱隘镇	回龙村
228	宁波市	鄞州区	五乡镇	龙兴村
229	宁波市	鄞州区	云龙镇	荷花桥村
230	宁波市	鄞州区	云龙镇	甲村
231	宁波市	鄞州区	五乡	新诚村

续表

序　号	市	县/区	镇	村
232	宁波市	鄞州区	姜山	仪门村
233	宁波市	鄞州区	姜山	夏施村
234	宁波市	鄞州区	姜山	东光村
235	宁波市	余姚市	低塘街道	历山村
236	宁波市	余姚市	低塘街道	芦城村
237	宁波市	余姚市	低塘街道	汤家闸村
238	宁波市	余姚市	低塘街道	西郑巷村
239	宁波市	余姚市	低塘街道	洋山村
240	宁波市	余姚市	低塘街道	郑巷村
241	宁波市	余姚市	凤山街道	五星村
242	宁波市	余姚市	凤山街道	永丰村
243	宁波市	余姚市	河姆渡镇	罗江村
244	宁波市	余姚市	朗霞街道	干家路村
245	宁波市	余姚市	朗霞街道	新新村
246	宁波市	余姚市	朗霞街道	赵家村
247	宁波市	余姚市	梨洲街道	黄箭山村
248	宁波市	余姚市	梨洲街道	姜家渡村
249	宁波市	余姚市	梨洲街道	明伟村
250	宁波市	余姚市	梨洲街道	苏家园村
251	宁波市	余姚市	梨洲街道	竹山村
252	宁波市	余姚市	临山镇	湖堤村
253	宁波市	余姚市	陆埠镇	江南村
254	宁波市	余姚市	陆埠镇	五马村
255	宁波市	余姚市	马渚镇	斗门村
256	宁波市	余姚市	泗门镇	夹塘村
257	宁波市	余姚市	泗门镇	泗北村
258	宁波市	余姚市	泗门镇	万圣村
259	宁波市	余姚市	泗门镇	谢家路村
260	宁波市	余姚市	小曹娥镇	滨海村
261	宁波市	余姚市	阳明街道	北郊村

续表

序 号	市	县/区	镇	村
262	宁波市	余姚市	阳明街道	新桥村
263	宁波市	余姚市	丈亭镇	渔溪村
264	宁波市	镇海区	九龙湖镇	长石村
265	宁波市	镇海区	庄市街道	光明村
266	宁波市	江北区	甬江街道	孔浦村
267	宁波市	江北区	庄桥街道	谢家村
268	宁波市	江北区	洪塘街道	叶家斗村
269	宁波市	江北区	慈城镇	前洋村
270	宁波市	奉化区	溪口镇	大张村
271	宁波市	奉化区	萧王庙街道	云溪村
272	宁波市	北仑区	新碶街道	大路村
273	宁波市	北仑区	新碶街道	小山村
274	宁波市	北仑区	梅山街道	梅西村
275	宁波市	北仑区	大碶街道	先锋村
276	宁波市	象山县	定塘镇	盛平山村
277	宁波市	象山县	晓塘乡	晓塘村
278	宁波市	象山县	茅洋乡	白岩下村
279	温州市	苍南县	金乡镇	倒桥村
280	温州市	苍南县	金乡镇	吴家堡村
281	温州市	苍南县	金乡镇	余庄村
282	温州市	苍南县	灵溪镇	坝头村
283	温州市	苍南县	灵溪镇	百丈村
284	温州市	苍南县	灵溪镇	东仓村
285	温州市	苍南县	灵溪镇	宫后陈村
286	温州市	苍南县	灵溪镇	沪山村
287	温州市	苍南县	灵溪镇	华山村
288	温州市	苍南县	灵溪镇	楼下村
289	温州市	苍南县	灵溪镇	上江村
290	温州市	苍南县	灵溪镇	上垟庄村
291	温州市	苍南县	灵溪镇	双益村

续表

序　号	市	县/区	镇	村
292	温州市	苍南县	龙港镇	陈家宅村
293	温州市	苍南县	龙港镇	二河村
294	温州市	苍南县	龙港镇	方北村
295	温州市	苍南县	龙港镇	刘北村
296	温州市	苍南县	龙港镇	刘南村
297	温州市	苍南县	龙港镇	芦浦村
298	温州市	苍南县	龙港镇	三大屋村
299	温州市	苍南县	龙港镇	双桂村
300	温州市	苍南县	龙港镇	双龙村
301	温州市	苍南县	龙港镇	涂厂村
302	温州市	苍南县	龙港镇	下埠村
303	温州市	苍南县	龙港镇	下水门村
304	温州市	苍南县	龙港镇	下垟郑村
305	温州市	苍南县	龙港镇	象中村
306	温州市	苍南县	龙港镇	新美州村
307	温州市	苍南县	龙港镇	徐家庄村
308	温州市	苍南县	龙港镇	云岩村
309	温州市	苍南县	龙港镇	章良村
310	温州市	苍南县	钱库镇	章均垟村
311	温州市	苍南县	宜山镇	芙蓉村
312	温州市	乐清市	白石街道	凤凰村
313	温州市	乐清市	北白象镇	白鹭屿村
314	温州市	乐清市	北白象镇	白塔王村
315	温州市	乐清市	北白象镇	蒋家桥村
316	温州市	乐清市	北白象镇	金炉村
317	温州市	乐清市	北白象镇	马路角村
318	温州市	乐清市	北白象镇	前岸村
319	温州市	乐清市	北白象镇	三房村
320	温州市	乐清市	北白象镇	水塔头村
321	温州市	乐清市	北白象镇	水潭村

续表

序　号	市	县/区	镇	村
322	温州市	乐清市	城东街道	土墩塘村
323	温州市	乐清市	城东街道	新塘村
324	温州市	乐清市	城南街道	南岸村
325	温州市	乐清市	虹桥镇	溪西村
326	温州市	乐清市	乐成街道	湖上岙村
327	温州市	乐清市	柳市镇	捕捞新村
328	温州市	乐清市	柳市镇	曹田前村
329	温州市	乐清市	柳市镇	蟾东村
330	温州市	乐清市	柳市镇	朝阳村
331	温州市	乐清市	柳市镇	店后村
332	温州市	乐清市	柳市镇	东岸村
333	温州市	乐清市	柳市镇	东村
334	温州市	乐清市	柳市镇	东风社区
335	温州市	乐清市	柳市镇	东凰屿村
336	温州市	乐清市	柳市镇	东仁宕村
337	温州市	乐清市	柳市镇	方斗岩村
338	温州市	乐清市	柳市镇	荷岙村
339	温州市	乐清市	柳市镇	后街村
340	温州市	乐清市	柳市镇	后西村
341	温州市	乐清市	柳市镇	后西垟村
342	温州市	乐清市	柳市镇	湖东村
343	温州市	乐清市	柳市镇	湖西村
344	温州市	乐清市	柳市镇	黄华村
345	温州市	乐清市	柳市镇	黄七甲村
346	温州市	乐清市	柳市镇	浃东村
347	温州市	乐清市	柳市镇	浃西村
348	温州市	乐清市	柳市镇	刘宅村
349	温州市	乐清市	柳市镇	柳南村
350	温州市	乐清市	柳市镇	楼下村
351	温州市	乐清市	柳市镇	吕庄村

续表

序 号	市	县/区	镇	村
352	温州市	乐清市	柳市镇	马道头村
353	温州市	乐清市	柳市镇	马仁桥村
354	温州市	乐清市	柳市镇	木山后村
355	温州市	乐清市	柳市镇	南吕岙村
356	温州市	乐清市	柳市镇	排岩头村
357	温州市	乐清市	柳市镇	七里港社区
358	温州市	乐清市	柳市镇	七西村
359	温州市	乐清市	柳市镇	前西村
360	温州市	乐清市	柳市镇	前西垟村
361	温州市	乐清市	柳市镇	前窑村
362	温州市	乐清市	柳市镇	前州村
363	温州市	乐清市	柳市镇	三里村
364	温州市	乐清市	柳市镇	沙东村
365	温州市	乐清市	柳市镇	上池村
366	温州市	乐清市	柳市镇	上峰村
367	温州市	乐清市	柳市镇	上屋村
368	温州市	乐清市	柳市镇	上五宅村
369	温州市	乐清市	柳市镇	上游村
370	温州市	乐清市	柳市镇	苏岙村
371	温州市	乐清市	柳市镇	苏吕村
372	温州市	乐清市	柳市镇	潭头村
373	温州市	乐清市	柳市镇	汤西村
374	温州市	乐清市	柳市镇	西凰屿村
375	温州市	乐清市	柳市镇	西仁宕村
376	温州市	乐清市	柳市镇	西宋村
377	温州市	乐清市	柳市镇	西西村
378	温州市	乐清市	柳市镇	仙垟村
379	温州市	乐清市	柳市镇	翔金垟村
380	温州市	乐清市	柳市镇	象山村
381	温州市	乐清市	柳市镇	象阳社区

续表

序 号	市	县/区	镇	村
382	温州市	乐清市	柳市镇	新光村
383	温州市	乐清市	柳市镇	新民村
384	温州市	乐清市	柳市镇	薛宅村
385	温州市	乐清市	柳市镇	杨宅村
386	温州市	乐清市	柳市镇	张瞿村
387	温州市	乐清市	柳市镇	长春村
388	温州市	乐清市	柳市镇	长道坦村
389	温州市	乐清市	柳市镇	长丰村
390	温州市	乐清市	柳市镇	长虹社区
391	温州市	乐清市	柳市镇	智广村
392	温州市	乐清市	清江镇	南塘社区
393	温州市	乐清市	翁垟街道	沙头村
394	温州市	乐清市	雁荡镇	白溪街村
395	温州市	龙湾区	状元街道	西台村
396	温州市	鹿城区	双屿街道	前陈村
397	温州市	鹿城区	双屿街道	双岙村
398	温州市	鹿城区	双屿街道	屿头村
399	温州市	鹿城区	藤桥镇	潮济村
400	温州市	鹿城区	藤桥镇	石埠村
401	温州市	鹿城区	藤桥镇	樟村
402	温州市	瓯海区	郭溪街道	曹埭村
403	温州市	瓯海区	郭溪街道	凰桥村
404	温州市	瓯海区	郭溪街道	梅屿村
405	温州市	瓯海区	郭溪街道	梅园村
406	温州市	瓯海区	郭溪街道	浦北村
407	温州市	瓯海区	郭溪街道	任桥村
408	温州市	瓯海区	郭溪街道	宋岙底村
409	温州市	瓯海区	郭溪街道	塘下村
410	温州市	瓯海区	娄桥街道	上汇村
411	温州市	瓯海区	潘桥街道	陈庄村

续表

序号	市	县/区	镇	村
412	温州市	瓯海区	潘桥街道	丁岙村
413	温州市	瓯海区	潘桥街道	横塘村
414	温州市	瓯海区	潘桥街道	泉塘村
415	温州市	瓯海区	潘桥街道	仙门村
416	温州市	瓯海区	仙岩街道	沈岙村
417	温州市	瓯海区	仙岩街道	穗丰村
418	温州市	瓯海区	新桥街道	西湖村
419	温州市	瓯海区	泽雅镇	戈恬村
420	温州市	平阳县	鳌江镇	钱仓村
421	温州市	平阳县	鳌江镇	徐家站村
422	温州市	平阳县	昆阳镇	城东村
423	温州市	平阳县	昆阳镇	郭庄村
424	温州市	平阳县	昆阳镇	临区村
425	温州市	平阳县	昆阳镇	鸣山村
426	温州市	平阳县	昆阳镇	前宕村
427	温州市	平阳县	昆阳镇	沙岗村
428	温州市	平阳县	昆阳镇	水亭村
429	温州市	平阳县	昆阳镇	新欣村
430	温州市	平阳县	腾蛟镇	凤巢村
431	温州市	平阳县	万全镇	陈交大村
432	温州市	平阳县	万全镇	岗下村
433	温州市	平阳县	万全镇	宋埠村
434	温州市	平阳县	万全镇	宋桥村
435	温州市	平阳县	万全镇	张阁村
436	温州市	平阳县	万全镇	章桥村
437	温州市	瑞安市	安阳街道	十八家村
438	温州市	瑞安市	东山街道	上埠村
439	温州市	瑞安市	东山街道	下埠村
440	温州市	瑞安市	东山街道	中埠村
441	温州市	瑞安市	飞云街道	坳头村

续表

序　号	市	县/区	镇	村
442	温州市	瑞安市	飞云街道	繁荣村
443	温州市	瑞安市	飞云街道	横河村
444	温州市	瑞安市	飞云街道	社门村
445	温州市	瑞安市	飞云街道	十八江村
446	温州市	瑞安市	飞云街道	宋家埭村
447	温州市	瑞安市	飞云街道	孙桥村
448	温州市	瑞安市	飞云街道	杏里村
449	温州市	瑞安市	飞云街道	中洲村
450	温州市	瑞安市	飞云街道	周村
451	温州市	瑞安市	锦湖街道	白象村
452	温州市	瑞安市	马屿镇	曹村
453	温州市	瑞安市	马屿镇	高岙村
454	温州市	瑞安市	马屿镇	篁社村
455	温州市	瑞安市	马屿镇	九甲村
456	温州市	瑞安市	南滨街道	大池头村
457	温州市	瑞安市	南滨街道	沙园村
458	温州市	瑞安市	上望街道	蔡宅村
459	温州市	瑞安市	上望街道	薛后村
460	温州市	瑞安市	上望街道	薛前村
461	温州市	瑞安市	莘塍街道	董五村
462	温州市	瑞安市	莘塍街道	华表村
463	温州市	瑞安市	莘塍街道	前埠村
464	温州市	瑞安市	莘塍街道	上村
465	温州市	瑞安市	莘塍街道	下村
466	温州市	瑞安市	莘塍街道	星火村
467	温州市	瑞安市	莘塍街道	垟底村
468	温州市	瑞安市	莘塍街道	中村
469	温州市	瑞安市	莘塍街道	周田村
470	温州市	瑞安市	塘下镇	八水村
471	温州市	瑞安市	塘下镇	鲍二村

续表

序号	市	县/区	镇	村
472	温州市	瑞安市	塘下镇	鲍七村
473	温州市	瑞安市	塘下镇	鲍三村
474	温州市	瑞安市	塘下镇	鲍四村
475	温州市	瑞安市	塘下镇	鲍一村
476	温州市	瑞安市	塘下镇	陈岙村
477	温州市	瑞安市	塘下镇	陈宅村
478	温州市	瑞安市	塘下镇	官渎村
479	温州市	瑞安市	塘下镇	官进村
480	温州市	瑞安市	塘下镇	韩田村
481	温州市	瑞安市	塘下镇	花园村
482	温州市	瑞安市	塘下镇	沙渎村
483	温州市	瑞安市	塘下镇	双桥村
484	温州市	瑞安市	塘下镇	塘西村
485	温州市	瑞安市	塘下镇	五林村
486	温州市	瑞安市	塘下镇	赵宅村
487	温州市	瑞安市	塘下镇	中北村
488	温州市	瑞安市	汀田街道	寨下村
489	温州市	瑞安市	桐浦镇	桐浦村
490	温州市	瑞安市	仙降街道	后林村
491	温州市	瑞安市	仙降街道	金光村
492	温州市	瑞安市	仙降街道	金山村
493	温州市	瑞安市	仙降街道	林光村
494	温州市	瑞安市	仙降街道	前林村
495	温州市	瑞安市	仙降街道	上垟村
496	温州市	瑞安市	仙降街道	四甲村
497	温州市	瑞安市	仙降街道	台头村
498	温州市	瑞安市	仙降街道	塘里村
499	温州市	瑞安市	仙降街道	翁垟村
500	温州市	瑞安市	仙降街道	下社村
501	温州市	瑞安市	仙降街道	仙篁竹村

续表

序　号	市	县/区	镇	村
502	温州市	瑞安市	仙降街道	仙降村
503	温州市	瑞安市	仙降街道	新安村
504	温州市	瑞安市	仙降街道	新渡桥村
505	温州市	瑞安市	仙降街道	垟坑村
506	温州市	瑞安市	仙降街道	垟头村
507	温州市	瑞安市	仙降街道	涨岙村
508	温州市	永嘉县	东瓯街道	安丰村
509	温州市	永嘉县	东瓯街道	堡二村
510	温州市	永嘉县	东瓯街道	和一村
511	温州市	永嘉县	东瓯街道	林垟村
512	温州市	永嘉县	东瓯街道	五星村
513	温州市	永嘉县	黄田街道	千石村
514	温州市	永嘉县	江北街道	珠岙村
515	温州市	永嘉县	桥头镇	谷联村
516	温州市	永嘉县	桥头镇	桥头村
517	温州市	永嘉县	桥下镇	八里村
518	温州市	永嘉县	桥下镇	埠头村
519	温州市	永嘉县	桥下镇	东山村
520	温州市	永嘉县	桥下镇	方岙村
521	温州市	永嘉县	桥下镇	韩埠村
522	温州市	永嘉县	桥下镇	京岸村
523	温州市	永嘉县	桥下镇	连村
524	温州市	永嘉县	桥下镇	六岙村
525	温州市	永嘉县	桥下镇	梅岙村
526	温州市	永嘉县	桥下镇	上村
527	温州市	永嘉县	桥下镇	坦头村
528	温州市	永嘉县	桥下镇	西岙村
529	温州市	永嘉县	桥下镇	西溪下村
530	温州市	永嘉县	桥下镇	下斜村
531	温州市	永嘉县	桥下镇	小京岙村

续表

序号	市	县/区	镇	村
532	温州市	永嘉县	桥下镇	垟垮村
533	温州市	龙湾区	蒲州街道	屿田村
534	嘉兴市	海宁市	丁桥镇	保胜村
535	嘉兴市	海宁市	丁桥镇	两丰村
536	嘉兴市	海宁市	丁桥镇	芦湾村
537	嘉兴市	海宁市	丁桥镇	永胜村
538	嘉兴市	海宁市	丁桥镇	诸桥村
539	嘉兴市	海宁市	海昌街道	泾长村
540	嘉兴市	海宁市	海昌街道	双冯村
541	嘉兴市	海宁市	海昌街道	双山村
542	嘉兴市	海宁市	海昌街道	双喜村
543	嘉兴市	海宁市	海昌街道	长山村
544	嘉兴市	海宁市	海洲街道	金龙村
545	嘉兴市	海宁市	海洲街道	民和村
546	嘉兴市	海宁市	海洲街道	伊桥村
547	嘉兴市	海宁市	马桥街道	柏士村
548	嘉兴市	海宁市	马桥街道	先锋村
549	嘉兴市	海宁市	斜桥镇	华丰村
550	嘉兴市	海宁市	斜桥镇	庆云村
551	嘉兴市	海宁市	斜桥镇	三联村
552	嘉兴市	海宁市	斜桥镇	斜桥村
553	嘉兴市	海宁市	斜桥镇	新农村
554	嘉兴市	海宁市	斜桥镇	祝场村
555	嘉兴市	海宁市	许村镇	报国村
556	嘉兴市	海宁市	许村镇	荡湾村
557	嘉兴市	海宁市	许村镇	海王村
558	嘉兴市	海宁市	许村镇	李家村
559	嘉兴市	海宁市	许村镇	南联村
560	嘉兴市	海宁市	许村镇	前进村
561	嘉兴市	海宁市	许村镇	塘桥村

续表

序 号	市	县/区	镇	村
562	嘉兴市	海宁市	许村镇	翁埠村
563	嘉兴市	海宁市	许村镇	新益村
564	嘉兴市	海宁市	许村镇	许巷村
565	嘉兴市	海宁市	许村镇	永福村
566	嘉兴市	海宁市	许村镇	庄湾村
567	嘉兴市	海宁市	盐官镇	丰士村
568	嘉兴市	海宁市	盐官镇	郭店村
569	嘉兴市	海宁市	盐官镇	联农村
570	嘉兴市	海宁市	袁花镇	双丰村
571	嘉兴市	海宁市	袁花镇	谈桥村
572	嘉兴市	海宁市	袁花镇	镇西村
573	嘉兴市	海宁市	长安镇	城东村
574	嘉兴市	海宁市	长安镇	褚石村
575	嘉兴市	海宁市	长安镇	大型村
576	嘉兴市	海宁市	长安镇	德丰村
577	嘉兴市	海宁市	长安镇	东升村
578	嘉兴市	海宁市	长安镇	红色村
579	嘉兴市	海宁市	长安镇	老庄村
580	嘉兴市	海宁市	长安镇	泰山村
581	嘉兴市	海宁市	长安镇	肖王村
582	嘉兴市	海宁市	长安镇	辛江村
583	嘉兴市	海宁市	长安镇	兴城村
584	嘉兴市	海宁市	长安镇	兴福村
585	嘉兴市	海宁市	长安镇	盐仓村
586	嘉兴市	海宁市	周王庙镇	博儒桥村
587	嘉兴市	海宁市	周王庙镇	陈桥村
588	嘉兴市	海宁市	周王庙镇	荆山村
589	嘉兴市	海宁市	周王庙镇	联民村
590	嘉兴市	海宁市	周王庙镇	石井村
591	嘉兴市	海宁市	周王庙镇	星火村

续表

序号	市	县/区	镇	村
592	嘉兴市	海宁市	周王庙镇	之江村
593	嘉兴市	海盐县	百步镇	横港村
594	嘉兴市	海盐县	百步镇	五丰村
595	嘉兴市	海盐县	澉浦镇	六里村
596	嘉兴市	嘉善县	大云镇	缪家村
597	嘉兴市	嘉善县	惠民街道	大通村
598	嘉兴市	嘉善县	天凝镇	杨庙社区
599	嘉兴市	嘉善县	西塘镇	大舜村
600	嘉兴市	嘉善县	姚庄镇	丁栅社区
601	嘉兴市	南湖区	大桥镇	花园村
602	嘉兴市	南湖区	余新镇	金星村
603	嘉兴市	平湖市	当湖街道	东升村
604	嘉兴市	平湖市	当湖街道	虹霓村
605	嘉兴市	平湖市	当湖街道	三港村
606	嘉兴市	平湖市	独山港镇	穗轮村
607	嘉兴市	平湖市	独山港镇	优胜村
608	嘉兴市	平湖市	独山港镇	周圩村
609	嘉兴市	平湖市	广陈镇	民主村
610	嘉兴市	平湖市	广陈镇	前港村
611	嘉兴市	平湖市	林埭镇	徐家埭村
612	嘉兴市	平湖市	新埭镇	大齐塘村
613	嘉兴市	平湖市	新埭镇	星光村
614	嘉兴市	平湖市	新埭镇	鱼圻塘村
615	嘉兴市	桐乡市	崇福镇	城郊村
616	嘉兴市	桐乡市	崇福镇	东安村
617	嘉兴市	桐乡市	崇福镇	利顺村
618	嘉兴市	桐乡市	崇福镇	留良村
619	嘉兴市	桐乡市	崇福镇	茅桥埭村
620	嘉兴市	桐乡市	崇福镇	民利村
621	嘉兴市	桐乡市	崇福镇	钱家埭村

续表

序号	市	县/区	镇	村
622	嘉兴市	桐乡市	崇福镇	上市村
623	嘉兴市	桐乡市	崇福镇	五丰村
624	嘉兴市	桐乡市	崇福镇	芝村
625	嘉兴市	桐乡市	大麻镇	光明村
626	嘉兴市	桐乡市	大麻镇	黎明村
627	嘉兴市	桐乡市	大麻镇	西南村
628	嘉兴市	桐乡市	凤鸣街道	灵安村
629	嘉兴市	桐乡市	濮院镇	金龙村
630	嘉兴市	桐乡市	濮院镇	联新村
631	嘉兴市	桐乡市	濮院镇	新濮村
632	嘉兴市	桐乡市	濮院镇	新生社区
633	嘉兴市	桐乡市	濮院镇	新星村
634	嘉兴市	桐乡市	濮院镇	永乐村
635	嘉兴市	桐乡市	濮院镇	永联村
636	嘉兴市	桐乡市	濮院镇	永越村
637	嘉兴市	桐乡市	石门镇	羔羊村
638	嘉兴市	桐乡市	梧桐街道	革新村
639	嘉兴市	桐乡市	洲泉镇	马鸣村
640	嘉兴市	桐乡市	洲泉镇	青石村
641	嘉兴市	桐乡市	洲泉镇	夜明村
642	嘉兴市	桐乡市	洲泉镇	义马村
643	嘉兴市	桐乡市	洲泉镇	众安村
644	嘉兴市	秀洲区	洪合镇	凤桥村
645	嘉兴市	秀洲区	洪合镇	良三村
646	嘉兴市	秀洲区	洪合镇	新王桥村
647	湖州市	安吉县	递铺镇	安城村
648	湖州市	安吉县	递铺镇	康山村
649	湖州市	安吉县	递铺镇	南北庄村
650	湖州市	安吉县	递铺镇	三官村
651	湖州市	安吉县	递铺镇	双河村

续表

序　号	市	县/区	镇	村
652	湖州市	安吉县	递铺镇	万亩村
653	湖州市	安吉县	递铺镇	义士塔村
654	湖州市	安吉县	梅溪镇	晓墅村
655	湖州市	安吉县	上墅乡	刘家塘村
656	湖州市	安吉县	天荒坪镇	白水湾村
657	湖州市	安吉县	孝丰镇	潴口溪村
658	湖州市	德清县	新市镇	白彪村
659	湖州市	德清县	禹越镇	高桥村
660	湖州市	南浔区	和孚镇	长超村
661	湖州市	南浔区	和孚镇	重兆村
662	湖州市	南浔区	和孚镇	重兆社区
663	湖州市	南浔区	经济开发区	江蒋漾村
664	湖州市	南浔区	旧馆镇	潘家庄村
665	湖州市	南浔区	南浔镇	丁家港村
666	湖州市	南浔区	南浔镇	东迁村
667	湖州市	南浔区	南浔镇	马腰社区
668	湖州市	南浔区	南浔镇	南林村
669	湖州市	吴兴区	八里店镇	戴山村
670	湖州市	吴兴区	八里店镇	前村
671	湖州市	吴兴区	八里店镇	西山村
672	湖州市	吴兴区	八里店镇	紫金桥村
673	湖州市	吴兴区	埭溪镇	红旗村
674	湖州市	吴兴区	织里镇	大港村
675	湖州市	吴兴区	织里镇	大河村
676	湖州市	吴兴区	织里镇	河西村
677	湖州市	吴兴区	织里镇	凌家汇村
678	湖州市	吴兴区	织里镇	秦家港村
679	湖州市	吴兴区	织里镇	太湖社区
680	湖州市	吴兴区	织里镇	轧村
681	湖州市	长兴县	太湖街道	杨湾村

续表

序 号	市	县/区	镇	村
682	湖州市	吴兴区	织里镇	晟舍村
683	湖州市	德清县	莫干山镇	后坞村
684	湖州市	德清县	钟管镇	东舍墩村
685	湖州市	德清县	禹越镇	夏东村
686	湖州市	长兴县	虹星桥	谭家村
687	湖州市	长兴县	水口乡	水口村
688	湖州市	长兴县	夹浦镇	环沉村
689	湖州市	长兴县	林城镇	北汤村
690	湖州市	安吉县	报福镇	统里村
691	湖州市	安吉县	递铺街道	义士塔村
692	绍兴市	嵊州市	黄泽镇	湖头村
693	绍兴市	嵊州市	黄泽镇	三王村
694	绍兴市	新昌县	七星街道	上礼泉村
695	绍兴市	越城区	城南街道	九里村
696	绍兴市	诸暨市	草塔镇	莼塘东村
697	绍兴市	诸暨市	草塔镇	杭金七村
698	绍兴市	诸暨市	草塔镇	杨家楼村
699	绍兴市	诸暨市	草塔镇	朱家村
700	绍兴市	诸暨市	大唐镇	方田村
701	绍兴市	诸暨市	大唐镇	箭路村
702	绍兴市	诸暨市	大唐镇	金家站村
703	绍兴市	诸暨市	大唐镇	开元社区
704	绍兴市	诸暨市	大唐镇	路西村
705	绍兴市	诸暨市	大唐镇	轻纺城社区
706	绍兴市	诸暨市	大唐镇	慎叶村
707	绍兴市	诸暨市	大唐镇	俞王村
708	绍兴市	诸暨市	大唐镇	柱山村
709	绍兴市	诸暨市	店口镇	湄池村
710	绍兴市	诸暨市	暨阳街道	浦阳新村
711	绍兴市	诸暨市	江藻镇	江藻村

续表

序号	市	县/区	镇	村
712	绍兴市	诸暨市	牌头镇	牌上村
713	绍兴市	诸暨市	阮市镇	阮家埠村
714	绍兴市	诸暨市	阮市镇	杨梅桥村
715	绍兴市	诸暨市	山下湖镇	赐绯庙村
716	绍兴市	诸暨市	山下湖镇	山下湖村
717	绍兴市	诸暨市	山下湖镇	西杨龙村
718	绍兴市	诸暨市	陶朱街道	三都村
719	绍兴市	诸暨市	直埠镇	直埠村
720	绍兴市	柯桥区	钱清镇	联兴村
721	绍兴市	柯桥区	钱清镇	方家桥村
722	绍兴市	柯桥区	钱清镇	岭湖村
723	绍兴市	柯桥区	柯岩街道	澄湾村
724	绍兴市	上虞区	汤浦镇	舜岸村
725	绍兴市	上虞区	崧厦镇	潘韩村
726	绍兴市	嵊州市	黄泽镇	甲青村
727	绍兴市	嵊州市	黄泽镇	桥对岸村
728	绍兴市	嵊州市	贵门乡	贵门村
729	绍兴市	嵊州市	石璜镇	寺新村
730	金华市	东阳市	城东街道	斯村
731	金华市	东阳市	歌山镇	西宅村
732	金华市	东阳市	歌山镇	象塘夏楼村
733	金华市	东阳市	横店镇	金马村
734	金华市	东阳市	南马镇	东湖村
735	金华市	东阳市	南马镇	防军村
736	金华市	东阳市	南马镇	花园村
737	金华市	东阳市	南马镇	南湖村
738	金华市	东阳市	南马镇	夏居村
739	金华市	东阳市	巍山镇	怀鲁村
740	金华市	金东区	赤松镇	石牌村
741	金华市	金东区	傅村镇	东石塘村

续表

序号	市	县/区	镇	村
742	金华市	金东区	孝顺镇	低田村
743	金华市	兰溪市	梅江镇	墩头村
744	金华市	浦江县	白马镇	兰塘村
745	金华市	浦江县	黄宅镇	后江村
746	金华市	浦江县	浦南街道	蒋塘村
747	金华市	浦江县	浦南街道	潘宅村
748	金华市	浦江县	浦南街道	前于村
749	金华市	浦江县	浦南街道	石埠头村
750	金华市	浦江县	浦阳街道	白林村
751	金华市	浦江县	仙华街道	金宅村
752	金华市	武义县	白洋街道	柳宅村
753	金华市	武义县	白洋街道	牛背金村
754	金华市	武义县	白洋街道	深塘村
755	金华市	武义县	壶山街道	三角店村
756	金华市	武义县	壶山街道	五一塘村
757	金华市	武义县	泉溪镇	王山头村
758	金华市	武义县	熟溪街道	端村
759	金华市	武义县	桐琴镇	东干村
760	金华市	武义县	桐琴镇	东山村
761	金华市	武义县	桐琴镇	后定垅村
762	金华市	武义县	桐琴镇	楼王村
763	金华市	武义县	桐琴镇	上夫山村
764	金华市	武义县	桐琴镇	水韩上村
765	金华市	武义县	桐琴镇	赵宅村
766	金华市	婺城区	苏孟乡	江家村
767	金华市	义乌市	北苑街道	畈东村
768	金华市	义乌市	北苑街道	季宅村
769	金华市	义乌市	北苑街道	莲塘村
770	金华市	义乌市	北苑街道	柳二村
771	金华市	义乌市	北苑街道	柳三村

续表

序 号	市	县/区	镇	村
772	金华市	义乌市	北苑街道	柳一村
773	金华市	义乌市	北苑街道	青溪村
774	金华市	义乌市	北苑街道	沈村
775	金华市	义乌市	北苑街道	新后傅村
776	金华市	义乌市	城西街道	殿口村
777	金华市	义乌市	城西街道	何泮山村
778	金华市	义乌市	城西街道	蒋母塘村
779	金华市	义乌市	城西街道	流下村
780	金华市	义乌市	城西街道	七一村
781	金华市	义乌市	城西街道	桥头村
782	金华市	义乌市	城西街道	上杨村
783	金华市	义乌市	城西街道	塘下郑村
784	金华市	义乌市	城西街道	五星村
785	金华市	义乌市	城西街道	西俞村
786	金华市	义乌市	城西街道	溪干村
787	金华市	义乌市	城西街道	夏迹塘村
788	金华市	义乌市	城西街道	夏演村
789	金华市	义乌市	城西街道	益公山村
790	金华市	义乌市	稠江街道	贝村
791	金华市	义乌市	稠江街道	崇山村
792	金华市	义乌市	稠江街道	后申塘村
793	金华市	义乌市	稠江街道	江湾村
794	金华市	义乌市	稠江街道	柯村
795	金华市	义乌市	稠江街道	龙回村
796	金华市	义乌市	稠江街道	楼下村村
797	金华市	义乌市	稠江街道	上金村
798	金华市	义乌市	稠江街道	水冰塘村
799	金华市	义乌市	稠江街道	新村
800	金华市	义乌市	稠江街道	新屋村
801	金华市	义乌市	稠江街道	杨村

续表

序　号	市	县/区	镇	村
802	金华市	义乌市	稠江街道	诸宅村
803	金华市	义乌市	大陈镇	红旗村
804	金华市	义乌市	大陈镇	团结村
805	金华市	义乌市	佛堂镇	王新村
806	金华市	义乌市	佛堂镇	下叶村
807	金华市	义乌市	福田街道	东前王村
808	金华市	义乌市	福田街道	荷叶塘村
809	金华市	义乌市	福田街道	江北下朱村
810	金华市	义乌市	福田街道	联平村
811	金华市	义乌市	福田街道	楼西塘村
812	金华市	义乌市	福田街道	屋基村
813	金华市	义乌市	福田街道	下骆宅村
814	金华市	义乌市	福田街道	下西陶村
815	金华市	义乌市	福田街道	新村
816	金华市	义乌市	福田街道	宗宅村
817	金华市	义乌市	福田街道	祖科塘村
818	金华市	义乌市	后宅街道	大傅宅村
819	金华市	义乌市	后宅街道	何界村
820	金华市	义乌市	后宅街道	鹤田村
821	金华市	义乌市	后宅街道	后毛店村
822	金华市	义乌市	后宅街道	后余村
823	金华市	义乌市	后宅街道	俊塘村
824	金华市	义乌市	后宅街道	马交塘村
825	金华市	义乌市	后宅街道	前傅村
826	金华市	义乌市	后宅街道	前毛店村
827	金华市	义乌市	后宅街道	全备村
828	金华市	义乌市	后宅街道	寺前村
829	金华市	义乌市	后宅街道	西关田村
830	金华市	义乌市	后宅街道	溪坦村
831	金华市	义乌市	后宅街道	下畈村

续表

序号	市	县/区	镇	村
832	金华市	义乌市	后宅街道	下余山村
833	金华市	义乌市	后宅街道	叶宅村
834	金华市	义乌市	江东街道	赤塘村
835	金华市	义乌市	江东街道	船埠头村
836	金华市	义乌市	江东街道	大湖头村
837	金华市	义乌市	江东街道	大元村
838	金华市	义乌市	江东街道	东山头村
839	金华市	义乌市	江东街道	东新屋村
840	金华市	义乌市	江东街道	樊村
841	金华市	义乌市	江东街道	龚大塘村
842	金华市	义乌市	江东街道	后成村
843	金华市	义乌市	江东街道	后湖村
844	金华市	义乌市	江东街道	候儿村
845	金华市	义乌市	江东街道	江南村
846	金华市	义乌市	江东街道	金村
847	金华市	义乌市	江东街道	九联村
848	金华市	义乌市	江东街道	孔村
849	金华市	义乌市	江东街道	梅湖村
850	金华市	义乌市	江东街道	鲇溪村
851	金华市	义乌市	江东街道	前成村
852	金华市	义乌市	江东街道	青口村
853	金华市	义乌市	江东街道	青岩傅村
854	金华市	义乌市	江东街道	青岩刘村
855	金华市	义乌市	江东街道	山口村
856	金华市	义乌市	江东街道	尚仁村
857	金华市	义乌市	江东街道	石塔头村
858	金华市	义乌市	江东街道	西陈村
859	金华市	义乌市	江东街道	西谷村
860	金华市	义乌市	江东街道	下傅村
861	金华市	义乌市	江东街道	下湾村

续表

序 号	市	县/区	镇	村
862	金华市	义乌市	江东街道	下王村
863	金华市	义乌市	江东街道	下朱村
864	金华市	义乌市	江东街道	徐村
865	金华市	义乌市	江东街道	永胜村
866	金华市	义乌市	江东街道	宗塘村
867	金华市	义乌市	廿三里街道	埠头村
868	金华市	义乌市	廿三里街道	陈陀村
869	金华市	义乌市	廿三里街道	葛塘村
870	金华市	义乌市	廿三里街道	何宅村
871	金华市	义乌市	廿三里街道	后义村
872	金华市	义乌市	廿三里街道	华溪村
873	金华市	义乌市	廿三里街道	楼山塘村
874	金华市	义乌市	廿三里街道	派塘村
875	金华市	义乌市	廿三里街道	石柱下村
876	金华市	义乌市	廿三里街道	下朱宅村
877	金华市	义乌市	上溪镇	塘西村
878	金华市	义乌市	苏溪镇	东陶村
879	金华市	义乌市	苏溪镇	高岭村
880	金华市	义乌市	苏溪镇	后山坞村
881	金华市	义乌市	苏溪镇	蒋宅村
882	金华市	义乌市	苏溪镇	里外甘村
883	金华市	义乌市	苏溪镇	里宅村
884	金华市	义乌市	苏溪镇	马丁村
885	金华市	义乌市	苏溪镇	齐山楼村
886	金华市	义乌市	苏溪镇	上楼村
887	金华市	义乌市	苏溪镇	上西陶村
888	金华市	义乌市	苏溪镇	苏南村
889	金华市	义乌市	苏溪镇	王界村
890	金华市	义乌市	苏溪镇	西山下村
891	金华市	义乌市	苏溪镇	新乐村

续表

序 号	市	县/区	镇	村
892	金华市	义乌市	苏溪镇	新院村
893	金华市	义乌市	苏溪镇	新中村
894	金华市	义乌市	苏溪镇	徐丰村
895	金华市	义乌市	苏溪镇	徐樟塘村
896	金华市	义乌市	苏溪镇	杨梅岗村
897	金华市	义乌市	苏溪镇	油碑塘村
898	金华市	义乌市	苏溪镇	长府村
899	金华市	义乌市	义亭镇	鲍宅村
900	金华市	义乌市	义亭镇	后张村
901	金华市	永康市	东城街道	曹园村
902	金华市	永康市	东城街道	城塘村
903	金华市	永康市	东城街道	大坟山沿村
904	金华市	永康市	东城街道	大花园村
905	金华市	永康市	东城街道	大塘王村
906	金华市	永康市	东城街道	杜山头村
907	金华市	永康市	东城街道	方塘下村
908	金华市	永康市	东城街道	高镇村
909	金华市	永康市	东城街道	河南二村
910	金华市	永康市	东城街道	河南一村
911	金华市	永康市	东城街道	黄城里村
912	金华市	永康市	东城街道	黄棠村
913	金华市	永康市	东城街道	荆山夏村
914	金华市	永康市	东城街道	邵宅村
915	金华市	永康市	东城街道	十里牌村
916	金华市	永康市	东城街道	苏溪村
917	金华市	永康市	东城街道	西竹园村
918	金华市	永康市	东城街道	下店午村
919	金华市	永康市	东城街道	夏溪村
920	金华市	永康市	东城街道	小花园村
921	金华市	永康市	东城街道	堰头村

续表

序号	市	县/区	镇	村
922	金华市	永康市	东城街道	英阁村
923	金华市	永康市	东城街道	长城村
924	金华市	永康市	方岩镇	派溪村
925	金华市	永康市	古山镇	胡库上村
926	金华市	永康市	古山镇	胡库下村
927	金华市	永康市	古山镇	金江龙村
928	金华市	永康市	古山镇	墁塘村
929	金华市	永康市	古山镇	青后叶村
930	金华市	永康市	古山镇	世雅上街村
931	金华市	永康市	古山镇	王南山村
932	金华市	永康市	花街镇	潘宅村
933	金华市	永康市	江南街道	白垤里村
934	金华市	永康市	江南街道	麻车头村
935	金华市	永康市	江南街道	双锦村
936	金华市	永康市	江南街道	下楼村
937	金华市	永康市	龙山镇	吕南宅四村
938	金华市	永康市	前仓镇	馆头村
939	金华市	永康市	前仓镇	后吴村
940	金华市	永康市	前仓镇	前仓村
941	金华市	永康市	前仓镇	世彰村
942	金华市	永康市	前仓镇	溪坦村
943	金华市	永康市	石柱镇	妙端村
944	金华市	永康市	石柱镇	田畈林村
945	金华市	永康市	石柱镇	下里溪村
946	金华市	永康市	石柱镇	新店村
947	金华市	永康市	唐先镇	大后村
948	金华市	永康市	唐先镇	前渡金村
949	金华市	永康市	唐先镇	夏杜曹村
950	金华市	永康市	唐先镇	新村
951	金华市	永康市	西城街道	大徐村

续表

序 号	市	县/区	镇	村
952	金华市	永康市	西城街道	花川村
953	金华市	永康市	西城街道	烈桥村
954	金华市	永康市	西城街道	楼塘村
955	金华市	永康市	西城街道	排塘村
956	金华市	永康市	西城街道	水碓头村
957	金华市	永康市	西城街道	小东陈村
958	金华市	永康市	西溪镇	桐塘村
959	金华市	永康市	西溪镇	西山村
960	金华市	永康市	象珠镇	官川村
961	金华市	永康市	象珠镇	派溪吕村
962	金华市	永康市	象珠镇	清渭街村
963	金华市	永康市	象珠镇	山西村
964	金华市	永康市	象珠镇	寺口吕村
965	金华市	永康市	芝英镇	亳塘村
966	金华市	永康市	芝英镇	胡堰街村
967	金华市	永康市	芝英镇	黄店村
968	金华市	永康市	芝英镇	练结村
969	金华市	永康市	芝英镇	南山沿村
970	金华市	永康市	芝英镇	桥里村
971	金华市	永康市	芝英镇	柿后村
972	金华市	永康市	芝英镇	雅庄村
973	金华市	永康市	芝英镇	应南溪村
974	金华市	永康市	芝英镇	芝英二村
975	金华市	金东区	东孝街道	金东村
976	金华市	金东区	曹宅镇	曹宅
977	金华市	兰溪县	云山街道	十里亭村
978	金华市	兰溪县	云山街道	黄龙洞村
979	金华市	东阳市	千祥镇	柽溪村
980	金华市	浦江县	仙华街道	云宫村
981	衢州市	常山县	紫港街道	富足山村

续表

序　号	市	县/区	镇	村
982	衢州市	常山县	辉埠镇	东鲁村
983	衢州市	常山县	辉埠镇	双溪口村
984	衢州市	江山市	贺村镇	淤头社区
985	衢州市	江山市	清湖镇	新塘底村
986	衢州市	开化县	华埠镇	独山村
987	衢州市	开化县	华埠镇	青联村
988	衢州市	开化县	华埠镇	山甸村
989	衢州市	柯城区	花园街道	上洋村
990	衢州市	柯城区	衢化街道	缸窑村
991	衢州市	柯城区	万田乡	顺家路边村
992	衢州市	柯城区	万田乡	弈园村
993	衢州市	柯城区	沟溪乡	余东村
994	衢州市	柯城区	花园街道	平园村
995	衢州市	柯城区	航埠镇	雨灵山村
996	衢州市	柯城区	双港街道	五湖村
997	衢州市	龙游县	龙洲街道	柳村村
998	衢州市	衢江区	廿里镇	廿里村
999	衢州市	衢江区	樟潭街道	沈家村
1000	衢州市	江山市	长台镇	长兴村
1001	衢州市	江山市	虎山街道	溪东村
1002	舟山市	定海区	干览镇	新建社区南洞村
1003	舟山市	定海区	盐仓街道	虹桥社区
1004	舟山市	定海区	马岙街道	马岙社区
1005	舟山市	普陀区	展茅街道	沙井社区干施岙
1006	舟山市	普陀区	沈家门街道	海星社区
1007	舟山市	普陀区	朱家尖街道	东荷嘉园社区
1008	舟山市	嵊泗县	五龙乡	田岙社区
1009	舟山市	嵊泗县	嵊山镇	陈钱山社区
1010	舟山市	岱山县	高亭镇	竹屿社区
1011	舟山市	岱山县	岱东镇	北峰社区

续表

序 号	市	县/区	镇	村
1012	台州市	黄岩区	北城街道	后庄村
1013	台州市	黄岩区	江口街道	芦村
1014	台州市	黄岩区	南城街道	十里铺村
1015	台州市	黄岩区	沙埠镇	唐山王村
1016	台州市	黄岩区	新前街道	泾岸村
1017	台州市	黄岩区	新前街道	前洋村
1018	台州市	黄岩区	新前街道	塔山村
1019	台州市	黄岩区	新前街道	新建村
1020	台州市	黄岩区	院桥镇	灯塔村
1021	台州市	黄岩区	院桥镇	繁荣村
1022	台州市	黄岩区	院桥镇	河头村
1023	台州市	黄岩区	院桥镇	浦口村
1024	台州市	椒江区	洪家街道	后高桥村
1025	台州市	椒江区	洪家街道	后街村
1026	台州市	椒江区	洪家街道	上洋桥村
1027	台州市	椒江区	洪家街道	兆桥村
1028	台州市	椒江区	三甲街道	石柱村
1029	台州市	椒江区	章安街道	建设村
1030	台州市	椒江区	章安街道	前街村
1031	台州市	临海市	大田街道	大田刘村
1032	台州市	临海市	东塍镇	绚珠村
1033	台州市	临海市	杜桥镇	半洋村
1034	台州市	临海市	杜桥镇	穿山村
1035	台州市	临海市	杜桥镇	方田洋村
1036	台州市	临海市	杜桥镇	汾西村
1037	台州市	临海市	杜桥镇	富沈村
1038	台州市	临海市	杜桥镇	横路村
1039	台州市	临海市	杜桥镇	上四份村
1040	台州市	临海市	杜桥镇	市场村
1041	台州市	临海市	杜桥镇	松中村

续表

序　号	市	县/区	镇	村
1042	台州市	临海市	杜桥镇	西堑村
1043	台州市	临海市	杜桥镇	下八年村
1044	台州市	临海市	古城街道	巾山村
1045	台州市	临海市	古城街道	两水村
1046	台州市	临海市	古城街道	西洋村
1047	台州市	临海市	桃渚镇	四岔村
1048	台州市	临海市	涌泉镇	后泾村
1049	台州市	路桥区	峰江街道	沧前村
1050	台州市	路桥区	峰江街道	桥洋村
1051	台州市	路桥区	峰江街道	施家村
1052	台州市	路桥区	金清镇	蒋桥村
1053	台州市	路桥区	金清镇	卷桥村
1054	台州市	路桥区	金清镇	联盟村
1055	台州市	路桥区	金清镇	汝泉村
1056	台州市	路桥区	金清镇	下梁村
1057	台州市	路桥区	螺洋街道	火炬村
1058	台州市	路桥区	螺洋街道	南山村
1059	台州市	路桥区	蓬街镇	水缺头村
1060	台州市	路桥区	桐屿街道	徐洋村
1061	台州市	路桥区	新桥镇	凤阳章村
1062	台州市	路桥区	新桥镇	田际村
1063	台州市	路桥区	新桥镇	长洋村
1064	台州市	三门县	海游街道	城北村
1065	台州市	三门县	海游镇	湘山村
1066	台州市	三门县	珠岙镇	东谢村
1067	台州市	三门县	珠岙镇	下界溪村
1068	台州市	天台县	白鹤镇	茶塘村
1069	台州市	天台县	白鹤镇	澄村
1070	台州市	天台县	白鹤镇	鹤栖新村
1071	台州市	天台县	白鹤镇	上卢村

续表

序 号	市	县/区	镇	村
1072	台州市	天台县	白鹤镇	石板路村
1073	台州市	天台县	白鹤镇	左溪村
1074	台州市	天台县	赤城街道	八都村
1075	台州市	天台县	赤城街道	紫东新村
1076	台州市	天台县	福溪街道	莪园村
1077	台州市	天台县	福溪街道	下王邱村
1078	台州市	天台县	洪畴镇	大三村
1079	台州市	天台县	洪畴镇	湖塘村
1080	台州市	天台县	洪畴镇	市集村
1081	台州市	天台县	平桥镇	上庞村
1082	台州市	天台县	三合镇	大横村
1083	台州市	天台县	三合镇	大横金村
1084	台州市	天台县	三合镇	山头洋村
1085	台州市	天台县	三合镇	亭头村
1086	台州市	天台县	三合镇	下坊村
1087	台州市	天台县	三合镇	岩店村
1088	台州市	天台县	三合镇	洋头村
1089	台州市	天台县	始丰街道	西演茅村
1090	台州市	天台县	坦头镇	岸塘村
1091	台州市	天台县	坦头镇	大黄徐村
1092	台州市	天台县	坦头镇	东陈村
1093	台州市	天台县	坦头镇	东横上宅村
1094	台州市	天台县	坦头镇	东横下宅村
1095	台州市	天台县	坦头镇	湖岸村
1096	台州市	天台县	坦头镇	黄务洋村
1097	台州市	天台县	坦头镇	六另村
1098	台州市	天台县	坦头镇	牌门村
1099	台州市	天台县	坦头镇	瓶窑村
1100	台州市	天台县	坦头镇	前洋奚村
1101	台州市	天台县	坦头镇	坦头村

续表

序 号	市	县/区	镇	村
1102	台州市	天台县	坦头镇	五百村
1103	台州市	天台县	坦头镇	伍佰村
1104	台州市	天台县	坦头镇	西陈村
1105	台州市	天台县	坦头镇	西山村
1106	台州市	天台县	坦头镇	溪南村
1107	台州市	天台县	坦头镇	下李村
1108	台州市	天台县	坦头镇	岩下村
1109	台州市	天台县	坦头镇	鱼山村
1110	台州市	天台县	坦头镇	长崔村
1111	台州市	温岭市	城北街道	沧浦村
1112	台州市	温岭市	城北街道	东普村
1113	台州市	温岭市	城北街道	芳田村
1114	台州市	温岭市	城北街道	横塘村
1115	台州市	温岭市	城北街道	后陈村
1116	台州市	温岭市	城北街道	花桥村
1117	台州市	温岭市	城北街道	九份村
1118	台州市	温岭市	城北街道	琅岙村
1119	台州市	温岭市	城北街道	六份村
1120	台州市	温岭市	城北街道	麻车村
1121	台州市	温岭市	城北街道	南山村
1122	台州市	温岭市	城北街道	南山闸村
1123	台州市	温岭市	城北街道	山马村
1124	台州市	温岭市	城北街道	石粘村
1125	台州市	温岭市	城北街道	杨家渭村
1126	台州市	温岭市	城东街道	横山头村
1127	台州市	温岭市	城东街道	汇头王村
1128	台州市	温岭市	城东街道	鸡鸣村
1129	台州市	温岭市	城东街道	楼山村
1130	台州市	温岭市	城东街道	山南前村
1131	台州市	温岭市	城东街道	洋河村

续表

序 号	市	县/区	镇	村
1132	台州市	温岭市	城西街道	吴岙村
1133	台州市	温岭市	城西街道	吴山村
1134	台州市	温岭市	城西街道	下岙村
1135	台州市	温岭市	大溪镇	利岙村
1136	台州市	温岭市	大溪镇	良山村
1137	台州市	温岭市	大溪镇	麻车屿村
1138	台州市	温岭市	大溪镇	念母洋村
1139	台州市	温岭市	大溪镇	潘郎村
1140	台州市	温岭市	大溪镇	前瓦屿村
1141	台州市	温岭市	大溪镇	前溪村
1142	台州市	温岭市	大溪镇	山市村
1143	台州市	温岭市	大溪镇	双凌村
1144	台州市	温岭市	大溪镇	田洋季村
1145	台州市	温岭市	大溪镇	下洋张村
1146	台州市	温岭市	大溪镇	下员山村
1147	台州市	温岭市	大溪镇	现范桥村
1148	台州市	温岭市	大溪镇	油屿村
1149	台州市	温岭市	横峰街道	东塘村
1150	台州市	温岭市	横峰街道	东洋村
1151	台州市	温岭市	横峰街道	后洋郑村
1152	台州市	温岭市	横峰街道	汇川王村
1153	台州市	温岭市	横峰街道	七份岸村
1154	台州市	温岭市	横峰街道	前陈村
1155	台州市	温岭市	横峰街道	上洋林村
1156	台州市	温岭市	横峰街道	石刺头村
1157	台州市	温岭市	横峰街道	石埭村
1158	台州市	温岭市	横峰街道	西洋村
1159	台州市	温岭市	横峰街道	西庄村
1160	台州市	温岭市	横峰街道	下洋林村
1161	台州市	温岭市	横峰街道	长洋村

续表

序号	市	县/区	镇	村
1162	台州市	温岭市	横峰街道	祝家洋村
1163	台州市	温岭市	横峰街道	祝洋村
1164	台州市	温岭市	温峤镇	莞渭童村
1165	台州市	温岭市	温峤镇	横泾堂村
1166	台州市	温岭市	温峤镇	前洋下村
1167	台州市	温岭市	新河镇	城北村
1168	台州市	温岭市	新河镇	南鉴村
1169	台州市	温岭市	新河镇	塘下村
1170	台州市	温岭市	新河镇	长屿村
1171	台州市	温岭市	泽国镇	八份村
1172	台州市	温岭市	泽国镇	茶屿村
1173	台州市	温岭市	泽国镇	池里村
1174	台州市	温岭市	泽国镇	埭头蔡村
1175	台州市	温岭市	泽国镇	戴家村
1176	台州市	温岭市	泽国镇	高坦村
1177	台州市	温岭市	泽国镇	光明村
1178	台州市	温岭市	泽国镇	横径村
1179	台州市	温岭市	泽国镇	洪家村
1180	台州市	温岭市	泽国镇	汇头林村
1181	台州市	温岭市	泽国镇	夹屿村
1182	台州市	温岭市	泽国镇	姜家村
1183	台州市	温岭市	泽国镇	金施村
1184	台州市	温岭市	泽国镇	联树村
1185	台州市	温岭市	泽国镇	楼下张村
1186	台州市	温岭市	泽国镇	马家村
1187	台州市	温岭市	泽国镇	牧南村
1188	台州市	温岭市	泽国镇	牧西村
1189	台州市	温岭市	泽国镇	牧屿村
1190	台州市	温岭市	泽国镇	前岸村
1191	台州市	温岭市	泽国镇	桥林村
1192	台州市	温岭市	泽国镇	三衙桥村

续表

序 号	市	县/区	镇	村
1193	台州市	温岭市	泽国镇	山北社区
1194	台州市	温岭市	泽国镇	沈桥村
1195	台州市	温岭市	泽国镇	双峰村
1196	台州市	温岭市	泽国镇	水澄村
1197	台州市	温岭市	泽国镇	腾蛟社区
1198	台州市	温岭市	泽国镇	五里泾村
1199	台州市	温岭市	泽国镇	西桐村
1200	台州市	温岭市	泽国镇	西湾村
1201	台州市	温岭市	泽国镇	下店村
1202	台州市	温岭市	泽国镇	章袁村
1203	台州市	温岭市	泽国镇	樟皇村
1204	台州市	温岭市	泽国镇	长大村
1205	台州市	温岭市	泽国镇	郑家村
1206	台州市	温岭市	泽国镇	珠山村
1207	台州市	温岭市	泽国镇	渚里村
1208	台州市	仙居县	下各镇	湖淇园村
1209	台州市	仙居县	下各镇	怀仁路南村
1210	台州市	仙居县	下各镇	黄梁陈村
1211	台州市	仙居县	下各镇	西垟村
1212	台州市	仙居县	横溪镇	坎头村
1213	台州市	玉环县	楚门镇	胡新村
1214	台州市	玉环县	楚门镇	筠岗村
1215	台州市	玉环县	楚门镇	吴家村
1216	台州市	三门县	海游街道	城西村
1217	台州市	三门县	海游街道	祥和村
1218	丽水市	缙云县	东渡镇	东渡村
1219	丽水市	缙云县	东渡镇	兰口村
1220	丽水市	缙云县	壶镇	北山村
1221	丽水市	缙云县	壶镇	团结村
1222	丽水市	缙云县	壶镇	应庄村
1223	丽水市	缙云县	新碧街道	黄碧街村

续表

序　号	市	县/区	镇	村
1224	丽水市	缙云县	新建镇	笕川村
1225	丽水市	缙云县	新建镇	洋山村
1226	丽水市	景宁畲族自治县	红星街道	城北村
1227	丽水市	景宁畲族自治县	红星街道	王金洋村
1228	丽水市	莲都区	岩泉街道	九里村
1229	丽水市	莲都区	紫金街道	水东村
1230	丽水市	龙泉市	安仁镇	黄石玄村
1231	丽水市	龙泉市	剑池街道	南秦村
1232	丽水市	龙泉市	剑池街道	松溪弄村
1233	丽水市	青田县	瓯南街道	水南村
1234	丽水市	青田县	祯埠乡	小群村
1235	丽水市	庆元县	松源镇	五一村
1236	丽水市	松阳县	大东坝镇	西山村
1237	丽水市	松阳县	古市镇	筏铺村
1238	丽水市	松阳县	西屏街道	北山村
1239	丽水市	云和县	白龙山街道	高胥村
1240	丽水市	云和县	白龙山街道	河上村
1241	丽水市	云和县	凤凰山街道	巧云村
1242	丽水市	景宁畲族自治县	红星街道	岭北村
1243	丽水市	龙泉市	西街街道	河星村
1244	丽水市	松阳县	西屏街道	一村
1245	丽水市	松阳县	古市镇	上河村
1246	丽水市	松阳县	古市镇	庄门村
1247	丽水市	松阳县	大东坝镇	牛角圩村
1248	丽水市	松阳县	赤寿	半古月村
1249	丽水市	松阳县	叶村乡	叶村村
1250	丽水市	缙云县	东渡	雅村村
1251	丽水市	缙云县	新碧街道	黄碧村村
1252	丽水市	缙云县	新碧街道	新西村
1253	丽水市	缙云县	新建	新建村

2018年浙江省电商镇名单

序 号	市	县/区	镇
1	杭州市	江干区	笕桥镇
2	杭州市	江干区	九堡镇
3	杭州市	临安区	昌化镇
4	杭州市	临安区	高虹镇
5	杭州市	临安区	清凉峰镇
6	杭州市	临安区	於潜镇
7	杭州市	西湖区	三墩镇
8	杭州市	萧山区	党山镇
9	杭州市	萧山区	党湾镇
10	杭州市	萧山区	宁围镇
11	杭州市	萧山区	闻堰镇
12	杭州市	萧山区	新街镇
13	杭州市	萧山区	新塘街道
14	杭州市	萧山区	义桥镇
15	杭州市	萧山区	益农镇
16	杭州市	余杭区	良渚街道
17	杭州市	余杭区	乔司街道
18	杭州市	余杭区	塘栖镇
19	宁波市	慈溪市	庵东镇
20	宁波市	慈溪市	附海镇
21	宁波市	慈溪市	观海卫镇
22	宁波市	慈溪市	横河镇
23	宁波市	慈溪市	龙山镇
24	宁波市	慈溪市	桥头镇
25	宁波市	慈溪市	逍林镇
26	宁波市	慈溪市	新浦镇
27	宁波市	慈溪市	长河镇
28	宁波市	慈溪市	掌起镇
29	宁波市	慈溪市	周巷镇

续表

序号	市	县/区	镇
30	宁波市	慈溪市	宗汉街道
31	宁波市	海曙区	高桥镇
32	宁波市	海曙区	古林镇
33	宁波市	宁海县	西店镇
34	宁波市	鄞州区	姜山镇
35	宁波市	余姚市	低塘街道
36	宁波市	余姚市	朗霞街道
37	宁波市	余姚市	梨洲街道
38	宁波市	余姚市	泗门镇
39	温州市	苍南县	金乡镇
40	温州市	苍南县	灵溪镇
41	温州市	苍南县	龙港镇
42	温州市	乐清市	北白象镇
43	温州市	乐清市	柳市镇
44	温州市	鹿城区	双屿街道
45	温州市	鹿城区	藤桥镇
46	温州市	瓯海区	郭溪街道
47	温州市	瓯海区	潘桥街道
48	温州市	平阳县	昆阳镇
49	温州市	平阳县	万全镇
50	温州市	瑞安市	东山街道
51	温州市	瑞安市	飞云街道
52	温州市	瑞安市	马屿镇
53	温州市	瑞安市	上望街道
54	温州市	瑞安市	莘塍街道
55	温州市	瑞安市	塘下镇
56	温州市	瑞安市	仙降街道
57	温州市	永嘉县	东瓯街道
58	温州市	永嘉县	桥下镇
59	嘉兴市	海宁市	丁桥镇
60	嘉兴市	海宁市	海昌街道

续表

序号	市	县/区	镇
61	嘉兴市	海宁市	海洲街道
62	嘉兴市	海宁市	斜桥镇
63	嘉兴市	海宁市	许村镇
64	嘉兴市	海宁市	盐官镇
65	嘉兴市	海宁市	袁花镇
66	嘉兴市	海宁市	长安镇
67	嘉兴市	海宁市	周王庙镇
68	嘉兴市	平湖市	当湖街道
69	嘉兴市	平湖市	独山港镇
70	嘉兴市	平湖市	新埭镇
71	嘉兴市	桐乡市	崇福镇
72	嘉兴市	桐乡市	大麻镇
73	嘉兴市	桐乡市	濮院镇
74	嘉兴市	桐乡市	洲泉镇
75	嘉兴市	秀洲区	洪合镇
76	湖州市	安吉县	递铺镇
77	湖州市	南浔区	和孚镇
78	湖州市	南浔区	南浔镇
79	湖州市	吴兴区	八里店镇
80	湖州市	吴兴区	织里镇
81	绍兴市	诸暨市	草塔镇
82	绍兴市	诸暨市	大唐镇
83	绍兴市	诸暨市	山下湖镇
84	金华市	东阳市	南马镇
85	金华市	浦江县	浦南街道
86	金华市	武义县	白洋街道
87	金华市	武义县	桐琴镇
88	金华市	义乌市	北苑街道
89	金华市	义乌市	城西街道
90	金华市	义乌市	稠江街道
91	金华市	义乌市	福田街道

续表

序 号	市	县/区	镇
92	金华市	义乌市	后宅街道
93	金华市	义乌市	江东街道
94	金华市	义乌市	廿三里街道
95	金华市	义乌市	苏溪镇
96	金华市	永康市	东城街道
97	金华市	永康市	古山镇
98	金华市	永康市	江南街道
99	金华市	永康市	前仓镇
100	金华市	永康市	石柱镇
101	金华市	永康市	唐先镇
102	金华市	永康市	西城街道
103	金华市	永康市	象珠镇
104	金华市	永康市	芝英镇
105	衢州市	开化县	华埠镇
106	台州市	黄岩区	新前街道
107	台州市	黄岩区	院桥镇
108	台州市	椒江区	洪家街道
109	台州市	临海市	杜桥镇
110	台州市	临海市	古城街道
111	台州市	路桥区	峰江街道
112	台州市	路桥区	金清镇
113	台州市	路桥区	新桥镇
114	台州市	天台县	白鹤镇
115	台州市	天台县	洪畴镇
116	台州市	天台县	三合镇
117	台州市	天台县	坦头镇
118	台州市	温岭市	城北街道
119	台州市	温岭市	城东街道
120	台州市	温岭市	城西街道
121	台州市	温岭市	大溪镇
122	台州市	温岭市	横峰街道

续表

序　号	市	县/区	镇
123	台州市	温岭市	温峤镇
124	台州市	温岭市	新河镇
125	台州市	温岭市	泽国镇
126	台州市	仙居县	下各镇
127	台州市	玉环县	楚门镇
128	丽水市	缙云县	壶镇
129	丽水市	松阳县	古市镇
130	丽水市	景宁畲族自治县	景宁畲族自治县红星街道

浙江省商务厅公布2018年浙江省电子商务示范产业基地名单

东方电子商务园
杭州市西湖区文三街电子信息街
杭州北部软件园
宁波电商城(含江北和海曙两区)
宁波软件与服务外包产业园
金华市区电子商务产业基地
中国小商品城·网商服务区
中国(杭州)跨境电子商务综合试验区·萧山园区开发区产业园(新增)
宁波·镇海329创业社区(新增)
温州鹿城跨境电子商务产业园(新增)

浙江省商务厅公布全省重点跨境电子商务服务项目和服务企业名单

（排名不分先后）

重点服务项目		
序　号	企业名称	服务项目
1	浙江国贸云商企业服务有限公司	跨境电商 综合服务平台
2	阿里巴巴(中国)网络技术有限公司	天猫出海
3	网易无尾熊(杭州)科技有限公司	全球工厂店
4	合丰信息科技(金华)有限公司	浙江跨境电商北美售后服务中心、体验展示中心
重点服务企业		
(一) 全省性重点服务企业		
序　号	企业名称	主要服务类别
1	阿里巴巴(中国)网络技术有限公司 (全球速卖通事业部)	第三方平台
2	杭州联络互动信息科技股份有限公司 (新蛋网)	第三方平台
3	杭州嘉云数据科技有限公司	第三方平台
4	杭州子不语网络科技有限公司	第三方平台及供应链合作
5	浙江执御信息技术有限公司	自建平台及供应链合作
6	中国邮政速递物流股份有限公司浙江省分公司(含各地分公司)	物流　海外仓
7	中外运空运发展股份有限公司浙江分公司	物流　海外仓
8	百世物流科技(中国)有限公司	物流　海外仓
9	浙江顺丰速运有限公司	物流　海外仓
10	心怡科技股份有限公司	物流　海外仓

续表

序　号	企业名称	主要服务类别
11	杭州佳成国际物流股份有限公司	物流　海外仓
12	杭州泛远国际物流股份有限公司	物流　海外仓
13	深圳海邑海外仓科技有限公司杭州分公司	物流　海外仓
14	深圳市递四方速递有限公司(杭州、宁波、温州、义乌分公司)	物流　海外仓
15	遨森电子商务股份有限公司	物流　海外仓
16	宁波发现国际物流有限公司	物流　海外仓
17	商翔集团有限公司	物流　海外仓
18	杭州呼嘭智能技术有限公司	支付结算
19	连连银通电子支付有限公司	支付结算
20	杭州姆珉网络科技有限公司	支付结算
21	浙江圣云通网络科技有限公司	代运营、物流　海外仓
22	宁波世贸通国际贸易有限公司	综合性服务
（二）区域性重点服务企业		
1	平湖相伴宝产业链信息科技有限公司	行业平台及供应链
2	杭州伯恒进出口有限公司	物流　海外仓
3	杭州唛客网络科技有限公司	物流　海外仓
4	杭州佰首物流科技有限公司	物流　海外仓
5	杭州海仓科技有限公司	物流　海外仓
6	杭州橙子信息科技有限公司	物流　海外仓
7	建德市勇华电器有限公司	物流　海外仓
8	宁波旭日嘉辉供应链管理有限公司	物流　海外仓
9	宁波瑞元利亨贸易有限公司	物流　海外仓
10	宁波豪雅进出口集团有限公司	物流　海外仓
11	温州市金耀国际贸易有限公司	物流　海外仓
12	科劳斯(浙江)海外仓服务有限公司	物流　海外仓
13	德洋科技(湖州)有限公司	物流　海外仓
14	嘉兴环洋电商物流服务有限公司	物流　海外仓
15	金华市金易捷供应链管理有限公司	物流　海外仓
16	舟山陆港物流有限公司	物流　海外仓

续表

序　号	企业名称	主要服务类别
17	浙江出海数字技术有限公司	代运营
18	杭州峰澜信息科技有限公司	代运营
19	杭州海赢科技有限公司	代运营
20	杭州信天翁电子商务有限公司	代运营
21	杭州启迪电子商务有限公司	代运营
22	浙江速通天呈商务服务股份有限公司	代运营
23	宁波布兰德电子商务有限公司	代运营
24	宁波博洛尼电器有限公司	代运营
25	绍兴盈科商务信息咨询有限公司	代运营
26	绍兴橙果网络科技有限公司	代运营
27	浙江嵊州云电商信息科技产业园有限公司	代运营
28	浙江英卡顿网络科技有限公司	代运营
29	浙江助翔网络科技有限公司	代运营
30	义乌乾玺电子商务服务公司	代运营
31	义乌市丹源信息技术有限公司	代运营
32	衢州英快尔电子商务有限公司	代运营
33	宁波必创网络科技有限公司	综合性服务
34	台州云动力电子商务有限公司	综合性服务
35	温州通邮跨境电子商务有限公司	其他服务
36	三源科技(诸暨)有限公司	其他服务
37	诸暨讯驰电商园管理有限公司	其他服务
38	嘉兴赢享汇网络科技有限公司	其他服务
39	义乌市跨境电商供应链管理有限公司	其他服务

浙江省商务厅公布首批浙江省公益性农产品市场

浙江省公益性农产品市场(批发)名单

序 号	地 市	市场名称
1	杭州	浙江新农都物流中心
2	宁波	宁波水产品批发市场
3	温州	温州菜篮子农副产品批发交易市场
4	嘉兴	嘉兴蔬菜批发交易市场
5	嘉兴	嘉兴水果市场
6	湖州	浙江新农都长兴农副产品批发市场
7	湖州	湖州浙北农副产品交易中心
8	绍兴	嵊州市浙东农副产品物流中心
9	衢州	衢州新农都
10	衢州	衢州农商城
11	舟山	舟山水产品中心批发市场
12	台州	台州(中国)农港城
13	丽水	庆元香菇市场

浙江省公益性农产品市场(零售)名单

序 号	地 市	市场(企业)名称
1	杭州	杭州联华华商集团有限公司
2	温州	浙江人本超市有限公司

续表

序号	地市	市场(企业)名称
3	湖州	湖州鲜绿多健康农产品产业发展有限公司
4	湖州	安吉志宇农产品配送有限公司
5	绍兴	绍兴市市场开发服务有限公司东街市场
6	金华	浙江福泰隆连锁超市有限公司
7	金华	金华市市场发展集团有限公司兰溪门农贸市场
8	衢州	衢州东方商厦有限公司
9	衢州	江山市慧施商贸有限公司

图书在版编目（CIP）数据

浙江商务年鉴. 2019 /《浙江商务年鉴》编辑委员会编. —杭州 ：浙江人民出版社，2019.11

ISBN 978-7-213-09526-9

Ⅰ. ①浙… Ⅱ. ①浙… Ⅲ. ①商务-浙江-2019-年鉴 Ⅳ. ①F727.55-54

中国版本图书馆CIP数据核字(2019)第235483号

浙江商务年鉴2019

《浙江商务年鉴》编辑委员会　编

出版发行	浙江人民出版社（杭州市体育场路347号　邮编　310006） 市场部电话:(0571)85061682　85176516
责任编辑	王　芸
责任校对	戴文英
封面设计	王　芸
责任印务	刘彭年
电脑制版	杭州兴邦电子印务有限公司
印　　刷	杭州富春印务有限公司
开　　本	889毫米×1194毫米　1/16
印　　张	44.25
字　　数	1360千字
插　　页	48
版　　次	2019年11月第1版
印　　次	2019年11月第1次印刷
书　　号	ISBN 978-7-213-09526-9
定　　价	260.00元

宁波大榭开发区

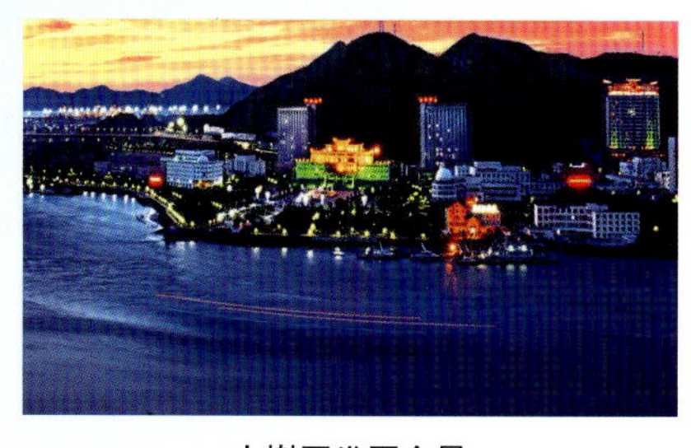

大榭开发区全景

宁波大榭开发区（以下简称大榭）由本岛和穿鼻岛、外神马岛、长腰剑岛等小岛组成，总面积35.2平方公里，常住人口4.7万人，下辖1个街道和7个社区、5个村、16个经济合作社。1993年3月，国务院批复同意大榭享受实行国家级经济技术开发区政策。

依托得天独厚的区位条件和港口岸线资源，大榭高起点规划、高品位建设、高效能管理，积极践行“亩均论英雄”理念，以集约高效发展打造区域核心竞争力。区内汇聚了中海油、中石化、中石油、万华化学、东华能源、招商国际等一批具有全球影响力的石油化工企业、油气贸易商和码头运营商，已形成以万华化学为主导的聚氨酯全产业链、以中海油大榭石化为主导的油品全产业链和以东华能源为主导的轻烃全产业链。全岛拥有深水岸线10.7公里，已建成各类码头泊位40座、万吨级以上码头泊位21座（占全市21%）和世界同类最大的原油码头、集装箱码头和液体化工码头，建成中石化、中石油、中海油三大油品仓储中转基地，油气资源储存能力超过600万立方米，成为我国重要的原油进口基地和最大的液化石油气集散中心。2018年4月27日，大榭港区成为全国首个通过世卫组织复核验收的国际卫生海港。

大榭秉持以人民为中心思想，在保持经济高质量发展的同时，推动开发成果全民共享。近年来，大榭以全域城市化为目标，不断提升城市建设水平和功能承载力，先后建成了大榭一桥、大榭二桥两座跨海大桥，大剧院、医院、体育馆、游泳馆、图书馆（青少年宫）等一批基础设施和天然气进岛、大工业供水、公共管廊等项目工程。每年实施一批民生幸福工程，全区教育、医疗、就业、交通等公共服务供给统筹推进，群众的共享度、幸福度、满意度持续提升。根据区域产业特点，高度重视安全生产工作和生态环境建设，空气质量优良率连续多年位居全市前列。

经过26年开发建设，大榭已经发展成为全国全省单位投资产出最高的地区之一，国家七大石化产业基地、全球第一大港宁波舟山港的重要组成部分。2018年，大榭深入实施“五新发展计划”，经济社会高质量稳健发展，实现地区生产总值333.1亿元，同比增长4.5%；财政总收入166亿元，同比增长18.6%；公共财政预算收入79.4亿元，同比增长21.8%；工业总产值666.8亿元，同比增长11.1%；固定资产投资35.9亿元，同比增长54.1%；实际利用外资1亿美元；进出口总额337亿元，同比增长17.5%；商品销售额2707亿元，同比增长14.6%；港口货物吞吐量9747万吨，同比增长6.5%；集装箱吞吐量345万标箱，同比增长9.1%；跨境电商出口贸易额4.3亿美元，同比增长20.1%。地区生产总值、工业总产值、进出口总额分别首次突破300亿、600亿、300亿元大关，财政总收入、公共财政预算收入、商品销售额、港口货物吞吐量、集装箱吞吐量再创历史新高。“亩均论英雄”5项评价指标增幅均在10%以上，其中全员劳动生产率、亩均工业增加值两项评价指标位居全市第一。在全国219家国家级经开区综合发展水平考核中名次大幅提升43位，位列宁波4家国家级经开区第2位；在全国601家规模以上化工园区中位列第7，石化利润率、单位面积利润两项排名位居第2位。

接下来，大榭将围绕省、市发展大局，抢抓长江三角洲区域一体化发展上升为国家战略和浙江自贸区赋权拓区机遇，积极投身浙江实施“八八战略”、开展“两个高水平”建设，宁波“六争攻坚、三年攀高”行动，坚定推进“五新发展计划”，推动经济发展水平、企业创新水平、城区建设水平三个显著提升，实现质量效益水平、改革开放水平、产业能级水平三个走在前列。重点建设以大榭石化五期项目、万华高性能材料研究院及产业化项目、东华能源丙烷资源综合利用系列项目为代表的总投资600亿元重大项目，全面启动穿鼻岛综合开发，全力争取纳入自贸区拓区范围，建设国际能源贸易岛和能源化工贸易中心。到2022年，确保地区生产总值达到500亿元，财政总收入达到250亿元，现代服务业营业收入达到4000亿元；工业总产值达到1200亿元，进入千亿元大关；港口货物吞吐量达到1.3亿吨，迈入亿吨大港行列，构建集研发、生产、销售、贸易、仓储、物流于一体的高质量、全链条并具有较强国际竞争力的现代临港产业体系和国家省市“亩产高地”，为全市走在高质量发展前列作出新的更大贡献。

美丽家园

小镇客厅

浙江空港培训基地

建德经济开发区

通用航空产业创新服务综合体

浙江省建德经济开发区位于建德市西南部，距杭州市136公里，是2002年5月经省政府批准成立的省级经济开发区，开发区经过3次整合提升，目前规划面积为95.88平方公里。自成立以来，开发区紧紧围绕“建区造城、融合发展”的工作思路，已形成通用航空、新能源、新材料、健康养生、生物医药、建材机械等产业为主导的经济平台。2018年开发区实现规模以上工业增加值

82.62亿元，进出口总额10.74万美元，税收收入28.99亿元，工业投资56.13亿元。

近年来，为了优化产业发展，建德经济开发区以建设“航空小镇”为契机，全力打造省级经济开发区转型升级“浙江样板”。建德航空小镇坐落于浙江省建德经济开发区内，是开发区经济发展的新增长点，规划面积3.57平方公里，控制区域10平方公里。小镇以“通航产业浙江样板、国家级通航产业综合示范区、国际知名航空休闲旅游目的地”为发展定位，围绕通航制造、通航服务和航空休闲旅游三大主题内容，打造“通航创智谷、飞行梦想地”。

“潮起海天阔　扬帆正当时”。当前全国通航产业将迎来史无前例的“黄金时代”，发展空间不可想象。建德经济开发区（航空小镇）定会把握历史机遇，加强平台建设，突出创新驱动，聚焦高质量发展，推进产业转型升级，全力打造改革开放新高地。

浙江传媒学院航空学院挂牌

置信智造谷

中国·建德通航产业国际论坛

建德千岛湖通用机场

慈溪滨海经济开发区

慈溪滨海经济开发区地处慈溪市域最东部，邻近宁波绕城高速，规划总面积168平方公里，现有总人口16.6万人（常住人口6.3万人）。2004年6月，正式启动建设；2014年8月，升级成为省级开发区；同年9月，开发区与龙山镇合署办公，实行“区镇合一”管理体制；2015年6月，中东欧（宁波）工业园正式挂牌落户；2017年，为构建示范“中国制造2025”县市区级发展典范，积极推进中捷（中东欧）国际产业合作园、新材料（石墨烯）产业园、航空产业园3个“园中园”建设；同年10月，中捷（宁波）产业合作

园正式被省政府批复。2018 年，园区实现工业总产值 720 亿元，规模以上工业产值 368 亿元，固定资产投资 23 亿元，引进内资 23.3 亿元，实到内资 3769 万美元。

慈溪滨海经济开发区是慈溪当前及中远期最重要、最具潜力的产业大平台，也是宁波海洋经济及环杭州湾产业带的核心环节之一，并纳入宁波市重大产业区块整体规划；域内龙山镇是省级中心镇、省级文明镇和省级旅游强镇。经过多年发展，区域工业体系日益完善，已形成家电电子、毛绒化纤、机械装备、汽车零部件等多个优势产业集群，域内企业总数超过 3000 家，开发区一、二期区块 22 平方公里全面建成，现有落户企业 345 家、投产企业 323 家，三、四期区块 20 平方公里加快集聚新兴产业项目，海尔集团、丰树（新加坡）集团、太平鸟公司、中捷（中东欧）产业园等重大平台项目投资落户。综合考虑未来发展趋势和发展条件，围绕“做大做强、开放发展、产城融合、宜居宜业”总体方向，开发区将向着“一带一路”国际合作示范平台、“中国制造 2025”实践基地、生态一流的开发园区、产城融合的现代化滨海新城的目标努力前进。

2018年3月13日下午，瓯海区委书记娄绍光专题调研瓯海经济开发区。

瓯海经济开发区

2018年1月3日，温州市人大代表团30余人莅临瓯海眼镜小镇开展“比学赶超”现场观摩活动，前右一：区人大常委会主任吴宏儒。

瓯海经济开发区创建于1992年10月，1994年8月经省人民政府批准为省级经济开发区。2003年国家对经开区(工业园区)清理整顿，形成了“一区六园”的发展格局，“一区”即瓯海经济开发区，“六园”即三溪工业园、娄桥工业园、新桥工业园、梧田工业园、梧白工业园、仙岩工业园，总规划面积18.37平方公里(实际管辖范围)；2012年经浙江省人民政府批复，整合提升区域范围为50.66平方公里；2016年，根据市委、市政府产业平台整合提升要求进一步完善，规划面积50.5平方公里。瓯海经开区东邻温州生态园、南至仙岩街道、西联瞿溪街道、北接温州城区，地理位置优越，交通便利发达，距温州机场、温州港、温金铁路客运站等交通枢纽均在30千米以内，金丽温、甬台温高速公路在开发区梧白工业园南大门交汇，104国道、瓯海大道等城市主干道贯穿辖区全境，与城区交通网络相连。

瓯海经济开发区作为瓯海区经济发展的主阵地，以鞋革、服装、眼镜、汽摩配、电器等产业为主，拥有森马集团有限公司、德赛集团有限公司、温州市亨达眼镜有限公司、温州市冠盛汽车零部件集团股份有限公司、温州兴机电器有限公司、浙江中立集团有限公司、浙江朝隆纺织机械股份有限公司等一批知名企业，规模以上工业产值占瓯海区的70%以上，拥有“中国锁都”“中国眼镜生产基地”等称号。2018年，瓯海经开区有生产企业1146家，规模以上工业企业309家，实现规模以上工业总产值345.53亿元，同比增长14.92%。

2018年2月7日，温州医科大学附属眼视光医院院长、眼镜小镇名誉镇长瞿佳一行来瓯海调研瓯海眼镜小镇。右一为瞿佳。

2018年3月6日，中组部组织二局副局长孙智宏、六处副处长鲍忠敏一行莅临瓯海眼镜小镇，调研基层党组织建设情况。右一为鲍忠敏，左二为瓯海区委书记娄绍光。

2018年11月29日，温州·瓯海成功举办第三届凤凰都市LED媒体行业高峰论坛，这是该论坛第一次走出北京来到温州瓯海，由温州市瓯海区人民政府、凤凰都市传媒有限公司主办，中共温州市委宣传部、温州市市场监督管理局协办，浙江省瓯海经济开发区管委会等承办。

2018年9月15日，第十届全国大学生广告艺术大赛策划案现场决赛在温州广播电视传媒集团演播厅举行。

安吉经济开发区

安吉经济开发区（以下简称开发区）成立于1992年，1994年8月经浙江省人民政府批准为省级经济开发区，后历经多次体制、区域调整，安吉经济开发区不断发展壮大，从2008年起连续10年跻身省级开发区十强，规模以上工业企业数量、工业增加值、财政收入均占全县一半左右。2017年2月，开发区启动新一轮体制调整，原安吉县孝源街道纳入开发区管辖，实行“一区二街道”新体制。目前，开发区辖35个行政村（社区）和3个城市居民社区；区域面积287平方公里，占全县的1/7；户籍人口8.2万人，占全县的1/6。

灵芝塔、上港码头

开发区包括高新技术产业园区、教科文新区、绿色家居产业园区三大核心产业园区，拥有规模以上工业企业260余家，主要发展绿色家居、装备制造、健康医药、电子信息及生产性服务业。高新技术产业园区：区域面积31

平方公里，以引进装备制造、健康医药、电子信息等高新技术产业为主，学习上海张江高科技园区发展模式，着力打造安吉的硅谷、药谷、创新高地。累计完成基础设施投入40亿元，落户企业200余家，其中有养生堂、敏实、格力等一批重大产业项目。教科文新区：规划面积36.9平方公里，属于新开发平台，学习东莞松山湖新城模式，着力打造教科文一体的产城综合体。现拥有浙江科技学院（安吉校区）、浙江省自然博物园等省级重点项目及中南百草园景区。

安工

绿色家居产业园区：规划面积24.9平方公里，以打造世界级椅艺小镇为目标，学习意大利米兰模式，走传统产业向时尚产业的转型之路，主要引进和培育壮大椅业为主的家居产业。累计完成基础设施投入35亿元，落户企业210余家，其中有上市公司中源家居和盛信家居、德慕家具等一批椅业成长企业，新引入护童、科尔卡诺等行业知名企业。

2018年，开发区完成财政收入34.97亿元，同比增长13.1%；完成实到外资8900.46万美元，新引进固投20亿元以上项目1个，认定大好高项目15个；完成规模以上工业总产值342.6亿元，同比增长15.6%。各项主要经济指标均超额完成任务。

2019年，安吉经济开发区将以质量为主题，“抓六重”“补六短”，在奔跑中调整呼吸，开创高质量发展新局面。

苕溪美景

吴兴经济开发区

浙江吴兴经济开发区于2015年12月21日经省政府批准设立，在吴兴工业园基础上，整合毗邻的埭溪分区区块，形成以吴兴工业园为基础，以埭溪分区为重要组成部分，总规划面积为19.35平方公里的“一区两片”发展的新格局，其中吴兴工业园面积为11.35平方公里，南至318国道，北至申苏浙皖高速公路，西至八里店镇界，东至栋梁路东边河道；埭溪分区面积为8平方公里，东至东苕溪，南至下沈河、往圻自然村，西至埭芳线，北至丰华矿。

自2015年成立以来，吴兴经济开发区已形成了智能装备、美妆、童装等优势主导产业。2015年，织里童装电商产业园成功入选省级电子商务示范基地和省AAAA级电商产业基地；2017年10月省级中韩产业园正式由省政府批准成立，“化妆品行业领袖峰会”永久会址落户美妆小镇。截至2017年底，织里分区童装类网店达7135家，在线销售额累计超过200亿元；埭溪分区依托中国化妆品生产基地，引进百E国际、上美化妆品等重大项目，销售额已突破2亿元。

吴兴经济开发区区位优势得天独厚，地处长三角经济圈、环杭州湾产业带和环太湖经济圈黄金腹地，紧邻湖州市主城区，南靠318国道，北临湖织大道，长湖申航道沿区顺势而流，申嘉湖高速和申苏浙皖高速为园区产业发展提供了便捷陆路交通。

开发区至湖州高铁站仅20公里，随着湖苏沪城际铁路的规划建设，园区至上海仅需30分钟。以150公里为半径，园区可以覆盖上海港、宁波港和乍浦港三个大型港口，以及虹桥机场、浦东机场、萧山机场等几大重要航运中转中心，辐射范围大。得天独厚的区位交通优势，以及公、铁、水、航空立体化交通网络的形成，为园区产业发展提供了夯实的基础条件。

园区成立以来，各区块基础设施建设快速推进，区域承载力进一步增强；经济保持持续快速发展态势，经济规模总量进一步扩大；转型升级步伐加快，产业结构进一步优化，已成为湖州临港产业带、国家生态文明先行示范区建设及浙北区域开发主要组成部分。

织里分区是国内最大的品牌童装生产基地，童装年产值超500亿元，产量占全国50%以上，培育了包括布衣草人、今童王在内的40多个国内知名童装品牌；也是全国最大的品牌羊绒服饰生产基地，拥有珍贝、米皇、帕罗等国内前十的羊绒服饰品牌。

化妆品行业领袖峰会永久会址落户

2017年9月24—26日，第三届化妆品行业领袖峰会在美妆小镇举行。在这次峰会上，化妆品行业领袖峰会永久会址落户在位于吴兴区经济开发区埭溪分区的中国美妆小镇，以后每年的化妆品行业领袖峰会都将在这儿举办，这标志着美妆小镇成为国际化妆品行业的“新地标”。

化妆品博物馆

正在建设中的中国美妆小镇化妆品博物馆。该馆占地面积16752平方米，总建筑面积10484平方米，总投资1亿元，是集收藏、保护、研究、教育、服务、展览于一体的公益性文化中心，建成之后将成为全国乃至全球最大的化妆品主题博物馆。

中国美妆小镇

自创建以来，美妆小镇依托市场化招商模式，累计签约项目37个，其中产业项目26个，计划总投资约150亿元。产业涵盖化妆品研发、生产、原料、包装、物流仓储、辐照杀菌、线上线下销售等，化妆品全产业链已初步成型。韩国第三大化妆品企业韩佛、亚洲最大的化妆品包材企业衍宇、意大利知名品牌VIRIDIS（薇芮氏）、国内化妆品龙头企业上海上美、中国化妆品零售连锁先锋娇兰佳人、国内顶级化妆品电商百e国际等的入驻，基本奠定小镇领军企业群，时尚美妆产业集聚加快发展态势明显。

织里专题报道

2018年织里镇作为全国唯一一个乡镇改革开放40周年样板区，《新闻联播》《焦点访谈》《人民日报》等24家中央及省级媒体集中进行《壮阔东方潮 奋进新时代》专题报道。

桐乡经济开发区

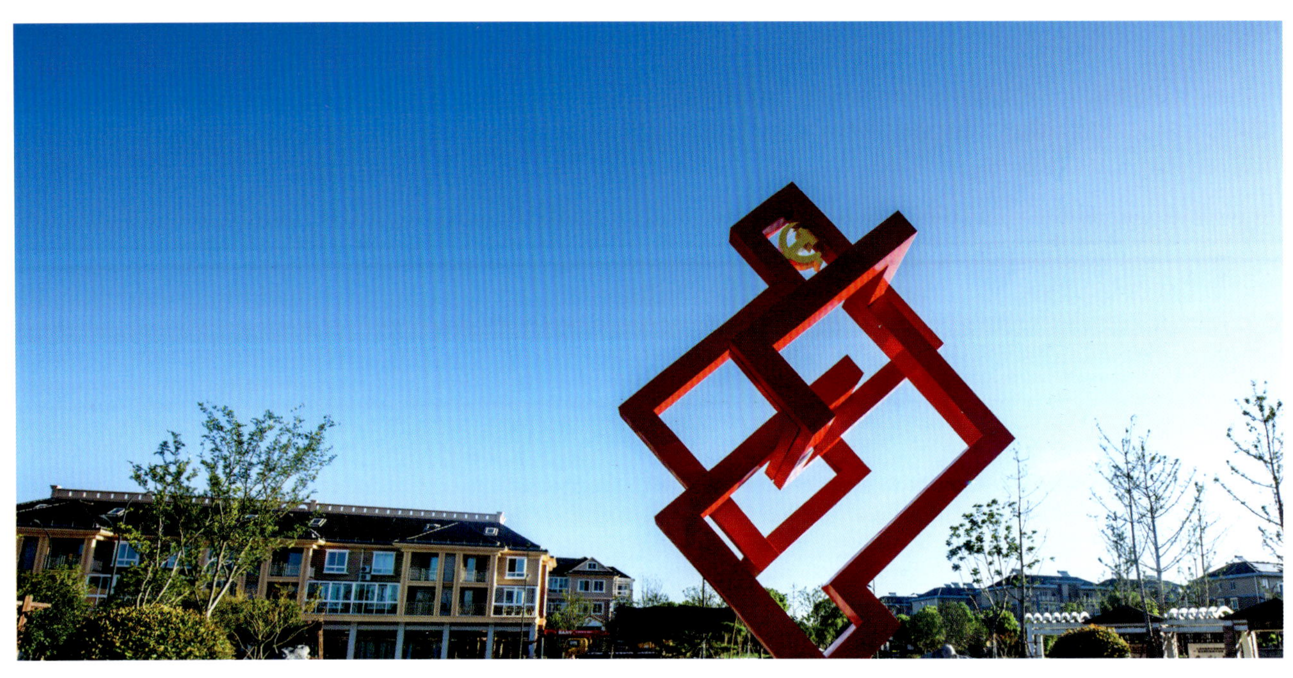

党建引领三治融合

浙江省桐乡经济开发区成立于1992年7月，1993年11月经省人民政府批准为浙江省首批省级经济开发区。2005年12月，国家发改委核准面积7.23平方公里。整合提升区总规划面积为152.34平方公里，现已开发面积60平方公里。地处上海一小时经济圈和杭州半小时经济圈范围，拥有高速、高铁“双门户”，交通十分便捷，是桐乡市经济发展的主平台、主战场。2018年，桐乡经济开发区完成地区生产总值610.2亿元，规模以上工业总产值1324亿元，完成全社会固定资产投资264亿元。连续3年位居省级开发区排名前三甲，先后荣获省环境竞争力十强开发区、省级优秀开发区、省级工业循环经济示范园区、省级知识产权示范园区、首届浙江开发区特别贡献（转型

开发区立交桥

合众汽车

标杆）奖等荣誉称号。

开发区（高桥街道）根据乌镇大道科创集聚区建设的要求，围绕“两纵五横”的规划布局，大手笔提升平台承载能力。在持续提升浙江省工业循环经济示范园区、浙江省知识产权示范园区、浙江省外商投资新兴产业基地、浙江省开发区特色品牌园区、国家级玻璃纤维出口示范基地等基础上，加快推进乌镇大数据高新技术产业园区、省级新能源汽车智造小镇建设步伐，同时大力推进新材料产业园、中韩产业园、新经济小镇、科创小镇建设。紧紧围绕以先进制造业为核心的实体经济，大力发展以汽车汽配为主的高端装备制造业、新材料、数字经济和现代服务业四大主导产业开展招商选资和产业培育。2018 年高端装备制造业和数字经济产业产值分别达到 122.5 亿元和 68.9 亿元，分别增长 25.4% 和 38.4%；产业增加值分别达到 27 亿元和 15.4 亿元，分别增长 17.7% 和 23.7%。共有上市企业 12 家，其中桐昆集团排名 2018 年中国民营企业 500 强第 129 位，桐昆集团、振石控股和华友股份分别排名中国民营企业制造业 500 强第 65、第 303 和第 425 位。巨石集团和华友钴业分别是世界最大的玻纤生产企业和中国最大的钴化学品制造商，2018 年巨石集团荣获中国工业大奖。按照“引龙头、强链条、促集聚”的原则，大力开展精准招商，引进了包括合众新能源、轩孚自动变速器、双环传动等一批总投资超过 10 亿元的成长性好、带动力强的优质大项目。2018 年新签内外资项目 26 个，引进世界 500 强项目 2 个、总投资超亿美元及 10 亿元以上项目 6 个。至 2018 年底，区内已建立院士工作站 5 家、博士后工作站 2 家，拥有国家级科技企业孵化器 1 家、国家级众创空间 1 家、国家高新技术企业 80 家、省级企业研究院 10 家（其中重点 2 家）、省级重点实验室 1 家、浙江省科技型企业 139 家、省级高新技术研发中心 30 家、省级以上企业技术中心 12 家。荣获浙江省“四换三名”示范开发区、首届浙江开发区特别贡献（转型标杆）奖、浙江省智慧园区等称号。

高速高铁双门户

高铁桐乡站

巨石集团

2016年2月14日，时任浙江省省长李强（前排右二）视察杭州湾智能装备制造基地并听取相关介绍。

海盐经济开发区

浙江省海盐经济开发区位于杭嘉湖平原腹地，南濒杭州湾，地处长江三角洲地理中心。1994 年 8 月，经浙江省人民政府批准升格为省级经济开发区。开发区核心区域总面积扩大至 58.02 平方公里（其中海盐港区面积 5.43 平方公里），下辖 11 个行政村（社区）和 1 个集镇居委会；2018 年末，全区（街道）常住人口约 8 万人，户籍人口 41103 人。

建区 20 多年，海盐经济开发区不断加大平台建设和招商引资力度，在全省省级开发区综合考核的排名逐年快速上升，2017 年排名第 8 位，连续多年跻身全省开发区第一方阵。

海盐经济开发区具有得天独厚的发展优势。一是交通区位优势。海盐经济开发区位于杭州湾跨海大桥北堍，实现至上海、杭州、宁波、苏州的一小时交通圈，杭浦高速、乍嘉苏高速、杭州湾跨海大桥贯穿全区。距上海虹桥、上海浦东、杭州萧山、宁波砾社四大机场均为 100 公里左右，1 小时 20 分钟内均能到达。沪

杭高铁嘉兴南站距园区仅25分钟车程。二是产业发展优势。目前，核心区共有企业866家，2018年规模以上工业企业99家，亿元以上企业41家，规模以上工业总产值276.35亿元。实现税收总收入15.54亿元，其中地方税收收入4.2亿元。农村居民可支配收入达到37018元，增长8.7%。依托海盐入选全国首批中欧城镇化伙伴关系示范区的重要机遇，吸引了丹麦丹佛斯、德国伍尔特、美国安费诺、威莱克、空气工业公司、法国阿海珐等一大批高精尖外资项目和山鹰纸业、协和薄钢、海利集团、上海城建、上海隧道等行业龙头企业落户。并已初步形成了智能制造、电子仪器仪表、汽车零部件、节能环保和新材料等四大主导产业，主导产业集聚率达到80%以上。三是发展平台优势。截至目前，海盐经济开发区已投入园区基础设施建设资金80多亿元，先后开展了26批次大规模征地拆迁，已征土地39347.11亩，已累计拆迁6186户，其中规划区内农户全部完成征地拆迁。累计建成安置小区12个、共169万平方米，在建3个、共28.5万平方米；已建成八纵九横全长55.41公里的市政道路；城市配套设施完善，新建的文体中心、创业人才公寓、九年一贯制学校、养老中心、主题公园、公共自行车租赁点等配套设施已投入使用，城市公交已经开通，北岸财富广场等商业综合体等均已投入使用。初步形成"一中心+三园区"特色平台，即智能装备创新中心，高端外资集聚区，临港产业园和新经济产业园。

德清（新市）工业园区

浙江德清（新市）工业园区创建于2001年5月，并于2006年8月通过国家发展和改革委员会审核公告的省级开发区（园区），当时核准面积为4.86平方公里，近几年根据园区发展实际，规划面积为6.58平方公里，同时规划了1800亩的化工集中区。德清工业园区现有企业182家，其中规模以上企业69家，形成以高新建材、高端装备、生物医药三大主导产业，纺织、电子物流等传统、特色产业也得到迅速发展。2019年上半年园区工业总产值突破155亿元，规模以上产值88亿元。拓展平台400亩，建成平台150亩。

德清工业园区坚持绿色发展、循环化发展，2017年8月被省发改委确定为循环化改造试点园区。2019年4月，省政府批复同意设立浙江德清经济开发区，规划面积8.89平

方公里。加快平台拓展工作，腾出了乐安村杜家埭组等组近1000亩土地，征用的土地将为新引进的企业预留土地。基础设施建设上，建成了河东路、大桥路、世佳路、田东路、项东路、姚家路等道路与给排水管工程，工作上敢于破难创新，污水“一企一管一表”覆盖全部涉水企业，智能化监控设备为省内首创，对污水有效实现了源头控制，得到省市县领导的高度赞扬。同时对新拓展的区域实施绿化亮化工程，进一步彰显省级开发区的形象，强力推动招商引资工作。

海宁经济开发区

海宁经济开发区鸟瞰

海宁经济开发区成立于1992年8月，1997年12月被浙江省人民政府批准为省级经济开发区，2009年与上海漕河泾新兴技术开发区合作建立漕河泾海宁分区，为浙沪首个国家级开发区合作项目，规划面积15平方公里，致力打造高新技术产业新城。2013年，海宁经济开发区被中国纺织工业联合会授予“时尚品牌产业基地”称号。2014年，被列为第一批产业集群区域品牌建设试点单位、全国首批分布式光伏应用示范基地。2016年，被命名为长江经济带国家级转型升级示范开发区。2017年至2018年，海宁经济开发区已连续两年位列浙江省省级开发区综合考评第2位。

海宁经济开发区区域面积54.2平方公里，下辖18个村（社区），户籍总人口40106人，外来人口86119人，全区共有法人企业2772家，其中工业企业1781家，规模以上企业232家，产值10亿元以上企业5家。2018年实现地区生产总值110.51亿元，同比增长7.5%；实现税收总收入18.09亿元，同比增长10.8%；其中一般公共预算收入9.74亿元，同比增长13.5%；实现规模以上工业总产值280.6亿元，同比增长10.8%；规模以上利税总额31.73亿元，同比增长14.9%，其中利润19.03亿元，同比增长15.7%；居民人均可支配收入4.53万元，同比增长8.1%。

近年来，海宁经济开发区逐渐形成了时尚产业、装备制造及电子信息两大核心产业快速发展的新格局，特别是以泛半导体产业为核心的战略新兴产业得

上海漕河泾开发区海宁分区

海宁（中国）泛半导体产业园一角

建设中的泛半导体产业园

泛半导体产业园部分已建成标准厂房

泛半导体产业园内景

上海漕河泾开发区海宁分区科技绿洲内景

到大力发展，占地1170亩的泛半导体产业园截至2018年底，续建及新建在建面积31.2万平方米，已累计完工面积20.2万平方米，已累计引进泛半导体项目26个，总投资超100亿元。随着泛半导体产业园、中法产学研合作园区、时尚创意产业园、漕河泾科技绿洲等“园中园”建设发展，开发区产业不断“强链、延链、补链”，产业规模进一步扩大，科技水平进一步提升，综合竞争实力进一步增强。吸引了哈工现代、日本JFE、与德通讯、合众思壮、施耐德电气、天通吉成、日本铁三角、德国贝伦、安正时尚等一批世界500强和行业龙头企业落户投资、建立合作。

2018年6月，海宁经济开发区与海昌街道管理体制调整，实施“区街合一”“以区为主”的融合发展新模式。区（街）以管理体制调整为契机，以创建国家级开发区为总目标，明确了“一城三地五区”的总体发展规划，坚持工业强区，以扩容提质、转型发展、产城融合，打造“杭州湾时尚产业基地，智能制造高地和高质量外资集聚地，建设高品质产业新城”；建设“‘芯’兴产业区、国际时尚区、创新合作区、绿色示范区、品质新城区”。“一城三地五区”规划指明了经济开发区今后高质量发展的方向，凝聚起了全区（街）共同奋斗的力量。

秀洲经济开发区

秀洲经济开发区管委会

一、基本情况

浙江秀洲经济开发区（以下简称开发区）位于嘉兴市区西南部的王店镇，在沪杭高速G60和乍嘉苏高速G15w的交汇处，于2016年8月获浙江省政府批复为省级经济开发区。

开发区按照"一个主体、一套班子、多块牌子"原则，采取区镇合一方式，设立浙江秀洲经济开发区管委会。整合嘉兴现代物流园管委会现有机构、班子及工作人员，进行优化设置、调整和充实，与嘉兴现代物流园管委会合署办公。同时，按照政府主导、专业机构参与、市场化运营的管理模式，推动浙江秀洲经济开发区建设。

二、产业情况

开发区的特色产业全国知名。一方面，依托于嘉兴现代物流园，以现代物流为特色的服务业全国知名。坚持高起点规划。立足嘉兴、辐射长三角，建设以培育智慧物流产业为主导、物流资源整合为核心、物流科技应用为支撑；以数字化应用、现代化展示、智能化配送为特色的智慧物流园区。坚持高标准建设。累计投入60多亿元，建成"三横三纵"的路网结构，建成高端仓储等配套145万平方米。在建IPV6国家下一代互联网基础设施平台1个、500吨泊位的公共码头1个。坚持高规格招商。引进各类企业600多家，包括沃尔玛、安博、宝湾、DHL等世界物流巨头和行业龙头，形成了供应链管理、快递业、第三方物流、区域配送、物流科技等现代物流产业。坚持品牌化引领。先后被授予国家交通运输部与浙江省政府联合共建的重点物流基地、浙江省现代服务业集聚示范区等称号，连续7年获得全国优秀物流园区称号，2016年被国家发改委等三部委评为首批国家级示范物流园区。

浙江秀洲经济开发区产业特色鲜明。依托于区位交通优势和独特产业优势，突出"智能、智慧"，构建"先进制造业和现代服务业"互动发展平台。开发区的集成装饰（家居）产业全国知名。产品国内市场份额超70%，拥有A股上市企业1家，"新三版"企业3家，国家高新技术企业12家，形成了集研发、制造、销售和售后服务于一体的智能家居集群基地，是浙江省品牌示范基地、中国集成吊顶产业基地，已列入市级特色小镇。另外，高端装备和新材料也是开发区的发展重点，台华新材料（603055.sh）成功主板上市，振申绝热的泡沫玻璃市场占有率列全国第一。开发区的现代物流业全国知名。依托于嘉兴现代物流园，引进供应链管理、快递业、第三方物流、区域配送、物流科技等现代物流企业。开发区的智能家居产业园全国知名。重点建设智能家居的体验展示中心、中外合作产业园区和电动床总部园区，目前已引进培育了礼恩派、礼海机械、顾家家居等智能家居龙头，形成了集研发、制造、销售和售后服务于一体的智能家居集群基地。

2018年，开发区主要经济指标增幅均在两位数以上，拥有规模以上工业企业62家，实现规模以上工业总产值121.95亿元，规模以上工业增加值31.98亿元，主营业务收入120.73亿元。税收收入10.55亿元，完成固定资产投资34亿元。实现进出口总额73872万美元，完成合同利用外资15284万美元，实际利用外资5569万美元。

三、商务发展情况

（一）流通企业发展情况

开发区内物流产业以嘉兴现代物流园为发展主平台。目前，物流基础设施累计投资65亿元，其中信息化及设备投资额2.37亿元。物流运营占地面积约145万平方米，自动化仓储4.5万平方米，物流专线档口313个，高峰期日进出园区货运卡车数1100辆左右。拥有仓储总面积100万平方米，其中恒温仓储面积10万平方米。安博（嘉兴）物流仓储有限公司建有近10万平方米仓储设施，为DHL、德邦物流、海格物流等量身定制仓储设施；沃尔玛华东配送中心5万平方米仓储设施已为华东

川山甲供应链二期

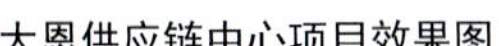

大恩供应链中心项目效果图

嘉海公路

园区航拍

地区共94家门店提供商品分拨和配送服务，年配送额约50亿元人民币；丰树仓储为百世物流提供4万平方米仓储；宝湾供应链为招商路凯、京东等提供近10万平方米的智能仓储。

2018年，园区各类货物吞吐量650.55万吨、快递包裹收发量20181.6万件，从业人员6535人。截至2018年底，已入驻企业605家，全年营业收入和税收分别达到36.82亿元和2.1亿元。业内知名企业沃尔玛、安博仓储、平安不动产、宝湾物流、招商路凯、DHL、德邦、顺丰、申通、圆通、川山甲物资供应链等企业均已入驻园区。据统计，园区拥有世界500强企业5家，AAAAA物流企业7家，AAAA物流企业9家。

（二）服务外包方面

2018年，实现服务外包接包金额3.8亿元，同比增长26.38%，执行金额3亿元，同比增长26.09%，其中离岸执行金额1220万美元，同比增长49.69%。

开发区服务外包特色鲜明，主要以物流服务外包为主。一是供应链解决方案服务，以浙江川山甲供应链打造全球工业辅料分销服务中心为代表，为客户提供原产品采购优化方案、产成品配销解决方案，极大降低制造企业生产、运输和销售成本。国内眼镜电商第一平台可得眼镜网入驻园区，提供个性化采购方案设计，优化物流流程，切实降低企业运行费用和采购成本。二是物流方案优化设计服务，以国家级甩挂试点企业宇石国际货代和伟盛货代等为代表，提供客户进出口代理订舱、报关、进出口接货运和仓储等方面的物流及设计；引进国内公路快运第一的德邦物流、区域落地配丰巢、顺丰等企业，将材料供应商、制造商、销售商和客户连成全产业链网，拓展优化材料供给、生产流通、产品销售等物流供应链，促进制造业、商贸业、物流业三业联动发展。三是业务流程库存优化，引进星雅图供应链、大恩供应链等项目，优化智能家装及智慧物流产业链，改进生产作业流程，提高生产效率。四是物流科技服务，引进北京网能科技等信息科技企业，建设基于IPV6智能交互中心的信息平台，太极云仓正式启用，为物流企业和生产制造企业提供物联网、大数据及云平台等信息系统支持。引进快仓物流机器人项目，以云技术、人工智能为技术支撑，为大型网络电商企业提供智慧化仓储、物流方案。

四、发展方向

下一步，浙江秀洲经济开发区将按照“智能制造高地、智慧物流小镇、生态宜居新城”的定位，紧抓嘉兴市作为浙江省全面接轨上海示范区的契机，大力实施“2020”计划，打造“三个百亿”，构建先进制造业和现代服务业双业互动发展平台，全力拓展三大产业发展功能区。一是长三角智能制造产业集聚区。依托长三角雄厚的产业基础，全面接轨上海示范区的良好机遇，引进智能装饰、装备制造等龙头企业，加快推动先进制造业集群发展、高端发展、品牌发展，全力打造成为实体经济发展的重要支点和基地。二是空港新城枢纽经济区。整合嘉兴市大物流平台，进一步增强临空产业关联度，高标准规划建设，高水平运作管理，全力打造空港枢纽经济区。三是创业创新生态宜居新城。深入实施“创新驱动”战略，高标准建设两创中心、智能制造产业园等平台，积极引进国内外知名企业设立研发中心、地区总部，集聚高端项目、高层次人才，推动高科技成果转化、高新技术产业化，全力打造创业创新生态宜居新城。

到2020年，实现“三个百亿”目标，即累计完成固定资产投资超100亿元，力争150亿元；以智能装饰为主的规模以上工业产值超100亿元，力争150亿元；以智慧物流为主的服务业营业收入超100亿元，力争150亿元。力争引进市外内资100亿元，实到外资3亿美元。实施“2020”计划，培育产值超30亿元企业2家、产值超5亿元企业10家，主板上市企业2家、股改或新三板企业10家，国家重点扶持高新技术企业20家，建成创业创新平台面积10万平方米。实现经济总量翻番，整体实力位列全市前十。

浙江鼎美智装股份有限公司

百步经济开发区

百步镇特色小镇

一、基本情况

2009年，为提升工业发展平台，打造海盐西部经济副中心，海盐在百步工业园区基础上成立了海盐经济开发区百步新区（海盐百步经济开发区）。经过多年的发展壮大，百步经济开发区于2016年8月正式整合设立为省级经济开发区，并于2017年1月挂牌。浙江百步经济开发区位于百步镇中心区域，北至堰桥港、老黄里一带，东至百步亭港一带，南至杭平申线，西至嘉绍高速公路，规划面积约8.4平方公里，形成"一园三片"的空间结构。其中，"一园"指集成家居产业园，"三片"指印刷创意产业片、高端纺织产业片、装备制造产业片。"十二五"以来，新区工业发展迅速，经济活力强劲，已成为海盐西部经济副中心，是海盐县域重要的工业增长极。

开发区重点构筑"1+2+1"的时尚智造产业体系规划园区空间结构。其中第一个"1"指集成家居产业园，规划面积2260亩，包括集成家居1000亩，智能家电760亩，中欧时尚家居500亩，重点发展集成家居产业。"2"指战略先导产业园，规划面积1000亩，主要发展高端装备及新型材料，第二个"1"指总部经济园，规划面积240亩，

生态

主要承载总部经济和工业设计产业发展。

产业特色

二、特色亮点

1. 核心产业源发领先。百步是集成吊顶产业源发基地，被誉为中国集成吊顶第一镇。自2004年首款集成吊顶产品诞生以来，现有集成吊顶企业650余家，各类品牌160余个，国家专利3000多项，国内市场占有率40%以上，形成了完备的集成家居产业链，在研发设计、营销渠道、服务配套、品牌影响、市场战略等方面走在全国前列。中国集成家居产业园加快建设，省重大产业项目——浙江友邦产业运营总部基地项目即将竣工。全国首个集成吊顶地理标志证明商标正式发布，全市唯一一个“浙江省小微企业集聚发展优秀平台”（百步集成家居产业园）顺利获评，行业首个“浙江制造”认证企业（友邦吊顶）获得殊荣。海盐百步集成家居获评“浙江省专业商标品牌基地”。海盐集成家居时尚小镇被列为省级特色小镇培育镇。

2. 重点产业同步发展。纺织化纤产业现有企业72家，以纺纱、合纤、袜业等为基础产业，高分子材料为新兴产业，2018年实现行业产值38亿元。机械装备（核电关联）产业以不锈钢制品为基础产品，向具备核心技术、高附加值的核电关联产业转变，2018年实现行业产值45亿元。印刷产业以商标印刷为主，2018年实现行业产值13亿元，享有“浙南有龙港、浙北有横港”之美誉。

3. 创业创新亮点纷呈。实施新上规企业奖励扶持政策，依托嘉兴市派利企业管理顾问有限公司企业开展小升规培训，累计培育上市企业2家。同步推进小微企业三年行动计划，完成集成家居、印刷产业两创中心建设，同步规划建设高新技术产业孵化园（外商投资企业产业园）。依托商会为企业融资担保3.7亿元，镇商会荣获省工商联规范化建设示范商会。壮大骨干企业，中达特钢公司核级仪表管已向福建福清核电站、海南昌江核电站供货，金元亚麻“机器换人”项目被列入浙江省“机器换人”示范项目，友邦公司成为国家行业发展核心领军企业。累计培育中国驰名商标7个，中国名牌1个，省名牌产品2个，省著名商标1个，高新技术增加值达到18.6%，居全县第一。

4. 设施配套便捷完善。着眼外联内畅，以嘉绍高速公路建成通车为契机，完成百左公路、百左连接线、新盐湖线、海王公路以及老盐湖线主要对外联系通道建设，累计建成城市道路62.5公里。形成“四横三纵”城区路网格局。累计完成基础设施投入10.2亿元，供电、供气、通信、给排水、绿化等基础设施配套齐全。污水日处理60万吨，供水15万吨，污水管网建设实现全覆盖，自来水供水率、生活垃圾无害化处理率、自来水卫生达标率、生活污水达标排放率均达100%。

友邦总部园区

路网

海盐县百步经济开发区——百步集成云馆

嵊州经济开发区

嵊州经济开发区行政驻地位于著名经济学家、教育学家、人口学家马寅初的故乡嵊州浦口，紧邻浙东千年唐诗之路，是嵊州经济建设的主战场和主平台，多年来秉持工业经济发展主线，形成了鲜明的产业特色和扎实的经济基础。

2005 年以来，嵊州经济开发区曾连续 4 年进入全省十强行列，被浙江省人民政府评为优秀开发区；2009 年还被评为“中国最具发展潜力开发区”和“中国最具产业发展特色开发区”。2018 年度浙江省级经济开发区综合考评中，嵊州经济开发区排名第 12 位，较上一年度排名前进 2 位，是继 2017 年度排名前进 2 位之后的又一次进位，实现了两年共进 4 位，开启了奋力争创国家级开发区的嵊州加速度。

嵊州经济开发交通区位优势明显，位于上三高速、甬金高速“十”字相交，104 国道、527 国道、37 省道贯穿全境，与杭、甬、温、金四大都市圈紧密相连，

是“义甬舟开放大通道”的中心节点，是省“四大”建设战略的有利战场，同时随着甬金铁路、杭绍台铁路、杭绍台高速等交通干线和配套设施相继建设，嵊州经开区即将迈入高铁时代。

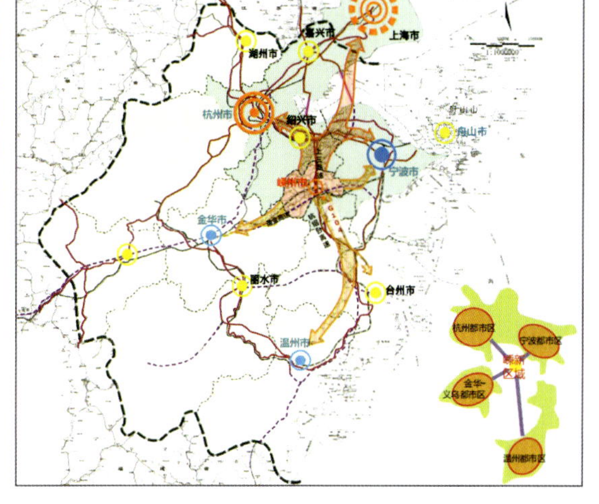

开发区始终坚持以工业经济建设为主业，以产业项目为抓手，深入实施转型升级行动。不断推动领带服饰业向产业链上下游延伸，厨具电机业向智能化高端化方向发展。巴贝工厂化养蚕一期已建成，在杭州举办的“2019全国双创活动周”上，巴贝集团“高密度全龄人工饲料工厂化养蚕”得到李克强总理的高度肯定，并入选2019全国十大颠覆性创新榜，为“中国丝高地”的打造奠定基础。厨具行业集成灶产销量占全国的60%，打出了“集成灶嵊州造”的品牌口号，并通过科技创新引领向“中国厨房”飞跃，其中亿田电器荣获省政府质量奖，帅丰电器已上市报会成功，此外盛泰色织、特种电机2家企业入选国家级“绿色工厂”。

2019年，嵊州市委、市政府提出国家级开发区创建三年行动计划，立足“三大园区”建设，打造“千亩智能厨具产业园”“艇湖新兴产业园”和“万亩千亿通道产业园”，通过布局并完善“1+2+X”的现代产业结构体系，做亮特色产业、扶强支柱产业、壮大新兴产业，最终发展成为长三角一体化协同发展示范区、大通道大湾区建设战略枢纽区以及嵊州迈入综合经济实力县市区全省“30强”的主引擎。

永康经济开发区

永康经济开发区于2002年8月经浙江省批准设立，前身为创建于1999年11月的永康五金科技工业园；2006年经国务院核准开发面积8.6平方公里，实际托管26.1平方公里。开发区下辖29个行政村，常住人口2.8万人，外来人口约19万人。已建成19.6平方公里，累计出让工业用地958公顷，建成商住、公共服务、生产服务等配套设施122公顷。已累计投入开发资金370.6亿元，其中基础设施投入32.5亿元，基本形成“五纵七横五期”的空间布局。

2018年是全面贯彻党的十九大精神的开局之年，也是努力践行新发展理念、实现高质量发展的关键之年。一年来，永康经济开发区在市委、市政府的正确领导下，全体党员干部进一步解放思想，团结奋战，克难攻坚，按照继续打造工业经济主战场和五金制造先行区的总要求，在稳定经济发展和保障社会民生上均取得了较好的成绩。已连续多年被评为“浙江省优秀开发区”，在金华市经济开发区综合考评中继续占据“领头雁”的地位。

开发区经济建设情况

主要以智能制造、循环化改造、军民融合示范打造和深化股份制改造为落脚点，通过改革经济领域的制造体系和管理体系，努力提升五金制造主业的生产品质，全力确保经济平稳运行。

1. 总体经济指标完成情况。永康经济开发区受托管辖面积为108.9平方公里。截至2018年底，已开发利用土地面积24.36平方公里，合36540亩。期末实有“四上”企业874家，其中规模以上工业企业541家；从业人数22万人，其中规模以上工业企业从业人数9.5万人。

其中，开发区（整合区）共实现限额以上固定资产投资70.8亿元，其中基础设施投资6.5亿元，企业技术改造投入12.7亿元，技改投入率17.9%；实现规模以上工业总产值685亿元，规模以上工业增加值128.4亿元，新产品产值262.8亿元，新产品产值率38%；实现税收收入67.6亿元；实现进出口总额40.6亿美元；拥有省级以上高新技术企业99家，研发中心、技术中心、院士工作站和博士后工作站41家，3

年内经评定的知名品牌（商标）、出口名牌共计94件；工业土地投资强度157万元/亩；当年工业土地增加值产出率94万元/亩；当年亩均土地税收产出率18.5万元/亩。

开发区（核心区）共实现规上工业总产值305.6亿元，同比增长仅1.1%，其中新产品产值139.1亿元；实现销售产值300.8亿元，同比下降0.2%，其中出口交货值92.3亿元。完成固定资产投资9.48亿元，其中工业投资8.4亿元(72个项目)，服务业投资1.1亿元（5个项目）。实现工业利税25.6亿元；完成内资招商27.5亿元，完成浙商回归投资3.74亿元；实现研究开发费7.6亿元。实现乡镇税收23.8亿元，同比下降8.55%，其中工业税收18.4亿元，同比下降12.03%。完成自营出口额99.8亿元，为全年计划的105.3%。五金“八大行业”中，除车业、休闲器具业外，其余六大行业均实现“稳增长”，其中门业增长17.3%，形势良好。小升规完成40家，信息化项目立项69个。

2. 转型升级体系进一步完善。开发区工业主业转型升级一直走在省市前列，“智慧智能智造”的产业体系初步形成，众泰、浩天等部分企业已经享受到减员增效的“智造红利”。年内开发区共实施“智能化无人工厂（车间）”重点项目10个，计划总投资15.1亿元，占全市重大智能制造项目（14个）70%以上；其中5000万元以上项目7个，占比70%。新增省研发中心3家，省企业研究院2家，省科技型中小企业18家，省创新型示范企业3家；天鑫、博大等2家企业获市政府质量奖（全市3家）；17家企业获24项“浙江制造”认证证书（全市21家企业32项）；人才工作方面，开发区新增省千1人，双龙2人（全市国千1人、省千1人、双龙5人）。对接资本市场氛围进一步浓化。现有上市公司4家。王力、炊大王、正阳等龙头企业在顺利完成股份制改造后，着手制订上市计划，把启动IPO申请提上议事日程；飞剑、威力等进入上市后备；美斯特、骑客、龙力等5家中小型企业完成了股份制改造并在浙江省股交中心挂牌；4家股份制公司新注册设立。

3. 项目引领水平进一步提升。5000万元以上在库项目14个，5000万元以下在库项目56个，稳投资项目库建设水平逐步提高。中坚公司农林机械产业化项目、顶康科技智能跑步机生产项目、王力安防物联网智能家居生产项目、鉴丰电子智能控制器生产线项目等省重大产业项目得以顺利开工、有序推进，均按要求完成既定目标。内资招商累计完成25亿元，完成率100%。循环化改造18个支撑类项目，计划总投资28.9亿元，已完成28.2亿元，开工率100%，其中铝塑生产线建设项目、熔炉节能降耗建设项目、年产4万吨高精度宽幅铜板带项目、天然气管网工程、全自动混凝土砖生产线等12个项目已完成投产。相比过去，开发区已经开始正式跨入“智能”时代暨“工业4.0”时代。

落户在山海协作园总投资25亿元的健盛产业园一期已经建成投产，2018年实现产值4.88亿元。

江山经济开发区

一、发展历史沿革

浙江省江山经济开发区的前身为江山市城南工业区管理委员会，成立于1988年7月，1994年8月经省政府批准设立的省级经济开发区，2005年12月通过国务院设立审核，是衢州地区首家通过国家审核的省级经济开发区。2006年11月经省委、省政府确认为首批“山海协作示范区”，同时被省科技厅授牌为“浙江省星火示范园”。2011年江山经济开发区莲华山工业园组团列入省级产业集聚区大平台。2013年与绍兴市柯桥区共建成立“江山—柯桥山海协作产业园”。2015年6月，市委、市政府将原江山经济开发区、原中部开发办、原高新办等“三区”合并，成立新的浙江省江山经济开发区。

主板上市欧派公司总投资12亿元的欧派产业园一期已正式投产。

二、空间规划布局

总体形成城南工业园（含老城南区、山海协作园、荷塘工业园、清湖工业园）、莲华山工业园、江东工业园“一区三园”协同发展格局，总规划面积57.8平方公里。其中江东工业园6.18平方公里、莲华山工业园23.71平方公里、城南工业园27.91平方公里。

（一）城南工业园：位于市区南端，总规划面积27.91平方公里，已完成开发建设7.85平方公里，已出让土地5358亩，现有企业84家。按照产城融合发展理念，重点推进老城南区块“退二进三”工程，重点推进商住开发、生产性和生活性服务业；对山海协作区和清湖工业小区内企业进行整治提升。

（二）莲华山工业园：位于江山市域中部，离江山城区10公里，园区总规划面积23.71平方公里，按照“高起点规划、高档次建设、高标准配套、高要求管理”的总体要求，现已完成开发建设6.5平方公里，已出让工业用地3200亩，先后引进大唐发电、娃哈哈、欧派门业等企业54家。

浙江省江山经济开发区城南新城一角

江山经济开发区小微企业创业创新园

（三）江东工业园：位于市域北端，2000年开始开发建设，总规划面积6.18平方公里，已完成一至四期开发建设3.1平方公里，五期正在推进中，已出让工业用地4636亩，入园企业125家。目前正在推进五期1300余亩建设。

三、产业基本情况

开发区产业布局为城南工业园重点布局创业创新平台，科技、软件信息等高技术服务业，以及装备制造、健康生活(生物医药)、新能源等高新技术产业；莲华山工业园重点布局门业、装备制造、健康生活及消防应急产业；江东工业园重点布局新材料、装备制造产业。目前已形成以申达电气、科润电力、科力汽配、浙江天际为骨干的装备制造产业；以欧派门业、王牌门业、百家万安、赛银将军为龙头的门业产业；以健盛针织、娃哈哈、康慈医疗、恒亮峰业为领军的健康生活产业；以超亿消防、辉煌消防为支撑的应急消防产业；以雷士照明、同景新能源、盛汇化工、金光高科等为重点的新能源新材料产业。

产城融合发展的浙江省江山经济开发区山海协作园

龙游经济开发区

管委会大楼

维达厂房

龙游县位于浙江省中西部，是浙中城市群的重要节点城市。龙游经济开发区位于龙游县城区北部，始建于2003年，于2006年获批设立省级工业园区，同年被编入国家开发区目录，编号S337078。2016年再获省政府批准荣升为省级经济开发区。2017年，根据龙游县委、县政府要求完成“一区两块”整合，将原龙游工业园区、东华工业区块正式纳入浙江龙游经济开发区进行统一规划管理，管辖范围总面积达30.62平方公里。

龙游经济开发区东邻金义都市区，北接杭州都市区，是金衢丽产业带的重点开发区块，水、陆、空交通条件优越，基础设施完善，要素配套齐全，产业发展势头良好，曾先后荣获“浙江省循环经济示范园区”“浙江省特种纸产业基地”“浙江省最具投资价值园区十强”等称号，逐渐形成特种纸及深加工、高端装备制造、高端家居制造、绿色食品饮料等主导产业，

华电

代表企业有维达纸业、华邦纸业、中浙高铁、禾川科技、吉成新材料、吉恒家具、伊利乳业、李子园食品等。

龙游经济开发区内设有企业服务中心、党群服务中心、中小企业服务平台、科技大市场、特种纸科技创新管理服务中心等服务平台机构，涉企相关审批、服务事项已基本实现“办理不出开发区”。

2018 年，龙游经济开发区共有工业企业 540 余家，培育规模以上工业企业 109 家，全年实现规模以上产值 138.7 亿元，入库税收 6.12 亿元；投入 500 万元以上工业项目 120 个，累计实现投资 20.79 亿元；提供就业岗位近 3.5 万个，吸引外来劳动人口近 1.5 万人，经济效益和社会效益逐渐凸显。

道明光学俯视

开发区大景

维达一期大门

普陀经济开发区

浙江普陀经济开发区成立于1991年6月，原称为浙江省普陀东港经济技术开发区，1993年11月经浙江省政府批准为省级经济开发区，2006年3月通过国家审定更名为浙江普陀经济开发区，设立普陀经济开发区管委会，为区政府派出机构，核准面积为1.64平方公里。2013年在舟山群岛新区大开发背景下，整合提升后的核准面积为93.54平方公里（浙政办函〔2014〕88号），范围包括：六横、虾峙高端制造业和现代物流业区；沈家门综合服务业区块；东港现代商贸服务业区块；展茅临港产业区块。

东港商贸中心

各区块发展特色鲜明，2013年六横区块的船舶修造业龙头地位进一步巩固，现代物流业发展初具规模，港口货物吞吐量4902万吨；虾峙区块的船舶制造业发展势头良好；城北区块的水产品加工业总产值达75亿元；东港区块的综合服务业不断提升；近几年，随着展茅区块的临港工业基础设施大力推进，开发区将发展核心由六横转移至展茅，根据总体规划，重点发展普陀海洋生态创新谷。

展茅科创园

普陀海洋生态创新谷地处普陀北部展茅区块，规划总面积8平方公里，以科技创新为引领，以“港、产、城、旅”互融共生协调发展为主线，通过园区产业带动来实现产业结

六横

沈家门渔港

虾峙鑫亚船厂

构升级，注重城镇与园区的优化布局来实现空间有机扩张，加强城乡生态格局的维护来实现产业园和特色城镇之间的产城融合，旨在打造一个产业特色鲜明、城市功能完善、生态环境优美、创新要素聚集、宜居宜业的海洋产业新城。

海洋生态创新谷根据项目分为五大经济区块。海洋生物产业区：重点发展海水产品精深加工、智慧海洋生物医药等产业；科创园区：重点引进涉海高科技项目孵化加速、中小型科技企业中试生产。海洋文化休闲产业区：重点发展海洋文化创意、休闲渔港、观光、商住配套等。临港产业发展区：重点发展海洋装备与零部件、海洋电子信息、海洋环保新材料等；海洋高端装备制造产业区：重点引进涉海高端装备制造及军民融合装备制造相关产业。

仙居县经济开发区

仙居县医疗器械产业园

仙居县经济开发区前身为仙居工业园区，成立于2003年，2006年经国家发改委核准为省级工业园区，2009年在工业园区的基础上成立了经济开发区，2015年升格为省级经济开发区。下辖现代、永安、工艺品城、城南、下各、白塔、横溪、创新园区，形成了一区八园的空间格局，规划面积65平方公里，建成区面积约13平方公里。经过十多年的发展，形成了现代医药、机械橡塑、医疗器械、文化创意、电子电气五大产业为主的产业格局，现有入园企业300家，有仙琚制药、司太立制药、仙通橡塑、新农化工4家主板上市企业，车头制药、肯特催化、金晟环保、飞利富科技4家新三板上市企业。区内有院士工作站5家，国家级研究中心1家，省级研究中心8家。十多年来，经济开发区一直保持良好的发展势头，各项经济指标保持高速增长，区内企业销售收入、入库税收年均增长20%以上。2018年，区内企业实现销售收入158.5亿元，入库税收10.4亿元。销售亿元以上企业26个（招商引资企业11个，县内企业15个）。

2017年经县委批准，县经济开发区管委会作为县政府直属机构，同时成立了县经济开发区管委会党工委，新的三定方案经县编办批准内设7个机构，分别为：综合办公室、经济发展局、招商局、建设局、县政府办事大厅开区分大厅、政策处理办、社会事务管理局；下属4个事业单位为：仙居县小微企业服务中心、仙居县产业发展服务中心、仙居县科技创新服务中心、仙居县经济开发区安监中心；4个全资国有企业

浙江仙居经济开发区工艺品城

浙江仙居经济开发区白塔区块

浙江仙居经济开发区城南区块

为：浙江仙安控股有限公司、浙江和安资产管理有限公司、浙江鼎源投资开发有限公司、台州融创科技投资发展有限公司。

开发区先后入选“中国最具投资潜力开发区”“浙江省十大最具投资价值工业园区”“领跑‘中国制造2025’浙江省示范开发区”，被评为浙江省生态化建设与改造示范区、浙江省循环化改造示范试点园区、浙江省重点文化产业园区、台州市十大创业创新服务平台、台州市“500精英计划”创业创新园，在县对部门考核中连续10年获得优秀等次。

浙江仙居经济开发区现代区块

“十三五”时期，仙居经济开发区将坚持“生态优先，创新驱动，智造支撑，融合发展”的理念，积极响应“科技新长征”的号召，打造台州西部永安溪绿色科创大走廊。大力开展招商引资工作，重点引进以高端医疗器械制造为核心的高端人才项目，形成高新技术产业高地和人才集聚洼地；大力培育新兴支柱产业，丰富仙居产业结构，实现裂变发展；大力培育企业上市，完善壮大资本市场，提升经济发展质量；大力发展各类加工园，支持小微企业入园，全面改善人居环境。力争到2021年，实现工业总产值300亿元，主要行业及产品单位能耗达到全省先进水平，努力实现经济效益和生态效益双丰收。

浙江仙居经济开发区永安区块

台州港临海（头门）港区疏港公路跨海大桥雄姿

头门港经济开发区

浙江头门港经济开发区地处浙江中部沿海，台州湾北岸，陆域面积146平方公里，海域面积1200平方公里。开发区交通条件优越，228国道、351国道、台金高速、沿海高速建成通车，台金铁路即将联通；海洋资源丰富，共有500平方米以上岛屿128个，海岛陆域面积18平方公里，岛屿岸线总长164公里，头门岛是国务院批复的《浙江海洋经济发展示范区规划》中重点建设的港口物流岛和重要能源资源储运基地。前身是2006年省政府批准设立的浙江台州化学原料药产业园区临海区块。2017年3月31日，头门港经济开发区被省政府确定为省级经济开发区；8月9日，浙江头门港经济开发区正式挂牌成立。开发区将坚持一体化发展、智慧型发展、裂变式发展，总体目标是打造“浙江湾区经济发展示范区”，具体目标是建设“海上丝路台州门户、浙江沿海制造新区、山海宜居现代港城”。

建设大港口。头门港距国际主航道13.5海里，两侧自然水深8至13米，规划岸线总长28.8公里，可布置万吨级以上深水泊位84个，年吞吐量达1.61亿吨，是台州港核心港区。首座2万吨兼靠3万吨的码头于

公共服务新城的变迁

公共服务新城新貌

2014年12月26日建成投运，2018年起步码头一期滚装功能改造建成投用，2019年将完成两座5万吨兼靠7万吨级码头建设，计划至2020年建成10万吨级码头，实现口岸开放；远期在头门岛北侧建成20万吨级深水泊位。

发展大产业。加快医化园区循环化改造试验成果推广，积极创建“绿色药都”。以吉利30万辆产能释放为契机，逐步拓宽汽车行业版图，打造世界一流的国际汽车城。依托自身优势，狠抓招商引资，大力发展战略性海洋新兴产业和高新技术产业，成为全省海洋经济发展新高地。目前，开发区共有入园企业234家，投产企业180家，其中上市企业10家，国家级高新技术企业24家，形成医药化工、汽车制造两大支柱产业。2018年，实现工业总产值526亿元、工商税收30亿元。

打造新城区。坚持规划引领，加快完善基础设施，促进要素集聚。依托白沙湾“一湖三山”的自然景观，营造拥有连绵沙滩和清澈海水特色的海滨公园，构建“山—城—湾—海”的特色城市空间。规划面积18平方公里，规划人口20万人，首期启动4平方公里区块基础设施和公共服务设施建设，努力打造山海相依、城水相宜、人水相亲的现代港城。

吉利汽车城新貌

大竹山

2018年10月16日，舟山市保税船用燃料行业协会成立。

舟山群岛新区海洋产业集聚区

（一）浙江舟山群岛新区海洋产业集聚区

舟山群岛新区海洋产业集聚区是浙江省委、省政府重点打造的15个省级产业集聚区之一，规划定位建设成为我国海洋综合开发示范区、长三角主要的海洋产业集聚发展区和浙江海洋经济发展引领区。集聚区总规划面积约98平方公里，规划形成“一城诸岛”总体战略布局架构。其核心区由舟山高新技术产业园区和舟山港综合保税区组成，约33平方公里，由集聚区管委会直接负责开发建设。

舟山港综合保税区衢山分区

2017年4月1日，中国（浙江）自由贸易试验区正式挂牌，浙江舟山群岛新区海洋产业集聚区作为自由贸易试验区的重要区域，实施范围18.64平方公里。其中属舟山岛北部片区共15.62平方公里，该片区重点发展油品等大宗商品交易，保税燃料油供应，航空产业、石油石化产业配套装备保税物流、仓储、制造等产业；属于舟山离岛片区部分为2.17平方公里，该片区重点发展大宗商品储存、

舟山港综合保税区码头作业

保税船用燃料油加注现场

中转、贸易产业，海洋锚地重点发展保税燃料油供应服务。属南部片区部分0.85平方公里，直接服务于波音项目落地投产需求。

（二）舟山高新技术产业园区

舟山高新技术产业园区是浙江省级高新技术产业园区，规划总面积约27.5平方公里。其中一期11.5平方公里从2004年开始建设到现在产业布局已基本完毕，已形成了以高端临港工业、海洋医药（保健品）、海洋食品制造、新能源汽车零部件、精密机械制造为核心的五大支柱产业；二期16平方公里于2011年开始建设，目前已完成了6千米海堤建设，已成陆部分正加快推进基础配套，重点布局高端临港装备制造、清洁能源、物流集散、航空配件制造、海洋电子信息等产业板块。目前，正在积极创建国家级高新区，舟山海洋产业集聚区是其中“产业功能承载区”的重要板块。舟山高新区抓住历史机遇“以升促建”，已顺利完成从经开区到高新区的更名及形象打造，并加速推进省级孵化器、科创中心等创新平台建设。

（三）舟山港综合保税区

舟山港综合保税区于2012年9月29日经国务院正式批复设立，功能定位为“一中心（建设成为我国大宗商品的国际物流配送中心）、两基地（富有特色的现代海洋产业基地、我国重要的进口商品基地）”。综保区规划总面积5.85平方公里，按照一区三片模式运作。其中本岛分区位于高新区西侧，规划面积2.83平方公里，重点发展以海洋装备制造等先进制造业和保税仓储、保税物流、保税加工为重点，发展海事服务、商品展示、金融租赁等相关服务业，建设进口船配配件、石油化工、进口水产品与冷链、进口商品、大宗基础原材料等专业交易市场。衢山分区位于岱山县衢山港区鼠浪湖岛，面积2.17平方公里。重点发展油品、煤炭、矿石等大宗商品的仓储、配送业务，建成我国重要的保税大宗商品仓储、加工中转基地。空港分区规划面积0.85平方公里，位于朱家尖普陀山机场南侧，以干线飞机、支线飞机及通用飞机生产制造等保税加工功能为核心，以航空零部件保税物流和航空保税物流功能为支撑，做强航空检测、航空维修、航空培训、航空研发、融资租赁、保税商品展示等保税服务功能。

2018年8月7日，舟山新奥液化天然气（LNG）接收及加注站项目首艘LNG船到港。

2018年8月18日，中国（浙江）自由贸易试验区阿里巴巴进口非特殊用途化妆品合作项目签约仪式。

浙台（舟山普陀）经贸合作区

浙台（舟山普陀）经贸合作区于2012年10月由浙江省政府批准设立，并纳入省级开发区管理序列，是普陀对外开放的新窗口，也是社会经济发展的新平台。

浙台（舟山普陀）经贸合作区规划范围涵盖舟山市普陀区全境，位于我国东部黄金海岸线与长江黄金水道的“T”形交汇口，北靠长江三角广阔经济腹地，拥有3条国际深水航道，与中国台湾地区、韩国、日本呈500海里以内的扇形辐射，是中国东部沿海和长江流域走向世界的主要海上门户和重要通道。当前浙台（舟山普陀）经贸合作区结合普陀区域经济社会发展，聚焦“自由贸易先行区、海上花园会客厅”建设，拥有浙台经贸合作区核心区、普陀大健康产业园、国际健康产业中心暨健康旅游示范基地、舟山（普陀）国家绿色渔业实验基地、舟山国际水产城、普陀

国际影视创业产业园、沈家门渔港特色小镇、海洋生态创新谷、普陀湾众创码头、普陀融资租赁产业园等十大经济产业平台。2018 年实现地区生产总值增长 7%，完成固定资产投资额 151.64 亿元；实现对外进出口总额 491.7 亿元；举办多场对台文化交流活动，接待台湾入境人员 5589 人次。

浙台经贸合作区核心区域位于舟山市普陀区朱家尖岛西南部的西岙区块，毗邻航空产业园和国际邮轮港，规划面积 1000.8 亩。主要经营对台贸易，对台经贸合作，货物代理及仓储服务、码头货物装卸等港口设施服务，以及台湾渔船等国际船只的补给服务等。港口设施完备，建有行政管理及报关报检用房建造面积 5092 平方米，海关监管仓、冷库、进口堆场等海关监管区域 6375 平方米及相关配套设施；拥有岸线 227.7 米，水深 12 米，建有 5000 总吨级客货滚装泊位和 500 吨级港作船泊位各一个。港口功能不断完善，是舟山市唯一的进境水果指定口岸和进境食用水生动物指定监管场地。

未来，浙台（舟山普陀）经贸合作区将充分发挥区域优势，集聚联动，协同发展，紧紧围绕浙江国际农产品贸易中心、国际海事服务基地以及自贸试验区等系列国家战略，加大招商引资，完善基础设施建设，提升服务能级，努力打造成对台物流主通道、对台贸易主平台、国际海事服务主阵地、台资企业聚集地以及对台文化交流中心。

中国电建集团
华东勘测设计研究院有限公司

肯尼亚城市广场

中国电建集团华东勘测设计研究院有限公司（以下简称“华东院”）1954 年建院，是中国电力建设集团的特级企业。名列中国工程设计企业 20 强、中国承包商 80 强、中国勘察设计综合实力百强单位，先后荣获全国文明单位、全国五一劳动奖状、住建部全过程工程咨询试点企业、浙江省首批总承包试点企业、浙江省“一带一路”示范企业、浙江省国际工程示范企业等称号。

华东院总部设在杭州，在四川、重庆、云南、福建、安徽、江西、西藏、深圳、舟山、山东等地设立了分支机构，在亚太、欧亚、东南非、中西非、美洲、中东北非设有六大区域总部。

凯恩吉水电站改造项目

华东院是中国最早成立的勘测设计院之一，为国家大型综合性甲级勘测设计研究单位，业务范围包括水电水利、风电等清洁能源开发利用、建筑与景观工程、交通与市政工程、环境与生态工程、水环境综合治理、水务、海洋与水利等领域，努力打造具有为工程全过程提供智慧化服务的一流国际工程公司。

华东院现有员工 3700 余人，拥有各类高级专业技术人员 1000 余人，持有国家各类注册执业资格证书 1800 余人次。

华东院注重以信息化带动技术和管理创新，拥有国际一流的工程数字化业务能力，自 2004 年率先开展三维数字化设计研究应用以来，研制开发了目前国内第一个专业齐全、功能完备、应用成熟、覆盖基础设施建设全过程，并具有国际领先水平的《工程数字化解决方案》。涵盖工程三维数字化设计、工程设计施工一体化管理、工程全生命周期管理三大平台，实现了全专业、全过程的工程三维数字化设计与应用，是中国工程设计行业全面实现工程设计从二维 CAD 向三维数字化协同设计与应用整体跨越的典范。2013 年被国家工信部授予“国家级两化融合示范企业”称号。

油汀

大密

卡鲁玛

巴基斯坦萨察尔（Sachal）风电项目

浙江商务年鉴2019

协办单位

杭州钱塘新区
萧山经济技术开发区
余杭经济技术开发区
富阳经济技术开发区
宁波经济技术开发区
宁波保税区
宁波梅山保税港区
温州经济技术开发区
湖州经济技术开发区
嘉兴经济技术开发区
嘉善经济技术开发区
越城区（高新区、袍江开发区）
柯桥经济技术开发区
杭州湾上虞经济技术开发区
丽水经济技术开发区
舟山港综合保税区
建德经济开发区
慈溪滨海经济开发区
瓯海经济开发区
吴兴经济开发区
安吉经济开发区
德清经济开发区
嘉兴港区
海宁经济开发区
桐乡经济开发区
海盐经济开发区
秀洲经济开发区
百步经济开发区
嵊州经济开发区
永康经济开发区
江山经济开发区
龙游经济开发区
普陀经济开发区
浙台（舟山普陀）经贸合作区
仙居县经济开发区
头门港经济开发区
中国电建华东勘测设计研究院